Anthony Gerald Hopkins
AMERICAN EMPIRE: A Global History

アメリカ帝国
グローバル・ヒストリー

上

A・G・ホプキンズ［著］
菅 英輝／森 丈夫／中嶋啓雄／上 英明［訳］

ミネルヴァ書房

日本語版への序文

日本の詩人でもあり書家でもある相田みつをは、過去は再現できないし、未来は他者が住むことになる現在の延長であるから、われわれは現在を重視すべきであるという見解を広めるのに大きく貢献した。現代のあるがままのわれわれを受け入れるべきであり、その価値を実現する方法を見出すべきだというメッセージは、日本国内だけでなく、国外でも広範な人々を引きつける。それはまた、答えのない問いを触発する見解でもある。過去を再現できないことは自明である。しかし過去は再構築可能である。その再構築されたものを、われわれは歴史と称することができるが、それは現在についてのわれわれの理解に影響を及ぼす。そうなると、問題はより複雑になる。現在が過去によってつくられてきたとするならば、過去もまた、現在を通して未来を形成するように思える。だとすれば、未来は予測可能であろうか。これは気が遠くなるような難問で、問いを発する方が、答えるよりはるかに容易である。そこで、筆者は過去から始めることを提案する。具体的に言うと、現在に到達する方法として、過去の小さな部分を理解しようとする、筆者自身の試みから始めたい。この試みは、未来につながる控えの間と考えることができよう。

本書は、グローバル・パワーとしての合衆国に関する再解釈を提示する。標準的な文献は、合衆国の世界的な地位への台頭を、拡大する影響力についての国民の歴史の一部として扱う。この歴史は一七八三年のイギリスの植民地支配からの独立の達成から始まり、二〇世紀に入って、二つの世界大戦における成功を経て、冷戦でソ連に勝利して終わるまで続く。一九四五年以降、合衆国は非常に強大だったので、他の偉大な西洋帝国、中でもイギリス帝国に比肩しうる帝国だということができる。このような議論がなされる。

筆者の解釈は、このお馴染みの歴史とは根本的に異なる。長文で挑戦的な本書を読者に案内するのに役立つと思われる二つの重要な出発点を手短に述べておくことにする。第一の出発点は、ワールド・パワーとしての合衆国の出現に関するきわめて一国主義的な説明への疑問である。第二は、合衆国は第二次世界大戦後に帝国となったという主張とは見解を異にするという点だ。『アメリカ帝国』は書評で広く取り上げられてきた。本書で提示された主張に関する刺激的な二つの議論は日-

Diploという書評誌の第三三巻二〇号（二〇一八年）の「ラウンドテーブル」および秋田茂編著『グローバル・ヒストリーの中のアメリカ帝国』（Shigeru Akita, ed., *American Empire in Global History*, London : Routledge, 2022）に見出すことができる。

筆者は合衆国の専門家としてよりも、帝国史家の観点から既存の文献に取り組んだ。言い換えると、合衆国から外の世界を見るというより、外の世界から合衆国を見ていた。このような視点からすれば、一七八三年は過去との明確な断絶を画するものではなかったことが明白となった。それどころか、イギリスと旧大陸植民地との経済的、政治的、文化的な絆の検討を通じて明らかなのは、両者の絆が切断されたというより強化されたということである。さらに言うならば、合衆国の旧植民地保有国家（イギリス）への依存は、一九世紀の大半を通じて続いていた。有力な評論家たちは、合衆国は依然として、真の独立を達成するに至っていなかったことに気づいていた。よりいっそうの自立性を実現する経済政策を唱える人たちもいたが、その一方で、新たな形式の土着文学を発展させたいと思っている人たちもいた。しかし、一九世紀末になって、合衆国は工業化によって、イギリスの経済力への依存からようやく解放され、身を焦がすような南北戦争の体験を通じて、初めて国家統一を可能にし、そして文化的自立が、ウォルト・ホイットマン、マーク・トウェイン、エミリー・ディッキンソンといった作家の作品に表出されるようになった。

約言すると、合衆国は近代における最初の主要な脱植民地国家とみなすべきである。二〇世紀に誕生することになる他の独立国家と同様に、形式的独立から真の独立へと移行するのに、長い年月が必要であった。新たに見出された団結の最初の劇的な表出は、一八九八年の対スペイン戦争と同時にやってきた。この戦争の結果、合衆国はキューバ、プエルトリコ、フィリピンといった植民地や属領を獲得し、さらにハワイにおける合衆国のパワーの強化がなされた。その時点で、合衆国は帝国のクラブに仲間入りし、ワールド・パワーとなった。

しばしば「例外的」だと主張される、合衆国の軌跡は「例外的」であるどころか、一九世紀の西ヨーロッパ諸国のそれと大いに似ていた。一八五〇年以前、ヨーロッパ諸国の経済は農業が支配的であり、政治権力は土地利害の手中にあった。イギリスだけは、一八五〇年以前に工業化を進めていたが、それでも依然として、地主階級に属する人たちによって統治されていた。変化は一九世紀後半にやってきた。フランス、ドイツ、および合衆国は工業化を開始し、政治革命によって、王朝国家やその他の政体（たとえば、ゆるやかな、ますます機能不全に陥りつつある合衆国の連邦制度）の中から国民国家が誕生した。印象深いのは、こうした変化の多くが一八六三年から一八七〇年の時期に集中していることだ。この時期、萌芽的な国民国家が合衆国、ドイツ、およびイタリアで形成された。同様に、フランスも急進的な変化を遂げた。動きの遅いイギリスでさえも、一八六七年（および一八八四年）に広範な憲法上の改革を行った。一八六八年の明治維新（革命）は、西洋の模倣によって西洋に対抗しようとする欲求に部分的に動機づけられていたので、このリストに加えることが可能である。

これらの変化は構造的変革をもたらした。いったん動き出すと、そうした変化は新たな社会勢力を生み出した。都市中心部では賃金労働者が増え、有権者はもはや地方地主の支配下にはとどまらなかった。社会のさまざまな分野から選出された新たな指導者たちは、全く新しい諸問題とますます自立性を強める有権者に直面した。一九世紀末の「帝国主義最盛期《ハイ・インペリアリズム》」の時代は、この移行がもたらした極度の重圧から生まれた。合衆国は孤立した傍観者であるどころか、熱烈な当事者であった。本書は、ほとんど知られていない主題、すなわち二〇世紀における対外領土における合衆国の統治について、さらなる探究を行っている。本書が明らかにするのは、合衆国はその従属地域を自国の利益にかなうように組織し、他の植民地保有国家と同じ行政の諸原則を採用し、同じような人種的偏見を信奉した。さらに、合衆国は同じ軌跡をたどり、第二次世界大戦後はその島嶼帝国を脱植民地化した。それは、ヨーロッパの植民地保有国家が植民地を手放していた頃と時期を同じくしていた。合衆国の植民地統治の歴史は、他の偉大な西洋帝国が設計したモデルに合致していた。

脱植民地化の問題から、われわれは第二の問いである現在と未来の関係にたどりつく。しかし、われわれは、二〇二四年から始めることはできない。なぜなら、予測の基となる現在は、近現代という過去を注意深く観察することによって初めて理解することができるからである。合衆国がその島嶼帝国を脱植民地化した後になってようやく帝国として言及されるようになったのは、国際史の皮肉である。帝国という用語は、第二次世界大戦後の合衆国のグローバルな影響力の拡大を認識するために、かなり一般的な意味で（しかも気前よく）用いられた。しかしながら、多くの合衆国の評論家たちは、解体されたばかりの帝国を連想させるので、帝国という言葉に警戒心を抱いた。代わって広まったもう一つの呼称は、「ヘゲモン」（覇権国）であった。ヘゲモンという言葉は、文脈によっては、「慈悲深いヘゲモン」という呼称に格上げされたが、これは、冷戦たけなわにあって、合衆国のパワーを好意的な観点から提示するという利点がある特殊表現であった。用語は重要である。もし合衆国が帝国だと称されれば、そのことは、かつての帝国との比較が妥当であることを示唆する。

合衆国は一九四五年以降、疑いもなく、未曾有のグローバルな影響力を行使した。しかしながら、世界におけるその目的とプレゼンスは自身の帝国も含め、かつての帝国とは違っていた。なぜそうなのかという問いを発すれば、われわれは、われわれ自身の現在についての理解に近づき、目を凝らして未来を注視する有利な立ち位置にたどりつく。合衆国はイギリスやフランスのような帝国ではなかった。合衆国の動機は戦略的であり、経済的ではなかった。だから、合衆国は広大な版図よりも軍事基地の建設を目指し、可能な場合には、（金融的な圧力も含めて）「ソフト」パワーを行使したのだ。

かつての帝国を形成した条件と一九四五年以降に支配的となった条件との違いは、次のように要約できる。世界経済は第二次世界大戦後その構造と方向性を変えた。その結果、先進国間の貿易は、開発が進んだ中心部と開発が遅れた周辺部間の貿易よりも重要になった。植民地はもはや、かつてほど重要ではなくなった。その後、中国やインドといった、かつて開発が遅れていた国々が完全な独立国として、また工業製品と資本の主要な供給者として、世界経済に再び参入した。こうした傾向は、植民地統治の道義的基盤を覆すことになった、新たな人権重視を伴っていた。国際連合は反植民地主義と反人種主義感情の有力な唱道者となった。植民地の民族主義指導者たちは、こうした意見を効果的な政治運動に変えた。このような情勢の展開は植民地を獲得する必要性を減じ、不可能ではなくても、植民地獲得を困難にした。

構造と目的の観点から見て、一九四五年以降の合衆国は帝国ではなかったとしても、その影響力は、旧西洋諸帝国のそれと同程度の支配を作り出すのに十分だと主張することは、いまだ可能である。多くの学者が、そのように主張してきた。筆者の見解はこれと異なる。ソ連との競争があったとしても、合衆国が第二次世界大戦後、指導的なグローバル・パワーであったことは明白である。しかし、敗戦国およびヨーロッパとアジアの荒廃した国々が復興する以前、およびベトナム戦争のコストが一九七三年のドル切り下げにつながり、インフレの時代を招く以前においては、戦後の最初の二五年が、合衆国のパワーの絶頂期にあったということもまた、事実である。合衆国はソ連より長く存続することができ、冷戦を成功裡に終結させることができたが、それはソ連が国際的競争のコストを賄う努力において劣っていたからである。国際関係におけるパワーは相対的であり、絶対的ではない。両者間の格差は、ソ連を打ち負かすことができるのに十分ではあったものの、合衆国と他の国々との間の格差は、第二次世界大戦直後の時期ほど大きいものではなくなった。

合衆国のパワーは、ヨーロッパの諸帝国のさらに長い歴史と比べると、長続きしなかっただけでなく、他の社会に対する支配もまた、限定的であった。ヨーロッパの諸帝国とは異なり、合衆国の目的は他国を統合することではなく、冷戦の利益にかなうのに十分な程度に他国をコントロールすることであった。他国を作り直すという野心的な計画が検討され、日本や韓国のような、いくつかの事例で、計画が適用されたが、冷戦の開始によって、計画はすぐさま縮小された。ソ連との闘争が開始されると、合衆国の政策は改革よりも安定の確保に軌道修正された。以下のような取引きがなされた。たとえば、合衆国は冷戦において従順な同盟国の政府を支援したり、政権の座に据えたりする一方で、頼れる政府は内政分野では、フリーハンドが与えられた。平和的な合意が達成できない場合、合衆国は政権交代を支援するか、それとも韓国やベトナムに見られるように、大規模な軍事紛争を仕掛けるかはさておき、自由に介入できると考えた。朝鮮戦争は、中国が主要なパワーとして登場しつつあることを示す意味で、注目に値した。ベトナム戦争は、合衆国の資源を枯渇させ敗北したという点で、合衆国にとって大きな災厄であった。合衆国の敗北に終わったことで、ベトナム戦争はまた、懐疑論者に対しても、偉大な領土帝国の時代は終わったということを立証した。超大国でさえも、独立を達成したり、維持したりする決意を有している国を管理ないし敗北させることに自信を持てなくなった。

戦後の二つの事態が、合衆国の影響力の届く範囲を制約した。最初の出来事は、予期されたものではなかったが、自ら招いた事態であった。戦争で疲弊したヨーロッパとアジアで安定した同盟国を創出するため、合衆国は、同盟国と潜在的同盟国の経済を再建する必要があった。しかしその際、合衆国はまた、受け入れ国が独立を回復することを後押しした。その結果が、日本の「経済的奇跡」であり、韓国の「漢江の奇跡」であった。両国の経済的成功は、合衆国との間で、有利な通商的、金融的取り決めを結ぶ能力を高めた。似たようなことは、ヨーロッパの回復についてもいえる。弱い国々は、彼らの協力を必要とする大国によって強くなった。

第二の展開は、かつて植民地であった国におけるナショナリズムの永続的な力を確認することになった。一九四五年以降、植民地統治は正当性を喪失した。従属国は自決の原則を採用し、人種的ヒエラルキーに基づく優越性の主張を拒絶した。合衆国は、自国の戦略的利益を促進するのに必要な独断的措置に適さない世界で活動をしていた。中東、アフリカ、およびラテンアメリカにおける介入は失敗するか、たとえ成功したとしても、民族主義的反発を引き起こした。しかしながら、大国はそれが失敗した場合でも、過去の戦略をなかなか放棄しようとしなかった。ソ連の崩壊後、合衆国は「単極の時代」としても知られる、「勝利主義」のムードを喜んで受け入れた。このドクトリンは、合衆国は中東の改造も含めて、望むことを何でもできると主張した。二〇〇三年に開始されたイラク侵攻は、そうした幻想を打ち砕き、多くの人命と財産を犠牲にし、今日に至るまで広がる混乱に中東地域を投げ込んだ。イラク侵攻物語の教訓は単純明快であり、イラク侵攻は政治的な理解を超えるように思える。ポストコロニアルな世界においては、いかに小国であっても、他国の市民は、たとえどのような報酬を与えられたとしても、自国が侵略されるのを見たくないということなのだ。

そういうわけで、われわれは現在にたどりつく。イラク侵攻の話はもしあるとすれば、グローバルな国際関係の未来について何を伝えてくれているのだろうか。問題は、正確な予測は科学的な計算になじまないという点だ。なぜなら、予測は突如として飛び出してきて、予想される進路とは別の方向に出来事の向きを変える可能性のある未知の要因を随伴するからである。いまや古典的とさえいえる事例は、日本の目覚ましい経済的進歩はいまにも合衆国を凌ぐという、一九八〇年代末になされた予測である。この予想はいまとなっては、とくに日本の若い読者にとって、奇妙に思えるかもしれないが、合衆国の著名な社会科学者の強い関心を呼び、広く普及した。予測がなされるとすぐに、日本は脇に押しやられ、ソ連は崩壊し、合衆国は突然唯一の超大国として、いまにも世界を牛耳りそうだった。この予測もまた、以前の予測同様、不正確であった。そこで、次のように付け加えるのが適切だろう。国際関係の専門家たちは、ソ連の崩壊を予測することに失敗し、さらに二〇〇八年の経済危機を予期することもできなかった。双方の専門家たちは、印象に残るような説明を行ったが、それはこれらの出来事が起きたあとであった。

予測は誤りやすいか、当たってもたまたまのことである。そうした予測を生み出すために非常に多くの努力が費やされているのは、奇妙に見える。それでも、未来を知りたいという欲求は、人類と同じく古く、政治指導者はもちろんのこと、世の中のあらゆる分野の市民の関心を引く。市民は占星術師の天空図を持ち、政治家はシンクタンクをかかえている。双方とも未知なるものを熱心に探し回る。歴史家はめったに予測をしない。一部には、歴史家の物語は現在で終わるからであり、また一部には、歴史家は多くの結果が考えられるということに気づいているからである。誰もが、自分たちの未来は多くの変数から成り立っていると言われたくない。歴史家の目に見える複雑さは、過去についての長期的な見方から生まれる。社会科学者は短期的な傾向に基づき予測を行う。歴史家は、ごく最近の過去から導かれる結果は複雑でありうるか、でなければさまざまな時代に起きた類似の出来事についての知見によって否定されることさえありうることを理解している。

それゆえ、予測というより推測という方法に落ち着くのである。過去数年に起きた二つの重要な国際的出来事といえば、ロシアのウクライナ侵攻および南シナ海と東シナ海における中国の強権的な政策、とくに台湾に関する主張である。これらの出来事は、帝国の時代は結局のところ、終わっておらず、単に休止状態が続いているのではないかという疑問を提起する。ロシアのウクライナ侵攻は、帝国の体制下でキャリアを積み、自決がもたらした永続的な帰結を認識することができないか、それを逆行させることができると信じている指導者によってソビエト帝国を蘇らせようとする、時代遅れの試みであるように思える。ウクライナの抵抗は、イラクにおけるレジスタンスがブッシュ大統領を驚かせたように、プーチンを驚かせたに違いない。この限りでは、「特殊作戦」は、歴史から意味を読み取ることができれば、直すことができた誤算であるように見える。

一見すると、ウクライナと台湾との比較は可能であるように見える。だが、注意深く観察すれば、違いが見えてくる。歴史的に見ると、本書で検討したような意味で、中国人は自分たちを帝国だとみなしたのではなく、むしろ多様な民族を統治する、広大な領土を持つ主権国家と考えた。ヨーロッパでは、一八世紀半ばまで、そのような意味で、主権国家という用語は使用された。中国の領土的野心は、台湾の事例にもかかわらず、限定されているように見える。中国が好む膨張の手段は、主としてインフォーマル〔非公式的〕であり、それはとくにグローバルに展開される巨額の投資に見られる。それによって、少なくとも一つの小国（スリランカ）を事実上支配し、世界の至るところで、とくにアフリカにおいて、ライバル国家を凌駕するようになっている。インフォーマルな膨張は、フォーマル〔公式的〕な領土獲得に結びつくだろうか。それは誰にもわからない。中国のグローバルな膨張は、主としてインフォーマルなものにとどまるというのが筆者の推測である。その方が、中国の目的を実現する手段としては安上がりだからだ。

以上のことから見ると、合衆国はどのように位置づけられるだろうか。すべての大国は、その権威に対する挑戦にどのように対応するかという問題に直面する。常に、当座の反応は、敵対勢力を抑圧するか、さもなければ少なくとも封じ込めようと試みることである。イギリスは半世紀以上も前に、（長い闘争ののち）帝国を失ったが、その帰結にいまだ十分適合していないし、世界における新たな役割を見出すまでに至っていない。しばしば神秘主義的に見える過去への郷愁が、態度と政策を形成する強力な力であり続けている。合衆国の事例は、その領域帝国が非常に小規模であり、期間も短かったこと、そしてその世界的な影響力は常に、主としてインフォーマルであったという限りにおいて、イギリスとは異なっていた。それでも、「アメリカを再び偉大にする」（ＭＡＧＡ）というスローガンは、それが与えるイメージほど単純でも、また望ましくもない過去への類似の願望を表している。

合衆国は、イギリスが合衆国によってかつて挑戦されていると感じたのと同様に、中国による挑戦を受けていると感じている。残念ながら、合衆国は、自国の立場以外のいかなる立場からも世界を眺めることに困難を感じており、協調よりも対決を好むという伝統を持っている。それゆえ、合衆国は、同盟国ではない国家を敵ないしは潜在的な敵と分類する傾向がある。明らかに、こうした戦略は高いリスクを伴う。中国はキューバのように扱うことはできない。合衆国には、妥協と協調が平和共存への唯一の道だということを伝達する同盟国が必要だ。これは時間のかかる、困難なプロセスになるだろう。

ところで、このところの天気予報によると、国際関係に明るい日差しが見える可能性はあまりないという。しかし忘れていけないのは、歴史家は過去を理解するために給料をもらっている。一方、予測の術を持っていると主張する人たちが、これまで以上に予測能力を向上させ、未来へのより良い案内書を作成してくれる可能性はあるかもしれない。

最後に、筆者は、この翻訳書の出版を喜び、そして菅英輝、森丈夫、中嶋啓雄、上英明各教授が引き受けてくれた献身的な仕事に謝意を表する。彼らが、自分たちのなし遂げた仕事を誇りに思ってくれることを願う。筆者は間違いなく、彼らを誇りに思う。

二〇二三年四月一七日　ケンブリッジにて

A・G・ホプキンズ

目次　上巻

日本語版への序文

序　文

プロローグ　解放の教訓――イラク、一九一五～一九二一年……7

第一章　三つの危機とその帰結……15

さまざまな選択肢の中から選びとる　15

「アメリカ例外主義という国民イデオロギー」を超えて　20

帝国――「バラはどんな名前で呼んでもバラなのか？……」　26

グローバリゼーションと帝国　29

時間と運動　35

「さらに路が延びていて、さらなる労苦を思う」　43

第Ⅰ部　脱植民地化と従属――一七五六～一八六五年

第二章　軍事＝財政国家の伸長と後退……47

背景と歴史的展開　47

大収束？　49

名誉革命と例外的な軍事＝財政国家　54
イギリス軍事＝財政国家の生成　60
新世界秩序　64
戦争、再建、改革　70
イギリス——「永続性と変化の連合体」　75
「日の沈まない大帝国」　82
「知られざるものの霧の中に投影された過去のイメージ」　88

第三章　独立革命から憲法の制定へ……93
ハリー・ワシントンと出現しつつあるグローバル秩序　93
「新しい植民地システム」に向けて　96
動き出すジョン・カンパニー〔東インド会社〕　102
期待の低下がもたらす革命　104
「連邦という一つの頭を持つ諸州の不可分の連合」　119
「騒々しさと対立のスペクタクル」　125
「帝国ではなく、帝国についての計画である」　130

第四章　独立に向けての戦い……137
真夜中の子どもたち　137
革命のレトリックと現実　140
従属的発展のジレンマ　151
文化的持続　163
「野生の森を、喜ばしい自由の邸宅に変える」　175

第五章 編入のための戦争……181
「未来の偉大な国」 181
「財産、排他的権利という素晴らしい考え」 183
一八一二年――第二の独立戦争？ 196
「アメリカはいかに敵を粉砕し、いかに拡大するかを知っている」 200
「反発する力と耐える力の間に起こる、避けられない争い」 204
「頼みます。できればあまり関わらないようにしたいのです」 214
戦争と平和再考 220

第II部 近代と帝国主義――一八六五〜一九一四年

第六章 不均衡な発展と帝国的膨張……227
「大地は不安げに新しい時代と対面し」 227
「ペキュニアを通じて」――モダーン・グローバリゼーションへの道 229
「おお兄弟よ、汝の国を愛せよ」 234
大規模なデフレ 239
グローバリゼーションと「新」帝国主義 244
ライオン、ハイエナ、帝国をめぐる争奪 249
「新時代。封建的娯楽ではなく、社会的進歩の時代」 261

第七章 真の独立の達成……267
「混乱と苦痛の真っ只中で」 267
「官職かその希望以外は、すべて失われた」 269

「素晴らしい信用！　近代社会の礎」　283
コスモポリタン・ナショナリズムの文化　291
「連邦」から「アメリカ」へ　305

第八章　非例外的な帝国の獲得……311
「われわれの世界での機会、世界に対する責務、そして世界的栄光」　311
一八九八年の戦争をめぐる闘い　313
ドン・キホーテの最後の疾駆　317
破壊の方法の動員　325
「抑えがたい膨張傾向が……再び現れているように思われる」　327
「われわれは専制君主としてではなく、世話をする天使としてやってきた」　333
「運命、神意、そしてドル」　343

第九章　膨張する世界に対する島嶼的視座……353
「現代政治のジャガナートの山車」　353
薬を甘くすること　355
キューバ――「名誉と謝意を完全に欠いている多くの堕落した連中」　359
プエルトリコ――「ピクニックとして歴史の中へ」　366
フィリピン――「私が偶像視する土地、私の悲しみの中の悲しみ」　370
ハワイ――「急速に滅亡している民族」　381
選択による戦争　389

コラム　ターザンの鏡に映った近代　399

注

目　次　下巻

第III部　帝国と国際的無秩序——一九一四〜一九五九年

第十章　近代帝国システム——征服から崩壊まで
第十一章　忘れられた帝国を統治する
第十二章　カリブ海のカーニバル
第十三章　太平洋の楽園
第十四章　「混乱した植民地主義の黄昏」

第IV部　帰　結——ポストコロニアル・グローバリゼーション

第十五章　ポストコロニアル時代における支配と衰退
エピローグ　解放の教訓——イラク、二〇〇三〜二〇一一年

訳者解説
訳者あとがき
注
人名・事項索引

図表一覧

地図・写真

図1-1　アメリカ島嶼帝国……上19
図3-1　パリ条約後の大陸植民地（一七六三年）……上105
図5-1　一九世紀における合衆国の大陸拡張……上194
図8-1　南北の和解（ユニオン）（一八九八年）……上341
図9-1　ホセ・マルティ（一八七五年）……上365
図9-2　エミリオ・アギナルド将軍（一八九九年）……上379
図9-3　リリウオカラニ女王（一八七七年頃）（一八九一～九三年統治）……上386
図12-1　合衆国統治期におけるカリブ海の島々……下92
図12-2　プエルトリコの輸出作物、鉄道、市町村（一九二〇年）……下93
図12-3　ルイス・ムニョス・マリン（一九五七年頃）……下103
図12-4　ペドロ・アルビス・カンポス（一九三六年）……下103
図12-5　キューバ（州ごとの砂糖生産、市町村、鉄道）（一九二四年）……下109
図12-6　フルヘンシオ・バティスタとラモン・グラウ・サン・マルティン（一九三三年）……下126
図13-1　ハワイの戦間期における輸出作物と市町村……下138
図13-2　合衆国統治期のフィリピン……下148
図13-3　セルヒオ・オスメーニャ、フランシス・ハリソン総督、マヌエル・ケソン（一九一八年）……下153

表

表5-1　合衆国の政治発展の指標としての州設立年……上195
表9-1　合衆国の砂糖供給（一八七〇～一九〇六年）……上358
表11-1　合衆国消費向け砂糖出荷総量および国別出荷（％）（一九一七～三九年）……下69

凡　例

（1）本書は、A. G. Hopkins, *American Empire : A Global History*（Princeton & Oxford : Princeton University Press, 2018）の前半部分の全訳である。著者による「日本語版への序文」を付した。
（2）文中の（　）は原文のままである。
（3）訳者による訳注は〔　〕で挿入した。
（4）文中の引用箇所の訳文は、既訳を参考にしたものもあるが、その場合は、当該箇所に参考にした既訳名を示している。それ以外は原則として訳者による。
（5）上・下巻に対応する人名索引および事項索引は下巻の末尾に付した。索引項目は独自に選定した。

詩神の与えるところを一目見て情熱を燃やし、
恐れを知らぬ青年期に芸術の高嶺にのぼろうとする、
青年の心の限られた平面からでは、
近いところを眺めるだけで、向うの遠いところが見えない、
だが学問が進むと、不思議な驚きをもって、
無限の知識が新しくはるかに立ちのぼるのを見るのだ。
はじめは空にそびえるアルプスに進んでのぼり、
渓間をいくつも超えて空を踏む心地なり。
万年雪はすでに通り越したように見え、
はじめに見えた雲や嶺もこれでおしまいかと思う。
しかしたどりついて見ると、さらに路が延びていて、
またつぎに来る苦労を思うと、身震いを感じる。
広がっていく遠景を見回していると眼がつかれ、
嶺の向こうに嶺がのぞき、アルプスの上にアルプスがそびえ立つ。

アレグザンダー・ポープ『批評論』(一七一一年)

序　文

本書は二つの決定が重なった結果誕生した。一つは筆者自身の決定によるものだが、二〇〇一年にテキサス大学オースティン校に着任し、合衆国に来たことだ。二つ目は、当時まだ知られていなかった人たちによってなされたが、筆者が到着した翌朝に起きたツイン・タワーへの攻撃であった。その後、米国同時多発テロ事件（九・一一）として知られることになる出来事は、大小さまざまな帰結をもたらした。筆者自身の反応は、余波の中でも最も小さなものの一つであった。筆者は、磁石に吸いつけられる画鋲のように、タワーを崩壊させ世界を引き裂いた力に引き寄せられたのだ。それから筆者は、世界中の目撃者とともに、この攻撃が巨大な反応を引き起こすのを見守った。二〇〇三年二月、合衆国はイラクに侵攻した。その時点で、筆者の意志に大いに反していたが、取り掛かっていた仕事を中止し、一八一二年以来の大陸領土への攻撃に対するワシントンの反応を理解することに関心を向けた。

調べ始めると、当初の予想を超えて、はるかに大変な作業となった。それもそのはずである。筆者よりもはるかに多くの知識を駆使することができ、人工的な力を用いても太刀打ちできない速さで書くことのできる多くの解説者たちが、門外漢が到達するずっと前から、こつこつとこの分野の開拓をしてきたからだ。重要なことを一つだけ知っているヤマアラシになる前に、筆者はアイザイア・バーリンが有名にした寓話のように、多くのことを知っている狐にならなければならなかった。合衆国の歴史に関する、膨大な、感銘をおぼえ、圧倒されるほどの量の研究文献について熟慮するにつれ、このテーマへの貢献が唯一可能であるとするならば、それは、筆者の目的に合致したアメリカ国民の物語の特徴を理解しようとする一方、他方で、内側からではなく、外側からアメリカ史を考察することによってであることが明白となった。その結果取り組んだ研究は、全く予期しないやり方で、三つの異なる歴史分野で蓄積されてきた数十年に及ぶ学知を総合することになった。グローバリゼーションに対する筆者の関心は、広い観点から分析する文脈を提供した。西洋の諸帝国に関する筆者の研究は、帝国的膨張が、どのようにしてグローバル化の衝動を伝達するかを教えてくれた。旧植民地諸国の現地の歴史、とくにアフリカの植民地に関する筆者の研究は、フロンティアの反対側から見たとき、世界がいかに異なって見えるかに気づかせてくれた。

こうした営為を通して浮かび上がった特徴は、序文で明らかにされ、第一章でより詳細に検討される。ここでは本企画の学術的内容に関する筆者の追加の所見として、総合を試みるすべての研究に付きまとう固有の困難さ、すなわち総合と詳述との間で満足のいくようなバランスをとることの難しさを認める。イギリスの作家ジョージ・エリオットは、小説『ミドルマーチ』の主人公の一人エドワード・カソーボン牧師に、すべての神話学を理解する鍵を見出すという、たいそうな考えを授けた。彼の手法は、雑多に積み上げられた資料をふるいにかけるというものであったが、救いようのないほど欠点だらけであり、採用しても「より疑わしい諸原則の疑わしい説明」に終わってしまうだろうことを承知していた。オスカー・ワイルドもまた、機知に富むやり方で、作家たちに、大胆にして型にはまらないよう促した。彼は「他人の勇気あるアイデアさえも」寄せつけない臆病さを軽蔑し、想像力を奪ってしまう「正確さにこだわる無頓着な習性」を嘲笑した。しかし、彼の熱心な勧めは、想像力が理解に役立つために作家に求められる方法論上の訓練についての助言を伴っていなかった。この問題に取り組むにあたって、筆者は伝統的な方法に従い、検証可能な仮説を立て、仮説に随伴する用語を定義し、裏付けとなる簡単な事例以上の証拠を検討することにした。それでも、本書のストーリーに関連するさまざまな要素を具体的に列挙し、統合するという作業は、道半ばのままである。筆者は完璧な狐でも、十分成長したヤマアラシのどちらでもなく、そのハイブリッドであり、これ以上の能力の進化は期待できない。細々とした点について正しくなかったとしても、いくつかの重要な事柄について、多少なりとも妥当な説明がなされ、いくばくかの解明がなされていればと願っている。真実を見出すことができるとすれば、それは他の国においてであろう。

考察の対象となっている国である合衆国の道先案内人たちは、辛抱強く、寛容で、しかも惜しげもなく知識を提供してくれた。テキサス大学オースティン校の同僚と仲間たちは、当地から離れ、地理的利便性を行使できなくなったときでさえ、喜んで筆者の要請に応えてくれた。ジョージ・フォーギー、マーク・メツラー、マーク・ペイレン、ジェイムズ・ヴォーンは、一八世紀と一九世紀を扱った大半の原稿に目を通す作業を引き受け、最大限の負担を担ってくれた。しかし、フランク・グリディ、マーク・ローレンス、ウィリアム・モーガン、バーソロミュー・スパロー、ジョン・ヴルピラト、ベン・ブロワーの専門知識にも大いにお世話になった。二〇〇七年春にファカルティ・リサーチ・グラントを提供してくれたリベラル・アーツ・カレッジ、および、二〇〇九年秋にフェローシップを支給してくれた同カレッジの歴史研究所に感謝したい。この二学期間の休暇のお陰で、十全ではないにしても、いくつかのとくに難解な解釈上の諸問題に切り込むことができた。歴史学科の職員たちは、いつも支援の手を差し伸べてくれ、オースティンの場合と同様、しばしば別の大陸から持ち込まれた期待に基づく要請にも、常に丁重に対応してくれた。

ケンブリッジ大学の筆者の同僚たちは、アメリカ史のセミナーに招待してくれた。このセミナーは、ゲアリー・ガースルの指導の下、情報と着想の源である。セス・アーチャー、ニコラス・グイアット、アンドリュー・プレストン、ジョン・トンプソンは、原稿の一部を読むのに積極的に協力してくれた。著者たちは、原稿の仕上げの段階になると、自己の立場を頑なに守ろうとするため、すべての見解を変えさせることはできなかったかもしれないが、彼らの鋭敏なコメントは、筆者の草稿を改善してくれた。ペンブローク・カレッジは、数多くの非公式の議論の場を提供してくれた。同大学の研究助成は、筆者の旅費と資料複写費用を支援してくれた。二人のかけがえのない専門家であるティム・ハーディンガムおよびハンス・メグソンは、ウインドウズ8の、ことさら緊張を強いられる経験も含め、厳かな冷静さでもって、さまざまなタイプのウインドウズ版をやりくりするのを可能にしてくれ、さらに筆者の原稿だけでなく筆者自身をも、いくつかの差し迫る災厄から救ってくれた。

筆者は、職を得ている大学外の学者たちにも手伝ってもらうことで、親しい同僚たちに対するお願いの分量を減らした。ジャスティン・ドゥリヴェイジは寛大にも、一八世紀半ばに関する重要な博士論文に目を通すことを認めてくれた。マックス・エドリングは、独立革命と南北戦争の時期を理解しようとする筆者の努力について、出版可能な覚書を作成してくれた。ウィリアム・クレアランス・スミスとリチャード・ドレイトンはそれぞれ、フィリピンとカリブ海を論じる章について貴重なコメントを寄せた。イアン・フィミスターは親切にも、一九世紀末の帝国主義についての章に目を通してくれた。ステファン・ソーヤーは、同時期の大陸ヨーロッパに関する筆者の論じ方を点検してくれた。ケアリー・フライザーおよびジェロルド・クロゼウスキーは、脱植民地化に関する彼らの豊富な知識を、筆者の利用に供してくれた。マイケル・ハントは、帝国とヘゲモニーの定義をめぐって、書面での広範な意見交換に非常に積極的に応じてくれた。もし双方がこの問題を克服して納得するに至らなかったとしても、私たちは良い仲間に恵まれていると慰めあうことができる。

本書で使用されている地図のいくつかは、散在する無名の出典から作成されたものである。地図作成の専門知識を快く提供してくれたことに対して、ラリー・ケスラー、キャロル・マクレナン（ハワイ）、シーザー・アヤラ（キューバとプエルトリコ）およびウィリアム・クレアランス・スミス（フィリピン）に謝意を表したい。

プリンストン大学出版局の「世界の中のアメリカ」シリーズの編者であるスヴェン・ベッカートとジェレミ・スリは、形式を上回る支援を快く与えてくれた。編集者のベン・テイトは、プロフェッショナルな距離感と個人的な熱意を見事に兼ねた仕事をしてくれた。大きな、骨の折れる企画となった本書の最終段階での交渉において、彼ら三名が支援の手を差し伸べてくれたことに謝意を表する機会を得たことを喜んでいる。筆者はまた、プリンストン大学出版局の出版部の人たちに安心して任せることができた幸運にも感謝したい。彼らの専門知識が、筆者の元原稿をより良いものにしてくれた。また、彼らの経験が、出版への道のりを平坦なものにしてくれた。

バイロンが、「人生の貸し馬車の激しい揺れ」の一つと称した困難を乗り越えるお世話をしてくれた医師たちにも、通常とは異なる意味での謝意を述べなければならない。がん研究者、詩人、小説家、そして飽くことを知らない話し相手であるスコット・シャッペル博士は、彼に相談を持ちかけるすべての人に惜しみなく接するのと同じような寛大さで、筆者が、自分の体調を理解できるよう手助けをしてくれた。彼は二〇一五年に、五二歳で（筋萎縮性側索硬化症としてイギリスでは知られている）病気で亡くなる直前まで、他人に対する献身を保持した。筆者は、オースティン在住のジョン・ウィリアムソン博士の専門的な診断およびナッシュヴィルにあるヴァンダービルト医療センターの素晴らしいチームの外科手術の技術から恩恵を受けた。ナッシュヴィルには、どんな状況でも頼りになるジョゼフ・スミス教授がいて、他の人であれば、見た途端に挫けてしまいそうなスケジュールに直面しても、アフリカ研究に不自由なく自分の時間を振り向けながら、不思議と慌しさを感じさせないよう振舞った。ケンブリッジでは、サイモン・ラッセル博士は、専門的知識に裏付けられた快活さで、放射線治療を施してくれたので、これまでのところ、気持ちが落ち込まずに済んでいる。

最後に、現実的だと考えていた執筆スケジュールが、何度も修正されたにもかかわらず、揺るぎない支援を与えてくれたことに対して、妻のウェンディに感謝しなければならない。ウェンディの苦労に比べればゴルフウィドーの奥さんたちは楽していられるので幸運である。言うまでもなく、本書の内容に対する責任は、完全に筆者自身にある。予想以上に良い本に仕上がり、本書を完成させることができたが、その功績は、続く本文中でその寄与について言及されている数多の学者たち、および叙文で言及したすべての人たちのものである。

二〇一七年七月七日、ケンブリッジにて

プロローグ　解放の教訓――イラク、一九一五〜一九二二年

彼らは私たちのもとに帰ってくることはないだろう、
決然とした、若き者たち、
われわれが差し出した、熱意ある、一途な者たち――
だが、彼らが汚物にまみれて死んでいくのを
無為に放置した者たちは、
時代と名誉に浴し、埋葬されることになるのだろうか？

彼らは私たちのもとに戻ってくることはないだろう、
届くこともない支援を日々待ち望みながら、
冷酷に殺された強き者たち――
苦悩をさらに深め、苦痛にあえぐ彼らを叱責した者たちは、
投獄を逃れるほど強く、賢いのだろうか？

死んだ者たちは、夜と昼が分かたれている間は、
私たちのもとに帰ってくることはないだろう。
日没を分かつ遮断線が続く間は、決してないだろう。
だが、彼らが死んでいく間、言い逃れをしてきた
思考停止の権力者たちは、

以前と同じように、高い地位を追い求めるのだろうか？
私たちは、ほんの短い間しか、彼らに脅威を与え、
怒りを持ち続けられないのだろうか――
嵐がおさまったとき、彼らはひっそりと、正にひっそりと、
権力の座に復帰していることになるのだろうか？
彼らと同類の者たちの引き立てと企みによって。

ラドヤード・キプリング『メソポタミア』（一九一七年）(1)

「私はナショナリストたちの影響力を過小評価した(2)」。

アーノルド・ウィルソン卿、メソポタミア文民高等弁務官代行、一九一八〜一九二〇年

チャールズ・V・F・タウンシェンド少将は、クート・エル・アマラを去ってすぐに、再びこの地に戻るという、運命の突然の変化を不思議に思う十分な理由があった。彼はインドでの功績ゆえに、「ラッキー」として知られているが、一九一五年四月、インド軍第六師団の司令官としてバスラに到着した。

彼は軍人階級社会の中では、革新的かつ精力的な人物であり、一八世紀以来のイギリスの海外膨張を支持してきた。彼の卓越した祖先にあたるジョージ・タウンシェンド陸軍元帥は、この時期の大規模な戦争を戦う中で、傑出した経歴を築いていた。(3)タウンシェンド自身、帝国陸軍の勤務において高い地位に昇進し、さらなる高みを目指しており、このたびの任務が、彼にその機会をもたらすと自信満々だった。(4)その好機が到来したのは、イギリスの戦略家たちが、一九一四年に予期せず中央同盟国(the Central Powers：三国同盟)側に回ったオスマン帝国が崩壊し、ロシアのさらなる膨張への道を開き、この地域のイギリスの利益を危険にさらし、インドおよび東アジアとの兵站線が脅かされる可能性が高いと判断したからだ。タウンシェンドの任務は、トルコ軍の支配地域からトルコ軍を排除し、オスマン帝国の支配に対するアラブの反乱を助長し、新たな油田を確保することであった。(5)帝国のアジェンダとしては副次的だったが、もう一つの狙いがあった。タウンシェンドが率いる遠征軍は、イギリスのインド軍上級司令官であるジョン・ニクソン将軍の指揮の下にあった。そしてニクソンは、インド総督から命令を受け取っていた。(6)ニューデリーから見れば、訪れた機会とは、メソポタミアの直接支配を実現するチャンスであった。(7)

守りが固くない陣地に対する初期の成功の後、六月に第六師団は北上を開始した。(8)九月二九日、タウンシェンドは、バスラの北およそ一八〇マイルのところを流れるチグリス川が、ループ状になっている位置にあるクートという小さな町を占領した。(9)彼はその地点で停止する意向だった。だが、彼の上官であるニクソン将軍は、北にさらに一〇〇マイルほどに位置するバグダードを奪い取るため、前進を続けるよう命じた。(10)運が尽きた時点で、指導力にはすでに疑問符がついていた。そもそもタウンシェンドは、バグダードでの市街戦を予期して彼自身が作成していた詳細な指令を全く必要としなかったのだ。(11)一一月二二日から二四日の二日間で、彼はバグダードの南二〇マイルに位置するクテシフォン(Ctesiphen)での激しい戦闘で、部隊の三分の一を失い、残された九〇〇〇人の戦闘部隊とともに、クートまで撤退することを余儀なくされた。彼は、経験豊かで策略家のウィルヘルム・フォン・デア・ゴルツ陸軍元帥の指揮の下にあるトルコ第六師団の部隊の追跡をうけ、包囲された。(12)

クート包囲は一九一五年一二月五日に始まり、五カ月後の翌年四月二九日に終わった。この包囲は、近代イギリス軍による最長の持久戦の一つであった。続いて起きた降伏は、コーンウォリスが一七八一年にヨークタウンで降伏して以来の、イギリス軍事史上最も屈辱的だとみなされた。(13)戦略的な重要性がほとんどなかったクートを保持する差し迫った必要性はなかった。ユーフラテス川に位置するナッシーラという、より重要な町は、すでに占領されていたし、バスラに至る南の水路は確保されていた。(14)しかしながら、ガリポリ(Gallipoli)での敗北の直後にクートを失った場合、ヨーロッパ列強を巻き込んだ、より広範な戦争における重大局面にあって、イギリスの威信をさらに傷つけることになっただろう。(15)それゆえ、体面と評判を保つためには、クートは救出しなければならなかった。当初、タウンシェンドは、南方からの増援部隊がすぐにでも包囲を解いてくれるだろうと考えた。救援が遅れることがわかると、彼はクートから脱出し、援軍が期待できるバスラ方面に撤退することを提案した[16]。しかしニクソンは、救援軍が集結するまでクートを保持するよう命じた。脱出できなくなったタウンシェンドは、塹壕を掘って持ちこたえた。タウンシェンドと彼の部隊を救出する任務は、大国としてのイギリスの立場を維持するという、より大きな目的と接合することになった[17]。その行方は、食糧と弾薬が尽きてしまう前に、救援部隊がトルコの防禦線を突破できるかどうかにかかっていた。

一九一六年一月、三月および四月に、クートを救出する決死の試みが、兵士と犠牲者の双方とも増大する中、三回敢行された。救援部隊が直面する状況はすさまじかった。雨季のため、地面はぬかるみ、食糧は限られ、医療支援はほとんどなかった[18]。三回のうち二回の救助作戦に参加したロバート・パーマー大尉は一月、家族宛に次のように書き送った。

> それでも、われわれはその夜、かなり憂鬱であった。われわれの戦線は、聞くところでは、前進していなかった。われわれは、多くの犠牲者を出した（われわれの大隊には犠牲者は出なかった）し、敵を追い出す見通しもないように思えた。敵の戦線は広大すぎて、彼らの側面を通って脱出することはできなかった。蜃気楼で大砲が使えない状況だとすれば、ここでは塹壕への正面攻撃は絶望的な行為であった。フランスからやってきた部隊がいうには、この点で、この戦闘はヌーヴ・シャペル（Neuve Chapelle）の戦いかイーペル（Ypres）の戦い以上に厳しかった。というのは、ことわざのとおり、それはちょうど、最後までビリヤード・ボードの上を前進するようなものだからである[19]。

パーマーはまた、四月にトルコの陣地を突破する最後の試みにも参加したが、そのときの損失は大変大きなものだっただけに、非常に禁欲的に耐えてきたインド兵でさえも動揺し始めた。

> あの夜……D・コイは、敵に直面して臆病な振舞いをしたかどで、インド軍下士官、現地軍、およびインド人兵を殺す銃殺隊を探さなければならなかった。ありがたいことに、私ではなくノースが、その任務に就いた。彼らは自分たちの墓を掘る手伝いをし、非常に勇敢に振舞った。彼らは掘った墓の中に横になり、銃殺された。

これがパーマーの最後の手紙となった。数日後、四月二一日、彼はトルコ軍の塹壕への攻撃を率いていた際に戦死した。パーマーは二七歳であり、戦争が勃発すると軍務に志願した。彼はイギリスで最も著名な政治家の一人であるセルボーン卿の息子だった[20]。

クートでのタウンシェンドの立場は、町の奪還に続けざまに失敗する中で悪化した[21]。初期の段階では、攻撃を白兵戦〔白兵を用いてする肉薄戦〕で撃退しなければならなかった[22]。後になると、包囲の効果が十分現れるようになり、食糧はますます少ない分量に分け、しかも馬肉で補わなければならなくなった[23]。三月になると、栄養不良と病のため、兵士たちの防衛能力が減じられ、士気も減退した。インド人兵士たちの中には脱走する者や、さらなる戦闘を避けたくて、自らに傷をつける者も現れた。タウンシェンドからの連絡には、気持ちが張りつめた様子が伝わり始めた。「包囲された状況下で、人は常に神経過敏な状態におかれ、頭の中をアイスボックスのように冷やしておかなければならない。みんなが自分に注目しており、情報を待ち望んでいる」と告白している[24]。

希望は、その知らせが来たときに打ち砕かれた。その知らせとは、クートを救出する最後の試みが、失敗に終わったことを確認するものだった。数日後の四月二九日、タウンシェンドはトルコ軍の新任司令官ハリル・パシャに無条件降伏し、コンスタンチノープルで戦争終結まで捕虜として過ごした[25]。イギリス軍は、バグダード侵攻とクートでの降伏の期間に、一万人の犠牲者を出した。さらに、二万三〇〇〇人の兵士が、クートを救出しようとして戦死したり、負傷したりした[26]。一万三〇〇〇人の兵士と非戦闘員の補助部隊が捕虜となった。そして、そのうち半数以上は北への長い、体力を消耗する行進か、あるいはトルコの強制収容所で亡くなった。タウンシェンドは一九一八年に再起したが、彼の運と同じく、世論はまもなく彼に背を向けた[27]。彼は自信、野心、名声を失い、一九二四年に逝去した[28]。

クートでの大敗の結果、スタンリー・モード卿（ニックネームは「システマティック・ジョー」）が、新たな司令官として任命されることになった。彼は、一五万人もの大軍を任され、新たな攻勢をかける準備に六カ月を与えられた[29]。この措置は、その後のすべての反転攻勢の始まりとなるはずだった。モードは一九一六年一二月に進軍を開始し、一九一七年二月にクートを奪還、三月には最大の戦果であるバグダードを占領した。バグダード占領後、モードは整然と前進を続け、彼が一九一七年一一月に（コレラで）死亡したことで、ようやく停止した[30]。その時点で、彼はクートの北と東の領土の大半を併合していた。翌年、モードの後任となったウィリアム・マーシャル卿は、バグダードの北方二〇〇マイルに位置するモスールにイギリスの支配を拡大した[31]。その時期になると、インド軍はメソポタミアで四二万人の部隊を擁するまでになっていた[32]。

バグダードを奪還して一週間後、モードは、二〇〇三年にイラク侵攻の観察者たちにとって馴染み深いものとなるフレーズを含む宣言を発出した。「わが軍は、皆さんの町や土地に征服者や敵としてではなく、解放者としてやって来た[33]」。

続いて、出現しつつある帝国の永遠の難題、いかにして砲身から正統性を引き出すかという課題に立ち向かう仕事は、メソポタミアの文民高等弁務官アーノルド・ウィルソン少佐に任された。ウィルソンの指令の下、イギリスは一種の直接統治を行い、取って代わられたオスマン帝国のとき以上の不満を惹起した[34]。一九二〇年五月、国際連盟の委任の下で統治するというイギリスの決定は、反対勢力の闘争心を広範囲にわたって高めた。政治団体、宗教指導者、および経済的困窮が作り出した諸力は、独立を求めて結集した。ウィルソンは現地では、「メスポトの独裁者」（Despot of Mespot）として知られており、専制的で頑迷なタイプであるだけに、断固として方針を変えなかった。その結果、八カ月に及ぶ反乱が発生し、何千人もの生命が失われ、推定五〇〇〇ポンドの失費を強いられた。[35]

「叛徒」（そう彼らは称された）たちは制圧されたが、ウィルソンは最終的には、彼の立場を修正することを余儀なくされた。[36] T・E・ローレンスが、「わが帝国の偉業にとっての恥辱」と呼んだ出来事は、政策の変更を促した。[37] イギリスの野心は縮小された。政治的な発展よりも行政的な秩序が優先された。倹約が発展に勝った。一九二一年、イギリスは旧政権から著名人、聖職者、将官、および官僚からなるゆるやかな連合を結集し、イギリスの庇護の下で、イラクの初代国王として統治するために、預言者ムハンマド家の子孫を海外から呼び寄せた。[38] こうして、新生国家は不安定、革命、および権威主義という、未来への不吉な旅を開始したが、その旅は、海外からの周期的な干渉と扇動を伴った。モードが「闖入者の暴政」と呼んだ状況が、続くことになった。[39]

＊　＊　＊

アメリカ帝国という題名の著書を、イギリス史においてあまり知られていないエピソードを詳述することから始めるのは、直観に反しているように見えるかもしれない。タウンシェンド自身、彼の失敗した遠征が、二一世紀初頭に起きた合衆国によるイラク侵攻を扱う解説の中で掘り起こされ、詳細に分析され、そして引照されるとは、予期しえなかっただろう。しかし国際秩序が混乱しているとき、歴史は再発見される。新たな出来事が、通常のアプローチでは説明に無理が生じることがあるように、同時代の問題に関心を有する解説者たちは、現在の不満のルーツを明らかにするために過去を振り返る。「九・一一」のトラウマは、当時主張されたように、「世界を変えた」のではなかったかもしれないが、疑いなく、合衆国の外交政策をにわかに活気づかせ、世界秩序を維持するか変えるかに関する合衆国の役割の広範な再検討を促し、さらに膨大な量の「帝国研究」を生み出した。

このように、タウンシェンドの経歴の屈辱的な結末は、帝国の台頭と崩壊のたとえ話として見られるようになった。しかし、タウンシェンドの物語の教訓は論争的である。クートの包囲は、イギリス帝国が絶頂期にあったときに起きた。そのことはまた、不可逆的な衰退が始まり、バトンが、西洋文明の新たな、より活力のある後見人に渡った瞬間でもあった。このような見方に立てば、タウンシェンドは、最強の国家でさえも、興隆と衰退をもたらすに十分強力な周期的諸力の囚われ人であった。一九一五年の出来事は、二〇〇三年に起きる出来事と同じく、ただ一つの帰結あるのみであった。すべての中国王朝は最終的には「天命」を失った。ギリシアは驕りが、ネメシス〔破滅〕につながったことを教えてくれた。イブン・ハルドゥーンは成長、膨張、衰退の段階を描いた。ジャンバッティスタ・ヴィーコは、三つの再起的時代を明らかにした。文明の興隆と衰退についての学説で、アーノルド・トインビーは、合衆国で名声を博した。[40] 現代の「衰退論者」たちは、意気消沈した時期の国家の脈診を続け、終わりが近いことを再確認する。

他の解説者たちは、未来を前もって閉ざす、無慈悲な悲観主義を敬遠した。彼らの見方では、合衆国はイギリス帝国の末裔であった。合衆国の政治理論家たちは、国際社会のアナーキー〔無政府状態〕を阻止するために、世界は、支配的な指導国であるヘゲモンを必要としているという主張を支持する議論を提供した。J・A・ホブソンは、すでにそのような主張を予見していた。「政治哲学者たちは、長年にわたって、平和を維持するための唯一可能な安全保障として、帝国すなわち単一の国家内における封建的秩序に大筋において適合する国家の階層的序列について、思いをめぐらしてきた[41]」。

さらに言うならば、いまやその気になれば、歴史の教訓を学び取ることが可能であった。先進テクノロジーが持つ社会変革力を、現代社会科学の鋭敏な洞察力と結びつけることによって、超大国は、反体制派の人たちを無力化し、世界中に進歩を普及させ、衰退を防ぐことができる。このような楽観的な見方からすれば、合衆国は、啓蒙思想の時代の楽観主義に起源を有する単線的な発展過程の頂に立っていた。ヘーゲルとマルクスは、非常に異なったやり方で、弁証法的な諸力が、社会をより高い段階に到達させるだろうと信じた。イギリスの法学者ヘンリー・メインにとって、進歩は、身分から契約へと移行する過程を含むものであった。ハーバート・スペンサーは、社会発展を漸進的な個人主義の成長と結びつけた。タルコット・パーソンズは、「伝統的」社会を「近代的」社会に変える方法を知っていた。一九九〇年代の「冷戦勝利主義」は、「歴史の終焉」を生み出した[42]。楽観主義者たちは、国家的威信を膨張させる広告塔であった。

クートの包囲の検討は予期しないやり方で、帝国史における重要な争点の多くを含むアジェンダを示唆する。より具体的に言うと、二〇〇三年のイラク侵攻後のクート包囲のエピソードおよび解釈は、合衆国を、その国境を越えた広範な文脈の中に位置づける重要性を示している。この目的を達成する一つの方法は、合衆国の物語をグローバルな、そして具体的には、帝国の脈絡の中に位置づけることである。グローバリゼーションと帝国は、本書で扱う三世紀間を通して結びついていた。帝国は、力強い刷新者であり、グローバリゼーションの代理人であった。膨張と縮小の衝動は、一体となって進展した。原因と結果は、双方向に作用した。本書で明らかにしたグローバリゼーションの三つの主要段階は一八世紀末、一九世紀の終わり、および二〇世紀に大きな変革を伴う危機を経験した。各段階は、運命と軌跡に深甚な影響を与えた。それぞれの時期の転換は、帝国の政治的・経済的な構造を改変し、帝国統治の地理的分布を変える弁証法的な過程を通して実現した。グローバルな見解に立てば、合衆国史における中心的テーマのいくつかについて投げかけられた問いを修正することになる。その結果提供される答えは、二組の異なる専門家たち、すなわち合衆国を研究する歴史家と帝国を専門とする歴史家の関心を結びつけることになるだろう。

帝国のグローバル化の三つの異なる段階から現出する歴史は、「帝国」という用語についての、いくつかの馴染みの用法とは異なる理解の仕方を提供してくれる。一七八三年以前のイギリスの北米大陸植民地は、当時初めて支持されたプロト・グローバリゼーション（proto-globalization）によって伝播された衝動が、軍事＝財政国家によって推進された帝国的膨張を当初支えていたにもかかわらず、どのようにして、その後阻害することになったかを示すために再演することが可能である。歴史家たちは一七八三年から一九四五年の期間を、主として、国家の成長および自由と民主主義の追求の歴史として同定するが、この時期はまた、帝国史の領域として描くことも可能である。現在のところ、帝国主義と帝国は、典型的には大陸膨張の研究、および一八九八年のスペインとの戦争のように、一見逸脱であったかのようなエピソードの中で、ごく限定的に言及される程度である。しかしながら、一九世紀が、長引いた脱植民地化の行為とみなされるのであれば、南北戦争までの時期は、自立を追求したと理解することができる。この間、合衆国は依然として、イギリスの非公式的影響力《インフォーマル・インフルエンス》の下にあった。だとすると、南北戦争から米西戦争の時期は、国民創造《ネーション・ビルディング》、工業化、実質的な独立の達成、そして海外帝国の基盤作りという、連続した過程を重視する再定式化が可能となる。

　スペインとの戦争はアメリカ帝国史において、新たな段階の幕開けであった。合衆国は太平洋とカリブ海で植民地保有国家となった。西洋の「文明化の使命」のアメリカ版の実現に関する記録を点検することがいまでは可能になっている。今なお、一八九八年から第二次世界大戦後の脱植民地化の時期における合衆国の植民地統治に関する研究は、合衆国の歴史学において最も看過された主題の一つであり、新たな世代の歴史家たちにとって、研究の可能性を提起している。二〇世紀半ばの脱植民地化過程は、超国家的でマルチエスニックな今日の世界を形作ったグローバリゼーションの性格の変化と結びついている。本書では、この新たな段階は、領土帝国の創造や維持とは相容れないと論じる。そうはいっても、アメリカ「帝国」なる用語は、一九四五年以降になってようやく、二〇世紀後半に合衆国が行使した非公式的・間接的なパワーを叙述する研究で使用されるようになった。この明らかな逆説は、本書の末尾で探究するが、そこでは、ポストコロニアル・グローバリゼーションの時代における合衆国のパワーの限界を評価する。

　この時期全体を西洋諸帝国一般、中でもイギリス帝国の脈絡の中に位置づけることによって、さもなければ別々の国の歴史としばしばみなされている出来事の中に、共通の傾向を見出すことが可能となる。アメリカ独立革命は、一八世紀末におけるヨーロッパの軍事＝財政国家を襲いつつあった危機の外縁部への拡大とみなすことができる。一七八三年以降の時期は、「自由と民主主義」の台頭の歴史というより、むしろ一八一五年以降のヨーロッパにおける類似の対立を反映した、ポスト革命国家の形態をめぐる保守勢力と改革勢力との闘争であった。一八六五年以降の産業＝国民国家の建設過程は、好戦的な帝国主義への拡大も含めて、ヨーロッパにおける展開を繰り返すものであった。その後に起きた植民地統治の時期の検討は、以下のことを示している。一八九八年以降に合衆国が獲得した島嶼帝国は、他の西洋諸帝国と同じ統治手法を経験し、同じような命運の浮き沈みを感じ、同じ時期に、しかも同じ理由で終焉を迎えた。

共通性を強調するからといって、合衆国の独自性を軽視するつもりはない。明らかな相違点は、「例外主義」の観念を組み込むことなく、アメリカ史の記述の中に盛り込む必要がある。しかしながら、ヴェブレンが「訓練された無能力」と称した、型にはめ込まれた知能は、観察者たちが、一つの狭い見方を超えた視点から世界を捉えることを困難にする。[43] 一国家ないしは他の専門に特化した脈絡の中で考えたとき、確固として、啓発的でさえある主張も、国際的ないしはグローバルな設定の中で検証すると、紛らわしかったり、内容が貧弱に見えたりするかもしれない。重要な「解放の教訓」の一つは、表向きの類似性は、重大な文脈上の相違を隠蔽しているかもしれないということである。クートの教訓は、パワーが今日行使される条件の根本的変化や、パワーそのものの変化の性格を理解できない場合、世界における秩序――そして無秩序――に計り知れない結果をもたらしてきたということだ。

ここで述べてきた主張は、著者の限界だけでなく、学問分野の性格によっても制約される。歴史的理解は、漸進的に進む。真実が明らかになる日が待たれるが、その日はめったにやってこないだろう。さらに、本書が扱うテーマは、アメリカ史の一面であり、その全体ではない。こうした限定を付していても、本書の主題は巨大であり、思わぬ過ちを犯す可能性も大きい。それゆえ、野心的な主張は、過ちを犯す可能性およびそれ以上に、大きな歴史の発展過程を再解釈する試みに随伴する失敗の可能性を認めることによって、バランスをとる必要がある。そういうわけで、以下の点を認識しておいた方がよい。一列に並べた斧頭の丸い穴を矢で射貫くことができたオデュッセウスでさえ、彼の叙事詩的旅を完成するには魔術的な助けを必要としたとするならば、アーチェリー技術もなく、神に頼ることもできない、経験の少ない航海者たちは、真実として認められる可能性に希望を託していることを承知しておく必要がある。[44]

第一章　三つの危機とその帰結

◆さまざまな選択肢の中から選びとる

あらゆる世代の人々は、自らが必要とする歴史を求める。流行はやってきては去っていく。そのいくつかは、原形が忘れられてからずっと後になって、適当に形を変えて再び現れる。歴史の記録というものは、特定の傾向が一年そこそこもてはやされたあと、遠のいていくことを示している。帝国史やグローバル・ヒストリーを扱う部門は、半世紀ごとに行ったり来たりを繰り返してきたことをとくにはっきりと示している。近代化論は、全く非歴史的な理論であったがゆえに従属論に道を譲ったが、今度はその従属論に魅せられた社会科学者たちが、無批判に両手を挙げて過去というものを受容してしまうのだった。マルクス主義は、交換よりも生産が重要であると改めて主張することによって、従属論の極端に融通無碍なところを是正した。ポストモダニズムは、唯物論的なものより唯心論的なものに重きを置くことによって、それまで支配的であった因果関係の優先順位をひっくり返した。今日、歴史家は「総合化プロジェクト」を復活させ、諸大陸、帝国、島嶼についてグローバルな観点から叙述することに勤しんでいる。

研究の動向が変化するのに対応して、学者は変化する優先順位の中に自分の位置を見出すことを余儀なくされる。もし時代に順応することができなければ、彼らは、マルクス主義がしばしば口にしたように、「時代遅れのパラダイム」という罠に陥る危険がある。もし流行に従えば、個性を喪失する危険に見舞われる。最初に株を購入する人は成功する。マーケットが最高の状況にあるときに株を買う人は、その後に起きる株の暴落によって辛酸をなめることになる。流行が受けるのは、それが、その時々の差し迫った問題に包括的に見える対応策を提示するからだ。そのいずれの場合も、相容れない証拠によって打ち砕かれるか、絶え間なく失敗が繰り返されることで打ちのめされると、終わりを迎える。事が終わってしまえば、直面する問題は結局のところ、永遠の謎ではないことが明らかになる。

歴史研究の次の局面を予知する能力があれば、優先順位を選びとることが大いに容易になる。生憎だが、金融アドバイザーが口にせざるをえなくなるように、これまでよかったからといって、これからも利益が保証されるわけではないのだ。[1] とはいえ、歴史家は自分の仕事を設計するにあたって、過去および現在の優先順位についての知識を活用することができる。たとえば、グローバリゼーションという言葉はいまや、歴史家たちによって書かれた出版物において突出した、ほとんど必要不可欠ともいえる位置を占めるようになっている。そのことをわかっていないと、本書で展開する解釈において、この用語に中心的位置を与えるのは賢明ではないだろう。[2] 同じように、ソビエト帝国の崩壊および合衆国のさらなる台頭に刺激されて、帝国研究も活況を呈している。評論家たちは、中国の突然の台頭にもかかわらず、合衆国を今日の超大国とみなす。[3] それゆえいまや、すでに広く行きわたったメッセージを繰り返す危険が生じている。退屈さも限界を超えてしまうと、最新のアプローチでさえ無用になる。また、現在の傾向が変化することになれば、時代遅れの問題を扱う羽目に陥る恐れもある。グローバリゼーションへの反発が勢いを増せば、学者の関心は国民国家といった他のテーマに移行するかもしれない。それにもかかわらず、現時点では、「古臭くなったのは近代的なるものであるにすぎない」というオスカー・ワイルドの言葉を想起し、ぶれずに自らの立ち位置を維持することが必要である。[4]

しかし表向きとは異なり、今日の問題は、まだ賞味期限切れになっていない。いわゆる「グローバルな転回」は学者の関心を集めたが、カリキュラムに与えた影響は限定的でしかなく、頑なまでにナショナルな要素をとどめている。[5] 加えて、流行の求めに応じた出版物はしばしば、本質的なものよりも受けが良い。著者によっては、著書や論文のタイトルに「グローバル」という言葉を付け加えることによって話題性を獲得し、月並みな実証的ナラティブでしかないものに理論的な重みを加えようとする者もいる。また、この「グローバル」という言葉を、洞察に富むというよりは、皮相的なマクロレベルのものに格上げする者もいる。現在までのところ、他の社会科学者の関心を一心に集めるようなやり方で、自らの仕事を、今日的に意義のある分析的な文献と関連づける研究を行った歴史家は稀である。

こうした弱点は、あらゆる歴史学研究の動向に共通するものだ。にもかかわらず、注目すべき進展も見られた。過去一〇年間の先駆的な仕事は、国際的な文脈を付与することによって、アメリカ史の標準的な論じ方を拡大するという試みに強力な論拠を提供した。[6] 非西洋世界に関する研究は、グローバリゼーションは多様な起源を有し、単に西洋の台頭物語のもう一つの長い章ではないことを明らかにした。同様に、グローバリゼーションが同質性だけでなく、異質性も創造することができるという認識によって、地域がグローバル化の過程にどのように貢献したのか、また超国家的な諸力がどのように多様な国民の歴史を形成したのかを明らかにするという二重の効果ももたらされた。[7] 今後さらに探究すべき過去への通路を切り拓いた著書もある。一つの重要な問いは、グローバリゼーションの歴史は、根本的な変化を伴うことなく、時間の経過とともに空間的に拡大したプロセスの記録であるのか、それとも一連の時間の経過の中で、異なる類の変化をもたらしたとみなす方が正しいのかという点だ。[8] 後者の立場は、本書で提示する解釈にとって不可欠な文脈を提供する。本書はグローバリゼーションの三つの段階を同定し、それぞれの段階に変化をもたらした弁証法的な相互作用を探究する。

帝国研究が再び関心を集めるようになっているが、いくつかの疑問が、依然として未解決のまま残されている。歴史家は非常に長い間、帝国を定義する問題と格闘してきた。それゆえ、多数派の同意が得られる公式的見解について合意に達するということはありそうにない。他の評論家たちによる帝国研究への貢献によって、いまや議論が錯綜するまでに用語の使用が拡散してしまった。比較は異なる定義の前には、とくに脆弱である。仮に「帝国」という言葉が、広範囲の国際的権力を行使する大国という、きわめて広義の意味で使用されることになれば、異なる時間軸や空間軸ごとに、非常に多くの比較が可能となる。もし比較に用いられる諸単位の特徴がきわめて重要な点で異なれば、共通性についての結論は説得力を欠くものとなる。特定の目的に適合するように狭く定義すれば、可能な比較測定基準が妥当性を失い、その結果、研究は類似性を明らかにすることなく、特異性を論じることになる。本書で用いられる定義については、本章で論じるが、上述のような陥穽に陥らないよう心掛ける。帝国はグローバル化勢力だとする仮説は、帝国共通の目的を設定するための基盤を提供する。グローバリゼーションは異なる歴史的段階を経るという主張は、そうした過程を時間軸に固定し、合衆国の歴史が西ヨーロッパ、さらには世界の歴史とどう接合できるのかを考える契機となる。

グローバリゼーションに対する現在の関心は、経済史が重要な歴史的諸問題の議論に再び参入することを可能にするという、予期しない恩恵をもたらした。

ポストモダニズムと言語的「転回」は、歴史家が文化的な影響力に新たな関心の重点を向けさせるという、歓迎すべき状況を生んだ。だが、そのことはまた、物的世界への彼らの関心を薄れさせることになった。今日では、経済史の有意性への新たな気づきが見られるが、それを実践する歴史家の数は不足している。[9] 本書が、経済史のテーマを組み入れることによって、過去数十年間看過されてきた歴史の諸相を明らかにするのに貢献できる可能性に、新しい世代の研究者の関心を喚起させられればと願う。専門家が容易に想定できるように、このことは、経済を重要な歴史的出来事を引き起こす支配的要因として考えるべきだということではない。本書で念頭に置いていることは、グローバリゼーションは、政治的、社会的、文化的な変化をも組み込んだ過程だということだ。帝国という主題への包括的なアプローチは、本書の解釈およびその解釈に由来する時期区分の基礎となっている。

帝国をグローバル化推進の伝播者と考えることによって、近年の帝国史がいまだ取り入れるに至っておらず、過去について見落とされていた新たな側面、すなわち膨張する西洋世界についての現地住民の視点が見えてくる。[10] 一九六〇年代に地域研究が台頭してくると、白人定住者と統治者に焦点を当てた古いタイプの帝国史は、新たな取り組みに道を譲り、最近になって政治的独立を達成した世界各地の現地住民の歴史を蘇らせることに注力を傾けることが優先されるようになった。地域研究は、注目すべき発展を続けているが、主として、個別の地域研究の細分化を生み出すというやり方で行われてきた。他方で、新しい帝国史は、アングロ世界の膨張、人種的ステレオタイプの創出、性差による役割の形成といったトピックを探究する一方、帝国建設について中道主義的立場をとる傾向があった。本書の立場は、植民地支配の受け手の視点を取り入れようと努める。本書の帝国の物語は、単なる「挑戦と反応」といった類のものではなく、グローバル化過程の吸引力によって互いに引き寄せられた各種利害の相互作用の物語であることが明らかになるだろう。グローバル化の推進力には、多くの拠点があった。島嶼は、合島嶼は、合衆国によって植民地になった島嶼も含め、はるかに巨大な力を持った国家の単なる小さな受け手として仕える、隔離された場所なのではなく、モノ、ヒト、思想の移動によって全大陸を結びつけるコスモポリタンな拠点なのであった[11]。これらの島嶼は、人が通行する回転木戸であり、グローバリゼーションの形成者でもあった。そこに入り込んだものはなんであれ、しばしば加工処理され、変容を迫られた。この程度の創造性が認められることは、驚くべきことではない。国境地帯や島嶼は、ヒエラルキーが支配的で、統制がより行使されやすく、慣習や法制度が確立した中心地よりも概して、より流動的で、しばしばより革新的なのである。

本書は、グローバル・ヒストリー、帝国史研究、現地住民の三つの視点を統合したアプローチを採用し、現在提示されている研究を踏まえながらも、それとも異なるアメリカ史を構成する。その際主として、内側からの視点よりも外側からの視点に力点を置いて叙述する[12]。さて、大言壮語のために筆者自身が困惑するということは容易に起こり得るので、ここで不運に見舞われるのに備えて保険をかけておくのが賢明である。免責条項の一つは、本書の範囲に関するものだが、本書はアメリカ史の全体を扱うのではなく、帝国建設と脱植民地化に直接関係のあると思われる特徴を扱う。したがって、一九世紀においては、主に連邦政府レベルの国内政治にスポットを当てる。この時期は、対外的な影響力の中でもとくにイギリスのそれが強く感じられたが、二〇世紀になると、合衆国が内政を完全に掌握するようになったため、その影響は限定的なものでしかなかった。アメリカ先住民史といった重要なテーマは、本書で検討する主題に直接関係する論点との関連に限って扱われる。幸いなことに、これらのトピックや本書で言及されない事柄は、アメリカ史の新しい記述の中で、相応の突出した扱いがなされている。

本書におけるさらなる限定は、アメリカ帝国主義の受け手に関するものである。本書で検討される帝国は、一八九八年後に獲得された島嶼帝国である。一九四〇年の時点で、合衆国国勢調査局は、人が住んでいる一三の海外領土を記載しているが、アラスカを含めると、その人口は一八八八万三〇二三人であった[13]。その大半は、太平洋とカリブ海地域の島嶼であった。全人口のおよそ九九％は、フィリピン（一六三五万六〇〇〇人）、プエルトリコ（一八六万九二五五人）、およびハワイ（四二万三三三〇人）に住んでいた。これら三つの島嶼はキューバと併せて、本書で検討する領土帝国としての合衆国の基盤をなす。一九四〇年に四二九万二一〇〇人の人口を有したキューバは、保

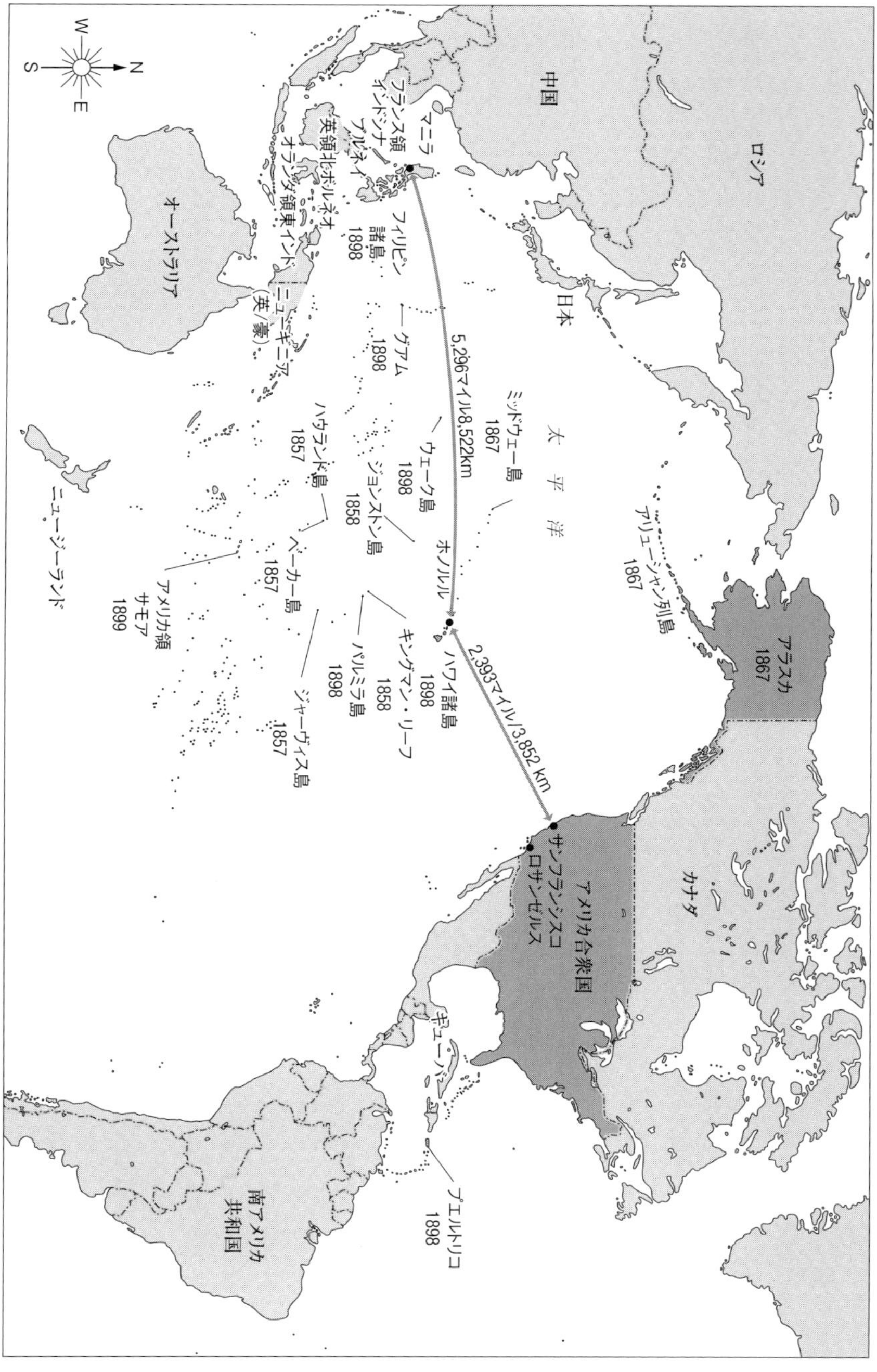

図I-I　アメリカ島嶼帝国

護国の事例として含めた。門戸開放政策とドル外交は、疑いなくさらなる検討に値するが、ここでは詳細な考察の対象ではない。非公式的影響力という言葉の持つ曖昧な性格から一つの問題が生じる。それは、影響力の範囲を地理的、年代的にたどることの難しさだ。よりありふれた障害は、本書のテーマを扱うのに十分に必要なスペースを割くことになると、読者を寄せつけない分量のものになってしまうことだ。その一方で、二〇世紀初頭における合衆国のパワーを論じる余白が生まれる。一九四五年以降の世界における合衆国の記述を制限することで、一九四五年以降の世界における合衆国のパワーを論じる余白が生まれる。戦後期においては、非公式帝国およびヘゲモニーに関する論争は、避けがたい重みを持って現れる。

◆「アメリカ例外主義という国民イデオロギー」を超えて(14)

本書でグローバルな環境を重視するということは、他の独立国の場合と同様、長らく合衆国における歴史研究の基礎をなしている堅固な国民的伝統の再評価を必要とする。歴史研究の国民的伝統は、国民国家の新たな誕生に伴い、(そして国民国家に正統性を付与するために)一九世紀に台頭し、今日では、世界中の研究・教育プログラムに深く根を下ろしている。伝統は大切に守る必要のある、多くの賞賛すべき特質を持っている。しかし、伝統は、ますます超国家的な影響力によって形作られるようになっている二一世紀の世界をもはや映し出していない。国民的な偏向はまた、もろもろの歪みを生じさせる。そうした歪みは、他と区別されるものは特殊というより例外的なのだという信念に最も明白に表れている。合衆国は神から与えられたユニークな使命を持っていたし、今も持っているという確信は、合衆国のナショナリズムの性格とアメリカ史の内容を形成するのに役立った。歴史の文献が例外主義と称するものは、国民の意見を強く捉えて離さず、一九世紀以来そうであったように、外交政策に影響を及ぼし続けている(15)。

多くの点で、依然として島国的な歴史研究の伝統が根強く残っている中では、アメリカ例外主義擁護論はほぼ間違いなく、海外の研究を無視して国内の研究者同士を参照し合うことにつながる(16)。その結果、特殊性はすべての国が主張する特質だと認識することができなくなってしまう。ある種の摂理主義は常に、大きな野望を持っている国家につきものである。使命感は、誤った唯一無比の意識を作り出し、それが物資的パワーと結びつくと、容易に特権や優越を当然のことだと考えるようになる。

歴史家のマルク・ブロックが古典的な小論の中で指摘しているように、比較は個別の事例研究よりも、歴史的な議論の真偽を検証するための、より説得力のある手段を提供する(17)。特定の国が「例外的」であるという主張は、当該国の自己描写を寄せ集めることによってではなく、他の国は自国のことを同じようには考えないと示すことによって立証される。しかしながら、通常、競合する主張をできるだけ無視し、異議申し立てがなされた場合には、自己の信奉するイデオロギー的優越性の原則を誇示するというやり方がなされる。

それでも、ロシアの統治者たちは長い間、国家を半ば神として扱い、彼らの目的は世界に特別のメッセージを伝えることだと考えていた。[18] フランス人は、自分たちは革命と共和制の伝統を持つ選ばれた守護者だと信じている。歴史家で愛国者でもあるジュール・ミシュレにとって、フランスを形作った革命は、それ自体が宗教であった。[19]「フランス的例外」(l'exception française) という観念は、世界の他の国々に「文明化の使命」(la mission civilisatrice) を及ぼす義務を、「偉大なる国民」(la grande nation) に付与した。[20] 詩人で哲学者であったポール・ヴァレリーは、「フランス人は、自分たちは普遍的であると考えることによって、自らを特別視した」と書いている。[21] ヴァレリーが、競争相手の存在に気づいていなかったとしても、こうした信念を抱いているのはフランス人だけではなかった。スペインの作家たちは長い間、彼ら特有の例外主義 (excepcionalismo) を論じてきた。学者たちは、日本独特の文化的帰属意識である「日本人論」(Nihonjinron) の起源を一八世紀まで遡り追跡し、それよりはるか以前の伝統の中に日本人論を形作る要素を見出した。ドイツの理論家たちは、「ドイツ特有の道」(den deutschen Sonderweg) なるものを一九世紀末に考案し、近代へ到達する自国特有の経路について叙述した。[22] 驚くことではないが、イギリス人は、文明の頂に誰が最初に到達したかということについて疑いを差しはさむことはなかった。セシル・ローズは、「貴方はイギリス人である、それゆえ、人生のくじ引きで一位を獲得したのだということを忘れてはいけない」、と同輩の若者に意見した。[23]

一般の人とは違って、歴史を専門とする人で、例外主義の観念をいまだに無条件に支持する者は少ないということは、直ちに付け加える必要がある。

幾人かの歴史家が、アメリカ史を比較の文脈に置くことで前進を見たように、他の歴史家は、アメリカ史のあらゆるサブ部門を徹底的に調べることによって、建国物語を敷衍したり、限定を加えたりした。[24] また、チャールズ・ビアードと革新主義者たちに始まるもう一つの伝統は、長い間合衆国はユニークで、国民統合的な効果を持つ、神聖な使命を付与された例外国家であるという思い込みに異議を唱えてきた。懐疑的な歴史家は、いわゆるコンセンサス学派を攻撃し、国内における対立に目を向け、合衆国は当初から、膨張主義的国家であり、まず大陸全体に拡大し、次に海外へと膨張したと考えた。[25] このような見方は、ニューレフト〔新左翼〕およびウィスコンシン学派の台頭に続いて、一九六〇年代に非常に影響力を持った。[26] 刺激的な新解釈は、膨張の連続性を強調し、一八九八年の米西戦争を歴史の逸脱ではなく、資本主義のシステムレベルの危機だとみなした。[27] この解釈によると、その後に起きたことは孤立主義ではなく、非公式な形をとった膨張であった。一九四五年以降の時期に関する類似のアプローチによると、合衆国の膨張から帝国の形成に至るまでの過程は、表向きには違っているように見えても、自らが取って代わりつつあったヨーロッパの諸帝国と世界支配の野望を共有するものであった。

しかしラディカルな歴史解釈は一九七〇年代以降、注目を集めなくなり、今のところ、現在の若い世代の研究者の間で評価する者は少数派である。急進「左翼」の立場から執筆された最後の包括的なアメリカ史の総合は、一九八〇年に登場した。[28] その紋切り型の議論と数多の誇張に対する広範な批判にもかかわらず、人気が衰えたり販売数が減ったりすることはなかった。販売部数は現在、二〇〇万部を超えている。多くの弱点が認められるにもかかわらず、この孤高の作品は、数世代の学生にアメリカ史に対する新鮮で、啓発的なアプローチを提供し、標準的大学のテキストが満足させることのできないニーズを満たしている。『人民の歴史』（*A People's History*）の成功は、この本の良し悪しに対する評価というより、今日の正統派的歴史解釈に対する評言である。正統派の歴史は、学問としては合格であるとしても、解釈をひっくり返すというようなものではなく、大抵の場合、無難な内容である。

上述のような要約的説明では、当然のことながら、膨大な卓越した研究成果のすべてを適切に扱ったことにならない。最も質の高い斬新な研究は、特定の時期、話題、テーマに取り組んでいるが、文献は膨大な量にのぼり、かつ絶えず増え続けている。「グローバルな転回」は、まだ革命をなすに至っていない。既存の歴史研究の重要な特徴は、現在でもしかるべき位置を占めている。その成果は、主流のテキストや総合に見ることができるが、独自の例外主義的前提に基づく良質で非常に洗練された歴史研究である。[29]著名な歴史家であるチャールズ・アンドリュースは、一九一九年の論文の中で、独立革命期の「出来事と人物」は「いくぶん神聖視され、ほぼ偶像崇拝に近い対象となった」と述べている。[30]「当世風建国者伝」と称されるものは、時代を通じて人気の的である。[31]建国の父祖たちについての有力な伝記は、トマス・カーライル（Thomas Carlyle）風の英雄観を共和国のニーズに適合させることで、飽くなき読者層を獲得する。[32]一九世紀の権威ある研究のタイトルを一見しただけで、独立革命の帰結だと考えられている、自由と民主主義という主題が、著者と読者層を魅了し続けていることがわかる。二〇世紀の国際関係において大きくなっていく合衆国の役割を描く歴史家たちはしばしば、その帰結については批判的かもしれないが、膨張主義的な目的が実現されつつあるという感覚から自由になることは困難だと感じる。

例外主義の伝統は、本書で「アメリカ帝国」と称されるものの定義と論じ方に強い影響を与えてきた。標準的な歴史は、この用語を半世紀あるいはそれ以上を対象とする二つの時期を指すのに用いる。第一の時期は、アメリカ大陸の植民地が、新世界におけるイギリス帝国の一部であったとき、一六〇七年から一七八三年までの期間を含む。すべての当事者は少なくとも、れっきとした植民地帝国が、この時期に存在したことを受け入れる。建国期の神話は、ヨーロッパ、とりわけイギリスの特徴とされる君主制、階層制および帝国主義と反対の特色を際立たせ、新共和国を旧世界と弁別するとされる自由と個人主義の特質を強調する。今日の研究は、アメリカ革命の原因と帰結についてさまざまな解釈を提示しているものの、新たなコンセンサスが存在するかどうかは、いわく言い難い。現在提示されている有望なオルタナティブが受け入れられるかどうかは、競合する解釈が支持されなくなるかどうかにかかっている。

第二の時期は、第二次世界大戦から現在に至るが、合衆国が、超大国の地位に上り詰めるまでの足跡をたどる。合衆国は二〇世紀後半に帝国を創造したという考えは、例外主義の観念と相容れない。このため、専門家と学者は無駄を承知で、この矛盾を説明する方法を模索してきた。国際関係論の理論家の中には、ヘゲモンやリーダーという別の用語を使ってこの困難に対処しようとする者もいた。中には、グローバルな膨張と自由や民主主義とを調和させようとする慈悲深い特質が、帝国という言葉には含まれていると考える者もいた。一つの有力な見方は、合衆国は「招かれることによって」支配的な地位を達成したと描写するものだった[33]。もう一つの見解は今日馴染みのある言葉で、次のように論じた。合衆国は、自らはその存在を認めようとしない帝国を所有するようになったが、それは国益を守るために再興を、そしてその潜在的なパワーを実現するために膨張を、ともに必要としたからだ[34]。これは「否定する帝国」(empire by denial)であるが、そのうち本性を現し、今日「攻撃的リアリズム」と称されるものを採用するようになる[35]。ラディカルな視点から執筆する別のグループは、帝国という言葉を、帝国主義に対する敵意をはっきりと示すために用いた。一九八八年までに、戦後のアメリカ帝国を、過去の他の偉大な帝国の後継者として分析した著書は、驚くべき割合で増大した[36]。こうした文献の多くは、政治的、経済的自由の恩恵を守り、拡大する必要性を強調する叙事詩的国史と両立する内容となっている。冷戦が開始されると、学界は愛国心に欠けていないことを示すため、その要求に応えた。

上述の二つの時期に挟まれた期間については不確かさが残る。一七八三年以降のアメリカ史に関する正統派の説明は、国家の膨張の物語に焦点を当てる。中には、この時期の大陸膨張を叙述するために、「帝国」という通称を採用した歴史家もいるが、このような文脈でこの言葉を用いる場合、第五章で示すように、慎重な検討が必要だ。合衆国は一八九八年にスペインと戦争を開始してスペイン帝国の残滓を併合したが、それ以前の対外関係はエピソード的に扱われる。しかしながら、帝国史の観点から言えば、従来の研究方法は変則的である。最も例外的な国家でさえ、一夜にして真の独立を達成することはなかったし、イギリスから移住した植民者からなる諸州は概して、「母国」との紐帯を引き続き維持したのである[37]。本書が採用する視点から見るならば、一九世紀は二つの部分に分けることができる。すなわち、一七八三年から一八六一年までの時期において、合衆国は生活の重要な物質的、文化的側面に対して広範囲にわたって、イギリスの影響下にあった。一八六五年以降、真の独立はますます現実味を帯び、一八九八年に確実となり、祝福を受けた。したがって、一九世紀は全体として、本書に含める価値がある。この時期は、最終的に帝国の影響をそぎ落とすまで引き続き格闘することによって、新たに脱植民地化をとげた国家の最初の最も重要な事例だからだ。

真の独立という概念は、厳密なものというより目安である。それでも、形式的独立によって国家主権に対する支配権が完全に委譲されるとする、誤った想定に基づく概念よりも著しく改良されている。脱植民地化に関する研究は通常、両者を区別しようとする。形式的な権力の委譲は、公式の発表や憲法改正によって布告され、即自的で非常に目につきやすい。真の権力移譲は大抵の場合、長引く危険を伴う過程を経て、旧植民地宗主国との政治的、経済的、文化的結びつきが切り離されたり、大幅に修正されたりする。グローバル化された世界においては、権力の委譲が完全であることは稀である。統合は必然的に、ある程度まで国家主権の制約を伴う。他方で、埋め込まれた制度と確立した対外関係は持続性を有し、たとえない方がよい場合でも、前に進み続ける。「新植民地主義」という用語はしばしば、権力が実質においてではなく、見かけ上委譲された事例に用いられてきた。他方で、完全な主権は例外的な国家であり、専制政治の形態をとる場合、それはしばしば豊かさというより貧困と結びついているので、必ずしも望ましいものではない。本書で用いられるように、真の独立という概念には、これら両極端の間にあって、十分なスペースが割かれている。

一八九八年の米西戦争はかつて、共和国の理念の着実な発展を一時的に妨げる「大いなる逸脱」とみなされてきた[38]。歴史修正主義者の研究はこうした説明を放棄した。しかし現存する多くの異なる説明を一貫性のあるものに融合する作業は、今後の研究に待たなければならない。さらに、歴史家たちは米西戦争をかなり詳しく研究してきたものの、彼らの関心は講和が締結されると衰えた。一九〇〇年を境に国内史に関する多くのテーマが、再び注目を集めるようになると、「通常の研究活動」が再開した。主要なテキストが、国際関係に相当なスペースを割くようになるのは、第一次世界大戦以降であり、新たなタイプのアメリカ「帝国」が視野に入ってくるのは、ようやく第二次世界大戦後のことである。この間、さまざまな歴史家たちが、合衆国の支配下に置かれた島嶼に関する詳細な研究を驚くほどたくさん生み出した。ただし、こうした研究は今後、整理され、より広範な読者が利用しやすいようになる必要がある[39]。

こうした歴史記述の脱落については、立ち止まって熟考する価値はある。革新主義者およびその後継者たちの貢献にもかかわらず、歴史家は数世代にわたって、一八九八年に誕生した島嶼帝国を周辺に追いやるか、その存在を「膨張主義」に言及することで、取り繕ってきた[40]。島嶼帝国に関する書物は少なく、めったに人気を博することはなかった。例外的な事例は、「自由の不可思議さ」を、合衆国の「従属国との接触体験」という中心的主題と結びつけて考えることによって、あるいは植民地支配の過程で犯した罪はその後の善行によって救済されたと自認することによって、国史と調和してきた[41]。植民地支配の時期を扱った初期の研究の大半は最終的には、無視による、研究の抹殺という憂き目に遭ったし、そうでなければ、現在では、大学の図書館の一番下の棚に埋もれてしまっている。にもかかわらず、そうした文献の中には、歴史家たちがその後、他の事柄に関心を向けることになったとしても、このテーマについて改めて念入りに調査するに値する先駆的な仕事が含まれる[42]。

一九二六年にパーカー・T・ムーンは、一九世紀末に出現した帝国システムに関する最初の包括的な学術研究を発表した。ムーンは、合衆国は例外国家であり、その動機と振舞いは、他の植民地保有国家が太刀打ちできそうもない基準を設定したと考える点で、当時の支配的な通念を反映していた。彼は合衆国の「非攻撃的国家」としての記録は、教育の促進や自治実現のための道を準備するという点で、ヨーロッパ諸国のそれより優れているという判断を下した。(43) ジュリアス・プラットは一九五一年に、合衆国の植民地支配の時期について思い起こす中で、類似の見方をとり、アメリカ帝国主義は概して、「慈悲深い」ものであったし、「合衆国の保護下に置かれた人々の暮らしは、おおむねよかった」と主張した。(44) プラットの研究は、彼が一九三六年に刊行した『一八九八年の膨張主義者たち』のような、初期の斬新な著作に見られた鋭さを欠いていたが、合衆国のすべての従属地域について、見事なまでに明快な記述を行っている。ホイットニー・パーキンスの植民地政策や行政に関する重要な研究は、一九六二年に刊行されたが、この本は当時、ほとんど注目されることはなかった。その理由はおそらく、彼が採ったアプローチが、当時の動向を反映していなかったからだと思われる。だがこの書物は、今日でも貴重な、注意深く調査された知見で埋まっている。(45) 意外に見えるかもしれないが、半世紀以上が経過しても、本書は二〇世紀における合衆国の植民地支配についての包括的な評価を行ったもので、それ以降そうした試みは現れていない。

上記に述べた人たちに異を唱えた歴史家もまた、声を上げた。非凡なスコット・ニアリングは一九二五年に、『ドル外交』の中で、アメリカ帝国主義についての広範な解釈を提示し、ウィリアム・H・タフト大統領によって初めて使用された「ドル外交」というフレーズを研究者の間に広めた。(46) ニアリングは、後年の学者たちが見出すことになる研究成果の多く、中でもニューレフトと結びつけられた研究を先取りしていた。それは、公式的でもあり非公式的でもある帝国を創造するにあたって、「軍事力と経済的優越」の相互作用および金融利害の最重要性を強調した点だ。(47) 彼はまた、アメリカ帝国主義の連続性、とくに西部への膨張とネイティブ・アメリカンの征服に見られる連続性にも関心を向けた。これらのことは、帝国主義研究を行う歴史家たちが、ごく最近になって再発見したものである。レランド・ジェンクスは一九二八年に、キューバについて、彼らしい熱情と洞察力を持って書いている。彼は「理想主義者のご都合主義的な見方」と呼ぶものにはほとんど関心を示さず、合衆国の目的について冷徹な見方を示した。(48) 彼にとって、帝国の物語は、素晴らしい意図、愚かしさと誤解、お節介な世話心、合衆国の「権益」についての、ワシントンによる、いささか屁理屈っぽい擁護といった類のものだった。(49)

ここで、先述した除外条項に言及しておく価値がある。本書は、アメリカ史の新しい代表作を執筆するにはスペースに余裕がないし、筆者はその能力も権威も持ち合わせていない。これまで述べてきた歴史研究の素描は、もっと限定的な目的を持っている。例外主義的伝統とその流れを汲む研究の考察は、その欠点に対する大掛かりな批判を新たに始めようとするものではなく、「アメリカ帝国」という大きな題目の範疇に入る諸々のテーマについて、新たな解釈を提示するという、よりチャレンジングな課題に取り組むための出発点の確立を意図している。直ちに、次のような疑問が生じる。それは、異なる時代とテーマを統合し、多くの特殊な事象と矛盾しないやり方で、帝国という主題について一貫性のある説明をすることが可能かどうかという点だ。だがこの問題は、その前に、さらなる問いに行き着く。すなわち、「帝国」という用語を定義するという問題に取り組む必要性である。

◆帝国――「バラはどんな名前で呼んでもバラなのか?……」

事実、バラは他の名前で呼んでも甘い香りがする。しかし、香りの甘さは、バラの定義としては不十分である。バラの中には香りがほとんどないものもある。また、他の種類の花の中にもバラと同じくらい甘い香りのするものがあるかもしれない。バラの場合と同じく、帝国も同様なことがいえる。すなわち、共通の特徴は、帝国と他のタイプの政体、あるいは一つのタイプの帝国と他のタイプの帝国とを区別するのには不十分かもしれない。しかし、歴史家は植物学者が、植物を命名するような正確さでもって帝国を定義することはできない。広大な空間と多民族性という帝国の一般的特徴は、こじんまりした、同質的な国家と区別するのに十分かもしれないが、でもバラではない非常に多くの花を同一のものとして括ってしまうことになる。現時点で、受容可能な定義を模索しても、容易に頓挫してしまう可能性がある。一つの回答は、支配的国家を帝国と呼ぶか、ヘゲモンと呼ぶか、あるいはまた何か他の名前で呼ぶかは、「ほとんど違いがない」と主張することである。[50]この結論は評論家が、さらなる知的苦悶から逃れることを可能にするという魅力がある。また、そうした結論が危険なのは、用語の選択が、議論形成の方法に、そして事と次第によっては、議論から導き出される政策勧告に、重大な影響を及ぼすからである。

かつて歴史家たちは、帝国が何であるかを知っていると考えていた。一八世紀までは、いわゆる「帝国」というのは、広範な領土に対する支配を意味した。すなわち、一八世紀後半およびそれ以降において、この言葉は、社会の同意というより、指令によって統一された属領の集合体に用いられた。[51]イギリスは帝国だという信念は、イギリスは帝国を所有しているという考えに取って代わられた。[52]この帝国の境界は、構成されるテリトリーを中央権力と結びつける憲法上の関係によって規定される。明らかに、相互の関係は異なり、イギリスの場合は、自治領から保護国に至る、多くの可能性を含むものであった。さらに、形式を重んじたことで、公的権威が、どの程度まで実効支配に転化されているかという問題は顧慮されなかった。それでも学者は、地図を広げて、帝国の権威がどこまで及んでいるかを一瞥して正確にわかることで、再確認することができた。

無辜の時代は、今ではよく知られるようになった論文が、非公式帝国という概念を使用した一九五三年に、突如として終わりを告げた。[53]このような考えそのものは、新しいものではなかった。というのは、歴史学者の中にはすでに、「見えざる」帝国に言及していた者もいたからだ。レーニンは、資本主義システムに関する帝国主義理論の中に半植民地を含めていた。[54]しかしながら、新たな世代は一九五三年に、当時の新奇さを理解するために、彼らが必要とする歴史を受け入れた。その頃までに、合衆国はイギリスに対して、未曾有かつ予期しえないほど強い印象を与えるようになっていた。一九四一年から一九四五年までの間、イギリスの新たな同盟国は、安心させると同時に不安にもさせる、驚くべき軍事力を見せつけた。かつてのイギリス植民地は、反撃をしているのではないとしても、力をつけつつあった。かつてイギリスの周辺に位置していた国が、異論もあるだろうが、国家主権の侵害をなすような方法で、中心部に影響を及ぼし始めていた。帝国の歴史に対する既存のアプローチを再考するときであった。

この再考が、その後も続いたことは帝国研究の進路を変えた。新しい解釈によると、帝国は、目に見える憲法に即した存在であるだけでなく、非公式帝国という新たな地位にふさわしい、目に留まりにくい勢力圏でもありえた。この洞察から二つの重要な、新たな考え方が生まれた。新機軸の一つは、学者に帝国主義に関する時期区分の変更を迫るものだった。正統派の解釈は長い間、帝国史を二つの段階に分けてきた。すなわち、一八世紀末に終焉した重商主義的帝国主義の時代および一九世紀末に突如として噴出した新たな帝国主義である。その中間に帝国主義の活動が不活発になった時期があった。非公式帝国の観念は、その隙間を埋めることになった。憲法に根差した定義は、帝国主義的膨張が連続した歴史を有したという事実を曖昧にした。二つの時期の帝国主義活動の間で停止状態にあったどころか、帝国主義は、それ以前の観察者の目に留まらないようなやり方で、非公式に活動していたのである。もう一つの新機軸は、帝国地図の引き直しであった。非公式帝国の事例に関する新たな調査は、一九世紀の帝国主義研究からは除外されていた世界の大半を組み込んだ。ラテンアメリカ、中東、そして中国が登場し、それ以降舞台から消えることはなかった。

歴史研究者の考え方を大きく変える解釈に刺激される中で生じた数多くの論争は、当初よりもより品位のあるやり方をとりながらも、その後も続いている。未解決の諸問題のうち、非公式帝国を定義する問題は、本書の議論にとくに関連がある。ジョン・ギャラハーとロナルド・ロビンソンは、非公式帝国は公式帝国と同列に扱う価値があるという主張を定着させるために、「科学的誇張」とでも呼べるような方法を用いた。そうした考えを打ち出したものの、この概念を洗練されたものにする努力をあまりしなかった。直ちに、不確かな領域がたくさん出現した。いくつかの使用例において、非公式的影響力は、強権的帝国主義のジュニア・パートナーであるかのようであった。また、他の用いられ方において、非公式的影響力は非公式帝国の地位と同義となった。それ以上の主張となると、捉えどころがないところがある。帝国主義は独立国家の主権を縮小するために、国際関係における権力の行使を伴うという命題は、主権の構成要素の評価および外部からの影響力が主権を危うくする程度についての何らかの測定値を必要とする。歴史家たちは、これらの条件を満たそうと格闘してきた。彼らは、帝国の概念がもはや、憲法に根差した確実性の領域にとどまるものではないことを受容するが、その新たな、拡大された境界は、曖昧なままであるということも認識している。用語の曖昧さは九・一一テロという衝撃的な事件とその後のイラク侵攻後に増大した。このとき、「帝国」という用語は、劇的な形で公的領域に入り込んだ。二〇〇三年春の興奮冷めやらぬ中で刊行された『ナショナル・インタレスト』誌の特集号は、このことをとくにはっきりと示した。ジェイムズ・カースは、巻頭論文の中で、「今日、ただ一つの帝国があるのみである。それは、合衆国というグローバル帝国である」と宣言した。[55] フィリップ・ゼリコーはそれに続く論文の中で、カースに劣らず直截に、次のように述べた。「アメリカ帝国について語るのは止めよう。そんなものは存在しないのだから」と。[56] 他の寄稿者たちは、よりニュアンスのある立場を表明した。ジャック・スナイダーは、「帝国」という言葉を、主として非公式的支配を意味するものとして使った。ステファン・ピーター・ローゼンは、この言葉を合衆国に当てはめようとする際に生じる曖昧さに注意を喚起したが、それでもこの用語を用いた。[57] 著名な社会科学者の中から上述のような人たちを選ぶのは、考えうるさまざまな定義を網羅する数多くの類似の主張を代表すると判断するからだ。帝国が当時の合言葉になると、にわか作りの権威となる才能を有した、多数の新たな専門家たちは、定義上の困難で読者を悩ませることなく、この主題について意見を述べるようになった。[58]

合衆国に関心を有する歴史家はまた、定義の問題にも取り組んだ。ニーアル・ファーガソンとバーナード・ポーターは、視点は異なるものの、合衆国は帝国であり、その地位を認めるべきだという点で同意している。[59] ポーターは定義を極限まで引き延ばし、「世界がこれまで目にしてきた以前の帝国を凌駕する」「超帝国」だと主張した。[60] ジョン・ルイス・ギャディスは、冷戦に言及する中で、強制によるか説得によるかは別として、単独で他国の行動に影響を与えることができるゆえに、合衆国は帝国であると結論づけた。[61] ポール・ケネディは、より慎重ではあるが、二〇〇二年の合衆国は「形成途上の帝国」だと考えた。[62] このような立場に対して、アーサー・シュレジンガーは、合衆国は「弱小国の国内および外交政策」に対する「政治的支配」を行使しなかったので、帝国の地位に求められる基準を満たしていない、と頑として譲らなかった。というのは、彼の見解では、非公式的影響力は、帝国の資格としては不十分なのであった。[63] アンソニー・パグデンは同様に、この用語は誤った呼称であり、合衆国とかつての帝国との類比は誤っていると確信していた。[64] マイケル・ハントは、「帝国」は合衆国のパワーの全体を把握することができていない、それゆえ「ヘゲモニー」が、より正確な描写ではないかと述べている。[65] チャールズ・メイヤーは、さまざまな定義を調べたうえで、「合衆国は帝国特有の特徴のすべてではないが、その多くを示している」と結論づけたが、彼の定義も曖昧さを含んでいる。[66] デーン・ケネディはこの用語を用いたが、イギリス「帝国」とアメリカ「帝国」の間の重要な相違および用語を時代環境と合わせる必要性を認めている。[67]

アメリカ帝国論に関する上述のような見解の違いが、同一の現象に用いられる場合、誤解を招きやすい。合衆国を準帝国、事実上の帝国、超帝国、あるいは歴史上例を見ない類の帝国と呼ぶことは、不正確さの度合いを増大させながら、もともとの定義を拡大することである。非常に漠然とした定義あるいは非常に異なる定義から始める評論家は、当該国家が帝国であると立証したり、貶めたりするための説得力ある理由を見出すのに困難は感じない。イギリス政府当局は、パクス・ブリタニカを正当化する特質を選別するため、古代ギリシア・ローマ時代まで遡る。[68]ヴィクトリア朝時代の人々は、ギリシアの創造性と移住植民地を賛美した。また、彼らは、従属民族を統治する方法について、ローマに教訓を求めた。[69]これら西洋文明の二つの柱は、当時の人々の思考において、無類の地位を獲得した。著名な法律家であったヘンリー・メイン卿は、長い間肯定的に引用されてきた言い回しで、次のように表現した。「自然の有する理解し難い諸力を除けば、この世界で動くものすべては、その起源において、ギリシア発祥でないものはない」。[70]

他方、当今の合衆国の論者は、残酷なイギリス帝国と合意に基づく合衆国全土への自由の拡大とを対比するために、ギリシア・ローマ時代の出典を引用した。[71]彼らは二〇世紀に入って、パクス・アメリカーナを擁護するために同じ出典を用いた。九・一一米国同時多発テロ事件とその後に続いたイラク侵攻は、文字通りの熱狂的な比較を生み出した。[72]さまざまな系譜の論者たちは、軍事力と確固たる目的を持ったローマ（ペンタゴンのローマ）、強い国家としてのローマ（好みによるが、ローズヴェルトまたはブッシュのローマ）、民営化のローマ（レーガンのローマ）、内向きの、腐敗によって曇らされた視野狭窄のローマ（分け前や追加の取り分に取りつかれた議会のローマ）、そして避け難いことだが、誇り高きローマ、それに続く、過剰な帝国的拡大、破滅、報いを招いたローマについて声高に語った。これらすべてのローマ帝国の議論は新たに刷新され、熱狂的に政治や論争のための用に供された。[73]ローマより規模が小さく、自己主張も劣っていたギリシアは、神の恵みである民主主義を世界にもたらすよう求める声を待ちながら、片隅で佇んでいた。

ギリシア・ローマ帝国時代の世界とのアナロジーは限りなく融通無碍であるため、そのような類比の価値に懐疑の目が向けられるのは当然である。従来のやり方は、近代帝国の研究のために考案されたアプローチと言語を用いることによって、ギリシアとローマの歴史を再構成し、次に再構成された結果を、現在の帝国を独自に確認するものだとみなす。[74]たとえば、ヘレニズム化およびローマ化という概念は、文明化の使命という一九世紀の観念から導き出される。この文明化の使命は、植民地保有国の優越性および、それと裏腹の関係にある被支配地住民の劣等性を前提としている。それゆえ、古代と近代の帝国の間で典型的に行われる比較は、その唱道者たちが信じるよりもはるかに独自性に欠ける。この方法論は喜ばしい結果を保証するが、それは客観性の主張を放棄するという犠牲を払うことになる。

◆グローバリゼーションと帝国

どのような見方をするにしても、「帝国」は端々に綻びがある用語である。しかしながら、帝国と同じように、国家や階級といったあらゆる総称的な用語には、正確さを欠くという避けがたい特徴がある。古代以来、論者たちが、帝国をさまざまな方法で定義してきたのは、帝国がその構造と機能を変化させてきたからでもある。[75]したがって、最も広範な目的にのみ有用な、最大限に一般化された定義を除けば、すべての事例に適合するような、合意された定義に到達する見込みはない。唯一妥当な要件は、定義が特定の調査の目的に沿ったものであること、そしてイデオロギーやその他の前提条件が認識されていることであり、J・A・ホブソンが述べたように、「仮面の言葉」によって「厳然たる事実」を隠蔽しないことである。[76] 本書で提示される解釈は、帝国が有害な帰結をもたらすのか、それとも慈悲深い帰結をもたらすのかに関する判断に左右されない。本書で用いられる用語の目的はひとえに、さまざまな帝国の類型を同定する特性をグループ分けし、かつ帝国をヘゲモンと区別することである。[77]

同じ説明は、より近年になって使われるようになった「グローバリゼーション」という用語にも当てはまる。[78] 定義はたくさんあるが、そのすべてに批判の余地があるからだ。グローバリゼーションは、世界中のモノ、ヒト、思想の移動・速度の増大・広がりに関係するということでは、一般的な合意があるが、どのようにしてそのプロセスを満足のゆく方法で測定し、適切な時期区分に合わせられるのかについては、依然として曖昧である。[79] この点に関しては、経済学者が最も先んじている。彼らは、世界市場における生産要素と物価の収斂地点を突き止めることによって、グローバリゼーションが決定的に進展した時期を、一九世紀半ばだと確定することができた。[80] 彼らはまた、貿易その他のフローの拡大は、物差しとしては不十分だと強調する。言い換えると、統合はたとえば、生活水準を向上させるなど、構造的な変容をもたらすものでなければならない。このアプローチの主要な欠陥は、非経済的考慮を除外していることである。統合の進展を実現する他の方法もまた、構造的な変容をもたらしうる。帝国主義は、広範な政治的変化をもたらすことができる。たとえば、人々の移動は、自由な移住者であれ、奴隷であれ、新しい経済を発展させるだけでなく、新しい社会を創造する。思想の移動は、精神的なものであれ、世俗的なものであれ、信条体系を転換し、人々の目標を変えることができる。本書では、グローバリゼーションを、このような、より広義の、包括的な意味で用いる。したがって、これから行う検討は、もっと専門的な調査によってもたらされるような精確さに欠ける。他方で、そうした検討を通じて、そうでなければ不完全にしか、あるいは全く理解できないかもしれないような、より大きな事態の展開を把握することが可能になる。このような考え方は、グローバリゼーションを、さまざまな結果をもたらすプロセスとして扱う。近代化論や従属論と異なり、グローバリゼーションは、予測可能性を主張するものではない。だからこそ、この概念は、同じ程度の確信を持って、グローバリゼーションがもたらす帰結についての相反する諸見解と結びつけられてきたのである。

プロセスとしてのグローバリゼーションは、それを軌道に乗せるための推進力が必要である。帝国の展開、中でも西洋諸国のそれは、本書で検討するグローバリゼーションの歴史的展開に最も合致する推進力である。帝国はもちろん、グローバリゼーションの唯一の動因ではなかった。帝国はグローバル化を推進する役割を、相互補完的かつ競争的なやり方で、ディアスポラ、商業主義的ネットワーク、およびイスラムのような普遍的信条体系と分かち合ってきた。しかしながら、近代帝国の中でも最大規模のイギリス帝国は、世界中の領土を併合し、その影響力をラテンアメリカ、オスマン帝国、中国に非公式的に拡大することによって、グローバリゼーションの比類ない推進力となってきた。そのきわめて包括的な性格は、その後に生じる帝国の定義のひな型の役割を果たし、さらに合衆国の歴史においてその重要性が認識されたことによって、いっそう正当化されるようになっている。明らかに、帝国は膨張だけでなく、制約の側面も持ち合わせているし、その権威は世界のすべての地域に行きわたるものでもなかった。とはいえ、二一世紀に入ってからも、政府はモノ、ヒト、サービスの自由な流れに制約を加え続けているし、領土の大半はグローバル化の影響から隔離された状態にあることは記憶にとどめておいた方がよい[81]。それゆえ、膨張の過程が不完全であることは、帝国の資格に欠けるということではない。帝国は一九世紀以来、引き続きグローバリゼーションの歴史を再構築するまたとない貴重な手段として役立ちうるのである。その際、帝国はまた、世界を変容させた、さまざまな変化の物語の中に合衆国を取り込む方法を提供する。

最も一般的な意味では、帝国は拡張形態の一種である。膨張する国家や社会は必ずしも帝国主義国家だとは限らない。つまり、モノ、ヒト、思想は、ある一国が他国を支配したり、従属させようとしなくても、国境を越えることができる。しかしながら、帝国主義は、他の国々や人々を支配しようとする意図を示す[82]。それは膨張を帝国に結びつけるが、帝国なしでも存続可能である。帝国主義政策が成功すれば、意図の帝国主義は結果の帝国主義となる。その場合、三つの帰結が考えられる。第一の帰結は、公式帝国の創造であり、支配国家は、武力または交渉によって領土を併合し、当該政体の憲法上の自主性を終わらせる。従属は、支配国家が属領の内政および対外政策を管理することを可能にし、支配国自体の優先順位を、従属国の内外政策にできるだけ確実に反映させようとする。第二の帰結は、非公式的影響力、あるいは事と次第によっては、非公式帝国の創造である。その場合、衛星諸国の憲法上の自立性には手を触れないが、支配国は、限界はあるにしても、それ自体の利益に合致するように主権の他の要素を縮小したり、作り直したりすることができる。第三の可能性は、帝国主義的行動は平等の原則に基づき、領域の編入や人々の同化をもたらすが、その場合の帰結は、統一国家ないしは国民国家である。

公式帝国は、一つの国家ないしはエトニ（ethnie）によって支配され、広範な広がりと多民族から成る政体であり、従属的立場にあるさまざまな国家、地方、人々を統治下に置いた。この種の帝国は、ライバル国を征服したあと撤退するか、あるいは恒久的な支配を確立することができなかった強権的な国家とは区別される統合機能を行使した。四方に広がる交通網が、帝国とその衛星国を結びつけ、帝国の中心の優先順位を反映したモノ、ヒト、思想の流通経路となった。統合は一瞬にしてできたものではない。そのことは、帝国がその名称を獲得するためには、十分な耐久性を持っていなければならない所以である。公式帝国は領土を併合し、従属民を管理するために武力を用いた。帝国はまた、支持者を維持し、遠隔地に住む多様な従属民の服従を確保するのに必要な交渉術を駆使した。多様性を容認することは、中央政府がその必要に見合った統合を実現するために払う必要コストであった[83]。

その結果生じる、帝国の中心と植民地との関係は、相互性は保たれているが、対等ではなかった。ある程度の協力がなければ、帝国は統治することはできなかっただろう。憲法上の不平等がなければ、帝国は、従属的な状況に置かれている臣民を抱える国家というよりは、むしろ平等な権利を享受する市民を抱える国家となっただろう。相互性ないし調和の程度は、植民地によって、また時代によって異なっていた。高度の相互性は、戦略的に配置された仲介者の活用を通じた協調的な統制技術を促進した。他方、相互性の程度が低い場合、帝国は、強制に依存する度合いも大きくならざるをえなかった。帝国は仲介者が協力を止めたときや、強制のコストが過重になったときに終わりを迎えた。衰退が目立つようになるのは、帝国を誕生させた諸条件が根底において変化していることの現れであった。

帝国に関するあと二つの特徴が、本書でこれから論じる議論にとって重要であり、この時点で明らかにしておく必要がある。第一の特徴は、公式帝国の領土的性格を重視する。すなわち、帝国政府は獲得した土地の利用だけでなく所有権を主張した[84]。いわゆる「海洋帝国」は、絶え間なく世界を航行するだけではなかった。洋上航海は上陸したり、基地を確保したり、そして可能な場合には、内陸部を探査する手段だった。野心ではなく技術が、その成果の限界を設定した。一八世紀までには、ヨーロッパ以遠の広大な領地の獲得は、西洋の諸帝国の顕著で永続的な特徴となっていた。新たに設けられた財産権は、恒久的な土地の譲渡への道を切り開くことによって、ヨーロッパからの移住者の関心を呼んだ。一九世紀末までは、大方の論者たちは、古典的な意味での植民地を、人々の入植地だと考えていた[85]。入植者たちは、統合の強力な推進者であり、たとえ少数派であっても、彼らの存在は、経済発展、政治関係、人種的態度、そして入植地として知られるようになった地域における立法に大きな影響を及ぼした。領土支配は一九世紀になると、植民地政策によって白人の移住が制限され、現地の人々の財産権が確認されていた帝国世界の各地で重要性を増した。当地での植民地政府は、土地法の明確化、輸出作物の奨励、鉱山の採掘作業の監督、労働力の供給の管理、道路や鉄道の建設に深く関わっていた。植民地政府は、宣教師や教育を通して、ある程度の文化的同化を促進し、さらに外国の統治者との協力を現地エリートに促す政治制度の導入に着手した。

政府が樹立される方法は、帝国主義が国際関係における非対称的権力の行使の在り処を探り出すという事実と比べると、二次的重要性しか持たないと論じることも可能だろう。しかし権力の行使の仕方は、帝国の性格と歴史上の位置を理解する鍵を提供する。西洋諸国は一八世紀半ばから二〇世紀半ばにかけて、帝国を創造し、管理し、そして最終的には解体した。この間、西洋諸国は領土帝国を樹立したが、それは領土帝国が発展段階に見合っていたからだ。その後に出現する統合パターンは結局のところ、世界を対象とする開発計画となった。いわゆる「文明化の使命」がそれに続いた。それは歴史上比類のない社会工学の実践であった。そうした試みは、かなり広範囲の領土支配が確立されて、初めて実行可能となった。

第二の特徴は公共財（外部性）の供給という帝国の役割に関係する。公共財という概念は、行政、安全保障、インフラ、法制度、教育制度、通貨制度の供給といった、広範なサービスを意味する。公共財は、供給コストを負担する人だけでなく、負担をしない人も享受できる恩恵をもたらすので、包摂的（経済学用語でいう「非排除的」）である。公共財はまた、公共サービスの支払いをする人だけでなく、支払いをしない人も恩恵を受けるという点で非競争的（「非競合的」）である。国家の防衛は税金を払うか否かにかかわらず、すべての人に恩恵をもたらす。政府が公共財を供給するのは、民間企業が供給できないか、その意志がないからだ。したがって、公共財の供給は課税、助成金、そして場合によっては、財産権の変更を伴う。たとえば、東インド会社は、イギリスのインドへの関心が限定的であった間は、公共財を供給したが、その任務が同社の能力を超えると、政府の支配下に置かれた。産業革命と国民国家の台頭は、公共財への要請を増大させた。そして、それに伴い、政府の重要性も高まった。

あらゆる国家は公共財を供給する。しかしながら、帝国はこの点については、独特の役割を有していた。帝国はグローバリゼーションの指導的な推進役として、多様な地域と大陸をまたいで、公共財を既存の国境を越えて供給した。技術の進歩は、世界貿易は増大し、累積的発展は可能であるという考えを助長した。しかしながら、進歩として知られるようになるものの恩恵は、公共財の供給に依存した。このような観点から見るならば、帝国主義は、公共財を新たに植民地化された地域に届けることによって、国際的な統合を促進しようとする一種の強制されたグローバリゼーションであった。帝国は、いくつかの公共財の供給、とくに安全の確保を提供する際に、規模の経済の利点を享受した。帝国は、強大な軍事力を動員し、世界中に基地を保持し、経営に関する蓄積された経験に頼ることができた。他方で、安全の確保やその他のサービスの供給に伴うコストは、本国内だけではなく、究極的には従属地域の不満をも惹起しないように負担しなければならなかった。この帝国のジレンマは、西洋の諸帝国の台頭から衰退に至る軌跡を形作った。

最後に検討すべきは、本書で定義される帝国と国際関係の文献で定義されるヘゲモンとの関係に関わる。[86] ヘゲモニア（hegemonia）というギリシア語の概念は、一九七〇年代に帝国に代わる最も有力な概念として定着した。それ以来、国際関係の専門家たちは、単一の国家による政治的その他の指導力の形態を指すものとして、この用語を用いてきた。[87] この理論によると、ヘゲモンは、国際秩序の不可欠の保証者だと主張される。公共財を供給するという例外的な能力は、世界の至るところで、指令と説得の権力を駆使することを可能にする。[88] さらに、ヘゲモンは、自らの優先順位を追求するにあたって、その指導力に道義的正当性を付与し、その行動が独裁的ではないということを担保する広範な恩恵をもたらす。この議論によると、ヘゲモンが存在しなければ、世界は混乱に陥るとされる。

このような理由づけは、ヘゲモニーを、笑顔を振りまく支配として描くという特別な利点を有する。仮に正義、ないしは感謝の念が、国際関係に存在するとすれば、ヘゲモンの慈悲深さは、永遠の生命という報奨で報いられるだろう。だが現実には、ヘゲモンはまさに、ギリシア的といってよいような悲劇的運命を経験する。慈悲心が海外に行きわたるにつれて、ヘゲモンはその資力とエネルギーを枯渇させ、他の国々がライバルとして出現する機会を作り出す。ヘゲモンが、引き続き自由主義的政策を推進すれば、その利益は不釣り合いなほど競争相手国にもたらされるかもしれない。ヘゲモンが、保護主義に後退すれば、自由主義的国際秩序は総じて、損害を被ることになりがちである。国際システムが崩壊すれば、混乱が生じる、そして究極的には戦争が、ヘゲモンの支配に地殻変動を引き起こすような結末をもたらすかもしれない。利他主義は重い負担を随伴する。

このような意気消沈させるような結末は、成功がもたらす、潜在的に自殺行為に等しい帰結をいかにして回避することができるか、可能だとすれば、それはどうしたら回避できるかという問題を提起する。(89)国際関係の理論家たちは、その答えを見出そうと多大なエネルギーを投入してきたが、彼らが求めてきた科学的な確実性に到達するには至らなかった。(90)批判者たちは、この理論の根底にある前提と、その適用の双方を攻撃してきた。(91)アナリストの中には、トゥーキュディデースに関する標準的な解釈を修正し、『ペロポネソス戦史』を、ほとんど聖書並みの威信を持つ原典として扱う者もいた。(92)今日では、トゥーキュディデースは、国際関係の恒久原則を樹立しようとしていたのではなく、豊かな歴史叙述、および理論家の科学よりも歴史家の技術により近い説明変数に潜む偶発性への洞察を提供しているように思える。トゥーキュディデースが、自らを歴史家とみなしていたことに鑑みれば、この発見は、修正主義的な見解とトゥーキュディデース自身の叙述とを一致させることになる。

国際システムは本来的に「無政府的」であるという見解もまた、争われてきた。というのは、そうした見解は、国家間に見られる協調的傾向を過小評価し、ヘゲモンを秩序の保証者だと想定する見方の重要性を高めることになるからだ。(93)イギリスと合衆国のライフサイクルについての実証的研究は、ヘゲモニーの安定と衰退の原因に関する説得力のある提言をすることができなかった。(94)学者の中には、広大な帝国を所有していたにもかかわらず、イギリスが一九世紀にヘゲモンの地位の資格を有していたことを否定する者もいる。(95)他の学者たちは、一九世紀の平和は、単一のヘゲモンによってではなく、強大な国家連合によって保持されてきたのであり、いずれにせよ、慈悲深さで際立っていたわけでもなく、場合によっては、安定をもたらすというよりは破壊的影響力を及ぼすかもしれなかったと主張した。(96)この理論の欠陥は、科学的な確実性を求めることと同じく、究極的には、その目的から派生している。振り返ってみると、それは、冷戦期の合衆国のグローバルな役割を正当化しようとする持続的な試みであったとみることができる。(97)

しかしながら、こうした特別な用い方を脇に置けば、「ヘゲモニー」という用語は依然として、国際関係の専門用語の中に居場所はある。グローバリゼーションの推進役として、ヘゲモンと帝国は、国際舞台で他の国が従うべき「ゲームのルール」を管理しようとする。(98)双方とも強大な経済力と軍事力を保有するが、その行使の仕方は異なる。ヘゲモンは支配者ではなく指導者であり、強制力に訴えないというのではないが、説得を通じて正当性を得ようとする。(99)ヘゲモンは公共財を供給するが、国境外に領土を保持することはほとんどない。他国の対外政策に影響を及ぼすことを目指すが、国内政策を支配することにはきわめて限られた関心しか示さない。イギリスは他の西洋諸国の中でも、領土帝国を保有し、国内政治に対しても支配権を行使した。イギリス帝国も覇権的であるか否かはここで展開される議論に影響しないし、最初にそうした問題を提起した国際関係の専門家に任せてもよい問いである。

しかしながら、本書で用いられる定義からすれば、合衆国もまた、一八九八年から一九五九年までの間、帝国を保有していたということになる。これは長い間忘れ去られていた島嶼帝国であり、本書の後半部で主に取り上げる。一九四五年以降、合衆国は、広範な領土を所有しないワールド・パワーとなった。多くの論者は、その経済力と軍事力に印象づけられ、この時期の合衆国に帝国のラベルを付したが、合衆国は帝国であることを止めた。(100)これ以降の合衆国は、ヘゲモン、より正確には、ヘゲモンになろうとする野心を抱き、自国の優先順位に見合った支配の度合いを得ようとした指導的大国と表現するのがふさわしい。次節で示すように、世界秩序の根本的変化が、こうした語義上の違いの根底にはあり、二つの支配的国家に開かれていた可能性を形作った。すなわち、イギリスは帝国を建設し、合衆国はヘゲモニーを追求したのである。

◆時間と運動

グローバリゼーションが複数の中心地から生まれ、二〇世紀以前にルーツがあったことは、今や明らかである。(101)しかしながら、今までのところ、グローバリゼーションの過程がどのくらい続くのかに関する合意は、時期区分の議論に見合うほどには至っていない。後者の時期区分については、グローバリゼーションの軌跡の異なる段階を描写するに足る詳細な議論が行われてきた。本書で展開する考察では、過去三世紀を包含するものとして、プロト・グローバリゼーション、モダーン・グローバリゼーション、ポストコロニアル・グローバリゼーションと呼ばれる、三つの重複し、連続した段階区分を特定する。(102)これらの用語と時期区分は、第一義的には、本書が対象とする西ヨーロッパおよび合衆国に関連するが、年代をいくぶん調整すれば、世界の他の地域にも適用可能である。それぞれの段階は、弁証法的な過程を通して進展した。すなわち、膨張の進展が、それに対抗ないしは競争する勢力を生み出し、両者間の闘争が、一連の危機を生み出したのである。これらは大きな変革をもたらす出来事であった。それぞれの危機は、別の紛争が発生する前に、一つの大紛争を解決する新たな段階の到来を告げるものであった。

モンテスキューは、制度の規模の変化は、それに見合った構造の変化を必要とするという原則を体系化したことで、この弁証法に含まれる力学に関する根本的な洞察を提供した。[103] モンテスキューは、アナーキーと権威主義という両極端を回避するようなやり方で、自由と安全を両立させるという問題関心を、同時代の他の政治哲学者と共有した。[104] 彼の考えでは、小国は共和国の公民としての美徳を涵養するのにとくに適しているが、そうした美徳は、個人的な関係が支配的になることを認めるような条件の下で盛んになる。中規模国家は階層的で君主制的になる傾向があるが、それでも憲法が権力の乱用を統制するよう構想されているならば、市民の自由を保護することができる。しかし、規模が大きくなればなるほど、国家は専制的な傾向を発現させがちである。その構成員もさらに多様化し、人的関係は希薄となり、私的利益が公共善より優先される。小国の利点は、外部の略奪者を寄せつけないようにする能力を欠いていることによって相殺される。他方で、大国は自由を犠牲にして安全をもたらしてくれるが、国内の腐敗や過度の軍事的支出によって崩壊しがちである。こうしてモンテスキューは、イギリスを代表例とする中規模の国家こそ、自由と秩序の最適なバランスを達成するのに最も適していると結論づける。この議論から派生したさまざまな見解は、合衆国にとってとくに重要である。モンテスキューは、大国であるがゆえの危険は、一元的な政府形態よりも連邦制を採用し、専制政治の成長を阻止するために抑制均衡の原則を導入することによって、制御できるかもしれないと示唆した。[105] こうした考えは、ヒュームによって媒介され、マディソンが採用し、合衆国が一七八八年に採択した憲法の形態に影響を及ぼした。[106]

モンテスキューは、専制政治に向かう傾向を持つ大国と同じカテゴリーに帝国を分類した。しかしながら彼は、領土帝国と海洋帝国を区別した。彼は、ローマやスペインといった領土帝国は、略奪的かつ抑圧的であるが、他方、イギリスのような海洋帝国は、通商がもたらす可能性ゆえに、肯定的な性質を持っていると考えた。[107] モンテスキューはまた、膨張する共和国は永続性があり、進歩的となる可能性があることを考慮に入れていた。このことは彼の著作が、なぜ合衆国の建国者の間で影響力を持ったのかを説明するのに役立つ。[108] 通商がもたらす恩恵について、彼が楽観的だったという点で、モンテスキューは、のちのレッセフェールの唱道者たち、中でもフランソワ・ケネーやアダム・スミスと肩を並べる存在だった。もっとも、彼らと同じく、モンテスキューは、とくに国家の安全を維持するにあたって、政府の規制は必要だと考えていた。[109] 帝国は他の国家と同じく、有機的な特性に加えて、絶えず変化する特性を持っていた。運命の浮き沈みは、規模と構造の予期しえない、しばしば制御不能な変化に続いて起こった。その帰結は多様かつ、ときには両義的で、そのうえ正確に予測できることは稀であった。

モンテスキューの最も有名な著作『法の精神』は、彼が一七五五年に逝去する少し前の一七四八年に刊行された。帝国をめぐる最初のグローバルな戦争である七年戦争はまだ起きていなかった。イギリスはインドの広大な領土を併合するに至っておらず、大陸植民地は東海岸側に佇む小規模な入植地のままであった。町や産業や国民国家から成る世界は、そのはるか先に横たわっていたのである。規模と構造を結びつけるモンテスキューの基本的洞察は、その価値を保ったが、彼ほど先見の明のある思想家でさえ予見できなかった斬新な環境に関連づける必要がある。本書で打ち出す解釈は、モンテスキューが慣れ親しんだ世界の変容の後に現れた事態の展開について、一つの考えられるひな型を提示するものである。以下に示す指標は、本書の中核を成す三つの危機を特定し、続く各章で詳述する議論への簡単な案内となる。いかなる形であれ、これらの危機は、当該時期の歴史においてお馴染みの項目である。とはいえ、本書で提起される分析は、通常よりも広い文脈にこれらの危機を位置づけ、その原因と結果について、いくつかの新しい見方を提示しようとするものである。

第二章で議論するプロト・グローバリゼーションという用語は、本書では一七世紀および一八世紀における軍事＝財政国家を主として指すものとして用いる。軍事＝財政国家は、第一義的には農業を基本とする経済だが、加工食品はもちろんのこと工芸品を含む、相当規模の市場セクターが芽生えた経済からも、富と地位を引き出す土地エリートによって支配された王朝国家であった。軍事＝財政国家は、増大する国家財政上のニーズを確保し管理するために、膨張と集権化を助長した。技術の進歩によって、世界中で海洋探査が可能となったことで、こうした野心は、海上貿易の重要性を伴うようになった。プロト・グローバリゼーションは、一八世紀後半に最高の発展段階に達した。一八世紀後半は、指導的な軍事＝財政国家間の一連の戦争が、世界中に広がり、大規模な相互破壊に帰結した時期であった。しかしその後に起きたことは、「自由主義の台頭」といった単純な話ではなかった。一八一五年以降、戦勝国側は、戦前の秩序の回復を目指して精力的な努力を行った。一九世紀の前半は、保守と革新の勢力間の激しい、継続的な闘争に特徴づけられた。さらに、一八四八年までには、イギリスのような一部の例外はあるものの、保守勢力がほぼ至るところで優勢となった。イギリスにおいてさえ、政治改革は遅れてやってきたし、土地利害の支配を妨げることはなかった。同じように、一八四六年に自由貿易が採用されてようやく、国際経済政策は決定的に重商主義制度と決別した。

一八世紀末の危機は、本質的に財政に端を発したものであった。費用のかかる軍備競争および関連する公共財支出から生じる財政上の要請は、新たな増税のための財源探しを激化させた。ヨーロッパの諸政府は、帝国の植民地を、逼迫する財政の必要性にとって欠くことのできない税収源として扱った。しかしながら、国内外における増税の要請は不満を惹起し、それはやがて、政府の説明責任と改革を求める政治的主張へと転換されていった。アダム・スミスは本土の植民地において、弁証法的な過程が作動していると観察していた。第三章で示すように、重商主義は一世紀の間に、駆け出しの入植地が、規模と富を増大させるのに役立った。しかしながら、植民地化事業の成功は、植民地の歳入能力を増大させただけでなく、入植者たちの期待を高め、彼らの目的を実現する手段を提供した。本国政府は、スコットランドやアイルランドのような内陸部諸州における不満を統制することはできたが、大西洋の彼方に位置する入植地を管理するのには苦労した。一七七六年に起きたことは、期待の低下によって生じた革命であった。それは歳入の必要性の予期しない増大と内陸部の入植地の拡大に対する統制を強引に推し進めるという、歓迎されざる措置に対する抗議であった。この議論は、イギリスにおける事態の展開と植民地の展開を結びつけ、アメリカ独立革命の経済的解釈への関心を蘇らせる。この経済的側面は、近年の研究では、思想的、文化的な考慮ほどの関心を呼ばなくなっている。大陸植民地における出来事は、ヨーロッパおよびグローバルな文脈の中で検討する必要がある。イギリス政府が、その意思を大陸植民地に押しつけようともがき、さらにインドに進出するという決定を行ったことはともに、財政上の必要性が国家の安定に結びつくという切迫した事態の産物であった。

一七八三年以降、帝国史家は合衆国の研究を、自国の歴史を語る新たな専門家集団の手に委ねた。どの説明をとっても、アメリカ帝国なるものは語られなくなった。それでも、形式的な脱植民地化は、必ずしも帝国の影響を受けなくなったことを意味しない。第四章で示される証拠は、一八六一年の南北戦争開始以前において、合衆国がいまだ真の独立を達成していなかったことを示している。とくにイギリスの影響は、新共和国の経済的、政治的、文化的な性格において際立っていた。建国期に関する標準的なアプローチでは、より広範な検討が欠落する可能性がある。帝国史の観点からすれば、合衆国は、出現しつつあるイギリスのグローバルな規模での非公式的影響力の、初の重要な代表例として、また真の独立を達成するための戦略を考案し論じるための最初の事例として、新たな装いの下にその姿を現す。新生国家の性格をめぐる南部と北部の間の高まる諍いは、一八一五年以降のヨーロッパにおける保守と革新の勢力間競争を反映していた。北部の利害は発展に関して、保護関税から文化的独立を達成しようとする野心に至るまで、さまざまな発展論を唱えた。しかしながら、南部の利害が政治を支配していたため、彼らは、イギリスとの従属的な自由貿易関係とそれに見合った文化的な仲間意識を確固たるものにしていった。

第五章で詳述するように、大陸膨張は世界各地の入植者社会の拡大という文脈で最もよく理解される。西漸運動は、イギリスがアパラチア山脈の西に土地を得ることを禁止したことによる土地需要のはけ口となったが、そのことはまた、北部の利害と南部の利害の競争を増大させた。こうした緊張の究極の到達点である南北戦争は、他の多くの新興独立国の歴史を彩ることになる類似のエピソードを先取りする分離運動であった。綿花と南部との関係は、石油とビアフラとの関係と同じである。南北戦争はまた、一八四八年の革命の中から勃発したヨーロッパの戦争、および一八六〇年代にドイツとイタリアを統一した一連の戦闘と共鳴し合っていた。自決と個人の権利は、大西洋両岸において合言葉となっていた。南北戦争は、国家を破壊し国民を創出した。

第Ⅱ部の主題である二つ目の大きな危機は、一九世紀末に到来した。この危機は、本書でいう「モダーン・グローバリゼーション」から発生した。モダーン・グローバリゼーションは、産業革命の普及と国民国家の誕生という、二つの周知の過程の産物であった。軍事＝財政国家は戦争を繰り返しながら、いくつかの事例では、第一次世界大戦まで存続したが、経済、社会そして国家自体を造りなおすことを目指した勢力に敗退した。国民国家は、新たな社会集団を団結させるのに必要な財源を増やすために、財政的一体性を追求した。戦争国家は、福祉をその付託に加えた。また、議会政府が、財政と政策に対する王朝支配に取って代わった。

第六章は、不均等発展の過程をたどる。それは、比類なき財政およびサービス・セクターを持つ産業国家となったイギリスと、依然として農業中心のままである、イタリアやスペインといったヨーロッパ大陸の諸国家との対称性という形で現出した。政治発展もまた、同じように不均等であった。すなわち、イギリスは十分発達した国民意識を持ち、ゆっくりとではあるが、政治改革に向かって重要な進展をみた。他方、建国からまだ日が浅い他の多くの国家においては、地方への忠誠心が支配的であり、増大する挑戦を受けていたものの、伝統的な政治階層が依然として、権力を掌握していた。モダーン・グローバリゼーションへの移行は、その呼称が示唆するように、技術上の進歩によって生産、分配、強制のコストが低下する中、増大するグローバルな統合と結びついていた。イギリスは世界貿易の拡大、国際分業の促進、好ましい形態の立憲政府の公示、および期待の向上を通して、再びこの過程をリードした。イギリス帝国は多角的交換、金融のフローの規制、そして公海上の秩序維持のための主要なメカニズムとなった。自由貿易は、公式帝国の範囲をはるかに超えて、イギリス帝国の影響下にある地域に拡大していった。一九世紀が進むにつれて、すでに合衆国に浸透していた影響力は、オスマン帝国、ラテンアメリカ、東アジアへと拡大した。

軍事＝財政国家の自由主義体制と近代経済への転換は、緊張を伴う過程であり、一九世紀末にヨーロッパ諸国は、押しなべて重大な危機に陥った。工業化を進める国家は、初めて大規模な階級闘争と格闘した。他方、農業国家は、輸入された農産物からの競争に直面した。移行期に伴う緊張は、長期のデフレによってさらに悪化し、一八世紀の終わりの四半世紀もの間、期待をしぼませ、失業を増大させた。こうした圧力は、誕生してまもない国民国家の統一にとって、試練となった。市民的秩序を保持し、社会的凝集性を維持する義務を担った政治家たちは、福祉改革、抑圧、帝国主義など、考えられる広範な解決策を試した。第六章は、帝国の類型を詳述して締めくくるが、その際、ヨーロッパにおける不均等発展を、一九世紀末に世界の大半の地域を占領し併合することになった劇的な帝国的事業と関連づける。公式であれ、非公式であれ、帝国主義は当時、指導的なグローバル化の主体であった。

これらの発展は、一八六五年以降の合衆国の歴史を理解するのに不可欠であり、独立した共和国の台頭についての全く異なる歴史への単なる背景説明ではない。第七章では、南北戦争の後に、連邦国家の破壊の中から国民国家を建設しようとする努力が、固い決意をもって続けられたと論じる。国内における国民の創出は、ドイツやイタリアが統一され、オーストリア、フランス、日本が国家再編を経験し、またイギリスが参政権を拡大し、帝国連邦を創立する可能性を熟考していたのと同時期に着手された。同じように、一八七〇年代からの合衆国における急速な経済発展は、突然の景気後退とデフレによって悪化したことで、資本と労働との間に対立を惹起し、都市部における未曾有の失業問題を発生させ、さらには暴力的なアナキズム（無政府主義）の事例を誘発させた。同時に、海外市場の喪失とデフレによって生じた農村部の困窮は、政権の座にあった共和党の権力と政策に挑戦する大規模なポピュリスト運動を勢いづけた。合衆国は世紀末までには、例外的なまでに真の独立を達成していたが、真の独立の支柱となっていた南北戦争後の体制は内側から脅かされた。戦前の古い構造を変えた勢力の成功は、今度は新たな挑戦を生み出した。

一八九八年の短いスペインとの戦争以降、合衆国は領土帝国を獲得した。この帝国は主に、フィリピン、プエルトリコ、およびキューバにおける保護国から構成され、独立国家であったハワイを併合した。この戦争自体は、数えきれないほどの研究テーマとなってきた。だが、合衆国の帝国的膨張は、ヨーロッパ列強がアフリカとアジアで広範な領土を占領していたのと同時期に起こったにもかかわらず、「新しい帝国主義」によって形作られた幅広い脈絡にこの戦争を位置づける歴史家はほとんどいなかった。第八章は、第六章で提起された不均等発展の類型の中に合衆国を位置づける解釈を展開する。合衆国において は、帝国主義は国民創造の過程の一部であった。帝国主義は、共和国の存在が再び脅かされていたとき、その団結を確実にし、そうすることによって、真の独立の達成を祝うことになった。

国内の緊張は鎮められ、資本主義はその行き過ぎから救われた。

第九章は、植民地住民から見た、帝国主義的侵略についての見解を提示する。この章の考察は、予備的なものではあるが、これらの島嶼が、どのようにグローバリゼーションの過程に巻き込まれ、そのことが、どのように独立の喪失につながったかを示す。こうした視座は長い間、世界の他の地域の分割と占領に関する標準的評価となっていた。しかし、一八九八年戦争の研究が、この戦争にふさわしい重要性を付与することは稀である。合衆国の歴史家は、共和国内の出来事に焦点を当てる。ヨーロッパ帝国主義を研究する歴史家は、島嶼植民地を合衆国の歴史家たちに委ねる。特殊専門的なテーマに特化した研究は、島嶼の詳細な検討を行うが、概して、これらの島嶼を別個の存在として扱う。本書で提示される説明によって、一九世紀の帝国主義を研究する歴史家は、合衆国が獲得した島々を、帝国主義の標準的な実例リストに加えることができるだろう。

一八九八年以降、島嶼帝国は視界から消えるが、まさにこの時期に、はっきりと確認できる領土帝国としての、真のアメリカ帝国が樹立された。第十章から十四章においては、放置されて枯れてしまったテーマを蘇生させようと試みる。第十章は、その後に続く、より特化されたテーマを扱う章を用意し、第二章と六章を補完する。国際秩序に関する議論は、指導的な帝国主義国家として、イギリスおよびそれには劣るがフランスの重要性を引き続き強調し、「アメリカの世紀」は一九四一年にヘンリー・ルースが思い描く以前に出現したとする主張に異議を唱える。そうした主張に代えて、本書での議論は、第一次世界大戦前と後の時期の違いよりも、連続性を強調する。第一次世界大戦の講和は、帝国の境界を確認し、帝国の使命を是認した。原材料と製品との伝統的な交換は、これまでどおり植民地の開発の基盤であった。人種的偏見は植民地政策の指針であり続けた。政治家たちは、一八世紀や一九世紀と同じく、植民地領土を列強間で交換する可能性を、完全に受け入れ可能な外交の特徴だとみなした。

しかしながら、ポストコロニアル・グローバリゼーションという第三の段階を生み出すことになる変化の兆候は、戦間期に現れた。第一次世界大戦中およびその直後に、ナショナリストたちのデモが噴出した。より重要な挑戦は一九三〇年代に起こった。世界恐慌は、西洋の諸帝国の至るところで、大規模な抗議を引き起こした。不満を組織化し、その不満を植民地支配への反対に向けるために、新たな政治運動が発生した。グローバリゼーションから生じた帝国の弁証法は再び、成功を失敗に変えた。植民地支配が奨励した輸出作物の拡大は、生活水準と生存を危うくした。植民地住民は、文明化の使命というリベラルの宣伝文句を政治的進歩の要求へと変えた。第二次世界大戦は、さらなる破壊をもたらしたが、短期的には、一九五〇年代末まで脱植民地化を延命することに役立った。予期しない手助けが、合衆国によって差し出された。合衆国はついには、自由世界の指導者として登場し、この指導者の立場で、共産主義および後に「悪の帝国」と呼ばれるようになるものに対する防壁として、帝国秩序を復活させるために行動した。

第十一、十二、十三章は、第十章で提起された解釈を、島嶼帝国における合衆国の支配の記録と対照させる。第十一章は、ワシントンから帝国世界をながめ、他の西洋の帝国主義列強の政策と比較し、さらに将来の研究に資するためのアジェンダを列挙する。第十二、十三章は、島嶼の多様性と特性を強調し、現地の行為主体に関心を向ける。ここでもまた、本書の議論は、比較の文脈を素描する予備的試みにすぎない。適当なスキルを持つ他の学者が、それをさらに発展させることができるだろう。

アメリカ帝国は紛れもなく、多くの特異な特徴を持っていた。中でも、超党派的政策を欠き、アメリカ連邦議会の審議およびアメリカ経済において、島嶼領土は小さな位置しか占めていなかった。にもかかわらず、合衆国の植民地支配の歴史は、例外的であるというにはほど遠く、第十章で展開された一般的議論の正確な例証を提供する。これらの島々は、大きくないにもかかわらず、イギリス帝国とフランス帝国で見出されるあらゆるタイプの植民地の特徴を示している。植民地行政官たちは、直接的かつ間接的な統治の方法を採用し、同化政策や協同《アソシエーション》政策を試みた。人種的偏見は、長い間の対「インディアン戦争」と南部奴隷制によって埋め込まれ、政策が家父長主義に染まり、強制によって硬直化するのを確かなものとした。輸出作物（とくに砂糖）と安価な労働力に依存するという開発政策の伝統的な考えは、引き続き支配的であった。互いに張り合うロビイストたちの任務は、ワシントンの国内利害を代弁することであったが、関税政策は、彼らの手段であり続けた。民主党と共和党が採用した矛盾する政策、資金不足、および関心の欠如は、経済的、政治的進歩を達成するための長期的計画を頓挫させた。

アメリカ帝国の軌跡は、ヨーロッパ諸帝国のそれを綿密にたどり、一九三〇年代には、広範な反植民地主義デモに直面した。当時のスローガンであった独立の可能性と民主主義は、現実になることは決してなかった。ワシントンが一九四〇年代と五〇年代に、影響力を保持しながら責任を委譲する方法を考え出したとき、その使命はまだ達成されていなかった。

第十四章で論じる脱植民地化は、モダーンからポストコロニアルなグローバリゼーションの移行期に生じた。帝国の弁証法が、再び働いていた。一八五〇年以来の産業＝国民国家のニーズに合致するような類のグローバルな統合は、脱植民地化の目的に適っていた。脱植民地化もまた、実現可能ではなくなっていた。しかしながら、一九四五年の時点で、ワシントンとロンドンの政策形成者たちは、異なる未来を見ていた。第二次世界大戦後、勝利した連合国の国々は、一九一八年以降に行ったように、帝国秩序を再構築した。帝国の維持という使命は、再確認されることになり、反対は力ずくで抑え込まれた。しかしながら、一九五〇年代半ば以降、帝国は正当性を失った。帝国政策は、世界経済の変化、冷戦のニーズ、帝国保持のコスト、自決の要請といった、変化する環境に適応せざるをえなかった。先行研究は、冷戦の遂行や他の西洋諸帝国の脱植民化への寄与を別にすれば、このドラマの中で合衆国にほとんどいかなる役割も与えなかった。それでも合衆国は、ヨーロッパ列強が植民地を手放しているのとまさに同じ時期に、自身の島嶼帝国を脱植民地化した。その際、アメリカ共和国は、抑圧と譲歩という同じ経緯をたどった。さらに、合衆国は、国内における脱植民化に対処するという、もう一つの問題を抱えていた。第二次世界大戦後、ワシントンはもはや、アフリカ系アメリカ人およびネイティブ・アメリカンによる市民権の向上を求める圧力の増大を無視することはできなかった。[110] 連邦政府と州政府の対応は、島嶼帝国の場合と同じく、まず「扇動家」たちを抑圧し、次には屈服させるというものであった。ソビエト帝国の崩壊はまだ先のことであったものの、一九七〇年代までに、偉大な帝国の時代が終わったことは明らかだった。また、この過程における合衆国の役割は、帝国としての自らの経験に十分な重きを置いて書き直されるべきだということも明白であった。

その帰結であるポストコロニアル・グローバリゼーションは、第十五章で論じられる。[111] 一九五〇年代には、製品と原材料を取引するという、既存の植民地交換様式は綻びを見せ始めていた。代わって、別の分業と統合の形態が、姿を現しつつあった。産業内貿易は、先進国経済を互いに引き寄せ、金融と商業サービスは、古い製造業の仕事に取って代わり、製造業のクラスターが、アジアの旧植民地において出現した。世界貿易はもはや帝国の中心から四方に広がるのではなく、新たな地域的結びつきを形成した。国民国家の主権に挑戦する可能性を持った超国家的な商業的・政治的組織が現れた。帝国主義を正当化し、植民地支配を促進した白人の優越性の信念は崩壊し始めていた。人種的平等の理念が広まった。自決に伴い、自信が生まれた。一九六〇年代までには、領土帝国の建設に追い風となっていた諸条件は後退した。国際関係におけるパワーは、他のやり方で行使されなければならなくなった。モンテスキューが観察したように、戦略は新たな構造に適合するように再調整しなければならなかった。合衆国は新たなローマでも、新たなイギリス帝国でもなかった。一九四五年以降、アメリカ共和国は領土帝国ではなく、ヘゲモンへの野心を抱く国家であった。この違いを認識し行動することができなかったことは、時代を超えたギリシア悲劇の愚行を繰り返す、新たな背景を提供することになった。

◆「さらに路が延びていて、さらなる労苦を思う(112)」

本書では、筆者は背伸びをしている。それゆえ、読者にも背伸びをさせる可能性がある。その理由は部分的には、この第一章に続く歴史が、およそ三〇〇年を対象とし、大西洋と太平洋にまで及んでいるからであり、また体系的に統合される必要のある二組の歴史研究、すなわち合衆国の歴史および他の西洋諸帝国の歴史を接合しようと試みているからだ。合衆国の歴史家たちは、彼らが慣れ親しんでいる論旨の総合と再解釈を許容することはもちろんのこと、その国外における展開を扱っている、相当な分量の三つの章〔第十二、十三、十四章〕に向き合うことが求められるであろう。帝国史家たちは、ヨーロッパの帝国主義についての周知の特徴のいくつかを再検討すると同時に、アメリカ史の中から取捨選択された、多くの、込み入った事情に分け入り、読み進むことになる。紋切り型や不当に短縮された歴史は、本書の目的にそぐわない。本書の目的を達成するためには、一八世紀以降西洋の指導的な国家がたどった軌跡についての大胆な主張を裏付けるのに十分な詳細さが要求される。超国家的な世界が超国家的な歴史を持つことになれば、時間と場所によって隔てられている専門家たちは、敷衍されただけの既存の国民史と自らを結びつけるという危険を避けたいのであれば、他の地域にも同等の比重を与える必要がある。本書が提示する歴史は、こうした目標を達成することを想定しているわけではないが、それでも正しい方向を指し示そうと試みている。

すべての著者は、自らの努力を正当化する主張を行うことを余儀なくされる。高く飛ぼうとすれば、野心に打ち砕かれるかもしれない。下を向いたままであれば、慎重さゆえに、星を見ることを妨げられる。野心は、問題のスケールが、一人の著者の技能をはるかに超えていることを認識することによって、また先行する学者たちの業績に敬意を表することによって、抑えられる(113)。慎重さの度合いは、詩作の技法についてのロングフェローの助言に合致するように調整することができる。

標的に当てようとするならば、標的より幾分高い位置を狙わなければならない。

放たれた矢はすべて地球の引力を感じるからである。

第Ⅰ部　脱植民地化と従属——一七五六〜一八六五年

第二章　軍事＝財政国家の伸長と後退

◆背景と歴史的展開

七年戦争から南北戦争に至る期間という時代設定は、一般に馴染みのある歴史上の転換点をしばしば通り越してしまう。合衆国の歴史家は、おおよそ一七八三年を、あるいは少し頻度は下がるが、一八一二年を彼らの到達点もしくは出発点として用いている。一八世紀ヨーロッパの専門家の大多数は、一七八九年ないしは一八一五年を休止点としている。イギリス史の専門家の中には、イギリス内乱（ピューリタン革命）で始まり、一八三二年の第一次選挙法改正で終わる「長い」世紀を好む人もちらほらいる。とはいえ、こうした長い時代区分の正しさを論じるためには過度に専門化した議論にならざるをえず、グローバル化の性格の変化といった、大きなテーマを考える枠組みとしては、妥当性を欠いている。ここに挙げたような時代区分論は、本書とは異なる議論には合致しよう。しかしこの章の内容を表現するための視野の持ち方としては不十分なのである。一方で、帝国史家たちは、一七五〇年から一八五〇年までの期間に幅広い統一性を見出しつつある。その統一性は、ヨーロッパを越えて遠方にまで至り、そのために従来型のナショナル・ヒストリーの時代区分の制約を受けることはない。本書の第Ⅰ部の導入に当たる本章は、西ヨーロッパとりわけイギリスにおける発展は、どのように帝国とアメリカ合衆国の生成と結びつくのかを示していく。このつながりは、軍事＝財政国家が持続的な活力を持っていたこと、さらにはグローバル化を促し、かつその帰結に対処するための軍事＝財政国家による努力を強調することで見えてくる。七年戦争から南北戦争に至る期間に統一性を与えていたのは、決して新たなものがもたらす衝撃ではなく、むしろ旧来のものの持続性なのである。

本章の最初の部分は、北アメリカ本土の入植地が、イギリスの公式な統治下にあった一八世紀を扱う。当然、植民地時代のイギリスの政策とプレゼンスに焦点を当てることは必要であり、また馴染みのある方法であろう。しかし、近年の研究は、独立革命の原因となるイギリスの役割について新鮮な見方を取ることを可能にしている。本章の後半は、一九世紀の前半期におけるイギリス史と大陸ヨーロッパ史の一般的な性格を再検討するが、必ずしもアメリカ史と関連させているわけではない。これには明確な説明が必要となろう。一七八三年の独立達成をもって、歴史家の間には分岐が生じている。一方の歴史家たちは、新国家の物語を叙述し、もう片方は、世界各所のイギリス帝国の歴史を追う[1]。研究が新共和国の国内発展に集中してしまうことは当然の面もあるが、このことは、イギリスと合衆国との関係にそれまで払われてきた注意を著しく減らしてしまっている。一八世紀史家が、多大な努力を傾注して再構成してきた大西洋世界は、その重要性が増しているまさにそのときに、視野から消去されていくのである[2]。したがって、合衆国で起こった出来事のいわゆる「背景」を要約することが、ここで必要なことではない。必要とされるのは、大陸植民地、さらに革命から南北戦争の期間の共和国に影響を与えた外部の発展を改めて論じることなのである。

　グローバルな視点から見れば、アメリカ独立革命は、この時期の世界各地で起こっていた、既存の政治体制を転覆する一群の動乱の一つである[3]。実際、イギリスを含むすべてのヨーロッパの軍事＝財政国家が、一八世紀には体制を揺るがす危機を経験していた。しかしながら、イギリスの場合、体制の揺らぎが生み出したのは帝国主義または帝国との間の独特な相互関係であった。しかもその帰結は北アメリカ大陸植民地の喪失、インドへの進出、フランスとの長期にわたって戦われた戦争といった、はるか遠くのグローバルな地域への影響を伴うこととなった。財政上のものであったイギリスの危機は、一六八八年の名誉革命後に定着した体制への直接的な挑戦であり、ジャコバイト反乱と繰り返される大陸の戦争の圧迫を耐え抜いてきた構造への直接的な脅威であった。

　大陸植民地は、物理的な距離はあったけれども、こうした発展から直接的な影響を受けていた。というのも、大陸の植民地人は、自らを海外にあるイギリスの「地方」とみなしていたからである。ジョン・スチュワート・ミル（Jhon Stuart Mill）が後に書いているように、大陸植民地は、イギリスが「熱帯産品の生産を行うのに便利な」場所であり、かつ入植者が自分たちを市民であると同時に臣民でもあるとみなした場所であった[4]。したがって、植民地は、イギリスの財政問題の解決に寄与する増加可能な財源と考えられたのである。これに対する植民地人の反対は、イギリス内の改革者や急進派と同じ立場に立っていた。彼らの唱道した改革は、国内の地方によっても支持を受けるものであった。改革に伴って起こった論争では、帝国政策は搾取的であるべきなのか、植民地の発展を支援する立場であるべきなのかをめぐって、支配エリートが分裂した。前者を選択するというきわめて重要な決定が、対立と最終的な分離を導くことになった。植民地人との対立は避けがたいものとなった。もし大西洋の向こうにある海外植民地が、国王と大臣に歯向かうことに成功するならば、本国の地方が同じような譲歩を要求しかねなかったのである。ヒエラルキーが揺らぎ、調和は崩れてしまう。イギリスのオーガスタン時代は、未成熟のまま終わりを告げることになりかねなかったのである。

　大陸植民地の反乱とフランス革命に続いて起こった戦争は、ヨーロッパ大陸の強国の植民地支配を瓦解させ、かつヨーロッパの大半を再編成した。しかしながら、予想に反して、軍事＝財政国家はこの苦悩を生き延びた。一八一五年のウィーン講和条約は、勝利者の権力を確固たるものにした。自由主義的な意見が叫ばれたが、保守的な反動が圧倒した。以後、一九世紀半ばまでの時代を特徴づけるのは、一七八九年以前に存在した世界を回復するための並々ならぬ決意を持った多くの試みである。確かに、軍事＝財政国家を解体しようとする努力は派手であり、かつ激しかったが、一八四八年には頓挫した。これに続く反応からも、改革をめぐる闘争が、世紀の残りの期間も続くことは確実であった。ただし、一八五〇年までには、イギリスはヨーロッパの一つの主要国として、長い闘争の末ではあったけれども、重要な自由主義的改革を達成していた。

一八一五年以後、当時の超大国としてのイギリスは、世界史上初の開発計画の策定に着手した。この計画は、国際貿易を振興し、体制改革と文化の変容を促すことを目指した包括的なものであった。これに続く政府の外交、帝国政策は、一八二〇年代以後、自由貿易政策の実験を始めた重商主義国家というイギリスのアンビバレントな立場を反映したものとなった。重商主義規制は、近代的な製造業を守るという役割を持つようになった。他方、財政収入の必要性から、依然として、課税できる領土と公式な支配を求める動機が存在した。同様に、政策立案者たちは、独立していても外圧に弱い国々を対象にして、非公式な影響力を駆使する手法を試し始めた。ところが、技術的な制約から、プロト・グローバリゼーションからの移行が加速する一九世紀後半までは、西側諸国の中で最大の国であっても、影響力を浸透させる能力は抑制されていた。ただし、諸条件からして、新政策にとって都合のよい国が一つ存在した。合衆国である。この共和国は、一九世紀の前半期において、最も重要で、かつ最も注目されていない、イギリスの非公式な影響力の対象となった事例であり、ゆえに最も注意を払うに値する。

したがって、以下で対象とする期間に関しては、すでに広範にわたり、なおかつ優れた研究が存在するが、それでもなお、語るべき議論が存在している。それは、公式から非公式へと影響力の手段を変え始めつつも、イギリスの軍事＝財政国家が、いかに英米関係を維持したかについて理解を深めようとする議論である。合衆国の発展を理解するためにこの分析が持つ意味合いについては、本章の最後の部分で触れられ、さらに南北戦争に至るまでの間に両国を結びつけた経済的、政治的、文化的紐帯を検討する以下の三つの章で展開される。

◆大収束？

語の最も単純な意味で軍事＝財政国家の概念を述べるとすれば、それは敵を圧倒する武器の一つに火器が加わった一五世紀以後に生じた、西ヨーロッパ諸国家の持つ軍事的潜在力の変容と表現できよう(5)。セルバンテスは一七世紀の初頭における書物で、「この大砲という悪魔がかった火器は、軍事的な能力だけでなく、社会を変容させる」との考えを披瀝している(6)。一八世紀半ばまでには、ギボンが呼ぶところの「偶然だが恐るべき発見」は、ヨーロッパ中で深く国家の構造に影響を与えていた(7)。

新たな軍事技術とそれに伴って必要となる大規模な軍が意味するのは、君主はもはや、「身勝手に振舞う」ことなど許されなくなったことであった。[8] 財政収入を増大させる圧力から、政府は効率的な官僚制度を創設せねばならず、また商業的な権利を委任することで、民間会社と取引をせざるをえない。さらに君主にとって何よりも重要なことは、中央権力が軍事力を独占し、保持することを確実にする方法を見つけ出さねばならないことであった。その結果として、集権化ないしは国家内で「絶対主義」に向かう傾向が生じ、さらには外部との境界を確定し、国家の課税力を確保しようとする強い動機も生まれた。こうして火器革命によって、とりわけ隣り合った国々もしくは容易に接近が可能な国々の間では、政治的な生き残りのための競争が激化した。砲兵隊と専門技能集団に大規模な資源を動員できる政府は、争奪戦の潜在的な勝者となり、遅れをとった場合、敗者となった。一六世紀以後も引き続く軍拡競争は、国家形成とヨーロッパの勢力均衡を左右する決定的な要素となった。最新の破壊手段を行使する力が、一八世紀における軍事国家の台頭を支え、同時に適応力のあったライバルに対抗できなかった弱小国が、その従属国や衛星国となる素地ともなった。

国家による財源の追求は領土拡大を刺激したが、そのためにはたいてい軍事的な基盤が必要となった。基本的な領土拡大の狙いは、国内の財源を補いつつ、かつ国内の納税者、とりわけ土地財産所有者の反発を避けるため、税負担を負う小農人口と通商利権を吸収することにあった。グスタフ・アドルフ統治下のスウェーデン、ピョートル大帝のロシア、ルイ一四世治下のフランスのように、新たな状況を巧みにコントロールできた国家は、ヨーロッパ外の世界に拡張する野心も持ち合わせる地域大国となった。こうした指導的な国家に対抗できなかった弱小国は、彼らと同盟を結ぶか、または従属下に入るなどの手段で保護を求めることを余儀なくされた。外交政策は財政力によって大きく左右されたが、想定される軍事行動にかかるコストと、利益を天秤にかけたギャンブルとなった。勝利だけで成功が得られたわけではない。コストのかかる勝利は解決の迫られる財政上の問題を増幅した。敗北はさらに高くついた。財源の枯渇、債務の増加、威信の喪失などである。財政的な健全さを犠牲にして軍事的な必要性を優先させる政治経済論が実行された結果、財政危機が頻発し、一八世紀末には壊滅的なレベルに達していた。

歴史研究の「グローバルターン」を受け、軍事＝財政国家に関する研究の境界線は西ヨーロッパの遠方へと拡張されてきた。[9] 新たな研究はアジアとヨーロッパのつながりの長期性と緊密性を強調し、両者の制度的また経済活動面での類似した性格を発見しつつある。たとえば、近年の研究は、「ヨーロッパ人の到来」以前において、アジアの大半を結んだ長距離交易とその他諸関係が成長するに際して、中国がその駆動力を提供したこと、さらにはその後、伝統的な大西洋への着目が看過していた、スペインの手になる「太平洋複合体」（Pacific Complex）が両者と結合したことを示している。[10] グローバルなつながりの存在が意識されたことによって、歴史家は共通の原因から生じるグローバルな規模での類似性を明らかにし始めた。ヨーロッパとアジアの複数の国を選択した比較研究が示すのは、一八〇〇年以前に、すべての国が行政面で集権化を経験し、政治的・文化的統合、商業化、領土拡大といった傾向を増大させていたことであった[11]。さらに関連した研究は、反乱と革命による政権崩壊の波は、イングランドから中国まで連続したものであったことも明らかにしている[12]。とりわけ軍事＝財政国家間での争いから生じる近代化は、一八世紀にその発展の最高到達点に達したと論じられてきている[13]。このような結論が、かなり信頼性を獲得したため、「一七六〇年から一八四〇年まで続く世界規模の危機という議論は、急速に検証可能な仮説の地位を獲得しつつある」との考えも主張されるに至った[14]。妥当性があるかどうかはともかく、こうした説が存在することで、歴史家が、伝統的な地域区分を踏み越える発想を得る契機となる利点がある。従来の地域区分は、いまだ国民国家となっていない社会に国家の境界をあてはめてしまうという、しみついた癖に由来しているのである。

こうした先端的な諸研究から判明する最も顕著な研究動向は、アジア（とくに中国が代表する）とヨーロッパ（主にイギリスが代表する）が歩む発展の分かれ道の原因とタイミングを再評価する「大分岐」として知られる主張に関する議論である[15]。むろん議論の範囲は、統治の分析にとどまらないが、一般に次の点は同意が得られている。すなわち、問題の原因となっていようが、解決手段となっていようが、国家の能力と政策が根本的な分岐の要因だという点である。現在、軍事＝財政国家の概念は、清朝だけに応用されるのではなく、とくにムガル帝国、オスマン帝国、ロマノフ朝も対象となっており、西ヨーロッパの政治と経済の動向を他の地域と比較する基盤を提供している。

近年の研究は、人口や気候変動、偶発的な自然資源の配分といった、西洋社会であっても非西洋社会であっても、ほとんど、ないしは全くコントロールできない展開を抱えていたことを明らかにしている[16]。こうした立場からすれば、大分岐はたまたま、ごくわずかな世界の一部に存在した特権的な諸条件が数世紀にわたって蓄積されてきた結果ではなく、比較的最近の変化によって生じたものとなる。「大分岐」が発生したのは、一八世紀の末であり、一九世紀と二〇世紀に明確になり、現在、新たな分岐の時代へと道を譲っている。こうして「近世（初期近代）」として知られている時期を疑問視する向きもある。逆に「中世」が中間の時代という立場を失い、中世史家が伝統的に考えてきたよりも早く時代が進んだという見解へと向かいつつある[17]。

正確に言えば、なぜ分岐が起こったかは、謎のままである。ある定式化した立場は次のように提起する。一六五〇年以後のヨーロッパで起こった人口増加は、気候環境の悪化とあいまって資源危機を発生させ、一八世紀の後半には生活水準の低下を引き起こした[18]。こうした状況は、イギリスのように必要な資源へのアクセスが良好な諸地域において、炭鉱に代表される新たなエネルギー資源の開発を促した。最終的に「大分岐」を引き起こすのは、こうした「まぐれ当たり」だというのである。これを補助する形で、ヨーロッパとアジアを分かつ主要な特徴は、海外植民地の保有であるという、古くからある主張も復活してきている。海外植民地は、エネルギーの欠乏を克服するうえで必要な食料と製造業を下支えするのに必要な富を供給した。[19] この観点からすれば、おおよそ幸運な出会いが、ヨーロッパを世界の残りの部分から抜きん出ることを可能にした潜在力を与えたことになる。

このような新たな見解は、グローバル・ヒストリー研究を進めるために良い材料を提供しているといえるだろうし、後世のヨーロッパ人による「大いなる蔑視」からアジアの名誉を救済する助けともなるに違いない。しかし、同時に、比較の基準について疑問も生じる。前近代の国家についての類似性を立論するための証拠は、高い次元で抽象化した一般論を想定した場合にのみ正しいといえる。しかし、焦点を絞ってみれば、重要な違いが浮かび上がる。「軍事＝財政国家」に属する国家は、多様な材質から貨幣を鋳造し、財政、課税、債務を扱う政府の組織や政策を生み出し、そして大きな成果を生み出す機能を有した科学、技術、軍事力の使用について、積極的な姿勢も取る。[20] 一方、たとえば、中国政府は、一貫して、国家の目的に見合った財源を動員するのに必要な財務機構を発展させられなかったと論じられている。[21] 比較研究の示唆するところによれば、清朝とムガル帝国は、コストのかかる軍事面の改良への継続的投資をしなくても、安全を保障する軍事＝財政国家を確立していた。他方で、ヨーロッパ諸国家は、恒常的に競合関係に悩んでいたために、軍事競争に関与せざるをえず、政治的な集権化を高め、革新的な手段によって財政収入を増大させることを必要とした。[22] この解釈に従えば、一八世紀に西ヨーロッパに存在したような軍事＝財政国家は、一九世紀になって国内の反乱と対外的な侵略によって政府が大規模な改革を策定するまでは、中国には現れなかったことになる。[23] 同様に、西ヨーロッパ型の軍事＝財政国家は、イギリス軍が外国支配を押しつけ、イギリス人官僚が徴税機構の効率性を改善する一八世紀の終わりまでは、インドには到達しなかった。ただ、一度確立されてしまえば、帝国の軍事財政主義（military fiscalism）は、元祖のイギリスをはるかに越えた命脈を保ち、その遺産は現在でもパキスタンにみることができる。[24]

同時に、明快さを魅力とする軍事財政主義論は、ヨーロッパ史の専門家からは強い批判を浴びている。[25] 一八世紀のヨーロッパにおいては、軍事＝財政国家が政治組織の支配的な形態であったことについては広い合意が得られているが、批判者は、この議論が主張する技術決定論に疑問を呈してきた。すなわち、軍事技術の入手という動機だけでは、政治的介入が必要となる、軍事＝財政国家機構の採用に関する程度の違いを十分に説明することはできない。おおよそ政治的、経済的、社会的な面を考慮することで、因果関係の方向性が逆転することが、示唆されてきたのである。人々にとって好ましい諸制度と繁栄する通商こそが、国家が新しい軍事装備を採用したり、そのための能力を持とうとしたりする意志を説明するとも考えられる。実際、これまでの研究蓄積は、同じ概念で一括りにされる国家であっても、膨大な多様性を持つことに注意を向けてきた。集権化は必ずしも絶対主義に結びつくとは限らないし、絶対主義自体が、条件によって可変的である。また絶対主義国家が、財政収入を増やすための最も効率的な手段だったことはめったにない[26]。

一八世紀には、ヨーロッパの軍事＝財政国家が、各地で顕著な差異を示していたことは間違いない[27]。スウェーデンには十分な借入能力がなく、フランスとイギリスからの援助に頼っており、財政的に余裕がある場合には、傭兵部隊を雇い、場合によっては、同じ傭兵部隊を他国に供給していた[28]。フランスの軍事＝財政国家は中央財政を欠き、「絶対主義」王政が国家収入を完全に掌握することを阻害していた。王権は、窮余の策も含めた、さまざまな便宜的手段に依存し、そのため政府の信用度はしばしば疑問に付された。こうして生じた財源不足は、重要な場面で、フランス軍の能力不足を招くことになった[29]。一方で、スペインに関する研究は、従来のステレオタイプを裏切っている[30]。スペインは一八世紀には、決して絶対主義国家ではなく、衰退もしていなかった。確かに、軍の規模は縮小していたし、政府は、公債というものを信用していなかった。課税収入の割合の多くをコントロールしていたのは、地方権力と植民地エリートであった。こうした内実にもかかわらず（あるいはそうであるがゆえに）、スペインは依然として、豊かでダイナミックな帝国を統治していたのであった。

ここでの議論のために、ヨーロッパの軍事＝財政国家に見られる類似性において最も重要なものを挙げるとすれば、それは「大収束」と呼ぶべき事態である。「大収束」は、大きな帝国領土を持つ国家を同じような財政破綻へと導き、広範囲にわたる政治的影響を残した。一八世紀において、長期間にわたって軍事＝財政国家が従事してきた戦争のコストが、自らの財源を上回るようになると、これらの国家は深刻な、場合によっては末期的な困難に陥った。七年戦争はフランスの財政を弱体化させた。フランスは帝国を失い、帝国を取り戻す希望を持って新たな海軍を創設するのに莫大な額を支出し、それから一七七八年にイギリスに宣戦することで、財政的な健全さを崩壊させた。確かに、フランスの援助は大陸植民地の独立達成をもたらした。その一方で、フランスが一七八九年に自らの革命を準備してしまう帰結ももたらしたのである。増大する債務によって、最終的に王権は税率を上げ、特権階級に直接税を課す財政改革の提起を余儀なくされた[31]。政治エリートは分裂し、その一部は国王に歯向かった。特権のない税負担者は、ここに機会を見出し、そして摑んだのである。

一方、スペインは、一七六三年には帝国を保持していた。しかし戦時中の大規模な支出により、帝国からの税収増大を目的とした改革への着手を強いられた[32]。スペインは、フランスと同じく、アメリカ独立革命を支援し、一七七九年に対英戦争に加わった。しかし、フランスとは異なり、スペインは、ニュースペインの巨大な資源へのアクセスが可能であり、戦争に際しても効果的に利用した[33]。にもかかわらず、一七七九年にマドリードの政府は、増税と国債の増発を計画せねばならなかった。一八世紀末には、膨張する債務を支払うための資金の流出が、主要な植民地利害集団からの反発を招いた。そして帝国から押しつけられる負担に対する彼らの抵抗が、植民地独立に向かう着火点となった[34]。

オランダは、一七世紀におけるイギリスとの戦争で苦境に陥ったが、参戦ではなく中立を選択することで、一八世紀のほとんどの期間において、大規模な支出を避けていた。しかしながら彼らもまた、アメリカの反乱者への支援を決断した。一七八〇年から一七八四年まで続いた第四次英蘭戦争は、オランダの海軍力を壊滅させ、オランダ東インド会社の凋落を決定し、深刻な国家の弱体化を招いた。最終的な仕上げはフランス戦争であった〔近年の研究では、一七九二年に始まる革命戦争と一八〇三年以後のナポレオン戦争を一貫した戦争とみなしてこのように呼称するケースもある〕。戦争はオランダの独立を終わらせ、結果として、ほとんどの植民地をイギリスの手に収めることになったのである。

アメリカ独立革命の達成は、その大部分が、ヨーロッパ諸帝国の介入に帰せられよう。諸帝国の利害は、決して人々に自由をもたらすことではなく、イギリスの優位を転覆することにあった[35]。優越した地位をめぐる帝国の争いは、フランス戦争へと転化し、戦争はフランスとスペイン、さらにはオランダの体制を崩壊させた。そして、イギリスが、一八一五年以後の新たな国際秩序形成への展望を持つことが可能な、唯一の大国として残ったのである。

◆名誉革命と例外的な軍事＝財政国家

ヨーロッパの軍事＝財政国家の間に見られる特殊性は、装飾のような見せかけの違いではなく、違いがなければ歩んでいたはずの同じ道から、個々の国を離脱させる潜在力を持っていた。イギリスのケースに見られるように、政治的、経済的、帝国的な発展に軍事＝財政国家体制が独特な形で寄与していることからも、軍事＝財政国家の特殊性の重要性が示されよう[36]。一連の特殊性は、ヨーロッパのライバル国が衰退したり、災難に陥ったりするときでもイギリスが生き残り、拡大し続けた理由を説明する。イギリスは軍事＝財政国家として、大陸ヨーロッパ諸国が陥ったのと全く同じ問題に直面していた。しかし、イギリスは同時代の政治的、財政的問題に対して、独特かつ効果的な対応策を生み出したのである。イギリスが、特殊な解決方法を生み出したからこそ、新たな連合王国は、より大きく、より人口の多い隣接諸国にうまく対抗することが可能となり、かつ海外にその影響力を拡大できたのであった[37]。簡潔に言えば、イギリスはどこの国とも異なる軍事＝財政国家なのである[38]。

イギリスは野心的な君主の絶対主義的志向を抑えるのに成功しつつ、高い水準の政治的集権化と財政的な統合を達成したという点で、例外的な国であった。イギリスと比較して、ヨーロッパの軍事＝財政国家の大多数は、議会による権力の抑制がほぼ欠如した王朝によって統治されつつ、同レベルの財政的統合を達成していた。この点において、イギリス国家が小さくまとまっているという性質は、実効性のある統治と効率的な徴税が進むうえで有利な条件となった[39]。議会は、国家財政に最終的な決定権を持ち、その権威を用いることで、同意を得やすい市民一人ひとりから、他のヨーロッパ国家よりも多くの税を取り立てるのに成功していた。むろん、君主と議会の間での権力の分割は、権限が不明確な領域を含むことになった。にもかかわらず、政府への反抗は限定されたものであった。イギリス内乱の記憶、スチュワート朝による王位僭称の不安、政府の支払い能力を維持する義務の下では、反政府的な政治エリートの野心は抑え込まれたのである。それに対して、フランスでは、ルイ一四世であっても、配下の貴族や自らの信用に常に不安を抱えていた。[40]

アメリカの反乱者たちは最後には、ジョージ三世の高圧的な政策を専制的な行為として非難したけれども、革命前には、イギリスが最も自由な国であるというモンテスキューの意見を共有していた。ヴォルテールは、「イギリス国民は国王に抗争し続けて、国王の権力を抑制するのに成功し、また努力を重ねてついにあの賢明な政治を確立した地上で唯一の国民である」と考えた。[41]ディドロはイギリスの大陸植民地政策を批判したが、名誉革命後に確立された政体を、「ここでは自由が勝利した」であるという理由で、「ありうる最も幸福な成果」であると評価していた。[42]一七七〇年代にイングランドに居住したプロイセンの兵士かつ歴史家であるヨハン・アルツェンホルツは、次のように宣言して、イギリス好きの意見を簡潔かつ十全にまとめている。いわく、イギリスは「勇敢さ、自由、優れた政治体制がもたらす幸福な結果によって、世界で最も優位に立つ強国の一つ」に上り詰めたというのである。[43]

イギリスはまた、非常に生産力の高い資本主義的農業、大規模な生産量を持つ製造業、遠距離に及ぶ外国および植民地との通商関係、効率的な分配システム、そして比肩する国のない金融業を有していたという点でも際立っていた。[44]こうした特徴は、産業革命が経済を変容させるかなり前から存在した。一八世紀半ばまでに、経済は、国内と海外市場に製造品を大規模に供給する手工業の従事者が、労働力の約三分の一に達するほどのレベルにまで成長した。サービス業はそれをわずかに下回り、農業は上回っていたものの、わずかな程度であった。[45]マニュファクチュアは、国内と海外の市場を求めたので、サービス業における重要な諸部門は、国際金融と流通へと特化した。海外への関与の拡大は、一八世紀に最大規模となった帝国に関わる諸事件を理解するための文脈を提供する。この諸事件は、スミスの『国富論』が出版された一七七六年には進行しており、偶然にも、この年にはギボンの『ローマ帝国衰亡史』とアメリカ独立宣言が出されたのである。

イギリスの軍事＝財政国家の軍事的な要素もまた、陸軍ではなくて海軍に極端に重きを置いていたという点で、大陸の隣人たちとは異なっていた。[46]もちろん、他の国も海軍を保有していたが、イギリスが戦時に海戦に投入した規模には及ばなかった。一七九五年までに、イギリス海軍は、一七〇五年のトン数の二倍半の規模を誇り、一八〇五年には世界で最も大きく、かつ最も強力な海軍となっていた。[47]海軍の需要は造船、軍事産業、船舶備品業、さらには港湾や船隊に食料を供給する農業セクターなどにおいて生産増加を呼び、経済を刺激した。[48]ブリテン諸島を防衛する戦略は、世界をも包囲しうる比類なき地位へとイギリスを押し上げた。さらに海軍は、ギリシアの伝統にならって、自由の守り手を具現化した存在となった。[49]それに対して、陸軍は、ローマ帝国を連想しやすく、権力の中枢に位置する能力を有していた。インドと北アメリカの植民地へと派遣された軍はまさしく、イギリスの軍事＝財政国家の最大限の力を象徴していた。

かつて、このようなイギリスの際立った進歩的性格の起源とみなされていた名誉革命は、その輝きの一部に疑問が呈されている。[50]修正主義史家の中には、名誉革命は、既存のプロテスタント体制を守り、現状を変えるのではなく防衛したという点で、革命の名に値しないと主張する流派がある。[51]このような説明によれば、一六八八年に達成したのは旧体制の永続化であって、この古い体制は結局、一八三〇年代まで命脈を保つことになるという。またこの解釈は、保守的な思想家たちが、古典に依拠して革命的な変化を回避し、政治的安定を強化しようとした点を強調する思想史家の研究を補うものといえよう。[52]実際、名誉革命の擁護者は、内戦の動乱を経験し、いつなんどき不安定になってもおかしくない社会に凝集性と秩序を回復することを狙いとした道徳律を提示するため、古典古代の理想とされた市民の徳を持ち出している。思想史以外の視点からの批判者の中には、イギリス内乱後に履行された重要な財政および海軍改革に注意を向ける者もいる。これらの改革は、伝統的に名誉革命と結びつけられてきた変化を予期させるものであった。[53]

他方、ポスト修正主義論者は、これらの視点に強力に反論し、経済政策の決定における名誉革命の重要性を改めて主張している。[54]この立場によれば、革命は主として、近代性に関する、二つの異なる思想的立場の間での抗争であった。ジェイムズ二世とウィリアム三世はいずれも、集権化された強力な国家を構築しようとした近代主義者であったが、国家の性格をめぐって、異なる思想を持っていた。ジェイムズは絶対主義を復活させようとし、他方、ウィリアムは決して民主主義者ではなかったものの、より参加型の国家を好んだ。ウィリアムを支持したホウィッグは、労働こそが富の源泉であるというジョン・ロックの議論を好んで取り上げた。ジェイムズは、保護関税の維持を求める大地主に訴えかけたが、革命の支持者は、商業、製造業、金融機関、そしてより自由な貿易を好んだ。両者の立場からは、外部世界におけるイギリスの役割についても、固有の考えが派生した。富が固定収入源である土地に基づくものだとすれば、海外政策は領土拡大を目指すべきだということになる。もし貿易量の増大の見通しに限界があるとすれば、貿易をできるだけ確保するために、積極的な重商主義政策が必要とされる。それに対して、通商が、流動性に富む労働と時宜を得た商売の産物だとするならば、成長に向けてかなりの潜在力が存在することになる。こうして、必ずしも領土の拡大や重商主義規制を用いずに海外貿易を拡大させる政策こそ目指すべきだとされる主張が導かれるのである。

これらの観点のそれぞれが、名誉革命の重要な諸側面を照らし出しているといえよう。しかし、いずれも額面通りに受け入れるには留保が必要である。宗教やその他知的影響の重要性を強調する論者の議論が成立するためには、少なくとも財政革命さらには後の産業革命との関連性など、他の点が果たした役割を過小評価するという代償を払うことになる。名誉革命後の一世紀はアンシャン・レジームの持続によって特徴づけられるという主張は、フランスの「旧体制」が変化に適応し、かつ推進した度合いを低く評価している。名誉革命に世俗的な面での先例を見出す主張についても、必ずしも名誉革命自体の重要性を低減する必要はないであろう。他方、オラニエ公ウィレムとジェイムズ二世の双方を「近代化主義者」とする主張は、彼らは無自覚だったかもしれないが、うかつにも彼らが、一九世紀まで政策目標として表明されたことのない思想を予期していたことになってしまう。土地と労働の違いについてあまりに厳格な区分をすると、価値が両者の生産要素の組み合わせから生じるという現実を捉え損なう。この点は、ホウィッグの大貴族やトーリーのジェントリも理解していたことなのである。トーリーを重商主義と結びつけ、ホウィッグを自由、少なくともより自由度の高い貿易と結びつけるのも、違いはあっても、せいぜい力点の違いでしかないという、類似の問題に直面する。重商主義規制は、この一世紀期間を通じて一般的な状態であって、すべての党派が、重要な戦略的かつ財政的必要性を満たし、さらには強力な利害をなだめるために、規制が持つ価値について認識していた。さらにアダム・スミス自身が認めたように、重商主義は通商拡大を促進していた。一八四六年になっても、ロバート・ピール卿は、異なる見解に与することで、彼の党派を割り政治的なキャリアを損なったのであった。

名誉革命と結びついたさまざまな革新は、長期間に及ぶ累積的な経済発展が通常の状態であるという観念が、十分に受容されていない社会によって育まれた。資本主義的経営は実態としては偏在したが、農業が基盤となっていた社会を徐々に変容させている段階であった。産業「革命」は、アダム・スミスの鋭い眼力をもってしても捕捉できなかった。その理由はよくわかる。一七九〇年に彼が死去した時点では、まだ蒸気力を使った機械製生産が導入されたばかりだったのである。少なくとも一九世紀の第2四半期までは、イギリスで農業があらゆる諸活動の基盤を提供する母体であった。イギリスは、農業が支配的な地位を占める特権階級の寡頭地主支配層は、巨大な社会的、地域的不平等を抱える社会を統治していた。こうした政治システムに多大な支援を提供した結果として、ジェントルマンの地位を獲得し、ロンドンのシティの新興「金融関係者」は、政治的影響力を駆使できるようになった。直接的であれ、間接的であれ、誰もが天候と格闘したが、経済生活において人間のコントロールの及ばないこうした決定要因が、消費、収入、社会秩序、人生、死に至るまで影響を及ぼした。大多数の人にとって人生は短かったし、中には、辛くて、厳しい人生を送っている者もいた。

一六八八年以後、イギリスは福祉国家へと変貌したのではない。むしろ、破壊的な戦争によって特徴づけられる以後の一世紀を通じて、戦争国家となったのである。[55] 一八世紀を通じて、防衛支出が国家支出の中でも、大きくかつ増大する部分を占め、国内経済に幅広い影響を与えた。[56] 一七六〇年代以後、ジョージ三世の完全なイギリス定着に伴って、ヨーロッパ大陸での戦争への関与は弱まるが、その一方、王権が自らのイギリスへの愛国的献身の程度の大きさを示そうとしたことも少なからず寄与し、帝国拡大に伴う戦争によって海外に派遣される軍は大規模に保たれたままであった。[57] 実際のところ、七年戦争の勝利の対価は、北アメリカとインドが帝国に加わったことで、膨大な新領土を統治する手段を発見する必要に迫られたことであった。したがって、軍事支出に見合う収入を確保することが、政治的な志向はどうあれ、後の政府にとっても最優先事項であり続けた。国王が議会に諮らずに強制的な手段を用いるかもしれないという恐怖は持続しており、陸軍は平時でも小規模にとどめられたが、なお戦争の必要があれば、すぐに規模は拡張した。一連の対仏戦争がようやく終結した際には、イギリス陸軍は総計二五万人の規模となっていた――もっともこの数値すら、ナポレオンの「大陸軍」の規模の半分にすぎなかったが。

一八世紀の間に、イギリスはヨーロッパの辺境にある小規模な群島から、拡大する帝国を包含するグローバルな重商主義システムの運営主体へと成長した[58]。重商主義については、以下のことが定説となっている。すなわち重商主義は、抽象的な理論でもなければ、中世から受け継いだ固定的な通商慣行でもない。むしろ、一七世紀の後半と一八世紀を通じて、その幅と複雑さを拡大した規制の束であり、しばしば議論の的となりつつ変化を遂げていったのである[59]。通商規制の目的は、国家財政に寄与する収益を上げること、そして国家の主要な支持者に報酬を与えることとであった。こうした主要な利害集団間の取引は、超過利潤分配の合意（rent-sharing）へと帰着した。政府は独占権を売却することで収益を得る一方で、商人は、彼らが得た保護から利益を得る[60]。アダム・スミスが一七七六年に著名な独占批判を書く頃までには、重商主義は海外貿易のあらゆる側面を形作っていた。航海法はイギリスの海運を育て、一連の関連する投資先を生み出していた。輸入関税は複数あり、財政収入を生み出すとともに、国内製造業を保護した。保護貿易規制の最も目立つシンボルであった東インド会社は、イギリスの対インド、対中国利権を支配していた[61]。

以上のような発展をもとにして、イギリスは、ヨーロッパ諸国の中で独特な存在となり、国際政治、経済、そして公衆の意識に明瞭かつ持続的な影響を与えた。海外貿易は増加の一途をたどった。イギリスの総輸出価格は、一六九九年から一七〇一年より一七七二年から一七七四年の間に八倍となり、世紀の終わりまでには、国富の重要な部分を占めるまでになっていた[62]。貿易の上昇傾向は、イギリスの主たる貿易相手の劇的な変化に伴って起こった現象であった。一七〇〇年にイギリスは、総貿易量の八五％を大陸ヨーロッパ諸国と行っていたが、一八〇〇年までに、この数値は二五％へと減少する[63]。イギリスの輸入量の大多数は、西インドとアジアからであり、それに北アメリカが続いた。輸出の大多数は北アメリカと西インド向けであり、アジアがその次であった[64]。新世界で稼いだ余剰分を使ってアジアとの収益バランスを埋め合わせる必要性があったからこそ、イギリスは自らが国際秩序に影響力を持つ――可能ならばコントロールする――取り組みへと邁進することになったといえよう。財政革命と重商主義規制の二つは、ロンドンの支配的地位をいっそう高めた。ロンドンは、ブリストルやリバプールのような地方港湾都市の拡大にもかかわらず、一八世紀を通じて、そしてそれ以後も、財政、通商関連業務、海外貿易の圧倒的中心であり続けたのである。大西洋沿岸の植民地は、毛織物業と金物業が牽引するイギリスの製造業に保護市場を与え、砂糖やタバコといった、植民地外からは入手不可能な消費物資を供給した。これらはイギリスの金融業とサービス業の発展に巨大な刺激を与えた。[65] イギリスは、熱帯産品の輸入についても支配的立場に立っており、その結果、大陸ヨーロッパへの再輸出も支配した。そして製造業の輸出を阻んでいた大陸の保護関税をかいくぐることに成功したのである。

一八世紀を通じて、課税による財政収入も増加した。課税収入は、公債の発行に必要とされる資金の大部分を提供し、一六八九年から一八一五年の間に八回行われた主要な戦争に財源を提供することで、イギリスの下支えとなった。[66] 対仏戦争が持続的に行われた一世紀を通じて、間接税（主に消費税と印紙税）は全税収の七五％を供給した。[67] 課税対象のほとんどが国内消費向けの商品とサービスであった。したがって、人口の大多数が税負担を負ったことになる。海運、輸出業、海外市場向けの製造業の大多数は、貿易収支の改善を目指す原則の下で免税となった。こうして一七八九年までに、イギリス市民はヨーロッパにおいて、個人当たりで最も重い税負担を背負ったのである。税の逆進性は、対仏戦争を遂行するため、首相のウィリアム・ピットが富裕層への課税を余儀なくされた一七九三年になっても変化はなかった。[68] 彼は一七九五年に次のように述べている。「財産を守るための戦争において、財産所有者が負担を負うのは正当であり、かつ公平である」[69]――少なくともその一部は。平等に関する関心からではなく、必要性が発明の父となった。

追加の資金需要は、借入金によって賄われた。この手法は、土地税の水準を低く保ち、地主寡頭支配層に財政の抜本的改革への妥協を受け入れさせ、そしてシティの「金融」関係者が社会的に受容され、かつ大規模な富を蓄えることを可能にした。[70] 七年戦争が開始されるまでには、イギリスは国債を発行することで、返済期限未定の長期債務を借り上げることが可能となり、また短期証券の売却で短期的な資金需要にも対応できるようになっていた。こうした手法が成功した背景は明白である。政府の債権は非常によく購入された。利子率は低いままであった。だが外国からの投資資金の流れが示すのは、イギリスの信用制度への信頼が、諸外国においても浸透していたことである。戦時の緊急事態の下では変動圧力が大きかったが、ポンドスターリングの価格は安定していた。かつ長期の戦争がもたらす深刻な不安があった中でも、イギリスの政治システムの安定性への信頼は強固だったのである。

ある旧説は、偶然であれ、著しい技術革新や賢明な政治判断によるものであれ、このような際立った特徴が組み合わさることで、世界最初の産業革命が生み出されたと論じている。そして、産業革命をもって、今日「近代化」と称される変化の代名詞となったとする議論もある。[71] 近年は、ヨーロッパ諸国よりも、イギリスの方が、将来発展に関する展望が好意的に受け入れられていたとする議論に賛同が集まっている。[72] 唯一の比較可能な国であるオランダは、後にイギリスが取り入れる多くの革新の先駆者であったが、一八世紀には地位を保持することができなかった。[73] こうした大まかで捉えどころのない問題に関する研究は膨大にありえるが、幸運なことに、本章の守備範囲を超えている。[74] しかし誤解のないようにいえば、本章で軍事＝財政国家としてのイギリスの例外的な性質について述べている主張は、産業革命や近代化とのつながりにまで拡大した議論とは全く別個なのである。[75] ここでの文脈に関連していえるのは、現在では、重商主義を発展の全面的な足かせであるとして、捨象することはできないことであろう。[76] 植民地貿易は、イギリス商品とサービスの輸出とあいまって、イギリスに対仏戦争の遂行に必要とされる膨大な資金を供給する大きな力となった。また、海外からの借入金を埋め合わせ、一七九〇年には、かつての純債務国としての地位から一七九〇年の純債権国へとイギリスの地位を転換する力ともなったのである。[77]

「名誉」か否かはともかく、一六八八年の革命はイギリス史の展開にとって、決定的な影響を与える事件の呼称として、その称号を維持するに値しよう。名誉革命は、単に進行中の改革を促進しただけではなかった。ジェイムズ二世の追放は、君主に対して議会に責任を負わせるために必須の決定であり、同じく、プロテスタントの王位継承を守るためにも必要であった。外国生まれの君主の王位継承は、イギリスを大陸ヨーロッパに関与させ、以後の一世紀――それ以後も――を通じて、外交政策に多大な影響を与えた。このような義務の下、議会は、国家が必要とする経費に対して短期的な資金を与える伝統的な当座方式に変え、恒常的な歳出方式を考案することを迫られた。[78] イングランド銀行と国債は、革命の後に作られた制度であって、それ以前ではない。債権市場の発展、通貨改革と為替手形を通じた支払い手段の改善、そして保険会社などの民間の制度の発展も後に続いた。より大きな隣国との戦争が予想される中、イギリスは国防を強化せざるをえず、まずはスコットランドとアイルランドに軍事＝財政国家を拡大し、世紀の後半には、追加の財政収入を求めて海外帝国へと手を伸ばした。名誉革命はアイルランドと大陸植民地でプロテスタントの優位を確立し、スコットランドにおいては、長老派教会の支配的地位を保証した。このことが、一七〇七年にイングランドとの合同を導く扉を開いたのである。[79] こうした制度的な革新は、一六九〇年代以降、イギリスの財政上・金融上の見通しを変え、国家財政に長期的に安定した基盤を与えた。[80] また同時に、名誉革命体制を定着させ、積極的な外交政策を資金面から支え、国内の商取引を円滑化し、ロンドンのシティを世界の金融センターに押し上げる役割を果たした。[81] こうした後々の時代にまで及ぶ制度改革の立案者たちは、決して同時代において近代化をもたらすことを念頭に置いていたわけではない。彼らの行ったことは、続く一世紀の青写真であったと論じることは難しいけれども、他方で軍事＝財政国家をその最高度の発展へと導いたのである。

◆イギリス軍事＝財政国家の生成

一八世紀後半の数十年間にイギリス帝国を揺るがした危機は、一六八八年の事件に続いて成立した名誉革命体制にその起源を持つ。新たな秩序が幕を開けると、次第に多くの市民、諸宗派、そしてアメリカ大陸にも影響を与えただけでなく、それらを体制の中に取り込んでいく面すら持つことになった。ただし、こうして選ばれた道は、決して安全というわけではなかった。ブラックストーンが描いた「礼節で社交好きな民」は、上流階級の規範の表現であったが、彼らが下位の人々の標準的振舞いを定め、恭順と同意という意識を形作っていった。この意識の下、イギリス政府は、特権を持たない膨大な数の市民から、非常に重い税を取り立てることに成功したのである。[82] しかし、オーガスタン時代が、社会的に静穏で政治的に安定した時代であったという常識的理解は、諸研究が明らかにした像とは合わなくなっている。[83] 都市では、その古典主義と対比されるように、異議申し立てが叫ばれた。政治改革を求める地方の運動は、恭順と同意の制約を超えて広がりを見せていた。

不満は多様な形を取り、それに応じて多様な運動を引き起こした。しかし、明確にいえることは、名誉革命によって胚胎した財政刷新とそれが可能にした諸戦争は直接的、間接的な影響が大きく、世紀が進んでいくと、それらはより論争的になったことである。[84] 財政収入、課税、財政支出は、社会の全側面に関わっていた。そして公債の拡大、またその帰結としての債務などについて決着のつかない議論を惹起し、議論の場はロンドンのシティ界隈を越えて、はるか遠くにも及んだ。スコットランド、アイルランド、西インド、大陸植民地のような地方も新たな財政システムに組み込まれた。[85] 主だった議論の関心は、とくに七年戦争以後は、国家財政、中でも国家の債務であった。[86] 債務と税率が未曾有の水準にまで上昇すると、公衆の反応は、よりあからさまで激しくなった。また、一七七〇年代からは、民間の信用が拡大し、かつ銀行の破綻数も増大したために、議論の枠が拡大し、そして財政と金融の問題が、党派政治と公論の中心であり続ける状況を生み出した。[87]

一八世紀においては、税金への反感、政府の中枢にはびこる腐敗への批判、そして大規模な資金に裏付けられ、圧倒的な力を持つ政府の脅威に対する敵意が、イギリス国民の間で高まっていった。とりわけ課税は、寡頭支配層による政府への造反を呼びかねないため、デリケートな課題であった。一六八九年、権利の章典は、イギリス臣民に課税する際には、代表制議会の同意を必要とするという原則を確立した。こうして権利の章典は、代表観念に関する新たな解釈への道を開き、他方で決着しがたい憲政上の諸問題を惹起したのである。またこの時代の人々にとっては、金融と貨幣は、倫理と宗教原理の問題でもあった。負債を、道徳的な堕落や社会の有機的一体性の崩壊要因と同一視する観念は、容易には消え去らなかった。「木の皮と木の間にやってくる〔個人の懐に侵入する〕」高利貸しの汚れたイメージは、いまだに根強かったのである。文学や詩にはこうした問題への言及が至るところに見られ、批評家たちも社会の中心部に侵入する問題とみなした。[88]

ハノーバー朝時代の支配エリートの性質は寡頭的であったが、政治国民は多くの意見を唱え、かつそれらをエリートの耳に届かせていた。有権者はかつて考えられていたよりも多く、多様で、より政治過程に関与した。[89] 党派への忠誠は、党派の流動性にもかかわらず、大きな意味を持っていた。[90] 名誉革命当初、大地主層と新興の「金融」利害の支持を受けていたホウィッグは、名誉革命とプロテスタントの王位継承を強く擁護し、宗教的寛容を支持する立場を取った。小ジェントリの大多数を代表したトーリーは国教会の高教会派と結びつき、スチュワート朝の残党に共感を持つ層を抱えていた。革命に引き続いて、ホウィッグはジェイムズ二世が、帝国からの財政収入を得る手段として見込んでいた東インド会社の支配権を握った。ホウィッグ派の経営者（Whig managers）は、かつてはもぐり商人と呼ばれ、新東インド会社の中に居場所を確保していた有力商人を味方に引き入れた――新東インド会社は一七〇九年にはライバルであった旧会社と合同した。この合同は、独占を拡大させたものの、一方で国王の統治下ではなく、議会の監視下に置かれるようになった。

名誉革命後の体制は、強い反発を引き起こし、幅広い論争を刺激し、そして大きな政治的リスクを背負い続けていた。名誉革命が残した遺産、すなわちフランスから支援を受けたジャコバイトが、革命体制の転覆を計画しているという考えについては、ホウィッグとトーリーは競合しつつ、それぞれ異なる解釈を提示した。革命の結末は、地主利害の一部から強力な反発を引き起こしていた。彼らは、旧来の統治階級が新興の連中に道を譲ってしまうこと、政治権力が信頼できる人々から新参者に移ってしまうことを危惧したのである。批評家たちは、積極的な重商主義政策が、危険な対外的関与と不必要な戦争を引き起こすと主張した。際限のない赤字財政は、国家の土台を揺るがし、市民の自由を破壊し、社会の道徳的基盤を侵食する権威主義的統治に帰結すると考えられた。こうした懸念を確証したと思われたのが、スペイン継承戦争（一七〇一～一四年）に膨大なコストがかかったことであった。[91]これに対する反発から、トーリーが政権につき、一七一三年に戦争を終結に導くユトレヒト条約が結ばれたのである。

しかしトーリーの時代は、現れるとほぼ同時に過ぎ去ってしまった。一七一四年のジョージ一世即位に伴い、ホウィッグが、再び権力の座についた。この年に起こったジャコバイト反乱は、無関係な者であれ、ジャコバイトを容認していた者であれ、トーリーの信用を失墜させ、彼らの政府からの追放に寄与した。ホウィッグの大地主とロンドンのシティにおける彼らの同盟者たちは、数十年間、彼らを権力の座にとどめることになる諸政策を支持するようになった。[92]パトロネジのネットワークは、選挙区での支援をもたらし、シティは、公信用に資金を供給した。税負担は、土地から大多数の消費者へと転化された。大規模な資金が投入された海軍が、拡張主義的な通商政策を保護し、世界中へと市場が広がった。東インド会社の株主は、議会内に強い影響力を持った代表者を抱え、かつ宮廷にも重要なコネクションを持っており、通商独占権と有限責任制から利益を得つつ、一貫して政府の歯車にカネという油を注ぎ続けていた。ロンドンに所在した東インド会社の取締役会は、小規模でも着実な組織管理を行っていたものの、海外では体制は弛緩し、公式な会社員たちが、営業許可権を持った民間商人たちと市場を分け合っていた。民間商人たちの中には、ロンドンのシティの金融利害から資金供与を受けている者も含まれていた。[93]確かに、後に「旧き腐敗」と揶揄されたウォルポールの金権政治「システム」には、欠点が多かった。しかしながらこのシステムは、国をまとめ、政治的安定を生み出し、経済発展の下支えとなる信頼を提供したのである。[94]

ウォルポールが率いるホウィッグが、自分たちの解釈をもとにした名誉革命体制をまさに打ち立てようとしているという理解から、批判者たちの中では、反政権的な党派政治を再構築する試みが盛んとなった。こうした状況のもと、かつてトーリー党の代表であった初代ボーリングブルック子爵ヘンリー・シンジョンの発言力と影響力が高まった。[95]ボーリングブルックは、旧ジャコバイトの残党であるが、柔軟な姿勢を持つ政治家であった。彼は一七一五年の反乱後にはフランスに亡命していたものの、後に宮廷の取り巻きに復帰した。帰国して以来、彼は党派の帰属にかかわらず、地主の利害と特権の代表として自らを位置づけた。彼の主張によれば、危険は、ウォルポールの効率的政府組織が、イギリスの本来的に農村的な秩序と、そこに基盤を置く政治的安定を破壊しかねないことにあった。ボーリングブルックは、「野党」（在野派）として知られるようになる集団を組織し、彼が、一六八八年の原則から逸脱していると考える、ホウィッグの寡頭支配者、仲間の「金融関係者」、重商主義の支援者、および外交政策への挑戦を試みたのである。その目的を達成するために、ボーリングブルックは、以後もイギリス政治システムの持続的な特徴となっていく新たな原則を定式化した。すなわち、政府は自由を守るためには、恒常的な反対派を必要とするという思想であり、また党派の上に立ち、全王国の利益のために行動する「愛国王」という観念である。[96]

ウェストミンスター（議会）とホワイトホール（政府）の外でも、「実質的に」上位者によって代表されていると考えられた下位の人々も、狩猟法や暴動法が象徴する懲罰的な抑止体制の下であっても、自らの意見を提示することが可能であったし、実際に行っていた。食料不足、失業、増税がもたらす苦境は、強い抵抗の動機となり、海軍への強制徴募、民兵隊での勤務に対しても同様であった。さらに、密貿易の取り締まりからターンパイク道路の通行料に至るまでの雑多な不満が、人々を駆り立てるリストの項目を広げた。とりわけ、消費税危機は、「下からの」異議申し立ての広がりと力が見せつけられた初期の事例といえるだろう。[97]一七三三年にウォルポールは、課税負担を消費者に転化することで、直接的な政治的反発を招くことなく、地主層と妥協できると考えた。というのも、課税によって影響を受ける人々のうち、選挙権を持っている者は少数だったからである。これは計算ミスであった。ジョンソン博士が、彼の『英語辞典』で「商品にかかる憎むべき税」と表現した政策が引き起こした反応は、直接的かつ声高なものであった。職人と消費者は、自らの不満をさまざまな形で示した。議会には山のように請願が寄せられ、課税法案はすぐに引き下げられた。ウォルポールは、翌年の選挙に勝利したが、彼の多数派は大きく数を減らし、自らの信用も失墜した。このエピソードは七年戦争後、いくつも湧き上がってくる問題の前兆となった。戦後に起こったのは、課税と議会改革の問題が、継続的かつ激しい議論となる事態だったのである。

政府はこうした非民主的な政体の中にあっても、党派の違いに配慮し、また問題となる「人民の状態」を常に念頭に置かねばならなかった。同時に政府は、政治国民の領域を越えた場所からの脅威――現実のものであれ、想像上のものであれ――にも警戒を続ける必要があった。中でも、フランスと「法皇教」は危険視され、一七一五年と一七四五年に反乱を発生させたようなジャコバイトとともに到来するという強迫観念をもたらし、さらに一七八〇年に至っても、ゴードン暴動を誘発するほど強力であり続けた。この年、「群衆の帝王」(King Mob)はこの機会を利用して、イングランド銀行、ニューゲイト監獄、フリート監獄も襲撃した。人口の大多数はローマカトリックの復帰に反対していたが、国教会とその支持者たちは非国教会宗派の増大、とりわけ一七三〇年代以後主導的な勢力となったメソディストに脅威を感じていた。アメリカ植民地や大陸ヨーロッパの一部にも広がった大覚醒は、平和的であるが、次第に影響力を増していく、正統派への異議申し立てであった。たとえ既成の政治的、宗教的ヒエラルキーに改革がもたらされなくても、国民の精神生活については刷新や解放がありえたのである。

ホウィッグ優位の体制は、ヨーロッパにおける戦争の避けがたいコストを、税と借入金がもたらす財源によって埋め合わせることに依存していた。課税は抵抗と反対を刺激しないような水準に維持するためにも、複数の段階で徴収されねばならなかった。借入金もまた、国家債務の額を膨らませ、政治的反対派の動きを活発化させる要因であった。原則的には、繁栄と国防の必要性を同時に満たすことは可能であった。だが現実には、あまりに多くの変数が関係しており、結果を計算することは困難を極めた。収穫は予想がつかず、グローバルな通商はリスクを伴った。戦争は財政計画を頓挫させた。唯一はっきりしていたのは、世紀が進むにつれ、事態の規模がより大きくなったことであった。課税への抵抗は最高潮に達し、国家債務は記録的なレベルにまで達した。一八世紀後半、イングランドの統治する諸地方は、新しい財政システムの膨大な負担を感じるようになった――スコットランド、アイルランド、西インド、大陸植民地がそれである[98]。さらに同時期には、依然として、民間の信用は拡大しつつも、銀行の破綻が拡大したことで、財政や金融に関する議論の裾野は大きく広がった。そして財政問題が、党派政治と公論の中で最も重要なテーマであり続ける状況のバックグラウンドとなったのである[99]。新たな危機の到来を明瞭に示したのは、七年戦争(一七五六~六三年)を頂点とする、一七三九年に始まり、おおよそ恒常的に行われた戦争であった[100]。戦時の資金需要は、ウォルポールの政治システムを形成する、連動した諸要素を疲弊させ、長期にわたったホウィッグの支配を終焉へと導いた。戦時財政に関わる論争は、大陸植民地との争いにおいて、真正面から問われることになる。この点については、第三章で扱うことになるだろう。

◆新世界秩序

同時代人は、自分たちの周囲で起こっている大事件が、グローバルな意味合いを持つことをよく理解していた[101]。イギリスのかなたに広がる世界のイメージは、ぼんやりしていて、たいていは不完全なものであったが、一八世紀を通じて、集められ、記録され、報告された膨大な量の情報を反映していたことも事実であった。[102]いまだ電信、蒸気船、海底ケーブルの驚異的な力を想像することすらできない時代であったにもかかわらず、一八世紀には人間、商品、思想が移動した。啓蒙の時代特有の、自然界を探究し、分類しようとする好奇心は、ヨーロッパ人の冒険家と科学者を世界の辺境へと、また地図にはほとんど描かれておらず、探検もされていない地域へと駆り立てた。逆に、新たな植物、動物、人間の発見は、新しい思想を刺激して認識の幅を広げることで、啓蒙の進展に貢献した。[103]帝国は至るところで、このプロセスの媒介者となった。スポンサーとしてであれ、探検者としてであれ、あるいはまた仲介者としてであれ、帝国は真にグローバルなバックグラウンドを持った啓蒙の運動を生み出す助産者となったのである。

世界の多様性の発見は一方で、統合を求める動きを活性化させた。一七三二年におけるカール・リンネのラップランド探検は、彼の高名な植物分類システムの基礎となった。一七九九年から一八〇四年に行われたアレクサンダー・フォン・フンボルトの長きにわたった南米旅行は、南米大陸の地理、気候、資源に関する最初の総合的な報告書を生み出した。リンネの考案した統合的で、階層的な分類法は原則的には、地球上のどこでも適用可能であった。一方で、『コスモス』（一八四五〜六二年）と適切なタイトルがつけられたフォン・フンボルトの主要な著作は、科学と文化を総合し、相互に交流する諸ユニットとして、地球を扱っている。そしてあらゆる分野の知識が、ヨーロッパの政治階級と知識人の間で国際的に流通し、限定されてはいるものの、その他の人々のところへも次第に広まっていった。公共圏の成長によって、昨今の問題に関しても広く議論が喚起された。[104]各国の言語で印刷物が流通するようになった。同じように、公共的な議論の習慣や交流の場も、コーヒーハウス、文学協会から政治クラブに至るまで広がったのである。

一七五〇年になるまでには、イギリス帝国の発展の下、ロンドンは、大陸ヨーロッパ出身の銀行家や商人が、金融街シティでイギリスの銀行家や商人と肩を並べ競争するような、国際的な中心地へと成長した。[105]帝国の中枢となったロンドンが媒介となりつつ、同時に帝国自体が、コスモポリタンなものへと変貌を遂げた。一八世紀半ばまでには、大陸植民地の人口の三分の一はイングランド外部、主にスコットランドとアイルランドの出身者で占められるようになったのである。断片的ではあったが、帝国の他の部分に関する知識も、帝国構成員の間で流通した。アメリカの植民地人は、自らがグローバルな帝国の一部であり、かつインド（また中国）商人の消費者であることを明瞭に意識していた。だが、一七七〇年代までに、インドの併合はイギリスを腐敗させ、大西洋帝国にも類似した影響を与えかねないと考えるようになっていた。[106]海外とのつながりは、イギリス帝国の境界をはるかに超えていた。非公式な関係は他の帝国にも拡大し、さらに独立した諸国家にも手を伸ばした民間のネットワークにも支えられて、同時代の技術が許す限り、最大の広さを持ったグローバルなコミュニケーションシステムを生み出した。[107]一八世紀の末までには、ジェレミー・ベンサムはすでに、グローバルな観点から思考するようになり、「普遍法学」

構築に向けての仕事に従事していた。[108]

先例のないグローバルな流通、さらには戦争と革命がもたらす激動の下、同時代人は否が応でも、自らの周囲で変貌しつつある世界の性質について再考せねばならなくなった。[109]「帝国」という言葉は、主権国家であり、単一のコミュニティ、さらにはそれよりも規模の大きな単位を意味することもあったが、一八世紀の間に、それだけでなく、イギリスが海外で統治した、次第に多様化する領土も意味するようになった。[110]こうした新領土の獲得は、権限について、いくつもの根本的な問いを惹起した。[111]ブラックストーンが理論化し、バークが論じたように、主権は分割しえないものであるのか、あるいはスミスが思索したように、統合された連合という形態は創造されうるのであろうか？[112]あるいはヒュームが思索したように、主権は委譲されうるのであろうか？　ブラックストーンによれば、主権の分割は無秩序へと至る道であった。一方、ヒュームによれば、主権の分割こそ、もし何もしなければ無秩序という結果を招く問題への解決策であった。こうした問いは、新たに連合した王国のみならず、植民地へも適用された。というのも、両者の地位を明瞭に区分けすることは困難だったからである。スコットランドとの合同は、ごく近年のものであり、いまだに議論が続いている。アイルランドの地位もはっきり分類することはできなかった。そして植民地の憲政上の地位もまた、重要な諸点において曖昧さを持ち続けたのである。[113]イギリスは、一つの大きな帝国領土を持つ国家であったが、一つの国民国家として、従属植民地とは明確に区別される段階にはなかった。政治的帰属、権利、義務に関する疑問は、本土の諸国家に関してだけでなく、遠隔地にある植民地についても当てはまる問題であった。こうした問題を含むがゆえに、主権に関する諸問題を十分に理解するためには、帝国を一つの政治体として考察することが必要となるのである。

イギリスが海外へと支配地域を拡大すると、必然的に帝国拡大の利点に関する意見が浮上した。大ピットのような積極的海外拡張論者は、国家の体制強化を、物質的かつ愛国的な利点だけでなく、「自由」、プロテスタンティズム、さらには後の時代に「改良」と呼ばれるような政策を広める道徳的な役割のためであると強調した。とりわけ、ウィリアム・ロバートソンのような人物の視点からすれば、海外拡張は神の定めた使命であった。というのも、ヨーロッパのみが、その任にふさわしい文明の水準に達しているからであった。[114]こうした考えに対する批判者は、国内と海外の双方において、帝国拡大が結果として損害を与えると強く主張した。ギボンの偉大な著作『ローマ帝国衰亡史』が含意しているのは、抑制のない拡大は、最終的には軍事中心主義、専制的支配、腐敗、耽美主義に陥るという教訓であった。バークは、この点を政治的な事例で論じ、ベンサムも一九世紀に同様のメッセージを発した。ディドロやカントといった、大陸の代表的な啓蒙知識人も強い表現で、類似した議論を提示した。[115]こうした解釈によれば、帝国がもたらす物質的な利益はあったとしても限られており、一方で本国の富や健全さを損なう退廃的な影響がもたらされることで、結局はコストが大きく上回ってしまうのであった。

主権に関する議論と帝国の分析は、いずれも共通した知的源泉へたどり着くが、両者は二つの近接した実際的な材料に依拠していた。スコットランドとアイルランドである。この両者は、帝国の制度上は異なっていたが、いずれも軍事＝財政国家の拡張を例証する事例であった。[116] バークが、アメリカとインドに関する議論で際立って大きな役割を果たしたのは、彼が事実上、植民地の臣民として人生を開始したという点に多くを負っていた。[117] 彼はアイルランドに生まれ、ダブリンで育ちつつも、イングランドでキャリアを積んだ国教徒であった。同時代の問題についての彼の視点は、そのアクセントと同じように、聴衆に対して、帝国は海外発展を開始する前に本土で始まったことを思い起こさせた。一七〇七年の連合王国の成立（一六〇三年に両国が同君連合を形成したのに引き続いて）は、スコットランドとイングランドを統合した。一六四九年から一六五三年に至るアイルランドの征服を通じて、イングランドは、アイルランド島の実質的な支配権を手にした。一六九一年のジャコバイト反乱の鎮圧は、この事態を確実なものとした。[118] 一連の事件は、植民地支配の道徳性、統治技術、従属民への姿勢、帝国のコストと便益について、長期的な議論を呼び起こし、そのすべてが、一九世紀と二〇世紀に海外で行われた領土拡張の際にも参照され、応用された。[119] むろん、スコットランドもアイルランドも、将来的な植民地支配の正確な鋳型を提供したわけではない。しかしながら、スコットランドとアイルランドの間にはいくつものパターンが見出されたのである。

スコットランドは、主に交渉を通じて獲得され、先住民統治の際に現地の有力者に依存する植民地のモデルとして機能した。[120] イングランド・スコットランド合同法は、強要という面と同程度に取引という面を持っていた。[121] スコットランド人は、自らの議会を断念し、外交政策における独立性を失ったが、ウェストミンスターのイギリス議会への代表権を得て、かつ中心的な司法、財政、教育、宗教の体制を維持した。イギリスは、商品市場を拡大させるとともに、スコットランドが、フランスと同盟を結ぶ憂慮を消し去った。合同法は、熱心な事業家で、政府契約者のサー・ローレンス・ダンダスのような新世代の仲介者によって、円滑に施行された。ダンダスは機を見定め、どのように利用するかをよく知った人物であった。[122] スコットランドの地主は、財産権を承認され、商人は、イングランド、そして帝国との自由貿易から利益を上げた。東インド会社は、独占権の保持に固執し、スコットランド・アフリカ・インド会社（Scotland Trading to Africa and Indies）は解散させられた。その代わり、東インド会社は、スコットランド商人にも扉を開いたのである。[123] また、イングランドの毛織物工業も、精力的に自らの利害を守ろうとした。スコットランドの実業家は補完的なマニュファクチュアを発展させることで、これに応じた。「イギリス化」は、政治とビジネスにおいて、最上流階層を生み出すほどの働きをしたが、一方で、一般国民の間に激しい反発を呼ぶようなものとはならなかった。政治的従属は、スコットランド人アイデンティティの持続と併存しており、さらにはアイデンティティを強めさえした。[124] 文化的な合同は、同じくプロテスタンティズムに帰依するところから促進された。スコットランドのプロテスタンティズムの強さは、一七一五年と一七四五年のジャコバイト反乱時における圧倒的なイギリスへの忠誠によって示された。スコットランドは、後のアメリカ独立戦争時にも、イギリスへの忠誠を貫いている。[125] 経済統合は、帝国への共同利益によって強められた。企業家的なスコットランド人は、入植、実業、専門職を通じて、帝国に利害を持つようになっていた。[126] スコットランドの軍事的な任務への顕著な献身は、きわめて情熱的な連合王国への支持表明の仕草であったが、それによってスコットランドは「北にあるパンジャーブ地方」となった。[127] イングランドの要素が支配的であったものの、一八世紀後半に台頭する「イギリス人」意識はその多くを、イングランドとスコットランドに共通した名誉革命への賛同、および名誉革命が生み出す機会に多くを負っていた。[128] 植民地時代を通じて、信仰、王権、帝国は、スコットランドを連合王国に結びつけたのである。

ダンスフリースシャーのエスクデールに本拠を持つジョンストン一族の激動の歴史は、好位置にあったスコットランド人が、どれほど容易にイングランドとの合同および帝国のもたらす機会を摑めたかを示している。[129] 一七二七年に第三代准男爵となったサー・ジェイムズ・ジョンストンは、由緒ある一族の長であったが、一族の地所ウエスターホールは、重い債務の負担を抱えていた。しかしながら、地位と由緒は、一族に二つの特権的な資本を与えることになった。一つは教育である。教育の機会の下、一族の長男より下の構成員は「人が好まない」専門職に加わることが可能となった。もう一つは「知名度」である。これによって、一族は影響力のある人物へのコネクションを摑むことができた。[130] ジェイムズと、スコットランド貴族の傍系一族出身の彼の妻バーバラは、一四人の子を持ち、そのうち一一人が一七四〇年代、五〇年代に成人を迎えることができた。子どもたちが、自らの道を歩み始める一八世紀半ばまでに、ジャコバイト反乱の崩壊によって合同の持続が確実となり、フランスの敗北によってイギリスが、北アメリカの支配権とインドにおける広大な領土の統治を実現する日も目前であった。ジョンストン家の新世代は、帝国のグローバル化のプロセスの促進に関わり、他方で帝国のグローバル化は、半世紀前にはほとんど想像もつかないやり方で、彼らの人生を形作ることになった。

ジョンストン一族は、新たな帝国の時代の実業家となり、人脈を利用しつつ、文字通りの拡大家族に依拠して、グローバルなネットワークを作り上げた。七人の男兄弟のうち何人かは、陸軍または海軍でキャリアを積んだ。その一人、アレクサンダーは、北アメリカで軍務に就いて、大佐の地位に上り詰め、グレナダに砂糖プランテーションと数百人の奴隷を購入した。三人の男兄弟は、インドに向かった。そのうち最も成功したジョンは、東インド会社の商人兼徴税官として富を蓄え、その後スコットランドに帰国した。スコットランドで彼は、インド人奉公人を持つ典型的な北のネイボッブとなり、その地位にふさわしくイギリス議会の議員も務めた。[131] アダム・スミスの最も才能ある学生の一人であったウィリアム・ジョンストンは、法曹として成功した一方で、派手な結婚によって兄弟を凌ぐ栄光を手にした。イングランド貴族の女子相続人フランシス・パルトニーとの結婚によって、ウィリアムは、イングランドで最も豊かな庶民となったと言われ、かつ北アメリカへの最大の投資家の一人ともなったのである。

ウィリアムとネイボッブの兄弟ジョンは、合同がもたらす宝くじを当てた。イングランドとの合同は南への道を開き、帝国拡大はさらに広い展望を彼らに示した。二人の兄弟の成功は、一族の他のメンバーを支え、ウエスターホールの地所の維持に貢献した。兄妹のうちの二人、バーバラとマーガレットは、ジャコバイトの活動を支持し、合同への忠誠というジョンストン家の伝統から逸脱した。しかしベティとシャーロットは、スコットランドに残り、彼女らの姉妹に比べれば派手ではないが、後世に残るような人生を送った。ベティは未婚を続けつつ、一七二八年から一八一三年の長きにわたる人生の大半において、ウエスターホールにある「司令部」から一族の「ビジネス」を操業し続けた。シャーロットは結婚し、一七七三年に若くして命を落とすまで、ベティを支えた。姉妹は、軍事や通商に関する情報を報告する手紙を数えきれないほど書き、既存の人脈を活性化しつつ新たな人脈を作り、ジョンストン家のグローバルネットワークが繁栄を続ける足場を作った。ジョンストン一族の歩みが典型的に示すのは、他の一族と同じく、同時代の巨大な出来事の存在、すなわち恒常的な戦争、通商機会の拡大、変動する帝国の富、政治的危機である。一七五九年にアダム・スミスは、「人類の勤勉な働き」が「地上の姿を完全に変えてしまった」と述べている。[132] マルクスとエンゲルスの言葉を引けば、ジョンストン一族は、このプロセスにおいて、「最も革命的な役割」を演じたのであった。[133]

それに対して、アイルランドは征服植民地であった。すなわち本土からの入植者が、先住民地主から土地を奪い、居住地を広げた植民地である。[134] スコットランドと同様に、アイルランドは軍事＝財政国家へと編入されたが、両国はともに、独立した外交主権を否定された点を除けば、編入の制度的条件は異なっていた。宗派はその考え方と政策にとって、決定的な要素であった。ロンドンの政府は、人口の大多数を占めたアイルランドのローマカトリック教徒を、忠誠心に欠け、すぐ反乱する傾向を持つと考えており、この見方に応じて処遇した。[135] 刑法は差別的に執行されたが、それもアイルランドが、いまだ野蛮な段階の国であるとするイメージによって正当化された。不在地主制度と輸出機会の制限が発展を阻害し、農民反乱を誘発した。政治的、経済的差別は、カトリックとプロテスタントのエリート双方からの反発を掻き立てた。

確かに、アイルランド議会は存続したが、立法権限は限定され、アイルランド総督（副王としても知られたが、この呼称は未来を予言している）は、植民地総督と同程度の権力を行使した。アイルランド総督の政治的仲介者もまた、類似した地位と権力を享受した。だが、「成り上がり」の中でも、ウィリアム・コノリーほどの富と影響力を持った人物はおらず、その力は、スコットランドで彼と同じような地位にあったローレンス・ダンダスをはるかにしのいでいた。[136] コノリーはまさに、時代の落とし子であった――いつの時代でも通用するとは限らないとしても。彼の父パトリックは、国教会に改宗し、ウィリアムはホウィッグへと転じた。彼は、はっきりと名誉革命の光の当たる側の道にいた。コノリーは、ジェイムズ二世の支持者から没収した土地を安価に購入し、名誉革命を祝福したのである。その後も順調に出世の道を歩み、アイルランド庶民院の議長と財務委員（Revenue Commissioner）の職に就いた。一七二九年に死亡した際には、彼はアイルランドで最も裕福な人物との評判を得ていた。

コノリーが公職に就いている間、彼は徴税方法の改善策を策定し、その死後に制度化された。アイルランドとスコットランドは、異なる財政的機能を果たしていた。スコットランドがイギリス軍の人材供給地であったのに対して、アイルランドは、島に駐屯する軍の大部分の経費を支払うための財源を供給した。[137]世紀が進むにつれ、国家が求めるものの規模、そしてその及ぶ範囲は増大した。アイルランドの国債は駐屯軍の経費支払い補助を主目的として、一七一六年に制度化された。以後、一人当たりの税額は増える一方であった。ほとんどの税は関税から徴収された。というのも、消費支出はあまりに限られており、必要な額を支出できなかったからである。しかしスコットランドと異なり、アイルランドは航海法によっても被害を受けた。同法は、アイルランドの輸出に制限を設け、海外貿易から得られる税収を減収させた。アイルランドでも、イングランドや大陸植民地と同じく、一七六〇年代から改革に向けての圧力が高まった。アメリカ独立革命はアイルランドの改革者の力を強めて、一七七〇年から一七八〇年には、イギリス政府に大幅な自由貿易と立法の独立という改革を認めさせ、かつローマカトリック教徒が被っていた差別をかなりの程度減少させた。こうした改革の背後にイギリス支配を護持する意図がある限り、決して共和主義運動を満足させることはなかった。共和主義は、一七九〇年代に力を増し、一七九八年にはイギリス支配に対して、国全体にまたがる反乱を引き起こした。

アメリカ独立革命が生起したとき、それはあくまで遠方からの挑戦状にすぎなかった――この点は、第三章で論じられよう。他方、あと一歩でアイルランド革命へと昇華していた事態は、イングランドにとっての裏庭で起こったのだった。一七九〇年代にアメリカ合衆国がフランス革命の思想に背を向け始めたとき、アイルランドは革命に接近した。反乱は、大規模な軍事力によって制圧された。続けて一八〇一年には、合同法が、イギリスの宗主権を承認した。[138]スコットランド人が見た合同とは、あくまで相当な柔軟性があり、独自の帝国の終焉を生き延びるために有益な存在であった。[139]他方、アイルランドには、農村部に大規模な貧困層がおり、彼らは財産の剝奪、人口増加、機会の少なさに直面し、逃避の道を選んで移住した。スコットランド人は意気揚々と帝国へと赴き、アイルランド人は、友好な共和国である合衆国へと避難したのである。[140]

◆戦争、再建、改革

一八世紀の後半にプロト・グローバリゼーションの発展を最高到達点へと押し上げたヨーロッパの軍事＝財政国家は、一七七六年から一八一五年まで続いた革命の運動と長引く戦争によって、広範なダメージを被った。しかしその傷は決して致命的ではなかった。軍事＝財政国家の中で生き残った国々は、足を引きずりながらも、一九世紀の時代を歩んでいき、またばらばらになった残滓も集まって、未来を作り始めていた。保守的で権威主義的な政府形態の代弁者にとっては、ナポレオン戦争の終結は、革命前の秩序を再建するための契機であった。自由主義的な改革者と急進派にとっては、戦争終結は、政治と社会を作り変える変化を前に進めるか、変化に向けての第一歩となる契機であった。

再建された軍事＝財政国家とその帝国的拡大は、ナポレオン・ボナパルトとともにその絶頂に達した。ナポレオンは、人民主義的絶対主義と呼ぶべき政治形態を発展させた。これは自由を広めつつも、帝国的支配を行うものである。彼がヨーロッパで構築した帝国は、短命であったが、これまで帝国史家から は等閑視されてきた。この傾向は、ナポレオン帝国を研究するフランスの歴史家が、一般にヨーロッパの海外拡張に関する幅広い研究に目を注がないことと並行していよう。(141) しかし、ナポレオンが示したのは、軍事的な決定力があれば、いかにして共和国が、帝国たりえるのかという事実であった。ナポレオンはヘーゲルの「英雄」を体現し、軍事的価値を崇拝する帝国信仰を演出し、彼自身に権力を委任し、そして置き去りにされた人々に発展をもたらすのに必要な手段として、権威主義的な政府を正当化した。さらに彼は、啓蒙思想の進歩の理論から借用した文明化の使命という名目で帝国拡大を糊塗し、さらに世界は、野蛮さ、堕落、罪から救われるのを待っている——できればフランス化して——と主張して征服を正当化した。ジュール・ミシュレによれば、フランスの新しい宗教は自由であった。自由という大義は、イギリスの拡大を特徴づける貪欲な商業主義よりも、普遍的で、永続性を持ち、道徳的にも高みに立つと考えられたのである。(142) 同時に、フランス人は自らを、ヨーロッパの秩序を、さらにはその向こうにある世界の秩序を統御し、かつ再編成する新しいローマとみなしていた。こうした野望は破竹の勢いをもたらした。ナポレオンの世界的な野望は、一七九八年にエジプトで頓挫したが、フランス支配下でのヨーロッパ再生という計画は、一八一五年まで命脈を保った。同じような主張は旗印を変えつつ、一九世紀、二〇世紀に繰り返し登場する。

征服地を統治する際に、皇帝ナポレオンと彼の顧問たちは、さまざまな程度の自治権を持つ国家、衛星国、同盟国を区分けし、協力者を探し、直接・間接の統治手段を使い分け、既存の法システムを改革すべく、ナポレオン法を強制的に導入した。ナポレオン帝国の代理人たちは、芸術、建築様式、公共展示が持つ表象の力について先進的な認識を持っており、彼らの満足のためもあったが、それらを通じて、フランス文化の比類なき優越さを誇示した。(143) さらに彼らは、自国の「反乱者」を含む、さまざまなタイプの抵抗に対処し、情報提供者のネットワークを構築し、(144) 人民をコントロールするための準軍事的部隊を創設した。このような統治上の特徴は、一九世紀の後半に再び見られる手法を予見していた。というのも、この時期には、他のヨーロッパ諸国が帝国の「クラブ」に参入し、同じような政策を採用していくからであった。新たなヨーロッパの帝国のほとんどは、何らかの形で、かつてフランスの統治下に置かれた地域であった。こうした文脈を想定すれば、一九世紀の帝国主義は、より広い世界で展開される以前に、ヨーロッパで構築されていた帝国に根を持っていたとみることができるであろう。

フランス戦争がもたらした最も劇的な結末は、戦争が、大陸ヨーロッパの軍事＝財政国家を破壊し、一式の新たな統治原理を提示したことであった。[145] この統治原理は、一九世紀の長きにわたって反響を呼ぶことになる。フランス戦争は、自由を宣告しつつ、一連の政治動乱の口火を切った。ネーデルラント南部、ドイツの一部におけるオーストリア支配の廃止、スペインとイタリアの一部の占領、ポルトガル王のブラジルへの逃亡などである。ナポレオンは専制政治を押しつけ、新たな帝国の下に諸国家を再編成し、実体としては、反植民地運動と呼べる抵抗運動を呼び起こした。ドイツ諸領邦は、一七九〇年代に初めて軍事的に蹂躙され、その後、求めてもいない連邦（ライン連邦）に編成替えされた。[146] その結果として起こったプロト・ナショナリズム的な反応は、最終的にプロイセンの指導下でのドイツ統一へとつながっていった。長い戦争の影響は同じく、大陸の北端と南端でも感じられた。北欧諸国は、政治動乱と経済崩壊を経験した。他方、イタリア諸国は、オーストリアの支配から解放されたが、フランスの植民地支配下に置かれた。両地域で抵抗運動が姿を現した。ノルウェー人は、スウェーデンによる支配の強要に抵抗した。イタリアの「愛国者」は、オーストリアとフランスの支配双方に対して立ち上がり、リソルジメント（Risorgimento）〔イタリア統一運動〕の基盤を作った。スペインにおけるゲリラ活動は、フランス軍を敗北させる一助となり、解放後の新たな政治へと道を切り開いたのである。

この時代には、ロマン主義的で、しばしば非現実的な国家像が夢想されていた。「ギリシアが今も自由であったらと夢見る」バイロン卿が、ヨーロッパ中のエリートに民族自決権を国際的な大義として扱うよう鼓舞した。[147] シェリーが理想化したことによって、自由は「諸国家に落ちる稲妻」となった。ギリシアは、ヨーロッパ中に「陰鬱なメロディーをまき散らす」「予言的なこだま」の発信源であった。[148] マッツィーニとガリバルディは、国民的な英雄というだけでなく、他のヨーロッパ諸国の人々を奮い立たせ、解放運動に身を投じる気持ちを起こさせる、国際的な英雄でもあった。マッツィーニはウィリアム・ロイド・ギャリソンとも親交が深かった。ギャリソンは、一八三三年に奴隷制廃止協会を結成し、一八六五年に奴隷解放が達成されるまで、合衆国で奴隷制反対運動において最も著名な運動家であった。[149] マッツィーニは、イタリアを君主制と外国の支配から解放しようと熱望し、ギャリソンは、合衆国を無秩序と奴隷制から解放することを求めていた。両者は、自由な体制が花開くとすれば、不可欠なのは国家統一であると考えていた。そして両者は、さらにその先にも眼を据えていた。ギャリソンは、社会改革によって合衆国が世界の道徳の都となり、マッツィーニは、新世界に範を取って、旧世界が共和制のヨーロッパ合衆国を結成する未来を想像した。[150] だが、各地の愛国主義者の中で、その人気において、ハンガリー独立運動を率いたラヨス・コッシュートに匹敵する人物はいない。一八五一年にコッシュートが合衆国を訪問した際には、人々は英雄として扱い、中でもエイブラハム・リンカンから多大な賛辞を受けた[151]。その死に際して、リンカン自身、世界中で進歩を鼓舞した「偉大なる解放者」となったのである[152]。

一八一五年、ナポレオン帝国が崩壊したのに続いて、ヨーロッパ中で、保守主義、自由主義、急進主義の諸勢力間で抗争が発生した。この抗争は、第一次世界大戦まで続き、そのうちのいくつかは、二〇世紀の遅い時期まで尾を引いた。一八〇四年に帝国となったオーストリアが保守勢力を率い、旧秩序の再建に注力した。イギリスが率いた穏健な進歩派は、理想としては、君主制を残す立憲政府を構築することを目指した。共和主義者が手にした勝利は、敗北によって霞んでいたが、彼らにとっては、帝国となることも、再び植民地化されることもなかった合衆国こそ、将来にとって希望の星であった。勝利の報酬を手にしたのは、ひとえに保守利害であった。ヴィクトル・ユーゴーが言うように、ワーテルローの戦いは、「国際的反革命の勝利」であった[153]。それに対して、オノレ・ド・バルザックは、革命前の現状維持に胸をなでおろした。彼は「代表制政府がすべてに拡張される」展望を恐れ、「二つの永遠の真実である宗教と君主制」に信頼を寄せた[154]。短期的には、神はバルザックの側に微笑んだように見えた。ルイ一八世がフランス王となり、フェルディナンド七世は、スペイン王に返り咲いた。メッテルニヒが率いたオーストリア帝国は、イタリアで失った領土の一部を取り戻した。フリードリッヒ・ヴィルヘルム三世は、一八〇六年に軍政改革を開始し、一八一三年に反仏同盟に加入、そして一八一五年には領土を拡大した[155]。ニコライ一世は、一八二五年に穏健改革派と衝突し、反動的支配者にとって新たな手本となる統治へと踏み出した。スウェーデンとノルウェーは、カール一三世の下で統合され、フレデリク六世が再びデンマーク王位に就いた。ネーデルラントを構成する二つの部分は合同し、きわめて保守的なウィリアム一世の統治下で、ネーデルラント連合王国を結成した。いくつかの王権は、立憲的な要求に対して部分的な妥協を行ったが、大多数は君主主義的な統治を再び確立する機会を逃さなかったのである。

一八一五年からほどなくして、自由主義勢力と急進主義勢力が、再建された君主制秩序の綻びを突き始めると、ウィーン講和は、徐々に瓦解し始めた。フランスでは、ブルボン復古王政は、一八三〇年の革命で終わりを告げた。君主制自体は、多くの立憲的な譲歩を強いられつつも、ルイ・フィリップの下で存続したが、一八四八年に再び崩壊した。ただし、一八五二年には、ナポレオン三世の第二フランス帝国の形で復活する。オーストリア帝国は、力を増すプロイセンと対抗するのに苦心したが、譲歩、検閲、民族的な工作を組み合わせて、多様な支配地域の統治を存続させた。新しく統合されたオランダは、一八三〇年にイギリスの支援の下、南部諸州がベルギーとして、立憲王国となったことで解体した。スペインでは、フェルディナンド七世の反動政策が続いたが、いわゆる「忌むべき一〇年間」と称される混乱に満ちた統治は、一八三三年の彼の死によって終わりを告げた。だが、この時期のスペインでは、絶対的な影響を持つ事態は起こらず、一八四六年のカタルーニャ反乱へと続く、内戦、摂政（による中央集権拡大）、軍政の年月に比べれば、明るい楽観論が共有されていた(156)。

不穏な時期は、一八四八年革命で頂点に達した。ヨーロッパのほとんどすべての国家の体制が揺さぶられた(157)。デンマーク、オランダ、スペイン、ポルトガル、ロシアにも副作用としての影響が及んだ。各地で起こった反乱には、複数の原因があり、またそれぞれ個別の原因があったが、一方で、いくつもの共通した特徴が見られた。すなわち、革命は、一八一五年に確立した絶対主義と準絶対主義政府に対して、長期にわたって不満が広がっていたことを表現していたのである。また、それぞれ割合は異なるが、革命は、ミドルクラス、都市労働者、小農民を主体とした。政治的領域の拡大、国家権力の制限、都市の社会問題への対処、農民の不平改善、地方や民族問題の解決などの違いはあれども、各地の革命は、いずれも変革を要求した(158)。また、諸革命はいずれも、帝国に関わる重要な側面を持っていた(159)。主要な諸帝国の本国における不平は、軍事支出に由来する税負担によって大きくなったが、その支出は、もとは自治要求を含む、植民地や地方の反抗的な動きの統制のために拠出されたものであった。フランスはアルジェリア征服に大規模なコストを費やし、プロイセンはシュレジエン、ザクセン、シュレスヴィヒ・ホルシュタインの要求に対処せざるをえず、オーストリアはハンガリー、ロンバルディア、ヴェネツィアの統制に苦慮した。イギリスは、こうした動きの影響を受けなかった。その理由は、国内の改革が進展したこと、また政府が軍事支出や関連するコストを海外帝国に付け替えることに成功したことにあった(160)。自由貿易によって輸出業者への補助はなくなり、「扇動者」は海外へと送られ、植民地への経費削減と新税は、国内の担税者の負担を軽減した。こうした戦略は、植民地の不満の広がりという形で独自のコストを引き起こすことになるが、イギリスが一八四八年革命を回避する助けとなったのである。

革命家たちは、多くの譲歩を勝ち取ったが、短期的には抑え込まれた。ここで得られた譲歩は、フランス帝国で奴隷制が廃止され、一方で、オーストリア、ハンガリー、そして後にロシアで農奴制が廃止されたこと、さらにデンマーク、オランダ、ピエモンテで絶対主義に代わって自由主義的憲法が導入されたことなどである。蜂起が鎮圧されると、地主階級が権力を持つことを再び宣言し、同時に王朝政府の原理を再確認する反革命の動きが、ヨーロッパ中で起こった。一八四九年、フョードル・ドストエフスキーは、ロシアの厳格な検閲法を破った廉でシベリア送りになった。同年、ヴィクトル・ユーゴーが、普通選挙と無償教育を支持し、続いてルイ・ナポレオンのクーデターに反対したために、亡命せざるをえなくなった。警察権力は、「テロリズム」に対処するために拡大し、また再編された。警察と宗教的な権威との協力は強化され、教育と新聞は厳格な管理下に置かれた。一九世紀半ばまでには、イギリスを除けば、ヨーロッパ諸国家において、軍分子が、再び力を握るケースが圧倒的多数になった。ロシア皇帝ニコライ一世は、革命運動を鎮圧する指導的役割を果たせなかったことを後悔していたが、一八五四年にクリミアで戦争を起こすことによって、専制政治を固める機会を逃さなかった。軍事＝財政国家はいまだに、その最終章には至っていなかったのである。

一八四八年革命は、北部と南部の間で緊張が高まっていた合衆国で注意深く観察されていた。ある有力な解釈は、一八四八年の諸事件は、一七七六年のアメリカ独立革命によってインスピレーションを与えられつつも、ヨーロッパが民主的政府形態を打ち立てるのに失敗した証拠だと主張した[161]。また、北部と南部の両方で関心を持つ人々にアピールした別の解釈によれば、ヨーロッパ各地の蜂起は、自決権の原理が、次第に正当性を確保しつつある証拠だとみなされた[162]。ヨーロッパにおける革命の挫折に続く反動は、保守派を安心させた。彼らは、歴史はいまだに自分たちの側にあると結論づけたのである。他方で、自由主義者は警戒した。彼らは、南部諸州が権力を用いて合衆国議会で反動的な法律を導入することを恐れた[163]。実際、一八五〇年には、南部は逃亡奴隷法を制定させていた。一八四八年革命は、イリノイ州の駆け出し代議員であったエイブラハム・リンカンに深い印象を残していた。リンカンは、ローカルでありつつ、インターナショナルなビジョンを抱いていた。彼は頻繁に国家を家と比べたが、このことは、彼の国家観が内部指向で、家族のような性質を持つことを表している。他方で、彼はマッツィーニ、ガリバルディ、カブール、そして当時最大の重要人物であるコッシュートを賞賛しており、この点は、リンカンが、自由はさまざまな含意を持つとしても、普遍的な大義であるという信念を持っていたことを示していよう。自由を得る手段である人民革命は、「神聖な権利」であり、合衆国で行われたように、この権利を与えることで急進主義は回避されるのだった[164]。イギリスは異端者を帝国へと放逐したが、予期しない方法で恩恵を与えていた。その一方、何千人もの政治難民が大陸ヨーロッパから合衆国へと渡り、その多くは共和党に加わり、奴隷制廃止を支持し、一八六一年には連邦軍に志願したのである。

◆イギリス――「永続性と変化の連合体」[165]

リバプール卿政権の外務大臣ジョージ・カニングは、一八二五年、ナポレオン戦争後の諸問題と展望について、グローバル世界を視野に入れた用語を使って適切に要約している。同年彼は、イギリスがヨーロッパの「使い古された」君主制諸国家と合衆国に代表される新たな「若くて勢いのある」共和国群との間の道を探さねばならないとの考察を行った[166]。政府の統治者グループ内での意見によれば、絶対主義諸国家に未来はなく、潜在的に瓦解する要素を抱えており、他方で、共和国は無政府状態ではないにせよ、古びた体制と考えられた。イギリスは、不安と落胆を交互に感じつつ、大陸ヨーロッパにおける引き続く騒乱とそれに伴う不安定さを眺めていた。イギリスの恒常的な関心は、国家の安全を脅かしかねない、一つないしはそれ以上の大国の出現を防ぐ、安定した勢力均衡の確保だったからである。奴隷制を擁護していた合衆国は、多大な興味とともに頻繁に参照されていたが、それは共和国が近代世界のニーズに不適格であることを証明するためであった[167]。

一八一五年にフランスが敗北したことによって、イギリスはヨーロッパの安定を再建する穏健な講和体制を案出する機会を得ることになった。[168]大陸への直接介入は賢明ではなく、実効性も薄かったが、イギリスは戦後外交において、指導的な立場を引き受けることに成功した。ウェリントン公爵は対フランス同盟軍の司令官として、一八一八年まで大陸にとどまっており、イギリスの影響力を強化する指令を受けていた。イギリスは、復古君主制政府の再建を援助するために、大規模な借款と補助金を使って外交を支援した。最も際立った成果は、ウェリントンとアレクサンダー・ベアリング（Alexander Baring）によるもので、彼らはイギリスの方式に従って、フランスの国家財政を立て直す計画を考案し、履行した。[169]確かに、計画はマーシャル・プランほどの寛大さは持ち合わせていなかった。フランスは賠償金を課せられ、支払っている。にもかかわらず、イギリスからの物資供給によって平和を確保しようとするアイデアは、ウェリントンが一種の先見の明を持っていたことを示していよう。公爵は戦場での成功よりも、この面で称賛されるべきなのである。

イギリスはヨーロッパ戦略を補うため、伝統的な政策の再評価を行った。すなわち、陸上勢力としての限界を海上での地位を強化することで補う政策である。合衆国は、新世界における秩序に関するイギリスのビジョンを実現するうえで、とくに一八一二年戦争が一八一五年に終結して以後――ワーテルローの戦いがヨーロッパでの戦闘を終結させる六カ月前であった――、重要な役割を演じるようになっていた。合衆国はイギリス商品にとって、巨大で成長する市場を提供し、かつイギリスの投資にとっても、利益の上がる場所となった。同時に、アメリカの共和制政府は、イギリスが理想的な政体として掲げる自らの君主政体の進歩を計測する対比的な政体としても機能した。イギリスの指導者は決して「若く」はなかったかもしれないが、国家を改革するために自らを奮い立たせることはできた。彼らは、革命と危険な共和主義の誘惑を退けるために、凝集性が高く、かつキリスト教に基づく道徳的に優れた国家を作り出そうとしたのである。

イギリスにおいて改革がもたらした結果は、他国とは異なっていた。その理由は、イギリスの君主政体は、すでに旧体制としての質を喪失していたこと、またイギリス諸島は、侵略を回避し、一八一五年の戦勝国の中でもほとんど傷を負わなかったことなどに求められるだろう。にもかかわらず、変化を求めた社会的な力は、ヨーロッパ大陸で覇権を争った諸集団と類似していた――むろん全体としてみれば、対立はイギリス海峡の対岸の争いに比べれば先鋭でなく、暴力的でもなかったが。しかし、フランス戦争に続く改革は、自由貿易、市場経済、小さな政府などの原理が主流となっていた一九世紀後半の時期に達成された、世俗的自由主義の単純な初期的顕現ではなかった。当初、一八一二年から一八二七年まで首相を務めたリバプール卿は、軍事＝財政国家を強化し、君主制政府を防衛することによって、ピットの新保守主義的遺産を継承することを望んでいた。[170]しかし、すぐに明らかとなったのは、平時の差し迫った必要性に応じ、また戦時の緊急性の中で延期されていた政治的要求の復活に対処するために、方針の変更が不可欠となっていたことであった。トーリーが、変化を最小限にとどめようとしたのに対して、ホウィッグは、自らを改革政党として提示する強い意志を示し、一八三〇年から一八四一年に政権を握った際に、この点を証明した。それでも、ホウィッグですら、「自由主義」と呼ぶことは難しい。すなわち、彼らは、一八世紀の地主利害の価値観を体現していた。彼らは、自らを「寡頭支配層」と考えており、改革を施すパターナリズムが、自らを権力の座にとどめておくために必要な敬意を人々の間に拡大させることを望んだのである。[171] ホウィッグ政府が、新たな自由党に道を譲り、ミドルクラスと密接な連携を取り結ぶのは、ようやく一八五〇年代になってからであった。

これに続く公論においては、アダム・スミスとジェレミー・ベンサムの教えが頻繁に参照された。これは、フランスにおけるバンジャマン・コンスタン（Benjamin Constant）とアンリ・ド・サンシモンの役割と同じであった。[172] しかし当初、彼らの議論は、ウィリアム・ウィルバーフォース、トマス・チャルマース、その弟子筋といった福音派が提唱していた思想的代案と張り合わねばならなかった。福音派の思想は、政策にも影響力を持つ、強力なものだったのである。[173] 福音派は保守的で、キリスト教的な政治経済論を支持しており、宗教の影響力が強く、その度合いが高まっている国において反響を呼んでいた。イギリスの「第二次大覚醒」は、合衆国における信仰復興運動に続くものであったが、フランスからの悪影響が流入することに対する恐怖によっても刺激を受けていた。[174] 一八一五年以後、教会の建設は、増大する人口の需要に合わせて、かつてない規模で拡大した。世紀の半ばまでには、成人人口の約半数が教会に出席していた。[175] アメリカ独立革命が、不安と不安定さをイギリスに浸透させたのに対して、フランス革命は、イギリスに恐怖と断続的なパニックを醸成していた。これまで言われてきたように、ジャコバン派が、イギリス人に脅威を与えて地元の教会に通わせることで、ヴィクトリア朝の時代には安息日の遵守が拡大し、さらに一八三一年に創設された主日遵守協会が、イギリス人の教会出席の維持に大きく貢献した。[176]

世界の上下は逆転してしまった。元に戻すには、腐敗と堕落の対価である罪を償うべく、精神の再生が求められた。福音主義運動家たちは、政府が家父長主義的で権威主義的な役割を果たすことを主張しただけでなく、彼らが理想とする自然の社会秩序に見合った改革を支持した。彼らは正当な経済活動を神聖化し、「政治経済論について神が与えた律法」や「自由貿易の福音」[177]といったフレーズが世間で通用するようになるほどであった。政治が果たすべき役割は、新たな不確実性やそれに伴う誘惑を作り出すのではなく、失われたものを回復することである。トマス・マルサスは、「喜ばしく自信に満ちた朝」よりも「霞んでいく夕暮れ」を想像したが、彼の陰鬱な予想は、啓蒙主義の理想主義と楽観主義を拒絶する世界観の下支えとなったのであった。[178]

政治改革は、一七六〇年代と一七七〇年代と同じように、強力に支持され、同時に強力に反対された。[179] フランス戦争は、人心を生き残りへと集中させたが、急進的な改革熱を破壊したわけではなかった。革命の浸透への直接的な不安から、イギリス政府は、予想される政府転覆的な要因に対しては厳しい措置を取ったが、一方で、侵略の危機——とりわけナポレオン台頭後——には、国民的な一体感が生み出されていた。[180]それでも、一体性は相反する要素を含んでおり、実際、愛国主義は、忠誠派と急進主義的な派閥の双方が持ち合わせていたのである。[181]巧みなプラグマティズムによって、ピットは国の舵取りを行い、フランスとの争いの大半を乗り切ったが、戦争の苦難は、一八一一年にラダイト運動が起きる原因の一つとなった。一八一五年には、長い間待望された戦争終結への期待の高まりから、改革運動が再び盛り上がった。一八一九年にはマンチェスターでは、参政権拡大要求を掲げてデモ行進が行われたが、軍隊によって鎮圧され、人命も失われた。これは後に、「ピータールーの虐殺」として知られる事件となる。

一〇年以上の時の経過を経て、改革法（第一次選挙法改正）が成立したが、それは、街頭から議会へと場所を移動して行われた長い抗争——議会ではほぼすべての有力者から反対意見が出された——の後にようやく実現したものである。[182]一連の議論は、宗教的な色合いに染められていた。黙示録的なビジョンが至るところに見られた。たとえば、福音主義の国教徒は、憲政を神との契約とみなしたし、非国教徒は、制定教会の世俗的な砦〔審査法〕の破壊を求めた。自由主義者とまではいかなかったグラッドストンは、非常に緊迫した面持ちで、これらの議論を「聖なる戦い」と呼んだ。[183]議論においては、帝国的な考慮も重要な役割を果たした。議会改革は、奴隷制廃止、東インド会社の中国貿易独占権廃止といった、関連する運動からも支援を得ていた。他方、トーリーによる改革反対の理由の一部は、議会で帝国の利害を代表させることが招く結果や、それによる変化への要求が、帝国中で広がることに対する懸念に基づいていた。奴隷の「財産」の損失を懸念していた不在地主とイギリスの投資家は、寛大な補償の約束を得て、反対を引っ込めた。しかし議会によって承認された二億ポンドの大部分は、西インドのプランターではなく、イギリスにいる支払い請求者、とりわけロンドンと周辺の人々に支払われた。受領者には一〇〇人の議員、貴族の一部、さまざまな国教会聖職者、一群のシティ銀行家、リバプールとグラスゴーの有力商人が含まれ、ミドルクラスの人々や「寡婦と孤児」すら多く見られた。[184]法案の支持者は、補償の理由をキリスト教的政治経済論の用語で語った。すなわち、国民の罪を贖う必要性である。形式的には解放されたものの、奴隷は一切の補償を受け取れなかった。砂糖に代わる競争力ある産物を持たなかったカリブの島々は、どこでも生産者によって支配されるようになり、以後数一〇年間、苦しみに喘ぐことになった。

圧力が高まる中、ウェリントン公爵は、自らの「ワーテルローの戦い」に直面することになった。強硬に改革に反対したため、一八三〇年に首相の座を降りざるをえなかったのである。彼は一八三三年に悲しそうに、仲間のトーリーにあてて次のように書いている。「改革の害毒とは、民主主義はこれまでわずかな場所にあったにすぎないが、今やどこにでも浸透してしまったことである」。[185]この言葉は、敗北の落胆から生じた誇張にすぎない。現実には、選挙法改正は潜在的な有権者のごくわずかな部分に選挙権を与えたにすぎず、地主利害の政治権力は手つかずのままだったのである。[186]にもかかわらず、公爵のコメントは以後世紀が進むにつれ、よりいっそう拡大することになる事態の展開を言い当てている。すなわち、変化を求める圧力が次第に増加していること、国政だけでなく地方政治にも焦点が当たっていること、政党と党派にいっそう厳密な定義がなされるようになったことなどである。[187]「改革派」と「急進派」という用語が、明確に区分されていくのも、この時代のことであった。[188]改革派は、一八三二年の選挙法改正から、満足よりも多くの希望を引き出した穏健派であり、急進派は、公式な政治の場から除外されたままにされ、潜在的な秩序転覆者と考えられた人々を代表した。多様であったが、改革運動は、改良ないしは「改善」が急進派のとげを抜き、革命の勃発を抑止するために必要であるという信念によって団結していた。

ウェリントン公爵が恐れたように、急進主義的な主張が伸長し、一八四〇年代になると、すべての成人男性への投票権を要求するチャーティスト運動が武闘派的活動へと踏み出した。もっとも、チャーティスト運動は、同時代の大陸ヨーロッパの急進主義運動と同じように、短期的にみれば失敗に終わった。急進主義はその後、一時的に退潮した。同時代の合衆国で見られたような、ポピュリストの「農民の蜂起」は発生しなかった。また都市的な「都市下層民の蜂起」は延期された。大地主の政治力は、一八六七年の選挙法改正が有権者を大規模に拡大するまで維持された。[189]にもかかわらず、一九世紀半ばまでには十分に改革が進んだために、イギリスは、ヨーロッパの諸国家を巻き込んだ多くの革命の一つの場となることを避けることが可能となり、非革命的な進歩の担い手の手本という自画像に信用性を与えた。バークが言うように、イギリスの支配層は、「外国風を追い求める」のではなく、「自らの地で育った信用ある特徴」を改善し、維持していくことを決断したのである。[190]

政治改革に付随した経済政策は、重商主義システムを修正する手段として始まった。[191]重商主義規制は、経済の最もダイナミックな部門――木綿工業とロンドンのシティ（の金融街）――の成長を促していた。これらの部門の代表者たちは、規制が解除されていく様子を苦々しい様子で眺めた。改革は、選択というより必要性の産物であって、その一部は革命へと転じる急進主義を阻止しようとする願望によって動機づけられていた。政府は国家債務を減らす方法を考案せねばならなかったし、新たな食料供給源を確保せねばならず、さらには繊維産業における失業状態にも対処せねばならなかった。こうした圧力の中から、新たな国際秩序を形作る潜在力を持った経済への移行を加速する二つの決定が導かれた。金本位制への回帰と自由貿易の採用である。

一八一九年、リバプール卿の保守政権は、一七九七年に戦時の緊急的必要性から停止されていた金本位制を再開する手続きを開始した。この決定は、政権が正貨とそれが象徴するものすべてを回復する意思があることを明確に示唆していた。すなわち、財政責任、健全な政府、社会的安定である。フランス戦争の間に発生した巨額の国家債務には、平時においてのみ許される厳しい姿勢で対処せねばならなかった。一八一五年には、イギリスの一人当たりの国家債務はヨーロッパで最も多額であったのみならず、歴史を通じても最も大きく、全ての税収の六〇％が債務支払いに充てられていた。[192] 公的支出は削減され、経済サイクルからインフレが除去された。金本位制度への回帰は、世界的な集散地、そして金融センターとなったロンドンのシティが、その経済的ポテンシャルを十分に発揮できる道を開いた。同時に金本位制度は、ポンドスターリングの優位にもつながっていた。福音主義者は、この決定を歓迎した。通貨の引き締めは、自堕落さへの誘惑を断ち切り、社会秩序の再建をうたい、それによって敬虔な自己抑制を促す道徳の下支えとなるからであった。ウィリアム・ハスキソンのような先見の明がある政治家は、金本位制度を、重商主義規制を撤回した状況において、経済に規律をもたらす不可欠の手段であるとみなした。

フランス戦争期に停止されていた穀物法が一八一五年に再導入されたことは、リバプール卿のトーリー政府が、戦前の秩序を復活させようとしていることを早い段階で示す兆候であった。[193] 穀物法の支持者は、輸入穀物への関税は、国内の穀物農民を守るだけでなく、イギリス家庭の主食の安全にも寄与すると主張した。[194] 加えて、後にロバート・トレンス（Robert Torrens）が主張したように、穀物法はイギリスの大国としての地位の根本的な支えだと考えられた。自由貿易を求める意見を唱える陣営には、有能な支持者がいた。そのうちの一人ウィリアム・ハスキソンは、通商拓務院委員長としての地位を利用し、一八二〇年代に穀物関税を引き下げた。[195] トーリー政府の内務大臣を務めたロバート・ピールは、この時期までには自由貿易を支持するようになっていた。一八三〇年代には自由貿易支持者と保護主義者の間で、オープンで激しい議論が交わされるようになった。首相としてピールは、一八四二年に最初の廃止法を提出し、一連の時代を画すような議論がなされた後、一八四六年に法案は成立した。[196]

一八四六年までには変化への圧力は沸点に達していた。[197] 一八二〇年代後半には、人口増加のペースが基礎的食料供給を上回る兆候が見られた。またこの時期までに、新規製造業の中でも最も重要な木綿産業が、一連の供給過剰危機のうち、最初の危機を経験していた。マルクスとエンゲルスは後に、このことについて、簡潔な要約を作成することになる。イギリス社会のこうした変化は、当時の政府にいくつもの社会的、政治的な難題を突きつけた。その頂点が、チャーティスト運動がもたらした激変であった。安価な穀物の輸入が途絶え、増大する人口へのパンの供給は、不十分かつコストがかかった。繊維産業に海外の新市場が生まれず、市民社会の秩序を脅かすほど失業者の鬱屈した状態が続いた。ただし、チャーティストたちは、新産業の労働者階級の尖兵というよりは、一八世紀の急進主義の最後の大きな波であった。彼らのメッセージは、国家に向けられており、決して雇用者ではなかった。[198] その主要な関心は、人民よりも財産を代表する議会が認めた立法による抑圧だとチャーティストたちがみなしたものに向けられていたのである。

首相となったピールは、「不自然」と語ったイギリス産業の状況を擁護しようとは思わなかった――自らは成功した織物工場経営者の息子であったが。[199] 彼の目的は、少数者のみが富を得るのではなく、大多数の人々も社会的な満足を得られるように、経済発展の裾野を広げることであった。ピールはかねてから、増大する人口の需要を勘案すれば、穀物法の廃止は避けられないと考えていた。むしろ、その関心は、政治的駆け引きと議会でアクションを起こすタイミングに向けられていた。[200] 非国教徒は、同じ目的に対して別の議論を用いた。彼らが廃止を支持したのは、自由貿易が、重商主義によって刺激された、歪な過剰生産を正常に戻し、かつ過剰消費がもたらす精神の堕落を抑制すると考えたからであった――この考えは後に、誤りだとわかるけれども。一八三二年の選挙法改正に反対したグラッドストンは、その情熱を穀物法廃止の支持へと向けた。彼は同法の廃止を、過去の罪を自ら認める行為だと考えていた。リチャード・コブデンは、穀物法廃止運動の主要人物で、かつ反穀物法同盟の中心的なスポークスマンであった。彼の楽観的な思考においては、道徳性と実践性が結びついていた。[201] コブデンは、自由貿易を普遍的な道徳的原理とみなした。もし採用されれば、生活水準と道徳水準を上昇させ、おまけに世界平和すらもたらすだろう。自由貿易の対応物である最小限政府は、個人の自由を確保するために最も手軽な手段となるであろう。一八六五年にコブデンが死ぬまでには、自由貿易は自由、個人の選択、道徳的な清廉さの象徴として国民生活に浸透していた。自由貿易は消費者の支持を得て、かつ宗教界の祝福と公共利益の一部としての認知を獲得したのである。[202]

ピールが成功したのは、穀物法廃止を国民的な利益として提示することができたからであった。法の廃止は、農業利益と工業利益の緊張を緩和し、階級的な抗争を避けるための手段となった。生活の質を改善する政策は、一八四五年には生々しかった革命的な雰囲気を和らげ、伝統的なイギリスの体制を変更することなく、改革を可能にした。穀物法の廃止に続いて、一八四六年から一八五一年にかけては、補完的な立法が成立した。一八四九年の航海法廃止は、かつて言われたほど象徴的な立法ではなく、穀物法廃止から必然的に導かれたわけでもなかった。一七世紀から引き継がれてきた航海法は、大部分において変更がなされず、船舶所有者、地主、シティの各層からなる強力な同盟によって、がっちりと守られたのである。[203] 実際、穀物法の再導入キャンペーンを含め、保護主義を求める動きは、一八四〇年代後半に息を吹き返し、一八五二年になるまで保守党の基本方針であり続けた。[204] 同じような抗争は、帝国内から輸入された砂糖に特権的な扱いを与える関税の廃止をめぐっても起こった。一八四六年の砂糖関税法は、保護の度合いを緩めたが、輸入砂糖にかかる関税が他と平等になるのは、ようやく一八五一年になってからであった。[205] 改革諸法は確かに制定された。しかし改革をめぐる争いの激しさは、「リベラルな」イギリスに重商主義が一定の大きさで影響力を持っていることを示していたのである。

この際に争われた諸問題は、歴史的な重要性を持っていた。というのも、利害を持つ党派が分裂し、不安定さを露呈していたからである。[206] 地主利害の一部は投資を多様化させており、一体となって穀物法を支えたわけではなかった。マンチェスターとリバプールの産業資本家は、自由貿易志向へと転じていた。ロンドンのシティは、この問題では分裂したが、自由貿易が提供する機会に魅せられつつあった。世論においては全般的に、穀物法は、コブデンが「寡頭貴族の失政」と呼んだ不人気政策の象徴となっていた[207]。貴族院の貴族たちは、一八三二年の第一次選挙法改正の経験から学んでおり、しぶしぶ経済的損失と引き換えに政治的安定性を確保する可能性を受け入れた[208]。さらに、国内改革は、適切にアップデートすれば、君主制が新世紀の新たな課題に対応する最良のシステムとなることを示すことができるという利点も持っていた。世紀が進むにつれ、国内改革は、自由と秩序を融合させるというイギリスの「中道」を国際的に宣伝する材料となったのである。

一八五〇年代になるまでには、政治的・経済的改革は、イギリスの軍事＝財政国家の構造のほとんどを解体した[209]。党派政治の問題であった王権は、国家統合の原初的なシンボルとなった。一連の自由主義政府の間、議会によって体現された自由の気風によって、憲政の尊重、自由、自由貿易を強調するイギリス的な愛国主義の観念が形成された[210]。重商主義特権利害の最大のシンボルであった東インド会社は、商業独占を失い、ほどなくして清算された[211]。続いて、民生部門、防衛部門、保険部門、労働環境や教育面での改革が実行されるか、もしくは視野に入った。福音主義的な情熱は衰えたが、キリスト教的博愛主義が功利主義原理を含みこんで広がり、多くの国民に共有される価値観となっていった。とりわけ、この考えが消費物資に対しては、厳格な姿勢をあまり取らなかったことが大きな役割を果たした[212]。「古き腐敗」は、新たな誠実さへと道を譲った。ジョージ王朝期を象徴した過剰さは過去のものとなり、視野から去った。ヴィクトリア朝のリスペクタビリティの時代が到来したのである。

◆「日の沈まない大帝国[213]」

ジョージ・マカートニーは、イギリスの政治家がいまだに七年戦争の勝利の栄光に浸っている一七七三年、有名な観察を行っている。確かに、続くアメリカ植民地の喪失は、楽観ムードを霧散させることになるが、マカートニーの観察が正鵠を射ていたのは、「自然」が帝国の境界を「制限したわけではない」と想定していた点であった[214]。事実、北アメリカでの敗北に対する政治的反応は、帝国的野望の拒絶を伴わなかった。アメリカ植民地の喪失に続く長いフランス戦争を通じて、イギリスは、世界中に領土を獲得したのである。一八一五年にヨーロッパに平和が戻ってきた際、イギリスは海外に大規模な領土を持ち、海洋を監視できる海軍力を有している唯一のヨーロッパ国家となっていた[215]。さらに、フランスへの勝利に続くヨーロッパの長い平和の下、イギリスは、海外拡張に資源を投入することが可能となった[216]。以後の年月においては、世界に対する強権的な政策が、通商条約という手段による平和的関係構築の試みと組み合わされて、長らく実行されることになった。

他のヨーロッパ諸国が、イギリスの帝国発展に挑戦することは不可能であった。「脱植民地化」という用語が生み出された一八三〇年代までには、帝国が死につつあることが、至るところで明白となっていた。[217] スペインは戦争、占領、革命でダメージを受け、一八一五年にはフィリピン、キューバ、プエルトリコを保持するだけになっており、メキシコは喪失寸前であった。フランスは敗北を重ね、熱帯諸島の植民地の一部と飛び地を領有するのみになったが、それにしても、この状況が、イギリスの政策に適合的だったからにすぎなかった。一八三〇年のアルジェリア征服は、シャルル一〇世が、人気の失墜からの回復を狙った、遅きに失した試みであった。この試みも抵抗を呼び起こして、フランス軍が出動せざるをえず、数十年間はフランスの支配は制限されていた。同じく、ヨーロッパの戦争で弱体化したオランダは、イギリスの支持と保護の保証を得て、インドネシアの領土を回復した。イギリス海軍によってナポレオンの手から逃れていたポルトガル王家は、最も重要な植民地であるブラジルに避難した。それでも、ブラジルは一八二五年には独立したのである。[218] オーストリア帝国とロシア帝国は長い戦争を経ても崩壊しなかったが、以後、不満を抱えた諸集団から長期にわたって挑戦を受け続けた。アダム・スミスは、「永遠の生という夢」が、「すべて死を惹起してきた」と考察している。[219] イギリスのみが、スミスの法則に反している、あるいは法則の発動を遅らせているようであった。

この時代のイギリスが得た、比肩する国のない国際的な「超大国」という地位は、大陸植民地の喪失と、フランスとの長くかつ多大な疲弊を強いる戦争がもたらした挫折の後の、驚嘆すべき運命の逆転であった。[220] 確かに、植民地人への敗北は、イギリスの威信にとって打撃であった。しかしこの事件は、ターニングポイントというよりは、中断として考えた方がよい。[221] 事件を反省する気運は、フランスの脅威に焦点をしぼる必要性によって削がれてしまった。実際、イギリスの経済は戦争の脅威があるにもかかわらず、拡大を続けた。海外貿易は一七七三年から一七九三年までの間よりも、一七七三年から一八一九年までの方が急速に増加した。この増加はとりわけ、木綿工業の勃興と、アジアや新世界との貿易の増大によるものであった。[222] 世界の海運におけるイギリスのシェアは、一七八〇年には二五％であったが、一八二〇年代には四二％に上昇した。[223] この時期までには、世界全体に対して債務超過であったイギリスは、一九一八年には、同じような移行を達成することになる。[224]

グローバルな諸問題を壮大な視野から考える外務大臣カニングは、そのような視野に見合った解決策を考案した。[225] 一八一五年以後、イギリスは、新たな国際秩序に向けてのプログラムを構築し始めた。この計画は、第二次世界大戦後のように、講和条約の一部として立案されたものではなく、一八一五年から一八四六年までに試みられた諸実験によって形成されたものであった。したがって、全体を通じて見られる一貫性はあくまで、後世からみた結果にすぎない。もっとも、同時代人の目には、根本的な政策の要素は明確であり、広く公表されて議論され、そして組織化された圧力団体によって推し進められた。この国際的な経済政策は、イギリスの金融と海運における支配的地位の活用を狙いとした。ヘンリー・ダンダスが主張したように、ロンドンを、「東洋貿易の中心地」とすることが想定され、とくに大規模で利益の上がる熱帯産品の再輸出の独占が目指された。[226] 海外投資と通商サービスは、原材料、とりわけ綿花の確保、さらに製造された繊維製品の新市場の開拓を実現すると想定された。計画の政治的な要素においては、世界各地に協力的で安定した政権を確保することが求められた。その一部は中継地であったが、他方、いまだに大部分が知られていない諸大陸の内陸にイギリスの影響力を浸透させていくための活動拠点もあった。

以上のような狙いは、可能ならば外交で達成されるべきであった。だが必要な場合、軍事力の行使も是とされた。理想としては、イギリス的諸価値のもたらす利益を提示して、「心をつかむ」ことが望まれていた。このような考えの提唱者の希望は、宗教的であり、世俗的でもあるような普遍的な理想が、イギリスのミッションを正当化し、後に世界銀行が、「意識の共有」と呼んだ状況を作り出すことであった。この戦略は、新しい入植地域で、類似した政治制度と「血縁者」のつながりが円滑な関係の形成に寄与した諸国において成功した。[227] 問題は、入植地域の多くが、いまだに発展の初期段階にあることだった。例外は、合衆国である。合衆国は、綿花を基盤としたイギリスの補完的な輸出経済を発展させており、南部が議会を支配することによって、輸入関税も低く抑えられていた。アジアであれ、アフリカであれ、中東であれ、「価値観の共有」は、国際システムの運営を円滑にする一定の共通性を創出した。だがその一方で、商業発展の必要条件を満たすために必要とされる体制的な変化を保証するものではなかった。

このような野心的な国際戦略は、既存の軍事＝財政国家の枠内で実現することは困難であった。成長のためには、イギリスがすでに演じている世界的な大国としての役割をさらに拡大するという、賭けに出ることが求められたのである。しかし、一八四六年になってようやく、ピールが最初の掛け金を投じるまでは、政府内にギャンブラーはほとんどいなかった。重商主義システムの枠内での貿易の振興は、インドにおいて支配地域をさらに拡大させるなど、イギリスの軍事行動と歩調を揃えて進められていた。「野蛮な」諸国が発展を妨げている場合には、海軍がイギリスの通商の道を開いた。すでに一八一五年までには、イギリスはすでにインドにおいて保有している膨大な領土に加え、西インドと、後にカナダとなる地域を保持していた。そしてケープタウンとシンガポールに足場を獲得し、さらにオーストラリアに独占的な領有権を主張していた。

一九世紀の初めには、トーリーの領袖で、インド庁長官のヘンリー・ダンダスが、東インド会社を帝国と貿易の双方における拡張に用いる試みを考案した。だが、一八一三年には、インド庁長官職を継いだ息子ロバートは、インドにおける会社の貿易独占権の廃止を受け入れていた。[228] 変化への圧力は、地方の製造業者やフランシス・ベアリングといったシティの有力者らからやってきた。彼らは、領土保有がもたらす機会を虎視眈々と狙っていたのである。[229] さらなるロビー活動が行われた結果、一八三三年には東インド会社は、中国貿易における独占権を失った。また、一八三〇年代には、エドワード・ギボン・ウェイクフィールド（Edward Gibbon Wakefield）が、国家の後援と民間事業の組み合わせを通じて、公式帝国を拡大する計画を唱道した[230]。海外においてイギリスの社会階層を再現しようとする本質的に保守的な彼の計画は、同時代の雰囲気に適合しており、人口増加、失業、さらには「余剰」資本の処理方法として盛んに議論された。ウェイクフィールドは同時に、合衆国と特別な関係を結ぶことを描いていた。「アメリカ人は、これまでよりも安く穀物を生産するだろう。そしてもはや関税をかけることなく、イングランドの製造業とともに、世界史上見たことのない大規模な貿易が行われることになるだろう[231]」。

アダム・スミス派による楽観主義が、マルサス派のもたらす暗闇に光を当てつつあった。一八三三年に、ホウィッグの政治家で歴史家でもあったトマス・バビントン・マコーレー（Thomas Babington Macaulay）は、「すべての自然による衰退から逃れた帝国」について語ることができるほどの自信を感じていた[232]。アメリカ植民地の喪失は受け入れられていた。すなわち、喪失がもたらす影響は終息していたのである。マコーレーは新たな地平、なかんずくインドを眺め、新たな主題からインスピレーションを得ていた。「偉大なる人民が、奴隷制と迷信の最低限の深みにはまっているのを発見し、彼らが市民の持つあらゆる特権を望み、そしてその資質を身につけさせるように統治するのは、われわれの栄光にとっての称号となる」。確かに、「不慮の事件」が、「われわれの最も深遠な政策の枠組みの多くを台無しにする」ことはありえよう。しかし、イギリスは、「野蛮さを理性が平和的に凌駕する」持続的な遺産を後世に伝え、「われわれの芸術とモラル、文芸と法に立脚する、滅ぶことのない帝国」を建設する、例外的な政策を育てていたのである。

オックスフォード大学の政治経済論教授のハーマン・メリベール（Herman Merivale）は、さらに歩を進めた。一八四一年に彼は、国際分業に基づく、境界のない自由貿易帝国に向けての、野心的な計画を提示した[233]。イギリス帝国内での奴隷制廃止は、「自治と通商の自由の原理に基づく、海外のイギリス領の再構築とさらなる拡大」に向けての道を開いた、と彼は主張する[234]。新たな「帝国」は、少なくとも旧帝国と同じくらい、堂々たるものとなるだろう[235]。「巨大で豊かな帝国が建設されようとしている。そして広く、繁栄するであろう、新たな通商部門が生み出されようとしているのだ」。同時にこの時期、マコーレーは、自由貿易が合衆国をイギリスに結びつける潜在力を有していると認識するようになっており、両者が相互に有益な関係にあると評価した。一八四二年に彼は、「穀物法廃止後、イギリスは、全世界に工業製品を供給し」、他方、「他の諸国は、ミシシッピ川や（ポーランドの）ヴィスワ川の河岸でわれわれのために豊富な産物を生産する」未来を見ていた[236]。

布教団体や博愛主義団体は連合しながら、一八〇七年に奴隷貿易へのイギリスの関与を終息させた。彼らは次第に、このような空間的に拡張した世界におけるイギリスの役割を裏付ける存在となった[237]。アメリカ独立革命は、イギリスの誇る「自由の帝国」の正統性の危機を生み出していた。帝国の目的は再考されねばならず、その道徳的な権威も再構築されねばならなかった[238]。福音主義者は、大陸植民地の喪失を、奴隷制の罪に対する神の罰であると解釈し、奴隷貿易廃止を贖罪の手段として捉えた。しかし、フランスの急進主義が主張するような秩序攪乱的な含意を避けるために、自由の概念を用いる際には、慎重な区分が必要とされた[239]。奴隷貿易廃止は、この目的に適うものであった。というのも、奴隷貿易廃止に伴って、キリスト教海外伝道による道徳的教化の拡大も予定されたからである[240]。魂の平等は、富や社会的地位の平等を意味しない。また、仮に奴隷解放が不安定な結果を招いても、イギリスに影響することなく、海外の社会で混乱が起こるだけだと考えられた。しかし、一度始まってしまえば、奴隷貿易廃止運動は、エリートの指導をかいくぐって人々の間で急速に広がった。男性のみならず女性をも惹きつけ、首都をはるかに越えた地域にも到達した[241]。奴隷制賛成のアメリカの愛国主義派による奴隷制廃止否定論を克服した後、こうした自由の考え方は、より包括的な政治共同体の創造に寄与し、さらにイギリスの国民的アイデンティティを形作るうえでも大きな役割を果たしたのである[242]。

　一八三三年に制定されたイギリス帝国内の奴隷制廃止法は、福音主義者と博愛主義者を勇気づかせ、彼らは奴隷制廃止に向けた国際的な運動、さらにはいわゆる「正当な」貿易を通じた経済発展の創出に向けた運動を展開するようになった。奴隷制廃止運動は、汎ヨーロッパ的かつ環大西洋的な性格を持つ運動となり、結果として、軍事＝財政国家を変革し、その特権的な受益者に損害を与えた。イギリスの運動の成功は、合衆国南部における奴隷反乱と北部における解放奴隷による積極的な運動と合体し、合衆国の奴隷制廃止主義者に刺激を与えた。そして、彼らの大義に大いなる力強さと熱意を与えたのである[243]。一八四〇年代には、アイルランド独立運動と穀物法廃止運動が、合衆国の奴隷制廃止主義者に、民衆の政治運動が力を持つさらなる証拠を示した。確かに、適切にもトクヴィルが主張した不安、すなわち露骨な自然権の侵害を支持する、あるいは無視することによって、多数派が「暴君」となる不安は存在したが、合衆国の奴隷制廃止協会の指導者ウィリアム・ロイド・ギャリソンは、民主主義は機能させることができるという教訓を提示した。コブデンは穀物法の廃止を、グローバルな統合と最終的には世界平和に向かう一歩であると考えていた[244]。この二人の人物は、今日では国際非政府組織（INGOs）と呼ばれる団体を通じて実現が図られる、新たな国際的な正義の代理人なのであった。

　魂が救われるならば、胃袋は満たされなければならない。「聖書と鍬」は、道徳的布教活動のキャッチフレーズとなった。一七九〇年代に海外に拠点を設けたキリスト教布教団体は、財政基盤を広げ、存在感を増し、そして新たな輸出作物を携えて実験的な活動に従事した[245]。布教団体の活動と相補的な形で、奴隷制廃止運動の初期段階ではほとんど何も寄与しなかった産業資本家が、重商主義システムからの利益が縮小していく中で、新たな経済に関与し始めた。一八三〇年代には蠟燭製造業において、植物性油脂を動物性油脂に代替する試みを始めた会社が、自らの顧客に「われわれの蠟燭を買って、奴隷貿易の廃止を援助しよう」とアピールしている[246]。数は限定的だが、二国間自由貿易協定が大国との間に結ばれ、小国に押しつけられた。こうした協定は、サー・ジョン・ボーリング（Sir John Bowring）

のような、各地を移動する外交官に仕事を与えた(247)。

ヨーロッパと合衆国以外の地域では、コブデンの平和主義的理想はしばしば、強圧的な行動に読み替えられていた。帝国は本質的に暴力的な体制であり、自由貿易が行動の直接的な原因とならない場合でも、軍隊はイギリス帝国を建設する最前線に位置した。海軍は、一九世紀前半に拡大した国際的な奴隷貿易を止めるために、また海賊を根絶やし、一八三八年にオスマン帝国と締結した形の自由貿易協定を広げるためにも、勢力的に活動した(248)。一八一五年以後も、インド征服の勢いは止まらず、一八四九年にパンジャーブ地方を獲得するまで続いた(249)。イギリスは、北東インドを確保するため、一八二三年から一八二六年、および一八五二年から一八五三年にビルマと、そして北西部の地盤を固めるために一八三九年から一八四二年にはアフガニスタンと、それぞれ大規模でコストのかかる戦争を行った。一八五六年から一八五七年のサファヴィー朝ペルシアとの戦争は、一八四一年に結ばれた条約を固め、一八三九年から一八四二年、一八五六年から一八六〇年に行われた中国との戦争は、指定港での治外法権を獲得し、アヘン貿易を合法化した。一八五〇年代と一八六〇年代には、アフリカ沿岸の諸国家に対して砲艦外交が展開され、奴隷貿易を中止し、「正当な」貿易の発展を促す諸条約が結ばれた。先住民に対する軍事力の使用に伴って、カナダ、南アフリカ、オーストラリア、ニュージーランドで植民される地域が広がった。これは何よりも、イギリス本国の力をより広い世界へと浸透させる「グレーター・ブリテン」を建設する目的に基づいていたのである。

非西洋世界との暴力的な出会いは、世界中の人々の間にある差異に関する認識を拡大させていった。この観念は、ヨーロッパ社会の能力に関する自信の増大と合わさって、次第に非西洋世界に対する態度を変化させていった。一八世紀の終わりの時期には、ディドロ、カント、ヘルダー、ヒューム、ベンサムといった強力な啓蒙主義者の一群が、帝国支配を拒絶する、人類に関する普遍的な観念を案出していた(250)。他方、一九世紀半ばまでには、こうした世界に関する寛容でコスモポリタンな見方は、文明を高い地位に置き、野蛮とされたものからルソーが見出した高貴さを奪い去るような文明—野蛮の区別と競合せねばならなくなった(251)。ジョン・スチュワート・ミルは、他の点では急進的な自由主義者であったが、その彼は、コブデンが平和的な世界秩序の理想を語っていたときでさえ、家父長的で、介入的な帝国を支持するために、一八二〇年代に自らの父が定式化した主張を精緻化した(252)。本来の「自由の帝国」は、本国と海外にいるイギリス人を包摂することが意図されていた。ミルは以下のように主張する。「野蛮人」に関する限り、「目的が彼らの向上であるならば」、「専制主義」は「正当な統治形態」である(253)。イギリスでベンサムが、ミルに代わる役割を果たすようになると、バンジャマン・コンスタンの反植民地主義に代わって、トクヴィルが、フランス帝国主義を熱心に支持するようになった。こうなれば、ゴビノーのアーリア人最優秀人種論は目の前であった(254)。啓蒙主義は、環境の違いに潜在的な力を見ていた。他方、新たな生物学が強調したのは、自然が人間の成長に及ぼす力の限界であった。

世界の発展に関するイギリスの青写真は素描されていたが、一九世紀前半の段階では、実現には至っていなかった。合併や条約が次々と行われていたにもかかわらず、アダム・スミスが「帝国の事業」と呼んだものは、十分にその潜在力を発揮させていたわけではなかった。[255]生き生きと語られていた「黄金の夢」は、イギリスが、スミスの言う「国情を見て中庸を得たところ」を克服する手段を見出したときに、初めて現実となったのである。[256]一度ならず、当時の帝国建設者たちは、西洋的な価値と制度を非西洋社会に輸出する困難を過小評価していたこと、さらには自らの政策が受容されると考えた度合いを過大評価していたことに気づいた。ほとんどの先住民社会は、イギリスが自由をもたらす、ないしは改善をもたらす存在だと主張していたにもかかわらず、自らの従属に積極的に関与しようとはしなかった。入植者の社会では、合衆国が唯一、大規模な海外貿易を支えるに必要とされる規模に達していた。一八六五年に死ぬまでには、コブデンは、ミドルクラスが持つ平和的で、コスモポリタンな気質への信頼の一部を失っていた。さらに、クリミア戦争と中国への砲撃に対する反対によって、自らの人気も失っていたのである。

にもかかわらず、それまでには、民間と宗教双方の強力な利益団体が、力強い自由貿易帝国に関与を強めつつあった。コブデンとミルの後押しも手伝って、自由貿易帝国は全体としては、道徳的事業の形を取っていた。サミュエル・カナード（Samuel Cunard）、イザンバード・キングダム・ブルネル（Isambard Kingdam Brunel）、ハイラム・マキシム（Hiram Maxim）、その他の人々の助力を得て、こうした帝国のありようは、より実現可能性を高めていた。いくつかの有望な予兆がすでに現れていた。中でも最大の可能性は、イギリスがすでに、元の植民地である合衆国と非公式な関係を急速に強めていたことにあった。

◆「知られざるものの霧の中に投影された過去のイメージ」[257]

「頭上に栄光が輝いているように見える」という、コールリッジ（Coleridge）の未来像は、過去からの連続性が期待と不安が入り混じった未来へと溶解する様を言い当てていた。自らの生きた時代に関する彼の理解は、本章で提起した歴史解釈の最も重要な点を捉えている。すなわち、革命と戦争にもかかわらず、コールリッジの知る世界は、彼の存命中には変容しなかったのである。すべての時代が移行の時代である以上、変化の予兆は至るところに明確に現れていた。近代の製造業は開始されており、改革運動は声高に政治改革を求めていた。しかし全体として見れば、依然として農業が、西ヨーロッパ経済の中心であり、どこでも王朝が、国制を支配していた。新たな製造業中心の経済が最も発達していたイギリスですら、例外ではない。イギリスでも、政治は地主利害の手中にあったのである。ここで採用している見方からすれば、パーマーの英雄的な『民主主義革命の時代』やホブズボームの先駆的な『工業化と帝国』はいずれも、未来の姿を過剰に過去に読み取っているように見える。[258]むしろ、過去と現在の融合というコールリッジの感覚は、その潜在的な力がいまだ発揮されていなかった過程への正確な道標を提供する。

名誉革命は、軍事＝財政国家の発展において、新たな局面を切り開いた。この一六八八年から一六八九年の事件は、バークが定式化した「現状維持を望む人々と改革の力を持つ人々」の調停の産物であった[259]。寡頭地主層は、過去から受け継いだ富と地位を未来永劫、確実に維持するために、ジェイムズ二世追放後の体制を考案した。自らの目的を達成するため、彼らは、ヨーロッパ大陸と世界への関与の拡大に対応できるような軍事的基盤をイギリスに確立する憲政的、財政的な改革の導入を余儀なくされた。一八世紀後半には、ヨーロッパの軍事＝財政国家が、最高到達点に達した。政治的な集権化と重商主義規制が、貿易と財政収入を増加させ、軍事拡大に財政的な裏付けを与えたのである。その結果、一群の戦争国家が相争う状況が生まれ、コストのかかる争いは、戦争国家を財政破綻の道へと陥らせた。その後にヨーロッパと新世界で起こった革命は、複数の原因を持つものの、共通分母も有していた。軍事＝財政国家が自ら招いた財政危機である。債務増大が招いた結果は、広く感じられていた。経済的苦境と社会不安が起こり、そして抵抗運動が発生した。支配階級は分裂し、政治や経済改革に関する新たな思想が刺激された。この思想が、革命のレトリックの核心となり、さらに一九世紀にも影響を及ぼしていった。ヨーロッパ諸国家のうち、唯一革命を逃れていたイギリスにも、こうした図式は妥当したが、あくまで部分的にとどまっていた。イギリスは当時、最も進んだ財政、金融のシステムを持っており、国債を活用して、債務の支払いを将来に繰延することが可能であったからだ。

一七四〇年代にモンテスキューは、いかに領土拡大が、統治上の諸問題を作り出すかについて考察している。それは既存の政治体制が、大きな構造変革を受け入れて初めて解決できるようなものであった。領土拡大の結果、主として防衛コストの形で、現在で言うところの公共利益への拠出が必要とされ、国家財政にさらなる支出要請が加わることになった。むろん、その支払いのために、相応の財政収入の増加が必要となる。繰り返される戦争は、さらに確実な支出増大の要因であった。勝利しても高くつき、敗北はとてつもない惨事となる。経済活動の縮小と税逃れの広がりの下では、財政収入が支出の増大を埋め合わせることは困難となる。こうしてモンテスキューは、規模が拡大した政治領域を統治するために必要とされる体制的な変革が、専制主義を招くことを恐れたのである。実際、一八世紀においては、集権化の傾向が間違いなく強まっており、世紀が下るにつれ、専制主義への非難も高まっていった。しかしながら、最終的に、拡大のプロセスは、自らの限界点を引き寄せることになった。国家領域が、広がれば広がるほど、統治の密度は弱まっていくからである。スペイン、イギリス、フランスは、新世界で支配権を主張したが、技術面その他の制約によって、十分に行使することはできなかった。一八世紀後半の植民地解放運動は、自らが開始した領土的・通商的な拡大をコントロールすることができなくなった軍事＝財政国家の変動から発生したものであった。遠隔地であるがゆえの孤立状態がもたらす保護の下、大陸植民地は、反抗を分離独立へと転化することが可能となった。プロト・グローバリゼーション状況の下では、「距離の専制」は、人類のあらゆる専制よりも効果的に統治していたのである。[260]

アメリカ独立革命の原因については、あまりに多くの研究があり、研究史の回顧をするだけで新たな研究を参照する余地はなくなってしまう。したがって、大胆な主張については、注意深く、やや懐疑的に扱う方が適切であろう。ここで、第三章で展開する点について、若干の示唆をしておくと、独立革命をイギリスの軍事＝財政国家の発展という広いコンテクストの中に置くことによって、現在の独立革命の解釈は大きく進展した。このような視点は、独立革命の最もよく知られた特徴の一つである、課税をめぐる議論を、イギリスにおける保守的な体制の根強さ、さらには帝国の目的に関する寡頭支配層間の激しい分裂に関連させることを可能にする。イギリスの軍事＝財政国家の中心部分で起こった危機が、前提条件を原因へと、さらに反乱を独立へと転化するための動因となったのである。

一八一五年に和平が戻ったとき、戦勝国は、フランス革命とナポレオンの帝国主義が引き裂いた秩序の回復に着手した。一九世紀の歴史は、決して自由主義や「世俗的近代主義」が、衰退する保守主義を尻目に破竹の如く猛進していく歴史ではない。大陸の君主は、大地主層と結託して、絶対主義を再構築しようとしていた。どの政府も重商主義規制を維持したままであった。イギリスでは、絶対主義はすでに議題ではなくなっていた。にもかかわらず、イギリス王権は、地主利害と連合して、既存の政治システムへの挑戦を退け、重商主義を維持していた。ワーテルローの戦いは、共和主義的帝国主義を打倒するために戦われたのであって、一七六〇年代に急進派ホウィッグやアダム・スミスの教えが支持した政治改革へと道を開くものではなかった。イギリスを除いて、一八五〇年までに、自由主義勢力は深刻な後退を強いられ、イギリスにおいてすら、この時期になるまで軍事＝財政国家は命脈を保っていたのである。

しかしながら、状況において、状況の変化が政治を変えつつあった。一八一五年以後の国際状況において、新たに超大国となったイギリスは、自らの優先事項に合わせて世界秩序を形作る例外的な機会を手にしたのである。国内政治の圧力の下、イギリスはその機会を活かさねばならなかった。人口増加によって、輸入食物への需要は急増していた。新規製造業は外国市場を求めていた。国家債務を減らし、ある観察者が言うところの「この力強い帝国の活力を維持する」ために、歳入の規模は拡大せねばならなかった。[261] 政治家と評論家は、国際貿易を拡大し、世界の遠隔地に協力的な政府を創出し、新世代のコスモポリタンエリートを育成する、グローバルな規模での発展の青写真を描いた。かつて信じられたように、この時期は、決して帝国が沈黙している時期でもなければ、公式な統治が巧妙に非公式な影響力へと切り替えられていく時期でもない。大陸植民地の喪失は、帝国を捨て去るのではなく、帝国を変革し、より効率的に働かせる動きを促進したのである。

本土では、イギリスはスコットランドとは体制の形を交渉しつつ、アイルランドにはそれを押しつけ、自らの地位を確固たるものにした。他方、イギリスは海外では、引き続き、インドで領土帝国を拡大し、また白人入植地に基づく植民地を発展させた。一八五〇年までには、ヨーロッパ諸国家が保有する、最大かつ価値のある植民地は、イギリスの手中にあった。本国で重商主義者と自由貿易主義者が政治の主導権を争っている最中に、帝国の諸領域において、あるいはヨーロッパ外の独立諸国家を従属国へと転化しようとする努力の中に、両者の影響力が感じられたことは、決して驚きではない。獲得した新領土に重商主義規制を拡大する一方で、イギリスは新たに成立したラテンアメリカの共和国群との間で自由貿易協定を結び、非公式な影響力の行使を開始していた。門戸が容易に開放されない場合、中国におけるように、力によってこじ開けるか、オスマン帝国におけるように、脅迫と説得の組み合わせで開放した。ただし、一八五〇年以前においては、技術的制約によって、国際的なコミュニケーションは多くの困難さを抱えており、抵抗の動きも外国の侵入を抑えていた。さらに、資源と市場の規模も限られていたことから、新領土が持つ貿易の潜在力は発揮されていなかったのである。

こうした一連の歴史的展開が、合衆国の歴史にいかなる関わりを持っているかについて、これまでは十分に歴史的な評価を受けてきたとはいえない。実際、大陸植民地は、イギリスの軍事＝財政国家体制の延長部分にあり、新共和国は植民地の遺産をどれだけ受け継ぎ、どれだけ放棄すればいいのかという問題に直面していた。新国家における政治経済をめぐる議論が、ヨーロッパ史を形作ってきた保守勢力と自由主義勢力の間の対抗関係を模したものとなったのはこの点に由来する。こうした傾向は、単に並行して展開したわけではない。両者は相互に関係しあっていたのである。異なった状況に当てはめられてはいたものの、トーリーとホウィッグを連想させる思想的構えと政治は、大西洋をまたいで再浮上した。ヨーロッパにおける君主制の維持は、合衆国では貴族的、家父長的な支配の維持を望む保守勢力を勇気づけていた。逆に合衆国の事例は、ヨーロッパの共和主義者と改革者に希望を与えていた。もともと、ヨーロッパにおいて考え出されたロマン主義的でエスニックなナショナリズムは、合衆国の家父長主義者と共和主義者に刺激を与え、それぞれ異なる国家建設を構想させた。南部諸州とその同盟勢力の政治と経済面における支配は、ヨーロッパと同じように、保守的な地主利害が合衆国でも優勢となる状況の基礎となった。さらに他の植民国家と同じように、共和国は一七八三年以後も、かつての宗主国への依存を断ち切ることはできなかった。なかんずく、両者の関係が、同時代の「パワーエリートたち」にとって有益だったからである。また合衆国は、影響力ないしはソフトパワーによる拡大の広告塔であり、一九世紀後半にイギリスが世界の他の部分へと広めようとする技術の先駆的な受容者であった。

このような広いコンテクストを強調することによって、合衆国の歴史家が行ってきた一国史的な歴史叙述の意義は、間違いなく低減するであろう。だが、広い視点はまた、その多様性にもかかわらず、いかに西洋世界に共通の歴史的プロセスが合衆国を形成する力となり、そして元植民地国家としての合衆国の歴史の枠組みを決定したかを示すことで、合衆国史の歴史叙述そのものを変更する。意識的に実行されたかどうかはともかく、すべての西洋諸国は、「大いなる移行」の過程へと、足を踏み入れていた。この移行は、最終的には、これら諸国を農業、通商、王朝統治に基づくプロト・グローバリゼーション形態から、工業化、金融サービス、国民国家によって特徴づけられる本格的なモダーン・グローバリゼーション形態へと移行させるものであった。このような西洋諸国共通の取り組みから合衆国を除外してしまうと、一連の過程において合衆国が果たした役割を過小評価してしまうだけでなく、過程そのものの規模を縮小させてしまうことになる。さらに、グローバルなコンテクストは、これまであまり関心を引かなかった合衆国史特有の特徴を明示する。この共和国は、形式的な独立を真の独立へと転化させようとした、近代最初の元植民地国家なのである。この試みを行ううえで、建国父祖とその後継者たちは、新しい形の政府と経済発展の計画を実験した。彼らの試みは、第二世代の指導者、さらには一九四五年以後の最後の脱植民地化の波にも影響を与えていく。孤立的に取り組まれたどころか、こうした新たな事業は、並行して西洋世界で試みられていた事業に依拠しており、他方で、貢献もしていたのである。

マカートニー卿は正しかった。大陸植民地を喪失した後でも、まだイギリス帝国において日は沈んでいなかった。再び日は昇った。それは東方においてだけではない。地球の法則に反して、大西洋を越えた西方からも昇ったのである。いかにこの環大西洋のつながりが、南北戦争に至る期間の合衆国史に影響を与えたかが、次からの三つの章の主題となる。

第三章　独立革命から憲法の制定へ

◆ハリー・ワシントンと出現しつつあるグローバル秩序

ジョージ・ワシントンは、アメリカ独立革命に関するあらゆる叙述において、主役の座を保障されている。他方、ハリー・ワシントンは、ほぼ無名である。(1)しかしハリーもまた、認知されるのにふさわしい人物である。たとえ彼の手が、歴史の歯車を回している多くの手のうちのたった一つにすぎなかったとしても。彼の数奇な物語は、それ自体で注目に値する。だが同時に、一八世紀を終わらせた帝国内の動乱に対して、新しい視点をもたらしてくれるのである。

ハリー・ワシントンはジョージ・ワシントンの奴隷の一人であった。彼は一七四〇年頃にガンビアで生まれ、一七六〇年代初頭に大西洋を横断して船で運ばれた。一七六三年に地名そのままに、巧みに名づけられた「ディスマル・スワンプ（Dismal Swamp）会社」で働かせるために、ヴァージニアのジョージ・ワシントンによって購入された。ジョージは一七六八年まで会社を経営したが、同年、兄弟のジョンへと経営を譲渡した。一七七一年にハリーは逃亡を試みるものの、捕まり、以後、ジョン・ワシントンの家内奴隷の一人として働いた。自由を得るための二回目のチャンスは、一七七五年に訪れた。この年、ヴァージニアの総督ダンモア卿（Lard Dunmore）が、イギリス軍に加わる奴隷に自由を与えるとの宣言を布告したのである。(2)ダンモアは、ネイティブ・アメリカンのショーニー族に対する軍事行動の費用として必要な課税をめぐって植民地人と論争をしており、さらなる支出をせずに、反抗的な植民地人に対して彼の手勢を強化する機会を見出したのであった。ハリーは数百人の奴隷とともにこのチャンスを摑み、一七七六年にイギリス軍に加わった。彼は元奴隷部隊ブラック・パイオニアの一部隊において伍長となり、一七八一年には、チャールストン戦役に従事した。一七八二年には、敗北したイギリス軍とともに、ニューヨークで終戦を迎えた。

一七八三年に調印されたパリ講和条約には、逃亡奴隷は主人のもとへと返却される規定が設けられていた。しかしながら、イギリス軍の総司令官であったサー・ガイ・カールトン（Sir Guy Carlton）将軍は、ジョージ・ワシントンや他の有力政治家が、彼らの人間財産の返還を求めて執拗に働きかけたにもかかわらず、規定に応じることを拒否した。[3]戦争中に、合計でおよそ二万人の奴隷が、イギリス側へと離反した。そのうち、一万二〇〇〇人が生存できたか、再び捕縛されるのを回避できた。[4]生存者の大多数は、一七八二年から一七八三年に、残留していたイギリス軍とともに脱出し、西インド、イギリス領北アメリカ、そしてイギリス本土に移住先を見出していった。[5]彼らの一部には、これらの指定避難先から移動を重ね、アフリカへと入植をした者もいた。中には、インドやオーストラリアなど、もっと遠くの場所に住処を見つけた人々すら存在した。一七八八年にニューサウスウェールズに到着した最初の船団には、かつての大陸植民地出身の解放奴隷であった黒人の囚人が、一一人含まれていた。こうして、一つの帝国の崩壊から現れた一群の植民地人臣民が、別の帝国を建設する助力となったのである。オーストラリア市民は、彼らの国が多人種社会として始まり、入植者の出身地がイギリスだけでなく、グローバルに広がっていたと知れば、驚くかもしれない。

ハリーはまた、当初目指した行き先を越えて旅をした。一七八三年に彼は、その大多数が白人であった数千人のロイヤリストとともに、ノヴァ・スコシアに送られた。[6]しかしながら、ノヴァ・スコシアの当局は、傑出した地位にある彼の所有者への返却を拒んだイギリス軍将校の名誉ある行動に見合った対応を怠った。定住地の建設には資金が足りず、食料確保のための自給に必要な土地付与権を得るのに難儀した黒人移民の一団も存在した。数年間のフラストレーションと苦難の日々を経て、ハリーと妻のジェニーは、他の一二〇〇人の解放奴隷とともに、一七九一年に西アフリカでの入植地建設支援事業に志願した。翌年に「フリータウン」となる入植地は、同時代の指導的な博愛主義者と奴隷廃止主義者たち――グレンヴィル・シャープ、トマス・クラークソン、そしてウィリアム・ウィルバーフォース――によって組織された新事業、シエラレオネ会社によって運営されていた。[7]ハリーと同僚たちは、別の大陸へと移動したはずであったが、すぐに彼らが北アメリカを後にせざるをえなかった問題から自分たちが遠く隔たっていないことに気づいた。新しい入植地は、十分な資金を持たなかった。また、約束された土地の付与はなかなか行われなかった。そして、統治は権威主義的であった。一七九九年四月に、ハリー・ワシントンを含む入植者のグループは、総督が一時的に不在であることを利用して、彼らの不平に対処してくれる行政官を任命した。戻ってきた総督は、最初は懲罰によって、最後には軍隊を用いて報復した。地元の為政者が、地域で長く続いた一連の奴隷反乱をおさめたばかりであり、イギリスは、さらに政情不安が拡大するのを看過できなかった。[8]ハリー・ワシントンは他の人々とともに、反乱のかどで裁判にかけられ、有罪となり、入植地の辺境へと追放された。そこで彼は、ほぼ忘れ去られた自由なコミュニティの指導者の一人として死んだのである。

アメリカ独立革命を説明するための学問的立場は数多く、それぞれが正当性を主張してきた。経済的解釈と思想的解釈は優位性をめぐって争ってきたし、下からの見方も上からの見方への対抗軸となってきている。語られる対象も、東海岸から、先を争って進む入植者が大陸のネイティブ・アメリカンと出会う広大な内陸部へと移ってきた。いつになるかは不明であるが、おそらく次のステップは、このアプローチで判明した成果と世界の他地域における帝国拡大との比較研究になるであろう。後者においても、北アメリカと類似した異文化間交渉・対立が、明瞭に観察されている。にもかかわらず、修正主義的な立場の学派は、新しく例外的な国が、いかに自由と民主主義を確立し、そして広げていったかという神話を物語る大衆的な独立革命観の解体にいまだに成功していない[9]。ハリーの物語は、この今や空疎なものとなった共和国建国の物語から離れた地点にある。彼の伝記は勝者ではなく、敗者へと注意を促す。そして内戦として始まった革命のプロセスを作り出した対立と、さらに声高に叫んでいた植民地エリートをはるかに越えて広がっていた自由の観念へとわれわれの目を向けさせるのである。

またハリーの人生に、帝国的な観点から見て最もよく理解できるような、もう一つのグローバルな局面を追加したのも、激動の運命をたどった帝国であった。この帝国的観点というアプローチは、決して意図的に古い時代の独立革命に関する叙述を再現しようとする試みではない。また内部からの視点と対峙しようとしているわけでもない[10]。むしろ、このアプローチは、専門家が、これまで丹念に解明してきた独立革命の内的な特徴に関する見解を補い、さらには、大西洋をまたぎ、太平洋へも拡大しているパースペクティブの中にこの出来事を位置づけようとする現在の動向に加わろうとするものである[11]。こうした立場からすれば、アメリカ独立革命は世界各地で見られた、諸帝国で起こった一連の革命の一つとして立ち現れてくる。確かに、独立革命の重要性は否定できない。しかし同時に、二〇世紀において合衆国が獲得した超大国の地位を過去に投影することで、その重要性を過度に強調することも正しいとはいえないのである。以下の事例を想起するのが有効であろう。一八世紀の終わりにおいて、大西洋地域において最も富裕な植民地はハイチであった。合衆国の人口に唯一匹敵するのはメキシコであったが、メキシコは、イギリスの歳入のために一三植民地すべてが負った課税額よりも多くの歳入をスペインにもたらしていた[12]。ハリーの物語は、伝統的に一つの国家に関わる出来事と見られていたものが、より広い範囲に分岐していた出来事であったことに気づかせてくれる。彼の物語は、アメリカ独立革命を、第二章で議論した軍事＝財政国家の危機へとつなげ、帝国の矛盾が露わになってきていたことを照らし出す。これらの危機と矛盾を経験することで、イギリスの植民地政策は、一九世紀において、博愛主義的な試みを権威主義的な統治と合体させる、新たな方向へと舵を切ったのである。

独立革命は一つの弁証法的過程の産物であった。すなわち、軍事＝財政国家は発展の促進に成功したが、その成功が、イギリスの既存の秩序に挑戦し、かつ新大陸における帝国のプレゼンスにも抵抗する能力を持つ諸勢力を生み出してしまったのである。軍事＝財政国家は、自らが処分可能な財源をはるかに超えて戦争に投資するという意味で、赤字財政を基盤にした体制であった。巨額であるが、常に過小評価された戦争支出は、国家財政に緊急の課題を突きつけ、しばしば、新しく、かつより多くの税を死に物狂いで求める活動を国家に強いることになった。しかしながら、課税は財布だけでなく、心の琴線にも触れるものであり、主権や代表政府といった広い主題へと合流した。一八世紀後半における軍事＝財政国家の危機は、財政問題を、政府の権力を問う問題へと転化したのである。集権化する政府によって考案された高圧的な政策は、最終的な対決を導き、インドで支配を拡大しつつも、大陸植民地におけるイギリス支配に終止符を打った。

イギリス支配に反旗を翻したことで、合衆国の指導者たちは、新国家を統合するために、急いで合衆国憲法による大胆な実験をせざるをえなくなった。合衆国憲法は、南北戦争に至るまで、共和国の歩みを導く政治の動きに一定の枠組みを生み出した。ゆえに憲法がもたらしたものについては、この時期の研究において中心的な位置を占めるのである。こうして革命の結果として成立した体制は、政治的活力を維持するだけでなく、経済発展をも促す条件を確立した、主要な旧植民地国家における最初の重要な試みとなった。だが、形式的な独立の達成は、「帝国の物語」の終焉ではなかった。合衆国がどの程度、形式的な独立を真の独立状態へと転化させることができたかについては次章の主題となる。ここでの議論の意図は、この点に関する評価の準備段階として、権力の移譲を現実のものにすべく苦闘した元植民地国家の長いリストに合衆国を加える利点について、帝国史家に強く注意を促すことにある。

フリータウン総督のザカリー・マコーレー（Zachary Macaulay）は、一七九三年、アフリカの西部沿岸で起こった反乱を観察した際、より大きな物語の一部として事態を理解している。「反乱者たちとアフリカの首長たちの衝突、そして反乱者が自らの自由を求めて起こすであろう果敢な戦いは、現在のヨーロッパの歴史の歩みと並行している」[13]。マコーレーの預言は成就した。ヨーロッパと新世界の革命は、拡大する展望、普遍的権利に基づいた主張、そして経済的不満が、当初の強要から最終的には軍事的降伏へと展開していく非妥協的な植民地政策と衝突し、後の脱植民地運動の先駆となった。ハリー・ワシントンと他の数千人の彼と同じ立場の人々は、より広大な人間のドラマにおけるアクターなのである。もっとも、このドラマは、後から総括してしまえば、没個性的に、西洋世界における プロト・グローバリゼーションが頂点に達した段階として分類されてしまうけれども。

◆「新しい植民地システム」に向けて[14]

一六八八年の名誉革命とハノーバー朝の王位継承を守るためのウォルポールの戦略は、戦争と戦争が惹起する破滅的なコストの抑制を軸とするものであった[15]。利潤と財政収入をもたらす海外貿易と帝国内貿易は、赤字によって運営された対ヨーロッパ政策と密接に関わっていた。片方があってはじめて、もう片方は成功した。両者の成功は、政府が長期国債を発行する信用力を支えるイギリスの独立性と政治的安定性を保つのに不可欠であった。シティが発行する「国家のクレジットカード」は支払いを遅らせることを可能にしたが、国家債務の増大への批判を抑えることはできず、人員と物資の損失、食料供給の不足、商売の中断などで感じられる戦争の短期的コストを和らげることもできなかった。こうした問題がいかに重視されたかは、「予算」(budget)という言葉の進化において見ることができる。この言葉は一七三三年の消費税危機の際に行われた政治的議論において初めて導入された。ジョージ・グレンヴィル(George Grenville)が、大陸植民地に追加の課税を提案した一七六四年までに、この言葉は競合する党派の綱領において、不可欠の要素となっていた。この年、デーヴィッド・ハートレーは、「自分が大臣であると考える男」に向けて語った『予算』というタイトルを持つ、一般向けパンフレットを出版した。本パンフレットが、こうした主題について将来無数に交わされることになる議論の基調となった[16]。

一七三九年にウォルポールは、上記のバランスを崩してしまった。彼は短期で終わると想定した対スペイン戦争をしぶしぶ引き起こし、この戦争に敵国が加わることで、長期間の戦いへと発展してしまったのである[17]。翌年開始されたオーストリア継承戦争には、フランスが参戦した結果、フランドルとハノーバーを守るために、イギリスは引き込まれ、さらに戦争は世界へと広がっていった。一七四八年のエクス・ラ・シャペル条約は、一つの戦争を終わらせたが、北アメリカにおける戦後の境界問題の解決を後の交渉に委ねる方式を取ったため、もう一つ戦争が起こる要因を作ってしまった。引き続いて行われた「辺境」の係争地をめぐる厳しい交渉は、一七五四年に対立の再燃を招き、ついには七年戦争(一七五六~六三年)に至った。専門家たちはこの戦争を、帝国をめぐる最初の真の意味でグローバルな戦争だと論じている[18]。一連の紛争がもたらす重荷はまず、ウォルポールを首相の座から引きずり下ろし、他方でウォルポールへの最も激しい批判者の一人であったウィリアム・ピットには、戦争を率いる機会を与えた[19]。ピットは戦争遂行に力強さを与えたが、同じく重要なことは、彼が新たな資金も投入したことであった。このコンビネーションが、一七六三年にイギリスを勝利へと導くのに大きな役割を果たしたのである。ピットは貿易と帝国の拡大が戦費の支払いを可能にし、イギリスの勢力を拡大させ、さらには感謝した選挙民の票を確保することを見込んだ賭けに出た。平和をもたらすための道には楽観的な意図だけでなく、最終的には、予期しない危険が敷き詰められていた。

長引く国際戦争がもたらした結果は、多義的なものであった。戦争遂行は、愛国的プロパガンダと合わさって、国民的な目的意識と結束を醸成する役割を担った。そして、この両者が、帝国的な大義への熱狂を生み出して、一時的に党派対立を抑制した[20]。危険な王権の力の伸長として軍が見られることはなくなり、むしろ軍は、国家全体の防衛を象徴する存在となった[21]。一七一二年に滑稽な人物像としてスタートしたジョン・ブル(中年男性に見たてたイギリスのあだ名)は、一七六〇年代には、自由に生まれたイギリス人の持つ際立った有徳さのシンボルへと成長した[22]。帝国は、神からイギリスが授かったプロテスタントの使命という考えと結びついて、統合力のある国家的な目標となった[23]。戦争国家という状態は、イングランドの帝国をイギリスの帝国へと変貌させた――もっとも依然として、ロンドンを拠点とする少数の寡頭支配層によって管理されていたのであるが。しかしながら、ウォルポールがよく理解したように、短期的にみれば、戦争は、政府の転覆さえ可能にしてしまうような落胆と苦痛という結果ももたらしたのである。一七五六年のミノルカ喪失は、デモを拡大させ、翌年にジョン・ビング提督が処刑されると、戦争遂行のあり方そのものに国民の抗議が向かった。こうして、一七五八年に徴兵制の一種となる民兵制度が再び導入されると、大きな反感を呼ぶことになった。

ピットが、愛国派ホウィッグの一団から台頭した一七五七年までには、経済発展が政治的な地図を塗り替えつつあった。ピットは自らの政治的な力を、一六八八年以後ロンドンと地方で数と影響力を増しつつあった製造業者と商人層から、さらには彼に「偉大なる庶民」の称号を与えた広い公衆から引き出していた。[24] これらのグループは、ピットにホウィッグ大貴族やシティのエリートではなく、自分たちの利益を擁護すること、政府の腐敗と浪費を廃止すること、さらには海外貿易において利潤の機会を作り出すことを求めた。彼らは過去の体制への回帰を望んでおらず、彼らの政敵を、一六八八年の革命を転覆しようと画策している、隠れた絶対主義者とみなした。政権についたピットは、急速に防衛費の拡大を図った。ヨーロッパの同盟者、とりわけプロイセンへの補助金は、フランス軍をヨーロッパ大陸に釘付けにし、海外でイギリスが植民地を得ることを可能にした。これによって、フランスはヨーロッパでも力を削がれることになった。北アメリカの植民地人への財政支援は拡大し、フランスを食い止め、最後には、アメリカでの敗北を勝ち取る大きな力を与えた。こうしてフランスは、競争者の地位を失い、イギリスが最初の、並ぶことのない超大国となる未来が現れた。[25] 同時に、途方もないことが企図されていた。価値の高い植民地貿易を支配することから得られる富によって、当該植民地を得るのに必要とされた攻撃的な政策の費用を支払うというものである。イギリスは戦後の講和で支配的な立場に立ち、ハノーバー朝を保持し、プロテスタントの王位継承を固め、海外貿易と帝国を拡大するだろう。愛国派ホウィッグと政府内の彼らの進歩主義的同盟者は、永続的な権力の座と国民的支持という成功報酬を手にするはずであった。

和平の展望が得られた後の一七六〇年、ジョージ三世が即位すると、それに呼応して法外な費用を用いたピットの対外政策と穏健な政治改革計画に反対する新たな政治指導者が台頭した。[26] トーリーとホウィッグ保守派が、宮廷と寡頭支配エリートの周囲に集まってきた。そして新内閣が政府の運営を担い、ビュート侯爵（Lord Bute）、ジョージ・グレンヴィル、ノース伯（Lord North）が、代わる代わる首班を務めた。彼らの高みに立った視点からすれば、ホウィッグ急進派は名誉革命の原則を覆し、国家の安定を脅かしていた。新内閣は緊縮財政の達成を掲げ、課税からの歳入増加を図る保守的政策を採用した。その目的は、国家の債務を削減し、濫費をなくし、政治のありように高潔さを回復することで、扇動的な急進主義への傾斜を止めることにあった。当然のごとく、政府は急いで戦争の幕引きを図った。一七六三年、パリ条約はハノーバー朝の王位継承を維持し、北アメリカとインドからフランスを追放し、同時代における比肩するところのない帝国としてのイギリスの優越的地位を確かなものにした。

ピットは講和条約について、譲歩しすぎであり、フランスの軍事力を破壊するためのまたとない機会を逃したと考えていた[27]。しかし、トーリーとホウィッグ保守派が重視していたのは、勝利がもたらす巨額のコストであった。すでにオーストリア継承戦争の間に増大した国家債務は、一七五六年から一七六三年の間にほぼ倍増した[28]。カネの流出を抑えるのは和平しかなく、負債を支払うならば新税が必要となる。財政改革は道徳の改革をもたらし、社会の自然な均衡も回復する。このようなボーリングブルックのビジョンを実現するにはまだ遅くないと考えられた。しかしながら、増税に伴う政治的コストは、さし迫った、常にしつこく付きまとってくる懸念事項であった。イギリスでは税負担はすでに重く、政治的ダメージを与える可能性は非常に高かった。さらに講和条約の下でイギリス領に割り振られた膨大な北アメリカの新領土の統治に必要な額を増大させることで、戦争で得た戦利品も和平を維持するためのコストを積み増した[29]。他方で、一七六三年にシティの金融界は、以後も国債の利子が全額支払われる確証を求めていた[30]。板挟みにあったのは議会である。議員たちは、以後も政府が国債を発行するための財政的な能力を損ないたくはなかった。ただその一方で、国内で増税することで、自分たちが政治的ダメージを受けることも望まなかったのである。

急進的なポピュリストのジョン・ウィルクスが率いたピットの政治的支持者たちは、議会内からロンドンの街頭まで、新政権に対する反対運動を繰り広げ、支配層に恐怖を与えた[31]。ウィルクスは小売業者、職人、さらには中央政治から除外されてきた人々を動員する政治組織を結成した。出版の自由、信仰上の寛容、政府の公開性、そして選挙権の拡大を謳うウィルクスの主張は、広い公衆にアピールし、大陸植民地でウィルクスが、自由の大義の英雄として祭り上げられるほどであった。大陸植民地では、ウィルクスは、イギリス支配への批判的立場を取る人々を勇気づける手本となったのである。政府は、ウィルクスの行動を監視し、強力な司法手段を用いて彼を困らせようとした。さらには、彼の支持者を抑止するために、軍事力という威圧的な手段さえ動員した――もっとも、効果は限定的であったが。最後には、ウィルクス自身がやる気を失ってしまった。年齢を重ねるにつれ、最後にはある種の保守主義者に転向してしまった――彼が若い頃に掲げていた急進主義と同じくらい熱心に。もっとも、すでにその頃には、彼の提起した既成秩序への批判はすでに根を張っていた。ウィルクスの事例は、政府側では、権威への急進主義的な挑戦は抑止せねばならないという信念を固めさせることになった。妥協と譲歩は弱さの印として受け取られ、秩序転覆的な主張を勇気づけてしまいかねないのであった。ウィルクスは決して孤立していたわけではなかった。一七六〇年代から過度に中央集権化した政府、税の高騰、腐敗、インドと大陸植民地に対する政策への批判が一緒になって、広がりという面でも、量の面でも拡大した。距離が近いために、ロンドンの「モブ」は、権力者の眼前に鎮座することができたが、雑多な「中産階級」も自らの存在感を示した。クリストファー・ワイビル（Christopher Wyville）のヨークシャー・アソシエーションは、二一のカウンティに支部を持ち、一七七〇年代後半と一七八〇年代初頭に、議会改革と説明責任の向上を求めて圧力をかけた。リチャード・プライス（Richard Price）、ジョゼフ・プリーストリー（Joseph Priestley）、メアリー・ウルストンクラフト（Mary Wollstoncraft）といった、著名な公人を含んだ非国教徒と改革派のグループは、より良い世界に向けた計画を構想し、世に説いた。彼らの会合に多く出席したベンジャミン・フランクリンは、彼が「真正ホウィッグのクラブ」と呼んだ場所にやって来たコーヒーハウス仲間について、「頭の硬い世界の真っ只中にいる善良な人々」と述べている[32]。現実には、「善良な人々」は、団結して行動せず、エリートと民衆の政治が「大きな収斂」へと向かうことはなかった。にもかかわらず、どのような党派の政権であっても改革要求は幅広くなり、そう望んだからといって消え去るようなものでもないことを実感した。

この時点において、政府の大臣たちは、財政問題に対して大胆な対応を構想した。彼らは国内で急進主義を勢いづかせてしまう政治的な結果を避けつつ、シティを満足させる計画を考案した。すなわち、国内の代わりに帝国に税を課すのである。同じような戦略は、一八四八年にも展開されていた。同年、ヨーロッパ各地で混乱状態になっていたときに、本国から重い財政負担を帝国へと移す試みが行われ、イギリス政府が、連合王国内部で政治的安定を維持する手助けとなったのである[33]。政策の支持者にとっては、この提案は、真っ当で合理的であった。確かに、大陸植民地は追加の税を支払って戦争に貢献したが、イギリスの担税者に比べれば、負担は軽かった。さらに議会は、植民地が支出した軍事費の四〇％以上を償還することに同意していた[34]。一七六三年にグレンヴィルと彼の同僚たちは、彼らにとっては明確に有望な解決策と思える政策を用いて、バークが「新植民地システム」と呼んだ貢納を求める権威主義的帝国の建設に着手した[35]。北アメリカに大規模な常備軍を駐留させ、歳入を維持するのに必要とされる政府の統制権を確保するための計画が練り上げられた。新税が課せられ、関税局が拡充され、海軍が徴税を強要する補助的な力となるように配備された。

急進派ホウィッグは、少数派という地位の枠内で最大限激しく応酬した[36]。当時最も著名で、かつ俊英な政治家たちが、新たな植民地政策を攻撃した。ピットに加えて、エドマンド・バーク、チャールズ・ジェイムズ・フォックス、さらにロッキンガム侯爵（the Marquis of Rockingham）はみな一貫して、政府の政策に批判的な立場で新税に反対し、妥協を促した。ヘンリー・コンウェイ将軍が率いた上級軍将校たちも、ここに加わった[37]。野党にいたピットは、ウィルクスを擁護し、大陸植民地への議会課税に反対する論陣を張り、印紙法撤回の実現に協力した。彼とその支持者は、高い協調性ないしは少なくとも平和的な共存を確保する方向で入植者の帝国を運営することを望んだ[38]。政府の搾取的で強圧的な政策は、急進派が思い描く、イギリスの外縁に位置し、成長し、繁栄し、協力的な植民地というビジョンとは相容れなかった。このような植民地はイギリスの製造業にとって、無限の市場となる可能性を秘めていた。彼らにとっての帝国は、何よりも通商の帝国であった。そこでは低く、かつ累進的な課税が購買力を上げ、あらゆる方面に利益を与えることになる。歳入も増加するだろう。なぜなら、よりいっそうの繁栄がもたらされるからである。腐敗をなくすことによって、財政的倹約も達成される。穏便な議会改革によって、トーリーと保守派ホウィッグを政治的な忘却へと追いやるのに必要な票が確保される。だが、ピット派の努力は政府の既定路線を変えることはできなかった。そして、一七六六年から一七六八年までの短期間ピットは政権の座に就いたが、その頃までに彼は重い病気になり、十分には国政を運営することはできなくなっていた。

またこの時点までには、戦争がもたらす財政的な影響は、帝国政策のより広い評価と結合するようになっていた。帝国は神から与えられた国の偉大さの表れであるという見方は、愛国的な意見の中に根を下ろしていた。にもかかわらず、インドでのイギリスのプレゼンスと大陸植民地に対する政策が転換点を迎えると、批判が増大した。スコットランドとアイルランドの論者は、準植民地的また植民地的状況の下で生活するという、直接体験を持っており、海外におけるイギリスの行動に対して、非常に幅広く、かつ批判的な評価を行うようになった。名誉革命は、新たな進歩の時代の幕開けであり、帝国にも進歩が普及し、また今後も普及するであろうという考えは、スコットランド啓蒙の指導的思想家たちの著作において馴染みのテーマであった。デーヴィッド・ヒューム、アダム・ファーガソン、さらにウィリアム・ロバートソンは、アダム・スミスと同様に、商業社会を擁護した。彼らは商業社会を文明と同一視し、かつての野蛮状態と対比したのである。また彼らは、イングランドとスコットランドの合同を進歩的な行為とみなし、ロバートソンの言う「商業の穏健な圧力」によって、温和な形で拡大が行われることを好んでいた。[39] 一七五四年にヒュームは、「穏健な政府と大きな海軍力」によって維持される「イギリス領」を熱心に支持した。[40] 圧力が穏健でなくなり、政府が温和でなくなったとき、問題は起こる。ファーガソンによれば、こうした事態が起こるのは、商業社会が徳よりも悪弊を発達させ、公共的な義務のような価値意識を喪失した場合であった。皮肉なことに、公共的な義務は、「野蛮な」人々に見られる性質の一つであった。この時点に至って、ローマの運命が手招きしていた。

一八世紀後半に軍事＝財政国家が、批判的観察者の言う「自壊の道」をたどるようになると、帝国に関するコメントも悲観的なものへと転じていった。スウィフトの異彩を放つ発言の中でも、アイルランドの貧困な農民の状況に無関心なイギリスへの焼けつくような批判は、すでに記憶に残るものとなっていた。これに、バークによる外国支配に伴う暴力と市民的自由の喪失への非難が続いた。しかしながら、バークは両義的でありつつも、独特な穏健的立場を取っていた。彼は改革を訴える一方で、アイルランドはイングランドとのつながりを維持する限りにおいて繁栄すると主張したのである。デーヴィッド・ヒュームが示した強大な国家への反発は、容赦のないものであった。ヒュームは攻撃的な重商主義と政治的無責任を悲嘆した。一七六〇年代にイギリスの公的債務が、彼が判断する「維持できない水準」に達するのを許したのは、この二つなのであった。ヒュームの意見では、イングランドは進歩から遠く離れ、「愚劣、野蛮、党派対立に陥っている」[41]。一七六八年にヒュームは、「彼ら自身が適切であると思う形で、自ら統治させよ。失敗したとしても」との判断から、植民地人自身よりもはるかに早く独立を擁護した[42]。彼は、「政府が母国で自らの尊敬を勝ちえず、良識的な扱いすら受けないときに、どうして三〇〇〇マイルも離れた場所で権威を保つことができようか」と巧みな言い方で問いかけた[43]。一七七六年にギボンが、『ローマ帝国衰亡史』を出版した後に流行のトピックとなったローマとの類比は、以後の議論において、すべての党派に影響を与えた[44]。世紀転換期までには、派手な言動で知られるスコットランド人、ウィリアム・プレイフェアが、彼自身の栄枯盛衰に関する研究に、ギボンが多大な影響を与えていることを世に示した。彼の研究は征服、消費、負債によって市民的な徳が喪失したことを嘆いたのである[45]。

ヒュームとスミスの双方に影響を与えたフランシス・ハッチソンの功利主義は、破壊的な含意を持つ議論であった。もし政府の義務が最大多数の最大幸福の追求だとすれば、その原理が履行されない、あるいは実現されない場合、市民にはいかなる行動をとることが許されるのであろうか？　ハッチソンは、共通善のために行動しない政府に対しては、反乱の権利があることを認めて、この問いへの答えとした。とりわけ疑わしかったのは帝国である。ハッチソンの考えでは、何よりも人の生涯において、虚栄心に基づく横柄な野望ほど惨めなものはない。この野望とは、君主国ないしは共和国においては、自らの国民あるいは新領土の住民の真の幸福を検討することなく、彼らの帝国を拡張し、あらゆる近隣諸国を彼らに従属させようとするものである。手短に言えば、対外政策においても、植民地政策においても、すべての人々の幸福を十分考慮するものが最善なのである[46]。

こうした議論は、スコットランドの急進派トマス・ミュアが代表する運動が大きくなる助力となった。彼が一七九〇年代に行ったキャンペーンは、君主制改革と政治的代表制度の拡大を求めた運動であった[47]。同じく刺激となったのは、引き続いて勃興した反帝国運動であり、これは最終的には、第二次世界大戦後に人権概念の形成に寄与することになる。二一世紀の植民地ナショナリズムは、多くをグラスゴーに負っているのである。

◆動き出すジョン・カンパニー〔東インド会社〕[48]

大陸植民地の前に、まず財政収入拡大に向けた動きの対象となったのは、インドであった。一八世紀半ばには、東インド会社は、軍事＝財政国家におけるグローバルな特権会社の主軸として、その地位に見合う権益をインドにおいて確立していた[49]。会社は自らの旗をたなびかせ、自らの行政機構、裁判所、貨幣を所有していた[50]。会社は、独自の艦隊を持ち、独自の軍を維持しており、軍は一七六三年以後に急増し、一七八〇年には七万人近くに達していた。また、会社は理論武装した、自らの優越性に関する独特のイデオロギーを持ち、プロテスタント倫理に基づく道徳律を拡大させる希望を持っていた(51)。東インド会社による「異質な人々」を支配する実験は、一九世紀と二〇世紀において、イギリス帝国中の植民地行政に深い影響を与えた(52)。一七五〇年代には、会社が行っていた、より大きな政治的役割を担う準備は緊急性を増した。この時期、会社は、グジャラート王国との貿易が減少する一方で、七年戦争勃発後に軍事支出が急増したのである。イギリス政府が、財政収入を求めていた状況は、ちょうど会社が、苦境の改善方法を見つける必要性に迫られていた状況に合致していた。一七五七年、ロバート・クライブがプラッシーの戦いで、ベンガル太守に勝利することで、解決への道が開かれた。

インドにおけるイギリスの伸長に関する現在の解釈は、辺境における情勢変化を強調する傾向にある。一つの重要な要素は、ムガル帝国の衰退に伴って、強弱さまざまな力を持つ諸国家が出現したことである。もう一つは、東インド会社のインド在住役人、とりわけロバート・クライブの役割である(53)。専門家は長らく、一七五七年に合流して戦争となったこれら二つの原因の相対的重要性を議論してきた(54)。確かに、辺境からのアプローチは不可欠で、疑問の解明に大きな役割を担っている。しかし、あくまで物語の一部にすぎない。ロンドンが行った地政学的また財政的な計算を考慮して、より広い文脈の中に置かなければならないのである(55)。帝国への着目は、議論を呼ぶ事態であった。ピットとホウィッグ急進派が望んだのは、領土帝国ではなく貿易帝国であった。また東インド会社の理事たちは、ムガル帝国の崩壊から生まれた諸国家間で緊張を増している関係に介入することから生じるコストには慎重な姿勢で臨んでいた。にもかかわらず、ピットは戦争の勝利に向けて歩を進めたし、インドにおけるイギリスの代理たる東インド会社は、戦争の遂行、さらにそのための財源の発見を義務として考えていた。戦略物資である硝酸カリウムを入手する必要性も行動を起こすための追加の動機となった(56)。さらに、ロンドンの金融街シティとつながりを持つ者も含む民間商人も、貿易を妨げる不安定さに終止符を打つことを求めていた。戦争にはリスクが伴ったが、最終的には不可避であった。というのも、イギリスのグローバルな商業覇権は、その主たるライバルであるフランスを制止し、可能ならば敗北させることにかかっていたからである。

こうした要請は、クライブと他の野心的な役人がチャンスを窺い、そして摑もうとする状況を作り出した。クライブの構想は、貢納金支払いを基盤とした領土帝国の建設であった。他方で、ピットは和平が確立され次第、商業が優先されることを求め、東インド会社も同意していた。クライブが獲得した、カルカッタ周辺の控え目な領土を維持するコストが、彼の楽観的な見通しよりもはるかに早いスピードで上回ると、会社の理事たちは、さらなる拡大に歯止めをかける決意を固めた。プラッシーの戦いを橋頭堡として利用してインドを征服する計画が頓挫すると、クライブは、ロンドンで会社の理事を排除するキャンペーンを開始した。一七六二年にピットとニューカッスルが大臣職を退いた後には、ビュート侯爵と彼の保守的な仲間が対外政策の実権を握った。一七六三年にビュートに続いて、ジョージ・グレンヴィルが首相として任命されると、政治のバランスは決定的にクライブに傾いた。翌年、クライブを後押しする党派が、仲間を会社の会長に任命することに成功した。(57)さらに、グレンヴィルの影響力によって、ベンガル太守とその支持者からの新たな抵抗に対処する全権委任状を携えて、クライブがベンガルに戻る決定がなされた。

ベンガルは全体として、東インド会社の支配下に組み込むことが想定された。その莫大な収入は、支出分を除いた後に、会社を通じてイギリスに送られ、国家債務を償却し、課税負担を軽くし、急進的な要求の力をそぎ、寡頭地主層の支配を強化する力となる予定であった。この方策は、ベンガル太守と彼の政府が腐敗し、非効率であること、さらにはインド社会に改革の必要性があることを理由に正当化された。イギリス政府が、本国で頑強に改革に抵抗していることを考えれば、これは厚かましい主張であった。にもかかわらず、こうした議論が、一九世紀に帝国主義が掲げる紋切り型の格言、「文明化の使命」という考えの基礎となった。

一七六五年にクライブは、大当たりくじを引き当てたように思えた。ムガル皇帝は、帝国で最も豊かなベンガル、さらにはビハール、オリッサに至る州から徴税する権利（「ディーワニー」）を会社に与えたのである。ベンガルからの収入だけで、イギリスの国家歳入のおよそ四分の一にも達していたため、まるで収益の上がる領土帝国の建設という保守派の計画が実現されてしまうように見えた。(58)しかしまたもや、期待が現実に先んじていた。一七六〇年代の終わりまでには、「インドによる解決」だけでは、歳入の問題を解決することはできないことが明確となった。一七六八年に、同時代の歴史家は次のように報告している。「最近、インドを絶えることのない富の源泉として、あるいはグレート・ブリテンの逼迫した状況すべてを賄うほど豊かな領土であると考えた人々は、今やインドを、当てにならず、おそらく利潤を生まない所有物と考えている」。(59)一七七二年までには、引き続く軍事支出、重要な投資家の忠誠をつなぎとめることができる水準での配当支払いの必要、さらには膨大な額に上る政府への義務的年次支払いによって、東インド会社は破産に近づいた。(60)粉飾決算では、もはや現実を糊塗することはできなかった。(61)土地税を増税したいと望む政府などない。消費税は、すでに人々の憤激を超過する地点に達していた。スコットランドとアイルランドはすでに搾り取られている。さらなる歳入源を発見する必要性は不可避であり、場合によっては、それを確保するために強引な手段を用いることもありえた。大陸植民地はこの必要性に見合う潜在力を持った、唯一の残った可能性だったのである。

◆期待の低下がもたらす革命

ここで提示するアメリカ独立革命の説明は、唯物史観と思想史の合流を目指すものである。マルクスは正しくも、社会経済関係上の特定の集団が果たす役割を強調した。けれども、アメリカ独立革命の場合、階級関係は不十分にしか形成されておら

図３－１　パリ条約後の大陸植民地（1763年）

ず、生活水準は向上しており、決して低下しているわけではなかった。トクヴィルの議論は必ずしも十分ではないが、正しくも、期待値の増加と物質的進歩のつながりの重要性に注意を向けていた。彼は、この二つが合流すると、革命にも向かう可能性を持った変化への待望論に火がつくと主張している。「革命は、物事がいっそう悪い状態へと向かうときに起きるとは限らない」[62]。逆に、「除去する可能性が、いったん頭に去来すると、不平不満は許容できないものとなってしまう」[63]。とりわけ、政府が自ら作り出した状況を改善することを模索した場合、あるいは状況によるのであれ、政策によるのであれ、高まった期待が、政府によって挫かれた際には、政府の権威に危機が浮上する[64]。そうなると、「これまで夢見たこともないが、いまや彼らが摑めそうな、至福な状態への展望に幻惑されて」、人々は易々と、「すでに生じている真の改善には無自覚となり、大急ぎで事を起こそうとする」[65]。アメリカ独立革命は、資源が増え、生活水準は上昇しつつあり、そして無限の期待が抱かれた状態によって可能となった。独立革命を形にしたのは、イギリスの政策によってもたらされた期待値の急速な低下なのである。植民地人が感じた苦境は、決して嘘ではなかった。しかしこの苦境は、純然たるものではなく、他の状態と比べてのことであった。

こうした主張は、政治的なものであれ、宗教的なものであれ、理想主義が行動にインスピレーションを与えたという見方と両立しうる。革命の主要人物たちは、彼らが個人の自由と市民的な責任を融合させた、徳のある共和国を建設し、イギリス社会を蝕んでいるように見える退廃への転落を防ぐ特別な機会を摑んでいると信じていた[66]。しかしながら、政治的な理想主義は、制度的な基盤を持っていた。大陸植民地の経済は西ヨーロッパと異なり、入植者が安く土地を得る展望を抱くことができる、余剰な土地に立脚していた。このような状況で、社会秩序に有機的な調和を回復するうえで重要な役割を果たす、凝集性を持った農村コミュニティから成る社会を思い描くことは可能であった。同じく、政治指導者にとって、大半が独立農民から構成された社会は、借地人とは異なり、大きな交渉力を行使することは認める必要があった。そのため植民地議会は、課税システムに進歩的な要素を導入し、長子相続や限嗣相続を廃止する改革に積極的であった[67]。環境的な条件が、植民地人にヨーロッパで入手できるよりも大きな機会を与え、それに応じて少数ではなく、多数の財産権を守る幅の広さを持った自由の観念を育んだ。

イギリスとの分離に向かう主要な出来事の中で大覚醒を主たる動因とする理解は現在では支持されていないが、宗教的な動機も同じく革命に貢献した[68]。一七三〇年代後半に開始した大覚醒は、多くの植民地人に影響を与えることがなかったために、プロト・ナショナリズム的な状況を作り出すまでには至らなかった。さらに革命が視野に入ってくるまでには、宗教的熱狂は鎮まり、福音主義者はいたけれども、革命指導者の間で支配的影響力を持っていなかった[69]。大覚醒の主たる関係者は別のところに存在した。にもかかわらず、宗教的自由の原理は、あらゆる専制的な権力に対して植民地人を結束させるのに一役買った。他方、福音主義者が醸成した刺激は、一種の精神的な面での分離を生み出した。これは、政治的独立に現実的見通しが立つ前に、一般民衆に権力を移譲させるようなものであった。既存のヒエラルキーに疑問を付すことで、福音主義者は、個人の権利を求める運動に新たな展望を切り開いたのである。彼らは、自らのコミュニティに画一的な信仰を押しつけていたニューイングランドのカルバン派改革主義者（ピューリタン）やヴァージニアのイギリス国教会の権威に挑戦した。[70] この点において、大覚醒は、イギリス帝国の他の地域における後の時代の変化を先取りしていた。キリスト教のメッセージは、地域的なバリエーションを伴いながら、政治的な従属が続く中で、精神の自立を確保する願望にはけ口を与えたのである。[71] しかしながら、このときには、すでに他の諸原因が反乱者たちを行動に駆り立てた後であった。[72] また、宗教的な指導者が、神に命じられた世界を救う計画の一部と解釈して革命を正当化したのは、イギリスと袂を分かった後のことである。[73] 宗教が革命に火をつけたのではなく、愛国派による独立確保の成功が、独立以後に新共和国中を席巻する信仰心の高まりを促したのであった。

このような政治的・宗教的発展の基盤となったのは、大陸植民地の驚くべき拡大であった。[74] 自然人口の増加と移民が合わさった結果、急激な人口増加が起こった。入植者人口の概数は、一七〇〇年には約二七万三〇〇〇人であったが、一七七〇年までには、およそ一七一万九〇〇〇人に達していた。[75] もともとの入植地が埋まっていくと、次第に膨張が始まった。独立宣言の年である一七七六年、一三植民地はメイン（マサチューセッツの一部であった）から一七五二年に王領植民地となっていたジョージアまで、一二五〇マイルに広がっていた。冒険的な開拓者はアパラチア山脈の裾野まで入り込んでいた。そこでは、砂が金に変わる期待が、ネイティブ・アメリカンの領土主張と衝突することになった。ネイティブ・アメリカンにとって、砂はすでに十分金に値したのである。

人口の増大は、白人入植地の将来展望を大きく転換させた。入植者数の増加によって、初期の入植地に見られた暫定的で不確かな性格は終わりをつげ、大規模な生産増加が可能となった。[76] 人口の増加に応じて、各地の生産が拡大した。タバコを筆頭に、コメ、インディゴなどからなる輸出品は、外から輸入品を購入するのに必要な貨幣・為替をもたらした。とくに南部植民地から輸出される主要産品によって、対外貿易はイギリスへと結びついた。それに応じてイギリスは、植民地人が地元では製造できない消費物資をもたらした。一七四〇年から一七四三年、一七七〇年から一七七四年という短い期間において、大陸植民地からのイギリスの輸入量は、価格にして二倍となり、イギリスの植民地への輸出量は三倍となった。[77] この二地域間の関係に、植民地とイギリスのつながりをさらに広げる、複数の入植地をつなぐパターンが加わった。ニューイングランドは、砂糖をイギリス市場に供給する西インドの需要に合わせるために、大規模な食糧輸出を発展させた。イギリスの側では、大陸ヨーロッパとの取引の赤字を埋め合わせるために、植民地産品の再輸出に依存していた。このような輸出拡大のパターンは一九世紀を通じて、各地で再生産され、古典的な植民地通商の形態となったのである。

アダム・スミスは大陸植民地の発展の成功に対する基本的な理由を、次のように結論づけている。「大陸植民地における未開拓地の購入と改良が、最大の資本だけでなく、最小の資本にとっても、最も利潤の上がる活用法である。かつ、かの国で得られるあらゆる富への直接的な道である」[78]。ヨーロッパと比べれば、「そのような土地は……ほとんど一銭もかからずに得られるようなものである」[79]。さらに別の利点もある。「税金が穏当な額であるため」、北アメリカの植民地人は、「自らの生産物の大部分を」手元に置いておくことができる[80]。一八世紀を経るにつれ、こうしたプラスの諸要因が働き、大きな結果をもたらした。一人当たりの生産量が拡大し、生活水準の顕著な上昇も見られたのである[81]。ある推計によれば、一七七四年までには大陸植民地の一人当たりの収入は、イギリスよりも五〇％以上上回っていたとされる[82]。この時期のこうした類の推計は、大まかな指標としてみなさねばならないが、傾向は明白である。幸いなことに、経済状況の向上を裏付ける他の証拠も存在している。アメリカとイギリスの兵士の身長の比較によれば、植民地人の方が高く、かつ健康であることが判明する。その理由は、植民地の方が栄養水準が高かった点にあり、これは主として、可処分所得の働きによっている[83]。消費物資の輸入の大規模な上昇も、必ずしも直接的ではないが、生活水準の上昇についての明白な証拠といえよう。ボストン、フィラデルフィア、ニューヨークといった主要都市は、ファッションや家庭用品が誇示されて、豊かさの標準が定められる場所となっただけでなく、布製品、陶磁器、鉄製品といった商品が普及していく中核としても機能した。こうした商品は地方へと、さらに特権階級の枠を超えて浸透したのである[84]。

輸入品のリストに詳細に記されているように、支配的な消費のパターンは入植者の社会に典型的に見られるものである。すなわち消費の目的は、フロンティア状況で得られる機会を活かして、本国社会の文化を再生産することであった。植民地の消費者は、圧倒的にイギリス出身者が多かった。独立革命前においては、ある推計によれば、六〇％以上の大陸植民地の人口はイングランド系で、イギリス系となると八〇％に達し、九八％がプロテスタントであった[85]。典型的な新参者は、イングランド南部出身の職人ないしは北イングランドとスコットランド出身の農民家族であった。彼らの慎ましい将来への望みは、失業と地主の利益増進によって遮断されていた[86]。入植者の大多数は独立した家族経営農場を作り、程度はさまざまであるが、市場向けの生産を行い、一八世紀末には、イギリスにいるよりも高い水準の個人財産所有を達成していた[87]。新しい財産所有者たちは、彼らがフロンティアを開拓して得たものを守ってほしいと望み、イギリスをその最後の砦とみなしていた。

物質面での向上は、ほとんどの植民地人に共有された目的であった。その一方で、エリートにとっては、ステータスがとくに重要であった。彼らは、辺境の地方民として感じていた劣等性を克服することに神経を配っていた。彼らにとって、ロンドンの磁力は、抗い難いものであった。彼らは、流行や定評あるものに関する知識をリフレッシュするために首都を訪れ、また自らの息子を教育するために送った[88]。母国とのつながりでアイデンティティを明確にしつつ、彼らは野蛮人とみなされたネイティブ・アメリカン、さらに同じく文明の標準から逸脱した粗野な辺境民からは距離を取った。一七八〇年にジョージ・ワシントンは、西部境界地帯の白人入植者を、「役に立たない連中」「われわれのホワイトインディアン」、さらには「あらゆる権威に楯突く野盗の一種」と呼んだ[89]。「東部の荒野」において、暴力は、西部へと馬車で移動する以前から浸透していた[90]。一七七六年以前において、豊富な機会が収入の増加を促したが、地域の格差は存在した。沿岸の都市では最も収入が多く、富が最も集積された。長く伸びる辺境のフロンティアはリスクと貧困の地域であった[91]。とくに北部の都市と南部のプランテーションで際立っていた物質的な成功によって、ジョン・ジェイが典型的に言うように、エリートは、「富と財産を所有する人々こそ、その政府に加わる最も適切な人物である」と信じるようになった[92]。

こうした主張は、イギリスではトーリーとホウィッグ保守派によって共有された基本的思想を繰り返したものであり、入植者の多数派の指導者にとっては、トマス・ペインが唱導するような急進的な意味において新たな世界を始めるよりも、植民地アメリカをイギリス化することが目標であったことを示している[93]。そもそも、ニューイングランドのピューリタンは、革命期の共和国が約束し、復古王政が拒絶した、純化された教会と国家を確立する機会を求めていた。他方、南部の大地主は、急進的で、平等化を求めた運動から安全な、封建的秩序の再現を何よりも望んだ。王殺し（ピューリタン）と王党派は、一六四〇年代にイギリス内戦とともに終わりを告げたはずの分断を、植民地の政治において演じ続けていた。

富と地位の違いは、革命に対する態度の違いに影響した。しかしながら、一八世紀半ばにおいては、こうした違いは、植民地社会全般で明白であった国王への熱心な忠誠心を曇らせるほどではなかった。後に独立宣言に署名した二人の著名人、ベンジャミン・フランクリンとジョン・ハンコックは、一七六一年にジョージ三世の戴冠式に出席できたことを非常に誇るべきことだと考えていた。フランクリンはその後も、イギリス帝国を国際情勢における進歩の先導者とみなす熱心な国王支持者であり続けた。フランクリンは、新国王の「有徳で賢明な」統治の下、「党派は解体し、早朝の霧のように消えてなくなるであろう」と書いている[94]。社会秩序の階梯の下方でも、七年戦争期における軍事的成功への民衆の賛美は、植民地の臣民が、熱烈に忠誠心を持ち、さらにイギリスの世界的な影響力に対してプライドを持っていることを示していた。一七六〇年に『メリーランド・ガゼット』紙への寄稿者は、イギリスの偉業に対する熱狂を何一つ隠していなかった。

世界の端から端まで、私のミューズはとりとめもなくさまよっていく
彼女の行くところはどこでも、世界は驚愕する、彼女が過ぎ去るどんな土地でも
偉大なるジョージ王の勝利が彼女の歌を飾って[95]

フランクリンの言う霧は決して消え去りはしなかった。戴冠式からほどなくして、一九四五年以後に起こる第二の巨大な脱植民地化の動きに匹敵するほどのペースで、深刻な事件が次々に起こった。一七六〇年代には、意見の不一致が確執へと転じた。一七七六年には独立宣言が署名され、発布された。そして一七八三年には、政治的独立が達成されたのである。過去を遡って観察すれば、われわれは容易に、いくつもの先例を見出すことはできる。ここでの目的にとって、われわれが遡るうえで最も重要な出来事は、名誉革命であろう。名誉革命は、入植者がスチュワート朝による強圧的な統治計画に反対し、ローマカトリックの公式な国家宗教としての再導入を恐れていた大陸植民地において、見習うべき模範を生み出していたのである。[96]

一六九〇年代に植民地人は新たな王権から政治的妥協を引き出すことに成功した。王権の側でも、名誉革命に続くフランスとの長い戦争において、大陸植民地の支援を必要としていた。また植民地人は、プロテスタントの優越が承認されたことからも恩恵を受け、カトリックへの差別を強化するのに用いた。ウォルポールと彼の後継者であるヘンリー・ペラム（Henry Pelham）とニューカッスル公爵（Duke of Newcastle）は、重商主義規制の適用を緩める帝国統治の抑制的な方式を後押しした。一ときおり、ウォルポールは一歩踏み外し、本音を暴露した。一七四一年、植民地情勢がヨーロッパの政治を混乱させると、彼は「イングランドにとって、すべての植民地が海の底にあった方が楽である」と述べたのである。[97] 一七七五年にバークは、より穏便な調子で、一七六二年以前の時期を、「賢明で有益なる怠慢」と特徴づけた。[98] 一七六二年までに大陸植民地は、植民地議会を通じて、さまざまなレベルの権能を有する自治政府を持つようになっていた。また、イギリス政府とのコミュニケーションは、次第に非公式の宗教、通商、親族のネットワークに依拠するようになっていた。[99] こうして、名誉革命は、植民地人が一定の政治的・経済的自由に慣れていくうえで大きな力となり、次第に自由は、植民地人の生活や将来像に組み込まれていったのである。また異論はあるとしても、本国政府の緩やかな統治は、本来は母国に属するとみなされる領域に挑戦する力を持つ程度にまで植民地経済が発展することを許した。

しかしながら、これらの発展は許容範囲にあり、変革を起こす性質は持たなかった。[100] 一七六三年に植民地人が期待したのは、世紀中葉の長期間の戦争で彼らが示してきた忠誠心にイギリス政府が報いてくれることであった。植民地は、フランスを敗北させるのに、人員、カネ、物資面での貢献を行い、「平和の恩恵、勝利と征服の報酬」の分け前に与ることを期待した。[101] 彼らは「有益なる怠慢」の時期に与えられた非公式な政治と通商利益をイギリスが再び承認し、拡大させること、さらには帝国を大陸に広げる事業において、自らがジュニア・パートナーとなることを期待した。加えて、エリートが望んだのは、自分たちが長年かけて「国家的な大義」に貢献してきたことで、イングランドのジェントルマンと対等な立場を獲得し、植民地人としての地位を尊敬へと置き換えることであった。

彼らはすぐに幻滅した。財政的な緊急性からインドでの歳入が模索されたが、大陸植民地にも同じ視線が注がれた。その結果、七年戦争後の時期には、一連のよく知られた経済的・政治的負担の強要が行われた。一七六四年の砂糖法、一七六四年の通貨法、一七六五年の印紙税法に始まり、一七六七年にタウンゼント諸法が続き、一七七三年の茶法、一七七四年の強制諸法で頂点に達した。激しい反対運動が行われ、印紙税法とタウンゼント諸法の一部は撤回された（一七六六年と一七七〇年）が、最終的には政府に非妥協的な方針を曲げさせることはできなかった。イギリスが帝国の権威を再び主張したことで、植民地人の高まった期待は挫かれ、彼らの忠誠心は掘り崩されていった。新たな税は人々の財布を直撃し、獲得したはずの自由は、新たな統制の下で縮小した。もしイギリス政府の政策が効果的に適用されていれば、植民地は自らの議会が獲得してきた財政的な自立の大部分を失い、イギリス議会が財政権を行使するようになっていたであろう。たとえば、タウンゼント諸法の下では、新税から上がる財政収入は、数が増えたイギリスの植民地官吏の給与支払い、一七六三年にフランスから獲得した領土を監督するために北アメリカに駐屯した大規模な軍隊の維持費、そして植民地人が帝国政策に応じることを確保するために使われる予定であった強制を伴った新たな負担は、妥協の試みも生むことになった。とはいえ、トクヴィルがフランス革命について観察しているように、政府の妥協は弱さの表明と受け取られ、植民地の抵抗を強化してしまった時点で、ようやくなされたのである。

植民地人の基本的な経済的目的は、帝国にとどまりつつ、多くの自立性を確保することであった。一八世紀半ばまでに起こった植民地の拡大は、大陸の持つ潜在的な力をいくつも開花させ、もっと多くの可能性を手にしうる展望を示した。「明白なる天命」は、この語が発明されるかなり前から人々の意識に上っていた。この時点で、イギリスの政策は、通商、貨幣、財政、入植政策に関する権限が自らにあることを主張して、これまでの成果に口を挟み、将来の希望を遮断することを開始したのである。加えて、七年戦争の終結により、通貨供給が引き締められ、デフレが始まった。経済の活性化を維持し、士気を高めていた戦時需要は、同時に信用を拡大し、不動産ブームを起こし、インフレを促していた。こうして平和とともに戦後不況が到来した。厳格な重商主義規制は営業利益を圧迫した。緊縮財政の下、債権者は債務の回収を図った。植民地人はこれらに抗議し、交渉し、そしてイギリスの政策が閉じてしまったゴールに到達する手段として、やむなく政治的独立に向かったのである。

一三植民地すべてにまたがる一つの原因を措定することは難しい。というのも、イギリスの政策が引き起こした結果は、地域的にも社会的にも多様だったからである。たとえば、重商主義の全般的な影響を測る試みはなされたものの、すでに定量化には限界があることがはっきりしている。[102] アダム・スミスの評価が、現在でも最も無難な見取り図であろう。重商主義規制は、経済成長と矛盾しないが、さらなる発展にとっては障害となる。しかし総体としてみれば、イギリスが再活性化した帝国政策が幅広い影響をもたらしたことは間違いない。最も豊かでかつ革命の先兵となった二つの植民地、マサチューセッツとヴァージニアに関する詳細な研究は、いかにイギリスによる権力の再主張が既存の利害にダメージを与え、かつ分断したかを示している。困難は一様ではなかったが、至るところで見られていた。仮にあったとしても、恩恵は容易には見つからず、広く喧伝されたわけでもなかった。

ボストンはニューイングランド最大の港で、一三植民地の中でも最大の港の一つであった(103)。また一七六三年以後は、イギリスに対する抵抗の中心地であり、かの有名な茶会の主催者であった。ボストンの商人は有益なる怠慢の時代に繁栄し、戦時中はロンドンの商会からの寛大な信用の恩恵にあずかっていた。密貿易は主要なビジネスであり（これはイギリスと同じである）、大陸植民地で消費される茶の四分の三は密貿易によっていた。ほとんどの茶の輸入は、税が軽いためにコストの安いオランダ領の港から船で輸送された。さらに彼らは、フランス領西インドへの食料の密貿易からも利益を上げており、とりわけ、戦時中には利益が上がった。そのため、この貿易は二重の意味で非合法だったのである。ボストンの商人は、ロンドンの商会から提供される商業金融によって、こうした貿易や他の通商活動の資金を得ていた。商人は、見境のない自由商人ではないが、地元の必要性に見合った通商システムを求めていた(104)。ボストンが大陸ヨーロッパと行っている慎ましい貿易を拡大する機会を模索する人々もいたし、地元の製造業の保護を求める人々もいた。結果として、一七六三年以後、重商主義規制を施行しようとするイギリスの試みは、合法であれ、非合法であれ、既存の通商関係を脅かし、より将来の拡大に向けての青写真の障害となったのである。

一七六七年に茶に税をかけたタウンゼント諸法は、政治的示威活動の新たな幕を開いた。だが、この活動はイギリス政府を止めることはできず、一七七三年には茶法が成立するに至った。一七七〇年代初頭、政府は東インド会社の財政状況の窮状を十分理解しており、他の選択肢が見当たらないために窮余の救済策を用いた。茶法は植民地に直接茶を輸出することを認め、さらに船荷への減税から上がる利益によって会社を援助した。合法的に輸入された茶は、一時的に密貿易茶よりも安くなった。しかし抗議運動は再燃した。というのも、新たな仕組みは密貿易のうまみを奪い、ボストンの既存の輸入業者を素通りし、王権に忠誠を誓うことで選ばれたわずかな輸入業者に茶の輸送を委ねたからである。一七七八年にイギリス議会が撤回するまでには、茶法は革命を発動させる力となった大きな不満を刺激したのである。

戦後の不況と続くデフレは、ロンドンの債権者に債務の回収を迫った。北部植民地においても最大の債務を抱えたマサチューセッツでは、社会のあらゆる層において締め付けが感じられた。というのも、クレジットは、輸入商人から商店主や職人まで浸透していたからである。ボストンの紙幣は、価値の下がった貨幣から債権者を守ることを目的とした一七五一年の貨幣法によってすでに規制されていた。一七六四年の通貨法は、これらの規制を他の大陸植民地に広げるものであったが、貨幣供給の締め付けにより苦しんでいたボストンでも反発の対象となった。債務が返済できない場合、深い道徳的な欠陥とみなされ、金銭面での成功だけでなく、エリートが持つ多くの願望も傷つけることになった。(105) 一七六七年、ボストンの指導的な商人であるジョン・ハンコックは、ロンドンの彼の取引相手に自らの心情を吐露している。「私は自分自身を「財産のある男」と思っており、あなたに頭を下げている安物売りの商店主と同じ立場にあるとは思っていません」(106)。一七六〇年代に迫ってきた危機が含意したのは、ハンコックや同類が、この安物売りの商店主と同等な、不快な立場に置かれる羽目になることであった。イギリスの強権的な政策が課せられる中、ハンコックは解決を模索して選択肢を必死に考えていた。ジョージ三世の戴冠式に出席した忠誠派は、愛国的な英雄となる道を歩み始めたのである。

ボストンの大商人は課税の影響を最も受ける立場にあり、彼らは同時に、イギリスの強権的な政策への反対運動の指導者ともなった(107)。彼らはまた、一七六五年に結成された「自由の息子」の活動に積極的に加わっていた。ただし、最も地位の高い実業家は、組織の持つ民主的なイメージと抑制の効かない戦術から距離を取っていた。自由の息子は、砂糖法、通貨法、印紙税法に反対する示威行動によって活動を始め、続く反対運動を組織し、かつ自らそこに参加した。一七六五年から一七六六年、一七六七年から一七六八年、一七七三年から一七七四年に行われたイギリス商品の輸入を阻止する非輸入合意、さらには一七七三年の茶会事件である。茶会事件はイギリスの政策に反対する、劇的かつ非常に広く公衆に訴えるアピールとなった。これらの出来事は、消費者の間に連帯感を生み出し、さらにボストンが決然たる愛国的活動の中心地であるというイメージを定着させたのである(108)。

しかしながら、イギリスの政策への抵抗には統一性や一貫性があったわけではなかった(109)。参加者の中には多様なグループがあり、抗議運動を通じて利害の違いが明らかになったのである。大商人は高値で在庫の商品をさばき、かつ小規模な競争者を排除するために非輸入合意を支持した。他方で、商店主は物資の不足、価格の高騰、売り上げの減少に苦しんでいた。合意を履行するために脅迫と暴力が用いられたが、必ずしも強い支持がもたらされたわけではなかった(110)。大商人の一部は、国王に忠実であり続けた。他方で、公衆の面前では非輸入合意を支持しつつも、イギリス商品を輸入し続けることでプライベートでは合意に反した行動を取る者もいた。印紙税法が撤回され、タウンゼント諸法の税が修正されると、イギリスの政策への抵抗はすぐにしぼんだ。民衆の急進的な運動は、ボストン、フィラデルフィア、ニューヨークといった抵抗の中心地で出現し、それぞれ独自の優先的な目的と戦略を持ち、独自の解決策を追求した(111)。当初、ボストンの大商人は都市民衆の不満を自らの目的のために利用しようとした。時間が経つにつれ、同時代の言葉で言う「群衆」が引き起こす抑制できない状況を経験し、商人は、彼らにはもはやコントロールしえなくなった反乱の動きから距離を取った。このような時期にあっては、利益が本来の理想を上回った。ロックが革命運動において参照された以上に、アダム・スミスが確かな道標として参照された。とはいえ、ロックの思想は革命の進展において依然として力を持っていた。植民地人たちが、次第に固まりつつあったイギリスのナショナル・アイデンティティの観念において、同等な市民として居場所を持っていないことを理解すると、彼らは、自らの主張を正当化するために自然権の原理に訴えたのである。(112)

イギリスと大陸植民地との貿易において、ヴァージニアは最大の輸出者であったが、同時に最大の債務者でもあった。(113)植民地の富裕層の大半が、タバコの生産に依拠しており、一八世紀半ばにタバコは、ヴァージニアのイギリスへの輸出の八五％を占め、イギリスの製造品への需要を満たすのに必要な購買力の源となっていた。さらに、タバコは植民地の社会構造と価値観を形作っていた。大プランターは、奴隷労働に立脚した経済を作り上げており、奴隷の労働力は、一七〇〇年の二万人を切る程度から、一七七六年には植民地の総人口の四〇％に達する約二〇万人に上っていた。この時期までには、ヴァージニアの白人世帯の約半数が奴隷を所有していたが、残りは、自らの家族労働に依拠していた。奴隷は社会的な風景を大きく変容させた。すなわち、社会的序列は、富とともに人種とも結びつくようになったのである。人種のグループの中においても、また人種グループ間においても、明確な収入格差は、地位を示す視覚的な差異へと変換された。政治権力は富裕な白人エリート集団の手の内に常に握られていた。タバコの需要が拡大し、輸出生産が拡大すると、プランターと小農民双方の生活水準が上昇した。一七三〇年から一七六〇年までの期間は、ヴァージニアとメリーランドのプランターにとって苦境に陥るどころか、「黄金期」であった。(114)国際的な分業が生む経済的な依存は繁栄をもたらし、さらに長年にわたるヴァージニアの国王への忠誠心と母国の価値観への帰依をさらに強めた。ある論者が述べているように、ヴァージニアは、「グレート・ブリテンの人々の模倣において際立っており、それは彼らの家具、衣服、さらには振舞いに至るまで、あらゆる面に及んでいる」。(115)

しかし、依存はまた、脆弱さももたらした。(116)タバコの市場は、予測不能でコントロールできない需要と供給の振幅による大きな値動きに左右されていた。そして生産が増加すると、市場変動がもたらす影響も倍々ゲームのように拡大した。さらに財政革命によって生み出された低利金融という魔法は、一七四〇年代以後、輸出セクターにとって、新しい動力となった。この時期には、積極的な事業展開を行うグラスゴー商人がタバコ貿易に参入し、手に入れやすい信用供給の量を大幅に増大させたのである。(117)こうして、一八世紀半ばまでには、植民地のタバコプランターは、確実な返済が約束できないほど多額の債務を背負っていた。マサチューセッツと同じように、ヴァージニアは、戦後不況とイギリスの新たな緊縮財政政策によって、一七六〇年代初頭に打撃を受けた。デフレが収入を減少させると、債権者は債務の回収を始めた。ジョージ・ワシントンとトマス・ジェファソンはともに、タバコ農場を経営していたが、いずれもこの時期に増大した高額債務者であった。結婚を通じて地所と奴隷を獲得したワシントンは、一七六〇年代に債務を抱えるようになった。ジェファソンは恒常的に債務を抱えたが、贅沢を志向しつつ、同時に自らの豪勢なライフスタイルを支える銀行に対して、嫌悪感を持っていた。タバコ市場に関する個人的な経験は、彼らに、大陸植民地は、過剰な経済的従属から解放されるべきだと確信させた――もっとも二人は、どのように解放が達成されるべきかについては異なる考えを持っていたが。戦後不況は、一七六〇年代の半ばには和らいだが、債務の問題は残り、そして一七六〇年代後半に輸出が回復すると、クレジットも再び流入した。一七七二年には、深刻な危機が訪れた。この年、複数のロンドンの銀行の破綻によってパニックが広がり、債権者が大きな債務を回収する動きを再開させたのである。[118]一七七六年には大陸植民地は、イギリス商人に六〇〇万ポンドの借り入れがあり、これは植民地の年間輸出額の倍に相当した。

このような危機に直面して、ヴァージニア人はさまざまな可能性を探ったが、その多くは他の大陸植民地でも試みられたものであった。七年戦争期にヴァージニアが植民地の納税義務に対処するために活用した紙幣の発行という穏当な手段は、いまや使えなくなった。平和が戻ってきたとき、ロンドンとグラスゴーの債権者たちは、イギリス議会を説得して、彼らがイギリスの貨幣で行った投資を守ろうとした。その結果が一七六四年の通貨法であり、同法は大陸植民地が価値の下落した貨幣で債務を払うことを禁止したのである。[119]同法は、一七七三年に修正されたが、この時期までには、ヴァージニアの債務者は良好な時期には喜んで参加していた商業システムの恩恵にあずかることができなくなっていた。ヴァージニア人はまた、非輸入合意にも加わった。というのも、ヴァージニア人は、合意は、輸入される消費物資の購入を削減することで、未払い債務を削減できる手段とみなしていたからである。しかしながら、一七六九年から一七七〇年には、多くの小規模な財産所有者が加入をやめたため、合意は限られたわずかな支持しか得られなかった。一七七二年の経済危機が、幅広い生産者に影響を及ぼしたために、一七七四年には、ボイコットはより効果的なものとなった。それでも、マサチューセッツと同じように危機が去ると、合意への支持は弱まり、運動を進める政治的機会は十分に訪れることはなかった。非輸入合意は、価格を上げる試みの中で実行されたが、支持は均等ではなく、ヴァージニアは、全体を通じてみれば、望んだ結果を生み出すのに必要な程度まで市況に影響を与えることはできなかった。モノカルチュアのもたらす苦境への不満から、ジョージ・ワシントンを含む多くの農民は、生産物の多様化、とりわけ穀物生産に取り組んだが、その収益は「黄金期」のタバコには到底見合わなかった。

もう一つ選択肢があった。領土拡大である。[120]ヴァージニア人はすでに、西部の土地に対する有力な投機家であり、七年戦争の勝利が彼らの土地請求権に十分な法的承認を与え、さらにとくにオハイオとケンタッキーが新しい投資の場として開放されることを望んだ。[121]フランスの脅威が取り除かれたことは、イギリスの軍事支援への彼らの依存を軽減し、投機家たちを勢いづけた。債務という現実を思い知った数多くのタバコ農民のうちの一人であったワシントンとジェファソンは、投機家の一部であり、かつその中でも目立った存在であった。しかしながら、彼らと競合する考えを持つ集団もいた。ネイティブ・アメリカンは、平和の到来を、係争地に対する彼らの権利を再主張する機会と捉え、一七六三年に勃発したポンティアック戦争として知られる紛争を起こし、自らの考えがいかに真剣であるかを表明した[122]。また、イギリスの視点から見れば、パリ講和条約は、イギリス政府にフロンティアの紛争を抑止し、植民地人を課税可能な地域に引きとどめることで植民地行政のコストを抑える機会を与えていた。

その結果として生まれたのが、枢密院が一七六三年にアパラチア山脈を越えた入植活動を止める目的で発した国王宣言線であった。この宣言は国王の保護下にあるネイティブ・アメリカンと国王の臣民である植民地人の間を公式に分離していた。宣言の設定した境界線は、投機家たちに、自らが所有するはずの土地への登記を妨げ、破滅的な影響を与えかねなかった。同時に、投機家の後をついて入植しようとした人々の期待も挫いていた。その後にイギリスは、西方に移住を続けた植民者が占拠する土地の一部を含むように線を再設定したが、不在投機家が持つ土地請求権については、その大部分の正当性を却下した[123]。引き続くネイティブ・アメリカンとの争いは、一七七四年にヴァージニア人が平和的に取得できない土地をショーニーから差し押さえようとして起こしたダンモア戦争で頂点に達した。

独立革命前夜には、国王宣言線は、イギリスと、野望が挫かれた影響力ある植民地人の間で主要な対立の原因であり続けていた[124]。実際に帝国が行いうる統治は限界点に達していた。北アメリカ駐在イギリス軍の最高司令官トマス・ゲージ（Thomas Gage）将軍は、フロンティアにおける不法行為の増大には、強力な軍事的対応が必要であると結論づけていた[125]。この時点で両者は、対決の土俵に立ったのである。一七七六年にヴァージニアで独立した政府が最初に行ったのは、フロンティア開放の宣言であった。

イギリスの抑圧を目の前にして、植民地人が結束していた事例として、ヴァージニアを取り上げることは、現在ではあまり妥当ではない。マサチューセッツと同じように、ヴァージニアは対立する利害が生む不和によって引き裂かれていた[126]。最も遅く愛国派に鞍替えしたエリートプランターが、雪崩を打って反乱に加わるようになると、彼らはさまざまな抵抗運動をリードし、コントロールしようとした。エリートはカネとともに面子も失っていた。債務はジェントルマン社会において、彼らがあるべき関係とみなしていたものを変え、彼らが非常に重きを置いたステータスを掘り崩していた。彼らの考えによれば、自分たちの不運な状態は、国王と間接的につながっているイギリス商人の陰謀によって引き起こされたものであった。こうした理由づけが個人的な苦境を公的な政治へと転換したのであった。しかし「共通の大義」は、イギリスとの戦いが開始された後であっても、達成することが困難な理想にとどまった。大プランターたちは、当時の経済的な苦境に対して、自分たちの利害を優先して対応するヨーマンと貧困層に頼ることはできなかった。ヨーマンと小農民は、エリートによって新たに組織された「ミニットマン」の中隊に加わることを拒否し、また民兵への支援もほとんど示さなかったのである。多くの大プランターも、不在になることで自分の財産が略奪にさらされ、かつ奴隷が逃亡するのを助長するため、植民地の外での任務を躊躇した。一七七二年にカリブ海で起こった奴隷反乱は、大陸にも不安なニュースとして伝わった。そしてイギリスが奴隷制を終わらせようとしているという噂が、奴隷主を反乱者側へと向かわせる助けとなった。[127] 一七七五年のダンモア卿による、イギリス軍に加わった奴隷に自由を与えるという誘いは、奴隷主の不安を行動へと向かわせる力となった。ただし、それでも幅広い反発が、プロト・ナショナリズムに基づくコンセンサスへと転化したことを示す証拠はあまりない。[128]

植民地人の大多数は革命を支えるために、彼らの間の違いを克服したが、傍観したり、革命に敵対したりする人々も存在した。[129] おおよその見積もりによれば、植民地人の一五~二〇％はイギリスに忠誠を誓い続け、三〇％は中立であったという。ロイヤリストの中から二万五〇〇〇人がイギリス側で戦った。そして総計約六万人のロイヤリスト（白人、黒人、ネイティブ・アメリカン）が移住し、そのほとんどの移住先はカナダであった。[130] また彼らの一部は、反乱が無秩序をもたらすことを恐れており、より良い生活を求めて移住した者もいた。内戦が家族を引き裂くというパターンについても、独立革命は例外ではなかった。ベンジャミン・フランクリンは息子ウィリアムと永遠の別れをせねばならなかった。ウィリアムはニュージャージー最後の総督で、かつ熱心なロイヤリストであり、ロンドンへと亡命して生涯を終えた。[131] 膨大な数のアフリカ人奴隷は逃亡を選択した。約二万人の奴隷が、自由と引き換えにイギリス軍に入隊し、そのうちの一人が、ハリー・ワシントンであった。同じ理由で反乱者の側に加わった奴隷もいたが、数は格段に少なかった。ネイティブ・アメリカン諸国・諸部族の大多数は、中立の立場を取ろうとしたが、最終的には戦争に引き込まれてしまった。戦闘員となったおよそ一万三〇〇〇人のネイティブ・アメリカンのほとんどが、彼らの土地を保持できるチャンスを与えてくれると判断し、イギリス側に加わった。この点については、彼らの判断は正しかったが、同時にネイティブ・アメリカンが敗者の側に立つという結果ももたらした。一七八三年のパリ条約の条項において、イギリスは、ネイティブ・アメリカンの同盟者を捨て、ネイティブ・アメリカンが権利を主張する係争地を合衆国に譲渡したのである。次に鳴った銃声は、土地を求める激しい競争のスタートを告げるものであった。[132]

イギリス領アメリカで最も豊かな植民地はイギリスに忠実であり続けていた。カリブ海のプランターエリートは、南部植民地の多くのプランターと同じく、奴隷労働によって生産される農作物生産に特化していた。[133] また大陸植民地と同じく、彼らはロンドンのシティの金融業者へと彼らを結びつける信用と債務のネットワークによって、大西洋システムおよびイギリス経済と緊密な関係を築いていた。しかし、西インドのイギリス領植民地は、堅くイギリス領のままであり続けた。ラッセルズ家の物語が、西インドの異なる道筋を説明する手助けとなるだろう。[134] ヘンリー・ラッセルズ（Henry Lascelles）は、一八世紀の初頭に西インドと貿易する商人として出発した。彼の息子エドウィンは、一八世紀の後半に事業を銀行へと広げ、広大なプランテーションを獲得し、およそ三〇〇〇人の奴隷を獲得した。ラッセルズ家はコスモポリタンであった。ヨークシャーにある一族の家は、バルバドスにある家と同程度の重要性を持つ二つ目の拠点であった。彼らは、取引仲間の国際的ネットワーク、政治的コネクション、結婚による結合関係を作ることによって、上昇を成し遂げた。彼らは、新たなタイプの抵当と保険の導入、地所の管理の改善、一般的な会計手法の改良版を導入し、自分たちの大規模な金融業に新たな事業展開を加えた。銀行家としては、彼らは政府が必要としている際には貸し付けた。議会の議員として、彼らは自らのビジネスの利益を助ける立法の制定を目指してロビー活動を行った。イングランドで最も富裕な家系の一つとして、彼らはジェントリから貴族へと上昇し、その上昇ぶりは、一七九〇年にエドウィン・ラッセルズが、初代ヘアウッド男爵家の創設を認められた際に頂点に達した。

カリブ海の島々が、イギリスに忠誠を誓い続けたのは、ほとんどのプランテーション経営者が、不在地主か一時的な滞在者であったからである。こうした人々はいわば、カリブ海の「ネイボッブ」であって、その目的はインドの同類と同じく、イギリス社会の上層に食い込む道をカネで手に入れることであった。すなわち、彼らはイギリスのジェントルマンとなることを目指した資本家であった。それでも、ごくわずかな者の成功は、大多数の者の地位下落によって相殺されていた。アメリカ独立革命後には、プランターに対する本国の態度は変化した。富と忠誠心にもかかわらず、彼らは市民というより臣民として見られるようになった。(135) いずれにせよ、人々の到達目標が異なっていたとしても、元来、カリブ海の島々は、一方的な独立宣言を支えるための資源を欠いていた。イギリス海軍は、外国の侵略者と恒常的な奴隷反乱の恐怖に対する唯一の防波堤だったのである。それに対して、大陸のプランターは、不在もしくは一時滞在の資本家ではなく、自らが獲得し、開発した土地に根づいた入植者であった。彼らもまた、ジェントルマンの地位を求めたが、その野望は故郷で育てられたものであり、また自らが使える富と照らし合わせて、彼らは自らの夢を現実的に捉えてもいたのである。

勝利という形で七年戦争が終結したことは、イギリスという国が、大西洋の両側において不屈の精神と国家への無私の奉仕という、ローマ的な美徳を最も体現する存在とみなされていた期間に終止符を打った。平和が訪れると、いくつもの論争の戦線において、対立が激化した。「イギリスの政策」と呼ばれた政策の全体は、実際には、大陸植民地とインドの適切な統治をめぐり、激烈で、不和の種となる論争の産物であった。しかしながら、最終的には、連合王国の政治指導者は、あらゆる議会主権への挑戦——国内の急進派の脅威も含む——を真っ向から否定するために団結した。(136) もし議会の意思が蔑ろにされたなら、一六八八年に確立した政治秩序が危険にさらされ、同時に名誉革命の主要な受益者となった寡頭支配地主層の地位も危うくなるからであった。当初、植民地人の要求に同情的であったロンドンのシティは、一七七〇年代には債務支払いへの不安が増大して、反対するようになった。(137) ギボンは、イギリスは自らの所有物を守る権利を持つという理由で、反乱した植民地人への戦争を支持した。ジョンソン博士は無条件に反乱者を非難した。他方、一七七〇年代までには、アメリカ植民地人は、自分たちが持つイギリスのイメージを転換させていた。彼らの目から見れば、イギリスはローマ的な専制と腐敗に陥り、ジョージ三世はハノーバー朝のネロに変質してしまっていた。大西洋の片側では、古典が提示するモデルを用いて、運命的な歴史的過程の中に離脱を位置づけることによって、先例のない行為に正当性を持たせていた。大西洋のもう片方では、同じ古典モデルは、保守的で、権威主義的な傾向をさらに強固なものにし、望まないが、予想される運命から新しいローマを救うことを目的とする道徳的な再武装プログラムを開始させるのに役立った。一七八七年の奴隷貿易廃止協会の結成は、いかにムードが変わったかを示す最重要な指標であった。中でも最も劇的なのは、翌年に行われ、賞賛を受けたバークによるインド庁長官ヘンリー・ダンダスの訴追であった。

植民地人は、イギリスの政策による挑発にもかかわらず、一七七六年以前には政治的独立を目指したわけではなかった。一七七四年に開催された第一回大陸会議は、どのようにイギリスとの分離を避けるかについて熟慮を重ねていた。ペンシルヴェニア代表のジョゼフ・ギャロウェイ（Joseph Galloway）は、帝国内での自治に関する計画を提示したが、わずか一票差で支持されなかった。一七七五年には、戦争が勃発し、レキシントンとコンコードで戦闘が交わされたにもかかわらず、大陸会議は、最後の一歩を踏み出すことを躊躇していた。同年七月に大陸会議が提出したオリーブの枝請願は、「より恐るべき種類の……国内の危機」によって、フランスの脅威が現実になるという見通しが出るほど関心を引いたが、あくまで国王陛下の「いまだ忠実な植民地人」が忠誠心を持ち続けていることを強調した。[138]オリーブの枝請願はイギリス政府を憤慨させ、改めて軍事力による権威の誇示に向かわせた。この時点であらゆる妥協の見通しは消え去ったのである。長きにわたる論争の後、一七七五年に招集された第二回大陸会議は、最終的に独立宣言を承認した。ほとんどの署名者は、イギリスから分離することに後ろ向きであったが、イギリスとの分裂は避けられないと感じていた。ベンジャミン・フランクリンは数週間後に、友人であるサー・リチャード・ハウ（Sir Richard Howe）に私信で彼の感情を打ち明けている。「長い間、私は、偽りのない、そして飽くことのない熱意で、優雅で気品のある「イギリス帝国」という陶磁器の花瓶を壊さないように努力をしてきました」[139]。一七七六年から一七七八年に北アメリカでイギリス艦隊を率いたハウ提督は、イギリスとの論争が開始された直後から、植民地人に同情的であった。一七七六年には、彼は後悔の念を抱きつつ、任務を遂行したのである。

◆「連邦という一つの頭を持つ諸州の不可分の連合[140]」

一七八三年にジョージ・ワシントンは、独立の達成についてコメントする中で、新国家の脆弱性とその暫定的な政府機構の欠点を明確に意識していた。彼の言う「不可分の連合」は、アメリカ合衆国建国によって促された喜びの感情を表しているのではなく、生存能力と永続性を持った国家の建設を真剣に訴えた言葉のうちの一つなのである。彼の不安は一七八〇年代を通じて一貫していた。大陸植民地は、代表機関である大陸会議

――一七八一年に連合規約が成立し、連合会議に変更された――を通じて、イギリスとの戦争の運営を担った。しかしながら、連合会議は、平和な状況を維持するだけの権限を欠いていた。一七八〇年代を通じて、不安定な状況が付きまとうことになった。戦争は経済を破壊していた(141)。負債は再建の足かせとなっていた。税負担はイギリス統治下よりも重かった(142)。一人当たりの実質所得は、一七七四年から一七九〇年の間におおよそ三〇%下落していた(143)。民衆の不満によって散発的に暴力行為が発生していた(144)。また、他のヨーロッパ勢力ないしはイギリスが、大陸を再植民地しようとしているという不安は、一八一二年戦争終結まで、共和国の大統領の肩にのしかかり続けたのである。

一九〇九年の文章においてカール・ベッカーは、彼が重視する革命とその後の政治体制の建設をつなぐ二つの主要な課題について、次のように総括している。最初のものは、「ホームルール」を勝ち取ることであり、二つ目は、自らの国を誰が統治すべきか決定することであった(145)。「ホームルール」の展望が、一七八三年に独立へと結実すると、誰が統治すべきかという問題が、一九世紀において政治の中心を占めるようになった。このような展開は、二〇世紀に脱植民地化した諸国が経験するパターンの先駆けとなった。二〇世紀にも、帝国支配への抵抗によって国家統一が成し遂げられると、あるいはベッカーの言葉を借りれば、「軍事侵略と忠誠派の陰謀による緊張」が終わると、反植民地支配を掲げていた複数の運動体のまとまりは消え去った(146)。しかし、一七八〇年代には共和国の指導者を常に悩ませていた、もう一つの関連する問題が存在した。どのように国家を統治するのかという問題である。ワシントンが数え上げたいくつもの不安の最中に行われた膨大な議論の後、一七八八年にこの課題に対して、一つの決定が下された。この年、大陸諸邦の多数が、新たな連邦憲法を批准した〔連合規約体制下の state は、日本では慣例として「邦」と呼称している〕。そしてこの翌年、憲法は共和国にとって、基本的かつ持続的な統治の手段となったのである(147)。

アメリカ合衆国憲法は、近代における最も偉大な政治的妥協の一つであった(148)。合衆国憲法は、税を徴収し、国家債務を契約し、州間また国際間の関係を規制し、そして軍隊を編成する権限を持った連邦政府を設立した。連邦政府の権限の及ぶ範囲は一気に拡大したものの、同時に連邦諸州に内政の決定権を保障する諸規定によって制約を受けていた。憲法は大統領制、合衆国議会の両院、最高裁を頂点とする裁判所を設置した。大統領は人民の投票ではなく、選挙人によって選ばれる規定を設けた。上院議員の構成は州の数によって決定された。州は規模にかかわらず、二つの議席を与えられていた。また上院議員の選出も直接選挙ではなく、州議会が選出する規定となっていた〔一九一三年に直接選挙に憲法改正〕。裁判官の選任は大統領が行うが、上院の「助言と同意」を得ることが必要であった。憲法は行政と立法の権力を分けることで、また中央政府の権限を制限することで、さらには連邦を構成する州に権利を保証することで、専制政治の台頭に対する防波堤を作った。また、憲法の条項の修正には、両院の三分の二と全州の四分の三の賛成を必要とする要件を設けることで、突発的ないしは恣意的な改正から守られていた。

連邦制は、イギリスの単一国家からは距離のある制度であったが、一七〇七年のイングランドとスコットランドの合同を含む、馴染みのある先例に依拠していた[149]。合衆国憲法の前文に登場する「より完全な連合」を形成する目的に関する文言は、一七〇六年、スコットランド議会にイングランドとの緊密な政治的合同を支持するよう促した、アン女王の手紙からの借用であった[150]。また、憲法をめぐる議論はヨーロッパの政治思想、とりわけモンテスキューによる権力の分立に関する思想にも依拠した。すなわち、専制を防ぐために必要な権力諸部門の均衡、また共和制を基礎とする国家の適正規模に関する考えである[151]。モンテスキューは、単一政府の共和国は、イギリスのように「中程度の規模」であるべきだと主張したが、連邦制度にも、良質な政府に十分な防衛装置を加えられる可能性を認めていた[152]。ヒュームは、このアイデアを発展させた。さらにマディソンは、より大きな連邦においては、競合する党派間の相互作用が、安定を創出する力となって、独裁権力の台頭を防ぐことができると主張し、このアイデアの現実政治への応用を図った[153]。仮に、大きな連邦に関する優れた理論がなければ、改めて発明する必要があったであろう。というのも、大陸植民地の規模と多様性からすれば、単一国家を設立する可能性は薄かったに違いないからである。連邦でなければ、独立し、競合する諸邦の集合体という選択もありえた。これは考えにくい展望であったが、それでもこうした選択肢も構想せねばならなかったのである。

合衆国憲法の諸規定が作られた動機については、これまでも無数に議論されてきた。一連の長い議論の中で最も肯定的な立場は、憲法を君主制から民主制に向かう流れの最高到達点として賞賛してきた。その逆の立場においては、憲法は「背信行為」と称され、急進的な変化に向かう動きを阻止する反革命と見られてきた[154]。憲法の評価について十分議論するには、専門家に委ねるのがよいだろう。ここでの関心は、憲法を、新国家の存続を確保し、さらに経済発展への道を準備するための切迫した必要性という文脈に置くことにある。

こうした観点から見れば、合衆国憲法は、「講和条約」を――連邦諸州の間でそう呼ばれていた――作り出すことによって国家を持続させるための最低限の状況を提供したといえる[155]。大きな差異と相互不信にもかかわらず、諸邦は妥協した。というのも、邦間の紛争や外国勢力による再併合の脅威などが予想され、それよりは連邦の方が望ましかったからである。すなわち連邦政府は、一つの国家の政府の基盤としてではなく、共和国の多様な構成員の間で安定と調和を確保するための手段として立案されたのである。課税に対する民衆の抗議、南部における奴隷反乱を抑止する能力に関する不安、また西部拡大阻止を目指したネイティブ・アメリカンの断固とした決意に対する不安などによって、国家の将来が不確実であるという意識はいっそう高められていた[156]。国家の持続性は、経済発展の前提条件でもあった。不確実性は、あらゆる種類の財産所有者を悩ませていた。投資家は、連合規約体制下においてしばしば起こったように、無責任な政治が、彼らの財産の価値を下げることがないような保障を求めていた。連合規約体制下では、複数の邦が債務で苦しんで、それぞれ独自の貨幣の発行を試みていたのである。

したがって、憲法の立案者たちの肩には、国家財政に関する課題が重くのしかかっていた。強制力が欠ければ、「講和条約」は失敗してしまう。諸邦では、課税に対する地方民衆の抵抗が根強く、また諸邦の財政政策は無責任であったため、連合規約体制下の諸邦は、必要とされる国家歳入の供給源として信用できなかった。(157) 公債保有者の信用を得ることは、共和国が必要とする投資を引き付けるために最も重要であった。(158) また、不動産所有者は、彼らの財産の価値にとって裏付けとなる、物理的な保障を求めていた。合衆国は西洋世界において、独立した土地所有者の割合が最も大きく、彼らの利益が最も優先されなければならなかった。イギリスの政策への反対は、財産権保護の要求に根を持っていた。そして革命で成立した体制は、新共和国に投資するすべての人々にとっての安全を確約していたのであった。

これら一連の懸案の結果として導入されたのは、イギリスに由来する軍事＝財政国家の諸要素であった。(159) 手にしうる選択肢の中でイギリスの範例は、馴染み深さの面だけでなく、イギリス連合王国をヨーロッパで最も進歩した国家へと、さらには最も強力な国家の一つへと変貌させる力となったという歴史の面でも、有力な参照枠であった。そもそも、アメリカ独立革命自体が、名誉革命の遺産の掌握をめぐって激しくなるイギリス内の争いから派生しており、独立に続く体制の構築は、一六八八年に生起した多くのものを受け継いでいた。アメリカ独立革命はその後さらに展開したイギリス革命〔名誉革命〕といえるかもしれない。当のイギリス革命は、長期にわたる一連の対仏戦争の終結を待ってようやく進歩の道をゆっくりと歩み始めるのであるが。

国家建設の新しい側面に傾倒する研究者は、植民地時代からの連続性を安易に過小評価してしまっている。独立革命は、本質的には、財産を持つジェントルマンによって率いられたイギリス系の入植者の反乱である。独立革命が実行されたのは、バークが言うところの「古来の、まごうことなく正しい法と自由」を守るためであった。(160) 憲法は、専制的な権力を統制下に置くことができると保障した。一六八九年のイギリスの先例に由来する権利章典が、一七八九年に続いた。(161) また、憲法を策定した大多数の人々は、啓蒙主義者であった。彼らはエリートで、コスモポリタンで、よく書物を読み、当世の諸問題に対して理性を用いて対応することを重視した。彼らの考えによれば、政治党派またはマディソンが名づけた「党派」は、十分に情報を得たオピニオンリーダー間の胸襟を開いた議論ではなく、ステレオタイプ的な考えを促すとして警戒された。(162) 彼らは、人民の代表には知性があり、地元の利益を超越する能力がある――自らがそれに該当すると考えていた――ことを望んだ。彼らは、いわゆる独立の第一段階を体現する存在であった。第一段階を率いるのは、二〇世紀においても一八世紀においても、教育を受けたエリートであった。グローバルな見方と結びついた彼らの感覚は、二一世紀の論者が、彼らに振舞うお世辞とはきわめて異なっていた。二一世紀の論者は妥協を避け、理性的な省察よりも本能的に確信したものを好む。そして、エリートを書物と同等に置き、しかもしばしば両者の見解を軽視するのだ。

イギリスからの移植は、アメリカの状況に順応するように実施された。最も目立つ制度的な変化として喧伝されたのは、君主制から大統領制への転換が示す共和制政府の登場であった。それでも憲法をめぐる議論には、選挙制の王政を導入する可能性が含まれていた。イギリスの政治言説から借用した「愛国王」の観念は、国家元首は、国民統合の象徴として党派の上に立つべきであると考える人々にアピールした[163]。君主制の経験は、伝統的な権威への畏敬の念がいかに国民的アイデンティティの意識を醸成するために利用できるかを示していた。最終的に建国者が選択したのは、四年任期で選出される大統領制度であった――ただし再任されれば、原則的には永遠にその座にあることも可能であった[164]。にもかかわらず、大統領には行政機能だけでなく、儀礼的な機能も付与（かつ担わ）されており、政治を超越した市民の徳の守り手となることが望まれていた。大統領職は、気高い地位を与えられただけでなく、廷臣たち、パレード、贅沢なレセプション、さらには謁見の儀などの補完物を伴ってスタートした[165]。時間の経過とともに、君主制的な装いは後退したが、一八三〇年代のアンドリュー・ジャクソン大統領の統治スタイルは、ホウィッグ党の敵対者に、大統領職が「選挙王政」へと転化しつつあると言わしめるほどであった[166]。上院と下院から構成される合衆国議会は、貴族院と庶民院にかなり類似しており、アメリカ独立革命の長年にわたる支持者であったニコラス・デ・コンドルセが、「時代遅れのイングランドの観念」が持続していると嘆くほどであった[167]。彼の見方では、二院制はヒエラルキーを象徴し、一院制は平等を表していたのである。

イギリスの先例に由来する制約によって、新たな連邦制度の中で軍事的要素に制限が加えられた。連邦諸州は、連邦権力が濫用される可能性を避けるために、軍事部門の規模の制限を望んだ。地理的に恵まれていたこともあり、諸州の希望は通ることになった。ヨーロッパではありえないことだったが、合衆国には、強力な隣接諸国が不在であり、防衛コストを抑えることができたのである。仮にヨーロッパ諸国からの脅威が顕在化した場合、連邦政府は小規模な常備軍を拡充するために、民兵の招集が期待できた。こうした場合、人民の「武器を保有する権利」が、公共利益への奉仕という形で最も有効に発揮される[168]。独立直後と一八一二年戦争において判明したように、海軍は小規模かつ不十分であった。以後、合衆国はイギリス海軍を「代替」の軍事力として、その恩恵を受けることになった。イギリス海軍は、一九世紀末に共和国が自らの近代的な戦艦を保有するようになるまで、合衆国に最も有効な抑止力を提供していた。これらの違いがあっても、共通の特徴は残り続けた。イギリスでも中央権力が濫用される恐れは主要な不安要素であり、その結果、常備軍は控え目な水準にとどめられ、戦時に限って規模が拡張されていた。アメリカとイギリスのシステムの中心的な特徴は、それぞれ国家の必要性を満たすために要求される水準の軍隊を動員できる能力を備えている点にあった。両者において、「防衛」が、群を抜いて公費支出の割合で最大を占め、主に陸軍と海軍の軍事費のために起債される公債の償還が次に位置した。[169] 一七八三年から一八六一年において、軍事費と対外関係の支出が、連邦の歳出において、少なくとも五分の四を占めていた。[170]「イギリスの税」〔原語は Tax Britannica〕は、イギリス海軍とグローバルな拡大を支え、「アメリカの税」〔原語は Tax Americana〕は、北アメリカにおける領土拡大を財政的に裏付けることから始まった。

新国家の財政制度もまた、イギリスの先例を模範としていた。合衆国憲法は、国家建設のための最も重要な前提条件となる、かなりの程度の財政的統合を連邦政府が確立することを可能にしていた。イングランド銀行（一六九四年）に準拠して、一七九一年に設立された第一合衆国銀行は、政府が必要とする資金を調達し、戦時債務を支払い、紙幣を発行し、州法銀行に一定の統制権を行使した。[171] 新たな国家債務は、利子を支払いつつ、元本支払いが繰延される公債によって賄われた。政府の信用格付けは上昇し、借り入れコストは減少した。課税制度も改革された。公債の利子は、逆進性が高く恒常的に民衆の不満を惹起する、土地税、人頭税、消費税に固定化されるのではなく、次第に輸入関税から支払われるようになった。一七九四年に西ペンシルヴェニアで起こったウイスキー反乱の支持者が、共和国から離脱すると脅迫した際には、ワシントンは民兵を動員して秩序を回復するための財源を有していた。[172] 以後の政権の下では、次第にアメリカの海外貿易への関与が増大した。その結果、海外貿易は連邦歳入の主要財源となり、他の部門の増税が惹起する政治的問題を緩和する効果を生んだ。輸入関税は、さらにきわめて重要なメリットを持っていた。すなわち、奴隷所有の問題を回避できたのである。[173] もし税負担が財産にかかっていたならば、奴隷を含むことになり、奴隷所有者は非常に不利な立場に置かれてしまう。アンタイ・フェデラリストは、（白人市民に限定される）個人の自由と「大きな」政府への敵意を強調した自由の概念を定式化した。現実には、権限の小さな連邦政府が、諸州において州政府を支配し、かつ支配を拡大する地位にあった大規模な財産所有者に恩恵を与えることも意図していたのである。

多様な利害を折衷するうえで成功したにもかかわらず、憲法は国家を悩ませ、最終的には蝕んでいく問題を二つ抱えていた。まず憲法は、離脱の問題を避けていた。[174] もし最終的には人民に権力が委ねられるというならば、連邦離脱の決断は反乱ではなく、憲法上の権利の行使であると唱える者が登場してもおかしくない。最低限でも、一九世紀の前半に連邦離脱が現実の政治問題となった際には、離脱をある程度尊重すべきであるとする憲法解釈も可能であった。[175] ニューヨーク、ヴァージニア、ロードアイランドは、憲法批准前には明白に離脱する権利を担保するよう主張していたのである。

隠れたもう一つの問題は、奴隷制であった。奴隷制は財産権として一括りにされて、かつ連邦諸州の意志決定に委ねられていた。憲法の立案者が、奴隷制の問題を討議することになれば、最富裕な邦であったヴァージニアを含む南部諸邦が、提起された連邦に加わることを拒絶する可能性は高かった。[176] 南部に加わってもらい、そして中央政府創設への支持を得る必要性があったために、マディソンと同僚たちは、南部の利害に妥協を強いられた。投票権を否定されていた奴隷は、下院において連邦構成諸州に議席を割り当てるうえで、奴隷一人を五分の三人として計算された。また奴隷の輸入は、さらに二〇年の追加が（一八〇七年まで）認められた。[177] 北部諸州が、恒常的に投票数で上回るのを防ぐために、南部諸州は上院において、各州が平等に代表すべきであるという案に同意した。どちらの側も、西部拡大、北部における工業発展、南部の綿花ブームがもたらす不均等な発展が、政党間のバランスを不安定にするとは予想できなかった。結果として、奴隷が現実の人口の分数として名目的に存在していることによって、南部諸州は、投票権を認められた南部の白人有権者の実数よりも多くの影響力を連邦政府で有することになった。ここでも、自由という概念が、幅広い層に訴える融通無碍の性質を持っていることが示されたのであった。奴隷所有者の自由を侵害するという理由で、奴隷に権利を与えることは否定されたのである。

南北戦争まで続く共和国の歴史の道筋を作ったのは、合衆国憲法のもたらした成功、曖昧さ、そして失敗であった。これらは政治論争の中心を占め、競合する経済諸政策の策定に影響を与え、萌芽期にあるアメリカ文化を構成する集団的な帰属のありようやアイデンティティの形成に寄与した。一七八七年に植民地人は手を組んだが、それは彼らが団結していたからではなく、分裂の結果を恐れたためであった。あくまで、彼らは一つの国家を作ったのであって、国民を作ったわけではなかった。集まった植民地人は、統一体としての生存能力も以後の発展の展望も欠いており、また共有したのは過去であって未来ではなかった。どのように理解されようとも、自由は、こうした先行する野心的な目標の達成がうまくいくかどうかにかかっていたのである。

◆「騒々しさと対立のスペクタクル」[178]

憲法が批准されてすぐ、憲法が体現する妥協の解釈をめぐって、公衆の議論、政治論争、そして最終的には国レベルでの対立が発生した。一七九〇年代半ばまでには、あらゆる角度から見て、連邦政府の驚異的な成長は目に見えていた。連邦の課税収入は、連邦諸州をあわせたよりも一二倍大きく、支出も七倍以上であった。[179] その信用力に基づいて、連邦は八〇〇〇万ドル以上の公的借款を得ることができたが、諸州は四〇〇〇万ドル以下であった。安定した政府に何よりも求められていた公共秩序は、合衆国軍によって保障された。いまだに軍は小規模ではあったものの、十分な資金的裏付けを持ち、一七九九年にはフライの反乱を容易に鎮圧することができた。[180] 一七九八年に制定された外国人・治安諸法は、国家権力の拡大にとってさらなる武器となる立法措置であった。このような展開は、一部では歓迎されたものの、他方には衝撃となった。紳士的な指導者が、理性的で親密な話し合いを通じて対立を解決していくという、楽観的な想定は一八世紀中に破綻した。一八〇〇年までには、離合集散を繰り返してきた派閥集団が、萌芽的な政党として形を整え始めたのである。[181]

このような歴史過程において——他でも同じようなことがいえるが——旧世界は新世界に刻印を記していた。同時代人は、政府権力の範囲と目的に関する基本的な課題が、イギリスの先例から引き継がれたものであることをよく理解していた。一七八〇年代において、主要な原初的な政党は、共和国の未来像とその理想を現実へと昇華する手段について、それぞれ異なったビジョンを描いたが、その際に依拠したのは、ホウィッグとトーリーの言説であった。一八〇〇年にフィラデルフィアの著名な商人であったチャールズ・ペティット（Charles Pettit）は、同年の選挙キャンペーンに向けて作成したパンフレットにおいて、大西洋をまたいで広く受容されている連続性について、次のようにまとめている。彼が言うには、「ホウィッグ」と「トーリー」という用語について説明する必要はない。なぜならば、「この二つの言葉は、歴史、とくにイングランドの歴史において、非常に際立つ地位にあり、通常の意味を取り違えることはなかろう」[182]。チャールズ・ビアードは、両者の立場について、幅広い分類を行っており、それぞれハミルトン派とジェファソン派に代表させている[183]。こうした親しみある用語は、政治的意見に関して、非常に有益で簡潔な指標であった。この点は一九世紀に当てはまるだけでなく、根底にある姿勢についは、現在まで影響を残しているのである。

ハミルトン派は、政治的な姿勢においてはトーリーであったが、経済改革の問題についてては、進歩派ホウィッグであった。最初の二人の大統領ジョージ・ワシントンとジョン・アダムズ、さらには財務大臣のアレクサンダー・ハミルトンは、政府自体は問題ではなく、問題の解決手段であると考える一群の人々の指導者であった。彼らは、もし合衆国が十分に独立を確保しようとするならば、関税収入に裏付けられ、責任あるエリートによって運営される、強力な連邦政府の行政、また進歩的改革の促進こそ、最も重要であると信じていた。統治エリートは、被治者の同意を必要としたが、財産と安定にとって潜在的な脅威となる、民衆的な急進主義は警戒した。ハミルトン派は、新国家を構成する多様なコミュニティを統合し、自由の繁栄を可能にする状況を作り出す中央政府の力を信奉していた。彼らは、市民の共同運営と通商に基礎を置いた共和国は、軍事国家からの脅威に対処する十分な装備を持てないとする、伝統的な思想から離脱していた。彼らの考えによれば、その逆に、議会の統制下にある平時の軍隊は、外部の攻撃者から共和国を守るために重要で、市民的な自由を脅威にさらすのではなく、むしろ守るための手段なのであった[184]。

ハミルトンは、自らの持つ金融の専門知識、財務長官としての立場、憲法の下で彼に与えられた権限を使って、イギリスの軍事＝財政国家の核となっていた要素を移植した[185]。ハミルトンとその仲間たちは、第一合衆国銀行、国債、連邦課税、統一ドル貨幣を基礎とした共通通貨圏を設立し、さらには国内で製造業を発展させる計画を構想した[186]。国内の自由貿易は市場の拡大にとって、重要な基盤となった。他方、連邦政府による膨大な不動産所有は、政府の債務にとって、究極的な担保であった。ハミルトンの考えからすれば、権限と資源を持った政府のみが、経済発展に必要な長期的投資を引きつけることができる。イギリスの先例を参考にして、ハミルトン派は、財政こそが最も尊重されるべきだと主張した。というのも財政は、国家が戦争という究極的な試練すら耐えることを可能にするからであった。ハミルトンの改革は、共和国の価値観と一致しているだけでなく、共和国を成立させるうえでも本質的なものだったのである。また、ハミルトンがイギリスの経験から学んだように、国債への投資は、債権保有者が、時の政府を支持せざるをえなくなる理由となり、政治的な効果も期待できた。この議論は次のように続いていく。経済界を連邦政府に関与させることで、ハミルトン派の財政プログラムは共和国を平和に傾注させておくことを確保し、それによって政府支出も抑制する。このような優先事項は、対外政策と大陸大の拡張に対する意見が慎重で抑制的になることを含意していた。同時に、安定と平和は、信用と貨幣の供給拡大を通じて公債が促進する経済発展の基盤となる。しかし、ハミルトンは保護関税よりも補助金の形態を好んだ。彼は保護関税が輸入の阻害要因となり、公信用の財源として必要とされる税収を減少させることを恐れたのである(187)。

　フェデラリストの集権化政策と財政改革は、彼らのイギリスとの関係重視の姿勢とあいまって、一七九〇年代に大規模な反対を惹起した。トマス・ジェファソンは、ハミルトンの財政改革プログラムは、共和国の土台を掘り崩し、新たな君主制秩序を打ち立てる狙いがあると信じた。一七九四年にヴァージニア選出の著名な上院議員ジョン・タイラーは、当時の雰囲気を表す皮肉を交えた不平を述べている。「今や、憲法は政府を生むよう計画されたのか、単にイギリスの財政システムを創設しようとしているのか、探るべきときではないのか(188)」。彼の問いに答えたのは、南部利益、ニューイングランド商人、辺境の有権者、そしてアンタイ・フェデラリストの残党からなる連合体が率いた政治的反対の動きであった。彼らはトマス・ジェファソンとジェイムズ・マディソンの指導の下に集い、一七九〇年代初頭にリパブリカン党を結成した(189)。

　ジェファソン派は、政治過程に公衆の関与を拡大させることを好む限りにおいては、進歩派ホウィッグであった。しかし彼らの農民的なビジョンは、一八世紀初頭のボーリングブルックと結びついた非集権的思想と共通性を持ち、その点からすれば、「カントリー派」ホウィッグともいえた(190)。第三代大統領、第四代大統領を務めたトマス・ジェファソンとジェイムズ・マディソンは、政府（少なくとも中央政府）は、解決策というよりも問題であると信じていた。彼らは連邦権力の増大に反対し、偏狭で、ほとんど代わり映えのしないイギリス的ヒエラルキー体制が拡大する状況を批判し、そしてハミルトン派が提示した図式とは大きく異なる、発展の諸問題へのアプローチを考案した(191)。

　ジェファソン派は、イギリスとの絆を断ち切ることを模索したが、その理由は、イギリスとの連携を継続させることは、依存状態を永続化させ、共和国に不健全な影響力が拡大することを奨励してしまうからであった。この視点からすれば、イギリスにおける発展が示しているものは、彼らが実現を防ぎたい未来なのであった。イギリスでは、社会にとって自然な基礎となる農村的秩序が浸食されている。新興の「金融利害」は、大地主の政治的権威を縮小させ、土地税は独立自営農民を借地人へと没落させてきた。借金に支えられた政府は専制的になり、債務は社会秩序を腐食させ、過剰さは退廃を生み出しているのである。

こうした分析を武器にして、ジェファソン派は、イギリスでは失われつつあった自然の法則に従った秩序を再生するビジョンを打ち立てた。[192] 彼らの社会進化のビジョンは、スコットランド啓蒙思想によって描かれた、狩猟採集に始まり、農業社会、さらには商業社会で頂点に達する進化の段階を進んでいくというものであった。それぞれの発展段階は文明化の力を持つが、腐敗のリスクも伴っている。政府の政策の目的は、腐敗が進む前に、高い地点で成長を維持することであった。この目的が達成されれば、北アメリカは小規模かつ自存自衛の農業コミュニティの群で埋め尽くされる、とジェファソン派は信じた。[193] このビジョンにおける牧歌的な要素にとっての物質的な基礎は、豊富な資源であった。土地の入手可能性は、大地主の富の再活性化、さらには独立自営農民の没落を止めることを可能にする。社会秩序の隅々にまで財産権が広まることで、人口の大多数が、法と秩序の維持に利害を持つことになる。健全な秩序を持った農業社会における政治参加の拡大によって、地主エリートの権威は回復され、専制は抑止され、腐敗は除去されるのであった。

このように次々と生み出される「エデンの園」は、生活水準と道徳水準双方の向上を達成するはずであった。ジェファソン派は、市場の根本的な重要性を認識しており、農産物輸出、さらに職人の製造品を含む、各地方の産物のために国内市場の拡大を奨励する手段として、自由貿易を支持した。[194] 適度に非集権化したプロテスタンティズムは、農村コミュニティが有機的な統一体へと結合していくことを可能にする道徳的規範を提供する。このビジョンを構成する空間は、限界を持たなかった。領土拡大が白人入植地を広げ、アングロ゠サクソン民族の共和国の大きな集合体を作り出すからである。新たな諸州は、規模には差があるものの、同じ憲法上の権利と制度を得ることで、もともとの諸州を模倣していく。連邦政府の権限は制限され、市民的徳が栄える。公衆の意見は受け入れられる。[195] 新世界の特権的な環境は、モンテスキューが思い描いた理想的な共和国の実現を可能にするのであった。

しかしながら、アメリカの環境は特有の問題を伴っていた。革命によって設立された体制は、エリートの第一の関心事であり、熟慮した事柄を大きく超えたところにある、もう一つの局面を含んでいたのである。それは、より広い範囲の人々の政治過程への関与であった。元来、合衆国は、現在理解されている意味での民主主義体制ではなかった。有権者は、財産や一定の教育上の資格を併せ持つ白人の成人男性に限られており、女性、奴隷、さらにさまざまな少数派は選挙権を否定されていた。にもかかわらず、一七八〇年代後半には、選挙権が与えられる可能性があった白人成人男性の中で、きわめて高い割合（およそ八〇％と見積もられている）の人々が選挙権を持ち、そしてその多数が実際に投票していた。[196] 政治の舞台を広げたという点で、合衆国の建国者たちは、ホウィッグ急進派が、イギリスで達成しようとしたことを新世界において実現したといえよう。独立は、進歩的な政策への道を切り開き、物質的な状況が公衆の政治参加を拡大する基盤となったのである。

またこの点においても、アメリカの民主主義は、選挙権が財産資格と結びつくイギリスの慣例に基礎を置いていた。この原理は、一七八三年のはるか以前から確立していた。一七二〇年代には、大陸植民地のおよそ六〇％の白人男性が、すでに選挙権資格を保有していた(197)。イギリスよりも多くの成人男性が、合衆国では選挙権を得たが、それは決して思想の違いではなく、新世界における土地の入手可能性によって、より大きな割合の入植者が土地を得ていたからであった。人口過密なヨーロッパに比べ、北アメリカの入植者は手軽な逃避手段を持っていた。彼らは、政府の権力が厄介だと思えば、移住して逃れることができたのである(198)。したがって、政治的な契約は、市民に現在の場所に留まり、税を払ってもらうよう説得するような内容を含まねばならなかった(199)。共和国の理想は真摯に保持されたが、それらが機能する基盤を与えたのは現実であった。選挙権資格の廃止を開始したのは、共和主義原理が熟知され、明確に表明され、イギリス支配への反対が最も叫ばれた独立一三植民地ではなく、大きく広がり、流動的な人口にとどまってもらう必要性を持った新しい諸州だったのである(200)。

連邦と諸州の政府は、「下からの」激しい政治スタイルに対処せねばならなかった。こうしたスタイルは、イングランドのお祭り、愛国的な祝祭、政治的な示威行動に根を持っていた(201)。田舎であれ、都会であれ、平和的なものであれ、暴力的なものであれ、民衆的抗議は革命の初期において、イギリスへの抵抗の動きを作り出す際に傑出した役割を果たし、連続した過程ではないにしても、脱植民地以後の政治においても、永続的な要素を構成していた(202)。二つの政党を統括するエリートの視点から見れば、問題は、イギリスを統治していた君主制的ヒエラルキーのような種類の体制が欠如した状態において、いかにして「大きな規模になった民」を管理するかであった。

フェデラリストと彼らの反対派は共に、政治的な権利と財産を同一視していた。財産がない者は、社会と利害関係を持たず、騒々しい方法で自己主張をするために、不安定で、変わりやすい存在であった。建国者たちは、下からの挑戦が起こる可能性に対処するため、専制権力に対してだけでなく、民衆の身勝手な意志に対しても抑制措置となる条項を憲法に挿入していた(203)。マディソンは、直接民主制は、人口が多く、地理的に広がった社会では機能しないと考えており、ここに彼が、連邦共和国と代表制を好んだ理由があった(204)。それでも、共和政体の有する徳の道から国家が脱落することを防ぐための抑止力は必要であった。その抑止力には、新国家の船出をうまく進めるために不可欠とされた正貨維持政策も含まれていた。憲法に具現化された防衛策以外にも、建国者たちは、「徳と才覚」によって特徴づけられる、ジェファソンが「自然の貴族」と呼んだ人々が出現するであろうことに信頼を置いていた(205)。エリートは、その高い人格によって、多数派の自発的な恭順に立脚した権威を与えられる存在であった。公的な任務には、労働せずにすむ時間が必要となるが、こうした指導者たちは、その時間を与える富も所有している。彼らは上院議員の地位を占め、その英知を市民的徳の保持に役立てるであろう。彼らのような開明的な思慮を持つ人々によって、世論は教導される。ここにジェファソンが、見識を持ち、参加意識の高い選挙民を育成するのに教育の重要性を強調した理由があった。

当初、リパブリカン党は、フェデラリストよりも民衆の要求に同情的であった。一七八九年には、フランス革命が彼らの考えにさらなる啓示を与えた。だが、一七九三年に恐怖政治が始まると、マディソンが一時期「姉妹共和国」と呼んだ状況は、すぐに終わりを告げた[206]。恐怖は徳の前提となるというロベスピエールの思想は、平和な道を歩もうとしていた人々に警戒感を与えた。ハミルトンはフランスの影響が、「この国の人民が持つ秩序立った規範を乱し」「無秩序が到来する」ことを恐れた[207]。恐怖政治に続く反動を受け、ジェファソン派は、彼らのフランス寄りの姿勢と民主的共和制に対する理想主義的な支持を修正し、反抗的な運動に対しては、連邦政府が統制を強めることを認めた。

この点でイギリスと合衆国の動きは調和していた。フランス革命という事例が眼前に現れると、両国は、財産、プロテスタンティズム、秩序ある自由を防衛するために、「新保守主義」と言われる姿勢に与した[208]。コンドルセは海の向こうから文章をしたため、アメリカ独立革命が寡頭政治的で、反民主主義的な方向性を歩んでいるように見えると嘆いた[209]。合衆国の政治指導者は、一七七六年において最も急進的な革命家であったトマス・ペインを否定するようになり、一八〇九年にペインが死去した際の反応は、ひっそりとしたものとなった[210]。革命の公的記念行事における群衆の役割は、半世紀にわたって縮小した[211]。エリートの政治党派には依然として違いがあったが、公式な政治から急進的計画を排除する暗黙の合意を結んでいた。このことによって、南北戦争までの間に、進歩派ホウィッグの改革志向がどれほどホウィッグ体制の保守的な目的と両立しうるのかという議論が惹起された。最終的な帰結として登場したのが、一九世紀と二〇世紀における、近代化志向で、かつ新興の独立国家における政治を先取りする、ある種のポピュリスト的ナショナリズムであった。こうした展開の前兆は、一八〇〇年に現れた。同年、フェデラリストが敗北して、急速に瓦解し、トマス・ジェファソンが大統領として選出されたのである。

◆「帝国ではなく、帝国についての計画である[212]」

アダム・スミスは、アメリカにおける帝国維持のコストとイギリスが効率的に大陸植民地を統治する困難さを振り返って『国富論』を締めくくっている。植民地は「イギリス帝国の属領であると想定されている」。だが現実に植民地は「帝国ではなく、帝国についての計画」である。というのも、イギリスはいまだに、北アメリカ大陸に主権を打ち立てていないからであった[213]。スミスの視点からすれば、植民地は外国の侵略に対する防衛費の適切な分担金を払っておらず、イギリスの国庫と納税者にとって負担となっている。帝国の恩恵を受けられるのは東インド会社によって率いられた、影響力ある少数の圧力団体にすぎない。増大した国家債務は国内経済の成長を妨害する。古い独占によって守られた重商主義規制は、国際貿易の拡大を停滞させる。スミスは、以下のように結論づける。「もし計画が完成できないというなら、あきらめるべきだし」、イギリスは「自国の将来展望と計画をその国情からみて現実的に中庸を得たところに合わせる」べきなのである[214]。スミスの言葉は、決してイギリスの経済的な達成に低い評価を与えることを意図したものではなかった。むしろ、経済的な達成によって生まれる管理上の諸問題、すなわち政治的、通商的な活動を膨大な遠隔地へと広げ、しばしばきわめて異なる文化を統治するうえでの問題の大きさを認知する必要性を指摘したのであった[215]。イギリスのグローバルな拡大は、後に「帝国の過剰拡大」と呼ばれる状態を作り出していた。

このスミスの分析は、財政的健全さの強調とともに、他の研究と合流し、そして、かの馴染み深い格言、「代表なくして課税なし」を通じて、独立革命に関する諸見解の中に位置を占めるようになった。スミスの定式は、現在でも頻繁に引用されているが、思想史や文化史研究に光が当たることで、近年はやや影が薄くなっている。本書で提示している議論は、スミスの考察に再び高い価値を与えることを意図しているが、同時に一八世紀後半に起こった財政難という、より広い文脈に位置づけることも考慮している。本書の主張は、決してアプリオリな理由に基づくものではない。むしろ、経済史の視点から得られる証拠を吟味した結果なのである。経済史は長らく好まれなかったが、近年、ようやく再び日の目を見ている[216]。一八世紀においては、軍事的要請の下、支出を収入より優先したため、破滅的な結果を招く可能性を高めた。政策は、軍事に投入する資金が、コストを上回る利潤と収益をもたらすという計算――しばしばギャンブルであった――に基づいていた。モンテスキューは、この結果として生じた軍拡競争を間近で観察している。「新たな病気が、ヨーロッパ中に蔓延している。病気は、われわれの王たちを汚染し、法外な規模の軍を持つよう促している。この病気は、倍々ゲームのように増え、必ず伝染する。一人の王が、自らの軍隊を増強すれば、残りは必ず同じことをする。その結果、何も得るものはなく、国が破滅するだけである」[217]。

イギリス国家は、規模は小さいが、規模の大きなライバルよりも勢力範囲を拡大させることが可能であった。イギリスは、海外での事業に適したいくつもの長所を有していたからである。最も際立っていたのは、比類ない海軍、新世界における需要を満たす高い競争力を持つ製造業、そして一群の革新的技術を持った金融、商業サービスであった。国債は、イギリスの主要なライバルには太刀打ちできない制度であった。国債は、政府のクレジットカードとして機能し、防衛費を支え、強権的な外交政策を促進した。こうした長所が結びついて海外拡張が推進され、海外貿易をヨーロッパからより広い世界へと転換させたのであった。しかしながら、達成にはコストを要しただけでなく、さらにヨーロッパにおけるハノーバー朝の政治的動向を下支えする必要もあった。その結果が、国家債務とそれに伴う税負担の増大であった。七年戦争は、この問題を政治的議論と世論の関心の中心へと押し上げた。ホウィッグ急進派は、自由貿易とさらなる通商拡大が国家債務を削減し、税負担を軽減すると主張した。トーリーとホウィッグ保守派は、植民地から徴収する課税の量を増やすことで、同じ結果を得ようとした。一七六〇年代初頭に保守派が権力を握った際、彼らは必要な追加歳入を生み出すための試みの中で、インドと大陸植民地に圧力をかけた。この計画が成功していれば、イギリスの納税者は追加課税を免除され、改革運動は挫かれ、政府の大臣は、その地位のもたらす恩恵を享受し続けることができるのであった。当時のイギリスの政策は、後に社会的帝国主義として知られるようになっていく――本国における不満を抑えるための「帝国からの取り立て金」徴収という手段である。

財政問題はすぐに政治問題となった。というのも、課税権限をめぐって、政府の正当性に関する疑問が惹起され、イギリス国家が自らに属すると主張する主権の行使も問題視されたからである。イギリスの急進派と大陸植民地は類似した改革案を持っており、改革の要求を正当化するためにも、同じような論拠に依拠した。ピットは議会において、大陸植民地に課せられる新規課税は憲政に反していると断じ、本国におけるさらなる説明責任、政府の浪費的支出の除去と重商主義規制の改革も求める力強い演説を行った。この演説は、まるで大西洋各地の植民地における政府反対派指導者に向けて書かれたかのようであり、彼らの手によるものにすら見えた(218)。後に明らかになったように、ジョージ三世と大臣たちは以後も、強制的な手段に固執し、和解策を講じる時期を逸した。しかしながら、彼らの政策は、合理的な考えから導かれており、単に本国中心主義的な頑固さの産物ではなかった。ブラックストーンと他の権威的な学者が言うように、主権が分割できない以上、海外植民地に対して憲法上の譲歩がなされれば、同じような本国内の権利主張にあまり抵抗はできなくなる。急進派が求めるような変化は、名誉革命が確立した権力の配分を変えてしまうという理由からも、認めるわけにはいかなかった。歳入、課税、歳出は通常であれば日常的な事柄だが、これらの問題が憲法上の議論にまで発展するに伴い、改革者たちは自分たちの計画に信用性を確立し、最終的には国王への反乱を正当化するために、哲学的な権威に目を向けた。ここでの議論は、古い時代から用いられていたものであった。そして政府の強要が既存の忠誠心の許容範囲を超えると、こうした議論は世間で取り上げられ、喧伝され、そして政治的主張の一角を占めるようになったのである。

収奪的な帝国という保守派の計画は失敗した。インドにおける支出の増大は、歳入を上回っており、歳入圧力が、大陸植民地にも向けられる状況を生み出した。ピットとホウィッグ急進派の権力への復帰がありえないことが明らかとなると、植民地人は、改革は行き詰まるのではないかとの結論に達した。だが、不満解消のための憲政上正当な手段が行き詰まり、揺らいでいた政府の政策が最終的に断固たるものとなると、植民地における抵抗の動きは不本意ながら独立運動へと転じ、そして独立を達成する手段の獲得へと向かった。紛争の動乱の中で展開した戦略は、まず政治的独立を獲得し、その後に経済的な独立とナショナル・アイデンティティの問題に対処するというものであった。クワメ・ンクルマ（Kwame Nkrumah）は、一九四〇年代に同じ考えに到達した。この時期、彼は聖書の山上の垂訓からの成句を使い、自らの戒律を生み出した。彼は、「まず独立した王国を作ろうではないか」とゴールドコーストに集った同調者たちに訴えた。「その後にあらゆることを加える」[219]。この訓示は、アフリカ中に響きわたり、他の指導者たちも同じように優先事項とした。一八世紀と同じように、イギリスの政策は抑圧と撤退の間でがんじがらめになった。そして後者、前者を試みたのである。この点については、ヴォルテールの格言を言い換えるならば、歴史は、死者が生者に仕掛けるトリックの束なのである。

イギリスとの分離は、革命というより離脱の形態を取った。離脱は、人々が袂を分かつ帝国内の内戦として始まり、一七七八年にフランスが参戦して以後に、国際的な側面が加わった。イギリス政府とイギリス社会の構造の転覆を望むかどうかという点では、植民地人は革命家ではなかった。彼らの目的は、自らの解釈する伝統的な憲法上の制約を想起させることによって、議会の立法権の及ぶ範囲に制約を加えることであった。それでも離脱は最後の手段であった。それはあくまで、海外に住むイギリスの愛国者の行為であり、彼らは、新世界では仕方なく、アメリカの愛国派への転向を迫られたのであった。植民地人はナショナリストであるという主張は、見当違いである。彼らは「プロト・ナショナリスト」でさえなかった。もっとも、こうした見解は主流の歴史叙述では、長年にわたって永続的に書き継がれており、また然るべき学問的な懐疑の目を向けるよりも、国民的な神話への献身によって過去を眺めようとする研究においては、いまだに繰り返されているけれども[220]。独立革命は、ナショナリズムの事例というより、脱植民地化の事例である。確かに、革命運動には民衆的な基盤とエリートのリーダーシップが存在していたが、国民的アイデンティティの意識は、ほとんど存在しなかった[221]。革命は、意志ある者、意志のない者、無関心な者の連携が生み出した産物であった。その性格は、しばしば対立する、いくつもの動機の混合によって形作られていた。邦間の対立はほとんど風土病のようであり、中央権力への懐疑は連携を妨害した。エリートとポピュリストは支配権をめぐって激しく争った。伝統的な絆は依然として強く、新たな連携を弱めた[222]。反乱の成功に驚嘆すべき点があるとすれば、緊急に招集され、財政的に苦しかったにもかかわらず、首尾よく一三の多様な大陸植民地からの支援を引き出したことなのである。

しかしながら、独立に際して、離脱主義者たちは、国民の形成を思案する以前に国家の構築に取り掛からねばならなかった。すでに一つの国家であったイギリスでは、植民地とフランスとの戦争は、高まりつつあった国民的アイデンティティを強め、新保守主義的な態度と政策を促進していく効果を持った。合衆国では、憲法は、一八六一年まで連邦の一体化を保つことに成功した連邦政府を作り上げた。ジェイムズ・マディソンは、すべての大陸植民地に受け入れ可能な政府形態の考案という任務に直面し、オランダ共和国の経験を勉強した後、連邦主義を推奨した[223]。オランダの事例の選択は適切であった。オランダのもう一つの名称である連合諸州は、一五八一年に誕生して以来、一七九五年にフランス軍が政府を転覆するまで存続した。もっとも、イギリス帝国内部で形成された連邦国家や旧植民地が形成した連邦国家は、多様な構造を持ち、また異なる歴史を歩んでいった。カナダとオーストラリアの連邦は存続したが、それはこれらの地域の入植者が高い水準で民族的な凝集性、「人種的愛国主義」、そして地域的な愛着を超えた国王への忠誠心を保ったからであった[224]。それに対して、中央アフリカと西インドの連邦は短命であった。その理由は、これらの連邦国家は、共通性の少ない成員を合併させる、無謀な政治交渉の産物だったからである。それに対して、次章で議論するアメリカの連邦の歴史は、これらの可能態の中間に位置するといえるだろう。南北戦争は、二〇世紀の半ばに遠心的な力に屈した他の旧植民地国家の運命を先取りしていた。その後の変化が、共和国の一体化を維持するのに成功したのである。

より幅広い文脈で見てみれば、独立革命は、プロト・グローバリゼーションの動きを促進したプロセスの弁証法的帰結といえよう。イギリス版の軍事＝財政国家は、経済発展を創出したが、最終的には事業を制約する限界点に達した。勅許会社と民間商人の連携した活動は、アジアをヨーロッパに、ヨーロッパをアフリカと新世界に連結する、広範囲にわたる国際的な通商ネットワークを構築した。こうしたプロト・グローバリゼーションの動きは、接触した諸社会に影響を与えるほどの大きな浸透力を有していた――もっとも一九世紀の産業化がもたらす変化ほどの力は欠いていたが。経済発展と人口増加によって、大陸植民地は、中央政府の統制を超えるようになっていった。重商主義の庇護の下での経済発展の達成によって、植民地は入植者で埋まり、輸出セクターは拡大し、ロンドンのシティからのカネの流れも増大した。同時に経済発展は、植民地に本国への抵抗を可能にし、政治的独立を現実のものとする一定の影響力ももたらしたのである。また経済の拡大は、生活水準を上昇させ、期待値も上昇させた。消費物資は、贅沢品から日用品へと向かう長い道のりを歩み始めた。開放された土地は、入植の前線を西へと引き寄せる明瞭かつ抗し難い誘因となった。

イギリスの視点では、大陸植民地の繁栄は、植民地を課税のための魅力的な財源へと転化させていた。他方、分業の進展と外部財源への依存の増大によって、植民地は、自ら制御できる範囲を超えた市場の需要変動およびイギリス政治の変化の影響を受けやすい状態となっていた。七年戦争に続く経済不安は、予想できなかった課税要求、さらに規制の厳格化とあいまって、緊縮局面へと突入し、債務者たちには外部の債権者の要求が重くのしかかった。トマス・ペインを最初の従属理論の提唱者と呼ぶのは時代錯誤かもしれない。にもかかわらず、彼は自らが「従属」と明確に名づけたものが、グローバルな規模で波及していることを理解していたのである[225]。

中央権力の支配を再び主張する動きは、以前にも増して歓迎すべからざる事態であった。というのは、植民地人が内政面において一定の自治を行使することに慣れていた、かつての「有益なる怠慢」の時期とは対照的であったからだ。一七六〇年代に非公式な協力《コラボレーション》の時期が終わると、それに伴い、植民地人の願望も潰えていった。内陸における機会という魅惑的な展望は閉じられ、イギリスの貴族と同等の地位を求めるエリートの願望も破綻した[226]。新しい協力者《コラボレーター》（仲介者）は見つからなかった。本国政府の政策への批判者が指摘するように、当時の技術的な限界を考えれば、強制的な政策は失敗する運命にあった。この時点に至って、また革命に関するトクヴィルの理論通り、アメリカ大陸におけるイギリス帝国は、低下する期待の重みの下で沈んでいったのである。

一つの基準から一般化すると、アメリカ独立革命は、名誉革命の残した波乱含みの遺産をめぐる争いの一つとして解釈することも可能であろう。さらに時代を下った時点から見ると、独立革命は、規模の変化が生じた場合、構造も一致して変化させねばならないというモンテスキューの洞察の正確性を証明するものである。この構造の変化こそ、イギリスが整備できなかったものであった。バークが一七七四年に述べたように、「どんな名案も、距離の効果として生じる政府の弱体化を防ぐことはできない[227]」。彼はまるで、モンテスキューの格言を証し立てるかのように、次のように付言する。「大規模な政体においては、権力の伝達は、その末端ではより抑制的に行われなければならない[228]」。距離は、大陸植民地がイギリスの支配から逃れるのに役立った。近接性ゆえに、スコットランドは、連合王国と帝国との間に大きな利害関係を持つようになった。他方で近接性は、イギリスが、大西洋における最初の入植植民地であるアイルランドを、同国が嫌がり憤る中、保持する助力ともなった。技術革新の下、イギリスが経済的利益を守るだけの政治力を拡大し、「距離という暴君」の克服が可能となったのは、ようやく一九世紀の後半になってからであった。

ヨーロッパにおける保守派と自由主義派の対立は、個別の詳細において異なる点はあったけれども、合衆国でもはっきりと共鳴した。合衆国は、「世界を新たに始める」のにはあまりにもイギリス的遺産の重荷を背負い過ぎており、徹底的な急進派が望んだようにはいかなかった。新共和国は、君主制を採用せずに済んだが、それでも、ヨーロッパの諸国家が一九世紀に直面した問題を抱えるようになった。軍事＝財政国家の一つの型を再現するか、「徳ある」共和国を建設するか、である。ハミルトンは、イギリスモデルに由来する強力な国家の再現を狙った彼の計画全体を実現することはできなかった。連邦主義は中央集権化を制限した。また、ほどほどの防衛力があればよかったことによって、軍が過大になることはなかった。にもかかわらず、彼が移植した諸制度は存続し、アンタイ・フェデラリストが予想した以上に、より大きく、より能動的な連邦政府の基礎となった。

物質的な欲望という形の「悪徳」は、ジョン・ウィンスロップの「丘の上の町」の麓を浸すようになり、一八世紀の経済発展は、水位をさらに上昇させた。しかし、理想主義者は、新世界の状況が、ヨーロッパの腐敗した世界に汚染されない敬虔な国家の建設を可能にすると確信した。ヨーロッパの改革者もまた、彼らの多くが、聖書の権威に裏付けられていると信じた、新たな道徳的秩序を唱えた。この抗争の独特の特徴は、合衆国が、以上のような過去と未来のビジョンをめぐって格闘したイギリス帝国初の旧植民地国家となった点にあった。したがって、国家形成における共和国の実験は、合衆国の自国史という馴染み深い観点からだけでなく、これまで見過ごされてきた帝国史の視点からも注意を払うべきなのである。

本章の幕を開けたハリー・ワシントンの物語は、軍事＝財政国家が革命によって揺さぶられた――いくつかは倒壊した――後、彼らが直面した難題をよく表している。すなわち政治権力の拡大要求に対して、抑圧で対処すべきか妥協で対処すべきか、という問題である。ハリーは、ヴァージニアにおける奴隷の立場を、ノヴァ・スコシアでの自由の約束へと転換し、その後、シエラレオネにおいて、イギリスの新たな形を取った権威的人道主義の手法に従属していることを知った。彼は再び反抗し、内陸で自らの小さな共和国を建設した。われわれには、彼の小さなコミュニティが、徳と悪徳の均衡という点でどの程度成功したのか知る由もない。他方、われわれは、モンテスキューが大きな政体の場合に想定したように、合衆国が、次第に拡大する規模と多様性に政府の構造を適合させるべく苦闘し、そして一八六一年に内戦の炎の中でその実験を終えたことを知っている。この結末へと至る道は、抗争のありようと同じく、ヨーロッパの諸国家で起こった事態の写し絵であった。ヨーロッパもまた、保守勢力と自由主義勢力が、正面からの衝突を避けつつ、争いの解決を模索し――そして、しばしば失敗したのである。

第四章　独立に向けての戦い

◆真夜中の子どもたち(1)

「歴史にも稀な瞬間が訪れようとしている。私たちが、古い時代から新しい時代へと一歩を進み出そうとするこの時である。一つの時代が終わりを告げ、長らく抑圧された民族の魂が息吹を得ようとしている(2)」。ジャワハルラール・ネルーは、一つの瞬間を捉えている。一九四七年八月一五日の深夜、インドの植民地支配の終焉を告げた「王国との約束の瞬間」の感覚であった。ジョン・クインジー・アダムズは、一七九三年のアメリカ独立一〇周年を記念する際に、同じような感覚を抱いている。共和国建設で頂点に達した「荘厳な目的意識」の感覚である(3)。二人の語り手は、前方を見つつも、後方も振り返っている。行く先に横たわる困難の向こうには、アダムズの言う「至福の未来」が手招きしている。ネルーにとって、未来の挑戦は、「普通の人に自由と機会を与え」、「貧困と無知と病気を終わらせ」、「繁栄し、民主的で、進歩的な国を建設する」ことであった。アダムズは「普遍的な自由の立派な建造物」が、「社会的平等のしっかりした基礎のもとに立ち上がる」という、「楽天的な希望」を抱いていた。ネルーは、アダムズが使った高邁な言葉を用いて締めくくっている。いわく「われわれが本日祝福している達成は」「われわれを待ち受ける、より偉大な勝利と達成へと向かう、一つのステップ、機会の出発点にすぎない。われわれは、このチャンスを摑み、挑戦を受け入れるほど十分に勇敢で、十分に賢明足りうるであろうか？」

アダムズとネルーは、独立へと向かう際にすべての反植民地運動に共有された、理想主義、達成、プライド、使命感の感覚を表明している。むろん、両者の比較は、わずかな範囲内にとどめておくべきであろう。というのも、この二つのケースは、文脈と構造、さらには時代が大きく隔たっているからである。にもかかわらず、両者の並置は、アメリカ独立の第一段階に関する歴史研究を再検討し、どのように新しい方向へと展開していくか示唆する利点を持つのである。

現在のところ、革命後の時代に関する文献は一般的に、北アメリカ大陸に限定されている。主要な研究は深い調査に基づき、賞賛すべき研究水準を達成しているものの、外部の影響に重きを置くことなく、この時期の歴史発展の軸を説明している。[4]イギリス帝国の歴史家は、一七八三年以後の合衆国に触れなくなり、帝国に残存したか新たに編入された地域に関心を向ける。同時に、大陸植民地に関する歴史家は、新たに登場した諸分野の専門家に責任を渡してしまう。そして彼らは、一九世紀の国内発展に研究を集中させるのである。その結果として生まれた、この時代の歴史研究は、対象範囲において気が遠くなるほど広く、非常に高い質を達成している。そこでは、アメリカの経験の特殊性を強調しつつ、現在では、「下からの」歴史が加わっている。長らく女性にあてがわれていた日陰の存在から彼女らを救い、国民的な物語の中にネイティブ・アメリカンの場所を見つけ、アフリカ系アメリカ人の貢献にも居場所が与えられた。このような移行は、類似性がほとんど意識されないまま、完全に他の旧植民地国家の歴史研究と歩を一にするものである。すべてのイギリスの旧植民地国家は、自らの歴史的遺産について、帝国とのつながりを極力抑え、自らの土地に由来するものや自らの主体性を強調している。

このような研究の拡大は歓迎されるべきものではあるが、同時にコストも伴う。自国史への集中がもたらす最も大きな影響は、ヨーロッパにおける同時代の歴史発展を事実上排除し、さらには一八世紀の歴史家が多大な労力を費やして構築した、複合的な大西洋史を眼前から消去してしまうことにある。国境に囲われた歴史研究は、手にしうる発想の貯蔵庫を制限し、参照枠を自国に限定する傾向を生み出してしまう。この傾向は、なぜ一七八三年から一八六一年の期間に関する研究が、従来のマスターナラティブを塗り替えることなく拡大しているのかを説明する。発展に逆行する動きや留保を加えつつも、マスターナラティブが本質的には、自由と民主主義の拡大という物語であることは変わらない。この時期についてのほとんどの叙述は、「ジェファソン革命（一八〇〇年の革命）」で始まり、「好感情の時代」へと進み、「市場革命」を扱いつつ、「ジャクソンの時代」に至るという、お馴染みの地点をたどって進んでいく。この展開は、当該期の諸問題、諸人物、諸事件について明確な見通しを与えるが、おおよそ自国内のみの文脈で語られる。[5]

第一章で述べたように、帝国史家は、形式的な独立と現実の権力の移行を分別する手法を用いて、これらの問題を異なった角度から考察する。本章の目的は、いわゆる「構造的な権力」を行使するイギリスの能力が、いかに共和国の発展に多大な影響を及ぼしたかを示すことにある。[6]この議論は、両国の関係が搾取的なものであると想定しているわけではない。アメリカ独立後には、「強いられた二国間主義」が存在した可能性はもはやなく、搾取という概念を当てはめるのは難しい。あるいはあったとしても、複雑な形で展開していくのである。いずれにせよ、本研究の範囲を超えている。[7]しかし「構造的な権力」の概念は適切である。というのも、この権力は広域に及ぶ標準もしくは国際関係を支配する「ゲームのルール」を定め、また新共和国の指導者に入手可能な選択肢を形作っていたからである。この標準の枠内において、当事者たちは、結果を有利に運ぶために、「関係的パワー」を行使する。[8]以下の議論は、政治的選択肢、経済発展、文化的願望という三つの領域を例にとり、イギリス―アメリカ関係における構造的な権力を検証する。総合的な見地からすれば、これらのテーマが示すのは、アメリカ合衆国の事例が、真の独立を達成するうえで類似した挑戦に直面することになったラテンアメリカ、アジア、アフリカ諸国に関する既存の研究に加えられうることであろう。

一九世紀前半の合衆国における政策論争は、ヨーロッパにおける保守的価値観と進歩的価値観をめぐる同時代の争いを参照枠とし、また再生産した。しかしながら、合衆国の特殊性は、旧植民地であり、かつ広大な未開発領土の所有者となった点にあった。独立に実効性を持たせるには、多様かつ分散した旧植民地群をまとめ、また外敵からの防衛を可能にする政治システムが必要とされた。しかし、フェデラリストとアンタイ・フェデラリストの競合は、統一へ向かう努力を頓挫させる方向で進展していった。多くの同時代人、さらに多くの歴史家は、一連の大統領が、「大きな政府」の支持者か反対者かという視点を通じて、この時代の政治論争を観察していた。だがこの争いには、より大きな掛け金をめぐる争いが重ねられていた。政府が利用できる諸資源の掌握――その出所由来は問わず――をめぐる争いである。旧植民地諸国家の政府は、また発展途上国の政府も一般に、人事、契約、福利厚生に対して行使しうる権限を通じて、貧困と失業からの脱却というバラ色の展望を提示する。合衆国においても、異なる派からなる政党が、自らの政治権力の土台となる州政府の強化に努めつつ、連邦の諸権限――イギリスの軍事＝財政国家から輸入した制度によってよりいっそう拡大していた――へのアクセスを競った。この競争の一つの結果が、同時代人が「猟官制度」と呼んだパトロネジの増大であった。[9] さらに言えば、脱植民地化に関する歴史研究者が、「農民の反乱」と呼ぶ事態もこの争いの結果であった。「農民の反乱」によって、政治の領域は農村地域にまで拡大し、新たな形態のポピュリズムにはけ口を提供したのである。

政治的な争いは、この時代が「市場革命」を経験したと主張されているにもかかわらず、発展途上の経済の中で起こった。[10] ヨーロッパと同じく、農村が支配的である状況が他の活動にとって、基本的な土台であった。このような状況が、ヨーロッパにおける保護主義者と自由貿易主義者の間の争いに匹敵するような、経済政策をめぐる激しい論争を生み出したのである。片方の見解は、もし合衆国の独立を真のものとするならば、工業と都市経済の導入が不可欠であると想定した。もう片方は、合衆国の圧倒的な農村的性格は経済発展と矛盾せず、かつ社会秩序を維持し、共和主義的価値を実現し、さらには政治的独立を確保できると論じた。資本流入の拡大と商業的なつながりにおいて明白であった、イギリスの非公式であるが大きな存在感は、これらの計画の形、さらには計画を支持する政党の命運に影響を及ぼした。

ヨーロッパと同じく、君主制国家が転覆され、生き延びた国家において、改革者と急進派が攻勢を強める時代にあって、同時代の合衆国では、主権とナショナル・アイデンティティの問題についてかなりの考察が加えられた。合衆国における議論は、白人入植者に基礎を置いた旧植民地国家という立場によっても規定されていた。他のイギリスの自治領と同じく、共和国においては、長期間にわたる宗主国とのつながりが、脱植民地に関する専門家の言う「対抗文化」の発展を阻んでいた。[11] 他の地域と類似して、ナショナル・アイデンティティの意識は、「国家創設時には存在」せず、長期間にわたる努力の産物であった。文化的敬意は、とくに多くのオピニオンリーダーが、居心地のよさを感じ続けたことによって、容易には克服することができなかった。さらに合衆国が採用した連邦主義という形式は、連邦を構成する州の地位を、連邦における第一の政治的単位として認めていた。こうして一八六一年までには、強い地方意識はさらに強化され、共通の文化的連帯意識に基づいた一体性の主張を凌駕するほどであった。収斂ではなく分岐こそ、この時代の最も顕著な特徴であった。

以上のような考察の流れは、一七八三年以後に始まった合衆国の偉大なる実験の独自性を低減するものではなく、むしろ際立たせるものである。建国者たちは、新国家の生存維持を目的にした政府形態を考案した。彼らの後継者は、連邦憲法という枠内の中で、後の時代と異なる状況で「国民創造」〔原語は nation building〕と呼ばれる、先例のない冒険的事業を引き受けることになった。彼らは、第二次世界大戦後に支配的価値となる自然権の原理——この時期になると自然権は人権へと形を変えていた——を信奉した。また彼らが考案し、議論した経済政策は、二〇世紀の植民地人ナショナリストの間で経済的言説の主流となった。彼らが対処せざるをえなかった同化主義と多元主義という競合する主張は、グローバル化した世界が、現在格闘しているものである。彼らが開始した実験は、新しいだけでなく、冒険的であった。その意味を十分に評価するには、さらに西洋世界の各地で同時代的に生起する運動が形作る、より広い舞台装置の中に置かねばならない。上院議員ウィリアム・ヘンリー・スワード（William Henry Seward）は、一八五三年にこうした展開が持つ意味合いを理解していた。彼は独立戦争を、「この大陸における脱植民地化の偉大なるドラマの第一幕」であると言及したのである。[12]

◆革命のレトリックと現実

一九世紀になっても、革命のレトリックが衰えたわけではなかった。革命は依然として、選挙に際しては武器であり続けた。にもかかわらず、国家形成の現実が、建国者の理想像を掘り崩していくと、ハミルトン派とジェファソン派の差異は、いくぶんか明確さを失った。インドの独立達成後にネルーは、同じような変化を経験し、新政府はその関心を植民地支配への抵抗から多様な国内の要求に取り組むことへとシフトさせていった。他方、ンクルマは、「政治的に独立した王国」の建設を目指して達成したが、「すべてのこと」について容易には「付け加えること」ができないとわかった。[13] 新共和国の政策は、経験が教育的な力を持つとともに、さらには国家自体の規模や構成の変化とともに展開していった。真の独立は、一七八七年の新憲法とともに達成されたのではなく、あくまで「進行中の仕事」だったのである。

ハミルトンとジェファソンは、引き続く合衆国のイギリスへの依存から脱却する必要性については合意していたが、共和国の将来展望については対立する考えを持っていた[14]。ハミルトンと彼の後継者は、拡大する製造業部門、強力な都市ミドルクラスを擁し、そして自らがそうであると考えたような、広い見分を持ち、かつ理性的なエリートがリーダーシップを有する社会を思い描いた。彼らは、イギリスの事例を新世界の状況に適用することで、順調に進んだイギリスの発展を模倣しようとした。彼らは、合衆国の経済が必要とする対外資本と対外市場の恩恵を得ようとすれば、かつての宗主国イギリスとの良好な関係こそ重要であるとの認識を持っていた。しかしながら、一般的な像とは異なり、ハミルトンは、借款は慎重に利用せねばならず、債務はすぐに返済せねばならないと強く考えていた。したがって彼は、領土拡大については慎重な姿勢であった。ハミルトンは、コストの上昇が歳入を脅かし、共和国の防衛費に悪影響を与え、そして信用格付けを落とすことを恐れたのである。

それに対してジェファソン派は、農村コミュニティを強化し、政治権力を分散させ、権力に人民的基盤を付与することを目指した。自由の帝国というジェファソンの思想は、市民的徳の実現が可能な小共和国が多数存在する状態を作り出すために必要とされる、領土拡大を好んだ。代議制の共和国に愛国精神が見られたことは、大きな国家においてすら、確実に市民的徳が育つように思われた[15]。ジェファソンの帝国は、ある種の「帝国」(拡大した主権国家)ではあったが、それは、憲法上は平等だが、社会的な平等を基盤とするものではなかった。法的な面では、新しく共和国の一員となった州はそれぞれ、既存の州と対等な立場を得る。社会的な面から見れば、自由の帝国は、プランテーション、奴隷労働と独立農民——イギリスでは急速に消えつつあった質実剛健なヨーマン——との混合物であった。

独立後に中心となった政治問題は、いかに新たな連邦政府の持つ資源と拡大する選挙民の票を動員して、ある計画を実現しつつ、他方の計画の優先順位を下げるかであった。政治的レトリックの上では、政党間の関係は引き裂かれたままであった。しかし現実は、政党間に共通認識をもたらしていた。必要不可欠な公共財に財政的な裏付けを与えるために、連邦政府は十分な権限を必要としているという共通認識である[16]。トクヴィルは、合衆国は分権的であるために、少なくともヨーロッパと同じような意味では国家を構成していないと考えた。この評価は、数ある彼の巧みな表現を使った誇張であった。連邦政府は、一九世紀の前半、彼が思う以上に、さらに歴史家が伝統的に認識してきたよりもはるかに能動的であった[17]。軍隊は、ハミルトンが設置した制度によって財源を保持し続けており、国境を拡大し、さらには先住民を押しやって白人入植者の場所を作り出すために、一定の役割を果たした。一七九〇年には、領土をめぐる諸州の争いが解決された結果、二二八万エーカー以上と見積もられた領土が、連邦政府の管轄となった[18]。加えて、連邦は輸送手段の改善に資金を投入し、探検事業を助成した。さらに奴隷制は、合衆国憲法によって十全に守られる国家的制度になった[19]。連邦政府は、自らの権限を用いて国内奴隷市場を恒常化させ、逃亡ルートを閉鎖し、逃亡者を追跡し、雇用と売却の契約を執行し、奴隷を借入の際の担保物件相当としたのである[20]。中央権力の範囲と規模をめぐる議論は続いたが、中核的な制度を解体するという考えは撤回されたか、あるいは解決というより問題を引き起こすことが示されたのである。

一九世紀の国家権力の伸長に関するほとんどの研究は、これまで連邦政府に焦点を当ててきた。その主たる理由は、連邦構成州が多様であるために、一般化をしても混乱が生じるからであった。一八二一年には、連邦には二四州が含まれていた。一八六一年には、その数は三四まで増大した。だが近年の研究は、連邦と州の関係について再考する必要性を示唆している[21]。憲法は連邦政府の権限に一定の公式な制約を与え、残りの部分については州へと移譲した。このような権限移譲によって、州に対して、奴隷制から道徳まであらゆる生活の側面に対して幅広い権力が与えられた。さらに多くの州は、権利章典を立法化するに際して、連邦政府を模倣せず、その代わり、「警察権力」(police power) として知られる、一八世紀イギリスから輸入した君主制の原則を活用した。この原則は、臣民の利益のために君主に対して民事に介入する権限を与えるものであった。権利章典は、合衆国憲法にロック的自由主義の楔を打ち込んだ。警察権力が連邦構成州に与えたのは、いわばある種のホッブス的権力であった。いくつかの州は規模が小さく、他方で人口希薄な州も存在した。しかしながら、その領域内では、州は広範囲に及ぶ権力を行使したのである。

州政府は強制力を行使し、経済発展を創出するうえでとくに際立った存在であった。南部では州民兵が、奴隷制に関わる法の監視活動を行い、国境地帯では、入植者を支援する小規模な連邦軍を補助した。歳入の必要性は、機会と雇用を求める州民の圧力と結びついて、諸州が銀行と課税において新機軸を開発する動機となった[22]。一九世紀の前半には、銀行と法人認可を受けた会社が数多く設立された。歳出の受益者に課税を結びつけるという革新的な方法が考案され、州法銀行が、州政府公債の発行を行えるようになった。税収と銀行利子から得られる投資所得が、州歳入の主たる貢献者となった。諸州は運河、道路、鉄道など、連邦政府の権限が制限されている分野において、とくに活動的であった。一七八七年から一八六一年までに、諸州はインフラ事業においては、連邦政府の七倍以上の投資を行っている[23]。ここから浮かび上がる像は、連邦政府の強引な権力を避けることを最大の望みとする弱々しい諸州の姿ではなく、自らの野望とそれを達成するのに必要な一定の権力を備えた、強い政体の姿なのである。

すべての政党は、熱の入れ具合は異なっていても、次第に数を増やし、また多様化する有権者に適応する必要性を受け入れるようになった。ジェファソン派は、フランス革命の急進的な共和主義が、ハイチ革命で劇的に強化され、その意味合いが十分に判明すると、当初の革命への支持を捨て去った。その代わり、彼らは自由を州権と結びつける、保守的で農村的なポピュリズムの一形態を発展させ、さらに個人の企業心の機会に道を開く、「明白なる天命」の思想を取り入れた[24]。古典的な市民的徳の概念は、公的な義務よりも個人の権利を正当化する手段となった[25]。この時代に関する研究者は、政治参加の拡大を、アメリカ独自の民主主義が創造されるうえでの大きな進歩と考える傾向がある。同じように、脱植民地化に関する研究者は、この現象を「農民の反乱」の初期事例と考えるようになっている。「農民の反乱」を通じて、都市エリートに限定されていた政治領域は拡大され、大規模な農村人口を包摂するようになる。[26]ジャクソンとガンジーは、こうした観点でもなければとても並べることはできないが、この点においては共通する——他は何一つないとしても。

二つの主要政党間の争いの結末は明白であった。ジェファソン派とその後継者であるジャクソン派民主党が議会を支配し、最高裁の人事を差配し、閣僚と軍の上級ポストを埋め、南北戦争に至るまでの間に大部分の大統領職を支配したのであった。[27]一七八八年から一八五〇年に至る六〇年において、そのうち五〇年間は、奴隷主が大統領の座を占めた。一七八九年から一八六一年の間には、三五人の最高裁判事のうち、二〇人が南部諸州出身であった。[28]これは何人かの同時代人の言う「奴隷制の陰謀」では決してなく、一七八七年の合衆国憲法によって認められた権限が、公明正大に行使された結果であった。また、「農民の反乱」を民主主義の拡大と同等なものと考えることも間違っている。確かに、民主主義の考え方は、半世紀の間に進展を見せていた。マディソンに代表される人々は、民主主義を直接代表制の原則と定義し、大きな州では機能しないと評価したが、トクヴィルは民主主義をあらゆる形態の代表制政府に当てはまると考えるようになっていた。[29]また、非常に高い割合で白人青年男性が投票資格を持ち、その大部分が、投票行動を行ったことも確かである。[30]しかしながら、選挙を統括する諸州が、貧困者、女性、アフリカ系アメリカ人、ネイティブ・アメリカン、その他の人々の投票権に対して、多岐にわたる制限を設けていたのも明白であった。[31]合衆国は共和国であり、ヨーロッパのほとんどは君主制であったが、両者の政治システムの下で、寡頭制と付随する王朝的な装いが台頭したのである。

ジェファソン派と民主党は支持者の多くを、奴隷所有者が支配的であった南部から得ていた。[32]次節で示すように、彼らは自らの経済的な力を、奴隷を基礎にした経済に負っていた。同時に彼らは、自らの政治的な力の多くを、憲法によって与えられた権利に負っていた。人口とは別に、各州に二人の上院議員を割り当てる規定は、平和という利益のために対等性を維持する暗黙の了解と結びついて、南部が上院で、他の州と同数の代表議員を持つことを保証した。ジェファソン派と民主党が、南北戦争前のほとんどの期間において連邦政府を支配すると、多くのパトロネジを差配することが可能となり、上院での多数派を維持するために、恒常的に北部民主党からの追加票を当てにすることができるようになった。

下院における政治的なバランスは、もっと複雑であった。五分の三条項（議席配分において五人の奴隷が三人の白人とカウントされる）は、南部に大量の積み増し票を与えた。[33]しばしば言われるように、この条項が、論争を呼んだ一八〇〇年のジェファソンの大統領選出をもたらしたことはありえないが、その後の一連のヴァージニアからの大統領と南部全般からの大統領の選出において力となった。[34]対抗者たちとは異なり、南部民主党は自己利益で結束しており、奴隷制の維持と党規律の尊重でも一つになっていた。さらに、ジャクソン大統領の北部における主要代理人であったマーティン・ヴァン・ビューレンのように、彼らは「北部の同盟者」を作り出す巧みな政治ブローカーを持っていた。この同盟は、奴隷制が危険な政治問題となることを避けることに成功したのである。

しかしながら、南部の支配は常に暫定的なものであり、巧妙な政治的駆け引きに依存していた。一八一九年にミズーリの州昇格を認める提案をめぐる危機は、奴隷制問題への南北の苦々しい妥協の強度を試すことになった(35)。それまでは、政治的なバランスは、共和国への州の加盟を経ても「奴隷」州と「自由」州の間で同数を保つという暗黙の了解によって維持されていた。だが、一八〇三年のルイジアナ購入は広大な領土を開放し、その領土は、やがて分割され、連邦の州として編入される未来が待っていた。将来の州の数はいまだに確定していなかったため、野心や大胆さを持った人々がその気になれば、政治権力の大きな変動を主導できる可能性が現れたのである(36)。ミズーリテリトリー（テリトリー政府）は、将来的な奴隷州であった。その申請が認められれば、均衡の原則は崩れ、南部が決定的な政治的優位性を獲得することになる。長期間にわたる交渉の後、一八二〇年にミズーリ妥協として知られる取引によって問題は解決した。この妥協は、メイン（以前は自由州マサチューセッツの一部であった）を新州としてミズーリと同様に加入を認め、奴隷制が認められる南部と奴隷制が禁じられる北部で大平原《グレートプレーンズ》を分割するというものであった。このエピソードは、南部の既存の憲法上の権利を認め、それを内陸領土の広い部分に広げ、北部と南部のバランスを一八五〇年代まで維持したのである。

ハミルトン派のフェデラリストは決して消滅したわけではなかった。しかしながら、一八〇〇年のジェファソンの大統領選出以後、彼らは長い衰退の道の序曲となる混乱の状態に陥っていた。そのエリート主義は、彼らを新しい大衆政治の時代から遠ざけていた。そして一八一二年戦争への反対によって、彼らは非愛国的なレッテルを貼られ、復帰のチャンスを台無しにしてしまったのである。

一八〇〇年のジェファソンの大統領選出は、長い間、イギリスから引き継いだ保守的な体制から民主的な資本主義へと向かう（あるいは体現する）革新的な変化であると考えられていた(37)。しかしながら、いわゆる「ジェファソン革命（一八〇〇年の革命）」については、従来言われてきた説には欠陥があることがわかっている。ジェファソンは、政府の過度な集権化への傾斜に歯止めをかけ、拡大する金融セクターを削減し、さらにイギリスとのつながりを断絶する一方で、農業社会を拡大するというビジョンの実現に傾倒して、大統領に就任した(38)。彼の領土拡大政策は、目覚ましい成功を遂げた。一八〇三年のルイジアナ購入は、合衆国の規模を倍増させ、一八〇四年にミシシッピ川沿いのセントルイスを出発したルイスとクラークの遠征隊は、一八〇六年に太平洋に到達し、さらに地平を広げた。他方、ネイティブ・アメリカンを西方へと追いやって、ヨーロッパ人の入植地を明確に広げるために軍が動員された。

しかしながら、このような事業のコストは、ジェファソンによる財政改革の余地を制限することになった。彼は国家債務の圧縮を試みていたが、彼の政策は、決して過去の大規模な支出からの断絶ではなく、むしろハミルトンが一七九〇年代に定着させた賢明な政策の継承へと帰着した。(39)ジェファソンの政策によって直接的にもたらされたのは、共和国の軍隊の規模縮小であった。とはいえ、対外的な脅威に対応できる能力は保つという妥協は行われていた。一方、ジェファソンの決定の中で長期的な影響をもたらしたのは、多くの国内課税の撤廃であった。この政策もまた、税負担を輸入税と移し替えるというハミルトンの政策の延長線上にあった。しかしながら、その結果として生じたのは、共和国がよりいっそう——決して以前より減少しなかった——旧宗主国であり、主要な貿易相手であったイギリスとの関係に依存するようになり、経済的な独立の達成という展望は難しくなったことであった。(40)自ら明言する重商主義への嫌悪にもかかわらず、差別的関税というジェファソンの危険な実験は〔アメリカの大陸ヨーロッパとの貿易を規制するイギリスの政策に対して、アメリカは一八〇六年に対イギリス部分的輸入禁止法を制定した〕、旧宗主国に要望を聞かせる合衆国の力の欠如を示す事態であった。(41)ジェファソンは、反イギリス的な立場から、一八〇六年にジェイ条約の更新に反対したが、その結果損失を被ったのは、イギリス商人ではなくアメリカ商人であった。翌年、ジェファソンは、イギリス海軍によるヨーロッパの大陸封鎖への影響と、フランス戦争中にアメリカ船舶への中立尊重義務を無視したことに対する報復措置として、合衆国の輸出を禁止〔出航禁止法〕した。(42)この決定は計算違いの最たるものであることが明らかとなった。イギリスの貿易に脅威を与える試みは、イギリスの政策に何の影響も与えず、かつジェファソンの強引な政策の失敗は、一八一二年にイギリスが開始した、決着のつかない戦争の一因となったのである。(43)

一八〇九年に大統領となったジェイムズ・マディソンは、フェデラリストの計画とイギリスの影響力の持続に対する嫌悪をジェファソンと共有していた。(44)彼は、第一合衆国銀行が一八一一年に更新を申請していたにもかかわらず、特許の更新を暗に認めず、翌年には自国をイギリスとの戦争に突入させた。その結果、不十分な財源によって戦争運営は妨げられ、しかもインフレの拡大でさらに悪化した。その後マディソンは、以前は否定したフェデラリストの政策の採用を余儀なくされた。(45)彼は、一八一六年に第二合衆国銀行の設立を承認し、同年には、一定の枠内で保護関税を支持し、さらには長期公債の発行というイギリス式の政策を模倣した。そして陸軍と海軍の拡大の必要性を受け入れたのである。

一八一七年にマディソンが退任すると、マディソンの後継者かつ一八一七年から一八二五年まで大統領を務めたジェイムズ・モンローは、戦時中に復活させた財政制度を平時に移行しても維持した。モンローは「好感情の時代」として知られる時期に大統領の座にあったが、一八一七年に作られたこの用語は、イギリスとの戦争終結を期す際の挙国一致の雰囲気を捉えたものであった。モンローは、ヴァージニア出身のプランターで奴隷所有者だった。モンローは同時に、大統領となった旧世代のメンバーで最後の建国者であった。彼は同じ考えを持つエリートの指導する政府が、敵対的な党派政治を防ぐというワシントンの信念を共有していた。こうした信念のもと、彼は、かつてフェデラリストであったジョン・クインジー・アダムズを国務長官に指名した。この人事が成立したことで、モンローは、フェデラリストの終焉——一八二〇年には事実上の一党支配による政府を生み出していた——を、合理的精神を持った者によるバランスの取れた政府へ向かう一歩であると考えることが可能となった。しかし、党派の消滅は、好感情の時代を永続させたわけではなかった。この時代は、記録に残る最短の「時代」となったのである。一八一九年には金融恐慌によって経済危機が発生し、翌年にはミズーリの州昇格申請によって政治危機が引き起こされた。

一党支配体制は、一八二五年に中断した。この年にマサチューセッツの前上院議員ジョン・クインジー・アダムズが、大統領となったのである[46]。アダムズはモンロー大統領の国務長官として、一八一九年のスペインからのフロリダ獲得交渉に代表される、ジェファソン以来の領土拡大政策を実行したものの、有力なフェデラリストであり、強いハミルトン的な志向を持っていた[47]。アダムズの一八二四年選挙での勝利は、一八一二年戦争に由来する不満の盛り上がりに負っていた。大統領に就任すると、彼は、政府主導の経済発展計画の履行に着手した。だが、彼の努力は議会によって阻まれた。議会は依然として、南部の手の内にあり、一八二八年に彼は、二期目の大統領の座を得る挑戦に失敗した。この時点から南北戦争に至るまで、民主党内のジェファソン派とジェファソン派の後継者が大きく伸長し、連邦権力に基づく発展計画の野望を阻止することに成功した。

戦争、経済発展、さらに人口増加によって惹起された諸問題は、新たなタイプの政治が登場する道を開いた。時が来れば人が来る——ここでは馬に乗って。アンドリュー・ジャクソン将軍は、テネシーの辺境で貧困の中から身を興し、一八二〇年代と三〇年代には政界における有力者となっていた[48]。一八二四年の大統領選挙を争った際には、彼はすでによく知られていた。ジャクソンは、一八二九年から一八三七年まで大統領を務め、その後継者であり、長年の同盟者でもあったマーティン・ヴァン・ビューレンは、一八三七年から一八四一年まで大統領の座にあった[49]。ジャクソンは、一〇代の頃に独立戦争に従軍し、一八一二年戦争では英雄的な偉業を成し遂げた。彼はナショナリストとして、広い信頼を得ていたが、とりわけ、その反イギリス的な姿勢においては並ぶ者はいなかった。イギリスとの戦争の間に受けた惨い仕打ちと、家族の喪失によって強められた彼のイギリス嫌いは、ジェファソンを上回るほどであった。ジェファソンのように、ジャクソンはイギリスから導入した金融制度に深い疑念を抱き、抑制のない「金融利害」のもたらす影響を恐れた。というのも、彼もまた、負債による財産没収と屈辱を経験していたからである[50]。同時に、彼は現実主義者でもあった。ジャクソンの領土的野心とネイティブ・アメリカンとの交渉における無慈悲な政策は、土地に飢えた入植者の中での彼の人気を支えた。彼の連邦政府への敵愾心は、自らの必要性がある場合には、修正された。連邦の介入によって、テネシーで彼の権力基盤が脅かされた際に、彼は全面的に対抗した。彼がホワイトハウス入りしたとき、連邦政府の権力は彼の目的に役立ったのである。

一八二八年の大統領選挙におけるアダムズの敗北は、攻守が交代したことを象徴していた。ジャクソンは、東部沿岸のエリート出身ではなく、フロンティア州の出身であった。一八二九年の就任式では、「モブ」が、ホワイトハウスを席巻したと描写されたように、民衆の力が感じられた。マーティン・ヴァン・ビューレンの指導の下、ジェファソン派は民主党へと馳せ参じた。(51)「小役人」とみなされた旧エリートの面々は、連邦行政から一掃され、新参者が入ってきた。そして猟官制が生まれた。政府への態度は変わった。市民的徳は、公務を義務ではなく、権利とするように再定義された。行動的人物が行使する示威的な政治は、南部の奴隷主および、ネイティブ・アメリカンの土地を求める、数を増す、移動性の高い入植者の間では人気があった。ジャクソンの反知性主義は、建国父祖の豊かな国際主義からのきわめて明確な離脱であり、同時に未来を指し示してもいた。一八二〇年代の終わりまでには、ジャクソンの人気は、都会的であるが、青白いアダムズの人気を上回っていた。アダムズは、その読書好きと著名な外交手腕によって、一八世紀であれば安寧を保ったエリートであったが、今や彼は自らを取り巻く、激動する世界にあって、ますます途方に暮れているようであった。二人の考えが一致することはなかった。ジャクソンは、アダムズを大きな政府を押しつける貴族的な極端論者とみなしたし、アダムズのひょうきんな、ユーモアのセンスは、ジャクソンには通じなかった。アダムズは逆に、南部の奴隷主を真の貴族と見ていたのである。

ジャクソンほど長期にわたって評価の分かれる大統領も少ない。しかし、本書の目的からすれば、大多数の農村大衆を守ろうと剣を磨いた民主主義の先導者なのか、あるいは変革の波に対抗しようとした権威主義的白人優越主義者なのかという議論は、専門家に任せておけばいいだろう。(52)もう一つの方法は、本書で問題にする脱植民地化の議論に合致するやり方でジャクソンをアメリカ史の中に位置づけ、検討することである。それは、彼を入植者のフロンティアに沿って拡大した一九世紀の「農民の反乱」における最初の指導者の一人とみなすことである。ジャクソンはしばしば、選挙権を拡大したと言われるが、実際にはあまり貢献していない。すでに選挙権は拡大していたのである。(53)彼の達成は、ポピュリスト的な綱領を旗印に、拡大した有権者層を動員したことにあろう。その旗印は、州権、領土拡大、最小限政府といったジェファソン的原理を再活性化しつつ、外国の影響に対する敵意を基盤とするものであった。

この点を掘り下げるために比較対象として有益なのは、新たなラテンアメリカの諸共和国において権力を握ったファン・マヌエル・デ・ロサス（Juan Manuel de Rosas）やホセ・アントニオ・パエス（José Antonio Páez）といった同時代の指導者であろう。(54)彼らもまた、馬にまたがり、植民地支配国と戦った退役軍人であり、領土的また政治的な野心を持った地主であった。ジャクソンと同じく、彼らは気性が荒く、ピストルを抜くのも早かった。彼らのカリスマ的な魅力は、軍人としての名誉の観念を庶民的な要素と組み合わせたところにあった。(55)このような人物は、植民地支配終結後における極端な政治的不安定さを利用して国家の掌握、さらには国家の性格を変えるのに必要な支持者を増やし、有力者へと出世していた。彼らは政府の持つ諸権限への扉を開く、いわば門番であった。パトロネジあるいは「猟官制度」が、彼らの党組織の歯車の潤滑油となり、大げさな振舞いが、彼らを動かしていた。彼らは、先住民社会を「近代化」への道から除外し、新しい輸出農産物経済の構築に貢献した。この輸出農産物が、彼らの政治的地位を支える資源となったのである。一八四四年に、ブエノス・アイレスのある政府機構の「特別代表」は、こうした状況を示す発言をしている。さほど深い含みはなかったかもしれないが、彼はロサスを、「真にジャクソン大統領のような男」と呼んだのである。[56] ジャクソンは、「カウディーリョ〔ラテンアメリカの独裁者〕」ではなかったかもしれないが、疑いなくカウディーリョ的な資質を示していた。ジャクソンの敵対者は、彼を君主的な野心を持つとして非難し、「王アンドリュー」と呼んだ。それよりも、共和国様式の「エル・スプリーモ」（El Supremo）〔最高の男。スペインに抵抗した運動家の指導者を指す〕と呼ぶ方がふさわしいかもしれない。[57]

いったん政権を獲得すると、ジャクソン派の民主党は、この時代の三つの大きな政治危機を生むことになるポピュリスト的綱領を追求した。前政権の関税政策への攻撃、合衆国銀行への非難、そして国家債務削減の努力である。これらのエピソードは、よく研究されてきたが、一般的には、外国の悪影響を除去し、自活的で自律的な政体へと向かう新たな段階に踏み出すための、一九世紀前半における最も持続的な試みと考えられている。これらは疑いなく、ジェファソン的伝統とその断固たる行動力の後継者として、ジャクソンの優先事項を示すものであった。同時にこれらは、いかに政治的な自己利益と経済的な現実が、高らかに宣言した急進的な志を薄めてしまうのかを示してもいたのである。

一八二九年にジャクソンが大統領に就任してから取り組んだ最初の重い経済的課題は、彼の前任者であったジョン・クインジー・アダムズによって前年に承認された連邦輸入関税であった。[58] 一八二〇年代までには、ハミルトン派の国家発展に向けた政策の中心的な要素となっていた保護関税は、国家債務の利息支払いに必要な税収において大きな部分を占め、かつ公的な資金供与を通じて、選挙での支援に報酬を与える財源にもなっていた。一八一六年の関税は税率を引き上げた。また一八二八年の関税は、声高な反対者には「唾棄すべき関税」と言われたが、さらに税率を上げるものであった。これらの措置は北部において、フェデラリスト政策の支持固めに寄与し、中西部からも支持を引き付けた。この二つの期間にあって、両地域は、一八二〇年代における全連邦支出の三分の二以上の支出を受け取ったのである。[59]「唾棄すべき関税」への攻撃は、主として南部、とくに戦後の経済危機によって荒廃したサウスカロライナから起こされていた。同州は、連邦政府が税収の目的に必要な水準を上回る関税を課す権利を持つかどうかを問題提起した。引き続いて「無効化宣言論争」として知られる厳しい対立が続いた。[60] ある地点では、この論争は連邦を分裂させる恐れを惹起したが、一八三三年、武力抗争目前に妥協が成立して、ようやく収まったのであった。

ジャクソンが、サウスカロライナから距離を取ろうとしたことが、争いの妥結にとっては重要であった。この事件では、仲間の南部人へのジャクソンの忠誠心は、民主党による連邦権力の保持にとっては二義的であった。[61] 手練手管のヴァン・ビューレンによって立案された巧みな政略によって、ジャクソンは必要な政治的支援者を確保した。次の一〇年間には、関税を段階的に下げる最終合意によって、南北戦争までに関税は下がっていった（一八四二〜四五年は、短い中断期である）。[62] 優れたエコノミストのアルフレッド・マーシャルは、一九一九年の文章で、関税は「自由貿易に向けてかなり前進した」と判定している。[63] この結果、イギリスと南部の商業的関係は強まり、同時に民主党が合衆国議会と大統領職を保持するのにも貢献した。

一八三〇年には、大統領は、輸送路の整備に対して連邦支出を行う法案に拒否権を発動した。その理由は、彼が経済発展やあらゆる連邦支出に反対したからではなく、そこに連邦議会における敵対者の力を削ぐ方法を見出したからであった。[64] ジャクソンは、議会に提出された州間道路網案は、憲法違反となる連邦権力の拡大であると主張した。彼は個々の州による決定が、輸送政策にとっては最善だと論じたのである。[65] このような議論は、連邦権力の拡大とそれが奴隷所有者にもたらす影響を恐れる民主党員への訴求力を持っていた。同時に、輸送改善の恩恵さえもたらされれば、喜んで「大きな政府」を非難する中西部の農民にも共感を呼んだ。ジャクソンの策略は成功した。中西部は、北部との政治的連携を断ち切り、その忠誠相手を南部へと移したのである。輸送コストの低下と拡大する海外市場は、中西部が南北戦争前夜まで、低関税に利益を見出す理由となった。[66] 道路の問題は、ハミルトンが確立し、ジェファソンが支持し、ジャクソンが必要とした輸入関税に関わる原理的問題ではなかったが、政治的また経済的理由において、同レベルの問題であった。一度妥協が成立すると、ジャクソンは、さほど問題とならない事業に対する連邦の資金供与や輸送路の整備を行う民間業者への補助金の供与には躊躇しなかった。[67]

関税に関しては、交渉で合意が成立したが、ジャクソンは次に、第二合衆国銀行から政府業務を除去する計画を進めた。[68] 彼は、大半が北部人であった銀行支持派を、腐敗した「宮廷」利害の代理人として描き、自分自身を「地方」的価値の体現者として提示した。彼は銀行が自由を制約しているとして攻撃し、彼の言葉で言う「金融貴族」と銀行の株式の約二五％を持つ外国（とくにイギリスの）株主を非難した。[69] 彼は、富と権力を持つ者や外国の投資家には同情心を持たない「社会的地位の低い人々」に訴えかけた。同時に、ジャクソンによる州権擁護は、とくに南部と中西部において、債務者や将来的な資金の借り手の中で支持を得た。こうした人々は、二〇〇行近くに上る、ほぼ規制を受けない州法銀行に対して、合衆国銀行が金融抑制政策を押しつける力を持つことに反発したのである。[70] 一八三二年に合衆国銀行が特許の更新を申請すると、ジャクソンは延長を拒み、その代わり政府預金を、さまざまな州法銀行に移し替えた。一八三六年に特許が切れた際には、第二合衆国銀行は規模を縮小し、一八四一年に静かに清算されるまでの間、民間銀行としてペンシルヴェニアに拠点を構えていた。

合衆国銀行の解体は、長い間保持されてきた政治的信念が、直接的に適用された事例にも見える。だが、ジェファソンとは異なり、ジャクソンはあらゆる銀行に反対したわけではなかった。彼が反対したのは、あくまで、北部に根を持つ敵対的な権力の中心となってきた国家規模の組織が、彼が見るところでは、制約を受けずに成長していることであった。(71) 地方銀行への課税は州財政を潤す。だが、連邦の銀行が貢献するのは、あくまで連邦政府なのであった。(72) しかしながら、ジャクソンの勝利は短命に終わった。合衆国銀行の廃止は、州法銀行間に競争熱を引き起こし、一八三七年には大規模な金融危機を招いたのである。この危機は、ジャクソンが選んだ後継者であるマーティン・ヴァン・ビューレンにとって打撃となり、一八四〇年に再任されるチャンスを逃した。(73)

一八三五年にジャクソンは、国家債務の返済に成功した。ただ、アメリカ史において類例を見ない彼の驚くべき達成は、わずか一年あまりしか続かなかった。以後、再び連邦の借款は行われ、その後も拡大を続けた。ジャクソンの考えでは、債務は大多数の人々を少数の人々に従属させ、国を外国の金融利害に従属させる。債務がなくなって初めて、慎ましく、それゆえに寛大な政府が統治する、真に自由で、自活的で、有徳な共和国を建設することが可能となる。また、国家債務は北部の金融利害に貢献し、フェデラリスト―ホウィッグ党に政治的便宜を広げていく機会を与える蓋然性も高かった。しかしながら、中央政府は経費を切り詰めれば、国家建設にとって不可欠な外国資本を引きつける能力も含め、その借入能力を低減させることになる。連邦政府の借入能力は、一八四六年に財務省が短期手形と長期債権の発行を認可され、公式に回復を果たした。この両者は、テキサス併合とメキシコ戦争を財政的に支えるのに死活的に重要だった。(74) ジェファソン派は、たとえ彼らが借りた金を返済しようと努力したとしても、ハミルトン派と同じように大規模支出を惜しまなかった。

南部支配を支えていた状況は、変化を余儀なくされていた。ダイナミックな発展こそ、変化の原動力であった。パワーバランスを移動させ始めたのは、北部と中西部の人口増加である。一八〇〇年にジェファソンが大統領に就任した際には、下院の議席は一〇六であった。一八四〇年、ホウィッグ党が下院で多数派となり、初めて大統領の座を得た際には、その数は二四二に達していた。一七九〇年に南部諸州は、下院で四六％の議席を占めていた。一八六〇年にその割合は、三五％に落ちていたのである。南部の議会支配は、次第に中西部との同盟に依存するようになった。この同盟によって依然として、民主党は一八五〇年には、下院の四分の三と上院の三分の二を支配した。(75) にもかかわらず、ヴァン・ビューレンが綿密に設計した南部と外部との政治同盟は、彼が大統領職を退いた一八四一年以後に綻び始めた。国内市場向けに生産を行い、自由貿易よりも保護関税を支持する新しい製造業者と職人の世代は、綿花産業に投資する銀行家と商人が率いた、南部の北部における伝統的な同盟者の影響力を弱めていた。(76) 新興実業家の多くは、福音主義的で博愛主義的な他者への同情心を持ち、労働改革者、フェミニスト、さらに奴隷解放運動を進める人々の輪に加わった[77]。同じく、重要性はこれより少ないかもしれないが、中西部の自由農民の入植地の成長は、次第に南部による新たなテリトリーへのプランテーション制の拡大計画への反対を増大させつつあった[78]。

「農民の反乱」へのフェデラリストの適応は遅々としていた。しかし、フェデラリストの残党は、一八三四年にホウィッグ党の下に再結集した際には、元来のエリート志向と親イギリス感情を修正した。彼らは、自らを人民の権利擁護者として再定義し、アメリカ例外主義思想を受け入れ、そして保護関税志向をナショナリズムへと結びつけた[79]。一八五二年にエスニック問題による分断と奴隷制問題をめぐってホウィッグ党は分裂したが、その大多数は、北部の自由土地党へと合流し、一八五四年には共和党を結成した[80]。ホウィッグ党の目標は、ハミルトン的伝統をジャクソンの挑戦から守ることであったが、そのために従来のエリート的なイメージを脱却して、新たな社会集団に訴えかけ、また中西部においては、自由労働と自由な土地という主張を唱道した[81]。一方、「ヤングアメリカ」として知られる民主党の進歩派は、経済の拡大と国家資本による公共事業を中西部での支持を得る手段として掲げ、ジャクソン的信念に基づく一体性への挑戦を試みた[82]。一八五〇年までには、両党の改革派は、自らを一八四八年革命にシンパシーを持つ「近代主義者」と見ていたのである[83]。

第五章で考察する巨大な分裂は目前であった。同時に、ここで提示している評価は、新たな独立国家の政治に関する標準的なアプローチを再考する必要性を示唆する。この時代のメインテーマは、決して「ジェファソン革命」とそのジャクソンによる継承という形で描かれた、リベラル民主主義の台頭ではなく、南部利害によって支配された奴隷所有国家の追認と拡大なのである。ジャクソンと彼の後継者が目指したのは、連邦権力の廃止などではなく、彼らの地域的な世襲財産を拡大しつつ、自らの目的のために連邦権力を役立てることであった。また、ハミルトン派とジェファソン派は、イギリスからの真の独立を得ようとしたが、ともに成功には至らなかった。一八六一年までには、ジェファソン的信条が浸透したが、そのことが、依存を減らすどころか、共和国をさらにこの旧宗主国へと依存させたのである。この点は、経済的関係の検討によって立証されるであろう。

◆従属的発展のジレンマ

政治的独立が経済発展と密接に結びついていること、さらにこの両者の結びつきが容易にほどけないことは自明である。にもかかわらず、同時代の合衆国の経済政策とその帰結が示す特徴をさらに吟味すると、特定の観点からの分析を基にした考察が必要であることが判明する。入手しうるデータの枠内ではあるが、これまで経済史家による優れた諸研究が主要な動向を明らかにし、そこに数量的な精密さが加えられてきた[84]。この主題に関する研究動向の支配的な潮流によって、二〇世紀において、巨大でほぼ自律的な経済が成立したことが説明されつつある。しかしながら本節では、やや異なる視点から考察していく。すなわち、以下では、この時期の合衆国を、引き続く準植民地的状況にある発展途上経済を変革するための、最初の試みの一事例として位置づけていくことになる。

すべての政党は、待ち受けている市民に「物資を供給し」、また旧宗主国への依存から合衆国を脱却させる重要性を認識していた。一七九〇年代に始まり、一九世紀を通じて議論された中心的な問題は、いかにこの目的を達成するかであった。[85] 一連のきわめて注目すべきやりとりにおいて、ハミルトンとジェファソンは、経済発展における政府の役割に関して、以後も論じられていく議論の基礎を築いた。すなわち、製造業と農業の比較優位、銀行や信用機構の利点と危険性、さらに保護貿易と自由貿易の利点などである。[86] すでに大枠について論じたように、ハミルトンの経済ナショナリズムは、政府の行動、個々の事業体、新たな金融制度の組み合わせを用いた製造業の振興を目的とした。[87] それに対して、ジェファソンの独立国家のビジョンは、重農主義者が重視した、自給的農業に基づく経済を、スミスの描いた拡大する市場と組み合わせたものであった。この二つのプログラムが相争うことによって、合衆国は、それまでほぼ認識されたことがない政策の先駆者となった。二〇世紀後半になって旧植民地国家と世界銀行が取り組んだのは、まさに合衆国と同様の政策課題だったのである。

一七九一年に合衆国議会に提出されたハミルトンの「製造業に関する報告書」は、「後発」国家における産業振興に関するフレデリック・リストの計画に影響を与え、さらに研究者が考える以上に、近代における経済発展政策の歴史に大きく寄与した。[88] ハミルトンの目的は、「軍事その他の必要物資に関して、合衆国を諸外国から独立させる」ことであった。[89] この目的のために、彼は国内製造業の役割を強調した。この目的のために、国内製造業が経済の他の分野と結びつくことで価値を付加し、それによって「あらゆる依存」を排除することを目指した。[90] 彼はさらに、農業と製造業は、当時言われたように決して「対立」しているわけではなく、相互補完的であり、その利益によって、南北は結びつけられると論じた。[91] この議論はきわめて重要であった。というのも、彼の最終的な目標は、「富だけでなく、国の独立と安全が製造業の繁栄と物質的に結びついている」点を示すことにあったからである。[92]

ハミルトンは、イギリスとの通商面、また金融面での結びつきが、共和国の繁栄にとって依然として重要であることを承知していた。しかし同時に、イギリスとの結びつきを、国家の発展を促進する道へと向けることを望んでもいた。一七九四年に彼は、革命の時期に崩壊したイギリスとの貿易再建を目指したジェイ条約の立案に加わった。この条約は、両国に貿易上の最恵国待遇の地位を付与することで重商主義制度を改め、合衆国に一部の帝国市場を開放した。[93] ジェイ条約は、合衆国内で激しい議論を呼んだ。というのも、同条約は、アメリカの経済利害を旧宗主国に従属させると見られたからである。[94] ベンサムにとって、条約調印前から、将来の傾向は明白であった。一七九三年に、旧植民地について、彼は以下のように考察している。「分離の前、イギリスはアメリカの貿易を独占していた。分離によって、イギリスは当然、独占を失った。では現在、イギリスとの貿易はどれほど減ったであろうか？　逆に増えているではないか[95]」。条約は、広範囲な反対運動を惹起した。ジェファソンは、フランスとの同盟を好んだ。南部諸州は、交渉が独立戦争中に逃亡した奴隷の補償確保に失敗したことに憤慨した。最終的には、上院は僅差で条約を承認した。人々は、以下の諸事実に直面せざるをえなかった。合衆国は、イギリスとの貿易に依然として依存していることを認識し、さらに自らの繁栄と安全も、イギリス海軍が供給する安全の保証に立脚することを暗に認めざるをえなかった。マディソンは、一八二三年にアメリカの位置について以下のように語っている[96]。「イギリスの艦隊と金融がわれわれのものと結びついて、われわれは、世界の残りの部分に対して安全でいられるのだ[97]」。

一八一二年戦争の後、ハミルトンの計画は、保護関税を含むように修正され、一九世紀前半における合衆国で最も傑出した政治家の一人であったヘンリー・クレイによって履行された[98]。この時期までには、共和国の内陸拡大に関するハミルトンの躊躇は、経済発展が北部において人口増加と製造業を刺激すること、また大規模な新領土の獲得が、自由な入植者の中西部への移住を促進することによって、拭い去られていた。以後、拡大は、ほぼ自律的に進んでいった。このような発展は、輸入代替産業の将来展望を向上させ、クレイの提起した「アメリカンシステム」（「イギリスシステム」に対抗して名づけられた）への支持を強めた。この「アメリカンシステム」は、ホウィッグ党—共和党が掲げていく経済政策の基礎となったのである。「アメリカンシステム」は、保護関税、輸送改善、そして管理下においた土地売却などの新重商主義政策によって、国の経済的独立を達成することを目的とした[99]。一八二〇年にクレイが主張するところによれば、イギリスの目的は、合衆国を「イギリスの独立した植民地——政治的には自由だが、経済的には隷属している存在」として維持することであった[100]。二〇年後、クレイは、合衆国がいまだ、彼の言う「イギリス植民地システム」から分離せねばならない状態にあると確信していた[101]。重商主義の帝国は、一八世紀において、植民地を不利な立場で本国に結びつけていた。新たな危険は、南部による低関税や自由貿易の要求が、とうの昔に政治的独立が宣言されているのに、国を以前よりも固く旧宗主国に結合させかねないことであった。クレイによれば、南部が掲げる自由貿易の形は、仮に採用されれば、「実質的にこれらの諸州をグレート・ブリテンの商業帝国のもとに再植民地化する」方向へと誘導する[102]。クレイは主張する。独立への道は、輸入製造品に関税を賦課することで、揺籃期にある製造業を保護することにあるのだ、と。

ハミルトンの課題とクレイの「アメリカンシステム」は、ヘンリー・ケアリーからの強力なサポートを得た。ケアリーの父マシューは、一七九〇年代以後、一貫して保護関税の支持者であった[103]。父と同じように、ヘンリー・ケアリーは公論において、評論家として地位を確立した人物であり[104]、一九世紀半ばの合衆国で第一級のエコノミストとみなされていた。彼は当初、自由貿易を擁護したが、一八四〇年代には、転向者特有の熱意を持って、保護主義を奉じるようになった。その後、ホウィッグ党—共和党に入党し、リンカン大統領の上級経済アドバイザーとして、公人のキャリアを終えた。一度転向すると、ケアリーは事あるごとに、彼が名づけたイギリスの「自由貿易専制主義」を非難した。「黒人であろうと白人であろうと、働く者に、奴隷制は自然な状態だと教える連中がいるが、自由貿易専制主義は自らが、その忠実な仲間だと示している」[105]。ケアリーの考えによれば、自由貿易はせいぜい、合衆国を従属状態に置くための陰謀にすぎない[106]。彼は一八四二年に保護関税を「新しい独立宣言」として歓迎し、本来の独立宣言を、「単なる形式的な言葉」として切って捨てた[107]。ケアリーの考えでは、一八四六年にイギリスが自由貿易を採用したために、合衆国の旧宗主国への従属は強化された。実際、「わずかな例外はあるが、われわれはイギリスの大資本家によって支配され、植民地を継続的な従属状態に置くために必要とされる……綿密なシステムにつながれたままである」[108]。合衆国が「真に独立し」、そして（ジャクソンの言葉を使えば）「アメリカ化する」には、保護関税を背景にして、その揺籃期にある製造業を育成する必要がある[109]。この言葉は、決して一八四五年に語られたものではない。一八六五年なのだ。ケアリーが正しければ、合衆国は南北戦争終結時において、いまだにイギリスへの奴隷状態だったことになる。

ジェファソンと彼の後継者は、頑強で、独立したアングロ＝サクソン人のヨーマン（そして頑強で、従属した奴隷）によって支えられた、農業が繁栄する世界という先を（あるいは後ろを）見据えていた[110]。彼らは、前産業社会を理想化し、独立独歩を好んだが、農村コミュニティの活力を維持するために市場経済を受け入れていた[111]。しかしながら、彼らは国家債務を嫌悪し、「金融利害」を悪魔の仲間の使いだとみなした[112]。同時に彼らは、ハミルトンが育成を望んだ、大規模で寡占的な都市の製造業に対して、敵対的であった。もっとも彼らは、農村コミュニティのために製造品を作り、一八〇二年に『オーロラ』紙が述べたように、「あらゆるものへの従属」を回避する助力を得るためにも、職人の必要性を認めていた[113]。彼らの究極的な目的は、大規模で、自給的な国内経済を創出し、イギリスの貿易と金融への依存を除去することにあったのである。

このような未来が視野に入るまで、ジェファソンとその後継者は、彼らの理想を変化する現実に適合させねばならなかった。彼らは領土拡大への資金投入のために、大規模に借款した。一八一六年までには、「製造業はいまやわれわれの生活を楽にするという観点と同じように、われわれの独立にとって必要である」、とジェファソンは語っていた[114]。国際分業が、調和的な農村社会秩序創出への展望を壊すような国内の不平等を導くとしても、彼らは、農業経済の繁栄が、海外市場を必要とすることも認めていた。そして、こうした要請の下で、ジャクソン派の民主党員が、自由貿易擁護に傾倒する素地が作られたのである。自由貿易は綿花輸出のための海外市場への良好なアクセス、そしてその代わりに、製造品輸入のための低関税を約束することになる[115]。次第に南部は、イギリスとの関係に忠誠を誓う、準植民地的経済特区となった。南部諸州の評論家は、南部が従属経済となったことを認めていたが、それがもたらす結果については評価は割れていた。彼らは欠点を外部の責任としつつ、利益があることで妥協した[116]。繁栄は、従属を耐えうるものにしたのだ。

二つの展望の争いの焦点となったのが、同時代の政治的・イデオロギー的論争における傑出した特徴となった関税政策であった。一八三三年の関税妥協は、クレイのアメリカンシステムの拡大を止め、彼が熱心に反対の論陣を張った、低関税（少なくとも以前よりも低下した関税）による植民地経済の永続を支えた[117]。結果として、関税の保護的な効果は控え目なものであった。にもかかわらず、北東部で人口が増大すると、製造業は大きな保護がなくても成長した。また、輸入消費財への高関税は、事業にとって阻害要因であると生産者から不満が叫ばれていたが、南部の綿花輸出もまた、一八二〇年代から目覚ましく増大した[118]。関税の真の重要性は、一九世紀を通じて、全連邦歳入のおよそ半分を供給することで、共和国の一体化に貢献した点にあった[119]。次の大きな歳入源は、借款であった。この二つを併せて、一七九〇年代から一八六〇年代における総連邦歳入のおよそ九〇％を占めた。消費税と人頭税は徴収が難しく、また政治的不満を惹起する傾向があった。所得税については、経済さらには国全体が一九一三年まで導入できる状況にはなかった。連邦支出の大部分は、国家建設とりわけ、軍に向けられていた。すべての連邦の政権は、それぞれ公式の立場が異なり、掲げる言葉も対照的であったが、関税収入と借款を大陸への領土獲得のために用いた。政府の財政が、国際貿易から得られる富に依拠し続ける一方で、関税の水準は議論の標的となりやすく、実際に激しく争われた。しかしながら、その存在意義は争うまでもなかったのである。

南部の政治権力は、一八〇三年から一九三七年まで合衆国の主要輸出産品であった綿花に立脚していた[120]。世界における綿花原料の生産量において、八〇％を合衆国が占めていた。全体の七五％が輸出され、そのうちの五〇％が、イギリスに向けられた[121]。一八三〇年に綿花、タバコ、コメ——そのほとんどが、ヴァージニアと両カロライナから輸出された——は価格ベースで、合衆国の輸出の三分の二を占めた。綿花生産は、綿繰り機に始まる供給側の技術開発と、ヨーロッパにおける需要増大が連動して拡大した。生産量が拡大すると、奴隷労働も拡大した。一七六〇年には、大陸植民地における奴隷人口は、四〇万人を下回っていたが、一八六〇年には、四〇〇万人近くに達していた。道路と運河に始まり、一八四〇年代の鉄道へと続く輸送手段の向上は、南部の綿花栽培地域を拡大し、中西部を国際経済へと接合した。イギリスが自由貿易を採用した一八四六年以後、大平原地帯は、大規模な新穀物市場の主要な受益者となった。中西部からの穀物輸出は、一八四〇年の二〇〇万ブッシェル〔一ブッシェルは約三五リットル〕という慎ましい量から、一八六〇年には、三二〇〇万ブッシェルへと達したのである。この凄まじい成長を背景にして、大平原の新興地主たちは自信たっぷりに、この地域を「世界の穀倉」にするという将来を展望した[122]。

一八四六年以前において、保護主義者と自由貿易主義者の間の争いは、イギリスとの互恵的条約交渉が断続的に試みられたことで、幾分か緩和されていた。条約交渉では、互いに関税水準を改定することで、帝国の保護市場が開放されることが期待されたからだ。[123] 一八〇六年にジェイ条約は期限切れとなって更新はされず、以後イギリスは、関税収入を得る目的で、合衆国を外国として扱った。一八一五年の互恵関税法以後、合衆国は、他の国々と多くの互恵協定を結んだ。しかしながら、最も大きな狙いは、イギリスとの合意を得ることにあった。持続的な努力にもかかわらず、この狙いは失敗した。イギリスは小規模な譲歩を行ったが、帝国の保護市場という原則は、強く固執したのである。外務大臣のカールスルーエ卿が一八一九年に論じているように、合衆国の提案を受諾することは、「イギリスの植民地システム全体の転覆を招き」かねないのであった。[124] 彼の後継者たちも同意した。合衆国にとっての代替戦略は、帝国ネットワークの外に市場を開発することであったが、この目標は、ヘンリー・クレイが繰り返し指摘したように、競争しうる価格で多様な製造品を生産できなければ、達成は困難であった。

一九世紀の前半において、イギリスは共和国にとって最大の貿易パートナーであり、海外からの主要な資金源であり続けた。両国の通商上の関係は独立後に強まり、重商主義規制が解除されると、さらに拡大した。[125] 南北戦争に至るまで、合衆国はきわめて海外貿易に傾斜したままであった（一人当たりの輸出入で測定した場合）。比較優位の下、農産物をベースとした典型的な植民地型の輸出依存が生み出されていた。合衆国は、商品貿易では赤字であり、その一部は貿易外収入（主に海運）と資本輸入によって相殺された。合衆国からイギリスへの輸出（また再輸出）は、一七九五年から一八〇一年の間、総輸出のうち三五％であったが、一八四九年から一八五八年には総輸出が増えた中でも、四二％を占めた。確かに、このシェアは規模が大きいが、イギリスとのつながりを持つ重要性が増大していたことを過小評価することになる。一八四九年から一八五八年の時期において、合衆国は西インド、とりわけイギリスの植民地に総輸出の二三％を送っており、八％をイギリス領北アメリカ（カナダ）に送った。さらに、一八四〇年代からの蒸気船事業の発展によって、合衆国は海運業におけるその地位を失った。一八六四年には、アメリカの海運利益の代表が、「われわれは現在、完全にわれわれの市民、われわれの通信、われわれの商品の、地上のあらゆる国（キューバとパナマを除く）への送出と送入において、完全に外国の旗に依存している」と嘆いている。[126]「外国の旗」のほとんどは、イギリスであった。

イギリスの信用供与は、大陸ヨーロッパの競争相手が提供するものよりも安く、独立革命後も以前と同じように、ロンドンのシティと合衆国の商人を結びつけていた。[127] ブラウン家の歴史が示すのは、イギリスの影響力が有した持続的性格、さらにはそれが、アメリカの利害と結びつき、国際ビジネスの要請に適切に応じるコスモポリタンなネットワークを創出したことである。[128] アルスターのリネン商人であったアレクサンダー・ブラウンは、一八世紀の末に合衆国に移住し、ボルティモアに居を構え、一八〇〇年にはブラウン商会を設立した。彼が作り上げた「王朝」は、さまざまな子会社と、関連する同族ネットワークとともに、一八世紀のラッセル家と同じような方法で、拡大するアングロ・アメリカ通商世界の統合を下支えするトランスナショナルな組織の一つとして機能した。[129] ブラウン家は、一九世紀の前半に事業を拡大し、北アメリカ貿易における主要な輸出入事業者の一つとなった。一八三〇年代以後、会社は金融業に特化し、ニューヨーク、フィラデルフィア、リバプール、ロンドンに置いた支社から事業を運営した。そして短期の商業信用を供給し、また信用状（支払確約書）を発行し、手形の決済を交渉する、主要なブローカー（株式仲買人）となった。ブラウン家は、一八三七年の金融危機でほぼ倒産しかけ、支援を求めてイングランド銀行に接近した。この時期の会社の重要性に鑑みて、イングランド銀行は、二〇〇万ポンドの貸し付けに同意し、そのうち一〇〇万ポンドを借り入れたが、それからわずか数カ月で返済された。

ブラウン家は危機を逃れると、さらなる拡大を遂げ、より広い認知を得た。アレクサンダーの息子ウィリアムは、一八四六年に自由党の庶民院議員となり、一八六三年にはナイトの称号を得た。国際資本主義は、上流階級との結合に成功した。もはや、アルスターのリネンを公衆の目の前で見せたり、洗ったりする必要はなくなった。さらなる傑出した地位が待っていた。同社とイングランド銀行とのつながりは、一八八七年にさらに強化された。この年、ブラウン・シップレイ（Brown Shipley）のパートナーであったマーク・コレット卿（Sir Mark Collet）が、イングランド銀行の総裁に任命された。同年に会社に加わった彼の孫のモンターギュ・コレット・ノーマン（Montagu Collet Norman）は、一九二〇年に銀行総裁の地位を引き継ぎ、一九四四年にノーマン卿として引退した。

イギリス資本の影響が及ぶ範囲は、短期商業信用に対する必要性をはるかに超えて拡大した。ロンドンのシティは、合衆国の当初から、国家建設に永続的に関与し、その後もイギリスの自治領やラテンアメリカの共和国群においても、同様の役割を果たした。[130] ニューヨークでは、一七九二年に株式と債券市場が形成され、一八一七年には、ニューヨーク株式市場として正式に発足した。にもかかわらず、このローカルな資本市場は、次第に統合力を高め、増大しつつあった資本プールから出資を行ったが、あまりに小規模であり、拡大する共和国の需要に応えることはできなかった。共和国の資金需要に応えたのは、イギリスの商業銀行であった。[131] 結果的に、シティと合衆国のつながりは、植民地時代よりも独立後の方が強化されることになった。こうして非公式で、大西洋にまたがる金融上の同盟が形成され、両国の良好な関係を維持するという目的も保持されることになった。政治家は選挙のために、人々の持つイギリス嫌いの釜の蓋を開けたが、銀行家たちが協力して蓋を閉じたのである。[132]

共和国における長期外国投資は、一七八九年から一八五三年の間に、一二倍の増加を経験した。[133] イギリスはそのうち、七五％以上を供給した。そのほとんどは、連邦政府と州政府が運河、道路、鉄道を整備する資金となり、また行政サービスの拡大にも利用された。[134] シティは、第一合衆国銀行や後継銀行の資金需要に応えていた。一八〇三年に第一合衆国銀行の株式の約三分の二は外国で保有され、そのほとんどが、イギリスであった。同年、合衆国の対外債務の半分以上が外国、そして圧倒的にイギリスによって保有された。[135] 一八二八年にはその割合は、三分の一へと低下し、イギリス投資家の保有分は、その四分の三であった。一八三五年には、大統領のジャクソンはこの割合低下の機会を摑み、対外債務の影響を除去する目的で国家債務を清算した。にもかかわらず、債券保有者はすぐに戻ってきた。一八五三年には、国債の半分は外国で保有され、そのほとんどが、イギリス人投資家によるものであった。ロンドンのシティからかなりの支援を受け、合衆国は一九世紀を世界最大の債務者として終えた。ただこの場合、債務者という地位は、共和国の信用力の認知によるものであって、浪費によるものではない。

一七六二年にフランシス・ベアリングスによって設立されたシティの銀行ベアリングスブラザーズは、合衆国が長期信用を集め、例外的な必要性、とくに領土拡大の必要性に応えるための債務を調達する最も重要な商業銀行であった[136]。ブラウン家と同様に、ベアリングス銀行は大西洋をまたにかけ、アジアにまで広がるアングロ・アメリカのネットワークを構築した[137]。同社は、一七七〇年代に反乱した植民地人に対するイギリスの戦争行動を資金的に支える役割を果たしたことから、北アメリカの金融に携わるようになった。一七八三年以後、ベアリングス銀行は、戦時債務を決済するのに新政府を支援し、一七八七年に制定された憲法に含まれる安定の確保に続いて、一七九四年のジェイ条約が生んだ信用からも利益を得た。同条約は、独立前のイギリスの債権者が有する債務が支払われることを確約したのである。ベアリングス銀行は、一八〇三年に合衆国の規模を倍増させたルイジアナ買収交渉にも率先して関わったが、このことは、新しく生まれ、きわめて機微な政治の最前線にも資金を流す資本の力の驚くべき証しである[138]。同社は、取引を完成させるのに必要な一一五〇万ドルの大半を供給している（一五年間の年利六%）。合衆国政府は、ベアリングス銀行を、ロンドンにおける公式な代理人に指名して、これに報いた。

ジェファソンが大統領に選出され、反英的なレトリックが政治的心情に入ってきても、市場は、財産権を脅かしかねない急進主義は、すでにドアの外に追い出されてしまっていると判断していた。市場の判断は正しかった。ベアリングス銀行は、一八一二年戦争の間に公債保有者に支払われる利子に必要な資金を供給し、一八一五年の講和を仲介した。同銀行は一八二〇年代には、州政府に初めての貸し付けを行い、一八四〇年代には鉄道建設に融資し、一八四六年のメキシコに対する連邦政府の「選択された戦争」の資金需要にも応えた[139]。一九世紀の前半において、新興国が独立を維持し、かつ発展を遂げるには、ロンドンのシティの資金的な支援に大幅に依存したのである。

ベアリングス家は当然のように、金融における成功に社会的地位を加えるという、ブラウン家のたどった道を歩んだ。フランスで革命家たちが、金融業者を追い落とす間、イギリス政府は、ロンドンのシティの名士たちに高い地位を与えた。一七九三年にフランシス・ベアリングスは准男爵となり、翌年には庶民院議員となった。彼の息子で後継者となったアレクサンダーは、大西洋の両岸で卓越した地位を得た。一七九六年に、彼は東部沿岸で最も富裕な商人からメインの土地一一五万エーカーを購入し、二年後には、その商人の娘と結婚した。アレクサンダーは、ルイジアナ購入の陰の立役者となり、かつ微妙な立場となった一八一二年戦争を切り抜け、その後、次第にイギリス政治に傾倒するようになった。庶民院議員として、彼は急進的な政治改革には反対しつつ、自由貿易を支持した。一八四二年に貴族院議員に昇格し、初代アシュバートン男爵の称号を得るまでには、彼の保守的な傾向は、その広大な地所と同様に、明瞭な形を取って世に現れたのである。

大西洋をまたぐ通商と金融の流れは、国境の向こうにあって、ほぼ自らの力が及ばない衝撃を震源とする国際貿易の変動に合衆国をさらすことになった。ジョージ・ワシントンは、彼の後継者に外交的な中立を維持するように助言し、ジェファソンはワシントンに従い、一八〇一年、「錯綜する同盟」を避けると宣言した。[140] しかし、どちらも外部世界との経済的な統合がもたらす結果をコントロールすることはできなかったし、その国内的影響を緩和することもできなかった。理論的に、南部は、イギリスへの木綿供給において支配的な立場にあったことから、独占的な利益を得る潜在力を持っていた。現実には、木綿生産者は経済的な力を政治的な行動に活かすことはできなかった。木綿価格を上昇させる輸出関税は、憲法上禁じられていた。[141] 供給量を制限することで価格を上昇させる生産者のカルテルが有効に機能することもなかった。[142] 木綿価格は市場での売買によって競争的に決定され、同時にヨーロッパでの需要を反映した。また、気候の変化が引き起こす供給量の変動にも左右された。中西部の農民は、さらに弱い立場にあった。というのも、合衆国の輸出品目の第二位であった小麦は、一八三〇年から一八五〇年において、イギリス市場のわずか五%を占めていたにすぎなかったからである。[143] 両地域の輸出事業者は、それぞれ理由は異なるが、価格の決定者ではなく、あくまで価格の受け手であり、二つの手の届かない要因——お天道様と外部の需要——から甚大な影響を被る立場にあった。

一八世紀の後半に進行した経済的拡大は、独立戦争のもたらす破壊によって中断していた。しかし一七八三年以後、合衆国とイギリスの通商関係は急速に回復した。ジョサイア・ウェッジウッドの会社の商品は、関係修復の早さを象徴している。一七八三年に同社は、ジョージ三世のデザインをやめ、ジョージ・ワシントンに切り替えたのである。[144] 幸運なことに、諸大国は一七九三年に始まった長期にわたる英仏間の戦争に集中したことから、合衆国の輸出品への需要が増大して一定の繁栄がもたらされ、植民地支配からの移行を和らげる助けとなった。[145] 戦争が、ヨーロッパの国際貿易を破壊する一方で、北アメリカにおける最も深刻な影響は、通商禁止法が効力を持った一八〇七年から一八一四年に限られた。[146] しかしながら、一八〇七年のジェファソンの通商禁止法がもたらす影響は限定的であり、むしろはるかに大きな効果を持ったのは、一八一四年のイギリスによる海上封鎖であった。イギリス海軍による海上支配は徹底的であり、この時点での両国の差異は明白であった。しかしながら、この逆境は、少なくとも一つの有益な結果をもたらした。輸出品の欠乏によって、ニューイングランドの木綿産業が急速に勃興したのである。[147] こうして合衆国は、戦争に耐えつつ、近代的な輸入代替製造業を発展させた最初の旧植民地という地位を得ることになった。他の植民地は、二〇世紀の世界戦争の間に、同様の道を歩むことになる。

一八一二年戦争は、長引くヨーロッパの戦争――同じく一八一五年に終結した――と結びついて、広範囲に及ぶ影響を国内に残した。一八一五年から一八一八年には、合衆国で戦後の景気上昇が見られたが、一八一九年には、金融「恐慌」に見舞われた[148]。一八一一年に行われた、第一合衆国銀行の特許更新停止の決定は、貸し付け競争、低利融資、土地ブームへの道を開き、この一連の動きは、戦争で疲弊したヨーロッパにおける農産物需要によっても刺激された。戦争が終結した際には、ヨーロッパ農業の復興が合衆国からの食料需要を減退させたが、他方で廉価な製造品の輸入も回復したことで、黎明期にあった製造業の成長を遅らせることになった。イギリスの製造業がアジアに安い材料を見出し、ヨーロッパで上昇していた戦後景気が落ち込むと、原綿市場も縮小した。長期にわたるフランス戦争の間に拡大した合衆国の商業海運は、同じく打撃を受けた。このような状況の中、一八一六年に戦争資金需要に応えるために再設立されていた合衆国銀行は、当初は土地価格の上昇をもたらす金融緩和政策を取っていたが、一八一八年に引き締め政策に転じた。例外的な高値をつけていた綿花価格は、同年、急落した。短期的に発生した経済的影響は、デフレーション、破産、失業の増大、不満の広がりであった。

一八二〇年代には不況の影響が生活のあらゆる側面に及び、その一部は、次の一〇年間にも影響を残した。危機は、多くの人々の間で論争を激化させた――「正貨」と「紙幣」それぞれの支持者、保護主義者と自由貿易主義者、連邦権力と州権それぞれの擁護者と批判者などである。民衆の不満が生んだ直接的な結果の一つは、一八二四年に大統領選挙に出馬したアンドリュー・ジャクソンへの支持が膨れ上がり（このときは、ジョン・クインジー・アダムズに僅差で敗れた）、一八二八年には大統領に選出されたことであった。このように、国際経済は内陸奥地にまで、また社会階層のはるか下の方にまで、その回転運動に巻き込みつつ、他方で国内政治の最高レベルにも影響を与えたのである。

一八二〇年代半ばに始まる景気回復は、一八三七年まで続いたが、この年には新たな「恐慌」が合衆国を直撃した。一八三九年には第二次危機が続き、その影響力の大きさは、五年間続いたデフレーションと不況で感じられた[149]。一八二〇年代末からの輸出の回復は、公的資金のインフラへの投入による相乗効果で、ロンドンのシティからの資金を引きつけた。同時に、一八三二年の大統領ジャクソンによる、第二合衆国銀行の特許更新終了の決定は、数多の民間銀行が、競って低利融資の供給を行うきっかけとなった。そして一八一五年から一八一九年のそれに似た土地ブームが続いた。この好景気を終了させたのは、戦争終結ではなく、イギリスにおける豊作期の終了であった。農業の好調さは、食料のコストを抑え、消費物資、とくに繊維製品への有効需要を増大させていた。合衆国の綿花価格が上昇すると、土地と奴隷の価値も増大した。プランテーション体制は、より利益を生むものとなり、体制の擁護者たちは自信を深めた。しかしながら、イギリスからの資本輸出は、イングランド銀行の準備通貨を減らしていた。また数年間続いた豊作の後に起こった凶作は、輸入額の増大につながった。こうした事態に対応するため、イングランド銀行の経営陣は、一八三六年に利子を上げ、資金流出を防ぎ、収支の均衡にかかる圧力を防ごうとした。ロンドンの実勢を反映したニューヨークの銀行がそれに続いた。ブームは急速に終わった。原綿価格は急落し、土地価格も同じく落ち込んだ。債権者は債務の回収に奔走し、無数の事業主が経営を停止した。合衆国の銀行の約半数が倒産し、失業率の上昇は社会不安を惹起するレベルに達した。恒常的な債務者の列に州政府が加わったことが、一八三七年不況の新しい特徴であり、また一八一九年以後、どのように経済発展が進んだかを示す指標でもあった。ほぼ八つの州、さらにフロリダ・テリトリーが破産寸前だったのである。

一八四四年、フリードリッヒ・リスト（Friedrich List）は、なかんずくこのエピソードを念頭に置いて書かれた文章の中で、彼の言う「狂った法則」を非難している。この「狂った法則」は、自由貿易の擁護者が推し進めたものであり、「貸し付けと利子の受領によって、地球上の人々を自らの貢納者としてしまう」、「すべての大資本の宝物殿」であるロンドンのシティにとくにその狙いを定めていた[150]。イングランド銀行が利子率を修正すると、借入コストの変動の影響は、イギリスの金融に依存する合衆国にも及んでいく。リストは論じる。イギリスの政策は合衆国の利害を考慮していないが、公式に独立しているはずの国の土地と労働の価値に甚大な影響力を持っている。そして、次のことすら示唆するのだ。もし合衆国が、近代的な製造業を有する国となる野望を放棄することを決断するならば、現在は重商主義体制によって保護されるイギリス帝国の中でうまくやっていけるであろう、と。

一八三七年と一八三九年の金融危機がもたらした国内の影響は、危機そのものよりもはるかに広範囲に及んだ。この金融危機は、一八四〇年の大統領選挙におけるジャクソン派の大統領候補者であったマーティン・ヴァン・ビューレンの落選、そしてクレイのアメリカンシステムの擁護者ウィリアム・ヘンリー・ハリソンの当選を説明する一つの要因である[151]。ハリソンは就任からほどなくして死去し、彼の後継となったジョン・タイラーは予想に反して、急進的なホウィッグ党の政策を放棄した。その理由の一つは、国家の浪費に対する世論の敵意を察知し、連邦政府の支出削減と国家財政の統制を掲げるジェファソン的手法に訴えたためであった[152]。にもかかわらず、タイラーは、輸入税を上げる一八四二年関税を承認せざるをえなかった。というのも、それが人々に受け入れられつつ、歳入を増やして健全な国家財政を回復する唯一の方法だったからである[153]。金融危機とその脱却手段は、社会秩序を混乱させた。反乱が広がり、州政府が攻撃された。当初、州政府は戒厳令と暴力的な鎮圧で応じたが、その後は専門警察の設置によって対処した。何千人もの債務者と求職者がテキサスへと移住し、独立した奴隷所有共和国の政治的基盤を強化した。この共和国は一八四六年に新州として合衆国に加入する。一八四六年から一八四八年のアメリカ＝メキシコ戦争は、テキサス併合へとつながっていたが、不況とも関わりを持っていたのである[154]。間違いなくこの戦争は、大統領ジェイムズ・ポークの好戦的姿勢にはけ口を与えるものであったが、他方で新しい土地の奪取から生まれると期待された繁栄に対する公衆の願望に応じたものでもあった。

ロンドンのシティは、日和見な姿勢を貫いていたが、次第にこの「不合理な熱狂」の機運が合衆国憲法に関する誤解と合流した先に現れる結果について、真剣に考えるようになった。連邦政府は、破産した州政府への救済に乗り気ではなかったが、イギリス政府とて、足の折れた馬に乗る投資家を補助しようとはしなかったのである。シティは自らの苦境に対応するために、健全財政の利点を宣伝し、外国からの融資が止められた場合に起こる影響を強調する、大規模な広報活動を展開した。一八五〇年初頭までには、ほとんどの破産者が支払いを再開した。[155]返済に失敗した（いまだに返済していないが）ミシシッピ州は、イギリスの資本市場から締め出された。偶然かどうかわからないが、同州は現在でも、共和国の最貧困州であり続けている。[156]

合衆国は、その規模の大きさから破綻へとはつながらなかった。一八四六年のイギリスによる自由貿易の採用、一八四六年から一八四八年の対メキシコ戦争、そして一八四八年のカリフォルニア併合など、一八四〇年代には投資機会が再び現れた。経済が勢いを取り戻すと、シティは再び、共和国の「事業」の成功に大きく関与するようになった。一八四八年に議会が可決し、イギリスの経済界も支持したウォーカー関税に体現された関税削減政策は、中西部の穀物生産農家に有利な条件で大西洋市場に参入する機会を与えることをはっきりと意図していた。[157]一八五〇年代に穀物輸出はブームとなり、地価は上昇し、銀行は、今回は「状況は異なる」という想定の下で再び資金を貸し出した。だが、そうはならなかった。一八五七年には、再度の「恐慌」が発生しているが、これは一八一九年から一八三七年まで続いた景気循環の中心的な特徴の繰り返しであった。

この一八五七年のケースには、以前と同じように、はっきりした外的原因と広範囲に及ぶ国内的影響が見られる。[158]穀物価格は、クリミア戦争を原因とするヨーロッパ農業の混乱によって上昇していた。一八五六年の和平の到来と域内生産の回復によって、外部からの穀物供給への需要は減退した。合衆国の穀物価格は下落した。債務者は借金の返済に困難を抱え、銀行は貸出金を回収した。そして破産と失業が続いたのである。同じく、政治的な影響も遠くまで及んだ。この際には、南部は不況による直接的な影響は受けず、この出来事を奴隷制社会の強靭さと優越性に関する宣伝材料に利用した。打撃を受けた北部の共和党の対応は、自由労働を自由社会の中核的要素として掲げる主張をより先鋭化するものであった。こうして、彼らは保護関税を再び唱え、共和国の経済発展を妨げる南部の「奴隷制の陰謀」を非難したのである。

これまでの議論は、共和国の発展における外的要素に焦点を当て、経済史の全体的な説明のためにカバーする必要がある製造業や国内市場のような重要なテーマはあえて脇に置いてきた。にもかかわらず、ここで描く議論のためには、この時代について主張されてきた「市場革命」に言及せねばならないであろう。というのも、市場革命は経済的な独立の問題と関係を持つからである。[159]一八〇〇年代から南北戦争の間には、疑いなく経済活動の上昇が見られた。[160]農産物生産量は上昇し、南部のプランテーションは輸出を増加させた。北東部の家族経営の生産は、より市場志向を強めた。工業は拡大した。収入と富の不平等も増加した。賃金労働と奴隷労働もともに、重要性を高めた。職人は次第に、商品の一部分を生産する下請け労働に取って代わられた。そして、土地市場が商品市場に加わった。増大を続ける人口は都市を拡大させ、西部フロンティアをアパラチア山脈のはるか向こうに広げた。ある推計によれば、一人当たりGDPは毎年一％以上増大しており、これは経済学者が、「近代」の経済成長に値すると認める水準である。[161] 別の証拠によれば、一八三〇年代には、栄養不足の結果として、成人男性の身長の低下が見られるが、これは人口増加に食料供給が追いつかなかった結果である。[162]

たとえ一九世紀前半の経済発展に関して楽観的な見方を採用したとしても、「市場革命」という概念には、依然として、問題が含まれている。[163] これまで使用されているところから判断するに、この概念は分析的な厳密性と統計的な根拠を欠いてしまっている。この概念はまた、実際に実現した以上の意味を内包してしまっている面もある。さらに、特定の限定された時期内で考察すれば顕著に見られる発展であっても、以前の時期や後の時期と比べると目立たなくなることもあろう。アメリカ資本主義の農村起源については、農村世帯が市場への関与を増大させた一八世紀に求められてきた。[164] 近代的な製造業は、たとえ北部においてであっても、根強い農村経済を変容させるほど急速に成長してはいなかった。[165] 少なくとも、一八三〇年代までには北部経済の先進的なセクターの一部は、利潤の最大化を重視する産業資本家ではなく、自らの支配的な立場を保持しようとする商人によって運営されていた。[166] 財政の一体性は未熟な段階にあったし、銀行システムは、投資資本の需要に応じることができなかった。[167] 輸送の向上が十分な統合力を発揮できると感じられるのは、一八五〇年以後であり、以前ではなかったのである。

この類の議論に関しては、用語の定義でいかようにも解釈が可能である。実際には、経済発展は革命を必要とすることなく起こりうる。言うまでもなく「革命」は経済の構造的な変動を伴うものであり、それはようやく、南北戦争以後に起こったのである。その後、工業生産の拡大は「より劇的」となり、「偉大な発明」の一世紀が、経済的潜在力と経済活動における「革命」を作り出した。[168] 本章で検討している期間においては、経済は圧倒的に農村部の活動であり、その状況は、ヨーロッパのほとんどの地域と同じであった。また市場の拡大は、合衆国が、経済的独立を宣言することを可能にするほど十分ではなかったのである。

◆文化的持続

一七八三年に新共和国の指導者たちは、すべての旧植民地が直面せざるをえない問題にぶつかることになった。新国家を旧支配国から区別する対抗文化の創出の必要性である。[169] この時点で合衆国は、一つの国民を持つ国 nation ではなく、かろうじて国家 state であったにすぎなかった。そのバラバラな諸政体と未確定な境界は、後世において「国民創造」として知られるようになる取り組みにとって都合のよい状況ではなかった。植民地支配者が、人口比で圧倒的多数を占める先住民社会を統治している場合、文化的差異はすでに明確に定まっていた。こうした状況では、新たに植民地から独立した国家の指導者は、自らの社会と旧宗主国の社会を区別するのにほとんど困難を抱えない。彼らの問題は、競合するエスニック集団を協調ないしは中和させることにある。というのも、集団それぞれが、自らの文化と利益が表現された形でナショナル・アイデンティティを形作ろうとするからである。白人入植地の植民地は、異なった課題に直面した。これらの国家の指導者たちは、多くの点でイギリス社会の延長版であるものから文化的な独立性を引き出さねばならなかった。彼らは先住民に対峙して自らを定義することもできた。しかし、必ずしも有効に対比できる外的存在を簡単に見つけることができたわけではないし、楽に呼び出すことができたわけでもなかった。というのも、エスニックな諸属性と判断基準の遺産は、植民地支配の時代を超えてもなお持続したからである。これはイギリスの自治領のケースであるが、合衆国にも当てはまる――合衆国の場合、植民地人が独立確保のために戦争を行ったにもかかわらず。

古い研究史では、自由な資本主義的価値観を体現するナショナル・アイデンティティの意識がかなり古い時代に登場し、一九世紀を迎えるまでには十分に形成されていた、ないしはおおよそ同じ状態にあった、と考えられていた。この見方によれば、移民は坩堝へと入っていき、かき混ぜられながら新たな市民的アイデンティティの鋳型へと流されていく。[170]しかしながら近年の研究は、独立の時点では、大陸植民地のほとんどの入植者は、自らをイギリス系アメリカ人であると考えていたと論じている。[171]植民地人の一部は、自らを大西洋にまたがるトランスナショナルな複合的世界の一員であると考えていた。他方で、形成されつつある大陸社会の一部になることを想像する者もいた。ごく少数であるが、スペインやフランスとの血縁関係や文化的絆を保持した者も存在した。[172]このように、多様性の幅があることは、国家の考え方自体が、当時は流動的であったことを示している。ハミルトンにとっての国家とは、安全のために中央政府によってまとめられ、国境によって区切られた統一体を指していた。ジェファソンにとっての国家とは、本質的に平和的で、自治的な一群の共和国を指し、共和国が増えれば、既存の枠を越えた世界をまたにかけた社会となることもありえた。[173]ただ、両者の分岐点を見出すことは決して容易ではない。さらに重要なことに、合衆国憲法は、諸州の権限を確固たるものとすることで、連邦国家と、連邦構成諸州と結びついたさまざまな国民意識との間の区別を強化する手助けとなってしまったのである。

コスモポリタンな意識と地方意識は、アメリカ独自の国民意識が登場するかなり前から形成されていた。入植者が、自らのイメージに基づいて共和国の形を作り始めるのは、彼らがアングロ゠サクソンの中心部から距離を取ってからのことであった。以後、アメリカのアイデンティティが形成されていくが、それはメルティングポットではなく、民族生成の力によるものであった。[174]エスニシティの研究者は、この過程の典型的な順序を明らかにしている。すなわち、出身地からの移住が起こった後、第一次集団が細胞分裂する。時間とともに固有性が発達する。他方で、支配的な「エトニ」が、他のグループを自らの価値観や慣習に従うよう説得ないしは強制する同化の戦略も生み出される。専門家は、国民という集団は、一つのエスニックグループを中核として成長することに同意しているが、合衆国も例外ではない[175]。

一七七六年にはエスニックな中核を構成したのは、およそ六〇%を占めるイングランド系、八〇%のイギリス系、九八%のプロテスタントであった[176]。共和国の指導者は、一七八三年の独立以後、他のグループを包摂するために「エスニック」基盤の拡大を進めた。この試みは排他的だったわけではない。多様な帰属意識は、社会生活の中で消去できない事実であったし、とくに連邦という形態ではやむをえなかった。むしろ指導者の目的は、国家の存続を保証するのに必要な一定の統一性を生み出すために、新国家にできるだけ多くの忠誠心を集めることであった。植民地人は、一七世紀にその最初のステップを踏んでいた。この時代、対先住民戦争の中で、先住民と対になる集合概念が必要とされ、新たな白人アメリカ人アイデンティティが生まれる契機となった[177]。恒常的な先住民との戦争状態は一九世紀も続き、先住民の存在自体が脅威として感じられた。奴隷所有の拡大と隆盛は、奴隷反乱の恐怖と結びついて、同じように人種的優越性と経済的支配に基づく白人文化を形作る素地となった。

白人種の統一性と優越性という意識は、国民創造の中心的要素であったが、決して十分条件ではなかった。イギリスのエトニ——海外に離散したものであったが——もまた、他の白人エスニック集団に対して権威を確立しなければならなかった。同化のプロセスの働きによって、「アングロ・コンフォーミティ」が達成されることになると考えられ、それは、二〇世紀の島嶼帝国で試みられた「アメリカ化」政策の先駆となった。同化は望ましく、かつ達成可能だと思わせることが必要だったが、同時に達成感と排他性の意識を与えなければならなかった。だが、必ずしもバランスよく事態が進んだわけではない。アングロエリートの仲間に加わるには、明瞭な物質的成功が必要であり、誰にでも開かれた機会ではなかった。しかし原則的には、誰もが福音主義宗派の一つに加入することで、「選民」の仲間入りを果たすことが可能であった。もっとも実際には、宗教的な差異は容易には克服することはできなかった。ローマカトリック教徒は、彼らの信仰が加入に伴う基本的な価値観に合わないという理由で、「アングロクラブ」への入会を拒まれた。カトリック教徒の差別は、プロテスタントの中核を強化する境界線を確立し、同時に集団への加入に必要とされる中心的な資格の一つを定めていたのであった。

同化政策には、三つの主要イデオロギー的媒体が存在した。建国者崇拝、アングロ゠サクソン神話、そして福音主義プロテスタンティズムである。すべての社会は、自らの優先的価値のもととなる起源神話を生み出し、そして、その神話を古来の伝統に定置することで、正統性を付与してきた。起源神話は、空疎で実証不可能であるが、そのことは、決して弱みではなく、強みである。神話は検証されることなく、持続性を保ち、そしてその一般性によって、時代の変化へと適応する相応の柔軟性を持つからである。

一七八三年以後、評論家や宣伝屋は、建国父祖、とりわけジョージ・ワシントンを国民統合のシンボルとするために、念入りな努力を重ねた。[178]この方向性を進める際――他の場合でも同じであるが――、合衆国は、すべての新しい独立国家が採用する戦略を発展させた。建国者たちは、敬うべき道徳的振舞いの模範また自由の闘士となったのである。こうした宣伝が、共和国の市民にどれほど浸透したかは簡単には推察できないが、おそらく憲法への支持を固めるのに寄与したであろう。もともと、ジェファソンは、各世代ごとに憲法の修正を検討することが必要だと考えていた。マディソンはジェファソンに共感したが、彼の考えを推奨してしまえば、不安定な状況の扉を開きかねないと結論づけた。その代わり、彼は「暗黙の了解」という考えを提案した。それは、平和的に体制が受け入れられている状況を政治的に十分な満足が得られている指標とするものであった。この原理は、自由を奴隷制と調和させる利点を持っていた。というのは、奴隷は自らの状況に受動的に同意していると考えられていたからである。この定式の問題点は、短期的には憲法への支持を確保しつつ、長期にわたる問題――奴隷制――を固めてしまう点にあった――結局は、戦場で解決せねばならなくなる。

「イギリス化」（Anglicization）は、一八世紀に用いられるようになり、一七八三年以後にイギリスが帝国中で使い始めた、よく知られるアングロ＝サクソンの派生語である。[179]アメリカ社会において、アングロ＝サクソン起源説は非常に重視され、一九世紀を通じて、強力な知的影響力を持ち続けた。さらに一般化し、薄められた形で、同起源説は社会のあらゆる階層の考え方を形作り、あるいは確固たるものとした。唱道者が言うには、アングロ＝サクソンの伝統は、保持すべき例外的な特質の一つであり、もし消失してしまえば、回復する必要があるものだった。アングロ＝サクソン人は、際立った存在で、かつ優越していた。というのも、彼らは普遍的自由を発明し、萌芽期の民主主義を作り出し、そして、こうした資質を機能させるのに必要な組織的技能を示してきたからである。

アングロ＝サクソン神話は、多様な白人人口の中に統一性を生み出し、それをイギリス的価値観に適合させる手段であった。アメリカ版アングロ＝サクソン神話の先駆的な唱道者の一人であったラルフ・ウォルド・エマソンは、神話のルーツをイギリスにまでたどり、アメリカへと再輸入を行った。[180]エマソンが示した、有徳で男らしい神話的サクソン人は、ヘルダーとヘーゲルが提唱したロマンティックなナショナリズムと容易に結合した。ヘルダーとヘーゲルは、民族を、強く、独立した国家を作る天命を背負う有機的な生命体として考えていた。イギリス系アメリカ人にとって、天命の特別な担い手は、東海岸の都市エリートとシカゴやロサンゼルスといった新興都市における彼らの模倣者であった。[181]その下士官に任命された存在が、ヨーマンである。ヨーマンは、イギリスからは消滅しつつあったが、新世界で再び息を吹き返していた。新世界において、彼らは、真正かつ、有機的な価値の守護者であり、担い手となるのであった[182]。しかしながら、エマソンのエスニシティ概念は、南部では競合相手にぶつかった。南部では、一九世紀半ばまでには、イギリス系の世界に関する異なる考え方が根づいていた。南部の評論家は、大きくなる地域間の差異を、北部アングロ＝サクソン人と南部アングロ＝ノルマン人の対立として提示した[183]。この定式の下では、慎ましい出自のピューリタンが、上流階級の騎士と対比され、両者の対立の果てに、貴族が低い階層の人々に勝利すると考えられた[184]。

世俗的アングロ＝サクソン主義にとって、宗教上の別働部隊となったのが、福音主義プロテスタンティズムであった[185]。天命への強力な信仰と結びついた宗教的熱意の感覚は、ピルグリムファーザーズとともに、ニューイングランドに到来していた。一七三〇年代と一七四〇年代に起こった大覚醒運動は、長老派、バプティスト、メソディストをアメリカのプロテスタンティズムの最前線に位置づけた[186]。一七九〇年代以後には、ニューイングランドで、メソディストとバプティストに率いられた第二次大覚醒として知られる宗教的熱狂が再び起こり、運河、道路、後には鉄道によって開発されたルートに沿って広がった。ある権威的な見解によれば、この信仰復興は「以前も、以後も、アメリカ社会のキリスト教化に貢献した最大の力である」という[187]。一七七六年から一八五〇年の間に教会員は倍増した[188]。一九世紀半ばまでには、福音主義者はイギリスと合衆国において、大きな政治的影響力を持つまでになっていた。彼らは禁酒運動の発生を促し、奴隷制や女性の権利といった問題に関する運動に他のグループとともに加わった[189]。

福音主義は、ヒエラルキーに代わって、聖書の訓示によって導かれた、直接的で、個人的な霊的体験が支える自己への信頼を重視した。有徳な習慣と善行は、敬虔さの表現とされた。他方、個人の罪は、個人だけでなく、より広い共同体の罪となる。ただし、公共の場での告白によって、個人と共同体双方にとって救済への展望が開かれていた。さらに神の摂理という考え方が、人々に確かさと安心感を与えた。十分に理解できない事件、あるいは悪い結果をもたらす事件は、神の意志に――その方針と考えは、不可知であり続けたが、その最終的な目的には疑いがない――帰することができるのである。摂理主義は、イギリスにルーツを持つが、一八世紀において、特殊アメリカ的な性格を獲得した。この時期、独立革命を正当化するイデオロギーを創出する必要性が生じたからである[190]。神が目的とすることは、一七八三年以後に明らかになった。独立革命は、神による地上への介入と考えられた。合衆国は、自由と民主主義を世界に広げるという神の意志を実現するために建国されたというのである。明白なる天命という概念の中で、物質的な野心と宗教的な献身が手を結んだ。一七八三年以後、この概念は、大陸的な拡大に対して、宗教的な情熱を伴いながら適用されたのである。

アメリカのプロテスタントは、宗教的ビジョンの共有を通して、共和国内に明瞭に存在した分裂を緩和し、あるいは乗り越え、統一されたキリスト教徒の共和国を建設することを目指した。福音主義派の布教活動は、異なるコミュニティをつなぎ始めた。宗派間にまたがるプロテスタントの同盟は、公立学校や自発的結社を通じて、イギリス的な価値観を広げた[191]。こうした努力は、公共的な選択の問題においても、一定の統一性を作り出した。ジェファソンのような理神論者やプリーストリーのようなユニテリアンに刺激を与えた啓蒙主義の影響は後退した。理神論は組織化された宗教の中に吸収され、そこで合衆国の存在と進歩は神の意志と合致するという、一般的な市民的信念の成長に寄与した。このような発展の下、政治的議論の中で自由思想家の占める場所がほとんどなくなっていった[192]。共和主義のレトリックは生き残ったが、市民的徳の観念は公的な政治領域からは後退し、次第に宗教との関わりを深めた。こうして市民的徳は、教会、学校、家族を通じて、非公式な形で表現されるようになったのである[193]。とりわけ南部では、市民的徳は、社会秩序の有機的性質と、それゆえ過去を守り、未来に受け渡す必要性を強調する、新たな形のロマン主義と融合した[194]。

有力な解釈は、第二次大覚醒は、アメリカ独立革命と市場革命への対応であるとする見解である——もっとも、両者の関係の性質については、専門家の間でも明確に意見は割れているが[195]。アメリカ独立革命は、集権的で、君主制的な政府と、制定教会であるイギリス国教会のヒエラルキーに基づく権威を拒絶した。その結果生じた正統性の危機は、憲法によっては、部分的にしか克服されなかった。憲法は原理的には、神の被造物になりえたが、あくまで人間の創造物であった。神の最終目的を判断する力を持つアメリカのプロテスタンティズムは、この問題に対する説得力ある解決策を提示した。神が主権者となったというのである。しかし、こうした解決策の必要性を生み出したのが、アメリカ独立革命だったとすれば、フランス革命がフランス国内の好戦的な反キリスト教的な動きと結びついて、同様な解決策を促す力となった[196]。アメリカの観察者たちは、フランスにおける過激な反教権主義の光景を見て恐怖におののいた。とくにそれが、私有財産への攻撃と結びついたときにはなおさらであった。彼らの反応は、プロテスタント復興を刺激した。フランス革命は、ジョン・クインジー・アダムズのようなアメリカの指導者に対して、徳ある共和国とならず者の支配する共和国の間に区別をつけるよう促し、福音主義プロテスタンティズムが消去できない印として刻まれた、特殊アメリカ的形態を持つナショナリズムへと向かわせる道標となった。その結果、世俗的な啓蒙主義は拒否され、ヨーロッパの理論家や思想家一般に対して常に疑念が持たれた。さらに外国の陰謀家が、共和国を崩壊させようと企んでいるとする信念が浸透し、それによって急進的な変化に対する恐怖が強化された。これらの要素が合わさって、神の恵みを受け、神の目的を果たす特別な委任状を負託された共和主義の特殊形態という考えが正当化された。一七九八年に連邦議会議員のロバート・ハーパー（Robert Harper）は、「哲学者は革命という過激な運動の先駆者である」と宣言した[197]。かつては英雄視されたトマス・ペインが排斥されたのも、不思議ではない[198]。

また、アメリカのプロテスタントは、経済発展によってもたらされた不安定な社会経済的変化にも対処せねばならなかった。福音主義諸宗派の中でも最も数が多かったメソディストとバプティストは、宗教と資本主義のつながりを強化することで対応した。宗教における個人の責任という考え方は、経済面での自己利益の追求と結びつき、消費者の選択と、抑制のない非集権的な市場の働きを保証した。[199]「神の恵みによって」個人事業が、豊富な資源にアクセスすることができたことで、新たに競争を軸とする行動様式が生み出された。この政治は、古典的な思想よりも、徳は獲得欲と両立するという聖書的な道徳性によって枠組みを与えられていた。経済成長への専心は、平等への関心を凌駕した。[200]その結果として現れた将来展望の信念は、成功への道を正当化しつつ、失敗はその道でつまずいた者の責任であるとされた。[201]こうして、経済的変化がもたらす機会、不安定さ、不満は、民衆的な宗教の中に回収され、後の時代に各地で「怨嗟の政治」と知られるようになる状態が回避されたのである。[202]

君主制とそれに付随するヒエラルキーの拒絶によって、とりわけ緊急に必要とされたのは、ジェファソンが「自然の貴族」と呼ぶ新たなエリート層の確立であった。こうした「自然の貴族」は、共和国の価値、さらに安定した秩序と統一の感覚を体現すると想定されていた。しかし、引き続きイギリスの伝統が力を持ったため、イギリス帝国の他の定住植民地と同じく、文化的自立を達成する努力には歯止めがかかった。確かに、ジェファソンやジャクソンの対外政策に明瞭に見られるように、独立革命はある程度の反イギリス感情を惹起した。しかしながら、影響力は控えめでありつつも、依然としてイギリスへの愛着も存在し、一八一二年戦争によって引き起こされた分裂が癒されると、再び力を持った。[203]一八三八年のヴィクトリア女王の即位は、共和国でも大きな熱狂を呼び、ある合衆国の特派員は、あまりメロディーもない「国王マニア」――一時の流行語に終わった――という曲を書いたほどであった。[204]一八六〇年に皇太子が合衆国を訪問した際には、歓迎のため、ニューヨークの通りに二五万もの人が列をなした。[205]これに応じて、イギリスの公衆も、一八六五年のリンカン大統領の暗殺という「悲しい知らせ」をショック、嫌悪、悲嘆とともに受け取ったのである。[206]

合衆国において伝統に敬意が払われたことは、目新しい現在のものでは与えることのできない安心を求める考えに由来する。したがって、革命の利点は、その欠点によって相殺されてしまったといえよう。イギリスの君主制が魅力的であったのは、質の高い永続性と秩序を体現しつつも、権威主義的な統治を押しつける恐れがないからであった。しかしながら、イギリスの君主制は捨て去られ、選挙で選ばれた大統領がその座につき、かつ現在と過去のつながりを維持する絆を表象することもなく、その座を降りていくようになった。同じく、敬虔なプロテスタント信仰は、身近な必要性には対応できたが、体制宗教たるイギリス国教会が象徴するような、より広い共通性の感覚を提供することはできなかった。現実のものとしてであれ、想像上のものとしてであれ、イギリスを価値の起源と源泉として扱う以外の選択肢は存在しなかった。合衆国における伝統は、イギリスモデルの改造版に磨きをかけることで開発されたのである。一八四七年にエマソンは、次のように観察している。「アメリカはおおよそ都合よく、イギリスの精神を新しい状況の中へ繋げたにすぎない」。[207]

模倣できるものは何でも模倣された――そして拡張された。[208]

イギリスの言語とアクセントは、アイビーリーグの大学で熱心に教えられ、こうした大学は、徳と名誉の守護者となるイギリス・スタイルのジェントルマンを育成した[209]。外国からの移民は、英語を国民言語として受け入れ、一族の名前をイギリス風に改め、アメリカのプロテスタントに改宗し、エリートの価値観を上昇志向の「下層民」に注入する、後に「文化的上昇」として知られる運動に加わるように奨励された[210]。ウォルト・ホイットマンが、封建的文学の代表とみなしたシェイクスピアは、広く教えられ、読まれ、舞台で演じられた[211]。一九世紀のイギリスと同じように、古典の素養は存続したのみならず、広められた。大学とカレッジは、文法にとどまらず、ギリシアとローマの巨匠から道徳的な指針を得る教育にも手を伸ばした[212]。芸術家は、古典の有名作品に類似させるべきであると主張するジョシュア・レイノルズの助言を守るよう教えられた。流行は、英米両国で並行して推移した。行動規範は徐々に家父長主義色彩を弱め、ミドルクラス的になっていった。イギリスと同じように合衆国でも新興都市ジェントリ層が台頭した。男性と女性の役割も同じような発展の道筋をたどった[213]。

共和国の指導的人物たちは、言語が国民性の重要な要素であり、また文化的自立を達成する鍵の一つであると認識していた。トマス・ジェファソンとノア・ウェブスターは、政治については意見を異にしたが、新たにアメリカ語が創造される姿を見たいという野望においては一致していた[214]。ウェブスターは言語、価値、行為の間にあるつながりを鋭く認識しており、合衆国の内部にある言語的分裂を克服し、共和国をイギリス的起源から分離するための国民言語を作る仕事を自らに課した[215]。一七八三年に出版された、彼の手になる画期的『アメリカ語綴り字辞典』は、英語の難解な部分の修正を試みるものであった。その後ウェブスターは、著名な『辞書』の制作に尽力した。一八二八年に出版されたこの作品は、驚嘆すべき仕事量と膨大な学識の産物であった。しかしながら、この頃までには、ウェブスターは、独立革命の情熱にすでに別れを告げていた[216]。彼は独立したアメリカ版の英語を創造するという若き日の計画からは撤退しており、彼が共和国の理想の衰退と自由の過剰であるとみなした事態に関心を寄せるようになっていた。一八〇八年にウェブスターは普遍的な行動規範を提供すると思われた福音主義へと転じ、自らの『辞書』は社会秩序を安定させる役目を担う言葉の定義を与えるものと考えるようになっていた。だが、一八二八年頃には、イギリス英語に慎ましい修正を施したウェブスターの『辞書』を重視する人はほとんどいなかった。一八四三年に死去する時期になっても、彼の偉大な仕事は依然として一般的な認知を得ていなかった。一八三〇年のジョゼフ・ウースターの『辞書』は、一八六〇年代まで最も権威的な辞書であったが、その理由は何よりも、イギリス英語に執着していた点にあった[217]。今日では、聖人扱いされているものの、ウェブスターはその存命中に、承認を求めて苦闘していたのである。

文学的な独立を求めたエマソンの試みも同様に、苦しいものであった[218]。一八三七年、彼は自信たっぷりに「われわれの従属の日々、われわれの長きにわたった他国のことを学ぶ修業時代は終わろうとしている」と宣言した[219]。彼の「文学の独立宣言」

は、反響を呼んだが、その理由はこの宣言が、いかに合衆国がその発想力の源として、いまだにイギリスに依存しているかを知らしめた点にあった[220]。トクヴィルは、一八四〇年に、同じ点を指摘している。「アメリカの作家たちは自らの国ではなくて、むしろイングランドに住んでいると言われてもおかしくない。というのも、彼らは常にイングランドの作家から学び、日々彼らをモデルにしているからである」[221]。文化的オリジナリティ確立に向けたエマソンのアピールに集まった反響は慎ましいものであった。その理由の一端は、宣言に実際の展望がなく、仰々しい声明にすぎなかったことにあったが、主たる理由は、彼自身が、イギリスの古典にどっぷり浸かっており、そこから思考を分離させることができなかったことにあった[222]。一八五六年に発表した『英国の印象』は、深い敬意を持って、イギリスの徳と力を賞賛していた。このため、後にオーストラリア人は、「文化的へつらい」という独特のフレーズで、その特徴を言い表すことになる[223]。ハーマン・メルヴィルは異なる角度から、文学的依存が続いていることを示した。メルヴィルは、一八五一年に『白鯨』を出版し、現在では、一九世紀における最もオリジナルなアメリカ作家であるとみなされている。しかしながら当時は、彼の民主主義、人種主義、帝国主義に関する寓話的な省察は批評家を困惑させ、読者を遠ざけていた。賞賛されるどころか、彼は無名なまま、人生を終えたのである[224]。

　このような状況においては、当時最も人気のあった二人の作家、ジェイムズ・フェニモア・クーパー（James Fenimore Cooper）とヘンリー・ワーズワース・ロングフェロー（Henry Wadsworth Longfellow）が、独自の文学を創造するためにヨーロッパの材料に依拠したのも不思議ではない。彼らの文学は、白人の一体性の下支えと、大きな社会不安の時期における心理的支援の提供を目的とした。クーパーは、ウォルター・スコットの歴史ロマンスのアメリカ版を制作し、一八二〇年代において、大衆的愛国主義文学の素地を築いた[225]。彼はスコットと同じく、自然の貴族によって統治される、安定して秩序立った社会を展望した[226]。彼の小説の魅力は、国民統合が望まれつつも、ほとんど存在しない、不和の多き時代にあって、安心の感覚を与えるところにあった。クーパーは、独立革命の時代には存在したと思われるが、喪失の危機にあり、いまだ摑むことのできる、社会的連帯の意識を呼び覚まそうとしていた。同様の考えの下、彼はフロンティアの伝説を作り出した。すなわち道徳的正義を大切にする人々が、暴力のはびこるフロンティアを治め、そこに調和をもたらす伝説である。彼の小説は、不安な世界の現実を捉えつつ、想像上に作り上げた国民共有の感覚の中で、その現実を克服する試みであった。その感覚は、アメリカの生活に範を取りつつも、同じくらいイギリス的な価値観に依拠していた[227]。批評家の中には、彼をアングロマニアと呼ぶ者すらいた。この非難は粗雑すぎて、決してフェアではないが、にもかかわらず、彼の作品を特徴づけるイギリス依存的要素を的確に突いていた。

　ロングフェローも、あまりに古典に耽溺しており、ウォルト・ホイットマンは、彼をヨーロッパの形式の単なる模倣者であると軽蔑的に呼んだ[228]。一八五五年に出版された『ハイアワサの歌』（*Hiawatha*）は、先住民の材料に基づいてアメリカ文学の基礎作りを目指していたが、その主たる目的は、社会経済的な動乱の時代にあって、アングロ＝サクソン白人社会の苦境を癒すようなアレゴリーを創造することにあった。ロングフェローは、合成されたネイティブ・アメリカン像を作り上げた。すなわち、先住民を敵対的な野蛮人から、自己抑制され、それゆえ脅威のない高貴な存在へと変容させたのである。「ハイアワサ」は、すぐに成功を収めた。「ハイアワサ」の舞台は、喚起された古の調和と、ほどよく浄化されたネイティブ・アメリカンの窮状に——彼らと一切関わることなく——共感した白人聴衆に共同体の感覚を提供した。叙事詩の終わりの部分で、消えゆく先住民たるハイアワサは、彼の国に白人を招き、キリスト教を受け入れる。そして満足してより良い場所へと移っていくのだ。贖罪は安心をもたらす。インディアンは、白人の下で手なずけられる。バラバラでまとまりのない白人たちは、一つとなり、安寧を手に入れる。

共和国の文化的な願望を、最も視覚的な形で表現したのが建築であった。コロニアル様式のデザインは、独立後の時期でも、民間、公共問わず見られた。ボストンのエリート実業家たちは、イギリスの地主を模倣し、ヒエラルキーのないとされる社会において、自らの指導的地位を確立するために、田舎の邸宅に資金を注ぎ込んだ。南部のプランターも荘厳なジョージ王朝様式の邸宅を維持した[229]。アッシャー・ベンジャミン（Asher Benjamin）は植民地時代後期の建築を応用し、連邦様式を作り上げたが、元祖の痕跡を除去することはせず、またノア・ウェブスターとは異なり、そうしようとする意思も持たなかった[230]。公共建築物は、共和国の公式な願望を宣伝するために、またとない機会であった。ここにおいても、ギリシア・ローマの建築様式の形で表現されたイギリスの影響が、景観に永続的な刻印を施したのである。

一九世紀半ばには、調和と民主主義を象徴するギリシア様式のリバイバルが起こって、教会、裁判所、銀行、図書館の外観を形作り、南部のプランター、ニューイングランドの工場主だけでなく、フロンティアの富裕層の邸宅にすら影響を与えた[231]。州議会議事堂は、ワシントンの例に倣って、ほとんどすべてがギリシア神殿をモデルにし、亜種としてローマのバシリカ風も少数ながら存在した。古典に範を取った地名も、一九世紀中にニューイングランドから西部や南部に広まった[232]。一八五〇年代には、同じくイングランドから輸入したゴシックリバイバルが、一九世紀末まで最先端の様式となり、副産物として馬上槍試合のトーナメントすら行われた[233]。建築におけるゴシック様式が人気を博した理由の一つは、アングロ＝サクソン人の人種統合が高まる時代の流れに合致していたことであったが、同時にギリシア様式が、短命でかつ限界のある民主主義と奴隷制を想起させたこともあった。ゴシック様式は、奴隷制廃止運動が次第に影響力を持つ時代にあって、北部諸州が奴隷所有から距離を取ることを可能にしたのである。以後、ギリシア様式リバイバルは、南部の地域的スタイルとして残存していった。

「下々の人々」の文化については知りうることが少ない。だが、彼らの語っていた言葉が、ウェブスターやウースターの示した模範から外れていたことは間違いない。プランテーションの生活に感傷的な愛着を抱く愛すべき道化として、アフリカ系アメリカ人を描くミンストレルショウは、一八二〇年代から北部で人気を博した（この時期にトマス・ライスが、ジム・クロウという人物形象を発明した）。この演芸は、白人聴衆が一体性を得て、自らの優越性に関する信念を確認することを可能にした[234]。ミンストレルショウは、まず白人労働者の中で人気が出たが、一八五〇年代までには、南部においても北部においても、ミドルクラスの娯楽としても受容されるようになった[235]。一八三〇年代と一八四〇年代に最も有名なグループの一つであったハッチンソン・ファミリー・シンガーズは、地元の歌では成功せず、全面的なヨーデル唱法を用いたチロル民衆歌謡をコピーして人気を得た。ヨーデルはオーストリアからの旅一座によって、一般に広まっていた[236]。ハッチンソン一家は、禁酒運動と奴隷制廃止運動への支援を表明するために、輸入した基本形にアメリカの要素を加えた。だが、彼らは依然として、チロルの衣装を着てパフォーマンスしたのである――こうして、ハイブリッドの概念に新たな一側面が加わることになった。

独立達成から半世紀後、このような外来文化の影響への適応は、新たなフロンティアならではの創造的な新規性と合体しながら、アメリカ的とされる特徴を形作っていった。トクヴィルは一八三〇年代の文章において、今日でも馴染み深い多くの特徴を見つけている。彼が記したのは、開放性、おおらかさ、敬意の軽視である。敬意の軽視は、「社会状況の平等性」や、ほとんどヨーロッパでは見られない「不断の」流動性を生み出す自己への信頼と機会が合体した状況から生まれたという[237]。彼はまた、アメリカ人が物質的成功を尊ぶ程度が高いことに驚いている。トクヴィルの観察では、「私は、これほどカネへの愛が人々の心を捉えている国を知らない」[238]。同時に彼は、宗教的信念が、共和国の「政治体制の維持」の最も重要な柱の一つであることに疑いを持たなかった。「理論」よりも「実践」に重きを置くことが明確な点について、彼は次のようにコメントしている。「民主的な国民は、習慣的に美よりも実用を好むし、彼らは美が実用的であることを求める」。この初期の時代ですら、彼は賞賛さるべき平等性が見られる中に、「気に障る」また「尊大な」愛国主義の存在に注意を払っている。一人のフランス人貴族という立場からではあったが、トクヴィルは、国民的な偏見の問題に関して、できるだけ客観的な観察を心がけながらも、「イギリス人」が持つ、他の世界に対する「侮蔑的」な態度と「無知な考え」を見て取っているのである。

しかしながら、トクヴィルが観察したこの文化的アイデンティティの原初的な意識は、合衆国全体への忠誠心と融合した状態にあった[239]。トクヴィル自身も合衆国の市民について習慣的に、「アングロ・アメリカン」や「アメリカにおけるイングランド人種」と言及している。ナショナリズムの主題において、多くの場合に暗黙の了解であるように、ナショナリズムは萌芽的な状態に始まり、成熟した最終段階へと直線的に発展すると想定されている。しかしながら、この想定は、合衆国が歩んだ道筋には当てはまらない。一八五〇年代までにイギリス系アメリカ人は、一体化するよりは分裂し続けていた。また、アングロ＝サクソン主義の理論は、イデオロギー的支柱として機能した一方で、大西洋をまたいだつながりに由来しており、独立した起源神話として発展することを妨げていた。ヨルバ人とは異なり、イギリス系アメリカ人は、「大地の穴から」やってきたと主張するわけにはいかなかったのである。ジョージ三世は悪魔化され、建国父祖は神聖化されたが、多くの昔からの関係はそのまま残り、独立後には、新たな関係性も付け加わっていた。(240)実際、アングロ＝サクソン神話の拡大における「アメリカ支部」の成功は、真正性のお墨付きを与える起源母体にとっても、好都合な宣伝となったのである。(241)

宗教の媒体を通じて国民的一体性の意識を醸成する試みも、担い手となった福音主義者の真摯な努力にもかかわらず、同じように、結果は限定的であった。確かに、彼らのメッセージは、社会的・政治的な境界線を越えて伝わっていた。(242)また、白人アメリカ人全般、とくにアングロ＝サクソン領域外出身の移民、アフリカ系アメリカ人、女性の関心を引きつけた。だが、プロテスタントの一体性のアピールは、共和国内にある根深い分裂を克服するほどに強力ではなかった。プロテスタントの成功の一端は、共和国内の対立を正当化したところにあった。共和国は、宗教的ヒエラルキーのくびきを逃れるに際して、諸宗派と個別の教会同士の支配的立場をめぐる競争に扉を開いた。(243)結果として、広い意味でのキリスト教的メッセージの枠内にはあったが、脱中心化と個人の権利に関するポピュリスト的で、リバタリアン的考えの重視は、凝集力としてだけでなく、分散的な力としても働き始めたのである。たとえば、奴隷制廃止運動への福音主義者の関与は、北から南に移動するにつれて揺らいでいった。一度現地に着いてしまえば、福音主義は状況に適応し、現地の知識人の正当化論を受容し、既存の体制と一体化してしまう。(244)こうした展開は、ある程度、共和国の領土拡大とフロンティアの不安定さに伴う必然的な帰結であった。しかしながら、同時に個人に責任を委ねるという福音主義のメッセージにも責任があった。この考え方は、国全体よりも、ローカルに根差す、中心的権威を欠いた形態の市民的アイデンティティを支持する傾向があったからである。

さらに、アパラチア山脈西方地域において、いくつかの宗教団体が共和国を支えたのは、自由な権利に関心があったからではなく、自分たちは、異なる目的のために選ばれた人々だとする信念を持っていたためであった。(245)福音主義者のメッセージは、革命が生み出した機会をもってしても成功が得られなかった多くの人々、あるいはいまだに成功を手にしていない多くの人々に訴える力を持っていた。また、モルモン教徒のように、市場社会の浸透から距離を取りたいと考えた人々にも影響力を持った。一方、南部からテキサスへの移住者のように、奴隷制廃止運動の影響力がない地域に奴隷所有社会を建設しようとした集団もいた。こうした人々は、一八三〇年代と一八四〇年代のアフリカーナーと同じように、啓蒙主義の理念に近づくのではなく、むしろそこから遠ざかることを目指していた。このような集団のメンバーは、同化への道を歩むのとは異なる観点から宗教活動に傾倒した。その一部は、資本主義の随伴者となることも拒絶した。こうした集団にとって、第二次大覚醒は国民統合を醸成する手段ではなく、さらには社会統合の手段でもなく、自らの独立を確立するための手段だったのである。

もう一つ、なぜ形成途上のアメリカ人としてのアイデンティティの意識が、より大きな国民へのコミットメントへと移行しなかったかについて、その大きな理由は、共和国自体が発展の途上にあったことに帰せられよう。一七八三年においては、楽観主義者は既存のイギリス系の核が、ヨーロッパの他地域からの移民を吸収できると考えていた[246]。しかし、以後、同化への障害は増加した。白人の急増に伴い、人口は一八〇〇年の四五〇万人から一八六〇年の三五〇〇万人へと増加した[247]。増加の中で主要部分を占めたのが移民であり、その結果、エスニックな多様性が拡大した。この点がとくに妥当するのは、一八四〇年代と一八五〇年代に大規模に到来したアイルランド人カトリック教徒とドイツ語話者の移民である。入植地はもはや、東海岸に固まってはおらず、大陸全体に広がっていた。ルイジアナ購入とアメリカ＝メキシコ戦争の結果として獲得した広大な領土には、スペイン語やフランス語を話すカトリック教徒がおり、連邦は彼らを包摂することになった。こうした新参者が、すでに存在した言語的な不調和を増幅した。ある推計によれば、この時期において、南西部諸州の人口のうち、英語を第一言語とした者はわずか半数であった[248]。共和国は、克服の難しいジレンマに直面した。確かに、領土と人口の拡大は国の安全と経済発展にとって不可欠であろう。しかしながら、アイデンティティと帰属意識にとっては、予期しない問題を突きつけてきたのである。一八四〇年代と一八五〇年代におけるアメリカ党（ノーナッシング党とも呼ばれる）によって表現されたような、自己主張の強いエスニックナショナリズムの爆発は、同化という課題への取り組みが失敗したことを意味していた[249]。

近年の研究は、北部と南部は「共通のナショナリズムによって分断されていた」と主張している[250]。ここで採用している立場は——さらに次の章で検討することになるが——、南北戦争前には、分断されるべき共通のナショナリズムはほとんど存在しなかったというものである。先に議論した広範囲にわたる政治的・経済的変化は、北部と南部の間の分裂を拡大させていた。コミュニケーション網の改善は、経済統合に役立ちつつも、一方で地域的な反発感情も広めることになった。サミュエル・モース（Samuel Morse）は、電信が「国全体を一つの近隣に」することを望んだ[251]。一八五四年にヘンリー・ソロー（Henry Thoreau）は、次のようにコメントしている。「われわれは、急速に人々をつなぐ電信網をメイン州からテキサス州まで建設している。しかし、メインとテキサスの間では、伝えるべき大事なことが何もないかもしれない[252]」。彼らが伝えたことは、ほとんど国民統合の意識を作り出さなかったと付け加えられよう。その代わりに、連邦が取るべき国の形には、二つの競合する選択が存在した。この問題が解決するまで、多くの人を包摂するナショナリズムの意識が根づくことはなかったのである。

◆「野生の森を、喜ばしい自由の邸宅に変える[253]」

一九世紀前半における合衆国の行く末を支配するための闘争

については、あえてここで繰り返す必要がないほど、著名な歴史家たちが詳述してきている。[254]本章で提示した議論は、国内の出来事に関するよく知られた叙述を、脱植民地化と国民創造を幅広く考慮した文脈に置くことである。この観点から見れば、歴史家たちはこれまで、独立後の時期における革命がもたらした結果と一国主義的性質の双方を強調しすぎていたと言えるかもしれない。一七八三年以後も、旧宗主国との関係は続いていただけでなく、関係の重要性はむしろ増大していた。個別具体的には違いが見られたかもしれないが、合衆国が直面した諸問題は、ヨーロッパと並行していた。ヨーロッパでも憲政的改革、経済発展、国民創造が、ポストナポレオン期における新国家あるいは新たに再建した国家の歴史において、主要テーマだったのである。

建国の父祖とその後継者たちは、こうした課題に答えることを目的とした、一定の政策を追求した。政治的持続については、イギリスの軍事＝財政国家の諸要素を導入した連邦制を樹立して対処した。連邦政府は、内政については連邦構成州に権限を委ねつつ、新共和国の安全を保障し、増大する国の業務をこなすのに十分な権威を持った、主権国家としての役割を果たした。しかしながら、合意の代価として、建国者たちは、憲法の中に自らが達成しようとする安定した状態を最後には掘り崩してしまう条項を含めざるをえなかった。財産には奴隷を含むと定義することで、また奴隷に名目的な投票権を割り当てることで〔奴隷は一人当たり、五分の三人として、有権者数に加算された〕、憲法は政治的なバランスが南部諸州に優位になるように傾く手助けとなった。連邦権力を諸州の数および有権者の数と連動させることで、憲法は、党派と政党が、領土支配と州の資格の決定をめぐって争う舞台を用意してしまった。競争的な領土拡大――その一部はイギリス資本によって資金を提供され、イギリス海軍に支えられていた――は、南北戦争前の時期においても、連邦を破滅させかねない一連の危機を招くことになった。連邦共和国は、神が離れ離れにしておこうとしていた人々の間の偽りの結婚であるという感覚は、あらゆる政治の領域における議論で、ごく普通のものとなった。一八六一年までには、南部は独立を求めたが、それはイギリスからではなく、北部からだったのである。

経済的な自立の希求は、同じく頓挫した。他の新興国家が経験したのと同じように、再び植民地的関係を受け入れようとする政党と、断絶を求める政党との間で溝が広がった。経済政策上の違いは、地域間に相互補完が進展したにもかかわらず、大きな分裂を招く要素となった。南部はますます、奴隷が生産した綿花輸出に基づく自由貿易関係を重視するようになった。北部は重商主義政策を追求したが、市場の拡大と製造業の発展を促進するのに必要な高関税を確保することはできなかった。[255]合衆国は依然として、原綿生産とその流通に資金を供給し、かつ最大の市場を提供したイギリスに大きく依存したままであった。イギリスが自由貿易を採用し、西部が穀物供給者として国際経済に参入して以後、旧宗主国とその元植民地はいっそう密接に結びついた。このような経済的特化の傾向は、他の白人入植地地域で形成されつつあった輸出経済を先取りしていた。原材料への需要、さらにそれに応じた製造品の供給は、対外貿易と対外投資において、地球上の各地で感じられるような変動を生み出した。結果として発生するブーム、不況、金融「恐慌」は、関与する者すべての営みを揺さぶり、その利益を代表する党派の政治的命運にも影響を与えた。

新国家の国民的アイデンティティの創造を意図した文化的同化政策は、引き続く国際的、エスニック的、あるいは地方的帰属意識との競合に苦しんだ。この時期の文学や芸術的達成の持つ意義については疑いようがない。だが必然的に、これらは同時代の刻印、とくにイギリスの様式とスタンダードを背負うことになってしまった[256]。中身は変えることができるかもしれないが、形式はイギリスの鋳型で作られた輸出版のままだったのである。文化的独立の宣言はあくまで、意図の表現であって、達成の宣言ではなかった。アングロ＝サクソンモデルは、同化に向けての最も実行可能な基盤であったが、文化的自立という野望を縮小させた。また君主制と制定教会の否定によって、権威は移譲されたが、一方で国民統合にとっての強力なシンボルを除去することにもなった。イギリスの非公式な影響力は、消費者の好みやさまざまな芸術表現の形にまで伸びていた。芸術表現の場合には、かつての「母国」の指導すら仰ぎ続けていた。独立した国民性の意識を形成するのに必要とされる他者の姿は、北部と南部の間に紛争を招くことになる別々のアイデンティティが成長する中、海外ではなく国内に見出された。一八六一年の時点になっても、対抗文化を創造するための努力は、国民的アイデンティティの意識を、いくつも存在した別の未来像を凌駕できるほどの地点にまで到達させてはいなかった。アンブローズ・ビアース（Ambrose Bierce）は、南北戦争後の文章において、外国人を「試行期間にあるアメリカの主権者」として表現し、多様な移民からなる国を特徴づける、移行期の不安定さを捉えている[257]。

本書が提示する解釈は、共和国に、これまでは顧みられなかった歴史的文脈を加えようとするものである。合衆国は、一九世紀以前に帝国主義の「最高段階」に到達した重商主義帝国が解体し始める時期に独立を達成した、最初の国であった。このような見方は、一七八三年から一八六一年までの合衆国の歴史を、いわゆる古典的な脱植民地化後のジレンマの先行形態として捉え直す可能性を示唆する。すなわち、いかにして公式な独立に実体を与えていくかという課題である。合衆国の歴史叙述は、独自の、「例外的な」性質を持つと強調するが、この時期において、イギリスと、より広いヨーロッパとの関係が引き続き重要性を持っていた点を加味することで、新たな見方を獲得するかもしれない。

大西洋をまたいだ重層的な関係性は、標準的な合衆国史においては非常に限定的にしか描かれていないが、消えさるどころか、むしろイギリスの浸透力を大幅に増すような変容を遂げた。公式な脱植民地化以後においても帝国主義が持続したことは、イギリスとその元植民地の関係を特徴づける新植民地主義の諸要素の中に明白に見て取ることができる。自治を達成はしたものの、ここで検討している政治、経済、文化的な諸領域で、イギリスに依存し続ける白人入植植民地と比較できる点が多いことは明白であろう。もっとも、この点はいまだに看過されているが[258]。むろん、比較は示唆を与えるが、明確な違いも加味したバランスも必要である。合衆国は対外関係の分野において、公式に外国から独立したというだけでなく、イギリスの自治領が欠いている規模と資源のアドバンテージがあり、総資本量の形成において、より大きな規模で国内から調達することが可能であった。さらに、依存が搾取と低開発を伴うとする理論は、依存にはさまざまなケースがあり、それゆえ結果も多様になることを理解し損なっている。国際分業は、イギリス自治領と合衆国の双方に利益をもたらした。共和国は、イギリス自治領と同じように、農産物輸出と製造品および資本の輸入から利益を得ていたが、イギリスもまた、原綿の輸入と対外投資からの収益によって利益を得ていたのである。

しかしながら、両者の関係が互恵的であると認めることは、必ずしもそれが平等であると結論づけることを意味しない。「キングコットン」とその仲間たちが、イギリスに対して持つ影響力よりも、イギリスの諸状況が合衆国に与える影響の方が大きかった。イギリスが供給する資本は、合衆国の主要輸出セクターの発展にとって重要だっただけでなく、それに関連した国内の経済活動にとっても重要であったし、さらには、政体自体の形成やその道筋にも大きな影響力を持った。あらゆる思想傾向の評論家たちは、イギリスが多大な影響力を持っていることを明瞭に認識しており、それがもたらす捉えどころのない影響と取り組んだが、うまくいかなかった。彼らはみな、外国資本と市場は経済発展にとって不可欠であると理解していたが、彼らの賞賛する政治的自由に対して依存がもたらす制約に反発した。ここから生じる従属の意識は、合衆国をイギリスの非公式帝国のメンバーに加入させるほどの力は持たなかったが、それでも政治、実業、文化のあらゆる領域にまたがる共和国の指導者の優先順位を形作ったのである。

さらに、この時期の合衆国史に関してほとんど意識されていない特質は、より広い範囲の西ヨーロッパ世界における類似の発展にみることができる。この点は第二章で概要を検討した。大陸のほぼ全体は一時的に、ナポレオンによって強制的に統一されたが、その後、新たに旧体制から解放された諸国家は、自らの存続を確保する道を探った。これら諸国家は、軍事＝財政国家の秩序を再建するのか、あるいは作り変えるのか、または廃止するのかを決定する長い闘争に従事していた。彼らは連邦主義を含めた、いくつものタイプの政府の実験を進め、中央と地方の利害の間、また「絶対主義」と代表政府の形態の間での適切なバランスについて議論を重ねた。彼らは、製造業と農業の相対的な利点について考え、重商主義と自由貿易それぞれの有益性に関する国際的な議論に加わった。さらには、奴隷制を含む社会改革の必要性についても議論を行った。また彼らは、次第に政治的分断が進み、王朝の正統性が揺らいでくる時代にあって、国民統合の基盤についても再考していた。あらゆる党派が、時代の特徴である国家の債務について懸念した。一八一五年以後には、一連のイギリス政権も国家債務を削減し、税を引き下げ、公的部門を切り詰める政策に着手した。グラッドストンにとっては、ジャクソンと同じように、金融部門の諸機関は、社会の安寧を左右する価値観が作られるうえで一定の役割を果たしていた。健全な貨幣は健全な市民を作り出す。世帯であれ国家であれ、バランスの取れた財政は、バランスの取れた人民を生み出すのであった。

確かに、合衆国は「封建制の残滓」に対処する必要性はなかった。にもかかわらず、共和国では、ヨーロッパの保守派と改革派の間の闘争に匹敵する、南部のプランテーション貴族と北部の商業エリートの間の争いが存在した。さらに一八〇〇年以後には、ヨーロッパと同じように、ポスト革命期の世界における状況変化に対応するために、各政党がそれぞれの計画を採用し始めた。ハミルトン派は、貴族的エリートの指導の下で、軍事＝財政国家を再建する希望を実現するための地位を失った。権力は、ジェファソンとその後継者へと移行し、彼らは、連邦政府が持つ諸権限を抑え、州の権利を固め、政治をエリートの仲間内から解放する「農民の反乱」を奨励した。ジャクソンの際立った貢献は、連邦諸制度を選択的に活用しつつ、それを州の権限拡大と組み合わせることによって、さまざまな形で大衆を動員したことであった。この達成は、政府の力の増大、成人男性選挙権の漸次的拡大、そして都市と地方双方での大衆的運動の成長を経験したヨーロッパと並行した動きであった。とくに大衆運動は、一七八九年以後のフランスで頭角を現し、一八四〇年代のチャーティスト運動の台頭に続いてイギリスでも見られ、そして一八六〇年代には、ナロードニキが生まれたことでロシアでも発生したのである。むろん、これらは三つの例を引いたにすぎない。こうした運動は、階級利害よりは共同体的理想に訴えたものであったが、いずれもフィヒテが言うところの「諸国民の春」が顕現したものであった。[259]

一八四〇年代と一八五〇年代には、二つの主要政党は、新規の、あるいは、規模が大きくなった社会経済諸集団の要求に答えるために、さらなる進化を遂げた。ホウィッグ党は共和党になり、エリート的な指向性を捨てた。刷新された民主党は、党の農民的地盤を広げ、かつ市場や国際主義についても理解を示すようになった。合衆国で導入された同化政策は、伝統的な形態の正統性を置き換え、分裂を招く社会諸勢力を中和し、大衆を国民的な一体性へと組み込むことを意図したが、これは同じ目的のためにヨーロッパの諸政党によって採用された措置に相当するものであった。このような一連の発展をリベラルな民主主義の台頭と呼ぶのは、言葉の定義を甘く見積もり、未来を過去に投影する度合いを増すことになろう。進歩的な手段はまた、保守的な目的のために利用されうる。北部の権力を最小限にし、輸出を奨励するために低関税が採用された。政治的諸権利は、植民地統治下ですでに現存したものの上に築きあげられた。選挙権は広く行きわたっていたが、それは土地が豊富にあったからである。代表がなければ、課税もなかったのである。際立った例外を除けば、選出された代表は、政治的な役職を私的利得の手段とみなしていた。[260]市民的徳の理想は、物質的向上の魅力に凌駕された。この時期の合衆国における優勢な政治利害は、奴隷所有のプランター貴族層であった。奴隷制利害は、州に広範囲に及ぶ権力を集めつつ、イギリスから輸入し、連邦政府に刻印を残した諸制度を巧みに活用した。自由が共和国の市民に与えたのは、一つの政府の側面だけでなく、むしろ二つの側面であった。合衆国では、ヨーロッパと同じように、この時期の改革運動は、保守主義の後塵を拝していた。「近代」は、まだ先のことだったのである。

一七八三年以後にアメリカを生み出すことは、一九四七年以後にインドを生み出すことと同様の緊張感をはらんでいた[261]。実際、いくつかの重要な点において、合衆国の建国者は、インドの支配層と同じように気が滅入るような状況に直面していた。共和国の周辺には果てしなく続くフロンティアが広がり、またイギリス系のエスニックな中核は、やがてヨーロッパの各地から大量の移民を受け入れることになったからである。二つの旧植民地は、大きく、潜在的な力を持った政体であった。両者は独立に際して、不安定で、脆弱な国家として出発し、規模と多様性の圧力の下で、政治的な大変動と大きな人的災害に耐え忍んだ。「母なるインド」は、出発当初に分裂した。合衆国は後に、内部崩壊して内戦へと至る。むろん限界はあろうが、インドとの比較は、合衆国も脱植民地化した国家であったことを想起させ、そして、国家の物語は、帝国という文脈に置くことで再評価が可能となることを示すのである。

共同性の意識が台頭していることが身近に感じられていたが、一九世紀の前半において合衆国は、真の独立を達成することはできなかった。両立しない未来像の間に争いが生じた背景には、プロト・グローバリゼーションからモダーン・グローバリゼーションへの移行がもたらす緊張があった。イギリスを除けば、対立する諸力の調和に平和裏に成功した国はほとんどない。フランスやスペインのような国では、何度も革命が発生した。合衆国では、国家建設に伴う実験が不均衡を生み出し、出発時の弱い国家を、一八六一年の失敗国家に変えてしまった。こうした成り行きは、ジョージ・ワシントンが自らの退任演説で表明した恐怖を現実に変えてしまった[262]。南北戦争のはるか前に、ジョン・クインジー・アダムズは、現実に合わせて以前のレトリックを修正したが、来るべき災禍を預言するものとなった。一世紀後、ジャワハルラール・ネルーは、いがみ合う諸宗派間のこだわりとしっかりと根を張った社会階層によって特徴づけられる国家において、世俗的で、民主的な国家を作ることがいかに困難かを学んだ。合衆国においても、インドと同じように、受け継いだ連続性が変化を阻んでいた[263]。合衆国における既存の関係性の中で、イギリスの非公式な影響力ほど長く続き、かつ浸透していたものはない。「運命との約束」が放棄されることはなかった。だが、真の独立が達成されたと宣言する前に、一九世紀の大半にわたる取り組みが必要であった。アダムズとネルーが見出したように、運命は、接近するにつれて退いていく地平だったのである。

第五章　編入のための戦争

◆「未来の偉大な国」[1]

ジョン・L・オサリバン（John L. O'Sullivan）は、一八三九年に、合衆国が「世界の諸国民に対する神聖な使命」を負っていると宣言しているが、ここで彼が提示したのは「明白なる天命」の予告編であった。[2]自らの信仰を失った者、あるいは信仰からの恩恵を受けたことのない者には、「救済をもたらす真実の光に届く道は閉ざされている」。しかしながら、救済とともに希望がやってくる。そして「神によって選ばれし使い」である救済者は、力と純粋さを併せ持つ。「われわれが戦場を思い起こさせることなく、またアメリカ人が、戦争や疫病で多くの人命を失わせ、荒廃を全土に広めようとする邪悪な野心によって導かれることを許さなかったのは、われわれにとってこの上ない栄誉である」。

その後に起きるアメリカ＝メキシコ戦争と南北戦争の前に書かれているにもかかわらず、この所見には明らかに、ある種独特な認識が宿っている。後世から見れば、合衆国は、戦争が諸国家と諸国民を作ったという説を証明する典型的な一つの事例であろう。[3]しかしながら、合衆国の歴史においては、この過程は常に進行中であった。一八世紀以後、ヨーロッパ人は、十分に定住がなされた社会を基盤にして国家を、そして続いて国民を創造した。合衆国も同じプロセスを開始したが、それは流動的な状況にあった。すなわち新世界の人民と境界線は常に動いていたのである。この違いは、外交政策のありようにも重大な影響をもたらした。ヨーロッパの諸国家は互いに戦い、何度も行き詰まりに直面した。だが、隣り合っていることで、紛争の頻発を避ける、あるいは最小化するための交渉術が磨き上げられていった。それに対して合衆国は、一八一二年戦争から一九四一年の真珠湾の爆撃まで、自らに匹敵するような敵対国からの脅威に直面したことがなかった。この時期には、共和国は資源や資金に恵まれず、軍備の備えが十分ではない諸国家に対して、数多くの小規模な戦争を遂行した。こうした経験は、現在まで残る力の有効性への信念を育て上げたのである。[4]

トランスナショナルな歴史叙述に向かうトレンドは大きな潮流となっているが、合衆国が他の世界と有した関係に関する歴史研究は、決して相応の扱いを受けていない。[5] 二〇〇〇年代になっても、とある指導的な歴史家は、一八一五年から一八六一年の期間の外交政策の研究について、「アメリカの巨大な砂漠」と呼び、別の歴史家も一九一四年までについては、全体として「荒撫地」の類」であるとしている。[6] 幸運なことに、一握りの冒険者たちが、この一見して荒れ果てた風景の中を進み、後に続く者たちのために目印を残してくれている。彼らが主として示唆したのは、合衆国の拡張主義政策が長期的な性格を持っていたこと、さらには、拡張主義が国家建設と関連していたことであった。帝国主義と同じように、国際関係も国内に背景を持ち、その出発点からして、共和国の歴史と深い関係を持っていたというのである。

　建国父祖とその後継者たちはやがて、ヨーロッパ主要国の介入という現実から距離を取ることも、また対外政策から党派的な利害を消し去ることもできないことに気づいた。[7] 有名なワシントンの「告別演説」は「国内の平穏」と対外関係における中立を訴えている。[8] しかしながら一七八三年以後、再植民地化の恐怖が漂い、合衆国は依然として、北アメリカ大陸に大きな利害を持つイギリス、フランス、スペインと密接な関わりがあることを実感した。一八一五年以後、この不安が去ると、国際貿易と道徳改革の影響が表舞台に登場した。[9] また研究の拡大によって、伝統的な対外関係に、同じ大陸内の諸国家、すなわち諸州間の関係も加えられてきている。この観点に立てば、共和国の歴史は、地域間の差異を抱えた建設中の国民国家の歴史でなく、異なる利害と同盟関係を持つ一群の諸国家が、それ自体が争いの場であった連邦政府によって、仲を取り持たれていた歴史ということになる。[10] また別の類の修正主義は、伝統的な歴史叙述にネイティブ・アメリカンを参入させている。合衆国の研究者は、以前は白人入植者の物語によって支配されていた政治領域において、先住民の役割を拡大することで、過去に対するアプローチのバランスを取る国際的な研究上の努力に加わっているのである。この長らく等閑視されてきた「ナショナルな」歴史の側面に焦点が当たるようになるにつれ、一七八三年以後、「大いなる土地獲得熱」が、いかに進行中の入植地域と、独立した先住民諸国家との既存の関係に影響を及ぼしたかについて、よりいっそうの注意が払われるようになった。[11]

　分析対象として魅力的な主題は数多くがあるが、過剰な荷物によって沈んでしまうことは避けねばならない。したがって、ここでの検討は、本書の主題に密接に関係する探求の軸にこだわっていく必要性があろう。ゆえに本章は、独立、帝国主義、帝国が複雑に絡み合った問題を解きほぐすのに有益な外交政策の特徴に焦点を絞る。出発点は、一九世紀における入植者《セトラー》の社会《ソサイアティ》の発展という文脈に合衆国を位置づけることである。北アメリカを横断する領土拡大は、入植者帝国主義《セトラー・インペリアリズム》の一形態であり、通常、先住民の社会や近隣諸国との紛争を伴い、かつ入植者自身の間での不和も伴う。最も近い比較対象は、イギリス帝国内にとどまり、自治領となったアングロ世界の諸地域であろう。[12] 確かに、類似性は明白であるように見えるが、合衆国の歴史家が他の入植者の社会に関する研究に着目し始めたのは、最近のことである。[13]

この比較は類似性だけでなく、対照的な部分も明るみにする。土地の獲得欲と、結果として起こる先住民の従属は、すべての入植者の社会に共通の特徴であった。しかしながら、合衆国は、以下の点において特異であった。すなわち、豊富な資源の魅力に後押しされてフロンティアが進んだこと、移民の急激な増大、さらに帝国的な束縛に縛られない内部の政治対立である。ここで検討する三つの主要な戦争――一八一二年から一八一五年の戦争〔一八一二年戦争〕、一八四六年から一八四八年のアメリカ＝メキシコ戦争、そして一八六一年から一八六五年の南北戦争――は、すべて国家建設という目的に向けた領土の支配あるいは獲得に関わっている。これらの戦争の間に挟まれた期間も決して平穏ではなく、一連の長期的な「インディアン戦争」の状態が続いていた。皮肉屋のアンブローズ・ビアースは、戦争を「平和という作品がはらむ副産物」と表現している[14]。国家建設に関する限り、むしろ平和こそ戦争という作品がはらむ副産物なのである。

第四章では、一九世紀の前半において、イギリスの政治的、経済的、文化的影響がアメリカ合衆国の国家建設の事業に一定の役割を果たしたことを示した。本章では、同じ時期に遂行された、領土の編入を目的とする戦争について、前章を補完する議論を提示する。イギリスと新共和国が、傷ついた感情と一触即発の国境地帯を抱えていたことは、独立直後の数十年間における両国の関係をしばしば緊迫させることを避けがたくした。一八一二年には、両者にその気がなかったにもかかわらず、緊張が戦争へと至った。ただし、一七八三年以後にも盛んであった大陸植民地を再統合するという巷の議論が、イギリスの政策となることはなく、一八一五年以後には消滅した。ロンドンの諸政権は、イギリスの長期的な利益は、新共和国との敵対ではなく、共同にあると理解したのである[15]。

外交的中立に相互利益という増強剤を与えたのは、領土拡大が生んだ機会であった。イギリス海軍は、合衆国を外国の略奪者から守ったし、イギリスの非公式な影響力が、共和国中に広がって両国をつなぐ接着剤となっていた。そして、イギリスの金融が西部への発展を支え、アメリカ＝メキシコ戦争の資金源として役立てられた。原綿へのイギリスの需要は、南部諸州における富と奴隷労働の増大を支え、間接的に「キングコットン」の拡張主義的な野望に燃料を与えた。他方、南北戦争中、イギリスは、不安を抱えながら中立政策を取ったが、この姿勢は、いかにして最大限に南北双方における巨額の経済利害を防衛できるかという関心に基づいていた。確かに、非公式な影響力は独自の問題もはらんでいた。にもかかわらず、一九世紀を下るにつれ、非公式な影響力が、公式な支配より効果的であるという、一七九〇年代のベンサムの評価が仄めかしていた議論の正しさが明らかになった。非公式な影響力は安くつき、かつ相手にも受容されやすいのである[16]。イギリスにとっては、大陸植民地を持たない方が、持つよりも望ましかったといえよう。

◈「財産、排他的権利という素晴らしい考え[17]」

貴族でありつつも、亡命者、農民でもあり、そして一貫性のない意見を述べることもあった時評家ヘクター・セント・ジョン・デ・クレヴクール（Hector St. John de Clévecoeur）が、一七八二年に農業を称賛する文章を書いた際、彼が主に言及したのは大陸植民地、とりわけニューイングランドであった。そこでの入植者は、「土地の占有権」を得るが、この権利は自立と事業を営む励みとなった。「怠惰な者が雇用の機会を得て、役に立たない者が役立てられる。貧者は富者になる」。こうした大陸植民地の性質は、入植者は神によって——そして富の神マモンにも——認められた天命の遂行者であるという、広く行きわたった感覚によって支えられながら、無限の機会に満ちた世界において「成功する」という、アメリカ人の野望を生み出す助力となった。フロンティアは人格を形成し、それが国民を形成する手段となるという、フレデリック・ジャクソン・ターナーの思想は、著名な提言が、一八九三年に世に出るずっと前から、アメリカ人の脳裏に埋め込まれていたのである[18]。

　クレヴクールが示したような重農主義的かつスミス主義的原理への信頼は、ニューイングランドと大陸植民地以外にもみることができる。一九世紀の評論家は、繰り返し、合衆国と他のアングロ世界の諸地域を比較している[19]。ゴールドウィン・スミス（Goldwyn Smith）、ジョン・スチュワート・ミル、チャールズ・ディルク（Charles Dilke）、そしてジェイムズ・ブライス（James Bryce）を含む傑出した観察者は、両者の関係の特定の側面について意見を述べていた。彼らの根底にあった基本的な考えは、大ブリテン人が、拡大したコミュニティを形成していることであった。入植者《セトラー》の国家《ステート》は地理的には分断されている（カナダと合衆国を除く。両国は近接性によって分断されている）が、共通の利益とアングロ＝サクソン世界への帰属が生む同胞意識によって手を携えていた。合衆国はイギリスとの憲法上の関係は失ったものの、血縁者とみなされていた。こうした両者の結合は、人種的同一性の観念が一体性の意識を強化した一九世紀の後半には、より強靱となったのである。

　アメリカンドリームは、一九世紀から二〇世紀にかけて、旧ヨーロッパから世界各地の「ネオヨーロッパ」へと移住した数百万人の夢見る人々が共有した望みの一つの変形版にすぎなかった[20]。南アフリカの部分的な例外は除いて、大ブリテン人によって入植された諸国は、財産を持ったプロテスタントのエリートによって率いられたアングロ＝サクソン人、とりわけイギリス人の入植地を出発点とした。彼らの第一の目的は、ヴィクトリア人が「改良」と呼んだものの達成であった。彼らの野望は、社会の急進的な変容を目指すことではなく、むしろ馴染みある社会の枠組みを再現することであった——自らが低い社会階層にいるのではなく、頂点に君臨していたが。彼らはまた、母国では少なくなった土地を他の豊富な地域で獲得して、抑圧と貧困を逃れ、新たな人生を打ち立てることを目指した。一八四〇年代に合衆国で考案された「明白な天命」という観念については、自治領においても、きわめて類似したものがあった。これらの地域でも、独断的な拡大に対して天命や無垢さといった正当化論が生み出された[21]。フロンティアにおける厳しい経験は、合衆国を超えて広く共有され、オーストラリア人が語ってきた（いまだに言われる）、独立性、友情、さらに頑強な男らしさの美徳を賞賛する「メイトシップ」(mateship)という形を取って、入植者の紐帯となった[22]。

〔アメリカの作家〕ホレイショ・アルジャー(Horatio Alger)が登場させた若きヒーローのうち二人は、オーストラリアで「成功」をおさめている。もしかしたら、彼らはそこで、〔ディケンズの『デーヴィッド・コパフィールド』の登場人物〕ウィルキンス・ミコーバー(Wilkins Micawber)のような人と仲間になったかもしれない。彼らが待ちに待った大団円では、ボロからも富が生まれ、日陰者も尊敬される人へと変わることが証明される[23]。ジャック・ロンドンは、アラスカのクロンダイクのゴールドラッシュで一山当てることは叶わなかったが、その経験を書物にして成功した。『野性の呼び声』が描いたのは、いかに北カナダの極寒のフロンティアが人格を試し、また形作るかであった[24]。同じパターンは、新世界に陸続と現れた町に魅せられるか、あるいはそこから逃れることができなかった膨大な数に上る入植者にも当てはまる。こうした町では、都市出身の男が、これまで経験したことのない生活の中から農村的価値を自らのものとしていく。フロンティアの英雄の地位を得ることは少ないが、女性もこの独特なパターンに合致するのだと思われた。もっとも彼女らは抵抗し、最終的には、男性支配の主張に挑戦する別の未来を生み出すことになる[25]。開拓町はホレイショ・アルジャーの主人公たちも引きつけた。彼らは、サミュエル・スマイルズの描く人物と同じように、決断と重労働を通じて、独立独歩のあり方を奨励する存在であった。都市であれ農村であれ、自然の掟は、進化に向けた刺激となる。ちっぽけな人間だった者が、名声を博するようになる。進歩は加速度的に増していく。一人ひとりの人間が、自由の大義を進めるのに必要な強さを手にする。

フロンティア社会は一九世紀において、さまざまな形態の民主主義を確立する動きの先頭に立っていた。辺境という状況は、指導的エリートが――すでに名声を持った者であれ、単なる野心家であれ――移動が激しく、流動的な集団を統制する力を弱め、代表制政府を支える政治プログラムが地歩を固めることを可能にした。第四章で論じたように、合衆国の文民政府は、納税と引き換えに諸権利を与えたが、その理由は、土地―労働比率が労働側に有利であったために、将来的な納税予定者が、政府の課税要求を逃れる手段を持っていたからである。とはいえ、民主主義は決して、一つの中心的な起源から発生した単一の考え方ではない。むしろ新たに生まれたアイデアやしばしば矛盾する慣習の集合体なのである。そうしたアイデアや慣習は、異なった時期に世界各地の異なった地域で現れた[26]。したがって、「自由の拡大」に関する伝統的な物語は、修正が必要となる。確かに、合衆国では投票権は行きわたっていたものの、一八二八年に自由白人男性の普通選挙権を導入していたのは、八州にすぎなかった[27]。女性、ネイティブ・アメリカン、奴隷は依然として、選挙権から排除されていた。イギリス帝国の中の後発国でありつつも、自治領はいくつかの点において、合衆国よりも先駆的であった。ニュージーランドは一八九三年に女性に選挙権を拡大し、一八九四年から一九〇八年にはオーストラリアが続き、カナダは一九一六年から一九一八年、合衆国は一九二〇年、イギリスは遅れて、一九二八年であった。オーストラリアは一八五六年から一八五九年に、他国に先駆けて秘密投票を導入した。イギリス、ニュージーランド、カナダが、一八七〇年代に続いたが、合衆国における導入は、一八八四年から一八九二年であった[28]。一八六七年には、ニュージーランドで成人のマオリが投票権を付与された。合衆国の先住民は、漸次的かつ場当たり的に市民権を得ていったが、同一の権利を得るのは一九二四年を待たねばならなかった[29]。合衆国が一八九八年にハワイで制定した憲法では、投票権を与えられたのは、財産を持つ白人成人男性に限定されていた[30]。

　入植者は未開地、奥地、森林地帯、草原地帯から新たな社会を作り上げた。彼らは、いかに天然資源を開発するか、いかに競合する農業利益と都市利益のバランスを取るか、そしていかに彼らの状況に合った政府の形態を考案するかについて、各地で類似した議論を重ねた[31]。彼らは、その規模において未曾有であり、かつ地球大の広がりを持つ「農民の反乱」に火をつけた。移動性が高い移民労働力が、豊かな土地へと投入され、共有地が私有地へと転化することで、財産権のありようは一変した[32]。その結果発生したのは、投資資金と製造品と引き換えに農作物を帝国の首都に送る、一群の従属的な輸出経済であった。こうした劇的な発展は、世界経済の統合を進め、特産物生産者の命運を、国際的な需要動向に付随する不規則な変動と結びつけた。一七九〇年代にクレヴクールが行ったニューイングランドに関する考察は正鵠を射ていたが、事態は彼が思い描くよりもはるかに大規模に展開した。一九世紀において、輸出農業は、グローバルな規模で入植者の国家にとっての基盤となったのである。

　独立しているかどうかに関係なく、すべての白人入植者の国において、土地政策は中心的な課題であった。土地収用に合法性を付与してもっともらしくするために、無主の原則（terra nullius）〔所有者のいない土地は発見者に帰属するとするヨーロッパの原理〕は広く行使された[33]。エドワード・ギボン・ウェイクフィールドの「組織的植民」計画は、一八三〇年代と一八四〇年代に広範囲に宣伝されたが、この案はジェファソンとジャクソンの農本主義的理想を共有しつつ、他方でクレイの「アメリカンシステム」の要素も借用していた[34]。同時にウェイクフィールドは、合衆国で採用されている発展モデルは、奴隷労働と結びついていると考えており、このモデルを置き換えることを目指していた。そして彼は、ウィリアム・コベット（William Cobbett）（同じくアメリカを熟知する）による、階層的であるが、同時に自由でもある社会秩序を再構築する試みに同調した[35]。自由貿易と保護貿易の利点をめぐって長期間続く議論は、また別の入植者の社会の経験に依拠して行われた。一八七〇年代にカナダで採用されたジョン・A・マクドナルドの「ナショナル・ポリシー」は、西部平原地帯に入植者を呼ぶ手段として、農村的理想を押し出しつつ、アメリカの保護主義の経験を応用し、工業発展を進めようとするものであった[36]。

　所有権の確立にとっては、拡大するフロンティアに立ちはだかる先住民を排除し、抹殺し、そうでなければ支配することが不可欠であった。合衆国の先住民社会の歴史に関する研究は、現在、各地で起こった類似した争いと比較しうる地点にまで到達している。もっとも、この点は将来の研究課題である。[37] 現在われわれが手にしている優れた研究は、北アメリカ史に関して伝統的な見方を変化させてきた。一九世紀が始まる以前のアメリカ大陸におけるヨーロッパの入植地は、大陸で起こっている諸事象の周縁に位置しているのであって、決して中心ではなかったという。修正主義史家たちは、世界の他地域の専門家にはよく知られている研究の流れを、この分野でも導入した。初期の研究は、先住民に関する軽蔑的で、先入観に満ちた前提を批判することから始まったが、その後、先住民に関する未知の歴史を再構成する方向へと進み、現在はさらに批判的な検討を通じて、陰影に富んだ解釈を行いうる基盤が形成された段階に達している。植民地化以前の過去が、広範囲にわたって明らかにされた。先住民の経済は複雑であり、政治システムは連合や「帝国」を含んでいた。[38] ネイティブ・アメリカンは決して、単なる犠牲者ではなく、事象を形作る力を持った主体であった。彼らは交易し、襲撃し、互いに戦い、さらに奴隷をも所有した。[39] 一九六〇年代以来、アフリカやアジアで広範囲に行われている研究に馴染みのある歴史家は、こうしたアプローチの進展やその成果を認知するのに何らの困難も感じないであろう。[40]

合衆国の「インディアン戦争」は、カナダの大平原における入植者の進行と並行していた。オーストラリアのアボリジニの人々の大量殺戮は、ニュージーランドのマオリの敗北に相当した。あらゆるケースにおいて、人口動態のパターンは基本的に同じであった。外来の病気が高い死亡率の基点となり、かつ最も破壊的な原因であった。一九世紀には、戦争による死が重要性を増した。これらの傾向を数字で示したいという思いに駆られそうになるが、難しさも伴う。[41] 「植民による出会い」以前の北アメリカにおける先住民人口について、「数百万人」とする証言もあるが、これについては量的にあまりに漠然としていて、当初の不確かな人口数に始まり、一五〇〇年以後に劇的な人口減少が見られたという事実を除けば、この数字からいかなる推論が引き出せるかを言うのは難しい。[42] 一九世紀の数値はより正確であり、一貫した減少傾向を示している。合衆国の場合、先住民人口は、一八〇〇年の六〇万人から一世紀後には二五万人へと減少した。一九〇〇年までにカナダの「ファーストピープル」は、一二万人となった。オーストラリアのアボリジニ族は五万へ、ニュージーランドのマオリ族は四万へと減少した。各地における最低地点は、一九〇〇年である。先住民人口は、当初の幼児死亡率が下がると二〇世紀には回復し、二一世紀には引き続き拡大しつつある。

一九世紀以前において、ヨーロッパ人と先住民社会との接触は、アフリカやインドでも、また北アメリカでも、争いを起こしつつも、辺境地帯において一定の社会的流動性と協調を伴っていた。[43] その後、すべてのネオヨーロッパ社会は、人種的優越意識を発展させ、それは植民地時代を通じて持続し、程度の差はあれ、独立後も続いた。自治領は、同化政策と隔離政策を考案したが、それらは合衆国で導入された方式を補うものであった。フロンティアの境界を越えた社会に対するネガティブな偏見は、アングロ世界でナショナル・アイデンティティを形作る役割を果たす白人優越主義思想の形成を促進した(44)。白人優越主義思想とその優越性への強い確信は、各地のフロンティアで共通の特徴となる「文明化の使命」という考えを生み出した。カナダの天命は、当時のフレーズで「聖書と鍬」と呼ばれ、宣教師と博愛主義者が、はるか北方にまで足を延ばした。アフリカーナーは、人種優越原理を正当化するために、オランダ改革派教会の権威を引き合いに出し、その優越性を確証するために、内陸へと歩を進めた。文明の進展を確保する手段として、銃は至るところで使われていた。

アメリカ共和国をより大きな背景の中にしっかりと位置づけ、その経験を特有のものとして扱うことを避けるためには、共通性が強調されなければならない。にもかかわらず、合衆国は、カナダやオーストリアではなかったことは言うまでもない。イギリス領植民地において、合衆国となる入植地の歴史ははるかに長く、活動の規模は他の白人入植地域よりもはるかに大きかった(45)。入植者と政府の関係もまた異なっていた。一七八三年以後、合衆国は対先住民政策を自由に組み立てていったが、自治領は帝国の枠組みにとどまっていたのである。

一六世紀に大陸植民地においてヨーロッパ人の入植が始まって以後、土地の権利をめぐる争いは常に存在し、頑強なアパッチ戦士の「最後の一人」が投降した一九二四年に至るまで、合衆国の領土拡大における不変の——同時に不規則であったが——特徴となった。大規模な領土が、戦争以外の手段で獲得されたことも事実である。巨大なルイジアナ購入地は一八〇三年に合衆国に譲渡された。フロリダは一八一九年に買収された。一八四六年には、交渉でオレゴンが割譲された。だが、その後に土地は占拠されねばならず、長引く争いを惹起したのはこのプロセスであった。また、ヨーロッパ人が存在感を増大させると、大国の敵対関係にネイティブ・アメリカンを引き込むことで、既存の部族間関係の複雑化にいっそうの拍車をかけた(46)。諸部族は分裂した。戦争の帰趨に応じて、部族間同盟が浮上しては解体した(47)。北アメリカでは、アフリカ、アジア、オーストラリアと同様に、ローカルな諸勢力が、自らの利益を確保するのに最も有利だと判断したヨーロッパ諸国と同盟した。七年戦争の開始は、緊張度の高まった敵対関係が、新たな段階に入る起点となった(48)。いわゆる「西部を争う長い戦争」は、一七五四年から一八一五年にかけて戦われ、一九世紀の大半において、断続的に続いた(49)。「南部を争う長い戦争」とでも呼ぶべき戦いも、フロリダでセミノール族と三度にわたる——一八一八年、一八三五年から一八四二年、一八五五年から一八五八年——戦役をもたらし、彼らの西部保留地への移住とともに終結した(50)。争いは、非妥協的な態度を生み出した。一七七六年にジェファソンは、独立宣言において、「すべての年齢、性別、状況を区別しない破壊を戦争のルールとする無慈悲な野蛮人インディアン」と述べて、以後の言説の基調を作った(51)。

ジェファソンによる先住民の性格描写と付随する敵意は、同時代の外交的連携を反映するものであった。ほとんどのネイティブ・アメリカン国家・諸族はイギリス側についたのである。その理由は、決して彼らが、イギリスに忠誠心を持ったからではなく、入植者がその前線を押し進め、それに伴うカオスが近づくことに大きな不安を抱いたからであった。[52] アメリカ独立革命は、パリ条約後の「平和」を次の国際紛争へと転化した。一七八三年の独立は、西部入植への制約を取り払ったが、フロンティアの無法な状況に火に油を注ぐかっこうとなった。一八一二年戦争以後になると、イギリスの穏健な中立政策の助けもあって、入植地は政府の許可の下、西部と南部へと拡大し、入植者の流入を止めるのは先住民の抵抗のみとなった。一八三〇年にアンドリュー・ジャクソン大統領政権の下で制定されたインディアン強制移住法は、以前の同化政策と決別し、強制的な再移住という手法への道を開いた。最も悪名高いのはチェロキー族のケースであり、彼らは一八三八年にオクラホマまで約八〇〇マイルの道のりを移動した。これは後に「涙の旅路」として知られるようになる。[53] これほど劇的ではないが、一九世紀を通じて他にも強制的な排除は行われていった。

強制移住政策も原因の一つとなって、軍事遠征と小規模な戦争が恒常的な現象となった。戦争はしばしば長引き、国内の大きな部分が影響を受けた。[54] フロリダで起こった第二次セミノール戦争（一八三五〜四一年）は、合衆国軍が直面した最大の死闘の一つであった。ダコタ州のブラックヒルズ戦争（一八七六〜七七年）では、第七騎兵隊が殲滅され、一八七六年には、ジョージ・アームストロング・カスター（George Armstrong Custer）中佐が死亡したが、同戦争は最も世に知られた戦争となった。一九世紀の後半、西部で鉄道が開通し、金と銀から、また牧場と農場から富を得る希望を抱いた移民が大挙として到来すると、拡大のペースは増大し、そして紛争は増大した。とくに顕著に増えたのは、南西部と西部辺境であった。抵抗とそれを鎮圧するための暴力は、世紀の終わりまで継続し、しばしば次の世紀に持ち越した。戦いは次第に、一方的なものになっていった。一八九〇年までには、最も強力な抵抗が制圧された。一八七五年にコマンチェ族は敗北し、一八七七年にはスー族、一八八〇年にはユート族、一八八六年にはアパッチ族も続いた。一八八〇年にはユート族、ネイティブ・アメリカン制圧のために行われた長期にわたる戦役での最後の名誉勲章は、一八九八年にオジブウェが敗北した後に授与された。[55] またそれまでには、バッファローの群れは消滅した。残ったネイティブ・アメリカンは質の低い土地に集められ、閉じ込められたのである。[56]

領土の獲得とともに、ネイティブ・アメリカンの法的地位は変化した。新たな連邦政府は、先住民の統治主体と条約を交渉し、他の公式な取り決めを行う唯一の権限を持つとした。独立当初の数十年間、合衆国は、先住民を、主権を持つ政治組織として扱い、内政には連邦政府の介入から保護される「一定の分離」という地位を与える、イギリスの先例を踏襲した。[57] ネイティブ・アメリカンは、他の政府の下にある市民とみなされ、税を払わなければ――ほとんどの先住民ができなかった――共和国においては選挙権を拒絶された。にもかかわらず、ワシントンとジェファソンは、進化の過程が最終的には同化へと導き、選挙権の資格を持った「文明化されたインディアン」になると想定していた。

入植者が陸続と進出するのを前にして、ネイティブ・アメリカン諸国家が実質的に独立性を失う中で、このような形式上の地位は実際の現場の状況とはますます齟齬をきたすようになった。南北戦争後、合衆国議会は合衆国の近代化促進計画の中心に国民統合を据えた。南部諸州が再統合された一方で、ネイティブ・アメリカンを飲み込みつつある、より大きな社会へと彼らを同化するために、一連の法律が制定された。一八六八年に批准された憲法修正第一四条は、部族との紐帯を持ち続けるネイティブ・アメリカンを選挙権と市民権の資格から除外することを確認した。(58)一八七一年のインディアン歳出予算法は、別個の政治体制としてネイティブ・アメリカン諸国家を扱うことを停止し、以後は、条約ではなく法律による扱いの対象とすることを定めた。同法は、連邦政府が、公式な形で、以前は主権的地位を持つ諸国家の内政とされていたものに介入する道を開いた。(59)続く一八八七年のドーズ法は、先住民領土の再配分を行った。すなわち、先住民領土内に小規模な個人所有区画を作り、かつ自由保有地として売却することを認めたのである。その目的は、自給的な独立自営農民と、模範となるミドルクラスの諸個人を生み出すことであった。(60)二〇世紀への転換期までには、同法は、先駆的な社会実験の失敗例となったことがはっきりした。さらに同法は、狩猟に基づく政治経済体制を掘り崩し、血縁的制度を細切れにし、そして貧困に打ちひしがれた一群の半独立政体を生み出した。(61)部族の成員は、さまざまな能力テストに合格すれば市民権を得ることができ、ますます多くの人が多くの手段で市民権を獲得した。連邦議会がインディアン市民権法を制定した一九二四年までには、ネイティブ・アメリカンの多数（およそ一七万五〇〇〇人）はすでに市民権資格を有していたが、同法は、残りの人々（およそ一二万五〇〇〇人）にも権利を付与した。地位の上昇には高い代償が払われた。「消えゆくインディアン」は視野から姿を消した。それは同化政策が、個性を持つ集団の消去に成功したからではなく、先住民人口が、小さく、孤立し、無視され、忘却される段階にまで衰退したからであった。(62)

エドマンド・バークは、議会の命令でイギリスが入植者の移動を抑制する試みを持続させていれば何が起こったかを予想していた。一七七五年の演説で、彼は、貪欲な移住者が「まるでイギリス出身のタタール人の群れとなって、激しくかつ無敵の騎兵として、われわれの無防備なフロンティアになだれ込むだろう」と主張している。(63)バークは合法的また文明的な秩序を確保するためにも、入植者と政府が手を携えながらともに進むことを奨励した。一七八三年以後、この新しいタタール人は、公式な政府に先立って進撃し、政府の支持という恩恵を受けつつ、バークの言う「無防備なフロンティア」で、自らの粗野な正義を振りかざした。(64)公式なものであれ、私的なものであれ、暴力は至るところに散らばっていった。「専制国家」の恐怖は、一七六〇年代と一七七〇年代におけるイギリスの対大陸植民地政策に対して、植民地人が独特な見方をしたことに由来するが、この恐怖は人々の意識に侵入し、去ることはなかった。必要性の産物であり、かつ恐怖を和らげる補完物であった「武器を所持し、携帯する権利」は、一七九一年に憲法修正第二条によって、個人の権利として認められた。(65)個人の意思を物理的な形で表現することは、権利の名の下に、賞賛を集めた。義務という概念は、彼らの国家権力へのつながりを最小化する地点にまで縮小した。「軍人のような男らしさ」と結びついた価値が、その生気のない親戚である「抑制された男らしさ」の価値を凌駕することは、フロンティアの状況の中で、公的に保証された。[66]

土地を切望する入植者に実質的に自由な土地を配分する内国植民地化のプロセスは、白人優越主義の象徴化に力強く貢献した。同時代の言論は、ネイティブ・アメリカンを、文明化の過程を浸透させ、必要ならば強制力を用いて除去すべき障害として描いた。進歩に抵抗する者というステレオタイプは、政策立案者の脳裏で増大し、強化され、そして民間人とその生計手段に全面戦争戦術を適用することを正当化した。公式報告と活字メディアの論説は、神の意志が託した豊富な資源を持ち続けるに値しない、遅れた野蛮人としてネイティブ・アメリカンを描いた。ヘンリー・カボット・ロッジ（Henry Cabot Ladge）は、ネイティブ・アメリカンを、「狡猾、裏切り、残虐」であると断定した。[67] セオドア・ローズヴェルトは、「下劣な野蛮人」と呼んだ。ヘンリー・ロングフェローは、「自らの災いと悲嘆、そして怒りにまかせた威嚇をつぶやく」部族スーの首長を、「野蛮人で、無慈悲」と描き、同時代の政治的なレトリックに彼独自の勇ましい表現を新しく付け加えた。[68]

いったん「野蛮人」が馴致されると、金儲けに熱心な事業家は、博覧会、サーカス、ワイルド・ウエストのショーに彼らを展示した。彼らは、急速に近代化する世界へと至る道を準備する役割を果たしているにすぎない、消えゆく種の残滓とされた。[69] ウィリアム・コーディ（William Cody）（バッファロー・ビル）が、一八八五年に契約してシッティング・ブル〔ラコタ・スー族の指導者で一八七六年の戦役でアメリカ軍に降伏した〕を連れてきた際に、白人支配の物語は完成した。[70] 幸運な少数者にしたところで、残っていたのは喪失後の生であった。それはショウビジネスだったのである。

ネイティブ・アメリカンの否定を裏面として、その表側では、白人優越主義の象徴が創造されていた。カスター中佐は、晩年には逃していた名声を死によって獲得した。[71] カスターは、一〇年後にハルツームで人生を終えたチャールズ・ゴードン少将と同様に、判断の難しい局面を打開しようとした、軍服を着た冒険者であった。自らの過ちにもかかわらず、両者は文明と進歩の大義に尽くした殉教者の地位を獲得し、ヴィクトリア朝のイギリス人ジェントルマンの高邁な理想を体現するヒーローとして記憶された。象徴という面での彼らの価値は、他者にとって手本となる勇気、責任感、名誉の基準を定めた点にあった。ウォルト・ホイットマンは、中世騎士物語の雰囲気で覆ったソネットでカスターの死を追悼した。

> あなたは、自らの行いの煌びやかな輝きを、死をもって終えられた（あなたの死にもあなたにも、私は葬送詩ではなく、喜ばしい勝利のソネットを添える）／あなたは必死で、かつ燦然と輝いていた。幾多の戦場では銃も旗も決して手放さず、そして絶望の中、栄光に満ちて朽ち果てた／あなたは兵士たちに自らの喜ばしい記憶を残した／あなたは自分自身を高みに立てたのだ[72]

ロッジとローズヴェルトは、カスターを、「いかに生き、いかに死ぬかを自ら知ることを示した」アメリカの英雄の名簿に加えることで、その神話を強化した[73]。一九四一年、ハリウッドはカスターの最後の戦いを描いたきわめて大衆的な娯楽映画において、多様で未開だとみなされた諸民族をごたまぜにしている[74]。『ブーツを履いたまま死す』〔邦題『壮烈第七騎兵隊』〕では、野蛮なインディアンの装いをした数百人のフィリピン人がエキストラとして登場している。これはあまり意識されないが、同映画中のありえない出来事の一つである。また、この映画は、きわめて白人的なエロル・フリン（Errol Flynn）をカスターとして、またメキシコ系アメリカ人のアンソニー・クイン（Anthony Quinn）を先住民クレイジー・ホースとして配役している[75]。細部は、さして重要ではなかった。必ずしもエイリアンが、他の惑星から到来するとは限らない時代にあって、「外人」であれば十分だったのだ。

エロル・フリンとアンソニー・クインがスクリーンで対面を果たすはるか以前に、彼らが争ったフロンティアは、その本来の住民と同じく、ほとんど消え去っていた。一八九〇年のセンサスは、西方への入植地の拡大を示す従来の境界線が、もはや明確に認識できないと報告し、ついに太平洋の「輝く海」に到達した。そして、増大する移住者は集って都市部を形成した。「悪魔のような工場」が姿を現した。このような見解は、一八九三年に出されたターナーの著名な憂国の文章を生み出す素地となった。ターナーは一八九三年に出された文章で、フロンティアで培われる個人主義、強靱さ、忍耐といった資質が失われたことを論じたのである[76]。ターナーのエッセイは、引き続く経済不況、とめどない移民、社会不安に関して、一八八〇年代と一八九〇年代に出された、数多の悲観的時事論説を補完するものであった[77]。ターナーは、過去を郷愁として振り返っていたが、改善策については、仮に発見されるとしても、他人任せとなった。観察者の中には、フロンティアの消滅だけではなく、世紀末であることにも触発され、人口過剰、無秩序、そして社会主義などの、終末論的ビジョンを語る者もいた[78]。ターナーの分析を、自らの海外拡張論に接合する者もいた。フロンティアの経験と、十分な実践に裏付けられた先住民の統治方法は、海外でも再生産され、遠方のフロンティアで再活性化され、そして衰弱した者たちの筋骨とモラルを鍛え上げるために、本国に戻って、繰り返されることになる[79]。

「フロンティア精神」はすでに、一八五〇年代にピークを迎えた、非正規軍人《フィリバスター》の遠征隊に流れ込んでいた。この時期には、悪名高いウィリアム・ウォーカーが、ニカラグアでクーデターを仕組み、一八六〇年には、ホンジュラスで銃殺隊を目の前にして、自らの天命をまっとうした[80]。傭兵隊への参加は、アグレッシブな領土拡大精神を表現しており、彼らはその精神を近隣の外国に適用したのである。南北戦争後、奴隷制プランテーションの拡大という南部の野望が潰え、連邦政府は、拡張主義者の衝動を抑え込み、法的な枠組みの中に閉じ込めることが可能となった。一八九八年に、大きなチャンスが湧きあがった。同年、大陸における領土拡大精神は、スペインとの戦争に合流したのである。ネイティブ・アメリカンに対して用いられた軍事戦術は一八九八年において、またそれ以後も、フィリピン人に対して用いられた[81]。一八九八年から一九〇二年までフィリピンで勤務した三〇人の将軍のうち、二六人が、ネイティブ・アメリカンに対する戦役に従事していた[82]。軍事戦術は民間人も対象とし、セオドア・ローズヴェルトが言う「付随する残虐行為」も起こるべくして起こった。これらは、インディアン戦争と南北戦争を特徴づけるものだったのである[83]。フィリピン人は、ネイティブ・アメリカンと同様に、文明化される前に服従させられねばならない。アメリカ軍は、「フィリピン人はわれわれのインディアンと変わらない野蛮人であると理解し」、類似したやり方で統治されねばならなかった[84]。ローズヴェルトは、独立運動の指導者であるエミリオ・アギナルド（Emilio Aguinaldo）をシッティング・ブルになぞらえた。「世界の表面にある素晴らしい場所」を「闇の力から引き離す」ために、両者は除去される必要があるというのである[85]。

大陸大の領土拡大は、建国者の楽観的な期待をはるかに越える結果を生み出した。一七八三年の合衆国は、一〇〇万エーカー四方をわずかに下回る規模であり、一三の州から構成され、白人人口は、三〇〇万人をわずかに超える程度であった。このような巨大な発展の空間的、時系列的な側面は、それぞれ図5-1、表5-1に提示されている。イギリスの自治領は、これほどの規模の拡大には到底及ばない。カナダは、北アメリカと同じ領域にまたがり、オーストラリアは、さほど小さいわけではない。しかし両国とも比較しうるほどの人口を持たなかった。一九〇〇年の時点で、ここで自治領として言及している四カ国――カナダ、南アフリカ、オーストラリア、ニュージーランド――の白人人口を合わせても、およそ一〇〇〇万人である。この数値は、同時代の合衆国の白人人口の一三％にすぎない。この違いを説明するのに、数々の仮説が出されてきた[86]。最も説得的な解釈は、入手可能な資源面での不平等を強調したアダム・スミスの洞察を基本としている[87]。合衆国の入植者は豊富な農地と、同じく豊富な鉱物資源を手にした。このことが、大規模な移民と生産諸要素を作動させるのに必要な資本を引きつけた。比類ない量の資源は、安価に活用することが可能であった。というのも、いずれも本来の所有者から押収したものだったからである。土地と資源が押収されることで、本来の所有者は国民経済の発展にとっていわば巨大な補助を与えたことになる。

自治領に移住したヨーロッパ人も、土地に対しては同じようなアクセスが可能であった。だが、彼らが処分可能な資源は価値が低いか、一九世紀に手にしうる技術では開発することが不可能なものであった。自治領への移住は、一九世紀の半ばまで本格化しなかった。移住が本格化しても、自治領のフロンティアは、合衆国ほどには広大ではなく、人口密度も不十分であった。限られた資源、気候の状況、さらには距離（とくにオーストラリアのケースに妥当する）が、人口増加を押しとどめ、さらにこのことが、国内市場と国内産業の発展を阻害した。こうした不利な点にもかかわらず、一九〇〇年までには、自治領における成長の度合いと生活水準は、おおよそ合衆国と同程度までになり、事業経営も変わらないくらい活発であった。しかしながら、自治領は、合衆国の経済規模に匹敵することはできず、

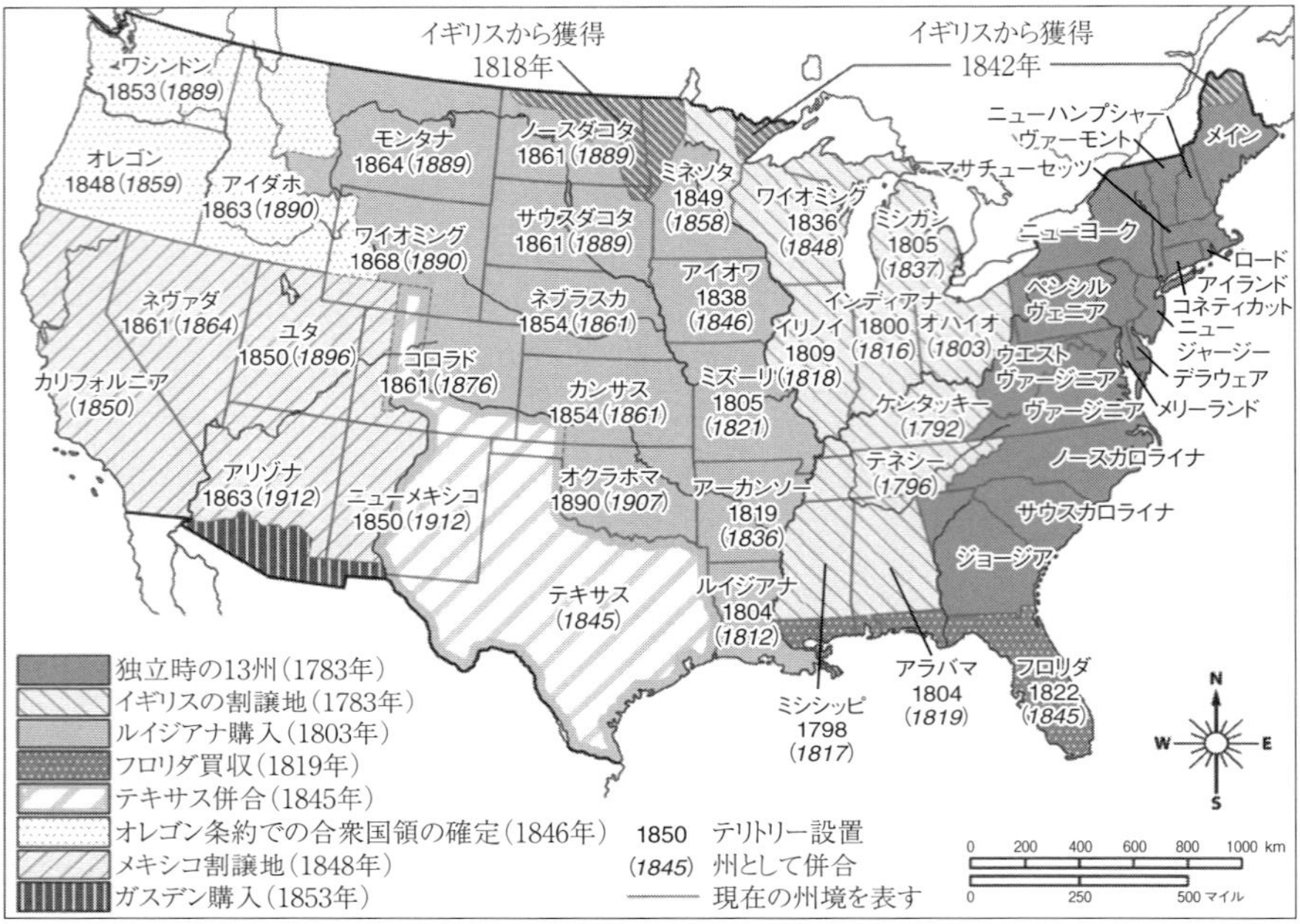

図5－1　19世紀における合衆国の大陸拡張

国際社会での影響力もきわめて限定されていたのである。(88)

このようなヨーロッパからの行きやすさと経済的潜在能力は、合衆国におけるフロンティア入植の長期的な持続、その大陸大での展開、さらにはネイティブ・アメリカンとの抗争の激しさを説明する。フロンティアの神話と神話が生むステレオタイプの蓄積は、しばらくすると、後の世代の精神に埋め込まれていった。神話は、征服に合理的な理由を与え、また世界中にある「闇の力」との戦いを正当化した。しかし、西部が勝ち取られ、そしてだまし取られた過程を説明するには、もう一つ考えを深めることが必要であろう。一七八三年以後、合衆国は、自らの力による政策決定が可能となったものの、それはあくまで国家建設事業という発展途上の状況がもたらす制約の下にあった。同時に、中央政府の専制的性格が広範囲に信じられた結果、合衆国の保持する常備軍はあまりに小さく、急速に拡大するフロンティアを統制することは不可能であった。こうした時代状況において、必要性を満たしたのは準公式暴力であった。一つは、ほぼ国家レベルの関心を動機として持たない民兵であり、いま一つは、容易に法の枠を外して用いられる民間人の銃である。(89) 西部や南部に歩を進めた入植者は、自分たちは、「原始的な」民族に対する武力の使用を正当化する、神が遣わした機会に応じていると考えていた。(90) 武力抗争は、その残虐性を正当化するために美化されるか糊塗される一方で、天命の追求という名目で「神聖なる暴力」の地位へと上り詰めた。(91) フォールトレッカー（Voortrekker）〔南アフリカの開拓者〕が約束の地に着くための苦難に対して神聖な正当性を与えたポール・クルー

表5－1　合衆国の政治発展の指標としての州設立年

1787	デラウェア，ペンシルヴェニア ニュージャージー	1845	フロリダ*，テキサス*
1788	ジョージア*，コネティカット，マサチューセッツ，メリーランド，サウスカロライナ*，ニューハンプシャー，ヴァージニア*，ニューヨーク	1846	アイオワ
1789	ノースカロライナ	1848	ウィスコンシン
1790	ロードアイランド	1850	カリフォルニア
1791	ヴァーモント	1858	ミネソタ
1792	ケンタッキー	1859	オレゴン
1796	テネシー*	1861	カンザス
1803	オハイオ	1863	ウエストヴァージニア
1812	ルイジアナ*	1864	ネヴァダ
1816	インディアナ	1867	ネブラスカ
1817	ミシシッピ*	1876	コロラド
1818	イリノイ	1889	モンタナ，ノースダコタ，サウスダコタ，ワシントン
1819	アラバマ*	1890	アイダホ，ワイオミング
1820	メイン	1896	ユタ
1821	ミズーリ	1907	オクラホマ
1836	アーカンソー*	1912	ニューメキシコ，アリゾナ
1837	ミシガン	1959	アラスカ，ハワイ

＊南部連合に加盟した州。

ガー（Paul Kruger）の「聖なる歴史」という概念は、合衆国と同じように、フロンティアにおける争いの過程から生まれたものであった。合衆国では、武器の増殖だけでなく、拡散性があり、かつ持続性の高い銃文化の創造という結果がもたらされた。このことは「軍人らしい男らしさ」の価値が、一九世紀フロンティアの状況とはあまり――あるいは全く――関係を持たない国際問題にも適用できるという信念が育まれる要因となった。

自治領の状況は（南アフリカの部分的な例外を除いて）合衆国とは異なっており、入植者の行動範囲にも異なる影響を与えた。たとえばカナダでは、生態学的状況が、相対的なヨーロッパ人入植者の少なさや発展プロセスの遅さなどと結びついて、国境南部よりも「ファーストピープル」〔先住民〕との関係を平和的なものにした[92]。当初、カナダの入植地の前線地帯を形作ったのは、土地よりも交易による利益であった。確かに、紛争は発生したが、商人は、自らの供給者かつ消費者である人々の絶滅など想定しなかった。それに対して、セント・ローレンス川から南の植民地の入植者は、当初から紛争を惹起した。というのも、彼らはすでに先住民によって権利主張されている肥沃な土地を求めたからである。さらにカナダでは、入植地が拡大する前に法が到来した。大陸植民地では、入植者は、政府の代理人が現れる前に前線地帯を作り上げ、自衛を固めた。文化的な違いにもかかわらず、カナダにおけるフランスとイギリスの入植者はともに、自国の「専制君主による支配」の可能性よりも、南の「暴徒の支配」がもたらす無秩序を脅威とみなして恐れていた。独立革命時に、合衆国からカナダへと移住したイギリス忠誠派の人々は、このような態度を強め、社会秩序を確立するために、民間の入植者よりも政府に期待した。[93]「手なずけられない西部」は、民間人の暴力を誘発した。他方で、北では、王立カナダ騎馬警察によって秩序が維持されたのである。[94]

自治領においては、殺傷力の高い武器の保持は、権利というより特権とみなされた。国益が脅威にさらされた際には、「武器を持つ」ことは義務となった。前線地帯では多くの武器が溢れていたが、合衆国のような銃文化は、自治領では育たなかった。[95]この点たし、宗教的なお墨付きのオーラも帯びていなかった。この点において、共和国と自治領の差異は、後者が次第に世俗色を強めた点にあるのではなかった――もっとも、間違いなく長期的動向ではあったが。むしろ、自治領は一九世紀を通じて、福音主義原理主義に背を向け、基本的にはプロテスタントの枠内にあったが、よりリベラルなキリスト教の形態に向かった。[96]入植者の社会を特徴づける、より広い類似性の中にあっても、差異が生まれる余地は存在したのである。

◆一八一二年――第二の独立戦争？

一八一二年にイギリスと合衆国は再び戦争に――もっとも、これが最後となった――突入した。多くの同時代のアメリカ人は、この戦争を「第二の独立戦争」と呼んだ。[97]戦争の原因と結果に関する詳細な議論を検討することは難しいことではないし、他の研究でも行われている。[98]ここでの目的に関しては、二つの問いに焦点を当てることで十分であろう。一八一二年戦争は、一連の領土編入の過程において、どの程度付加的な役割を果たしたか、また同戦争は、どの程度まで共和国の実質的な独立を拡大させたといえるのか、である。

一八一二年戦争には、安易な評価を下すことができない複数の原因が存在する。現実が認識や誤認と入り混じり、そして、戦いの場での命運が変動するとともに組みなおされていった。広い文脈は、フランス戦争のグローバルな波及効果によって形成された。その結果、北アメリカのパワーバランスに変化が生じる可能性が予想されたのである。イギリスと合衆国双方ともにその可能性に注意を払っていたが、どちらもすでに相手が権利を持つ領土を併合する大規模な計画を進めようとしたわけではなかった。イギリスは、ヨーロッパにおける先の見えない戦いにあまりに深く関与しており、当時言われていた「台頭中のライバル」を粉砕することは考えていなかった。[99]共和国はいまだに、政治と経済の発展の初期段階にあり、ロンドンではライバルではなく、むしろ将来的なイギリスの非公式な影響力の受容者とみなされていた。他方で、アメリカの側では、マディソンと合衆国議会は、北ではなく、西と南への領土拡大を狙っていた。というのも、彼らは、たとえ可能であったとしても、イギリス領北アメリカの併合は、奴隷制に反対する一群の州を生み出すことになると理解していたからだ。[100]西方拡大は、共和国の限りある軍事的リソースに見合っていたし、当時はフェデラリスト党という形をとった反対勢力が混乱している最中に、さらなる奴隷州を作ることが見込まれた(101)。

戦争の直接的な原因は、合衆国船舶の中立をめぐる争い、イギリス海軍によるアメリカ人水夫の強制徴募、さらに引き続くフロンティアの西方進出に対するネイティブ・アメリカンの抵抗への不満であった。ヨーロッパにおけるイギリス海軍の海上封鎖は、アメリカの通商に損害を与え、ジェファソンは一八〇七年にアメリカの輸出品に対する禁輸措置を課す報復措置を取った(102)。紛争を解決するための交渉は頓挫した。合衆国の輸出は打撃を受け、とくに東部沿岸地帯の不満は、政治的な行動が緊急に必要と感じられるほど高まった。マディソンは、合衆国の脆弱な独立が危険にさらされていると不安に駆られたが、それは彼一人ではなかった(103)。このような緊張が高まった状況の下で、一七八三年以後の英米関係において、いまだ解消しえない特徴である不信が働き、戦争が現実になることを望んでいなかったにもかかわらず、双方とも、起こりうる可能性のあるアジェンダの一つに戦争を挙げることになってしまった(104)。

紛争の帰結に関する議論に多大な影響を及ぼしてきたのは、一国史的な視点であった。ほとんどの合衆国史家は、戦争行動は少なくとも、一定の成功をもたらしたとする見解を採用した。共和国は一八一五年に、強化された国家統合とさらなる自信を持って出発したとする解釈も確信を持って語られている(105)。好感情の時代は党派政治の終焉を告げていた。モンロー・ドクトリンは、外交政策における独立宣言であり、西半球における帝国建設は終わったというヨーロッパ諸国への警告であった。戦争を研究するイギリス史家は少ないが、逆の見解を採用する傾向がある。彼らは、あらゆる点から見て、イギリスが陸上でも海上でも、勝利したと主張する。しかし、イギリス側の検討は軍事行動と戦闘に焦点を当てており、新世界における国内的な影響については、他の研究者に委ねてきた(106)。戦争の結果を評価するイギリス史家は、イギリス国内の発展は、大西洋の向こうの小さな戦いより、大陸ヨーロッパの甚大な戦争によってはるかに大きな影響を受けたと論じている。

一八一四年の終わりに締結されたガン条約は、北アメリカの国境を戦争開始時点と同じ状態に定めた。だが、条約の両当事者はともに、合意から利益を得た。イギリスは、のちにカナダとなる地域の確保に成功した。合衆国は、オハイオ渓谷の係争地帯への進出が可能となった。真の勝利者はカナダ人である。彼らは、アメリカの侵入者を撃退し、イギリスとの紐帯を強化しながら、ナショナル・アイデンティティ意識の醸成を開始した(107)。以後、合衆国は、政治的現実を認識し始め、一八三七年にローワーカナダで発生した無謀な反乱を支援しないよう注意を払った(108)。残りの国境問題は、武力ではなく外交によって解決された。一八四一年には、ウェブスター＝アシュバートン（Webster-Ashburton）条約によって、メイン北東の国境が確定した。アシュバートンは、一八〇三年からロンドンで合衆国の公式な使節を務めていたベアリング銀行のアレクサンダー・ベアリングが授与された称号であった(109)。合衆国国務長官のダニエル・ウェブスターが有した幾多の肩書きには、ベアリング社の銀行取締役と有給相談役が含まれていた。交渉は和やかに行われた(110)。ウェブスターとアシュバートンが解決に失敗したオレゴンの北西国境については、一八四六年の交渉で合意が得られた。それまでには英米両国は、大平原地帯が、イギリスの穀物法廃止を利用するために小麦生産に専念するように仕向けたいと考えていた。[111]条約の結果は、広い帝国的観点から見たイギリスの優先事項と、国境をまたいだ中西部を、その経済的影響力の圏域に組み込むイギリスの力を反映したものとなったのである。[112]最後には、一八七一年に合衆国は、ワシントン条約でカナダに対して事実上の承認を行い、両国の間で燻っていた領土問題を解決した。

カナダ人が国家を建設するのに必要な安全を確保した一方で、ネイティブ・アメリカンは国家を保持する権利を失った。一八一〇年にショーニー族の指導者テカムセ（Tecumsen）は、先住民の土地を貪欲な入植者から守るために、五大湖から深南部へと至る汎インディアン同盟を結成した。実際、同盟は一つの独立宣言であり、イギリスの勝利という好ましい結果にかけたギャンブルであった。同盟は、イギリスが南カナダとなる部分を保持する助けとなったが、ショーニー族は報酬を否定された。一八一五年にイギリスと合衆国は、彼らが多大な調和とみなすものから得られる利益のために、各自の先住民同盟者を見捨てた。すなわち、協調的関係を回復する必要性と彼ら自身の「好感情の時代」を開始するためである。意見の不一致は残った。合衆国で、イギリスが持つ共和国への影響力が続くことへの反感が高まると同時に、共和国と君主制政府の各々の政府形態の支持者の間での対立も続いた。[113]しかしながら、全体の傾向は協調に向かっていた。[114]一八一五年以後、フランスは主要な脅威ではなくなった。スペインは国力を大幅に失い、また帝国が反乱に直面する中で、平和な状態を迎えた。外部の制約が除去されたことで、マディソンとその威勢のよい後継者ジャクソンとポークには、大陸に白人入植地の共和国を広げるという、ジェファソンのビジョンの実現が可能となった。[115]戦争がもたらした合衆国における最も大きな結果は、反自由主義利害、とりわけ南部諸州の結束が固まったことであった。戦時の必要性によって促された広い統合は、平和の到来とともに揺れ動いた。好感情は、緊迫した感情へと移り変わった。セクションの差異は、以前よりも際立つようになった。戦時中の数千人もの奴隷の逃亡は、奴隷主を不安にし、州権を防衛する決意を強化した。[116]一八二〇年に連邦を二分したミズーリ危機は、その後に広がる分裂の序曲であった。（白人）女性に投票権を認める提案は、却下された。[117]アフリカ系アメリカ人をアフリカに送り返す計画が、最終的に合衆国に同化するという啓蒙主義由来の展望に取って代わった。[118]後に南アフリカで呼称された「分離発展（人種隔離）」が、アングロ＝サクソン支配を確立する諸計画の論理的な補完物となった。出航禁止をめぐる辛辣な論争は、関税をめぐる激しい争いという形で戦後まで持ち越された。そして自由貿易の大義の下、南部は結束への決意を強めたのである。[119]

共和国が西部フロンティアの拡大を進めるための戦争を開始した際には、イギリスの金融による影のサポートとイギリス海軍からの保護という間接的な安全保証によって支援されていた。両者ともに必要であった。一八一二年戦争は経済に損失を与えていた。国際貿易は妨害され、連邦政府は重い負債を抱え、その返済義務に応えることができなかった[120]。共和国の海軍のほとんどは破壊された。陸軍は将校不足と訓練不足を露呈した。こうした結果の何一つ、国家の統合や独立がすぐに達成されそうな状態にはないことを示していた。一八六四年末、『ノースアメリカン・レビュー』紙の編集者は、次のように観察している。「一八一二年戦争は、イギリスから政治的にわれわれを分離したが、依然として、われわれをイギリスの地方にとどめ置いた」[121]。「これは自然なことなのだ」と彼は、付け加える。「国民性は一晩で成長するものではない。独立宣言で作られるものでもない。定まった手続きもなければ、計算できる諸力によって生まれもしない」[122]。合衆国を、「国民として、われわれ自身の過去からだけでなく、旧世界の過去からも」分離するには、第三の戦争、すなわち南北戦争が必要とされたのである[123]。

一八二三年に宣言されたモンロー・ドクトリンは、これまで対外政策における独立の宣言だと考えられてきており、現在まで、「聖なる文書の地位」を得てきた[124]。大統領の議会年次教書には、アメリカ大陸におけるヨーロッパ諸国による「将来的な植民地獲得」への着手を防ぐことを意図した一節が挿入されていた。そして、そのような行動は、「われわれの平和と安全を脅かす」とみなされる、と警告したのである[125]。だが、モンロー宣言は、「西半球における合衆国の優越の確信に関する高らかな宣言」という性質を欠いていた[126]。この宣言は、フランス戦争直後に書かれており、この時期には、ヨーロッパ諸国は再び、彼らの関心を広い世界、とりわけアメリカ大陸に向ける自由を手にしていた。イギリスにも共有された合衆国の差し迫った関心は、スペインがラテンアメリカにおいて、再び旧来の地位を確立しようとする可能性であった。とはいえ、モンローの勧告は、あくまで理想の表明であって、行動計画ではなかったし、直接的な影響は皆無であった。合衆国議会は、宣言を援助するような動きをせず、意図の表明としても、宣言を支持しなかった。合衆国は情勢を左右する能力を欠いていた。不介入原則が維持されるか破られるかを決定したのは、あくまでイギリス海軍とイギリスの外交力であった。合衆国が、その大きく増大した国力の行使を正当化する政策を必要とするようになった一九世紀の末になってようやく、モンロー宣言は再び喧伝されたのであり、さらに恒久的かつ不可侵の原理の地位に格上げされたのである[127]。

モンロー・ドクトリンはまた、イギリスの新たな利益にも見合っていた。イギリスの利益は、合衆国の利益と結びつき、一八二三年には、西半球における諸外国の併合に反対する両国の共同宣言の発表に近づくほどであった[128]。イギリスは、かつて抱いていた合衆国再植民地化の考えや、あるいはラテンアメリカにおけるスペインの崩壊寸前の帝国を奪取するという考えを放棄していた[129]。アメリカ大陸におけるイギリスの意図は、非公式な影響力を発展させることであり、それは実際に、一九世紀を通じて実行され、大いに成功した。他方、合衆国は、ジェファソンの西半球全体にまたがる、雄大なビジョンから撤退した。北アメリカ北部におけるイギリス領カナダの受け入れおよび一八二二年のラテンアメリカにおける新国家の承認によって、ワシントンは、合衆国が新世界の将来を独占することはできないと認めた。旧世界の外交と水面下での動きを水際で防ぐことは困難であった。アメリカ大陸は、競合する諸国家が自らの取り分を確保しながら織りなす、国際関係の世界になったのである。合衆国も、自らの限られた手段に自らの願望を合わせなければならなかった(130)。ジャクソンとポークの両大統領の下で、一つの大陸内での積極的な領土拡大計画の追求を合衆国に促したのは、このような自覚であった(131)。南部諸州は、ミズーリ妥協によって承認された境界の南に位置する大平原地帯まで拡大する展望を掲げる政策の下に結集した。この考えからすれば、モンロー・ドクトリンは、フロリダとテキサスに再び支配圏域を広げようとするスペインの試みに対する警告であった(132)。ただし、両国の未来はすでに地図上に描かれていたのである。

◆「アメリカはいかに敵を粉砕し、いかに拡大するかを知っている(133)」

一八四六年五月、合衆国がメキシコに宣戦布告する少し前、ウォルト・ホイットマンは、メキシコを「徹底的に懲らしめよ」と求める、情熱的な訴えを公表している。この文章の大部分は、直後にアメリカ＝メキシコ戦争となる紛争について触れたものである――メキシコ人は、この戦争をいわれなき侵略とみてきたが、それは現在でも、変わっていない。当時は、下位将校であったユリシーズ・グラントも同意している。何年も経った後の彼の観察では、「われわれは戦争を挑発するために送られている」「だが、メキシコ側が、戦争を仕掛けることが不可欠である(134)」。一八四八年の敗北によって、メキシコは、現在のカリフォルニア、ユタ、ネヴァダ、ニューメキシコ、アリゾナとなる地域の大部分を割譲することになったが、その面積は、メキシコの領土のほぼ半分に相当した。メキシコは、「オーストリア帝国よりも大きい領土(135)」に匹敵するテキサスの割譲を承認することにも同意した。大統領ジェイムズ・ノックス・ポークはもともと、彼が切望する領土については、購入の申し出を行っていたが、申し出が拒絶されると、合衆国史上最も成功した併合戦争の火蓋を切ったのである。

最も長期的な視点を取れば、メキシコ侵略は、一八世紀後半にヨーロッパの軍事＝財政国家を襲った危機とフランス戦争にまで遡ることができる。フランス戦争は、スペイン帝国を崩壊させ、同時に一八一二年戦争につながる状況を作り出していた。スペインにとって、新世界で最も重要な植民地であるメキシコは、長期に及ぶ消耗戦の末、一八二一年に独立した。スペインに対する闘争を特徴づけたメキシコ国内の分裂は、以後の不安定な平和の間も変わらず続いた。スペインの写し絵であるかのように、王党派と共和派、聖職者と俗人、中央集権論者と地方主義者が衝突した。その後に生じた争乱は、一八二〇年代にスペインがメキシコを奪還しようとしたことによって増幅したが、この混乱の渦中に、新政府は、寛大な土地付与と引き換えに、人口希薄なコアウイラ・イ・テハス州（Coahuila y Tejas）の一部に定住するよう、入植者を合衆国から招いた。メキシコ当局は、自国内で利害を持つ新来者は、コマンチェ族の襲撃や、潜在的な攻撃者である北からの白人拡張主義者に対する防波堤となると判断した。この目論見は外れた。まもなく、メキシコ人は、自分たちがトロイの木馬に門を開けたことを知ったのである。

　これまでわれわれが見てきたように、一八一二年戦争は、南北の差異を先鋭化した。奴隷州には、自らの政治力を州権強化のために使うように促し、領土拡張をさらに刺激した[136]。その動機は、常に存在した強欲さと恐怖である。一八二〇年代以後の急速な綿花輸出の拡大は、奴隷制は消滅するどころか、耐久性を持ち、力強いことを証明していた[137]。同時に、奴隷制廃止論者の訴えが増大していたことも、各地の奴隷主に警戒心を呼び起こした[138]。自国の臣民が奴隷貿易に加わることを違法化する一八〇七年の決定の後、イギリスでは、一八三三年には、帝国内での奴隷制廃止が続き、最大の国際奴隷貿易商人から仕事を奪い、「特異な制度」〔奴隷制〕の将来に対して疑問符を突きつけていた。また一八三〇年代からは、合衆国の奴隷制廃止論者が、合衆国憲法は全国民に対して自由を保障しているとする議論を携えて表舞台に登場した[139]。この見方に立てば、自由は通常の状態であり、奴隷制は例外であった。連邦政府は、個別の州内での奴隷の地位を変更する権限を有しなかったが、既存の州を越えて奴隷制を拡大する権限も持っていなかったのである。

　加えて、人口学的な変化が、南部の政治権力を侵食しつつあった。人口が増えることによって、北部諸州は、合衆国議会下院で存在感を増大させたのである。こうした刺激によって、合衆国の奴隷制利害は、西部方面にはミズーリ境界線の南へ、南部方面にはメキシコとカリブ海へと拡大することで、「先手を打って報復」しようと試みた。原理的には、領土拡大の政治的な利益は莫大であった。それぞれの新たな奴隷州は上院で二議席を加え、さらには下院で北部が増しつつある影響力に対抗する助力ともなる。キューバは、この二つの目的に資するものであった。キューバは、カリブ海で最も豊かな島であり、人口も多い。もし州として編入できれば、キューバは上院で二議席を確保し、九人の下院議員も出すことになる。予想通り、購入という形であれ、軍事力による併合という形であれ、一九世紀前半には、この島を獲得するために数多くの計画が猛烈に提案された。いくつかは公式のものであり、いくつかは民間の、非正規軍人《フィリバスター》を用いた軍事遠征であった。

　一八四〇年代までには、南部の奴隷所有帝国の支持者は増長し、中央アメリカとカリブ海の一部を奪取する壮大な計画を抱くようになった[140]。スペインからキューバを奪い取る計画はうまくいかなかったが、拡張主義者は、メキシコの再植民地化の方はよりチャンスがあるとみなしていた。メキシコは、帝国の保護者を欠いており、外国の侵入に対して脆弱であった。一八三〇年にメキシコ政府が、遠方の地方に対する中央政府の統治を引き締め、さらなる移民を禁止し、そして一八二〇年代に制定した反奴隷制の法律を施行しようとした際、テキサスの入植者は、ようやく挑戦的な事業に着手したところだった。このようなメキシコの動きは、新たな入植地の基盤を掘り崩す脅威となり、両者の関係を急速に悪化させた。長きにわたる争いの後、入植者たちは一八三六年に、一方的に独立宣言を行い、テキサスを共和国へと転換した。新共和国の指導者のほとんどは、合衆国への編入を望んだが、その段になると、ホウィッグ党も民主党も、ミズーリ妥協を揺るがし、メキシコとの戦争に向かわせる可能性を持つ、この申し出を受け入れようとはしなかった[141]。テキサスの他の政治家は、共和国の独立を強化するために、国際的な承認を得ようとした。この計画はいくばくかの進展を見せた。その結果、合衆国は一八三七年に共和国を承認し、一八三九年にフランスが、そして一八四〇年にはイギリスが続いた。

ところが、国際承認は、テキサス共和国の存続には必ずしも役に立たなかった。一八三七年の「恐慌」は、メキシコの政策を無視して、失業と債務を逃れるために南部諸州から移ってきた、一群の新たな入植者を生み出した。とはいえ、新たな移住者の数は少ないままであり、プランテーション経済の進展も緩慢であった。一八三〇年代後半には、テキサス共和国が有する人口は、白人入植者三万人、奴隷一万一〇〇〇人にすぎなかった。発足したばかりのテキサス政府は、次第に数を増すコマンチェ族とアパッチ族の軍団の襲撃に対処せねばならず、領土を再統合しようとするメキシコ政府の試みも回避せねばならなかった。共和国は独自の銀行も通貨もなく、可能な際には借金し、そして債務に陥った[142]。一八四五年に「騎兵は丘を越えてやってきた」〔西部劇のタイトル〕。この年、テキサスは連邦の二八番目の州として編入されたのである。より詳細な研究によって、ワシントンが、政策を転換させるに至った政治の謎は解き明かされてきた。ただ本質的な理由は、ヴァージニア人であり、かつ州権の熱心な支持者であったジョン・タイラー大統領が、テキサスの大義に同調し、一八四三年から一八四五年にかけて、重要な争点にしたことにあった。彼に続く大統領のジェイムズ・ポークは、ホウィッグ党とその不屈の指導者ヘンリー・クレイからの強まる反対にもかかわらず、タイラーの政策を完遂した。テキサスを暫定的なテリトリーではなく、十全な州として編入する条約は、上院の批准に必要な三分の二の多数を得ることはできなかった。その代わり、条約に関する提案は両院の合同決議として可決された〔タイラーは、テキサスとの併合条約を調印したが、上院の反対で批准を逃した。そこで一八四四年のポークの当選を受け、条約締結を大統領に一任する議会両院の決議を促した。こうした手続きを経てテキサスは併合された〕。一八九八年、ハワイ併合の提案が同様の拒否にあった際に、この先例は発動された。

一連の人々が下した判断の背後には、多くの動機が存在した。タイラーは明白なる天命の観念を信じる拡張主義者であり、かつ奴隷所有者であった。彼は安定した政治的基盤を欠いており、南部では人気のある主張だったテキサス併合が支持をもたらしてくれることを期待した。ポークはまさしく、テネシー州出身のジャクソン派民主党員で、タイラーと同じように奴隷所有者で拡張主義者であった[143]。しかしタイラーとは異なり、ポークは緩やかに連携した南部の拡張主義者、テキサスの公債保有者、一八三七年の恐慌で損害を受けた各州の奴隷所有者の一団から支持を受けていた。このうち、奴隷所有者については、併合後の需要増大が奴隷価格を急騰させることを期待していた。これらの人々は、多様であったが、拡張主義者の間では、一八三四年に西インドで奴隷制を廃止したイギリスが、大陸に同じ政策を拡大させようとしているのではないかという不安が次第に共有されつつあった[144]。南部の指導者は、もしテキサスが独立すれば、イギリスの影響下に入り、奴隷制廃止の圧力を受けてしまうと訴えた。編入は、その危険を除去する。北部での反対を宥めるために、併合論者は、領土拡大が奴隷を中央アメリカの方へと分散させ、ほぼ白人のみからなる共和国を作ることに貢献し、その一方で、奴隷制廃止は合衆国を揺るがし、元奴隷を北部へと追いやってしまうという議論を展開した。モラリストへの慰撫として、宣伝屋は、メキシコは奴隷制をすでに廃止してはいるが（あるいはそれゆえに）、遅れた、非文明的な国であると描いた。ホウィッグ党は、制限のない領土拡大は市民的徳の崩壊へとつながると説く古典的共和主義思想に訴えたが、最終的には、ホウィッグ党のアピールは、明白なる天命、さらには新たな大地における個人の自由の実現という、半ば宗教的な訴えに圧倒されてしまった[145]。

スペイン撤退後の中西部における主要な外国勢力となったイギリスは、一連の出来事に密接に関わっていた。だがイギリスが、かつて言われたように、アメリカのプレゼンス拡大を制止する計画に傾倒していたわけではなかった[146]。イギリスのテキサスへの関わりは最小限のものであり、その主要な関心は、ロンドンのシティがかなりの規模の投資をするメキシコが危険にさらされることにあった。メキシコは一八二七年に、すでに対外債務の支払い不能に陥っており、イギリスは、一八三〇年に交渉した再支払い計画を台無しにする気はなかった。こうした優先事項の下、イギリス政府は、すべての関係者に対して自制を促すことに、外交的利害を見出した[147]。確かに、パーマストン卿(Lord Palmerston)は、テキサスが「無法者の巣窟」だと考えていたものの、外務省は、一八三六年の独立宣言はイギリスの利益に対して脅威ではないという理由で反対しなかった[148]。メキシコが、テキサスの領土権を再び主張できないことが明確になり、かつテキサス政府が、メキシコが負っている債務の一部の支払いをイギリスの債権者に認めると、イギリスは一八四〇年にテキサス共和国を承認した[149]。イギリスがやろうとしたのはここまでであった。同年、テキサスの代表がイギリスに対して、テキサス国債の保証を行うのと引き換えに、イギリスに有利な通商協定を申し出た。この提案は以下のように、ほぼ非公式帝国の定義に当てはまる言葉で書かれていた。「われわれは、イギリスに政府の費用や国防の責任を負わせることなく、植民地に帰属するすべての便益を譲渡する[150]」。にもかかわらず、外務省はこれを拒否した。テキサスは、とても支払われるとは思えない債務以外には提供できるものはなく、イギリスは合衆国の各所に有している、さらに大きな利害を棄損するリスクを冒そうとは思わなかったのである。

テキサスの国債はすぐに紙くず同然の状態になり、そして一八四五年にイギリスは、テキサスが連邦に加入すれば、テキサス共和国の国債を合衆国が引き継ぐことに同意する可能性に期待して、テキサスの喪失を受け入れるようメキシコに助言した[151]。合衆国議会は公式な保障を与えたわけではなかったが、テキサスが支払い不能の危機に陥った場合、連邦政府が、自国の信用格付けを守る行動を取るのではないかとの見込みから、一八四五年以降に国債価格は回復した。一八五〇年の最終決着は、この期待に応えるもので、テキサスの国債保有者に対して、一八三七年恐慌以後に債務を抱えた連邦諸州への債権者とほぼ同じ対応がなされた[152]。テキサスの編入は、独立した共和国のままであったら、テキサスがさらにメキシコを不安定化させ、シティの利害に損失を与えるというイギリスの不安を緩和した。その結果、イギリスは、開戦に対するホウィッグ党と一部民主党員の反対が拡張主義者を止めるだろうとの期待から、北からの攻撃姿勢に対するメキシコの反発を抑制する努力を行った[153]。

自制は効かなかった。ポーク大統領は、テキサス併合を推し進める決意をしていた。他方で、メキシコは、自らの主権を防衛せねばならないと考えていた[154]。テキサスにおける独立共和国の宣言は、併合へと向かう曲がりくねった道の一里塚であった。そして連邦への編入は、より直接的に合衆国の拡張主義者が後押しする、あえて望んだ戦争につながっていた[155]。侵略者たちは、自らを征服者ではなく、無能で、腐敗した政府によって停滞している社会に進歩をもたらす使命を持つ解放者として描いた。交戦中においては、戦争は人々の間に熱狂を起こした。そして、一五一九年にエルナン・コルテスが行軍したのとほぼ同じルートを取ったウィンフィールド・スコット（Winfield Scott）将軍を筆頭として、英雄たちが、一連の小規模な戦闘でメキシコ軍を倒し[156]、一八四七年にメキシコシティを占領した。しかしこの時点までには、メキシコは破壊的なコマンチェ族の襲撃で大きく弱体化しており、敗北への道はすでに敷かれていた。そして、スコットは戦利品を集めることに終始したのである[157]。戦争開始時点では六〇〇〇人を数えるにすぎなかったスコットの軍は、主に南部諸州から来た志願兵が入隊に殺到すると、約一万五〇〇〇人に膨れ上がった。このコンキスタドールたちは、先行者と同じく、目的を持った冒険者であった。彼らは、土地の獲得を筆頭とする富の確保という、新たな機会を目指してやってきたのである[158]。多くの者が、主に病気で死んだ。生存者の多くが幻滅し、一部は逃亡し、一部は地元の村を略奪することで埋め合わせしようとした。

メキシコに対する勝利によって、ポークとその助言者たちは勢いづき、戦後のメキシコに対して、併合、分割、保護国化を含む、大げさな選択肢が提起されるほどであった。最終的には、合衆国議会において多数派であるホウィッグ党が反対に回ったことから、大統領は、これらの大それた野望の断念に追い込まれた。にもかかわらず、グアダルーペ・イダルゴ条約が戦争を講和に導いた一八四八年には、テキサスという太陽が南部の戦略に光を降り注いでいることは明白であった。

◆「反発する力と耐える力の間に起こる、避けられない争い[159]」

合衆国の歴史叙述では、戦争は、それがどこで戦われようとも、人々の関心を最も高める。だが南北戦争は、一つの軍事紛争として、アメリカ独立の前にも後にも、その高みに上ろうと、最も多くの研究者を惹きつけてきた、いわば他に比類なきエベレストの地位にある[160]。上院議員のウィリアム・ヘンリー・スワードが、一八五八年に迫りくる戦争の性格を「避けられない」と言及しているが、その際彼は、以後の研究者を惹きつけ、かつ当惑させてきた問題の姿を摑んでいる。ウォルト・ホイットマンは戦争の間も、また戦後も、文筆を重ねたが、彼も、後の評論家たちが追求しかつ拡大させてきた、もう一つのテーマを提示している[161]。ホイットマンははじめ、若い詩人の持つナイーブな情熱をもって、戦争を、近代性と民主主義の進歩を早める純化の力として考えていた。彼は次第に目覚め、死と破壊がもたらす惨い現実について、反省的なまなざしを向けた。最後に、彼は平和が、国民的な和解をもたらすことを望んだ。

今日では、おそらく考えうるあらゆる原因と結果が探究され、可能な限り詳細な情報が集められ、大胆でやや微妙な部分を含む一般化を支持したり、修正したり、あるいは否定したりしている。しかしながら、研究の大多数は、南北戦争を国内的な事件として扱ってきた。オスカー・ワイルドが、アイルランドの事例を意識しながら「人民のための、独立した自治政府を求めた戦い」として論じた戦争の国際的な局面は、ようやく近年、それにふさわしい関心を得るようになったにすぎない[162]。こうした視点はたまたま、本研究の検討課題に合致しており、一九世紀の近代化の流れが形作る、より広い文脈の中に南北戦争を位置づけるだけでなく、この時期を扱う歴史家がしばしば困惑する、イギリスの明らかに矛盾した政策を説明することも可能にする。

国際的な視点から見れば、南北戦争に至る諸問題は、第二章で概略したように、ナポレオン戦争後のヨーロッパにおいて保守勢力と革新勢力の間で行われた同時代的な争いと共鳴する。確かに、合衆国には、君主制論者はほとんどおらず、ヨーロッパには、奴隷はさらに少なかった。にもかかわらず、王朝の擁護者と「革新」の擁護者との争いは、明確な形を取って、新世界にも見られた。ヨーロッパと同じように、中心的な問題は、いかに一八世紀後半の革命戦争から出現した国家の構造を見定め、そしていかに制御するかであった。北部と南部は、同時代のヨーロッパの政治指導者や評論家にも馴染み深い道徳的原則に裏打ちされた憲法解釈——次第に異なりつつあった——の中に、自らの正当性に関する主張の根拠を求めた。彼らは、普遍的原理、聖書に基づく権威、さらには史料を参照した。彼らは、半ば形成途上の、半ば想像上のエスニシティという観念に統合の原理を求めた。彼らは、平和、自由、独立が得られる約束の土地へと導く天命というビジョンを呼び起こした。彼らは急進主義に代表される「民主主義の行き過ぎ」に反対するという点では一致していた[163]。

一八五〇年代までに、南部諸州は、共和国の未来について独特のアプローチを発展させていた[164]。ミズーリ危機は、南部に、州権に明白な優越権が与えられているとする憲法解釈を再確認するよう促した。奴隷反乱への不安は継続しており、一八三一年にヴァージニアで起こったナット・ターナー（Nat Turner）の反乱によって、パニックのレベルにまで達していた。また、イギリス帝国内ですべてにおいて奴隷制を廃止するとした、イギリスの一八三三年の決定も〔原文では奴隷貿易となっているが正しくは奴隷制〕、反乱の不安を持続させた一因であった。こうして奴隷所有者は、奴隷制廃止論者の攻撃からの防衛を強化し、奴隷主の家父長主義に進歩的な目的を持たせることによって、奴隷制を正当化するイデオロギーを発展させた。[165] 南部の評論家は、自らの主張する自決権の論拠として、南部のアングロ＝ノルマンと北部のアングロ＝サクソンを対比する、神話的な歴史解釈に依拠した。[166] こうした語りでは、ノルマン人は優れた血統を持つ騎士として描かれる。他方で、サクソン人は、野心的で強欲な金持ちになったが、依然として、卑劣かつ臆病な、下層身分出身のピューリタンとして描かれた。[167] そして二つの民族の間の争いでは、貴族が下層階級に勝利することが運命づけられているという結論が導かれる。このような超幻想的な過去への訴えに依拠すると、一八世紀後半の動乱は、社会の有機的な一体性を破壊し、凡庸な市民に自らの地位を無視した考えを授けたことになる。ウィリアム・ロイド・ギャリソンや彼のヨーロッパ人の同盟者のような奴隷制廃止論者は、南部の自由を破壊しようとする転覆主義者なのだ。[168] 近代の工業と根無し草の都市労働者は、社会秩序を脅かす。とくに自由黒人と元奴隷が代表する急進的な下層階級は、このような印象を強めた。というのも、彼らは奴隷制廃止を求めただけでなく、後の時代に人権の原則として分類されるものを含む、幅広い進歩的改革を訴えたからである。[169]

このような挑戦に抵抗するに際して、南部のスポークスマンが訴えたのは、聖書の権威であった。それはかつての偉大な西ヨーロッパ諸国を崩壊させた腐敗を避けるのに役立つ行動規範を定めるためであった。[170] 必要とされるリーダーシップを提供するために、王朝原理が呼び起こされた。こうした家父長主義的なウォルター・スコット版世界観においては、社会的調和と政治的安定を確保するには、貴族的優越性こそ必要不可欠なのである。カール・マルクスの言う南部の「プランター貴族」は、ヨーロッパの君主国と同じように、政治権力を奪おうとする「多数派の専制」を許してしまう無政府主義的な展開を阻止するため、自らを秩序と安定の守り手と解釈した。[171] ボーリングブルックのカントリー派が呼び起こされ、ジェファソンが掲げた農本主義的理想の家父長主義的な理解も熱心な賛同者を得た。

こうした流れが引き起こしたのは、北部で支持された連邦制国家モデルに反対する、ある種の地域的「ナショナリズム」の合唱であった。共和国の脆弱さが、日々の議論において主題となった。連邦が「人工的な集合体」である一方、諸州こそ、「自然」だという思想が広く議論された。[172] 中でも、ジョン・C・カルフーンの政治思想の発展は、対立に向かう大きな奔流を象徴する。[173] 南部の最も影響力ある政治家かつ思想家の一人であったカルフーンの政治家としてのキャリアは、ヘンリー・クレイによって進められた国家主義的計画の支援から始まった。一八三〇年以後、彼は方向性を転換し、州権の最も熱心な擁護者となった。彼の国家統合に対する敵意には一切の妥協がない。「合衆国について語る際に、私は「国 Nation」という言葉を決して使わない」、と一八四九年に宣言している。「私はいつも「連合 Union」ないしは「連邦 Confederacy」という言葉を使う。われわれは一つの国家ではない。しかし連合である。平等で主権を持った国家の連合体なのだ」。[174]

北部の政治指導者は、同じく自決権の擁護者であった。北部人は、共和主義的価値の拡大については、自らの神学的なビジョンを持っていた。自由の思想に表現され、プロテスタントの教えの中で語られた共和主義的価値は、普遍的人権を根拠づけるものであった[175]。キリスト教的博愛主義者は、人間の道徳的平等に対する信念によって結束し、一八三〇年代から影響力を拡大させた。一八三〇年代に北部で明確な形を取った奴隷制廃止運動は、イギリス帝国における奴隷制廃止によって自信を得ていた。北部のリベラル派は、労働環境と教育の改善、また禁酒を推し進めた、一連の国際的な運動からも助力を得た[176]。一八四八年革命は北部の各地で関心と共感を呼んだ。リンカンは、ヨーロッパで起こっている出来事を、「共和主義的な自由を求める全体的な運動」の一部であると考えた[177]。信念の人であったリンカンは、連邦の神聖さを基盤とする独立に関する観念を支えるために、北部のアングロ゠サクソン民族集団を統合すべく、これらの価値観に依拠した[178]。一八五〇年代までに、北部の評論家とスポークスマンは、明確な特徴を持ち、かつ自己主張の強い国民意識を発展させた。この意識の下では、奴隷制は自由と、民主主義は専制と、エネルギッシュであることは怠惰であることと、対比された[179]。二つの対立する自決権の主張を並置させ、また内戦のトラウマを植えつける点で、北部と南部の争いは、ヨーロッパで起こっている類似した破局の状況を補完する例となった。

対立するこの二つの立場については、もう少し正確な説明が必要である。南北戦争は「きわめて記憶に残る」が、「〔チャールズ一世期の〕王党派（間違っているが、ロマンティックである）と円頂党（正しいがむかつく）」の闘争へと還元することはできない」[180]。南部の指導者は、自らを過去に生きているとは考えていなかった。そうではなくて、未来を形作るために過去を用いていると考えたのである。南部は、憲法と連邦政府に守られた奴隷労働に基づいて、世界最大で最も効率的な綿花産業を発達させていた[181]。彼らは自由貿易を望んで重商主義を放棄し、その結果として、大いに繁栄を遂げた。必需品として需要の高い原材料生産に特化することで、綿花生産州は、当時の世界で最も発達した経済を持つニューイングランドとイギリスの製造業者とつながっていた[182]。マルクスの言う「プランター貴族」は決して、同質的な集団ではない。奴隷所有者の大半はせいぜい、五人程度の奴隷しか所有していなかった[183]。他方で、政治権力は、少数の大奴隷所有者が行使していた。彼らは、一八三七年恐慌と、続く不況期に、奴隷と小土地所有者に対する支配を固めた[184]。一八五〇年代に、奴隷制経済は――後の時代には最後であったことが判明する――ブームを経験した。カリブ海における奴隷解放は、自由労働の優越性を示すにはほど遠く、生産量の下落を招いていた。その結果、南部諸州が生産する綿需要を増大させた[185]。奴隷制は、キューバとブラジルで経済的繁栄を支え続けていた[186]。奴隷州となる可能性のあった新領土をもたらしたメキシコ戦争に勢いづけられて、南部の指導者は、中央アメリカへとプランテーション制を拡大する野心的な計画を考案するほどであった[187]。一八四八年以後は、政治的な自由主義は後退し、他方で自由貿易という形での経済的自由主義の伸長は、国際経済において不自由労働の使用を促した[188]。野心的な考えを持つ南部人の中には、南部ナショナリズムが合衆国中に拡大し、合衆国の支配的な共和主義思想となることを期待した者もいた。[189]

修正主義者の一部は、南北の関係を後進性と近代性の対立としてではなく、二つのダイナミックな資本主義のタイプ間の対立として描くようにすらなっている。[190] しかし、この点については、工業資本主義と商業資本主義の間に境界線を引くべきであろう。長い伝統的な見方が主張するように、動力駆動の機械製生産と賃金労働が、近代資本主義の特徴だとすれば、明らかに南部はこの像に当てはまらない。[191] より厳しい批判的な見方は（定義が終わらない争いを招いているため）、南部のプランテーション資本主義の発展が持つ限界を指摘している。奴隷労働に基づく経済の下では、収入の分配は奢侈品の消費へと傾斜し、大衆市場の成長を阻害する。[192] さらに奴隷制社会は、北部や中西部で急増していた移民を惹きつける点においても、大きな困難を抱えていた。こうした理由が一因となって、南部では北部に比べてきわめて都市が少なく、その結果、金融業や商業サービスも停滞した。[193] ヴァージニアとジョージアでは、一定数の木綿製造工場があり、工業化がわずかながら起こったが、全体としてみれば、南部諸州は合衆国の工業生産高のわずか一〇％を占めるにすぎなかった。[194] 南部は奴隷制生産がその代替物よりも利益が上がるという事実を十分に利用していた。だが、産業革命が胎動する社会ではなかった。

急激に近代化する北部というステレオタイプにも修正が必要である。確かにニューイングランドの各地で、一九世紀前半には工業が拡大したが、同時代の発展は、「市場革命」には到達していなかった。[195] 北部の大半は依然として、農村地帯であった。工業は国際市場の競争には遠く及ばなかった。[196] ニューヨークとフィラデルフィアの商人や銀行家は、綿花生産州と大規模なビジネスを行い、奴隷制経済の持続的な繁栄に大きな利害を有していた。北部の銀行は、一八二〇年代以後に急速に拡大した国際奴隷貿易のほとんどの資金を供給し、合衆国の市民が、国際的な奴隷貿易に参加することを禁じられた一八〇八年以後、南部の経済にとって死活的な重要性を持つようになっていた。国際的な需要に応じた綿花供給を確保するために、数千人、数万人の「余剰」奴隷は、メリーランドやヴァージニアから低南部へと移動させられた。[197] このように、北部の金融業と南部の農業は相互依存の関係にあった。経済的な競合関係が生じていたのは別の場所、すなわち自営農地の機会を確保したい北部の小農民とプランテーション制を拡大したい南部の大農民との間にあったのである。[198]

北部では奴隷制廃止運動が目立つようになり、その影響力も増大しつつあったが、運動に関与する一部の人々以外では、奴隷制廃止は差し迫った優先事項ではなかった。[199]「自由」州であっても、人種差別は至るところに存在した。[200] リンカンの立場は、推測しうる限り、広い公衆の立場を反映していたように思われる。[201] 彼は、制度としての奴隷制には反対であったが、即時廃止ではなく改善を望んだ。彼の最終的な望みは、合衆国のために神が準備した計画の下で奴隷制が消滅することであったが、事態の進行を早めるために、積極的にさまざまな奴隷の再定住計画を考えた。しかし、奴隷の現在の地位に対しては慎重であったが、それとは対照的に、奴隷制の将来をめぐる問題に関してては、次第に決然とした立場を採るようになっていった。共和国の新領土とその向こうへの奴隷制の拡大に対する北部の反発が、妥協できない問題を生み出したのである。戦争の展望がはっきり形を取ったときですら。

こうした修正が施され、工夫が重ねられたとしても、南北戦争は、合衆国を構成する二つの強力で、拡大する地域間における不和の増大の産物であったことは確かである。近年はあまり好まれなくなったが、経済的な原因は、この展開において、重要な位置を占めていた。[202] 北部が南部と共有した補完的かつ利益をもたらす関係は、プランテーション経済を変えようとする動機を生まなかった。しかしながら、他の経済的な問題が両者の緊張を大きく高めた。[203] そのほとんどが、長期的なものであったが、南部以上に北部に悪影響を及ぼした一八五七年恐慌の後では、切迫性が強まった。[204] 一八五七年の〔自由州に行っても奴隷の地位は変わらないとした〕ドレッド・スコット（Dred Scott）裁判に続く西部テリトリーの将来をめぐる不明瞭さは、信用の喪失、鉄道および土地投機家の破綻、さらには東部沿岸地帯の取り付け騒ぎに発展した。[205] 南部の宣伝屋たちは、すぐに自らの経済の健全性を、北部と対比した。南部は、北部の金融と工業は慢性的な脆弱性を抱えていると主張したのである。

対する北部人は、彼らの利益を守るための政策を打ち立てるべく、議会を説得する新たな試みを行った。関税問題は、とくに深刻な論争の原因であった。北部の工業利害は、イギリスの輸入品から彼らの生産物を守るために高関税を求めた。南部のプランターと中西部の農民は、輸出市場を拡大するための自由貿易、そして消費物資の輸入のための低関税の維持を望んでいた。北部と中西部の利害関係者は、最終的には一八五七年に妥協的な関税に合意したが、この提案は南部ロビーによって葬られた。北部諸州と中西部諸州からの議員は、世帯主が自由な土地を獲得できる法案を後押ししたが、南部からの反対によって頓挫させられた。南部は断固として、プランテーション制のための機会を保持しようとしたのである。[206] 一八六〇年にホームステッド法が最終的に議会を通過したが、民主党のジェイムズ・ブキャナン大統領は拒否権を行使した。[207] 南部利害とその同調者たちは、連邦レベルでの輸送インフラ整備に対する連邦政府の補助金に反対し続けた。一八六〇年には、大西洋鉄道法が下院を通過したが、民主党と同調者によって、上院で否決された。[208] 同じく、一八六〇年に北東部の実業利害は、長年にわたってホウィッグ党の重要な大義であった国立銀行の再建を試みたが、議会では十分な支援を得られなかった。

奴隷制は、他の問題と比較にならない重大問題であった。事態を北部から観察した人々が考えたのは、最大の脅威は、奴隷制が深南部や中央アメリカとカリブの独立国家に拡大するだけでなく、西部領土にも拡大することであった。一八四〇年代と一八五〇年代の輸送インフラの整備によって、東部沿岸と中西部さらには彼方の西部をつないで労働市場が統合される展望が開けつつあった。もし奴隷制が、これらの地域に広がれば、入植者を引きつけることは難しいと考えられた。というのも、奴隷制は自由労働者の賃金を押し下げ、大陸の大部分において、経済的潜在力の発露を妨げるからである。一八四八年のカリフォルニアにおける金鉱の発見は、奴隷を輸入して鉱夫にすることを目論む奴隷制擁護の民主党員と、フリーソイラーおよび奴隷制廃止論者の連合体との激しい対立を生み出した[209]。カリフォルニアは、一八五〇年に奴隷制を禁止したが、党派間抗争は以後の一〇年間続いた。この間、奴隷制擁護利害は、州を二つに分割し、南半分を支配することを画策していた[210]。同時期には、中央アメリカとカリブ海に拡大する南部の野心的な計画が、合衆国内での綿花生産州の地位を強化する、巨大な新資源をもたらすことを約束していた[211]。リンカンが奴隷制擁護の「陰謀」と呼んだものは、元来は奴隷制を持つ飛び地にすぎなかった地域が合衆国を乗っ取り、その性質を変え、最後には建国者たちが命がけの闘争を経て作り上げた共和主義的な理想すら破壊してしまいかねなかったのである。

それに対して、南部の視点から観察した人々は、こうした展開を、反転したイメージで見ていた。彼らの視点からすれば、北部権力の勃興と拡張がもたらす破滅的な展望こそ、連邦に対する脅威であった。北部の経済発展は、合衆国を引き裂く資本と労働の対立を芽生えさせるであろう。いまや好戦的な奴隷制廃止論者は、憲法によって保護され、州権の原理を通じて守られる奴隷制を転覆させようとしていた。さらに、すでに国内奴隷取引[212]は、生産システムにとって最重要なエネルギーとなっていた。これらの権利が弱められれば、必然的に連邦の権力が増大することになる。しかし、北部の人口増加は次第に、下院における代表数を南部から引き離しつつあった。もし集権的政府が復活すれば、独立革命が大規模なコストを払って打倒した「専制」がすぐに現れる第一歩となる。南部人はこうした挑戦に対抗して、建国者の理想、とりわけジェファソンの権威を守るために、独自の広範囲にわたる対応策が必要であるとみなした[213]。北部が介入する前に、南部が打開策を見出さなければならなかった。

北部と南部の間の軋轢は、一連のよく知られた政治的危機に体現されている。そのうちの最初のものであるミズーリ危機（第四章で論じた）は、一八二〇年に奴隷州と自由州の間の妥協として終結し、その後も連邦のまとまりを維持することに成功した。その後の緊張の高まりの中でも合意は保たれ、一八五〇年の妥協によって延長された。しかしながら、この妥協は、一時的な弥縫策にすぎないことが判明する。というのも、中心的な問題について解決を先延ばしにしたからである[214]。南部の指導者たちは、この合意が、彼らの主張した奴隷制を新たなテリトリーへと拡大する権利をはっきりとは確証していないことを不安に思った。一八五四年のカンザス・ネブラスカ法は、奴隷制の問題を連邦政府の権限外に移して地元民に委ね、そして自由州と奴隷州の間の不安定な均衡を終わらせた。三年後、著名なドレッド・スコット裁判での最高裁による決定的な判決は、全テリトリーにおいて奴隷所有を合法とすることで、南部の利益を保護した[215]。だが、全体的には南部に逆風が吹いていた。一八六一年までには、「自由」州が一九にまで増加したが、「奴隷」州の総数は一五であった[216]。政治の頂点における政治的な争いだけでなく、対立する諸集団が奴隷制問題を直接行動で解決しようとする中、各地での無法な争いも激化していた。[217] 一八五〇年の妥協の一部であった逃亡奴隷法は、とくに不和の原因であった。というのも、奴隷制廃止論者は、逃亡奴隷をその主人に返却するよう要求する同法の条項に背を向けざるをえなくなったからである。その結果、一八五〇年に行われた妥協は、一八六一年に戦争へと帰結する対決の要因となった。

こうした展開は、政治党派の浮沈の時期と重なった。[218] フェデラリストの残党は、一八三四年にホウィッグ党として再結集していたが、カンザス・ネブラスカ法の制定後、奴隷制と領土拡大の問題をめぐって分裂した。[219] 民主党も同じく、一八五〇年代の分裂状況によって大きく動揺した。このとき、党は、党内の革新派「ヤングアメリカ」の挑戦を受け、さらには北部の同調者の間でも支持を失った。政党政治自体は、後に転換点と評価される事件によって、一定の安定性を得ることになった。一八五四年の共和党の結成である。同党は、ほとんど北部のみを地盤とし、かつ奴隷制拡大への反対を党是とした。[220] 民主党は動揺し続けたが、共和党は、一八五八年の中間選挙で決定的な突破口を開いた。彼らは、下院の支配権を握り、上院でも議席を獲得したのである。[221] 二年後、選挙権者の投票率において八〇％以上の票を得て、共和党は両院で多数派となり、党の大統領候補者エイブラハム・リンカンは、南部の一つの州の支援も必要とすることなく、大統領選挙に勝利した。[222] 南部は政治的選択の手段を使い果たした。

共和党員は、選挙での成功を奴隷制廃止へのお墨付きとは解釈せず、いわんや戦争開始の信認とも考えていなかった。両陣営に「好戦派」がいたことは確かであるが、全体的な雰囲気は、未来に関する不確かさといったものであり、軍事的な解決手段で連邦を分裂させる問題に対処することについても消極的であった。[223] 歴史家の中には、戦争は決して必然ではなく、この最終段階に至っても避けられた可能性があると示唆する見解もある。[224] しかし、事の成り行き次第という議論は、偶然の出来事や個人の介入の役割を適切に跡づけているものの、あくまで限定的な意味での原因を論じているにすぎない。一八六〇年の選挙と翌年の戦争勃発に至る流れは、他の選択肢の幅が狭まった中で展開した。戦争は起こるまで必然ではなかったかもしれないが、この時期に起こる可能性は急激に高まっていたのである。すでに火種はまかれていた。偶然であれ、熟考からであれ、いずれの集団でも着火することはありえた。一八六〇年一二月の七つの南部諸州による脱退宣言や一八六一年二月のアメリカ連合国の結成は、見えない段階までその他の選択肢を減らす事態であった。四月には、サウスカロライナのサムナー要塞における連邦軍と南部連合〔アメリカ連合国〕を代表する軍の間で起こった小規模な衝突が戦争の発火点となった。

ヘンリー・ティムロッド（Henry Timrod）は宣言した。[225]「ついに、われわれは諸国民のうちの一つの国民となった」。その生きた時代において最も著名な南部の詩人であったティムロッドは、一八六一年二月の南北戦争が勃発する二カ月前に、高らかに「民族再生」という題名をつけた詩を発表した。彼の意図は、全州から構成される連邦ではなく、南部連合を祝福することであった。彼の目には、南部は、国民統合の基盤となる独自のエスニックな親和性を有していた。擁護者たちは、連邦からの脱退は、ヨーロッパ諸国家が、その達成に向けて長い闘争を繰り広げた自決権を実現するものだと主張した。ギリシア独立は、バイロン卿の理想主義的な期待には遠く及ばなかった。一八四八年革命において、ハンガリーの大義は、コシュート・ラヨス（Kossuth Lajos）の幻惑的な言辞とともに押しつぶされてしまった。[226] しかし、政治的な失敗は、ロマンティックなナショナリズムの熱を冷ましてしまったわけではなかった。ティムロッドは、ナショナリズムの虜になっていた人々の一人だったのである。このたびの南部の大義は、人種的一体性という結合原理に基づいており、その結果は間違いなく実るであろう、と彼は信じた。

続く戦争は、一八六五年四月にロバート・E・リー将軍が、ユリシーズ・S・グラント将軍にアメリカ連合国の主力軍を明け渡すまで、正確に四年間も長引くことになった。現在、詳細な研究によって、内戦がいかに大規模な破壊的様相を呈していたかが跡づけられている。[227] 従来考えられていた死者六二万人という数値は、七五万人にまで上振れしている。これは三一〇〇万人の総人口、三〇〇万の兵の総数という母数から概算した数値である。[228] 史料が欠落していることからも、この数値では、まだ南部連合側の犠牲者は過小評価されているといえよう。大部分の戦闘が行われた南部の幅広い領域は、荒廃した状態に置かれた。民間人への「副次的な損害」も大規模であったが、詳細な推計は困難である。にもかかわらず、慎重な研究結果ですら、「南北戦争の人的損害は、歴史家が長く信じていたよりも大きい」と示唆する。[229] 経済的損失は膨大で、かつ持続的であった。北部に比べて、南部の一人当たりの戦争負担は、三倍に上る。一八七三年には、北部の消費は戦前の水準に回復した。南部では、一九世紀末まで戦前の水準を下回ったままであった。一九〇〇年には南部諸州の一人当たり収入は、国の平均の三分の二にすぎなかった。南部の貧困は、二〇世紀にまで持ち越されることになる。

戦争の結果が確証しているのは、二つの地域で拡大していた分岐は、二つの「近代」国家、あるいは二つの比較しうる資本主義形態における力点の違いであるといった像に還元できないことである。北部は、南部より大量の資源と大規模な人口を有していただけでなく、それらを効率的に動員した。北部は、有能な文民指導者とより優れた将校を持ち、より高度な装備を持つ海軍を擁した。[230] 先進的な金融システムを持つ金融機関の支援を得て、北部は戦争コストの五分の一以上を課税で賄うことができ、また追加の請求に対しても財務省債券を発行して支払うという手法を用いた。債券は、各自治体レベルで購入が呼びかけられていた。さらに北部には、広範囲にわたり、かつ持続的な公衆からの支持という優位性もあった。奴隷制の改善とは異なり、世論は奴隷制廃止の問題については微妙な面があったが、連邦を救おうという呼びかけには積極的に応じた。[231] ニューヨークのように、奴隷制廃止運動に対しては、ほとんど共感を持たず、民主党に投票し続けた市もあったが、州全体としてみれば、人員や弾薬の供給によって、大きく戦争遂行に貢献したのである。

対照的に、メイン州は、奴隷制廃止が、その経済的利益に反するにもかかわらず、固く奴隷制には反対した。大陸最西端のカリフォルニアでは、共和党員が、奴隷制は諸州や他の合衆国テリトリーに侵入しかねないという見通しを念入りに宣伝し、大きく人心が動かされた。世論の大きな転換が起こったのは中西部である。中西部は、一八五〇年代の終わりには南部との政治的な同盟を断ち切っていた。自由貿易のアピール度は大きかったが、他の点に対する支持が、同地域を共和党へと向かわせた。中西部は徐々に東部沿岸地域と一体化しつつあり、輸入関税を原資とする財政支出から利益を得ていた。農民たちは、共和党の小土地所有者支援策に引きつけられ、プランテーション奴隷制の拡大には反対した。奴隷制廃止論者は、転向者を得るようになり、それはとくに中西部の北部地域で勃興した諸都市で顕著となった。北部一帯のアフリカ系アメリカ人は、彼らが奴隷制廃止と同一視した連邦の大義を強く支持した。リンカンは彼らの積極的な動員を必要とした。一八六五年までに、二〇万人のアフリカ系アメリカ人が、陸軍と海軍に入隊した。そのうち、四万人が戦闘か病気で死んだ。

戦争は南部の近代性の限界をあらわにした。南部諸州の課税の基盤はあまりに小さく、大きな戦争を財政的に支えることは不可能であった[232]。南部連合は課税から財政収入の五％しか集めることができず、国内からも海外からも借款をすることは不可能であることが判明した[233]。一八三七年恐慌時の負債によってデフォルト状態にあった諸州は、ヨーロッパから新借款を得るには不利な立場に置かれていた[234]。北部の海軍による海上封鎖は綿花輸出をストップし、南部連合から中心的な財源を奪うことに成功し、かつ基幹的な食料供給源となっていた輸入を削減した[235]。南部連合の支出は、インフレ的な紙幣発行によって次第に埋め合わされるようになった。財源だけでなく、政治も財政的な決定に大きな影響を与えていた。奴隷主は戦争税への賛成票を投じることを拒否するなど、自らの懐から戦争に貢献することに拒絶反応を示した。さらに、ヘンリー・ティムロッドが喚起したようなエトニは、あまりに狭い範囲にしか共有されておらず、自決権を効果的に訴えることはできなかった[236]。奴隷州の戦争支持者は、プランテーション所有者の寡頭支配層によって率いられており、彼らは自らの巨大な奴隷への投資を守る決意をしていたが、商業的エリートの間における自らの仲間以外の利害を代弁しているわけではなかった[237]。しかも「大邸宅」の主人たちは、自らを徴兵から除外し、軍務に対して志願することもほとんどなかった[238]。彼らの市民概念からは、四〇〇万人のアフリカ系アメリカ人と三〇〇万人以上の白人女性が除外されていた[239]。小農民とプアホワイトも同じように、軍務に加わろうとしなかった。彼らの本能から解釈する共和主義は、大プランターの家父長的な装いとはほとんど親和性を持たなかったのである[240]。コットンベルトの外では、将来的な奴隷帝国への支持は後退していった。上南部と境界州は、プランター貴族の野望を、不安と無関心が入り混じりながら眺めていた。ヴァージニアは、さらなる領土拡大が、古いプランテーション地帯の土地価格を下げることを恐れており、連邦脱退にはあくまで消極的な支持であった。ヴァージニアの西部地域は連邦に好意を示していた[241]。

宣戦布告の際には、四つの「奴隷州」（デラウエア、メリーランド、ミズーリ、ケンタッキー）は、南部連合に加わることを拒否したのである。

　早くも一八六二年には、徴兵への抵抗の兆しが見え、逃亡がなされた証拠も見られる。食料暴動と反戦抵抗運動――とくに兵士の妻から――は、南部連合の農業基盤が崩れると、その後の数年間で頻発するようになった。[242] 人員が不足しているにもかかわらず、奴隷は軍務から除外され、ようやく戦争末期の壊滅状態になって、自らの主人に銃を返却する場合に限り、認められた。[243] 言うまでもなく、奴隷は南部連合軍に誰も志願しなかった。そのほとんどは、消極的な抵抗を行った。可能ならば、一部は逃亡を図った。[244] 一八六三年にリンカンが奴隷解放宣言を出して以後は、額面通りに金や南部の銀行手形と交換されていた南部連合紙幣は、急激に価値を下落させた。[245] 一八六三年七月のゲティスバーグの戦闘以前には、外国投資家は、南部連合が勝利する可能性を四二％と予測していた。[246] ゲティスバーグの敗北以後、とくにヴィックスバーグの陥落直後には、オッズは一五％にまで落ち、以後は回復することはなかった。前線部隊の誠実な献身にもかかわらず、はっきりしていたのは、南部は戦争を続ける限り、自らの戦争を支えることはできないことであった。[247]

◆「頼みます。できればあまり関わらないようにしたいのです」[248]

ここに引用したジョン・ラッセル卿（Lord John Russell）のイギリス庶民院への訴えは、南北戦争が始まってほどなくして出されたものである。そしてこの訴えが、イギリスの南北戦争に対する政策の行く末を左右した。ラッセルは次のように宣言する。「できる限りこの嘆かわしい争いへの加担を避ける手段を用いること」が、政府の役割である。ただ「唯一、イギリスの権益が攻撃された際にそれを守る必然的な義務だけが、政府の介入を正当化するのです」。戦争はラッセルの明確な線引きを揺るがす諸問題を惹起し、他方で「イギリスの権益を守る義務」は一度ならず、外交的な危機を生み出した。そのうちの最も深刻なものである「トレント号事件」は、一八六一年一一月に勃発した。アメリカ海軍の船が、イギリス船を拿捕し、乗船していた二人の南部連合の外交官を拘禁したのである。[249] 大西洋の両岸に不穏な空気が流れ、好戦的な世論が沸騰し、行動が起こされる寸前まで行った。しかし事態は沈静化し、ラッセルの中立政策は維持された――もっとも、彼自身が政策を放棄する一歩手前まで近づいた瞬間もあったが。南北戦争中のイギリスの政策は、「栄光ある孤立」の利点を活かした事例というより、不安を抱えたままの無作為が、有利に働いた事例という方が妥当であろう。

　戦争勃発時点では、公式の立場であった中立は、南部連合に傾いていた。[250] 連邦が奴隷制廃止に明確に着手していない以上、イギリス政府は、北部は南部の正当な自決権を抑圧するための戦争に従事していると考えざるをえなかったのである。特権階級地主を代表する内閣は、大プランター層と簡単に自己同一視した。[251] また、ナポレオン・ボナパルトによる帝国的野望の実験によって、イギリス政府は、存続可能性がある限り、独立を望む小国家の願望を支援するのが賢明だと考えるようになった。こうした政策は、南米で有効に機能していた。パーマストンは、合衆国の分断がイギリスの利益になると考えた者の一人であった。南部の側は、「キングコットン」の影響力は抗し難いものであると確信していた。[252] 一八六〇年には、合衆国の輸出額の実に六〇％を原綿が占め、イギリスの木綿産業にとって不可欠となっていた。さらに、南部連合の外交官は、彼らが自由貿易に傾倒しており、モリル関税（一八六一年）によって課せられた高関税に反対すると強調した。イギリスの評論家は、同関税を非友好的な北部の政策であるとみなしていた。[253] そして、戦争勃発当初の南部連合の勝利は、ロンドンとヴァージニアのリッチモンド〔南部連合の首都〕で、南部が戦場でも圧倒しそうだという仮説を確証したように見せた。[254]

リンカン自身も南部連合の進撃、とくに一八六一年七月のブルランでの連邦軍の敗北以後、大きく動揺し、ジュゼッペ・ガリバルディに連邦軍の少将の地位を与えて支援を求めたほどであった。[255] リンカンのアプローチは、やけ気味であったが、あながち間違ったものであったともいえない。ガリバルディは当時、名声の絶頂期にあり、国際的な地位の面でも英雄的人物とみなされていた。リンカンは、彼を連邦側に参加させることで、ヨーロッパで支持を集め、南部連合の承認に待ったをかけようとしたのである。ただ、ガリバルディが、この申し出を拒否する可能性はあったし、実際に拒否した。確かに、ガリバルディは、北部に共感を寄せていた。しかし、彼の主たる関心は、南半球全体で奴隷制を終わらせることにあり、内戦における高位の傭兵になることには関心は寄せなかった。こうしてガリバルディは、リンカンに、戦争の目的が奴隷制廃止にあると確証するよう求めた。しかしこの時点では、大統領は、ガリバルディに彼の求める確証を与えることはできず、九月には軍務のオファーは立ち消えになった。

ガリバルディと同様に、イギリスの評論家は、大統領の政治的困難に対して、一定の同情を寄せていた。リンカンは、奴隷制廃止の任務を負っているわけではない。彼は北部の世論に先行しないように気を配らねばならなかったし、連邦への忠誠が不可欠である境界諸州を遠ざけるわけにもいかなかった。結果として、戦争の正当化に関する北部の宣伝は、合衆国の領土的一体性を維持する必要性という主張に依拠せざるをえなかった。ガリバルディが指摘したように、この主張では、国の独立運動に共鳴する局外者の積極的支援を取り付けることはできなかった。

外国の支援よりも、自らの力の方が、リンカンにとって有益であった。一八六二年が明けて数カ月経つまでには、連邦の海軍は、南部連合の諸港を封鎖して、南部の海外貿易を大幅に削減し、沿岸交易の大部分を閉鎖した。[256] 四月、南部の主要港ニューオーリンズが陥落すると、南部の孤立はさらに強まった。綿花輸出の喪失は、大幅に南部連合の歳入を減らし、また地域間交易の破壊は、食料その他の物資の不足を引き起こした。南部の不十分な鉄道網は、追加運行をせねばならない圧力の下で、瓦解し始めた。にもかかわらず、九月時点では戦争の帰趨は不透明であり、リンカンは、連邦の大義に勢いをつけ、ヨーロッパ諸国家の南部連合承認を防ぐため、さらなる先手を打つ必要があることを認めざるをえなかった。こうして一八六三年一月、リンカンは、連邦政府と依然として戦争状態にある諸州の奴隷を解放する内容の奴隷解放宣言を発出したのである。[257]宣言は、一部の北部の支持者を困惑させたが、代わりに北部のアフリカ系アメリカ人の中で一気に彼の人気を増大させ、名指しされた南部連合諸州において、奴隷の抵抗を助長した。奴隷制自体は、戦争終結わずか前の一八六五年一月に合衆国議会が憲法修正第一三条を承認するまで、廃止はされなかった。[258]

しかし、当初、奴隷解放宣言は、ヨーロッパの諸政府内では疑問視され、不安すら惹起した。ほとんどの評論家は、大統領権限に対する憲法上の制約を理解できなかったし、また合衆国中であらゆる奴隷を解放する措置に懐疑的であった。逆に、奴隷解放という案が、大陸中だけでなく、カリブ海にも広がる可能性のある人種戦争を引き起こすに足る影響を与えると懸念した者もいた。[259]こうした考慮から、イギリスとフランスは、南北両者の和解を検討した。両国は、合衆国自体を救済するには手遅れだと考えた、そしてさらなる軍事行動が奴隷制廃止を実現する見通しにも疑念を呈していた。両国の狙いは、南部連合の独立を承認して、戦争を終結に導くことであった。イギリスは、「いつものビジネス」に戻りたかったし、ナポレオン三世は、メキシコで地歩を築いてフランス帝国を再興する機会を思い描いていた。イギリスの内閣は意見が分かれ、議論となったが、最終的には、戦争大臣ジョージ・コーンウォール・ルイス卿(Sir Gerge Cornewall Lewis)によって執筆された、威厳ある提案書を検討した後、一八六二年の一一月に合意に達した。[260]ルイスは、南部の承認は、現実には合衆国との戦争を意味しており、それはあらゆる角度から見て破滅的であると主張した。彼は、現在の不介入政策が、パーマストンの言う現実的知恵に関する試験に合格するだろうという理由から、現行の政策を維持することを推奨したのである。ルイスは、南部連合はいまだに、軍事的に優位に立つ見込みも、政治的な持続性も示していないと主張した。独立の試みはいまだに、はっきりした形を取っておらず、イギリスには、結末を決定する力もない。ルイスの助言は、イギリスは一八一五年以後の国際秩序維持を護持するという大原則にも合致していた。[261]フランス、オーストリア、スペインは、君主制の正当性を守るためならば、国際法上、介入は許されると考えていた。他方で、イギリスは、自決権の主張に耳を傾け、試すために不介入を支持していたのである。

ルイスの提言書は、戦争の残りの期間の政策を決定した。外国の観察者は次第に、リンカンは奴隷制廃止に本気であると確信するようになった。北アメリカが、人種戦争の炎に焼かれてしまう見込みはなくなった。同時に、明るいニュースもあった。連邦軍を増強すべく、ヨーロッパから数千人の志願兵という形で外国の支援が到着したのである。一八六三年七月のゲティスバーグでの勝利は、南部連合が承認を得るチャンスを大きく減らした。[262]イギリス政府は、勝者側を支援する必要性に目覚め、南部の独立の願いは失敗すると決心した。ラッセルが当初勧めたように、イギリスは中立を保持した。だが、今や力だけでなく、正義も味方につけたように見える北部に傾いていたのである。

イギリスの中立は、政府が国内の雰囲気を評価したためでもあったし、またパーマストンの言うイギリスの「永遠で恒久的な」利益に忠実でなければならない、という彼の原則を適用したからでもあった。[263] 南北戦争は、イギリスの世論を引き込んだだけでなく、二分した。戦争に至る状況に関する誤解が、競合するプロパガンダの主張とないまぜになり、一部の人々の確信あるいは一部の人々の疑念の支えとなった。[264] 歴史家が戦争への態度と職業や社会的分類との関連を見出すことが難しいのは、驚くべきことではない。コブデンのどっちつかずの態度は、彼ほど矛盾した人はほとんどいなかったとはいえ、公的な立場にある人物が直面したジレンマを象徴している。[265] コブデンは一方では、自由貿易を好み、これは彼を南部と連携させた。その一方で、彼は人権を支持し、これは彼を北部へと引き寄せた。そして彼は、自らの和平への献身を満足させるために、第三の道を必要とした。こうして彼は、中立へと傾いたのである。

だが、最も大まかに分類すれば、南部連合は、貴族、ジェントリ、国教会牧師、さらには伝統、ヒエラルキー、家父長支配を代表する古い専門職の人々の共感を得る傾向があった。[266] 南北戦争中の首相であったパーマストン卿は、共和主義政府の体制に不信感を抱き、民主主義を信用せず、弱い合衆国にイギリスの利益を見出していたが、同時に奴隷制廃止にコミットしていた。戦時中は外務大臣を務め、自由主義改革者として印象深い記録を残したジョン・ラッセル卿は一時期、南部連合の独立承認を望んでいた。財務大臣のグラッドストンは、当時最も著名な改革者の一人となる道を歩んでいたが、一八六二年には、南部連合の独立に対して公式に支援を送っていた。彼は、ラッセルと自決権に対する信念を共有しており、リソルジメントを支持し、中国の主権を明白に侵害するアヘン戦争を非難した。しかし、彼は旧奴隷主の一族出身であり、奴隷制廃止を最優先事項には位置づけていなかった。

連邦の支持者は、ミドルクラスのビジネスマンや製造業者、賃金労働者、非国教会牧師といった人々の中に容易に見出すことができる。こうした人々は、選挙法改正、自由貿易、個人の権利といった自由主義的な課題への賛意を示していた。[267] ジョン・スチュワート・ミルが代表した知識人の大多数は、北部を好んだ。[268] トマス・カーライルは非妥協的な南部連合支持者であったが、戦争開始後は、自分が「問題の奥底までは見ていなかった」と認めた。[269] しかし、木綿製造業の中心地域であり、最も直接的な影響を受けたランカシャーのような地域でさえ、分裂が表面化した。リバプールの船主やブローカーの一部は、政府に南部連合を支持するように求めたが、原綿不足と高値による苦境にもかかわらず、マンチェスターの多くの工場主や繊維関係の労働者は、連邦を支持する傾向が強かった。既存の在庫が縮小してしまうと、失業と困窮が訪れ、一八六二年の末には最悪の水準に達した。[270] マンチェスターは、かなり苦労しつつも、この状況に適応した。綿花の高値に刺激されて、インドが、繊維産業への最大の供給地となった。革新的な技術革新によって製造技術が改良され、また大会社が、木綿の紡績を手掛けるようになった。連邦を支持した工業の賃労働者の理由は、奴隷制廃止を労働環境――野外であれ工場であれ――を改善するための国際的運動の一環であると考えたことにあった。

世論の後ろ盾となっていたのは、イギリスの「永遠で恒久的な」利益であり、それは、ラッセルの中立政策が確かなものとなるうえで、決定的な役割を果たした。南部連合の指導者は、イギリスの国際的な関係が、南部の綿花生産州を超え、はるか彼方に及んでいる事実を見逃していた。合衆国へのイギリスの輸出は北部へと輸送されたし、中西部から大規模な穀物の輸入が行われた。もっと重要なことに、イギリスの合衆国への巨額の投資は、北部と南部の双方に分かれてなされていた。このことは、なぜロンドンのシティが、中立政策を強力に支持したかを説明する。[271] 確かに、戦争はイギリスの北部と南部連合双方への輸出を減らしたが、イギリスはフランス、ドイツ、インドといった地域に貿易を拡大させて、事態に対応することができたのである。[272] ランカシャーの繊維産業は間違いなく、大規模な打撃を受けたが、イギリスの対外貿易全体で見れば、ほとんど影響はなかった。「キングコットン」は偽の王様であった。

南部連合を承認すれば、連邦と戦争になり、合衆国との間にあるすべての取引と投資を危険にさらし、カナダとイギリス領西インドに脅威を与え、財政に重い負担をかけることになっていたであろう。政治的なコストも重いことが予想された。一八一二年戦争以後、合衆国との関係は大幅に改善していた。イギリスの死活的な国益が脅かされていたわけでもなく、世論の動向も、介入に踏み切るほどではなかった。[273] イギリスの優先事項は、ヨーロッパにおける厄介な出来事を監視すること、そして帝国の安全を確保することにあった。[274] 南北戦争の時期には、一八六一年のイタリア統一、一八六二年のギリシアの軍事クーデター、一八六三年のポーランドの蜂起、一八六四年のデンマークとプロイセンの戦争などの諸事件が起こっていた。帝国全体における本国の関与について言えば、中国の太平天国の乱鎮圧に向けたイギリス海軍の介入、アフガニスタンでの軍事行動、ビルマの統治基盤の強化、さらにはジャマイカの反乱への対処といった事態が生起していた。重要ではあったが、合衆国は依然として、イギリスのグローバルなビジョンにおいては、周縁に位置したのである。

こうした広域的な見通しの下、意見の一致が見られるようになった。戦争が進むと、コブデンは、連邦への支持に関して曖昧だった態度に別れを告げた。彼は、自由貿易よりも奴隷制廃止を優先させ、かつすでに仲介が難しくなっている戦争の現実を受け入れた。彼が、マンチェスターの製造業者であった時代からよく知る多くの繊維産業労働者と同じく、コブデンは、連邦を進歩の力とみなした。彼の理解するところでは、核心にある政治闘争は、資本と労働の間にではなく、好戦的な地主貴族層と彼が平和的で生産的であると期待した「中間層」との間に存在した。彼が夢見た未来は、自由主義的な改革が、国際的な発展だけでなく、調和的なグローバル社会をもたらすことであった。

一八六二年におけるメキシコへのフランスの介入は、世界情勢を決定する力についてのコブデンの分析をより正確に示すことになった。「アメリカの内戦」はナポレオン三世に、近くのメキシコで進行中のもう一つの内戦に介入する機会をもたらした。合衆国が二つに引き裂かれている状況の下、ナポレオンは、独立しているが、従属的な南部連合と同盟すれば、新世界でフランス帝国を再興する彼の計画の手助けになると踏んだのである。メキシコの内戦は、広い意味で、君主主義的保守主義者と共和主義的進歩主義者の戦いであり、一八六一年、自由主義者のリーダーであるベニート・ファレス（Benito Juárez）の大統領就任とともに終結した。新大統領による最初の決定の一つは、長引く戦争により蓄積されたメキシコが負う主要な負債の支払い停止、さらに当該の資金を国内再建に割り当てることであった。主要な債権者であるイギリス、フランス、スペインは一八六一年に、債務回収のための遠征隊を編成することで応じた。この時点で同盟は瓦解した。最大の債権者であるイギリス、さらにスペインは、メキシコの関税収入を支配し、また貿易再生に向け支援することを望んでいた。ナポレオンが、彼の壮大な帝国拡大計画の追求を考えていることが明らかになると、イギリスとスペインは撤退した。フランスとその保守派のメキシコ人同盟者は、一八六三年にファレスを追い落とし、翌年、オーストリアのフランツ・ヨーゼフ一世の年少の弟であるマクシミリアンをメキシコ皇帝に据えたのである[275]。

この計画が無謀であることは、すぐに露呈した。マクシミリアンはメキシコを統治できず、北部は南北戦争に勝利した。一八六七年には、ファレスが権力の座に復帰した。その結果、フランス軍は撤退した。同年の六月、マクシミリアンは銃撃部隊との間の戦闘で最後の公式な任務を終えた。一八六四年にコブデンはすでに、フランスのメキシコ侵略を非難していた。この事件は、「知性を欠いているだけでなく、信用の破壊でもあるのだ」とコブデンは考えた[276]。コブデンの視点からすれば、ナポレオン三世、メキシコの地主、南部のプランター、そしてイギリスのいまだに強力な地主利害はすべて進歩の障害なのであった。未来は、リンカン、ファレス、さらには「意見の一致」を経たグラッドストンといった人々が代表する自由主義的な進歩にある。もっとも、コブデンも認めるように、共和主義はあまりに展望としては異質なので、イギリスのミドルクラスが、君主制を捨て去ろうとする気にはなれないだろうけれども[277]。

しかし、連邦が南部連合に勝利した一八六五年には、未来は決して確かなものではなかった。一国史的な観点から論じる歴史家は、しばしば一般に認められているよりも、北部の勝利のもたらす国際的な影響を大きく見積もりがちである。リンカンの成功は確かに、メキシコにおける出来事に直接的な効果をもたらした。だが、他の影響関係については、従来考えられているよりも南北戦争の重要性は減じて考えねばならない[278]。南北戦争は「世界を変えた」、とくにイギリスの一八六七年の選挙法改正に影響を与えたとする主張は、いくつもの諸国ですでに同じ方向に事態が進行している点を見逃しており、またリンカン自身が、どれほど新しい世界を作るために旧世界に依拠したかについて軽視している。多くの指導的な西欧諸国の中から三カ国だけを挙げると、イギリス、オーストリア、ロシアでは、君主制は維持されたままであったし、ここに新生ドイツの皇帝となったヴィルヘルム一世、新生イタリアの国王となったヴィットーリオ・エマヌエーレ二世という新しい君主も加わったのであった。これらの国々のほとんどは、進歩的な政治に対して深い疑念を抱いていた。一八六七年にイギリスは、選挙権を拡大したが、この改革は、南北戦争とも民主主義の拡大という願望ともほとんど関係はなかった。[279]逆に一八六七年法は、ジョン・スチュワート・ミルが名づけた、庶民階層の「集団による凡人の政治」を管理することで、既存の秩序を守るよう設計されていた。[280]イギリスの自由主義者は、南北戦争を民主主義の宣伝としてではなく、迫りくる無秩序体制への警告として見ていた。ミルの判断では、進むべき道は、すでにエドマンド・バークが描いた路線図にあった。バークの路線図は、革命と内戦の双方を避けてきた過去の記録を鑑みれば、称賛さるべきだったのである。

◆戦争と平和再考

戦争が合衆国を作り、最終的に真の独立を現実のものにした。領土を併合するのではなく購入する場合でも、占領を確実にするために戦争が続いた。領土拡大と豊かな資源は、数を増しつつあった入植者を惹きつけ、また政治的な力の拡大のための物質的な基盤を与えた。しかし、既存の有力な見解とは相容れないが、戦争は一八六五年までは、国民を創造したとはいえない。一八一二年戦争は、独立戦争と同様に、イギリスとの戦いであったが、北アメリカにおける力の配置を決定するために戦われたある種の内戦でもあった。外国の侵入を前にしての結束は、間違いなく存在したが、平和の到来とともに霧散した。国民的統合を打ち立てることからほど遠く、この戦争は、「緊張の時代」の到来に貢献した。この時代には、セクションの違いがより明確な像を取った。一八四六年のメキシコ侵略は、この違いがいかに際立っていたかを示した。ホウィッグによる戦争反対によって、戦争に際して、国民が一致したわけではないことがはっきりした。合衆国に新たなテリトリーを加える明確な目標を持つ南部の拡大は、北部を警戒させ、一八五〇年代における両者の対立の背景を生み出した。この対立が、一八六一年から一八六五年に戦われた南北戦争の序曲となったのである。この破滅的な戦いは、最後には、国民統合を打ち立てるための条件を作り出した。それでも、第七章で検討するこの過程は、不確かなものであり、緩慢なままであり、そしてトラウマを常に抱えていた。

連邦という制度は、帝国の歴史において、きわめて独特の役割を担ってきた。というのも、連邦は、広大な帝国領とエスニック集団を統治するという手に負えない問題を、解決する展望を与えたからである。イギリスは一七世紀以後、西インドにおいて統治コストを削減し、かつ島々の活性化を確保するために、さまざまな形の連邦形態を試した。また、イギリスは一八六七年には、経済統合を支援し、防衛力を確保するためにカナダ連邦を作った。第二次世界大戦後に脱植民地化が急速に進行すると、イギリスは、大きな植民地を維持したり、あるいは小規模な植民地に信用を与えるために、パキスタン、マレーシア、中央アフリカ、西インドで、連邦を考案した。だが、外国の支配が終わってしまうと、植民地的抑圧に直面して生み出された同盟はすぐに瓦解し、地域的な反対を前にして、新たな連邦はすぐに揺らいだ。インドとナイジェリアで典型的に見られたように、一つの対応は、地方の利害集団を宥めるために、国境を変えずに、その枠内で諸州を作ることであった。稀な選択肢であるが、合衆国や一九世紀のいくつかの白人入植地からなる国家に可能だったのは、既存のフロンティアの向こうへと拡大することだった。

マディソンは、連邦国家という形態を取ることで、大多数の市民にとって憲法体制を転覆することが困難になると考えた。「党派の指導者の影響力は彼らの州の内部では、火をつけるかもしれないが、他の州にまで大きな炎が広がることはない」というのが、彼の見立てであった[281]。一七八七年以後の合衆国の歴史は、想像力に富んではいたものの、マディソンの予測が外れたことを示している[282]。連邦制度の枠内に領土を編入することで、政治的多元性は拡大したし、逆に規模が拡大する中でのコミュニケーションの向上は、セクション利害が成長し、連結することを可能にした。「党派的指導者」の中で均衡を保つために粘り強い努力が重ねられた。一連の妥協は、半世紀以上にわたって連邦を一つに保つのに成功した。しかし、最終的には、セクション間の不和は、「大きな炎」が連邦を焼き尽くす地点にまで高まってしまったのである。

南北戦争以来の脱植民地化の記録が示すのは、新たに独立した諸国家は、以前の帝国の境界線に沿って作られ、しばしば自らの正統性が受け入れられていないために、政治的不安定状態に陥る可能性がきわめて高かったことである。脱植民地化後に成立した連邦国家は、すでに国内に十分な均質性があり、地方が憲法の枠内で要望の実現を目指した場合や、あるいはマディソンが考えたように、多様性が大きいために中央政府への攻撃が分散化されてしまう場合には、一見すると持続性を持ったように見える。カナダは前者の代表であり、インドは準連邦であるが、後者を代表する。もっとも、両者ともに、何らかの形をとった憲法の枠外での行動が全く行われなかったわけではない。合衆国はどちらのカテゴリーにも入らない。北部と南部はエスニシティ、価値観、地理といった差異によって分かたれていた。憲法解釈をめぐる根本的な不一致によって、地域的な利害が編成され、結果として共和国の支配をめぐる争いを可能にする、二組の対立する諸州の集合体が形成された。もっと極端な例ではあるが、東西パキスタンの対照的な展開は、類似したパターンに当てはまる。だが、分離を求める動きが大きくなるに際しては、規模だけでは十分な力とはならなかった。「資源」が最も重要な意味を持ったのである。バングラデシュとなった東パキスタンは、西パキスタンより大きな人口を抱えていた。合衆国の南部にとっては綿花である。独立に向かう意思を下支えしたのは綿花であった。ナイジェリアの分離主義の州であるビアフラの場合は、石油であった。両地域は、彼らの主たる資源の価値を決定的に過大評価してしまった。両地域とも人口でも、軍事力でも圧倒された。「キングコットン」のように、「キングオイル」は、実際の力よりも過大な約束をもたらしたのである。

イギリスが進出した世界の各地では、入植者国家が先住民から大規模な土地を差し押さえることによって、領土拡張を伴う「併合のための戦争」が頻発した。しかし合衆国の市民が行った規模で互いに血を流した入植者国家は他に存在しない。一八九九年から一九〇二年に行われたイギリスの南アフリカ戦争すら、南北戦争の死亡率には及ばなかった。強権的な領土拡大は、他者から奪い、他者の支配を目的とするために、帝国主義と同じ内実を持つ。だが、意図的に追求される帝国主義は、異なる結果を生んできた。イギリス帝国内の入植者は、イギリス帝国統治下にある領域を拡大し、彼らが支配する先住民の権利を制限するための先兵として振舞っていた。合衆国は異なる立ち位置にあった。一七八三年以後、この共和国が従事したのは、自らの基盤の強化であり、決してイギリス帝国の拡大ではなかった。領土拡大は北アメリカ大陸に独立した領土帝国を作り上げる潜在性を持っていた。実際には、結果として生み出されたシステムは、連邦政府システムの下で、幅広い点で平等な権限を持つ諸州を再生産することになった――もっとも、州の資格を得るには、ワシントンの行政指導を受ける一定の期間を経なければならなかったが。

各地の先住民社会と同じように、ネイティブ・アメリカンは土地と権利を奪われ、合衆国政府は、結果として生じる不平等に対処するために、同化および協調政策を試みた。だが、合衆国が一九世紀に、大陸にまたがる帝国を建設したと主張するのは難しい。帝国政策として特徴づけるには、意図だけでなく規模も必要であるし、ネイティブ・アメリカンは総人口のごくわずかな部分にすぎない。この結論には、帝国主義の擁護が含まれていると考えてはならない。帝国以外にも国家が人権を侵害し、大きな格差を持続させるということはありうるし、この点は一般的な特徴ですらある。北アメリカ大陸における帝国主義的拡大を、本書で議論しているタイプの領土帝国の形成と同一視する前に、一度、立ち止まる必要があると提案しておきたい。

合衆国の歴史の中心には、長期にわたり、ほとんど連綿と続く伝統として戦争がある。こうした伝統は、愛国的な目的に軍事的なエネルギーを振り向ける機会となってきた。南北戦争と再建の時代は、以前より大量の銃が人々の手に渡った。産業技術の武器製造への応用により、武器のコストは下がり、その効率性は増大した[28]。軍事に与えられた価値は、合衆国では、自由の概念にも組み込まれるようになり、国家的な価値を実現するために軍事力を行使することは、ごく自然で普通であると考えられる程度までになっている。奴隷制、人種隔離、そして「インディアン戦争」は、人種的優越という態度をアメリカ人に醸成した。これらの態度は、一八九八年にアメリカが遂行した帝国主義を、「文明化の使命」というスローガンで表現された国民的義務として提示することを容易にしたのである。

しかし、米西戦争以前の段階では、こうした傾向には、明確な制約が存在した。一八六一年から一八六九年まで影響力のある国務長官であり、かつ一八九〇年代以前の高官の中で最も際立った拡張主義者であったウィリアム・H・スワードは、アラスカの購入を、より大きな野望の実現に向けた第一歩として考えていた。すなわち、隣り合ったブリティッシュ・コロンビアから始まり、メキシコ、ハワイ、パナマ、デンマーク領西インド、さらにその向こうの地点までを包摂する野望である。これらの計画は、青写真のままであった。合衆国議会は、アラスカの購入だけを認めたが、それすら消極的で、かつ長時間にわたって審議を長引かせた後で可能となった。反対者はアラスカの獲得を、「スワードの愚行」と呼んだ。この渾名はその後も残った[284]。一八七一年に合衆国は、正式にカナダを獲得するか、吸収するという長年の野望を捨て去った。

最もよく知られていて、かつ最も劇的な海外拡張のエピソードは、マシュー・ペリー提督による一八五二年の江戸湾来航である。この事件は、日本を外部の影響力の下にさらすことになった。ペリーはこの行動に続いて、合衆国が台湾を併合すべきとする提案を行った[285]。だが、大統領フランクリン・ピアースと議会は、この島の獲得に興味を持たなかった。台湾の領有は、コストがかかるだけで不適切であると判断したのである。同様に、一八七〇年から一八七一年にかけてのユリシーズ・グラント将軍によるサント・ドミンゴ併合案は、反併合主義者から徹底的な反対を受けた。もっとも、地元の軍事指導者は、合衆国が島を購入するよう奨励していたのだが。キューバ併合に関する諸々の計画は、長い歴史を持っており、その目的がいかに恒常的であったかを物語る。だが、そのいずれも成功しなかった。スペインの反対に加えて、合衆国内のセクション間の分裂が、この課題に関して統一戦線を形成することを不可能としたのである。

領土拡大は間違いなく、海外帝国の建設という一八九〇年代になって前面に現れる一種の「体質」を形作るうえで、一定の役割を果たした。だが、こうした性向は、行動を起こす原因としては不十分であった。長期の持続性あるいは「準備となる歳月」を強調し、それらがスペインとの戦争で頂点に達したものとして扱うことは、異なる諸事件の独特な性質を軽視し、別の評価が必要となる原因から目を背ける危険を冒すことになる[286]。第八章が示すように、一八九八年に起こったドラマは、長期にわたる衝動が偶発的に引き起こしたものではないのだ。

最も幅広い視野の中に入れてみた場合、南北戦争で頂点に達する一連の争いは、一九世紀前半にヨーロッパの政治を動かした保守と革新の対立の延長だといえよう。しばしば改革は、その反対の目的から行われた。アレクサンドル二世は君主制を救うために、一八六一年に農奴制を終わらせた。リンカンは共和国を救うために、一八六五年に奴隷を解放した。リンカンが、マッツィーニやガリバルディに共鳴したように、南部連合もまた、一八四八年以後のヨーロッパで反革命の動きを起こした保守的な勢力を代表していた。最も長い時間軸を取れば、南北戦争は、一八世紀の末に西ヨーロッパの軍事＝財政国家に襲いかかった危機に関して、合衆国が、その最終的な決着をつけた事件であった。一八六一年に北部は、国民国家を作ろうとし、南部は、奴隷の帝国を建設しようとした。もし南部連合が勝利し、その野望を実現していれば、その結果として成立した体制は、その実体においても、意図においても、帝国的なものとなっていたであろう。

南部連合の敗北は、この野望を挫いただけでなく、イギリスと南部を結びつけていた新たな植民地的関係をも破壊した。むろん、党派的な立場からの論評であるが、ヘンリー・クレイは、たとえ誇張を伴っていたとしても、はっきりとこのつながりを観察していた。彼は、一八六五年に、「現在の内戦の責任は、イギリスの自由貿易によるところが大きい」と書いている(287)。南北戦争までは、イギリスは「不可欠な国」であった。かの旧宗主国は、対外資金の主要な供給源であり、最大の対外市場であり、最終的な安全保障の供給者であった。イギリスの綿花需要は、南部の富と政治支配を支えていた。その奴隷制廃止への転換は、南部の立脚点を揺るがした。ヴィクトル・ユーゴーの言う「進歩の病気である内戦」は、一八六五年以後、イギリスとアメリカの両者に、彼らの長期的な関係の再考を迫ったのである(288)。

第II部　近代と帝国主義——一八六五〜一九一四年

第六章　不均衡な発展と帝国的膨張

◆「大地は不安げに新しい時代と対面し[1]」

ウォルト・ホイットマンは彼の周りで起こっている変革が前代未聞であるだけでなく、無制限でもあることを自覚した多くの著名な評者の一人であった[2]。彼が観察した革命は、基本的に「コモンマン（普通の人）」の隷従からの解放であった。そここの卓越した人物は、農業経済から工業経済への転換に没頭していた。さらに他の者は、王朝国家が国民国家に形成される方法に注目していた。彼らは皆、目の前に展開している一九世紀後半の変化が、世界に及ぶ可能性を持っていること、そしてホイットマンが言うように、最終的に「地球に一つの心臓」ができるかもしれないことを彼とともに認識していた。これらの深遠な経済的、政治的、社会的発展は、さまざまな視点から分析することができる。ここで採られるアプローチは、それらの発展をプロト・グローバリゼーションからモダーン・グローバリゼーションへの移行を画すものとして扱う[3]。その延長線上で考えると、世紀末に絶頂を迎えた帝国的膨張は、このプロセスの帰結とみなすことができる。帝国建設は強制的グローバリゼーションの試みであった。

フランス革命によって戦闘的になった保守派と改革派の競合は、もう一つの革命戦争、すなわち一九一四年から一九一八年の戦争で頂点に達する前に、一九世紀を通じて継続した。最も一般的に述べれば、その競争は、農村の代表を都市の代表に立ち向かわせるものであった。この古くからの競争の新しさは、一九一八年までに農村（の代表）が敗れたということであった。およそ一八五〇年以前においては、第二章が示すように、ヨーロッパにおける、競争する諸利益集団のバランスは、まだ農村に有利であった。軍事＝財政国家はフランス戦争後、再建され、革新的な改革運動は抑制された。世紀後半、モダーン・グローバリゼーションを推し進める諸力は、富と権力の伝統的源泉に取って代わり始めた。工業、金融、通商の業務から得られる収入は、農業から得られる収入を凌駕した。借金のコストは下落した。しばしば新興諸国で、福祉に支出し、そして新しい社会集団を新たな関係に統合するために、資金が手に入るようになった。投票権の拡大は、政治的権威の既成基盤を揺るがし、君主制を好む傾向に議会の統制を課した。こうした変革のプロセスは、一九一四年になっても長引き、不完全であった。それがもたらした社会的激変は、増大した福祉支出の鎮静効果をはるかに上回った。都市と農村の間と同様、資本家と労働者の間の不和は、ここで論じている移行を、内部から不安定化させる恐れがあった。移行の異なる諸段階にあった諸国間の競合は、外部からそれを脅かした。

このような形態の近代性が解放した諸力は、世紀後半の間、その影響を世界に広げた。そこかしこの国家、経済、文化が影響を受け、いくつかは構造的な変容を遂げた。技術と同じくらい、思想によって推進された西洋の膨張は、平和的、強権的双方の形態を採った。帝国主義は、この「大転換」の特殊な一形態であった。そして、こうした変化は、軍事力か、またはその受け手の選択の自由度を減ずることによって、押しつけられた。結果として生起したのは、いまだ西洋の浸透力が限られていた世紀初期に発せられた意図の宣言の実現という結果を伴った帝国主義であった。いくつかの事例では、積極的膨張が急激に高まったことによって、新たな領土や旧来の諸国家が、公式帝国に編入された。他の場合、それは非公式の支配、あるいは「ソフト」パワーの行使に至った。双方の戦略は、近代性への移行に必須となる一定の統合を確保し、それが必然的に生み出す緊張を統御する方法であった。西洋の国民国家が、その影響を世界に拡大するにつれて、旧来の帝国と近代の帝国が交錯する中で生まれる緊張の増大が、国際紛争の重要な核心をなした。衛星国はその紛争の中で一掃され、独立を守るために孤立に頼ってきた政体は、行動できる範囲に隠れる場所などないことを悟った。

グローバリゼーションの一つの形態からもう一つの形態への移行は一様ではなかった。経済発展と国民国家の形成には先導者と落伍者がいたので、先発の帝国と後発の帝国があった。(4) 発展の先進的段階にある国の例として、一方の端にはイギリスが位置していた。イギリスは広範囲にわたる国際的コミットメントと膨張のための力強い経済的動機を持っていた。他の端に位置したイタリアは後発国を代表し、ヨーロッパ外に国際的関わりがほとんどなく、国家建設に没頭した。そのことは、イタリアの帝国的願望に顕著な政治的性格を与えた。時の超大国であったイギリスは、国内外でモダーン・グローバリゼーションを先導した。その開発プログラムは、近代化を推進する他国の野心にとって基準となった。そして、正当化に役立つそのイデオロギーは、帝国領土の獲得を目指す国家に規範を提供した。イギリスの植民地経営の技術は青写真を提供し、それは妬まれるか、模倣されるか、もしくは援用された。一九世紀末以降、イギリスはある意味で、「衰退」しつつあったという見解は、修正する必要がある。その経済的優位は挑戦を受けたが、追い越されることはなく、一九一四年において、どの競合国もその領土的帝国の規模、あるいは非公式的影響力の程度に匹敵する状態に近づくことはなかった。

以下の議論は、第七、第八、第九章で論じられる、合衆国における新しい帝国主義の分析への道筋を準備するものである。一般的に言って、合衆国についての先行研究は、ヨーロッパ帝国主義についての明らかに大部の研究蓄積にほとんど言及していない。また、ヨーロッパについての専門家はその欠落を補完しているが、米西戦争によって併合されたカリブ地域と太平洋における領土の考察を除外している。次の三つの章の過程で展開される議論はというと、当時のアメリカ帝国主義について現在行われている説明は、アメリカ共和国が、他の西洋帝国クラブと原因と時期の双方を共有していることを認めないために重要な部分が切り詰められているというものである。

「近代主義者」と「近代性」という用語が、芸術と社会科学に入ってきたのもこの時期で、一九世紀後半に台頭した世界には「近代的」というレッテルが貼られた。シャルル・ボードレールは一八六〇年に、近代性は慌ただしい人工的な都市生活によってもたらされた、「過渡的で一過性の付随的なもの」だと記した[5]。ウォルト・ホイットマンは南北戦争の終結時の文章の中で、より広範な広がりを持つ革新的運動を思い描いていた。

新しいものたちの時代、まだ果たされぬものたちの時代よ、
君の地平が上昇していく、おまけにさらに荘厳なドラマをめざして旅立っていくさまがわたしには見える、
見えるのはアメリカだけにとどまらず、「自由」を尊ぶ国民だけにとどまらず、ほかのさまざまな国民が準備に励むさまも見える、
壮大な出口と入口が、新しい結びつきが、種族同士の連帯が見え、
その軍勢が逆らいがたい力をそなえて世界の舞台目指して進軍するさまが見える[6]。

◆「ペキュニアを通じて」——モダーン・グローバリゼーションへの道[7]

イギリスが開始したグローバルな発展の潜在力が十全に開花したのは、一八五〇年以降であった。すでにその少し前、フランソワ゠ルネ・シャトーブリアンは、新しい形態の通信・交通手段によって形成される未来を思い描いていた。それは「距離を消し去り」、その際には、「商品だけでなく、思想も翼を持って移動するであろう」[8]。広範囲にわたる技術的、制度的な革新が、生産手段や分配手段、破壊手段を変革し、国家の能力を大幅に増大させた。未曾有の貿易と金融の流れが、西ヨーロッパの産業の中心を、農業、鉱業に特化した地域へと結びつけた。一九〇〇年までに、アダム・スミスによって最初に主張された古典的な分業が、かつては想像することしかできなかった程度にまで世界を統合した[9]。

工場生産は、工業製品のための大規模な市場を創造した。工業化と都市化は、それらを象徴する新たな社会編成と新たな政治団体を生み出した。人口増加は国内の工場に低賃金労働者を、そしてグローバルな入植地に移民を供給した。一八一五年以降、一九世紀において、およそ五〇〇〇万人の移住者が海外で新たな生活を始めるためにヨーロッパを去った。医療知識の改善は、熱帯におけるヨーロッパの兵士と入植者の生存率を向上させた。鉄道や蒸気船、電信、海底ケーブルは、商品や人々、思想を移動させるコストを低減させ、国際的報道機関の登場は、「名も

ない場所のニュース」を世界に伝えた⑩。軍隊の機械化は、素早く、繰り返し、正確に発射できる兵器を導入することにより、強制に伴うコストを削減した。財政的統一は、地方の教会や修道院などが持つ世襲財産を除去し、中央政府の税収を増加させ、軍事＝財政国家から福祉と戦争を合体させうる国家への移行の兆しとなった⑪。郵便、電信、保健事業を統率するために諸政府が後援した最初の国際機関が一八六〇年代に登場した⑫。一九世紀末までに西洋列強は、一定の浸透力を駆使できるようになったことで、領土拡大は、世紀の始まりよりはるかに簡単で、安価になった⑬。

ロンドンで一八五一年に開催された大博覧会は、この種の催しとしては、最初の大規模で真に国際的なものであった。一八六二年に開催された催しの際には、六〇〇万人の来訪者があり、三六カ国からの出展があった。展示にはチャールズ・バベッジの計算機、ゴム生産のための天然ゴムの使用、鉄鋼製造のためのベッセマー製鋼法の紹介が含まれていた。開会式のために書かれたテニソンの詩は、グローバリゼーションへの最初の頌歌の一つとみなされなければならない。

ああ貴方、考える賢人、支配する賢人
伸張する商業から地球の最後の鎖を解き放て
そして美しい白い翼の調停者を飛び立たせよ
すべての空の下の幸福な安息地へ
そしてさまざまな季節と黄金の時間を混ぜ合わせよ
それぞれの人がすべての人々の善の中に自身を発見するまで
そしてすべての人々は高貴な兄弟愛の中で働く
そして自然の諸力に従うことによる支配の中で
そして大地のすべての果実を収集する中で、すべての地球の
花々の冠を被せられ⑭

一八四〇年代の危機の時代は後退した。ヨーロッパの経済は復活し、ナショナリズムにより生み出される緊張は、未来のことであった。世紀半ばにおいて、テニソンが映し出したのは、一定程度の楽観主義であった。この楽観主義は、アダム・スミスの啓蒙された私利とリチャード・コブデンの自由貿易理想主義に結びつき、繁栄と平和をもたらす自由主義的世界秩序のビジョンを生み出した⑮。カール・マルクスは一八五一年の博覧会は、商品への盲目的崇拝の露骨な一例だとみなした。テニソンは自分がより的確な知識を持っていると考えた。

そして見えないものを賛美せよ、普遍的な神よ
諸国民を再度、平和裡に会させる者

西洋の技術的熟達によって可能となった、膨張する現実のすぐ先には、ジュール・ヴェルヌ『地底旅行』（一八六四年）の火山探検と『海底二万哩』（一八六九年）の潜水艦の冒険で描写される世界が横たわっていた。一八七三年までに、ヴェルヌは、自らの過ちと偶発的事件、そして非友好的な連中の陰謀による遅延にもかかわらず、『八〇日間世界一周』で、機知に富んだイギリス人ジェントルマン、フィリーズ・フォッグを世に

送りだすことができた。一八七〇年代以降、先導的諸国が科学的、商業的達成を宣伝する機会を求めて競り合う中で、万国博覧会は国際的場面で定例の呼び物となった[16]。通常の展示は、近代の発明品を「原始的」文化に対置し、主催者は、それを陳腐な期待を上回る形で企画された方法で表現した。素晴らしき新しい世界の台頭がもたらす危険と期待は、政治的夢想を実際の存在であるかのように想像させた。サミュエル・バトラーは『エレホン』（一八七二年）で、技術的進歩がもたらす非人間的な帰結についての悲観的な見解を表明し、ウィリアム・モリスは『名もない場所からの報道』（一八九〇年）で、それとは別の社会主義的ユートピアのロマン主義的ビジョンを提示した[17]。

経済学者も一八五〇年以降、蔓延する楽観主義の雰囲気に加わり、第一次世界大戦後まで、それを再考することはなかった。マルクス主義者は異議を唱えたが、彼らの見解は急進主義者の集団の中では、「ブルジョア」経済学として知られたものによって、ますます挑戦を受けた。一八五二年にインドに鉄道、三〇年後には、ニュージーランドに冷凍保存をもたらした技術的進歩もまた、新世代の自由主義的経済学者の視野を拡げた。彼らは長期的には利潤率は減少する傾向があるという主流派の主張に異議を唱えていた。彼らの見解では、利潤率の下落は景気循環の一時的特徴で、それ自体、新たな工業化する世界の不可欠な部分であった。同様に、実質賃金はマルサス的制約の働きによるかのようには取り扱われなくなった。進歩は可能性があるだけでなく、現実に起きそうなことであった。豊かさの中で貧民は存在したが、それは必ずしも永遠ではなかった。

増加する楽観主義者の一団は、自由貿易の原則を体系化し、それに厳密さを加えた。自由貿易は、価格が政府の介入なしに働く市場の諸力によって決定されるべきだという基本原則に基づいていた[18]。この考えは力強く、持続性があった。一九八〇年代、世界銀行は、この教義の一解釈を「価格を是正する」というキャッチ・フレーズで要約した。アダム・スミスはすでに分業の優位を開陳していたが、リカードは比較優位の理論を開発し、コブデンはその概念を実際の政治に転用し、倫理的規範にした。穀物法や他の重商主義的規制を撤廃したため、イギリスはそれに見合う措置に同意するよう、他の貿易相手国を説得する強い動機を持っていた[19]。世紀の終盤、関税改革派が主流派を攻撃したとき、アルフレッド・マーシャルは、自由貿易を守るために新古典派経済学の諸原則を適用した[20]。それまでに神はマモン〔強欲の神〕と手を切っていた。世紀前半、あれほど影響力のあったキリスト教的政治経済学は、その威光を失った。経済学はその擁護者が主張したように、科学になったのである。

一八五〇年代と一八六〇年代の貿易の拡大は、国際的な関税率の下落を促進させる条件を作った[21]。イギリス市場で機会が増大するにつれ、他の発展途上の諸国も関税を引き下げた。加えて、イギリス外務省は互恵条約を取り決め、ヨーロッパ大陸大で特定の商品に関する協定が、迷路のように入り組む状態を作り出した[22]。非公式の外交官としてのリチャード・コブデンの経歴は、イギリスとフランスが、コブデン゠シュヴァリエ条約に調印した一八六〇年に頂点を迎えた。コブデンは同条約を、平和主義的な実業界に代わり、軍国主義的貴族を支える制度的構造に加える一撃だとみなした。[23] イギリスにおける第二次選挙法改正とアメリカにおける再建法が法制化された一八六七年は、大西洋両岸の自由主義者にとって、勝利を享受する年であった。[24] 民主主義は成功しうるように見えた。高尚な文化は、基準を下げることなく拡散させることができた。

経済史家はこれらの一般化に厳密さを付け加えてきた。苦難に満ちた一八四〇年代の後には、新たな拡大が、一八五〇年代と一八六〇年代に続いた。一八七〇年から一九一四年にかけての最も激烈な帝国的競合の時代の評価は、その時代が、合衆国と西ヨーロッパ各地の国内総生産（GDP）で見ると、富と収入の「未曾有の」増加を経験したことを裏付けている。[25] もし植民地のGDPが、「帝国全体のGDP」を算出するために本国のそれに付加されるならば、一九一三年の先進世界の中でイギリス経済が最大であった。合衆国がイギリスに続き、ドイツ、ロシア、フランスはその少し背後に位置していた。乳児死亡率の減少の結果、ヨーロッパの人口がかなり増加したため、GDPの増加は生産性（一人当たりの生産）が増大していたことも示していた。この発展は農業から工業、サービスへの幅広い移行と、深化する経済統合の程度に関連していた。近年の研究は、一九一〇年にノーマン・エンジェルが注目した一般的傾向を確認している。取引費用の低下は価格差を縮小した。さらに、需要の中心への人の移動は実質賃金の均等化への動きを引き起こし、利率は横並びになり始め、債権の売買値幅も狭まった。モダーン・グローバリゼーションが到来したのである。[26]

他方で、全体的な傾向からは、かなりの程度存在していた多様性を窺い知ることはできない。北西ヨーロッパにおけるGDPの成長は、南ヨーロッパ（フランスを含む）のそれを凌駕していたが、後者はまた、東ヨーロッパを上回っていた。[27] 一人当たりのGDPの相違は、時代が下るにつれて縮小する傾向にあったが、その差は歴然としてあり続けた。一九一三年において、イタリアの一人当たりのGDPは、いまだイギリスのGDPのおよそ半分でしかなかった。成長率は、部門間の変化と相関関係にあった。農業活動を通じて付加される価値は比較的少なかったため、経済は、農業から工業とサービスに移行した先発国の方が、後発国よりも堅調であった。[28] 一九一三年の時点で、わずか一二％の労働力が農業に従事していたイギリスが、部門間の変化を先導し、東ヨーロッパは最後尾にいた。[29] 開発経済学が一九四〇年代に認知された専門分野となった際、「低開発」とされた国々は熱帯にではなく、南東ヨーロッパに存在していた。

ここで提示された傾向は、後年明らかになったことであるが、戦前期の偉大な思想家の強い関心を呼んだ。よく知られているように、カール・マルクスは近代世界における階級対立を明らかにしたが、彼の主要な関心は、将来のブルジョアジーとプロレタリアートとの間の闘争にあった。同時代の好戦的な地主貴族と平和主義的な中産階級との戦いを指摘したのはコブデンであり、その相違を後に敷衍し、「適者生存」の文脈に位置づけたのはハーバート・スペンサーであった。マックス・ウェーバーの見解では、適者は「伝統」から生まれた近代化推進者であり、彼の周辺で出現しつつあった、改革された合理的な官僚制国家を形成するのに忙しかった。ガエターノ・モスカとヴィルフレード・パレートは、長年政治権力を独占してきた地主が、新しい不安定なエリートにその権威と正統性を奪われつつあった時期に、ウェーバーの言う新たな国家の運営に関心を抱いた。ロバート・ミッシェルズは、新たな民主的時代におけるエリート支配について考え、統治の問題を、寡頭制の「鉄則」を見つけて解決することで満足した。彼は、寡頭制が選挙で選ばれたすべての統治者を最終的に凌駕すると考えた。しかしながら、ウェーバーが見出した「封建的遺制」は完全には終わっていなかった。それは反撃する力があり、ヨーゼフ・シュンペーターによれば、第一次世界大戦期には実際に反撃した。

これらの包括的な評価を生み出した知識人は、新秩序の革新的な可能性とともに、その悪影響にも注意を払ってきた。世紀が進むにつれて、疑念は増大した。大西洋両岸の革新主義者は、彼らがゲーテの詩の中の魔法使いの弟子のように、自らの意思を持つ魔法の箒を作り出すことを手助けしてしまったことに気がついた。改革運動における中心的人物であるジョン・スチュワート・ミルは、「多数派による専制」は「いかなる専制君主よりもいっそう効率的」になりうるというトクヴィルの警告に「驚愕した」と述べている(30)。エマソンも同意し、トマス・アーノルドは説得を必要とせず、ジェイムズ・ステファンも破壊的諸力を抑制するために、強制が必要だと考えた。世紀の終わりになると、ブルックス・アダムズは、ボストンの隠れ家から合衆国全体を見回し、汗水たらして働く都市大衆とそれを生み出した「強欲な精神」の双方から距離を置いた。資本と労働の分断は、工業化が広がるにつれて進んだ。人口の集中は政治的動員をいっそう容易にした。識字率は改善し、出版媒体の範囲は広がった。選挙権の拡大は、解放された「大衆」と「大衆」が急に起こす厄介な非理性的行動をどのように制御するかという問題を突きつけた。

究極的な危険は、増え続ける民衆が、社会をまとめてきた諸制度を一掃してしまうことであった。正確な情報を与えられていない世論は、言論の自由を脅かし、無知は、高尚な文化を破壊し、社会秩序の防壁である所有権が、危機にさらされる可能性があった。影響力のある西洋知識階級の一部の者たちは、こうした不愉快な展望を逃れる方法を勧めることで、彼らの名声を高めた。イギリスでは、トマス・カーライルが、近代社会の混沌を制御するために、英雄的人物に信任を与え、トマス・アーノルドは、伝統の火を守る、新世代のキリスト教徒の紳士の養成に着手し、ウィリアム・モリスとジョン・ラスキンは、ゴシック的芸術、建築、文学の中世的世界を再発明することで、代替的《オルタナティブ》文化を創造することを試みた。懸念を共有する合衆国の模倣者は、ゴシック様式を再生させ、メリーランドの熱心な賛同者は、中世のキリスト受難劇の場面や馬上槍試合の勝者勝ち残り戦を組織した。知識階級の他の成員は机に向かい、差し迫る破滅だとみなしたものを回避する方法を考えだした。政治家は、急速な社会経済的変化が、政治的安定と社会的特権を破壊するのを防ぐ方法についてのアイデアを熱心に、そして時には必死に探し回った(31)。

◆「おお兄弟よ、汝の国を愛せよ」(32)

国民創造は、移行に伴う諸問題の解決の大きな部分のように見えた。一八四八年にミラノの労働者に向けられたジュゼッペ・マッツィーニの呼びかけは、国民国家の働きを通じて、民主的諸原則を実現する展望を示した。ヨーロッパ中のその道の権威や政治家もまた、たとえ彼らの動機がしばしば、理想主義的というより実際的であったとしても、国民という新しい考えが気に入った。彼らも国民国家を、人口増加、産業、都市化から生起する、落ち着かず、しばしば根無し草の社会的勢力をまとめ上げる方法とみなした。ナショナリズムは、さもなければ疎外され、見捨てられると感ずるかもしれない、雑多な社会的諸分子を統合する道具であった。ナショナリズムは階級、ジェンダー、宗教、地域を超える民族的統一の感覚に訴えることにより、統合をもたらした。民族的統一それ自体は、ほとんど新しい現象ではなかった。しかしながら、それは歴史的には、ヒエラルキーのより高い位置にある行為主体、典型的には王朝が、その政治的な表現形態となった。バンジャマン・コンスタンが一八一九年に見出したように、一九世紀の新規性は、集団的アイデンティティをさまざまな形態の代議制政府と関連づけることにあった(33)。しかし、民族自決は、排他的な概念ではなかった。民族集団のために要求された権利は、普遍的な諸原則から導き出され、ますます効果的になる通信の手段を通じて広まったトランスナショナルな一体感と共存し、またそこから力を得た。

旧秩序を構成する諸分子には、新秩序の正当性を証明するうえで果たすべき重要な役割がいまだあった。ロマン派的ナショナリズムの保守的スタイルは、未来より過去に目を向けた。産業＝国民国家は、フランス戦争から生まれた君主制を政治の外に置くことによって適応を図った。そうすることで、君主制は目に留まることはあっても、耳にすることは少なくなり、さらに宗教上の裏付けを確たるものにするために、キリスト教の主流の宗派とも連携した。彼らは時代の混乱の最中、選ばれたエトニを先導するというその主張を強化するために、新たな通信技術を利用した。君主制の担い手たちは、自由主義者に対抗して、歴史研究を専門職として促進し、それを彼らの諸目的に合致する過去についての定式化された見解の作成に向けさせた。

諸政党は、特権によって長年束ねられた支持者たちの向かい側にいる、新たに選挙権を獲得した諸集団に訴える方法を見出さざるをえなくなっていることに気づいた。多くの観察者は、少なくともオーストリアとロシア以外では、排他的な貴族支配、あるいはミルが教条と迷信と呼んだものに回帰することはありえないことを悟った。高所から見れば、前進する道は、凡人をエリート支配に適応させることにあった。教育課程は大衆の物質主義的直観を緩和し、質に対する敬意を教え込むことを目的とした(34)。階級的・地域的境界を横断する争点は、国民的重要性を有する問題に引き上げられた。政治的に手を伸ばすことにより、伝統的諸政党の訴えは広がりを見せた。保守派は、社会主義的な平準化の政策を恐れる有権者を勝ち取る試みの中で、彼ら自身を秩序と国民的統合の旗手として提示した。自由主義者は、保守主義と急進主義の中道をゆく資本主義の改良形態を編み出すことで対抗した[35]。

それにもかかわらず、急速な社会経済的変化により強いられ、経済不況の頻発によって高まった緊張は、最後の四半世紀の間、急進的な政治運動の再興となって現れた。農村部のポピュリズムは、イギリスでは時代遅れの勢力であったが、農産物の輸出にいまだに大幅に依存するフランス、ドイツ、ロシア、合衆国、カナダ、オーストラリア、ニュージーランドにおいて頭角を現し、程度の差はあれ、激しさを増した。都市部の活動家もまた目立った。労働組合は規模と主張の強さにおいて拡大した。マルクス主義の影響は、ドイツとフランスにおいて顕著であった。イギリス労働党は一九〇〇年に設立され、続いてアメリカの社会党も翌年に設立された。急進主義は完全にグローバル化された。「国境を知らない」のは、資本だけではなかった[36]。労働組合も組織、資金、戦術といった事柄について、国境を越えて助言し合った。後に「テロリスト」と呼ばれる「無政府主義者」は、その代理人が情報、技術、人員を世界各地で交換できるようにするネットワークを確立した[37]。

ヨーロッパの各当局は、自らの対抗組織を創設することで対応した。ロンドン警視庁は当初、アイルランドのテロリストに対処するため、後には婦人参政権論者を含む他の好戦的な異分子に対処するために、一八八三年に特別部門を置いた。セオドア・ローズヴェルト大統領は一九〇八年、長い歴史を持つが未発達の秘密情報機関を新組織、連邦捜査局（ＦＢＩ）に再編した。労働組合や無政府主義者が国境を越えるようになるにつれ、新たな安全保障国家もまた国境を越えるようになり、それは後に国際刑事警察機構（Interpol）となった[38]。改革は抑圧を伴った。救済プログラムは、革新的政策のための国際的市場を生み出した[39]。合衆国の革新主義者は、イギリスから市政改革、フランスから都市計画、ドイツから社会保障、オーストラリアとニュージーランドから福祉のアイデアを借りた[40]。二三の計画は政策につながったが、その多くは拒絶された。もっとも一九三〇年代、フランクリン・ローズヴェルトのニューディールにおいて、いくつかは再び浮上したが。妥協が不可能な相違の存在にもかかわらず、右派と左派は、当時の問題は国家によるいっそう多くの行動を必要とするという信念では一致をみた。保守派のビスマルクと自由主義者のジオリッティは、年金について非常に異なる見解を持っていたが、経済の発展を助けるためであれ、社会的疲弊を回避するためであれ、両者は政府の介入が必要だという点で見解を共有した[41]。一部の者にとっては不快であったものの、改革は、多くの者に受け入れ難かった社会主義的代替策より好ましいと判断された。

社会主義を打倒するための方法を探していた政治家やオピニオン・リーダーは、人種の概念に視線を注いだ。人種はヨーロッパ、合衆国、他の国々の白人定住地において、その時代の「有力な考え」になった[42]。人種という争点が自らを推挙していた。人種の問題は、階級、地域、宗教を超えて（あるいはくぐり抜けて）訴えかけることにより、国民的統合を確固たるものとする方法を提供し、当該国民の民族的性格を有するエトニを最上位に祭り上げた。とりわけ、やがて「未開の」民と称されるようになる人々の上に置くこととされた。人種的属性の諸理論は一般には、ダーウィンに帰されるが、さらに早くから独立した起源を持っていた[43]。適者生存の通俗的な考えは、スペンサーから導かれた。彼は戦争と帝国主義に強く反対したが、それは両者が、彼が肯定的に言及した「諸国民の兄弟愛」を退行させているとみなしたからである[44]。理論は、異なる諸形態で登場した。一つの説は、人種は不変だが、品位は正すことが可能で、もし失われたとしても、文明世界が先住民に出会うフロンティアで試され、磨かれることで、元に戻すことができるとした。人種に関するもう一つの有力な考えは、人種的階層構造は生まれつき固定されたものではなく、再編することができるとした。その場合、現在、支配的なアングロ゠サクソン人は、それが可能な間は、より下位の人々を統率し、自らの活力を取り戻すために、そうした再編の機会を利用する必要があった。

アングロ゠サクソン主義の教義は、汎国民的な人種理論の最も有力なものであった[45]。アングロ゠サクソン人種の考えは、長年流通してきたが、一九世紀末、その思想的訴求力は頂点に達した。このような考えは、アングロ世界全土でまぎれもない事実として取り扱われ、合衆国においてそれがとくに共振した。その理論によれば、アングロ゠サクソン人は、まともに調査できない（あるいは証拠を示して否定できない）古い時代に、チュートンの森から現れた、活力ある、新種の気概に富む人種であった[46]。それでも、天賦の才があり、長期的展望を持った観察者は、進化の競争において、弱い人種が後退する反面、アングロ゠サクソン人を繁栄させることを可能にした特徴的能力を見抜くことができた。アングロ゠サクソン人は、体格、頭脳、倫理的誠実さにおいて勝っていた。彼らは、自由の直感的擁護者であり、原則を実行に移すのに必要な組織的能力を保持していた。これらの特徴が、彼らをかつてなかった文明の地位にまで持ち上げ、それは彼らに世界を改良する資格を与えた。他の人種は劣等な特徴を持っていた。ロシア人は専制主義に自然に傾いており、ドイツ人は、チュートン人が到達した高みから転げ落ち、専制的支配に陥った。「ラテン系の」人々は怠惰で腐敗していた。他の諸人種は、ヨーロッパの白人は別として、これらすべての退廃的性格の混合物にさいなまれていた。

アングロ゠サクソン型の人種理論は、法律家の碩学ジェイムズ・ブライス（後のブライス卿）の仕事の中に、権威ある表現の場を見出した。彼は一八八八年に刊行された重厚な二巻本『アメリカ共和国』で、英米関係についての自らの考えを記した[47]。ブライスは人々が人種によって階層化され、地位によって秩序が保たれると考えた。アングロ゠サクソン人は、自明のごとく優秀な人種であり、その中のエリート層は民衆を統率する必要があった。中西部人であるフレデリック・ジャクソン・ターナーが、フロンティアが国民形成を促した農村的価値を生み出したと主張することにより、都会的な北東部に一撃を食らわした際、ブライスは大西洋を越えて輸入されたチュートン人的資質が、その環境を形成したと反論した[48]。ブライスの教えは、大西洋の両岸の権力者層に強い訴求力を持ち、地方の反乱者、都市部の不満を持つ者、政治的異端分子に対して使用する攻撃手段を提供した。ブルックス・アダムズのようなボストンのブラーミン〔伝統的富裕層〕は、こうした大義を取り上げ、文明の興亡の幅広い説明の中にそれを位置づけた。その説明は、世界を救う英米共同の任務の訴えで終わっていた[49]。世紀の終わりまでに、合衆国において残存するイギリス嫌い（Anglophobia）は、優れた憲法の専門家であるアルバート・ダイシーが、「アメリコマニア」〔（イギリスの）アメリカ狂い〕と呼んだものと一体化していた[50]。和解の精神は、外交的・知的諸団体の枠を大きく越えて存在した。一九〇一年、ヴィクトリア女王が死去した際、合衆国では、世論が幅広く弔意を示し、数カ月後、マッキンリー大統領が暗殺された際、イギリスも同様に弔意を示した[51]。

しかしながら、アングロ＝サクソン人はまた、自らの優位が長続きしないかもしれないことを恐れた。世紀の最後の四半世紀、退化の諸理論が人気と信用性を獲得した[52]。疑似科学的土台がそれに権威を与え、そうした予測は本源的な不安を引き起こした。「エントロピーの法則」〔放たれた熱量は拡散し、平衡状態を導くこと。ここでは帝国熱の冷却を指す〕によれば、アングロ＝サクソンを含むすべての「諸文明」は活力を失い、より活力のある人種に取って代わられる運命にあった。詳細な研究はさらに続けて、劣等人種とともに劣等階級を割り出した。科学的研究は、劣った知性、犯罪的行為、貧困、一般的な素行不良は遺伝的に決定されていると示すことを意図していた[53]。都市化は地方社会を結びつけていた紐帯を引き裂き、異人種間結婚は人種的純潔を汚すとされた。ギボンの描いた野蛮な諸民族は、道徳的規律が彼らを撃退する仕事を請け負わされた人々の力を衰えさせたまさにそのとき、文明世界に再び押し寄せていた。換言すれば、グローバリゼーションはかつてないほど人々を交わらせ、政治家に対して、国家と結びつけられるアイデンティティを創出する新しい方法を考案するように迫っていた。

不安に駆られた人々は、ブルックス・アダムズ、ベンジャミン・キッド、それにチャールズ・パーソンに目を向けることができた。彼らの人種理論は、一八九〇年代にかなりの人気を博した。その悲観的性向の発露を、「宇宙的力学」という不明瞭な、疑似ヘーゲル的概念に見出したブルックス・アダムズは、大きなエネルギーが中国からイギリスへ、そして適者として生存競争を先導する義務がある合衆国へと移行していることを跡づけた[54]。キッドは、退行を避けるためには国民的努力が必要だとし、中国が世界を支配する展望を描き出した。彼の予測がロンドンで懸念を生み出したとしても、それは北京では歓迎され、疲弊した清朝は彼の著作の翻訳を後援した[55]。チャールズ・H・ピアソンは、イギリス出身のオーストラリア人で、合衆国についてのかなりの知識を駆使して、「白豪主義」政策として最終的に知られるようになる法律が成立するのを助けた[56]。白色人種は、黄色・黒色人種に支配的地位を奪われつつあり、最終的には取って代わられるであろうという彼の主張は、アングロ＝サクソン世界全体で共鳴した。グラッドストンは感銘を受け、ローズヴェルトも転向した。

希望は放棄されなかった。すべての理論家が、アングロ＝サクソン支配が失われると信じたわけではなく、それを受け入れた者も、より長期の時間軸を想定していた。他方、衰退を回避するか延期するためにやるべき仕事があった。優生学は、支配的人種の強さの維持を意図する知識人によって推進される国際的事業になった[57]。ヴィクトリア時代の碩学フランシス・ガルトンが、一八八三年、この用語を創出した。チャールズ・B・ダベンポートは、合衆国におけるその先導的提唱者になった。アングロ＝サクソン人の「生殖質」の純潔を維持する必要性についてのダベンポートの見解は、移民制限連盟（一八九四年）の活動に影響を与え、強制的な断種を許可する法律への学術的支援を提供した[58]。科学者が自然（nature）を管理することができるのならば、必要な権限が与えられれば、政治家はいっそう簡単に生育（nurture）を統御できた。

確定した国境、また争われている国境、そして隣り合った国境の内側で民族の連帯を育むプロセスは、ヨーロッパの国家建設が本来的に強権的になることを確実にした。戦争が産業化するにつれ、領土獲得のためであろうと存続のためであろうと、国際問題への参画は、大きな政府と広範な財政的資源を必要とするようになった。税収の中央政府による管理は、大規模な軍事力の使用への道を切り開いた。哲学的および宗教的正当化で装飾された戦争は、国家建設の手段であるだけでなく、国民性の究極の表現にもなった。イタリアの独立への勢いは、ジュゼッペ・ヴェルディをして、彼の生来の節度ある態度を愛国的な熱意に変えさせた。一八四八年、台本家フランチェスコ・マリア・ピアヴェから締め切りを過ぎた楽譜を求められた際、ヴェルディは次のように答えた。「あなたは私に音楽の話をするのか！　どうしたというのか？　今、私が音符、音を気にかけたいと思うか？　大砲の音楽を除いて、一八四八年にイタリア人の耳に歓迎されるいかなる音楽もありえない！」[59]

一八四〇年代、マッツィーニはすでに、愛国心とナショナリズムを区別し、後者の攻撃的な性格について警告した。一八八〇年代、豊富な証拠を手にしたニーチェは、偉大なものすべての始まりが血に染まっていたという不穏な判断を下し、国民国家の崇拝が、ヨーロッパを新しい形態の総力戦に追いやるだろうと予測した[60]。他の者は、コスモポリタンな価値観の勝利に信頼を置き続けた。一九一〇年、ノーマン・エンジェルは、影響力のある分析『偉大なる幻影』を著した。それは自由貿易の慈悲深い帰結に対するコブデンの信念を新たにしたものであった[61]。エンジェルは、国際金融がいかに二〇世紀初めのグローバル化した世界を支配するようになったかを強調した。経済統合は、戦争がすべての当事者に損害を与えるところにまで達した。したがって、対立は考えられないわけではないが、不合理になった。その後まもなく、シュンペーターが、先祖返り的な社会勢力と同一視した不合理な要素が、ヨーロッパを第一次世界大戦に至らせた。進歩に対する信念は地に落ちた。商取引の拡大が、カントの言う永遠平和をもたらすというコブデンの期待は、はっきりとは見えないところまで後退した。一九一五年、トマス・ハーディは、基本的な人間の価値観が「国家の崩壊」を乗り切るということに対して、自信というよりも希望を表明した。

しかし、基本的な人間の価値観は同様に続いていくでしょう。
諸王朝は亡びますが[62]。

戦争の終結までに希望は萎えていた。ヴォルテールの『カンディード』が、楽観主義と悲観主義とを交換したように、一世代に及ぶ評論家たちも、かつては文明世界として知られていたものの容赦ない衰退を予測することにより、戦後の苦難を増大させた。歴史家、哲学者、そしてプロイセンのナショナリストであるオズワルド・シュペングラーは、一九一八年に出版された『西洋の没落』で、当時の雰囲気を捉えた[63]。西洋文明はその頂点を過ぎたというのだ。西洋文明を前進させた人種的エネルギーは散逸してしまい、その方位磁石はバルハラ〔北欧神話で英霊が招かれるとされるオールディン神殿〕の方角に設定された。新しく誕生した、活力のある「有色の」国民が、その空白を埋めるとされた。一九二〇年、H・G・ウェルズは、経済的、技術的な力によって緊密に結びつけられていたが、ナショナリズムにより引き裂かれてしまった世界について思いをめぐらせた。ウェルズにとって、ナショナリズムはグローバリゼーションに向かう傾向と両立しない不合理な力であった。それは「部族の神々にどこまでも従わなければならない」か、そうでなければ世界連邦政府に道を譲らなければならないのであった[64]。後者は行き過ぎた考えであった。二〇世紀の間、「部族の神」はその場にとどまり、犠牲者を出し続けた。

◆大規模なデフレ

不都合な経済発展は、西洋の政治指導者たちが、異なる民族・地域集団を引き寄せ、新たな階級対立を克服するか、少なくとも沈黙させるような国民的統合を生み出そうとした瞬間に現れた。マルクスの言う「商品のフェティシズム」から生じる物質的な発展が、世紀の最後の四半期に神の思し召しの導きの手から逃れた際、経済的変化と政治的安定の間の均衡はすでに不安定であった。政策立案者は、自由貿易と金本位制の恩恵が開発を促進し、生活水準を高め、産業＝国民社会への移行を容易にすることに賭けていた。国際投資の促進におけるイギリスの並外れた役割は、ポンド正貨を優先的国際通貨にするのに役立ち、他の国に金本位制の採用を促す強力な動機を提供した。一八七〇年代、ヨーロッパの主要国と合衆国は、自由貿易から後退したにもかかわらず、イギリスの例に従った[65]。一九一二年までに、多数の植民地を含む四〇カ国以上が、金本位制クラブの会員になった。金本位制は、統合された国際経済秩序の構築に役立った。通貨を固定相場で金に兌換できるようにすることに合意した国は、為替相場の変動を減らし、信用格付けを改善した[66]。健全な信用はロンドンの資本市場へのアクセスを提供した。これは、自らの資本資源が、自国の必要性を満たすことができる段階にまだ到達していない開発途上国にとり、不可欠な援助であった。

金本位制の規律は、後に赤字支出と呼ばれるものを防ぎ、それによって、政府は有利な計画に資金を提供したり、債務の支払いを減らしたりするために通貨を印刷することができた。金本位制クラブの会員身分は、外国人投資家や商人に自らの財産が安全であり、債務が健全な通貨で返済され、長期的な開発計画に伴う財務リスクが最小限に抑えられるという自信を与えた。

政策立案者は、金本位制が不況やデフレの時代に柔軟性がないこと、そして「ゲームのルール」を遵守することが、社会的苦痛と政治的不安定に寄与する可能性があることを予見していなかった。今日、「量的緩和」と呼ばれているものは、メニューになかった。一九世紀後半、不連続であったとしても、長期の経済不況は、資本家と労働者の間、債権者と債務者の間、都市と農村の間の対立を激化させた。初期的段階にある半統一的国民国家は、疎外され、潜在的に無政府状態に陥る危険性のある社会の諸部分をまとめるべく、強い圧力にさらされた。世紀の終わりに世界の大部分を再編した帝国主義の噴出は、こうした懸念の劇的かつ強烈な表現であった。

本件について述べるにあたっては、若干の注意が必要である。歴史家はかつて、「一八七三年から一八九六年の大不況」を、広範囲に及ぶ陰鬱とほぼ救済困難な悲運を特徴とする、一貫した時代であるかのように言及していた。だが、経済史の研究によると、不況は以前に考えられていたほど継続的でも包括的でもなかった。ヨーロッパ全体の生活水準は、一九一四年に至るまで、より長い期間にわたって上昇した[67]。歴史家が、時代をより詳細に区分し、その伝統的な呼称を捨てた一方、今日、いわゆる「古典的な金本位制」を研究している経済学者は、一八七〇年から一九一三年までの時期に、一定の統一性を与えてきたが、そのことは、他の経済活動の指標によって示唆される多様性を不明瞭にしてしまっている[68]。異なる専門的な研究から生じてしまう、このような時代区分上の困難は、広い文脈で見る必要がある。一九世紀の最後の四半期に世界貿易の成長率が鈍化したという一般的な合意は残っている。この四半期には、西ヨーロッパと合衆国全体で、物価の下落、失業率の上昇、農村部および都市部の不満の高まりが見られた[69]。同時代の人々は、自分たちがまぎれもなく不況の時代を生きていると感じていた。「一八七三年から一八九六年の大不況」という用語自体は、世紀の最後の四半期に広く使用されるようになった。グラント大統領とヘイズ大統領は、一八七〇年代の合衆国経済の健全性に対する懸念を表明する際にこの用語を使用した。ソールズベリー卿は、イギリスの問題を研究するために、一八八五年に「貿易と工業における不況に関する王立委員会」を設立した。学術誌や業界誌もこの点について定期的に論じていた。ソースタイン・ヴェブレンはこの論点を一九〇四年に出版された『企業の理論』に取り入れた。

また歴史研究のナショナルな伝統は、いくつかの国際的なつながりに目をつむってきた。だが、国際的なつながりによって、不況はグローバリゼーションのありようを劇的な形で表出する事態となっていたのである[70]。ヨーロッパの歴史の専門家は、一八七三年のウィーンでの金融恐慌から始める傾向がある。合衆国の歴史家は、同じ年にジェイ・クックとノーザン・パシフィック鉄道が倒産したことから始める。しかし、本章の観点から強調する必要があるのは、これらの出来事の間にどのような関係があるのかである[71]。ウィーンにおける銀行危機は、新たに形成されたオーストリア゠ハンガリー帝国の土地投機熱の崩壊に続いて起こった。土地を購入するために契約されたローンの利払いができない事態は、合衆国からの小麦輸入との競争に続き生じた、ロシアと中央ヨーロッパにおける輸出収入の減少に直接関係していた。主要な消費者であるイギリスの合衆国からの輸入の急増は、ヨーロッパ大陸の生産者にとくに悪影響を及ぼした。事実上、最後の貸し手であるイングランド銀行は、貸出金利を引き上げることで信用危機に対応した。その後、信用の逼迫によって、将来の輸出収入の大きさについて過度に楽観的な想定に基づき債券を発行していたジェイ・クックその他の合衆国の銀行が倒産した。この点で、一八七三年の危機は、今世紀の初めに起こったものと同様であった。[72]その相違は、自由貿易と国際的なつながりの向上によって、参加者の数と活動の規模が拡大したことであった。「合理性を欠く活気」は長らく、金融バブルを引き起こす要素であったのである。一九世紀後半に、それは世界的な現象になった。

一八七三年から一八九六年までの時期には、明確で統一された特徴が、一つあった。それはデフレの時代だということである。[73]世界の物価は、生産性の向上と金本位制の採用後の金の不足によって、通貨供給が制約されたこともあり、下落した。当時のデフレには、いくつかの有益な特徴があった。生産量の増加と生産性の向上があいまって、物価を下げることで消費者に利益をもたらしたのである。一連の金融危機、定期的な不況の到来、および広範な債務という形で現れた有害な結果もあった。いくつかの比較研究は地域の変動を考慮に入れた場合、全体として、利益が損失を上回っていることを示唆している。生産量の増加と価格の下落は、世紀最後の四半期のＧＤＰ実質成長率の指標と一致していた。[74]

新しい研究は、その議論に歓迎すべき程度の厳密さをもたらした。それにもかかわらず、この時期のデフレが「悪い」ものではなく「良い」ものであったという結論は、かなりの懐疑の念を招くものである。[75]このような議論は、ヨーロッパと合衆国の同時代人が、不況の時代を生きていると確信していたことを認めつつも、彼らが、「マネー幻想」に陥っていたことを示唆している。賃金率は下がったが、それは商品価格の下落により相殺された。幻想が二〇年以上続いたという事実は、なぜ多くの人々が正しいとされた現実に順応するのに非常に長い時間がかかり、広範囲にわたるストライキ行動と地方での過激な抗議を続けたのかという疑問を提起する。虚偽意識には限界がある。ネット（正味）に基づく交易条件の評価は、農民の福利を測定するのには不完全な指標である。たとえ生産量が増えたとしても、その生産性の予測に到達するための費用を算定する必要がある。[76]この問題についてのいかなる一般化も、地域的な特化と国際市場へのさまざまな程度の関与を考慮に入れる必要があろう。[77]

期待の低下と景気の乱高下の増大という、二つのさらなる特徴を、分析に組み込む必要がある。ヨーロッパと合衆国のＧＤＰはこの期間、全体として成長したものの、成長率は低く、一貫性がなかった。一八七一年から一九〇五年にかけて、ヨーロッパの一人当たりＧＤＰの成長率がマイナスであった期間は一三年あり、一連のプラス成長率が五年間続いたのは、一回だけであった。[78]この記録は、高い成長率が自信を生み出し、いわゆる「上向き」(improvements) が将来も継続するという期待を高めた、一八五〇年代および一八六〇年代とは著しく対照的であった。一八七三年から一八九六年の間は、不確実性に支配され、期待の低下は相対的窮乏感を生み出し、一七六〇年代に北米大陸植民地で、同じく劇的な結果をもたらしたように、すぐに不満に変わった。

景気の乱高下は突然の危機を引き起こし、しばしば短期的な不況が続いたが、こうした状況は、世紀最後の四半期に世界各地で見られた。(79) 国際経済の統合は、危機が伝染する傾向を持つことを意味した。一八九〇年に起きたベアリング商会の危機は、アルゼンチンから他のラテンアメリカ諸国、さらには合衆国やオーストラリアのように地理的にかけ離れた国々にまで広がった。(80) 同時期には、続く信用制限が、影響を及ぼすことになった。短期的な危機は外資の流入の減少、あるいは周期的な景気後退のいずれかから生じ、通常は輸出需要の減少に現れた。物価、そして時には収入も下落した。債務は一定のままであった。その結果としての費用の削減と生産性の向上の必要性は、痛ましい結果を招いた。短期的には利益が減少し、失業率が上昇した。(81)

景気の乱高下も債務を助長した。債務者は破産に直面した。債権者は、とくに金本位制に準拠していない国では、返済を確保するのに苦労した。ある推定によれば、一八七〇年代半ばだけでも一七の「周辺的あるいは開発の遅れた国々」が、外債を償還できなかった。(82) 同時代の人々は、問題の大きさを認識し、それに対処するための最初の体系的な試みに着手した。イギリスの投資家は、一八六八年に外債保有者評議会を設立した。債権者の国際コンソーシアムは、一八八一年にオスマン公債局を結成した。(83) 第二次世界大戦後に施行された類の国際的な債務繰延協定がなかったため、帝国領土を持つ国家は、当時の債権回収機関になった。(84)

新しい工業化社会が、経済危機に突入しているという認識はまた、この時期に形成された帝国主義の理論にインスピレーションを与えた。首尾一貫した経済的説明を考案する最初の試みは、一八八二年のエジプトの占領に付随して起きた。最も影響力のある解釈は、一八九九年から一九〇二年のイギリス＝南アフリカ戦争の後に現れた。(85) これらの評価とその多くの変種は、よく知られており、多くの議論がなされているにもかかわらず、一般に一国の文脈で扱われてきた。しかし、現代の分析家は、世紀最後の四半期に西洋世界が直面した問題には、共通の起源とグローバルな影響があると考えた。この信念は、古典派経済学に由来する、広く受容されていた仮説に部分的に依拠している。すなわち、時間の経過とともに利益率が低下し、その時点で資本が国内投資の機会を欠くという仮説である。一八七三年以降に起きた一連の不況は、その瞬間が到来したこと、そして帝国主義は「余剰」資本を有益に利用する新しい方法を見つけようとする試みであったことを示していた。経験が理論の質を高めた。危機のグローバルな性格は、注意を要する国内の緊張を生み出した。そして、当時の知識人たちは、国民的必要性を満たす解決を生み出すという任務を自らに課したのである。

マルクスの影響を受けた急進派は、帝国主義を、資本主義の不可避の崩壊を食い止めるための必死の試みとみなした。しかし、社会主義が広く受容されるかもしれないという見通しに強く刺激されて、自由主義者たちは代替案を生み出した。イギリスでは、Ｊ・Ａ・ホブソンが、その答えは国内の購買力の再分配にあり、これによって国内で利潤を生む機会が再び開かれ、帝国主義の主要な動機の一つが排除されると主張した。他の影響力のある自由主義的な思想家は、帝国主義は問題ではなく解決策であると考えた。ドイツの著名な経済学者ヴィルヘルム・ロッシャーは、市場や定住地としての植民地の経済的可能性を強調した。(86) ロッシャーの後にグスタフ・フォン・シュモラーが続いた。シュモラーは、帝国主義は国益、経済的有利性、そしてある種の文明化の使命をもたらすと主張することによって、帝国的プロジェクトに信憑性を与えた。(87) フランスでは、もう一人の著名な経済学者ポール・ルロア＝ボーリューは、自由主義的見解の国際主義から帝国主義への移行を典型的に示した。一八七四年に出版された彼の有名な『近代的人民における植民地化について』の初版は、アルジェリアに焦点を当て、植民地化は第一義的に、白人の定住の問題だと断定した。一八八二年に刊行された第二版は、口やかましい口調で、投資機会の重要性とフランスが拡大するための空間の必要性を強調し、文明人が「未開人」と「野蛮人」を支配する権利を正当化した。(88) 合衆国の金融専門家チャールズ・アーサー・コナントは、「現在の経済秩序の構造全体が社会革命によって揺さぶられることにならないのであれば」、必要に応じて帝国主義的手段に訴えてでも海外投資を行うことが不可欠であることを疑わなかった。(89)

国際的な観点から見ると、この対応の際立った特徴は明らかに、資本主義自体が招いた困難から資本主義を救おうとする、ヨーロッパのエリートの強い決意の表れであった。帝国主義が解決策を提供したと判断した人々でさえ、資本主義は修正が必要である、とホブソンに同意した。ヨーロッパの自由主義者は、時には保守派と協力して行動し、福祉国家を生み出した。合衆国の革新主義者たちは、同じ方向に動いたが、そこまで進んではいなかった。

「大規模なデフレ」とそれに伴う不安定な状況は、世紀最後の四半期、グローバリゼーションに対する「バックラッシュ」と呼ばれてきたものを引き起こした。(90) 自由貿易は、西ヨーロッパの穀物生産者をとくにロシア、合衆国、カナダからの競争にさらし、彼らに損害を与え、その初期の製造業を、とりわけイギリスからのより安価な輸入品の挑戦にさらした。デフレ時に金本位制を採用していた国々は、流動性の低下、失業の増加、主要大企業の債務など懲罰的帰結に苦しんでいた。イギリスを除いて、主要なヨーロッパ諸国は、保護関税を採用することにより、自由貿易の悪影響とみなされるようになったものに対応し、一方、合衆国は、すでに実施している輸入関税を引き上げた。(91) この傾向は一八七〇年代に始まり、世紀末まで続き、そのときまでには、ほんの一握りのヨーロッパ諸国しか開放的経済を維持していなかった。(92)

金本位制に起因する問題は、さらに手に負えないものであった。「ゲームのルール」を破った国々は、低利の信用の利用から排除され、(93) 主要国の一部リーグから降格させられることで罰に処せられた。唯一の真剣な代替案は、世紀の初めにヨーロッパの多くで普及していた金銀複本位制に戻ることであった。(94) 銀と金に基づく二重基準の支持者は、二つの金属間の固定為替相場と無制限の法定通貨の組み合わせが、流動性を向上させながら通貨の安定性を保証するであろうと主張した。議論の技術的な複雑さにもかかわらず、一八八〇年代から一八九〇年代にかけて、金銀複本位制は主要な政治的問題となり、ドイツ、フランス、合衆国、さらにはイギリスでさえも人気のある目標となった。この選択肢は、新しい金の供給が流動性の制約を取り除き、「金本位制支持者」が、主要な金本位制国の「銀本位制支持者」を打ち負かすことができるようになる世紀の変わり目まで、排除されなかった。(95)

今日、言われているように、それにもかかわらず、バックラッシュの概念は修正され、そしてより範囲を広げる必要がある。現在の議論は、あまりにもヨーロッパ中心主義的である。西洋諸国は、グローバリゼーションを単に制限するだけでなく、方向を転換させていた。ヨーロッパと合衆国での保護関税の台頭によって、政府の中には、自由貿易に従うか、あるいはそうせざるをえなくなるような国が現れた。保護関税はそのような国への製品輸出を促進するのを助けた。最も広範囲でしかも最も激しいバックラッシュは、西洋側ではなく、西洋側が統合しようとしていた世界の辺境で発生した。(96) もし一九世紀の帝国主義自体が、グローバル化勢力とみなされるならば、世紀末に起きた、その前例のない拡大は、新たに誕生するか、再活性化された国民国家という行為主体を介して、ヨーロッパ以外の地域を組み込もうとする、新たな推進力だと解釈できる。(97)

西洋諸国が遭遇した抵抗は、編入の条件に対するグローバルな抗議に等しかった。辺境の向こう側から見ると、「上向き」には多大な費用がかかった。自由貿易は、鍵となる企業集団の利益を損なった。国家独占の廃止は、公的収入を減らし、中央政府の政治的支配を危うくした。輸出作物と鉱物への傾倒は、土地と労働に対する権利に影響を及ぼした。工業製品の流入は地元の職人に失業をもたらした。富の国内分配は変化し、社会秩序を支える中核的価値には異議が唱えられた。モダーン・グローバリゼーションは、その影響下にある諸制度を圧迫する広範なプロセスであった。それらが崩壊した際、西洋の勢力は「文明」を導入する前置きとして、「法と秩序」を回復するために介入した。世界銀行は、一九八〇年代に「価格の適正化」の完全な意味合いを認識した際、「国家を取り戻す」と要約された新しい教義を採用した。一九世紀末、解決策は、植民地政府の形態を採った。それはアフリカとアジアで、新しい衛星国の財政的信頼性を保証したのである。

◆グローバリゼーションと「新」帝国主義

困窮している人々にとって、帝国主義は差し迫った問題を一発で解決する魔法の弾丸のように見えた。一八二〇年代までに、イギリスを除くヨーロッパの諸帝国は動けなくなったり、文字通り手足を切断された状態だった。一部は消滅していた。それにもかかわらず、アダム・スミスが述べたように、帝国の願望とそれに伴う「不死」の探求は、衰えることはなかった。(98) 一八三〇年代にフランスに対して、アルジェリアの併合を断念し、

「脱植民地化」を促した批評家は落胆することになった。彼の進言は無視され、帝国を語る言葉への彼の顕著な貢献は忘れられた。一八三九年、公式の声明で、アルジェリアは「永遠にフランスの土地」であると宣言され、それは一九六二年まで存続した[99]。膨張主義政策が普及するにつれて、一八三〇年代に新たに登場した用語、「帝国主義」（*l'impérialisme*）が定着した。一八七〇年代までに、この用語は英語化され、帝国建設の速度が速まっていることを支持する人々と批判者の双方によって広く使用された[100]。イギリスが先導する既存の諸帝国は、できることなら自らの領土を保持し、可能な際は領土を拡大した。ドイツ、イタリア、ベルギー、日本、合衆国などの新参者は、入会の準備ができたらすぐに帝国クラブへの入会を申請した。「脱植民地化」は、一九五〇年代の終わりまで再登場しなかったが、この時期になって、フランス的（*française*）でなくなりつつあったアルジェリア（*Algérie*）の差し迫った損失を合理化する方法として復活する[101]。他の西洋の帝国中枢は、この用語を迅速に採用した。これは、一九六〇年代に発生した、第二の権力の大規模移転についての総称となった。

領土の獲得は大規模ではあったが、この動きは、さらに広範な膨張主義の傾向の一部を形成するものであり、一九世紀後半の世界を網羅し、正式に併合されていない国での「非公式的影響力」と呼ばれるものの行使を含んでいた[102]。この種の影響は簡単には測定できず、公式の合法的な帝国に比肩する非公式の「帝国」があったという主張は現実を誇張する。それにもかかわらず、帝国領土を持つ国家、とくにイギリスが、実在するオスマン帝国と中華帝国、および縮小するペルシア帝国に対して、かなりの非公式的影響力を行使し、その影響はラテンアメリカの共和国からシャム〔現・タイ〕に至るまで、さまざまな国家に及んだことは明らかである。これらの国々は、公式には独立していたが、自国の主権の侵害に抵抗することはできなかった。コブデンと彼の国際的な弟子たちは失望するが、国際的な理想の追求は、帝国への継続的な傾倒と並行して実行され、自由貿易は力の行使と両立することが証明された。全体的に見ると、公式および非公式の支配手段は一九一四年、ヨーロッパ帝国を最大限にするか、レーニンの言葉で言えば、最高の段階に達することを可能にした。そのとき、オーストリア゠ハンガリー帝国は、セルビア（もう一つの帝国であるオスマンの旧州）をめぐり戦争するよう準備していた。

同時代の人々は、一九世紀最後の四半期における西洋世界の発展が、海外への膨張と「新」帝国主義として知られるようになったものに関連していることを疑わなかった。ただし、その結びつきの性格については、意見が一致しなかった。帝国主義史の現代的研究の創設者であるジョン・シーリーは、白人の定住に適さない世界の大部分を獲得するという決定に目新しさをみた[103]。シーリーにとって、植民地はギリシア的意味で、祖国からの人々の離散であった。だが、征服の結果である帝国は、まったくもって、いっそう疑わしい存在であった[104]。インドは彼の見解では警告灯であり、希望の灯台ではなかった。マルクス主義者は、成熟した産業資本主義から生じる蓄積の危機を指すのに、「新帝国主義」という用語を使用した。新しいタイプの帝国の支持者は、文明化の使命を征服された人々に拡大する義務を強調することで、領土獲得を擁護した。二〇世紀に執筆している学者は、これらの立場を敷衍した。急進派は資本主義の最新のグローバルな発現を組み込み、この概念をアップデートした。自由主義者は諸原則、政治、人格を重視する包括的な各種代替案をまとめた。(105)

新しい帝国主義者は声高な反対に直面した。イギリスでは、コブデン主義者の伝統は弱体化したものの、自由党のグラッドストン派の中で生き続けた。労働運動は、労働者階級間の国際連帯が国家的帰属に勝ることを望んだ。保守的な見解を持つ者の一部は、他の人種と混ざり合うことはイギリスの性格を弱めるであろうと考えた。(106)共和主義者、人道主義者、社会主義者は、ヨーロッパ大陸について類似した見解を表明した。フランスの社会主義の指導者であり平和主義者であるジャン・ジョレスは、一八九〇年代から一九一四年に亡くなるまで、帝国主義に反対して自らの党を動員した。急進派の遠慮なき代弁者ポール・ヴィン・ドクトンは、一八九〇年代から一九四〇年代にかけて、植民地の虐待に対して、継続的な運動を組織した。(107)一八九八年に合衆国で設立され、グローヴァー・クリーヴランド前大統領やマーク・トウェインなどの著名人が率いる反帝国主義者連盟は、種々の似通った議論を展開した。(108)しかし、反対派は、ナショナリズムのかまびすしい訴えに対抗することができなかった。ナショナリズムは、帝国主義を通俗的な目標とし、それを祖国（*patrie*）の運命に結びつけることに成功した。ジャン・ジョレスは、フランスのナショナリストに暗殺されたが、それはアルザス＝ロレーヌの喪失によって暗殺者の熱意に火が点けられたからだ。

文化的表現は大衆的な形をとり、これらの理論に依拠して、白人の優位性を強調し、国民の団結を強化した。人種的優位性についての一般化された見解は、拡張されたマスコミの回路を通じて拡散され、文学、劇場、新聞、および広告に登場した。(109)探検家は有名人になった。変わり者のカール・ペータース、ロマンティックなピエール・ド・ブラザ、そしてショーマンのヘンリー・スタンリーは、ヨーロッパに異国趣味をもたらし、それを大きな商売にするのを助けた。彼らが執筆した旅行者のほら話は、大帝国小説の時代とともにあった。大帝国小説はイギリスでは、ロバート・ルイス・スティーブンソンからラドヤード・キプリングにまで広がり、フランスでは、ピエール・ロティの作品で最高潮に達した。(110)帝国の小説家は皆、科学技術、通商、人々の拡散という、グローバル化の帰結に魅了された。彼らの仕事はまた、国際関係の変化を跡づけた。一八七〇年代まで、イギリスの冒険物語は、帝国を含みつつも、それをはるかに超えて広がった異国趣味の環境に設定されていた。(111)一八九〇年代までに、教訓的な含みを伴う帝国の主題が支配的になった。イギリス＝南アフリカ戦争後、そうした文学はより防衛的になり、スパイと侵攻に新たな関心を示し、その一方で、スパイを派遣するために必要な武勇の資質を強調し続けた。(112)

それほど偉大ではないが非常に影響力のある帝国小説の傑出した代表者は、G・A・ヘンティであった。彼は従軍記者として、イギリス帝国と世界の大部分を遍歴した。ヘンティは、今日ではほとんど知られていないが、彼自身が冒険物語「産業」の体現者となり、そして、最終的には「制度」そのものといってよいような名物作家になり、半世紀の間、何世代にもわたり男子生徒の英雄であり続けた[113]。一二二冊にのぼる彼の小説は、世界中の帝国的、軍事的偉業を網羅した。一八九〇年代初頭、彼の著書は年間約二〇万冊程度の売り上げを記録していた[114]。ヘンティはキリスト教、義務、名誉に基づく文明化された愛国心の形態を育むことを目指した。彼の物語は、イギリス「人種」の優位性と帝国の価値を強調し、帝国は進歩を広め、国民の偉大さを支える機知、活力、武勇といった美徳を維持するための手段として描かれた。合衆国の作家は米西戦争勃発後、帝国的潮流に追いつき、ヘンティのやり方に沿って書かれた愛国的な表現を生み出した。勝利の祝祭にアングロ＝サクソン同盟を含めるほど誇大妄想的な者もいくらかいたが[115]。

新しい通信手段はまた、宗教的事業の効果的な回路となった。蒸気船は、拡大する帝国の辺境へキリスト教布教団を運び、鉄道は、帝国を横切って彼らを運び、安い印刷物は、彼らが到達した社会にみことばを広めた。世紀の終わりに起きた第三次大覚醒は、福音主義の熱意を再生させ、復活したイスラムの諸形態に対抗するために、西洋を奮い立たせた十字軍の精神を宣教師の事業に吹き込んだ[116]。一八八二年にエジプトへの侵攻を承認した際、グラッドストンは、「正しい戦争、キリスト教徒の戦争」を支持している、と自分自身に言い聞かせた[117]。異教徒が多く暮らすイギリスでは、一八六五年にウィリアム・ブースによって設立された布教団が、一八七八年に救世軍になった。一八八〇年には、救世軍太平洋支部が合衆国に設立された。合衆国では、救世軍の教えと社会福祉への関心の高まりが、魂を罪から救い、社会を崩壊から救うというジョサイア・ストロングの切迫した訴えを補完した[118]。

海外の異教徒との出会いは、国民の価値観を再確認させた。失われたエネルギーに取って代わり、帝国主義は、白色人種が長期間にわたって世界を支配することを可能にした。マンダレー〔ミャンマー第二の都市。元ビルマの首都〕への道は、健康的な冒険ときわめて困難な責任を伴ったものとなった。性格はエキゾチックな辺境で形作られ、「最高のものが最悪であるかのようなスエズの東のどこか」の厳しい環境の下、任務は遂行された[119]。帝国主義による攻撃的行動の誇示は、筋肉質で好戦的なキリスト教徒の理想を促進した。そして、逆境を克服したというその成功体験は、白色人種を脅かす退化的傾向を回避、または少なくとも延期するのに役立つとされたのである[120]。アフリカの占領は、文明化された聖なる戦士のイメージを高めた。それは、ハルツーム〔スーダンの首都。青ナイルと白ナイルの合流点〕のゴードン〔将軍〕を壮厳な「殉教者」に仕立て上げた。ゴードンの有名人としての地位は、一八八五年の彼の死によって達成され、キリストと帝国のために働くように他の人々を奮い立たせた[121]。アフリカの占領はまた、かの粘り強いジャン＝バティスト・マルシャンを作り上げた。彼はアフリカ各地で、そして第一次世界大戦を通じて戦った、フランスの国民的英雄であった[122]。大西洋の対岸では、ジョージ・アームストロング・カスター大佐が、一八七六年に先住民スー族の手で殺された後、無私の紳士的な英雄の化身として、国民的な地位を獲得した。[123]すべての英雄が戦いで死んだわけではない。一八七三年のマラリアと赤痢によるデーヴィッド・リヴィングストンの死は、次世代に影響を与えた勇気、自己犠牲、奉仕の神話として記憶されている。[124]ヘンリー・モートン・スタンリーは、ほら話をするために生きたといってよい。二人共、彼らが例示すると考えられた資質、すなわち困難に直面した際の強さ、そして自己利益を超えた目標への献身が賞賛された。

帝国領土を持つ他のヨーロッパ国家はイギリスに続き、自らの宗教的コミットメントの継続的な強さと布教の野心を示した。フランスは、アフリカで福音を説くための十字軍において、とくに熱心な参加者であった。長年、精力的に活動したシャルル・マーシャル・ラヴィジュリ枢機卿は、一八六八年に「白い父」、翌年に「白い姉妹」を創設したが、熱帯アフリカにキリスト教王国を樹立することを夢見た。[125]彼は一八八一年に、チュニジアの占領でフランス軍と協力し、一八八八年には、奴隷制反対運動を開始し、フランスでは、教会と国家の橋渡しをするためにたゆまず働いた。[126]世紀の変わり目までに、布教と帝国は融合した。キリスト教徒にとって、帝国は反聖職者主義に対抗し、社会主義を打ち負かすための同盟に参加する手段になった。[127]しかし、キリスト教徒間の協力は、長年の宗派の違いと国家への帰属の強まりによって制限されていた。イギリスと合衆国のプロテスタント福音派は、ローマカトリック教徒を非常に頑固な異教徒として扱う傾向があった。その後の信者獲得競争は、保護貿易主義者が、市場と原材料を分離しようとしたのとほぼ同じ方法で、植民地世界を、キリスト教信仰の宗派の間で分割した。このような状況では、キリスト教共和国は、効果的な超国家的組織としては機能しえなかった。

これは布教が、単に帝国主義の道具であったことを示唆するものではない。[128]にもかかわらず、福音派は政府、とくに植民地政府を、主のために働くことができる力とみなすようになった。[129]神意に基づく、教会と国家の同盟は、罪を根絶するという手強い任務の達成に力を合わせた。罪は、奴隷貿易と奴隷制度において最も忌まわしい形で存在していた。[130]世紀の終わりまでに、布教団体の姿勢と活動は、時代の雰囲気を特徴づける人種的優越感とその派生物である家父長主義の気味を帯びていた。イギリス人は、彼らのプロテスタント帝国が、精神的および物質的な進歩を達成するための戦いにおいて、神が選んだ代理人であると確信していた。[131]一九〇〇年、イギリスは合衆国を含む他のどの国よりもはるかに多く、みことばを海外に運ぶプロテスタント宣教師を生んだ。[132]エルガーの「戴冠式頌歌」のために一九〇二年に書かれたアーサー・ベンソンの歌詞は、「希望と栄光の国」がどこにあるか、あるいは誰が「自由の母」であり、「真実と正義」の守護者であるかについて、疑いの余地を残さなかった。人間は自らできることをしたが、「汝を力強くしたのは神」であった。

国益に奉仕しながら国際協力を維持することに目覚ましい成功を収めた組織の一つが、ボーイスカウトとその姉妹であるガールガイドであった。[133]スカウトは、一九〇八年にロバート・バーデン＝パウエルによって創設された。彼は、自らが敬愛したズールー戦士の資質のいくつかを導入するために、植民地時代のアフリカにおける軍将校としての経験に頼った。ガイド（元来、ボーイズが反対するまでスカウトと呼ばれていた）は、翌年に設立された。[134] いくつかのジェンダー的相違にもかかわらず、双方の組織は、国家に愛国的な奉仕を提供する価値観を教え込むことを目指した。[135] 野外活動、チームスポーツ、そして強いキリスト教精神は、社会秩序と人種的退化を未然に防ぐ規律、自立、名誉の資質を発達させるために選択された手段であった。[136] 運動は相当な速さで国際的に広がった。一九一四年までに、スカウトは合衆国から日本まで、そして帝政ロシアからニュージーランドまでのほとんどの主要国に設立された。各国の支部はローカルな性格を帯びることとなった――フランスのスカウト（*éclaireurs*）は、保守的でカトリック的傾向が強く、合衆国のスカウトは、全米ライフル協会（一八七一年）とつながりがあった。しかし、すべての場合において、スカウトとガイドの成功の理由は、国民創造を強力に支援するその訴えにあった。[137] セオドア・ローズヴェルトは、こうした運動を支持し、その方針を、自らの野外の冒険に熱心に適用した多くの著名人の一人であった。彼の冒険は、よく訓練された狩猟旅行からキューバ侵攻における略奪的なラフ・ライダーズ〔米西戦争の際、ローズヴェルトが指揮した義勇騎兵連隊〕の引率にまで及んだ。歴史研究は、スカウトを国家の枠組みの中で扱ってきたが、他の分野の権威は、グローバリゼーションのプロセスに対するこの運動の長年の貢献を認めている。一九二二年に設立された世界スカウト機構は、現在、指定された国際非政府組織であり、よって無粋な頭字語であるＩＮＧＯの資格がある。

一九一四年までに、イギリスはアフリカの砂浜と森林で、ヒマラヤを越えアフガニスタンからビルマまで、マラヤの森林を通り、南シナ海を越えて北ボルネオとニューギニアの上に線を引き、カナダ、南アフリカ、オーストラリア、ニュージーランドにおける定住地のフロンティアを拡張し、そして憲法上の結びつきと同程度に、非公式のネットワークによって結びつけられた「グレーター・ブリテン」を創造した。[138] フランスは北アフリカと西アフリカで帝国を築き、マダガスカルを結びつけ、インドシナを併合した。ドイツ、イタリア、ベルギーは、アフリカの植民地を獲得し、ポルトガルは、アフリカの既存の所有地を大幅に拡大させた。オランダは西にアチェ、東にニューギニアを含むようにインドネシアで領土を拡張した。ロシアの東進は満州に達した。日本は中国を打ち負かし、韓国を不当に併合した。合衆国はハワイ、フィリピンの無数の島々、カリブ海におけるスペイン帝国の残滓を併合または獲得する中で、島嶼帝国主義の主要な典型になった。北極は征服されていた。南極圏のペンギンは西洋の領土的要求の対象になった。[139] 栄養不足の肉食動物にとってさえ、残飯はほとんど残されていなかった。

◆ライオン、ハイエナ、帝国をめぐる争奪[140]

主張すべき意見を持っていたレーニンは、国際秩序におけるライオンの残飯に群がる劣位の列強を叙述するために、「ハイエナの帝国主義」という表現を案出した。[141] 彼の擬人化された比喩には蔑称的目的があった。だが、同時代の帝国領土を持つ国家の多様な特徴に対する彼の認識は、現在は無視されているが、今でも示唆に富んでいる。歴史家は「新帝国主義」の諸原因について、広範囲にわたって同意しているが、それらの相対的な重要性について議論している。最も由緒ある区別は、経済的および政治的解釈を互いに対立させる。最も影響力のあるものは、それらを混ぜ合わせた折衷的な解釈である。方法論的には、これらの選択肢は、単因性と多因性の解釈の間の選択肢として、しばしば提示される。しかしながら、前者は関連性のあるものを除外しすぎる一方、後者はすべての解釈が満たす必要のある選択性の水準に達しない。

大体において、比較分析は、これらのジレンマを解決する方法を提供する。[142] 実際には、ナショナルな枠組みに基づく研究が、先行研究を支配し続けている。その結果、すべての西洋の帝国的野心を持つ国家が、同様の衝動によって動かされたのか、その場合、それらの間の違いは規模の違いであったのか、それとも強者の帝国主義が、弱者の帝国主義と質的に異なっていたのか、いまだ判然としない。[143] この問いは、ここで適切に扱うには大きすぎるが、動機を、国家の構造に関連づける分類を示すよう設定し直すことはできる。このアプローチは、合衆国を含む、ヨーロッパ以外の国家にも目を向ける可能性を開き、そのことによって、一八九八年の戦争とその後の植民地統治期におけるその余波についての先行研究を特徴づける視野の狭さから、アメリカ共和国を解放する。

ヨーロッパの旧来の、あるいは新興の、また再建された国家は、全般に似通った変革のプロセスを経たが、それらは異なる速度で起こり、異なる結果をもたらした。そうした相違は簡単には測定できない。国民的統合は、正確な計算には馴染まない。国民的アイデンティティは他の忠誠心と一致しうるし、また対立もしうる。経済成長は統合させるだけでなく、分裂させることもできる。経済発展を説明する一般的な尺度は、先導者と落伍者を特定するが、帝国主義の原因を直接的に説明するものではない。[144]

このことに関連して、財政的統一は、示唆的だが無視されている指標である。というのは、財政的統一は、政治的・経済的統一と国家の能力の尺度として機能するからである。[145] 共通通貨、税務遵守および中央銀行機能を備えた国立銀行の存在は、中央政府が行使する統制の範囲、国家の潜在的な歳入能力、そして戦争し、領土を併合する能力への指針を提供する。[146] 確かに、財政的統一は規定的というよりは、随意の考慮事項である。資源が限られている国でも、また資源は豊富だが帝国的膨張の傾向や機会がほとんどない国でも、高度な財政的統一が存在するかもしれない。それにもかかわらず、たとえ望んだとしても帝国的膨張に顕著に従事する能力を欠く国と、そうすることを選択した場合に必要な手段を動員できる国とを区別するために、財政的統一は潜在力の有用な尺度である。

この方法を採用する目的は、ジャッカルが、残り物を奪い合う必要がある一方で、ライオンは、帝国建設国として成功するための財政力を持っているという議論の余地のない説を立証することではなく、二つが、異なる動機の広がりを持っていることを示すことである。経済的衝動は、後発の近代化国よりも先発の近代化国の間でいっそう顕著であった。後者は、かなりの程度の国民的統合を達成し、影響力のある工業的、商業的、財政的利害関係者を組み入れていた可能性が高かった。前者は、移行の初期段階にあり、同等の財政力を欠いており、他の場所で達成された経済発展の段階を確保するための前段階として、政治的統一を達成することをより優先していた。後発国の混成集団のそれぞれの特殊性を考慮して、その区別は微調整する必要がある。それにもかかわらず、現段階においては、こうした分類には、プロト・グローバリゼーションへの調整が長引くという特質と、それにモダーン・グローバリゼーションからモダーン・グローバリゼーションから呼応する帝国建設の動機の変化に注意を向けさせるという利点がある。

一九世紀後半に初めて帝国を獲得することになる国家のほとんどが、一〇年の内に戦争と革命によって建設または再建された後発の近代化国であったことは、過小評価されている衝撃的な事実である。イタリアは一八六一年に独立した。合衆国はすでに正式に独立していたが、一八六一年から一八六五年の南北戦争終了後まで事実上、統一されていなかった。日本は一八六八年の明治維新に続き再編された。ドイツの諸邦は一八七一年に結集した。(147) ベルギーは例外的であった。一八八〇年代に初めて海外領土の奪い合いに加わったが、一八三〇年代に新たに樹立された立憲君主政体の庇護の下、工業化と政治改革を推進し始めていた。しかし、ベルギーの帝国主義への関与は、主にイギリスの慈悲深い中立の恩恵を受けたレオポルド二世に特有な気まぐれの表現であった。一八七〇年にイギリスが、フランスとドイツの略奪的意図への反対を確約しなかった場合、ベルギーはほぼ確実に独立を失ったであろう。そして、レオポルド王がコンゴで、自分のために追加の王国を切り開くことはできなかっただろう。

帝国的支配の長い歴史があり、政治改革と近代的産業を受け入れるのにいまだ苦闘している列強は、帝国のための競争において不利な立場にあることに気がついた。スペインは第三次カルリスタ戦争の終結後、一八七六年に至るまで、長期間の混乱から抜け出せなかった。この間、スペインは、不安定な政治的妥協を統轄しながら、内戦を阻止することに成功した。スペイン経済は工業大国に追いつくことに失敗し、主に農業中心であり続けた。財政的統一も同様に遅れた。スペイン銀行（一八五六年創設）は一八七四年になって初めて、紙幣発行の独占を確保し、さらに一九二一年になって初めて、最後の手段としての銀行の役割を恒常的に果たし始めたのである。当初は金準備が限定的だったため、その後は政策的失敗のため、スペインは決して金本位制に加わることはなかった。(148) 合衆国は、一八九八年にスペイン帝国の残滓を併合した。スペインは、他の場所で適切な埋め合わせを勝ち取る力を欠いていたのである。

ポルトガルの長い内戦と不安定な歴史は、一九〇八年にカルロス一世が暗殺され、一九一〇年に共和国が宣言された二〇世紀にまで及んだ。ポルトガルはスペイン同様、財源が限られ、主として農業国であり続けた。ポルトガル銀行は一八四六年に創設されたが、この期間中、紙幣発行を管理できなかった。この国は、一八五四年に金本位制に加わったが、外債の償還をめぐる一連の債務不履行の後、一八九一年に金本位制を放棄した。(149)スペインとは対照的に、ポルトガルは世紀の終わりに、アフリカの沿岸植民地を拡大することができたが、それは新たに発見された経済的推進力の結果ではなく、ベルギー同様、主にイギリスの慈悲深い中立の恩恵を受けたからであった。

オランダもまた、既存の帝国を持った後発国であったが、近代的産業は、世紀最後の四半期まで定着しなかった。(150)しかし、オランダはスペインとポルトガルに先んじて、強力な商業および金融セクターと、一八六三年の銀行法の後に真に全国的となった国立銀行を持っていた。さらに一八四八年に、貴族的金融業者の集団が、差し迫った革命の脅威を回避し、改革的な君主制憲法を導入し、経済を近代的産業に向け始めた。(151)このような状況で、実業界はこの期間中、インドネシアに対する支配を拡大するという政府の決定に影響を与えることができた。(152)それにもかかわらず、オランダは、グローバルに行動する力を欠いていた。「新帝国主義」へのオランダの関与は、インドネシアに限定され、一八二四年にイギリスと合意した勢力圏の分割によって支えられていた。

多民族の領土的帝国を持つ、もう一つの後発近代化国であるオーストリアは、オーストリア＝ハンガリー帝国が形成された一八六七年に、主要な国利上の変革を開始した。しかし、この革新は、増大する強さの兆候というよりは、プロイセンの手による一八六六年の敗北に対する反応であった。それにもかかわらず、新たな体制は財政統合、共通通貨、中央銀行への道を開いた。(153)貿易は増え、税収も増加した。この帝国は、他のヨーロッパ諸国よりも防衛に費やす帝国予算の割合が小さいにもかかわらず、南東ヨーロッパで膨張主義的な領土要求を追求するのに十分な能力を持っていた。しかし、膨張は、この帝国が支配するための資源も技術も持っていなかった少数民族の間で抵抗を引き起こした。この「新」帝国主義の行使は、一九一四年にフランツ・フェルディナンド大公が暗殺されたことで、頂点に達した。皇帝は必ずしも物わかりの悪い人物ではなかったが、絶対主義的慣習と民主主義の願望を調和させることができなかった連合を主宰した。セルビアへの致命的な訪問の朝、大公は彼を暗殺するという誤った試みに怒りの反応を示し、次のように述べた。「私はサラエボを訪問するためにやってきて、「そして爆弾に出迎えられました。これはとんでもないことだ」(154)。作家で風刺家のカール・クラウスは、次のように述べた。「ベルリンでは事態は深刻だが、希望がないわけではない。ウィーンでは事態は絶望的だが、深刻ではない」(155)。

帝国領土を持つ国家の間で因果関係を識別するために必要な調整は、三つの例によって、いっそう詳細に説明することができる。すなわち、例外的な最初の近代化国で帝国建設国の雄(lion)であるイギリス、「ジャッカル」の一匹で後発列強であるイタリア、中間の地位を占めていたフランスである。イギリスには、帝国の拡大に対する強い経済的動機があり、イタリアは主に、政治的要請によって駆り立てられており、フランスでは、金銭的利害（*la monnaie*）と国家の名誉（*la gloire*）が混じり合っていたが、完全に調和のとれた関係を現実のものとすることはできなかった。

最初の先発近代化国、そして既存の帝国領土を持つ国家として、イギリスは軍事＝財政体制からの移行を大いに容易にする進化の道をたどる立場にあった。重商主義の最後の象徴である東インド会社は、一八五八年に清算された。チャーティスト危機、復活する急進主義、労働組合の台頭によって鳴らされた警鐘は、間違いなく、政府関係者の精神を集中させた。しかし、イギリスでの議論は、ヨーロッパの他の場所よりもはるかに分裂的ではなかった。他の多くの政府とは異なり、イギリス政府は一九世紀後半に、強力な地方的ポピュリズムに対処する必要はなかった。地方における困窮はすでに、失業者を過密な町に流入させ、他の多くの人々を、主に「白い」帝国と合衆国に移住させた[156]。世紀の前半に制定されたものを継続する一連の改革は、選挙権をさらに拡大させ、公務員、大学、軍隊、植民地軍を再編成し、労働条件を改善し、極端な急進主義の刃を鈍らせた。

このことは、充足感が時代の風潮であったことを示唆するものではない。失業とストライキが繰り返し発生したことは、世紀の終わりに重大な政治的帰結をもたらした。労働党の台頭は、財産所有者を保守党に追いやり、自由党員を福祉改革の支持へと押しやった。強力な外国の競争相手の出現は、帝国の魅力を高め、一九〇〇年までに、素晴らしさよりも孤立が目立っていた「栄光ある孤立」の観念の妥当性に疑問を投げかけた。この表現の作者が認めたように、それは迅速に終わらせることができる状態であった――そしてすぐに終わった[157]。一八九〇年代、グラッドストンとブライトが擁護した平和的でコスモポリタンな国際主義は、保守党の魅力を高めた激しい帝国の修辞の前にしぼんだ。グラッドストンが率いる党の若いメンバーは、自由帝国主義者の分派集団を結成することで対応した。彼らは自らもまた、帝国を、国民統合という目標に利用できると示すことを目的としていた。コストと死傷者が心を冷静にさせるまで、通俗的な帝国主義、つまりジンゴイズムが票を集めた[158]。

国民的アイデンティティは、永久に制作中の作品であり、その象徴的な重要性が高まったとしても、相異なる利害関係者が競い合ってジョン・ブルの性格を形成した[159]。それにもかかわらず、イギリスは小さな単一国家として、一七世紀以来発展し、一八世紀の戦争とそれに伴う勝利により、大幅に強化された国民的アイデンティティの感覚を利用できるという利点があった[160]。イギリス連合王国の民族集団の形成は、標準化された同化プロセスではなく、階層化されたアイデンティティの形態を採っていた。「イングリッシュネス」とそのお馴染みの描写であるイギリス紳士は南部で発展し、スコットランド人とウェールズ人は、自らの伝統を強化または創造するよう奨励された[161]。地域の独自性は、急進的な主張をそらすために地元の願望に十分に応え、同時に「イギリス性」（Britishness）の包括的な概念が、各地域の願望を統合するための余地を残した。イギリス人になることは、君主制、プロテスタント、帝国に賛同することであった。また、同時にそれらを維持するのに役立った男性的で筋肉質な資質を採用または尊重することであった。そして、イギリスの長い議会政治の伝統に具現化された、独特の自由を擁護する用意があることであった。[162] 一八五二年のウェリントン公爵の死は、国内における神話作りのプロセスを加速させた。それは、ネルソンから始まり、一八七三年と一八八五年にアフリカでデーヴィッド・リヴィングストンとチャールズ・ゴードン将軍が亡くなるまで、海外の戦役で続いていた。世俗的であれ宗教的であれ、アイルランド人、スコットランド人、イングランド人は等しく、連合旗の下にイギリス人として結集した。[163] 無数の機関・媒体（agency）が、いっそう多くの人々の間で、イギリスのアイデンティティを強化した。学校、催し、彫像、芸術、新聞、小説はすべて、世紀の終わりに国民の団結を試した分裂要因を克服するのに十分な強さを持った絆を植えつけるのに役立った。

これらの政治的および文化的影響が認められたにもかかわらず、帝国内および帝国を超えたイギリスの世界的な利益は、主に経済的であったというのは、依然として事実である。一八五〇年までに、産業革命は進んだ状態に達した。一八四四年、ピール銀行条例は、同国の諸銀行の役割を縮小し、イングランド銀行に新しい紙幣の発行を管理させることにより、財政的統一を強化した。一八六六年、イングランド銀行は、中央銀行の胆要な機能――最後の貸し手となること――を担った。[164] 一八四六年に耕地農業が〔穀物法の廃止により〕長年の保護を失った後、産業と金融は、自由貿易の拡張、金本位制の拡大、グローバルな通貨として受け入れられた英ポンドの地位を最大限に活用した。イギリスはすでに、「成熟した債権者」になりつつあり、一九世紀の終わりまでに、イギリスの富と権力の多くは、その首都、その信用、また、さらにはその海軍にかかっていた。[165] スイスやデンマークなどいくつかの後発国は、より高い成長率を示した。オランダのようないくつかの国々は、対外貿易からGDPのより大きなシェアを引き出した。しかし、経済圏が小さい国々は、経済的成功を、より大きな列強と競争するために必要な程度の政治力に変換できなかった。ドイツやフランスのような経済圏の大きい国々は、最終的には競争相手になったが、当時の比類なきグローバルな列強としての地位からイギリスを追い出すことはできなかった。

イギリスの繁栄は、他のどの国も及ばないほど、外国貿易と投資に依存していた。イギリスのグローバルな責任は、その複雑さと同じくらい大きかった。国際収支を最終的に決定する為替の国際ネットワークの複雑さは、ある部分に影響を与える混乱が、システム全体の損害につながることを確実にした。その結果、イギリスは不可避的に「新」帝国主義に関与していた。差別的関税をも課すかもしれない外国の権利主張者から勢力圏を守るため、あるいはまた外国の不当な要求に対する抵抗が、自国の直接的利益を危うくする地域に、「法と秩序」を課すためであった。一九世紀後半のイギリスは、受け身で衰退しつつある列強であったというお馴染みの議論は、イギリスの工業の実績を過小評価しており、世界への資金提供者としてのその並外れた役割を十分に考慮していない。[166] イギリスの動脈は硬化していなかった。その血はまだスムーズに流れていた。利用可能なエネルギーの供給は、「宇宙の力学」が「エントロピーの法則」を活性化するのを防ぐのに十分であった。

金銀複本制や関税改定などの鍵となる政策上の争点は、経済に焦点を合わせていた。政策改革の唱導者は、相異なる方面の支持者を集めたが、共通の仮定によって結びつけられていた。一八四六年以降にイギリスが確立した開放経済はもはや、同国の利益に役立たなくなったという信念である。[167]イギリスの国際経済政策が修正されることを望んでいた人々の中で目立っていたのは、保守党の党員、ランカシャーの繊維産業の代表者、そして少数のシティの銀行家であった。自由貿易に対する反発は、合衆国やカナダのような旧植民地を含む残りの開発途上世界が保護主義的になり、合衆国とドイツから製品がイギリスに流入していた時期にあって、とくに魅力的であった。[168]この問題は一八九〇年代、イギリスの政治経済における拡大された役割を帝国に与える計画と結びつくようになり、ナショナルな重要性を帯びた。帝国内の特恵関税制度は、帝国内に巨大な自由貿易地域を作り、その外では、ある程度の保護貿易あるいは「フェアトレード」を可能にするだろう。また、帝国連邦は構成国間のつながりを強化し、合衆国やドイツといった大国の進出にイギリスが対抗できるようにする巨大政体を創造するだろう。[169]特恵関税制度の提唱者たちは、こう主張した。この運動は、一九〇三年に最高潮に達した。この年、ジョゼフ・チェンバレンは植民地大臣としての職を辞任し、これらの考えを実行可能にする帝国経済ブロックを創設する運動を展開した。[170]科学技術は「距離の専制」を克服した。北米大陸の植民地をイギリスに編入するためのアダム・スミスの暫定案は、実際的な提案のように見えた。[171]アングロ゠サクソン人のさらに幅広い集団と同盟を結び若返らせることができれば、大英帝国は一時的滞留者、野蛮人、非友好的な新参者を撃退し、イギリスが、適者の中で生き残ることを可能にする活力と力を持つことになるだろう。

最終的に、通説的慣行への挑戦は失敗した。一九〇六年の総選挙で試された際には、自由党と自由貿易の感情が優勢であった。そのときまでに、金銀複本制への支持も萎えていた。関税改革は、それが引きつけたよりも多くの利害関係者を疎外した。輸入食品への増税の見通しは、金持ち以外のすべての人にとって不快であった。輸入原材料に高い価格を支払う可能性は、産業のいくつかの部門では人気がなかった。帝国連邦の計画は、未解決の国制上の問題を提起し、自治領の国民感情を考慮に入れていなかった。

しかし、その結果は、帝国が衰退しつつある経済的資産であったことを意味しないし、また、帝国がイギリスの国民的アイデンティティの重要な要素でなくなったことを意味するものでもない。自由貿易と金本位制はイギリスの海外投資・サービスの重要な支柱であり、グローバルな開発に資金を提供するうえで重要な役割を果たした。自由貿易が優勢であったのは、保護貿易制度はイギリスの多角的決済のネットワークに損害を与えると考えられたからである。植民地からの輸出は、他の先進国の市場を必要としており、イギリスは、その一部しか吸収できなかった。金本位制が普及したのは、財政責任が、帝国内でも帝国外でも維持され、債務が健全な通貨で決済されるという信用を提供したからであった。

したがって、イギリスの政策立案者は、合衆国、自治領、インドを含む開発途上国が、対外債務を返済するのに十分な収入を生み出す程度に輸入関税を固定する必要性を認識した。そのような関税はまた、国内製造業者を保護し、よってイギリスの輸出を妨げるかもしれなかったが、それは世界への資金提供者としてのイギリスの地位を維持するために支払われる代償であった[172]。このような関税に対する理解の帰結の一つは、イギリスで製造された輸出品をアクセス可能な市場に押し込むことであった。それは低開発国に対する政治的圧力を高めた。帝国連邦は達成できないままで、そもそも達成不可能であったが、継続的な拡張によって、イギリスは一九一四年までに、他の西洋諸帝国を合わせたよりも多くの領土の支配を確かなものにした。そうであっても、こうした公式帝国は、イギリスの世界的な経済的利益のすべてを網羅するのに十分な大きさではなかった。

第一次世界大戦前夜、他に先駆けて「先発の」近代化国となったイギリスは、主要なヨーロッパ経済の中で最も高度に工業化されていただけでなく、最大のサービス部門を持ち、海外貿易や投資にも最も傾倒し、最先端の金融・財政システムを保持していた。一九一三年には、イギリスからの商品輸出額はわずかではあるが、ドイツより上位に位置づけられ、フランスのほぼ二倍であった。イギリスの対外投資の支配は難攻不落であった。一九一四年、イギリスは驚くべきことに、世界の対外投資の四二％を占めた。これは国富の三二％に相当した[173]。フランスは、世界の対外投資の二〇％を保持し、ドイツは一三％を保持していた。さらにフランスとドイツの対外投資の半分以上は、ヨーロッパ大陸内にとどまった一方、イギリスの対外投資の約九〇％は、ヨーロッパ外に投資された。一九一三年には、イギリスの全対外投資額のほぼ半分が帝国に投資され、さらに二〇％が、合衆国に投資された[174]。これらの事実だけでも、イギリスが独特な膨張的列強であり、国際秩序が円滑に、かつその利益に適った方法で運営されることを保証する不変の決意を持っていたことを示唆している。

イタリアは近代化国の範疇の反対側に居心地悪そうに座っていた。国家の独立と経済の近代化のずっと前に、マッツィーニとともに願望が先にきた[175]。唯一の正統な国権の主張者として、新生イタリアは、新しいローマになることを望んでいたが、フォルトゥナ〔運命の女神〕が、別の運命を歩むことを決定づけた[176]。一九世紀後半、イタリアは主として農業が支配的で、圧倒的に貧しかった[177]。農業は市場の機会に反応していたが、依然として生産性の革命はまだ訪れていなかった。一方、乳児死亡率が高いままであるにもかかわらず、人口密度が高かったため失業率は高止まりし、生活水準は低いままであった。近代的製造業は一八九〇年代に成果を上げ始めたが、北西部のいくつかの中心地、とくにミラノ、トリノ、ジェノヴァに限られていた。対外貿易・投資はその規模が限定的であり、ヨーロッパと地中海沿岸に限られていた。一九世紀後半、農業は、イタリアの輸出の八〇％以上をもたらし、製造業は、同国の輸入の五〇％をほんの少し上回っていただけであった。海外からの投資は、低開発への依存度を高めた。イタリアは、海外からの資本の流れに大きく依存しており、それは主にイギリスの投資家によって供給された。経済活動の周期的な変動は、主にロンドンのシティでなされた決断によって決定された。ロンドンのシティでは、イタリアは、周辺世界におけるもう一つの周辺とみなされていた[178]。

直近の最も差し迫った問題は、政治的なものであった。イタリア王国は一八六一年に形成されたが、一八六六年にヴェネツィアが、一八七〇年にローマが編入されるまでは、不完全であった。一七八三年のアメリカ合衆国同様、イタリアはまだ、国民（nation）になっていなかった。この国はそれぞれ、根深いアイデンティティ、相異なる方言、世界についてのさまざまな見方を持つ多様な政体の集合体から成っていた。リソルジメントは一八一五年以降、反植民地主義の抵抗運動として始まった。その際、オーストリアの支配が、国の北部で再び押しつけられ、ブルボン王朝の支配が、南部の両シチリア王国で回復された。それに続いた闘争は、ヨーロッパにおける保守派と改革派の間の、より広範な争いの実例であった。マッツィーニとガリバルディの劇的な行動によって、国際的に有名になった国の南北での並行した抵抗運動は、合体したことで一八四八年の革命軍の敗北を克服し、正式に独立を達成した。しかし、統一は心細い状況にあった。強力な利害関係者が、統一に反対した[179]。南部の田舎の裕福な地主から成る政治的エリートは、ブルボン王朝の絶対主義と中央政府に固有の中央集権化の傾向の双方を拒否した[180]。彼らは、国民統合のための自らの大志を持っていたが、それを押しつける力を欠いていた。したがって、彼らは、北部の利害関係者によって樹立された立憲君主制を是認するという範囲で、新しい秩序に協力した。というのも、それは急進主義からの保護を提供したからである。リソルジメントの成功の背後にある推進力は、最先端の地域であるピエモンテ＝サヴォイからきた。この地域は、運動を支援するための資源、軍事支出に必要な財政基盤、およびカブール伯カミッロの形態を採った政治的技量を兼ね備えていた[181]。カブールの影響により、財政統合のプロセスが開始された。一国の通貨であるリラは一八六二年に創設され、中央銀行は一八九三年に設立された。しかし、課税基盤は限られており、徴税は非効率的であった。

君主制は、中央集権的で世俗的な権威を支持することを警戒していたバチカンを除いて、国民統合の象徴として利用することができる唯一の制度であった。君主は、国の北西端にある旧来のサヴォイア家の出であった。最初の在任者である元ピエモンテ＝サルデーニャ王ヴィットーリオ・エマヌエーレ二世（一八六一～七八年）は、継承の面からいっても地方的であり、絶対主義的性向を持っていた。新しい代表機関は、公式の主権を体現していたが、真の権威を欠いていた[182]。中央政府はセクショナルな利害や地域的利害のための手段になった。政府は不安定と汚職の記録で知られるようになり、民主主義への信頼は薄れ、マッツィーニの急進的な期待は萎えた。リソルジメントは開始されたものの、狭い寡頭制の力を確認することで終わった[183]。経済問題も倍増した。政府債務が増加し、物価は下落して、農業部門が国際市場で競争力を失ったため、一八七〇年代から農村の困窮が増大した。移民は、イタリアで最も成功した輸出品となった[184]。一八七八年以降に導入された保護貿易主義的措置は、製造業にそこそこの刺激を与えたが、農業の生産性の低さという根本的な問題を是正することに失敗した。一八九〇年代、都市の政情不安は社会主義とアナキズムを煽った。

これらの蓄積された問題への政治的対応は、君主制を国民的統合の象徴として促進しようとする取り組みを倍加することであった(185)。ウンベルト一世（一八七八～一九〇〇年）は、父親よりは順応性があったが、ローマのイメージが要求し、当時の指導的な政治家フランチェスコ・クリスピが切実に必要とした貴族的な戦士のリーダーには、残念ながら不向きであった(186)。クリスピの戦闘計画は、多くの前例がある戦略であり、短い安上がりの戦争を成功させ、その後にイタリアを団結させるためのものであった。悪しき一つのアイデアであるフランスとの戦争の後に、さらに悪いアイデアが続いた。ドイツとの戦争である(187)。どちらもアフリカでの帝国的企てを優先する中で拒絶された。この無難だと思われた選択肢は、入植した植民地が、合衆国とラテンアメリカに流れ込んでいた移民を引きつけ、イギリスをモデルとしたグレーター・イタリア（大イタリア）を創造するという期待につながっていた(188)。一八八七年、エチオピアを併合するための短い軍事作戦は失敗した。一八九六年のいっそう野心的な試みは、兵站が十分でなく、指導者は無能で、不名誉な敗北に終わった。一八九〇年にエリトリアを植民地に変えたイタリアの唯一の成功は、イギリスが黙諾したための勝利であった。その後、一九〇五年のソマリア（ベナディール）と一九一二年のリビア（トリポリタニア）で得られたものは、エチオピアでの大失敗によって引き起こされた国家の名声に対する損害を修復する必要性によって主に推進された。

帝国の選択肢は失敗であった。新しい植民地には資源がほとんどなく、移民にとって魅力的ではなかった。魅力のない選択の中で最も有望なエリトリアでさえ、一九一四年に約四〇〇人のイタリア人入植者と役人しかいなかった。成功したイタリアであるグレーター・イタリアは、新世界におけるグローバル化されたイタリアであった。新しいローマ自体は、遠く離れたアフリカの「野蛮人」と近くのイタリアのアナキストの組み合わせに陥った。クリスピは力を失い、ウンベルトは名声を失った。不安は鎮められることのないまま、ナイフをカエサル（シーザー）に向けた。短剣で国王の命を奪おうという試みは、一八九七年に失敗した。武器が改良された後、彼は四発の銃弾で一九〇〇年に殺された。イタリアのブルジョアジーは、市場、原材料、投資機会を確保するよう政府に促すうえで、「最も重要な役割を果たした」わけではない。経済的動機はほとんど見られない。二、三の特殊な企業関係者集団は、すでに進行中の運動と結びついていたが、彼らのエネルギーのほとんどは、もうけの多い軍事およびそれに関連する契約のために政治的な支援をすることに注がれた(189)。政治的要請が、イタリア帝国主義を駆り立てた。最も必要なことは、脆弱な国家の団結を保持することであった。選ばれた手段は、強権的な外交政策であった。その結果、富と栄光の未来が得られると予測された。滅亡の前に自尊心が優先され、幻想が双方に先行した。

地理同様、開発の面で、フランスはイギリスとイタリアの間にあった。一八七〇年代までに、リールやリヨンなどの町、マルセイユやボルドーなどの港、そして首都パリにあるかなり大規模な製造業の中心が、織物から金属製品まで、工業化の第一段階に典型的な多様な産品を生産していた[190]。しかし、基盤は依然として、圧倒的に農村的であった。一八七〇年、製造業の約二八％に比して、労働人口の約五〇％が、農業に従事していた[191]。これらの数字からも、フランスはイタリアより先行していたが、イギリスよりは大幅に遅れていた。フランスはまた、かなり大規模な輸出部門を発展させた。一九一三年、フランスの輸出高は、イタリアからの輸出高の三倍であったが、いまだイギリスの半分にすぎなかった。フランスの商品もグローバルな市場に参入したが、フランスからの輸出品はイタリアからの輸出品同様、主に他のヨーロッパ諸国に送られた。フランスの金融機関はイタリアよりもはるかに進んでおり、相当な外国投資を支援していた。もっとも、そのほとんどはヨーロッパ、とくにロシア、スペイン、イタリアに向けられていたが[192]。しかし、それでもフランスの金融機関の規模、範囲、競争力は、ロンドンのシティのそれには及ばなかった。

長い帝国の歴史を持つ後発国フランスは、国家刷新計画の一部として、一連の財政改革に着手する前に、代々の国王、諸共和国、一人の皇帝、一八三〇年と一八四八年の革命、一八五一年のクーデター、一八七〇年のプロイセンの手による敗北を経験した[193]。今回の場合、改革は、主要な制度変更を必要としなかった。一八〇〇年に設立されたフランス国立銀行は、一八四八年にすでに紙幣発行の独占を確保していた。資本輸出の成長により、フランスは一八六五年、ラテン通貨連合の形成において、主導権を握るまでになっていた。その通貨連合は、借り手が健全な通貨で債務を返済することを目的としていた[194]。これは、イタリアが考えることができた動きではなかった。しかしながら、同様に、フランスがそれを持続させるだけの十分な強さを持っているというわけでもなかった。英貨や金本位制と比較してみれば、国際金融におけるイギリスの優位性は際立っている。一八七〇年以降、技術革新は主に、徴税の効率性の改善によって達成された。それはフランス各地方を一網打尽にし、同国の歳入の急速な増加を生み出した。ひとたび〔普仏戦争で敗北したプロイセンへの〕巨額の賠償金の支払いが済むと、その増加の大部分は教育、公共事業、農業に関係する国内の福祉対策に費やされた。より小額の国債分割払込金は、国防予算に向けられ、それは世紀最後の四半期のフランスの帝国的野心を支えた。

経済発展と政治的状況の展開は交差した。フランスの指導者たちは、自国をイタリアではなく、ドイツと比較した。一八八〇年以降、ドイツの経済成長のペースは一人当たりGDP同様、フランスのそれを上回った。ドイツの人口は急速に増加した一方、フランスの増加率は、ヨーロッパで最も低かったにもかかわらず、である。経済的、人口統計学的分野における相対的格差の変化は、不安を生んだ。一八七〇年のプロイセンの手によるフランス軍の敗北は、大惨事となった。ナポレオン三世はセダンで捕えられ、第二帝政は崩壊した。これはかつて、ヨーロッパで最も人口が多く強力だったフランスが、一九一四年に至るまで、そしてそれ以降も克服するために苦闘した運命の逆転であった。一群の愛国者にとって、この惨事は政体を破壊していた社会の沈滞に対処するチャンスであり、他の一群にとっては、それは国民統合を強化する機会であった。それはいまだ進行中の作業であった。二つの立場の対立は一八七一年のパリ・コミューンの成立とともに始まり、おおむね首都に限定されていたが、事実上の内戦となった。コミューンは、都市部の急進主義と農村部の保守主義の間の亀裂を劇的に表現した。コミューンは、マルクスによって承認され、バチカンによって非難され、かなりの流血を伴って鎮圧された。第三共和制の指導者たちが破壊から立ち上がり、国をまとめる任務を再開すると、彼らは一八七三年に始まった一連の経済不況から生起する新たな諸問題に直面した。

第三共和制は動揺しながら始まったが、産業家、地主、カトリック教会の「神聖同盟」が集結した後、ある程度の安定を達成した。激動する一八八〇年代の時の経過の中で、彼らは、中央政府への政治的支援を強化することを目的としていた。[195] 農村部と都市部の政情不安を緩和させ、下からのもう一つの革命の悲惨な見通しを回避する必要性は、相争う当事者たちに、彼らの党派的な利害を超えて考えることを余儀なくさせた。両者間の妥協は、一八八〇年代に始まり、一八九二年のメリーヌ関税で最高潮に達した保護貿易制度への移行によって成立した。[196] 数多くの競争力のない産業が、政府の支援を獲得した。また、農産物価格の低迷と金本位制への移行を相殺するために、農業は保護された。[197]「鉄と小麦」の間の取引は、工業と農業双方に隠れみのを提供し、迫り来る社会主義の脅威に対する保守的＝自由主義的な対応の中核をなすものであった。[198]

フランス帝国主義は、これらの国内措置を海外で補完するものであった。植民地の運動は一八八〇年代に勢いを増し、一八九二年に一つの党を形成した。植民地党（*parti colonial*）は、必ずしも志を同じくしない熱狂者のゆるやかな集まりであったにもかかわらず、植民地の大義に広く共感した議会でかなりの影響力を享受した。[199] その党の歴史は一九六〇年代、国の名声を取り戻そうとしていたと主張する人々と、その主な動機は経済的であったと主張する人々の間で白熱した議論を引き起こした。[200] 時間の経過とさらなる研究の成果が、これらの立場をいっそう洗練されたものにした。[201] 一八七〇年の大惨事の後に開始された国家的刷新の探求は、間違いなく植民地党の多くの支持者を動機づけた。同党の成員にはジャーナリスト、探検家、元軍将校が含まれていた。彼らは偉大さ（*la gloire*）の追求は人格を構築し、人種の退化を回避し、それは一度見出されると、国内で誇りとエネルギーを回復し、海外で文明化の使命（*mission civilisatrice*）を促進するだろうと主張した。[202] 領土拡張のためであろうと保護関税のためであろうと、獲得した、あるいは領有が主張されている地域で、大企業もまた、支援を得るためにロビー活動を行った。[203] リヨンの絹産業は、インドシナの支配を推し進めるうえで有力であり、マルセイユの商人は、フランス政府をダホメ（現・ベニン）に引き込むのを助けた。鉄道ロビーは、北アフリカと西アフリカで拡大するというフランスの計画の背後で活動した。[204] 外務省と銀行はまた、オスマン帝国など、フランスがかなりの非公式的影響力を持っていた地域へのフランスの投資を保護するために、緊密に協力した。[205]

当時の政治指導者たちは、このようなごちゃ混ぜの動機を反映していた。オラン出身で長年、代議士を務めた植民地党の第一人者ウジェーヌ・エティエンヌは、アルジェリアのフランス人入植者は強化されるべきであり、その植民地は開発され、フランス帝国をアフリカに拡大するための基地として使用されるべきだと信じた。そして、海外領土は、フランスの活力と地位を回復するであろうと信じていた[206]。一八八〇年から一八八一年に首相を務めたジュール・フェリーは、植民地は経済的に好都合だとも主張する一方、フランス的共和主義の伝統である革命的進歩を、「より高貴な人種」には他者を支配する義務があるという信念と合体させた[207]。他方、一八九〇年代の大半において、外務大臣を務めたガブリエル・アノトーは、帝国建設の経済的動機を明確に拒否する文明化の使命の概念を発展させた[208]。彼の立場は、一八八〇年代と一八九〇年代に一連の上級官僚の地位を保持し、一八八七年と一九〇五年から一九〇六年に首相を務めたマルセイユ出身のビジネスマン兼銀行家モーリス・ルーヴィエの立場とは対照的であった。ルーヴィエは、アノトーよりはるかに植民地を要求する経済的事情に同情的であったが、彼はまた、目の前に置かれた選択肢に対して実際的な見方をするのに十分なだけ、事業についての知識を持ち合わせていた。

フランスの場合、イギリスまたはイタリアよりも、動機を特定するのが明らかに難しい。しかし、ジャック・マルセイユの仕事は、多様で曖昧な動機をどのように組み合わせることができるかを示唆している[209]。マルセイユは、フランスの資本主義がこの期間中、フランスの帝国主義と矛盾していなかったことを示した。もっとも、ほとんどのフランスの貿易と投資が、ヨーロッパに残存していたのであるが。帝国と結びついた輸出産業の拡大と輸入加工活動は、フランスの海運、商業、銀行がそうであったように、一九世紀後半の資本主義を典型的に示していた。このような集団は、議会で十分に代表されていたので、彼らが植民地政策に影響を与えられたことを見出すのは驚くべきことではない。同時に、これらの利害関係者は党派的、地域的であり、巨大な農業部門の問題と伸長するドイツの力を考慮に入れなければならなかったフランスの国益と同義ではなかった。

マルセイユの研究のその先を考えると、一八七〇年以降にフランスが直面した国家的危機は、膨張的な、士気を高める対応を要求したこともまた明らかになるはずである。そして、それは帝国主義が提供しているように見えたのである。フランスの事例がより広いヨーロッパの視座の下に置かれれば、共通点が明らかになる。フランスの指導者たちは、他の指導者たち同様、彼らを圧倒する恐れのある大いなる変革を制御する方法を模索した。彼らが議論した国内的および帝国的解決策は、国家的連帯への訴えを経済的苦痛からの救済の約束と組み合わせたものであった。「鉄と小麦の同盟」はフランス特有のものであったが、この公式の変種は他の帝国領土を持つ諸国家、とりわけドイツに見られた。ドイツの最終目標は財産と特権を保護し、社会主義の進歩を阻止することであった[210]。

◆「新時代。封建的娯楽ではなく、社会的進歩の時代」[211]

コブデンは一九世紀のヨーロッパで覇権を争った社会的勢力

について の洞察に富む理解に、「新時代」についての彼の修辞を重ね合わせた。一八四〇年代に彼が自信に満ちた評価を行った際、闘争は主に、地主の貴族階級と新しい都市部の中産階級の間のものであった。一九世紀後半、産業、貿易、選挙権の拡大に続いて、「中間層」の影響が大きくなり、競争はさらに激化した。また、いっそう複雑にもなった。この時期までに都市部の産業の賃金労働者からなるもう一つの階層は、労働組合とストライキ行為を通じて、その存在を顕わにしていた。労働運動は新しい、理論武装したイデオロギー――社会主義――の影響を受け、既存の権力配分に挑戦する政治的代表権を主張した。さらに憂慮すべき現象であるアナキズムは、立憲的縛りを超えて活動し、確立された秩序を突然、暴力的に終わらせる恐れがあった。社会的変化を恐れた人々にとって、トクヴィルの「民主的多数派」は、専制的であるか否かは別として、なんとか足掛かりを得た。

モダーン・グローバリゼーションへの移行は、一連の国家的危機の中をよろめくように進んだ。イギリスの軍事＝財政国家の装置は、一八四〇年代の終わりまで解体されなかった。他のヨーロッパ諸国は一九世紀後半、イギリスに続いた。イギリスが、チャーティズムと労働組合に対処している中で、ヨーロッパ大陸諸国は憲政改革、革命、内戦を乗り越えた。しばしば「自由主義の勝利」として提示されたその結果は、政治的実践の不透明な現実においてよりもジョン・スチュワート・ミルの諸原則の声明において、はるかに明瞭であった。さらに、急速な工業化は、国家建設のプロセスの圧縮とあいまって、自由主義規範から乖離した思考を刺激した。ジョゼフ・ド・メーストルが唱道するカトリックの政治哲学は、教会と君主制の連合への支持を糾合し続けた。フリードリッヒ・リストの政治経済学における「国家システム」は、後発工業化国家の自給自足の野望にアピールした[212]。カール・マルクスは、ブルジョア資本主義の構造全体を転覆するための政治的プログラムを提供した。フリードリッヒ・ニーチェは、神のいない、堕落する世界を呼び起こすことで、アナキズムと独裁政治双方への道が開かれた。世界初の産業＝国民国家体制は、過酷で容赦ない発展プロセスの中から立ち現れた。一九一四年までに、こうした国家体制は、モダーン・グローバリゼーションの必要性を満たすために、新しい形に作り直されるか、その試みに失敗して地面に叩きつけられようとしていた。

モンテスキューは、経済的および領土的膨張が政治的統制の諸問題をいかに作り出したかについて、すでに論評していた。彼によれば、そうした政治的統制は、既存の政府機関が専制主義に陥ることによってのみ解決できるものであった。バンジャマン・コンスタンは、「古代」と「近代」の自由を区別することにより、この洞察を発展させた。コンスタンは、近代の自由はそのすべての利点にもかかわらず、規模、代表、説明責任の問題を突きつけているとみなした。それらは直接民主主義が実現可能な小国にはないものであった。彼の希望――コブデンも共有した――は、その帰結が平和的であろうということだった。そして、国際統合が国際戦争と両立することを発見し、悲嘆した自由主義者は、リチャード・コブデンとノーマン・エンジェルにとどまらなかったのである。

国民国家は、急速な社会経済的変化から生じる緊張を管理し、その結果として生じる矛盾を封じ込め、それらを国家権力に変換するメカニズムとして浮上した。新たな、活性化された国民国家は、幅広い政体を網羅していた。そうした可能性の中には、君主国と共和国、中央集権的あるいは連邦形態の政府、さまざまな程度の選挙参加が含まれていた。その前身同様、国民国家は、その軍事的能力と財政的範囲を拡大するために、中央政府の力を利用した。しかし、国民国家はその前身よりも、より効率的な課税装置であった。それは広範囲にわたる資源に依拠し、より強力な中央統制を行った。また、国民的アイデンティティを醸成し、市民に忠誠心を植えつけるために、福祉にはるかに多くの予算を費やした。[213]しかし、福祉への支出は、政治指導者たちがいっそう大規模で破壊的な戦争を行うための新たな方法を考案することを妨げなかった。議会の監視は、不合理ないし攻撃的な政策に対する不確実な抑制であることが判明した。[214]

先発と後発の近代化国は、異なる優先順位を持っていたにもかかわらず、両者が、同様に基本的な問題とみなしたものに取り組んだ。資本主義をどのように制御するか、そして資本主義をますます自己破壊的に見えるものからどのように救うかである。都市化、工業化、社会主義の脅威は、一九世紀後半に「自由主義のプロジェクト」を変容させた。台頭する現実は理想主義を穏健にした。バイロンとコッシュートに典型的なロマン主義的ナショナリズムは、政治改革へのより現実的で慎重なアプローチに道を譲った。政治的大惨事の瀬戸際に自らが立っていると考えた自由主義者と保守派は、資本家と労働者の対立を回避し、新しい社会集団を国民国家内に組み込み、財産権を擁護するように設計された政策で対応した。ナショナリズムは国際主義を打ち負かした。ナショナリズムは、争いの種になる問題に対処するのに適していたからである。

近代への移行の不均一な性質から生じる不均衡は、国際紛争を可能にし、強者の視座からは、それは好都合でさえあった。一八一五年以降、いくつかのヨーロッパの主要国が、大戦争に関与しなかったのは事実である。一方、一八一五年から一九一四年の間、国民創造のために、ヨーロッパ大陸のどこかでほとんど一年も置かずして戦争が行われ続けたこともまた事実である。より広く見渡せば、拡大する紛争の世界が見えてくる。国民国家と戦争は、地球を再編しようとする競争において、積極的なパートナーであった。帝国的膨張は地球全体で戦闘行為を強化した。一九一四年から一九一八年の大惨事は、長年に及ぶ国民国家間の敵意の増大とその帝国的膨張の頂点をなすものであった。パクス・ブリタニカ（イギリスによる平和）は、平和な世紀の代理人ではなかった。

帝国主義は、こうした国内に根を持つ諸問題のおぞましい派生物であった。前例のない差し迫った必要性が、新たな形態の国際統合を求めた。帝国主義の支持者は、次のように主張した。すなわち、帝国主義は経済的健全さ、政治的安定、人種的衰退の三つすべてが危険にさらされた際、前二者を回復し、後者を回避すると思われる方法で世界を結びつける手段である。一八五〇年以降、技術の進歩は、通商的膨張と領土占領を実現可能で費用対効果が高いものにした。そのとき、自由貿易の概念は、領土の境界をはるかに越えて、「文明」を広める改宗の使命を奉ずるまでに拡大した。資本主義であれナショナリズムであれ、新帝国主義はその最高段階ではなかった。より高い頂点（およびより深い深さ）は、双方の衝動にとってまだ先にあった。しかし、新帝国主義は、西洋世界におけるモダーン・グローバリゼーションへの移行の集大成だったのである。

先発と後発の近代化国の区別は、帝国的膨張に異なる動機を割り当てることを可能にした。イギリスのグローバルな覇権は、他の近代化国の範囲を定めた。これらの近代化国は、イギリス資本および自由貿易と金本位制の支持がもたらす、強い影響力に対応しなければならなかった。後発国は後れを取り戻す努力をしなければならなかった。これらの国々は主に、国民創造に専心していた新しい国家ないし新しく再建された国家であった。後発国は、自らの願望に合致する手段を欠いていた。財政的統一は不完全なままで、製造業はいまだ初期段階にあり、保護関税は農業を擁護し、産業を支援した。これらの事例では、帝国主義は、国内で国家建設を支援する必要性によって主に推進されていた。リスクを伴う軍事への投資から得られる見返りは、それが得られる場合、主に国民統合および名声から引き出される心理的な満足感であった。弱い国家はイギリスの影響に対して、当然ながら、ほとんど防御することができなかった。強国でさえ妥協しなければならなかった。仮に保護主義的関税を採用した場合でも、それらの国々はまた、イギリス資本を歓迎し、金本位制に加わり、イギリスの比較的開かれた市場に輸出した。外国の関税は、イギリス製品の輸出を妨げたが、国際経済の力の源となったロンドンのシティが発行した債権を償還するのに必要な収入を生み出した。

モダーン・グローバリゼーションの浸透力と執拗な要請は、受け手の制度と価値観に適応し、順応するように圧力をかけた。白人が入植した植民地で最も明白なように、最小限の混乱で必要な程度の統合を達成できる場合、そのプロセスは比較的苦痛がなかった。先住民にとっては別だが。そのような場合、膨張は、現実が許すかぎり、アダム・スミスとリチャード・コブデンの理想に近づいた。アジア、アフリカ、中東で典型的に起こったように、統合が重大な制度的調整を必要とした場合、膨張は、攻撃的な帝国主義に変わる可能性が高かった。征服と占領が、非公式帝国の崩壊の結果であることは稀で、むしろそれを形成する試みによって生まれた緊張の産物であった。強制的グローバリゼーションに対する反発の最も劇的で広範な形跡が見られるのは、これらの大陸においてである。軍事的抵抗、ゲリラ戦、移民、政治的抵抗が、植民地時代全体に拡がる一連の流れを形成した。いくつかの新しい植民地は、迅速に管理下に置かれ、他は何十年もの間、西洋の支配者に逆らった。いくつかの地域では、植民地支配の反対者が、奴隷制のような、西洋が違法化した旧体制や慣習を支持して集結した。他の事例では、抵抗は、新しい要求の条件とそれらが課された速度に対する抵抗であった。中国の自強運動（洋務運動）はオスマン帝国の青年トルコ党のように、西洋的改善を採用する必要性を認識したが、彼らの社会を結びつける中核的価値観を維持するような方法でそうしようとした。

国際的な視座から眺めると、合衆国の帝国主義は、軍事＝財政国家を産業＝国民国家に変容させる諸問題から浮上する共通のパターンに容易に適合する。一九世紀の前半、第四章が示したように、アメリカ共和国は、イギリスの非公式的影響力の最も成功し、最も看過された例になった。モダーン・グローバリゼーションへの移行を経て、帝国領土を持つ国家になるにあたって、合衆国がヨーロッパ大陸の諸国に加わったのは、南北戦争後のことであった。第七章で議論されるこの変革は、一九世紀末にその痕跡を残したすべての「自強運動」の中で、最大で最も成功したものであった。だが、それはヨーロッパの諸国家の安定と結束を脅かすような類の深刻な緊張をもたらした。それはまた、帝国という選択肢に手を伸ばすことを合衆国に促した。そしてまた合衆国は、不均等発展の尺度における自国の地位を反映した動機のために、そうするように促されたのである。

一八九八年は、合衆国の帝国信奉者たちが、スペイン帝国の残滓を手に入れた年であるが、それは新帝国主義の一つの頂点であった。イギリスは、スーダンの獲得を完了し、中央アフリカの名もない村であるファショダをめぐってフランスとの戦争に近づき、フランス、ロシア、ドイツと提携して、中国から領土の譲歩を引き出した。一年前、イギリス人はベナンを占領し、ドイツ人はルワンダ獲得を主張し、フランス人はマダガスカルを併合した。翌年、イギリスは英＝南アフリカ戦争に巻き込まれ、フランスはラオスに対する支配を強化し、中国では義和団の乱が勃発した。

一九一四年までに、アダム・スミスが「黄金の夢」と呼んでいたことが現実になった。[215] 全体として、西洋列強は世界の大部分を支配ないし統治した。一八八〇年に、イギリスは西洋諸国が植民地化したすべての地域と人々の約九〇％を占め、「歴史上同等のものはおそらくない」ほどの支配を達成した。[216] お互いライバル関係にある、帝国領土を持つ国家からの激しい競争および植民地統治下の地域の多大な増加にもかかわらず、一九一三年にユニオン・ジャック〔イギリス連合王国の国旗〕は、植民地統治下にある全領土の三分の二以上、全植民地臣民の四分の三近くの上にはためいた。[217] これは一般に衰退していると想定された国にとって見事な成果であった。対照的に、合衆国は、一九一三年に植民地列強が保有していた領土の〇・六％、その住民の一・八％しか占めていなかった。[218] それにもかかわらず、この共和国は帝国クラブに加わり、まもなく帝国を保持することに大きな利害を有するようになった。

リチャード・コブデンは、同時代人にはほとんど見られなかったが、合衆国のグローバルな潜在的影響力を認識していた。早くも一八三五年、彼はイギリスの政治家を、「ちっぽけな国々の政治に夢中になっている」一方、「他のどの国よりも注目を集め、この商業国家の不安を掻き立てさえする国」にはほとんど注意を払っていないと非難した。[219] 三〇年後、ホイットマンはさらに先を見据えた。

地球中の国民がしんみり話しこんでもいるのか、地球にはやがてたった一つの心臓が鼓動するようになるのだろうか。
人類が肩を組み始めているのか、現に見たまえ、独裁者が身
震いし、王冠の光が陰り始めた。
大地は不安げに新しい時代と対面し、おそらくは全面的な聖
戦を迎えることになる。
次に何か起こるのか誰も知らず、すさまじい兆が昼と夜とを
埋めている。(220)

第七章　真の独立の達成

◆「混乱と苦痛の真っ只中で[1]」

一八四〇年代に筆を執ったトクヴィルは、政治的混乱の結果について、彼自身の経験に則して語ることができた。「そして、国は市民の目には薄暗く疑わしい形を採る」と彼は書いた[2]。そのような時代には、「市民は君主国の本能的愛国心も、共和国であることが反映した愛国心も持っていない。しかし、彼らは混乱と苦痛の真っ只中で、二者の間で立ち止まった」。南北戦争から生じた混乱は、一八六五年には解決されなかった。連邦は回復したが、長年、期待された統一は達成困難なままであった。その後に続いたのは、安定した国民国家を構築するための問題を抱えた、長期にわたる、しかし最終的には成功した試みであった。

トクヴィルの本能的な比較の感覚は、一九世紀後半の概観全体よりも、専門的な研究において今日も存続している[3]。最も馴染み深いアプローチは、国民的物語を南北戦争と第一次世界大戦の間の時代を横断するための足がかりとなる各部分に分割する[4]。結果として出てくる物語は、戦争からの再建の希望と落胆から始まり、続いて金ぴか時代の成功と過剰を経て、革新主義時代の新たな理想主義と改革に変貌し、一九一四年に終わるというものである。この推移は進化する（そして循環する）史学史から引き出された下位テーマにより、さまざまな程度に補われる顕著に政治的な性格を持っている。発展に関する先行研究は、通常、重要ではない役割を割り当てられるか、経済学者に任される。経済学者は一般的に政治的考慮を省略する。文化史は遅まきながら注目を集めているが、それ自体の構造区分にとどまる傾向もある。それぞれの専門分野は、革新的で膨大な先行研究を生み出してきた。しかしながら、この章で取り上げる問いに答えるには、これらのさまざまな貢献をまとめる方法が必要である。

トクヴィルの視点は、アメリカ国内の発展がどの程度、西ヨーロッパで同時に起こっていた変化のその地域における実例であったかを明らかにしている点で啓蒙的である。アメリカは一八六〇年代と一八七〇年代に戦争から姿を現し、経済発展と国家建設に関して西ヨーロッパ諸国に類似した計画に従事し、そうした移行に伴う緊張がその変化のプロセスを妨げるのを防ぐのに苦しんだ。アメリカはもう一つの新たに造り出された、あるいは復活した西洋諸国であったのである。移行の預言者であるトクヴィルは、「人々の古い習慣が変わると、一国の人生の中で時折、ある時代が生まれる」とみなした[5]。世紀後半はそのような時代であった。その結果、アメリカの場合、脱植民地化と公民権の新時代がそれまでに旧秩序となっていたものを再構成した二〇世紀半ばまで、政治的輪郭が固定されることとなった。アメリカは、イギリスのかつての植民地の中で最初にこれらの問題と格闘した点で特徴的であった。しかし、アメリカの格闘は特殊ではなかった。第六章が示したように、ドイツやイタリアなどのヨーロッパ諸国も植民地同様の支配に服従させられた。ドイツやイタリアは、アメリカと同じ目的を持って、同じ課題に取り組んだ。それは、堅固で独立した国民国家を建設することであった。これらすべての場合において、モダーン・グローバリゼーションへの移行は、真の脱植民地化を達成するための必要条件であった。

真の脱植民地化に移行する時代の初め、政治的安定は暫定的な状態が続いていた。新たな内紛が生じ、南北戦争後の和平合意を傷つけた。共和党と民主党の間で生じた、連邦の形態と方向性をめぐる強烈な、そしてしばしば苦々しい闘争は、一八九〇年代に最高潮に達し、連邦を破壊するほどの脅威となった。急速な工業化、移民、都市化は新しい機会を生み出したが、資本家と労働者の間の新たな紛争をもたらし、付随する社会問題を生み出した。構造的変容の緊張は、周期的な景気の変動と長期間のデフレと交差し、農民の不穏な状態と好戦的なストライキ行動を生み出した[6]。地域、産業部門、民族、階級の相違が、国民的統一の本質的な基盤であるイギリスに対抗する文化《カウンターカルチャー》の創造を妨げ続けた。

政治指導者たちは、社会経済的変化によってもたらされた分断の解決策を急いで生み出した。連邦当局は法の力と武器の力を適用することにより、市民秩序に対する直接の脅威に対抗した。共和党は南北戦争中に設け始めた北部の国家経済開発プログラムの優位性を確認することにより、一八九〇年代に一連の激烈な選挙戦を制した。豊富な天然資源は高度な自給自足を可能にした。共和党と民主党はアングロ＝サクソンの民族性、アングロ＝プロテスタントの価値観、および時折、アングロフォビア（イギリス嫌い）の噴出を組み合わせ、地域的、民族的、階級的帰属意識を乗り越えることにより、国民的アイデンティティの感覚を植えつける取り組みを倍加させた。エマソンが文学的独立宣言を発表してから半世紀後、芸術的な表現は、外国の影響への依存からそれを解放する程度にまで合衆国に固有のインスピレーションの源泉から引き出されるようになった。全体として、国家建設のプロセスは本質的に白人アメリカ人を結びつける試みであった。資格のない、主にはネイティブ・アメリカンと元奴隷は、白人の価値観と優位性を定義するのを助ける反意語として自らの役割を果たした。

一九一四年までに、合衆国はグローバル化した世界への関与が許すかぎりの自治を達成した。イギリスとの関係には敬意が保たれたが、服従は破棄した。トクヴィルは、彼がフランスで観察した「混乱と苦痛」は、愛国心と宗教を一つの民族の中で融合させることによって最もよく克服されると考えた。この章の後続の節で示すように、アメリカは一八六五年以降の危険な不確実性を解決するために彼の勧告を採用したのである。

◆「官職かその希望以外は、すべて失われた」(7)

ジェイムズ・ブライスは自分自身を皮肉屋ではなく現実主義者とみなしていた。一八八〇年代半ばになされた彼の発言は、南北戦争が独立以来、アメリカ共和国を悩ませてきた大きな原則的問題を解決したという彼の信念に由来している。確かに共和党と民主党双方にとり、官職と利害は最大の関心事であった。今日のアメリカの政治用語でよく知られている「利益誘導」という用語の使用は、一八七〇年代に遡る。それにもかかわらず、猟官への強い関心は連邦を統合し、その将来を決定しようとするより大きな政治的目標の追求と一致していた。古来の憎しみは簡単にも迅速にも解消しなかった。急速な経済発展から生じる新たな問題は、依然として脆弱な政体に前例のない圧力をかけた。ブライスはこれらの展開を無視した。彼は教育を受けたエリートがアングロ＝サクソンの領地として世界を運営すべきだという彼の信念を推奨するために、自らの猛烈な勤勉さと知識を駆使した。彼は不和があったところに意見の一致をみた。クラウゼヴィッツの評言を逆さまにすれば、南北戦争後の時代の政治は、他の手段によって続いた内戦と考えられよう。

勝利した北部は、南北戦争後の和平合意に自らを刻印した。戦争前の時代とは対照的に、共和党は上院を支配し、一八六一年から一九一三年の間に一人を除くすべての大統領を出した。北部諸州はこの期間、最高裁判所判事の大多数と下院議長のほとんどを出した。それにもかかわらず、勝者は奪った官職を独占してはいなかった。(8)連邦が生き残ったので、南部は生き残った。憲法はかつての奴隷州が引き続き代表を連邦議会に送ることを保証した。この保証により、南部の諸分子は奴隷を所有する権利を奪われたものの敗北の結果を最小限に抑え、州権を再び主張することを目的とした反革命を起こすことができた。(9)敗者は奴隷制の廃止、中央集権、軍事占領に憤慨し、南部の制度と価値観に残されたものを擁護することに強力な共通の大義を見出した。南部の有権者は民主党への傾倒を強め、選挙が僅差で争われることを確実にした。下院の支配は揺らいだ。民主党は一八七五年から一八八一年、一八八三年から一八八九年、および一八九一年から一八九五年に多数派であった。彼らの候補者であるグローヴァー・クリーヴランドは、一八八五年から一八八九年に大統領になり、一八九三年から一八九七年に再び大統領になった。ようやく共和党が決定的な勝利をおさめたのは一八九六年の選挙であり、そうした勝利は一九〇〇年に確かなものとなり、民主党のウッドロウ・ウィルソンが大統領になった一九一三年まで続いた。(10)

南北戦争後の共和党と民主党の間の闘争の激しさは、勝者と敗者の和解の難しさを示す一つの尺度であった。南部連合の兵士は戦場から戻ると、(11)植民地的軍事占領の形態の下に置かれた故郷の州を見出した。奴隷制の廃止を監督し、今日では国民創造と呼ばれるものに従事するために、「解放」のための北軍が南部に進駐した。当初、占領軍は正式の奴隷制廃止により、選挙権を行使できる、真に自由な労働力を生み出すのを確かなものにするうえでかなりの成果を上げた。[12] しかし、一八七〇年代初頭までに、多くの南部連合部隊がホワイト・リーグ民兵として再編成され、現在の言葉で言えば、テロリストの手法を採用する反乱軍になった。そのときまでに、クー・クラックス・クランを含む他の自警組織も再建に反対するために存在していた。[13] クランを含む一八七六年にルイジアナ州知事になった南部連合の元旅団長フランシス・ニコルズは、復活した南部の一例であった。彼は民主党への支持を強化し、州の砂糖プランテーション（大農園）での労働争議を鎮圧するのに役立った民兵の助けを借りて統治した。[14] 占領に対する武力抗争は、和平体制が南部に広範囲の改革をもたらすことを望んだ奴隷制即時廃止論者その他の人々を苛立たせるための反黒人的暴力と融合した。

北部の態度の変化もまた、再建を妨げた。[15] 南北戦争後、政治的安定と経済成長を回復するために協力する差し迫った必要性があり、白人同胞に対するさらなる軍事行動への熱意はほとんどなかった。[16] 北部の財界は、マンチェスターの繊維工場だけでなくニューイングランドの繊維工場にももたらされた綿花供給の再開をとくに望んでいた。[17] ニューヨークの銀行家たちは守るべき利害関係を持っていた。彼らは抵当のほとんどを南部のプランテーションとして保有していた。[18] 共和党は北部の優先事項を連邦全体に投影し、保護関税を維持し、戦争中、中断されていた金本位制の規律に戻ることに熱心であった。彼らのプログラムは南部の支持、あるいは少なくとも黙認を得て、中西部を保持するための政治的譲歩を要求した。奴隷制の廃止は、プランテーション体制の拡張がその地域の小規模農家を圧倒するという中西部の恐怖を解消した。しかし、そうすることで、その地域の有権者に自由貿易と紙幣を提唱する政策を支持する余地を与えた。このことは、彼らの目を共和党ではなく民主党に向けさせた。[19]

一八七七年に達成された妥協案は、南北両地域の政治エリートの特権を確認し、その正当な財産権を守り、低い税を維持し、過度の政府介入を制限するという共通の利益を彼らに与えることによって両者を満足させた。そのときまでに、北部は南部で自由で効率的な労働力を開発するという当初の希望を放棄していた。[20] 多くの北部の評論家の目には、解放奴隷は「怠惰」になったと映ったか、さらに悪いことに、資本主義体制に対する批判の高まりに加わる活動家に見えた。確かに改革は望ましかったが、反対が悪意を惹起し、票の獲得にはつながらなかった。共和党と民主党は、連邦への忠誠の保証と引き換えに、北部が南部州政府に対する連邦支配を終わらせるという取り決めを結んだ。南部を放棄した共和党は、拡大する中西部に自由に注意を向けることができた。中西部は、北軍の構想を実現するために保持されなければならなかったのである。[21] アメリカが最初に自国で自覚し、後に他の場所で再認識したように、国民創造は勝者に重くのしかかる仕事であった――たとえ超大国になった後でも。

白人至上主義と軍国的風潮のイデオロギーに基づく永続性の

ある一党体制下の一揃いの諸州を生み出すことで、再建は終わった。イギリスの自治領やインドの藩王国と同じように、南部諸州は自らの優先順位に基づきその内政を統治し続けた。戦後南部の破壊された制度の下では、「大立者」が政治的忠誠の見返りに個人的な恩恵を分配する地方政府の世襲体制を確立または拡大することを可能にした。[22] 南部の白人支配者は北部より目立つ形をとったが、北部もまた南北戦争後に人種隔離制度を拡大し、残存する独立したネイティブ・アメリカンの諸国家を制圧し、白人入植者のために彼らの土地を明け渡させようとする過程で、連邦の役人を支えた。[23] これらの構想は、差別のグローバリゼーションの国際的基準を設定した。「白豪主義」政策と南アフリカのアパルトヘイト制度のどちらも、南部諸州によって提供された立法措置の例に拠っている。[24] 南部の大部分の政治経済学は、後に第三世界として知られるようになった旧植民地国家の政治経済学に似るようになった。[25]

世紀の最後の四半期におけるアングロ＝サクソン的人種差別の広がりは、再統合の物質的基礎をイデオロギー的に正当化した。[26] 南部諸州によって可決された法律は、人種隔離制度を成文化し、アフリカ系アメリカ人から投票権を剥奪した。[27] 全体として「ジム・クロウ」法として知られるこれらの措置は、一八七〇年代に登場したが、最も広範囲にわたるものは一八九〇年代に可決された。同時に北部のキリスト教諸派のスポークスマンは、影響力を行使して、奴隷解放による道徳の改良から南北の国民的和解へと世間のムードを変えようとした。[28] 救済が報復に取って代わり、民族主義は民主主義を圧倒した。南部に対する態度の変化は、心を掻き乱される不穏で潜在的な秩序錯乱者たる移民の増加と都市化についての北部で生じた懸念の高まりと合体するものであった。グローバリゼーションはその影響力を人々に感じさせており、「持てる者」は「持たざる者」の台頭を恐れ始めていた。南部との和解はまだ進行中であったとはいえ、共通の問題に対する共通の解決策を生み出す見通しを与えた。[29] 北部と南部双方の白人不動産所有者・雇用主は、階級による紛争を回避するために同様に社会的階層によって結ばれていた。

一八七七年に実現した妥協は、新しく復元された連邦を破壊する恐れのある、世紀の最後の四半期のより広範な課題に適応した。産業の拡大、都市の成長、人口の増加に伴う構造的な経済変化は、ヨーロッパ同様、合衆国でも新たな社会問題を引き起こした。[30] 新たな課題に対応するために政治組織と政治プログラムを調整するうえでのてんやわんやは、戦後の政党体制を混乱状態に陥れ、政治支配に空白状態を作り出した。不調和な意見が聞こえてきた。[31] 二つの分派集団、共和党の「マグワンプ」と「ブルボン」の民主党員は、一八七〇年代と一八八〇年代に一時的に影響力を持った。異なる政党に所属しているにもかかわらず、彼らには多くの共通点があった。彼らは自由主義的なエリート主義者であり、少なくとも彼らは未来志向でありつつも、過去にこだわり、ポピュリストの扇動に疑問を投げかけた。彼らは自由貿易、金本位制、財政規律を支持しており、政党マシーンとそれらの分配するパトロネジから疎外された。彼らは筋金入りの帝国主義よりも、グラッドストン的なコスモポリタン国際主義への指向を共有した。しかし、彼らの時代は短く、彼らが提案した第三党は実現しなかった。ヨーロッパ同様、時代の要請と拡大する有権者を捉える必要性により、主要な政党はますます職業的になった。合衆国では、拡大した連邦国家に生じる相当な歳入から「利権」を分配し、その見返りに選挙時の忠誠の形で政治的資本を蓄積した政党「ボス」によって管理される「マシーン政治」とともに未来はあった。[32]

　共和党はハミルトン的開発プログラムの核心部分を広げるために、南北戦争中の連邦議会における支配的立場を利用した。このプログラムは共和党の代弁者が、真の独立をもたらす唯一の正しい国家政策であり、かつそのための確実な手段だと長い間主張してきたものであった。[33]モリル関税（一八六一年）は、強化された保護から利益を得た北部の製造業者と、大規模な建艦契約から恩恵を受けた東海岸と西海岸の造船業者の支持を得た。[34]自営農地（ホームステッド）法（一八六二年）は、とくに中西部で小規模農家の数を大幅に増やした。政府の支援は、一八六九年に最初の大陸横断鉄道が西海岸と東海岸を結びつけることを可能にし、連邦の成功に利害関係のある市民の数を増やした。共和党は中西部に関心を集中させ、妥協のない保護主義的政策を採用することを差し控えた。[35]同様に金本位制への復帰を交渉している間、同党は銀が一八七八年に法定通貨としての地位を取り戻すことを許し、国際的合意に達することができれば金銀複本位制を採用する可能性を維持することにより、中西部に譲歩を示した。[36]この妥協案は「正貨」が不足する結果を恐れた中西部での反対意見を和らげる一方で、ロンドンのシティでの連邦の信用力と世界経済における地位を回復することを目的とした。[37]それは簡単ではないバランスであった。しかし、判断を迫られると、共和党は銀本位制より金本位制を優先した。[38]

　ジェファソン的伝統の子孫である南北戦争後の民主党は、自由貿易と分権化された政府を好んだ。[39]保護関税は多数の民主党支持の有権者に悪影響を与えた。それは南部と中西部に輸入された農機具と消費財の価格を高騰させ、保護関税で利ざやを増やして資本を北部に引き込み、合衆国からの農業輸出に報復関税を課すことを外国に奨励した。この人工的な補助金の再分配の結果は、関税の反対者が主張したように、連邦内の地域間における不均等な発展の状況をさらに固定化させた。[40]したがって、民主党は独占的慣行の統制を求めたが、地方の有権者は、独占が鉄道の運賃と工業製品の価格を引き上げたために憤慨していたのである。民主党はまた、基本的な歳入の必要額から考えて、より高い関税率に基づき集められた追加歳入が、諸州を犠牲にして「大きな政府」、とくに大きな共和党政府に資金を供給するために使われることを恐れた。民主党の一部はまた金銀複本位制のための主張にも共感するようになり、必要であれば単独行動を取る準備ができていた。不況が農業と鉱業の利害関係者に与える影響を緩和する手段として、金銀複本位制は魅力的であった。大まかに「銀本位主義者」と呼ばれる人々は、金銀複本位制を政治的独立の象徴として、金本位制を北東部における外国の影響とその代理《エージェンシー》への継続的な従属の象徴として提示した。彼らは銀貨の再導入は通貨供給を増やし、ドルを下落させ、輸出を押し上げ、債務返済の負担を軽減すると主張した。[41]対照的にデフレと同盟を結んだ金は、富を債務者から債権者に移転した。これは実際にはおおむね南部から北部への移転を意味した。

一八八四年に民主党のグローヴァー・クリーヴランドが大統領に選出されたことで、共和党の政策を修正する南北戦争以来の最初の重要な機会が同党に与えられた。民主党はまだ金銀複本位制支持に転換しておらず、クリーヴランド自身、金本位制を支持したが、彼らは関税問題で団結した。クリーヴランド政権のベテラン閣僚のほとんどは、自由貿易の理論と実践を広めるために一八六六年にイギリスで設立されたコブデン・クラブのメンバーであった[42]。共和党は南北戦争後、主に南北戦争によって生じた多額の公的債務を償還するために高い関税を課していた。しかし、一八八〇年代半ばまでに、連邦政府は債務を清算し、黒字を積み上げていたため、高い関税率が強大な政府を生み出しているとの批判を共和党は招いた[43]。民主党はこの機会を捉え、基礎的な歳入関税に戻すように主張した。しかしながら、クリーヴランドは、彼と民主党がイギリスの利益によって動かされたポーン〔歩にあたるチェスの駒〕だという共和党からの非難の中で失敗に終わった。この問題が争点となった一八八八年の選挙戦では、共和党は敵対者が愛国心を欠いている、あるいはある議員が形容したように、「そこかしこの星条旗をイギリスのユニオン・ジャックに取って代わらせようとしている」と非難することで、理屈抜きの国民感情に訴えた[44]。クリーヴランドが再選の戦いに敗れた際、『ニューヨーク・タイムズ』紙は敗因を部分的に彼が「イギリスの影響力に屈服する」であろうという誤った信念に帰した[45]。

共和党は連邦議会と大統領職の支配を再開し、一八九〇年に余剰歳入を使い、関税を引き上げることで勝利を祝った。蓄積されていた歳入の一部は、一八九八年にスペインに対して配備された近代的な海軍への資金として提供された。別の歳入の一部は、南北戦争の退役軍人のための年金に資金を提供した。扶養年金法（一八九〇年）はビスマルク的路線で投票獲得手段となるように設計された[46]。一八九〇年代、年金法は驚異的にもすべての連邦政府支出の四〇％を占め、約一〇〇万人の市民を対象としていた[47]。ある現代のアナリストによると、それは「これまでに制定された中で最も派手な年金法」であったが、共和党の観点からは支出に見合う価値があった[48]。

マッキンリー関税は輸入関税を前例のない高さに引き上げた[49]。その目的は、国内の製造業者の保護を強化すると同時に、歳入の余剰もまた減らすことであった。彼の法案に対する批判に応えて、ウィリアム・マッキンリー下院議員は無関税の砂糖輸入を許可し、その生産に報奨金を与えることで国内の甜菜生産者に補償する条項を挿入した。無関税での砂糖輸入は同時に、国内の消費者に低価格の見通しをぶら下げながら、最も重要な財源の一つから得られる収入を減らした。同僚の国務長官で熱心な膨張主義者であるジェイムズ・G・ブレインの主張で、マッキンリーは中西部農民の票を保持するための土壇場の試みで相互協定も提供した。協定により、糖蜜、コーヒー、紅茶、皮革、砂糖は合衆国からの輸出に対する相互的な譲歩と引き換えに、合衆国への無関税の輸入が許可された。マッキンリーはブレインの修正を受け入れることに消極的であったが、党の団結のために受け入れた。最終的な関連法案は、共和党の支持者に民主党が進めた自由貿易の議論に対抗するものを提供しながら、保護を維持した。

予想通り、コブデン・クラブはマッキンリー関税をおそらく「イギリスの貿易を破壊し」、「カナダの併合につながる」であろう「文明への冒瀆」と呼んだ。カナダにいた『タイムズ』紙の扇動的な特派員は、関税が実際の挑発行為は存在しない仮想の「イギリス帝国に対する戦争」に相当すると判断した。(50)グラッドストンはこの件を自由貿易の侵害で訴える材料として取り上げ、ブレインはイギリスが「前世紀の古い植民地的考え」を永続させることを望んでいると宣言することで応えた。こうした考えがあるかぎり、合衆国は原材料の生産者であり続けてしまうというのである。(51)ブレインは保護関税が「幸先の良い重大な効果」を生み出したと結論づけた。(52)「世界の歴史の中で全人口の非常に大きな割合がアメリカ合衆国ほど快適さを享受し、教育を受け、独立を確保したことはかつてなかった」と彼は主張した。(53)

マッキンリーは彼の法案への攻撃に応えて、民主党がイギリスと共謀して合衆国に自由貿易を課していると主張し、「彼らは双方、同じ非愛国的な目的のために戦っており、私たちの産業に対して同じ十字軍に従事している」と主張した。「彼らは同じ勝利を喜んでおり、彼らの行いはアメリカの労働者とアメリカの賃金に対する共同作戦であり、国の産業生活に対する陰謀であり、アメリカ共和国に対する打撃でもあった」(54)。彼はヘンリー・クレイへの暗黙の言及とともに、「アメリカ体制または保護関税政策の有効性は完全に立証された」ことを再確認した。(55)民主党は大企業、大きな政府、外国の経済的利益を優遇し、消費者の利益を犠牲にしたと反対派を非難することで反撃した。今回、批判は的を得ていた。一般関税を引き上げる決定は政治的な誤算であった。すなわち一八九〇年に下院で共和党が過半数を失い、グローヴァー・クリーヴランドが二期目の大統領として当選した一八九二年、政権を失うという犠牲を払うことになったのである。

両党はまた、彼らの統率の外にある大衆運動の出現と戦わなければならなかった。経済発展により、北東部と中西部北部に町や産業が生まれ、国際的な需要は世界市場に輸出する農民の数を増加させた。一九世紀後半の長いデフレには散発的な恐慌の到来が点在していた。恐慌は一八七三年から一八七八年、一八八二年から一八八五年、一八八七年から一八八八年、および一八九三年から一八九四年にとくに深刻で、生活水準と価格上昇への期待値を低下させた。(56)不確実な世界はさらに不安定になった。ポピュリズムはヨーロッパの場合と同様、既存の政治秩序を揺るがしかねないグローバリゼーションに対する反動であった。「マグワンプ」と「ブルボン」は消えゆく世界からの生存者であった。農村と都会の双方で高まった不満は、来たるべき政治のあり方を指し示していた。こうした不満は共和党と民主党に、反対意見を捕まえて封じ込めるために彼らの相違を先鋭化させることを余儀なくさせたのである。

一八六七年に登場したグレンジ協同組合は、連邦全体の農民の懸念を表明した最初の全国的地盤を持った農民運動であった。(57)

グレンジャーズは農村地域に社会的および教育的改善をもたらし、農民の生活水準を向上させることを目的とした多目的の自助組織であった。彼らは一八七〇年代半ばに頂点に達し、そして一八七六年に設立された農民連盟《ファーマーズ・アライアンス》に取って代わられた。[58] 連盟は資本主義体制の現実を受け入れ、協同組合を結成してメンバーの交渉力を改善すること、また鉄道その他の事業の独占を管理するための政府の行動を求めることに力を注いだ。連盟は一八八七年の州際通商法の成立を確かなものとするのを助けた。実際には示し合わせた合意を隠すという逆の効果をもたらしたが、同法は連邦政府に競争を促進する権限を与えた。[59] 一八八〇年代末、宣伝とロビー活動が限定的な結果しか残さなかった後、同盟は非中央集権的な銀行制度、企業の力の制限、金銀複本制の採用を要求する広範囲にわたるプログラムで直接政治の場に参入した。

最初の重要な都市労働組織である労働騎士団は、一八六九年にフィラデルフィアで設立された。[60] その名前が示すように、騎士団は金ぴか時代の金権政治的価値観を避け、頑健で独立独歩の職人を理想とするジェファソンの世界から着想を得た。[61] しかしながら、騎士団はまた、彼らの職人的基盤から新しい産業の労働者に手を差し伸べようとした現実主義者でもあった。彼らへの支持は、一八七七年に鉄道で大規模なストライキを組織することによって全国的に有名になった後、伸張した。一八八〇年代後半までに、彼らは一〇〇万人以上のメンバーを引きつけた。[62] これらの成功にもかかわらず、政策に対する内部の不和、組織の弱点、および雇用主からの反対は、彼らの有効性を制限した。騎士団が議論を継続したにもかかわらず、新たに労働組合の頂点に立ったアメリカ労働総同盟（ＡＦＬ）が、一八八六年に彼らに取って代わった。[63] ＡＦＬは労働問題に実用的なアプローチを採用した。農民連盟同様、ＡＦＬは産業秩序の永続性を受け入れ、その中で労働条件を改善しようとした。[64] 騎士団が主張する「賃金奴隷制」は、その真摯な労苦が当時の従順な言い回しで「生活賃金」と呼ばれるものに値する人々によって担われる「賃金労働」になった。[65]

この時点で設立された他の組織は、特定の業界の未熟練労働者を代表していた。連合鉱山労働者（一八九〇年）やアメリカ鉄道組合（一八九三年）などの新しい労働組合も、民間企業と協力する用意はあったが、雇用と賃金を守るために過激な行動を取る準備ができていた。他方、一八七七年に設立された社会主義労働党（ＳＬＰ）は資本主義に全面的に反対し、さまざまな無政府主義者や分派集団は、既存の政治経済体制を打倒するために武力を行使することを提唱した。ＳＬＰは一八八〇年代を通じて苦戦したが、ダニエル・デレオンが一八九〇年に党の財務を管理した後、党員が増え、勢いも増した。[66] しかし、党勢はしぼみ、その後、衰退した。合衆国では社会主義はほとんど前進しなかった。しかし、当時、文民政府と雇用主は予知的な洞察を欠いており、南北戦争後に彼らが再建した世界への脅威が増大しているのを眺めるだけであった。彼らの多くは、自分たちが直面している課題がヨーロッパの政府も直面している課題であることを認識していた。危機は国際的なものであり、神経質な者にとっては、それは世界的な陰謀の一部でもあった。[67]

一八九二年にAFLの一団と労働騎士団の残党と合体した農業利害の大規模な一団が、直接政治の場に入った[68]。その結果、人民党（ポピュリストとしても知られる）が創設された。人民党は職業、人種、地域の相違の橋渡しをすることで二大政党体制を打破しようと試みた[69]。最も広く定義した場合、ポピュリズムとは確立された諸政党の外に立ち、エリート政党と大企業を信用せず、彼らが経済的公正だと考えるものを「普通の人々」のために探し求める運動を指す[70]。ポピュリストは東海岸のエリートに採用された政策に反対するアンドリュー・ジャクソンの運動によって開始された「農民の蜂起」を進めていたが、彼らの前史は一八世紀の植民地支配に反対するデモにまで遡ることができる[71]。一八九〇年代、彼らの目的は経済発展を抑制することではなく、経済発展を彼ら自身の必要性に合わせて形作ることであった[72]。彼らはこの時代の白人入植地の国々や大陸ヨーロッパにおける抵抗、そして植民地世界全体の抵抗運動のそこここで表明された似たような抗議を引き立てるように見えた。グローバリゼーションは統合の絆を強めていた。世紀の最後の四半期に国際経済を苦しめた構造的で周期的な変化は、ニューハンプシャーからニュージーランドまで感じられた。

ポピュリストは一八九二年の大統領選挙で立派に戦い、その改革プログラムの大部分が支持されて民主党と同盟を結ぶために、その新たな地位を利用した[73]。クリーヴランドの大統領としての再選は、共和党諸派の不安の程度を高め、彼の親英的とされる政策への新たな攻撃を招いた[74]。一八九三年に発生し、一八九七年まで続いた（一八九四年から一八九五年に一時的かつ部分的な鎮静を伴う）この時代の最も深刻な経済危機の突然の始まりは、ポピュリストに主要な政治的変化が目の前に控えていると信じるように促した[75]。この時点では南北戦争以来、共和党が追求した政策を逆転させる本当の機会があったように思われた。

この時期に海外で起こった出来事は、金融体制が突然の衝撃に対して脆弱であることを立証した。ラテンアメリカへの外国からの貸付熱は、イングランド銀行が内需を抑制するために割引率を引き上げた一八八〇年代末に突然終わった。開発プログラムの資金調達をイギリス資本に依存していた国々は、その影響をすぐに感じた[76]。アルゼンチンは一八九〇年に対外債務不履行に陥った。翌年、オーストラリアでも同程度の金融恐慌があった[77]。一八九三年の金融危機は人々の精神を集中させ、残っていた不確実性を解消した。ますます多くの民主党支持者が、主として農村部の選挙地盤の利益のために一方的な金銀複本位制支持に回った。共和党は国際的な取り決めに組み込むことができることを条件に、彼らのマニフェストの一つの選択肢として金銀複本位制を維持した。一方、彼らは合衆国の国際的な信用力の維持を優先する銀行その他の事業における重要な支持者に応えて、金本位制を支持し続けた。

合衆国は長期外資の約七五％をロンドンのシティから引き出し、国際収支を決済するために資本流入に依存していたため、これらの出来事の国際的な反響をほぼ即座に感じた[78]。一八九三年、財務省の準備金が金本位制を支えるために必要な水準を下回った際、合衆国の信用は脆弱なままであった[79]。ニューヨーク証券取引所は大きな損失を被り、中西部の農村部の銀行は多くの失敗を経験した(80)。信用が崩壊するにつれて、投資家は保有財産を清算した。外国からの投資の撤退は、金準備を使い果たすことによってドルの価値を守ることを財務省に義務づけた。金の喪失は流通している通貨ストックを減らし、価格を押し下げ、需要を減らし、さらに新規投資を阻害した。このような金準備の状況は、合衆国が通貨の切り下げを余儀なくされるという見通しを高めた。これは金本位制を放棄し、国の信用格付けを下落させ、債権者に債務履行拒否を提示することを意味したのである(81)。

一八九三年に不運な役職に就いたクリーヴランド大統領は、民主党員であると同時に金融上の保守派でもあった。彼の指示の下、連邦議会は銀購入法を廃止した。それは中小企業と消費者をなだめ、マッキンリー関税を支持するよう金銀複本位制論者の共和党上院議員を説得するために、同党が一八九〇年に可決したものであった(82)。同法は価格の押し上げと経済の再膨張を目的として、銀を購入する権限を財務省に与えた。同時に一八八九年から一八九〇年に連邦に加入していた六つの中西部の銀鉱山諸州での票の獲得へとつながるものであった。銀の価格の継続的下落は減少する財務省の金準備にますます負荷をかけたので、同法の廃止は避けがたかった。党内の金銀複本位制論者に譲歩するために、クリーヴランドは一八九〇年に共和党によって課された関税水準を引き下げた。その結果である一八九四年のウィルソン＝ゴーマン法はわずかな引き下げしか達成しなかった。共和党はその主張の信頼性を高めるためにお馴染みの表現に頼って、その措置を次のような言葉で非難した。クリーヴランドはイギリスに賛同する同国の代理人であり、輸入品に対する関税引き下げは、アメリカの製造業者を弱体化させるであろう(83)。

銀行危機は製造業の生産高と農産物価格の下落とあいまって、過激な反応を引き起こし、国内外の投資家をさらに驚かせた。この時期に合衆国を襲った散発的な政治的暴力行為は、権威への挑戦の深刻さと、財産へのより広範な攻撃が行われる可能性に対する中間層が感じた不安を強調する結果となった(84)。一八七七年の大鉄道ストライキと一八八六年のシカゴでのヘイマーケット暴動は、一八九〇年代に起こることになる激しい動乱の前兆であった。一八七七年、ストライキ参加者、警察、民兵、連邦軍を巻き込んだ数週間の対立は、一〇〇人以上の死者と財産への甚大な被害で終わった(85)。一八八六年、マルクス主義＝無政府主義のドイツ系移民により組織された都市労働者のデモはストライキとして始まり、爆破事件や死者、そして多くの負傷者を出すことで終わった(86)。この出来事の報道はすぐにヨーロッパに広まり、似たような反体制運動をさらに奨励した。逸話は繰り返されなかったが、その記憶は生き続け、国家の安定が脅かされているという恐れを増大させた。

ＡＦＬは失業率の上昇が資本と労働の対立を前例のない程度にまで押し上げた一八九〇年代初頭に、一連の大規模なストライキと抗議を組織し始めた(87)。一八九二年、ピッツバーグのホームステッド工場でのストライキは、暴力、州兵の介入、および多数の死に終わり、当時最大の組合であった鉄鋼労働者連合を解体し、全体としての労働組合運動の発展を遅らせた(88)。頂点またはどん底は、一八九四年に到来した。この年には炭鉱労働者の全国ストライキとシカゴのプルマン・パレスカー会社と中西部、カリフォルニアの各地の同盟者が関与した一八九〇年代で最も有名なストライキが発生した[89]。連邦政府はストライキを鎮圧するために二万人の軍隊を動員した。アメリカ鉄道組合の統率者であるユージン・デブスは、刑務所で六カ月間過ごし、そこでカール・マルクスを読み、その後、合衆国大統領を本気で志す最初の社会主義者の候補者になった。

評論家は南北戦争の記憶と国民統合への脅威を想起させる軍事的用語で資本家と労働者の対立を描写した[90]。労働者の指導者たちは雇用主、政府、社会に対して「宣戦布告し」、戦闘員は「戦場」に向かって「行進」し、英雄的な行為が記録され、「勝利」が主張された。主流の報道機関は、論争中の問題を国民の忠誠が試される審査として提示した。プルマン・ストライキの最中、穏健な雑誌である『ハーパーズ・ウィークリー』は次のように宣言した。「国民は大反乱を鎮圧するのとちょうど同じように、自らの存在のために戦っている[91]」。出版界は市民的秩序を支える愛国心と、解体の源である無政府状態のどちらかを選択するように国民に求めた。真のアメリカ人は異邦人の侵略を撃退するためにアンクル・サム〔アメリカを象徴する人物像〕と国旗の下に集まるように促された。ストライキ参加者たちは非アメリカ人として描かれた――実際にその多くは外国人であったが。ある記者は婉曲的ではない表現で、アメリカ共和国は「無政府主義的な外国のゴミの悪臭を放つ群衆」からの攻撃にさらされていた、と述べた[92]。軍国的風潮の言葉が政治化されるにつれて、政治はますます二極化し、意見は一致しないが理性的に議論できるという機会は減った。有産階級は海外同様、国内で「法と秩序」を支持した。植民地支配に対して自由のために奮闘していると見られてきたアイルランドの反乱者への支持は衰退した。その後、アメリカの外交政策は急進的な動きから距離を置く傾向を強め、代わりに安定と安全の代弁者たちを支えた[93]。

しかし、共和党の選挙運動の新たな特徴は、ストライキ行動と農民の不満によって推進された階級闘争が連邦を崩壊させようとしているという主張であった。北部の退役軍人組織は、関税によって賄われる福利厚生を念頭に置いて、共和党の大義にかなりの説得力を与えた。彼らの見解では、「アナキズムの反逆者」は、一八六一年の「分離主義の反逆者」と同じくらい、一八九六年の連邦に対する脅威であった[94]。マッキンリー自身、南部連合の退役軍人に連邦の旗の下に集結するように訴えた。彼は現実と希望をないまぜにした文句で、「現在もそして未来永劫、私たちはアメリカ人であり、オハイオにとって良いことはヴァージニアにとって良いことだ」と宣言した[95]。続いてセントポールの影響力のあるローマカトリック大司教は、民主党を非難し、「階級の階級に対する戦争」と「コミューンの煌びやかな火で国を照らすかもしれない」「無謀な男たち」について警告する声明を大々的に公表した[96]。

この場面はアメリカ資本主義の二つの将来構想間の主要な、そして最終的には決定的なイデオロギー対立のために設定されていた。幻滅した民主党員とポピュリストは、一八九六年に経済政策の問題で献身的な改革者であるウィリアム・ジェニングズ・ブライアンを大統領候補に指名した。ブライアンの指名は、合衆国における急進的政治を限界まで権力に近づけた。ブライアンはマルクス主義者ではなかったが、「金権政治は共和国では忌まわしい」、「誰も正直に一〇〇万ドルを稼ぐことはできない」などの格言を含む彼の発言は、健全な政府、正（金）貨、大規模な銀行残高の擁護者を驚かせ、そして彼らを行動に駆り立てた。[97]ブライアン指導下の金銀複本制についての単独行動主義的なポピュリストのプログラムと富の再分配は、グローバリゼーションとその悪意のある代理人とみなされた東海岸の銀行家・産業家に対する反動を象徴していた。ブライアンの預言的急進主義をマッキンリーの冷静な保守主義に対抗させた一八九六年の選挙は、一九世紀の最後の四半期に盛んであった政治的論争を解決した。[98]ブライアンの指名により、企業・銀行関係者は以前よりもはるかに大規模に組織化された政治に従事するようになった。[99]一八九〇年代までに、財界には自らの利益を左右する政策に影響力を持つ多くの大企業が含まれていた。[100]関税と相互主義に関するマッキンリーのプログラムを支援するために、全米製造業者協会が一八九五年に設立された。[101]その中の一人が「正貨の男たち」と呼んだ企業エリートは、関税と金本位制を守るために前例のない額を調達した。[102]スタンダード石油とJ・P・モルガンだけで、民主党の選挙運動資金全体を超える金額を共和党に寄付した。[103]しかし、一八九六年の最大の単一寄付者は、強力な砂糖トラストの長ではあるが、一般には知られていなかったヘンリー・ハブマイヤー（Henry Havemeyer）であった。[104]

大統領選挙の数カ月前、財務省の困難が一八九五年よりも「さらに大きかった」際、J・P・モルガンはニューヨークの銀行家集団を組織し、ロンドンのシティに国債を購入して金の流出を阻止することで、ドルを支援するよう援助を求めた。[105]イギリス金融界は借り手が正貨で債務を返済する手段を確実に持つように、合衆国の財政状態を保証した。[106]財界は最高裁という形態で、さらなる味方がいた。最高裁は私企業のニーズについて好意的な見方をしていたのである。その結果、連邦政府は労働運動に対する重しとなった。独占禁止法は巨大企業を巻き込むものではなく、組合を攻撃するために使われた。[107]

マッキンリーの選挙の世話役であり、自らが裕福な実業家であったマーク・A・ハナは、和解と国民統合を主題にした非常に効果的な選挙戦を開始した。[108]民主党、共和党双方がそれぞれ国益を代弁していると主張し、彼らの主張を証明するために南北戦争の記憶に明示的に訴えた。民主党は州権を強調するためにジェファソンの伝統を喚起し、南部と西部の票を獲得する手段として金銀複本位制を唱道した。一八九六年、サウスカロライナ州の著名な上院議員であり、民主党の大統領指名候補者であるベン・ティルマンは、「私は南部から、離脱の故郷から来ました」という言葉で大会への演説を開始し、続いて北部の企業と財力に対抗して、中西部諸州の生産者との団結を求めた。[109]共和党は単独主義的な金銀複本位制を批判するだけでなく、民主党の戦略は「一八六一年の南部の反乱を意図的に繰り返したのと同じくらい邪悪な運動」となっていると応じた。[110]新聞と選挙戦の文書は、金銀複本位制を装う新たなセクショナリズムが政治的安定に与える脅威を強調する中で、南北戦争に繰り返し言及した。

階級闘争とアナキズムが連邦を破壊しようとしているという主張に直面する中で、共和党は緊急に国民統合を訴え、勝利をもたらすのに十分な有権者を惹きつけた。民主党は金銀複本位制と自由貿易の魅力にもかかわらず、中西部で十分な前進を遂げることができなかった。共和党は金銀複本位制に関する国際協定を検討する意思を再確認することで自分たちの本心を隠したが、保護関税の問題にさらされたままであった。しかし、一八九〇年代までに農業は変化し始めると同時に縮小し始めた。ジェファソンの独立自営農民の土地を耕しているのは、今やトラクターであり、高度に資本主義化されたアグリビジネスが台頭しつつあった。都市と工業は中西部地域の北部で成長し、北東部の資本や商品市場に統合された。そして有権者は北部の開発プログラムに利害を有するようになった。西部は銃、有刺鉄線、弁護士によって勝ち取られた。国の経済の心臓部と西部を統合した商業的誘因によって勝ち取られたのである。

民主党は一八九六年に敗北したが降参せず、すぐに競争に再び参加することができた。ベンジャミン・フランクリンの発言を敷衍すれば、合衆国では死、税金、頻繁な選挙以外に確実なものはない。一八九八年の中間選挙は、ポピュリスト＝民主党同盟に共和党を追い落とすもう一つの機会を与えた。しかし、クリーヴランドとは異なり、運はマッキンリーの側に味方した。経済は復活し始めたのである。(111) 一〇年後に一八九〇年代初頭の危機を振り返って、著名な銀行家は一八九七年が「現在の繁栄の循環の最初の確かな兆候を認識した年」だと結論づけた。(112) 事業の失敗は減少し、工業生産は増加した。農場価格は上昇し、国際収支は回復した。一八九六年のマッキンリーの勝利に勇気づけられて、外国人投資家は戻ってきた。財務省への圧力は緩和された。失業率は一八九四年に頂点に達し、一八九八年に減少し始めた。(113) 攻撃的なスト破りは労働者の好戦派を押さえ込み、その激しさは幾分か農民の不満を減退させた。一八九七年、お祝いのディングリー法は、一九世紀に見られた最高段階に輸入関税を引き上げることによって製造業者に報いた。

スペインと戦争するというマッキンリーの決定が問題を解決した。軍事行動に対する大衆の強い要求は、衰退しつつあるポピュリストの魅力を打ち負かした。一八六〇年の選挙とは対照的に、一八九六年と一八九八年の選挙は国民統合への上手な訴えが、競合する地域と階級の結びつきに勝りうることを示した。一九〇〇年の選挙は共和党の支配を確認した。正反対の議論が適切に並置されていることが、その選挙の特徴であった。合衆国は正式に金本位制を採用し、その献身的な反帝国主義の姿勢を宣伝したブライアンの二度目の大統領職への挑戦は、簡単に打ち負かされた。

マッキンリー大統領は彼の党の勝利を楽しむ時間がほとんどなかった。レオン・チョルゴシュが一九〇一年に彼を暗殺したのである。(114) マッキンリーはこの時代に殺害されたヨーロッパの指導者たちの一覧に加わった。彼らは自らの不満から他に選択肢がないと信ずるに至った人々によって殺害されていた。チョルゴシュは一八九三年に発生した不況で職を失った失業中の鉄鋼労働者であった。彼の自暴自棄の行動は、マッキンリーと彼が代表する経済体制に対する幻滅と、マッキンリーが承認したフィリピンでの戦争の遂行に対する怒りを表している。マッキンリーは一八九〇年に保護関税を使って鉄鋼業を保護しており、感謝の意を表す鉄鋼王たちからの寄付は翌年、個人破産から彼を救った。大統領を救助するのを手伝った有力者の一人はまた、大統領を殺害することになっていた男の仕事を犠牲にするスト破り措置を承認した。

犠牲者と暗殺者を結びつけた運命は、社会秩序の両端で二人の個人を取り巻くはるかに大きな国内および国際的な事象の細密画であった。暗殺は自暴自棄の行為であり、国内の「テロリズム」をさらに進める前兆ではなく、セオドア・ローズヴェルト版の好戦的で改革的な保守主義への道の準備を促進する反応を生み出した。その後、共和党のプログラムの上に太陽が輝き続けた。一八九七年に始まった景気回復は、一九〇七年の恐慌によって一時的に中断されたが、一九一三年まで続いた。繁栄は他の地域同様、合衆国で不満の矛先を和らげた。共和党の国家的工業化プログラムを急進的な代替案に置き換えることを望んでいた人々にとって、ゲームは敗北であった。

異議申し立てはマッキンリーとともに死ぬことはなかったが、確立された政治秩序に直接かつ潜在的に革命的な脅威を与えることはなくなった。裁判所は一八九〇年代の急進的な運動を法の枠内に位置づけたが、全般的に法律は運動の目的に同情的でないままで、それを従来の政治の枠内にとどめようとした。農民のポピュリズムと労働運動が民主党に引き寄せられ、民主党はその綱領を拡大して、大企業の制限と産業および福祉の改善策の導入を含めることにした[115]。大企業は共和党への支持を拡大することで対応した。革新主義として知られる、特定の組織を持たない運動が合衆国を席巻したが、同じような傾向はヨーロッパ中で見られた。革新主義は共和党支持者だけでなく、民主党支持者をも惹きつけ、そこにはセオドア・ローズヴェルトやウッドロウ・ウィルソンなどの著名人も含まれていた[116]。革新主義者はキリスト教社会主義者やヨーロッパのさまざまな形態の「新しい自由主義者」のように、富の根本的な再分配の脅威を回避することを目指した改革を導入した[117]。連邦段階での規制は、拡大された「全国的行政国家」の特徴の一つであり、新たな道徳的目的を携えた白人ナショナリズムによる国の統合を表現していた[118]。ローズヴェルトとウィルソンの目には、その目的はもはや国民に限定されておらず、堕落した人々を引き上げ、彼らの未来を管理し、国内の懐疑的な大衆に強大で慈悲深い国家の偉大な指導者がもたらす利益を示す、十字軍的外交政策を推進することであった[119]。

一九〇一年、ローズヴェルトの大統領への偶然の昇格は改革的立法への道を開いた。ローズヴェルトは裕福なビジネスマンの息子であったが、「大富豪の悪党」には同情せず、「金権政治の専制」をあらゆる形態の専制の中で「最も魅力的でなく、最も下品」とみなしていた[120]。その言い回しが旧来の金持ちが新しい金持ちを見下していることを示唆していたとしても、それは連邦政府による規制に拍車をかけた。ローズヴェルトは一九〇三年に商務労働省を設立し、ビジネスにおける競争を監督し、ほぼ休眠中の一八九〇年のシャーマン反トラスト法を再開した[121]。いくつかの大きな獣が殺害された。鉄道ネットワークの大きな部分を支配した北部証券トラストは、一九〇四年に解散させられた。スタンダード石油会社とアメリカン・タバコ会社が一九一一年に続いた。しかし、法律となった改革は、政治と経済における既存のシステムを解体するのではなく、維持するように設計されていた。一八九六年と一九〇〇年の共和党の圧倒的な選挙での成功の余波で、勝利者でさえ、適度な譲歩が将来の過激な主張に対する必要な保険だと認めた。

　トクヴィルは教育を受けていない民衆を民主主義への主な脅威だとみなした。ブライスは企業合併が社会の平穏を生み出したと考えた。ローズヴェルトはリンカンの「普通の男」が排除されていることに気づいた。彼の見解では、大企業は進化の結果であり、近代化の不可欠な突撃部隊であった[122]。彼の目的はその過剰を抑制する一方、資本主義の本質を維持することであった。もし人々が公正な扱い《スクエア・ディール》を与えられなければ、その結果は再び国民を引き裂きうる規模になってしまう資本家と労働者の対立となるのであった。第八章が示すように、スペインとの戦争は国民統合を不動にし、国内での穏健な改革はその国民統合を長続きさせた。

　この観点から見ると革新主義運動の指導者たちは、アイゼンハワーの「企業共和国」の構想とジョンソンの「偉大な社会」を先取りしているとみなすことができる。それによって企業と政府の家父長主義の組み合わせが国内の社会紛争を停止させ、それが海外で展開するのを妨げたであろう[123]。レオン・チョルゴシュは革新主義へと転換していく流れの中で、大きな役割を果たした。チョルゴシュが自らの名声のときを手にした事件の直後、ジェーン・アダムズは振り返った。

> 大統領の暗殺者の貧弱な生活の詳細が明らかにされる中で、その詳細はアメリカの諸都市における社会改善のための諸力に対する挑戦となった。人生の傷があれほど宗教で癒されず、彼が最初に耳にした世間の諸悪に対処しようとする会話――無政府主義的で暴力的であったけれども――が、救済の方法を指し示さない中で、一人の少年がアメリカの都市であれほど無視され、高貴な問題に触れずに育たなければならなかったというのは、悲惨な状況を解釈し、慰めるのが仕事であるすべての人々に対する告発ではないでしょうか[124]。

裕福な共和党の銀行家・実業家の娘であり、当時の最も著名な社会改革者であるアダムズは、一九世紀後半に西洋世界を震撼させた危機への自由主義的な対応を象徴していた[125]。ロンドンのトインビー・ホールは、彼女にセツルメント運動を創始するというインスピレーションを与え、ジョン・デューイは権利よりも義務を強調する哲学を定式化する方向へと彼女を導き、セオドア・ローズヴェルトは国内改革に対する彼女の支持を勝ち取った。その熱烈な帝国主義への支持は得られなかったが。

　連邦政府と州政府双方の管轄と実行力は、内戦後の数十年で大幅に拡大した。その拡大はブライスが「官職かその希望」に言及した際、念頭に置いていた類の機会を生み出した[126]。同時に改革者たちは、専門的で非人格的な官僚機構を創設するという長いプロセスを開始した[127]。米西戦争後、軍隊は同じ程度の改善を果たした。一八九〇年代までに、半専門的な「昇進」国家が出現した[128]。この点で他の多くの場合同様、合衆国の経験は現代のヨーロッパの経験と並行しており、とくにイギリスの経験に頼っていた。政府の権限が拡大された国家は、グローバルな可能性を秘めた近代的な国家政策の構築において不可欠な土台であった。こうした国家は、軍事＝財政主義をウェーバーが近代国家を形成していると定義した諸要素と交換したヨーロッパの諸国家と同じ立場に合衆国を立たせた。合衆国は国境の外へと踏み出す力量を得たのである[129]。

◆「素晴らしい信用！　近代社会の礎[130]」

一八九六年、一八九八年、一九〇〇年の選挙で勝利を収めた経済ナショナリズムの政治は、一九一二年の民主党の選挙での成功にもかかわらず、フランクリン・デラノ・ローズヴェルトが一九三三年にホワイトハウスに入るまで、開発は共和党によって計画された道筋にとどまることを確実にした。さらに一九〇〇年までに、合衆国は一七八三年から一八六一年の間によりもかなり大きな程度の真の経済的独立を達成した。この種の最初の統計的評価の一つで一八八九年に記録された数値は、「単一の世代における諸国家の歴史の中で比類のない」規模の発展であった[131]。最近の研究は、この判断の正確さを立証している[132]。一九一四年までに合衆国は世界的な経済大国にもなった。

南北戦争での北部の勝利は、アメリカ共和国の見通しを変えた。南部の代表が開戦時に連邦議会から撤退した際、彼らは北部が長い間、掲げていた立法の急速な通過のために道を開けることとなった[133]。連邦議会は中西部と西海岸の土地を小自作農に割り当て、鉄道補助金を認可し、国立銀行の体制を確立し、保護関税を復活させた[134]。北部の勝利は連邦の将来についての不確実性を取り除き、一つの国内市場が存在し続けることを保証し、経済を農業から製造業に移行させるのに役立つ産業開発の政策を導入した。大きな政府は市場の力と同じくらい、経済的機会を提供した[135]。連邦政府はイニシアチブをとって移民を奨励し、接収した土地をさらに切り開き、個々の州が州際通商に対する障壁を築くことを防ぐ一方、企業活動を比較的軽微に規制する制度を考案した。これらの措置は国内決済を促進し、国内市場を拡大し、外国人投資家の信頼を回復させた[136]。これはもしその語が過去との急進的な断絶を意味するととられるならば、戦争が「第二次アメリカ革命」をもたらしたと主張するものではない。現在入手可能な証拠が、紛争が勃発するかなり前に経済成長が進んでいたことを示しているためである[137]。それにもかかわらず、戦争の結果は構造変化と量的成長を促進したため、経済発展のプロセスを大幅に加速させた[138]。「市場革命」が南北戦争前ではなく、その後に起こったというのは、この意味においてである。

世紀後半の統計的エビデンスは、経済発展の合理的で正確な測定を立証するうえで十分に確固としたものである。本研究の観点から重要な進展は、イギリスへの依存から自らを解放することにおける合衆国の成功であった。国民総生産（ＧＮＰ）に占める農業の割合は、一八六〇年から一九〇〇年の間に三五％から一八％に低下し、製造業が貢献した割合は同期間に二二％から三一％に上昇した。それは二〇世紀に到達する最高潮に近かった[139]。職業の変化はこれらの傾向を伴った。農業は一八〇〇年に労働力の約四分の三を雇用していたが、一九〇〇年には三分の一強しか雇用していなかった。自然増と移民による増加は、総人口を一八五〇年の二三〇〇万人から一九〇〇年の七六〇〇万人、一九一〇年には九二〇〇万人に増大させた。一八六〇年に三万マイルであった鉄道敷設は、一九一六年には三五万マイルを超えた。初期の「蒸気荷車」から大幅に改良された機関車は、人々を西に運び、プレーリー〔北米大陸中央部の大草原〕を植民地化し、一般に「西部劇」として知られる映画が後に公的神話に埋め込んだ農村と都市の対決のための舞台を設定した。銀行、電信、郵便業務[140]（通信販売施設を含む）の拡張は、市場を統合するのに役立った。人口の大幅な増加にもかかわらず、生産性の向上は一八三四／四四年から一八九九／一九〇三年の間に一人当たりの消費量を二倍以上にすることを可能にした[141]。一九一三年までに、合衆国の国内総生産（ＧＤＰ）はイギリスの二倍以上になり、ほぼドイツの二倍となった一方、ヨーロッパ全体の一人当たりの生産量は合衆国の約半分に減少した[142]。

国内市場がこれらの開発の中心であった[143]。南北戦争後に輸出された総生産量の割合は、一八九〇年から一九一三年の間のピーク時に総ＧＮＰの六％にすぎなかった。農業の場合でも、生産量に対する輸出の比率は一般に低く、古い「植民地的」主要産物である綿とタバコのみ五〇％を超えていた。工業製品の輸出は、一般に全製造業の五％未満にとどまった。少数の資源指向の産業（石油や石炭に基づく産業など）だけが一〇％に達した。国内消費に占める輸入品の割合も一八六九年から一九〇九年にかけて急激に低下し、その時点で平均して全体の一〇％未満であった。この圧倒的に高い比率の自給自足は、合衆国をヨーロッパや他のほとんどの開発途上国から分離し、とくにイギリスとは著しく対照的であった。

経済発展が進むにつれ、地域格差は拡大した。北東部の金融および産業の中心地が先導し、製造業は中西部の北部に広がり、一八四〇年代の金〔ゴールドラッシュを指す〕に始まった西海岸のにわか景気は、他の一連の製品の好調な売れ行きによって継続した。しかし、原綿が合衆国からの最大の単一輸出品であり続けたにもかかわらず、南部は低迷した[144]。奴隷所有者は投資の多くを失い、新しい資本が不足していた[145]。しかし、多くの大地主は大規模な生産者であり続けることができた[146]。ある者は綿花生産を小作農、シェアクロッパー〔分益小作農〕、賃金労働者に移し、他の人々は強制労働に訴えた[147]。近代性の諸要素は通信手段の改善、いくつかの都市の成長、二三の繊維工場、さらにはアフリカ系アメリカ人の中産階級の出現の兆しさえ装って現れたが、経済発展はこの地域を迂回し続けた。南部はその他の点では急成長している国民経済の中で低賃金の飛び地になった。一九〇〇年までに一人当たりの収入は全国平均をはるかに下回り、この地域は二〇世紀まで続くかなりの貧困状態に陥った。[148]「新南部」という希望は現実によって否定された。[149] 経済を再構築する機会は、権力者が考えようとしない根本的な社会政治的変化を必要とした。

外国との貿易はそれにもかかわらず、対外貿易を総生産量に関連づける数字だけでは捉えられない国内経済の成長を生み出したため重要であった。輸出額は全体として、一八七七年から一九〇〇年の間に二倍になった。[150] 農産物、とくに綿、小麦、トウモロコシは引き続き輸出品一覧の大部分を占めたが、一八六九年から一八七八年の総輸出額の約八〇％より一九〇四年から一九一三年の五三％に減少した。海外からの需要が中西部での小麦とトウモロコシの生産の拡大を刺激し、そうすることで農機具と輸送、銀行、保険業務の市場を拡大した。[151] 綿花生産は輸出からの収入を増やして外貨を引き入れ、貨幣供給を増やして低金利を維持し、これらの方法で工業生産を刺激した。[152] 完成品の輸出は、一八五八年から一八八八年の総輸出の約一五％より一九〇四年から一九一三年の二八％に増加した。[153] 製品輸出の最速の伸長は、鉄鋼製品の生産が増大した一八九六年以降に発生した。[154] 一九〇〇年までに合衆国は完成品の純輸入国ではなくなった。[155]

対外貿易はヨーロッパに向けられたままであった。一八七九年から一八九八年の間に合衆国の輸出の八〇％を占め、一八八九年から一八九八年にかけては輸入の五二％を供給した。イギリスはアメリカ共和国の主要な貿易相手国であり続けたが、元植民地との関係は南北戦争後、大幅に変化した。イギリスの輸入は一八七九年から一八九八年の間に合衆国からヨーロッパへの輸入の約五〇％を占めるまで上昇したが、合衆国の輸入の中で占めるイギリスの比率は一八四九年から一八五八年の四二％より一八八九年から一八九八年の二一％に急激に減少した。[156] 変化は製品輸出国としてのイギリスの相対的な衰退、より一般的には貿易関係を多様化し、旧宗主国への依存を減らす合衆国の能力の成長の尺度であった。こうしたことは、自治領、インドや多くの他の旧植民地が二〇世紀になすようになるところのものであった。旧植民地は同時に反転攻勢にも出た。一八八〇年代と一八九〇年代において、興奮したイギリスの評論家は、合衆国からの工業製品の輸入を「侵略」と表現した。[157] イギリスの門戸開放市場への浸透は、合衆国が産業の世界で最も高い輸入税を課したという事実とあいまって、自由貿易と保護貿易それぞれの利点についてのイギリスでの長期にわたる議論に、単なる憶測ではない不安の種を付け加えた。[158]

国際収支は対外貿易の動向を反映していた。[159] 一九世紀最後の三〇年における輸出黒字の出現は、商品の貿易における長年の赤字を逆転させた。経常収支の他の主要項目である利払いは、常に赤字であり、一八七〇年代以降、赤字の傾向が強まっていった。資本輸入がこれらの赤字分を埋め合わせたため、合衆国が総額では債務者となり続けることを確実にした。こうした合衆国の立場は外国人投資家に合衆国の富に対する権利を与えたが、その金額は一八世紀後半の全国内資本の約一三％という最高潮から、一九〇〇年にははるかに大きな国内資本総額の二％未満に減少した。このような比率は、外国貿易と国内生産の比較と同様に、特定の生産部門や期間において資本輸入が持っていた重要性を覆い隠してしまう。[160] 南北戦争前、外国からの投資は連邦および州の諸機関、鉄道、公益事業および教育に資金を提供することにより、国家建設において重要な役割を果たしていた。南北戦争後、とくに世紀の最後の四半期に、外国人投資家は政府が後援する投資から民間部門に移動した。鉄道は引き続きポートフォリオ〔有価証券一覧表〕投資の大部分を占めつつも、直接投資は化学、食品、飲料などの業界に目立ち始めた。

工業製品の輸出業者としての業績は低迷したが、イギリスの輸送部門と金融部門における優位性はその後も長続きし、このことは成熟した債権者への移行の特徴ともなった。[161] イギリスは外国投資元として依然として卓越した地位を占め、貨物と旅客の双方で大西洋を横断する海運の支配を維持した。[162] 外国からの貸し付けは一八六五年以降再開され、すぐに巨大な割合を占めるようになった。イギリスは世紀末に合衆国に投資された長期外国投資の四分の三以上を供給し、他に貸し手がいない中で、最後に頼れる貸し手となった。[163] ニューヨーク手形交換所（一八五三年）は、英米の金融関係から生じる流動性問題を管理するうえで、ロンドンのシティと協力した。[164] その後、二つの金融センターは金本位制を擁護し、為替のコントロールに反対するために協力して行動した。[165] 一八七〇年代、連邦政府は南北戦争の債務返済の助けを求めて、ロンドンのシティに嘆願しなければならなかった。一八九五年、J・P・モルガンのシンジケートは、合衆国を金本位制に保つために必要な地金の約半分を提供するようシティに求めた。[166] 世紀が進むにつれて、金融統合は伸長した。長期金利はとくに一八七〇年代から調和して変動した。そのとき、株式や債券の実質的な収益同様、長期金利は世紀末にかけて下落傾向が始まった。消費者物価もそれに続いた。[167] ドルと英貨の間の為替相場の変動も、とくに一八七〇年代から相場間の売買値幅同様に減少した。[168]

共和党による改革は、財政統合と国際的な信頼を後押しした。一八六三年から一八六四年の国立銀行法は、統一された国の通貨を提供し、連邦全体で銀行業務を認可し、銀行間決済ネットワークの成長を促進した。一八七三年、共和党は銀貨の流通を廃止し、金本位制への復帰を承認した。金本位制は一八七九年に戦前の為替レートで復活した。[169] 中央銀行はいまだ設立されていなかったが、連邦財務省は国立銀行が責任ある貸し付けを奨励するように統制した。[170] 金本位制への復帰は、共和党が南北戦争中に普及していた紙幣発行政策を拒否することを意図した確たる証拠であった。[171] 私たちが見てきたように、党は金銀複本位制という選択肢を保持したが、実際には一九世紀後半の激動の時代を通じて正貨の方針を固守した。一九〇〇年までに財政の統一、そして、それによって財政の信頼が達成された。

ロンドンのシティは、アメリカ企業の株式の大部分を取引し、鉄道などの安定した株式とともに、地元の投資家が支援を躊躇する危険性の高い投機的事業に資金を提供した。シティの保険会社とスコットランドの投資信託も、北アメリカの発展に多額の貢献をした。イギリスの財政的プレゼンスは相当大きかったので、一定の地元アメリカの企業群、とくに鉄道会社の経営に影響を与えることを可能にした。[172] しかし、イギリスの財政的浸透には政治的な限界があった。合衆国の資源に対する外国の支配への人々の憤慨は増大し、一八八七年に連邦政府が連邦の領土に土地と鉱山を所有することを望む外国人に法的規制を課すまでに至った。一九〇〇年までに連邦の四五の州のうちの三〇が同様の法律を可決した[173]。これらの措置は、第二次世界大戦後に旧植民地諸国によって制定された「現地化法令」のように、基礎的資源の新植民地主義的支配を防止することを目的としていた。後の法令同様、投資家は資本の需要が地元の供給を上回った場合に法令を迂回する方法を見つけた。それにもかかわらず、連邦政府は国益に反すると判断された場合、外国からの投資を制限する意思を示していた。

世紀の終わりまでに、合衆国の金融部門が対等にロンドンのシティと取引するところまで成熟したため、連邦議会は外国からの投資を規制することができた。南北戦争は国内資本市場が持つ可能性を明るみにし、それは北部の戦争行動の事実上、すべてに資金を提供することに成功した。一八七一年、回復した連邦への信頼の高まりを示す象徴的な事件は、アメリカの銀行家であるジェイ・クックが、ロンドンの合衆国政府の財務担当者としてベアリング商会に取って代わったことである[174]。一八九〇年代、金融部門のさらなる成長に続いて、J・P・モルガンはウォール街への銀行の統合と移転を促進した。このウォール街への銀行の集中は、結果としてニューヨーク証券取引所の拡大を後押しした[175]。イギリスとアメリカの金融機関が果たす役割の転換を象徴的に示すのは、J・P・モルガンのニューヨーク銀行が一八九九年から一九〇二年にかけての英＝南アフリカ戦争中、イギリスに財政支援を提供したことである[176]。しかし、一九〇七年、イングランド銀行はモルガンとニューヨークの銀行シンジケートを支援せざるをえず、ある銀行家の言う「最も忌まわしい危険に満ちた状況」からアメリカ財務省を救った[177]。それでも一九〇七年の恐慌は、一八九〇年代初頭の恐慌の繰り返しではなかった。ある銀行家が説明したように、「一八九三年に私たちは債務不履行を起こすのではないかとの不安を引き起こしましたが、一九〇七年には全世界は私たちが債務を金で支払う能力を信頼しています[178]」。

これらの進展はあったが、一八九七年から一九一四年の間に五倍の増加を経験したにもかかわらず、合衆国の海外投資は小規模なままであった[179]。地理的多様化は限られていた。ヨーロッパ、カナダ、メキシコへの合衆国の投資は、一八九七年には全体の七九％、一九一四年には六九％を占め、その頃にはラテンアメリカとアジアが投資先の一覧に加わっていた。この時点で、金融帝国主義は製造業同様、国家の存続の問題ではなく、特殊な利害の問題であった。

一九〇七年までに連邦予算も潤沢になり、収支は一八九〇年代よりも健全になり、金銀複本位制に関する議論によって生じた不確実性は解消された。銀行業界はいっそう強大になり、一八九六年から一九〇六年の間に総預金額は三倍に増加したが、一八九三年の一六〇行に対して、一九〇七年には二一行の銀行しか破綻しなかった[180]。しかしながら、下院銀行業・通貨委員会は一九一二年、いわゆる「金融トラスト」は銀行業と金融を少数の手に集中させており、国全体の問題を処理するために少数の民間銀行家に依存していることが、国家を金融危機の再発にさらしたままにしていると指摘した。改革の提案は一九一三年に連邦準備銀行の創設につながった。この銀行は民間銀行が国全体に責任を持つ状態を取り除き、その新しい機関に安定しているが柔軟な金融体制を維持する任務を与えた。この改革は財政の安定を達成したいと考えていた民主党と革新主義者からの圧力を受けていたが、ドルが国際貿易と投資においてより大きな役割を果たすことを切望していたニューヨークの銀行家の必要性にも応えた。[181]まもなく「連銀」の名で知られるようになるこの銀行の設立は、ロンドンのシティが長い間、支配していた分野での財政的独立の達成を象徴し、後に二〇世紀に台頭した「全能のドル」の支配の予兆となった。

財政の統一を完成するさらなる動きとして、連邦議会は一九一三年に所得税を導入することに合意した。[182]一八九〇年に関税は依然として連邦歳入の約六〇%を供給していたが、一九二〇年までにこの数字は五%に低下した。[183]民主党は一八九四年に所得税を導入しようとしたが、最高裁判所はその措置は違憲だと裁定した。連邦議会が所得税を承認すると、一九世紀に連邦政府の収入の大部分を生み出し、高度に政治化され、分断を招いた輸入関税は視界から消え去った。革新主義的課税は、軍事財政国家と低開発経済の遺産であった逆進的間接税に取って代わった。変革は技術的であると同時に思想的な転換でもあった。この転換は、課税は低所得者に負担をかける力に基づくのではなく、支払いできる能力に基づくべきであるとする原則を確立したのである。ヨーロッパ同様、改革は政治体制を刷新して、工業化がもたらす影響と拡大した有権者の主張に対処できるようにする運動の一部であった。合衆国の革新主義者、イギリスの自由主義者、ドイツの保守派はすべて、修正された社会契約が企業権力に対する必要な対抗策であり、最終的には政治的安定を維持する手段だと認めた。

世紀の終わりまでに、企業の力は同時代の人々が「金権支配」（plutocracy）と呼んだものを生み出した。[184]リンカンは驚くべき洞察によって、「金の力」が国を「破壊」するかもしれないとすでに予見していた。[185]著名な社会科学者のウィリアム・グラハム・サムナーは、世紀の終わりにその言葉を記した際、金権支配は「現在および直近の未来の民主主義の大敵」だと信じていた。[186]ハーバート・スペンサーの弟子として、サムナーは最も適した会社が生き残り、所有者のために大きな富を生み出すという状況を是認した。しかしながら、スペンサーのようにサムナーも金権支配を軍国主義の同類と考え、また軍国主義を彼が反対する帝国主義の同類とみなした。[187]合衆国が生み出した各地の多様な企業の統治が完全に中央集権化されていなかったとしても、現在の研究は、「大企業」の台頭という印象が広く正確であることを確認してきた。[188]アイゼンハワーが「軍産複合体」と呼ぶことになったものは、一九世紀後半にその起源があった。[189]

当時の政治闘争に伴った金権支配についての批判的な論評の急増に対抗するために、スペンサーの強力な権威が必要とされた。一八七三年、マーク・トウェインとダドリー・ワーナーはこの時代に永続的な称号『金ぴか時代』を与え、その驚くべき過剰を非難した。一八七九年、ヘンリー・ジョージは『進歩と貧困』において、非常に影響力のある分析を生み出した。同書はなぜ経済発展が「富の家と欠乏の家」の間の対比を際立たせたかを説明しようとした。[190] ソースタイン・ヴェブレンは一八九九年にジョージのアプローチを敷衍した。そのとき彼は、「成金のエリート」が支配的な層を占める「有閑階級」について辛辣な分析を行った。そこでは、彼らが脅迫観念に駆られて行う「これみよがしの消費」の習慣が対象となっていた。[191] 弁護する側は、スペンサーの力強い進歩の法則からその正当なイデオロギーを引き出した。規模の経済を実現したので、大企業は自由の必然的な帰結であったとの議論が展開された。結果としての効率は、高い賃金、あるいは少なくとも企業が達成できる最高の賃金を生み出し、それによって社会主義の魅力を弱体化させた。[192] 金権支配の哲学はその支持者が民主主義の過剰とみなしたもの、そして、それが企業の自由と現存の富の配置に与えた脅威に対して取られた行動にお墨付きを与えた。こうした一方向に偏った立場を道徳的に補うために、私的な慈善活動が奨励された。それは規制されていない資本主義の最も重大な不公正を是正することになっていた。このようなやり方で、市場の運営は社会的調和と国民統合を促進していくと考えられたのである。

「泥棒男爵」〔一九世紀後半のアメリカの大実業家〕自体、その形態、規模ともに多様であった。彼らは一定の人徳と冷酷さを併せ持っていたが、それ以上に何らかの共通の特徴を持っていた。彼らはほとんどすべて北部人であった。彼らは海外ではなく合衆国に帝国を築いた。彼らのライフスタイルは、新しい国際的な富裕層の標準に準拠していた。彼らは程度の差はあれ慈善家であった。これらの他は、彼らの特徴はさまざまであった。貧乏人から金持ちになった者もいたが、他に生まれながらにして恵まれていた者もいた。信心深い者もいれば、そうでない者もいた。ほとんどが共和党に傾倒していたが、直接的な政治的野心を持っていた人はほとんどいなかった。ほぼ全員が契約、高関税政策の継続に伴う利益、およびその他の特権を確保するために金を使った。ジョン・D・ロックフェラーは一八七〇年に史上最大の企業の一つであるスタンダード石油を設立し、当時の最も裕福な人物になった。[193] アンドリュー・メロンは世紀の終わりにアルミニウムやコークスを含むさまざまな新しい産業に投資することで金を稼いだ。[194] 当時の主要な銀行家で肝要なフィクサーであったジョン・ピエールポント・モーガンは、主要な鉄道会社のいくつかをまとめ、一八九二年にゼネラル・エレクトリックの設立を支援し、一九〇一年にUSスチール会社を設立して、ニューヨークの銀行業界も統合した。[195]

鉄鋼業界のパイオニアであり、ジョン・D・ロックフェラーに次ぐ金ぴか時代の最も裕福な起業家であるアンドリュー・カーネギーは、一連の富裕層の一覧に、彼自身の独特の人物像を加えた。[196] 彼は一八三五年、ダンファームリンで金持ちではなくおんぼろを知っている家族に生まれた。彼の父、ウィリアムは繊維産業の機械化によって生計が危険にさらされた手織り職人であった。一八四八年、ウィリアムと彼の家族は合衆国に移住し、ペンシルヴェニアに定住した。そして、そこで織工としての仕事を再開した。彼が就職するのを助けたスコットランド人のコミュニティは、アンドリューにも仕事に着手する機会を与えた。一八五三年にペンシルヴェニア鉄道会社に事務員として入社したが、すぐに上級管理職に昇進した。そこで組織運営の能力を身につけ、その後の成功の特徴である経費削減に注力した。彼はその後、金融業に移り、一八七〇年代には鉄鋼事業に参入した。そして多くの会社を買収し、一八八一年にカーネギー・ブラザーズ会社として統合して、一八九二年にはカーネギー鋼鉄会社へと名称を変更した[197]。カーネギーは当初から彼が雇う経営者たちが高い基準を達成し、それに応じて支払いがなされる必要があることを明確にした。労働者に対する彼の態度は変転した。彼は当初、慈悲的な態度を見せていたが、労働者は取り替え可能であるという見方を固めていったのである。彼は一八九二年、彼の製鉄所の一つにおける悪名高いホームステッド・ストライキが武力紛争に悪化した際、この原則を適用した[198]。

カーネギーは自分自身や組合と戦争をしていた。彼は残忍なまでに冷酷であったが、チャーティスト運動が掲げる大義への父親の傾倒と少年時代の彼自身の貧困経験から受け継いだ、冷酷さとは見合わない、急進主義的な価値観も持っていた。最初の特徴は彼を金を稼ぐように駆り立て、二番目は彼にそれを使うように促した。彼は双方を大規模に行った。彼の慈善活動は一八八〇年代に始まり、富を蓄え、J・P・モルガン商会にカーネギー鉄鋼会社を売却した一九〇一年以降、彼の活動の大半を占めるに至った。それから一九一九年に亡くなるまでの間に、カーネギーは彼の莫大な財産のほぼすべてを処分した。彼は独学であり、公的問題の解説者になりたいという願望を持っているという点で、富豪の間では珍しい存在であった[199]。彼は「富の福音」として喧伝された哲学を考案し、「金持ちで死ぬ者は恥ずべき死を遂げる」と宣言した[200]。彼の目的は「金持ちと貧乏人の和解」を達成することであり、そのための彼の方法は慈善活動の力を発揮することにより、「人類の普遍的な木を少しでも「ふさわしい方向に」差し向けることであった[201]。状況の改善は機会を拡げ、不満を減らし、社会主義を回避することになっていた。カーネギーはアングロ＝サクソン「人種」の統一を信じていたが、成功への道はイギリス君主制下の階級を基盤とした社会政治体制ではなく、アメリカの共和主義と民主主義にあると判断した[202]。彼は教育に高い優先順位を与え、学術機関と図書館は彼から気前よく金銭的援助を受けられることが保証された。自らの国際親善への傾倒と帝国主義への反対から、彼は一九一〇年にカーネギー国際平和基金を設立した。カーネギーは第一世代の市民として、故郷のダンファームリンと連絡を取り合い、財政的に支援し、ほぼ毎年訪れた。一九二八年に未亡人のルイーズによって開館したアンドリュー・カーネギー生誕地博物館は、今日でも町を訪れる人々に人気の観光名所である。

富豪たちはストライキ実行者を押さえ込み、一方で慈善活動を行いながら、同時に市場規模を拡大し、その浸透力を深め、そして消費者が共通の事業に利害関係を持つような発展のプロセスを主導した。大企業は競争を排除すると同時に規模の経済を通じて消費を拡大した[203]。新しいデパートと通信販売制度は効率的な流通経路を提供した。アンクル・サムや国旗といった国家的シンボルをあしらった広告は、財布やポケットから金をだましとった[204]。南北戦争後に全国で広まったクリスマスの祝祭は、一八七〇年代に全国的な消費者のお祭りとなり、共通性の感覚を生み出すのに寄与した[205]。ツリー、カード、そしてプレゼントは現代の消費世界の到来とキリスト教暦との調和のとれた神の摂理に基づく結合の兆しとなった。このような市場のあり方の発展は、市民に消費者として考え、市場が提供する可能性に対応することを教えた。そしてその結果、大量生産と大量販売の組織化が進んだのである[206]。ブランド商品の普及は、願望の共有と共通のアイデンティティを生み出すのに役立った[207]。建国の父祖に影響を与えた古典的共和主義の理想は、科学技術、産業、大量マーケティングの進歩する世界を前にさらに後退した[208]。

　近代的なマーケティングの手法と連携した企業の力は、抑制されない消費こそ、生命、自由、幸福の追求という言葉が表現した「不可侵の権利」だという考えを広く普及させ、市民的義務についての考え方を再定義した。有徳の市民は有徳の消費者になり、彼らの個人の欲求を満たす購入者としての活動は共通善に貢献した。カーネギーの世界平和への期待はまもなく打ち砕かれるところであったが、消費者の忠誠心が階級の連帯よりも力を持つという彼の信念は正しいように思われた。一九〇三年、ある評論家が金権支配の後に何が起こるのかという問いを提示したとき、別の評論家が一九二二年に出版された本の表題で答えを提供した。『勝利に沸く金権支配[209]』。

　一九一四年までに、合衆国は前例のないほどの自給自足と豊かさを達成した。アメリカ共和国は西ヨーロッパをも荒廃させた一九世紀後半の経済危機に耐え、政治的不満、階級闘争、そしてそれらが生み出した破壊的な傾向と格闘した。国民統合のためには物質的な改善が不可欠であった。それゆえ、「大幅なインフレ」は非常に厄介であり、世紀転換期の繁栄の復活は大きな安堵をもたらしたのである。他のどの国も合衆国と同じレベルの資源を所有していなかった。いっそう大規模な国内の騒乱があったとしても、近代的な産業＝国民国家へと移行することを合衆国のようにスムーズに行った国はほとんどなかった。

◆コスモポリタン・ナショナリズムの文化

　南北戦争によってもたらされた激動と一八八〇年代と一八九〇年代の激しい階級闘争は、合衆国がヨーロッパの新興国民国家を特徴づける歴史的プロセスを免除されたという仮定を揺るがした[210]。それにもかかわらず、全能なる神が定められた任務を遂行するためにアメリカ共和国を選択したという信念は、とくに社会的分裂が破壊的な政治的主張への扉を開けた際、いまだ脆弱な国民統合の意識を維持するうえで非常に重要で、簡単に棄て去ることはできなかった。継承されたイデオロギーの成分は、金ぴか時代の課題に対応するために再び混ぜ合わされた[211]。白人の人種差別、復活したプロテスタント、そして長引くアングロフォビアが一緒になって、支配的なイギリスに対抗する文化を作り上げ、残存する植民地的な影響力を相殺し、罪悪が払拭された統一的なアメリカ・ナショナリズムを形作ったのである。

更新された包括的で慰めとなる型の建国神話を提供する必要性は、世紀の終わりに社会科学が急速に発展し、それらが専門機関に組織化されたことと密接に関連していた。科学の一形態が知的思考に浸透し、古びた信念を非人格的で、一見すると客観的な諸説で覆い隠していった。こうした諸説は現状を肯定し、世界に対する批判的な見方を抑制する、安心感を与える戦略を生み出していった。アングロ＝サクソン人種理論は、「科学」の支持を受け、同時代において影響力の大きな見解となった。プロテスタンティズムは「丘の上の町」の純粋さを脅かす、悪の充満との闘いへとキリスト教徒の「兵士」を送り込む、新たな福音主義的熱狂の浸透によって力を得た。政党は自らが国益の真の保証人であることを証明しようとする中で、敵を悪魔化するために潜在的なアングロフォビアを利用した。また例外主義の概念が、今日でも外交政策の試金石であり続ける永続的な原則になるようにうまく作り直された。

奴隷制の問題は取り返しのつかないほど意見が分かれることが証明されたが、一九世紀後半に発生した問題は、困難ではあったが、国の対応でより解決されやすくなった。移民の急速な増加は、「アングロ＝サクソン王国」への同化を最優先事項にした。ヨーロッパ同様、産業社会の成長とそれに伴う急進的な政治的要求は、保守的な政策の背後に不動産所有者を団結させた。失業と都市の苦痛は社会的福音運動を鼓舞した。世俗的な潮流と宗教的な潮流は一定の調和を達成しており、その結果、両者は国民統合の非常に有益な媒介となっていた。スペンサーの物質主義は間違いなくキリスト教神学に疑問符を突きつけ、とりわけ福音主義者への信頼を揺るがせた。それにもかかわらず、調和しない考えを持つ者の出会いは、対立する者たちの対話という形態を取り、確実性についての説得的で統合された見解を生み出した。創造は進化を生み出し、人類の進化は合衆国──他者の贖いを行うために神の摂理によって選ばれた──の救世主的役割において最高潮に達したというのである。

アングロ＝サクソン系のプロテスタント・エリートは、彼ら自身の卓越性を確認する人種の理論に熱中した。オピニオン・リーダーは野蛮人を打ち倒し、文明を広める任務を負った西洋の若く、精力に溢れた剣闘士として合衆国を提示した。[212]ドイツ統一のまばゆいばかりの例によって示されているように見えたヘーゲルの影響は、合衆国がチュートン民族を中心とした多民族国家の形態を採用し、それを世界の他の地域に移植すべきだという信念を喚起した。この考えは、ハミルトンとリストのナショナリスト的伝統において、自己主張の強い統一された外交政策を伴う強い国家を要求した。

最も著名なオピニオン・リーダーの一人ブルックス・アダムズは、当時の絶望的な困難に対する影響力のある北東部エリートの反応を典型的に示した。彼は自由主義者として出発し、一八九三年の金融危機に際して右派に転向した。その結果、彼の一族の財産を喪失させた金融危機の後、彼は銀行家を悪意のある勢力とみなした。彼らの活動が文明化された社会制度の崩壊をもたらす運命にあると考えたからである。[213]二冊の影響力のある本が出版された。一八九四年に出版された『金本位制』は、金本位制への移行をデフレの元祖、社会的衰退の原因として扱った[214]。翌年に出版された『文明と崩壊の法則』は、現在の不満に関する強烈な歴史的分析を行った。この分析はすべての社会はエントロピー、あるいはエネルギーの浪費の影響下にあると主張した[215]。その結果生じるのは、ある評論家が「宇宙的な力学」の法則と呼んだような事態であった[216]。アダムズはヘーゲルから権力は移動する性質を持つという考えを引き出し、それが現在、イギリスから合衆国に移っていると判断した。社会の発展が戦争が頻発する社会から産業社会へと進歩したことを示すために、彼はスペンサーを用いた。スペンサーが進化のもたらす結果を支持した一方、アダムズは産業社会が持続力を欠いているという見解を採った。衰退は永続的な脅威であった。彼は都会的な価値観の広がりを嘆いた。彼は都会的な価値観を気まぐれで、愚かで、堕落しているとみなし、勇気、名誉、義務といった武勇の資質の喪失を嘆いた[217]。合衆国はアングロ゠サクソン主義の保護者になったにもかかわらず、そのエネルギーの貯蔵が必要なレベルにとどまるという保証はないというのである。国の電池を充電し、社会を健康に戻すためには、肉体的な努力を伴う強力なリーダーシップが必要であった。

アングロ゠サクソン民族という支配的人種の純粋さを維持するために、宗教的な発想と新しい科学が手を組んだ。献身的なプロテスタントで著名な生物学者であるチャールズ・ダベンポートは、一八九〇年代に優生学運動を開始し、一九一〇年に影響力のある優生学研究所を設立した[218]。フランシス・ガルトンとカール・ピアソンの理論をメンデルの遺伝学に結びつけたダベンポートは、その権威を利用して、最適者の生存と最弱者の排除を確実にするために、人間の生殖を操作する手段を提供すると主張した[219]。優生学は批判を引き起こしたが、その科学的起源と耳に心地よい政治的メッセージは、第二次世界大戦まで優生学に一定の信頼性を与え続けた[220]。

世紀の最後の四半期、アングロ゠サクソン民族の考え方は、合衆国の国民的アイデンティティを定義するのに役立ったが、以前はイギリスの非公式的影響力を強化するのに役立っていた[221]。英米関係のあり方の変化は、合衆国が「アングロ゠サクソン王国」の独立した代理人として行動することを可能にした新たな人種理論、また、旧植民地である合衆国は力があり、存在価値があるという感覚を与えた物質的資源の発展から生じた。アングロフォビアは一八九〇年代に選挙目的でまだ振り回されており、一八九五年にベネズエラと英領ギアナの境界をめぐる抗争でイギリスに立ち向かったことで瞬く間に人気を博した際、クリーヴランド大統領が利用してとくに劇的な効果を発揮した[222]。それにもかかわらず、一八九六年の重要な選挙での票の獲得を求めた熾烈な競争が共和党の勝利をひとたび生み出すと、論争的なアングロフォビアは衰退した。疑惑と敵意の系譜は二〇世紀に入っても長期にわたって残存したが、和解の精神は諸外国に対する姿勢のレパートリーの一つとして復活した。イギリスとの共通性と友好の意識が高まったことは明白であり、実際、外交界や知識人の輪をはるかに超えて広がっていた[223]。イギリス人は「アングロ゠サクソン王国」の概念に魅了された。というのも、この観念は、自らの小さな国を海外の「グレーター」・

ブリテン人が居住する、より広く、自分たちを歓迎する世界へとつなげる見通しを与えたからである。合衆国では、アングロ゠サクソン思想のコスモポリタン的性格は、白人市民に民族的ナショナリズムの感覚を植えつける価値以上のものを持たなかった。[224]アングロファイル（イギリスびいき）の感情はもはや愛国心の尊重でもその欠如の兆候でもなく、対等な基盤の上に生まれた関係のありのままの表現であった。

移民はアングロ゠サクソン人種理論にとって重要な試金石であった。移民の規模は一九一〇年までに新参者が総人口のほぼ三分の一を占めるほどになっていた。[225]移民は労働力を補塡する不可欠な存在であったが、彼らは国家の統一とそのアングロ゠サクソン的核心の支配を脅かす同化の問題を提起した。さらに求職者の増加は賃金を押し下げ、既存の労働者の間に不満を生み出した。一八九一年から一九二〇年までの移民の約三分の二は南ヨーロッパ、中央ヨーロッパおよび東ヨーロッパから、数ははるかに少ないが、その珍しさにおいて警戒心を惹起した者たちがアジアから来た。人種理論によれば、これらの民族の起源は疑わしいか劣化しており、一八九六年、ある尊敬される理論家が「生存競争における最悪の失敗を象徴する、打ち負かされた人種の打ち負かされた男性」と呼んだものを生み出した。[226]新移民のほとんどは英語を話すことができなかった。多くはカトリック教徒とユダヤ人であった。その多くが北東部の大都市に定住し、この地域の都市問題はさらに深刻化した。どこか他の場所に移り住んだ人々は、アングロ゠サクソン民族の中心地が及ぼしている政治的影響力から切り離された。

民族的多様性を一つの合成物に統合した「るつぼ」としての合衆国の理想主義的なビジョンは、これまで歴史研究によって実証されたことはない。他のほとんどの国民国家同様、合衆国は支配的な民族集団への同化のプロセスによって構築された。[227]したがって、事実上、無制限の移民を許可するという決定がある以上、政策立案者は、合衆国市民としての資格を欠いた新参者を支配的なイギリス系文化に同化する「アングロ・コンフォーミティ」政策を考案せざるをえなかった。[228]同化は民族的に優位な立場を確保するきっかけとなり、また成功へと向かう確実な道にもつながっていた。公立学校、アウトリーチ計画、さらには教会、労働組合、コミュニティ（市町村）団体といった非公式的影響力を持った組織は、移民に自分の名前を英語化し、英語を学び、アングロ゠サクソン民族の価値観と行動を採用することを奨励した。[229]南北戦争は形成途上にあった白人至上主義のひな型に大きな影響を与えていた。北部においては、愛国主義を誇示するナショナリズムの形態が南北戦争後の平和な時代に明確な形を取るようになっていたのである。[230]また、退役軍人組織は同じ考えを持つ一群の歴史家の助けを得て、アメリカ・ナショナリズムの観念の中に、ロマン主義的な軍国的風潮を色濃く浸透させた。この風潮は戦争からその恐ろしさを消し去り、義務、勇気、アメリカ共和国への忠誠の価値を強調していた。[231]このような南北戦争の紋切り型のイメージは、戦争の傷を癒すだけでなく、北部と南部、移民と上流階級の家族が一つの国旗の下に集まるのを助けたのである。[232]

白人の団結の境界の一部を形作ったのは、同化できないと判断された人々の排除であった。南および東ヨーロッパの人々は、「アングロ＝サクソン王」の限界がどこにあるのかのリトマス試験紙となり、ネイティブ・アメリカンは短い試用期間の後に「王国」から放逐され、アフリカ系アメリカ人は「王国」の外に置かれた。ジム・クロウ法は再建の終焉が人種隔離制度を確固たるものにした後に可決された。白人の団結を促進するために書かれた南北戦争の叙述は、物語からアフリカ系アメリカ人を排除した。奴隷制ではなく州権が戦争の原因となり、悲劇的な英雄的行為に従事した戦闘員はすべて白人であった。一八九六年のプレッシー対ファーガソン裁判における最高裁の判決は、「分離すれども平等な発展」の原則を護持するために、頭蓋骨測定に基づく証拠を含む「科学的」人種主義に依拠した。[233] この問題の代表的権威は、異人種間結婚が引き起こす人種的退化からアングロ＝サクソン民族を救うために人種隔離制度が必要だと主張した。右記の最高裁判決は、南部と北部を結びつけたが、それはアフリカーナーとイギリス人入植者が一九〇二年に英＝南アフリカ戦争の終結時に手を握ったのとほぼ同じ方法であった。当然の結果として、人種隔離制度はアフリカ系アメリカ人の従属的な地位を確認し、彼らが恒久的に安価な労働力の宝庫となることを保証した。リンチの数は急速に増加した。[234]

白人至上主義の原則はネイティブ・アメリカンにも適用されたが、当局はかつての南部のプランテーションの状況ではなく、中西部や西部の平原地帯の状況を反映した方法で政策を実施した。世紀の後半、土地と金を求めて、入植者と鉱夫が一般に「インディアン〔アメリカ先住民〕の国」として知られるミシシッピ川以西の広大な地域を侵略した。一八七一年、連邦議会はネイティブ・アメリカンの部族をもはや独立した政体として扱わないことを決定した。この決定は、連邦政府が以前は主権国家の内政であった事柄に介入する道を開いた。白人入植者の流入に続く資源をめぐる紛争は、ネイティブ・アメリカンを保留地に追いやる措置につながり、さらなる局所的な戦争を引き起こした。一連の戦争は一八七六年にスー族の敗北で終わった。続く一八八七年に制定されたドーズ法は、小規模な個人所有の区画を作り、保有地の譲渡を認めることで、部族の保有地の新たな割り当てを開始した。目的は、自給自足の独立自営農民と模範的な中流階級の個人主義者を生み出すことであった。[235] 形のうえでは、この計画はいっそう広範な国民創造事業の一部であった。しかし、その結果は親族ネットワークと狩猟の持つ幅広い経済的、政治的機能を破壊した全くの社会工学的失敗であり、代わりに貧困に苦しむ一群のバントゥスタン〔南アフリカ共和国の黒人自治区の蔑称〕を生み出した。[236] ネイティブ・アメリカンは土地のほとんどを失い、無視され、そして忘れられた。[237]

当局の報告書と報道機関の解説は、一致してネイティブ・アメリカンを神の摂理が彼らに託した豊富な資源に責任を持ち続けるに値しない後進の野蛮人として描写した。しかしながら、「野蛮人」が飼いならされると、企業家的資質のある興行主は、展示会、サーカス、そしてワイルド・ウェスト・ショーで、近代化を称揚する威勢のいい者たちのための道を準備することがその役割である滅びゆく種の遺物として、彼らを展示した。[238] ウィリアム・コーディ（バッファロー・ビル）が一八八七年、ヴィクトリア女王の即位六〇周年祝典に参加するために彼の部隊をロンドンに連れてきた際、そのパフォーマンスは彼自身とアングロ＝サクソン民族の団結と支配の展示でもあった(239)。その際、女王は感銘を受けると同時に楽しんだのである(240)。

無制限の移民を許可するという決定は、自らの仕事、賃金、および地位を心配したアングロ＝サクソン系の人々の間で排外主義的反応を引き起こした。グレンジとポピュリストの運動は、新参者に対する田舎のイギリス系白人の恨みを表現していた。労働騎士団とアメリカ労働総同盟は人種的、経済的双方の理由から移民の制限を求めた(241)。一八九四年に結成された移民制限連盟は、人種的に劣っているとみなされ、アングロ＝サクソン的中核の純度と強さを弱める可能性が高い移民の制限を求めて運動した。一九一一年、ディリンガム委員会は同化政策の有効性に疑問を呈した(242)。しかし、共和党と民主党の双方が、安価な移民労働者なしでは経済発展が停滞することを認識していた。したがって、一九一四年以前に課された唯一の規制は、一八八二年と一九〇七年にそれぞれ中国人と日本人に適用されたものであった。アジア人はその数が少なく、政治的影響力がなかったため、簡単に標的となった。

多くの知識人も反旗を翻した。一八九〇年代の「アメリカの反乱」は、北東部のアングロ＝サクソン系の教養人によって行使された文化的独占を打破することを目的としていた(243)。この運動は、ヴィクトリア朝の道徳を文化的ナショナリズムと結びつける、ジョージ・サンタヤーナの言う有名な「優美な伝統」を批判し、代わりにますます多様化する合衆国の人口構成を反映するコスモポリタン・モダニズムの形態を提唱した(244)。サンタヤーナは、エリートの文学を柱とした文化は「神の共和国を設立することを期待してではなく、束縛のない共和国で繁栄することだけを目的として」到着したアメリカ人の「新しいタイプ」をもはや表象していないと主張した(245)。しかしながら、公式の政策は同化が国民的統一の目標に貢献しており、他方、多元主義はそれを弱体化させる恐れがあるとした。サンタヤーナ自身は革命を先導することを望んでいなかった。彼は民主主義を信用せず、工業化によってもたらされた社会の変革を残念に思っていた。アングロ＝アメリカ文化に対する彼の攻撃は、影響力はあるものの、象牙の塔の中にとどまっていた(246)。

人種の世俗的な教義は、宗教界からの支持を受けた。世紀の後半には、第三次大覚醒として知られる信仰復興運動が見られた。それはヨーロッパにおけるプロテスタントとカトリックの信仰の復活と歩調を合わせる動きであった。第三次覚醒は、第二次覚醒同様、政治的混乱と急速な経済発展によってもたらされたかなり不安定な時期に起こった(247)。第三次大覚醒は、再臨は人類が世界を改革した後にのみ起こると考える千年王国論の神学から着想を得た。改革の必要性や、世界に参入する前に改革を国内で始めることの重要性を疑う人はほとんどいなかった。内戦、劣悪な労働条件、広範囲にわたる失業、貧困、アルコール依存症、犯罪はすべて、それらの問題を理解できる人々にとって、再臨に備えて神に奉仕しなかった人類の失敗の兆候であった。国を癒し、経済発展から生じる社会問題に対処することは、宗教心を再び取り戻す包括的なプログラムを必要とした。

呼びかけは緊急であり、心からの応答が行われた。北部の宗教上のスポークスマンは、南北が和解するのを助ける道徳的教えを採用することにより、南北戦争後、道を切り開いた。一八六五年の時点では、南部を裁くよりも国を回復させることが重要であった。奴隷制廃止によって贖罪は達成された。その後、連邦の神聖さは他の主張よりも上に立った。プロテスタントの指導者たちは、アングロ＝サクソン同盟に祝福を与えた。この同盟は人種差別を支持しつつも、建国の祖には開放的な市民的ナショナリズムの理想像を見てとっていた[248]。南部の「聖書地帯《バイブルベルト》」はいっそう明確化し、さらに目立つようになった[249]。社会問題は一八七〇年代から前面に出てきた。プロテスタントの教会は拡大する都市部で、陰険な物質主義と一八六五年以降、急速に成長したきわめて信心深いアメリカのカトリックの双方に比べて、影響力を失っていることに次第に気づくようになった。教会の指導者たちは、これらの失敗を道徳的萎縮と潜在的な人種的衰退の兆候とみなした。ジョサイア・ストロングが一八八五年に主張したように、「アメリカが世界の無知と抑圧と罪との戦いにおいて神の右腕となろうとする」のであれば、双方の傾向を逆転させる必要があった[250]。

大衆的な伝道者の一群が一八五〇年代以降登場し、それぞれが近代化の中で社会に蔓延した罪に対抗するための道徳的改革の声明を発した。一八五八年、ドワイト・L・ムーディー（一八三七～九九年）はシカゴからアメリカの他の地域に広がる日曜学校運動を開始した。ムーディーはその後、現代において福音主義を唱える最初の伝道者となり、一八七〇年代と一八八〇年代に合衆国とイギリスでの集会に大勢の人を集めた[251]。メアリー・ベーカー・エディ（一八二一～一九一〇年）は一八六〇年代に精神的癒しを提唱し、一八七九年にクリスチャン・サイエンス教会を設立した。一八八〇年代に始まった聖書を読む学生の運動は、最終的にエホバの証人となる組織に発展した。一八七四年にメソディストによって設立された女性キリスト教禁酒連合（WCTU）は、一八八〇年代と一八九〇年代、そのプログラムを拡大し、刑務所改革、文化的啓蒙、参政権拡張などを含めるようになった。この組織は、独自の劣等性が国民の強靭さを脅かしているとする集団の中にアフリカ系アメリカ人を含めるような偏見を、そのイデオロギーとして持つようになった[252]。

第三次大覚醒中に結成されたアングロ＝サクソン組織の中で最大のキリスト教青年会（YMCA）は、自らを最初の主要な国際非政府組織（INGO）だと主張している[253]。一九世紀初頭に発生したYMCAは、一八五五年までに十分にグローバル化し、多数の関連組織が連合するうえで必要な一連の原則に合意できた。ロンドン支部は一八五一年にアメリカ人の訪問者に運動をボストンに広めるよう促し、そして運動はボストンを拠点に全米に広がり、その過程で並行して発生した運動であるキリスト教女子青年会（YWCA）を刺激した。創設の理念である心、精神、肉体の健康は幅広いアピールを持ち、セオドア・ローズヴェルトのような公的人物も共感した。ローズヴェルトは、「エントロピーの法則」がアングロ＝サクソン民族を弱体化させることを防ぐために、精力的で、筋骨たくましいキリスト教徒の新世代を育成しようと考えていたのである[254]。

一八八〇年代に発生した社会的福音運動は、小規模な信仰復興《リバイバル》の諸団体の利害関係にまたがり、改革プログラムを各地の町へ、そして連邦議会へと運び、さらにそれは革新主義者の進める社会改良プログラムにも影響を与えた[255]。福音主義運動は都市化と移民がもたらす難題に対処しようと、キリスト教的メッセージを掲げようとした。野蛮人がローマを圧倒したように、悪魔ルチフェルがアメリカで育てた手下どもは、神の言葉を世界中に広めるために神によって選ばれた人々を堕落させていたというのである。国民的統一を維持するためには改革が必要であった。キリスト教の教えへの新たな取り組みは、社会を支えた道徳を再び活性化させることになっていた。選民としてのアングロ＝サクソン民族の役割を再び強調した信仰復興《リバイバル》が、アングロ＝プロテスタント同盟を持続させ、運動に価値ある目的を与えた。恵まれない人々の改宗と同化である。社会的福音派は資本主義を破壊することなく、それを批判した。この運動は一八八〇年代と一八九〇年代の社会的紛争の解毒剤として改革を推進し、国民に共通の目的を与える消費者のエートスを支持した。精神的な風潮と物質的な風潮は歩を一にしながら動いていた。剝奪と退廃が猛威を振るうところでは、神の御業は決して降り注がないのであった。

一八八六年から一八九八年まで福音派同盟の総幹事ジョサイア・ストロングは、社会的福音運動の最も著名な指導者の一人であった。彼は数多くの出版物や演説で名を馳せ、セオドア・ローズヴェルトを含む高い地位にある友人を得た。一八八五年に出版された彼の有名な著書『わが祖国――その未来の可能性とその現在の危機』は、時代の懸念を捉え、キリスト教的改革プログラムに対する読者の関心を集めた。あからさまな帝国主義者という彼のステレオタイプが示唆するよりも、ストロングは複雑な人物であった。『わが祖国』の大部分は、アメリカ人を国内で悩ませている数多くの「危険」の記述に当てられ、国を崩壊させる恐れのある社会的衰退に対抗するために必要な資金を求める強い訴えで終わっていた[256]。ストロングの主な関心事は、合衆国内での宣教活動を促進することであった。「ゴート族とヴァンダル族」のような移民は、北東部の町を乗っ取り、アングロ＝サクソン民族の生活様式を破壊していた。南部と西部では、ローマカトリック教が定着しつつあるか、十戒はほとんど知られていないかのどちらかであった[257]。

ストロングは至福千年救済神学という長期間にわたる福音主義的伝統の一部であり、彼はそれをアングロ＝サクソン系のナショナリズムと融合させた[258]。彼の著書の冒頭と最後の美辞麗句は幅広い影響力を持っていた。というのも、外国の侵略者と「ローマカトリック教徒」が率いる闇の力と、精力にあふれたアメリカのアングロ＝サクソン民族が率いる光の兵士を対峙させる、という同時代的なドラマを巧みに演出したからである[259]。ストロングは安心できる結論を用意していた。神と進化は彼らの優越を選んだ――アングロ＝サクソン民族が一致団結し、キリスト教的価値観を広めているかぎり[260]。ストロングは「明白な天命」の概念を活性化し、それが取り扱う分野を拡大した。彼の海外膨張についての発言は、簡潔で十分には検討されていなかったものの、帝国主義者に素材を提供した。人種間の競争の

「最終決戦」は目の前に迫っている。そしてアングロ＝サクソン的「植民の才」と合衆国の「とくに積極的な性格」が結果を左右する力となる、というのである。[261] アメリカの膨張は「あまたの劣った人々の間で流布する暗黒の異教主義に対する神の最後の完全な解決策」であった。[262] しかし、この闘いは、武器を取る闘いではなく、活力と文明の闘い」であった。[263] アメリカの先駆者が直面している課題は、「多くの弱い人種を処分し、他の人種を同化させ、残りを……アングロ＝サクソン化された人類ができるまで成形すること」であった。[264] ストロングの幅広い構想は、神の目的に対する彼の自信に満ちた理解に見合ったものであった。義務感が世界の改革を推進し、失敗は神の報復を招いた。

アングロ＝サクソン世界の指導力が合衆国に渡ったという信念は、神が世界を救済するためにアメリカ人を選んだという信念とあいまって、新たな自信を生み出し、南北戦争後の時代に人々の文化面での願望として表現された。コスモポリタン的な影響は残ったが、文化交流のグローバル化の進展に応じたものというよりも先祖返りとしてであった。アメリカの声は今や、自分の曲を録音するのに十分な拡がりと音量を持っていた。こうした展開は当時のハイ・カルチャー、とくに幅広く似た趣味、習慣、価値観を持つ都会の中産階級の誕生に見てとることができる。[265] 他の者が模倣すべき「文化的上昇」の基準を設定することで、同化への道筋を示したのは、この階級の人々であった。なかんずく北東部の都市部に居住する中産階級は、自らを文化的な指導者だと自認していた。人生のゴールの尺度である社会的指標が広く普及していった。結婚からファッションまで、また文学からスポーツまで一連の実例が、こうした社会的指標を示した。

「上品さ」は地理的な場所に関係なく、それにふさわしい人がふさわしくない他者を認知するのに役立つ、一群の文化規範を体現したものであった。社会的交流は国際結婚への道を開き、アメリカの文化と国際的な文化をつなぐ手段ともなった。[266] ヘンリー・アダムズは一八八〇年に出版された彼の風刺小説で、当時の文化的な流行の一つを捉えている。すなわち金持ちにはなったが、いまだに富にふさわしい地位を得るほどの年齢を重ねていない人々が、名声のある国際結婚、とりわけイギリス貴族との結婚を成功させることで、地位を得ようとする願望である。

誰と婚約していると思う？　ヴィクトリア・デアは宝冠、泥炭地、そしてダンベッグ卿と婚約しているのさ。ヴィクトリアはこれまでの他のどの婚約よりも今は幸せだと言い、これが本物だと確信している。彼女はアメリカの貧しい人々から得る年間三万ドルがあるという。それはアイルランドの貧しい人々の一人を救済するのにも役立つかもしれない。あなたは彼女の父親が保険の代理人か、まあそんなところだったことを知っているだろう。そして保険請求を利用して顧客をだますことにより、自らの金を稼いだといわれている。彼女は猛烈に伯爵夫人になりたがっており、そしてダンベッグ城をさらに素敵にして、そこで私たち全員を楽しませようとしている。[267]

一八七〇年代までにアメリカの社会情勢についての評論家は、外国の貴族との結婚を共和主義的原則に対する裏切りとしてではなく、対等に受け入れられていることを示す尺度とみなしていた。アメリカ人の状況とイギリス貴族の華やかさの合体は、双方の当事者の必要性を満たした。社会的名声を切望した裕福なアメリカ人は、相続した地位を買い取る立場にあった。自らの地位を金銭的に立て直したい金欠の貴族は、喜んで主たる資産を提供した。[268]最も好まれた国であったイギリスとの間では、とくに一八七四年にジェニー・ジェロームのランドルフ・チャーチル卿との結婚、そして一八九五年にはコンスエロ・ヴァンダービルトとマールバラ公との結婚という最も壮観な事例が生まれた。一八七八年にこうした結婚の一つを報道した際、『ニューヨーク・タイムズ』紙は「アングロマニア（イギリス熱）の波がわれわれの社交界を席巻している」と報じ、「今、大層幸せに広がっている二国間の親愛の情」を高める可能性が高いと論じている。[269]この時代の証言者ヘンリー・ジェイムズは、一八七〇年代と一八八〇年代にイギリスとアメリカの文化的結合を彼の小説群の主題とした。ジェイムズは抑制された愛国心、アングロファイル（イギリス好き）の傾向、マシュー・アーノルドが「実利主義」と呼んだものに対する嫌悪感という彼に特徴的な組み合わせをそれらに注入した。[270]この組み合わせは、国民国家を超えた、「アングロ＝サクソン王国」の大義へのコミットメントに対する帰属意識を生み出した。[271]

ファッションの流行は、この時期におけるアングロ＝サクソン文化の収れんのさらなる証拠であった。統合の標準的な尺度である価格と賃金が世紀の後半にヨーロッパとアメリカ大陸で一致するようになると、グローバリゼーションにおいてさほど指標としては馴染みのない、紳士服とひげの型も同調するようになった。[272]一致したファッションの変化は、大西洋を横断する調和を顕在化させた。あごひげは明らかにクリミア戦争中のイギリスと南北戦争中の合衆国で流行し、サムソン〔旧約聖書に登場する怪力・豪勇のイスラエルの士師〕信奉者、男性的な強さ、政治的指導力、専門的能力の象徴となった。リンカン大統領は新しい流行の最前線におり、アンクル・サムは一八六九年にあごひげをつけるようになった。[273]あごひげの流行は、一八八〇年代後半から一八九〇年代初頭にかけて両国で頂点に達した。やがて、口ひげが規律ある、軍事的な男らしさの象徴として取って代わった。

ジェンダー規範からの著しい逸脱は、男性的な服装を既存の領域に差し戻す文化的圧力を引き起こした。一八八六年に出版されたフランシス・ホジソン・バーネットの『小公子』の成功によって、裕福な流行を先導する階級の間で、男子にファン・ダイク〔チャールズ一世の宮廷画家〕が描いた復興主義的衣装を着せる流行が始まった。ファン・ダイクの衣装は高貴な精神と道徳的純潔に結びついた、一つの男らしさの形を象徴するものであった。[274]しかしながら、一八九八年までに時代のスタイルの権威は、市民的徳の子ども版が男子を過度に洗練させ、女々しさを助長していると断じ、むしろ粗野で、野外指向的で、軍事的な価値観を強調するスタイルを促進するようになった。ボーイスカウトはビロードを着用しなかった。

英米の女性のファッションも同様に収れんしていった。フープ・スカート〔張り輪入りスカート〕は一八六〇年代に拡大の頂点に達し、バッスル〔女性のスカートの後ろを膨らませるための腰当て〕は一八七〇年代と一八八〇年代には流行して、世紀の変わり目以降はタイトなコルセットになった。だが、遠方の州では遅れがあった。テキサスの女性は一八九〇年代にまだクリノリン〔馬の毛などで織った芯地〕の張り輪が入ったフープ・スカートと悪戦苦闘していた。大西洋を横断するフェミニスト運動は、確かにファッションへの外国の影響とそれらが暗示する従属の双方に異議を唱え、そうすることで服装の問題における将来の自由を目指した。[275] しかしながら、一九世紀後半には正統派が支配的であった。スタイルの問題では政治の問題同様、強力な影響力を前に異議申し立てはしぼんでしまった。消費文化が拡大していくと、あらゆる市民が類似したスタイルに引き寄せられ、ファッションが男女の伝統的な区別を強調するという事実にもかかわらず、その魅力は熱心なフェミニストさえ惑わせたのである。[276]

このような国際結婚とファッションにおける大西洋横断的な流行は、社会的価値観の表明であり、英米の上流階級がいかに類似した行動パターンを共有していたかを露呈させた。一九世紀初頭においては、合衆国におけるイギリス文化の要素は、旧宗主国への継続的な恭順の表現であった。一九世紀の終わりまでに、アメリカ人が南北戦争後の経済発展と政治的統一の高まりから自信を得たため、以前、アメリカ人が持っていた恭順の感覚は対等なものへと変容した。ハリソン大統領の豪華なひげの生えた内閣は、イギリスの文化的権威の承認を求めていたのではなく、文明のコスモポリタン的世界への平等な参加を示していた。

ファッションに当てはまることは文学にも当てはまった。[277] 著名なイギリスのジャーナリスト、ウィリアム・ステッドが一九〇四年に述べたように、「アメリカの作家がヨーロッパの批判に耳を傾ける際に持っていた、昔ながらの悲壮感漂う謙虚さはなくなった[278]」。それまでに合衆国で生み出された文学には、合衆国に特有の性格とその多様な社会的混合性の自画自賛が見られるようになっていた。[279] 長い間、ロンドンに定住していたヘンリー・ジェイムズは、自らの小説にその変化を反映させた。ジェイムズの小説は一八七〇年代にヨーロッパ人が未熟なアメリカ人をどのように凌駕したかを描写することで始まり、新しい世紀にいかにアメリカ人がいかに強靱になりつつあるかを示して終わっている。[280] 文化的独立の探求は、このジャンルの多くに影響を与えた。それは二〇世紀に旧植民地世界全体で顕著に見られるようになる視座を予感させた。

南北戦争直後に発表されたウォルト・ホイットマンの声明である『民主主義の地平』は、文学的独立への訴えであった。同様の訴えはエマソンが一世代前に行っていたが、その際には限られた成功しか収めていなかった。ホイットマンは次のように述べた。

私たちは新世界の息子と娘が自らの天才を知らず、まだこの地に生まれたもの、普遍的なもの、近きものを発足させておらず、いまだ遠きもの、部分的なもの、そして死人を輸入しているのを見る。私たちはロンドン、パリ、イタリアを地元でも見事でもないのに、自分たちが帰属しているように考える。その一方で、ここアメリカを二流とみなし、自分たちが帰属していないと考えている。私たちはヘブライ人、ローマ人、ギリシア人の断片を見る。しかし、自らの土地で、忠実で最高の誇り高い表現において、私たちはどこにアメリカ自体を見るのか?[281]

ホイットマンは一八五五年に複数の版がある『草の葉』の初版を出版した際、自らの問いの一部に答えている。この詩集は、独立したアメリカの声を主題と文体において表現したものであった。ホイットマンはスコット、テニソン、シェイクスピアの「封建的」文学と呼ばれるものを拒否し、イギリスの批評家であるトマス・カーライルとマシュー・アーノルドによるアメリカ文化に対する攻撃に精力的に応対した。カーライルとアーノルドは、アーノルドがもったいぶって「凡庸さと無視していいものの優越」と呼んだものを嫌悪感を持って眺めた。[282] ホイットマンはアーノルドのエリート主義的な留保を一部共有したが、彼の楽観的・ディケンズ的な人間の精神への信仰は、アメリカの民主主義の擁護とその可能性に対する信念を支えた。[283] 同時にホイットマンは国民国家を政治生活の終点としてではなく、コスモポリタン的でグローバル化された世界の出現の序文とみなした。ホイットマンの想像力は、ヘンリー・ジェイムズを魅了したアングロ＝サクソン民族の団結という主題が規定していた制限をはるかに超えて広がった。[284] 新しい秩序は「平均的な人」の時代になることになっており、「何が起こるかわからない」が、「大胆に陸にも海にも足を踏み入れている」。[285]

エミリー・ディッキンソン（一八三〇～八〇年）も独特な語り口で表現した――ホイットマンのはったりの外向的姿勢とは好対照の内省的なスタイルではあったが。[286] 彼女の詩はホイットマン同様、明らかにアメリカ的であった。アメリカの民主主義が独身女性に課した制約、宗教的復興主義の抑圧的な性格、そして個人の価値観に対する大量消費社会の影響はすべて、彼女が自らを取り巻く世界から取り入れた主題であった。一八九〇年代に出版された彼女の詩集の初版は、批評家を不安にさせた。「ミス・ディッキンソンは明らかに評者を困惑させるために生まれてきた」と、彼女の慣習から逸脱した特異な手法に当惑したある評論家は述べた。[287] 彼女の想像力に富んだ半韻、革新的な韻律、句読点、そして時折、用いられる口語表現は、品のいい趣味の擁護者を不快にさせ、彼女の作品の内容と文体のそれぞれの価値についての広範な議論につながった。[288] 彼女はようやく二〇世紀になって評価された。ここに至ってモダンな潮流が彼女の詩に追いついたのである。彼女の詩はその直接性、簡潔さ、表象、および深さで評価されるようになった。

マーク・トウェインは『トム・ソーヤーの冒険』（一八七六年）と『ハックルベリー・フィンの冒険』（一八八四年）で、ホイットマンの言う「この地に生まれたもの、普遍的なもの、近きもの」に関して、ディッキンソンとは異なるが、それでも完全にアメリカ的な叙述を行っている。これらの小説は、自らについて書いている東海岸のエリートの世界からかけ離れた世界を描いていた。シェイクスピアは高貴な政界の描写とバランスを取るために、日の当たらない暗黒街の登場人物を使った。トウェインは子ども時代に見た裏の世界、敗者、冒険家、のけ者から登場人物を選び、日々の慎ましい「政治」もまた普遍的な道徳上のジレンマと苦闘していることを示した。それはすなわち、不平等の持続、アイデンティティの形成、偏見の土台、正義の性格といった事柄である。彼はホイットマンの「平均的な」人々を田舎にはびこる貧困、ミンストレル・ショー（顔を黒く塗った白人が黒人を類型的に演じた）、さらには中西部と南部における人種差別的な社会規範といった本物の現地の舞台に立たせた。トウェインは登場人物たちに自らの言葉で自らの世界を描写する自由を与えた。多くの同時代の批評家は、トウェインの登場人物の言葉を容認できないほど粗野で、そして時にわいせつだと考えた。

　トウェインの語り口はあらゆる意味で独特であった。『アーサー王の宮廷のコネティカット・ヤンキー』（一八八九年）は「頭脳が必要とされなかった場所」であるイギリスの封建時代の風刺として始まった。だが、合衆国が奉じた近代性の型に対する、同じような批判で終わっている。この小説は、合衆国が自らの先端技術の誤用によって滅んでいく様を描いていたのである。トウェインが最初に『金ぴか時代』（一八七三年）でさらしものにした、共和党政府と慢性的な腐敗に対する幻滅は、政治世界に対する彼の観察が蓄積するにつれて大きくなった。一八九四年、『まぬけなウィルソン』を出版するときまでに、彼の気分はさらに暗くなっていたが、それは白人の人種差別の強まりと制限のない移民がもたらす破壊的な帰結を反映していた[289]。当然のことながら、トウェインが提示した真実は世に広まり、従来の世界観を好む人々が彼の最も有名な本を禁じようと絶え間なく試みるほどであった[290]。しかしながら、トウェインは一見弱い者に強さを与えた。彼の登場人物は地元に根差したアメリカ人でありつつ、精神的にはグローバルであった。彼らは国民性を体現する存在であるが、一方でナショナリズムやその延長にある帝国主義を身にまとわなかった。帝国主義こそトウェインが懸命に反対したものであった。

　南北戦争後、スポーツも脱植民地化された。組織化された競技は、対立していた地域を統合し、白人が構成するアメリカにとっての新しいイメージを形作るのに役立つ、「男らしい」美徳を教え込む強力な手段となった。こうした展開は南部でとくに重要であった。南部ではスポーツが国民統合という枠組みの中で地域主義を維持し、敗戦の影響を和らげ、再統一をより受け入れやすくした。南部連合の退役軍人は野球を導入した。また、北部の影響下でフットボールが広まった。南部の革新主義者は、スポーツが身体を霊魂より上に高めたと主張する福音派の敵対的な姿勢を乗り越え、新しい競技を勇気、名誉、礼儀正しさといった古い伝統と融合させた。フットボールは南部でとくに人気があり、武勇の価値観や動物を殺生する競技といった地域の文化にアピールし、南部の華麗な式典を復活させる機会を生み出した[291]。スポーツでの勝利は南部の誇りを取り戻した。それはイギリス帝国内の国々が「母国」を打ち負かした――実際、次第に頻繁に起こった――際、士気を高めたのと同じようであった。スポーツはまたハイ・カルチャーが到達しなかった社会の一部にまで社会秩序を拡大した。たとえば、野球は典型的な民主主義のスポーツであった。野球は平らな地面と最小限の道具があれば十分で、それゆえ、南北戦争の両軍のお気に入りの競技であった[292]。

イギリスはスポーツという分野において、合衆国の「独立」の高まりに対抗するために、非公式に多くの取り組みを行った[293]。クリケットとラウンダーズを起源とする野球は、南北戦争前からすでに人気があり、平和の回復後、急速に発展した。一八六〇年代、評論家は野球をアメリカの国技と呼んでいた。独立一〇〇周年を迎える一八七六年、興行主は最初のナショナル・リーグを結成した。イギリスのクリケット愛好家はこうした動きに対抗し、再びクリケットが定着することを期待して、合衆国ツアーを後援した。これらの試みは失敗した。これはイギリスからの移民が合衆国のクリケット界を支配し、植民地主義的、エリート主義的イメージを与えたことが一因である[294]。野球の支持者は一八八八年から一八八九年にかけて、アルバート・スポルディングがその競技の利点を喧伝し、「自家製」スポーツに対する国民の誇りを育むために世界ツアーを開催した際、攻撃に転じた[295]。クリケットは、その帝国的イメージによって「捕らえられ、アウトに」(caught and bowled) なった。帝国的イメージはアメリカの新たな愛国心とは相容れなかったのである[296]。

アメリカン・フットボールは、すでに定着していたイギリスのサッカーと(ハーバードでの)ラグビーを中心とした大学スポーツから生まれた。アメリカン・フットボールは一八七六年に独立宣言を発表した。その際、アメリカン・フットボールの支持者は新しい規則に同意し、政治的独立宣言の一〇〇周年を祝うためにリーグを結成した[297]。イギリスのスポーツ愛好家は、クリケットの後援者が行ったように、ツアー・チームを合衆国に派遣することで、サッカーの命脈を保とうとした。恐らく無意識に巡礼者《ピルグリムズ》と名づけられた強力なアマチュアの面々は、一九〇五年に合衆国を巡った[298]。ピルグリムズは一つの競技以上のものを表していた。彼らは一連の価値観の伝道を目指していたのである。ツアーのリーダーたちは、サッカーは「人の中にある野蛮な要素を育てる」競技ではなく、紳士向けの競技だと主張した[299]。競技場でのチームの力強いプレーは、後援者が主張した正直さ、公平さ、そして伝統的な権威に対する敬意を常に示しているわけではなかった。それにもかかわらず、ツアーは記録的な死傷者を出したシーズンの後、アメリカン・フットボールに与えられたひどい悪評の中で実施され、イギリス人はアメリカの公衆がサッカーをアメリカン・フットボールに代わる魅力的な競技だとみなすことを望んでいた。熱心なフットボール支持者であったローズヴェルト大統領に後押しされたアメリカン・フットボール協会は、代わりに競技を改革した[300]。サッカーにとってもはや、チャンスはなかった。一九一四年までに、アメリカン・フットボールは二つの主要な国技の一つとして野球に追加され、新植民地主義の影響は薄れていった。アメリカン・フットボールはアメリカの感性を表していた。アメリカン・フットボールは紳士ではなく男性のための競技であった。アメリカン・フットボールは男らしさの資質を確かめる競技となった。ここでいう男らしさとは、肉体の健康が求める以上だが、一定の枠内にある荒々しさによって表現される資質である。こうしたアメリカン・フットボールのありようは、肉体は立派だが、しばしば疑わしい手を使うイギリス紳士が時折見せる暴力をはるかに凌いでいた。イギリスの紳士は、「男と取っ組み合う」以上に「ボールと絡」んでいるのであった。

文化的独立への道は長く、不均一であった。その道にはリーダーだけでなく、落伍者もいた。当時の著名なアメリカ人芸術家ジェイムズ・マクニール・ウィスラーとジョン・シンガー・サージェントは、彼らの人生の大部分をヨーロッパで過ごした。クラシック音楽はヨーロッパの遺産から逃れるのに苦労した[301]。当時の主要な作曲家であるエドワード・マクダウォールは、今日ではほぼ無名である。一八九二年、ある裕福なニューヨーカーの集団が、一人のヨーロッパ人、アントン・ドヴォルザークを熱心に招聘しようとした。そもそも目的はとりわけアメリカの音楽学校の設立にあった[302]。一九世紀後半のゴシック復興様式は、「アングロ゠サクソン王国」を称賛する機会となり、合衆国に封建秩序の要素の導入を叫ぶ雰囲気が生まれたが、他方、他の分野ではそれは意識的に独立した形態の芸術的表現を生み出していた[303]。だが、ゴシック様式の教会や大学が建設中であった際にも、ジョージ・A・フラーは高層ビルを開発しており、二〇世紀に入った直後、プレーリー（大草原）派のリーダーであるフランク・ロイド・ライトは、輸入された中世と古典的な形式に対する応答という意味も込め、きわめて新しい様式を用いた国内建築を生み出した[304]。同様にマクダウォールが、リストとワーグナーの様式を用いてアメリカ固有のメロディーを作るのに苦労した一方、ハイ・カルチャーの擁護者の視線がそれを無視するなかで、無数の形式のポピュラー音楽が繁栄した[305]。今日のポピュラー音楽の成立に貢献したアパラチア音楽、フォーク、カントリー、ラグタイム、霊歌などのスタイルを作った人々は、その多くがアングロ゠サクソン文化の外におり、今日のポピュラー音楽の成立に貢献した[306]。文化の高尚化と大衆化との間のせめぎ合いは、同化と多元主義の間の緊張も表現していた。このせめぎ合いは二〇世紀にまで持ち越されたが、一九六〇年代の公民権運動が引き起こした衝撃によって決着をみた。

◆「連邦」から「アメリカ」へ

合衆国はその巨大な規模、大規模な人口、豊富な資源により、一定の実効性のある独立を達成するうえで並ぶもののない立場にあった。合衆国の独立性は、イギリスの自治領を含む他の元植民地が達成した程度をはるかに超えていた。しかし、これらの利点があっても世紀の終わりまでは、アメリカ共和国が願望を実現するためにその政治的、経済的、文化的資源を動員することはできなかった。

南北戦争は連邦を確固たるものにするうえできわめて重要であったが、建設されたのは国民国家というよりは、一つの国家であった。国籍共有の意識に基づく統一は、ドイツ、イタリアおよびその他の新しい国家や新しく再建された国家同様、依然として進行中であった。この当時の政治論議は、モダーン・グローバリゼーションへの移行が押しつける緊張に対する反発を象徴していた。合衆国の二つの主要政党の競合するプログラムは、事実上、国際統合の条件を再交渉しようとする提案であった。その後の変革は激しく、競合的であった。共和党と民主党は対照的な将来のビジョンに合致するように合衆国を形作るために戦った一方、南部の再建で生じた地域問題を解決しようと試み、一八八〇年代と一八九〇年代を特徴づけた好戦的な階級闘争と格闘していた。農民のポピュリストは台頭する産業資本主義の力への従属に憤慨し、都市部の労働者は産業資本主義に組み込まれる条件に異議を唱えた。不動産所有者は国家を不安定にしたり、経済発展を損なうことなく、市民的秩序を維持する方法を模索した。

肝心な問題は共和党のプログラムの勝利を告げた一八九六年と一九〇〇年の決定的な連邦選挙まで解決されなかった。民主党支持者は資金源の面で劣り、裏をかかれた。彼らは自由貿易への支持によって不利な立場に置かれた。反対派は、自由貿易が今日、言うところの「新植民地主義」とその悪徳なイギリスの代理人に合衆国を従属させ続けると主張した。ヨーロッパ大陸同様、保護関税はナショナリストの感情に訴え、共和党が権力を維持するのに役立つ年金、政府の契約、得票の源泉となった。保護関税の成功はハミルトンの精神によって見守られていた。そしてこの政策を先導したのは、リストの経済ナショナリズムであった。紙幣の幅広い魅力にもかかわらず、強力な利害関係者の下で金本位制は維持された。暴力的な異議申し立ては抑圧され、急進的な代替案は国政において信頼を失った。南部は一八六五年以降、その価値と独自性を再び認めさせる方法を考案したが、連邦を分裂させるために二度と冒険することはなかった。粉飾された消費の過剰から資本主義を救った勝利者たちは、一八九〇年代の手に負えない紛争の再発を防ぐために若干の改革が必要であることを認めた。世紀の変わり目、合衆国の革新主義者はヨーロッパの新たに編成された自由主義者や保守主義者の中における、類似した立場の者たち同様、独占的活動を抑制し、福祉改革を実施するために中央政府に目を向けた。富豪でさえ、革命よりも改善が望ましいと考えていた。

高まりつつある国民の独立意識は、国内だけでなく海外でも表出した。一八九五年、最初のベネズエラ危機は、合衆国がイギリスに逆らい、モンロー・ドクトリンに実質を加えるのに十分な自信を持っていることを示した。三年後、共和党はカリブ地域と太平洋でスペイン軍を打ち負かすためにアメリカ海軍を展開させた。スペインとの戦争は国際的次元で合衆国が攻撃的行動を取る能力を獲得し、もはや防衛のためにイギリス海軍に依存していないことを示した。保護関税によって資金を提供された海軍の計画は、共和党に彼らが必要とする手段を与えた。ローズヴェルトやウィルソンのような革新主義者は、国家の目的はもはや国境に限定されていないと信じていた。彼らは堕落した人々を引き上げ、その未来を管理し、国内の懐疑的な公衆に対して、強力で、慈悲深い国家の偉大な指導者が与える利益を示す十字軍的な外交政策が正しいと証明したのである。

経済発展は政治的ナショナリズムを支えた。定量的な証拠は真の「市場革命」が世紀の前半というよりは、南北戦争の後に起こったことを示している。一九〇〇年頃まで、そして確実に一九一四年までには、合衆国はアルフレッド・マーシャルの言う「世界最大の自由貿易地域」において、先例のない程度にまで自給自足しつつ、生活水準の向上を図った。[307] 一八六五年以降、共和党は経済において外国資本と移民を受け入れたまま、その一方で輸入に対して高い関税を設定した。関税は金本位制を支える収入に大きく貢献し、外国の債権者に再建された連邦がその債務を尊重するという確信を与えたため、きわめて重要であった。平和の回復とそれに続く金本位制への回帰は、イギリス資本の巨額の流入を引きつけ、北部と中西部の銀行、製造業、鉄道の利害関係者との収益性の高い業務提携を強化した。アメリカの製造業者はイギリスの市場に侵入し始め、イギリスの製造業者は合衆国への侵入がますます困難になっていた。イギリスの合衆国との貿易収支の悪化は、政治的圧力によって製造品の新たな市場が開かれたアジアとアフリカへとイギリスの輸出を向かわせる効果を持った。一九一四年までに合衆国は世界最大の商品とサービスの生産国になり、南北戦争に至るまでの対外貿易を特徴づけていた植民地時代の遺産からようやく解放された。

イギリスの商品とは異なり、イギリスの金融は合衆国経済の発展においてその重要性を維持した。そうであったとしてもイギリスの投資は、むしろ連邦政府が財政的統一を達成し、民間企業が国内資本市場を拡大するのに役立った。一八九〇年代までにロンドンのシティとウォール街は一致して行動しており、一九〇〇年以降、両者は順番に互いを助け合った。ロンドンとニューヨークが対等な立場になったのは、北部と中西部の力が合わさって、経済力のバランスが合衆国に傾いたからであった。一方、北部地域の拡大する繊維産業と長年の貿易相手であるマンチェスターに原材料を供給する南部は、準植民地的な従属地域であり続けた。アメリカ経済全体に対する南部の重要性の低下は、合衆国に対するイギリスの影響力が相対的に下がったことを示す指標であった。一九〇一年、W・T・ステッドはイギリスへの合衆国の投資の伸長の後に起こるであろう両国の役割の逆転を予測した。その「古い国」は「アメリカの入植者の新しい家になる」と彼は述べた。[308]「ジョン・ブル」は「賢くならねばならないだろう」と彼は付け加えた。[309]

トクヴィルが一八四〇年代にアメリカ的性格の意識が高まっていることについて評する中で記したように、イギリスに対抗する文化の要素は南北戦争のかなり前に存在していたが、真の国民的アイデンティティを生み出すには至らなかった。[310] しかしながら、南北戦争の惨事は、アメリカ共和国が再び引き裂かれるのを防ぐための統合の絆の創造に向けて、差し迫った動機を与えた。広く白人を包摂するアングロ゠プロテスタント市民に基盤を置く国民的連帯のイデオロギーが、その目的を果たした。アングロ゠サクソン連合の成員となったことで、アメリカは世紀の初期には持っていたイギリスへの敬意を取り払っていた。学者たちは人種に関する理論を洗練させ、アメリカ共和国がアングロ＝サクソン民族の中で、最もダイナミックで独立した分家として行動する根拠を与えた。宗教指導者は報復よりも和解を強調し、各地域の利害よりも国全体の信者に訴えた。第三次大覚醒は、産業資本主義から予期せぬ形で生じた不道徳と分裂という闇の勢力との戦いに向けて、宣戦を布告した。一九〇〇年までに文化的な独立が達成されつつある証拠は、高級な芸術だけでなく社会関係、公の祝賀会、国際結婚、そしてファッション、さらには地域を越えて白人社会のあらゆる部分に訴えたスポーツなどの活動に見られた。世紀の初めの方では、文化の類似点はアメリカのイギリスへの敬意を反映していた。世紀の終わりには、類似点は統合された世界において対等性を示す指標であり、他方、相違点は独立の証であった。

徐々に勃興するアメリカのアイデンティティを表現するのに用いられた言語とシンボルの変化は、国家建設の各段階の進展を示す指標であった。南北戦争の結果、アメリカの国旗と国歌が他を押しのけて、人気を博した[311]。米英戦争中に考案されたアンクル・サムが、他のシンボルとなるべき人物に取って代わった。独立一〇〇周年の年である一八七六年までに、アンクル・サムは誰もが認める国の象徴として、馴染みのある痩せたリンカン風の形象になった。そして明確に白人であり、かつ男性であることが強調されるようになったのである[312]。一八八〇年代までに、一八六一年にあれほど見事に失敗した緩やかな地域間の妥協の代名詞となった「連邦」(Union) という用語は好まれなくなり、新しい労働組織〔労働組合 (union)〕を説明するというより低位の役割に追いやられた。「アメリカ」は一八九〇年代に合衆国という国家を指す現在の地位を得て、その後、恒常的に合衆国を意味するようになった[313]。「忠誠の誓い」は、かの有名な――そして今では物議を醸している――上陸四〇〇周年のコロンブス記念日を祝うために一八九二年に作られた。

一八九〇年代には南北戦争従軍軍人会、「アメリカ革命の息子たち」、「アメリカ革命の娘たち」、アメリカ国旗協会が率いる退役軍人やその他の愛国的な組織が、国旗と国歌を学校、公の行事、個人の家に浸透させた[314]。感謝祭は元来、「ヤンキー」の習慣であったが、国民的行事になりつつあった。この時期までに、すべての北部の州は戦没者追悼記念日（現在はメモリアル・デー）を祝ったが、この記念日は南部ではまだ「失われた大義」に具現化された価値を再確認する機会であった。しかし、ゲティスバーグの戦いから五〇年後の一九一三年までに、この行事は国民的な性格を帯びるようになった[315]。歴史家たち――新たな独立国にとっての永遠の奉仕者――は、国民統合のうねりに彼らの権威を与えた。著名な学者たちは、アメリカの指導者を神聖化して自由と民主主義の理想の存在を保証し、アメリカの過去に独自性を与えることで――例外主義と呼ばれることになる――、アメリカの存在を正当化するロマン主義的な「壮大な物語」を作り上げた[316]。一九〇一年、ウッドロウ・ウィルソンは「私たちの国家の存在に彩られたこの新しい世紀を迎えるにあたって、私たちは完全に成熟し、国民としての十分な自覚にたどり着いた」と議論の余地なく宣言することができると感じた[317]。本章が扱う時期の終わりまでには、信仰、家族、国旗が織りなす永遠の三位一体に基づく国家への忠誠心は、地域や他の帰属意識と同居するようになったのである。

歴史的な事実を検討すれば、確実に合衆国は一九世紀後半に産業＝国民国家を建設することと格闘した後発国のカテゴリーに組み込まれる。[318]個別の事柄は異なるが、これらの国々が抱えた問題は基本的に同じであった。これは当たり前のことであるはずだが、それに値する十分な注目をいまだ浴びていない。後発国は全て、経済的・政治的な権力の農業から工業への歴史的移行を処理する問題に取り組んだ。こうした後発国はすべて、たいていは初めてであったが、急速な都市化と階級闘争から生じる問題に直面した。同時にこれらの国々はすべて、一つの国旗の下に多様な民族的、地域的、宗教的忠誠心をまとめる国民的アイデンティティの意識を作り出すのに苦労した。また、これらの国々はすべて、国際貿易の大変動、とりわけ一九世紀最後の四半期を特徴づけた景気の乱高下とデフレの合体により、こぞって大きな影響を受けるほど十分に統合されていた。一八世紀のフィロゾーフ〔フランスの知識人〕のように、当時の思想家たちはこの状況の原因、それがもたらす結果、そしてそれへの対処方法についての理論を発展させ、共有した。モンテスキューの洞察が示唆するように、この時代の攻撃的でしばしば手に負えない対立はすべて、経済成長と政治的統制の間の不均衡が拡大したことが表面化した結果であった。換言すれば、これらすべての国家はモダーン・グローバリゼーションへの移行に従事し、それが引き起こした反動に対処しようとしていた。この状況は大規模な水準の「構造調整」――後の世界銀行の呼称を用いれば――であった。

真の独立は国際的な役割に向けて合衆国の準備を整え、その役割は国力と自信の高まりの感覚を反映していた。一九〇八年、ハーバード大学の歴史家アルバート・クーリッジは、新たに統一されたこの国は主要な四つの「世界大国」――彼はこの用語が過去二〇年間にのみ使用されるようになったと指摘した――の一つだと判断した。[319]聴衆が合衆国は史上最高の政治的・経済的発展段階に到達し、他の先進国に加わったという主張を喜んで受け入れることを知っていたので、セオドア・ローズヴェルトは一九一〇年までに「われわれ偉大な文明諸国」に言及することができた。[320]この段階には、「文明化された」国々に不均一に降りかかった帝国の責任という重荷を負うことが含まれていた。その年のヨーロッパ旅行中、ローズヴェルトはこの高尚な地位が与えた「名誉ある特権」、その役割に付随する義務、そして、そのグローバルな守備範囲と永続的な義務について、確信を持って語った。アメリカは確かに成熟したのである。[321]

第八章　非例外的な帝国の獲得

◆「われわれの世界での機会、世界に対する責務、そして世界的栄光」(1)

一八九八年までに合衆国は、強力で完全に独立した国家になった。その年、キューバ、プエルトリコ、フィリピンを侵略し、ハワイを併合するために、合衆国の新たに見出された力が適用された(2)。突然かつ明らかに目に見える形で、旧植民地共和国は帝国列強になった。一連の劇的な展開は、事態の進行と同程度の速さで、また事件に関する報道と同程度の広がりをもって、原因に関する議論を惹起した。そしてこの議論は、一世紀以上にもわたって続くことになる。現在提供されている解釈は、相互に矛盾することも多いが、それぞれ啓発的である。しかし、それらは拡張するグローバリゼーションの範囲とそれが生み出した統合の問題によって形作られた国際的な文脈に合衆国を置くことはめったにない。一連のアメリカ中心の見方は、膨大かつ驚嘆すべき詳細さをもって、そこに国民的な物語を読み込む。より広域的な視点は、合衆国がヨーロッパ諸国間の共同事業に、たとえ競争的であったとしても加わっていたことを明らかにする。すなわち、西洋列強が旧世界の残骸から立ち現れる新たな世界秩序の責任を確実に引き受け続けるという事業である。

アメリカ帝国主義の研究でその国際的文脈が限定的にしか考慮されてこなかったことは、カリブ海と太平洋に保有し続けていた領土が一八九八年に併合されたスペインの扱いを見れば明らかである。スペインは世紀のほとんどの期間、跡形もなく沈み、突然、受動的で衰退する列強として一八九〇年代に再浮上した。実際には、スペインは合衆国同様、産業＝国民国家を創造するという挑戦によって課せられた緊張に対処するための、長期に及ぶ争いを惹起する取り組みを行っていた。一八九八年の米西戦争は、異なる状況下ではあるが、おおむね類似した移行の問題を管理しようとしていた列強間の紛争であった。

合衆国によって獲得された島々の歴史はまた、一般的な概説では詳しい説明が行われない。それは一般に、スペインとの戦争の直前の事件に限定され、島民をより強大な諸列強の行動の受け手として表象する傾向がある。この一般的な傾向に対する注目すべき例外は確かに見られるが、ほとんどの場合、それらは合衆国の一つの特定の島との関係に限定されている。より広い視角から見ると、カリブ海と太平洋における島々は、一九世紀にグローバル化の影響が降りかかったため、前例のない統合の問題に取り組んでいたことは明らかである。帝国主義の原因を十分に説明するには、こうした変容の試みに伴う、さまざまな不安定化要因を特定し、解き明かす必要がある。この点については、別途、第九章で考察される。

ここでの議論の目的は、第七章で分析された、合衆国を支配し、その未来を形作ろうとする激しい政治闘争と関連づけながら、アメリカ帝国主義の説明を提供することである。振り返れば、一八九六年の大統領選挙は、共和党の発展プログラムを導入するうえで決定的であった。しかしながら、当時、不確実性は一八九八年の中間選挙まで続き、一九〇〇年に民主党が敗退するまで、完全には排除されなかった。スペインとの戦争は、この騒がしい時期の真っ只中で起こった。学者たちは、この戦争について直接的なものから遠因まで含んだ、一連の原因を列挙してきた。問題はもはや、事件について膨大にある詳細にあるのではなく、この議論における、異なる諸部分間の関係にあるといえよう。基本的かつお馴染みの課題は、一般的な原因と特定の原因を効果的に結びつけることである。本章で提供される説明は、南北戦争後の工業化の進展、移民と都市化の増大、地域的・社会的分裂の拡大、そして次第に増大する社会的な秩序の乱れを、必然性の高い原因として見出している。しかしながら、このような展開は、領土帝国を建設しようとする決定を説明するには不十分である。というのも、このような諸変化は、領土帝国建設という決定とは異なる事態とも結びつくからである。政策形成者は、スペインとの紛争が共和党支配を強化し、それによって当時の差し迫った国内問題に対処しようとする共和党の計画が確実に有利になると判断して、戦争行動を正当化するのに十分な論拠を示した。戦争を始めるという決定に続く領土併合は、軍の勝利だけでなく、選挙の勝利をも祝福するものとなった。一八九八年と一九〇〇年の選挙は、共和党の掲げる独立した合衆国に関するビジョンが勝利することを確認するものであった。カリブ海と太平洋での戦争の成功は、南北戦争が可能にしたが実現できなかった国民的連帯感を創出したのである。

合衆国で行われた、いくつかの政治的策謀は、一九世紀後半にすべての西洋列強に共通した一つの主題が、別の形を取って現れたものであった。その主題とはすなわち、農業に基づく軍事＝財政国家から工業に基づく国民国家への変容である。この変容は確立されたヒエラルキーを揺るがし、政治的安定を危険にさらす、苦痛を伴う要求を突きつけるものであった。帝国主義は、個々の国家の特定の問題に合わせて考えだされた部分的な解決策であった。第六章では、変革が不均一であったことから、さまざまな国家がそれぞれの優先事項を持つことになったと主張した。これから述べる評価は、後発国として、アメリカ帝国主義の背後にある明確な動機が主に政治的であったことを示すことになる。スペインとの戦争は間違いなく、特定の経済的利益をもたらしたが、その直接的な目的は、国民統合を強化することであった。しかしながら、話はこの時点で終わりではない。指導的な膨張主義者は、国の未来とそれを支えた資本主義システムの未来が危機に瀕していると確信し、同時に彼らは、自らを救済に向けての神の意志を代行する者とみなしていた。外交政策と経済の関係は、選挙の要請によって媒介されていたため間接的であったが、そうだからといって重要でなかったわけではない。一八九八年にアルバート・ベヴァリッジ上院議員が、「世界での機会、世界に対する責務、そして世界的栄光」を摑むように聴衆に促したのは、この熱烈な演説の背後で、こうしたことを考慮したためであった。彼は同胞に訴えていたが、彼の訴えが含意するものは、容易にヨーロッパで理解されたであろう。ヨーロッパでは、同じような種類の膨張主義者が、同じ目的のために同じ言葉を使用していたのである。

◆一八九八年の戦争をめぐる闘い

スペインとの紛争後、まもなく執筆した世代の歴史家は、今日も存続している論争におけるいくつかの主要なアプローチを提示した。[3] 革新主義学派に連なる学者たちは、帝国主義は産業資本主義の進化の帰結である長期的な経済的要因の産物だと主張した。反対派は、特殊で予期できず、不合理なものの重要性を主張し、その結果、一八九八年の出来事の予測不可能な性格を強調した。[4] 二〇世紀を通じて展開した議論は、大部分が合衆国を論じたものであったが、ヨーロッパ帝国主義に関するはるかに多大な先行研究の進展と並行していた。

革新主義学派は、以下の諸点で批判された。すなわち、経済的決定論の疑い、また多様かつ細かな証拠に先験的な想定を課しがちなこと、さらにはしばしば非物質的であった、事件を喚起する他の諸要素に適切な重要性を付与していない点などである。反対派は逆に、その狭量さと木を見て森を見ずという姿勢が批判されてきた。[5] この立場からの主張には、一八九八年の領土獲得は、共和国の理想や民主主義の着実な普及を中心とするアメリカ史で一般的に受け入れられているテーマからの、短期的かつ例外的な逸脱だとするものもあった。この見方によれば、合衆国は例外的な国家であり、一八九八年の帝国主義は、「大いなる逸脱」にすぎなかった。[6] 同様の「逸脱」が各地で全く同時に起こっていたため、合衆国がこの点において例外的だと主張したい歴史家は、帝国主義列強間の共通性を軽視せざるをえなかった。だが、その共通性を全くの偶然だとして退けてしまうことはできない。

一九六〇年代と一九七〇年代に、革新主義的伝統は新たな影響力を持った。この時期、ウィスコンシン学派のニューレフト部門が、唯物論の立場を復活させ、アメリカ史の中心的なテーマは対立ではなく、むしろコンセンサスだという右記の見方に関連する主張に異議を唱えた。[7] その再解釈は、帝国主義は、進歩が安定的に展開していく過程でランダムに現れるものではなく、一八九〇年代に商業的不況をもたらし、実業界に新たな海外市場を探し求めるよう駆り立てた長期の経済発展の産物だと主張した。一連の研究書は、詳細な検証を積み重ね、こうした議論に妥当性を付与した。その結果生まれたのは、一八九〇年代と同じく、資本主義の批判者を支持する一九六〇年代の雰囲気に対応する、大胆で魅力的な解釈であった。

活性化された経済的解釈は、一九八〇年代までかなりの影響を及ぼした。この時期までに、経済史はいわば「市場のない製品」になりつつあり、ニューレフト史学の視点に対して向けられた批判の高まりに対抗しようとする新たな研究者は、ほとんど登場しなかった。分析概念という点でも、ニューレフトの研究は経済的拡大と帝国主義の間に区別をつける際、常に体系的というわけでなく、その結果、一つの証拠がしばしば他の証拠として用いられることもあった。用語が一致している、あるいは一致する可能性があるといっても、その間の関係は必然的でも排他的でもない。たとえば、事業の成功に関わる他の利害関係者に影響を与えることを模索する「事業の拡張」と、事業を展開させる際に相手国の主権の一部が及ばないようにすることを成功の必要条件とする「事業の拡張」との間には区別が存在する。[8]実業利害が市場を求めたという決まり文句は、商業的な拡大の証拠である。他方、彼らが目的を達成するために受入国の独立性を削ぐ影響力を持っていたとする、より踏み込んだ主張は、帝国主義の証拠となるのである。彼らの意図は、政府の支援を得ること、あるいは通常の事業展開をはるかに上回る形で、一定の非公式的影響力が行使されることで初めて達成されるのだ。

ニューレフトは、さらなる概念上の難題を抱えていた。すなわち、もともとの解釈には二つのバージョンがあり、しかも決して十分には統合されなかったことである。一九五九年にウィリアム・アップルマン・ウィリアムズがその大枠を示した説明は、深刻な不況時に製造品の販売を後押しするための海外市場の必要性を強調していた。[9]ウィリアムズが一〇年後に展開したもう一つの説明は、生産物の価格の下落が引き起こした困難に苦しんでいた中西部の農民が推進した「農民の帝国主義」と呼べる事例を打ち出すものであった。[10]都会と地方は自然で調和のとれた同盟を形成したわけではない。それゆえ、一九世紀末の合衆国における社会的諸力のバランスを理解し、かつ一八九八年の攻撃的な帝国主義の動機を解釈するためにも、どちらの利害が支配的であったかという問題は重要である。ウィリアムズ自身は、都市の製造業者が直面している問題の分析と、中西部の「土にまみれた農民」に対するターナー的な共感とを完全には調和させなかった。[11]彼の「農民の帝国主義」の概念は、鋭かったが未発達のままで、現在は看過されている。

ウィスコンシン学派のニューレフトのほとんどのメンバーは、彼らのテーゼの工業版を支持し、そしてウォルター・ラフィーバーは、一九六三年に刊行された注目すべき研究でその主張を敷衍した。[12]ラフィーバーは、不況時に新しい市場を求めた企業が、政府をスペインとの戦争に追い込んだという議論を展開した。彼はスペインの島嶼市場が未発達であったことを認めたが、どれだけ誇張されていたとしても、政策形成者は島嶼市場には潜在的な価値があるという観念に影響されていたと示唆した。[13]ラフィーバーはまた、実業界の大多数が長らくスペインに対する敵対行為に反対してきたと認めた。対スペイン攻撃は、スペインとその反抗的な臣民の間で続いている戦争によって被っている通商上の混乱に拍車をかける可能性が高かったためである。アメリカ本土のビジネスマンは、土壇場になってようやく考えを変え、圧力をかけることになるが、それは主に危機によって生じた不確実性を終わらせるためであった[14]。だがやはり、ラフィーバーは、彼らの介入が臨界点で起こり、宣戦布告するよう連邦議会に影響を与えたと主張した[15]。しかしながら、その後の研究は、彼の議論への信頼を弱めた。実際、一九九一年までに、ある非常に尊敬されている歴史家は、「ウィスコンシン学派の一八九〇年代についての見解」が、「過去の遺物」になったと結論できると感じるまでになっていた[16]。

ウィスコンシン学派に関係する解釈は、政治の役割、人格、偶発的事件、そしてリチャード・ホフスタッターの言う集団的な「精神的危機」から生じる「不安に起因する非合理性」を強調する一連の解釈と競合した[17]。しかしながら、広い訴求力を持った幅広い別の解釈が待ち望まれているところに台頭したのは、文化史であった。文化史は、一九世紀後半の帝国主義の説明の組み合わせに、人種、ジェンダー、アイデンティティの要素を付け加えるものであった[18]。長年、奴隷制、人種隔離、「アングロ＝サクソン王国」についての数多の先行研究が証明しているように、歴史家は国内外の外国人に対する態度を形作るうえでの人種的ステレオタイプの重要性を認識してきた[19]。初期の研究は、合衆国で形成された人種的優位性の概念の海外への投射に焦点を当てていた。その後の研究は、人種的態度が単に輸出されたのではなく、帝国のフロンティアにいる先住民との相互作用によって形作られたことを示し、その経験が、アメリカ文化の諸側面に影響を与えるために、どのように再利用されたかを探究した[20]。

ジェンダーへの関心は、男らしさと女らしさの構築が、帝国に対する態度と政策にどのように影響し、また逆に海外への膨張が、国内のジェンダー問題にどのように影響したかを説明する、一連の関連する研究を生み出した。いくつかの研究は、精力的で好戦的な資質が、いかにして一八九八年の戦争に表れた男らしさの定義に支配的な影響力を行使したのかを示している。他の研究は、新たな帝国〔ラフィーバーの著書の表題〕と合衆国の女性の権利運動との関係をたどっている[21]。これらの中で最も直接的に関連する説明は、スペインとの戦争は、好戦的な男らしさの表現であり、それ自体が、職業の変化、経済不況、女性の権利の主張によってもたらされた男性の尊厳に対する打撃への反応であったと主張している[22]。短期間で決着がついたスペインとの戦争は、男らしい資質を再燃させた。フィリピンでの長期の厳しい戦争は、そうした資質を滅ぼす恐れがあった。キューバとフィリピンにおける対照的な経験は、なぜ好戦的愛国主義が、台頭するのと同じくらい急速に勢力を失ったのかを説明しているというのである。

このような男らしさという観念が存在したかどうかは争点ではない。人種的優位性を主張する強烈な感覚、また武勇を求める好戦的な美徳を再活性化したいという願望は、当時の出版物やその言論で広まっていた。こうした発見は、間違いなく、新たな帝国主義の時代におけるアメリカの役割の説明に組み込まれる必要がある。だが、仮説を検証するために提示された証拠が、デカルトの言う「方法的懐疑の力」にさらされると困難が生じてくる。たとえば、人種的優位性についての信念は、確かに膨張への重要な衝動ではあったが、それは非白人を合衆国に組み入れる可能性を持った政策に反対するために人種を利用する強力な対抗的主張と競合した。[23]

人々が声高に唱えていることを政治的決定と結びつけようとする際には、さらなる問題が浮かび上がる。[24] 男らしさについての特定の見解を喧伝し、強化したいという願望は間違いなく存在したが、他の価値観から導き出された動機と比較検討する必要があろう。ジェンダーは、アイデンティティの構成要素であり、その全体ではない。結果的に行動の理解に寄与するアイデンティティの形成に含まれる要素は、いくつか例を挙げれば、社会的地位、職業、エスニシティ、宗教など他の源泉がある。一八九八年の政策形成者たちは男性だったので、当時の男性と同じように考えたことは自明である。しかしながら、彼らは同時代の男性ではあったが、同じくビジネスマンとして、大臣として、知識人として考えたのであって、それは、男としての活力が喪失することを防ぐ必要性について考えるのと同程度か、あるいはそれよりも優先していたのである。さらに男らしさは、さまざまな形態を採ることができ、判断力、安定性、抑制などの資質を含みうる。[25] 戦争の指導的な擁護者は、さまざまな方法で国益を問うた。マッキンリーは、永続的で確固たる交渉方針で好戦的愛国主義に対抗した。アルバート・ベヴァリッジは、男らしさよりも精神的な蘇生を強調した。ウッドロウ・ウィルソンは戦争を、政治を再生する機会とみなした。セオドア・ローズヴェルトは、栄誉を責務に結びつけた。

第五章でも示したように、次のように主張することは依然として可能であろう。すなわち男らしさと暴力は、合衆国の歴史において特別な位置を占めている共通の起源を持つ産物なのである。[26] 戦争は政治問題に対する一般的で、受容された解決策であったので、一八九〇年代の好戦的感情の高まりは、目新しいものではなかった。したがって、この時点での男らしさに関する修辞の量の増加は、独立した現象としてではなく、経済的、社会的、政治的要因に由来する刺激への応答として理解されるべきである。しかし、現時点では、文化的アプローチは専門性の枠に閉じ込められており、帝国主義に関わる政治や経済と結びつけられることはめったにない。文化史家は間違いなく主題を拡大したが、彼らは新しい「マスターナラティブ（支配的物語）」を提供しているわけではない。仮に文化史家が、「マスターナラティブ」を提示したとしても、一種の文化決定論を提唱しているとして非難されていたであろう。

大規模な出来事を理解しようとするすべての試みには欠点がある。他方でこれらの試みは引き継がれ、総合的見解を形成するためのその後の取り組みに組み込みうるという利点を持っている。一八九〇年代に力を持った諸要因は、独特であったが、それはこれまでのところ、同じような規模で表面化しておらず、かつ同様の影響を持っていなかったという点で独特であった。外交政策は具体的な形を持つ組織によってではなく、その時々の人物と政治によって形作られた。[27] 海外での政治介入はまた、憲法上の妥当性や政治的目的に関する新たな問題を提起したが、それは北米大陸での経験の先例を適用することでは解決ができないものであった。同時にアメリカ帝国主義は、もしこの用語が、想定される規範からの逸脱を意味すると解釈されるならば「逸脱」ではなかった。アメリカ帝国主義が短命であるように見えたという事実は、アメリカ帝国主義が例外であることを意味しない。むしろ、アメリカ帝国主義は、歴史における正常性の概念に疑問を投げかける。帝国建設に向かう動きは一般的であった。アメリカの「新たな帝国主義」は、ヨーロッパ列強の帝国主義と歩調を合わせて興亡した。「新たな帝国主義」は、独特の特徴とともに共通の要因を持っていたのである。

◆ドン・キホーテの最後の疾駆

スペイン帝国は、南アメリカと中央アメリカの副王領が独立した共和国に分割された一九世紀初頭の激動の後、スペイン史を専門としない歴史家の視野から姿を消した[28]。スペイン帝国がときおり歴史叙述に現れたとしても、衰退するエネルギーを宗教的な情熱に傾ける人々のイメージや、進歩の足掛かりを失ってしまった国家というイメージが保持されるだけであった[29]。スペイン帝国の残滓の歴史がヨーロッパ帝国主義の一般的な議論に取り入れられることはめったになく、イベリア半島の専門家に任されている。こうした専門家は、混沌として複雑な国民的物語のマイナーな付録として、スペイン帝国の残滓の歴史を扱う傾向がある[30]。もちろん、スペインの経験は独特な特徴を持っている。しかしながら、スペインの経験は代表例でもあった。すなわち、すべての西洋諸国には一九世紀における国民創造と経済発展という課題が突きつけられていたのである[31]。より正確には、スペインは、プロト・グローバリゼーションからモダーン・グローバリゼーションへの移行から生じる、苦痛を伴う緊張を的確に表す事例を提供しているのである。合衆国は、南北戦争の余波で国民統合を強化し、都市と産業の急速な発展によって引き起こされた緊張を和らげるために、海外帝国を獲得した。スペインは、保守的利害と自由主義的利害の間の権力闘争がいまだ全く解決されていない時代に、イベリア半島の政治的野心に資金を融通するために、かつて広大であった帝国の資源を利用しようとした。

いくつかの章で示したように、フランス戦争は、ヨーロッパの軍事＝財政国家を安定した代替物に置き換えることなく軍事＝財政国家に損害を与え、場合によっては破壊した[32]。一八一五年以降の時期には、ナポレオン後の国家形態を定めるために、保守派と改革派の間で長期にわたる抗争が起こった。スペインの政治的混乱は、フランスによる占領と南北アメリカの革命によってすでに引き起こされ始めていた。君主制主義者と共和主義者が、急速に変化する世界で権力をめぐって争う中、不安定さは、一連の反乱、クーデター、内戦のために一九世紀の間続いた[33]。一八一四年にスペインで復古したブルボン王朝は、オーストリア＝ハンガリー帝国のハプスブルク家のように、軍事＝財政国家を復活させ、絶対主義的支配を押しつけようとした。こうした計画の反対者は、立憲君主制を望んでいた人々と共和国を支持した人々に分かれた。自由主義の思想、後に続いてマルクス主義がピレネー山脈を越えた。アダム・スミスとジョン・スチュワート・ミルは海から到着した。ナショナリズムは、リソルジメントから、そしてより遠方のアイルランドとインドにおける展開から感化を受けた。アナキズムは、世紀の終わりの数十年にイタリアから密輸された(34)。民主主義は前進し、そして後退した。一八一二年に成人男性に最初に付与された選挙権は、一八九〇年に恒久的になる前に、何度か取り消され、再び施行された。

競合するエリートとそのカシーク〔地方政界のボス〕のネットワークは、依然として主に農業的であった社会において、揺れ動く政治的命運を左右した(35)。権力にある者が君主主義者であろうと共和主義者であろうと、寡頭制による支配が、政府の標準的な形態であった。それにもかかわらず、経済発展が政治権力の伝統的な基盤を変容させる中で、散発的な改革、とりわけ一八六九年から一八七六年にかけての改革が、世紀の後半に政治システムを開放的なものに転換し始めた(36)。持続的な政治的不確実性にもかかわらず、農業、工業、そして外国貿易は、量の面でも額面でもすべて増加した。拡大の速度は、目を見張るものではなかったが、平均的な生活水準が、一七七〇年から一九一〇年の間に倍増した人口増加に追いつくのに十分なほど堅牢であった。都市人口は、はるかに短期間で倍増した。一八五七年の一六%から一九〇〇年の三二%に増加したのである(37)。バスク地方とカタルーニャでの製造業の成長は、新しい進歩的な中産階級とそれと対になる労働者階級を生み出したが、両者は既存の政治ネットワークからは除外されていた。とくにバルセロナは、海運、商業、移民の主要な導管として、グローバルなつながりを発展させた(38)。カタルーニャでとくに顕著に見られた自由主義思想は、革命と本国からの分離を防ごうとして、奴隷制の廃止を含む植民地改革を推進した。マドリードの視座から見ると、これらの主張は一七一四年に失った独立を回復したいというカタルーニャ自身の願望の代替物であった(39)。

イベリア半島は間違いなく、ヨーロッパの指導国に遅れをとっていたが、政治的および経済的問題において、原則の「大分岐」はなかった。スペインは世紀の後半、軍事＝財政国家を変革し、近代経済を創造しようとする他の国と同じ目標を共有した。スペインの経済統計を再検討すると、停滞しているが、例外的に一時的な突発的経済成長が起こる国というステレオタイプと矛盾する(40)。スペイン経済の相対的な後進性は、過度の中央集権化と風土病である保守主義ではなく、地方の強さと地元優先の考えの根強さによって特徴づけられていた。このような点が、財政と市場の統合を阻害したのである(41)。

政党は、以上のようなスペインの発展の状況に対応すべく、自らの綱領を調節した。あらゆる種類の意見が、ナショナリズムを継続的な帝国の使命に結びつけた(42)。国益の守護者として名を馳せた保守主義者は、人民の要求にできるだけ譲歩せずに、自らの基盤を拡大することを望んでいた。社会改革と共和制を提唱した自由主義者は、積極的に人民の支持を求めた。これらの幅広い立場は、フランスの場合同様、中央と諸州の間、そしてカトリックと世俗主義者の間の対立によって複雑になった。一八八〇年代と一八九〇年代の困難な状況は、ヨーロッパと合衆国のいずことも同じように、スペインでは、ポピュリスト政治に味方した。急進的共和主義は、反対派が退廃的だとした君主制を廃止し、さらに世界強国としてのスペインの地位を回復しようとする組織的活動によって、急速に伸長した(43)。一八九五年のキューバの反乱、それに続くメイン号の沈没と一八九八年の戦争は、合衆国同様、スペインでも、先例のない規模で大衆的ナショナリズムを出現させた(44)。保守派は足元をすくわれた。祖国の保全と過激な攻撃を撃退する必要性は、彼らにキューバの反政府勢力と合衆国に立ち向かうことを余儀なくさせた。しかしながら、ナショナリストのレトリックを誇張することで、彼らは、帝国の大義を人民の改革の要求に結びつける危険を冒した。他方、過激派は、いっそう多くの民衆を動員する機会を享受した。彼らは、植民地の状況の悪化を保守派のせいにし、帝国主義とナショナリズムを融合させ、人民を軍隊に参入させ、一八七六年以来、権力を掌握していた、復元された君主制の信用を失墜させるために危機を利用した。一八九〇年代、好戦的愛国主義は、多くのイデオロギーの最前線に広がった。

このような展開は、イベリア半島と植民地を「不愉快な結婚」の下で結合させた。そして、最終的に離婚に終わったのである。南米本土での広範な領土の喪失は、スペインの国際的名声の大部分と同国が大国の地位を維持するために投入した歳入のおよそ五分の二を犠牲にする結果となった。メキシコは一七六三年以降、とくに英仏両国とスペインとの戦争に資金を提供することで、スペイン帝国の復活に決定的な支援を提供していた。増税と債務の増加があいまって、最初にフランス、次にスペインが破産して広範な不満が生じ、一八二一年にメキシコの独立につながる反乱を引き起こすこととなった。ペソに基づく大規模な通貨連合は崩壊した。ペソ自体、共通の価値基準としては受け入れられなくなり、世紀最後の四半期に加速する長い衰退の道をたどり始めた(45)。債務の返済に加え、軍隊がスペインの国家歳入の大部分を吸収し続けたため、歴代の政府は中南米諸国にしぶしぶ与えた独立による損失を補うために、残存する植民地から可能なかぎり多くの歳入を引き出す圧力に恒久的にさらされていた。

したがって、このような流れの帝国的な側面は、もはや絶え間ない衰退の物語の一つとして読まれるべきではなく、いわんや国家の怠慢という物語の一つとして読まれるべきではない(46)。財政上の義務と世界大国としての地位を保持する必要性は、一八一五年に平和がヨーロッパに戻った後、スペインが帝国の残余を活性化するための断固たる努力をする土台となった(47)。フランス革命によって解き放たれた政治的諸力とイギリスの産業革命によって広まった経済的諸力を取り込むのに苦労するなか、「海外のスペイン」は、その規模が大々的に縮小されたにもかかわらず、本土の資源に貢献するという目的のために再編された。当初、マドリードは、グレンヴィルが一七六〇年代に大陸植民地を対象として計画した類の搾取帝国を樹立することを望んでいた。しかし、スペインの命運はもはや上向いていなかった。帝国の改修には外国、主にイギリスから援助が必要であり、搾取政策は異議を喚起し、その異議は最終的には革命的な規模にまで膨れ上がった。加えてマドリードは、出現しつつあるグローバルな機会を活用しそこねた。アヘン戦争とスエズ運河の開通により、シナ海とインド洋の貿易と政治は一変したが、スペインはガレオン〔一五～一八世紀のスペインの大型帆船〕貿易の黄金時代に直面したよりもはるかに多くの競争に直面し、これらの地域において、その卓越と威光を大幅に減退させた。

メキシコの喪失に続いて、マドリードは残りの領土の総督に、以前よりも大きな民政面、軍事面の権限を与えた。彼らはそうした権限を行使して、増税を行い、奴隷反乱や他の破壊的な動きを抑え込むのに用いた。形式的には、「帝国」は「海外のスペイン」（*La España Ultramar*）のままであった。実際には、市民の帝国はますます臣民の帝国になった。すなわち、帝国の構成員は育成されるのではなく、抑圧されることになったのである。一八三七年、スペインの島々は議会での代議権を失った。一八六三年、マドリードは植民地の統治体制を整理・一元化するために、新たに「海外省」を設立した。また、それを補足する政策として、とくにキューバとプエルトリコへの移住を奨励した。その目的は、本国での貧困を減らし、植民地における新世代の忠誠派を育成することであった。世紀が進むにつれて、大西洋を越えてつながりを持つスペイン人の家族の数は増加した。マドリードが、再び権威を主張したことは、同化または編入によって平等が達成される可能性があるという考えに終止符を打った。帝国の次元において選挙権が剥奪されたことは、地元での代表権の拡大を求める願望を刺激した。帝国各地の島々において確立された市民的自由の侵害は、初期のナショナリスト運動に弾みをつけた(48)。

スペインが一八世紀末から推進した奴隷貿易と奴隷制は、カリブ地域の植民地からの輸出の大幅な増加の基盤を形成した(49)。とくにキューバは、奴隷労働に基づくダイナミックな資本主義経済を発展させ、世紀半ばまでに、世界最大の砂糖生産地になり、高品質のタバコの主要な供給者ともなった(50)。この島は、植民地からの歳入の主な源泉としてメキシコに取って代わり、マドリードの財源に大きく貢献し、この大都市の政治的階級の食欲を満たした。スペインはまた、近隣のプエルトリコを砂糖とコーヒーの生産地として発展させ、サントドミンゴを（一八六一年から一八六五年まで）一時的に再占領し、砂糖とその後、マニラ麻の輸出地となった遠方のフィリピンに対する従来、限定的であった支配を強化した(51)。

重商主義政策は、植民地の発展を促進するにはあまりにも制約が大きかった。植民地の発展は、いっそう自由な貿易への移行によって可能になるのであった。他国の市場への参入がなければ、植民地は、マドリードに歳入をもたらす外国貿易からの収入を生み出すことができなかったであろう。その根底にあった問題は、スペイン自体の発展段階であった。スペインの工業製品は競争力がなく、国内市場は、植民地からの輸出を吸収するには小さすぎた。奴隷貿易は、一七八九年に他の国々に開かれた。プエルトリコは一八一五年に、より自由な貿易を許可された。キューバは一八一八年、フィリピン（マニラ）は一八三五年に、それぞれ許可された。スペインの政治的動向によって通商政策は揺らいでいたが、一八六〇年代半ばにキューバとプエルトリコに、一八七一年にフィリピンに、特恵関税が適用されるまで、開かれた貿易に向かう傾向は抑制されなかった。差別的関税によってスペインからの輸出は優遇され、その一方で、互恵条約に基づく譲歩は、植民地からの輸出には提供されなかった[52]。より自由な貿易は、自由貿易を意味しなかったのである。より自由な貿易は、外国の通商相手の数を増やしたが、他方で、スペインにとっての利点を生み出すという点で差別的であった。

自由貿易は間違いなく、植民地の輸出を促進し、スペインの国際収支にますます価値のある貢献をし、スペインは、その財産が新しい、より開かれた貿易体制に依存するようになった植民地エリートと新たな同盟を結んだ[53]。一八二〇年代までに、すでにキューバは、繁栄している国際的通商ネットワークの一部であったが、帝国内貿易はイベリア半島とはほとんど行われなかった[54]。開かれた貿易に向かう動きは、一定程度、大規模な密貿易の現実に対する認識に基づいていた。一七六三年以後、イギリスは、精力的に密貿易を推進していたのである。その後、長年の侵入者であるイギリスは、スペインの国際商取引で完全な合法的相手になるために、マドリードが必要としたさまざまなものを利用した[55]。イギリスの商人、船積み業者、銀行家は一九世紀にスペインの帝国内貿易のシェアを拡大し、差別的な関税を回避するために、スペイン企業との合弁事業を形成した[56]。より自由な貿易の長期的な効果は、経済を政治的な枠組みから切り離すことであった。クリオーリョとメスティーソが率いる植民地の輸出品生産者は、帝国外の機会を利用することに熱心であった。一方、スペインは、税収がイベリア半島に流れ続けることを確実にするために、植民地の管理を維持する必要があった。これらの相反する展開は、最終的には妥協できなくなったのである。

国際貿易の拡大にもかかわらず、スペインの財政は悪化し続けた[57]。内戦と植民地戦争の累積コストは、非生産的な目的に対する公的歳入の浪費とあいまって、予算にますます負荷をかけ、一八六〇年代以降の一続きの金融危機を引き起こした。一八八〇年代、財源を模索した結果、スペインは一連の植民地税制改革を導入し、かつ保護主義的政策を強化するようになった。改革が効果的であるかぎり、植民地臣民の税負担は増大した。保護主義政策が成功するかぎり、植民地からの輸入よりもスペインの輸出にはるかに多くの利益をもたらした。どちらの措置も、植民地当局の権限を拡大し、その受け手である植民地住民からは歓迎されざる再植民地化の一形態とみなされた。

これらの傾向の島嶼的側面については、第九章で説明する。ここでは、スペインの植民地が、歴史家に「移行の危機」として知られている世界規模の罠に巻き込まれたことに注意するだけで十分である[58]。国際的な圧力は、経済の構造的変化を強いることになり、社会秩序を不安定にし、政治的正統性を揺るがせた。これらの圧力により、スペインの刷新された帝国体制は、一九世紀の後半に崩壊した。カリブ海では、熱帯アフリカ同様、奴隷貿易に対する国際的規制を受けて、移行がもたらす危機は、奴隷貿易から自由貿易への転換に集中的に現れることとなった。太平洋では、そうした大変動には大規模な移民と土地獲得熱が含まれていた。経済的不満と政治的失望は、抗議を反逆に変えた。キューバでの十年戦争（一八六八～七八年）は、一八九〇年代に何が起こるかを予見していた。一八九〇年代、キューバとフィリピンでの大規模な反乱は、スペイン帝国を不名誉な終幕に導いた(59)。

太平洋とカリブ海の島々での輸出生産の変革に伴う広範囲にわたる構造調整は、一九世紀後半の不況と交差し、確立された政治秩序を弱体化させ、場合によってはそれを覆す規模の社会的不満を生み出した。抑えつけられた需要を前にした供給過剰の問題は、政治的境界をまたぐグローバルな問題であった。アメリカ中西部の農民とスペイン帝国の砂糖生産者は、異なる商品を輸出したにもかかわらず、同じ問題に直面していた。第九章で示すように、ハワイはスペインの植民地所領、とくにフィリピンとほぼ同じように影響を受けた。

砂糖価格は他のほとんどの一次産品の価格よりも下落した。甘蔗糖の卸売価格は一八八五年から一九〇六年の間に約六五％下落した(60)。一八七〇年代以降、主にヨーロッパで栽培されていたサトウダイコンが、以前はサトウキビが供給されていた市場に割り込む中で、生産者間の競争は激化した。世界の砂糖生産におけるサトウダイコンのシェアは、一八六四年の二五％から一八九九年には六五％に上昇した。この傾向はカリブ海の輸出業者に壊滅的な影響を及ぼした。一八七〇年、甘蔗糖の最大の生産地であるキューバは、生産量の三七％をヨーロッパに出荷した。一八九〇年にはこの数字は、一％未満であった。債務が増加し、プランターは廃業し、銀行は閉鎖された(61)。合衆国は一八九七年に不況から回復し始めたが、カリブ海の砂糖を生産する島々は、拡大する需要が最終的に農産物価格の上昇につながった世紀転換期まで復活しなかった。

デフレの時代には製造業のコストも下がり、蒸気船が帆船に取って代わったため、運賃は下がった(62)。これらの変数と交易条件〔輸出物価と輸入物価の比で、輸出による稼ぎやすさを示す〕との関係は複雑であり、いまだ完全には理解されていない(63)。現在の分析は、一九世紀最後の四半期における一次産品生産者の交易条件の長期的な傾向は、外部から誘発された突発的な価格の乱高下とそれがもたらすさまざまな影響ほど重要ではなかったと示唆している。こうした影響は、砂糖やコーヒーといった商品に顕著であった。とくにコーヒーの場合、病気にかかりやすく、天候の変化に敏感な供給側の危機もあった。だが、こうした景気の乱高下は安定性を損なうものであった。というのも、景気の乱高下は不確実な状況を生み、そのため農民は、代わりの輸出産品を見つけるよう駆り立てられるが、乱高下は同時に、そうした商品の生産を発展させるのに必要な資本投下を制限してしまうからである。このような傾向とその帰結についての疑問は、いまだ解決されていない。それにもかかわらず、スペイン帝国の幅広い一次産品生産者が、合衆国同様、彼らの生活水準と生活様式が脅かされていると信じていたことは明らかである。当初、彼らは起業家的調整を行うことで対応した。一連の対応が失敗した際、彼らは政治的行動に目を向けたのである。

生産性の向上は、利益率を維持する一つの手段を提供した。別の選択肢は多様化であった。しかし、生産性の向上は主に、キューバ（およびハワイ）に限定されており、一八九〇年代に恐慌が発生した際には不完全であった。プエルトリコは、コーヒー生産に適応したため、より幸運であった。コーヒーは一八九〇年代までに、同島の主要な輸出産品になっていた。コーヒーの世界価格は一八七五年から一八八六年にかけて下落したが、一八八〇年代後半から一八九〇年代初頭にかけて短いにわか景気を迎え、その後、一八九五年から一九〇〇年にかけて再び下落した。[64] しかし、コーヒーの拡大は独自の不安定な結果をもたらした。コーヒーの拡大は、小農民の土地と収入を減らし、その地位を下げ、農村のプロレタリアートを生み出し、農園所有者にスペインに自由主義的な経済政策を採用するよう圧力をかけることを促したのである。[65] フィリピンは、マニラ麻の輸出を発展させることで適応したが、この産品に支払われる価格も世紀の終わりにかけて急激に下落した。

ここで、追加で考慮すべき事項に目を向ける必要がある。[66] すなわち、銀通貨の対金価格の下落である。スペインの持続的な財政赤字は、他のヨーロッパ諸国が金本位制に加わった際、同国が、他のヨーロッパ諸国の後に続くのを妨げた。また、スペインの財政赤字は、植民地が国際収支に貢献しなければ、さらに深刻だったであろう。[67] スペインは一八六八年に金銀複本位制を採用したが、一八八三年に事実上の銀本位制に移行した。ペソは一八七四年から一八九八年の間に、金に裏付けられた米ドルに対して、その価値の五〇％以上を失った。[68] 政府の歳出を支えてきた外国からの投資の流入も、急激に減った。[69]

ペソの減価からスペインの輸出は伸びた。植民地への出荷は、一八八二年の総輸出の一〇％から一八九六年に頂点の二九％に増加した。[70] 再び強化された保護主義体制の産物でもあった利益は、植民地の消費者よりもスペインの製造業者を潤した。[71] さらに、スペインの植民地市場に流入するほとんどの工業製品は、合衆国とイギリスで生産され、金に裏打ちされた通貨で価格設定されていたため、輸出に比べて着実に高価になった。ペソの価値の下落は、植民地の輸出業者が、世界市場である程度の競争力を維持するのに役立った可能性はあるが、いまだに銀を通貨基準としていたスペイン帝国内外の輸出業者との競争から彼らを保護することはできなかった。[72] より強い通貨で債務を負っている植民地の債務者は、自らの支払いをするために、さらに一生懸命働かなければならなかった。銀通貨への信頼の低下は、信用コストを上昇させ、外国の投資を阻んだ。債務は支払い期日を迎えると、その額が再設定された。また、海運会社は、ペソで支払われる輸送費の下落を埋め合わせるために運賃を引き上げた。[73]

輸入に依存する植民地に関するかぎり、銀本位制を維持することの不利益は、利益を上回っているように思われた。[74] 一八九五年までに、フィリピンとプエルトリコの不満は、通貨改革の要求に結実し、ヨーロッパと合衆国で起こっている論争を反映した、金本位制と銀本位制の利点に関する議論を刺激した。スペイン政府は、複雑な事態を前にしてうろたえたが、キューバとフィリピンで反乱が勃発したことで、決断を下す労から解放された。通貨の混乱を解決する仕事は、合衆国に任された。

一八九〇年代の不況は、合衆国における砂糖の輸入関税の突然の変更とあいまって、スペインが帝国を保持するわずかな機会をぶち壊し、同時に、ハワイの国家を崩壊させた。一九世紀の終わりに、合衆国によって「保護される」領土は、統治体制の裂け目をつなぐ諸点にかかる圧力の下で崩壊した。政治エリートは分断された。経済的困難の高まりは、政治的摩擦を増大させ、エリートの一部と外国の利害関係者の間に新たな同盟を生み出す分裂を引き起こしたのである。同時に、「群がった大衆」は、彼ら自身の要望を主張した。奴隷解放は、以前は奴隷制によって特徴づけられていた社会の流動性を高めた。砂糖産業の継続的な拡大は、労働力の多様性と規模を増大させた。プロレタリア、分益小作農、小作農が現れた。アジアからの移民は、フィリピンやハワイだけでなく、カリブ海にもやって来た。そこで、彼らの多くは最初にスペイン、次に合衆国との戦いに参加した。一八九〇年代、エリートの一団と下層の一団が、さまざまな場所でさまざまな程度に結集し、外国の支配に対抗して人民戦線を生み出した。競合する派閥は、競合する政治プログラムを推進した。スペイン帝国の穏健派は、帝国内の自治、いわゆるホームルールのために運動を行った。急進派は完全な独立を求めた。

　スペインの統治者は一九世紀を通じて、競合する保守主義と自由主義の勢力、およびとくにカタルーニャの疎外感の高まりに代表される好戦的な地域主義の台頭を封じ込めるために奮闘した[75]。君主制と共和制の間、および搾取的植民地政策と開発指向の植民地政策の間の突然の移行は、モダーン・グローバリゼーションへの移行を非常に複雑にし、海外領土を不安定にした。軍事＝財政主義からより開かれた自由主義体制への移行を秩序だって管理することができなかったため、スペインは最終的に、カリブ海と太平洋に残存する植民地を失った。経済改革はあまりにも限定的であり、政治的譲歩は「少なすぎて遅すぎた」[76]。どちらも植民地の不満を解消するのではなく、増加させる可能性を惹起した。一八九〇年代のスペインの失敗は、他の西洋列強が拡張する機会を提供した。帝国ブロックの自信満々の新参者である合衆国は、旧世界が、新世界から教訓を得るときが来たことを示すために待機していた。

　バイロンは、セルバンテスが「スペインの騎士道を笑い飛ばした」と考えた[77]。しかし、名誉とその仲間である責務は、風刺を切り抜けて生き残り、一九世紀にナショナリズムの必要性に合うように作り直された。長い間、歳入源であった植民地も、スペインの大国としてのアイデンティティと地位の中心になっていたため、マドリードは奮起して救援を求める以外に選択肢はなかった。ドン・キホーテの最後の疾駆は、一八九八年に「惨事」（*el desastre*）として知られるようになる事態で終わった。この事態は、スペインにとって、長期にわたる真剣な自己省察の期間の始まりであった。一九一八年、フェデリコ・ガルシア・ロルカは、「戦士スペイン」と彼が呼んだカスティリアを旅している最中、笑顔をほとんど見なかった。カスティリアで彼が書き記しているのは、「壊れた槍」[78]、そして「静かで忘却された都市」の「重苦しい憂鬱」である。一九三六年のフランシスコ・フランコ将軍の権力の掌握は、保守派と革新派の間の論争を解決しなかったが、一時的ではあるが、突然の休止を招いた[79]。同年、ファランへ党〔フランコ政権下の唯一の公認政党〕の党員が、ロルカを暗殺した。

◆破壊の方法の動員

一九世紀の最後の四半期には、第一次世界大戦で最高潮に達する軍拡競争が始まった。ドイツは一八八〇年代に、近代的な海軍の建設を開始し、イギリスは一八八九年に、二国標準〔フランスとロシアの合計を上回る海軍力の保持〕を採用した。蒸気が帆に取って代わった。鋼鉄は木材に取って代わった。海底ケーブルは海を越えた通信を変革した。グローバリゼーションは、急速に孤立を消滅させていった。一八九八年に合衆国陸軍士官の一人が述べたように、「発明の天才は、二三年前にあったすべての本質的な条件を変えた。時間と空間は急速に消滅している」(80)。

愛国心、軍務経験、そして好戦的価値観の結合は、南北戦争の最も重要で永続的な遺産の一つであった(81)。大統領自身が模範を示した。グローヴァー・クリーヴランドを除く一八六五年から一八九八年までのアメリカ合衆国のすべての大統領は、皆少佐以上の位で南北戦争に参加していた(82)。それにもかかわらず、一八八〇年代には、合衆国はスペインとの戦争を戦うことはできなかったし、必要に迫られてではなく、選択の結果としての戦争を考えることはなおさらなかった(83)。一八九八年、常備軍は二万八〇〇〇人に制限されたままであり、連邦政府〔中央政府〕の専制に対する伝統的な恐怖が、常備軍の規模を拡大するためのすべての取り組みを妨げた。一部の士官は、拡大した専門的な軍隊の必要性を認識したが、米西戦争が終わるまで、実質的な増員はなかった(84)。民兵ははるかに大きいが、海外ではなく国内での軍務のために制度設計されており、いずれにせよ長い間、衰退していた。その結果、インディアン戦争よりも厳しさが要求される戦闘は、義勇兵部隊の不確実な規模と質に依存しなければならなかった(85)。海軍は一八八二年まで、木造船を鋼鉄船に置き換える作業に着手しておらず、一〇年後になっても戦艦は就役せず、一八九八年には、近代的な船舶が不足していた。戦争が勃発した際、合衆国はいまだ、ハワイの真珠湾やサモアのパゴパゴを開発しておらず、そうするよう圧力をかけられたにもかかわらず、太平洋に海底ケーブルを敷設していなかった(86)。海兵隊は使命感を欠き、士気の低さと規律の乏しさに苦しんでいた。

南北戦争中、商船の数が激減したにもかかわらず、海運関係者は連邦議会に自らの業務への助成を説得できず、その後、海運に従事する艦隊は衰退した(87)。一九〇〇年、合衆国で登録された船舶は、同国の総外国貿易の一〇%しか運搬していなかった(88)。それを支援する部門も、同様にみすぼらしかった。外務局は政治的庇護《パトロネジ》を与えるために利用される場所であった。外交官と領事は専門知識が不足しており、かつ急な配置転換も経験した。このことは、継続性が生む便益を損なってしまっていた(89)。実業界は一八九〇年代に改革を迫ったが、猟官制を抑制することはできなかった。スペインとの戦争の後、ようやく変化が訪れたのは、一九〇六年のことであった。この年、連邦議会は最終的に、専門の領事職を設置することを目的とした法律を可決したのである(90)。

合衆国が一八九八年にスペインとの戦争を検討することができたのは、陸軍が持つような専制的な野心を抱く恐れと戦う必要のなかった海軍ロビーが、海上での戦闘を可能にするのに十分な進歩を遂げたからである。一八八四年に開校した海軍戦争大学の士官の集団は、近代的な戦艦の建造に資金を提供するのに十分な支持を連邦議会で獲得した。一八九八年までに合衆国は、四隻の一級戦艦と二隻の二級戦艦と多数の巡洋艦を所有していた。[91] これは絶対的基準において、目覚ましい数ではなかったが、合衆国が当時の主要な海軍列強の仲間入りをするのに十分な大きさであった。[92] この時期についての標準的な概説は、このような成果を達成するうえで、海軍戦略家アルフレッド・セイヤー・マハンに主導的役割を割り当てている。名著の誉れ高いマハンの『海上権力の歴史に及ぼす影響』(一八九〇年)は、間違いなく影響力があり、長い間受けてきた称賛に値する。マハンは、イギリスとの緊密な関係を支持し、ロイヤル・ネイヴィー(イギリス海軍)の達成度に感銘を受け、一八九〇年代、アメリカの海軍計画を練るためにロイヤル・ネイヴィーの経験を参考にした。[93] マハンの考えはとくに目新しいものではなかったが、影響力ある男性たちの中に彼の見解に耳を貸そうとする人々がいたことが、受け入れられる素地となった。セオドア・ローズヴェルトは、マハンの意見を受け取った者の中でも、とりわけ高い地位にあった。彼は一八九七年に海軍次官補に任命される以前から、元来、その資質として海軍専門家であり、政治的にも影響力があった。二人の海軍狂は一八九〇年代に、他の膨張主義者と協力して、近代的海軍を創設した。[94] 彼らは、ドイツからの脅威を強調することによって連邦議会に訴え、そして、自由の勇敢な擁護者としての海軍の役割を喧伝することで世論に訴えた。

海軍膨張主義者の成功は、彼らの目的が共和党の開発政策に適合したという事実によるところが大きかった。物質的な状況の改善が、マハンの戦略思想を補完した。一八八〇年代後半から一八九〇年代初めにかけて、民主党は高い輸入関税が、連邦政府に歳入の必要以上の準備金を蓄積させている、と厳しく批判した。[95] 共和党は、海軍膨張主義者からの支持を固めるようなやり方で、この批判に対応した。寛大な年金は、退役軍人の票を引き寄せた。拡張的な海軍計画は、北東部と西海岸の企業に貴重な契約をもたらし、雇用を刺激し、同党の寄付者一覧を拡大させた。

新しい艦船の中で最も有名な合衆国艦船メイン号の短いキャリアは、この計画について見るうえで適切な事例である。メイン号は七〇〇〇トン弱の二級戦艦で、ニューヨークで四七〇万ドルの費用で建造され、一八九〇年に進水し、一八九五年に就役して、一八九八年に沈没した。西海岸ではサトウダイコン生産の大御所ヘンリー・オックスナードが、海軍の契約から恩恵を受け、同地のオックスナードの精糖所も関税保護から利益を得た。関税からの収入により、合衆国は増税や借入を行わずにスペインとの戦争に資金を提供し、合衆国とスペインが競って必要とする追加の艦船を購入したり、借用したりしていた際にも、合衆国はスペインよりも高い値を付けることができたのである。[96]

しかしながら、一八九八年、合衆国はいまだ戦争への準備が整っていなかった。その年の七月、メイン号が沈没してから三カ月後、主要な戦略家マハンは、スペインとの戦争に従事することについて留保を表明した[97]。それにもかかわらず、もし戦争が起きれば、絶対的な優位性は存在せずとも、勝利の確率は合衆国に有利であった。スペイン軍は、キューバのナショナリストを鎮圧することに失敗し、その過程で（主に病気によるものではあるが）重大な損失を被った。戦争のための取り組みは、スペインの債務を増やし、イベリア半島ではますます不人気になった。合衆国を巻き込むことによって紛争を拡大する可能性は、マドリードではほとんど誰も歓迎していなかった展開であった。この地域の台頭する大国との戦争は、希少な資源にさらに大きな負荷をかけ、長い供給線を管理するという難題に戦略家を直面させることになる。加えてスペインは、同盟国を失っていた[98]。君主制のヨーロッパ、そして、共和制のフランスでさえ反米感情で爆発寸前であり、スペインへの同情を表明したが、行動する準備はできていなかった。当時の超大国イギリスは、そのための公式な声明を発表することなく、合衆国を支持した。スペインは依然として、生きている標的ではあったが、もはや足が速いわけでも、櫂をこぐのが早いわけでもなかった。

準備不足であったことからすると、スペインを追い出し、力ずくで島を占領するという、慎重に用意された計画があったという考えには疑問を投げかけられる。しかし、この結論は、マッキンリーが外交的イニシアチブを継続した理由を説明するのに役立つかもしれないが、合衆国が戦争につながる出来事においで受動的な行為者であったことを意味するものではない。選ばれた戦略は、海軍を使ってキューバを封鎖し、キューバでの反乱軍が、スペイン軍を敗北させることを可能にすることであった。外国の地での大規模な軍事的関与を行うに当たって、合衆国は装備が貧弱で十分な訓練を積んでいない自国の軍隊を危険にさらすことなく、この目的を達成するのに十分な手段を持っていたのである。旧海軍は、多大な危険にさらされながらも、キューバに軍隊を輸送することができたかもしれないが、フィリピンにおける行動要件を満たすことは全くできなかった。近代的海軍は、ワシントンが海上での戦争を考えることを可能にした。しかしながら、熱心な若い士官たちによって支持された新しい艦隊は、スペインとの戦争を引き起こさなかった。海軍は、連邦議会内において膨張主義に前向きな一団の自発的な代理人であった。このような党派は、海外膨張に国家的大義を見出していた。彼らは海外膨張が、一八九〇年代にアメリカ本土を不安定化させる恐れのあった分裂を癒すと信じていたのである。

◆「抑えがたい膨張傾向が……再び現れているように思われる[99]」

共和党の開発政策は、保護関税と金本位制の遵守によって守られた企業資本主義の一つの形態に基盤を置いていた[100]。このプログラムは他の地域、とくに南部や平原諸州よりも一部の地域、とりわけ、北東部と西海岸の利害関係者の利益に合致するという意味で、特定の地方に偏った性格を持っていた。したがって歴代の共和党政権は、そのアプローチを国家的政策に相当するものとして提示する必要があった。南部を懐柔する目的も部分的にはあったが、より重要なのは、中西部で支持を獲得することであった。中西部は連邦議会が、二つの政党に均等に分かれた一八九〇年代において、決戦の場であったのである。二つの戦略により、共和党は目的を達成することができた。一つは、関税の操作に関わるものであった。すなわち、関税に付随する根本的な保護主義の看板を下ろすことなく、関係のある選挙民に譲歩を提供する戦略である。もう一つの戦略は、当時の最も強力な二つの文化的勢力であるアングロ゠サクソン人種差別主義と福音主義的復興主義を政権が取り入れ、セクション〔北部、南部、西部といった大きな括りの地域〕的な物質的利益を超えた、アメリカ・ナショナリズムの感覚を育むように導くものであった。

選挙の成功は、北東部の経済力を全国的に使える政治資本に変えることにかかっていた[101]。北東部自体、工業の促進、ウォール街と外国人投資家を安心させた金本位制、そして連邦政府の歳入が支えた年金と契約から大きな利益を得たため、一般に強力に共和党支持であった。これらの政策は、利益よりも代償が大きいと感じられた南部と平原州では非常に不人気であった。だが、自由貿易と金銀複本位制にアピールする力があり、一八九二年の選挙で勝利していたにもかかわらず、両地域の政治指導者は、勝利するための選択肢を考案することができなかった。南北戦争後、現地の権力を南部エリートの手に戻した政治的妥協は、彼らが、北部の政治経済体制に原理的に異議を唱えることを妨げた。他方、農村的ポピュリズムの台頭は、「ボス政治」、独占、そして最終的には、北部の保守的傾向を強めた財産権に対する根本的な脅威であった。一八九三年から一八九七年まで民主党大統領を務めたグローヴァー・クリーヴランドは、金本位制を支持しており、さらには関税の引き下げを約束しつつも、自由貿易に囚われないように注意した。中西部は鍵となる接戦地域であり、そこで共和党は一八九六年と一九〇〇年の重要な選挙の成功を確保するのに十分な票を集めることができた。中西部の北部はますます都市化され、北東部と統合した。西海岸〔主にカリフォルニア〕では、相当な海軍の契約が結ばれた。農業が盛んな西部の一部では、共和党が喧伝した互恵条約を通じて、新しい輸出市場が開かれるとされる見通しにより、支持を獲得した[102]。

貿易不況により、関税は、国内政治と海外での膨張主義的政策をつなぐうえで決定的な役割を果たした[103]。マッキンリー関税のような高い輸入関税は、輸出の拡大に対する障壁を生み出した。というのも、そういう状況では、将来の貿易相手国は、合衆国に、自国市場への自由な参入を許可するインセンティブを持たなかったからである。マッキンリーは、保護貿易の原則を維持したまま譲歩を行うことで、この問題に対処した。ジェイムズ・ブレインが構想した互恵条約は、アメリカの輸出に対する同等の譲歩と引き換えに、特定の製品が自由に自国に入ってくることを認めた。砂糖やその他の食品の輸入自由化は、国内消費者の票を集めるために設計された。海外での新しい市場の開拓は、国内で困窮している生産者にとって魅力的であった。

これらの譲歩は関税自体と同様、国内の圧力団体や接戦州の有権者を満足させ、なだめ、または無力化することを目的として生み出された。彼らは、取り決めに引き込まれた海外諸国への影響を考慮してはいなかった。

互恵協定は新しいものではなかった。一つは、一八五五年にカナダとの間で、もう一つは、一八七六年にハワイとの間で署名された。他の協定は一八八〇年代に提唱されたものの、実現が阻まれた。相互主義は、一八九〇年代になってようやく、共和党の国際経済政策の重要な特徴となった。この時期、合衆国は主に、ラテンアメリカとカリブ諸国、そして（マッキンリー大統領の在任中は）ヨーロッパ諸国と一連の二国間条約に署名するか、あるいは署名を試みた。互恵条約に関するほとんどの議論は、条約を、製造業者が海外で新しい市場を確保する必要性と結びつけてきた。[104] この動機は間違いなく存在していたが、従来考えられてきたような、根本的な原因として重視すべきかどうかについては疑問が残る。合衆国は、当面の経済的可能性が限られている貧しい国々、またはおおむね非主要産品に範囲を限定した条件に絞ったヨーロッパ諸国との間で互恵条約条件に署名した。当然のことながら、一〇年間の外交努力は、ささやかな成果しかもたらさなかった。ラテンアメリカとカリブ海の一部の国は、互恵協定に署名するようそそのかされたり強要されたりする可能性があったが、その後の貿易は小規模すぎて、全国的な合衆国の不況に顕著な影響を与えることはできなかった。合衆国とそのような国々との間の補完性の欠如は、克服できない障害であることが証明された。合衆国からの余剰小麦と牛肉が、大量の小麦と牛肉を生産するラテンアメリカの国々で市場を見つけることができるという考えは、決して現実的ではなかった。中西部が、中国の何百万人もの人々に米をやめて小麦にするよう説得できるという考えは、中国市場に対する最も空想的な希望さえ超えた夢物語であった。

相互主義の主要な提唱者は、政治家および宣伝屋として、疑わしい品質の酒類も売っていたブレインのような膨張主義者であった。[105] 実業界が互恵条約に付した重要性の真の意図を理解するには、調印された条約ではなく、調印されなかった条約を見る必要がある。合衆国はヨーロッパ諸国を除いて、他のどの国よりもカナダとメキシコと貿易を行っていた。また、一九世紀後半までに、両国を併合するという当初の希望は変更された。すなわち併合には、克服できない障害があると明確に認識されるようになり、また領土ではなく貿易を拡大する必要性が受け入れられるようになったのである。そうではあっても一九世紀最後の四半世紀における交渉は、真剣なもので、かつ長期間に及んだにもかかわらず、いずれの国とも互恵条約を結ぶことはできなかった。[106] いずれの当事者も十分な譲歩をする準備ができておらず、合衆国は、小国を扱うようにはカナダとメキシコを甘言で籠絡することができなかった。

別の角度から考えると、アメリカの実業界が、経済不況の時代に生き残るために相互主義が不可欠だと確信していれば、貿易協定の交渉においてより大きな譲歩を進んで行っていたであろうといえる。イギリスは主要な利益団体からの声高な要求にもかかわらず、一八四六年に自由貿易を採用した。なぜならば、ロバート・ピール首相は、同国が直面した危機に対処する他の方法が見当たらなかったからだ。一方、合衆国はカナダとメキシコが、キューバやハワイといった島々よりも市場としての潜在力ははるかに大きかったにもかかわらず、相互主義を重視して、これらの国々への輸出を拡大するために関税制度を修正することをしぶった。

こうした評価は、互恵協定の目的が、共和党の権力基盤を支えた保護関税を守ることであったことを示唆する。共和党は、高い税金が余剰歳入を生み出すという批判を和らげつつ、市場を拡大する費用のかからない手段として互恵条約を推進することにより、関税を擁護した。これらの条約は、産品の新しい市場を必要としていた農耕地帯である中西部の接戦州の有権者にとくに訴えるように設計された。優れた経済学者で同時代の情勢の注意深い観察者であるフランク・W・タウシッグは、マッキンリー関税によって導入された変化のいくつかは、「農民の視界を曇らせようとしているというのが、正しい評価だといえるであろう」と指摘した[107]。この戦略は、接戦の選挙で十分な数の有権者を共和党支持に回らせるように欺く――その目は一時的に曇っていた――のにちょうどよい具合に働いた。そうした接戦であった選挙が最も激しかったのは、共和党が勝利した一八九六年であった。

合衆国の膨張の経済的側面についての歴史学的な議論を行う人々は、どのような立場であれ、買収または併合された地域との通商が、総貿易量のごく一部であったことに同意する。圧倒的に最も重要な市場であるヨーロッパへの輸出額は、一八九〇年代の間も拡大を続けた。一八九八年に併合された地域との貿易は、微々たるものであり続けた[108]。少数の貧困に苦しむ島々が、国民的に重要な恐慌を終わらせることができるという命題は、一見信じがたい。この反論に対する主要な反応は、認識は現実よりも重要であり、政策形成者はたとえ誇張されていたとしても、関係諸国が持つ潜在的価値を理解して行動したというものである[109]。このような反論は説得力があるが、問題を解決するわけではない。現実もまた、重要な意味を持っていた。雇用、利益、収入が海外の貿易と投資に大きく依存していたイギリスでは、政策形成者は、帝国の政策と国家の政策が密接に絡み合っていると合理的に主張することができた。合衆国における両者の間の明らかな不釣り合いは、認識は現実よりも重要だとする議論の信憑性に疑問を投げかけている。特殊な利害関係者はいつものように、彼らの特定の利益を増進させることに力を注いだが、より広い実業界は、帝国の政治的な提唱者が呪文を唱えて呼び出すような展望に懐疑的であった[110]。この結論は、実業ロビーがスペインとの戦争をもたらす政策を目指し、達成したことを示すのに必要な証拠として十分ではない。この問題は、景気回復が膨張に拍車をかけたと主張することで解決できるが、それは実業界が、さまざまな状況下で拡大しようとするという、より一般的で役に立たない命題に寄りかかるという代償を払うだけである[111]。

現在、利用可能で、数少ない詳細な分析の一つが示すところによれば、製造業において輸出貿易を支配していた大企業は、合衆国内で合併、価格協定、労働規制を通じて不況に適応し、海外市場への政府の支援を求めることはほとんどなかったというものである。[112] 中小企業は、一八九五年に全米製造業者協会を結成し、政策形成者の前に自分たちの利害を提示し、共和党の関税保護政策を強力に支持した。しかし、中小企業が、海外市場で取引することはめったになく、知られているかぎりでは、アメリカの海外帝国を生み出した、より広範な政策に大きな影響を与えてはいなかった。[113] 投資を行おうと考えている人々は、スウィフトによる、キュウリから太陽光を抽出しようとする計画の描写〔『ガリバー旅行記』に出てくる怪奇の島の話〕にこそふさわしい、大風呂敷を広げたような儲け話には懐疑的であった。リーランド・ジェンクスが一九二八年に表明した「キューバに関心のあるビジネスマンは戦争への熱意を示さなかった」という判断は、時の試練に耐えたようである。[114]

さらに、スペインに対する宣戦布告の決定の一年前の一八九七年、不況が解消し始めた。[115] 元来、好調であった市場との取引が復活した。一八九八年二月までに、主要なアメリカ株の平均価格は、過去一〇年間で最高値に近づいた。[116] 実業界は、新たな繁栄を危うくすることにはうんざりしていた。銀行家たちは、戦争がドルに損害を与えるのではないかと心配していた。[117] 現在、入手可能な証拠は、宣戦布告に対する実質的な支持が、実業界の一部が遅ればせながら支持を表明するかなり前に現れていたことを示している。彼らの心変わりの理由の一部は、キューバの将来をめぐる不確実性の増大が、通商を阻害していることにあった。キューバと取引する合衆国の企業が、想定される戦争は彼らが思うよりも打撃が少なそうだと説得されたことも理由の一つであった。合衆国の戦争資金調達の目処が立ち、ヨーロッパ列強は中立を表明し、政権は合衆国の軍事的優位を保証されていた。[118] そうであったとしても、メイン号の沈没後にようやく実業界が結集したという事実は、彼らが戦争で荒廃し、疲弊した市場を開拓することに熱心ではなかったことを示唆している。[119]

しかしながら、これで問題は終わりではない。ウィスコンシン学派のニューレフトのメンバーによって定式化された経済的解釈は、輸出向けの商品を生産する企業に焦点を当てていた。この解釈は、輸入貿易に関与する業界にはほとんど何も述べていない。とはいえ、砂糖は、単一の産品としては、一九世紀後半に合衆国に入ってきた（額面上）最大の輸入品であり、砂糖関税は連邦歳入の二〇％を占めるまでになっていた。[120] 砂糖精製業者は合衆国の製造業者と異なり、一八九八年にアメリカ帝国を形成した島々に直接的かつかなりの利害関係を持っていたのである。

他の工業に従事する会社同様、砂糖精製業者は、合衆国内での事業戦略を調整することで、当時の経済問題に対応した。利益の圧迫は統合のプロセスを促進し、一八八七年に最も強力な砂糖男爵ヘンリー・オズボーン・ハブマイヤーの独裁的指揮の下、砂糖トラスト（企業合同）が形成された。[121] 一八九二年までに、砂糖トラストは、アメリカ本土の精製能力の九〇％以上を占め、国内の砂糖価格を設定し、その後二〇年間、国内市場を支配した。[122] 砂糖トラストを統率する以外に、ハブマイヤーは、一八九二年の民主・共和両党および一八九六年の決定的な選挙での共和党への最大の単独寄付者であった。[123] 政治的慈善活動は、ハブマイヤーに強力な人間関係をもたらした。エリフ・ルートは彼個人の弁護士で、一八九九年に陸軍長官に就任する前には、彼の砂糖トラストの顧問弁護士であった。[124] 共和党において最も長老で影響力のある上院議員の一人で、関税法を操る達人として恐るべき評判を持つ人物ネルソン・オルドリッチは、連邦議会において、ハブマイヤーから多額の資金援助を受ける「黒幕」の長であった。[125]

連邦議会におけるハブマイヤーの投資は、配当をもたらした。[126] 一八九〇年に可決されたマッキンリー関税は、マッキンリーの選挙資金に対する彼の相当な貢献への報酬の役割を果たした。同時に、クリーヴランドの選挙に向けたハブマイヤーによる財政支援は、新しい反トラスト法の下での訴訟から砂糖トラストを保護した。彼の影響力は、一八九四年にウィルソン＝ゴーマン関税に大幅な修正をもたらし、その過程で民主党に壊滅的な打撃を与えた。一八九六年、ハブマイヤーは超党派政策を放棄し、忠誠心のありかを共和党に移して、マッキンリーを権力の座につけた同党の執行部を買収した。しかしながら、彼の関税政策への強い関心は、すぐには帝国獲得への熱意につながらなかった。一八九三年、ハワイを併合しないという決定に彼が一役買ったのは、併合が、彼の精製利権に悪影響を与えると判断したからである。キューバに対する彼の態度は抑制されていた。同島の彼の主要な代理人が、最善の行動は、スペイン帝国内で反政府勢力の自治の要求を支持することだと助言したからである。[127]

たとえハブマイヤーが商売上の計算を脇に置いて、当時の「不合理な熱狂」に加わっていたとしても、彼は一八九八年に、帝国的政策を決定することはできなかったであろう。一八九七年、ハブマイヤーとオルドリッチは、輸入粗糖の税率を引き上げ、揺籃期にあったサトウダイコン産業を後押ししたディングリー関税の通過を止めることができず、大きな敗北を喫した。[128] サトウダイコンは主に、中西部の接戦州で栽培されていた。サトウダイコンは、窮乏した農業共同体に希望を与え、同様に不振の民主党の頰に楽観的な輝きをもたらした。一八九六年までに、この新しい産業は二〇の州に広がり、ハブマイヤーの影響力に対抗するのに十分な支持を連邦議会で組織した。[129] 共和党は接戦が繰り返される選挙で、中西部を失う余裕がなかったため、この展開に適応する以外に選択肢がなかった。

サトウダイコン産業とアメリカ本土のサトウキビ生産者（主にルイジアナ州在住）は、外国の競争相手への関税譲歩に反対し、帝国の拡大に一般的に敵対的であった。彼らは、帝国的膨張が併合への扉を開くことを恐れ、それによって国内の供給者を保護するために打ち立てられた関税障壁の内側に砂糖の島々が入り込むことを恐れた。サトウダイコン・ロビーが、スペインの残りの島々を合衆国に譲渡したパリ平和条約に反対して精力的に運動したのは、こうした理由のためであった。この条約は、ネルソン・オルドリッチとその同盟者が共和党の運動資金に手をつけ、自由と正義の公的な大義に投票するよう上院議員を説得するのに十分な大金を配った後でようやく、一八九九年に批准された。[130] 島嶼帝国がもたらした新たな機会を利用するために、ハブマイヤーが事業戦略を適応させたのは、戦争の後のことであった。連邦政府が民間企業ではなく、納税者を犠牲にして安全を保証すると、投資の見通しは明るくなった[131]。ハブマイヤーは熱心な帝国主義者ではなかったが、優れたビジネスマンであり、安全な賭けかどうかは見分けがついた。

合衆国が海外帝国を獲得するに至った決定において、実業界はほとんど関わらなかったと結論づけたくなる。最も利害関係のある企業は、逡巡していたか、海外領土の獲得に反対していた。共謀であろうと競合であろうと、関係者は連邦議会で、そして関税をめぐって論戦することを好み、帝国を問題の解決策とはみなさなかった。この結論は、そこまでは正確ではあるが、さらに敷衍する必要がある。大企業は戦争と帝国をもたらしたプロセスに間接的ではあるが重要なやり方で関与していた。はっきり言えば、一八九〇年代の選択は、保護貿易と金本位制か、あるいは自由貿易と金銀複本位制かという資本主義の二つの構想の間にあった。大規模な製造業者、主要な砂糖精製業者、およびウォール街は、共和党の開発プログラムを支持した。共和党がキューバを「解放」しなければ一八九八年の中間選挙に敗れるという見通しに直面した際、裕福な共和党支持者たちは、自由貿易主義者と銀本位制主義者が国を運営するよりも、小さな戦争、そしておそらく小さな帝国さえある方がよいと判断した。彼らの愛国心は間違いなく誠実であったが、彼らの帝国主義は、長期的な経済的利益を念頭に置いて到達した政治的計算であった。

◆「われわれは専制君主としてではなく、世話をする天使としてやってきた」[132]

強権的な外交政策の主要な提唱者はよく知られており、間違いなく米西戦争につながる劇的展開のすべての説明に登場する。彼らの経歴、姿勢、属性、欠点は、大変な、そして、しばしば驚嘆に値する詳細さで研究されている[133]。だが、いかに彼らの及ぼした影響の範囲を正しく評価するかといった、重要な諸問題が残っており、そうした諸問題には、最大公約数の回答しか用意することができない[134]。しかしながら、このような、膨張主義に前向きな一団が活動した歴史的文脈を再評価する余地はある。

膨張主義者はほとんどの場合、上品なニューイングランド的背景を持つエリート層の構成員であった。彼らは、自らの特権的な地位を資本主義の発展の成功に負っていた。だが、彼らは逆説的ながら、それに距離を置いていた。彼らは、社会的分裂を生み出し、市民秩序を脅かし、南北戦争後の政治的妥協を危険にさらした多くの行き過ぎから、資本主義を救うことを使命とした。もしこうした一連の歴史的展開が、そのままの道を歩むことを許されたならば、独立国家としての、そして将来の世界列強としての合衆国を目指した彼ら独自の構想が維持される希望は失われると考えられた。膨張主義的衝動は、いっそう大きな目的に向かう手段であった。より大きな目的とは、すなわち合衆国の道徳的再武装に他ならなかった。この観点から見れば、膨張主義者は政治的保守主義者であった。彼らは、金ぴか時代以前の黄金時代に存在すると考えた、有機的一体感を再現することを望んだのである。彼らは、連邦の初期を振り返っていた。この時期には、ウッドロウ・ウィルソンが形容したように、「思慮深い政治哲学に精通した」偉大なステイツマンたちが、国民に新たな息吹きを吹き込むような、教養ある英知の精神で国政に取り組んでいたのである。[135]海外への膨張、とりわけ帝国は、建国の父祖たちによってかつて模範的に示された価値観を再び擁護する手段であった。こうした価値感は、今や党のボス、猟官制、労働争議、都市の不潔さ、アナキズムによって失われつつあったのである。大西洋を越えて、ヨーロッパのエリートはおおむね、同じ難問に直面し、同等の解決に至るために似たような計画を考案していた。

セオドア・ローズヴェルト、ヘンリー・カボット・ロッジ、アルバート・ベヴァリッジ、アルフレッド・マハンの四人の主要人物は、すべて共和党員であった。[136]最初の三人は政治家であった。著名な海軍戦略家であるマハンは、部分的には彼らを通じて政治とつながっていた。[137]ローズヴェルトは一八九七年から一八九八年にかけて、戦争が議論され、宣言された重要な時期に、海軍次官補を務めていた。ロッジは、影響力のある上院議員であった。ベヴァリッジは一八九九年三月に上院議員になる以前から、演説を通じて、全国的な大立物としての地位を確立していた。誰も実業に携わっておらず、知られているかぎり、実業界に雇われてはいなかった。彼らの演説や著作は、海外との通商の利点に頻繁に言及していたが、それは最も広い意味においてであり、また彼らの膨張主義的計画の魅力を広げることに主眼があった。実際、彼らは急速な経済発展を通じて、過密状態の都会や彼らが社会的衰退とみなしたものを生み出した、抑制のない個人主義には尻込みした。[138]

ローズヴェルトはコーポラティズムの批判者であり、不屈の精神、回復力《レジリエンス》、臨機応変といった、フロンティアにおける資質を促進し、ターナーの言う「消えゆくフロンティア」を切り取って大きな保護区とする援助も行っていた、活動的な自然保護活動家であった。[139]ロッジは、民衆の予測不可能な活力を制御し、移民を管理し、国際問題における合衆国の地位を向上させることを願っているという点で、世紀の終わりにおける共和党の上層部を象徴していた。[140]こうした目的のためには、ハミルトンとリストの伝統に則った強力な連邦国家と、一八九八年にロッジもその一翼を担った強権的で統一的な外交政策を必要とした。ロッジの帝国主義は、「アングロ゠サクソン王国」のイデオロギーを表現していた。彼のナショナリズムは、確実にそれが合衆国によって利用されるようにした。ベヴァリッジは熟練したデマゴーグ（扇動政治家）であり、落ち着きのない大衆を、目先の私的利益やセクション的利害を超えた大義へと向ける機会を見出した。[141]彼はその美辞麗句によって、「国旗の行進」と「自由を求めるラッパの音」を国家の偉大さを表す観念に結びつけた。その構想は、すなわち神が任命した文明の担い手という指導的役割が、合衆国に委ねられたというものである。[142]マハンは、アングロ゠サクソン・クラブの傑出したメンバーであり、献身的なキリスト教徒であった。[143]彼の仲間同様、マハンの考えの基礎となっていたのは、生命の活動力を維持するために必要だとされる「膨張に向かう衝動」に対する準科学的信念であった。彼もまた、その敬愛するネルソンの伝記が示しているように、勇気、忠誠心、国家への奉仕の資質を強調した[144]。彼は紛争が迫っているのを見て、勇敢な精神が失われるのを心配し、軍事的準備を要請した。

他の重要人物はこうした仲間内のすぐ外にいたが、同じ属性の多くを共有していた。最も顕著な例を挙げれば、ジョン・ヘイは外交官であり、米西戦争終結直後の一八九八年に国務長官になるまで、表立って政治に携わることができなかった[145]。リンカンの影響を強く受けたヘイは成人になると、改革者として活動を始めたが、一八七七年の暴力的な鉄道ストライキの後は、いっそう保守的になり、混乱の一八九〇年代の間にますます国家主義的になった。彼は外政家人生と作家性を結びつけた。彼は詩、リンカンの膨大な伝記、そして一八八三年には怒りに満ちた反労働組合小説『大黒柱たち――社会的研究』(*The Bread-Winners : A Social Study*) を出版した。彼は、婚姻を通じて富裕な支配層と結びつき、資本主義と秩序の最後の防衛線とみなした共和党に気前よく献金した。とくにマッキンリーへの献身を通じて、一八九七年に駐英大使に任命された。ヘイは、次第に強くなる自らのナショナリズムの感覚を、イギリス帝国への敬愛と合体させた。国務長官として、彼はイギリス帝国を彼自身の計画の模範として利用したのである。

粋で洗練されたヘイは、アダムズ家、とくにヘンリー・ブルックス・アダムズと親しかった。アダムズは相続を通じて、富裕な支配層の一員となっており、かつ文学上の功績により、花形文士であった[146]。しかしながら、一八九八年に帝国主義に改宗したのは、ヘンリーの兄弟であり、著名なオピニオン・リーダーであったピーター・ブルックス・アダムズ（ブルックス・アダムズとして知られる）であった。ブルックスは、戦争への行進には加わらなかったが、ひとたび帝国の観念を会得するやいなや、それに夢中になった。一八九〇年代、現在についての彼の悲観主義と過去への懐古は、合衆国が西洋文明の重荷を背負う能力に対する彼の自信と相容れなかった[147]。彼は、ウォルター・スコットをヨーロッパ最後の英雄時代の象徴とみなし、ディケンズを新しい不安定で脆弱な時代の代弁者とみなした。ブルックス・アダムズは、自らの男性的で好戦的な批評で、ディケンズを、「主に女性的」な聴衆に訴えたと主張した[148]。米西戦争は彼に、これらのかけ離れた見解を融合させる手段を与えた[149]。帝国主義者の十字軍は、新興企業と提携し、貴族的知識人に導かれ、国内外で無敵の連合を形成すると考えたのである。アダムズの想像では、本人ではなかったにせよ、ウォルター・スコットは一八九八年、ローズヴェルトのラフ・ライダーズとともに馬に乗っていた。

膨張主義者たちは、過去だけでなく未来にも目を向けていた。彼らは、自らが嘆いた変化が、反転させせえない工業化と移民に起因していたことを理解していた。したがって、彼らは合衆国の新しい力を、国家的偉大さの大義に利用する方法に注意を向けた。彼らのビジョンは、合衆国が国民的統一を達成し、その産業力が適切な政治的指導下に置かれさえすれば、世界のリーダーとなる資質を開化させるというものであった。行動の男ローズヴェルト、影響力の男ロッジ、言葉の男ベヴァリッジ、観念の男アダムズ、そして戦略の男マハンは、合衆国には神の摂理に従う、それゆえに疑う余地のない使命があると信じて結束していた。彼らだけが近づくことができた合衆国の神聖な目的は、アングロ＝サクソン文明を世界中に広め、粗野と野蛮を合衆国が向かう道から一掃することであった。アメリカの価値観と影響力を海外に広める行為は、国内でもこうした価値観の重要性を示し、さらには再確認することになるのであった。一八四〇年代の大陸的膨張を正当化した言い回しである「明白な天命」は、国家再生の必要性を満たすために、グローバル化されると同時に、国内に向けて再び提唱されることになっていたのである。[150]戦争はもし起これば、国民的団結が強化され、帝国はもし出現すれば、よき政府の実験室として機能する。この二つが一緒になって、行政府の役割を強化し、共和国の指導者が偉大な人物であった時代に行使した権力を大統領に回帰させるのであった。最後に重要なことを付け加えると、新世紀に入って、知識階級（intelligentsia）は合衆国を指導するうえで重要な役割を担い、かつての哲学者＝大統領の宮廷で彼らが享受していた地位を取り戻すことになるのであった。

専門家、学者、教会指導者など外部の集団は、地位が確立した膨張主義者の仲間内の集団を補完する役割を果たした。一八八〇年代、海軍大学は、戦略とともに地政学の知識を備えた士官を輩出し始めた。一八九〇年代の終わりまでに、合衆国海軍の士官は、イギリスやドイツの士官同様、海軍力についての一つの見解を採用した。その見解は、限られた防衛上の必要性を超え、国益を促進する、より広い戦略を含むものであった。[151]マハンのような仲介者は、海軍のますます目立つ姿勢と強権的な態度を連邦議会が十分認識することを確かなものにした。

連邦議会はまた、連邦政府と大企業の双方と密接な関係を持っていた当時のシンクタンクである諸大学の姿勢にも注意を払っていた。最も顕著な学会はすべて、海外膨張を支持した。[152]アメリカ歴史学会（一八八四年）は、帝国は進歩と平和のための力だと主張した。アメリカ経済学会（一八八五年）は、帝国を企業合併の一形態とみなし、政治を効率化するものだと主張した。アメリカ政治学・社会科学アカデミー（一八八九年）は社会進化論者の教えを賛美した。高名な人物が声を上げて支持した。自らをスペンサーの友人とみなした歴史家ジョン・フィスクは、野蛮人を倒し、文明を世界全体に広める任務を負った、若々しく精力的な西洋の闘士としてアメリカ合衆国を描いた、アングロ＝サクソンの「人種的愛国者」であった。[153]同様に、著名な歴史家でもあり、合衆国の政治学の創始者の一人であるジョン・W・バージェスは、人種を新しい政治の科学の基礎とした。[154]ヘーゲル理論は、バージェスに、文明が合衆国で目的地に到達したと信じ込ませた。彼は、ドイツにおける国民創造の事例を見て、合衆国が、チュートン的コーポラティズム〔ドイツの国民創造、工業化、軍事規律を範とする社会体制。広義のチュートン人であるアングロ＝サクソン民族を中心とする含意もある〕の一形態を採用し、それを世界の他の国々に移植すべきだと推奨するようになった。反対する者はいたが、他方で、彼らに対処する方法はいろいろあった。著名な経済学者ジョン・R・コモンズは、ビジネスと帝国主義の関係に対する批判を含む彼の急進的な見解が大学の資金調達を妨げたため、一八九八年にシラキュース大学の職から解任された。[155]

実業界が最後の瞬間まで結集できなかったとすれば、教会の指導者たちは、国を戦争へと駆り立てる勢いを生み出すのを助けるために連帯と献身を示した。彼らは精神的および人道的な理由から、キューバへの介入を強く支持していた。[156]神の導きは、疑い深い人々の疑念を晴らす助けとなった。スペインの領土から長らく閉め出されてきたプロテスタントの宣教師たちは、スペイン領の島々に攻勢をかけるための神の摂理による機会を摑んだ。「我が国の聖職者は、陸軍と海軍が道を開くやいなや、キューバに侵攻する準備をしなければならない」と『ザ・アドバンス』誌は宣言した。[157]気難しいバプティスト、聖公会、長老派、会衆派が、プロテスタントの責務を果たすために、キリスト教徒の兵士として集まった。福音派は、スペイン帝国のカトリック教徒をキリスト教徒の兄弟としてではなく、キリスト教徒的進歩への挑戦とみなしていた。『クリスチャン・アンド・ミッショナリー・アライアンス』誌が述べたように、それらの島々が「スペインの圧政の耐え難い支配」から解放された暁には、「主イエス・キリストの福音」に開かれるのであった。[158]

プロテスタンティズムは、「長い間、待ち望んでいた世界帝国」を創設する運動において「行進中」であった。[159]当時の有力な平信徒の伝道者の一人ジョン・R・モットは、ハワイは神の計画の中で特別な位置を占めていると主張した。というのも、神は「普遍的な福音化事業の活動のための大きな灯台であると同時に、土台であるキリスト教民族をそこに根づかせてくださった」ためである。[160]ハワイは、中国への航路の中継基地となることになった。中国はついに、西洋に扉を開き、その多くの魂をキリスト教へと解放することを強いられたのである。神の摂理は明白な天命の観念を祝福し、帝国主義に道徳的に正当な理由を提供した。戦争は罪を清め、清められた手に、するべき仕事を与えた。さらに、帝国の大義は今や、国家的なものであり、セクション的なものではなかった。アメリカ本土のローマカトリック教徒は、最初は躊躇していたものの、プロテスタントの十字軍に加わった。[161]キリスト教は南北戦争中、敵対する北部、南部双方を強化したように、一八九八年に国民を団結させた。ビジネスマンが帝国主義に関して分裂する一方、キリスト教徒は結束した。余剰の精神的資本は、最も道徳的に必要な分野に流れた。金融資本は、最大の利益を生む分野に向かった。宣教師たちは太平洋と東アジアで、彼らに開かれた展望に熱狂した。だが、ビジネスマンは、危険性と不確実性に支配された地域に資金を投じることに消極的だったのである。

帝国主義の支持者は相当な抵抗に遭遇した。[162]フィリピンの併合を未然に防ぐために一八九八年に設立された反帝国主義者連盟が集めた支持者の一覧は、豪華キャストであった。前大統領グローヴァー・クリーヴランド、ポピュリストの指導者ウィリアム・ジェニングズ・ブライアン（William Jennings Bryan）、産業界の大物アンドリュー・カーネギー、アメリカ労働総同盟会長サミュエル・ゴンパーズらが名を連ね、中でも最も有名だったのが、マーク・トウェインであった。[163]反帝国主義者連盟は、新たな好戦的愛国主義に対して、多様な背景を持った反対派を反映した一連の議論を展開した[164]。コブデン主義の自由主義者は、コスモポリタンで平和的な世界のビジョンをかたくなに信奉した。風変わりな億万長者H・ゲイロード・ウィルシャーなどの社会主義者は、余剰資本を処分する方法を模索している大規模な新興企業により、帝国主義が推進されているとするイギリスの著述家J・A・ホブソンの意見に同意した[165]。労働運動の指導者は、アジアからの無制限の移民が、国内の賃金の額を引き下げることを恐れたため、帝国主義に反対した。立憲主義者は、帝国主義が同意による統治という共和制の原則を破壊し、常備軍に支えられた連邦による専制政治を生み出すと考えた。知識人はローマとの類推を用いて大惨事を予測した[166]。超保守主義者は、帝国は人種的な理由で容認できないと主張した。ベンジャミン（「熊手のベン（Pitchfork Ben）」）・ティルマン上院議員は、彼に特徴的な率直さで説明した。「われわれ南部は黒人《ニグロ》がわれわれと同等だとか、彼らが政治に参加するのに適しているとか、資格があるとか認めたことは決してなかった。したがって、フィリピン人を強制的に征服し、軍政を樹立することに反対するにあたって、われわれは一貫性がないとか、偽善的であることはない[167]」。

反帝国主義者は、歴史的な前例と共和制の理想を振り返り、そして工業化、不況、所得格差から生じる共通の問題が、似たような分析を生み出したヨーロッパに目を向けた[168]。しかしながら、著名人がきら星のごとく名を連ねていたにもかかわらず、アメリカの反帝国主義者連盟は、ヨーロッパの同種の運動と同じく、成功していなかった。彼らのエリート主義的なイメージは、その人気を限られたものにした。彼らのコスモポリタンな議論が魅力的に聞こえたのは、より年老いた世代に対してであった。彼らの人種主義に関する主張は共感を得たが、最終的には穏健化させられた。ウィリアム・ジェイムズとジョン・デューイは、市民的徳に結びつけることで愛国心を再生させようとした。しかしながら、彼らがこうした主張を唱える前に、別のビジョンが十分に確立されており、方向転換させることはできなかった。戦争のイメージは無害化され、美化され、国民的なアイデンティティと統一のための不可欠な要素である剛毅と責務という価値感を維持するための最も効果的な手段として受け入れられた。ジェイムズとデューイの知的な議論は、人種的本能と国家の運命というセオドア・ローズヴェルトの本能的な訴えに匹敵するものではなかった[169]。ローズヴェルトの見解では、戦争は国内での退化を回避し、公的責務の核となる原則を再構築し、海外の野蛮な人々を文明化するために必要であった。彼は、反帝国主義者が「現在の事態に対処しなければならない過ぎ去った時代の人々」だと主張した[170]。

帝国主義を支持するロビーによって生み出された勢いは、彼らに反帝国主義者連盟とそのより覇気のない支持者を凌駕することを可能にさせた。帝国のメッセージは、有権者の見解を推し量ることもしなければならなかった連邦議会の議員に受け入れられた。当初、世論は曖昧で、簡単に評価することはできなかった。マスコミは党派的に分かれた。民主党を支持する新聞は、キューバを植民地支配から解放するために強権的な政策を強く要求した。共和党を支持する新聞は自制を求めた[171]。どちらが優勢かのバランスは、地方で決定された。意見がぐらついていた共和党議員は、地元の組織的活動によって開戦に傾いたのである。この見方に立てば、党の政策と組織が世論を形成したのであり、その逆ではなかった。しかしながら、大衆感情は大きくなりつつある一つの力であり、連邦議会の操り人形師によって操作される単なる要素ではなかった。一八九八年二月にメイン号が失われた後、宗教指導者によってますます支持された数多くのデモと請願は、愛国心と報復への欲求を表明した[172]。一八九八年四月の初め、ワシントンのフランス大使は、パリの外務大臣に「好戦的な怒りのようなものがアメリカ国民を捉えた」と報告して、そのときの雰囲気を要約している[173]。

上下両院には、メイン号が沈没する前でさえ、大統領に強権的な行動を取るように促し、事件後には興奮して大声を上げ、宣戦布告の前夜に議事堂の廊下全体に感極まって愛国歌を響かせてしまうような、多弁な膨張主義者がいた[174]。連邦議会議員の動機は、確たることがいえる程度にまで細かく分析することはできず、推論は間違っている可能性がある[175]。上下両院議員の背景の分析は、大多数が弁護士であり、ビジネスと農業の直接的代表者はきわめて少なかったことを示している[176]。職業に関係なく、議員たちは一般に教育水準が高く、裕福な資産家であった。どういった傾向の人々が議員になるかは、一八九〇年代を通じて変わらなかった。帝国建設にとくに傾倒する新しい成員が突然、議会に流入するということはなかった。外交政策は、関税が最も議論される争点であった上院においてさえ、一般的に優先度は低かった。きわめて高い割合の上下両院議員が、南北戦争で士官を務めていた。この経験が、多かれ少なかれ彼らに軍事行動を支持するようにしたのかを述べることはできないが、彼らが愛国心への訴えと責務の呼びかけに積極的に反応する可能性が高いと推測することは合理的である。

証拠が示唆するところによれば、連邦議会は、政治的利益を理由として戦争を支持した。というのも、その利益はまた、国益に適うということで倍加させることができたからである[177]。共和党は、クリーヴランド大統領を当惑させるために、キューバ問題を利用した。民主党は、マッキンリー大統領を厳しく批判するために、同じ問題を利用した[178]。一八九六年の選挙が共和党の勝利であったにもかかわらず、民主党は依然として、上院で影響力を持っており、一八九八年の中間選挙で相当な勝利を収めることを望んでいた。宣戦布告直前の一八九八年三月と四月、今度は民主党が、共和党は自由を促進することよりも金儲けに関心があると非難して、自由の太鼓を叩く番だった。共和党はマッキンリーに、話すよりも行動するように促すことによって反応した。影響力のある上院議員であり、帝国の擁護者であるヘンリー・カボット・ロッジは、大統領が宣戦布告しないかぎり、民主党は次の選挙で、「自由な銀貨鋳造《フリー・シルバー》の圧倒的な勝利」を勝ち取るだろうと主張した[179]。陸軍長官で著名な退役軍人であるラッセル・A・アルジャーもまた、マッキンリーが引き続き、外交優先であることを批判した。「彼は人民の希望を遮ることで、彼自身と共和党を破壊している」[180]。まもなくアルジャーの後任となる予定のエリフ・ルートは、大統領に対し、彼が不可避と考える紛争で国を率いるように促し、そうでなければ党を破壊し、「銀の民主主義」を導入する危険を冒すことになると考えた[181]。共和党上院議員で南北戦争の退役軍人クヌート・ネルソンは、さらに歯に衣着せなかった。「ブライアン主義、ポピュリズム、銀の自由鋳造の成功は、スペインとの短期間の激しい戦争よりもはるかに多くの損害をこの国に与えるであろう[182]」。

大統領は煽動を求めるマスコミによって戦争に駆り立てられた、決断力のない指導者だったという古臭い主張は、もはや支持できない[183]。はるかに若いセオドア・ローズヴェルトとは異なり、マッキンリーには、タカ派的本能はなかった。彼は南北戦争という恐ろしい戦争に参加したことがあり、さらなる戦争を見たくはなかった[184]。ビジネスマンであり、オハイオ州の仲間で黒幕のマーク・ハナに彼が操られたという見解も、割り引いて考えることができる[185]。マッキンリーは自らの意見を持っており、迷走することはなかった。彼の優先事項と専門は国内問題にあり、国際問題にはなかった。一八九六年の選挙での勝利に続く彼の目標は、共和党の支配を強化し、可能なかぎりそれを国益と同義にすることであった。彼は、外交政策がこの戦略で果たすべき役割を持っていることをよく知っていたが、併合が、慎重な扱いを要する意見の分かれる問題であることも同様に認識していた。彼は、できれば仲裁によってキューバ問題の平和的解決を確保することを望んでおり、自党の膨張主義者を含むさまざまな対立する利害関係者からの圧力の下にありながらも、このアプローチを固守した。

マッキンリーには、注意が必要な十分な理由があった[186]。戦争は予測不可能であった。戦闘行為は始まったばかりの経済回復を危うくするかもしれなかった。軍事的敗北は政権を掌握している政党に損害を与える可能性が高かった。真剣に検討されてはいなかったが、敗北はあらゆる点で悲惨であった。戦争という試みは、国を団結させるのではなく分裂させ、共和党を敗北させかねなかった。一八九六年の共和党のマニフェストは、ハワイの併合を提唱し、モンロー・ドクトリンを再確認するとともに、キューバ独立に対する党の支持を宣言していたが、自らの仲間内でさえ、介入が依然として論争的含みであることをマッキンリーは認識していた。しかしながら、メイン号を失った後、行動を求める声は抗しがたいものになり、マッキンリーは進路を変更せざるをえなくなった。四月に涙、乱闘、愛国心の扇動、そしてこの世のものとは思われない言葉が飛び交う中で、連邦議会は大統領が介入し、必要に応じて武力を行使することを承認した。その瞬間の多幸感は、戦争という冒険が、深慮というよりも熱狂とともに開始された事実を覆い隠してしまったのである。

戦争熱が国民を捉えた。大統領は一二万五〇〇〇人の志願兵を募り、少なくとも一〇〇万人の男性が志願した[187]。北部と南部は南北戦争の終結以来、初めて団結の感覚を示す機会を得た。戦争は白人国民を結束させた。政治家とマスコミは、自治と成年男子普通選挙権を与えられたばかりのキューバ人を「解放」するために派遣されたアフリカ系アメリカ人兵士の四個連隊の成果を無視したり、矮小化したりした[188]。南部は国家的大義の下、抑圧された好戦的価値観を掲げる機会に熱狂的に反応した。何千人ものテキサス人が、急いで軍に加わったが、そのうちのほんの一握りしか従軍せず、病気に襲われたフロリダの野営地でより多くの者が亡くなった。[189] ローズヴェルトは、彼のラフ・ライダーズが、国のすべての地域から、人種的制限の枠内で、すべての階級の中から募集されるよう細心の注意を払った。[190] マッキンリーは巧妙にも、全員が六〇歳を超えていた四人の元南軍将軍を遠征軍の同等の地位に任命し、そのうちの一人ジョゼフ・ウィーラー少将を志願兵部隊の騎兵師団の指揮官に任命した。[191] マスコミは戦争を、旧世界の腐敗した遺物に対する勝利としてだけでなく、国民的連帯の勝利としても描いた。一枚の印象的な公式写真は、くびきから解放された肌の色の白い金髪の少女（キューバを象徴することになっている）を背景に握手している二人の元北軍・南軍士官を映していた。南部は不遇から脱したのである。

図8－1　南北の和解（ユニオン）（1898年）

出典：Library of Congress / LC-USZ62-63679（*American Empire*, p. 371）

　戦争を終結させた講話条約は、戦争への反対にも終わりを告げた。ジョージ・F・ホアー上院議員は、合衆国が「物理的な力に基づく、下品でありふれた帝国」になったと後悔することになった。[192] 社会学者ウィリアム・グラハム・サムナーは、スペインが真の勝利者だと結論づけた。それは、スペインが合衆国をヨーロッパの古い帝国建設ゲームに引き込んだからである。[193] イギリス人もまた、利他主義ではなく自己利益から行動していた。「彼らは、私たちに困難に陥るように促している。なぜならば第一に、私たちが手一杯で、他に介入できないであろうから、そして第二に、もし私たちが困難な状態にあれば同盟国を必要とするであろうし、そして彼らは自分たちが私たちの第一の選択肢であろうと考えるからである」[194]。反帝国主義者連盟には、何人かの鋭い論客がいたが、それでも闘いに敗れた。同連盟は、第一次世界大戦によって社会の周縁に追いやられ、一九二一年に解散した。ナショナリズムは国際主義に打ち勝った――そして、以後も同じことが繰り返されていくのである。

　ジョン・ヘイ大使がそう呼んだことで有名な「素晴らしき小戦争」は、国内の平和を強化する一方、海外で国益を推進するために鋤を刀に打ち延ばしうることを示すまたとない機会であった。[195] 祝賀が勝利に続いた。大衆演劇、小説、詩、歌謡は、戦争を祝い、将来用いるために人種的偏見を強化した。[196] あらゆる類の作家が、一八九八年の劇的な出来事に迅速に反応した。[197]

セオドア・ローズヴェルトは、キューバでの自らの手柄について、彼に典型的なきびきびした描写を『ラフ・ライダーズ』(*The Rough Riders*) と題して出版した。[198] ヘンリー・カボット・ロッジは、戦争を因習がもたらす悪弊と専制政治に対する十字軍とみなした。[199] 小説家の一団が時の気分を捉えた。少年帝国小説の第一人者エルブリッジ・S・ブルックスは、都合の悪い部分を削除して、スペインとフィリピンとの戦争を舞台に設定したいくつもの冒険物語を創作した。[200] 現在、知られている最初のフィクション製作所を始めたエドワード・ストラテメヤーは、膨大な、安っぽいフィクションの出版物に帝国のテーマを挿入した作家チームを雇用した。[201] かつて人気があり、今では長い間忘れられているこの二人の作家は、スペインとの紛争を正当化する役割を果たした。彼らは、この戦争をインディアン戦争、さらには他の旧スペイン領、とりわけメキシコからの領土獲得を含む、一続きの英雄的行為の最後尾に位置づけたのである。[202]

作曲家たちの合唱は、愛国的かつ個人的な感情を呼び起こした。[203] スーザの有名な「星条旗よ永遠なれ」の人気に匹敵するものはなかったが、それでも「わが国の喊《かん》声」と「われらは国旗のそばに立つ」は時の精神を捉えた。「私の恋人はメイン号とともに沈んだ」は、終戦と同時に忘れられたが、ラフ・ライダーズのお気に入りの曲「今夜のオールド・タウンは楽しい時間」は戦後、人気を博した一方、「さようなら、ドリー・グレイ」の感傷は第一次世界大戦中、さらに多くの人の心を惹きつけた。合衆国は今や、一体性の感覚によって結ばれていたのである。

重鎮の評論家の見解が、戦争をさらに正当化した。マッキンリー大統領はついに、勝利の空気の中で緊張を緩めることができた。彼は、「共通の旗の下、正義の大義のための従軍は、国民的精神を強化し、国のすべてのセクションの間の兄弟的結束をこれまでになく緊密に固めた」と訴えた。[204] 一九〇〇年、イリノイ大学の学長は、心から自画自賛する多くの声明の一つを発表した。

> 戦争の幸福な結果の一つは、奴隷制をめぐる激しいセクション間の争いが始まって以来、他のどれもなさなかった程度にまで、アメリカ国民の間に新しい団結の精神が発展したことです。好戦的な愛国心と外国の敵に対する不断の戦線が求められると、北部と南部の間の古い相違は消えたように見えました。前の世代に互いに致命的な戦いを繰り広げた男性は、熱心な兄弟のような配慮を持って並んで戦いました。抑圧を止め、自由に向けて他者を助けるなかで、彼らはお互いに、新たな愛着を抱き、共通の国への新たな忠誠を獲得しました。[205]

同じ年、アルバート・ベヴァリッジは、完全にシェイクスピア的な語調で、進歩の行進を止めようと考えていた臆病者に挑戦を突きつけた。

> 軍旗はその行進を止めることなどありません。今、誰がそれを止めることができるのでしょうか——歴史上、最大の出来

事が軍旗を前に進めている今ここで。今や、私たちは遂に一つの国民となり、どんな任務にもふさわしい強さを持ち、運命が与えうるどんな栄光にも値するほど偉大であるというのに。私たちの最初の世紀が、アメリカの人々を一つの集団へと統合するプロセスがちょうど達成されて終わるとは！　そして私たちは、その偉大なる時が与える、われわれの世界での機会、世界に対する義務、そして世界的な栄光に向かって突き進む準備ができています。不可分の一つの国民となった人々以外に、誰がこれらを達成し、あるいは実行できるというのでしょうか[206]。

その答えは明白であり、かつ否定などしうるべくもなかった。「これほどもの凄い出来事に神の手を見出さない者は、本当に物を見る目がありません[207]」。

ウッドロウ・ウィルソンは一九〇一年、トレントンの戦い〔ニュージャージー州トレントンにおける独立戦争の戦闘〕の一二五周年記念式典で演説し、国民的団結の達成について同じ点を指摘した。もっとも彼は、プリンストン大学の有名教授の一人にふさわしい、形式ばった学術的な文体でそれを表現した。

> スペインとの戦争ほど、私たちを完全に変えた戦争はありません。一八九八年以降の時代ほど急速な変化を伴った過去の時代はありません。私たちは新たな革命を目の当たりにしました。私たちはアメリカの変革が完了したのを見てきました。一二五年前にイギリスの主権を脱ぎ捨てたかの小さな邦《ステート》集団は、いまや強力な列強に成長しています。かの小さな連邦はいまや、そのエネルギーを集めて組織化しています。連邦は一つの国民へと昇華するのです[208]。

◆「運命、神意、そしてドル[209]」

先ほどまでの議論は、ひとまとめにして、因果関係に関する二つの主要な構成要素へと再編成することができるであろう。すなわち、構造とエージェンシー（行為主体）である。構造は決定が行われ、ある行動が採られる文脈を与える。エージェンシーとは、結果が生み出されるうえで、相異なる諸利害と諸個人が果たした役割のことである。それぞれの担い手が持つ動機は、行動の理由として、また行動へと向かわせる原因とみなすことができる。ただし、「理由」は必ずしも原因と同じではない。公的な声明は誤りや誤解を招きかねず、さらには欺瞞に満ちているかもしれないからである。さらにいえば、原因は、たとえ理由と調和していたとしても、理由より幅広いものであり、行動の範囲を定めるものから行動自体まで、たくさんの可能性を内に含んでいる。アメリカの帝国主義に関する議論では、表面的には矛盾する、いくつもの主張が並立している。その理由の一部は、主唱者たちが、一つのタイプの説明が異なる局面の別の説明とどう関わりがあるかを常に考慮してきたわけではなかったことにある。もっとも、諸個人が果たした役割と、動かせない諸力の影響を対比させることは、大体において不要である。本章で進めている解釈は、いかにマッキンリーという個人が、意思決定者として、いかに自らがものの見事に象徴した政治経済のより広いシステムを補ったかを示すことで、理由と原因を統合する試みだといえよう。カール・マルクスは、この二つの関係を次の有名な言い回しで表現した。「人は自らの歴史を作る。自ら選んだ条件からではないが、手近に見つけた条件から作る」[210]。

マルクスの言う「手近にあった条件」とは、モダーン・グローバリゼーションの基本的な構成要素である工業化と国民創造の二つのプロセスに起因する甚大な変動から生じた状況であった。アングロ＝サクソン世界の同時代の評論家は、一八九八年の紛争を、旧世界と新世界の間にあるものとして描写した。一つは、革新的で動態的で近代的であった。もう一つは、保守的でけだるく中世的であった。本章で採られている観点は、合衆国とスペインが広く類似した移行に伴う諸問題と苦闘していると考えるものである。どちらも、農業社会をウェーバーの考える近代のありように近い国家へと変容させることに取り組んでいた。どちらも、一九世紀後半にその結果として生ずる国内的緊張に直面した。スペインの軍事＝財政主義からの移行が不完全なままであったのは、ヨーロッパにおける君主たちと共和派の間の対立が長引いていたことを例示している。一八六五年以後に生じた合衆国の移行は、近代における国民創造において、参照枠とでもいうべき一つの事例であった。国内で国民的団結を維持する必要性から、スペインは文字通りあらゆる犠牲を払って、海外で帝国を防衛することを余儀なくされた。しかしながら、スペインで訴求力のあった政策は、植民地ではマドリードの権威に挑戦し、自由主義的改革を要求するなど、激しい反対を呼び起こした。この改革を求める強力な動きは、スペインの帝国を同国からもぎ取るように合衆国を駆り立てた。カリブ海の植民地は、国民的団結を成就させ、共和党の地歩を確かなものにするために奪取された。新世界が旧世界を打ち負かしたのは、さまざまな水準のエネルギーが、大西洋を越えて西に漂流したからではなく、合衆国が、スペインよりも近代化への移行に成功したからである。カリブ海のスペイン領の島々は、二つの石臼の間で粉砕された。こうした島々も熱帯の怠惰に浸るどころか、新たな、浸透力のあるグローバリゼーションに適応しようとしていた。このようなグローバリゼーションは、島々を輸出品生産者として国際経済に引き込み、自由主義的な願望の支持者として、コスモポリタンな世界へと招き入れた。

こうした巨大なプロセスの形成をめぐる闘争は、合衆国では、共和党と民主党の間の論戦の中に政治的な表現を見出した。共和党の北部は一八六五年に戦争に勝利したが、二つの主要な政党が、国民的議題の統率をめぐって争ったため、激しい政治的対立が続いた。どちらも国益の守護者であり、独立を守り繁栄をもたらす政策を持っていると主張した。この闘争は、一八八〇年代と一八九〇年代に激化した。デフレと恐慌の組み合わせが、都会と地方の間の対立を先鋭化させ、資本家と労働者の代表者は、敵意を強めて互いに対峙するようになった。

合衆国における国民国家の発展は、拡張するフロンティアと抑制されない移民に基礎を置くものであった。この二つは経済を拡大させ、政治体制を強固なものとしたが、同時に社会的統合と政治的コントロールのうえで、困難な諸問題も惹起することになった。製造業、保護主義、金本位制、そして連邦政府の積極的な役割を好む共和党と農業、自由貿易、金銀複本位制、そして地方分権化を支持する民主党は、経済政策をめぐって相争った。共和党は、金本位制と保護関税がきわめて不人気であった重要な接戦州の有権者にとくに注意を払わなければならなかった。ロンドンのシティは、政府と実業界の双方にとって重要な信用の源であったため、金本位制は共和党に関するかぎり、交渉の余地がなかった。関税は製造業者を支え、契約と雇用を生み出したが、見返りの輸入品貿易を制限することで海外での事業拡大を妨げた。相互主義は、システム全体を破壊することなく、保護によって課せられた障害を克服するための巧妙な方策であった。互恵協定は、特定の国と商品に合衆国への特権的アクセスを許可した。その見返りに、関係国は、合衆国からの輸出に対して自らの市場を開放した。その目的は、国内の生産者と競合しない商品の流入を認めつつ——それゆえに政治的コストもかけず、運び込むことができる——、輸出市場を手に入れることを望む特定の製造業および農業分野の有権者の票を獲得することであった。

合衆国で起こっていた争いは、経済と政治の力のバランスが、農業から工業へ、地方から都会へ、そしてある地域から別の地域へと移行したヨーロッパにおける争いと共鳴していた。[211] ヨーロッパでは、もしそれぞれは弱体で、ばらばらな諸州がまとまろうとすれば、合衆国と同様に、特定の地域を地盤とする政党が国民的な訴求力を持つ綱領を考案しなければならなかった。関税と金融政策は、経済資源を政治資本に変える力を持っていたため、どこにおいても必要なものであり、選択される武器でもあった。これらの政策は歳入を増やし、好ましい経済活動を保護し、収入を再分配し、支持者に報酬を与える主要な手段であった。フランスでは、小麦と鉄の同盟が、同国が過度に左傾化するのを防いだ保守的な連立を生み出した。ドイツでは、ライ麦と鉄の「結婚」がそれに匹敵する結果を達成した。[212] 合衆国では、共和党が同じ目的のために似たような連合を結集させた。それにもかかわらず、関税と金本位制からなる経済綱領は、それ自体で全国的な訴求効果を得るには限定的すぎた。特定のセクションの利益を偽って隠すにせよ、それを口当たりのよいものにするにせよ、諸政党は自らの経済的な方針を、発展途上の国民的アイデンティティの中に多様な利害を組み込んだ一群の幅広い信条と融合させたのである。

合衆国では、共和党は信心深さ、エスニシティ、自由という三つぞろい（trinity）のイデオロギー的原則を党是としていた。宗教とエスニシティは、集団の連帯にとってとくに効果的な道具であった。この二つは、数多くの全く異なる地域や職業にまたがり、愛国主義を媒介として国家へと結びつく忠誠心を醸成し、人々を代表して国家を統治する者が、道徳的ヘゲモニーを行使することを可能にした。こうしたヘゲモニーは、特定の地域や階級からの異議申し立てを沈黙させたのである。自由はさらに大きく、包括的な原則であった。それは、スペインとの戦争、続くフィリピンでの紛争、そしてハワイの併合のための公式な正当化の理由となった。キューバ人とフィリピン人は、スペインの抑圧から解放されなければならなかった。ハワイ人は、無能と腐敗から解放されなければならなかった。戦争と領土獲得は、人道的理由で行われたため正当であった。スペインの支配の行き過ぎに対する道徳的な怒りは、誠実で力強かった。しかしながら、自由は普遍的な概念であり、特定の時間と場所を持って初めて実質と意味を獲得する。一八九八年、その銘柄は合衆国で製造され、売り出し中のモデルは共和党によって設計された。

　自由は合衆国国民を具現化した思想であり、その存在を正当化するものであった。自由は政党政治を超えて、全国津々浦々に訴求力があるという利点を持った包括的な用語であった。キューバ危機は、膨張主義者がセクション的ではなく国民的な大義に世間の注目を集める機会を提供した。一世紀前の大西洋奴隷貿易の廃止の場合同様、改革派は海外での抑圧と結びついた自由の概念を喧伝することにより、道徳的再武装を目指した国内向けのプログラムを実行した。いわば「十字軍」において国を率いることにより、道徳的に優位な立場を手にできた。この「十字軍」において、与党・共和党は、自らを無私なプロテスタントとして呈示することができたのである。[213]同党内の膨張主義者は、彼らが国内で再確認し、再活性化させたいと望む価値観の優越性を示すような大義名分を海外に求めた。自由が意味したのは、個人の経済活動の産物である現存する所有権を保持し、富の再分配を迫る急進主義を和らげ、潜在的に抑圧的な国家権力を限定することであった。この戦略は、共和党が圧勝することを可能にした。彼らは、民主党から「武器」を取り上げ、高貴な理想の支持のために国民を団結させ、そして彼らの政治経済のプログラムへの支持を獲得したのである。

　膨張主義者たちは、この特定の状況に合わせて方針を定めた。彼らはまさに「この時」を捉え、そして手法、さらにはレトリックを編み出したのである。一九九〇年代の新保守主義者（ネオコン）のように、彼らにも夢があった。[214]彼らの尊大な夢は、合衆国の力を大々的に示すことで、世界と国民に感銘を与えることであった。そうすることで、彼らは、再び遠心的な力が中心を揺るがしていた時代に、国家を再活性化して強固にし、国家という船の上の案内人としての地位を再確立することを目指した。膨張主義者は、劇的で説得力のある機会を見つける必要があった。スペインの支配を終焉させた植民地の暴動は、要件を満たしていた。すなわち、カリブ海での出来事は、注目を集めるためには十分近いが、歓迎されない影響からアメリカ本土を隔離するのには十分なくらい離れていた。反逆者の大義は、スペインの抑圧に対して自由を擁護するための主張に簡単に組み込むことができた。もし戦争が起こったとしたら、勝利できるように見えた。

　アーネスト・R・メイは彼の言う「外交政策エリート」について示唆に富む研究を行い、次のような結論を得た。すなわち一八九〇年代にコスモポリタンな「オピニオン・リーダー」の主要なグループが分裂し、そのことが帝国主義派に孤立主義の克服と膨張主義的政策の実行を可能にさせたというのである。[215]ウィリアム・グラハム・サムナーは一八九九年に発言し、この問題についてより限定的かもしれないが、似たような見方をした。彼は、「戦争の根源的で主要な原因は、ワシントンの諸政党の争いにおける党派戦術に変化があったことにある」と述べた。[216] メイはコンセンサスの崩壊について、いくつか馴染みのある理由を列挙したが、とくに強調したのは、強力な帝国を有する大国であるイギリスの影響、さらには世界秩序と発展に関するイギリスの考え方の影響であった。コブデンとブライトによってその基本的見解が形成された外交政策エリートの中の年配のメンバーは、外国への介入に反対する傾向があった。より若い世代は、ディルケとチェンバレンが主張する強権的な立場に感銘を受けた。[217] メイはおそらく、一八九〇年代に分裂する前のエリート層の連帯を過大評価しており、膨張の可能性が、すでにどれほど外交政策について考える人々の心に去来していたかを過小評価していた。とはいえ、一八九〇年代にますます多くの知識人や名の知れた評論家が、大国の地位と帝国は一体だと信じていたのは確かである。列強から植民地まで、さまざまな政体が併存する世界は、ビジネスの世界同様、統合に向かっているように見えた。当時の帝国的超大国であったイギリスは、この命題とそれが与えると思われる利益の、一見決定的と思える証拠を提供した。もし合衆国が、大国として認められることを望むならば、ワシントンは帝国を持つ利点について国民を納得させ、実際に帝国を所有しなければならないのであった。

このような議論の先駆けとして挙げるのは見当違いだと考える者もいるかもしれないが、チャールズ・ビアードは、メイの評価を先取りしていた。ビアードは経済決定論者だという理由で、永遠に偏見の目で見られ、いくつかの方面では永遠に非難の対象であり続けるであろう。[218] 確かに、ビアードの手になる合衆国の通史には、外国市場の必要性を含む海外膨張についての一般的な記述を見出すことができる。しかしながら、ビアードはまた、海外膨張と帝国主義の融合を避けるように注意を払ってもいた。[219] 帝国主義の原因、とくにスペインとの戦争に続く領土獲得に関する彼の詳細な分析は、人々の予想を裏切るものであり、専門家すら無視してきたのである。[220] ビアードは、帝国主義についてのマルクス主義的解釈だけでなく、アメリカの実業界が、戦争と領土併合を推し進める動きの背後にいるという命題も拒否した。反対に彼は、帝国主義は、「厳しい経済的経験をした者」ではなく、「フレーズ・メーカー」である外交政策エリートの一分子によって「作り上げられた」と主張した。[221] このような言葉巧者には海軍戦略家アルフレッド・セイヤー・マハンが含まれていた。彼の動機は、「回転椅子に座った欲求不満の将校の理屈っぽい戦争熱に過ぎず、航海や戦闘といった厳しい仕事をする勇気もない」のであった。[222] ビアードは、客観的というよりも思い入れを込めて、このような独特の主張を行ったが、彼はその趣旨を冷静な言葉で、次のように語っている。「史実に忠誠であれば、帝国主義的膨張の考えは、実業人ではなく、主に海軍士官と政治家に帰されなければならない」。[223]

メイとビアードは、エージェンシー（行為主体）の問題については同意していたが、アメリカ外交を取り巻く内外の構造において何を考慮するかの評価は大きく異なっていた。メイは、一八九八年の戦争は当時の出来事に対する感情的な反応であり、より大きな帝国的目的はなかったと考えた。合衆国はその国境を越えて、自らの手の届かないところに横たわる諸力により、「偉大さを押しつけられた」[224]。この議論は、帝国主義のいっそう大きな国内的原因を切り捨て、外交政策を外圧に対する一連の受動的反応に還元する[225]。当時の国際秩序が、アメリカの政策を動かしたという主張は容易には立証されない。一九世紀後半の合衆国は、その外交政策に対する外部の制約から驚くほど自由であった。ビアードは因果関係について、もっと広い視野を持っていた[226]。彼は、合衆国が自らの運命を握っていることは疑っていなかった。そして彼は本能的に、国内の経済的、政治的発展が海外膨張に向かう動きの根底にあると信じていた。彼は、国益に関する対立する構想についての「ハミルトン的・ジェファソン的弁証法」を定式化し、保護主義的政策が、貿易を拡大するための平和的方法というよりは強権的な方法を暗示していることを理解し、国内問題から注意をそらす際の戦争の機能に注意を喚起した[227]。これらの洞察にもかかわらず、ビアードは、膨張に割り当てた広い原因と、一八九八年の帝国主義の噴出の原因としたより狭い動機との間の隙間を埋めることは決してなかった。

メイとビアードが帝国主義をめぐる議論に重要な貢献をした後になされた研究は、今や構造とエージェンシーの間の接合が可能であることを示唆している。外交政策エリートは、突出した個人からなる孤立した集団――いまだに彼らはしばしばこのような仕方で形容されるが――ではなかったことは明らかで、議会で多数の共感者から支持を集めた。そのうえ、タカ派は、他の利害関係者の間にある不和を自らの利益に変えることに巧みであった。実業界は、膨張の支持者と反対者の間で分かれた。人種差別主義者は、アングロ＝サクソンの旗を地球の果てまで運ぶことを望んだ人々と、「劣った人々」が合衆国の市民になることを阻止しようと決意していた人々とに分かれた。帝国主義者は、こうした相違を超越した言葉で、一般向けのアピールを表現する一方、同時に反対者や懐疑論者をなだめる詳細な譲歩を考え出すのに貢献した。互恵協定は、国内の重要な実業上の利益を損なうことなく、海外の新しい市場に対する一定の見通しを提供し、保護主義は維持された。反対は牙を抜かれた。反帝国主義者は孤立した少数派となり、国民感情を支配するための言葉の闘いに敗れた――だが、これが最後ではなかった。帝国主義は国家的大義となった。反対派はいまだ非愛国的だとはみなされていなかったが、すでに見捨てられた原則を擁護していた。すなわち、市民的徳とコスモポリタンな価値観に対する古典的、一八世紀的信念に基づく共和国という思想である。

ひるがえって、政党政治はさらに幅広い戦略に関連していた。その戦略は、経済発展の追求と政治的団結の維持との間の緊張を解決する手段の統率を究極的な目標としていた。この二つのバランスは一九世紀後半にほぼ失われた。何年にもわたるデフレと散発的な不況は、農産物価格を引き下げ、都市部の失業を増加させることにより、経済発展の問題を悪化させた。不満は政治的抗議へと変換され、確立された秩序に異議を唱える規模にまで達した。共和党と民主党はこうした勢力を掌握し、互いに競合するそれぞれのセクション的政策目標にその支持を向けるために争った。共和党のプログラムが優勢になり、同党はその過程で国民に対して影響力を高めた。互恵協定は国内で票を獲得したが、最初は等閑視されたとはいえ、海外で大混乱を生み出すのを助長するという代償を払った。合衆国における資本主義の成長と一八九八年の戦争との関連性は、実業界を帝国主義に結びつける試みによってではなく、経済発展を政治的要請に結びつけることで見出すことができる。

　この点で合衆国は、経済的利益よりも政治的団結を優先するヨーロッパにおける後発の帝国建設国家集団の典型的なメンバーであった[228]。最初に出発した国であるイギリスは、海外において、帝国主義を国益に結びつける、広範囲にわたる経済的関与を推し進めた。フランスの経済的利益は、地域別かつ部門別ではあるが、第三共和制の帝国主義の説明において、「栄光《ラ・グルワール》」を求める政治を通じて、一定の地位を得るうえで十分に際立っていた。出遅れた国の一つであるイタリアは、大部分が未発展のままであり、主に国民的団結を促進するために、帝国的膨張に参画した。合衆国は政治的動機が顕著であったという点で、イタリアと並んでいる。イタリアとは異なり、合衆国には相当な製造部門と強力な実業界ロビーがあり、後者は、政治権力の中枢ではお馴染みの存在であった。しかしながら、外交政策に対する経済的利益の直接的な影響は弱かった。新しい経済は、巨大な国内市場において、海外で得られるよりもはるかに大きな機会を提供した。同時に、海外貿易に携わる実業界内部の分裂は、実業界の主張の有効性を制限した。その結果、海外における国益の表象は、圧倒的に政治的な形態を採った――もっともそれらとて、共和党によって筋書きが書かれた経済発展の道を維持するという目的を持っていたのだが。

　しかしながら、アメリカ帝国主義の海外での拡張は、一つの重要な点において、西ヨーロッパの帝国主義とは異なっていた。すなわち、合衆国は同時に、国内においても植民地化政策を追求したのである。だが、この経験は合衆国を特異なものにしなかった。むしろ、第五章で示唆したように、この経験はアングロ世界とフランス帝国の一部での並行した動きを補完するもので、それらの地域では白人入植地が先住民居住地域に進出し、ついには先住民社会を破壊してしまっていたのである。南北戦争の終結は、入植者の西漸運動に新たな弾みをつけた。ネイティブ・アメリカンは、独立国家の市民として扱われなくなり、抵抗運動は武力によって鎮圧された。同時に、連邦議会は、北部と和解させるために南部諸州に大規模なホームルールを与え、アフリカ系アメリカ人が、新たな法的・社会的差別を受けることを許した。合衆国における国家建設の過程は、実質的に白人のアメリカ人を団結させる演習となった。市民としての資格がない者たちは、その資格を持つ者たちの価値と優越性を定義するのを助ける対義語的な役割を果たしたのである。

　キューバにおける状況の悪化が提供したのは、海外の新たな市場を作る機会ではなく、共和党がもたらしたコンセンサスの背後にある国民の団結を示す機会であった。スペインとの戦争は、主要な受益者をはるかに超えた有権者にまで訴えることで、地域性の強い北部の政策目標を確固たるものにした。関税保護と金本位制は論争の的であった。自由は全国的に共鳴する大義であった。マッキンリーは自由を責務に、責務を愛国主義に、愛国主義をプロテスタンティズムに結びつけた。献身的なメソディストとして、彼はスペインとの戦争を正式に決定する前に、揺るぎない神に対する信仰を抱いて祈った[229]。ひたむきな政治家として、彼は祈る前に必要な精査を行い、戦争をするという決定には大衆の支持があり、共和党に利益をもたらすと信じていた。一八九八年、合衆国はキリスト教と文明を世界にもたらすために、「戦争に向かって行進」し、「聖人が歩いたところを踏破」する、アングロ＝サクソン軍の十字軍に加わった[230]。

スペインとの戦争およびフィリピンの解放運動との戦いは、選択された戦いであった。合衆国は、その死活的利益が問題になっていなかったにもかかわらず、意図的に他国の問題に介入した。イギリスは、慈悲深い中立を表明し、秘密裡に支援を提供した。カリブ海で合衆国に異議を唱えた、あるいはそうすることができた国は他になかった。キューバは、スペイン植民地の中で最も近接していたが、合衆国を危険にさらすことはなかったし、危険にさらすこともできなかった。反対に、自治国としてであろうと独立国としてであろうと、アメリカ本土への砂糖の輸出は同島の繁栄に不可欠であったため、キューバは合衆国と協力する強い動機を持ちえた。スペインの植民地の中で最も遠隔であったフィリピンは、合衆国の政策立案者に関するかぎり、事実上、彼らの思い描く地図から外れていた。フィリピンでの合衆国の利害関係は、最小限であった。ドイツや日本がこれらの島々でより大きな権益を持っていたならば、合衆国は何も失わず、人命を守り、戦費を費やすこともなかったであろう。マッキンリーは、戦争に訴えることに心底から消極的であった。しかしながら、一度首を突っ込むと、彼は他者が引き起こした騒動にのめりこんでいった。勝利は彼の冷静な頭さえも変えた。フィリピンは入手可能になったので、取得しなければならなかった。必要性よりも能力が戦略を決定した。

このアメリカ帝国主義の説明は、従来の議論の分類について、興味深い問題を提起する。マルクス主義の伝統に基づく理論は、帝国主義は資本主義の特定の段階が外部に向けて強力に表現されたものだと考える。コブデンとスペンサーに端を発し、シュンペーターが定式化した別の伝統は、資本主義は本質的に平和的であり、帝国主義は社会の先祖返り的要素に由来すると主張する。アメリカの新帝国主義への寄与が、自国での利益の減少と余剰資本の問題を解決するために新しい市場を探し求める、新興産業ブルジョアジーによって突き動かされたものでないことは明らかである。他方、アメリカの帝国主義の支持者を先祖返り的な諸力を表象する存在として描くのも難しい。合衆国の熱烈な帝国主義者は、封建秩序の名残でもなければ、ロンドンのシティに見られる類のジェントルマン資本家（gentlemanly capitalist）でもなかった。むしろ彼らは、資本主義の落とし子であり、相続したり、結婚したり、お金を稼いだりして、それゆえにあらゆる意味で資本主義から距離を置くことができる幸運を持っていた。財政的自立は、彼らを作った世界を批判する手段を彼らに与えた。彼らは、ヴェブレンの「有閑階級の理論」（theory of the leisure class）〔彼の代表作のタイトル〕の実例であり、彼らにはまた、「理屈をこねる階級」（theory class）としての自由な時間（leisure）があった。そうした自由な時間は、彼らに「現在の不満」とその解決策について熟考することを可能にさせたのである。彼らは、哲学者大統領の賢明な指導力の下、社会の異なる部門が、有機的統一体として組み合わさっていた想像上の時代を振り返った。しかしながら、彼らの目的は、資本主義から逃れることではなく、資本主義を破壊することではなおさらなかった。彼らは現実的であり、自らの特権的な生活が、製造業と金融業によって生み出された富に負っていることを十分に認識していた。したがって、彼らは、金ぴか時代の行き過ぎと社会主義の脅威が一掃された、改革された資本主義の世界を待ち望んでいた。

帝国主義はこの目的のための手段であった。帝国主義は責務、名誉、勇気といった中核的価値の中心性を再確認し、産業部門や地域の区分を超えた国民的アイデンティティの感覚を生み出し、教育を受けたエリートのメンバー、つまり彼ら自身を、彼らがかつて持っていた地位に復帰させることを約束した。その地位は、かつて共和国の名誉ある哲学者＝保護者として彼らが占めていた、あるいは占めていたと考えられていたものであった[231]。古い世界の一部を新しい世界に移植することで、彼らは近代化の課題を克服するハイブリッド社会を生み出すことを望んでいた。こうした事業に尽力したのは、彼らだけではなかった。「私たち自身が創造したこの巨大な帝国に、私たちは自らの心にいまだ存在しない、かの愛国的団結の物質的象徴を見出すでしょう。私たちは現在、政治的争いをいらだたしく、不毛なものにしている活動の一部を、広範で実り多い植民地化という問題に差し向けます」[232]。一八九八年のアメリカ帝国主義者は確かに、このような心情を認識し、是認したであろう。この心情は、ベルギーの弁護士が一九〇四年、レオポルド王のコンゴに言及して表明したものであった。

しかしながら、両者の規模には明らかな相違があった。ベルギーにはその名に値する海軍がなく、世紀転換期以降、合衆国は主要な列強と並んだ。一九〇七年、ローズヴェルト大統領は、新しいアメリカ艦隊を世界中に派遣した。一万四〇〇〇人の水兵を乗せた一六隻の戦艦が、一年以上にわたる巡航の過程で、二〇の港に寄港した[233]。船舶は重武装であったにもかかわらず、海軍の平時色である白で塗装されていた。それでもこの遠征は、合衆国が一流の列強としてやってきたことを世界に知らしめた[234]。ローズヴェルト大統領が、物やわらかに話すかどうかにかかわらず、そして彼はめったにそうしなかったが、彼が今や、大変な棍棒《ビッグ・スティック》を身につけていることは疑いえなかった「物やわらかに話し、大きな棍棒を持って行け」という格言を信じたセオドア・ローズヴェルトの外交は、一般に棍棒外交と呼ばれる」。

第九章　膨張する世界に対する島嶼的視座

◆「現代政治のジャガナートの山車」[1]

自由、文明、進歩の話で膨らんだ帝国建設者の美辞麗句は、合衆国本土の人々の心を温めたが、海外での開発と国家建設における合衆国の最初の実験の対象になろうとしていた人々に対しては、身の毛のよだつ影響があった。キューバの愛国者ホセ・マルティは、一八九五年に没する少し前、差し迫った現実を予測し、警鐘を鳴らして次のように記している。キューバの独立のために戦うなかで、彼の「責務」は、合衆国が「西インド諸島に広がり、あの重圧を加えて、我がアメリカ（Our America）の他の国々を襲う」のを防ぐことだと述べている。[2]マルティは、彼が言うところの「怪物の内部」で生活して、合衆国で三〇年近く過ごし、「その内臓を知っている」と主張した。[3]プエルトリコで最も重要な政治家であったルイス・ムニョス・マリンは、より穏健かつ慎重で、最初のうちはより好意的であったが、一九〇四年までには、彼でさえ幻滅を表明せざるをえないと感じていた。いわく、「一九〇一年には、私たちの中で合衆国を信用していなかった人々は、ごくわずかでした。今日、私たちがだまされたことに、誰もが気づき始めています」。[4]

太平洋での反応は、反対と疎外をさらにはっきりと表明していた。解放者が、自らの独立を否定しようとしていることが明らかになるやいなや、フィリピン人は合衆国に対して、武器を取った。「われわれは現代政治のジャガナート〔ヴィシュヌ神の化身クリシュナ〕の山車〔それにひき殺されれば天国に行けると信じられた〕の下で目下、押しつぶされている」にもかかわらず、ナショナリストは「自由のための闘争に従事している」。レジスタンスの指導者エミリオ・ファミー・アギナルドのスポークスマンは、アメリカの聴衆に向かって、一八九九年にこう宣言した。[5]「わかってほしい」、「フィリピンはフィリピン人のためにある。……私たちは、かつての抑圧者と同化したことは一度もないし、あなたたちと同化することもありえない」、と彼は続けた。[6]一八九七年、「数万人」のハワイ人と混血のハワイ人が、マッキンリーに併合条約を認めないよう請願したが、無視された。[7]翌年、太平洋基地司令官として合衆国海軍を最近、退役したレスター・ビアーズリー少将は、主権の移譲を記念する式典に対する自らの見解を記録している。[8] 彼の報告によると、政府関係者以外、ほとんど出席しておらず、式典で補助的な役割を割り当てられた新たな植民地の人々の代表団の間では、熱意が著しく欠けていた、という。

政府のバンドが、最後にポノイ（*ponoi*）（ハワイの国歌）を公式に演奏する中で、ハワイの旗を最後に降ろすことになっていたハワイの乙女たちのバンドは、その旗を降ろそうとしなかった。バンドは、ポノイを演奏することを拒否し、先住民たちが提供した唯一の音楽は、大声で泣き叫ぶことであった。[9]

カリブ海と太平洋の島々の植民地人の反応は、帝国主義に関する一つの視座を示しているが、ワシントンから眺めると、それはぼんやりしているか、全く見えてこない。ヨーロッパ帝国主義の歴史家は、先住民の土地の占領に抵抗したり支援したりする際に、先住民社会と白人入植者双方が果たした重要な役割を長らく認識してきた。ジョン・ハーグリーブスが、アフリカの分割における「欠けている要素」、つまり「アフリカの諸国家、その支配者、および人々の役割」を研究するための予定表を作成してから、今日、半世紀以上が経過している。[10] それ以来、アフリカ、中東、およびアジアの歴史家は、この主題に関して、並外れた範囲と質の作品を生み出してきた。[11] 近年、合衆国の支配下に置かれた島々の歴史に対しても、最高級の学術的貢献がなされている。しかしながら、ほとんどの場合、研究は個々の島に焦点を当てている。新たなアメリカ帝国を全体として網羅しようとする島嶼的研究はほとんどなく、そのような研究であっても、ヨーロッパ帝国主義についての広範な史学史によって生み出された、より広い議論に自らの発見を結びつけることはめったにない。[12] これらの関係のいくつかを明らかにする際、本章は、それらの島々についての専門的研究をまとめて、それをいまだ自らの代表作選集に加えていないイギリス、フランス両帝国の歴史家に知らしめる方法にも注意を向ける。[13]

一八九八年のスペインとの戦争に続いて合衆国に併合された島々は、簡単に分類することはできない。それらは、大西洋と太平洋の二つの異なる世界に分かれていた。三つの島は長い間、スペインに支配され、四番目のハワイは長い間、独立していた。フィリピンはかなり大きく、散らばった群島であった。他の島々は小さく、非常に小さいものの中には、一九世紀まで地図製作者の注意から漏れたものもあった。[14] これらの理由からだけでも、合衆国の標準的な歴史において、アメリカの島嶼帝国が、米西戦争への関与以外にほとんど居場所を見つけられず、西洋帝国主義のさらに広い歴史においては、ほとんど居場所がないことは理解できる。この分野の専門家が指摘するように、そこには埋めなければならない隙間がある。しかもこの物語は、はるかに壮大な出来事の単なる小さな付録ではない。ささやかな規模にもかかわらず、この島嶼帝国はある程度の多様性を示し、はるかに大きなイギリス、フランス両帝国の縮図となった。それは白人入植者を受け入れ、外国への優遇措置を許可し、先住民の事業を締めつけた。外国の影響の浸透は、他の西洋帝国で再現された人種関係、社会的適応、および政治的支配の問題を引き起こした。グローバルな統合の絆の強化は、他の場所と同じく、アメリカ帝国を世界の発展に結びつけた。新しい外国の支配者の受け入れ先として、それらの島々は、新世界が旧世界と異なるだけでなく、それよりも優れているかどうかを示す絶好の機会を合衆国に与えた。

史学史の現在の状況を踏まえれば、合衆国の帝国主義はヨーロッパ列強のそれと同様、外部の影響に加えて、植民地化された社会自体の内部の諸力の産物であったと強調する必要がある。それらの島々の見解に適切な場所が割り当てられていたならば、世紀末に合衆国が行った領土獲得についての議論は、その支配下にあった地域での混乱の増大をいっそう考慮した記述になっていただろう。そうすれば、「非公式帝国」、「下位帝国主義」(sub-imperialism)、「協力」といった概念は、ずっと以前に史学史に取り入れられていたはずであり、今日の帝国研究は、「本国」と「周辺」の因果関係の諸理論それぞれの利点と帝国建設の「本国中心的でない」学説についての議論で溢れていたであろう。[15]

以下の評価では、アメリカの存在が海外の多様な社会と交差した辺境地域における激動を理解するために、第八章で展開された議論を適用する。[16] スペインとの戦争とその後の併合につながった決定は、ヨーロッパと合衆国を巻き込み、一八九〇年代に頂点に達した経済的、政治的危機の産物であった。この危機はまた、農業に基づく軍事＝財政国家から産業＝国民国家になりつつある国家への長く不安定な移行に根差していた。それを海外で補完したのは、その移行が不完全であった輸出農業、それにいくつかの事例では、鉱業であった。一九世紀後半における「本国」と「海外」の相互作用は、悪化する経済状況と政治的失望として現れた。それは、マドリードの差し迫った歳入の必要性とワシントンの関税政策の突然の変更によって増幅された。それらの島々における抵抗は広範囲に及び、しばしば強力であったが、最終的には実を結ばなかった。重要な決定はワシントンでなされた。その結果、それはアメリカ式「文明化の使命」の海外における最初の発露となった。本書で「強制されたグローバリゼーション」と呼ばれる帝国主義は、この大変革が明確な形をとって現れたものであった。

◆薬を甘くすること

カリブ海と太平洋におけるアメリカの利害関係者は、グローバリゼーションの影響範囲の拡大と、それが生み出した統合の問題によって形成された国際環境の中でその役割を果たした。[17] 合衆国の支配下に置かれた島々は、世界銀行が後に「構造調整」と呼ぶ一連の広範な変化に取り組んでいた。それらの島々の経済は、輸出の拡大がもたらす要請に適応しようと格闘した。また、そのような試みを行うなかで、それぞれの政治体制には、不安定になるほどの負荷がかかった。一九世紀後半に国際経済の各分野における一次産品生産者に影響を与えた一連の不況は、これらの困難を増大させた。やがて合衆国の支配下に置かれることになった国々は、一八九八年には、さまざまな崩壊段階にあった。チャンス到来だとみた膨張主義者は、その機会に飛びついた。無秩序を取り除くために、自由が処方された。武力介入は非公式関係に取って代わった。

「甘い悪人」と呼ばれる砂糖は、それらの島々と合衆国本土との間の共通のつながりを提供した[18]。砂糖は主に、輸出のためのプランテーション作物であったため、必要な資本と販売促進上のつてを動員できる本土からの移住者を惹きつけた。アメリカ帝国となった地域のアメリカ人起業家の一部は入植者であったが、大部分は地元の経営者を雇った不在者であった。一八九八年の戦争の前夜、アメリカ人入植者は不足していた。彼らの主な拠点はハワイにあり、主に一八七五年以降の砂糖産業の拡大の結果として、その数は世紀半ばの二〇〇〇人未満から一九〇〇年には約二万九〇〇〇人にまで急増した[19]。合衆国植民者は西太平洋地域では、より小さな存在であった。そこでは、いわゆる「マニラのアメリカ人」が、世紀の終わりに、およそ五〇〇〇人に達していた[20]。キューバはカリブ海の磁石であった。合衆国本土への接近が容易で、サトウキビの栽培にとくに適した豊穣な土地は、長い間、外国人投資家を魅了してきた。しかしながら、その近さと蒸気船は、合衆国本土の人々にキューバとプエルトリコでの永住者ではなく、不在者または滞在者になることを促し、彼らが訪れたそれらの島々の長期的将来に対する姿勢を変えた[21]。

アメリカ帝国となった地域の白人入植者の多くは、スペインからの移民であった。スペインとのつながりは、西洋帝国の中でその島嶼領土に独特の性格を与えた。帝国を所有する西欧列強の中で、このように「でき合いの」帝国を獲得した国は他になかった。さらに、スペイン帝国が長期にわたったことは、世界市民的なつながりを持っていたとはいえ、入植者の大多数を地元住民に変えた[22]。帝国におけるスペインの身分制度は、精巧に見えながらも融通性があり、ある程度まで主観的でもある範疇からなる複雑な階層へと発展した。主な区別は、白人であるペニンスラール〔本国生まれ〕とクリオーリョ〔現地生まれ〕〔まとめてコロニスタ〔植民者〕として知られる〕、混血であるメスティーソとムラート、先住民あるいは非白人という理由で先住民扱いされたインディオ、ネグリート〔小さな黒色人種。蔑称〕、および黒人《ニグロ》であった[23]。ペニンスラールはスペインで生まれたが、スペインの植民地に住んでいた。彼らは高い地位と特権を享受し、本国との強い絆を保ち、一般にスペインの大義に忠実であった。クリオーリョは南北アメリカで生まれたため、彼らより下に格付けされたペニンスラールの子どもであった。多くのクリオーリョはよい教育を受けており、政治的意識が高かった。彼らは生地と強いつながりを持っており、活躍の機会を制限する規制にますます不満を募らせていた。予想できたことだが、クリオーリョは一九世紀初めのラテンアメリカの独立を求める闘争の最前線にあり、世紀末のカリブ海における自決運動でも同じくらいの影響を及ぼした。インディオ、ネグリート、黒人《ニグロ》は社会の底辺を占めていたが、奴隷制、スペイン、および合衆国に対する闘争において、自分たちの意見を届け、異議を申し立てた。

これらの種類の人々の割合は、スペイン帝国全体に不均一に配分されていた。中央アメリカと南アメリカにおけるスペインの領土は、主として、コンキスタドール（征服者）と入植者の産物であり、彼らはイベリア半島の社会階層を新世界に移植し、現地の状況に適応させた。カリブ海の島々を変えたのは、輸入された奴隷労働によるプランテーションの開発であった。カリブ海における身分制度の区別は、自由と不自由の違い、および白人と黒人の違いによって条件づけられた。他方でフィリピンは、入植者というよりも商人を惹きつける主要な交易所であるマニラを中心とした、フロンティア社会のままであった[24]。コンキスタドールと入植者の数は少なかった。ペニンスラールは、階層の最上位に居続けたが、人数が不十分であった。入植者の強力な寡頭制が存在しないため、そのフロンティアでは集団的に修道士《フライヤー》として知られる宣教師が主に任務についた。クリオーリョはラテンアメリカ同様、フィリピンでも政治的に信頼されず、いずれにせよ、そのほとんどが、スペインと中国の両親の子孫で、イベリア半島とのつながりは希薄であった。増加するメスティーソの階級に数的に凌駕された。これらの地域的対比は、スペイン支配の特徴、植民地社会の性質、そして植民地経済の構造にとって、重要な含意を有していた[25]。

そうした種々の移住者共同体は自ら、グローバル化していった。彼らの網の目は、点在する島々を、輸出作物の新興世界市場に結びつけた。最近の研究は、伝統的に砂糖に割り当てられた優位に異議を唱え、タバコ、コーヒー、マニラ麻といった他の作物が果たした役割を強調している[26]。それにもかかわらず、一九世紀後半には、砂糖が四つの島々すべてからの主要な輸出品であり、一八九〇年代にコーヒー（プエルトリコ）とマニラ麻（フィリピン）によってごく一時的に取って代わられただけであったことに変わりはない。したがって、砂糖の重要性を強調する見解は、それらの地域の植民地輸出経済の尺度、また太平洋とカリブ海における帝国建設のプロセスにおける中心的なテーマとして、妥当性を保持している。

合衆国での砂糖の消費量は、ヨーロッパ同様、一九世紀後半に急増した。一九〇〇年までに、年間消費量は二六六万トンに達した。これは一八六六年の数値から五倍の増加で、粗糖は全輸入量の一二％を占め、合衆国への最大の単一輸入品となった[27]。国内生産は需要をはるかに下回り、一八九五年には総消費量の約一九％しか供給していなかった[28]。サトウキビは、ルイジアナ州のごく一部に限定されていた。甜菜（サトウダイコン）糖は、世紀転換期まで広まらなかった。したがって、粗糖の輸入が、国内需要の大部分を満たした。その結果、こうした砂糖の島々は合衆国市場に依存するようになった。関係は互恵的ではあったが、不平等でもあった。砂糖消費は、合衆国の経済活動全体のごく小さな部分を成していたにすぎない一方、砂糖生産は、供給国の経済の非常に大きな部分であった。

表9-1では、主要な砂糖の供給源を三つの集団に分けている。一八七〇年から一九〇六年の間、どこかの時点で、関税の部分的あるいは全体的な免除から利益を得た海外供給者、全額関税を支払った者、そして免税された国内供給源である。各集団内の供給者は、併合または占領につながる決定が行われた、

一八七〇年から一九〇〇年までの期間の数量によって格付けされる。一八七〇年から一九〇六年の期間、砂糖の供給量（消費の尺度として扱いうる）は五倍増加した。一八九五年には、

表9－1　合衆国の砂糖供給（1870～1906年）

（100万ポンド単位：15＝15m. lbs）

	年	1870	1875	1880	1885	1890	1895	1900	1903	1906
輸入元（関税譲許有り）	キューバ	801	1090	1087	1115	1041	1845	705	2396	2782
	ハワイ	14	18	61	170	224	274	505	775	712
	フィリピン	59	119	133	179	260	69	49	19	69
	プエルトリコ	131	110	84	160	77	56	72	226	410
輸入元（関税有り）	ヨーロッパ（甜菜）				269	601	347	701	87	48
	ジャワ	15	74	23	7	112	280	1162	892	782
	英領西インド	63	37	64	282	291	193	2001	91	37
	ブラジル	24	71	153	329	74	52	89	74	29
国内（無関税）	ルイジアナ	99	134	199	211	287	711	329	512	594
	甜菜糖					10	45	163	437	672
合　計		1206	1653	1804	2722	2977	3872	3975	5609	6135

出典：F. W. Taussig, "Sugar : A Lesson on Reciprocity and the Tariff," *Atlantic Monthly*, 95 (1908), p. 334より。

キューバに限っても、合衆国で消費された砂糖の半分近くを供給した。ワシントンが制定した関税水準の変化と、合衆国に砂糖を輸出する国々の政治的不安定に呼応して、他の供給源の重要性が増減した。キューバとフィリピンからの輸出は、戦争が生産を中断した世紀の終わりに打撃を受けた。これらの後退は、ジャワとハワイからの輸出を増加させ、ルイジアナからの国内供給を刺激した[29]。ヨーロッパの甜菜糖は一八九〇年代に成功し、スペインとの講和によってキューバ産業が復活し、プエルトリコに関税上の譲許が与えられた一九〇〇年以降になって、その輸出にようやく歯止めがかかった。

　キューバ、プエルトリコ、フィリピン、ハワイのすべてがスペインに支配されたわけではないが、程度は異なるものの、すべて砂糖に支配されていた。関税政策は、カリブ海と太平洋の国々と経済に対する影響力を合衆国に与える手段であった。アメリカによる植民地支配の時代の間、砂糖からの富は、それらの島々の政党に資金を提供した。互恵条約は、一般的関税を修正する補足的な二国間協定であった。それらは合衆国の通商の量と方向性にほとんど影響を与えなかったが、影響を受ける小国にとっては、死活問題であった。合衆国の関税政策は、それらの砂糖の島々の長期的な発展を支援するために設計されたものではなく、国内の政治的競合の気まぐれな結果であった。政治的策動に基づく慈悲深い手が差し出

されると、生産者は突然、彼らの競合者よりもかなり有利な条件で巨大市場に参入できるようになった。彼らはその後、できるだけ多くの資本と労働力を農地に投入することにより、輸出生産を増やすために奔走した。その結果、影響を受けた輸出経済は、互恵協定によってもたらされる人為的な促進策に大きく依存するようになった。優遇措置が撤回されるか、それが競合する生産者に与えられると、当初の受益者は、すぐに政治不安に変換される経済不況に陥った。市場はゆがめられた。価格は需要と供給というよりは、連邦議会で下された決定によって定められた。関税上の優遇措置は、貿易を創出するのではなく、その流れを変え、そして主に合衆国財務省から補助金を受け取ったオフショア（海外）の粗糖生産者に利益をもたらした。消費者はほとんど利益を得なかった[30]。

　世紀の終わりに、関税の予測不可能性から生じる困難は、世界市場の低迷と砂糖の新しい供給源の拡大によって増大した。サトウキビの島嶼輸出業者は、サトウダイコン生産の拡大と輸入品に対する保護関税の採用により、大規模なヨーロッパ市場へのアクセスを失った。合衆国市場は、重要であるだけでなく、不可欠なものとなり、その市場でシェアを確保するための闘争はますます激しさを増した。これらの状況は、砂糖輸出国に不安定性をもたらし、合衆国が直面しなければならないと感じた政治問題を生み出した。国内での共和党と民主党の対立は、関税政策を通じて海外に投影され、新しいアメリカ帝国の創出につながる条件を生み出すのに役立った。ハワイは、スペインの島々の獲得に伴って後に生じる問題の大部分の争点と多くの議論を先取りしていた。だが、キューバでのスペインとの戦争は鍵となる出来事であり、最終的には、ハワイの正式な併合にもつながるものであった。したがって、太平洋を渡る前に、カリブ海から始めるのが適切である。

◆キューバ——「名誉と謝意を完全に欠いている多くの堕落した連中[31]」

世紀の半ばまでに、キューバは奴隷労働に基づいていたとはいえ、活発な資本主義経済を発展させ、崩壊しつつある重商主義体制の外で貿易関係を確立し、上質なタバコの主要な供給地であると同時に、世界最大の砂糖生産地となった[32]。同島はコーヒーも輸出したが、一連のハリケーンが、一八四〇年代に作物を破壊し、砂糖へのいっそうの特化を促進し、プランテーション複合体をさらに定着させた[33]。一八一六年から一八六七年の間に六〇万人近くの奴隷が、同島に運ばれた。それは大西洋貿易の時代を通じて合衆国に到着した数を上回っていた[34]。一八四六年までに、奴隷は人口の約三六％を占め、ムラートはさらに一七％を占めた[35]。一九世紀半ばの島の富は、スペインにとってその重要性が増したことと同様、見過ごされがちである。だが、キューバは、ラテンアメリカで最初に蒸気動力の製糖工場を建設し（一八一七年）、合衆国への蒸気船運行を導入し（一八三六年）、鉄道を建設し（一八三七年）、電信機を設置し（一八四四年）、海底ケーブルを敷設した（一八六七年）[36]。ある権威の判断では、「一九世紀半ばのキューバは、一八世紀末にかつてのアメリカ本土のすべての植民地が持っていたのと同じくらいの価値が、スペインにあったかもしれない」[37]。キューバから得られる歳入は、スペインの予算に決定的な貢献をし、マドリードの帝国復興の計画に資金を提供するのに役立った[38]。それに応えて、王室は、島の西部の大規模な砂糖プランテーションの所有者からなる凝集力のあるエリートと「特別な関係」を確立し、その多くが疎外されていた、東部のタバコ農家を含む他の生産者の権利の主張から、彼らの利害を擁護した[39]。

キューバの国際貿易への関与は長らく続いていたが、一八世紀後半までは限定的であった。一八世紀後半、ブルボン王朝の改革は、同島を自由貿易に開放し、その防衛に投資することで、キューバの経済を刺激した[40]。その後まもなく、キューバの砂糖生産はハイチ革命（一七九一～一八〇四年）によって後押しされた。革命は、世界有数の輸出国の一つであったハイチの生産高を狂わせたからである[41]。キューバは、一八〇七年に国際奴隷貿易への関与を終え、一八三三年に帝国内の奴隷制を廃止するというイギリスの決定からも利益を得た。フランスも一八一四年と一八四八年に、同様の措置を講じた[42]。キューバが繁栄したのは、奴隷の生産物の需要が拡大し続け、グローバルな奴隷貿易が栄え、島の奴隷制が、スペインの保護下に置かれ続けたためである。イギリスからの圧力を受け、スペインは一八一七年と一八三五年に奴隷貿易を禁ずる条約に署名したが、それを実行することはできなかった。キューバのスペイン財務省への貢献は、危険にさらすにはあまりにも重要であった。一八六〇年代まで、キューバは南部諸州同様、奴隷労働に基づき繁栄する経済体制の一部であった。

しかしながら、利益は緊張を生み出した。キューバの経済的成功は、一八二五年のメキシコの喪失に始まり、一八六七年に六％の新税が資産に課されるまで、スペインに同島の税負担を増やすよう促した。このタイミングでの新たな課税は、マドリードが植民地の現実を見失ったことを示していた。一八四〇年代と一八五〇年代の奴隷制廃止運動の主張の高まりは、奴隷反乱への恐怖の高まりとあいまって、キューバのプランターに対して、機械化に投資し、主に中国から契約労働者を輸入することで将来に備えるように促した[43]。しかしながら、一八六〇年代には、生産性の向上は、純物々交換と貿易収入面の減少を相殺するには不十分であった[44]。新たな税負担は、プランターの福利がすでに圧迫されていた中で、それを脅かした。政治的野心もまた妨害を受けた。一八三七年、スペインは帝国に残存する諸地域からコルテス（議会）に代表を送ることを禁じた。その地位の喪失は、権力の委譲およびそれを行使する際の地元の代表権の拡大を求める主張を助長した[45]。一八六七年になってようやく、スペインは最終的に奴隷貿易を禁止することに同意した[46]。リンカンの奴隷解放宣言とそれに続く南北戦争での北部の勝利は、キューバでの奴隷反乱の可能性を高めた。マドリードは、ハイチの前例に続く可能性を回避し、財務省が必要とする歳入を維持するために、奴隷制廃止を選択した。

キューバの奴隷貿易の終焉に続いて、一八六八年にスペインの「名誉革命」が起こった。「革命」はイサベラ女王を追放し、イベリア半島と帝国全土の自由主義者を勇気づけ、彼らに、本格的な改革が続くと期待させた。これらの出来事は、一八六八年にキューバで反乱を引き起こし、十年戦争として知られるものにつながった。[47] 蜂起はクリオーリョのカルロス・マヌエル・セスペデスの指導の下、土地所有者の一部によって扇動された。彼は自らの奴隷を解放し、ムラートにキューバの独立を目指す運動への支持を集めるように促した。[48] セスペデスは、砂糖よりもタバコを多く栽培するキューバ東部に本拠を置いていた。そこでは、プランテーションの数は限られており、そして奴隷が比較的少なかった。東部はまた、経費削減に必要な科学技術に欠け、このためとくに国際経済情勢の不利な動きに対して脆弱であった。そうした技術は主に、西部に存在した。[49] 革命への反対は、島の中央部と西部のペニンスラールの集団によって組織された。彼らは、奴隷が栽培する砂糖に依存し続けていたのである。

　革命は短期的には失敗に終わったが、長期的には、スペインに対する一八九五年の反乱に大きく寄与する結果をもたらした。戦争は労働市場の変化を引き起こした。[50] 真の自由は、新しい機会の到来を待たねばならなかったが、島の東部の奴隷はリベルト（自由人）となった。キューバの西部と中部の主要な砂糖生産地域の一部の奴隷は、一八七〇年にモレ法によって解放されたが、スペインのコルテスが、イギリスの説得により、一八八六年に奴隷制を廃止するまで、大部分の奴隷の状態は変わらなかった。[51] 奴隷制廃止の結果生じた労働力の柔軟性は、輸出の伸長につながったが、直ちに社会革命を引き起こすには至らなかった。元奴隷のほとんどは、島の広大な地所で賃金労働者として働き続け、そして彼らの昇進の機会は、代替雇用先の欠如と契約労働者の輸入を通じて抑制された低賃金により制限された。半自由労働者（または半奴隷労働者）の取引は、世紀後半の国際経済の主要な特徴となり、当時のグローバル化の力の適切な例となった。[52] イギリス人は独立して、またはスペイン企業との合弁事業において行動し、広範な海運貿易を支配した。その海運貿易は、ますます多くの中国人およびその他のアジア人労働者を太平洋の島々やさらにカリブ海に輸送した。[53]

　アメリカの膨張主義者たちは、一九世紀を通じて、キューバに注目し続けた。[54] とくに多くの南部人は、この島が、海へ押し流されていった合衆国本土の延長であり、再び獲得されるべきだと考えた。もし併合が達成できれば、新しい奴隷州が、その共和国にもたらされ、連邦議会での南部の力が強化されるであろう。この見通しは、スペインを不要に新世界に近接している旧世界の遺物とみなし、ヨーロッパのラテン系諸国からローマカトリック教徒を加えて共和国を拡大することを望んでいない、連邦議会の成員からの反対を動員するのに十分なほど憂慮されるものであった。最終的に、歴代の合衆国政権は対決ではなく外交によって、スペインに対処することを選択し、合衆国における奴隷制の崩壊は併合をより魅力に欠けるものにした。スペインは、同国の行動が合衆国の利益を脅かしたり、ワシントンがあえて現状変更の誘惑に駆られるような状況が生まれるようになるまでは、自らの帝国問題を管理することができた。

　その結果、キューバにおけるアメリカの存在感は商業に限定されていた。一八六八年から一八七八年の戦争期間中に生じた生産の損失と資産の破壊は、キューバの多くのプランターに債務を負わせ、危険を顧みない外国人投資家が、同国経済への投資を拡大することを可能にした。合衆国の企業は、競合者に取って代わることはなかったものの、輸出入貿易のシェアを増やした。関税保護は、スペインが同島の対外貿易で重要な地位を維持するのに役立った。イギリスは、キューバ人が以前所有していた多くの鉄道を引き継ぎ、世紀の最後の四半世紀にガス、電気、水道といった公益事業向けの資金のほとんどを提供した。[55]最近の評価は、「一八九八年までに、イギリス人はおそらく、アメリカ人以上にキューバ経済内で強い地位を持っていた」と結論づけている。[56]

十年戦争は、砂糖産業が、工業生産方式を採用することを可能にする外国資本注入の機会を提供した。[57]しかしながら、その動機づけは、ヨーロッパの甜菜糖の競争の激化に由来し、そのことは一八七〇年代以降、キューバをますます合衆国市場に向かわせた。セントラル工場と動力駆動製造所を土台とした産業化は、生産コストを削減し、品質を向上させた。大農園は大きくなり、所有権は少数の手に集中するようになった。新世代のキューバの起業家は、大農園の所有者および管理者として、そして輸出入商人として、これらの発展に貢献した。しかしながら、変容は不完全であった。キューバでは、「正当な」通商の時代のアフリカ同様、古いものと新しいものが並んで進行した。農村部のプロレタリアートが、奴隷制の破片から出現した際、多くの奴隷所有者は、奴隷労働でプランテーションを経営し続けた。[58]

十年戦争の終結時、スペインは必要に迫られて、多くの政治的譲歩を余儀なくされたが、その結果はキューバ人の希望を満足させるどころか、彼らの自決への期待を高めるものであった。アメリカ大陸のスペイン植民地によって達成された独立は、キューバの政治指導層の目線を、スペイン帝国内でのいっそう大きな自治、独立、および合衆国への併合という三つの可能な選択肢に集中させた。戦争は、これらの願望を計画に変えた。講和の一環として、スペインは政党の結成とマドリードのコルテスへ代表を送ることに同意した。[59]一八七八年、キューバのスペイン忠誠派は、そのほとんどが、スペインとの連合を維持することを望んでいたペニンスラール率いる立憲連合党（*Partido Unión Constitucional*）を結成した。一八八三年、穏健派の集団が自由自治党（*Partido Liberal Autonomista*）に集まった。それはカナダの前例を引き合いに出しつつ、スペイン帝国内でのホームルールをその目的として、広範な支持を集めたナショナリスト政党であった。[60]選挙制度は、キューバの保守的忠誠派に有利であったが、自由主義者は大衆のより大きな支持を得た。スペインはこの二つの板挟みになり、改革の要求を無視することも、要求に屈服することもできなかった。[61]

マドリードの政府は、競合する保守主義と自由主義の派閥の間で揺れ動きながら進んだが、全般にスペインの国益に最も近い立場を表明したペニンスラールを支持した。十年戦争の直後、キューバのスペイン当局は、歳入を増やすために財産を没収し、自治や独立をまだなお企てるかもしれない反対派を思いとどまらせるために、懲役刑を課した。これらの恣意的で抑圧的な行動は、クリオーリョと罪のない人々に不釣り合いに降りかかった[62]。スペインの諸機関は改革に反対したり、それを挫折させたりするために、植民地の役人に金を払うことにより、これらの措置を強化した。この政策は広く怒りを買った。それは帝国管理のコストを増大させ、スペイン統治時代をはるかに超えて続く腐敗の文化を植えつけた[63]。その一つの帰結は、戦後復興を中断させたことであった。もう一つは、将来の改革者を、合衆国本土へ移住するように仕向けたことであった。合衆国本土では、彼らの多くが、キューバの問題に対して急進的な解決策を採用した。保守派を支持することで、スペインは穏健派を疎外し、軋む一八世紀の政治経済体制からの漸進的移行を確保する可能性を大幅に減退させた。

一八八六年の奴隷解放は、当局が、同様に制御することができなかったもう一つの重要な政治的進展をもたらした。奴隷制の廃止に続いて、さらなる自由がムラートに広がった[64]。遠く離れたマドリードでさえ、新しい意見が聞かれ、それは根本的な変化を求めた。戦争は、多人種の解放軍によって戦われていた。戦争は、奴隷とムラートからなる将校を作り出し、銃を多くの手に渡らせた――銃はそのまま彼らの手に残った。「武器を所持する権利」は当然のこととされ、政治的強盗といっていいようなやり方で、十全に行使された。それはキューバ西部の風景の特色となった。そこでは、一八九五年に革命が勃発するまで、準軍事部隊がスペインの支配に反対し、伸長するナショナリストの大義に資金を提供し続けた[65]。

スペインは、人種を政治的忠誠の決定要因にしようとすることで、これらの課題に対応した。キューバは、スペイン人かアフリカ人のどちらかである可能性があるが、混血ではないというのが、その主張であった[66]。マドリードは一八八〇年代に、補助金を移住者に出すことで、この政策を支持した。一八八七年までに、人種構成は変化した。その年の国勢調査では、総人口一六〇万人のうち、一五万人のペニンスラールと九五万人のクリオーリョが列挙された[67]。マドリードは、キューバ人口のほぼ七〇％がスペイン人であるか、生まれつき密接な関係にあるため、「常に忠実な島」は、帝国の大義に忠実であり続けるだろうと期待した。当局は見込み違いをした。ほとんどのペニンスラールは、公式の政策を支持し続けたが、小さな少数派になった。白人の大多数を占めていたクリオーリョは、出生権に基づくペニンスラールの特権に憤りを表明するのに十分な人数を擁していた。キューバのナショナリストは、マドリードの「人種的愛国主義」への訴えに対して、人種的平等を肝要な要素とすることで、島の人々の固有のアイデンティティを形成しようとした。これは、ホセ・マルティの理論であり、彼の実践でもあった。独立のための闘争における二人の最も親しい彼の仲間、ファン・グァルベルト・ゴメスとホセ・アントニオ・マセオ・イ・グラハレスはともに、アフリカ系キューバ人であった[68]。

政治的展開は、国際的な砂糖市場の危機と交差し、植民地の強い願望と帝国の政策との間の緊張が大幅に高まった[69]。キューバのスペイン予算への貢献は、スペインが、この島に急進的な譲歩をする危険を冒すにはあまりにも重要であった。砂糖産業の近代化は、輸出量の拡大とあいまって、少なくとも一八八〇年までは、キューバを砂糖価格の下落に対抗できるようにしたようである。[70]しかしながら、一八八〇年代において、キューバ経済はその深刻な状況が絶望的なものになるところまで悪化した。キューバがサトウダイコンとの競争で、ヨーロッパ市場を失ったため、世界の砂糖価格は下落し続けた。破産が増加し、失業率も上昇した。十年戦争後にスペインがキューバに負わせた債務は、さらに厄介なものになった。一八九〇年代、砂糖貿易から得られる歳入が減少し、スペイン自体の財政問題が拡大した。[71]マドリードは一八九三年、そして再度、一八九五年にキューバの土地、製造業、消費財に対する税を引き上げることで対応した。死さえもいっそう高値になった。葬儀業者に発行される免許の費用は、一〇年間で三倍から四倍になった。[72]

合衆国同様、イベリア半島の強力な利害関係者が、保護主義的政策の背後にいた。[73]しかしながら、一八九〇年、マッキンリー関税に続いて、キューバの利害関係者と同島のアメリカのプランターは、スペインとアメリカに互恵協定を締結するよう請願した。[74]ジェイムズ・ブレインを国務長官とする合衆国は、迅速に対応した。キューバの砂糖輸出の流れを維持する他の手段がなかったため、スペインは大都市圏の反対にもかかわらず、しぶしぶ譲歩した。スペイン自体は、キューバの砂糖を吸収できず、いずれにしても、サトウキビの代替物としてサトウダイコンを開発していた。一方、キューバに入る外国製品に課せられた関税は、輸入貿易を妨げた。一八九一年に生じた結果はフォスター＝カノバス条約であり、キューバから合衆国への粗糖の自由な流入を許し、合衆国製造業者のキューバへの自由な参入を許可し、キューバへのアメリカ小麦の出荷に対する関税を引き下げた。

フォスター＝カノバス条約は、キューバの砂糖輸出を即座に大幅に後押しし、それほど劇的ではないが、合衆国からの輸出に明確な刺激を与えた。[75]キューバにおける合衆国の利害関係は急激に深まり、キューバのアメリカ市場への依存も深まった。一八九四年までに、合衆国はキューバの輸出の約九〇%を占め、輸入の約四〇%を提供した。[76]しかしながら、一八九四年に合衆国関税をめぐる政治がもう一度介入した。ウィルソン＝ゴーマン関税は、キューバからの輸入品にかなりの関税を課すことにより、相互主義を効果的に無効にした。スペインは、フォスター＝カノバス条約を破棄することで報復し、キューバは、スペインの帝国関税体制に復帰した。キューバが達成できる範囲で自由貿易に近かった相互主義は、繁栄を生み出してきた。スペインの指導下での関税保護は、同島を破産に追い込むことが保証されているように見えた。互恵条約が、政治的不満を和らげていたので、その廃止は増税とあいまって、好戦性を復活させた。一八九五年までに、スペイン支配に反対する勢力は一八六八年よりもよく組織化され、資金も潤沢であり、スペインにはキューバの経済問題を解決する力も、カリブ海での地位を効果的に守る力もないとの結論に達した。ナショナリストとサトウキビ・プランターは自由貿易を導入し、キューバの対外的義務を再交渉するようにスペイン政府への圧力を強化し、疎外された納税者は直接行動を開始した。キューバの脆弱な経済の多くを破壊し、スペイン支配を打倒することになった反乱が、一八九五年に始まった。

一方、歴代のスペイン政府は「何とかなる」か、問題が将来の政権に引き継がれることを期待して、キューバの諸政党との長引く交渉に従事した。結局、マドリードは、ミコーバー氏〔ディケンズの小説に登場する楽天家〕の幸運には恵まれなかった。立ち現れたのは、キューバの国民的英雄となる知識人、詩人、ジャーナリスト、そして活動家であるホセ・マルティの指導下のキューバ革命党（一八九二年）であった。[77] マルティは一八五三年にハバナで生まれた。スペイン移民の息子として、彼はクリオーリョであり、急進的な伝統の継承者であった。彼は、その伝統をとりわけ重視した。マルティは一八六九年、前年に始まったスペインの支配に対する反乱を支持したとして一六歳で逮捕され、投獄された。彼は一八七一年に釈放され、スペインに亡命し、そこで法学の学位を取得した。そこから彼は、フランスに行き、そこで彼の文学的英雄ヴィクトル・ユーゴーと出会った。ユーゴーもまた、その政治的見解により、亡命を余儀なくされた。マルティは十年戦争が終わった一八七八年に、一時的にキューバに戻ったが、一八九五年まで、ほとんどの時間をアメリカ大陸で過ごし、独立の大義を喧伝し、フロリダとニューヨークでキューバの移住者（*emigrés*）を組織し、自らの政治的目標「解放されたキューバ」（*Cuba Libre*）を支えるために資金を集めた。マルティは、一八九五年のキューバ侵攻の首謀者であった。その直後に四二歳で戦死したため、キューバの未来への貢献は途絶えたが、彼は殉教者となり、神聖視される「自由の使徒」になった。

図9－1　ホセ・マルティ（1875年）

出典：Cuba Heritage: http://www.cubaheritage.org/subs.asp?sID=34 （*American Empire*, p. 398）

マルティの政治は、コスモポリタンな思想と現地の経験の融合であった。[78] 彼はヨーロッパ、ラテンアメリカ、そして合衆国での旅行から部分的に引き出された自決の過激な考えを、スペイン統治下のキューバでの経験に適用した。彼は、キューバの未来はホームルールという妥協ではなく、完全な独立にあると結論づけた。この目的に向かって、彼はスペインが、十年戦争中に利用した差別的な階級制度を克服し、民衆に支持された効果的な反乱運動を定着させるために、「人種なき国民」のイデオロギーを構築した。[79] 交渉では、ささやかな目標さえ確保できなかったので、マルティは、野心的な目標を達成するには強制的な手段が必要だと結論づけた。彼と他の政治亡命者は、十年戦争後に合衆国に定住したキューバ移民から必要不可欠な支援を集めた。[80] 合衆国が輸入葉巻に課す高い関税を回避するために、多くの難民が、フロリダにタバコ工場を設立した。[81] この間接的な方法で、ワシントンでの関税操作は、スペインに対する反乱――その後、一八九八年に合衆国が統制下に置くことを決定した反乱――の資金調達を支援した移民を職員とする陸上ビジネスを生み出すという、全く予想外の結果をもたらした。[82] 関税と合衆国の帝国主義は、異なる方向に引っ張られた際も、一緒にくびきにつながれていた。

マルティの死後の展開は、対立する当事者をさらに二極化させた。一八九五年に始まった蜂起は、穏健な中道派の意見を抑圧し、保守派にスペインとの連合継続への支持を再確認するように促した。ホームルールは、それが平和的な手段では以前より達成しにくくなるやいなや、スペイン当局にとって、いっそう魅力的になった。武力闘争は、それが激烈なものになるにつれ、より過激になった。ウェイラー総督は一八九六年から一八九七年にかけて、数十万人のキューバ人を強制収容所に追い込む抑圧政策を導入したことで悪名を馳せた。反政府勢力は一八九七年八月、スペインの首相アントニオ・カノバス・デル・カスティーヨの暗殺を支援することで報復した。[83] 彼に取って代わった自由主義政府は、ウェイラーを呼び戻し、一一月にキューバに男子普通選挙とスペインの海外領土としてのホームルールを認めた。信念よりも必要性が、マドリードの新たな改革への取り組みを促した。戦争は終わらせなければならず、合衆国による介入の可能性は回避されなければならなかった。キューバ初の自治政府は、まだ暫定的なものであったが、一八九八年一月に発足し、四月に行われた選挙で承認された。遅ればせながら、結局、スペインはキューバを、熱帯地方のカナダにすると決定したように見えた。

スペイン領としてのキューバの地位は、一八九八年二月一五日にハバナ港でメイン号を撃沈し、論争の的となった爆発の後、長続きしなかった。[84] それに続いた戦争は三カ月も続かず、スペイン軍の降伏で終わった。五〇〇〇人以上のアメリカ兵が命を落とした。ほとんどが病気で亡くなり、三七九人が戦闘で殺害された。[85] 当時、その戦争が集めたかなりの注目は、セオドア・ローズヴェルトのラフ・ライダーズを国民的伝説に素早く取り入れた歴史家やメディアによって、その後も維持されてきた。はるかに注目されていないずっと大きな戦争は、キューバ解放軍とスペイン軍との間で行われた。キューバ人は、合衆国とスペインの間の紛争で被ったものよりもかなり大きな損失を被った。主に病気にかかった民間人である島の住民の約三〇万人が、一八九五年から一八九八年の間にキューバ＝スペイン戦争の過程で死亡した。[86] 数万人のスペイン軍兵士もまた、主に病気で死亡した。キューバでの破壊の歩みが終わりを迎えた際、ネルソン・A・マイルズ将軍の指揮する小部隊が七月、合衆国のためにその島を確保する目的で、プエルトリコに上陸した。[87]

◆プエルトリコ――「ピクニックとして歴史の中へ[88]」

一八九八年に合衆国が行った領土獲得の説明では、通常、プエルトリコをキューバの二次的な付属物として扱っている。この偏見は、米西戦争の前夜に二つの島を比較評価した結果というよりも、軍事劇への長期に及ぶ過度の関心から生じたものである。これらの島々は、地域とスペインの支配によって結ばれていた。どちらも農産物の輸出に依存し、どちらも新世紀の初めには、一〇〇万人以上の人口を抱えていた。だが、キューバとは異なり、プエルトリコには、有意な独立運動や反乱はなかった。さらに印象的なのは、プエルトリコ人が、一八九八年に到来した合衆国軍を歓迎したことである。両者の相違の説明は、当初の類似点が一九世紀の過程で対照的なものに変わるなかで、一八二〇年代から二つの島がたどった異なる道に求められる。

プエルトリコはキューバ同様、合衆国本土の植民地を失った後、スペインが、自らの帝国を再生する計画に組み込まれた。マドリードは、より自由な貿易がその島の輸出を促進し、収入と歳入を増やし、スペインの支配に命を吹き込むことを望んだ。(89) ペニンスラール、クリオーリョ、そして、その他の白人入植者が所有するサトウキビ・プランテーションは、その規模と数が増加し、奴隷の輸入も一八二〇年代から増加した。(90) 砂糖の輸出は主に合衆国での需要増に適応し、世紀前半に繁栄した。(91) キューバとの競争はますます注目されるようになったが、相殺する影響が輸出を押し上げ続けた。一八四六年のイギリスによる自由貿易の採用は、イギリス市場を外国の供給者に開放し、南北戦争は、合衆国での砂糖生産を減退させた。(92)

しかしながら、一八七〇年代以降、ヨーロッパでのサトウダイコン産業の成長により、供給量が大幅に増加し、粗糖の世界価格が下落した。この傾向はもう一つのことと交差した。奴隷制の廃止である。それは公式には、一八七三年に廃止された。プエルトリコの奴隷制は、かつて信じられていたよりも広範囲に及んでおり、情け深くもなかった。(93) 奴隷反乱は一般的であり、懲罰的な法律と強制的な抑圧は標準的な対応であった。奴隷制廃止には、さまざまな帰結を伴った。(94) プエルトリコのプランターは、人件費の上昇に対応するためのきわめて困難な問題に直面していたにもかかわらず、労働力の変革を促進し、セントラル精糖を採用するのに時間がかかった。(95) 彼らは、低賃金の外国人契約労働者の十分な供給を確保できない場合、賃金労働者を雇ったり、不運な地元の農民から強制労働を引き出したりすることを余儀なくされた。(96) 同時に一部の地域では、解放民(*emancipados*)は土地の所有権を失い、厳しい労働法の対象となり、日雇い労働者になることを余儀なくされた。(97) そのうえ、機会は限られていた。砂糖に利用できる土地はキューバよりもはるかに限られていただけでなく、肥沃でもなかった。その結果、プエルトリコの生産コストはキューバ以上に高く、その島の砂糖の輸出は、すぐに競争力を失った。一八七〇年代の終わりまでに、サトウキビ・プランテーションは深刻な困難に直面した。一八七八年、イギリス領事は、「誰もが」その産業の「消滅」について話題にしていると報告した。(98) 砂糖生産は一八七一年から一八九八年の間に、ほぼ五〇％減少した。砂糖の輸出額は一八七一年の総輸出額の六九％から一八九六年には二一％に低下した。(99) キューバの砂糖産業は不況に揺さぶられた。プエルトリコは崩壊寸前であった。

プエルトリコの起業家は、他の分野で埋め合わせを求めた。タバコ産業は世紀の後半に変化した。(100) 小規模生産者が新種タバコの生産を拡大し、より有名なキューバ品種と競合しつつ、賃金労働に依拠する工場は、輸出用の葉巻を生産した。[101]コーヒー産業の急速な成長は、さらに重要な展開であった。コーヒーの輸出量は、一八四六年から一八九七年の間に五倍に増加し、その時点で、コーヒーは全輸出額の約七五％を占め、輸出から得られる収入の六五％を占めていた。[102]コーヒーの拡大は、高品質の豆の栽培にとくに適したプエルトリコの中央高地にその輸出品の生産を移動させ、自家労働力と補助的な賃金労働者を使用する小農の役割をさらに拡大させた。コーヒーの台頭は、プエルトリコの海外貿易の方向性にも影響を与えた。砂糖は合衆国に出荷されたのに対し、コーヒーは主にスペイン、そして、それほどではないが、キューバに出荷された。互恵条約がないため、輸入貿易もスペインと（その代理として）イギリスの手に委ねられたままであった。[103]一八九八年までに、キューバの経済は合衆国と結びついていたが、プエルトリコはあらゆる意味で、スペインの植民地のままであった。

経済的な相違は政治の展開に強力な影響を与えた。プエルトリコのプランテーション部門はキューバよりもはるかに小さく、奴隷はかつて考えられていたよりも数が多かったものの、総人口に占める割合はより小さかった。奴隷解放のプロセスは労使関係を変えたが、キューバほど緊張していなかった。[104]プエルトリコでも、十年戦争に発展した一八六八年のキューバにおける反乱同様の展開があったが、そこでの蜂起には、数百人の活動家しか関与せず、二四時間も続かなかった。[105]さらにコーヒーの価格は、一九世紀後半には砂糖の価格をはるかに上回り、加えてスペインの重商主義的関税によって保護された。[106]コーヒー農家は、この島の主要都市から遠く離れた高地に分散していたため、いかなる類の大衆的な政治的組織化もキューバより困難であった。プエルトリコの貧困は風土病であったが、同島は、一九世紀後半にキューバが被った漸進的な貧困化を免れたようである。プエルトリコの土地所有者の大部分は、最近移民してきた人たちであり、島に対する責任感に乏しかった。[107]そういうわけで、スペインへの忠誠心を除き、国民意識は十分に発達していなかった。プエルトリコの保守的なエリートは、急進主義の伸長を鎮めるために、マドリードに目を向けた。一方、コーヒー農家は、スペイン市場で享受していた特権的な地位を維持することに熱心であった。[108]

したがって、プエルトリコでの政治行動の経済的動機は、キューバの反乱を引き起こしたものとは対照的であった。この島に富、階層、階級、人種の格差から生じる不満が存在しなかったわけではないが、スペインに対する民衆の蜂起を支えるようなものではなかった。[109]キューバのプランターがそうであったように、サトウキビ・プランター（主にペニンスラールとクリオーリョで構成された）は経済不況の間、苦しんだ。しかしながら、彼らの一部は、独立ではなく編入、国家の地位、そして砂糖輸出の見通しの改善につながるかもしれない、合衆国との関係に救いを見出した。彼らの視座から見ると、合衆国本土は彼らの主要な市場であり、進歩的な資本主義の最たる模範でもあった。彼らは財産権を保護する体制を採用する準備ができており、社会的差異化を競争力の作用の正当な結果とみなしていた。彼らはまた教育、文化、そして白人キリスト教徒としての地位が、合衆国の仲間と対等に扱われる資格を生むと想定していた。しかしながら、彼らの願望は内部分裂によって弱められた。人種的連帯は限定的であり、資本の代表者たちは分裂していた。クリオーリョの大部分は、経済と行政において、ペニンスラールに優先的な機会を与える法的制限に悩まされ続けた。[110]こうした憤懣は、クリオーリョが、その世紀初頭に自由貿易を要求する原因となった。一八八〇年代と一八九〇年代に続く不満は、デモと一時的な暴力につながった。

十年戦争後にスペインが行った譲歩は、プエルトリコに拡大され、そしてそこで、エリートの成員が政治プログラムを定義し、政党を結成し始めた。基本的に、この島の高次の政治は、ホームルールとカナダに近い形の自治領の地位を望んだ自治主義派（*autonomistas*）と、スペインとのより緊密な関係を望んでいた忠誠派との間で分裂した。一八七〇年に設立された自由主義改革派党（*Partido Liberal Reformista*）が最初に前者の主張を表明し、その後継の連邦改革派党（*Partido Federal Reformista*）（一八七三年）とプエルトリコ自治党（*Partido Autonomica Puertorriqueño*）（一八八七年）が、それを引き継いだ。自治主義者は、欲求不満のクリオーリョ、不満を抱いたサトウキビ・プランター、それに砂糖市場の崩壊に伴い職を失った都市部の労働者から支持を集めた。[111]保守派は一八七三年に、ペニンスラール、軍隊、聖職者、一部のコーヒー生産者の利益を代表する無条件スペイン党（*Partido Incondicional Español*）を結成することで対応した。[112]政治指導層のごく一部は、合衆国への編入を支持し、同様に少数の活動家の集団が、完全な独立を要求した。

自治党党首ルイス・ムニョス・リベラの経歴は、この時期のプエルトリコ政治の野心と曖昧さを物語っている。[113]ムニョス・リベラは、一八五九年にプエルトリコで生まれた。彼の祖父はペニンスラールであり、両親は中産階級のクリオーリョであった。ムニョス・リベラの正式な教育は、経済的制約とプエルトリコでの機会の欠如によって制限されていたが、その才能により、成功した詩人、ジャーナリスト、そして政治家になることができた。この点で、彼の信任状は、フィリピンにおけるイルストラード（*ilustrados*）〔啓蒙された人々〕やキューバにおける非凡なホセ・マルティのそれに似ていた。こうしたスペインの植民地エリートの代表者は、相異なるプログラムを採用したが、一九世紀後半にヨーロッパを席巻し、その後、世界中を駆け巡った国家への切望の影響を受けていた。ムニョス・リベラは、一八八三年に連邦改革派党に参加し、一八八七年には、その後継者である自治党の指導者になった。今日、いまだ共感を呼んでいる彼の判断では、たとえそれが望ましいとしても、プエルトリコは独立に必要な実現可能性に欠けていた。そのうえ、同島には政治的変化を促すような、ましてや有無を言わせず推し進めるような大衆的運動はなかった。したがって、ムニョス・リベラは、進歩はスペインの自由主義者との提携を通じてのみ達成できると主張し、反乱よりも改革の方が望ましいとマドリードを説得しようとして、キューバの混乱を指摘した。彼の意見表明は、一八九七年にプエルトリコの新しい議会に幅広い権限を与え、国民に普通選挙権を付与した自由主義的な憲法の下、プエルトリコに自治権を与えるという、コルテスの決定に一役買った。長い間、政治改革に反対してきたにもかかわらず、スペインは、帝国的進歩の指導国だと自認するイギリスとフランスよりも先行する一連の措置をプエルトリコで講じて、数世紀にわたる植民地支配を終わらせた。

プエルトリコ内で起きていた細々とした展開は、ワシントンの政策立案者の視野の外にあった。しかしながら、意思の疎通は、一八九八年には軽視されていた。部分的には、和平交渉でスペインから交渉の切り札を奪い、そしてこの島の戦略的位置が合衆国の管理下に置かれるようにするために、一八九八年八月、小規模な軍事作戦によってプエルトリコは確保された。しかしながら、どちらの動機も、主権の強制的で恒久的な変更を説明するのには十分に説得的ではなかった(114)。一八九八年七月、マイルズ将軍が三〇〇〇人のアメリカ兵とスペインの専制からその島を解放する指令を携えて上陸した際、プエルトリコはちょうど、最初の民主的に選出された自治政府を設立したばかりであった。ワシントンの意思決定者の中には、プエルトリコへの侵攻に疑問を持っていた者もいたが、彼らは時が来れば、踏みつぶすことを恐れなかった。

◆フィリピン――「私が偶像視する土地、私の悲しみの中の悲しみ(115)」

マイルズ将軍がプエルトリコ横断の旅を始める頃には、一万マイル近く離れたフィリピンの支配権をめぐる戦いはかなり進んでいた。一八九八年五月、ジョージ・デューイ提督はマニラ湾でスペイン艦隊を撃破した。六月末までに、アメリカ軍とフィリピン軍は陸上での優位を確立した。マニラ自体も八月に占領され、その時点で、合衆国とスペインは敵対行為を終わらせることに合意した。一八九八年一二月、合衆国はパリ条約の条項に基づき、二〇〇〇万ドルの支払いと引き換えにフィリピンを獲得したが、それをスペイン政府はしぶしぶ受け入れた(116)。日が暮れることはないといわれていた諸帝国の中の最初の帝国は力を失い、合衆国に新しい帝国の夜明けが訪れた。最近、火が点いたワシントンの帝国に対する熱意は、一〇〇〇マイル以上に及ぶ数千の島々からなり、七〇〇万人以上の住民を含み、数多くの民族的・言語的集団に分かれた群島全体に対する責任を合衆国に与えた(117)。

スペインは一五二一年にフィリピンの領有権を主張したが、一八世紀の終わりになるまで、公式の所有権を有効な支配に変えるための真剣な努力はなされなかった(118)。それまでスペインは、フィリピンを、メキシコの銀を中国の絹と東南アジアの香辛料に交換する集結地とみなしていた。「マニラ・ガレオン船」(スペインなどで外国貿易に使用された帆船)を中心とした中継貿易は、内陸部のほとんどを手付かずのまま残した(119)。第八章で指摘したように、植民地支配の基礎を提供するには、プランテーションがほとんど発展しておらず、スペイン人入植者も少なすぎた(120)。クリオーリョとメスティーソの潜在的な協力者は、自分たちの利益を守ることにおいてのみ忠実であることをはっきり示した。マニラの外では修道士たちが、最も目立つスペイン的存在であった。修道会はかなりの土地を付与され、アシエンダ（大農園）を開発する可能性を獲得したが、「修道士の土地」(Frier lands) と呼ばれるようになったそれらの土地は、輸出の需要が高まる一九世紀まで自給自足と地代を生み出していた。そうしたなかで、当時の政権は、修道士を主要な代理人として扱い、税金を徴収し、労働力を供給するために先住民の統治者を利用する間接的な支配の形態を採用した。(121) 限定されていたとはいえ、スペインの支配は、その下にある者たちにとって十分に重荷であり、かなりの抵抗を惹起するものであった。抵抗は、公然たる反乱から外国の影響に対する土着的拒絶にまでわたり、フィリピンとスペインという双方の世界の要素を融合させることを目的とした選択的適応と混合的統合を含んでいた。(122) 肥沃な土地、密林、到達不可能な台地からなる群島において、スペイン官吏の統治範囲の外にある地域に逃れる選択肢もあった。(123) スペイン統治の最初の二世紀に作られたこれらすべての抗議の表現は、一九世紀と二〇世紀に引き継がれ、時を経て、頑強な抵抗をもたらした。

一六世紀にスペイン人が発見し、領有を主張した群島は、孤立したものでも静的なものでもなかった。インド洋のポルトガル人のように、スペイン人は多様で動態的な世界に遭遇し、それを改造すると同時に、それに順応した。(124) 散在する島々には、非常に幅広い人々と政体が存在していた。最新の推定は、スペイン統治の前夜である一五六五年の人口を約一五〇万人としている。(125) この修正は以前、受け入れられていた数値を引き上げ、スペイン統治の悪影響について下された判断に対する信頼を強化した。軍事作戦と病気の蔓延は、人口を一六〇〇年までに三六％以上減少させ、一七〇〇年までにさらに二〇％減少させた。(126) 東南アジアの他の地域同様、このスペイン支配の局面の下、人命の喪失の増大は、これらの島々をすでに特徴づけていた過疎状態を悪化させた。結果として、過疎は自給自足、半自給自足的耕作の蔓延を強化し、一方、労働力不足は奴隷狩りと奴隷取引を促進した。(127)

当時の技術的限界からいって、中央政府は存在せず、それを創設する見込みもなかった。その代わり、スペインと合衆国が発見し、フィリピンのナショナリストがそれと競合することになるが、地方分権化は強い地方的忠誠心の伸長を許し、首都マニラから発せられる指令が、しばしば止められることを可能にした。多数の政体が出現した。これらは小規模で分散した社会から、より大きな分節型またはピラミッド型の国家にまで及び、そのうちのいくつかは、東アジアの国々と地域的・国際的貿易を行っていた。(128) 太平洋と南アジアからの移民が、ヒンドゥー教とイスラム教の文化を導入し、ラジャとスルタンが率いる政体を設立した。反宗教改革の最前線をアジアに広げようとしているスペイン人にとって、また後にこの地域を福音主義的プロテスタンティズムに改宗させようとするアメリカ人にとって、これは異教徒と偽りの神々の世界であり、その優位を自負する文明の適者の代表にとってさえ、その生存が試される挑戦であった。

一八世紀におけるスペインの政策の主要目的は、ガレオン船貿易を保護し、植民地政府に支払うために必要な歳入を調達し、軍隊での任務を含む行政活動を支援するために必要な労働力を確保することであった。植民地争奪戦の蓄積は、世紀の終わりのガレオン船貿易の衰退とあいまって、保護のコストを引き上げ、植民地に資金提供する新たな方法の探求を促した。一八二一年のメキシコの喪失は、財政の革新を必須にした。マドリードは消費から税金をつかみ取るために、国家による現存のタバコとアルコールの独占を拡張した。マニラの当局は植民地支配を拡大し、新たな納税者を取り込むために「一大キャンペーン」を始めた。[129]歳入の必要性が、換金作物を開発し、フィリピン経済を貨幣経済化するための当局の尽力の背後にあった。そして軍事活動が、これらすべての試みに伴っていた。[130]南部のスルタン諸国は押し戻され、奴隷取引は排除されなかったが、削減された。軍の進出に続いて、一連の潜在的な抵抗と公然たる抗議が立ち現れた。政治的な戦線も引かれた。イスラム教徒の南部は、カトリックの北部に包囲されていると考え、「州権」は、中央集権化に反対する州を結集させる大義となり、今日でもそうなっている。

歳入の必要性はさらなる政策変更につながった。帝国貿易の諸外国への開放である。[131]マニラの海外貿易は一八三四年に、そしてビサヤのそれは一八五五年に、自由化された。重商主義の要素はそのまま残っていた。スペインへの輸入品に関税が課され、植民地へのスペインの輸出を助けるために、関税優遇措置が維持された。より自由な貿易は、保守的な政治目的――スペイン帝国の防衛――の用に供する革進的な戦略であり、他国との貿易の伸長が、スペイン支配の維持に合致するであろうという前提に基づいていた。しかしながら、スペインは、一九世紀の経済発展の最前線にはいなかった。[132]他国、とくにイギリスは輸出市場を提供し、製品を供給し、そして輸送と事業全体の資金調達を行うことにより、植民地貿易を拡大するはるかに大きな可能性を持っていた。イギリスとそのアジアの領土は、フィリピン群島の対外貿易と外国による投資を支配していた。スペインは二番目、アメリカは三番目であった。[133]一八八三年、マニラのフランス領事は、「あらゆる意図と目的において、フィリピンはイギリスの所有物である」と述べている。[134]

だが、スペインのこの戦略は砂糖、マニラ麻、そしてコーヒーの開発に成功し、それらは、一九世紀の主な輸出品となった。[135]大幅な利ざやのお陰で成長が促進されたが、それは主に、既存の世帯構造内で進められた現地のイニシアチブの結果であった。[136]フィリピン人が輸出用作物に適し、海岸への輸送に適した地域に土地を獲得した。そして、少数のヨーロッパ人とアメリカ人が、彼らに加わった。その結果、開拓者や幌馬車隊、さらにはカウボーイや泥棒までもが存在する、一連の独立した、移動するフロンティア――太平洋における究極の極西部――が生まれた。[137]これらやその他の作物の栽培と販売は、「プロト中産階級」と呼ばれるものを生み出した。それはスペインの企業に首尾よく対抗し、西洋的教育を受け、一九世紀の革進的思考に伴う自由主義的願望の一部を採用した。[138]一八九〇年代までに、近代的な技術は電信（一八七二年）、蒸気船（一八七三年）、海底ケーブル（一八七九年）、電話（一八九〇年）、鉄道（一八九二年）を通じて、フィリピンをより広い世界に結びつけ始めた。

スペインの政治的統制は、ますますグローバル化を推進する諸力に依存するようになったが、グローバル化諸力は、政府当局を迂回し、または乗り越え、マドリードおよびマニラ双方の役人の手の届かない方向にフィリピンを向かわせることになった。

ドミンゴ・ロハスとアントニオ・デ・アヤラはそれぞれ、台頭する中産階級の最もダイナミックな成員であった[139]。彼らは、スペインの開放貿易への動きを利用して、一八三四年に、フィリピンで最も古く最大の先住民企業であるアヤラ会社に発展する提携関係を結んだクリオーリョであった[140]。同社は、マニラに蒸留所を開設することから始め、その世紀の間に不動産、金融、建設、そして公益事業に拡大した。この会社は、後にマニラの中心的経済地区となったマカティの沼地を購入し、一八五一年に同国で最初の銀行の設立に参加し、マニラで最初の鉄橋を建設し、島々に路面電車と電話を導入した[141]。アヤラ一家（*Casa Ayala*）の命運は、時代の激動とともに揺れ動いた。ドミンゴ・ロハスは、政府の独占に対する批判者であり、スペイン支配への反対のために、最終的に投獄された政治的自由主義者でもあり、一八四三年、収監中に亡くなった。娘のマルガリータが、会社を引き継ぎ、後にアントニオ・デ・アヤラと結婚した[142]。女性にとっての機会は、マルガリータが、その驚嘆すべきビジネスの才を発揮するのにちょうど十分なくらい開かれ、会社の活動は鉱業と農業、さらには不動産にまで拡大した。一八九〇年代の決定的な一〇年間、マルガリータとアントニオの孫であるフェルナンド・アントニオ・ゾベル・デ・アヤラは、スペインに反対するアギナルドとナショナリストを支持するように一族を説得するのに重要な役割を果たした[143]。この危険な始まりにもかかわらず、同社は、合衆国との闘争に加わった[143]。この危険な始まりにもかかわらず、同社は、合衆国の植民地支配の時代をうまく切り抜け、独立後に新たな繁栄の極みに達した。

メスティーソは、プロト中産階級の中で最も数が多く、その中でも中国系フィリピン人の一団がとくに際立っていた[144]。スペイン人が到着する前に、中国人移民がフィリピンに定住していたが、貿易の機会の開放と彼らの活動を妨げていた制限の除去に続いて、その数は、一九世紀に増加した。彼らは、砂糖産業の拡大に積極的で、島々の政治的発展の最前線にいた。フィリピンの砂糖生産は、小作農と地元の、そして海外からの賃金労働者、それに分益小作農が働いていた大農園と農場の混合に基づいていたため独特であった[145]。したがって、生産者は奴隷を解放し、合法的な労働形態に転換するという問題に取り組む必要はなかった。政治的分野では、メスティーソは、民族形成のプロセスを通じて、最終的にフィリピン国民を創造することに貢献したフィリピン人アイデンティティの概念の熱心な推進者であった。

植民地からの歳入を最大化し続けながら、フィリピンの発展を奨励しようとするスペインの試みは、一九世紀の最後の四半期に克服できない問題に遭遇した。困難の一部は、ペニンスラールの継続的な経済的弱体と政治的脆弱性に起因していた。銀の価格の暴落は、金に基礎を置く通貨との為替レートを弱体化し、マドリードの植民地開発政策に必要な資本投資を妨げた[146]。スペインの財政問題は慢性的に悪化しており、フィリピンから歳入を引き出す圧力が強まることを確実にした。マドリードは植民地予算が、いまだ赤字であったとしても、スペインの国庫に寄与できるところまで植民地を引き上げる必要があった。植民地政府は政府が独占したままであったタバコの生産から、より多くの歳入を得るための努力を倍加させた(147)。税負担が増えるにつれ、抵抗が強まり、そしてその徴収コストがかさむようになった。一八七〇年代の終わりまでに、独占は非生産的で機能しないものとなった。

一八八〇年代、マドリードには、広範な歳入改革を実施する以外に選択肢がなかった。国内の税負担は、貢納制度から財産に基づく評価に移行し、実際には中国人コミュニティに最高の税率が課せられた(148)。タバコの独占は、一八八二年に解体され、残った資産は民営化され、一八八一年にバルセロナで設立された新組織フィリピン・タバコ総合会社（Compañia General de Tabacos de Filipinas）に移管された(149)。その目的は、イベリア半島から新たな投資を引きつけることにより、帝国を強化することであった。その結果、スペインからの移民が、タバコと砂糖の生産のために広大な土地に投資することを可能にする、民間のコングロマリット（複合企業）が創設された。フィリピン人はこの展開を、スペインが、植民地支配を強化するためのいっそう効果的な方法を考案しようとしているさらなる証拠と解釈した(150)。確固たる支配は、税収を増加させたが、行政の腐敗と恣意的な行動の機会も増やした(151)。一八九〇年代の終わりまでにフィリピンに課せられた負担は、スペイン支配に対する好戦的な反対を引き起こすという代償を払ったが、植民地を財政的自給自足に近づけた(152)。

スペインの財政問題は一九世紀後半、それが植民地世界全体と交差したのと同様、フィリピンを襲った農業危機と交差した。一次産品の価格下落は、砂糖とマニラ麻双方の収益を減少させた。砂糖生産は長い間、低収量と低品質に悩まされており、セントラル精糖などの経費削減の改善を採用する資本を持っている生産者は、ほとんどいなかった(153)。砂糖は、ハワイとキューバの砂糖産業を刺激した互恵条約によって悪影響を受けたため、さらなる不利益を被った。一八九一年のフォスター＝カノバス条約は、より高い品質の砂糖を生産し、主要な需要源にはるかに近いキューバからの砂糖の輸出を促進したため、フィリピンにとって、とくに悪いニュースであった。

それが選択肢であった場合の多角経営化は、不完全な救済策であった。マニラ麻は一八九〇年代に、フィリピンからの輸出のちょうど四〇％強にまで拡大した(154)。しかしながら、一八七三年以降、一八八〇年から一八八二年と一八八八年から一八八九年の短いにわか景気を除いて、価格は下落し、一八九〇年から一八九七年の間に最底辺に達した。その際、合衆国での需要の弱体化とサイザル麻との競争が市場をさらに冷え込ませた(155)。

グローバリゼーションの古典的な指標である国際移住は、農産物価格の下落の影響を大きくした。フィリピンでの輸出の伸びは、主に中国とマラヤから多数の移民を惹きつけ、彼らは、島々で急速に大きな存在となった(156)。移民は、輸出作物に適した土地の需要を増加させたが、それは海岸への輸送コストが低く、生産に利益をもたらす地域においてであった。予想通り、土地改革は、ナショナリストの綱領の中心的項目となった。定住者は、スペインによる征服の壊滅的な影響から立ち直り、一九世紀後半まで急速に増加したが、彼らの関心は、さらなる耕作地を探すことに向けられた。一八一八年の総人口は約二〇〇万人であったが、一九〇三年には約七〇〇万人に増加した。[157]代替手段がなく、生産性が向上しないため、農家は生産量を増大させることで単価の下落を相殺しようとした。それは耕作面積を増やすことを意味した。その結果、土地を取得しようとする者と土地所有者、とくに最も肥沃な土地の広大な地帯を支配していた修道士との間の対立が激化した。[158]大規模な土地所有は、家族農場を犠牲にして拡大した。その結果、一八七〇年代以来、輸入しなければならなかったコメなどの基本的な食料が不足していた。[159]こうした傾向の影響がどのようなものであったのかは、いまだ十分明らかになっておらず、今後の課題である。しかしながら、農村経済の肝要な部門が、世紀の終わりに混乱していたことは明らかである。

長い間の上昇傾向の後、人口増加は主に病気の蔓延の結果として、今世紀の最後の四半世紀に著しく減速し、結局、病気の蔓延が栄養不足につながった。[160]この問題についての権威は、一八八〇年代を、フィリピン全土にわたる「死の一〇年」と呼び、海外貿易に最も密接に関わる地域である北部のルソン島は、とくに深刻な影響を受けた。[161]その後の研究は、「健康危機」が一八九〇年代から合衆国統治時代まで続いたことを示してきた。[162]マラリア、コレラ、脚気、赤痢、天然痘が人口を激減させ、香港とインドシナから輸入された牛疫は、家畜の牛を壊滅させ、農村経済の崩壊の一因となった。発育不全の証拠は否定のしようがない。成人男性の平均身長は、一八七〇年代に達成された水準を一九四〇年代まで回復しなかった。[163]蒸気船と移民の増加によって促進された結果、グローバリゼーションは、市場をつなぐよりもさらに効率的に病気のベクトルを結びつけることに成功した。

一八九〇年代には、スペイン帝国のあらゆる地域、そしてその帝国のはるか外縁部に至るまで、財政と農業の問題が政治的行動につながった。スペイン当局が無視した警告の合図は、すでに現れていた。一八四一年のタヤバスでの反乱は、かなりの人命が失われる中、武力によって鎮圧され、一八七二年のカビテでの暴動の後は処刑が行われた。[164]どちらの事件も鍵となるルソン州で起こり、タガログ人の感情を大いに疎外した。スペインの歳入増のための改革は、不平等だと認識され、憤りの伸長に拍車をかけた。植民地国家の司法と強制力を拡大しようとする新たな試みによって、マドリードは、フィリピンにささやかな権限委譲さえ提供する意図がないという印象を裏付けた。キューバ人やプエルトリコ人とは異なり、フィリピン人は、いかなる形態の自治にも値しないほど十分に文明化されていないと考えられていた。彼らは潜在的な市民ではなく、恒久的な臣民とみなされていた。剝奪と失望が、一八九〇年代のスペインとの関係断絶につながるレジスタンスを刺激した。[165]

典型的には、タガログ語のつながりを持つ中国人とフィリピン人のメスティーソは、フィリピンのナショナリスト指導層の先駆けを形成した。[166]ルソン島のメスティーソは輸出品生産と貿易に密接に関係しており、土地改革、とくに修道士の土地の再分配への欲求に強く動機づけられていた。[167]彼らは、ペニンスラールとクリオーリョによって彼らの願望に課せられた制限に憤慨した。というのは、ペニンスラールとクリオーリョは、自らのエスニシティと出生地によって、その優越的な地位を得ていたからである。[168]しかしながら、彼らの野心は経済的利害よりも大きかった。[169]世紀の後半、彼らは自称、イルストラードのエリートを生み出した。イルストラードは、ヨーロッパで教育を受けたか、ヨーロッパを旅行し、自由主義的な改革からアナキズムに至る一連の政治思想を吸収していた。[170]相当な数のフィリピン人聖職者もまた、ナショナリスト運動を支持した。その中には革進的な将来の構想に触発されたイルストラードもおり、他の人々は、彼らが奉仕するコミュニティに近く、農村部および都市部の貧しい人々の窮状に共感していた。[171]イルストラードは、先住民のスペインによる植民地以前の文化を再構築し、スペインの価値観や慣習に対する優位性を主張した最初の人々であった。[172]グローバル化された諸関係のネットワークは、フィリピンのレジスタンスを、キューバや主要なヨーロッパの中心地に結びつけた。[173]その結果、しばしば相反する願望が入り混じったものになった。好戦的なアナキズムは、スペインの頑固さを前に訴えるものがあったが、平和的な自由主義と調和する中産階級の価値観の魅力と衝突した。

　特権階級や裕福な少数派の外で発展した大衆運動により、エリート間の相違は複雑になった。そうした大衆運動には、労働者、分益小作農、そして小作農を含む男性ならびに女性、すなわち都市部および農村部の幅広い労働者から支援が寄せられた。彼らの将来構想は、キリスト教と先住民の信念の混合物を表現しており、彼らの目的は、人口の大部分の地位を改善する、または少なくとも取り繕うことであった。[174]彼らは、絶望的な時代の絶望的な集団であった。低所得、強制労働の可能性、土地不足、栄養失調、そして一八八〇年代と一八九〇年代の一連の壊滅的な伝染病により、彼らは、必死の救済策に駆り立てられた。[175]一八九〇年代に生活条件が悪化し続けるにつれ、政治的抗議が声高になり、強盗、密輸、畜牛泥棒が広まった。偶然にも、火山活動と地震の発生率が増加した。合衆国からの軍隊が現れた際、彼らは、自由の代表としてではなく、黙示録の先駆者として見られた。既存の機関は信頼を失った。千年紀運動が勢いを増した。[176]フィリピン独立教会は、ローマから分離した後、一九〇二年に設立された。一九〇一年にイギリス国教会から分離したナイジェリアのアフリカ教会のように、フィリピン教会は、経済的苦境と外国の侵略が社会秩序の境界線を引き直している時期に、文化的独立が存続できる空間を維持しようとしていた。[177]

　地域的多様性は、種々のつながりが弱い島々の多様性の中で生きる住民の間で国民意識の感覚を創出するうえで、さらなる障害であり続けた。ルソン島北部のコメ生産者は、市場をアジアに求め、一方、砂糖輸出業者は、合衆国へ出荷する収穫物の割合を増やした。ルソン島南東部ビコールのマニラ麻生産者は、主に合衆国に目を向けた。さらに南にあるビサヤの砂糖プランターは、製品をアジア、合衆国、そしてスペインに輸出した。これらの地域やその他の地域は、相異なる様式の土地所有と政治的権限によって特徴づけられ、一つの中央中継基地ではなく、地元の港湾の開発に投資した商業エリートによって、より広い世界に結びつけられた[178]。地方の視座から見ると、国民統合は、タガログ語の支配を確立する恐れがあった。地域自治は、より魅力的で現実的な念願であった。ビサヤ人は、一八九八年に第一次フィリピン共和国が宣言された際、それを承認しなかった。遠く離れた南にあるミンダナオ人は、独立するという長年の主張を追い求めた。

このプロト＝ナショナリスト勢力の緩やかに変化する連合の進化は、その運動の三人の指導的人物ホセ・リサール、アンドレス・ボニファシオ、エミリオ・アギナルドによる一連の貢献に見ることができる。彼らの経歴は、穏健から好戦へと移行したナショナリストの政策を示している。初期フィリピン・ナショナリズムの史学史は、他の旧植民地国家の研究がたどった行程に従ってきた。ナショナリスト指導者の初期の説明を特徴づけた聖人伝の傾向は、より批判的な評価に道を譲った。リサールのイメージは、現地政権がスペインの政策に対する彼の反対の抑制された、立憲的性格を強調するのに適合したため、アメリカ統治時代に磨きをかけられた[179]。ナショナリストの著述家たちによって大いに高められたボニファシオの地位は、今日、いくつかの点で彼のためになされた野心的な主張に及ばない[180]。アギナルドの一見矛盾した決定は、長い間、彼を論争的な人物にしており、そして彼もまたその軍事的、政治的リーダーシップに対する批判的な再評価に苦しんできた[181]。しかしながら、崇拝から忠告への移行は、スペインの植民地支配への反対は経済発展によって生み出された社会階級から生じ、指導者たちは、近代世界から逃れるのではなく、そこに参入することを目指しており、そしてフィリピンで起こっていたことははるかに広い比較の文脈に合致するという、ここで提示された一般的な主張を遮るものではない。広い比較の文脈は、一つの国のナショナリズムの専門家の説明からしばしば抜け落ちている。

ホセ・リサール（一八六一～九六年）は言語学者、小説家、詩人、眼科医であり、状況によっては武力の行使が正当化される可能性があることも認めていたが、著名な政治的穏健派の最初の人物であった[182]。リサールの才能は並外れたものであったが、彼の状況は、スペインの政策に対するエリートの反対の典型であった。彼は、裕福なメスティーソ（中国＝タガログ系）農家の出身で、広く旅をし、高度な教育を受けていた。彼の家族は、スペイン当局――世俗的かつ宗教的であった――が行った虐待を経験していた。彼の母親は一八七一年に、二年半にわたる不法な投獄を経験し、彼の家族は、立ち退きを余儀なくされ、一八八八年には、ドミニコ会の地主が課した家賃の値上げに抗議した結果、家は全焼した。その際の扇動者は、他ならぬヴァレリアーノ・ウェイラー将軍であった。彼は、同じように破滅的で非生産的な結果をもたらす焦土作戦をキューバで実行することになっていた。これらの挑発にもかかわらず、リサールが一八九二年に設立したフィリピン連盟（*Liga Filipina*）は、スペイン帝国内での自治を達成するために平和的な手段を用いることを目指した。リサール自身は、一八八〇年代初めにマドリードで勉強した際に吸収した自由主義的で反聖職者的、そして啓蒙的な思想の混合物から強い影響を受けていた[183]。リサールはスペインにいる間、政府に同化を促進し、コルテスでフィリピン人代表を認めるよう請願した。自らの訴えが却下された際、彼は、フィリピン人自身が動員された場合にのみ進歩が見られるだろうと結論づけた。彼は、考えを行動に移すために帰国した。

リサールの計画は控えめではあったものの、スペイン当局の限定的な許容範囲を超えていた。一八九六年に彼は逮捕され、反乱、扇動、陰謀の罪で有罪判決を受け、処刑された[184]。銃殺隊と対峙する前夜、リサールは有名な『最後のさようなら』(*Último Adiós*) を作曲した。最後から二番目の節は、彼の不滅の記念碑として屹立している。

私が偶像視する土地、私の悲しみ中の悲しみ、
最愛のフィリピンよ、最後の別れを聞け。
私は今、私のすべて、私の両親、私が愛してきたすべてをあなたに捧げる。
私は奴隷、絞首刑執行人、抑圧者がいないところに行く、
信仰が殺戮を行わないところ、支配するのは神であるところへ。

リサールの処刑後、詩の全文が刑務所から密かに持ち出されて出版され、スペイン語世界全体に広まり、ナショナリストの大義にさらなる刺激を与えた。当局の誤算の中で、彼らが提供しようとした教育や、それを支えた印刷文化の普及がもたらす帰結を十分理解できなかったことに匹敵するものはほとんどなかった[185]。

スペインに対する武装反乱は、一八九六年、リサールの死の直前に始まり、その後、勢いを増した[186]。それまでには、穏健な改革派は、アンドレス・ボニファシオ率いるいっそう急進的な集団に支持基盤の大きさで凌駕された。一八九二年に設立された彼の秘密組織カティプナン (*Katipunan*) は、スペイン支配を転覆する手段として暴力を認めていた[187]。マルティの経歴は、リサールのそれにより近かったが、ボニファシオの目的と方法は、同時代人であるキューバのホセ・マルティのものと合致していた。ボニファシオは社会秩序の異なる部分を代表するメスティーソであった。彼は独学で学んだ、都会の下層中産階級の成員であり、財産が危険にさらされている穏健派よりも武装蜂起で失うものが少なかった[188]。だがしかし、一連の軍事的敗退の後、ボニファシオは、偉大な革命指導者の三人目、エミリオ・アギナルドの台頭によって人々の支持を失った。アギナルドは一八九七年、ボニファシオの運動の主導権を握り、ライバルである彼を反逆罪で処刑した。

アギナルドはリサール同様、裕福な中国＝タガログ系のメスティーソの家の出身であったが、ボニファシオ同様、穏健に表現された穏健な要求にスペインが屈服しないことが明らかになった際、武力闘争を支持した[189]。アギナルドは、一見非英雄的に見えながらも、少なくとも物議を醸すような決定を下したナショナリストの英雄であった[190]。一八九七年、紛争が膠着状態に陥った際、他の人々が武力闘争を続ける中で、彼はスペイン当

局と取引し、自ら香港に亡命した。その際、条約港〔不平等条約で開港を余儀なくされた東アジアの港湾〕は騒乱状態にあり、〔清朝に敵対する〕反満洲人ナショナリストは集結し始めており、そして日本は東アジアの主要な列強として浮上したばかりであった。日本の汎アジア主義団体は、アギナルドが支持者を再編成する中で、精神的、そしておそらく財政的な支援を行った[191]。一八九八年五月、米西戦争の勃発直後、アギナルドは合衆国の激励もあり、紛争に再び参加した。合衆国の政府上層部の代表は、スペインに対抗するために彼の支持を求め、合衆国は、フィリピン群島に帝国的企図は持たないと約束した、と彼は主張した[192]。六月、アギナルドは独立宣言を発し、新政府、すなわち短命に終わった第一次フィリピン共和国を樹立した。キューバの仲間たち同様、彼は合衆国の支援が得られると確信していた。彼らと同じように、彼も幻滅することになる。

図9－2　エミリオ・アギナルド将軍（1899年）

出典：*The Philippine Islands by John Foreman*（1906）（*American Empire*, p. 414）

解放軍は急速に進軍した。七月までに、彼らはスペイン兵が保持していた領土の多くを回収し、首都マニラの外で野営した。しかしながら、この時点で、合衆国はナショナリストとの協力をやめた。独立宣言は承認されないままであり、マニラの降伏は、アギナルドに言及することなく、合衆国とスペインの間で取り決められ、フィリピン政府は、パリ条約から除外された。同条約は、合衆国への領土の売却を認めていた。これらの挑発は、かつての味方を敵に変えた。一八九九年一月、彼の政治的目的を再確認する行為として、アギナルドはフィリピン共和国の大統領になった[193]。二月、合衆国と新政府の間で長引き、衰弱をもたらすこととなる紛争が勃発した[194]。

フィリピンを支配するための戦争は、最近、その規模と期間に見合うだけの注目を集め始めたばかりである[195]。この時期のアメリカ帝国主義の標準的な説明は、キューバでの紛争に集中している。メイン号は容易に記憶され、頻繁に思い出され、マニラ、キングア、サポテ橋、ティラド峠の戦いは、バタンガスとサマールでの残忍な戦闘同様、今日、フィリピン以外ではほとんど知られていない。それでも、フィリピンでの軍事作戦は、キューバよりもはるかに広範囲にわたり、またはるかに長く続いた[196]。当初の幾度かの交戦の後、戦争は正規軍に対するゲリラ戦の一つに発展し、地方の奥深くにまで拡がった。そこでは民間人が、〔ベトナム戦争と同様に〕「対ゲリラ・反乱鎮圧」戦略の対象となった。合衆国の軍隊は当初、四万人であったが、その後、七万四〇〇〇人にまで膨れ上がった。他方、解放軍には八万人から一〇万人いたが、その多くは非正規の戦闘員であり、全員が貧弱にしか武装していなかった。合衆国陸軍は、スペインとの小規模な戦争で三七九人、そしてフィリピン共和国との大きな紛争で四二三四人を失った。解放軍は、一万六〇〇〇人から二万人を失い、民間人の死者数は、どのようにしても正確には不明だが、推定値は最低二〇万人から一〇〇万人にまで及ぶ。キューバ同様、民間人の死傷者の大部分は病気、とくにコレラと赤痢が原因であり、それ自体は主に農村経済の荒廃に起因する栄養不足の産物であった[197]。軍事戦術は、起こりうるあらゆる残虐行為を網羅していた[198]。その方法には拷問、民間人の集団処罰、「焦土作戦」政策、そして合衆国が、スペインがキューバで文明化された価値観を無視した主要な例として非難した、一種の強制収容所が含まれていた[199]。

アギナルドは一九〇一年に捕らえられ、正式に降伏を宣言した[200]。しかし、二〇〇人の新進の指導者たちは、彼が現場を去った後も武装抵抗を続けた。彼のすぐあとの後継者ミゲル・マルバーは、一九〇二年四月に降伏を余儀なくされるまで、ゲリラ作戦を指揮した[201]。決着は部分的には、アメリカ兵によってつけられたが、ナショナリスト陣営の分裂も影響した[202]。穏健派は、合衆国に対する武力闘争を続けることの妥当性を疑っており、好戦派が勝利した場合に起こりうる過激な帰結を懸念した。輸出業者は、合衆国市場との緊密な関係に利点を見出していた。国民的アイデンティティは、ほとんど形成されておらず、国民統合には手が届かなかった。地方気質の強さを認めていたアギナルドは、譲歩によって、ルソン島の南にある島々を国家の大義に引きつけうることに期待して、連邦制の中での自治の可能性を申し出たのであった。一九〇二年七月、マルバーを排除したのを機に、合衆国は勝利を宣言した――そしてその後も居座った。しかしながら、紛争は続いた。合衆国の宣言は、その参加者に恩赦を与えたが、当局が、抵抗の継続を盗賊行為に分類することを容認した。一九〇四年、マカリオ・サカイは、分離国家であるタガログ共和国を樹立し、アメリカの統治に異議を唱え続けたが、一九〇七年に裏切られ、盗賊として絞首刑に処された[203]。到達することがより困難な南部のミンダナオの島々で、一九一三年までアメリカ支配に対する武装闘争が続いた[204]。

合衆国の共和党政権は、その群島全体に対して責任を負うことを計画していなかった。太平洋でのデューイ提督の行動はまず最初に、カリブ海での戦争に勝利することを助け、次に新しい合衆国海軍が寄港できる深い港を確保することを目的としていた。一八九八年五月末、マッキンリーの国務長官ウィリアム・R・デイは、それらの島々をスペインに返還し、接岸の権利のみを保持する準備しかできていなかった。六月、ヘンリー・カボット・ロッジ上院議員は、首都マニラを含む総人口の約半分を包み込む北方のルソン島を保持することを主張した。他の列強、とくにドイツと日本の進出に門戸を開放することになるため、獲得したものを放棄するのは賢明でない、というのがその理由であった[205]。一〇月、外交上の意見を探り、世論の空気を検証した後、マッキンリーは、その群島全体を保持することを決定した。一一月、中間選挙が無事に決着したことで、彼はさらに自信を持って、パリの和平交渉で主張を強めた[206]。スペインは、できる限りのことをしようとしたが、交渉力の欠如と他の列強からの外交的支援の不在は、その帝国が終わりを迎えることを確実にした。非難と「大惨事」の世評の中、この報道を受けて、マドリードの株式市場は上昇した。

合衆国は、連邦上院がパリ条約を批准した一八九九年二月、帝国的列強として認められた。帝国主義者は、新しい地位を神の意志の実現、合衆国が成熟したことの証、そして、文明化の使命とともに進む命令とみなした。フィリピン人は、彼らが大惨事とみなしたものを受け入れることになった。大惨事の結果、彼らは独立を失い、代わりにスペイン語ではなく英語を話す、新たな外国の支配者に順応するという難題に取り組むことになった。一八九八年以降、指導的なフィリピンの作家と芸術家は、新しい支配者の言葉でコミュニケーションをとるという課題に直面した。彼らの初期の取り組みは、不可避的に模倣的であったにもかかわらず、植民地支配の下での表現形式は、確実に愛国心——そして若干の皮肉も伝えるものとなった[207]。

私たちの国旗がはためくまで、私たちの国旗は休むことはない。
その鬣を高く上げて
星条の旗——自由の紋章——に挨拶して

◆ハワイ——「急速に滅亡している民族[208]」

一八七五年に合衆国と互恵条約を締結したハワイは、関税によって生み出された特別な関係に引き込まれた最初の砂糖諸島であった[209]。この条約は、一七七八年にジェイムズ・クック船長が到着した際、始まった西側の浸透の広範な歴史の集大成であった[210]。クックが到着した島は移動の自由が確保され、創造的であり、そしてより広い世界に開放されていた。一三世紀にハワイに定住したポリネシアからの移民は信条体系、社会的ヒエラルキー、家畜、そして多様な作物（とりわけタロイモ、サツマイモ、ココナッツおよびサトウキビ）を導入した[211]。一八世紀後半までに、人口の増加は農業の革新、市場での交換、そして社会的差異化をもたらした。小さな政体が規模を拡大し、領土的優位をめぐって争った[212]。カヌー輸送が、それらの島々に伝わり、政治的対立が彼らを分断した。結果として生じた国家は、神聖な権利によって支配する首長、世俗的な権力に宗教的な承認を与える寺院のネットワーク、そして階層と階級の関係によって特徴づけられる社会的ヒエラルキーを生み出した。主にエリートのこれ見よがしの消費を支えるために、統制経済は、庶民から貢ぎ物と労働力を引き出した。これは、その一九世紀後半にハーマン・メルヴィル、ロバート・ルイス・スティーブンソン、マーク・トウェインを含む著名な訪問者たちの目に入らなかったハワイの風景の暗い側面であった。それらの島々についての彼らの報告は、無意識のうちに熱帯のエデンの園のイメージに寄与し、観光産業は、二〇世紀にそのイメージを拡大した。

一八世紀後半におけるイギリスの介入は、最も強力な首長カメハメハが、一八一〇年までに島々を統一することを助けた。しかしながら、独立は脆弱なものであり続けた。イギリスは一八四三年にハワイを併合しかけ、フランスは一八四九年に島々を襲撃した。外国の宣教師は、一八二〇年代に布教を開始して学校を開設し、独自の道徳基準を土着の慣習に適用し、そして一八四〇年に、支配者を立憲君主に変えるのに十分なだけの政治的影響力を獲得した[213]。イギリスとアメリカの貿易商は世紀初めに、白檀の輸出を発展させ、一八二〇年代からは捕鯨産業を推進し、一八五〇年には土地を購入する権利を獲得した。一八五二年の憲法の下、あらゆる種類の外国人入植者が、それらの島々の政府に参加する資格を得て、それ以降、定期的に閣僚を歴任した。一八七〇年代までに、ハワイは、アメリカ市民が率いる外国人居住者の連合により、実質的な独立を失った。彼らは、砂糖の生産を支配して外国からの投資の多くを供給し、布教所と教育体制を運営し、そしてハワイ政府で高い地位を占めた。支配的首長は当時、国王と呼ばれていたが、アメリカ人入植者によって管理される傀儡になっていた。

西洋の利害関係者の侵入は、ハワイの諸政体内における困難の増大と交差した。免疫の欠如とあいまって、新しい病気の蔓延は、人口を急激に減少させた。島々の先住民人口の推定値は、一八世紀後半には、合計で約五〇万人であったことを示唆している[214]。この数字は一八四〇年には、およそ一一万六〇〇〇人に、一八九〇年には約四万人にまで減少した。人口の減少により、首長は貢納と納税の負担を増やし、それを減少する庶民に負担させざるをえなくなった。一八四〇年代までに、統制経済はかなりの緊張状態にあり、地元の抵抗に遭遇した[215]。また、外国人入植者によって導入された農業体制と競合することもできなかった。これらのますます絶望的な状況のなか、君主は、一八四八年にマヘレ（Māhele）（分割）として知られる大規模な土地改革を導入することを決定した[216]。その目的は、半封建的な土地保有制度を、侵入してくる西洋人が認め、尊重するような私的所有形態に変革することにより、支配者、首長、そして庶民の権利を保護することにあった。その結果は、国王と首長には有利に働き、大多数の庶民には不利に働いた。しかしながら、その二年後、外国の買い手が、土地を利用できるようになった。彼らは世紀後半には、広大な土地を購入するか、借り受けるかし、それらを砂糖プランテーションに変えた。一九〇〇年までに外国人、主にアメリカ人が、ハワイの総面積の大部分を所有するか借り受けていた[217]。その年にも、三万人近い白人入植者と、ほぼ九〇〇〇人のアジアと太平洋からの移民労働者がいた。ハワイ人は、自国で少数派になっていた。アメリカ人入植者は島嶼帝国の他の場所や、先住民が白人移民よりはるかに多いアルジェリア、ケニアおよび南アフリカのような植民地よりもずっと簡単にそれらの島々を支配することができた。

一八七〇年代までに、ハワイの経済的存続可能性とその政治的独立性は疑問視されていた。白檀と捕鯨は衰退し、一八三〇年代に始まった小規模な砂糖産業は、南北戦争中の短い好景気の後、再び不景気に見舞われた。その結果として生じた歳入の減少は、公的債務を大幅に増大させた[218]。これらの展開は、ワシントンからの支援を確保するために、アメリカの砂糖生産者と宣教師に合衆国駐在公使ヘンリー・A・パース率いる連合を結成するように促した[219]。パースの当初の計画は、合衆国海軍が獲得することを渇望していた真珠湾の割譲に関連する互恵条約のためのものであったが、地元の激しい反対によって計画は放棄された。しかしながら、カメハメハ五世が一八七二年に亡くなった際、その連合は従順な後継者を選出するように動き、その人物は最終的に一八七四年に就任したが、ナショナリスト集団からの反対を、あくまでも力の誇示によって鎮めた後のことであった[220]。一八七五年、カラカウア国王は合衆国との互恵条約に正式に調印し、それは翌年に発効した[221]。

この条約の条項の下、ハワイの砂糖とコメは無税で合衆国に輸入され、その見返りにハワイは、合衆国本土から輸入された商品を優遇した。ハワイは真珠湾を保持したが、商業上または海軍上の特権を、他の列強に譲ったり貸与したりしないことに同意した。グラント大統領の国務長官ハミルトン・フィッシュが述べたように、条約は、「急速に滅亡しているが、この国〔合衆国〕の物質的または政治的利害関係のいずれもが、ごみとなったり、他のどの列強の依存物になることも許さない肥沃な島々の集まりに居住している民族の友情――ただし利害関係に基づく――を」保証した[222]。

ハワイとの条約は、わずかなコストで限定的な目的を果たした。それは、初期のアメリカ人入植地を確保し、太平洋におけるアメリカの戦略的利益を維持し、合衆国で拡大する砂糖の需要を満たすのに役立った。さらにこの時点では、そうした譲歩事項は、国内の利益を脅かすものではなかった。ハワイの砂糖の輸出は小規模であった。他方、その輸送コストは、ルイジアナ州産の砂糖(いずれにせよ南北戦争後も混乱状態にあった)が、ハワイの主要市場である西海岸で競争力を発揮するのを妨げた。

この条約はハワイの砂糖生産者にとって、たなぼたに相当するものを生み出した[223]。粗糖の輸出は、一八七五年の一八〇〇万ポンドから一八八七年には二億二四〇〇万ポンドに増加した。砂糖プランテーションへの外国投資は、一八七五年の二〇〇万ドル未満から一八九〇年には三三〇〇万ドル以上に増加した。灌漑と蒸気機関精製が、当時の科学技術が可能にしたすべての生産性の向上をもたらした[224]。すべての外国投資の約半分が、砂糖生産に向かった。その約三分の二は合衆国からであった。アメリカのプランターは、ハワイの砂糖生産量のほぼ四分の三を請け負っており、合衆国は、ハワイの輸出品のほぼすべてを手に入れた。すでに西海岸で最大の精糖業者であったクラウス・スプレッケルズは、ハワイでも最も重要な砂糖プランターになった[225]。一八八〇年代の終わりまでに、ハワイの「砂糖王」であるスプレッケルズ〔非公式にはサッカリン陛下として知られていた〕は、島々で生産される砂糖の半分以上を請け負っており、蒸気船の輸送と銀行業にも多額の投資を行っていた。生産量の拡大には、主に日本と中国からの大量の労働力の投入が必要であった。ジェファソンの農本的フロンティアは太平洋を越えていたが、その性格は変化していた。広大な大農園と安価な契約労働に基づくアメリカ入植者経済というピアス〔第一四代大統

領（一八五三～五七年）」の理想が、想像上の「頑健な独立自営農民」に取って代わった。(226)

プランターにとっての大当たりは、ハワイの経済と社会をひっくり返し、砂糖の輸出のために作られた人工的市場に島々を完全に依存させた。(227)互恵条約が一八八三年に更新の時期を迎えるまでには、双方の利害関係は密接になっており、もし条約が失効すれば、プランターは多大な損失を被ったであろう。もしそれが更新されれば、ハワイの完全な従属が確認されることになっていた。島々の砂糖産業の大幅な拡大は、ハワイ自体だけでなく、合衆国でも、条約更新がきわめて論争的になるだろうことを確実にした。同国では、カリフォルニア州以外の生産者や精製業者が、ハワイからの助成された砂糖輸入が中西部市場に食い込むことに懸念を抱くようになっていた。他方、島々のプランターは、膨れ上がる設備投資を保護し、国際貿易の不況からの避難所を確保することを切望していた。

一方、カラカウア国王は、ハワイ先住民の民衆の気分に応えて決意を固め、条約更新に反対することを決定した。(228)一方、ワシントンは失われた関税収入を補うために、ハワイにさらなる譲歩を求めた。長引いた交渉の後、力のバランスは更新に落ち着き、一八八七年一月、上院が最終的にこれを承認した。入植した利害関係者は、彼らの投資を支えた関税の優位性を拡大する見返りに、同国の主権をいっそう多く譲渡する準備ができていた。彼らは、プロト゠ナショナリストの感情の表明と、ハワイの財政問題の拡大に警戒していた。一八八六年、国王は不覚にも、ロンドンのシティで不利な条件で行われた一〇〇万ドルの融資を支持した。(229)予算はすでに赤字であり、新たな融資は政府の歳入にさらなる負荷を加え、島々において、イギリスの影響力が高まる可能性を高めた。砂糖経済の成長が、ナショナリストの大義を弱体化させていたため、入植者は勝利した。ハワイ先住民の中には、輸出経済から利益を得た者もいたが、他の者はそうではなかった。敗者は、世界の他の地域同様、プロト゠ナショナリストの反応の背後にいる主な勢力であった。入植者たちは、王国の予算を完全に掌握し、互恵条約を更新するための代償を喜んで払い、条約の期間中、合衆国に真珠湾をめぐる独占的権利を与えた。

条約の更新は、論争を解決するどころか危機を引き起こした。(230)一八八七年、カラカウア国王が新しい条約への署名を拒否した際、入植者の同盟はクーデターを起こした。国王は新しい内閣と、彼の権力と特権の双方を制限する修正憲法を受け入れることを余儀なくされた。これらの修正により、親米政権選出への道が開かれ、その時点で、国王は新しい互恵条約に署名した。この決定的に見えた出来事は、ハワイ王国の衰退と崩壊の歴史における最終幕への序曲であることが証明された。ドラマの終わりは的確にも、合衆国の関税のさらなる変更によってもたらされた。一八九〇年、マッキンリー関税により、輸入に対する一般的な税率が引き上げられた一方、粗糖の無関税での輸入が認められ、国内の砂糖生産者はその生産高に報奨金が支払われた。連邦議会はハワイへの影響を認識していたが、それらの島々は、公開市場で機会を摑まなければならないと決定した。(231)ハワイの視点から見ると、これは巧妙な（そして卑劣な）「おとり商法」作戦であった。合衆国は、互恵条約を破棄することなく真珠湾の割譲を維持し、砂糖輸出業者が確保したと考えていた特権を効果的に取り消した。利益は一夜にして取り除かれ、砂糖の価格は劇的に下落し、輸出額が下がり、砂糖産業への投資は格下げされた[232]。

その後の混乱の中で、経済的な原因は、急速に政治的な帰結に変換された。アメリカ人入植者は、併合も視野に入れつつ、新たな条約を確実なものにするために奔走した。彼らは今や、ハワイ政府を支配していたので、真珠湾への権利を恒久的に与える立場にあった。すでに騒々しかったハワイの反対派は、一八九一年にカラカウア国王の後を継いだリリウオカラニ女王に率直な主張を見出した[233]。女王は、提案された真珠湾の割譲を拒否し、ハワイ人に権力を取り戻すことを目的とした新しい憲法を起草した。一八九三年一月、入植者の同盟は自称、安全委員会の活動を通じて、二度目の介入を行った。この機会に委員会(クリーヴランド大統領は後に、併合委員会と呼ばれるべきであったと述べた)は、駐在していた合衆国公使ジョン・L・スティーブンズの熱烈な支持を得た[234]。公使は、ハリソン大統領の国務長官で熱心な膨張主義者であるジェイムズ・G・ブレインの個人的な友人であり、政治的な味方であり、彼に指名された人物であった。その後の教科書的作戦は、イギリスの帝国実践の手引をまねた可能性が十分にある。スティーブンズは、「アメリカ人の生命と財産を守る」必要性という国際法における外国介入のための古典的な正当化の理由を引き合いに出し、海軍を招集した。合衆国海兵隊の小さな部隊が、重要地点を占領し、安全委員会は暫定政府を組織し、女王は降伏した。

一八九三年一月、スティーブンズに支持された新政府は、すぐさまワシントンにハワイの併合を確認するように請願した[235]。ハリソン大統領の国務長官として、ブレインの後を継いだジョン・W・フォスターは、編入条約を準備したが、連邦上院によって棚上げされ、一八九三年に就任するクリーヴランド大統領の当選によって目的を達成することはできなくなった[236]。古典的な共和主義的価値観の信奉者として、クリーヴランドは同意ではなく武力による併合を支持することを好まず、アングロ＝サクソン人として、多数のアジア人を連邦に組み込むという見通しから身を引き、民主党員として自由貿易を支持し、入植者がおおむね自ら招いた苦境にほとんど同情しなかった[237]。法的・倫理的理由から併合に頑強に反対であったクリーヴランドの国務長官ウォルター・グレシャムにより、クリーヴランドの留保は補強された[238]。条約は破棄され、スティーブンズは召還され、ハワイは政治的に不安定な状態に置かれた。君主制は復活せず、暫定政府の地位は疑わしいままであった。

一八九四年、クーデターの指導者たちが、一方的に行動して、サンフォード・ドール大統領の下でハワイ共和国を設立した際(七月四日に起こるように、刺激的なタイミングで行われた)、政治的な曖昧さは部分的に解決された。新しい大統領は、入植者を権力の座につけた勢力を体現していた。彼の一族には、教育と政府に影響力のあるプロテスタントの宣教師と、まもなくハワイをパイナップル缶詰の世界最大の輸出元にする起業家が含まれていた[239]。共和主義的国王の後ろ盾となったロリン・A・

図9－3　リリウオカラニ女王（1877年頃）（1891～93年統治）

出典：Hawai'i State Archives, Photograph Collection, Lili'uokalani, Queen of Hawai'i, 1838–1917. Call number : PP–98–11–010（*American Empire*, p. 424）

サーストンは、宣教師たちは「良いことをするために来て、良いことをするためにとどまった」というハワイの諺を象徴していた。彼の両親は宣教師であり、彼自身、出版と砂糖において、広範な経営上の利益を得た[240]。サーストンは一八八七年に、緩やかに組織された「宣教師党」を、重要性が増していた地元財界の利益を反映した改革党に変えるのに重要な役割を果たした。彼は、ドールを共和国大統領に任命し、一八九八年に自らが政界を引退するまで、併合闘争の主要人物であった。望ましくないと考えられる多数の住民をどのように抑圧するか、一八九一年のミシシッピ州憲法制定会議に指針を求めるようドールに助言したのは、サーストンであった[241]。ドール自身、著名な政治学者ジョン・W・バージェスに教えを請うた。バージェスは、強力な行政府と司法に支えられ、限定的な参政権を土台に、チュートン系の健全な男たちによって同州が運営されるべきだと勧告して、サーストンの助言を補完した[242]。これは彼の性分に合った助言であり、ドールはそれを受け入れた。

新共和国の発足から一カ月後、合衆国の関税改革が、再びハワイの政治情勢に影響を与えた。一八九四年八月、ウィルソン＝ゴーマン関税はマッキンリー関税を修正し、粗糖に輸入税を課した[243]。この運命の巡り合わせは、ハワイが相互主義によって保証された特権を取り戻すのを認めた一方、ハワイの競争相手、とくにキューバをかなり不利な立場に置いた。砂糖の生産量は、一八九四年から一九〇〇年の間にほぼ二倍になり、経済は復活し、新しい共和国は突然、失っていた存続可能性を取り戻した。政治的状況が自分たちから遠ざかるにつれ、入植者国家の反対者たちは、政権を打倒する最後の試みを実行に移した。一八九五年、ナショナリストの集団（王党派と共和派の連合）は、失敗に終わるクーデターを開始した[244]。疑わしい証拠ではあったが、女王が関与しているとされ、正式に退位せざるをえなかった。

この国制上の障害が取り除かれた結果、マッキンリー大統領は一八九七年、併合条約の準備を始めた[245]。しかしながら、彼がそうする中で、恒久的に存在し、議論の分かれる関税問題が、またもや介在することになった。互恵条約の下でのハワイの特権は、提案されたディングリー関税をめぐる交渉の障害となった。ディングリー関税は、ウィルソン＝ゴーマン関税に取って代わる（そして大部分を覆す）ものであった。相互主義が、彼の政治的アジェンダ上のはるかに重要な項目を台無しにするか、少なくとも容認できないほど遅らせるかもしれないという見通しは、マッキンリーに併合を推し進めるようにさせた。(246) 条約への反対は根強く、強力なままだったが、翌年のスペインとの戦争が、併合条約案の成功を可能にするうえで決定的であった。戦争という敵対行為は、合衆国内でナショナリスト感情を呼び起こし、ハワイの戦略的価値に注意を向けさせた。入植者政府は、ホノルル港の施設を合衆国に思うがままに使用させることにより、その戦略的価値を利用した。(247) それでもこの法案は、上院で必要な三分の二の過半数を確保することができず、議会の合同決議という、より簡単な基準を満たすことで、何とか法律となった。(248) 決議は目的を果たした。入植者は彼らが最も望んでいたもの、つまり安全を勝ち取った。合衆国政府は、ハワイの公的債務の責任を負うことになり、島々の砂糖プランテーションの株価は急騰した。併合主義者は安堵、喜び、そして自画自賛の雰囲気の中で祝った。ハワイ人は抗議したが、無視された。

併合を確保することの難しさは、競合する諸派がほぼ均衡していることを指し示している。指導的なプランターが相互主義にしがみついたのは、それが彼らの富の基盤だったからである。同時に、アメリカへの編入が、一八八二年の中国人排斥法をそれらの島々にまで拡張し、アジアの契約労働者を輸入する慣行を終わらせることを恐れたため、彼らは併合を警戒していた。この安価な労働力の供給源がなければ、ハワイの砂糖生産は互恵条約の支えがあったとしても、競争力を失っていたであろう。しかしながら、相互主義が更新されるという保証はなかった。一方、一八九〇年代後半のカリフォルニアにおけるサトウダイコンの急速な拡大は、ハワイのサトウキビの輸出を根絶する潜在力のある競争上の脅威を突きつけた。ハワイのサトウキビ輸出が生き残るか、あるいは根絶されるかの公算に関しては、一八九八年に相互主義が撤回されるかもしれないように見えるまで、そのバランスがどちらに傾くかわからない状況だった。(249) このような状況下、合衆国への編入は、ハワイを関税の壁の内側に置き、その主要産業に生存の機会を提供するであろうから、冒す価値のある危険であった。(250) 土壇場になって、プランターたちは決心し、併合を支援した。

ハワイで最も熱心な併合論者たちは、砂糖産業と直接的または間接的に密接に関係していた、相当な地位にある入植者であった。(251) ハワイの外国人入植者は長い間、行政の非効率性と汚職について不満を述べていたが、彼らの懸念は、一八八〇年代後半から倍増した。その折、外国の影響力の増大に対する地元民の反対が、増税と財産権の再検討を行うポピュリスト的政権の誕生の可能性を高めた。地元の権利を保持しようとするリリウオカラニ女王の試みは、とくに批判を集めた。クリーヴランド大統領が一八九三年に女王を王位に復帰させようとするかもしれないという見通しを前に、プロテスタントの報道機関は、ハワイの宣教師の諸一族に促され、女王を「生命、自由、所有物に対する保護の保証」を取り除こうとする、「不正の助言者に囲まれた悪質で不道徳で無責任な女性」だと非難するように動いた。(252) ハワイ政府は、とくにカラカウア政権の下で、財政問題を慎重に管理することに失敗し、いくつかの汚職問題で責任を問われるべきなのは疑問の余地がない[253]。しかしながら、根本的な問題は、同島における経済力と政治的権威の間の不均衡の拡大であった。砂糖産業は、移住者共同体の安全を保障する君主制政府の権威を侵食していた[254]。白人少数派は、先住民とその代表者を中傷することで、人種偏見を合衆国のアングロ＝サクソン同胞への訴えの中心に据えた。

それらの島々の併合論者は、相互主義ないし併合、またはその双方に反対する強力な国内の利益団体からの反対に直面した。一八八〇年代と一八九〇年代、ハワイの関税上の優位性は、カリフォルニア州における需要の拡大とあいまって、ハワイの砂糖輸出の急速かつ予想外の成長を生み出した[255]。対して、東海岸の精製業者とルイジアナ州のサトウキビ生産者は、併合を阻止し、相互主義廃止のロビー活動をするために一致団結した。彼らは相互主義が、西海岸の輸入業者に不当な優位性を与えてきたと主張した。彼らは、連邦におけるハワイの存在が、海外の新たな有権者に砂糖を無税で出荷できることを許し、海外の精製所への投資を奨励することで、競争を増大させるだろうと主張した。

結果として成立した連合は、いくつかの重砲をワシントンに向けた。ハブマイヤーの砂糖トラストが、その主導権を握り、西海岸のサトウダイコン王ヘンリー・T・オックスナードは、資金と人脈を動員し、低賃金のアジア人労働者が、労働市場に殺到することを恐れたアメリカ労働総同盟は、その運動にかなりの重みを加えた[256]。スプレッケルズは一八八〇年代、砂糖トラストと戦っていたが、一八九〇年、マッキンリー関税によって競合する砂糖供給業者にハワイが開放されたことで、彼の会社は深刻な困難に直面し、一八九四年、砂糖トラストはその事業と所有者を買収した。一方、スプレッケルズは部分的には、ハワイからのサトウキビ輸出に伴う関税の不確実性から逃れるために、カリフォルニアのサトウダイコンに投資しており、このことは、彼にそれらの島々の砂糖の自由な輸入に反対するさらなる誘因を与えた。その連合は、併合を防ぐためのロビー活動にかなりの金額をつぎ込んだ。その成員は、『ワシントン・ポスト』紙の支持を得て、多くの上院議員を味方につけ、下院議長トマス・B・リードという強力な協力者を見つけた[257]。資本家と労働者の異例の同盟によって生み出された手ごわい反対は、政府が正式な条約ではなく議会の合同決議を確保するために、なぜ「テキサスの先例」に頼らなければならなかったかを説明している[258]。

それにもかかわらず、ハワイのプランターたちは、彼らが掲げた大義によって、同じ方向に進んでいる他の者を結束させたため、合衆国本土の反併合連合を打ち負かすことができた。併合主義者たちは、外国列強の脅威とされるものに対して、ワシントンと世論の注意を喚起するために、派手に喧伝した。標的にされたイギリスは、アメリカのナショナリズムに形態と勢いを与えた感情を屈折させるのに役立った。一八九三年に提起された『ワシントン・スター』紙の修辞的な問いは、一八九八年には、肯定的な回答しか認めなかった。「私たちはハワイを奪い、それによって繁栄し、拡大するのか、それともイギリスにそれを奪わせ、それによって私たちを弱体化させ、私たちに屈辱を与えさせるのか」[259]。実際、イギリスは、ハワイを獲得することに関心がないことを暗に保証していた。それどころか、イギリス人は、太平洋における合衆国の拡大を、ドイツとフランスの野望に対する有効な対抗手段であり、自国のかつての植民地を帝国クラブに引き込む手段であり、したがって、帝国建設に対するアメリカ共和国の嫌悪を減退させるものとみなしていた[260]。しかしながら、これらの外交上の考慮は、ナショナリズムの声高な訴えに対抗するには手が込みすぎていた。このため、併合を声高に唱えるナショナリズムは、ハワイの併合主義者を、何の助けもなしに行きうるところよりもはるか遠くに運んだ。

日本は別問題であった。日本軍は最近、中国を敗北させ、日出ずる国は東方の新たな「黄禍」と称されるようになっていた。日本人労働者は大挙して、ハワイにやってきており、砂糖産業にとって不可欠であった。だが、彼らの数の増加は、当時の言葉で言えば、島々の「モンゴル化」と、勇敢だが脆弱な西洋世界の前哨基地の清算をもたらす恐れがあった[261]。『ハワイ・スター』紙が簡潔に述べたとおり、もし「日本人がいつかここで参政権を手に入れたならば、それは西洋文明との決別を意味する」[262]。一八九七年のハワイにおいて高まった日米間の緊張は、併合論者に戦争の可能性について扇動的な噂を生み出す機会を与え、連邦議会で条約を通過させるさらなる誘因を提供した[263]。マッキンリー政権の少なくとも一人の成員は、この報道に大げさに反応した。当時の海軍次官補セオドア・ローズヴェルトは、出番が近づいた男の不満を表明しつつ、一八九七年五月、海軍戦略家アルフレッド・マハンに手紙を書いた。

> もし許されれば、われわれは明日、それらの島々を併合する……。私は許されるかぎり素早く、太平洋岸で問題を解決してきました。私自身の考えでは、二隻の新しい日本の軍艦が、イギリスを離れる前に、直ちに行動を起こさなければなりません。私ならば……すべての詳細は行動の後にどうするか考えることにして、それらの島々の上に私たちの旗を掲げるでしょう[264]。

この時点で、大統領は、すでに保有しているハワイに対する統制を強めた。黄禍が太平洋に広がりつつあった。行動が必要であった。合衆国は傍観し、「それらの島々を日本に手渡す」ことはできなかったのである[265]。

◆選択による戦争

アメリカ帝国を生み出した島嶼革命は、プロト・グローバリゼーションからモダーン・グローバリゼーションへの移行によって設定された幅広い文脈で理解する必要がある。合衆国とスペインはどちらも、政治的統一を強化し、地域や階級の分裂の力に勝る国民的アイデンティティの感覚を促進しようとしていた一方、農業社会を産業社会に変えようとしていた。帝国主義として表現された、強要されたグローバリゼーションの一形態は、移行への衝動をカリブ海と太平洋に運んだ。後発の近代化国として、残存する植民地に対するスペインの政策は、軍事＝財政主義の遺産との絶え間ない闘争を反映していた。スペインの場合、搾取政策が優勢であったが、その一方で、より自由な貿易への譲歩の必要性は、イギリスとアメリカの手に通商を渡し、最終的には、マドリードの海外領土に対する政治的支配を弱体化させた。合衆国も後発の近代化国ではあったが、軍事＝財政国家の残滓に阻まれることがなくなり、産業＝国民国家の創設に向けてかなりの進歩を遂げた。それにもかかわらず、両国は一九世紀の終わりに、一連の危機を経験した。その際、不完全な構造変化が、国際経済の不都合な動きと交差していた。国内外の不安定化勢力を管理するためのスペインの闘争は、残存する植民地の喪失につながった。合衆国は、同様の困難を切り抜けてより大きな成功を収め、スペインに取って代わる立場にあった。スペインは、帝国主義者たちが主張したように、大敗に値する。同国のラテン的、カトリック的ルーツと腐敗した残酷な統治方法は、同国が帝国を支配し続ける資格を失わせた。帝国主義者のローズヴェルトは、一八九八年に「スペインとトルコは、他のどの国よりも叩き潰したい二つの列強だ」と宣言した。[266]そこかしこで安堵のため息が聞かれたのは当然であった。

本章で論じたように、帝国主義の説明は現地の視点（この場合は、島嶼的な視点）を含まない限り、完全ではない。農産物の輸出とその主要な決定要因である一次産品の世界価格と支配的関税レジームは、一九世紀を通じて、島々と合衆国本土との間の最も重要な共通のつながりを形成した。これらの要因は排他的ではなく、また、それらは必ずしも先験的な意味で、最優先事項だというわけではない。しかしながら、島嶼帝国の場合、証拠の示すところでは、それらを一九世紀後半の帝国主義の説明の中心に位置づけることになる。それらは、政治的意思決定が行われる文脈、そしてしばしば、行動への直接的刺激も提供した。

経済的逆境と政治的行動との関連性は、ここで検討した四つの事例の共通テーマとして浮上してくる。実質所得の減少および想像上の期待の低下に続く輸出生産へのコミットメントは、不満の高まりにつながった。植民地エリートは、自らの文化に対する誇りとヨーロッパの自由主義的な価値観の組み合わせに触発され、指導力を発揮した。その点、他の多くの場合同様、島嶼帝国はこの時点で、植民地および半植民地世界の他の場所に現れた運動を再現した。ただし、一般的なプロセスは、特定の事例に適合させる必要がある。キューバとプエルトリコの対比は、共通の影響が異なる結果をもたらす可能性があることを示している。世界の状況に完全にさらされ、合衆国市場と関税政策に依存していたキューバの砂糖経済は、逆境が生産者に直接降りかかった。他方、プエルトリコのコーヒー輸出は、帝国の保護によって守られていた。キューバ人は、スペイン支配を終わらせることを切望していた。プエルトリコ人には、それを維持する重要な理由があった。

経済的考慮に基づく相違は、入植者と先住民の人口の相対的な規模、階層、人種、階級の区別、さまざまな島々を特徴づける政治的プログラムといった、他の重要な変数を考慮に入れることができるように精緻化する必要がある。これらの影響は、植民地社会が自らに課せられた要求に抵抗する能力と、そうする傾向を説明するのに役立つ。ハワイ人は数が少なく、すでに彼らの土地に対する実質的な支配権を譲り渡していた。他方、フィリピン人は数の力を持ち、政府の主要な代理人である修道士の政治的ネットワークを管理し続けた。ハワイ人は圧倒され、フィリピン人の抵抗は、二〇〇三年から二〇一一年のイラク戦争と同じくらい続き、ほぼ同じ数の合衆国兵士の命を奪った。キューバとプエルトリコでは、それらの間のいくつかの明らかな類似点にもかかわらず、姿勢と結果が異なっていた。これは私たちが見てきたように、島々が異なる仕方で国際経済に関係していたことが一因であるだけでなく、キューバの歴史が独立への強い主張を育み、一方、プエルトリコの遺産は、ホームルールや合衆国への編入さえも目指した、慎重な指導者を生み出したからであった。

こうした観察は、因果関係の方向性の問題を未解決のままにしている。膨張への衝動は主に合衆国から伝わったのか、それとも海外の合衆国市民であるか、地元の「協力者」であるかは別として、主に下位帝国主義者（sub-imperialist）の代理人からもたらされたものなのか。一つの結論は明白に述べることができる。一八九八年にそれらの島々が併合される前の時期、合衆国が非公式の帝国を確立したと言いうる程度に主権が侵害されていたのはハワイだけであった。合衆国本土からの白人入植者によって所有されている数少ない大企業は、長い間、ハワイの輸出品を支配し、それらを合衆国に出荷させた。同じ入植者の集団が政府を乗っ取り、プロテスタンティズムと西洋的教育を広めたキリスト教の伝道を通じて、ハワイの文化に入り込んだ。入植者の代表者と合衆国政府高官もワシントンで発言権を持った。彼らはワシントンで、遠く離れた西洋文明のはずれにあって、新しいジェファソン的フロンティアを確立しようとしている、勇敢ではあるが不安定なアングロ＝サクソン共同体の成員だと自負した。ハワイの合衆国公使ジョン・L・スティーブンズは熱狂的な膨張主義者であり、一八九三年、同胞がリリウオカラニ女王を解任するのを支援するために、自らの権限を利用した。

それにもかかわらず、ハワイの「現地の人々」が成功したのは、彼らの目的が合衆国の膨張主義者の目的に合致したからにすぎない[267]。膨張主義に積極的な人々は、連邦議会に、そして報道機関を通じて、仲間内の感情およびキリスト教と文明を広める義務に訴え、そして、関税上の優遇措置を通じて、入植者に経済的支援を提供するために、彼らの影響力を利用した。帝国についての研究が、現地の膨張主義者という呼称を用いているように、スティーブンズ自身、下位帝国主義者とみなすことができる。しかし、より著名なセシル・ローズやカール・ピーターズとは異なり、スティーブンズは独立して行動していたのではなく、彼の強力な後援者であり、国務長官でもあり、また熱烈な膨張主義者であるジェイムズ・G・ブレインに任命された者として行動していた[268]。そうではあっても、ハワイの帝国主義者は一八九三年、彼らのために割く時間はほとんどなかったクリーヴランド大統領が就任すると、何の進展も見せなかった。彼らにとって最も好条件にあった一八九八年になっても、併合案は大変な僅差の投票の後、ようやく何とか連邦議会を通過し、そしてそれは国益の問題、とくに日本からの脅威の可能性がバランスを傾けたためであった。ハワイの入植者は、最終的に決定した解決策を推し進めたが、彼らの利害がより広い目的と一致していたため、そうすることができた。

別の角度から考えると、ハワイの併合は協力の崩壊が、いかにして正式な支配へと道を開いたかを示している。ハワイでは、非公式の支配に相当する非公式的影響力は、入植者が、先住民当局と協力し、先住民当局を通じて活動し続ける能力にかかっていた。ハワイの場合、その取り決めは、経済問題の増大が、互恵条約と真珠湾の租借につながった一八七〇年代までは、十分に機能していた。アメリカの影響力の急速かつ目に見える増大は、ナショナリストの反発を引き起こした。世論は従来、従順であった王室に、合衆国に対する態度を硬化することを余儀なくさせた。リリウオカラニ女王が王位に就いたとき、協力は終わりを告げた。そして公式の統治が唯一の選択肢となり、入植者がみずからやりくりする道は閉ざされた。入植者を見捨てることは、合衆国の国民的アイデンティティの形成において中心となったエスニシティとプロテスタンティズムの融合を放棄することになったであろう。他方、支援は低コストで、主に関税収入に基づく助成金に偽装された形態で行われた。合衆国の強力な砂糖利害関係者は、同様の主張を展開する者に反対したように、ハワイの編入に反対した。しかしながら、結局、ハワイは、例外的な事例として認められ、それは最終的に州昇格を求める権利を持つ編入領土の地位を与えられた唯一の領土獲得であった。

ハワイの獲得は後片付け（housekeeping）、すなわち内政の問題であり、既存の非公式な関係を再編成する必要があった。一方、スペインの島々は財産が盗まれる侵略、いわば押込み強盗（housebreaking）の明らかな事例であった。合衆国はスペイン帝国に対して、限られた影響力しか持っていなかった。合衆国の権益が、プエルトリコやフィリピンよりも広範囲に及んでいたキューバでさえ、非公式の膨張が、広範な非公式的影響力、ましてや非公式の帝国につながったと主張するのは難しい。スペインは、反乱を鎮圧する可能性が低いことが明らかになった一八九八年の少し前まで、同島の政治的支配を維持していた。スペイン当局は、ローマカトリック教会と協力して、プロテスタントの伝道と彼らが後援する教育施設を妨害し、主な文化的影響力の源を排除した。プロテスタントは部分的には、十年戦争後にスペインが認めた改革の結果として、そしてまた部分的には、反植民地運動に同調することで、世紀最後の四半世紀になって、キューバでささやかな進捗を遂げた[269]。にもかかわらず、その影響力は限られており、そのプロテスタントの帝国は、文化的にいえば、熱狂した宣教師のはるか彼方の構想としてのみ存在していた[270]。

合衆国の影響は、主に経済、とくに一九世紀後半に合衆国本土の精製所が支配するようになった砂糖貿易に対して感じられた。しかしながら、商業上の利害関係は、キューバでの出来事をより大きな目的に合致させようとするワシントンによる調整の取り組みというよりは、合衆国内で競合する政財界の派閥から派生した。そのうえ、スペインとイギリスは全体として、キューバの海外通商において重要な利害を保持しており、イギリスは、同島に投資する主要な外国であり続けた。キューバのアメリカ企業は間違いなく、ワシントンで特権的なつながりを持っていた。その島で最も有名なアメリカの砂糖プランターであるエドワード・アトキンズは、大統領自身を含むマッキンリー政権の高官に接近できた[271]。しかし、アトキンズは一貫して、それが、合衆国の投資を保護する最良の方法だと考え、スペインの勢力圏内でキューバのホームルールを支持するようワシントンに助言した。彼が自分の誤算に気づき、合衆国の介入を提唱したときには、行動するという決定はすでに下されていた。合衆国が、キューバで影響力を欠いていたといっているわけではない。フォスター＝カノバス条約は、ワシントンの強さとマドリードの弱さの明確な例であったが、それは、一八九八年以前の関係ではなく、一八九八年以降に展開される未来を示していた。もし合衆国とイギリスが協調して行動していれば、両国は、スペインを思いどおりにすることができたかもしれないが、イギリスは、この問題で主導権を握ることを望まず、またスペインは、屈服することを望まなかった。それゆえ、戦争が行われた。

　ハバナの合衆国総領事フィッツヒュー・リー大佐は、南軍の元少将であり、コマンチ族との戦争を戦った退役軍人であり、危機の最終段階における活動的な官吏であった[272]。しかしながら、ハワイのスティーブンズ同様、ワシントンの上司の意図を現地の状況に応じて解釈するという限定された意味で、リーは下位帝国主義者であった。一八九八年一月、ハバナで王党派が、新たに選出された自治政府に反対するデモを行った際、リーは生命と財産を守るために海軍の駐留を要請し、メイン号がまもなく到着した[273]。リーの行動は予防ではなく、挑発を意図していた可能性がある一方、この問題についての代表的な権威は、そのような結論を導き出していない[274]。リーは、反乱軍兵士にほとんど同情心を持っておらず、自治政府に全面的に反対していた。にもかかわらず、彼は反乱軍に協力した。反乱軍の代表者は、スペイン軍に対する継続中の闘争において支援を求め、合衆国が、彼らの完全な独立への企てを支持すると確信していた[275]。リーの態度は、反乱への支援が、ホームルールよりも好ましい、キューバの統制手段を合衆国にもたらすであろうことを暗示している。ホームルールは、かなりの程度の真の政治的独立を付与することを約束していた。リーは間違いなく、派手な人物であったが、彼が思っていた、またはなりたいと思っていたほど重要では決してなかった[276]。

　戦争に至る過程に直接関与したもう一人の合衆国外交官スチュワート・L・ウッドフォードもまた、最終的な決定にほとんど影響を与えなかった[277]。ウッドフォードは、南北戦争の退役軍人、ニューヨークの弁護士、そして一八九七年にマッキンリーによって在西特命全権公使の役職に任命された共和党員であった。ウッドフォードの仕事は、威厳があり、ともすれば非現実的でもある肩書きに合致しなかった。彼は外交経験がなく、スペイン語も話せず、経験豊富な観察者でさえ追いつくのが難しい速さで出来事が進行していた際、マドリードに到着した。

ウッドフォードは、マッキンリーの指示を、多かれ少なかれ示されたとおりに実行した。一八九八年三月までに、彼は「アメリカによるその島の早期の所有と占領」が、キューバの問題に対する唯一の解決策であるという結論に達していた[278]。これは、目新しい考えではなく、マッキンリーは長い間、その可能性を検討しており、この問題に対する非戦闘的な解決策への希望が弱まるにつれ、その可能性がますます高くなることを理解していた。

メイン号が沈没した時点で、キューバの政治情勢は、戦争の不確実性によって混乱していた。一部の学者は、解放軍（Liberation Army）が、スペインを打ち負かす瀬戸際にあり、解放軍の勝利を防ぐために合衆国が介入したと主張している[279]。他の学者は、解放軍が、単独ではさらなる前進を遂げられなかったため、合衆国に支援を訴えたと主張する[280]。どちらの見解が採られようとも、同時代の人々が、新世界におけるスペインの統治の時代が終わろうとしていると認識していたことは明らかである。危機に対するマドリードの対応の不手際は、スペインの政治的脆弱性の無理もない産物ではあるものの、論争を交渉のテーブルから戦場へと追いやることになった。当局は、反乱を鎮圧することに失敗し、そうしようとすることによる財政的・人的コストは、スペインの資源を奪い、スペイン自身の安定を脅かした。スペインは、外部からの支援があった場合にのみ、植民地列強として生存することができた。必要な程度の慈善を提供する動機を持った国はなかった。

マッキンリーはさまざまな選択肢を検討した。彼の選好は、キューバ「問題」に対する外交的解決であった。シュワードが、一八六七年にロシアからアラスカを購入したことから、マッキンリーは、一八九七年にスペインからキューバを購入することを申し出た[281]。スペイン政府は、同島の売却を拒否したが、大統領は、購入の意図を一八九八年三月まで持ち続けた。それにもかかわらず、メイン号がハバナに沈められるずっと前の一八九七年、マッキンリーは、スペインの政治状況がその年の八月の首相の暗殺によって変容していなければ、ほぼ確実に戦争につながったであろう最後通牒もまた準備していた[282]。そのときまでに、正式で公的な合衆国の態度は、キューバ人の苦境に対する同情から、彼らは結局のところ、独立の準備がおそらくできていないという気持ちに変わっていた。これらのますます非妥協的な姿勢は、スペイン帝国内でのホームルールを主張する自由主義的改革派に率いられているとしても、この新たに選出されたキューバ政府を支援するという別の選択肢を追求しないというマッキンリーの決定と合致していた。

その後の戦争は、キューバ人が、自治の準備ができていないという信念を助長した。地理的な近さは、光ではなく闇を与えた。アメリカの兵士と役人は、キューバ人との出会いを通じて、彼らがナップザックの中に持っていた偏見は裏付けられていることを発見した。サミュエル・ヤング少将は、一八九八年の状況の評価に十分な自信を持っており、無条件に次のように述べていた。「反乱軍は、多くの堕落した連中からなり、名誉と謝意を完全に欠いています。彼らは、アフリカの野蛮人同様、自治の能力がありません[283]」。キューバ解放軍は、合衆国軍を支援していたが、その指導者たちは、決して味方として扱われなかった。彼らは、スペイン軍の降伏を記念する正式の式典と和平交渉の双方から除外され、解放戦争が占領行為になった一八九九年に、合衆国軍の法令によって解散させられた。

四月の議会の合同決議では、キューバは自由で独立しているべきだと宣言された。熱心な膨張主義者ヘンリー・テラー上院議員によって追加された修正は、合衆国がその島に主権を行使する意図はないと宣言した。しかしながら、テラー修正は、反併合論者ロビーをなだめ、とくに合衆国が、キューバの国家的債務を負担するかもしれない恐れを和らげるために考案されていた。[284] この立法措置は、自治政府、キューバ解放軍、あるいは一般的にキューバ共和国とみなされているものを承認することを慎重に回避した。したがって、合衆国が、キューバの信頼できる政治組織に権力を譲渡することに言質を与えることも、主権を授与する日付の設定もしなかった。[285] 数カ月後、テラー議員は、その修正が無条件ないしは直ちに適用されることを意図したのではなく、キューバ人が自治能力があると証明した時点で、適用されることを意図していると説明した。[286] 一方、この修正は、独立のために戦ったキューバ人に安心感を与え、同時にまた、キューバの発展に統制の手段を行使する権利を保持していると、マッキンリー大統領を満足させた。マッキンリーは、キューバ人がスペインに対して自らの権利を要求することを望んでいたが、ひとたびスペインが、戦後処理において主要な役割を果たさなくなるやいなや、彼らが合衆国の要求に従うことを期待した。[287]

プエルトリコにおける合衆国の影響力も、同じように限定的であった。一八九八年より前、政治的権限はスペインにあり、その輸出経済はイベリア半島に向けられ、プロテスタントの伝道所は、非常に控えめな存在であった。アメリカ兵が上陸する少し前、その島の合衆国領事は、プエルトリコ人はスペインに忠実であり、自治権を与えられたことに満足していると報告した。[288] 自治に代わる国民意識の感覚は、ほとんど発達していなかった。同島は、「辺境地域の混乱」のためではなく、キューバにおける戦争の副産物として合衆国軍に占領された。侵略軍は、ほとんど抵抗を受けず、島の一部では歓迎された。しかしながら、島民の反応は、すでに起こっている出来事に対するものであり、その原因ではなかった。彼らの視座からすると、合衆国は自由と進歩を支持しており、彼らが獲得したばかりの自律性が失われるであろうことはすぐには明らかではなかった。そのうえ、合衆国市場に参入することで、低迷していた砂糖貿易を復活させる見込みがあった。ムニョス・リベラは、これらの気分の変化を反映していた。侵略後まもなく、彼は自らの支持をホームルールから編入に変えた。一八九八年、彼は「われわれはいっそう速く、われわれのアイデンティティに向かわなければなりません。自由党はプエルトリコが、カリフォルニアやネブラスカの一種になることを望んでいます」。[289] 将来の協力者となることを期待していた彼らは、大部分が白人で、完全にキリスト教徒であるにもかかわらず、自治の任務に不適格だと判断されたことが明らかになるやいなや、幻滅が訪れた。[290]

フィリピンは、合衆国本土からはるかに離れており、アメリカの影響力からなおのこと距離があった。キューバやプエルトリコの場合同様、フィリピンでの反植民地運動が、当時の占有者〔クリオーリョ〕を傷つけ、飢えた略奪者のために機会を創り出した世紀の終わりまで、スペインの支配は他の主要な列強によって挑戦されなかった。合衆国は、それらの島々にわずかな商業的利害関係を持っているだけであり、その利害を代弁するほんの一握りの「マニラのアメリカ人」がいるだけであった。合衆国のプロテスタント教会は、フィリピンでの拡大を声高に主張したが、ローマカトリック教会はスペイン帝国の他の場所で行ったように、キリスト教的真理の独占を維持した[291]。最初のプロテスタント宣教師は、合衆国軍が一八九八年に上陸するまで到着しなかった[292]。一八九八年より前のフィリピンにおけるワシントンの利害関係は、過小評価されるなどということはほとんどありえないのである。

合衆国が獲得したその最大の海外領土は、最小限の非公式の影響力行使の結果であったため、その説明のためには、話を本国に戻さねばならない。カリブ海での戦争から生じた軍事的必要性は、フィリピン併合の説明の重要な部分になっている。太平洋に基地を確保することに熱心であった海軍は、そこにあるスペインの植民地を攻撃する計画を考案し、後に到着した陸軍は海軍に加わり、群島全体を獲得するように政権に強く迫った[293]。だが、海軍も陸軍も、彼らにとって好ましい限度を超えてワシントンの政策決定者を動かすことはなく、スペインとの宣戦布告の決定がなされて初めて、彼らの構想は勢いづいた。

フィリピンを東アジアへの足掛かりとして扱うという考えは、すでにタカ派の修辞に入っていたが、その可能性がアメリカ外交に持ち込まれたのは、マニラの戦いの後であった[294]。合衆国は東アジアの他の外国列強同様、中国市場に多大な期待を寄せていた[295]。しかしながら、振り返ってみると、中国市場は現実というよりも神話にすぎなかったことは明らかである。合衆国と中国との貿易は一八九〇年代に増加したが、些末であり続けた。誤った認識が、行動の原因になりうる一方、フィリピンの場合、それはそれほど大きなことにはならなかった[296]。マッキンリーが、その群島を併合することを決定した後になって初めて、アメリカ企業は、フィリピンに投資する機会を真剣に活用した[297]。そのうえ、合衆国は中国で非常に控えめな存在感しか示しておらず、それを増大させる意志と能力の双方を欠いていた。フィリピンで継続中の戦争とカリブ海とハワイでのコミットメントは、ワシントンが人員と資金の大きな資源を他の場所に投入することを妨げた。膨張主義者が東アジアへの「中継基地」になるであろうと主張したマニラ港の施設は、不十分であり、第一次世界大戦の少し前まで改善されなかった。

保護関税と中国人移民に対する差別は、中国との貿易関係を改善するためのさらなる障害であった。アメリカの輸出業者は、自由貿易が東アジアとの通商を増大させるための最も有望な戦略だと主張し、フィリピンの関税水準は、歳入目的のみに固定することを推奨した。保護関税体制を全体として危機に陥れるため、少なくとも共和党が政権を握っている間、ワシントンはこの助言に従うことができなかった[298]。国務長官ジョン・ヘイが一八九九年と一九〇〇年に有名な（そして大々的に喧伝された）

「通牒」を発した際、彼は新しい政策を声明していたわけではなかった。合衆国が自らの門戸を開くまで、「門戸開放」はありえなかった。その「通牒」は、単に中国の領土保全と貿易問題における平等待遇の原則を擁護するように外国列強に要請したにすぎない。それらは、保護主義体制を弱体化させることができなかったアメリカ財界の一部をなだめるための美辞麗句であり、中国に対する確立されたイギリスの政策を言い換えただけであった。それらは、イギリスの支援を受けて作成されたので、このことは驚くべきことではない[299]。

その際、イギリスは、彼らが受けた協力に十分に値することをしていた。彼らはヨーロッパで、スペインに対抗して影響力を行使し、スペイン諸植民地の領事を通じて、スペイン軍の降伏の交渉において肝要な役割を果たした。イギリスはまた、合衆国海軍が、香港を基地として使用することを許可し、スペイン海軍戦隊のスエズ運河通過を阻止することにより、戦争遂行を実質的に支援した[300]。一八九八年九月、著名な政治家で植民地の専門家チャールズ・ディルク卿は、合衆国が、「解放され」たばかりの人々をスペインに「返還」することは「不可能」であろうと考えた[301]。しかしながら、野心は勝利とともに無頓着に突き進んだ。スペインが敗北し、残りのヨーロッパ列強が静かに同意する中で、マッキンリーは、自分のものになっていたフィリピンを手に入れた。勝者には戦利品がもたらされた――そして、それに続く長期の報いにおける苦労もまたあった。

帝国主義の修辞の主要な要素である人種的優位性という思い込みは、最初のフィリピン共和国の承認を否定し、ナショナリストに対する戦争の継続を正当化するために使用された[302]。一九〇二年、ローズヴェルト大統領は、文明が「未開と野蛮の黒い混沌を象徴する」勢力に勝利するために必要だとして、作戦、そして残虐行為さえも擁護した[303]。だが、第八章で論じたように、帝国の拡張に向けた人種的衝動に対しては、非白人の人々が住む領土を併合することは、祖国の人種的純潔を危険にさらすであろうと考える人々により、合衆国で強く異議が唱えられた。帝国支持の議論が成功したのは、人種が、はるかに広い意味での権力概念の一部であったからである。この権力概念は、ナショナリズムの発展の感覚と経済力の急成長の中に位置する他の性格の特性を含んでいた。

人種的優越性よりも幅広い考慮は、マッキンリーが、フィリピン共和国を創設した高学歴のメスティーソと、キューバとプエルトリコでスペインに対する反対派を率いたクリオーリョを支持する選択肢を拒否した理由を説明している。それらの人々が、啓蒙されていない人々を文明に向けて導くのに非常に適していると主張することが妥当であるにもかかわらず、である。似たような主張が、ハワイにも当てはまる。ハワイでは、現地住民の願望が西洋の教育に対する欲求、および平等な政治的権利と経済的機会の主張に結びつけられていた。カリブ海と太平洋の島嶼の改革派は、オスマン帝国の青年トルコ党や中国の自強運動に対応するものであった。彼らの近代化への野心は、スペインとアメリカ合衆国が課した制限的な政策によって妨げられ、互恵条約によってきわめて予測不可能になり、一九世紀末の不況によって大変な危険にさらされた。彼らはグローバリゼーションを拒否していたのではなく、グローバル化に課せられている条件に抵抗していたのである。他方、自称、文明の代理人は、自らが推進していると主張する自由を制限することを決意していた。

その結果生じたのは、キューバとフィリピンにおける選択による戦争である。選択による戦争は、独立とホームルールの双方を拒絶し、合衆国の支配を達成することを目的とした。合衆国の膨張主義者たちは、ナショナリストの熱意を利用しつつ、弱体化したスペインに対する勝利がもたらした、きわめて顕著な凱旋を必要としていた。その成功の先に、ワシントンの指導者たちは、強大な列強の地位の恒久的な宣言を切望した。当時の物差しによれば、帝国の所有のみが、その地位を証明するものであった。今や筋肉質で自信満々のその共和国が、文明化の使命の輸出版を携えて新世紀へと前進する中で、その受け手は、置き去りにしたと思っていた、公民権を剝奪された過去に後退する見通しに直面した。

コラム　ターザンの鏡に映った近代

エドガー・ライス・バローズ（一八七五〜一九五〇年）は、二〇世紀前半期における大衆小説の第一人者であった[1]。彼は一九一二年に『類猿人ターザン』を発表し、最初の冒険物語を二四冊の連続小説にまで延ばし、他に五〇冊の本を刊行し、生涯で三〇〇〇〜六〇〇〇万部と推定される売り上げを達成し、存命中に、彼の英雄が主要な映画のスターとなるのを見届けた[2]。一九二三年には、エドガー・ライス・バローズ会社を設立するほどまでに成功し、この会社は、ターザンとしか呼びようのない場所、すなわち、カリフォルニア州ターザナ（Tarzana）〔ロサンゼルス近郊のサンフェルナンドバレー地域内にある郊外の地区名〕にある本社から、彼の諸事全般の業務を管理し続けている[3]。

ターザンについての一般の人々の印象は、ヨーデル風に叫びながら木と木の間を軽快に移動する姿であり、一九三〇年代に封切られたハリウッド映画に由来する。ターザン映画は非常に人気を博しているが、原作の無味乾燥な脚色版であり、原作からは、ますます遠ざかったものになった。小説そのものは、アフリカの「ジャングル」を舞台にしているが、アフリカ大陸についての関心は、全くないことを示している。ただ、本人自身が貧弱な知識しかないと認めているように、バローズに言わせれば、そこは暗黒の地であった。小説のプロットはいまにも綻びそうであり、登場人物はカリカチュアという防護措置に守られて安心しておさまり、空想の寄せ集め全体は自己風刺に近い。バローズ自身は、自分の文学的才能については、清々しいほど低い評価を行っていて、家族を養うために十分な収入を得るという、ありきたりの差し迫った目的のために、猛烈なスピードで現実逃避の冒険物語を書いていたことを進んで認めていた。

驚くことではないが、ターザンは万能の人ではなかった。しかしながら、彼は、当時の諸問題に意外な洞察を提供する。これらの問題とは、アフリカの状況に関係していると思うかもしれないが、そうではなく、ユニオン（合衆国）の状況に関するものである。ターザン小説の成功は、競争に打ち勝つための、ありそうもない異国趣味にある程度依拠しているだけでなく、読者の頭の中でカリヨンの鐘〔調律した鐘と鍵盤を組み合わせて演奏する有音程打楽器であり鍵盤音楽器、体鳴楽器〕を鳴らす能力にも依存している[4]。バローズは読者が、日常生活の中で直面するジレンマを同定する直覚力を持っていた。それは、わくわくするような現実離れしたやり方で、ジレンマを提示する才能であり、安心感、目的、そしてインスピレーションでさえも提供するようなやり方で、ジレンマを解決する天分であった。
バローズ自身は、大半は白人である、多数の読者層の代弁者であり、彼らは、下層労働者階級と高邁な知識人層との間に位置する広大な社会空間を占めていた。彼は自分が、ピルグリム航海者にまで遡る（そう主張する人たちは大勢いたのだが）、アングロ＝サクソンの祖先の出自だということを誇りに感じていた。彼の人種的優越感は、一般に広く普及する社会的ダーウィニズムの考えに依拠し、優生学にまで及んでいた。[5]彼の社会的優越性は、彼が中産階級出身であることに由来していた。同様に、現在の地位を失うかもしれないという不安や、好戦的労働者たちがもたらす市民的秩序に対する脅威への警戒感もそこから生まれていた。彼は軍人一家の出身で、軍人としてのキャリアを追求したが、医学的理由で除隊させられた。このため、一八九八年にローズヴェルトのラフ・ライダーズ（義勇騎兵連隊）に加わり、第一次世界大戦中は志願兵として軍務に服した。彼は熱心なスポーツマンであり、肉体の訓練の唱道者であった。彼は肉体の訓練を、フロンティア精神を復活させる手段であり、肉体を軟弱にさせる都会生活の影響に対抗する手段だとみなした。バローズは、直に都会生活を経験していた。シカゴで育ち、成功する以前は、そこで事業に失敗するという経験をした。彼がシカゴで過ごした時期は、アプトン・シンクレアが一九〇六年に『ジャングル』（*The Jungle*）と称するような、無制約の産業発展が見られ、かつまた出身に疑いのあるヨーロッパ移民による社会の汚染のリスクが、話題と論争を呼んでいたときでもあった。[6]
ターザン小説はこうした現実をファンタジーとして描く。[7]グレイストーク卿夫妻の幼い息子であるターザンは、アフリカで両親が亡くなったあと、猿に育てられる。若きターザンは、やむにやまれぬ、おしなべて野蛮な一連の試練を生き抜き、猿たちの王になったのに続き、その後ワジリ族の酋長となる。その頃、合衆国からやってきた漂着者の一団と偶然出会い、そのグループの一人、ジェーン・ポーターという、年頃の魅力的な女性と恋に陥った。一行は救出され、ターザンを伴って合衆国に帰国する。ターザンはそこで、自分の本当の出自を知るが、グレイストークの称号を名乗ることになった従兄との関係を悪化させないようにするため、また、不届きな実業家とジェーンとの、近々予定されている結婚を壊さないようにするため、それを上手に隠し通す。それから、ターザンは、近代世界の人間関係のあからさまな複雑さと決別する決心をして、アフリカに向けて出発する。しかし、野生の叫び声は文明の魅力を消し去ることはできない。精神と肉体の力強さを作り出すのに必要な暴力に特徴づけられた冒険をさらに重ねたのち、思いがけなく、いまだ未婚で、ありえないことだが、再びアフリカの海岸に放り出されていたジェーンと再会する。実業家である彼女の求婚者はジェーンから立ち去るように言われ、いまでは、グレイストークの称号の詐称者であるターザンの従兄以外の誰とも婚約をしていない。そのうえに、失われた都市オパールでの金塊の発見やターザンの従兄の時宜を得た死去を含め、さらに突飛な出来事が起こる。従兄の死後、ターザンは、正当なグレイストーク卿の後継者として社会の頂点にある中、従兄に取って代わり、彼とジェーンは、自由に結婚できる身分となる。

ターザン物語は、世襲と環境の相互作用という主題のさまざまなありようを示している。ターザンは貴族の中でも最も高貴な、支配者民族の一員である。それゆえ、バローズは彼を、古くからのイギリスの血筋を引く人物だと認定する。彼の優生学上の遺伝の純粋さと強みゆえに、彼は暗黒の勢力を打ち負かし、彼を育んだ野生の世界の魅力に打ち勝つことができる。バッテリーと同じく、エネルギー量は時間の経過とともに減少するので、支配者民族がその至高性を保持するためには、充電する必要がある。環境の挑戦は、衰える遺伝子を活性化させる。ターザンの機略に富む能力は、肉体を衰弱させる都会の影響からは遠く離れた異国のフロンティアで創り出される。彼の肉体的力強さは、貧困と逆境によって養成され、未開で危険な人々を服従させることができる。彼の法外なエネルギー水準は、危険な場所でのさまざまな冒険を掻き立てることによって、常に充電されている。それゆえ、彼はアングロ＝サクソンの男性のシンボルおよび救済者としての資格がある。チャールズ・アトラスでさえも、あえて彼の顔に砂をかけることはしないだろう。

最高の適者は、単に生存するだけではない。彼らは勝利し、勝利に値する。猿から酋長へ、そして酋長から貴族へと上昇する社会移動は、有無を言わせない進化の展開を象徴する。彼のジェーンとの結婚は一夫一婦制を祝福し、ジャングルに潜む異人種間結婚を打ち砕く。二人の結婚は、アングロ＝サクソンの団結を象徴し、新たなグローバル超大国の到来を告知する。しかしながら、文明は複雑で費用がかかる。ターザンでさえも、彼の上昇した地位を維持するためには、血統と勇気以上のものを必要とする。アフリカのオパールからもたらされる金塊は、都合のよい解決を提供する。ターザンの出身部族であるワジリ族が金塊を海岸まで運び、そこから船で文明世界に輸送され、生産的な用途に付される。ターザンは帝国主義者となり、彼の創造者であるバローズは、富豪になる。

ターザン以外の他の登場人物は、バローズが促進したい諸価値のさらに露骨なステレオタイプである。ジェーン自身は社会的通念の典型である。彼女は後に、木と木の間をスウィングしながら移動することを学ぶものの、その活動は慎重にアフリカに限定される。彼女の役割は、保守的な諸価値を再確認することである。彼女のはなやかな存在はターザンを魅了し、彼に野蛮から自分自身を取り戻す動機を提供する。これ以降、彼女は、ターザンに従っていないときでも、彼の味方であり、当時の婦人参政権論者を怒らせたに違いないと思われるほど、彼の判断を尊重する。ターザンの反意語は、ジェーンの父親であるアルキメデス・ポーター教授である。彼は、よわよわしい、不器用な男で、とにかく理解もしていないのに、その時々の差し迫った問題とは関係のない修辞的な発言をする癖のある人物である。ターザン自身は、たくましく、寡黙な男性の系列に属する最初の事例で、のちの代表的存在としては、ジョン・ウェインやクリント・イーストウッドが含まれる。ターザンの原型は「ペイル・ライダー」（Pale Rider）〔ヨハネの黙示録の四騎士のうち、死を司るとされる第四の騎士〕で、降りてきて、破壊し、いなくなる存在である。そのメッセージは、明らかである。行動は、言葉よりものをいう。行動することができない者は、くだらない夢想家である。口数が少ない割には、多くのことを達成することによって、ターザンは、アメリカ文化の中の反知性主義の流れの雄弁な代弁者となる。ターザンの従兄であるウィリアム・クレイトンは、称賛に値する性質を受け継いだが、そうした性質は、フロンティアの多くの挑戦から放散される再生エネルギーの注入液に触れることがなかったために、退化してしまう。登場人物中唯一の実業家であるロバート・キャンラーは、紳士としての資格にかなり欠けている人物である。騙されやすいポーター教授に金銭的な圧力を加えて、ジェーンとの婚約の約束を失うまいとする卑劣な試みは、文字通り、ターザンの強烈な握力で握りつぶされてしまう。本当の悪漢は外国人たちである。悪漢、スパイ、アナキストで溢れている国であるがゆえに、ロシア人夫婦はその目的によく適っている。下層階級の人たちは、手を伸ばしても届かない位置に配置されている。バローズは、ジェーンに実に忠実な、アフリカ系アメリカ人の使用人であるエスメラルダを、その行動も少ない言葉数と同様に未熟な、幼稚な人物として描写する。その大半は船員である、主として無名の労働者たちは、無責任で二心ある振舞いを見せるが、そのことは、彼らが劣った人種であることをはっきりと表現している。

バローズは典型的な家系第一の愛国者、有言実行型の人物であり、その両方を体現したセオドア・ローズヴェルトの大の崇拝者であった。それでも、バローズの目的をかなえ、しかも彼を二〇世紀前半期に最も広く読まれた合衆国の作家にするのには、言葉だけで十分だった。彼の著作は、アメリカ人の性格とアイデンティティを形成する特性を反映し、強化した。彼は、消費者が耳にしたこともないが、アングロ＝サクソン界の有力な知識人たちがたまらなく魅力的だと感じるジャングル・ジュースなるブランド商品を配ることによって成功を収めた。ブルックス・アダムズ、ヘンリー・カボット・ロッジ、アルフレッド・マハン、およびジョサイア・ストロングは権力に近かったが、庶民からは距離があった。他方で、バローズは、メイン・ストリート〔中産階級〕というものがわかっており、そこでは、ターザンの戦いの叫び声が聞こえ、その声は、木から木へということでなくても、街いく街で繰り返された。まさにそのような場所において、マッキンリー大統領は、新たな帝国主義の高揚期に国民の鼓動を感じとり、その鼓動が、彼自身のリズムに合わせて脈打つのがわかった。ターザンは、アフリカで軽快に動き回ったが、合衆国で反響を呼び起こした。バローズは、正式の教育を受けておらず、学問的な野心もなかったが、彼の時代の最高の社会学者であった。

アメリカ帝国（上）
——グローバル・ヒストリー——

2025年4月15日　初版第1刷発行　〈検印省略〉

定価はカバーに
表示しています

訳　者　菅　英輝
　　　　森　丈夫
　　　　中嶋啓雄
　　　　上　英明
発行者　杉田啓三
印刷者　藤森英夫

発行所　株式会社　ミネルヴァ書房
607-8494　京都市山科区日ノ岡堤谷町1
電話代表（075)581-5191
振替口座　01020-0-8076

亜細亜印刷・新生製本

ISBN 978-4-623-09771-5
Printed in Japan

《訳者紹介》（執筆順）

菅　英輝（かん・ひでき）　**（上）日本語版への序文，ポープの詩，序文，プロローグ，第一章，コラム，（下）第十章，第十一章，第十五章，エピローグ，訳者解説，訳者あとがき**

1942年　生まれ。
1979年　米国コネティカット大学大学院史学科博士課程単位取得後退学。
1993年　法学博士（一橋大学）。
現　在　九州大学名誉教授，大阪大学レーザー科学研究所招聘教授。
主　著　『冷戦と「アメリカの世紀」――アジアにおける「非公式帝国」の秩序形成』岩波書店，2016年。
『冷戦期アメリカのアジア政策――「自由主義的国際秩序」の変容と「日米協力」』晃洋書房，2019年。
"Informal Empire and the Cold War," *The Journal of Imperial and Commonwealth History*, vol. 49. No. June 2021.

森　丈夫（もり・たけお）　**（上）第二～五章，（下）訳者解説**

1969年　生まれ。
2000年　名古屋大学大学院文学研究科史学地理学専攻博士課程（後期）満期退学。
現　在　福岡大学人文学部歴史学科教授。
主　著　『改革が作ったアメリカ――初期アメリカ研究の展開』（共著）小鳥遊書房，2023年。
『はじめて学ぶアメリカの歴史と文化』（共著）ミネルヴァ書房，2023年。
「ジェンキンズの耳戦争における北米植民地の軍事動員――マサチューセッツ植民地における募兵過程の分析」『九州歴史科学』51号，2024年。

中嶋啓雄（なかじま・ひろお）　**（上）第六～九章，（下）訳者解説**

1967年　生まれ。
1997年　一橋大学大学院法学研究科博士課程単位取得退学。博士（法学）。
現　在　大阪大学大学院国際公共政策研究科教授。
主　著　『モンロー・ドクトリンとアメリカ外交の基盤』ミネルヴァ書房，2002年。
International Society in the Early Twentieth Century Asia-Pacific : Imperial Rivalries, International Organizations, and Experts（編著）. Routledge, 2021.

上　英明（かみ・ひであき）　**（下）第十二～十四章，訳者解説**

1984年　生まれ。
2015年　Ph.D.（米国オハイオ州立大学学術大学院）
現　在　東京大学大学院総合文化研究科准教授。
主　著　*Diplomacy Meets Migration : US Relations with Cuba during the Cold War*. Cambridge University Press, 2018.
『外交と移民――冷戦下の米・キューバ関係』名古屋大学出版会，2019年。
"Migration Normalcy : Havana's Dialogue with Washington before the Balsero Crisis," *Diplomatic History*, 47（1）, 2023.

注

プロローグ

（1） キプリングの詩の6つの連のうち最初の4つは『モーニング・ポスト』紙（ロンドン）と『ニューヨーク・タイムズ』紙に1917年7月11日に同時掲載され，とくにクートの包囲に言及し，戦争の遂行に不満と怒りを表明した。元来，キプリングはこの戦争の熱烈な唱道者であり，自らの影響力を行使して（目に障害があった）息子ジョンの入隊が確実になるようはからった。ジョンは18歳の誕生日を迎えた6週間後の1915年9月，ルース（Loos）の戦いで戦死した。キプリングは，決して自分を許さなかった。

（2） Arnold Talbot Wilson, *Mesopotamia, 1917–20: A Clash of Loyalties* (London, 1931), p. 254. ウィルソン（1884–1940年）は，1917年にメソポタミアの副文民弁務官および1918–20年に文民弁務官代理になる前に，インドでキャリアを積んだ。彼はイギリスの占領によって引き起こされた反乱の後，1920年に本国に召還された。1939年にイギリス空軍に志願し，勲功を立てたが，1940年に56歳で戦死した。十分な資料的裏付けをもって書かれた，以下の伝記がある。John Marlowe, *Late Victorian: The Life of Sir Arnold Wilson* (London, 1967).

（3） ジョージ・タウンシェンド（1724–1807年），世襲により1764年に伯爵，1787年に侯爵。チャールズ・タウンシェンドの高祖父。チャールズはクランレイ・パブリック・スクールおよび王立陸軍士官学校（サンドハースト）出身。

（4） 以下の文献は，第十二〜十四章でメソポタミア作戦を扱っている。N. S. Nash, *Chitrál Charlie: the Rise and Fall of Major General Charles Townshend* (Barnsley, 2010).

（5） このテーマは以下の文献で申し分なく扱われている。James Renton, "Changing Languages of Empire and the Orient: Britain and the Invention of the Middle East, 1917–1918," *Historical Journal*, 50 (2007), pp. 645–667.

（6） ジョン・エックレス・ニクソン卿（1857–1921年）は，インド軍でキャリアを積み，1915年にシニア司令官となった。

（7） ウィルソンの忌憚のないコメントについては，以下を参照されたい。陸軍省は，メソポタミアには純粋に防衛的な役割を与え，主要な戦争努力にとって周縁的な地域に，部隊を釘付けにしたくはなかった。

（8） メソポタミア作戦の研究は2003年以来活発になっている。とくに以下を参照されたい。Charles Townshend（縁戚関係はない）, *Desert Hell: The British Invasion of Mesopotamia* (Cambridge, MA, 2011). 手始めに，以下を参照。A. J. Barker, *The Neglected War: The Mesopotamian Campaign, 1915–1918* (London, 1967). また，以下も参照。Paul K. Davis, *Ends and Means: The British Mesopotamian Campaign and Commission* (Rutherford, 1994). 本書は，以下と併せて読むべきである。Paul Rich's review at www.h-net.org/reviews/showrev.cgi?path (January, 1995).

（9） これは直線距離である。今日でいう運転距離は約250マイルである。タウンシェンドの補給線は，すでに完全に伸びきっていた。包囲時におけるクートの民間人口は，およそ6000人と推定される。クート（または，Al Kut or Kut-el-Amara）はヒンズー語 *kot*（要塞）に由来する。

（10） この場合，直線距離と旅行距離（主に，河川を使って）は同じである。ニクソンは病気を患い，1916年1月，パーシー・レイク（1855–1940年）将軍と交代した。メソポタミア委員会報告（1917年）は，ニクソンの振舞いを批判したことで，彼のキャリアは終わりを告げた。

（11） Major-General Sir Charles V. F. Townshend, *My Campaign in Mesopotamia* (London, 1920), pp. 168–169.

（12） ウィルヘルム・レオポルド・コルマー陸軍元帥，フォン・デア・ゴルツ男爵（1843–1916年）は，

第一次世界大戦前にトルコ軍の近代化で重要な役割を果たした。タウンシェンドが降伏する10日前の4月19日に発疹チフスで死亡した。タウンシェンドは彼を,「ヨーロッパにおける指導的な戦略家」とみなした（*My Campaign*, p. 246）。

(13)　下記の文献は，この出来事を「最もみじめな降伏」と称している。Jan Morris, *Farewell the Trumpets*（Harmondsworth, 1979）, p. 171. しかしながら，シンガポール陥落は，過去のすべての先例を凌駕するものだった。さまざまな評価については（注（4），（7）に加えて），以下を参照されたい。Patrick Crowley, *Kut 1916: Courage and Failure in Iraq*（Stroud, 2009）; Nikolas Gardner, *The Siege of Kut-al-Amara: At War in Mesopotamia, 1915–1916*（Bloomington, 2014）. また，次も参照。Robert F. Jones, "Kut," *Quarterly Journal of Military History*, 4（1992）, pp. 58–68; Edwin Latter, "The Indian Army in Mesopotamia, 1914–18," *Journal of the Society for Army Historical Research*, 72（1994）, pp. 92–102, 160–179.

(14)　ティグリス川沿いにあるクートは，シャット・アル・ヘーイ川＝運河によってユーフラテス川沿いのナッシリアとつながっているが，この水路は1年のうち半年は乾燥しており，その長く伸びきった水路は，「沼と灌漑用運河に埋没」している状態であり，敵部隊にとって，ほとんど価値がなかった。以下を参照されたい。Wilson, *Loyalties*, pp. 51, 79, 192.

(15)　David French, "The Dardanelles, Mecca and Kut: Prestige as a Factor in British Eastern Strategy," *War & Society*, 5（1987）, pp. 45–61.

(16)　Townshend, *My Campaign*, p. 216. 彼の以前の作戦計画については以下を参照。pp. 219–221. クートは湾曲部に位置しており，アクセスと出口が限られていて島同然であったので，この計画は，タウンシェンドが絶望的な状況にあったことを示している。

(17)　Nikolas Gardner, "British Prestige and the Mesopotamian Campaign, 1914–1916," *Historian*, 77（2015）, pp. 269–289.

(18)　栄養失調が原因で発症する壊血病はとくに問題だった。Mark Harrison, "The Fight Against Disease in the Mesopotamia Campaign," in Hugh Cecil and Peter Liddle, eds., *Facing Armageddon: The First World War Experienced*（London, 1996）, pp. 475–489.

(19)　この引用および次の引用は，以下による。Robert Palmer, "Letters for Mesopotamia," Project Gutenberg Book No. 17584, released January 23, 2006 at www.informotions.com/etexts/gutenberg/dirs/1/7/5/8/17584/htm. グーテンベルク・プロジェクト（Project Gutenberg）は以下の謝辞を求めている。「このeBookはどこの誰でも無料かつほぼ無制限の利用に供するものである。eBookまたはオンライン at www.gutenberg.org に示されているグーテンベルク・プロジェクト・ライセンスの諸条項のもとで，複写，譲渡，再利用が可能である」。

(20)　ロバート・スタッフォード・アーサー・パーマー（1888–1916年）は，ウィリアム・ウォルデグレイヴ・パーマーの次男，セルボーン2代目伯爵（1859–1942年），海軍省長官（1900–05年），南アフリカ高等弁務官（1905–10年）である。

(21)　タウンシェンド自身の説明については，以下を参照。*My Campaign*, chs. 12–18. 他にいくつか直接体験者の説明がある。Major E. W. C. Sandes, *In Kut and Captivity with the Sixth Indian Division*（London, 1919）, chs. 9–15. Wilson, *Loyalties* は，戦後に現れたタウンシェンド批判のいくつか，とくに包囲されていた間の統率上の失敗，当時および，刊行された彼の回顧録で誇張された主張を簡潔に述べている。

(22)　Sandes, *In Kut*, p. 162.

(23)　インド兵が馬肉を食べるのを拒否したことに関しては，以下が探究している。Nikolas Gardner, "Sepoys and the Siege of Kut-al-Amara, December 1915–April 1916," *War in History*, 11（2004）, pp. 307–326.

(24)　Townshend, *My Campaign*, p. 245. および，タウンシェンドが1月26日に兵士たちに発した声明。この声明には，彼自身が認めているように，いくつかの賢明ではない内容が含まれる。pp. 264–266.

(25)　カリ・パシャ（1864–1923年）はバグダード州知事で，かつまたトルコ第6軍の司令官であった。

(26) Reeva Spector Simon and Eleanor H. Tejirian, eds., *The Creation of Iraq, 1914–1921* (New York, 2004), p. 11. 推定の数字は参照する出典によって異なる。ここおよび，次の文章で示されている数字は概数である。包囲時におけるクートの兵士（9000人）と捕虜の数字（1万3000人）との明らかな違いは，捕虜の数字に補助部隊を加えることによって説明がつく。

(27) クートでの惨事は，議会調査およびその後の数多の評価を生んだ。以下を参照されたい。"Report of the Commission to Enquire into the Operations of War in Mesopotamia," Cd. 8610 (1917). 最も厳しく批判された2人は，インド総督ハーディンゲ卿とジョン・ニクソン将軍であった。以下を参照。Douglas Goold, "Lord Hardinge and the Mesopotamia Expedition and Inquiry," *Historical Journal*, 19 (1976), pp. 919–945. 行政上の欠陥については，以下に詳しい。John S. Galbraith, "No Man's Child: The Campaign in Mesopotamia, 1914–16," *International History Review*, 6 (1984), pp. 358–385.

(28) タウンシェンドは勇敢で熟練した将校だったが，彼のキャリアは「彼の傲慢さ，エゴイズム，野心，そして型にはまった軍務に対するひどい毛嫌いによって傷つけられた」。T. R. Moreman, "Sir Charles Vere Townshend," *Oxford Dictionary of National Biography*, at www.oxforddnb.com. しかし，この場合，タウンシェンドは，長い伝統に従い，遠征軍が直面する諸困難をひどく過小評価した彼の上官たちによって，救い難い立場に置かれた。

(29) （フレデリック）スタンリー・モード卿は，タウンシェンドと同様，イギリス帝国およびその後において，卓越した軍歴を持った軍人家族の出身だった。彼の父親はクリミア戦争でヴィクトリア十字勲章を授与された。モードが自由にできる兵士の数は，文献によって大いに異なる。筆者は以下に従った。Wilson, *Loyalties*, p. 209.

(30) V. H. Rothwell, "Mesopotamia in British War Aims," *Historical Journal*, 13 (1970), pp. 273–294. ロスウェルは，この地域におけるイギリスの野心の拡大を描いている。

(31) ウィリアム・レイン・マーシャル卿（1865–1939年）は，クートおよびその後のバグダードの奪還に参加した。

(32) James D. Scudieri, "Iraq, 2003–04 and Mesopotamia, 1914–18: A Comparative Analysis in Ends and Means," in Williamson Murray, ed., *A Nation at War in an Era of Strategic Change* (Carlisle Barracks, 2004), p. 101. この数字は，米陸軍参謀長（1999–2003年）が2003年にイラクで必要だと述べた数字に近い。彼のコメントが原因で，シンセキはドナルド・ラムズフェルド国防長官の不興を買った。以下を参照されたい。Matthew Engel, "Scorned General's Tactics Proved Right," *Guardian*, March 29, 2003.

(33) テキスト全文は以下に再録されている。Wilson, *Loyalties*, pp. 237–238.

(34) 以下の文献は，ウィルソンの政策に向けられた批判に関する，徹底したバランスのとれた説明を提供している。Marlowe, *Late Victorian*, ch. 9.

(35) Ian Rutledge, *Enemy on the Euphrates: The British Occupation of Iraq and the Great Arab Revolt, 1914–1921* (London, 2014), chs. 21–34. また，以下も参照。Charles Tripp, *A History of Iraq* (Cambridge, 2nd ed., 2000), pp. 40–45; Simon and Tejirian, *Creation of Iraq*, とくに chs. 1–3; Marlowe, *Late Victorian*, ch. 11.

(36) アーノルド・ウィルソンは，これらの出来事について詳細な説明を行っている。Arnold Wilson, *Loyalties*. また，以下も参照されたい。Marlowe, *Late Victorian*, ch. 12.

(37) T. E. Lawrence, "A Report on Mesopotamia," *Sunday Times*, August 22, 1920. Timothy J. Paris, "British Middle East Policy-Making after the First World War: The Lawrentian and Wilsonian Schools," *Historical Journal*, 41 (1998), pp. 773–793も参照。

(38) イラク国王ファイサル1世（1885–1933年）. イギリスは権限の委譲を促進していたが，十分な管理責任を負っていたわけではない。この点については，以下を参照。Efraim Karsh, "Reactive Imperialism: Britain, the Hashemites, and the Creation of Modern Iraq," *Journal of Imperial and Commonwealth History*, 30 (2002), pp. 55–70; 正式の独立に関する議論については，以下を参照。Susan Pedersen, "Getting Out of Iraq in 1932: The League of Nations and the Road to Normative Statehood,"

American Historical Review, 115 (2010), pp. 975–1000.

(39) Wilson, *Loyalties*, pp. 237–238.

(40) ヴィーコおよび彼の前のイブン・ハルドゥーンもまた，各時代は意外性に満ちており，このため予測は科学というより技術だと洞察しているが，このことについて，正当な評価が与えられるべきである。トインビーについては，以下を参照されたい。Cornelia Navari, "Arnold Toynbee (1889–1975年): Prophecy and Civilization," *Review of International Studies*, 26 (2000), pp. 289–307.

(41) J. A. Hobson, *Imperialism: A Study* (3rd ed., London, 1938), p. 9.

(42) Francis Fukuyama, *The End of History and the Last Man* (London, 1992). 著書は，ソビエト帝国の崩壊は世界における偉大なイデオロギー対立の終わり，および西洋の自由民主主義の勝利を画すると主張する議論への，回りくどい手引書である。

(43) Kenneth Burke, *Permanence and Change* (Berkeley and Los Angeles, 1984), pp. 7–11. バークは，フランス人がより洗練された言い方で「職業病」と称するものについて論じている。

(44) オデュッセウスもまた，知恵と戦争の女神アテーナーから支援を得た。

第一章

(1) 以下は著しく明快で，現在見過ごされている研究である。Peter Winch, *The Idea of a Social Science and Its Relation to Philosophy* (London, 1958; 1990).

(2) 以下は，いまや膨大な分量にのぼる文献に関する，さまざまな特徴への道案内である。Kevin H. O'Rourke and Jeffrey G. Williamson, *Globalization and History: The Evolution of a Nineteenth-Century Atlantic Economy* (Cambridge, MA, 1999); A. G. Hopkins, ed., *Globalisation in World History* (London and New York, 2002); Jürgen Osterhammel and Niels P. Petersson, *Globalization: A Short History* (Princeton, NJ, 2003); Patrick Manning, *Navigating World History: Historians Create a Global Past* (New York, 2003); Patrick Manning, ed., *World History: Global and Local Interactions* (Princeton, NJ, 2005); A. G. Hopkins, ed., *Global History: Interactions Between the Universal and the Local* (Basingstoke, Hants, 2006) は，地域がグローバルな推進力に対してどのように反応し，造りなおしていくかを提示している。Laurent Testot, ed., *Histoire globale: Un autre regard sur le monde* (Auxerre, 2008) は，簡潔だが，広範な概観を提供している。Philippe Beaujard et al., eds., *Histoire globale: mondialisations et capitalisme* (Paris, 2009). この編著は，広範囲のテーマを扱った12の論文を収めている。Pierre-Yves Saunier, *Transnational History* (New York, 2013) は，本書が考察の対象にしていない超国家的結びつきを扱っている；Jürgen Osterhammel, *The Transformation of the World: A Global History of the Nineteenth Century* (Princeton, NJ, 2014) は，19世紀に起きた変化についての詳細な研究である。Dominic Saschsenmaier, *Global Perspectives on Global History: Theories and Approaches in a Connected World* (Cambridge, 2011) は，合衆国，ドイツ，中国におけるこの主題の展開を跡づけている。James Belich, John Darwin, Margret Frenz, and Chris Wickham, eds., *The Prospect of Global History* (Oxford, 2016)。この編著は，グローバリゼーションの初期についての看過されてきた局面に関心を払っていて，とくに貴重である。

(3) Paul Kramer, "Power and Connection: Imperial Histories of the United States in the World," *American Historical Review*, 116 (2011), pp. 1348–1391. この論文は，近年の文献への詳細で入手しやすい手引きとなっている。

(4) Oscar Wilde, "The Decay of Lying," *Intentions* (London, 1891), p. 44.

(5) Christopher Bayly, "History and World History," in Ulinka Rublack, ed., *A Concise Companion to History* (Oxford, 2001), ch. 1.

(6) それゆえ，さまざまな観点からこれらの可能性を探求し，そうすることで過去への新たなルートを開拓した研究者たちに高い評価が与えられるべきである。不完全なリストではあるが，寄与した研究の中には，以下が含められなければならないだろう。Frank Ninkovich, *The United States and Empire* (Oxford, 2001); Thomas Bender, ed., *Rethinking American History in a Global Age* (Ber-

keley, 2002); Niall Ferguson, *Colossus: The Rise and Fall of the American Empire* (London, 2004); Thomas Bender, *A Nation among Nations: America's Place in World History* (New York, 2006); Charles Maier, *Among Empires: American Ascendancy and its Predecessors* (Cambridge, MA, 2006); Ian Tyrrell, *Transnational Nation: United States in Global Perspective since 1789* (New York, 2007); Michael Hunt, *The American Ascendancy: How the United States Gained and Wielded Global Dominance* (Chapel Hill, 2007); Kathleen Burke, *Old World, New World: Great Britain and America from the Beginning* (New York, 2007); Julian Go, *Patterns of Empire: The British and American Empires, 1688 to the Present* (Cambridge, 2011); Nicolas Barreryre, Michael Heale, Stephen Tuck, and Cécile Vidal, eds., *Historians Across Borders: Writing American History in a Global Age* (Berkeley and Los Angeles, 2014).

(7) Louis A. Pérez, Jr., "We Are the World: Internationalizing the National, Nationalizing the International," *Journal of American History*, 89 (2010), pp. 558–566. 上記論文は，これらのテーマに関して思慮深い省察を提供している。

(8) 歴史と他の社会科学との接合の可能性に関するアジェンダの一つとしては，以下がある。Hopkins, *Globalisation in World History*, ch. 1.

(9) 研究者のムードの，近年の変化を示すものとして，以下を参照されたい。Kenneth Lipartito, "Reassembling the Economic: New Departures in Historical Materialism," *American Historical Review*, 121 (2016), pp. 101–139.

(10) このような認識は，筆者が1960年代以来，地域研究に深く関与してきたことに基づく。

(11) たとえば，以下を参照されたい。Sujit Sivasundaram, *Islanded: Britain, Sri Lanka and the Bounds of an Indian Ocean Colony* (Chicago, 2013).

(12) Pérez, "We are the World." ペレスは，ナショナルヒストリーの国際化は，「強奪行為になりかねない」と指摘する（pp. 65–66）。Jay Sexton, "The Global View of the United States," *Historical Journal*, 48 (2005), pp. 261–276. セクストンは，「トランスナショナルヒストリーはしばしば，合衆国の特異性を強調する役割を果たした」と述べている（p. 275）。したがって，オーストラリアにおける指導的なアメリカ史家であるイアン・ティレルは，彼の研究の独自性ゆえに，とくに評価に値する。Ian Tyrrell, *Transnational Nation*（注（6）を参照）.

(13) Daniel Immerwahr, "The Greater United States: Territory and Empire in U. S. History," *Diplomatic History*, 40 (2016), pp. 373–391, at p. 377. イマーヴァール博士は，この軽視されてきた主題の重要性を認識している小グループの一人である。

(14) Dorothy Ross, *The Origins of American Social Science* (Cambridge, 1991), p. xiv. 筆者は，この造詣深い熟考された研究から，簡潔な言及では伝えられないほど大きな恩恵を受けた。

(15)（何巻もの分厚い書物を埋めることになりそうな）この概念の議論に精通していない読者には，以下の文献が有益である。Ian Tyrrell, "American Exceptionalism in an Age of International History," *American Historical Review*, 96 (1991), pp. 1031–1055; Michael Kammen, "The Problem of American Exceptionalism: A Reconsideration," *American Quarterly*, 45 (1993), pp. 1–43; Deborah L. Madsen, *American Exceptionalism* (Jackson, 1998); Donald E. Pease, "Anglo-American Exceptionalisms," *American Quarterly*, 60 (2014), pp. 197–209. 1945年以降，この用語を「国家のファンタジー」として普及させた文献については，以下を参照されたい。E. Pease, *The New American Exceptionalism* (Minneapolis, 2009). Elizabeth Glaser and Hermann Wellenreuther, eds., *Bridging the Atlantic: The Question of American Exceptionalism in Perspective* (Cambridge, 2002). この編著は，十分とは言えないまでも，いくつかの国際的な見方を提供している。

(16) マイケル・カーメンは2003年に，次のように述べている。「合衆国の歴史家として訓練を受けた専門家によって比較の視点から書かれた，重要で優れた書物は，片手で数えるほどしか見当たらない」。"Clio, Columbia, and the Cosmopolitans: Beyond American Exceptionalism and the Nation-State," *History & Theory*, 42 (2003), p. 106.

(17) 初版は1928年である。フランス語からの翻訳。以下のタイトルで活字化された。“Toward a Comparative History of European Societies,” in Frederick C. Lane and Jelle C. Riemersma, eds., *Enterprise and Secular Change: Readings in Economic History* (Homewood, 1953), pp. 494–521. 以下が依然として，最良の考察である。William H. Sewell, “Marc Bloch and the Logic of Comparative History,” *History & Theory*, 6(1967), pp. 208–218. さらなる困難と可能性については，以下のレビューを参照されたい。Raymond Grew, “The Case for Comparing Histories,” *American Historical Review*, 85 (1980), pp. 763–778; Chris Lorenz, “Comparative Historiography: Problems and Perspectives,” *History & Theory*, 38 (1999), pp. 25–39.

(18) 最近の議論については，以下を参照。Vladimir Putin, “A Plea for Caution from Russia,” *New York Times*, September 11, 2013. この記事が発表された後，にわかに例外主義者の反駁が続いた。以下の論評は，バランスをとろうと試みている。“The Divine Purposes of America and Russia,” *Economist*, February 27, 2015.

(19) Oscar A. Haac, “La Révolution comme religion: Jules Michelet,” *Romanticisme*, 15 (1985), pp. 75–82.

(20) Jacques Lafon, “Langue et pouvoir: aux origines de l'exception culturelle française,” *Revue Historique*, 292 (1994), pp. 393–419; Dino Costantini, *Mission civilisatrice: la rôle de l'histoire coloniale dans la construction de l'identité politique française* (Paris, 2008).

(21) 遅まきながら，2002年になって，幾人かの著名なフランス実業家たちが「フランス例外主義」の終焉を宣言したことで，彼らの同輩たちを憤慨させた。以下を参照されたい。Jean-Pierre Dormois, *The French Economy in the Twentieth Century* (Cambridge, 2004), ch. 1.

(22) Peter Bergmann, “American Exceptionalism and Germany: *Sonderweg* in Tandem,” *International History Review*, 23 (2001), pp. 505–534.

(23) 筆者は，この引用の出典を探し出すことはできなかった。ということは，あいにく，この引用が本物でないかもしれないことを示唆しているが，本物であるに値する。

(24) とくにトマス・ベンダーは，以下の著書で，果敢に先陣を切った。*A Nation Among Nations*. また，Bender, ed., *Rethinking American History* および上述の注（6）の参考文献を参照されたい。下位分野への貢献については，これ以降に続く章で，できる限り言及する。

(25) 「コンセンサス学派」に関しては，マイケル・カズンの啓発的な論文を参照のこと。Michael Kazin, “Hofstadter Lives: Political Culture and Temperament in the Work of an American Historian,” *Reviews in American History*, 27 (1999), pp. 334–348. カズンは，リチャード・ホフスタッターの作品に認められる不穏な要素を明るみに出し，ルイス・ハーツやチャールズ・ビアードと同じく，ホフスタッターが，学術界の範囲を超えて聴衆に訴えたことを読者に想起させている。ホフスタッターの最長の本，*Anti-Intellectualism in American Life* (New York, 1963) は，卓越した洞察力で，アメリカ社会特有の特徴の一つを明らかにしている。

(26) 鍵となるテキストは，William Appleman Williams, *The Tragedy of American Diplomacy* (New York, 1959)である。以下も参照されたい。Lloyd C. Gardner, ed., *Redefining the Past: Essays in Diplomatic History in Honor of William Appleman Williams* (New York, 1986); *Diplomatic History* の特集号，Williams, vol. 25, No, 2 (2001) および Walter LaFeber, vol. 28, No, 5 (2004) は，ウィリアムズに捧げられている。最近の手引書としては，以下がある。James G. Morgan, *Into New Territory: American Historians and the Concept of US Imperialism* (Madison, 2014).

(27) リチャード・ヴァン・アルスタインは自由で現実主義的な立場から，18世紀までの合衆国の膨張の歴史をたどっている。彼もまた，1898年以降の時期は「定着」の時期だと考えている。Richard Van Alstyne, *The Rising American Empire* (New York, 1960; 2nd ed., 1974).

(28) Howard Zinn, *A People's History of the United States* (New York, 1980; 2005). 以下も参照。Robert Cohen, “The Second Worst History Book in Print? Rethinking a People's History of the United States,” *Reviews in American History*, 42 (2014), pp. 197–206.

(29) 「合衆国の国民文化は，歴史家がそれに関連し何をしようがしまいが，常に準公式の国民の物語を含むことになる」。David Hollinger, "National Culture and Communities of Descent," *Reviews in American History*, 26 (1998), p. 326.

(30) Charles McLean Andrews, "Present-Day Thoughts on the American Revolution," *Bulletin of the University of Georgia*, 19 (1919), p. 4.

(31) David Waldstreicher, "Founders' Chic as Culture War," *Radical History Review*, 84 (2002), pp. 191–192; H. W. Brands, "Founders Chic," *Atlantic Monthly* (September, 2003), pp. 101–110.

(32) Thomas Carlyle, *On Heroes, Hero-Worship, and the Heroic in History* (London, 1841). カーライルの描写的な大著，*The History of Friedrich II of Prussia, Known as Frederick the Great* はその後，6巻本（1858–65年）として刊行された。

(33) とくに以下を参照されたい。Geir Lundestad, *The American "Empire"* (Oxford, 1990). 同じテーマの類似版については，以下がある。"'Empire by Invitation' in the American Century," *Diplomatic History*, 23 (1999), pp. 189–217; *"Empire" by Integration: The United States and European Integration, 1945–1997* (New York, 1998); *The Rise and Decline of the American "Empire": Power and Its Limits in Comparative Perspective* (Oxford, 2012).

(34) George Liska, *Career of Empire: America and Imperial Expansion over Land and Sea* (Baltimore, 1978). リスカの最近の見解については，以下を参照されたい。*Twilight of Hegemony: The Late Career of Imperial America* (Dallas, 2003).

(35) 攻撃的リアリズムについては，以下を参照されたい。John J. Mearsheimer, *The Tragedy of Great Power Politics* (New York, 2001).

(36) Emily S. Rosenberg, "'The Empire' Strikes Back: Three Faces of Imperialism," *Reviews in American History*, 16 (1988), p. 586.

(37) 真の独立の概念については，本書の第四章で論じている。

(38) このフレーズは，ビーミスの著書によって有名になった。Samuel Flagg Bemis, *A Diplomatic History of the United States* (New York, 1936), ch. 26: "The Great Aberration of 1898."

(39) ジュリアン・ゴーは，フィリピンとプエルトリコを結びつける著作ゆえに，評価に値する。彼の *Patterns of Empire* で言及され，本書の十一，十二章で引用されている。

(40) こうした主張は誇張されていると感じる読者は，定評のある権威によるコメントを読めば，納得されるだろう。Emily S. Rosenberg, "World War I, Wilsonianism, and Challenges to the U. S. Empire," *Diplomatic History*, 38 (2014), pp. 853–863.

(41) 引用は，以下による。Whitney T. Perkins, *Denial of Empire: The United States and Its Dependencies* (Leyden, 1962), p. 10. 救済説については，以下を参照されたい。Stanley Karnow, *In Our Image: America's Empire in the Philippines* (New York, 1989). カーノウの本は，1990年にピュリッツアー賞を獲得し，（フィリピンに限定されているが，）限られた専門家の範囲を超えて広く人気を博した，アメリカ帝国に関する唯一の一般書である。罪と救済という因果的連鎖に対する辛辣な批評を行っている研究として，以下がある。Michael Salman, "In Our Orientalist Imagination: Historiography and the Culture of Colonialism in the United States," *Radical History Review*, 50 (1991), pp. 221–232; Reynaldo C. Ileto, *Knowing America's Colony: A Hundred Years from the Philippine War* (Manoa, 1999), pp. 41–65.

(42) イアン・ティレルは以下の論考で，コスモポリタンなテーマが，どのようにしてナショナルな関心事に道を譲ったのかを示している。Ian Tyrrell, "Making Nations/Making States: American Historians in the Context of Empire," *Journal of American History*, 86 (1999), pp. 1015–1044.

(43) *Imperialism and World Politics* (New York, 1926), pp. 525, 396–397, 422, 561.

(44) Julius W. Pratt, *America's Colonial Experiment: How the United States Gained, Governed, and in Part Gave Away a Colonial Empire* (New York, 1951), p. 3.

(45) Perkins, *Denial of Empire*. この著書が海外（オランダ）で出版されたことは，助けにならなかっ

た。おそらく，その結果として，多くの誤植が含まれ，本書のコメントを行った数名の評者の目にとまったと思われる。

(46) Scott Nearing and Joseph Freeman, *Dollar Diplomacy: A Study in American Imperialism* (New York, 1925). ニアリング（1883-1983年）は，急進的エコノミスト（1909年に博士号）。社会活動を理由に1915年，ペンシルヴェニア大学ウオートン校を解雇された（ニアリングが90歳のとき，1973年に決定が覆された）。平和主義者で，1917年に社会党に，1927年に共産党にそれぞれ入党。関連する彼の研究は，今日ではほとんど知られていない。*The American Empire* (New York, 1921); *The Twilight of Empire: An Economic Interpretation of Imperial Cycles* (New York, 1930); *The Tragedy of Empire* (New York, 1945). もっとも，最近の彼の伝記としては，以下がある。John A. Saltmarsh, *Scott Nearing: An Intellectual Biography* (Philadelphia, 1991). エミリー・S・ローゼンバーグは以下の論文で，ポストモダニズムとジェンダー概念の導入を通じて，ニアリングの唯物論的立場を敷衍している。Emily S. Rosenberg, "Revisiting Dollar Diplomacy," *Diplomatic History*, 22 (1998), pp. 155-176.

(47) Nearing, *Dollar Diplomacy*, p. 220.

(48) Leland H. Jenks's, *Our Cuban Colony: A Study in Sugar* (New York, 1928).

(49) Jenks, *Our Cuban Colony*, p. 6.

(50) 数ある事例の一つとして，以下を参照されたい。Eliot A. Cohen, "History and the Hyperpower," *Foreign Affairs*, 83 (2004), p. 62.

(51) この箇所については，以下によっている。Huw V. Bowen, "British Conceptions of Global Empire," *Journal of Imperial and Commonwealth History*, 26 (1998), pp. 1-27; Brian P. Levack, "Britain's First Global Century: England, Scotland and Empire, 1603-1707, " *Britain and the World*, 6 (2013), pp. 101-118.

(52) Levack, "Britain's First Global Century," pp. 115-116.

(53) John Gallagher and Ronald Robinson, "The Imperialism of Free Trade," *Economic History Review*, 2nd series, 6 (1953), pp. 1-15.

(54) この論争に関するさらなる参考文献は，以下に示されている。P. J. Cain and A. G. Hopkins, *British Imperialism, 1688-2015* (London, 3rd ed., 2016), p. 66, n. 8.

(55) James Kurth, "Migration and the Dynamics of Empire," *National Interest*, 71 (2003), p. 5.

(56) Philip Zelikow, "The Transformation of National Security," *National Interest*, 71 (2003), p. 19.

(57) Snyder, "Imperial Temptations," *National Interest*, 71 (2003), pp. 29-40; Rosen, "An Empire, If You Can Keep It," *National Interest*, 71 (2003), pp. 51-61.

(58) もしくは，歴史学研究に関する重要な参考文献として，以下がある。新保守主義者の思考におけるイデオロギーの重要性にもかかわらず，創造性に富む以下の研究を引用した評論家はほとんどいない。ウィリアム・アップルマン・ウィリアムズの仕事を再び紹介する作業は，アンドリュー・ベイセヴィッチに託された。以下を参照。Hunt, *Ideology and American Foreign Policy* (New Haven, 1987); Stephanson, *Manifest Destiny: American Expansion and the Empire of Right* (New York, 1995); Bacevich, *American Empire: The Realities and Consequences of U. S. Diplomacy* (Cambridge, MA, 2002).

(59) Niall Ferguson, *Colossus: The Price of America's Empire* (New York, 2004); Ferguson, "The Unconscious Colossus: Limits of (& Alternatives to) American Empire," *Daedalus*, 134 (2005), pp. 18-33; Bernard Porter, *Empire and Superempire: Britain, America, and the World* (New Haven, 2006).

(60) Porter, *Empire*, p. 162.

(61) John Lewis Gaddis, *We Now Know: Rethinking Cold War History* (Oxford, 2001), p. 27.

(62) Emily Eakin, "It Takes an Empire," *New York Times*, April 2, 2002; Paul Kennedy, "The Greatest Superpower Ever," *New Perspectives Quarterly*, 19 (2002); Kennedy, "Mission Impossible," *New York*

Review of Books, 51 (2004).

(63) Arthur Schlesinger, "The American Empire? Not So Fast," *World Policy Journal*, 22 (2005), p. 45. 政治学者ジョン・アイケンベリーを引用している。

(64) Anthony Pagden, "Imperialism, Liberalism, and the Quest for Perpetual Peace," *Daedalus*, 134 (2005), pp. 46–57.

(65) Hunt, *The American Ascendancy*, pp. 308–324; Hunt, "Empire, Hegemony, and the U. S. Policy Mess," *History News Network*, May 21, 2007, p. 4. 後者の論文では,「帝国」という用語をより多く用いている。

(66) Charles S. Maier, *American Ascendancy and Its Predecessors* (Cambridge, MA, 2006), p. 3. また, pp. 7, 31, 109も参照されたい.

(67) Dane Kennedy, "On the American Empire from a British Imperial Perspective," *International History Review*, 29 (2007), pp. 84–108.

(68) Evelyn Baring, First Earl of Cromer, *Ancient and Modern Imperialism* (London, 1910); C. A. Hagerman, *Britain's Imperial Muse: The Classics, Imperialism, and the Indian Empire, 1783–1914* (Basingstoke, Hants, 2013).

(69) Duncan Bell, *The Idea of Greater Britain: Empire and the Future of World Order, 1860–1900* (Princeton, NJ, 2007), ch. 8. ベルはまた, この類比は, 究極的には不満足なものとなったことを示している。というのは, ギリシアとローマの衰退は, ヴィクトリアの進歩の観念とは相容れなかったからだ。新たな, より見込みのある候補者である合衆国は, 類似の存在となった。これおよび, 関連する主題に関する貴重な議論に関しては, ベル博士に感謝する。また, 以下も参照のこと。Daniel Deudney, "Greater Britain or Greater Synthesis? Seeley, Mackinder and Wells on Britain in the Global Industrial Era," *Review of International Studies*, 27 (2001), pp. 187–208.

(70) メインによる1875年のリード講演は, 以下に再録されている。*Village Communities* (London, 4th ed., 1881), p. 238.

(71) Sohui Lee, "Manifest Empire: Anglo-American Rivalry and the Shaping of U. S. Manifest Destiny," in Jeffrey Cass and Larry Parr, eds., *Romantic Border Crossings* (Aldershot, 2008), ch. 14.

(72) 比較において妥当するものと, そうでないものとを寄せ集めた文献として, 以下がある。Cullen Murphy, *Are We Rome? The Fall of an Empire and the Fate of America* (New York, 2007).

(73) 多くの事例の一つとして, 以下がある。Robert Kaplan, *Warrior Politics: Why Leadership Demands a Pagan Ethos* (New York, 2002).

(74) 帝国に関する文献でなされている比較が, 以下の研究に注目することは稀である。以下は, 入手しやすい手引きである。Richard Hingley, *Globalizing Roman Culture* (London, 2005); Barbara Goff, ed., *Classics and Colonialism* (London, 2005); Henry Hurst and Sara Owen, eds., *Ancient Colonizations: Analogy, Similarity and Difference* (London, 2005).

(75) Anthony Pagden, *Lords of All the World: Ideologies of Empire in Spain, Britain and France, c. 1500–c. 1800* (New Haven, 1995), ch. 1; Pagden, "Fellow Citizens and Imperial Subjects: Conquest and Sovereignty in Europe's Overseas Empires," *History & Theory*, 44 (2005), pp. 28–46. この論文は, どのようにして多様性は認識されるかに加えて, どのようにして一貫性のあるタイポロジーに結実するよう体系化できるかを示している。以下の広範囲に及ぶ思慮深い研究も参照。James Muldoon, *Empire and Order: The Concept of Empire, 800–1800* (New York, 1999).

(76) J. A. Hobson, *Imperialism: A Study* (3rd ed., London, 1938), pp. 207–208.

(77) 有益な議論は以下に見出せる。Michael W. Doyle, *Empires* (Ithaca, 1986), pp. 12, 20–21, 30–40, 81; Herfried Münckler, *Empires: The Logic of World Domination from Ancient Rome to the United States* (Cambridge, 2007), pp. 4–8.

(78) この章の注(2)にある参考文献を見よ。

(79) 以下は詳細な手引きである。David Held, Antony McGrew, David Globlatt, and Jonathan Perraton,

Global Transformations: Politics, Economics and Culture（Cambridge, 1999）; Held et al., *Globalisation: Key Concepts*（London, 1999）.

(80) Kevin H. O'Rourke and Jeffrey G. Williamson, "When Did Globalisation Begin?" *European Review of Economic History*, 6（2002）, pp. 23–50. ヤン・デ・ヴリーズは，ずっと初期の時期に関して素晴らしい論評を行っている。Jan de Vries, "The Limits of Globalisation in the Early Modern Period," *Economic History Review*, 63（2010）, pp. 710–733.

(81) Michael Lang, "Globalization and Its History," *Journal of Modern History*, 78（2006）, pp. 899–931.

(82) すべての著者が，この区別を理解したり，受け入れたりしているわけではない。異なる立場に関しては，たとえば，以下を参照されたい。Jeanne Morefield, *Empires Without Imperialism: Anglo-American Decline and the Politics of Deflection*（New York, 2014）.

(83) もちろん，このことは，国民国家が多文化的，地域的紐帯を無視したと主張するものではない。統合と多様性という２つのテーマは，以下の編著への寄稿論文にも通底する。Susan E. Alcock, Terence N. D'Altroy, Kathleen D. Morrison, and Carla M. Sinopoli, eds., *Empires: Perspectives from Archaeology and History*（Cambridge, 2001）.

(84) 以下は，筆者の主張を明白にするのに役立った。George Steinmetz, "Return to Empire: The New U. S. Imperialism in Comparative Perspective," *Sociological Theory*, 23（2005）, pp. 339–367.

(85) M. I. Finlay, "Colonies—An Attempt at a Typology," *Transactions of the Royal Historical Society*, 26（1976）, pp. 167–188.

(86) 貴重な議論は，以下に見出せる。Robert Keohane, *After Hegemony*; "The United States and the Postwar Order: Empire or Hegemony?" *Journal of Peace Research*, 28（1991）, pp. 435–439; Michael Walzer, "Is There an American Empire?" *Dissent*, Fall（2003）, pp. 27–31; G. John Ikenberry, "Illusions of Empire: Defining the New American Order," *Foreign Affairs*, 83（2004）, pp. 144–154; Alexander J. Motyl, "Empire Falls," *Foreign Affairs*, 85（2006）, pp. 190–194; Doyle, *Empire*, pp. 12–13, 40–44, 81; Münckler, *Empires*, pp. 6–7, 40–46; Patrick Karl O'Brien and Armand Clesse, eds., *Two Hegemonies: Britain, 1846–1914 and the United States, 1941–2001*（Aldershot, Hants, 2002）. マイケル・コックスは均衡のとれた，だが確固とした態度で，「ヘゲモン」という用語を擁護している。Michael Cox, "September 11th and US Hegemony," *International Studies Perspective*, 3（2002）, pp. 63–67. ナイは以下において，より限定された見解を提示している。Joseph Nye, *The Paradox of American Power*（Oxford, 2002）, pp. 12–16. トンプソンは，関連する文献について便利な要約を提供している。John A. Thompson, *A Sense of Power: The Roots of America's Global Role*（Ithaca, 2015）, pp. 1–24.

(87) ヘゲモニー概念は，1930年代の不安定を，イギリスが行使していた「卓越性」の崩壊に求めた，高名な経済史家チャールズ・キンドルバーガーが考案したものである。以下を参照されたい。*The World in Depression, 1929–1939*（Berkeley, 1973）. O'Brien, *Two Hegemonies*, pp. 1–56 はすぐれた序章を書いている。しかしまた，寄稿者たちがこの用語を，それぞれ異なるやり方で用いていることに注意されたい。以下は，歴史地理学の立場からの視点を提供している。John Agnew, *Hegemony: The New Shape of Global Power*（Philadelphia, 2005）.

(88) ヘゲモニー安定論の指導的唱道者は，ギルピンである。Robert Gilpin, *U. S. Power and the Multinational Corporation: The Political Economy of Foreign Direct Investment*（New York, 1975）. 以下も見よ。Gilpin, *War and Change in the International System*（Cambridge, 1981）; Gilpin, *The Political Economy of International Relations*（Princeton, NJ, 1987）.

(89) Arthur A. Stein, "The Hegemon's Dilemma: Great Britain, the United States and the International Economic Order," *International Organization*, 38（1984）, pp. 355–386.

(90) この箇所は，ドイルの議論に負っている。Doyle, *Empires*, pp. 26–30, 125–127, 233–234.

(91) 制度，エージェンシー，選考の役割を弁護するリアリズムとネオリアリズムの批判者たちの研究としては，以下がある。Keohane, *After Hegemony*; Ronald Rogowski, *Commerce and Coalitions*（Princeton, NJ, 1989）; Robert O. Keohane and Helen V. Milner, eds., *Internationalization and Domestic Poli-*

tics (Cambridge, 1996); Helen Milner, *Interest, Institutions and Information: Domestic Politics and International Relations* (Princeton, NJ, 1997); Jack Snyder, *Myths of Empire: Domestic Politics and International Ambition* (Ithaca, 1991); Simon Reich and Richard Ned Lebow, *Good-Bye Hegemony! Power and Influence in the Global System* (Princeton, NJ, 2014).

(92) とくに以下を参照されたい。Daniel Garst, "Thucydides and Neorealism," *International Studies Quarterly*, 33 (1989), pp. 3–27; David Bedford and Thom Workman, "The Tragic Reading of the Thucydidean Tragedy," *Review of International Studies*, 27 (2001), pp. 51–67; Richard Ned Lebow and Robert Kelly, "Thucydides and Hegemony: Athens and the United States," *Review of International Studies*, 27 (2001), pp. 593–609; Lebow and Kelly, *The Tragic Vision of Politics: Ethics, Interests and Orders* (Cambridge, 2003), chs. 3–4.

(93) 以下を参照されたい。Helen Milner, "The Assumption of Anarchy in International Relations," *Review of International Studies*, 17 (1991), pp. 67–85; Robert Powell, "Anarchy in International Relations," *International Organization*, 48 (1994), pp. 329–334. また,「英国学派」の理論については,以下がある。Andrew Linklater and Hidemi Suganami, *The English School of International Relations* (Cambridge, 2006).

(94) 比較の視点からの最良の評価としては,以下がある。O'Brien and Clesse, *Two Hegemonies*.

(95) John M. Hobson, "Two Hegemonies or One? A Historical-Sociological Critique of Hegemonic Stability Theory," in O'Brien and Clesse, *Two Hegemonies*, ch. 15.

(96) Mearsheimer, *The Tragedy of Great Power Politics*; Richard N. Rosecrance, "War and Peace," *World Politics*, 55 (2002), pp. 137–166.

(97) グルンバーグの圧倒的な分析は,ヘゲモニー安定論に暗に含まれている古代の隠喩の存在を明らかにしている。Isabelle Grunberg, "Exploring the 'Myth' of Hegemonic Stability Theory," *International Organization*, 44 (1990), pp. 431–477.

(98) 構造的権力と関係的権力の違いに関しては,以下を参照。Suzan Strange, *States and Markets* (London, 1988; 2nd ed., 1994), ch. 2. 以下の論文は,この違いを特定の事例に適用している。A. G. Hopkins, "Informal Empire in Argentina: An Alternative View," *Journal of Latin American Studies*, 26 (1994), pp. 469–484.

(99) この箇所では,以下の議論の恩恵を被った。Doyle, *Empires*, pp. 12–13, 40, 129–130.

(100) ここでの記述については,とくに以下の議論に同意する。Yale H. Ferguson, "Approaches to Defining 'Empire' and Characterizing United States Influence in the Contemporary World," *International Studies Perspectives*, 9 (2008), pp. 272–280; Hendrick Spruyt, "'American Empire' as an Analytical Question or a Rhetorical Move?" *International Studies Perspectives*, 9 (2008), pp. 290–299; Daniel H. Nexon, "What's This, Then? 'Romanes Eunt Domus'?" *International Studies Perspectives*, 9 (2008), pp. 300–308; Paul K. MacDonald, "Those Who Forget Historiography Are Doomed to Republish It: Empire, Imperialism and Contemporary Debates about American Power," *Review of International Studies*, 35 (2009), pp. 45–67.

(101) Hopkins, *Globalisation in World History*; Hopkins, *Global History*, および注 (2) で示された出典を参照されたい。

(102) 以下は,イギリスの事例に関して,多くの例証を提示している。Hopkins, *Globalisation in World History*, chs. 1–2. Cain and Hopkins, *British Imperialism, 1688–2015* (3rd ed., London, 2016), pp. 706–725.

(103) Charles-Louis de Secondat, Baron de la Brède et de Montesquieu (1689–1755). David W. Carrithers, Michael A. Mosher, and Paul A. Rahe, eds., *Montesquieu's Science of Politics: Essays on the Science of the Laws* (Lanham, MD, 2001)は,広範囲にわたる論文を収めている。Werner Stark, *Montesquieu: Pioneer of the Sociology of Knowledge* (London, 1960) は,その価値を失っていない。当面の議論としては,とくに本書第三,七章,下巻第十五章を参照されたい。Jacob T. Levy, "Beyond Pub-

lius: Montesquieu, Liberal Republicanism and the Small-Republic Thesis," *History of Political Thought*, 27 (2006), pp. 50–90.

(104) Michael A. Mosher, "Montesquieu on Empire and Enlightenment," in Sankar Muthu, ed., *Empire and Modern Political Thought* (Cambridge, 2012), ch. 5. 以下は，国際関係のリアリスト的視点とモンテスキューの考えとを結びつけている。Daniel Deudney, *Bounding Power: Republican Security Theory from the Polis to the Global Village* (Princeton, NJ, 2007).

(105) Robert Howse, "Montesquieu on Commerce, Conquest, War, and Peace," *Brooklyn Journal of International Law*, 31 (2006), pp. 1–16. 議論を簡潔にする必要から，モンテスキューの定式に認められる曖昧さのいくつかについては，大目に見ざるをえなかった。

(106) Anne M. Cohler, *Montesquieu's Comparative Politics and the Spirit of American Constitutionalism* (Lawrence, 1988); Daniel Walker Howe, "Why the Scottish Enlightenment Was Useful to the Framers of the American Constitution," *Comparative Studies in Society & History*, 31 (1989), pp. 572–587.

(107) Stephen J. Rowe, "Commerce, Power and Justice: Montesquieu on International Politics," *Review of Politics*, 46 (1984), pp. 346–366.

(108) Manjeet Kauer Ramgotra, "Republic and Empire in Montesquieu's spirit of Laws," *Millennium*, 42 (2014), pp. 790–816. これらの論点については，『フェデラリスト・ペーパーズ』において，広範な議論がなされている。Terence Hall, ed., *Alexander Hamilton, James Madison, and John Jay, The Federalist with Letters of "Brutus"* (Cambridge, 2003).

(109) Catherine Larrère, "Montesquieu on Economics and Commerce," in Carrithers, Mosher, and Rahe, *Montesquieu's Science of Politics*, pp. 335–373.

(110) 独立当時のヨーロッパ植民地の事例に見られるように，専門用語はセンシティブな（しかも変化する）事柄である。第二次世界大戦以前の時期の研究をしている歴史家によって広く使用されているので，筆者は本書第一～十四章で,「ネイティブ・アメリカン」という用語を用いた。しかし，1945年以降の時期を研究する専門家は，「アメリカ・インディアン」という用語を好む。この用語は下巻第十四章に出てくる。

(111) 筆者の場合，公式の植民地統治の終焉後の時期を指すために，帝国主義と帝国を研究する歴史家にとって馴染みがある，「ポストコロニアル」という用語を用いる。ポストモダニストたちは，当初からの植民地体験を指すものとして，この用語を用いるが，彼らは，本書の研究目的からすれば有益ではないやり方で,「コロニアル」および「ポストコロニアル」を考慮の外に置いている。

(112) Alexander Pope, "An Essay on Criticism" (1711)。見出しの引用箇所は，本書の扉の頁で再現された，より長い引用からの抜粋である。訳者注：扉のポープの文章の訳については，以下を参照した。アレグザンダー・ポープ『批評論』矢本貞幹訳注（研究社出版，1967年)。

(113) 各章で多くの引用を行っているが，これは，本書を可能にしてくれた学者たちに，筆者が多くを負っていることを伝えたいがためである。

第Ⅰ部

第二章

(1) 以下の研究は際立った例外であり，ゆえに一般的な傾向を証明している。P. J. Marshall, *Remaking the British Atlantic: The United States and the British Empire after American Independence* (Oxford, 2012). もっとも，マーシャルの研究は1790年代で終わっている。

(2) このことが，遅まきながら，フランク・ティスルスウェイトに敬意を表する理由である。Frank Thistlethwaite, *The Anglo-American Connection in the Early Nineteenth Century* (Philadelphia, 1959). 彼の先駆的な研究は，近年のグローバリゼーションへの関心に伴いようやく再発見されることになった，多くの問題を予知していた。

(3) Jeremy Adelman, "An Age of Imperial Revolutions," *American Historical Review*, 113 (2008), pp. 319–340; David Armitage and Sanjay Subrahmanyam, eds., *The Age of Revolutions in Global Con-*

text, c. 1760–1840 (Basingstoke, Hants, 2010); Richard Bessel, Nicholas Guyatt, and Jane Rendall, eds., *War, Empire and Slavery, 1770–1830* (Basingstoke, 2010).

(4) John Stuart Mill, *Principles of Political Economy* (London, 1848; 1909), vol. 3, ch. 25, para. 17. ミルは，帝国内の貿易は対外貿易とは同一視できず，長距離をまたぐ都市と農村間の取引とみなされると指摘した。

(5) 現在の文脈については，以下を参照。Geoffrey Parker, *The Military Revolution: Military Innovation and the Rise of the West, 1500–1800* (Cambridge, 1988). 関連用語を18世紀のイギリスに適用した中心的な研究は以下である。John W. Brewer, *The Sinews of Power: War, Money and the English State (1688–1783)* (Cambridge, 1989). Christopher Storrs, "Introduction: The Fiscal-Military State in the 'Long' Eighteenth Century," in Storrs, ed., *The Fiscal-Military State in Eighteenth-Century Europe: Essays in Honour of P. G. M. Dickson* (Farnham, 2008) は，近年の研究史について素晴らしい概観を提示している。

(6) Miguel de Cervantes, *The Ingenious Gentleman Don Quixote of La Mancha* (Madrid, 1605; Newark, 2007), ch. 38.

(7) Edward Gibbon, *The Decline and Fall of the Roman Empire*, Vol. 1, David Womersley, ed. (London, 1776; 1994), p. 68.

(8) この点の見通しについては，以下を参照。Richard Bonney, ed., *The Rise of the Fiscal State in Europe, c. 1200–1815* (Oxford, 1999); Mark Ormrod, Margaret Bonney, and Richard Bonney, eds., *Crises, Revolutions and Self-Sustained Growth: Essays in European Fiscal History, 1130–1830* (Donington, 2000); Storrs, *The Fiscal-Military State in Eighteenth-Century Europe*. 次も参照のこと。Jan Glete, *War and the State in Early Modern Europe: Spain, the Dutch Republic and Sweden as Fiscal-Military States* (Hoboken, 2002).

(9) 新しいグローバルなアプローチについては，以下の研究がある。C. A. Bayly, *The Birth of the Modern World, 1780–1914: Global Connections and Comparisons* (Oxford, 2004); Armitage and Subrahmanyam, eds., *The Age of Revolutions*; Bessell, Guyatt, and Rendall, eds., *War, Empire and Slavery*; *Dominic Sachsenmaier, Global Perspectives on Global History: Theories and Approaches in a Connected World* (Cambridge, 2011); Bartolomé Yun-Casalilla and Patrick K. O'Brien, eds., *The Rise of Fiscal States: A Global History, 1500–1914* (Cambridge, 2012). 大陸植民地の歴史家は，現在，大西洋を越える視座を模索しており，環太平洋にも目を向けている。Peter A. Coclanis, "Atlantic World or Atlantic/World?" *William & Mary Quarterly*, 63 (2006), pp. 725–742; Eliga H. Gould, "Entangled Histories, Entangled Worlds: The English-Speaking Atlantic as a Spanish Periphery," *American Historical Review*, 112 (2007), pp. 764–786; Trevor Burnard, "Placing British Settlements in the Americas in Comparative Perspective," in H. V. Bowen, Elizabeth Mancke, and John G. Reid, eds., *Britain's Oceanic Empire: Atlantic and Indian Ocean Worlds, 1550–1850* (Cambridge, 2012), ch. 15.

(10) Dennis O. Flynn and Arturo Giráldez, *China and the Birth of Globalisation in the Sixteenth Century* (Farnham, 2010); Matt K. Matsuda, *Pacific Worlds: A History of Seas, Peoples, and Cultures* (Cambridge, 2012); A. G. Hopkins, ed., *Globalization in World History* (New York, 2002).

(11) Victor Lieberman, *Strange Parallels: Southeast Asia in Global Context, c. 800–1830, vol. 2: Mainland Mirrors, Europe, China, South Asia and the Islands* (Cambridge, 2009). ヨーロッパとアジアの等価性については，論争的ではあるが，経済水準，科学的知識，そして比較可能な制度にまで広げようと主張する研究者もいる。たとえば，以下を参照。Prasannan Parthasarathi, *Why Europe Grew Rich and Asia Did Not: Global Economic Divergence, 1600–1850* (Cambridge, 2011).

(12) Jack A. Goldstone, *Revolution and Rebellion in the Early Modern World* (Berkeley, 1991).

(13) Bayly, *The Birth of the Modern World*.

(14) Armitage and Subrahmanyam, *The Age of Revolutions*, p. xxiii.

(15) この問題についての主要文献は，以下の研究でフォローされている。Kenneth Pomeranz, *The Great Divergence: China, Europe, and the Making of the Modern World Economy* (Princeton, NJ, 2000). ポメランツの研究に関する以後の議論については，とくに以下の反論を参照。Ricardo Duchesne, *The Uniqueness of Western Civilisation* (Leiden, 2011); Peer Vries, State, *Economy and the Great Divergence: Great Britain and China, 1680s to 1850s* (London, 2015).

(16) Jack A. Goldstone, "Efflorescences and Economic Growth in World History: Rethinking the 'Rise of the West' and the Industrial Revolution," *Journal of World History*, 13 (2002), pp. 323–389; Goldstone, *Why Europe? The Rise of the West in World History, 1500–1850* (New York, 2008). エネルギー資源の重要性については，次を参照。E. A. Wrigley, *Continuity, Chance, and Change: The Character of the Industrial Revolution in England* (Cambridge, 1988).

(17) ランドルフ・スターンによる興味深いコメントは，以下を参照。Randolph Starn's "The Early Modern Muddle," *Journal of Early Modern History*, 6 (2002), pp. 296–307.

(18) Paolo Malanima, "Energy Crisis and Growth, 1650–1850: The European Deviation in a Comparative Perspective," *Journal of Global History*, 1 (2006), pp. 101–121. エコロジカルな議論については，以下の研究に多くを依拠している。Wrigley, *Continuity, Chance, and Change.*

(19) この点は Pomeranz, *The Great Divergence* を参照。

(20) 専門家はこの主題についての筆者の立場は，以下の研究と非常に近いと考えるかもしれない。Peer H. H. Vries, "Governing Growth: A Comparative Analysis of the Role of the State in the Rise of the West," *Journal of World History*, 13 (2002), pp. 67–138; Vries, "The California School and Beyond: How to Study the Great Divergence?" *History Compass*, 8 (2010), pp. 730–751; Vries, *Escaping Poverty: The Origins of Modern Economic Growth* (Vienna, 2013); Vries, *State, Economy and the Great Divergence*. フリースは強力な開発国家の重要性を強調するが，その点は本書と共鳴する。

(21) Vries, *State, Economy and the Great Divergence* はきわめて重要な研究である。Wenkai He, *Paths Toward the Modern Fiscal State: England, Japan, and China* (Cambridge, MA, 2013) も，同じ結論に達している。

(22) Stephen R. Halsey, "Money, Power, and the State: The Origin of the Military-Fiscal State in Modern China," *Journal of the Economic & Social History of the Orient*, 56 (2013), p. 393, n. 2. 遠方の地域における先駆的な事例については，以下を参照。William Guanglin Liu, "The Making of a Fiscal State in Song China, 960–1279," *Economic History Review*, 68 (2015), pp. 48–78.

(23) Halsey, "Money, Power, and the State."

(24) スティーブン・ウィルキンソンが説明する理由については，以下を参照。Steven Wilkinson, *Army and Nation: The Military and Indian Democracy since Independence* (Cambridge, MA, 2015).

(25) 以下は，多くの批判のうちの一つである。Kelly de Vries, "Gunpowder Weaponry and the Rise of the Modern State," *War in History*, 5 (1998), pp. 127–145.

(26) Richard Bonney, "Absolutism: What's in a Name?" *French History*, 1 (1987), pp. 93–117.

(27) Rafael Torres Sánchez, ed., *War, State and Development: Fiscal-Military States in the Eighteenth Century* (Pamplona, 2007); Stephen Conway and Raphael Torres Sánchez, eds., *The Spending of States: Military Expenditure during the Long Eighteenth Century* (Saarbrucken, 2011); Yun-Casalilla and O'Brien, eds., *The Rise of Fiscal States.*

(28) Glete, *War and the State in Early Modern Europe.*

(29) Richard Bonney, "France and the First European Paper Money Experiment," *French History*, 15 (2001), pp. 254–272. Claude C. Sturgill, "Considerations sur le budget de la guerre, 1720–1729," *Revue Historique des Armées*, 1 (1986), pp. 99–108は，この時期に王室財政の40％は陸軍に投入されていたと見積もっている。

(30) Javier Cuenca-Esteban, "Statistics of Spain's Colonial Trade, 1747–1820: New Estimates and Comparisons with Great Britain," *Revista de Historia Económica*, 26 (2008), pp. 324–354; Regina Grafe,

Distant Tyranny: Markets, Power, and Backwardness in Spain, 1650–1800 (Princeton, NJ, 2012); Rafael Torres Sánchez, *Constructing a Fiscal-Military State in Eighteenth-Century Spain* (London, 2015).

(31) Michael Kwas, *Privilege and the Politics of Taxation in Eighteenth-Century France: Liberté, Egalité, Fiscalité* (Cambridge, 2000). フランスにおける公債に関する議論については，以下を参照。Michael Senescher, *Before the Deluge: Public Debt, Inequality and the Intellectual Origins of the French Revolution* (Princeton, NJ, 2007).

(32) ブルボン改革については，以下を参照。John H. Elliott, *Empires of the Atlantic World: Britain and Spain in America, 1492–1830* (New Haven, 2007), chs. 10–12.

(33) スペインを遅れた国家とするステレオタイプについては，現在では，優れた修正意見が存在する。もっとも，修正主義的立場の歴史家は，自らが提起する像の一部について意見が割れている。Carlos Marichal, *Bankruptcy of Empire: Mexican Silver and the Wars between Spain, Britain, France, 1760–1810* (Cambridge, 2007); Regina Grafe and Maria Alejandra Irigoin, "A Stakeholder Empire: The Political Economy of Spanish Imperial Rule in America," *Economic History Review*, 65 (2012), pp. 609–651.

(34) José Jurado Sánchez, "Military Expenditure, Spending Capacity and Budget Constraints in Eighteenth-Century Spain and Britain," *Revista de Historia Económica*, 27 (2009), pp. 141–174は，スペインの未熟な財政制度をイギリスと比較する。

(35) アメリカ植民地へのフランスの支援はよく知られているが，スペインとオランダの支出については，一般にあまり評価されていない。

(36) 以下の議論における諸要素は，P. J. Cain and A. G. Hopkins, *British Imperialism, 1688–2000* (London, 1993; 3rd ed., 2016), chs. 1–2 に見ることができる。

(37) この点に関する重要な仕事は，Brewer, *The Sinews of Power* である。しかしここでは，その貢献が認められているとは言い難いファーガソンの文献にも注意を払っておきたい。E. James Ferguson, *The Power of the Purse: A History of American Public Finance, 1776–1790* (Durham, 1965); "The Nationalists of 1781–1783 and the Economic Interpretation of the Constitution," *Journal of American History*, 56 (1969), pp. 241–261; "Political Economy, Public Liberty, and the Formation of the Constitution," *William & Mary Quarterly*, 40 (1983), pp. 389–412.

(38) 上記注 (15) と (20) のフライに加えて，本章の次節で引用したパトリック・オブライエンによる一連の強力な見解も参照してほしい。近年の研究で，ジャック・A・ゴールドストーンは，「伝統的」視座へ回帰したが，「大分岐」の主唱者としての立場を守ることについては，依然として変わりない。Jack A. Goldstone, "Divergence in Cultural Trajectories: The Power of the Traditional in the Early Modern," in David Porter, ed., *Comparative Early Modernities, 1100–1800* (Basingstoke, 2012), pp. 165–194.

(39) この点の議論は，David Stasavage, *States of Credit: Size, Power and the Development of European Polities* (Princeton, NJ, 2011).

(40) Richard Bonney, "The Rise of the Fiscal State in France, 1500–1914," in Yun-Casalilla and O'Brien, *The Rise of Fiscal States*, ch. 4.

(41) François Marie Arouet de Voltaire, *Lettres sur les Anglais* (Rouen, 1731; London, 1933), 8, "On the Parliament."

(42) 引用は，J. H. M. Salmon, "Liberty by Degrees: Raynal and Diderot on the British Constitution, *History of Political Economy*, 20 (1999), p. 101.

(43) 引用は，Julian Hoppit, "The Nation, the State, and the First Industrial Revolution," *Journal of British Studies*, 50 (2011), p. 300. カール・フィリップ・モリッツによる補足的な言及についても参照。Carl Philip Moritz, *Journeys of a German in England* (London, 1783; 1965), p. 57.

(44) パトリック・オブライエンによるこれらの課題に関する有益な評価と当該分野への際立った貢献

についての適切な賛辞は，以下を参照。Leandro Prados de la Escosura, ed., *Exceptionalism and Industrialisation: Britain and Its European Rivals, 1688–1815*（Cambridge, 2004）.

(45) Stephen Broadberry, Bruce M. S. Campbell, and Bas van Leeuwen, "When Did Britain Industrialise? The Sectoral Distribution of the Labor Force and Labor Productivity in Britain, 1381–1851," *Explorations in Economic History*, 50（2013）, pp. 20, 22–23.

(46) N. A. M. Rodger, "From the 'Military Revolution' to the 'Fiscal-Naval State,'" *Journal for Maritime Research*, 12（2011）, pp. 119–128. また，以下も参照。Rodger, "War as an Economic Activity in the 'Long' Eighteenth Century," *International Journal of Maritime History*, 22（2010）, pp. 1–18.

(47) この点と関連した海軍の問題については，以下を参照。N. A. M. Rodger, *The Command of the Ocean: A Naval History of Britain, 2, 1649–1815*（London, 2004）; Daniel Baugh, *The Global Seven Years' War*（Harlow, 2011）; Patrick Karl O'Brien and Xavier Duran, "Total Factor Productivity for the Royal Navy from Victory at Toxal（1653）to Triumph at Trafalgar（1805）," in Richard W. Ungar, ed., *Shipping and Economic Growth, 1350–1850*（Leiden, 2010）, ch. 12.

(48) Roger Morriss, *The Foundations of British Maritime Supremacy: Resources, Logistics and the State, 1755–1815*（Cambridge, 2011）は，海軍が持った商船，民間商人，契約者，食料業者との幅広い関係，さらには政府の官僚機構が次第に拡張していく点を明らかにしている。

(49) John R. Hale, *Lords of the Sea: The Epic Story of the Athenian Navy and the Birth of Democracy*（New York, 2009）.

(50) 古い視点の修正に関して全体的に扱っているのは，以下である。Tim Harris, *The Great Crisis of the British Monarchy, 1685–1720*（London, 2006）.

(51) J. C. D. Clark, *English Society, 1660–1832: Religion, Politics and Society During the Ancien Régime*（2nd ed., Cambridge, 2000）. および，ジョアンナ・イニスのコメントも参照。Joanna Innes, "Social History and England's 'Ancien Régime,'" *Past & Present*, 115（1987）, pp. 295–311.

(52) この点はJ・ポーコックの研究，とりわけ『マキャベリアン・モメント』に示唆を得た。J. G. A. Pocock, *The Machiavellian Moment: Florentine Political Thought and the Atlantic Republican Tradition*（Princeton, NJ, 1975; 2003）. ポーコックの研究が刺激した膨大な議論に関する現状についての詳細な研究史は，以下を参照。William Walker, "J. G. A. Pocock and the History of British Political Thought: Assessing the State of the Art," *Eighteenth-Century Life*, 33（2009）, pp. 83–96.

(53) ヘンリー・ディクソンの研究が出版されてからの研究が示してきたのは，財政改革は1688年以前から進行していた点である。Henry Roseveare, *The Financial Revolution, 1660–1760*（London, 1991）; Anne L. Murphy, *The Origins of English Financial Markets: Investment and Speculation before the South Sea Bubble*（Cambridge, 2009）.

(54) Steve Pincus, *1688: The First Modern Revolution*（New Haven, 2009）. *British Scholar*, 2（2010）, pp. 295–338は，同書が惹起した議論に関して，代表的な論点を取り上げている。

(55) Paul W. Schroeder, *The Transformation of European Politics, 1763–1848*（Oxford, 1994）, p. vii は，19世紀よりも18世紀の方が戦場での死者は多かったと提示する。当該時期が「総力戦」の黎明期に当たるかどうかの議論については，以下を参照。Roger Chickering and Stig Förster, eds., *War in an Age of Revolution, 1775–1815*（Cambridge, 2010）.

(56) Rodger, "War as an Economic Activity."

(57) Andrew Jackson O'Shaughnessy, "'If Others Will Not Be Active, I Must Drive': George III and the American Revolution," *Early American Studies*, 2（2004）, pp. 1–47.

(58) 支配的な見解については，以下を参照。Patrick K. O'Brien, "Inseparable Connections: Trade, Economy, Fiscal State, and the Expansion of Empire, 1688–1815," in P. J. Marshall, ed., *Oxford History of the British Empire*, vol. 2（Oxford, 1998）, ch. 3.

(59) Ralph Davis, "The Rise of Protection in England, 1689–1786, *Economic History Review*, 19（1966）, pp. 306–317; D. C. Coleman, "Mercantilism Revisited," *Historical Journal*, 23（1980）, pp. 773–791は，

古い研究からの離脱という点で，依然として重要な指摘をしている。本章に関する17世紀の文脈は，以下の文献による。Robert Brenner, *Merchants and Revolution: Commercial Change, Political Conflict, and London's Overseas Traders, 1550–1653* (Princeton, NJ, 1993), chs. 12, 13, and postscript.

(60) Robert B. Ekelund and Robert D. Tollison, *Mercantilism as a Rent-Seeking Society: Economic Regulation in Historical Perspective* (Austin, 1981).

(61) A. W. Coats, "Adam Smith and the Mercantile System," in Andrew S. Skinner and Thomas Wilson, eds., *Essays on Adam Smith* (Oxford, 1975), pp. 218–236.

(62) S. D. Smith, "Prices and Value of English Exports in the Eighteenth Century: Evidence from the North American Colonial Trade," *Economic History Review*, 48 (1995), pp. 575–590.

(63) この段落で用いたデータは，主に以下の文献から引用した。R. P. Thomas and D. N. McCloskey, "Overseas Trade and Empire, 1700–1820," in Roderick Floud and D. N. McCloskey, eds., *Cambridge Economic History of Modern Britain*, Vol. 1 (Cambridge, 1981), ch. 4; C. Knick Harley, "Trade, Discovery, Mercantilism and Technology," in Roderick Floud and Paul Johnson, eds., *Cambridge Economic History of Modern Britain*, Vol. 1 (Cambridge, 2004), ch. 5.

(64) Jacob M. Price, "The Imperial Economy, 1700–1776," in P. J. Marshall, ed., *The Oxford History of the British Empire*, Vol. 2 (Oxford, 1998), p. 101.

(65) O'Brien and Duran, "Total Factor Productivity for the Royal Navy."

(66) Patrick K. O'Brien and Philip A. Hunt, "England, 1485–1815," in Bonney, *The Rise of the Fiscal State in Europe*, pp. 53–100.

(67) Patrick Karl O'Brien, "The Triumph and Denouement of the British Fiscal State: Taxation for the Wars Against Revolutionary and Napoleonic France, 1793–1815," in Storrs, *The Fiscal-Military State*, pp. 162–200; O'Brien, "The Nature and Historical Evolution of the Exceptional Fiscal State and Its Significance for the Precocious Commercialisation and Industrialisation of the British Economy from Cromwell to Nelson," *Economic History Review*, 64 (2011), pp. 428–431.

(68) Richard Cooper, "William Pitt, Taxation, and the Needs of War," *Journal of British Studies*, 22 (1982), pp. 94–103. 1799年の所得税の賦課については以下を参照。S. J. Thompson, "The First Income Tax, Political Arithmetic, and the Measurement of Economic Growth," *Economic History Review*, 66 (2013), pp. 873–894.

(69) 引用は，O'Brien, "The Triumph and Denouement of the British Fiscal State," p. 174.

(70) Cain and Hopkins, *British Imperialism*, ch. 1.

(71) 「近代化」という巨大な概念は曖昧さに満ちていて，かつイデオロギー的な目的に容易に用いられる。不幸なことに，これに代わる概念はいまだに現れていない。標準的な使用法では，この言葉は立憲政府の成長，国民国家の形成，動力を用いた製造業の発展が軌道に乗る段階，そしてイノベーションを奨励するのに十分な個人の自由――通商であれ，科学的探求であれ，政治的言論であれ――が，一定程度存在することを意味する。ただ，近代化と重ね合わせたイギリスの「例外性」という考え方は，近代化の過程と普及について，イギリスを英雄視する見方を容易に支持してしまう。帝国建設を正当化するのに用いられるリーダーシップと優越性という資質をイギリスに与えてしまい，しかも植民地支配を，「文明化の使命」として後に知られるようになる，必要かつ有益な段階として提示してしまうのだ。

(72) この時期に関する２人の泰斗が近年，この立場を取るようになった。Joel Mokyr, *The Enlightened Economy: An Economic History of Britain, 1700–1850* (New Haven, 2009); Patrick O'Brien, "Historical Foundations for a Global Perspective on the Emergence of a Western European Regime for the Discovery, Development, and Diffusion of Useful and Reliable Knowledge," *Journal of Global History*, 8 (2013), pp. 1–24.

(73) Jan de Vries and Ad van der Woude, *The First Modern Economy: Success, Failure, and Perseverance of the Dutch Economy, 1500–1815* (Cambridge, 1997). オランダ共和国の衰退は相対的であり，

決して絶対的なものではない。18世紀を通じて，オランダは主要な強国となる野望は捨てたが，フランス戦争が経済を破壊する1790年代以前に，有効な財政―金融複合体を発展させていた。

(74) とりわけ以下を参照。Joseph M. Bryant, "The West and the Rest Revisited: Debating Capitalist Origins, European Colonialism, and the Advent of Modernity," *Canadian Journal of Sociology*, 31 (2006), pp. 403–444. および，以下の議論も有益。*Canadian Journal of Sociology*, 33 (2008), issue 1; Bryant, "A New Sociology for a New History? Further Critical Thoughts on the Eurasian Similarity and Great Divergence Theses," *Canadian Journal of Sociology*, 31 (2008), pp. 149–167.

(75) こうした主張は，以下で適切に行われている。O'Brien, "The Nature and Historical Evolution of the Exceptional Fiscal State."

(76) S. D. Smith, "British Exports to Colonial North America and the Mercantilist Fallacy," *Business History*, 37 (1995), pp. 45–63.

(77) この点について，18世紀の最後の20年においては，インドがとりわけ重要である。Javier Cuenca-Estaban, "The British Balance of Payments, 1772–1820: Indian Transfers and War Finance," *Economic History Review*, 54 (2001), pp. 58–86; Cuenca-Estaban, "Comparative Patterns of Colonial Trade: Britain and Its Rivals," in Leandro Prados de la Escosura, ed., *Exceptionalism and Industrialisation: Britain and Its Industrial Rivals, 1688–1815* (Cambridge, 2004), ch. 2; Cuenca-Estaban, "India's Contribution to the British Balance of Payments, 1757–1812," *Explorations in Economic History*, 44 (2007), pp. 154–176.

(78) Jeremy Black, *The Continental Commitment: Britain, Hanover and Interventionism, 1714–1793* (Abingdon, 2005) は，現段階での研究史を論じている。他方，Stephen Conway, *Britain, Ireland, and Continental Europe in the Eighteenth Century: Similarities, Connections, Identities* (Oxford, 2011) は，ハイポリティクスのみならず，ヨーロッパとのつながりの強さを強調する。

(79) こうしたより広い考察は，以下で議論されている。Tim Harris and Stephen Taylor, eds., *The Final Crisis of the Scottish Monarchy: The Revolutions of 1688–91 in Their British, Atlantic, and European Contexts* (Woodbridge, 2013).

(80) 基本的な研究は依然として，P. G. M. Dickson, *The Financial Revolution in England: A Study in the Development of Public Credit, 1688–1756* (London, 1967) である。制度変更の結果が現れるには時間を要したが，これらの見解は，妥当である。以下を参照。Yishay Yafeh, "Institutional Reforms, Financial Development, and Sovereign Debt: Britain, 1690–1790," *Journal of Economic History*, 66 (2006), pp. 906–935.

(81) ロンドンに近い距離にあるライバルについては，以下を参照。Larry Neal, "Amsterdam and London as Financial Centres in the Eighteenth Century," *Financial History Review*, 18 (2011), pp. 21–46.

(82) Paul Langford, *A Polite and Commercial People: England, 1727–1783* (Oxford, 1989), ch. 1 は，タイトル通りの思慮深い叙述を提供する。

(83) Nicholas Rogers, *Whigs and Cities: Popular Politics in the Age of Walpole and Pitt* (Oxford, 1989); Rogers, *Crowds, Culture and Politics in Georgian Britain* (Oxford, 1998); Rogers, *Mayhem: Post-War Crime and Violence in Britain, 1748–53* (New Haven, 2012); Bob Harris, *Politics and the Nation: Britain in the Mid-Eighteenth Century* (Oxford, 2002); Adrian Randall, *Riotous Assemblies: Popular Protest in Hanoverian England* (Oxford, 2006). これらの研究は，新たな視点で描かれた叙述の代表的なものである。

(84) Brewer, *The Sinews of Power*.

(85) Daniel Carey and Christopher J. Finlay, eds., *The Empire of Credit: The Financial Revolution in the British Atlantic World, 1688–1815* (Dublin, 2011). Hoppit, "The Nation, the State, and the First Industrial Revolution," は，軍事＝財政国家は，本国の諸州よりも遠隔地の地方自治体において評判の悪い，イングランド式システムであったことを示している。

(86) Hamish Scott, "The Seven Years' War and Europe's Ancien Régime," *War in History*, 18 (2011),

pp. 319–355; Jan Eloranta and Jeremy Land, "Hollow Victory? Britain's Public Debt and the Seven Year's War," *Essays in Economic & Business History*, 29 (2011), pp. 101–118.

(87) Julian Hoppit, *Risk and Failure in English Business, 1700–1800* (Cambridge, 1987) は，詳細にこの発展を後付けている。Hoppit, "Attitudes to Credit in Britain, 1680–1790," *Historical Journal*, 33 (1990), pp. 305–322.

(88) Alexander Dick, "New Work on Money," *Eighteenth-Century Life*, 34 (2010), pp. 105–113.

(89) John Brewer, *Party Ideology and Popular Politics at the Accession of George III* (Cambridge, 1976).

(90) この点については，リンダ・コリーが，ホウィッグ優位の時期におけるトーリー党について論じている。Linda Colley, *In Defiance of Oligarchy: The Tory Party, 1714–60* (Cambridge, 1982). J・C・D・クラークは，門外漢にとっては，連合が容易に移り変わる不可解な万華鏡のように見える状況について，明瞭な見通しを与えてくれる。J. C. D. Clark, "A General Theory of Party, Opposition and Government, 1688–1832," *Historical Journal*, 23 (1980), pp. 295–325.

(91) Henry Horwitz, "The East India Trade, the Politicians, and the Constitution, 1889–1902," *Journal of British Studies*, 17 (1978), pp. 1–18.

(92) ホウィッグとシティのつながりを論証したものとして，以下を参照。David Stasavage, "Partisan Politics and Public Debt: The Importance of the Whig Supremacy for Britain's Financial Revolution," *European Review of Economic History*, 11 (2007), pp. 123–153.

(93) Søren Mentz, *The English Gentleman Merchant at Work: Madras and the City of London, 1660–1740* (Copenhagen, 2005).

(94) Colin Lees, "What Is the Problem About Corruption?" *Journal of Modern African Studies*, 3 (1965), pp. 215–230. 一般的な議論で腐敗とされる状態は，あらゆる発展途上国に見られ，先進国にすら見られる。また，多くの欠陥が了解されているにもかかわらず，経済発展に貢献しうる。モラル上の腐敗と超過利潤分配一般は，異なる問題である。

(95) 1678–1751. 先駆的な研究は，以下である。Caroline Robbins, *The Eighteenth-Century Commonwealth Men* (1959; 2004). 同じく，以下を参照。Isaac Kramnick, *Bolingbroke and His Circle: The Politics of Nostalgia in the Age of Walpole* (Ithaca, 1992).

(96) David Armitage, "A Patriot for Whom? The Afterlives of Bolingbroke's Patriot King," *Journal of British Studies*, 36 (1997), pp. 397–418.

(97) Paul Langford, *The Excise Crisis: Society and Politics in the Age of Walpole* (Oxford, 1975).

(98) Daniel Carey and Christopher J. Finlay, eds., *The Empire of Credit: The Financial Revolution in the British Atlantic World, 1688–1815* (Dublin, 2011).

(99) Hoppit, *Risk and Failure in English Business* は，この発展を詳細に追っている。Hoppit, "Attitudes to Credit in Britain, 1680–1790," *Historical Journal*, 33 (1990), pp. 305–322.

(100) Richard Harding, *The Emergence of Britain's Global Supremacy: The War of 1739–1748* (Woodbridge, Suffolk, 2010).

(101) P. J. Marshall and Glyndwr Williams, *The Great Map of Mankind: Perceptions of New Worlds in the Age of Enlightenment* (Cambridge, MA, 1982); Armitage and Subrahmanyam, *The Age of Revolutions.*

(102) ここには，1750年以後より多くなる地理的なイメージも含まれる。J. E. Crowley, *Imperial Landscapes: Britain's Global Visual Culture, 1745–1820* (New Haven, 2011).

(103) Anthony Pagden, *Enlightenment: And Why It Matters* (Oxford, 2013); Caroline Winterer, *American Enlightenments: Pursuing Happiness in the Age of Reason* (New Haven, 2017).

(104) Peter Lake and Steve Pincus, "Rethinking the Public Sphere in Early Modern England," *Journal of British Studies*, 45 (2006), pp. 270–292; James Van Horne Melton's *The Rise of the Public in Enlightenment Europe* (Cambridge, 2001) は，イングランド，フランス，ドイツについて，民間のイ

ニシアチブを強調した有益な比較研究を行っている。

(105) David Hancock, *Citizens of the World: London Merchants and the Integration of the British Atlantic Community, 1735–65* (Cambridge, 1995); Huw Bowen, *Elites, Enterprise, and the Making of the British Overseas Empire, 1688–1775* (London, 1996), ch. 7.

(106) Bowen, "Perceptions from the Periphery," pp. 295–296.

(107) Hancock, *Citizens of the World*; Sheryllynne Haggerty, *The British-Atlantic Trading Community, 1760–1810: Men, Women and the Distribution of Goods* (Leiden, 2006) は，民間の海外ネットワークにおける女性の役割の重要性に注意を向けている。

(108) David Armitage, "Globalizing Jeremy Bentham," *History of Political Thought*, 32 (2011), pp. 63–82.

(109) エマ・ロスチャイルドは，この主題について特徴的な焦点の当て方をしている。Emma Rothschild, "Global Commerce and the Question of Sovereignty in the Eighteenth-Century Provinces," *Modern Intellectual History*, 1 (2004), pp. 3–25.

(110) Huw V. Bowen, "British Conceptions of Global Empire," *Journal of Imperial and Commonwealth History*, 26 (1998), pp. 1–27; Brian P. Levack, "Britain's First Global Century: England, Scotland and Empire, 1603–1707," *Britain and the World*, 6 (2013), pp. 101–118.

(111) この点を解明したのは，以下である。Lauren Benton, *A Search for Sovereignty: Law and Geography in European Empires, 1400–1900* (Cambridge, 2010). Anthony Pagden, "Fellow Citizens and Imperial Subjects: Conquest and Sovereignty in Europe's Overseas Empires," *History & Theory*, 44 (2005) は，鋭く，かつ幅広い視点から評価している。

(112) Alison L. LaCroix, *The Ideological Origins of the American Federalism* (Cambridge, MA, 2010).

(113) この主題には，ジャック・P・グリーンの研究が持続的に取り組んでいる。とりわけ，以下を参照。Jack P. Greene, *Peripheries and Center: Constitutional Development in the Extended Polities of the British Empire and the United States, 1607–1788* (Athens, 1986); Greene, *Negotiated Authorities: Essays in Colonial and Constitutional History* (Charlottesville, 1994).

(114) この点と，さらに展開したものとして，以下を参照。Stewart J. Brown, ed., *William Robertson and the Expansion of Empire* (Cambridge, 1997).

(115) Sankar Muthu, *Enlightenment against Empire* (Princeton, NJ, 2003).

(116) 近年の多文化主義への関心は，このテーマを重視するが，現在ではほとんど読まれることがなくなった先行する世代の研究者にも，賛辞が贈られるべきであろう。たとえば，以下を参照。Lawrence Henry Gipson, *The British Empire before the Revolution*, Vol. 1 (Caldwell, 1936).

(117) 最も信頼できる研究は，以下である。Richard Bourke, *Empire and Revolution: The Political Life of Edmund Burke* (Princeton, 2015). アイルランドの地位に関する議論は，以下を参照。John Gibney, "Early Modern Ireland: A British Atlantic Colony?" *History Compass*, 6 (2008), pp. 172–182; Stephen Howe, "Questioning the (Bad) Question: Was Ireland a Colony?" *Irish Historical Studies*, 36 (2008), pp. 138–152.

(118) David Armitage, "Making the Empire British: Scotland in the Atlantic World, 1542–1707," *Past & Present*, 155 (1997), pp. 34–63. 紙幅の都合により，等閑視されているウェールズの事例を考慮することは難しい。ウェールズについては，以下の先駆的な研究を参照。Huw Bowen, ed., *Wales and the British Overseas Empire: Interactions and Influences, 1650–1830* (Manchester, 2012).

(119) 影響が後の時代に拡張した点は，あまり知られていないが，以下を参照。Myron C. Noonkester, "The Third British Empire: Transplanting the English Shire to Wales, Scotland, Ireland and America," *Journal of British Studies*, 36 (1997), pp. 251–285.

(120) Michael Fry, *The Scottish Empire* (Edinburgh, 2001); T. M. Devine, *Scotland's Empire, 1600–1815* (London, 2003); Devine, *To the Ends of the Earth: Scotland's Global Diaspora, 1750–2010* (London, 2012); John M. MacKenzie, "Irish, Scottish, Welsh and English Worlds? A Four-Nation Ap-

proach to the History of the British Empire," *History Compass*, 6 (2008), pp. 1244–1263; John M. MacKenzie and T. M. Devine, eds., *Scotland and the British Empire* (Oxford, 2011).

(121) 連合前夜のスコットランド経済の健全性という異なった視点については，以下を参照。Christopher A. Whatley with Derek J. Patrick, *The Scots and the Union* (Edinburgh, 2006); Alan J. Macinnes, *Union and Empire: The Making of the United Kingdom in 1707* (Cambridge, 2007). 以下も参照。Bob Harris, "The Anglo-Scottis Treaty of Union, 1707 in 2007: Defending the Revolution, Defeating the Jacobites," *Journal of British Studies*, 49 (2010), pp. 28–46; Alvin Jackson, *The Two Unions: Ireland, Scotland, and the Survival of the United Kingdom, 1707–2007* (Oxford, 2011).

(122) G. E. Bannerman, "The Nabob of the North: Sir Lawrence Dundas as Government Contractor," *Historical Research*, 83 (2010), pp. 102–123. ローレンス・ダンダスとヘンリー・ダンダスは親類縁者ではない。

(123) Andrew Mackillop, "A Union for Empire? Scotland, the East India Company, and the British Union," *Scottish Historical Review*, 87 (2008), Supplement, pp. 116–134; George K. McGilvany, *East India Company Patronage and the British State: The Scottish Elite and Politics in the Eighteenth Century* (London, 2008).

(124) John M. Mackenzie, "Empire and National Identities: The Case of Scotland," *Transactions of the Royal Historical Society*, 8 (1998), pp. 215–231.

(125) Bob Harris and Christopher Whatley, "'To Solemnize His Majesty's Birthday': New Perspectives on Loyalism in George II's Britain," *History*, 83 (1998), pp. 397–420.

(126) John M. MacKenzie, "Essay and Reflection: On Scotland and the Empire," *International History Review*, 15 (1993), pp. 714–739.

(127) 当初は，スコットランドで論争になった。Matthew P. Dziennik, "Hierarchy, Authority and Jurisdiction in the Mid-Eighteenth-Century Recruitment of the Highland Regiments," *Historical Research*, 85 (2012), pp. 89–104.

(128) Andrew Mackillop, "The Political Culture of the Scottish Highlands from Culloden to Waterloo," *Historical Journal*, 46 (2003), pp. 511–532は，1746–1815年の間，相互に支援しあう関係が成長したことを跡づけている。

(129) この事例については，筆者はエマ・ロスチャイルドの巧みな再現に多くを負っている。Emma Rothschild, *The Inner Life of Empires: An Eighteenth-Century History* (Princeton, NJ, 2011).

(130) Rothschild, *The Inner Life of Empires*, p. 15.

(131) 「ナワブ」(nawab)（ムガル帝国の地方総督の名称）がくだけた「ネイボッブ」という言葉は，17世紀末からインド（後には帝国一般）で富を蓄えた豊かなイギリス人を表現するのに使われた。その後，ネイボッブは，簡略語である「ノブ」のもととなった。

(132) *Theory of Moral Sentiments*, pp. 183–184. Rothschild, *Inner Life of Empires*, p. 13からの引用。

(133) 彼らの成功物語は，失敗した者のそれと併せて読まれるべきであろう。この点は，以下を参照。Linda Colley, *Captives: Britain, Empire and the World, 1600–1850* (London, 2002).

(134) 先行者については，以下を参照。James Scott Walker, *Cromwell in Ireland* (New York, 1999); Micheal Ó. Siochrú, "Atrocity, Codes of Conduct, and the Irish in the British Civil Wars, 1641–1653," *Past & Present*, 195 (2007), pp. 55–86. より一般的な議論は，以下を参照。Nicholas Canny, *Making Ireland British, 1580–1650* (Oxford, 2001); Kevin Kenny, ed., *Ireland and the British Empire* (Oxford, 2004), chs. 2–3.

(135) 続く和解については，以下を参照。Oliver P. Rafferty, "The Catholic Church, Ireland, and the British Empire, 1800–1921," *Historical Research*, 84 (2011), pp. 288–309.

(136) Patrick A. Walsh, *The Making of the Irish Protestant Ascendancy: The Life of William Conolly, 1662–1729* (Woodstock, 2010). 上記注（122）も参照。

(137) Patrick A. Walsh, "The Fiscal State in Ireland, 1691–1769," *Historical Journal*, 56 (2013), pp. 629–

656. 1769年以前には，おおよそ1万200人規模の軍で，以後には1万5000人となる。Ibid., p. 633.

(138) Alvin Jackson, *Home Rule: An Irish History, 1800–2000*（Oxford, 2003）は，後の時期について，優れた手引きとなっている。注（22）に挙げた彼のスコットランドの研究も参照。

(139) Jackson, *The Two Unions.*

(140) このことは，アイルランドも独自の帝国ネットワークを持っていなかったことを意味しない。Craig Bailey, "Metropole and Colony: Irish Networks and Patronage in the Eighteenth-Century Empire," *Immigrants & Minorities*, 23（2005）, pp. 161–181.

(141) これは重大な例外のある一般化である。とりわけ次の研究を参照。Michael R. Broers, *Europe under Napoleon, 1799–1815*（London, 1996）。この点についてのさらなる言及は，以下に見られる。Michael Broers, Peter Hicks, and Agustín Guimerá, eds., *The Napoleonic Empire and the New European Political Culture*（New York, 2012）. 筆者は，以下の研究からも示唆を得た。Stuart Woolf, *Napoleon's Integration of Europe*（London, 1991）; Woolf, "Napoleon and Europe Revisited," *Modern & Contemporary France*, 8（2004）, pp. 469–478; Philip G. Dwyer, ed., *Napoleon and Europe*（London, 2001）; Philip G. Dwyer and Alan Forest, eds., *Napoleon and His Empire: Europe, 1804–1814*（Basingstoke, Hants, 2007）.

(142) Stephen A. Kippur, *Jules Michelet: A Study of Mind and Sensibility*（New York, 1981）, ch. 12. イギリスとフランスの拡大が性格を異にする点については，以下を参照。Emma Rothschild, "Language and Empire, c. 1800," *Historical Research*, 78（2005）, pp. 208–229.

(143) Michael Broers, "Cultural Imperialism in a European Context? Political Culture and Cultural Politics in Napoleonic Italy," *Past & Present*, 170（2001）, pp. 152–180.

(144) ナポレオンの帝国統制システムは，フランス革命によって確立された体制に端を発している。国家憲兵隊は1791年に設立されている。「反乱者」（insurgent）という言葉は，フランスから他のヨーロッパに18世紀の後半に広まった。

(145) Suzanne Dean, Lynn Hunt, and William Max Nelson, eds., *The French Revolution in Global Perspective*（Ithaca, 2013）.

(146) T. C. W. Blanning, *The French Revolution in Germany: Occupation and Resistance in the Rhineland, 1792–1802*（New York, 1983）.

(147) Byron, "The Isles of Greece," in *Don Juan*（1819）, Canto 3.

(148) Percy Bysshe Shelley（1792–1822）, "Ode to Liberty"（1820）.

(149) Enrico Dal Lago, *William Lloyd Garrison and Giuseppe Mazzini: Abolition, Democracy, and Radical Reform*（Baton Rouge, 2013）.

(150) ギャリソン（1805–79年）は，バイロン，ラファイエット，コブデンらと同様の思想を持った改革者である。彼はコスモポリタンであるが，自国に根を持っていた。以下を参照。W. Caleb McDaniel, *The Problem of Democracy in the Age of Slavery: Garrisonian Abolitionists and Transatlantic Reform*（Baton Rouge, 2013）.

(151) Yonatan Eyal, *The Young America Movement and the Transformation of the Democratic Party, 1828–1861*（Cambridge, 2012）, pp. 107–110. コッシュート（1802–94年）は1851年末から1852年初頭のアメリカ訪問で英雄的扱いを受けた。彼がアメリカを離れるまでに，コッシュートの熱心なマニアは増大し，それでも彼が求めていた公式な支援を合衆国から受けることはできなかった。

(152) Richard Carwardine and Jay Sexton, eds., *The Global Lincoln*（Oxford, 2011）.

(153) Victor Hugo, *Les Misérables*（Paris, 1862; Adelaide, 2014）, vol. 2, book 1, ch. 17.

(154) Author's "Introduction"（written in 1842）to *La Comédie humaine*（Paris, 1855）, pp. 23–24.

(155) Brendan Simms, "Reform in Britain and Prussia, 1797–1815:（Confessional）Military-Fiscal State and Military-Agrarian Complex," *Proceedings of the British Academy*, 85（1999）, pp. 79–100.

(156) カタルーニャ反乱は1848年まで続いたが，そのきわめて保守的な性格は，ピレネー山脈の北で起こっていた革命運動とは一線を画していた。

(157) R. J. W. Evans and Harmut Pogge von Strandmann, eds., *The Revolutions in Europe, 1848–1849: From Reform to Reaction* (Oxford, 2000).

(158) Dieter Dowe, Heinz-Gerhard Haupt, Dieter Langewiesche, and Jonathan Sperber, eds., *Europe in 1848: Revolution and Reform* (New York, 2001).

(159) 以下のマイルス・テイラーの魅力的な論文を参照。Miles Taylor, "The 1848 Revolutions and the British Empire," *Past & Present*, 166 (2000), pp. 146–180.

(160) Taylor, "The 1848 Revolutions"; C. A. Bayly, "The First Age of Global Imperialism,c. 1760–1830," *Journal of Imperial and Commonwealth History*, 26 (1998), pp. 28–47.

(161) Timothy Mason Roberts, *Distant Revolutions: 1848 and the Challenge of American Exceptionalism* (Charlottesville, 2009).

(162) Andre M. Fleche, *The Revolution of 1861: The American Civil War in the Age of Nationalist Conflict* (Chapel Hill, 2012).

(163) Roberts, *Distant Revolutions*, p. 185は，この不安が，共和党の結成に貢献したと示唆する。

(164) Betsy Erkkila, "Lincoln in International Memory," in Shirley Samuels, ed., *The Cambridge Companion to Abraham Lincoln* (Cambridge, 2012), pp. 157–159.

(165) エドマンド・バークの言。典拠は以下。Daniel E. Ritchie, *Edmund Burke: Appraisals and Applications* (London, 1990), p. 247.

(166) Canning to Hookham Frere, January 8, 1825. 典拠は以下。E. M. Lloyd, "Canning and Spanish America," *Transactions of the Royal Historical Society*, 18 (1904), p. 77. この点に関する固有の文脈は，メキシコの独立である。カニングは，イギリスが新旧両者間の「間を行き来する」機会を，メキシコ独立に見ていた。

(167) Joseph Eaton, *The Anglo-American Paper War: Debates About the New Republic, 1800–1825* (Basingstoke, Hants, 2012), pp. 49, 103, 106, 114, 121–122.

(168) Beatrice de Graaf, "Second Tier Diplomacy: Hans von Gagern and William I in their Quest for an Alternative European Order, 1813–1818," *Journal of Modern European History*, 12 (2014), pp. 546–566; de Graaf, "Bringing Sense and Sensibility to the Continent—Vienna, 1815 Revisited," *Modern European History*, 13 (2015), pp. 447–457.

(169) Kim Oosterlinck, Loredana Ureche-Rangau, and Jacques-Marie Vaslin, "Baring, Wellington, and the Resurrection of French Public Finances Following Waterloo," *Journal of Economic History*, 74 (2014), pp. 1072–1102. このエピソードに注意を向けたのは，キングスカレッジのデーヴィッド・トッド博士のおかげである。感謝したい。

(170) ロバート・バンクス・ジェンキンソン（1770–1827年）：第2代リバプール伯，外務大臣（1810–04年），内務大臣（1804–05年，1807–09年），戦争担当国務大臣（1809–12年），イギリス史上最長の在任期間を持つ首相（1812–27年）。

(171) 引用は以下からである。Peter Mandler, *Aristocratic Government in the Age of Reform: Whigs and Liberals, 1830–1852* (Oxford, 1990), p. 28.

(172) David Todd, *L'identité économique de la France: libre-échange et protectionnisme, 1814–1851* (Paris, 2008); Alain Clément, "Libéralisme et anti-colonialisme: La pensée *économique* française et l'effondrement du premier empire colonial (1789–1830)," *Revue Économique*, 63 (2012), pp. 5–26は，セイとシスモンディの意見を加えている。

(173) Boyd Hilton, *The Age of Atonement: The Influence of Evangelicals on Social and Economic Thought, 1785–1865* (Oxford, 1986). より一般的には，Boyd Hilton, *A Mad, Bad, and Dangerous People? England, 1783–1846* (Oxford, 2006).

(174) Herbert Schlossberg, *The Silent Revolution and the Making of Victorian England* (Columbus, 2000). イギリスと合衆国の福音主義者は，密接な連携を続けた。以下を参照。Thistlethwaite, *The Anglo-American Connection*, ch. 3.

(175) David W. Bebbington, *Evangelicalism in Modern Britain: A History from the 1730s to the 1980s* (London, 1989), pp. 107–109.

(176) Victor G. Kiernan, *Poets, Politics, and the People* (London, 1989), p. 65.

(177) Hilton, *The Age of Atonement*, p. 6.

(178) 引用は，ロバート・ブラウニング(Robert Browning)の "The Lost Leader" より。同記事は，1843年にワーズワースが次第に保守化していくことへの批判として書かれた。

(179) 以下が手引きとなる。Arthur Burns and Joanna Innes, eds., *Rethinking the Age of Reform: Britain, 1780–1850* (Cambridge, 2003). 比較した視点については，以下を参照。Joanna Innes and Mark Philp, eds., *Re-Imagining Democracy in the Age of Revolution: America, France, Britain, Ireland 1750–1850* (New York, 2013).

(180) J. E. Cookson, *The British Armed Nation, 1793–1815* (Oxford, 1997); Jennifer Mori, "Languages of Loyalism: Patriotism, Nationhood and the State in the 1790s," *English Historical Review*, 118 (2003), pp. 33–58; Mark Philp, *Resisting Napoleon: the British Response to the Threat of Invasion, 1797–1815* (Ashgate, 2006).

(181) この点は，カトリーナ・ナヴィッカスが，詳細かつ独創的な研究で示している。Katrina Navickas, *Loyalism and Radicalism in Lancashire 1798–1915* (Oxford, 2009). 補足できる見解として，ニコラス・ロジャースは，いかに君主への支持と食料暴動および反強制徴募暴動が対比できるかを示した。Nicholas Rogers, "Burning Tom Paine: Loyalism and Counter-Revolution Britain, 1792–1793," *Social History*, 32 (1999), pp. 139–171.

(182) Robert Saunders, "God and the Great Reform Act: Preaching against Reform," *Journal of British Studies*, 52 (2014), pp. 378–399.

(183) Miles Taylor, "Empire and Parliamentary Reform: The 1832 Reform Act Revisited," in Arthur Burns and Joanna Innes, eds., *Rethinking the Age of Reform, 1780–1850* (Cambridge, 2003), ch. 13.

(184) Nicholas Draper, *The Price of Emancipation: Slave-Ownership, Compensation, and British Society at the End of Slavery* (Cambridge, 2010). およそ4万6000件の権利請求が提出された。そのうち25%は女性からである。

(185) Duke of Wellington to Croker, March 6, 1833. 以下からの引用。John A. Phillips and Charles Wetherell, "The Great Reform Act of 1832 and the Political Modernization of England," *American Historical Review*, 100 (1995), p. 434.

(186) David F. Krein, "The Great Landowners in the House of Commons, 1833–85," *Parliamentary History*, 32 (2013), pp. 460–476は，重要な変化は，1867年の選挙法改正に伴うものであった点を示している。

(187) 現在の研究は，以前よりも「大」選挙法改正に重点を置く傾向がある。以下を参照。Bruce Morrison, "Channeling the Restless Spirit of Innovation: Elite Concessions and Institutional Change in the British Reform Act of 1832," *World Politics*, 63 (2011), pp. 678–710; Phillips and Wetherell, "The Great Reform Act."

(188) Arthur Burns and Joanna Innes, eds., *Rethinking the Age of Reform, 1780–1850* (London, 2003); Joanna Innes and François-Joseph Ruggiu, "La réforme dans la vie publique anglaise: les fortunes d'un mot," *Annales*, 24 (2005), pp. 63–88.

(189) Miles Taylor, *The Decline of British Radicalism, 1847–1860* (Oxford, 1995); Krein, "The Great Landowners in the House of Commons."

(190) Peter J. Stanlis, ed., Edmund Burke, *Selected Writings and Speeches* (New York, 1963; New Brunswick, 2009), p. 263. 強調部分は特定の文脈に由来しているが，バークの視点を代表している。

(191) この段落はCain and Hopkins, *British Imperialism*, 第3章の基本的な議論に従っている（第3章は適宜アップデートされている）。

(192) O'Brien, "The Nature and Historical Evolution of the Exceptional Fiscal State," p. 430.

(193) Giovanni Federico, "The Corn Laws in Continental Perspective," *European Review of Economic History*, 16 (2012), pp. 166–187は，他のヨーロッパ諸国は，既存の土地利害を支援するために同様の行動を取ったことを示している。

(194) Paul Sharp, "1846 and All That: The Rise and Fall of British Wheat Protection in the Nineteenth Century," *Agricultural History Review*, 58 (2010), pp. 76–94は，1815年以後の保護関税の実効性の程度について評価している。

(195) C・R・フェイは，きわめて優れているが，評価されていない歴史家である。現在でも，唯一無二の情報源である。C. R. Fay, *Huskisson and His Age* (London, 1951).

(196) この主題に関する膨大な研究への出発点は，以下を参照。Hilton, The Age of Atonement; Anthony Howe, *Free Trade and Liberal England, 1846–1946* (New York, 1997); Anna Gambles, *Protection and Politics: Conservative Economic Discourse, 1815–1852* (Woodbridge, 1999); Cheryl Schonhardt-Bailey, *From the Corn Laws to Free Trade: Interests, Ideas and Institutions in Historical Perspective* (Cambridge, MA, 2006). 航海法については，以下を参照。Sara Palmer, *Politics, Shipping and the Repeal of the Navigation Laws* (Manchester, 1990). Gambles, *Protection and Politics*.

(197) Cain and Hopkins, *British Imperialism*, pp. 80–87.

(198) Gareth Steadman Jones, Daniel Argeles, and Philippe Minard, "Repenser le Chartisme," *Revue d'Histoire Moderne et Contemporaine*, 54 (2007), pp. 7–68.

(199) Cain and Hopkins, *British Imperialism*, pp. 612–613.

(200) Boyd Hilton, "Peel: A Reappraisal," *Historical Journal*, 22 (1979), pp. 601–602.

(201) Paul A. Pickering and Alex Tyrrell, *The People's Bread: A History of the Anti-Corn Law League* (Leicester, 2000). 最も新しい「コブデン研究」の手引きは，以下を参照。Anthony Howe and Simon Morgan, eds., *Rethinking Nineteenth-Century Liberalism: Richard Cobden Bicentenary Essays* (Aldershot, 2006).

(202) Danilo Raponi, "An 'Anti-Catholicism of Free Trade?' Religion and the Anglo-Italian Negotiations of 1863," *European History Quarterly*, 39 (2009), pp. 633–652は，プロテスタンティズムをカトリックの中心地に導入しようとした試みについて，興味深い事例を提示している。Frank Trentmann, *Free Trade Nation: Commerce, Consumption, and Civil Society in Modern Britain* (Oxford, 2008) は，宗教によるビジネスの神聖化を論じている。

(203) Palmer, *Politics, Shipping and the Repeal of the Navigation Laws*.

(204) Michael J. Turner, *Independent Radicalism in Early Victorian Britain* (Westport, 2004), pp. 64–73.

(205) Simon Morgan, "The Anti-Corn Law League and British Anti-Slavery in Trans-Atlantic Perspective, 1838–1846," *Historical Journal*, 52 (2009), pp. 87–107.

(206) Schonhardt-Bailey, *From the Corn Laws to Free Trade*は念入りに詳細を扱っている。Kevin H. O'Rourke, "British Trade Policy in the Nineteenth Century: A Review Article," *European Journal of Political Economy*, 16 (2000), pp. 829–842は，この分野について明晰な研究動向の整理を行っている――当該分野は，自由貿易が外国投資に持つ影響を等閑視する傾向を持つ。

(207) Henry Miller, "Popular Petitioning and the Corn Laws, 1823–46," *English Historical Review*, 127 (2012), pp. 882–919. コブデンは，この言葉やそのバリエーションを無数の機会に使っている。

(208) Schonhardt-Bailey, *From the Corn Laws to Free Trade*, p. 228.

(209) Philip Harling and Peter Mandler, "From 'Fiscal-Military' State to Laissez-Faire State, 1760–1850," *Journal of British Studies*, 32 (1993), pp. 44–70; Philip Harling, *The Waning of "Old Corruption": The Politics of Economical Reform in Britain, 1779–1846* (New York, 1996); David Cannadine, "The Context, Performance and Meaning of Ritual: The British Monarchy and the 'Invention of Tradition,' " in Eric Hobsbawm and Terence Ranger, eds., *The Invention of Tradition* (Cambridge, 1983), pp. 101–164; Duncan Bell, "The Idea of a Patriot Queen? The Monarchy, the Constitution, and

the Iconographic Order of Greater Britain, 1860–1900," *Journal of Imperial & Commonwealth History*, 34 (2006), pp. 3–21.

(210) Peter Mandler, *The English National Character* (New Haven, 2007) は，平等の権利を確立するための手段として，改革者たちがいかに共通の国民意識を創出したかを論じている。

(211) Anthony Webster, *The Twilight of the East India Company: The Evolution of Anglo-Asian Commerce and Politics, 1790–1860* (Woodbridge, 2009), ch. 3. 東インド会社は，1858年に政府機能を失い，1874年に解散した。

(212) Richard Huzzey, *Freedom Burning: Anti-Slavery and Empire in Victorian Britain* (Ithaca, 2012) は，1833年以後の奴隷制廃止の世論についての歴史を跡づけている。

(213) 典拠は以下。Brendan Simms, "The Connection Between Foreign Policy and Domestic Politics in Eighteenth-Century Britain," *Historical Journal*, 49 (2006), pp. 605–625, at p. 620. この言葉は古典に由来するが，同時代のスペイン語の使用法からの借用である。マカートニー（初代伯，1737–1806年）：外交官・植民地行政官。総督職は，イギリス領西インド（1775年），マドラス（1781–85年），ケープ植民地（1796年），中国大使（1792年）。

(214) Simms, "The Connection Between Foreign Policy and Domestic Politics," at p. 620.

(215) O'Brien and Duran, "Total Factor Productivity for the Royal Navy." David Killingray, Margarette Lincoln, and Nigel Rigby, eds., *Maritime Empires: Britain's Imperial Maritime Trade in the Nineteenth Century* (Woodbridge, 2004) は，等閑視されていた主題について幅広く叙述している。Barry Gough, *Pax Britannica: Ruling the Waves and Keeping the Peace Before Armageddon* (London, 2014) は，信頼できる研究動向である。

(216) Schroeder, *The Transformation of European Politics.* さらなる議論については，以下を参照。*International History Review*, 16 (1994), issue 2; Peter Kruger and Paul W. Schroeder, eds., *The Transformation of European Politics, 1763–1848: Episode or Model in Modern History?* (Munster, 2002).

(217) Todd Shepard, *The Invention of Decolonization: The Algerian War and the Remaking of France* (Ithaca, 2006), ch. 1.

(218) 独立宣言は1822年。

(219) Adam Smith, *The Wealth of Nations* (New York, 1937), pp. 781–782.

(220) この点は，フランソワ・クローゼットが評価の高い判断を行っている。François Crouzet, "Mercantilism, War and the Rise of British Power," in Patrick Karl O'Brien and Armand Clesse, eds., *Two Hegemonies: Britain, 1846–1914 and the United States, 1941–2001* (Aldershot, 2002), pp. 80–81.

(221) 筆者はここで，Marshall, *Remaking the British Atlantic* の全体の議論に従っている。

(222) Kevin O'Rourke, "The Worldwide Economic Impact of the French Revolutionary and Napoleonic Wars, 1793–1815," *Journal of Global History*, 1 (2006), pp. 123–149.

(223) Ibid., pp. 148–149.

(224) Karl Patrick O'Brien, "The Contributions of Warfare with Revolutionary and Napoleonic France to the Consolidation and Progress of the British Industrial Revolution," *LSE Working Paper*, no. 150/11 (2011). この報告書の引用を許可してくれたオブライエン教授に感謝したい。

(225) A. G. Hopkins, "The 'New International Order' in the Nineteenth Century: Britain's First Development Plan for Africa," in Robin Law, ed., *From Slave Trade to Legitimate Commerce: The Commercial Transition in Nineteenth-Century West Africa* (Cambridge, 1995), pp. 240–264.

(226) 引用は，James R. Fichter, *So Great a Proffit: How the East Indies Trade Transformed Anglo-American Capitalism* (Cambridge, MA, 2010), pp. 56, 67, 73. ヘンリー・ダンダス（1742–1811年）：初代メルヴィル子爵。戦争担当国務大臣（1794–1801年）。

(227) 全般的な議論としては，以下を参照。James Belich, *Replenishing the Earth: The Settler Revolution and the Rise of the Anglo-World, 1783–1939* (Oxford, 2009). アルバート・シュラウザーは，アッパーカナダの金融寡頭支配層が，いかにイギリスの同僚の活動を補う形で1837年の反乱以前に経済と政

治を形作っていたかを示している。Albert Schrauwers, "The Gentlemanly Order and the Politics of Production in the Transition to Capitalism in the Home District, Upper Canada," *Labour/Le Travail*, 65 (2010), pp. 9–45.

(228) Anthony Webster, *The Twilight of the East India Company: The Evolution of Anglo-Asian Commerce and Politics, 1790–1860* (Woodbridge, 2009), ch. 3.

(229) Fichter, *So Great a Proffit*, pp. 74–76.

(230) Bernard Semmel, *The Liberal Ideal and the Demons of Empire* (Baltimore, 1993), pp. 27–33. ウェイクフィールドの計画に関して懐疑的な見方をしているのは，以下である。Ged Martin, *Edward Gibbon Wakefield: Abductor and Mystagogue* (Edinburgh, 1997).

(231) 典拠は以下。Semmel, *The Liberal Ideal*, p. 29.

(232) トマス・バビントン・マコーレー（1800–59年）。この引用と続く引用は，以下を典拠としている。"The Government of India," Speech to the House of Commons, July 10, 1833, in *Thomas Babington Macaulay, Miscellaneous Writings and Speeches*, vol. 4 (London, 1889), at http://www.gutenberg.org/etext/2170.

(233) Herman Merivale, *Lectures on Colonisation and Colonies* (London, 1841; New York, 1967). メリベール（1806–74年）：オックスフォード大学政治経済学教授（1827–42年），植民地省事務次官（1848–60年）。現在はあまり研究対象となっていない人物である。

(234) Merivale, *Lectures*, p. vi.

(235) Ibid., p. 159.

(236) Semmel, *The Liberal Ideal*, p. 72より引用。

(237) Seymour Drescher, *Abolition: A History of Slavery and Anti-Slavery* (Cambridge, 2009); Drescher, "Capitalism and Abolitionism," *History & Theory*, 32 (1993), pp. 311–329. 両者の関係はしばしば問題を抱えていた。Morgan, "The Anti-Corn Law League."

(238) 歴史家は，クリストファー・L・ブラウンの独創性に賛辞を贈るべきである。Christopher L. Brown, *Moral Capital: Foundations of British Abolitionism* (Chapel Hill, 2006). Young Hwi Yoon, "The Rise of Abolitionism during the Revolutionary Period, 1770–1800," *East Asian Journal of British History*, 3 (2013), pp. 1–25は，有益な補足を提示する。

(239) Philip Harling, "Robert Southey and the Language of Social Discipline," *Albion*, 30 (1998), pp. 630–655は，いかにサウセイが，トーリーの家父長主義のために自らの急進主義を捨て去ったかを示している。

(240) Richard R. Follett, "After Emancipation: Thomas Fowell Buxton and Evangelical Politics in the 1830s," *Parliamentary History*, 27 (2008), pp. 119–129.

(241) Clare Midgley, *Women Against Slavery: The British Campaigns, 1780–1870* (London, 1992); Seymour Drescher, "Whose Abolition? Popular Pressure and the Ending of the British Slave Trade," *Past & Present*, 143 (1994), pp. 136–165; J. R. Oldfield, *Popular Politics and British Anti-Slavery: The Mobilisation of Public Opinion against the Slave Trade, 1787–1807* (London, 1998).

(242) Christer Petly, "'Devoted Islands' and 'That Madman Wilberforce': British Proslavery Patriotism during the Age of Abolition," *Journal of Imperial & Commonwealth History*, 39 (2011), pp. 393–415.

(243) W. Caleb McDaniel, *The Problem of Democracy in the Age of Slavery: Garrisonian Abolitionists and Transatlantic Reform* (Baton Rouge, 2013); Thistlethwaite, *The Anglo-American Connection*, chs. 3–4.

(244) 反奴隷制運動と穀物法廃止運動の複雑な関係については，以下を参照。Morgan, "The Anti-Corn Law League," pp. 87–107.

(245) ローワン・ストロングは，国教会の帝国への関与が長期にわたっている点，またこの点について一貫した見解を持っていた点を解明した。Rowan Strong, *Anglicanism and the British Empire, c. 1700–1850* (Oxford, 2007).

(246) 典拠は，Allan McPhee, *The Economic Revolution in British West Africa* (London, 1926; 1971), p. 31.

(247) サー・ジョン・ボーリング（1792–1872年）：博学者，国会議員，外交官，自由貿易商人。彼については以下を参照。David Todd, "Sir John Bowring and the Global Dissemination of Free Trade," *Historical Journal*, 51 (2008), pp. 373–397.

(248) 現在の理解は以下を参照。Gough, *Pax Britannica*, especially chs. 7, 10, 11.

(249) Douglas M. Peers, *Between Mars and Mammon: Colonial Armies and the Garrison State in India, 1819–1835* (London, 1995) は，イギリスの植民地統治における軍事的要素の重要性を強調しつつ，未知の領土に関して軍士官が情報を集め，共有した役割についても注意を払っている。このような流れの中で，彼らは啓蒙主義的原則と彼らが未開とみなした社会との差異に関する議論に貢献したのである。

(250) Muthu, *Enlightenment Against Empire.*

(251) Jennifer Pitts, *A Turn to Empire: The Rise of Liberal Imperialism in Britain and France* (Princeton, 2005).

(252) Eileen P. Sullivan, "Liberalism and Imperialism: J. S. Mill's Defence of the British Empire," *Journal of the History of Ideas*, 44 (1983), pp. 5, 99–617; Lynn Zastoupil, *John Stuart Mill and India* (Stanford, 1994); Beate Jahn, "Barbarian Thoughts: Imperialism in the Philosophy of John Stuart Mill," *Review of International Studies*, 31 (2005), pp. 599–618; John Stuart Mill, *On Liberty* (1859), ch. 1.

(253) Ibid.

(254) Jennifer Pitts, ed., Alexis de Tocqueville, *Writings on Slavery and Empire* (Baltimore, 2001). バンジャマン・コンスタン（1767–1830年）のリベラルコスモポリタニズムについては，以下を参照。Helena Rosenblatt, "Why Constant? A Critical Overview of the Constant Revival," *Modern Intellectual History*, 1 (2004), pp. 439–454.

(255) Smith, *Wealth of Nations*, p. 899.

(256) Ibid., p. 900.

(257) Samuel Taylor Coleridge, quoted in Harold Bloom, ed., *Samuel Taylor Coleridge* (New York 2010), p. 117. サミュエル・テイラー・コールリッジ（1772–1834年）は，ワーズワースと並んで，ロマン主義運動の創設者であり，とくにサウセイ，バーク，カント主義者の理想主義に依拠した。

(258) R. R. Palmer, *The Age of Democratic Revolution* (Princeton, NJ, 1969); Eric Hobsbawm, *Industry and Empire: From 1750 to the Present Day* (London, 1968; 1999).

(259) Edmund Burke, "Reflections on the Revolution in France," in *Works*, vol. 3 (Boston, 1904), p. 315.

(260) ジェフリー・ブレイニーによる，いまや古典となった研究からの引用である。Geoffrey Blainey, *Tyranny of Distance: How Distance Shaped Australian History* (1966; 1982).

(261) Antonio Pablo Pebrer, *Taxation, Revenue, Expenditure, Power, Statistics, and Debt of the Whole British Empire* (London, 1833), p. v. ペブラーはまた，スペイン女王に対してイギリスの財政制度を推奨している。

第三章

(1) 以下に続くワシントンの物語は，カサンドラ・ピバスの独創的な研究によって可能となった。Cassandra Pybus, "Washington's Revolution," *Atlantic Studies*, 3 (2006), pp. 183–199; Pybus, *Black Founders: The Unknown Story of Australia's First Black Settlers* (Sydney, 2006) は，18世紀という時代を対象にした特定の研究という枠を超えて知られるべきであろう。

(2) ジョン・マレー，第4代ダンモア伯（1730–1809年）：ニューヨーク総督（1770–71年），ヴァージニア総督（1771–76年），バハマ総督（1771–1808年）。

(3) サー・ガイ・カールトンは：アングロ・アイリッシュのプロテスタント一族を出自とする職業軍人。北アメリカ方面イギリス人総司令官（1782–83年），初代ドーチェスター男爵（1786年），イギリ

ス領北アメリカ総督（Governor-General）（1786–96年）。

（4） Cassandra Pybus, "Jefferson's Faulty Math: The Question of Slave Defections in the American Revolution," *William & Mary Quarterly*, 62（2005）, pp. 243–264は，革命期の奴隷の逃亡数を推計した最も完成度の高い研究である。

（5） 幅広く，かつ目配りのきいた叙述は以下である。Simon Schama, *Rough Crossings: Britain, the Slaves, and the American Revolution*（New York, 2006）.

（6） 最も新しい研究は，Maya Jasanoff, *Liberty's Exiles: American Loyalists in the Revolutionary World*（New York, 2011）.

（7） クラークソンの弟ジョン（1764–1828年）は海軍の中尉で，西インドで勤務した。その後ノヴァ・スコシアから部隊を組織する指導的役割を果たし，シエラレオネ入植地の初代総督となった。

（8） Bruce Mouser, "Rebellion, Marronage and Jihad: Strategies of Resistance to Slavery on the Sierra Leone Coast, c. 1783–1796," *Journal of African History*, 48（2007）, pp. 27–44. 筆者は，マコーレーの態度に関してわからない点があったが，モウサー博士のおかげで解決した。感謝したい。

（9） 従来の研究を刷新した当該時期に関する最良の叙述は，アラン・テイラーのきわめて優れた書物である。Alan Taylor, *American Colonies: The Settling of North America*（New York, 2001）. また，彼のアメリカ独立革命に関する非常に幅広い叙述も参照のこと。Alan Taylor, *American Revolutions: A Continental History, 1750–1804*（New York, 2016）. バーナード・ベイリンは，「国民的」解釈の中でも最も鋭く，洗練され，かつ影響力のある研究を行った。ベイリンの研究に関する全体像については，以下を参照。James A. Henretta, Michael Kammen, and Stanley N. Katz, eds., *The Transformation of Early American History*（New York, 1991）. ベイリンについての詳細かつ掘り下げた評価については，以下を参照。Alan Taylor, "The Exceptionalist," *New Republic*, June 9, 2001, pp. 33–37.

(10) 本書第一章で明言したように，本研究は，アメリカ史全体の把握を試みるものではない。

(11) この点については，複数の角度からの研究がある。Jeremy Adelman, "An Age of Imperial Revolutions," *American Historical Review*, 113（2008）, pp. 319–340; Peter A. Coclanis, "Atlantic World or Atlantic/World?" *William & Mary Quarterly*, 63（2006）, pp. 725–742; Eliga H. Gould, "Entangled Histories, Entangled Worlds: The English-Speaking Atlantic as a Spanish Periphery," *American Historical Review*, 112（2007）, pp. 764–786; Trevor Burnard, "Placing British Settlements in the Americas in Comparative Perspective," in H. V. Bowen, Elizabeth Mancke, and John G. Reid, eds., *Britain's Oceanic Empire: Atlantic and Indian Ocean Worlds, 1550–1850*（Cambridge, 2012）, ch. 15; David Armitage, *The Declaration of Independence: A Global History*（Cambridge, MA, 2008）; Linda Colley, "Empires of Writing: Britain, America, and Constitutions, 1776–1848," *Law & History Review*, 32（2014）, pp. 237–266.

(12) Carlos Marichal, *Bankruptcy of Empire: Mexican Silver and the Wars between Spain, Britain, France, 1760–1810*（Cambridge, 2007）, pp. 100, 152.

(13) Mouser, "Rebellion, Marronage and Jihad," p. 41. ザカリー・マコーレー（1768–1838年）：アボリショニスト，福音主義者，トマス・マコーレーの父。マコーレーは1792–93年にかけて，シエラレオネ会社の理事会役員であり，1792–93年，1796–99年にフリータウン総督を務めた。ワイトの優れた伝記が，長年のステレオタイプを修正した。Iain Whyte, *Zachary Macaulay, 1768–1838: The Steadfast Scot in the British Anti-Slavery Movement*（Liverpool, 2011）.

(14) 「グレンヴィル氏の下で幕を開けた，新たな植民地システムの最初の輝き」。エドマンド・バークの1774年4月19日の議会演説。

(15) この段落は，本書第二章の議論と連動している。また，18世紀半ばに起こったいくつもの戦争の国内的また帝国的影響を考えさせることにもつながる。

(16) （London, 1764）. オンラインで入手可能。

(17) Richard Harding, *The Emergence of Britain's Global Supremacy: The War of 1739–1748*（Woodbridge, Suffolk, 2010）.

(18) Fred Anderson, *Crucible of War: The Seven Years' War and the Fate of Empire in British North America, 1754–1766* (New York, 2000).

(19) James M. Vaughn, *The Politics of Empire at the Accession of George III: The East India Company and the Crisis and Transformation of Britain's Imperial State* (New Haven, 2018), ch. 1. 筆者は，ヴォーン博士の著作のもととなっている，長文の草稿を読ませていただき，また使用させていただいた。博士に非常に多くの恩を負っている。Bob Harris, "'American Idols': War and the Middling Ranks in Mid-Eighteenth Century Britain," *Past & Present*, 150 (1996), pp. 111–142; Marie Peters, "Early Hanoverian Consciousness of Empire or Europe?" *English Historical Review*, 122 (2007), pp. 632–688.

(20) Harris, "American Idols"; Peters, "Early Hanoverian Consciousness of Empire."

(21) J. E. Cookson, "Britain's Domestication of the Soldiery, 1750–1850: The Edinburgh Manifestations," *War & Society*, 28 (2009), pp. 1–28.

(22) Miles Taylor, "John Bull and the Iconography of Public Opinion in England, c. 1712–1929," *Past & Present*, 134 (1992), pp. 93–128.

(23) Harris, "American Idols."

(24) Marie Peters, *Pitt and Popularity: The Patriot Minister and Popular Opinion During the Seven Years' War* (New York, 1981).

(25) Marie Peters, "The Myth of William Pitt, Earl of Chatham, Great Imperialist: Part One, Pitt and Imperial Expansion, 1738–1763," *Journal of Imperial & Commonwealth History*, 21 (1993), pp. 31–74.

(26) Vaughn, *The Politics of Empire*, ch. 2.

(27) ピットのキャリアにおけるこの局面については，以下を参照。Marie Peters, "The Myth of William Pitt, Earl of Chatham, Great Imperialist: Part Two, Chatham and Imperial Reorganization, 1763–78," *Journal of Imperial & Commonwealth History*, 22 (1994), pp. 393–432.

(28) Brewer, *Sinews of Power*, p. 114; Jan Eloranta and Jeremy Land, "Britain's Public Debt and the Seven Years' War," *Essays in Economic & Business History*, 29 (2011), pp. 101–118.

(29) Eliga H. Gould, *The Persistence of Empire: British Political Culture in the Age of the American Revolution* (Chapel Hill, 2000), p. 108.

(30) John J. McCusker, "British Mercantilist Policies and the American Colonies," in Stanley L. Engerman and Robert E. Gallman, eds., *The Cambridge Economic History of the United States*, Vol. 1 (Cambridge, 1996), pp. 358–362.

(31) Arthur H. Cash, *John Wilkes: The Scandalous Father of Civil Liberty* (New Haven, 2006) は，端的にウィルクスの政治面での経歴を叙述している。John Sainsbury, "John Wilkes, Debt, and Patriotism," *Journal of British Studies*, 34 (1995), pp. 165–195は，財政的な面を加えている。

(32) 1782年6月7日のフランクリンからプリーストリーへの書状。引用は以下。Verner W. Crane, "The Club of Honest Whigs: Friends, Science and Liberty," *William & Mary Quarterly*, 23 (1966), pp. 210–233, とくに p. 233.

(33) Miles Taylor, "The 1848 Revolutions and the British Empire," *Past & Present*, 166 (2000), pp. 146–180.

(34) 筆者は，ジャスティン・ドュリベージ博士に彼の重要な博士論文を読ませていただいた。多大な感謝をささげる。Justin DuRivage, "Taxing Empire: Political Economy and the Ideological Origins of the American Revolution, 1747–1776" (Ph. D., dissertation, Yale University, 2013). 課税については，4-5頁，129-133頁を参照。植民地課税に関する膨大な研究は，植民地人が負う負担についての既存の見解を裏付けている。この主題については，以下を参照。Fred Anderson, *Crucible of War: The Seven Years' War and the Fate of Empire in British North America, 1754–1766* (New York, 2000).

(35) 注 (14) を参照。

(36) DuRivage, "Taxing Empire," ch. 4.

(37) ヘンリー・シーモア・コンウェイ(1721–95年)：職業軍人，議会議員。彼はロッキンガム派ホウィッグに加わった。グレンヴィルの改革，タウンゼント課税，植民地人への軍隊の使用には頑強に抵抗した。イギリス軍総司令官（1782–93年）。

(38) James E. Bradley, *Popular Politics and the American Revolution in England: Petitions, the Crown, and Public Opinion* (Macon, 1986) は，続く戦争はイギリスでは不人気だったと示している。

(39) Nicholas Phillipson, "Providence and Progress: An Introduction to the Historical Thought of William Robertson," in Stewart J. Brown, ed., *William Robertson and the Expansion of Empire* (Cambridge, 1997), p. 73.

(40) William E. Todd, ed., David Hume, *History of England* (1778 edition; Indianapolis, 1983), vol. 5, pp. 146–148.

(41) 典拠は以下。Nicholas Capaldi and Donald W. Livingston, eds., *Liberty in Hume's History of England* (Dordrecht, 1990), p. 113.

(42) 典拠は以下。John Y. T. Grieg, ed., David Hume, *The Letters of David Hume* (Oxford, 1932; 2011), vol. 2, p. 510.

(43) Ibid.

(44) 1巻は1776年，2巻・3巻は1781年，4巻・5巻・6巻は1788–89年に出版されている。以下を参照。Eran Shalev, *Rome Reborn on Western Shores: Historical Imagination and the Creation of the American Republic* (Charlottesville, 2009); P. J. Marshall, "Empire and Authority in the Later Eighteenth Century," *Journal of Imperial & Commonwealth History*, 15 (1987), pp. 105–122.

(45) William Playfair (1759–1823), *An Inquiry into the Permanent Causes of the Decline and Fall of Powerful and Wealthy Nations Designed to Shew how the Prosperity of the British Empire may be Prolonged* (London, 1805). オンラインで参照可能。

(46) Francis Hutcheson, *A System of Moral Philosophy* (1755), II, book 3. 典拠は以下。Caroline Robbins, "'When it is that Colonies may Turn Independent': An Analysis of the Environment and Politics of Francis Hutcheson (1694–1746)," in Robbins, *Absolute Liberty* (Hamden, 1982), pp. 133–167.

(47) Nigel Leask, "Thomas Muir and the Telegraph: Radical Cosmopolitanism in 1790s Scotland," *History Workshop*, 63 (2007), pp. 48–69. 1793年にミュアは，オーストラリアに送致されたが，そこで彼は，国際的な運動を組織した。彼は，1707年の合同法によって守られたスコットランドの法制度の下で業務を行った保守派のトーリー判事によって有罪とされたのである。

(48) この東インド会社の口語的な名称は19世紀に由来し，ヘンリー・ファーバーによる先駆的な研究で用いられている。Holden Furber, *John Company at Work: A Study of European Expansion in the Late Eighteenth Century* (Cambridge, MA, 1948).

(49) Tirthankar Roy, "Rethinking the Origins of British India: State-Formation and Military-Fiscal Undertakings in an Eighteenth-Century World Region," *Modern Asian Studies*, 47 (2013), pp. 1125–1156.

(50) Philip J. Stern, *The Company State: Corporate Sovereignty and the Early Modern Foundations of the British Empire in India* (Oxford, 2011).

(51) Robert Travers, "Ideology and British Expansion in Bengal, 1757–72," *Journal of Commonwealth & Imperial History*, 33 (2005), pp. 7–27.

(52) Guido Abbattista, "Empire, Liberty and the Rule of Difference: European Debates on British Colonialism in Asia at the End of the Eighteenth Century," *European Review of History*, 13 (2006), pp. 473–496.

(53) サンジャイ・サブラマニャムは，いかに東インド会社の要求が，一つのインド国家の財政的また政治的な困難を増大させたかについて，優れたケーススタディを行っている。Sanjay Subrahmanyam, "The Politics of Fiscal Decline: A Reconsideration of Maratha Tanjavur," *Indian Economic & Social History Review*, 32 (1995), pp. 177–217.

(54) 膨大な博識に基づきつつ，バランスの取れた叙述は，以下を参照。P. J. Marshall, "The Rise of Brit-

ish Power in Eighteenth-Century India," *Journal of South Asian Studies*, 19 (1996), pp. 71–76; Marshall, "Britain and the World in the Eighteenth Century. III, Britain and India," *Transactions of the Royal Historical Society*, 10 (2000), pp. 1–16; Roy, "Rethinking the Origins of British India."

(55) Vaughn, *The Politics of Empire*, ch. 3.

(56) James W. Frey, "The Indian Saltpetre Trade, the Military Revolution, and the Rise of Britain as a Global Superpower," *Historian*, 71 (2009), pp. 507–554.

(57) Spencer A. Leonard, "'A Theatre of Disputes': The East India Company Election of 1764 as the Founding of British India," *Journal of Imperial & Commonwealth History*, 42 (2014), pp. 593–624.

(58) P. J. Marshall, "British Society in India under the East India Company," *Modern Asian Studies*, 31 (1997), p. 91.

(59) John Adolphus, *The History of England from the Accession of George III to the Conclusion of the Peace in the Year 1783*, vol. 1 (London, 1801), p. 342.

(60) Travers, "Ideology and British Expansion," pp. 15–16.

(61) ハートレーの『予算』その他は，彼らにとって疑わしい会計手法を世にさらした。

(62) 典拠は，James C. Davies, ed., *When Men Revolt and Why* (New Brunswick, NJ, 1971; 1997), p. 96.

(63) Ibid.

(64) James C. Davies, "Toward a Theory of Revolution," *American Sociological Review*, 27 (1962), pp. 5–19.

(65) トクヴィルの言葉。典拠は以下。Davies, *When Men Revolt*, p. 96.

(66) Drew R. McCoy, *The Elusive Republic: Political Economy in Jeffersonian America* (Chapel Hill, 1980).

(67) James L. Huston, "The American Revolutionaries, the Political Economy of Aristocracy, and the American Concept of the Distribution of Wealth, 1765–1900," *American Historical Review*, 98 (1994), pp. 1079–1105; Lee J. Alston and Morton Owen Schapiro, "Inheritance Laws across Colonies: Causes and Consequences," *Journal of Economic History*, 44 (1984), pp. 277–287.

(68) Jon Butler, "Enthusiasm Described and Decried: The Great Awakening as Interpretive Fiction," *Journal of American History*, 69 (1982), pp. 305–325.

(69) Frank Lambert, *"Pedlar in Divinity": George Whitefield and the Transatlantic Revivals* (Princeton, NJ, 1994) は，拡大する消費と結びついたマーケティング技術を強調している。W. R. Ward, *The Protestant Evangelical Awakening* (Cambridge, 1992) は，大覚醒をヨーロッパを基盤とした運動だと論じている。Thomas S. Kidd, *The Great Awakening: The Roots of Evangelical Christianity in Colonial America* (New Haven, 2007) は，大覚醒を刺激的な福音主義運動として扱う。

(70) Frank Lambert, *The Founding Fathers and the Place of Religion in America* (Princeton, 2003). ここで論じているよりも強力な論証については，以下を参照。Thomas S. Kidd, *Religion and the American Revolution* (New York, 2010).

(71) James P. Byrd, *Sacred Scripture, Sacred War: The Bible and the American Revolution* (Oxford, 2013).

(72) ジョン・マリンは，新たな概念を生み出す大きな貢献を行った。ここでは，マリンに多くを負っている。John Murrin, "No Awakening, No Revolution?" *Reviews in American History*, 11 (1983), pp. 161–171.

(73) この点については，以下に依拠している。Nicholas Guyatt, *Providence and the Invention of the United States, 1607–1876* (Cambridge, 2007).

(74) ジョン・マクスカーとラッセル・メナードの先駆的な仕事には，とくに言及しておく必要があろう。John J. McCusker and Russell R. Menard, *The Economy of British America, 1607–1789* (Chapel Hill, 1985). 同書については，ピーター・A・コクラニスが生き生きとしたエッセイを書いている。Peter A. Coclanis, "In Retrospect: McCusker and Menard's *Economy of British America,*" *Reviews in*

American History, 30 (2002), pp. 183–197. コクラニスは今後の展望を指摘しているが，同時に，それを手掛ける経済史家がほとんどいないことも論じている。以下も参照。Ronald Hoffman, ed., *The Economy of Early America: The Revolutionary Period, 1763–1790* (Charlottesville, 1988); Marc Egnal, *New World Economies: The Growth of the Thirteen Colonies and Early Canada* (New York, 1998); Stanley L. Engerman and Robert E. Gallman, eds., *The Cambridge Economic History of the United States*, Vol. 1 (Cambridge, 1996); John J. McCusker and Kenneth Morgan, eds., *The Early Modern Atlantic Economy* (Cambridge, 2000); Cathy Matson, ed., *The Economy of Early America: Historical Perspectives and New Directions* (University Park, 2006).

(75) David W. Galenson, "The Settlement and Growth of the Colonies," in Engerman and Gallman, *Cambridge Economic History*, pp. 170–173. 同時期に，黒人人口は13万7000人から89万人へと増大している。

(76) この主題については，すべての権威ある研究者が同意している。McCusker and Menard, *Economy of British America*; Gallman, "Settlement and Growth of Population."

(77) Jacob M. Price, "The Imperial Economy, 1700–1776," in P. J. Marshall, ed., *Oxford History of the British Empire*, Vol. 2 (Oxford, 1998), p. 103.

(78) Edwin Cannan, ed., Adam Smith, *The Wealth of Nations* (1776; 1937), p. 393.

(79) Ibid.

(80) Ibid., p. 540.

(81) Gallman, "Settlement and Growth of the Colonies," pp. 190–193.

(82) Peter H. Lindert and Jeffrey G. Williamson, *Unequal Gains: American Growth and Inequality Since 1700* (Princeton, NJ, 2016), pp. 39–42.

(83) John Komlos, "On the Biological Standard of Living of Eighteenth-Century Americans: Taller, Richer, Healthier," *Research in Economic History*, 20 (2001), pp. 223–248.

(84) Cary Carson, Ronald Hoffman, and Peter J. Albert, eds., *Of Consumer Interests: The Style of Life in the Eighteenth Century* (Charlottesville, 1994); T. H. Breen, *The Market Place of Revolution: How Consumer Politics Shaped American Independence* (New York, 2004).

(85) Eric P. Kaufmann, *The Rise and Fall of Anglo-America* (Cambridge, MA, 2004), p. 13. 事の性格上，この数値は概算にすぎない。他の資料はやや異なる割合を示している。

(86) Bernard Bailyn, *The Peopling of British North America: An Introduction* (London, 1986).

(87) 市場への関わり方がさまざまである点については，以下を参照。Allan Kulikoff, *The Agrarian Origins of American Capitalism* (Charlottesville, 1992); Kulikoff, *From British Peasants to Colonial American Farmers* (Chapel Hill, 2000). 富の分配については，ジョーンズによる信頼できる研究を参照。Alice H. Jones, *Wealth of a Nation to Be: The American Colonies on the Eve of the Revolution* (New York, 1980); Lee Soltow, *The Distribution of Wealth in the United States in 1798* (Pittsburgh, 1989).

(88) Julie M. Flavell, "The 'School for Modesty and Humility': Colonial American Youth in London and their Parents, 1755–1775," *Historical Journal*, 42 (1999), pp. 377–403; John E. Crowley, *The Pursuit of Comfort: The Modern and the Material in the Early Modern British Atlantic World* (Baltimore, 2001).

(89) 典拠は以下。James Belich, *Replenishing the Earth: The Settler Revolution and the Rise of the Anglo-World, 1783–1939* (Oxford, 2009), p. 147.

(90) John Grenier, *The First Way of War: American War-Making on the Frontier, 1607–1814* (Cambridge, 2005).

(91) Lindert and Williamson, *Unequal Gains*, ch. 2; Christopher Clark, "Reshaping Society: American Social History from Revolution to Reconstruction," in Melvyn Stokes, ed., *The State of US History* (New York, 2002), p. 48.

(92) 典拠は以下。R. A. Burchell, “The Role of the Upper Class in the Formation of American Culture, 1780–1840,” in Burchell, ed., *The End of Anglo-America: Historical Essays in the Study of Cultural Divergence* (Manchester, 1991), p. 196.

(93) Malcolm Gaskill, *Between Two Worlds: How the English Became Americans* (Oxford, 2014) は，17世紀をカバーし，（タイトルにもかかわらず）いかに大陸植民地のイギリス人がアメリカ人になる過程が緩やかであったかを巧みに示している。以下も参照。Richard L. Bushman, *The Refinement of America: Persons, Houses, Cities* (New York, 1992); Cornelia D. Hughes, *Women before the Bar: Gender Law and Society in Connecticut, 1639–1789* (Chapel Hill, 1995).

(94) 典拠は以下。Carl Louis Becker, *The Eve of the Revolution* (New Haven, 1918), p. 11.

(95) 1760年１月３日。典拠は以下。H. V. Bowen, “Perceptions from the Periphery: Colonial American Views of Britain's Asiatic Empire, 1756–1783,” in Christine Daniels and Michael V. Kennedy, eds., *Negotiated Empires: Centers and Peripheries in the Americas, 1500–1820* (London, 2002), pp. 283–300, とくに p. 285.

(96) Richard S. Dunn, “The Glorious Revolution and America,” in Nicholas Canny, ed., *The Oxford History of the British Empire*, Vol. 1 (Oxford, 1998), ch. 20.

(97) 典拠は以下。Paul Langford, *A Polite and Commercial People: England, 1727–1783* (Oxford, 1989), p. 172.

(98) Edmund Burke, *Works*, Vol. 1 (London, 1834), p. 186.

(99) James A. Henretta, *“Salutary Neglect”: Colonial Administration under the Duke of Newcastle* (Princeton, NJ, 1972); Alison G. Olson, *Making the Empire Work: London and American Interest Groups, 1690–1790* (Cambridge, MA, 1992).

(100) T. H. Breen, “Ideology and Nationalism on the Eve of the American Revolution: Revisions Once More in Need of Revising,” *Journal of American History*, 84 (1997), pp. 13–39.

(101) 1775年７月８日，オリーブの木請願での表現。www.ahpgatec.edu/olive_branch_1775.html.

(102) Larry Sawyers, “The Navigation Acts Revisited,” *Economic History Review*, 45 (1992), pp. 262–284は，コストと便益を計算し，前者を強調している。

(103) John W. Tyler, *Smugglers and Patriots: Boston Merchants and the Advent of the American Revolution* (Boston, 1986); Benjamin L. Carp, *Defiance of the Patriots: The Boston Tea Party and the Making of America* (New Haven, 2010); Carp, “Did Dutch Smuggling Provoke the Boston Tea Party?” *Early American Studies*, 10 (2012), pp. 335–369.

(104) 筆者はここで，ジョン・E・クロウリーの研究とマーガレット・エレン・ニューウェルの研究の間に区別を設けている。John E. Crowley, *The Privileges of Independence: Neomercantilism and the American Revolution* (Baltimore, 1993); Margaret Ellen Newell, *From Dependency to Independence: Economic Revolution in Colonial New England* (Ithaca, 1998).

(105) 商業的拡大の影響下における公共道徳の変化については，以下を参照。Bruce H. Mann, *Republic of Debtors: Bankruptcy in the Age of American Independence* (Cambridge, MA, 2003).

(106) 典拠は以下。Breen, *The Market Place of Revolution*, p. 117. ハンコック（1737–93年）：第２回大陸会議（1775–77年）の議長，独立宣言（1776年）の最初の署名者。マサチューセッツ州の初代，第３代知事（1780–85年，1787–93年）。ボストンの密貿易活動におけるハンコックの役割については，古くから議論がある。この点については，近年の伝記作家の著作を参照。Harlow Giles Unger, *John Hancock: Merchant King and American Patriot* (New York, 2000), p. 114.

(107) Tyler, *Smugglers and Patriots.*

(108) T. H. Breen, *The Market Place Revolution.*

(109) Jill Lepore, *The Whites of their Eyes: The Boston Tea Party's Revolution and the Battle over American History* (Princeton, NJ, 2010) は，このエピソードに関する通例の「国民的」解釈をめぐる国内の対立を強調している。

(110) Merrill Jensen, *The Founding of a Nation: A History of the American Revolution, 1763–1776* (New York, 1968), ch. 14は，この主題について現在でも重要な研究であり続けている。

(111) Gary Nash, *The Urban Crucible: Political Consciousness and the Origins of the American Revolution* (Cambridge, 1979); Alfred F. Young, *The Shoemaker and the Tea Party: Memory and the American Revolution* (Boston, 1999).

(112) Breen, "Ideology and Nationalism on the Eve of the American Revolution," は，この点について説得力ある議論を展開する。

(113) Jacob M. Price, *Capital and Credit in British Overseas Trade: The View from the Chesapeake, 1770–1776* (Cambridge, MA, 1980); T. H. Breen, *Tobacco Culture: The Mentality of the Great Tidewater Planters on the Eve of the Revolution* (Princeton, NJ, 1985); Alan Kulikoff, *Tobacco and Slaves: The Development of Southern Cultures in the Chesapeake 1680–1800* (Chapel Hill, 1986).

(114) この点は，ウォルシュの権威的な見解による。Lorena S. Walsh, *Motives of Honor, Pleasure, and Profit: Plantation Management in the Colonial Chesapeake, 1607–1763* (Chapel Hill, 2010), p. 6.

(115) Adolphus, *The History of England*, Vol. 3 (London, 1802; 3rd ed., 1810), p. 136. アドルファスは，彼のコメントにメリーランドとサウスカロライナを含めている。

(116) この部分については，とくに以下の文献から情報を得ている。Bruce A. Ragsdale, *A Planter's Republic: The Search for Economic Independence in Revolutionary Virginia* (Madison, 1996); Walsh, *Motives of Honor.*

(117) T. M. Devine, *The Tobacco Lords: A Study of the Tobacco Merchants of Glasgow and their Trading Activities, c. 1740–1790* (Edinburgh, 1975). 彼らの事業の一部は，フランスの需要増大に応えるために，タバコの再輸出を増大することに充てられていた。

(118) Richard B. Sheridan, "The British Credit Crisis of 1772 and the American Colonies," *Journal of Economic History*, 20 (1960), pp. 161–186.

(119) Joseph A. Ernst, *Money and Politics in America, 1755–1775: A Study in the Currency Act of 1774 and the Political Economy of the Revolution* (Chapel Hill, 1973). しかし同じく，以下も参照。Jacob M. Price, "The Money Question?" *Reviews in American History*, 2 (1974), pp. 364–373.

(120) Woody Holton, *Forced Founders: Indians, Debtors, Slaves and the Making of the American Revolution in Virginia* (Chapel Hill, 1999).

(121) Ben Baack, "British Versus American Interests in Land and the War of American Independence," *Journal of European Economic History*, 117 (2004), pp. 519–554.

(122) Gregory Evans Dowd, *War under Heaven: Pontiac, the Indian Nations and the British Empire* (Baltimore, 2002); Dowd, *A Spirited Resistance: The North American Indian Struggle for Unity, 1745–1815* (Baltimore, 1992).

(123) Holton, "The Ohio Indians" は，革命の根幹的な原因としての国王宣言線の重要性を改めて強調している。

(124) 七年戦争中と戦後における境界地域での紛争の拡大については，以下を参照。Patrick Griffin, *American Leviathan: Empire, Nation, and Revolutionary Frontier* (New York, 2007).

(125) ゲージ（1719–87年）：北米において多くの戦争経験を積んだ職業軍人。1763–75年まで総司令官を務めた。

(126) ここでマクドネル（*The Politics of War*）やホルトン（*Forced Founders*）といったネオプログレッシブ学派の歴史家が行っているような，反対派の意思表明を階級的分断とする主張に対して是非の判断を下すことは賢明ではなかろう。ここでは，利害の違いについて言及すれば十分である。

(127) Holton, *Forced Founders*, ch. 5; Robert A. Olwell, "Domestick Enemies: Slavery an Political Independence in South Carolina, May 1775–March 1776," *Journal of Southern History*, 55 (1989), pp. 21–48.

(128) Michael A. McDonnell and Woody Holton, "Patriot vs Patriot: Social Conflict in Virginia and the

Origins of the American Revolution," *Journal of American Studies*, 34 (2000), pp. 231–256.

(129) Stephen Conway, *The War of American Independence* (London, 1995).

(130) Maya Jasanoff, *Liberty's Exiles*, "Appendix: Measuring the Exodus," pp. 351–358.

(131) Ruma Chopra, *Unnatural Rebellion: Loyalists in New York City during the Rebellion* (Charlottesville, 2011). ウィリアム・フランクリン（1730–1814年）は法曹資格を持ち，彼の父親の影響力に依拠してニュージャージー総督（1763–76年）に任命された。父と息子は，二度と和解することはなかった。

(132) John C. Weaver, *The Great Land Rush and the Making of the Modern World* (Montreal, 2006).

(133) Andrew Jackson O'Shaughnessy, *An Empire Divided: The American Revolution and the British Caribbean* (Philadelphia, 2000).

(134) サイモン・D・スミスのきわめて優れた調査によって，複数の断片が像を結んだ。Simon D. Smith, *Slavery, Family and Gentry Capitalism in the British Atlantic: The World of the Lascelles, 1648–1834* (Cambridge, 2006).

(135) Trevor Burnard, "Harvest Years? Reconfigurations of Empire in Jamaica, 1756–1807," *Journal of Imperial & Commonwealth History*, 49 (2012), pp. 533–555.

(136) 戦争に反対し続けたロッキンガム派ホウィッグは，議会でも例外的な存在であった。以下を参照。P. J. Marshall, "Empire and Authority in the Later Eighteenth Century."

(137) Bernard Donoughue, *British Politics and the American Revolution: The Path to War, 1773–75* (London, 1964), pp. 151–156, 289.

(138) オリーブの枝請願については，以下を参照。www.ahpgatec.edu/olive_branch_1775.html.

(139) 1776年7月20日。典拠は以下。DuRivage, "Taxing Empire," p. 378. フランクリンの会話については，以下を参照。Sheila Skemp, *The Making of a Patriot: Benjamin Franklin at the Cockpit* (New York, 2013). もっとも，彼女の議論は自らが描くエピソードの重要性を強調するきらいがあるが。

(140) George Washington, "Circular Letter to the Governors of the States," June 8, 1783, in John C. Fitzpatrick, ed., *The Writings of George Washington from the Original Manuscript Sources*, Vol. 26 (Washington, DC, 1938), pp. 484–485. 筆者にこの言葉を教えてくれたのは，テキサス大学オースチン校のジョージ・フォーギー博士である。

(141) 戦争がもたらした破壊については，以下が詳述している。Richard Buel, *In Irons: Britain's Naval Supremacy and the American Revolutionary Economy* (New Haven, 1998).

(142) Holton, *Unruly Americans*, pp. 29, 131.

(143) Lindert and Williamson, *Unequal Gains*, ch. 4.

(144) シェイズの反乱（1786–87年）については，以下を参照。Leonard L. Richards, *Shays's Rebellion: The American Revolution's Final Battle* (Philadelphia, 2002); Woody Holton, "'From the Labors of Others': The War Bonds Controversy and the Origins of the Constitution in New England," *William & Mary Quarterly*, 61 (2004), pp. 271–316.

(145) Carl L. Becker, *The History of Political Parties in the Province of New York, 1760–1776* (Madison, 1909), p. 22. 同書は，1907年にフレデリック・ジャクソン・ターナーの指導の下で完成したベッカーの博士論文である。もし今日，あらゆる博士論文がこの水準に達しなければならないとしたら，歴史学における博士号の数は激減するだろう。ベッカーによって定式化された諸問題に関する啓発的な議論については，以下を参照。Special issue of the *William & Mary Quarterly*, 64 (2007).

(146) Becker, *The History of Political Parties*, p. 276.

(147) すべての13植民地は，1790年までには署名した。妥協のプロセスに関する詳細な叙述については，以下を参照。David Robertson, *The Original Compromise: What the Constitution's Framers Were Really Thinking* (Oxford, 2013); Pauline Maier, *Ratification: The People Debate the Constitution* (New York, 2010). さらに以下の研究は，憲法草案の審議における公衆の関与の度合いを掘り下げている。Akhil Reed Amar, *America's Constitution: A Biography* (New York, 2005).

(148) そして合衆国憲法は，膨大な量の研究を生み出してきた。その一部は，以下の注で引用している。とりわけここでは，以下の研究に依拠している。David Hendrickson, *Peace Pact: The Lost World of the American Founding* (Lawrence, 2003); Max M. Edling, *A Revolution in Favor of Government: Origins of the U. S. Constitution and the Making of the American State* (New York, 2003). コーンブリスとマリンは，非常に優れた研究史整理を行っている。Gary J. Kornblith and John M. Murrin, "The Dilemmas of Ruling Elites in Revolutionary America," in Steve Fraser and Gary Gerstle, eds., *Ruling America: A History of Wealth and Power in a Democracy* (Cambridge, MA, 2005), ch. 1.

(149) 大陸植民地における行政機構の統合を求めたイギリス総督による請願。彼らの請願は，イロコイ連合に関する知識に影響を受けた可能性もある。以下を参照。Drew R. McCoy, *The Elusive Republic: Political Economy in Jeffersonian America* (Chapel Hill, 1980); Alison, E. LaCroix, *The Ideological Origins of American Federalism* (Cambridge, MA, 2010).

(150) 『フェデラリスト第５編』(1787年11月10日) におけるジョン・ジェイのこのフレーズの使い方も参照。Terence Ball, ed., James Madison, Alexander Hamilton, and John Jay, *The Federalist, With the Letters of "Brutus"* (Cambridge, 2003), p. 16.

(151) Anne M. Cohler, *Montesquieu's Comparative Politics and the Spirit of American Constitutionalism* (Lawrence, 1988); Daniel Walker Howe, "Why the Scottish Enlightenment Was Useful to the Framers of the American Constitution," *Comparative Studies in Society & History*, 31 (1989), pp. 572–587.

(152) Robert Howse, "Montesquieu on Commerce, Conquest, War, and Peace," *Brooklyn Journal of International Law*, 31 (2006), pp. 1–16. 簡潔にする必要性から，モンテスキューの定式に含まれる両義性については割愛した。

(153) Madison, "Federalist," No. 10, in Ball, ed., *Hamilton, Madison, and Jay*, pp. 40–46.

(154) ２つの対照的な見方については，以下を参照。Gordon S. Wood, *The Radicalism of the American Revolution* (New York, 1992); Wood, *Empire of Liberty*; and Holton, *Unruly Americans*.

(155) Hendrickson, *Peace Pact* (Lawrence, 2003). カッターハムの議論も参照。Tom Cutterham, "The International Dimension of the Federal Constitution," *Journal of American Studies*, 48 (2014), pp. 501–515.

(156) Carroll Smith-Rosenberg, *This Violent Empire: The Birth of an American Identity* (Chapel Hill, 2010).

(157) Roger H. Brown, *Redeeming the Republic: Federalists, Taxation, and the Origins of the Constitution* (Baltimore, 1993).

(158) Holton, *Unruly Americans* は，この運動を重視している。

(159) この点に関して最も説得的で新しい見解は，以下である。Max M. Edling, *A Revolution in Favor of Government: Origins of the U. S. Constitution and the Making of the American State* (New York, 2003). 古い研究にも賛辞が寄せられて然るべきであろう。とくに以下である。William Appleman Williams, "The Age of Mercantilism: An Interpretation of the American Political Economy, 1763–1828," *William & Mary Quarterly*, 15 (1958), pp. 419–437; とりわけ，E. James Ferguson, *The Power of the Purse: A History of American Public Finance, 1776–1790* (Durham, 1965); Ferguson, "The Nationalists of 1781–1783 and the Economic Interpretation of the Constitution," *Journal of American History*, 56 (1969), pp. 241–261; Ferguson, "Political Economy, Public Liberty, and the Formation of the Constitution," *William & Mary Quarterly*, 40 (1983), pp. 389–412.

(160) 以下からの引用。Peter James Stanlis, *Edmund Burke: The Enlightenment and Revolution* (London, 1991), p. 233.

(161) 合衆国の権利章典は，アンタイ・フェデラリストの不安を宥めるために連邦議会によって制定され，1791年に施行された合衆国憲法に付記された10カ条の修正に対する集合的な名称である。

(162) Mark G. Spencer, "Hume and Madison on Faction," *William & Mary Quarterly*, 59 (2002), pp. 869–896.

(163) J. G. A. Pocock, "Virtue and Commerce in the Eighteenth Century," *Journal of Interdisciplinary History*, 3 (1972), pp. 119–134; David Armitage, "A Patriot King for Whom? The Afterlives of Bolingbroke's Patriot King," *Journal of British Studies*, 36 (1997), pp. 397–418.

(164) 実際には２期以上務めた大統領は出現しなかった。もっとも，1940年のフランクリン・ローズヴェルトまで何度も試みられてはきたが。２期に制限することが公式に制度化されたのは，1951年である。

(165) Simon Newman, "Principles or Men? George Washington and the Political Culture of National Leadership," *Journal of the Early Republic*, 12 (1994), pp. 477–507; Frank Prochaska, *The Eagle and the Crown: Americans and the British Monarchy* (New Haven, 2008).

(166) Zelinsky, *Nation into State*, pp. 56–62によれば，このフレーズは，ダグラス・ブリンクリーによるとのこと。

(167) 典拠は以下。Alan Houston, *Benjamin Franklin and the Politics of Improvement* (New Haven, 2008), p. 189. コンドルセ侯爵（1743–94年）は傑出した啓蒙主義数学者で，かつ哲学者でもあった。

(168) Lawrence D. Cress, *Citizens in Arms: The Army and Militia in American Society to the War of 1812* (Chapel Hill, 1982).

(169) Max Edling, *A Hercules in the Cradle: War, Money and the American State, 1783–1867* (Chicago, 2014), p. 237.

(170) Ibid. p. 13.

(171) Ibid. chs. 1–3. この段階で第一合衆国銀行は，紙幣発行の独占権を持っておらず，かつ州法銀行への支配権も限られていた。にもかかわらず，同銀行は，国内の財政政策や金融政策の統合に向けて重要なステップとなった。

(172) Thomas P. Slaughter, *The Whiskey Rebellion: Frontier Epilogue to the Revolution* (New York, 1986).

(173) Robin L. Einhorn, *American Taxation, American Slavery* (Chicago, 2006).

(174) Peter Zavodnyik, *The Age of Strict Construction: A History of the Growth of Federal Power, 1789–1861* (Washington, DC, 2007) は，この問題について全面的に議論している。

(175) 「ほぼすべての連邦諸州が，次々に自らの主権を宣言した」場合。これは，シュレジンジャーの言である。Arthur Meier Schlesinger, "The State Rights Fetish," in Schlesinger, *New Viewpoints in American History* (New York, 1922), p. 222.

(176) Kornblith and Murrin, "Dilemmas of Ruling Elites," p. 43. 筆者は，「南部」に言及することは時代錯誤になることは意識している。当時，元植民地は多様であり，共通性の意識を上回っていた。しかし，焦点を絞ってしまうと，今日であれ，南部の（あるいは北部の）統一性について一般論で語るのは難しくなるであろう。ここでは，南部という用語は，メリーランドから南の植民地に当てはめている（メリーランドを含むか含まないかは比較の要件によって変わってくる）。

(177) だが，以下を参照。Earl M. Maltz, "The Idea of the Proslavery Constitution," *Journal of the Early Republic*, 17 (1997), pp. 37–59は，憲法が南部に有利であったという議論を批判している。確かに，公式な制限は，奴隷貿易船の到着数を削減しなかったが，奴隷貿易の延長は外国船で行わなければならなかった。

(178) James Madison, in Hamilton, Madison, and Jay, *The Federalist Papers*, No. 10, p. 44.

(179) Max M. Edling and Mark D. Kaplanoff, "Alexander Hamilton's Fiscal Reform: Transforming the Structure of Taxation in the Early Republic," *William & Mary Quarterly*, 61 (2004), p. 743.

(180) Paul Douglas Newman, *Fries's Rebellion: the Enduring Struggle for the American Revolution* (Philadelphia, 2004).

(181) Seth Cotlar, *Tom Paine's America: The Rise and Fall of Transatlantic Radicalism in the Early Republic* (Charlottesville, 2011) は，同時期におけるインフォーマルな回路から見た政治を扱っている。Andrew Shankman, *Crucible of American Democracy: The Struggle to Fuse Egalitarianism and*

Capitalism in Jeffersonian Pennsylvania (Lawrence, 2004) は，資本主義と民主主義の間のつながりを解明しようとするケーススタディである。

(182) 典拠は以下。Ferguson, "Political Economy, Public Liberty," p. 389.

(183) この主題に関するビアードの立場は，他の多くの研究者と同じように，キャリアが長くなり，出版物が増えるごとに変化していった。バロウは以下で，優れたビアードの研究整理を行っている。Clyde W. Barrow, *More than a Historian: The Political and Economic Thought of Charles Austin Beard* (New Brunswick, 2000).

(184) Karl-Friedrich Walling, *Republican Empire: Alexander Hamilton on War and Free Government* (Lawrence, 1999).

(185) ハミルトンは，財務大臣（1789–95年）になる前は，ワシントンの指導的なアドバイザーの一人であった。最も着実な伝記は以下を参照。Ron Chernow, *Alexander Hamilton* (New York, 2004).

(186) Ferguson, "Political Economy, Public Liberty"; Peter L. Rousseau and Richard Sylla "Emerging Financial Markets and Early US Growth," *Explorations in Economic History*, 42 (2005), pp. 1–26; Richard Sylla, "The Transition to a Monetary Union in the United States, 1787–1795," *Financial History Review*, 13(2006), pp. 73–95. ライトの明瞭な概略は，ハミルトンの英雄視から一歩進んだ評価となっている。Robert E. Wright, *One Nation under Debt: Hamilton, Jefferson and the History of What We Owe* (New York, 2008); Douglas A. Irwin and Richard Sylla, eds., *Founding Choices: American Economic Policy in the 1790s* (Chicago, 2011). 他の金融サービスについては，以下で扱われている。Sharon A. Murphy, *Investing in Life: Insurance in Antebellum America* (Baltimore, 2010). ハミルトンは，ロバート・モリス（1734–1806年）のきわめて大きな貢献のうえで体制を整えた。モリスは誰よりも，アメリカ独立革命の財政面と財源の供給面で貢献した。ハミルトンは，彼のプランを発展させた，あるいは応用したのである。以下を参照。Ferguson, "The Nationalists of 1781–1783"; Charles Rappeleye, Robert Morris, *Financier of the American Revolution* (New York, 2010). しかしモリスは，自らの貢献から得るところは少なかった。不動産投資には失敗し，1797年には破産を宣告し，1798–1801年には債務で収監され，貧困のうちに死去した。スペインドルは，13植民地で最も流通していた貨幣である。他方で，帳簿は19世紀になっても，ポンド，スターリング，ペンスで記載されていた。

(187) Douglas A. Irwin, "The Aftermath of Hamilton's 'Report on Manufactures,'" *Journal of Economic History*, 64 (2004), pp. 800–821.

(188) 典拠は以下。Ferguson, "Political Economy, Public Liberty," p. 411. ジョン・タイラー（1753–1824年）は一般には，「カロラインのタイラー」（ヴァージニア州カロライン郡）として知られる。州権の強力な擁護者で，かつリバタリアンの伝統に大きく貢献した。以下を参照。Robert E. Shalhope, *John Taylor of Caroline: Pastoral Republican* (Columbia, 1980).

(189) Brian Schoen, "Calculating the Price of Union: Republican Economic Nationalism and the Origins of Southern Sectionalism, 1790–1818," *Journal of the Early Republic*, 23 (2003), pp. 173–208. 初期の時代には，この党は「民主共和党」もしくは「ジェファソン派リパブリカン」として知られていた。

(190) 初代ボーリングブルック子爵ヘンリー・シンジョン（1678–1751年）。以下を参照。Isaac Kramnick, *Bolingbroke and His Circle: The Politics of Nostalgia in the Age of Walpole* (Cambridge, MA, 1968; 2nd ed., 1992); Michael Durey, *Transatlantic Radicals and the Early Republic* (Lawrence, 1997). また，本書第二章の議論を参照。

(191) 両派ともに大幅な多様性を許容していた。たとえば，以下を参照。Saul Cornell, *The Other Founders: Anti-Federalists and the Dissenting Tradition in America, 1788–1828* (Chapel Hill, 1999).

(192) Drew R. McCoy, *The Elusive Republic: Political Economy in Jeffersonian America* (Chapel Hill, 1980).

(193) John Murrin, "The Jeffersonian Triumph and American Exceptionalism," *Journal of the Early Republic*, 20 (2000), pp. 1–25.

(194) Drew R. McCoy, *The Last of the Fathers: James Madison and the Republican Legacy* (New York, 1989), pp. 173–192. Andrew Shankman, "'A New Thing on Earth': Alexander Hamilton, Pro-Manufacturing Republicans, and the Democratization of the American Political Economy," *Journal of the Early Republic*, 23 (2003), pp. 323–352.

(195) Colleen A. Sheehan, *James Madison and the Spirit of Republican Self-Government* (Cambridge, 2009).

(196) とくに以下を参照のこと。Donald Ratcliffe's important new research, "The Right to Vote and the Rise of Democracy, 1787–1828," *Journal of the Early Republic*, 3 (2013), pp. 230, 232; Jeffrey L. Pasley, *The First Presidential Contest: 1796 and the Founding of American Democracy* (Lawrence, 2013).

(197) Ratcliffe, "The Right to Vote," p. 221.

(198) Albert O. Hirschman, *Exit, Voice, and Loyalty: Responses to Decline in Firms, Organizations, and States* (Cambridge, MA, 1970).

(199) Stanley L. Engerman and Kenneth L. Sokoloff, "The Evolution of Suffrage Institutions in the New World," *Journal of Economic History*, 65 (2005), pp. 891–921; Peter Temin, "Free Land and Federalism: A Synoptic View of American Economic History," *Journal of Interdisciplinary History*, 21 (1991), pp. 371–389は，同様の議論を南北戦争後の時期に応用している。

(200) Engerman and Sokoloff, "The Evolution of Suffrage Institutions," pp. 898, 901–905, 907–908, 916.

(201) David Waldstreicher, *In the Midst of Perpetual Fetes: The Making of American Nationalism, 1776–1820* (Chapel Hill, 1997); Simon P. Newman, *Parades and the Politics of the Street: Festive Culture in Early American Republic* (Philadelphia, 1997); Jeffrey L. Pasley, Andrew W. Robertson, and David Waldstreicher, eds., *Beyond the Founders: New Approaches to the Political History of the Early United States* (Chapel Hill, 2004); Gary B. Nash, *The Urban Crucible: Social Change, Political Consciousness, and the Origins of the American Revolution* (Cambridge, MA, 1979); Joyce Appleby, *Capitalism and a New Social Order: The Republican Vision of the 1790s* (New York, 1984) は，この10年間に過去との切断が見られると主張する。オナフは，古典的共和主義と新たに勃興する自由主義的理想の融合を見出している。Peter S. Onuf, *Jefferson's Empire: The Language of American Nationhood* (Charlottesville, 2000).

(202) Ronald P. Formisano, *Reform and Reaction: For the People: American Populist Movements from the Revolution to the 1850s* (Chapel Hill, 2007); Michael Kazin, *The Populist Persuasion: An American History* (New York, 1995). 反エリートポピュリズムの性格については，以下を参照。Margaret Canovan, *Populism* (London, 1981).

(203) リンダ・コリーが書いているように，合衆国憲法は，解放を旨とする文書であると同時に，抑止も旨としていた。Linda Colley, "Writing Constitutions and Writing World History," in James Belich, John Darwin, Margret Frenz, and Chris Wickham, eds., *The Prospect of Global History* (Oxford, 2016), p. 170.

(204) Madison, "Federalist No. 14," in Hamilton, Madison, and Jay, *The Federalist*, p. 69. 以下も参照。Federalist No. 10.

(205) J. G. A. Pocock, "The Classical Theory of Deference," *American Historical Review*, 81 (1976), pp. 516–523. ジェファソンの解決は，ジョン・アダムズにとっては問題の出現であった。彼は，自然の貴族が現れること自体は受け入れたが，抑制されるべきだと考えていた。

(206) 典拠は以下。Lloyd S. Kramer, "The French Revolution and the Creation of American Political Culture," in Joseph Klaits and Michael H. Haltzel, eds., *The Global Ramifications of the French Revolution* (Cambridge, 1994), p. 32.

(207) Ibid., p. 31.

(208) Paul Langford, "Old Whigs, Old Tories and the American Revolution," in Peter Marshall and Glyn Williams, eds., *The British Atlantic Empire Before the American Revolution* (London, 1980), pp.

106–130; Thomas Philip Schofield, "Conservative Political Thought in Britain in Response to the French Revolution," *Historical Journal*, 29 (1986), pp. 601–622; Seth Cotlar, "The Federalists' Trans-atlantic Cultural Offensive of 1798 and the Moderation of American Democratic Discourse," in Pasley, Robertson, and Waldstreicher, Beyond the Founders, pp. 274–299; Terry Bouton, *Taming Democracy: "The People," the Founders, and the Troubled Ending of the American Revolution* (New York, 2004).

(209) コンドルセ侯爵は，ニコラス・ド・コンドルセとして知られる。コンドルセ独自の見解は穏健であって，決して1793年のフランスで権力を握った過激派に名を連ねたわけではなかった。彼は裏切り者と宣言され，翌年，牢獄で死亡した。以下を参照。Max M. Mintz, "Condorcet's Reconsideration of America as a Model for Europe," *Journal of the Early Republic*, 11 (1991), pp. 493–506. より一般的には David Williams, *Condorcet and Modernity* (Cambridge, 2004).

(210) ウィリアム・コベットは，1819年にペインの遺骨とともに，イギリスに帰国した。しかし，彼に丁重な埋葬を施すことはなかった。以下を参照。David A. Wilson, *Paine and Cobbett: The Transatlantic Connection* (Kingston and Montreal, 1998). ペインの理神論は，彼の政治的急進主義と入り混じっていた。ペインの公式の記念碑は，1850年になるまで存在しなかった。この年，ニューヨークにようやく，彼のための記念碑が建立されたのである。

(211) Young, *The Shoemaker and the Tea Party*.

(212) Adam Smith, *Wealth of Nations*, p. 899.

(213) Ibid.

(214) Ibid., p. 900. この箇所は，スミスの本の最後の段落にある。

(215) スミスが好んだ解決方法は，大陸植民地を連合王国に付け加え，議会で代表権を与え，課税に対して，合意のうえでの憲政的な根拠を持たせることであった。

(216) この点に関して，適切に悲観的な意見を述べているのは，以下である。James L. Huston, "Economic Landscapes Yet to Be Discovered," *Journal of the Early Republic*, 24 (2004), pp. 219–231.

(217) Anne M. Cohler et al., eds., *Montesquieu: The Spirit of the Laws* (Cambridge, 1989), pp. 224–225.

(218) ピットはまた，北アメリカの軍事征服は不可能であると警告していた。だが，交渉が決裂し，紛争が開始されると，愛国的な見地から，彼は独立に反対したのである。

(219) Matthew, 6: 33.

(220) Jack P. Greene, *Peripheries and Center*, pp. 162–163は，この点についての権威的な研究である。マリンによる「革命はすでに到来していた」という主張に対する独特の批判については，以下を参照。John M. Murrin, "The Myths of Colonial Democracy and Royal Decline in Eighteenth-Century America: A Review Essay," *Cithara*, 5 (1965), pp. 53–69.

(221) 民衆的な基盤については，以下を参照。Nash, *The Unknown American Revolution*; and T. H. Breen, *American Insurgents, American Patriots: The Revolution of the People* (New York, 2010).

(222) Michael McDonnell, "National Identity and the American War for Independence Reconsidered," *Australasian Journal of American Studies*, 20 (2001), pp. 3–17; John M. Murrin and David S. Silverman, "The Quest for America: Reflections on Distinctiveness, Pluralism and Public Life," *Journal of Interdisciplinary Studies*, 33 (2002), pp. 235–246; Michael Zuckerman, "Regionalism," in Daniel Vickers, ed., *A Companion to Colonial America* (Oxford, 2003), ch. 13; Jack P. Greene, "Early Southeastern North America and the Broader Atlantic and American Worlds," *Journal of Southern History*, 73 (2007), pp. 1–14.

(223) 公式な名称としては，ネーデルラント連合7州共和国である。以下を参照。J. W. Schulte Nordholt, "The Example of the Dutch Republic for American Federalism," *Low Countries Historical Review*, 94 (1979), pp. 437–449.

(224) フランス系カナダ人は，イギリス帝国と君主の統治下に入ることに納得していなかったが，逃げ出すこともできなかった。最終的には，両者との同調に達していく。

(225) この用語は,『コモン・センス』やその他,ペインの著作に数多く登場する。*Common Sense* (Philadelphia, 1776).

(226) 19世紀と20世紀の帝国主義に関する専門家は,ロビンソンによる「協力者」という考えを初期の時代へと応用する筆者の推測的な方法を認めてくれるであろう。Ronald Robinson, "Non-European Foundations of European Imperialism: Sketch for a Theory of Collaboration," in E. R. J. Owen and R. B. Sutcliffe, eds., *Studies in the Theory of Imperialism* (London, 1972), ch. 5.

(227) Burke, *Speech in Parliament*, February 27, 1775.

(228) Ibid.

第四章

(1) Salman Rushdie, *Midnight's Children* (London, 1980) は,インド独立と同時に生まれたサリーム・シナイの人生をたどる作品である。

(2) Nehru (1889–1964), "Speech on the Granting of Independence" August 14, 1947, *Internet Modern History Sourcebook*, www.fordham.edu/halsall/mod/1947nehru1.html. ネルーはインドの首相 (1947–1964年)。

(3) John Quincy Adams (1767–1848), "Oration," on the anniversary of American Independence, July 4, 1793, Collection of 4 July Speeches; Special Collections, Ellish Library, University of Missouri, Columbia. アダムズは,1825–29年まで国務大臣,1825–29年まで大統領を務めた。

(4) この点は,非常に刺激的なオックスフォードヒストリー・シリーズの合衆国史版やチャールズ・セラーズの研究についても妥当する。Charles Sellers, *The Market Revolution: Jacksonian America, 1815–1846* (New York, 1991).

(5) Kathleen Burk, *Old World, New World: Great Britain and America from the Beginning* (London, 2007), ch. 5は,このような一般的な傾向における例外の中でも,とくに言及する価値がある。例外的な議論については,以下の注で触れていく。

(6) Susan Strange, *States and Markets* (London, 1988; 2nd ed., 1994), ch. 2. は,構造的な権力と「関係的パワー」の区別について扱う。この点は,以下も参照。A. G. Hopkins, "Informal Empire in Argentina: An Alternative View," *Journal of Latin American Studies*, 26 (1994), pp. 469–484.

(7) Ephraim Kleiman, "Trade and the Decline of Colonialism," *Economic Journal*, 86 (1976), pp. 459–480; Lance Davis, "The Late Nineteenth-Century Imperialist: Specification, Quantification and Controlled Conjectures," in Raymond E. Dumett, ed., *Gentlemanly Capitalism and British Imperialism: The New Debate on Empire* (Harlow, 1999), pp. 82–84. 筆者にこれらの問題についてしっかり考えるきっかけを与えてくれたデイヴィス博士に感謝したい。以下を参照。P. J. Cain and A. G. Hopkins, "The Theory and Practice of British Imperialism," in Dumett, *Gentlemanly Capitalism*, pp. 202–210.

(8) Strange, *States and Markets*, ch. 2.

(9) ウィリアム・L・マーシーは1828年に,ジャクソン派民主党の選挙での勝利を叙述するためにこのフレーズを作った。

(10) Sellers, *The Market Revolution.*

(11) この用語は,さまざまな文脈で使われる。ここでは,ナショナリズムに関する最重要権威の一人であるアントニー・D・スミスが用いた方法で使われている。以下を参照。Anthony D. Smith, *Theories of Nationalism* (1983); *Nationalism* (2nd ed., Cambridge, 2010).

(12) *New York Times*, February 10, 1853. 典拠は以下。Stuart Ward, "The European Provenance of Decolonization," *Past & Present*, 230 (2016), pp. 227–260, at p. 232.

(13) Matthew, 6: 33.

(14) 両者の立場に関する議論は,本書の第三章で十分に展開されている。

(15) Peter S. Onuf, "'The Strongest Government on Earth': Jefferson's Republicanism, the Expansion of the Union, and the New Nation's Destiny," in Sanford Levinson and Bartholomew H. Sparrow, eds.,

The Louisiana Purchase and American Expansion, 1803–1898 (Lanham, 2005), ch. 2.

(16)　この点は，イドリングが彼の重要な著作で明確に示している。Max M. Edling, *A Hercules in the Cradle: War, Money, and the American State, 1783–1867* (Chicago, 2014).

(17)　筆者は以下の叙述について，ノバックの研究に依拠している。William J. Novak, "The Myth of the 'Weak' American State," *American Historical Review*, 113 (2008), pp. 752–772. 同誌の2010年の特集も参照。*American Historical Review*, 115 (2010); Richard R. John, *Spreading the News: The American Postal System from Franklin to Morse* (Cambridge, MA, 1995); John Lauritz Larson, *Internal Improvement: National Public Works and the Promise of Popular Government in the Early United States* (Chapel Hill, 2001); Peter Zavodnyik, *The Age of Strict Construction: A History of the Growth of Federal Power, 1789–1861* (Washington, DC, 2007); Brian Balogh, *A Government Out of Sight: The Mystery of National Authority in Nineteenth-Century America* (Cambridge, 2009); Edling, *Hercules in the Cradle.*

(18)　John C. Weaver, *The Great Land Rush and the Making of the Modern World, 1650–1900* (Montreal, 2003), p. 191. 同書の第５章から７章は全体として，この巨大な主題についての優れた説明となっている。

(19)　Don E. Fehrenbacher with Ward M. McAfee, *The Slaveholding Republic: An Account of the U. S. Government's Relations to Slavery* (Oxford, 2001).

(20)　Fehrenbacher, *The Slaveholding Republic*, p. 111; David Ericson, *Slavery in the American Republic: Developing the Federal Government, 1791–1861* (Lawrence, 2011).

(21)　この箇所では，以下に依拠している。Gary Gerstle, *Liberty and Coercion: The Paradox of American Government from the Founding to the Present* (Princeton, NJ, 2015), chs. 1–2. ジョン・ジョゼフ・ウォリスにも依拠しているが，その研究は，以下の注（22），（23）に引用してある。

(22)　Richard Sylla, John B. Legler, and John J. Wallis, "Banks and Public Finance in the New Republic: The United States, 1790–1860," *Journal of Economic History*, 47 (1987), pp. 391–403; John Joseph Wallis, "The Property Tax as a Coordinating Device: Financing Indiana's Mammoth Internal Improvement System, 1835–1842," *Explorations in Economic History*, 40 (2003), pp. 223–250; Wallis, "Constitutions, Corporations, and Corruption: American States and Constitutional Change, 1842–1852," *Journal of Economic History*, 65 (2005), pp. 211–256; John Joseph Wallis and Barry R. Weingast, "Equilibrium Impotence: Why the States and Not the American National Government Financed Economic Development in the Antebellum Era," *NBER Working Paper*, 11397 (2005).

(23)　John Joseph Wallis, "The Other Foundings: Federalism and the Constitutional Structure of American Government," in Douglas A. Irwin and Richard Sylla, eds., *Founding Choices: American Economic Policy in the 1790s* (Chicago, 2011), pp. 177–213; Edling, "'A Mongrel Kind of Government': The U. S. Constitution, the Federal Union, and the Origins of the American State," in Peter S. Onuf and Peter Thompson, eds., *State and Citizen: British America and the Early United States* (Charlottesville, 2013), pp. 150–177.

(24)　ジェファソンの領土拡大に対する態度は変化した。1780年代には，政府の規模を制限する方向に傾いていた。Reginald Horsman, "Thomas Jefferson and the Ordinance of 1784," *Illinois Historical Journal*, 79 (1986), pp. 99–112.

(25)　Onuf, "'The Strongest Government on Earth,'" pp. 43–48.

(26)　このフレーズは，以下の研究によって広まった。Samuel P. Huntington, *Political Order in Changing Societies* (New Haven, 1968), ch. 7.

(27)　すべての歴史家は，以下の傑出した研究に多くを負っている。Leonard L. Richards, *The Slave Power: The Free North and Southern Domination, 1780–1860* (Baton Rouge, 2000). バーチは，南部人が1861年まで，不均等に政権と外交官のポストに配置されていたことを示している。Philip H. Burch, *Elites in American History*, Vol. 1 (New York, 1981).

(28) James McPherson, *The War that Forged a Nation: Why the Civil War Still Matters* (Oxford, 2015), p. 7.
(29) このテーマに関する興味深い議論は，以下を参照。James Oakes, "The Ages of Jackson and the Rise of American Democracies," *Journal of the Historical Society*, 6(2006), pp. 491–500. より広い視点については，Joanna Innes and Mark Philp, eds., *Re-Imagining Democracy in the Age of Revolutions: America, France, Britain, and Ireland, 1850–1950* (Oxford, 2013).
(30) 本書第三章を参照。
(31) Alexander Keyssar, *The Right to Vote: The Contested History of Democracy in the United States* (New York, 2000; 2009), chs. 1–3.
(32) John Ashworth, *"Agrarians" and "Aristocrats": Party Political Ideology in the United States, 1837–1846* (New York, 1987); Harry L. Watson, *Liberty and Power: The Politics of Jacksonian America* (New York, 1990).
(33) Richards, *The Slave Power*, p. 49.
(34) 1800年の選挙については，以下を参照。Jeffrey L. Pasley, "Politics and the Misadventures of Thomas Jefferson's Modern Reputation: A Review Essay," *Journal of Southern History*, 72 (2006), pp. 871–908.
(35) Robert P. Forbes, *The Missouri Compromise and Its Aftermath: Slavery and the Meaning of America* (Chapel Hill, 2007); Matthew H. Crocker, "The Missouri Compromise, the Monroe Doctrine, and the Southern Strategy," *Journal of the West*, 43 (2004), pp. 45–52; Adam Rothman, "Slavery and National Expansion in the United States," *OAH Magazine of History*, 23 (2009), pp. 23–29.
(36) Levinson and Sparrow, *The Louisiana Purchase*, pp. 3, 6–7.
(37) この問題に関する複数のアプローチについては，とりわけ以下を参照。Joyce Appleby, *Capitalism and a New Social Order: The Republican Vision of the 1790s* (New York, 1984); Gordon Wood, *The Radicalism of the American Revolution* (New York, 1992); Pasley, "1800 as a Revolution in Political Culture."
(38) ジェファソン（1743–1826年）は，共和国の第３代大統領を務めた。
(39) Edling, *Hercules in the Cradle*, ch. 4.
(40) Forrest McDonald, *The Presidency of Thomas Jefferson* (Lawrence, 1976), pp. 79, 115–117, 163.
(41) ジェファソンの商業に関するアンビバレントな態度については，以下の研究が議論している。Doron S. Ben-Atar, *The Origins of Jeffersonian Commercial Policy and Diplomacy* (New York, 1993).
(42) Burton Spivak, *Jefferson's English Crisis: Commerce, Embargo, and the Republican Revolution* (Charlottesville, 1979).
(43) 戦争の広い側面については，本書第五章で議論されている。
(44) ジェイムズ・マディソン（1751–1836年）：第４代大統領（1809–17年）。このトピックについては，以下を参照。Edling, *Hercules in the Cradle*, ch. 4.
(45) Edling, *Hercules in the Cradle*, ch. 4.
(46) ジョン・クインジー・アダムズ（1767–1848年）は，第２代大統領ジョン・アダムズの息子。第６代大統領（1825–29年）を務めた。以下を参照。Leonard L. Richards, *The Life and Times of Congressman John Quincy Adams* (New York, 1986); William Earl Weeks, *John Quincy Adams and American Global Empire* (Lexington, 1992).
(47) Weeks, *John Quincy Adams* は，アダムズの長いキャリアを跡づけている。
(48) ジャクソン（1767–1845年）は，無数の伝記作家が主題としてきた。ブランズの本が量的にも，入手しやすさという点でも，代表的な書物である。H. W. Brands, *Andrew Jackson: His Life and Times* (New York, 2005).
(49) Donald J. Ratcliffe, "Popular Preferences in the Presidential Election of 1824," *Journal of the Early Republic*, 34 (2014), pp. 45–77. この論文は，1824年の選挙について標準的な解釈を修正した。Joel H.

Sibley, *Martin Van Buren and the Emergence of American Popular Politics* (Lanham, 2002)は，ヴァン・ビューレンの人生（1782–1862年）と第8代大統領であった時代（1837–41年）を跡づけている。

(50) Herbert E. Sloan, *Principle and Interest: Thomas Jefferson and the Problem of Debt* (New York, 1995).

(51) Ashworth, "Agrarians" and "Aristocrats"; Harry L. Watson, *Liberty and Power: The Politics of Jacksonian America* (New York, 1990); Christopher Clark, *Social Change in America: From the French Revolution Through the Civil War* (Chicago, 2006).

(52) ここできわめて単純化している，これらの対照的な解釈についての標準的な説明は，以下を参照。Sellers, *The Market Revolution*; Sean Wilentz, *The Rise of American Democracy: Jefferson to Lincoln* (New York, 2005); Daniel Walker Howe, *What Hath God Wrought: The Transformation of America, 1815–1848* (Oxford, 2007).

(53) ラトクリフは，この点を確証している。Donald J. Ratcliff, "The Right to Vote and the Rise of Democracy, 1787–1828," *Journal of the Early Republic*, 33 (2013), pp. 219–254. 同じく以下を参照。John L. Brooke, "'King George has Issued too Many Patents for Us': Property and Democracy in Jeffersonian New York," *Journal of the Early Republic*, 33 (2013), pp. 187–217. もっともブルックは，1790年代の選挙民の拡大やそれ以前に関するラトクリフの修正を考慮に入れているわけではない。

(54) John Lynch, *Argentine Caudillo: Juan Manuel de Rosas* (Oxford, 1981; 2001); Lynch, *Caudillos in Spanish America, 1800–1850* (Oxford, 1992). ロサス（1793–1877年）は，アルゼンチンの新たな連邦において，実行力ある統治者（1829–32年，1835–52年）であった。ペレス（1790–1873年）は，ベネズエラの大統領（1830–35年，1839–42年，1861–63年）。ウィーバーが鋭く述べているように，合衆国とラテンアメリカの間にある対照的な部分は見逃すことはできない。Weaver, *The Great Land Rush*, pp. 12–18. にもかかわらず，比較の可能性についてはあまり研究されていない。刺激的な例外については，以下を参照。Charles A. Jones, *American Civilization* (London, 2007).

(55) 血統については，以下を参照。Bertram Wyatt-Brown, "Andrew Jackson's Honor," *Journal of the Early Republic*, 17 (1997), pp. 1–36.

(56) Harvey M. Watterson to William Brent, Charge d'Affaires, Buenos Aires, April 22, 1844. 典拠は以下。William Dusenberry, "Juan Manuel de Rosas as Viewed by Contemporary American Diplomats," *Hispanic American Historical Review*, 41 (1961), p. 500. この引用部分については，ジェイ・セクストン博士からの情報である。

(57) Eugene R. Sheridan, "Thomas Jefferson and the American Presidency: From Patriot King to Popular Leader," *Amerikastudien*, 41 (1996), pp. 17–31.

(58) Richard E. Ellis, *The Union at Risk: Jacksonian Democracy, States' Rights and the Nullification Crisis* (New York, 1987) は，詳細な論証を行っている。Donald J. Ratcliffe, "The Nullification Crisis, Southern Discontents and the American Political Process, *"American Nineteenth-Century History*, 1 (2000), pp. 1–30は，説得力ある修正主義的な解釈を提示している。

(59) Irwin, "Antebellum Tariff Politics: Coalitions and Shifting Economic Interests," *Journal of Law and Politics*, 51 (2008), p. 723. この注は，アーウィン博士の19世紀における関税に関する類まれな研究に多くを負っていると示しておくのに適切な場所であろう。本章では，以後も何度も参照される。

(60) Ratcliffe, "The Nullification Crisis"; Howe, *What Hath God Wrought*, pp. 395–410.

(61) Ellis, *The Union at Risk* は，ジャクソンによる精力的な中央権力の擁護にもかかわらず，標準的な見方に反して，関税危機の結果は，連邦権力の勝利ではないと主張している。

(62) Irwin, "Antebellum Tariff Politics."

(63) Alfred Marshall, *Industry and Trade* (New York, 1919; 3rd ed., 1920), p. 486.

(64) Larson, *Internal Improvement*, p. 111.

(65) Howe, *What Hath God Wrought*, pp. 357–361; Pamela L. Baker, "The Washington National Road Bill and the Struggle to Adopt a Federal System of Internal Improvement," *Journal of the Early Re-*

public, 22 (2002), pp. 437–464.

(66) C. Knick Harley, "The Antebellum American Tariff: Food Exports and Manufacturing," *Explorations in Economic History*, 29 (1992), pp. 375–400; Irwin, "Antebellum Tariff Politics," p. 716.

(67) Howe, *What Hath God Wrought*, pp. 359–361.

(68) Jane Knodell, "Rethinking the Jacksonian Economy: The Impact of the 1832 Bank Veto on Commercial Banking," *Journal of Economic History*, 66 (2003), pp. 541–574.

(69) Howe, *What Hath God Wrought*, pp. 373–383は，ジャクソンによるヘンリー・クレイと，とくにニコラス・ビドルへの態度と敵意には，きわめて個人的な要因があると描いている。

(70) Edward J. Green, "Economic Perspective on the Political History of the Second Bank of the United States," *Federal Reserve Bank of Chicago Economic Perspectives*, 27 (2003), pp. 59–67. グリーンは，自らの議論は依然として暫定的であると認めており，さらなる研究は中断している。

(71) この議論に関するより強力なバージョンについては，以下を参照。Larry Schweinart, "Jacksonian Ideology, Currency Control and Central Banking: A Reappraisal," *Historian*, 51 (1988), pp. 87–102.

(72) J. Lawrence Broz, "The Origins of Central Banking: Solutions to the Free-Rider Problem," *International Organization*, 52 (1998), pp. 234–268は，この文脈では無視されてきた。

(73) Jane Knodell, "The Demise of Central Banking and the Domestic Exchanges: Evidence from Antebellum Ohio," *Journal of Economic History*, 58 (1998), pp. 714–731; Knodell, "Rethinking the Jacksonian Economy"; Wilson, "The 'Country' versus the 'Court.'"

(74) 1837年の恐慌によって，ヴァン・ビューレン大統領は，合衆国政府が基金を保有するために独自の手段を考慮せざるをえなくなった。1837年に独立財務法は議会を通過し，1841年に却下されたものの，1846年にポーク大統領によって再設置された。

(75) Irwin, "Antebellum Tariff Politics," p. 739.

(76) Sven Beckert, "Merchants and Manufacturers in the Antebellum North," in Steve Fraser and Gary Gerstle, eds., *Ruling America: A History of Wealth and Power in a Democracy* (Cambridge, MA, 2005), ch. 3.

(77) Sean Wilentz, "Jeffersonian Democracy and the Origins of Political Anti-Slavery in the United States: The Missouri Compromise Revisited," *Journal of the Historical Society*, 4 (2004), pp. 375–401.

(78) James L. Huston, *The British Gentry, The Southern Planter, and the Northern Family Farmer: Agriculture and Sectional Antagonism in North America* (Baton Rouge, 2015).

(79) ホウィッグ党は，1770年代にアメリカの愛国派につけられた名称を引き継いでいる。アメリカの愛国派もまた，イギリスの党派のうち改革志向であった党派の名称をつけたものであった。Howe, *What Hath God Wrought*, p. 390; Major L. Wilson, "The 'Country' Versus the 'Court': A Republica Consensus and Party Debate in the Bank War," *Journal of the Early Republic*, 15 (1995), pp. 619–647.

(80) 出発点は，以下の研究である。William E. Gienapp, *The Origins of the Republican Party, 1852–1856* (New York, 1987); Michael F. Holt, *The Rise and Fall of the American Whig Party: Jacksonian Politics and the Onset of the Civil War* (New York, 1999).

(81) 現在，歴史家は自由土地党について，改革に傾斜していた点を評価している。以下を参照。Jonathan Halperin Earle, *Jacksonian Anti-Slavery and the Politics of Free Soil, 1824–1854* (Chapel Hill, 2004); Richard S. Newman, *The Transformation of American Abolitionism: Fighting Slavery in the Early Republic* (Chapel Hill, 2002).

(82) Thomas Brown, "The Southern Whigs and Economic Development," *Southern Studies*, 20 (1981), pp. 20–38; Edward L. Widmer, *Young America: The Flowering of Democracy in New York* (New York, 1998).

(83) Yonatan Eyal, *The Young America Movement and the Transformation of the Democratic Party, 1828–1861* (Cambridge, 2007) は，この点についてきわめて優れた研究である。

(84) たとえば，以下を参照。*The Cambridge Economic History of the United States*, Vols. 1 and 2(Cambridge, 1996; 2000).

(85) 新国家の行く末を定めた1790年代の重要性については，以下を参照。Douglas Irwin and Richard Sylla, eds., *Founding Choices: American Economic Policy in the 1790s* (Chicago, 2011); Edling, *A Hercules in the Cradle*, chs. 1–3.

(86) William Appleman Williams, "The Age of Mercantilism: An Interpretation of the American Political Economy, 1763–1828," *William & Mary Quarterly*, 15 (1958), pp. 420–437は，ハミルトンよりもマディソンの役割を強調している。

(87) ハミルトンの考えは，フィヒテ（ヨハン・ゴットリープ・フィヒテ）と比べると，意義が見えてくる。フィヒテは経済発展史において，これまで非常に忘却されてきている。フィヒテの視点は，1790年代初頭から執筆され始め，あまり言及されない著作『封鎖商業国家論』（1800年）に集められている。フィヒテに注目した例外的な研究は，以下を参照。Stan Standaert, "Fichte as a Development Economist," *Cultures et développement*, 14 (1982), pp. 681–694; Richard T. Gray, "Economic Romanticism: Monetary Nationalism in Johann Gottlieb Fichte and Adam Muller," *Eighteenth-Century Studies*, 36 (2003), pp. 535–557.

(88) Reprinted (Washington, 1913). 以下も参照。Peter McNamara, *Political Economy and Statesmanship: Smith, Hamilton and the Foundation of the Commercial Republic* (DeKalb, 1998). Douglas A. Irwin, "The Aftermath of Hamilton's 'Report on Manufactures,'" *Journal of Economic History*, 64 (2004), pp. 800–821は，伝統的な見解に反して，ハミルトンの関税に関する提言（彼が提起した補助金政策ではなく）は，1792年に連邦議会によって採用されたと証明した。リスト（1789–1846年）は，いまだに評価の低い人物である。彼は1825–31年に合衆国で暮らし，1827年に『アメリカ経済学概要』(*Outlines of American Political Economy* (New York, 1996)) を著し，クレイの「アメリカンシステム」を後援し，1841年に彼の最も重要な仕事である『政治経済学の国民的体系』を完成させた。1828年に彼がジャクソンを支持したのは，ミステリーである。以下も参照。Andreas Etges, "Discovering and Promoting Economic Nationalism: Friedrich List in the United States," *Yearbook of German-American Studies*, 32 (1997), pp. 63–71.

(89) Hamilton, *Report on Manufactures*, p. 3.

(90) Ibid., p. 35.

(91) Ibid., pp. 34–35.

(92) Ibid., p. 33.

(93) George C. Herring, *From Colony to Superpower: U. S. Foreign Relations since 1776* (Oxford, 2008), pp. 73–81.

(94) Todd Estes, *The Jay Treaty Debate: Public Opinion and the Evolution of Early American Political Culture* (Amherst, 2006) は，さらなる参考文献を掲載する。ジェイ条約はイギリスでも論争を呼んだ。

(95) 典拠は以下。Peter J. Cain, "Bentham and the Development of the British Critique of Colonialism," *Utilitas*, 23 (2011), p. 8.

(96) Bradford Perkins, *The Cambridge History of American Foreign Relations*, Vol. 1 (Cambridge, 1993), pp. 203–204; Barry Gough, *Pax Britannica: Ruling the Waves and Keeping the Peace before Armageddon* (Basingstoke, 2014), ch. 5は，イギリスの海洋支配（ニューファンドランドの基地と西インド，とりわけバミューダの基地から北アメリカで海軍が活動した）の枠組みの中での英米の海軍のライバル関係を解明している。

(97) 典拠は以下。David C. Hendrickson, *Union, Nation, or Empire: The American Debate over International Relations, 1789–1941* (Lawrence, 2009), p. 86.

(98) クレイ（1777–1852年）は，連邦議会下院議員（1811–25年はほぼ一貫して），上院議員（1806–07年，1810–11年，1831–42年，1849–52年），国務長官（1825–29年），ホウィッグ党の創設者，そして

大統領候補者（1824年，1832年，1844年）。クレイに関する文献は膨大にある。筆者は，以下の著作が有益だと考えた。Maurice G. Baxter, *Henry Clay and the American System* (Lexington, 1995); John R. VanAtta, "Western Lands and the Political Economy of Henry Clay's American System, 1819–1832," *Journal of the Early Republic*, 21 (2001), pp. 633–665; Stephen Minicucci, "The 'Cement of Interest': Interest-Based Models of Nation-Building in the Early Republic," *Social Science History*, 25 (2001), pp. 247–274. ゼメルのあまり引用されない研究も評価されるべきである。Bernard Semmel, *The Liberal Ideal and the Demons of Empire* (Baltimore, 1993), pp. 73–83.

(99) Lawrence A. Peskin, *Manufacturing Revolution: The Intellectual Origins of Early American Industry* (Baltimore, 2004).

(100) Kinley Brauer, "The United States and British Imperial Expansion, 1815–60," *Diplomatic History*, 12 (1988), p. 24. ブラウアーの革新的な論文は，時代を先取りしすぎていて，いまだに評価と研究を待っている状態である。

(101) Henry Clay, *In Defence of the American System: Against the British Colonial System* (Washington, DC, 1832).

(102) Ibid., p. 11.

(103) マシュー・ケアリー(1760–1839年)。以下を参照。Stephen Meardon, "A Reciprocity of Advantages: Carey, Hamilton, and the American Protective Doctrine," *Early American Studies*, 11 (2013), pp. 431–454.

(104) ヘンリー・チャールズ・ケアリー(1793–1879年)。以下を参照。Rodney J. Morrison, *Henry C. Carey and American Economic Development* (Philadelphia, 1986); Stephen Meardon, "Reciprocity and Henry C. Carey's Traverses on the Road to Perfect Freedom of Trade," *Journal of the History of Economic Thought*, 33 (2011), pp. 307–333.

(105) Henry C. Carey, *The Way to Outdo England Without Fighting Her* (Philadelphia, 1865), pp. 24, 27.

(106) Ibid., p. 77.

(107) Ibid., pp. 32, 65.

(108) Ibid., p. 49.

(109) Ibid., p. 125.

(110) William D. Grampp, "On Manufacturing and Development," *Economic Development & Cultural Change*, 18 (1970), pp. 451–463. ジェファソンのプランテーションにおける奴隷制と産業の密接な結びつきについては，以下を参照。Stephen B. Hodin, "The Mechanisms of Monticello: Saving Labor in Jefferson's America," *Journal of the Early Republic*, 26 (2006), pp. 377–418.

(111) ジェファソンの重農主義との関係については，以下が論じている。Manuela Albertone, "John de Crèvecoeur's Agrarian Myth," *History of European Ideas*, 32 (2006), pp. 28–57. ジェファソンの農本主義的資本主義については，アップルビーの以下の研究を参照。Joyce Appleby, "Commercial Farming and the 'Agrarian Myth' in the Early Republic," *Journal of American History*, 68 (1982), pp. 833–849.

(112) Drew R. McCoy, *The Last of the Fathers: James Madison and the Republican Legacy* (New York, 1989), pp. 173–192. ジェファソンの個人的な負債は，彼の銀行や信用機構への敵意に影響を及ぼした。以下を参照。Herbert E. Sloan, *Principle and Interest: Thomas Jefferson and the Problem of Debt* (New York, 1995).

(113) 典拠は以下。Andrew Shankman, "'A New Thing on Earth': Alexander Hamilton, Pro-Manufacturing Republicans, and the Democratization of American Political Economy," *Journal of the Early Republic*, 23 (2003), pp. 323–352, at p. 338.『オーロラ』は，アンタイ・フェデラリストの新聞である。シャンクマンは，ジェファソン派があらゆる業態の製造業に反対したとする見方を否定している。

(114) 典拠は以下。Irwin, "The Aftermath of Hamilton's 'Report on Manufactures,'" pp. 819–820.

(115) 1828年の南部による関税反対に端を発した政治危機は，ハウの単著で扱われている。Howe, *What*

Hath God Wrought, pp. 395–410.

(116) Joseph J. Persky, *The Burden of Dependency: Colonial Themes in Southern Economic Thought* (Baltimore, 1992).

(117) Irwin, "Antebellum Tariff Politics." にもかかわらず，関税はアメリカの木綿産業が競争力を蓄える一助となった。以下を参照。Knick Harley, "International Competitiveness of the Antebellum American Cotton Textile Industry," *Journal of Economic History*, 52 (1992), pp. 559–584.

(118) Douglas A. Irwin, "New Estimates of the Average Tariff of the United States, 1790–1820," *Journal of Economic History*, 63 (2002), pp. 506–513. 見事なケーススタディについては，以下を参照。Carl E. Prince and Seth Taylor, "Daniel Webster, the Boston Associates, and the U. S. Government's Role in the Industrializing Process, 1815–1830," *Journal of the Early Republic*, 2 (1982), pp. 283–299. この論争は，以下で概要が扱われている。Robert E. Lipsey, "U. S. Foreign Trade and the Balance of Payments, 1800–1913," in Engerman and Gallman, *Cambridge Economic History*, pp. 725–726.

(119) 現在，最有力の研究は以下である。Edling, *A Hercules in the Cradle*, pp. 13, 242. 土地売却からの収入は，第3位の項目である。

(120) Gene Dattel, *Cotton and Race in the Making of America: The Human Costs of Economic Power* (Chicago, 2009). 国際的な環境に関しては，ベッカートの権威的な研究が論じている。Sven Beckert, *Empire of Cotton: A New History of Global Capitalism* (London, 2014).

(121) Douglas A. Irwin, "The Optimal Tax on Antebellum Cotton Exports," *Journal of International Economics*, 60 (2003), pp. 275–291, at p. 277.

(122) 典拠は以下。Irwin, "Antebellum Tariff Politics," p. 734.

(123) Brauer, "The United States and British Imperial Expansion," pp. 25–29.

(124) Ibid., p. 28. ロバート・スチュワート（1769–1822年）はカースルレー子爵。第2代ロンドンデリー侯爵は，外務大臣を務めた（1812–22年）。

(125) Lipsey, "U. S. Foreign Trade and the Balance of Payments," pp. 712–714, 722–723.

(126) Memorial of the Boston Board of Trade addressed to Congress (on behalf of the American Shipping Company). 典拠は以下。*North American Review*, 205 (October 1864), p. 484.

(127) Kenneth Morgan, "Business Networks in the British Export Trade to North America, 1750–1800," in John J. McCusker and Kenneth Morgan, eds., *The Early Modern Atlantic Economy* (Cambridge, 2000), pp. 52–53, 61–62.

(128) Edwin J. Perkins, *Financing Anglo-American Trade: The House of Brown, 1800–1880* (Cambridge, MA, 1975) は，依然として権威的な研究である。

(129) 「期待の低下から来る革命」と題された本書の第三章を見よ。

(130) Cain and Hopkins, *British Imperialism*, chs. 5, 8. 近年の事例については以下を参照。Andrew Smith, *British Businessmen and Canadian Confederation* (Montreal, 2008).

(131) Howard Bodenhorn, *A History of Banking in Antebellum America: Financial Markets and Economic Development in an Era of Nation-Building* (New York, 2000), ch. 5; Robert E. Wright, *The Wealth of Nations Rediscovered: Integration and Expansion in American Financial Markets, 1780–1850* (Cambridge, 2002).

(132) Jay Sexton, "Anglophobia in Nineteenth-Century Elections, Politics and Diplomacy," in Gareth Davies and Julian E. Zelizer, eds., *America at the Ballot Box: Elections and Political History* (Philadelphia, 2015), pp. 98–117. 同書は，この時期にはイギリスの力が依然として恐れられていたことを示している。後に不安が消え去ると，イギリス嫌いが選挙政治で使われる要素の一つであり続けた。とはいえ，次第に協調的になる英米関係の他の側面からは切り離されていた。

(133) この段落の主たる情報源は，以下である。Lipsey, "U. S. Foreign Trade and the Balance of Payments"; Davis and Cull, "International Capital Movements"; and Mira Wilkins, *The History of Foreign Investment in the United States to 1914* (Cambridge, MA, 1989).

(134) 紙幅の都合で，ベンチャーキャピタルについての考察は除外した。しかしデイヴィスとカルは，ロンドンのシティはニューヨークよりも極西部におけるビジネスに投資する意欲を持っていたことを示している。Lance E. Davis and Robert J. Cull, *International Capital Markets and American Economic Growth, 1820–1914* (New York, 1994).

(135) 国債の海外保有率は，1803年にピークに達した。この年，全連邦債の56％が海外で保有されていたのであり，その多くは，イギリスであった。Lance E. Davis and Robert E. Cull, "International Capital Movements, Domestic Capital Markets, and American Economic Growth, 1820–1914," in Engerman and Gallman, *Cambridge Economic History*, pp. 741, 745.

(136) Ralph W. Hidy, *The House of Baring in American Trade and Finance* (Cambridge, MA, 1949) は，ベアリング一族の歴史を跡づけている。フランシスの父，ジョンはブレーメンからの移民で，エクセターで商人として成功した。この点については，以下も参照。Jay Sexton, *Debtor Diplomacy: Finance and American Foreign Relations in the Civil War Era, 1837–1873* (Oxford, 2005), ch. 1.

(137) アジア方面については，以下を参照。James R. Fichter, *So Great a Proffit: How the East Indies Trade Transformed Anglo-American Capitalism* (Cambridge, MA, 2010), pp. 141–148.

(138) Levinson and Sparrow, *The Louisiana Purchase* は，きわめて空間的に優れた併合地の外観を示している。

(139) Sexton, *Debtor Diplomacy*, pp. 53–61.

(140) Washington's "Farewell Address," 1796; Jefferson's "Inaugural Address," 1801.

(141) Irwin, "The Optimal Tax on Antebellum U. S. Cotton Exports." アーウィンが指摘したように，輸出関税の利益が生産者に還元される保証はなかった。

(142) 希少な例外について（失敗しているが）は，以下を参照。Dattel, *Cotton and Race*, pp. 67–69.

(143) Mette Ejrnaes, Karl Gunnar Persson, and Søren Rich, "Feeding the British: Convergence and Market Efficiency in the Nineteenth-Century Grain Trade," International Economics, University of Copenhagen, *Discussion Paper*, 28 (2004).

(144) Kariann Akemi Yokota, *Unbecoming British: How Revolutionary America Became a Postcolonial Nation* (Oxford, 2011), pp. 102–105. この丁寧な研究は，当該テーマについて，幅広い側面から証拠を集めている。

(145) Robert E. Gallman and John Joseph Willis, eds., *American Economic Growth and Standards of Living Before the Civil War* (Chicago, 1992) は，この時期について適切な指標を提供している。

(146) Kevin H. O'Rourke, "The Worldwide Economic Impact of the French Revolutionary and Napoleonic Wars, 1793–1815," *Journal of Global History*, 1 (2006), pp. 123–149.

(147) Ibid., p. 147.

(148) Clyde A. Haulman, *Virginia and the Panic of 1819: America's First Great Depression and the Commonwealth* (London, 2008) は第１，２章でヴァージニアを超えて論じている。以下も参照。Murray Rothbard, *The Panic of 1819: Reactions and Policies* (New York, 1962), ch. 1.「恐慌」という用語は，しばしば19世紀における金融危機について用いられる。

(149) Jay Sexton, *Debtor Diplomacy*; Alasdair Roberts, *America's First Great Depression: Economic Crisis and Political Disorder after the Panic of 1837* (Ithaca, 2012). Jessica M. Lepler, *The Many Panics of 1837: People, Politics, and the Creation of a Transatlantic Financial Crisis* (Cambridge, 2013) は，恐慌の国際的かつ個人的な側面を強調した作品。キムとウォリスは，別の見方を論じている。Namsuk Kim and John J. Wallis, "The Market for American State Bonds in Britain and the United States, 1830–43," *Economic History Review*, 58 (2005), pp. 736–764. ウォリスは，1837–39年に見られる，いくつかの違いを考察する。とはいえ，２つを連続的に見る意見も依然として存在する。Wallis, "What Caused the Crisis of 1839," *NBER Historical Working Paper*, 133 (2001); John J. Wallis, Richard E. Sylla, and Arthur Grinath, "Sovereign Debt and Repudiation: The Emerging Market Debt Crisis in the U. S. States, 1839–1843," *NBER Working Paper*, 10753 (2004).

(150) *The National System of Political Economy* (1844; New York, 1966), p. 365.

(151) ベンジャミン・ハリソン（1773–1841年）はヴァージニア人であり，1812年戦争の英雄でもある。彼は移住したオハイオで長い政治経験を積んだ。1836年と1840年にホウィッグ党からの大統領候補となった。

(152) Edward P. Crapol, *John Tyler: The Accidental President* (Chapel Hill, 2006). テイラー（1790–1862年）は，民主党員としてキャリアを開始したヴァージニア人であるが，ジャクソンとたもとを分かち，1840年にホウィッグの計画を採用した。彼は1841年に民主党から追い出され，ジェファソン流の拡張主義者として再び登場した。

(153) クレイはこの法案を支持した。というのも，彼は同法案が保護主義的な結果をもたらすと考えたからである。

(154) アメリカ＝メキシコ戦争は，本書第五章「アメリカはいかに敵を粉砕し，いかに拡大するかを知っている」と題した節で議論している。

(155) Sexton, *Debtor Diplomacy*, pp. 40–45.

(156) Mira Wilkins, "Foreign Investment in the U. S. Economy before 1914," *Annals of the American Academy of Political and Social Science*, 516 (1991), pp. 18–19.

(157) Scott C. James and David H. Lake, "The American Walker Tariff of 1846," *International Organization*, 43 (1989), pp. 1–29; Irwin, "Antebellum Tariff Politics."

(158) James L. Huston, *The Panic of 1857 and the Coming of the Civil War* (Baton Rouge, 1987). Charles W. Calomiris and Larry Schweikart, "The Panic of 1857: Origins, Transmission, and Containment," *Journal of Economic History*, 51 (1991), pp. 807–834は，内部要因に基づいた説明を提示している（本書第五章で扱う）。

(159) Sellers, *The Market Revolution*; Melvyn Stokes and Stephen Conway, eds., *The Market Revolution in America: Social, Political and Religious Expressions, 1800–1880* (Charlottesville, 1996). 最良の導入となる研究書は以下である。John Lauritz Larson, *The Market Revolution in America: Liberty, Ambition, and the Eclipse of the Common Good* (Cambridge, 2010).

(160) Robert E. Gallman and John Joseph Wallas, eds., *American Economic Growth and Standards of Living before the Civil War* (Chicago, 1992); Stanley L. Engerman and Robert E. Gallman, eds., *The Cambridge Economic History of the United States*, Vol. 2 (Cambridge, 2000), pp. 7–9, 21–23, 49, 369, 373–376, 377, 379. Peter H. Lindert and Jeffrey G. Williamson, "America's Revolution: Economic Disaster, Development, and Equality," *Vox EU*, July 15, 2011; Lindert and Williamson, *Unequal Gains: American Growth and Inequality Since 1700* (Princeton, NJ, 2016), ch. 5.

(161) Lindert and Williamson, *Unequal Gains*, p. 103.

(162) John Komlos, "A Three-Decade History of the Antebellum Puzzle: Explaining the Shrinking of the U. S. Population at the Onset of Modern Economic Growth," *Journal of the Historical Society*, 12 (2012), pp. 395–445.

(163) セラーズの市場革命への批判は，彼のジャクソンの態度と政策に対する解釈に集中している。以下を参照。Larsen, *The Market Revolution*; William E. Gienapp, "The Myth of Class in Jacksonian America," *Journal of Policy History*, 6 (1994), pp. 232–259.

(164) Christopher Clark, *The Roots of Rural Capitalism: Western Massachusetts, 1780–1860* (Ithaca, 1990); Clark, *Social Change in America: From the French Revolution Through the Civil War* (Chicago, 2006); Alan Kulikoff, *The Agrarian Origins of American Capitalism* (Charlottesville, 1992); Kulikoff, *From British Peasants to Colonial American Farmers* (Chapel Hill, 2000); Winfred B. Rothenberg, *From Market Place to a Market Economy: The Transformation of Rural Massachusetts, 1750–1850* (Chicago, 1992); James Henretta, *The Origins of American Capitalism: Collected Essays* (Boston, 1991). これらの著者たちが，市場と交換について異なる概念を用い，資本主義への移行について異なるデータに基づいていることはあまりいわれないが，重要な問題である。

(165) 1860年において，合衆国の人口のおよそ80％がいまだに農村部に居住していた。北部諸州ですら平均75％であった。Huston, *The British Gentry*, tables 4.1 and 4.2, pp. 76–77. Huston, *Securing the Fruits of Labor: The American Concept of Wealth Distribution, 1765–1900*（Baton Rouge, 1998）. この点については，ここ30年の間に合衆国の農業史についてハストン博士が行った例外的な貢献に注意を払うのが適切であろう。以下も参照。Adam Wesley Dean, *An Agrarian Republic: Farming, Anti-Slavery Politics, and Nature Parks in the Civil War Era*（Chapel Hill, 2015）.

(166) これはニュージャージー中部について，以下の研究に基づいて行った主張である。Pierre Gervais, *Les origins de la révolution industrielle aux États-Unis: entre économie marchande et capitalism industriel, 1800–1850*（Paris, 2004）.

(167) Howard Bodenhorn, *State Banking in Early America: A New Economic History*（Oxford, 2003）.

(168) Engerman and Gallman, *Cambridge Economic History*, p. 380; また pp. 21–23, 49–50; Robert J. Gordon, *The Rise and Fall of American Growth: The U. S. Standard of Living since the Civil War*（Princeton, NJ, 2016）, pp. 1–2 and ch. 1.

(169) Smith, *Theories of Nationalism*（1983）; *Nationalism*（2nd ed.; Cambridge, 2010）.

(170) David M. Smith, "The American Melting Pot: A National Myth in Public and Popular Discourse," *National Identities*, 14（2012）, pp. 387–402. 興味深いことに，移民はすぐに新たな国民へと溶け込んでいくという観念を1782年に広めたのは，ヘクター・セント・ジョン・デ・クレヴクールというフランス人移民であった。この観念は，国民的神話へと編入されていった。クレヴクールは革命に反対し，後にイギリス，さらにはフランスへと逃避したため，忘却されてきた。以下を参照。Alan Taylor, "The American Beginning," *New Republic*, July 18, 2013.

(171) Jon Butler, *Becoming America*（2001）が促した重要な再評価は，以下の研究が行っている。John M. Murrin and David S. Silverman, "The Quest for America: Reflections on Distinctiveness, Pluralism and Public Life," *Journal of Interdisciplinary History*, 33（2002）, pp. 235–246. この点について十分に展開しているのは，以下である。Malcolm Gaskill, *Between Two Worlds: How the English Became Americans*（Oxford, 2014）.

(172) Jack P. Greene, "Early Modern Southeastern North America and the Broader Atlantic and American Worlds," *Journal of Southern History*, 73（2007）, pp. 525–538; Armitage and Braddick, *British Atlantic World*; James D. Drake, "Appropriating a Continent: Geographical Categories, Scientific Metaphors, and the Construction of Nationalism in British North America and Mexico," *Journal of World History*, 15（2004）, pp. 323–357; Gregory E. Dowd, *War Under Heaven: Pontiac, the Indian Nations, and the British Empire*（Baltimore, 2002）.

(173) Nicholas Onuf and Peter Onuf, Nations, *Markets and War: Modern History and the American Civil War*（Charlottesville, 2006）, ch. 7.

(174) Eric Kaufman, "American Exceptionalism Reconsidered: Anglo-Saxon Ethnogenesis in the 'Universal' Nation, 1776–1850," *Journal of American Studies*, 33（1999）, pp. 437–453; Kaufman, "Ethnic or Civic Nation? Theorizing the American Case," *Canadian Review of Studies in Nationalism*, 27（2000）, pp. 133–154.

(175) Anthony D. Smith, *The Ethnic Origins of Nationalism*（Oxford, 1986）. 以下に多くを負っていることも記しておきたい。Reginald Horsman, *Race and Manifest Destiny: The Origins of American Racial Anglo-Saxonism*（Cambridge, MA, 1981）; Rogers M. Smith, *Civic Ideals: Conflicting Visions of Citizenship in U. S. History*（New Haven, 1997）; Eric Kaufmann, *The Rise and Fall of Anglo-America*（Cambridge, MA, 2004）.

(176) Kaufmann, "Ethnic or Civic Nation?" p. 440.

(177) Jill Lapore, *The Name of War: King Philip's War and the Origins of American Identity*（New York, 1999）は，1675年における植民者とアルゴンキン系先住民の間で起こった戦争に向かう過程を跡づけている。

(178) François Furstenberg, *In the Name of the Father: Washington's Legacy, Slavery and the Making of a Nation* (New York, 2007).

(179) スコットランド，ウェールズ，アイルランドでも同様であった。Vivian Beckford-Smith, "Revisiting Anglicisation in the Nineteenth-Century Cape Colony," *Journal of Imperial & Commonwealth History*, 31 (2003), pp. 82–95は，1982年にジェイムズ・スタージズが執筆した先駆的な論文に照らし合わせながら，この主題の研究史を論じている。

(180) Nell Irvin Painter, "Ralph Waldo Emerson's Saxons," *Journal of American History*, (2009), pp. 977–985.

(181) Frederic Cople Jaher, *The Urban Establishment: Upper Class Status in Boston, New York, Charleston, Chicago and Los Angeles* (Urbana, 1982).

(182) Kaufman, *Rise and Fall of Anglo-America*, pp. 16–19.

(183) Ritchie Devon Watson, *Normans and Saxons: Southern Race Mythology and the Intellectual History of the American Civil War* (Baton Rouge, 2008); Christopher Hanlon, "'The Old Race Are All Gone': Transatlantic Bloodlines and 'English Traits,'" *American Literary History*, 18 (2007), pp. 800–823.

(184) James M. McPherson, "'Two Irreconcilable Peoples': Ethnic Nationalism in the Confederacy," in David T. Gleeson and Simon Lewis, eds., *The Civil War as Global Conflict* (Columbia, 2014), pp. 85–97は，北の（市民的）ナショナリズムと南の（エスニック）ナショナリズムの間に明確な区別を設ける現在の研究とは異なる立場である。

(185) 明確な出発点は，以下である。Andrew Preston, "Bridging the Gap between the Sacred and the Secular in the History of American Foreign Relations," *Diplomatic History*, 30 (2006), pp. 783–812.

(186) Frank Lambert, *Inventing the "Great Awakening"* (Princeton, NJ, 1999).

(187) Nathan O. Hatch, *The Democratization of American Christianity* (New Haven, 1989), p. 3.

(188) Laurence R. Iannaccone, "Introduction to the Economics of Religion," *Journal of Economic Literature*, 36 (1998), 1465–1498. 教会員資格は，植民地時代の方が19世紀，20世紀よりも厳しかったことは認知されるべきである。

(189) Michael P. Young, "Confessional Protests: The Religious Birth of US National Social Movements," *American Sociological Review*, 67 (2002), pp. 660–695. しかし同時に，以下も参照。Thistlethwaite, *The Anglo-American Connection*, chs. 3–5.

(190) Nicholas Guyatt, *Providence and the Invention of the United States, 1607–1876* (Cambridge, 2007). 筆者は，ガイアットの，包容力があり啓発的な研究から，ここで表現できるよりも多くを得ている。

(191) Ruth Miller Elson, *Guardians of Tradition: American Schoolbooks of the Nineteenth Century* (Lincoln, 1964).

(192) Joyce Appleby, *Inheriting the Revolution: The First Generation of Americans* (Cambridge, MA, 2000), p. 199.

(193) Jeffrey L. Pasley, Andrew W. Robertson, and David Waldstreicher, eds., *Beyond the Founders: New Approaches to the Political History of the Early United States* (Chapel Hill, 2004) は，この点で新しい知見を提示している。

(194) Michael O'Brien, *Conjectures of Order: Intellectual Life and the American South, 1810–1860*, 2 vols. (Chapel Hill, 2004) は，この時期の南部における知的潮流の多様性と創造性を立証している。同時に，この知的潮流がとくにバークに依拠し，同時にロマン主義，ドイツの理想主義の称賛，そして奴隷制擁護が調和したカーライルと結びついた保守主義にもかなり依拠している点も論じている。

(195) とりわけ，セラーズの *Market Revolution* とハウの *What Hath God Wrought* との差異を参照。

(196) Lloyd S. Kramer, "The French Revolution and the Creation of American Political Culture," in Joseph Klaits and Michael H. Haltzel, eds., *The Global Ramifications of the French Revolution*

(Cambridge, 1994), pp. 26–54は，この点において，例外的に啓発的である。

(197) 典拠は以下。Kramer, "The French Revolution," p. 51. ロバート・グッドロウ・ハーパー（1765–1825年）：1795–1801年まで，下院のサウスカロライナ選出議員。

(198) Seth Cotlar, *Tom Paine's America: The Rise and Fall of Transatlantic Radicalism in the Early Republic* (Charlottesville, 2011).

(199) Joyce Appleby, *Inheriting the Revolution*, pp. 250–259; Mark Noll, *America's God: From Jonathan Edwards to Abraham Lincoln* (New York, 2002).

(200) Andrew Shankman, *Crucible of American Democracy: The Struggle to Fuse Egalitarianism and Capitalism in Jeffersonian Pennsylvania* (Lawrence, 2004).

(201) Paul E. Johnson, *A Shopkeeper's Millennium: Society and Revivals in Rochester, New York, 1815–1837* (New York, 1978) は，信仰復興運動がいかに北部の中産階級が結集し，賃金労働者が自らの地位を向上させる機会となったかを示している。

(202) 結局，この点はセラーズが，*The Market Revolution* で行っている議論である。

(203) Elisa Tamarkin, *Anglophilia: Deference, Devotion, and Antebellum America* (Chicago, 2008).

(204) Ibid., p. 30.

(205) Ian Radforth, *Royal Spectacle: The 1830 Visit of the Prince of Wales to Canada and the United States* (Toronto, 2004).

(206) *The Times*, April 27, 1865.

(207) Ralph Waldo Emerson, *Essays and English Traits* (Danbury, 1909; 1980), p. 332.

(208) Yokota, *Unbecoming British*, pp. 264–265.

(209) Tamarkin, *Anglophilia*, ch. 4.

(210) 「アップリフト」の観念は，今日でも，アフリカ系アメリカ人の「人種の向上」という議論として，またサイエンスフィクションの中で残存している。「生物学的向上」は，非凡なコードウェイナー・スミス（Cordwainer Smith, 1913–66年）の発明である。彼はこの概念を，*The Underpeople* (New York, 1966) において，進歩した文明が，他の人種を向上させる手段として用いた。

(211) Lawrence Levine, *Highbrow/Lowbrow: The Emergence of Cultural Hierarchy in America* (Cambridge, MA, 1988).

(212) Caroline Winterer, *The Culture of Classicism: Ancient Greece and Rome in American Intellectual Life, 1780–1910* (Baltimore, 2002).

(213) C. Dallett Hemphill, *Bowing to Necessities: A History of Manners in America, 1620–1860* (New York, 1999). R. A. Burchell, "The Role of the Upper Class in the Formation of American Culture," in Burchell, ed., *The End of Anglo-America: Historical Essays in the Study of Cultural Divergence* (Manchester, 1991), pp. 184–212. この研究は，以下の先駆的な研究を修正している。Stow Parsons, *The Decline of American Gentility* (New York, 1973); Richard L. Bushman, *The Refinement of America: Persons, Houses, Cities* (New York, 1992). 比較研究は珍しいが，リンダ・ヤングは，アングロ世界における中産階級の勃興に注意を向けている。Linda Young, *Middle Class Culture in the Nineteenth Century: America, Australia, and Britain* (New York, 2003).

(214) ウェブスターは，非妥協的なフェデラリストであった。彼のアメリカ的アイデンティティを創造しようとする願望は，ヒエラルキーへの敬意と民主主義に対する疑念が一体となっていた。以下を参照。Jill Lepore, *The Story of America: Essays on Origins* (Princeton, NJ, 2012), ch. 7.

(215) ノア・ウェブスター（1758–1843年）：教師，法曹，ジャーナリスト，辞書編纂者。コネティカットに生まれ，生涯のほとんどを同州で過ごした。ウェブスターについては，数多くの一般的で入手しやすい伝記がある。たとえば，以下を参照。Joshua Kendall, *The Forgotten Founding Father: Noah Webster's Obsession and the Creation of American Culture* (New York, 2011).

(216) Richard M. Rollins, *The Long Journey of Noah Webster* (Philadelphia, 1980); Kenneth Cmiel, "'A Broad Fluid Language of Democracy': Discovering the American Idiom," *Journal of American His-*

tory, 79（1992）, pp. 913–936.

(217) Tamarkin, *Anglophilia*, pp. 290–291. ウェブスターの辞書は，新たに大幅な拡充版として再登場した1864年までに，競争に敗れていた。

(218) ラルフ・ウォルド・エマソン（1803–82年）。Leonard Tennenhouse, *The Importance of Feeling English: American Literature and the British Diaspora, 1750–1850*（Princeton, NJ, 2007）は，豊富な知識と全体を活性化させる挿絵の章を設け，基本的な理解を構築している。

(219) Ralph Waldo Emerson, "The American Scholar"（Cambridge, MA, 1837）, at http://www.emersoncentral.com/amscholar.htm.

(220) エマソンの元原稿は，彼の友人オリバー・ウェンデル・ホームズ・シニアが修正していた。ホームズは，現在知られている野心的なタイトルを考案した。

(221) Alexis de Tocqueville, *Democracy in America*, ed., J. P. Mayer（New York, 1969）, Vol. 2, p. 477.

(222) ジェイムズ・ラッセル・ローウェル（1819–91年）は，1840年に真正な方言を書写し，マーク・トウェインに影響を与えた。しかし彼は，新たな国民文学の支持者とはならなかった。

(223) Martin Griffin, "Emerson's Crossing: English Traits and the Politics of 'Politics,'" *Modern Intellectual History*, 5（2008）, pp. 271–273.

(224) Andrew H. Debanco, *Melville: His World and Work*（New York, 2005）; Andrew Lawson, "Moby Dick and the American Empire," *Comparative American Studies*, 10（2012）, pp. 45–62. ナサニエル・ホーソーンの作品は1850年代に出版され，入手しやすく，多大な人気があった。

(225) Alan Taylor, "Fennimore Cooper's America," *History Today*, 46（1996）, pp. 21–27; Taylor, *William Cooper's Town: Power and Persuasion on the Frontier of the Early American Republic*（New York, 1995）は，革命がイデオロギーの問題であったと同時に土地投機の問題であったことを想起させている。

(226) この信念に関して，以下はある一族を例に取って，その起源を扱っている。Taylor, *William Cooper's Town*.

(227) Barrett Wendell, *A Literary History of America*（New York, 1901）, p. 187.

(228) Alan Trachtenberg, *Shades of Hiawatha: Staging Indians, Making Americans, 1880–1930*（New York, 2004）, ch. 1; Robert A. Ferguson, "Longfellow's Political Fears: Civic Authority and the Role of the Artist in 'Hiawatha': and 'Miles Standish literary illustrations,'" *American Literature*, 50（1978）, pp. 187–215. ホイットマンは，純粋なアメリカの文学を創造しようとする，エマソンにつながるようなロングフェローの野心を見逃している。

(229) Tamara Plakins Thornton, *Cultivating Gentlemen: The Meaning of Country Life Among the Boston Elite, 1785–1860*（New Haven, 1989）.

(230) ここで論じている主題について，ベンジャミンを十分に扱っている研究はない。Kenneth Hafertepe and James F. O'Gorman, eds., *American Architects and Their Books*（Boston, 2001）は，同時代の文脈について，多少の情報を提供している。

(231) Alexander O. Boulton, "From the Greek," *American Heritage*, 41（1990）, pp. 80–87.

(232) Wilbur Zelinsky, "Classical Town Names in the United States: The Historical Geography of an American Idea," *Geographical Review*, 57（1967）, pp. 463–495; Zelinsky, *Nation into State*, pp. 119–143, 208–213.

(233) Kelley N. Seay, "Jousting and the Evolution of Southernness in Maryland," *Maryland Historical Magazine*, 99（2004）, pp. 50–79. メリーランドは境界州であり，南北戦争で分裂しつつも，南部の価値を強化する手段として，馬上槍試合を永続させた。

(234) Robert C. Toll, *Blacking Up: The Minstrel Show in Nineteenth-Century America*（New York, 1974）.

(235) この主題についての手引きは，以前の同僚であるカール・ミラー博士から受けた。

(236) Karl Hagstrom Miller, "The Sound of Antebellum Reform," *Reviews in American History*, 36

(2008), pp. 374–381.

(237) Alexis de Tocqueville, *Democracy in America*, ed., Isaac Kramnick (London, 2003), pp. 11, 622–623.

(238) この段落の残りの部分で引用されている感想は，トクヴィルの著書中に散見される。Tocqueville, *Democracy in America*, ed., J. P. Mayer, Vol. 2. とりわけ，第1部第2章の11頁と第2部第10章，第11章，第3部第16章を参照。

(239) クラマーは，このテーマを以下の著書で展開している。Lloyd S. Kramer, *Nationalism: Political Cultures in Europe and America, 1775–1865* (New York, 2011).

(240) Thistlethwaite, *The Anglo-American Connection*.

(241) 学校の教科書は，イギリスを好意的に提示していた。というのも，アメリカをイギリスの子孫として描くのが基本であったからである。Elson, *Guardians of Tradition*.

(242) Nathan O. Hatch, *The Democratization of American Christianity* (New Haven, 1989).

(243) William R. Hutchison, *Religious Pluralism in America: The Contentious History of a Founding Ideal* (New Haven, 2003).

(244) 南部的な資本主義への支持は，1830年頃から登場した。John Patrick Daly, *When Slavery Was Called Freedom: Evangelicalism, Proslavery, and the Causes of the Civil War* (Lexington, 2002).

(245) Rogers M. Smith, *Civic Ideals: Conflicting Visions of Citizenship in U. S. History* (New Haven, 1997), pp. 72–86.

(246) この問題に関するカウフマンの見解（*The Rise and Fall of Anglo-America* で展開される）は，ここで取り上げているよりも楽観的である。

(247) Michael R. Haines, "The Population of the United States, 1790–1920," in Engerman and Gallman, eds., *Cambridge Economic History of the United States*, pp. 153–154.

(248) O'Brien, *Conjectures of Order*, I, pp. 286–287.

(249) Ibid., ch. 2; Bruce Levine, "Conservatism, Nativism, and Slavery: Thomas R. Whitney and the Origins of the Know-Northing Party," *Journal of American History*, 88 (2001), pp. 455–488. この党は複数の名前を持ち，1855年に「アメリカ党」に落ち着いた。しかしそれまでに，より一般的な名称であるノーナッシング党（これは党の手続きが秘密であったことに由来する）が定着していた。

(250) Bonner, *Mastering America*, p. xvii. は，デーヴィッド・ポッターの洞察を取り上げている。

(251) Samuel F. B. Morse (1791–1872), *Letters and Journals*, II (New York, 1914), p. 85.

(252) Henry David Thoreau (1817–1862), *Walden* (Boston, 1854), www.thoreau.eserver.org/walden00.html, ch. 1, section D 9.

(253) John Adams, "Oration," on the tenth anniversary of American independence, July 4, 1793, Collection of 4 July Speeches; Special Collections, Ellish Library, University of Missouri, Columbia.

(254) Howe, *What Hath God Wrought* は，1815–48年までの幅広く，明晰な概説を提示している。

(255) この点の功績は，ウィリアムズ（"The Age of Mercantilism"）である。彼は新共和国が，独立した重商主義国家を確立しようとした点を解明した。ウィリアムズは，自由貿易とジャクソン流の個人主義の台頭により，1828年に実験は終わったと見ている。

(256) Sam W. Haynes, *Unfinished Revolution: The Early American Republic in a British World* (Charlottesville, 2010); Joseph Eaton, *The Anglo-American Paper War: Debates about the New Republic, 1800–1825* (Basingstoke, Hants, 2012).

(257) Ambrose G. Bierce, *The Devil's Dictionary* (New York, 1906; 2000) は，1881年以後に書かれたエッセイのコレクションである。

(258) James Belich, *Replenishing the Earth: The Settler Revolution and the Rise of the Anglo-World* (Oxford, 2009) は，きわめて例外的な研究である。本書の第五章も参照。

(259) Craig Calhoun, *The Roots of Radicalism: Tradition, the Public Sphere, and Early Nineteenth-Century Social Movements* (Chicago, 2012), ch. 9.

(260) Mark W. Summers, *The Plundering Generation: Corruption and the Crisis of the Union, 1849–*

1861 (Oxford, 1987).

(261) 本章で展開している議論について予備的に論じたものとして，以下を参照。A. G. Hopkins, “The United States, 1783–1861: Britain's Honorary Dominion?” *Britain and the World*, 4 (2011), pp. 232–246.

(262) 当該演説は，ワシントンの「外国に巻き込まれる」ことを避けよというアドバイスとしてしばしば引用されるが，全体として見れば，連邦の失敗を導く，多くのありうる原因について長々と述べたものとして読める。

(263) トクヴィルは1856年に，フランスについて観察している。Alexis de Tocqueville, *The Old Regime and the Revolution* (New York, 1955). カーは，ロシア革命を論じる。Edward Hallett Carr, *The Bolshevik Revolution, 1917–1923*, 3 vols. (New York, 1951–53).

第五章

(1) John L. O'Sullivan, “The Great Nation of Futurity,” *United States Democratic Review*, 6 (1839), pp. 426–430.

(2) このフレーズは一般的には，オサリバンが1845年に広めたものとされる。サンプソンは (Robert D. Sampson, *John L. O'Sullivan and His Times* (Kent, 2004))，この有名なフレーズとともにステレオタイプ化されていたオサリバンの人物像に，コスモポリタンで進歩的な側面があったことを明らかにしている。他方，リンダ・S・ハドソンは，このフレーズの作者は南部の拡張主義者，土地投機家，かつジャーナリストであったジェーン・マクマナスだと主張している。Linda S. Hudson, *Mistress of Manifest Destiny: A Biography of Jane McManus Storm Cazneau* (Austin, 2001), pp. 60–62.

(3) この主張は，大きく異なる視点を持つ研究者から支持されてきた。たとえば，以下を参照。Fred Anderson and Andrew Cayton, *The Dominance of War: Empire and Liberty in North America, 1500–2000* (New York, 2005); Robert Kagan, *Dangerous Nation: America and the World, 1600–1898* (London, 2006); Thomas R. Hietala, *Manifest Design: American Exceptionalism and Empire* (Ithaca, 1985; 2003).

(4) 最後の点が，さりげないフレーズであると考えた読者は，ベイセヴィッチの著書を検討してみるといいだろう。同書は，いかに兵士でなく民間人が，ベトナム戦争後，軍事的な強さを国家の偉大さの真の指標としたのかを示している。Andrew J. Bacevich, *The New American Militarism* (Oxford, 2005).

(5) 現在の潮流は，以下の諸研究によってまとめられている。William Earl Weeks, “New Directions in the Study of Early American Foreign Relations,” in Michael J. Hogan, ed., *Paths to Power: The Historiography of American Foreign Relations to 1941* (Cambridge, 2000), ch. 2; Kinley Brauer, “The Great American Desert Revisited: Recent Literature and Prospects for the Study of American Foreign Relations, 1815–1861,” in Hogan, ch. 3; Jay Sexton, “Towards a Synthesis of Foreign Relations in the Civil War Era, 1848–77,” *American Nineteenth-Century History*, 5 (2004), pp. 50–73.

(6) 本書第三章を参照。Brauer, “The Great American Desert”; Michael J. Hogan, “Introduction,” in Hogan, Paths to Power, p. 2 は，ジョナサン・ダルから借用したフレーズを参照している。

(7) 強調点の異なる研究については，以下を参照。Felix Gilbert, *To the Farewell Address: Ideas of Early American Foreign Policy* (Princeton, 1961); James H. Hutson, *John Adams and the Diplomacy of the American Revolution* (Lexington, 1980).

(8) George Washington, “Farewell Address,” 1796. ハミルトンは草稿を修正し，この文書に重いリアリズムを導入した。

(9) ここで述べている一連の流れはやや曖昧であるが，その多くを以下に負っている。Reginald Horsman, “The Dimension of an ‘Empire of Liberty’: Expansion and Republicanism, 1775–1825,” *Journal of the Early Republic*, 9 (1989), pp. 1–20; John M. Murrin, “The Jeffersonian Triumph and American Exceptionalism,” *Journal of the Early Republic*, 20 (2000), pp. 1–25.

(10) David C. Hendrickson, *Peace Pact: The Lost World of the American Founding* (Lawrence, 2003); Hendrickson, *Union, Nation, or Empire: The American Debate over International Relations, 1789–1941* (Lawrence, 2009).

(11) John C. Weaver, *The Great Land Rush and the Making of the Modern World, 1650–1900* (Montreal, 2003); James Belich, *Replenishing the Earth: The Settler Revolution and the Rise of the Anglo-World* (Oxford, 2009) は，この主題を理解するのに重要な貢献を行った。

(12) この章では，自治を行う入植者国家を自治領（ドミニオン）と言及している。この呼称は，公式な地位を意味してしまう場合もある。あえてこうした呼称を用いたのは，本章の文脈では，めんどうで無益な制度的区別を避けたいためである。

(13) このテーマに関する先駆的な研究は，「旧自治領」出身の歴史家が担ってきた。Donald Denoon, *Settler Capitalism: The Dynamics of Development in the Southern Hemisphere* (Oxford, 1983); Weaver, *The Great Land Rush; Ian Tyrrell, Transnational Nation: United States History since 1789* (Basingstoke, 2007); Belich, *Replenishing the Earth.* Christopher Lloyd, Jacob Metzer, and Richard Sutch, eds., *Settler Economies in World History* (Leiden, 2013)。最後の著書の３人の編集者（クリストファー・ロイド，ジェイコブ・メッツアー，リチャード・サッチ）のうちの一人は，合衆国の出身である。少なくとも一人の合衆国の歴史家（ウォルター・L・ヒクソン）が，短い歴史的な比較を行っている。Walter L. Hixson, *Settler Colonialism: A History* (New York, 2013), pp. 7–13.

(14) Ambrose Bierce, *The Devil's Dictionary* (New York, 1906; 2000). ビアース（1842–1914年）は，中西部で育ち，南北戦争では連邦側で戦った。以後，ジャーナリスト兼批評家となり，サンフランシスコでは，ウィリアム・R・ハーストの下に雇われて成功した。

(15) この感覚はアメリカでも共有されていた。David C. Hendrickson, *Union, Nation, or Empire*, pp. 86–89.

(16) Peter J. Cain, "Bentham and the Development of the British Critique of Colonialism," *Utilitas*, 23 (2011), pp. 1–24を参照。

(17) J. Hector St. John Crèvecoeur, *Letters from an American Farmer* (London, 1782). 典拠は以下。Alan Taylor, "The American Beginning," *New Republic*, July 18, 2013. 節のタイトルと以下の段落での引用文は同じ典拠である。テイラーの論文は，クレヴクールのステレオタイプを優れた形で修正している。

(18) ターナーのエッセイは，いくつかの再販が出ており容易に入手できる。John Mack Faragher, ed., *Re-Reading Frederick Jackson Turner* (New Haven, 1994), ch. 2 は，「セクションと国家」に関する２つのエッセイなど，ほとんど無視されているターナーの他の論考も再版している。

(19) このような比較は，今日では見つけることが難しい。デーン・ケネディは，例外的な事例を提示している。Dane Kennedy, "The Frontier in South African History," *Journal of the West*, 34 (1995), pp. 23–31.

(20) このフレーズは，クロスビーの著書にある。Alfred W. Crosby, *Ecological Imperialism: The Biological Expansion of Europe, 900–1900* (Cambridge, 1986). 筆者はこの点について，Belich, *Replenishing the Earth* に多くを負っている。同書は，西方拡大と国家建設について，本章よりはるかに詳細に扱っている。

(21) Marilyn Lake, "The White Man Under Siege: New Histories of Race in the Nineteenth Century and the Advent of White Australia," *History Workshop Journal*, 58 (2004), pp. 41–62; Matthew Guterl and Christine Skwiot, "Atlantic and Pacific Crossings: Race, Empire, and the Labour Problem in the Late Nineteenth Century," *Radical History Review*, 91 (2005), pp. 40–61.

(22) この議論は，以下の研究に由来する。Russell Ward, *The Australian Legend* (Melbourne, 1958); Richard Waterhouse, "Australian Legends: Representations of the Bush, 1813–1913," *Australian Historical Studies*, 31 (2000), pp. 201–221は，研究史を扱っている。

(23) *To a New World or Among the Gold Fields of Australia* (Philadelphia, 1893). あまり言う必要も

ないが，ウィルキンス・ミカウバーは，チャールズ・ディケンズの最も有名な登場人物の中でも独自の地位を確保している（*David Copperfield*, 1850）。

(24) *The Call of the Wild* (New York, 1903). ロンドンは，犬のバックを彼の英雄として登場させ，カリフォルニアの安楽な生活から極北の厳しい野生へと追いやるという空想的な考えを持っていた。こうすることで，中心的なテーマはより明瞭なものとなる。すなわち闘争が，人格を作るのである。ターザンと対比すると違いは明瞭である（下の「インターミッション」との比較を見よ）。

(25) たとえば，以下を参照。Marilyn Lake, "The Inviolable Woman: Feminist Conceptions of Citizenship in Australia, 1900–1945," *Gender & History*, 8 (1996), pp. 197–211.

(26) ここでは，以下に依拠している。John Markoff, "Where and When Was Democracy Invented?" *Comparative Studies in Society & History*, 41 (1999), pp. 660–690; Markoff, *The Great Waves of Democracy in Historical Perspective* (Ithaca, 1994).

(27) Donald J. Ratcliffe, "The Right to Vote and the Rise of Democracy, 1787–1828," *Journal of the Early Republic*, 33 (2013), p. 248.

(28) Richard F. Bensel, *The American Ballot Box in the Mid-Nineteenth Century* (Cambridge, 2004).

(29) 先住民市民権法は，二重の市民権を認めていた。ネイティブ・アメリカンは，合衆国の市民となるのに部族への帰属を放棄する必要はないと規定された。

(30) Patricia Grimshaw, "Settler Anxieties, Indigenous Peoples and Women's Suffrage in the Colonies of Australia, New Zealand and Hawaii, 1888–1902," *Pacific Historical Review*, 69 (2000), pp. 553–572.

(31) David Goodman, "Gold Fields/Golden Fields: The Language of Agrarianism and the Victorian Gold Rush," *Australian Historical Studies*, 23 (1988), pp. 19–41は，1850年代において，いかに農本主義的な理想がゴールドラッシュによって縮小したかを示している。

(32) Weaver, *The Great Land Rush* は，第５章から第７章で，新旧の財産権に大きな幅があること，さらに土地付与から市場や他の分配形態への移行の重要性について明らかにしている。

(33) Bruce Buchan, "Traffick of Empire: Trade, Treaty and 'Terra Nullius' in Australia and North America, 1750–1800," *History Compass*, 5 (2007), pp. 386–405; Merete Borch, "Rethinking the Origins of 'Terra Nullius,'" *Australian Historical Studies*, 32 (2001), pp. 222–239.

(34) Edward R. Kittrell, "Wakefield's Scheme of Systematic Colonization and Classical Economics," *American Journal of Economics & Sociology*, 32 (1973), pp. 87–111.

(35) Edward Gibbon Wakefield, *England and America*, Vol. 2 (London, 1833), pp. 1–46; John R. VanAtta, "Western Lands and the Political Economy of Henry Clay's American System," *Journal of the Early Republic*, 21 (2004), pp. 633–665.

(36) マクドナルド（1815–91年）は「連邦の父」であり，カナダ最初の総理大臣であった（1867–73年，1878–91年）。

(37) Devon A. Mihesuah, ed., *Natives and Academics: Researching and Writing about American Indians* (1998). Richard White, *The Middle Ground: Indians, Empires and Republics in the Great Lakes Region, 1650–1815* (New York, 1991) は，革新的な研究であると評価されている。ただ，以下の研究も他の帝国史家より前にこのテーマを導入していた点で評価されるべきであろう。Victor G. Kiernan, *America: The New Imperialism: From White Settlement to World Hegemony* (London, 1978), pt. 1, ch. 3, pt. 2, ch. 4, and pt. 3, ch. 1.

(38) Timothy J. Shannon, *Iroquois Diplomacy on the Early American Frontier* (New York, 2008); Pekka Hämäläinen, *The Comanche Empire* (New Haven, 2008). イロコイ連合ないしは連盟も，これまで帝国と言及されてきている。

(39) たとえば，以下を参照。Brian DeLay, *War of a Thousand Deserts: Indian Raids and the U. S.-Mexican War* (New Haven, 2008). さらに異なる視点については，ブラックホークのユート族，パイユート族，ウェスタン・ショーショーニ族に関する研究を参照のこと。Ned Blackhawk, *Violence Over the Land: Indians and Empires in the Early American West* (Cambridge, MA, 2007). 以下も参照。Gary

C. Anderson, *Sitting Bull and the Paradox of Lakota Nationhood* (New York, 2nd ed., 2007).

(40) Ivor Wilks, *Asante in the Nineteenth Century: The Structure and Evolution of a Political Order* (Cambridge, 1975). R. C. C. Law, *The Oyo Empire, c. 1600–1836* (London, 1977) は，高水準の模範的研究であり続けている。

(41) 人口に関する議論は，不確実さという欠点を抱え，強力な信念も混ざっている。David Henige, *Numbers from Nowhere: The American Indian Contact Population Debate* (Norman, 1998) は，研究者によってはこの議論を避けていると警告している。

(42) 多くの推論のうちの一つは，ヒクソン（Hixson, *American Settler Colonialism*）がマンの一般書を典拠としている。Charles C. Mann, *1491: New Revelations on the Americas* (New York, 2005), p. 23.

(43) 合衆国については，以下を参照。White, *The Middle Ground*; Jane T. Merritt, *At the Crossroads: Indians and Empires on a Mid-Atlantic Frontier, 1700–1763* (Chapel Hill, 2003), chs. 3–4.

(44) Katherine Ellinghaus, "Strategies of Elimination: Exempted Aborigines, Competent Indians, and Twentieth-Century Assimilation Policies in Australia and the United States," *Journal of the Canadian Historical Association*, 18 (2007), pp. 202–225.

(45) 南アフリカは，部分的に例外である。オランダ人のケープタウンへの植民は古いが（1652年設立），内陸への拡大は1830年代まで本格化しなかった。

(46) 1800年までには，このような図式は古い時代のものとなっていた。以下を参照。Alan Taylor, *American Colonies: The Settling of North America* (New York, 2001).

(47) Gregory Evans Dowd, *A Spirited Resistance: The North American Indian Struggle for Unity, 1745–1815* (Baltimore, 1992).

(48) 暴力が蔓延する状況については，以下を参照。James H. Merrell, *Into the American Woods: Negotiators and the Pennsylvania Frontier* (New York, 1999), pp. 221, 250; Patrick Griffin, *American Leviathan: Empire, Nation, and Revolutionary Frontier* (New York, 2007), pp. 97, 178.

(49) François Furstenberg, "The Significance of the Trans-Appalachian Frontier in Atlantic History," *American Historical Review*, 113 (2008), pp. 647–677.

(50) William S. Belko, ed., *America's Hundred Years' War: U. S. Expansion to the Gulf Coast and the Fate of the Seminole, 1763–1858* (Gainesville, 2011) は，南東部の発展を強調する点で，近年の傾向を代表している。

(51) ジェファソンの白人入植地を確保する決断（とそのネイティブ・アメリカンへの曖昧な態度）については，以下を参照。Anthony F. C. Wallace, *Jefferson and the Indians: The Tragic Fate of the First Americans* (Cambridge, MA, 1999).

(52) Weaver, *The Great Land Rush*, p. 190. チェロキー族，クリーク族，ショーニー族，そしてイロコイ族の多数派は，イギリスの有力な同盟者であった。

(53) 強制移住させられた人の数は１万5000人から２万人で，そのうち4000人から5000人が死亡した。これらの数値（あるいは他もだが）は，相対的な近似値として扱う必要がある。移住の結果に関する最も体系的な数値については，以下を参照。Matthew T. Gregg and David M. Wishart, "The Price of Cherokee Removal," *Explorations in Economic History*, 49 (2012), pp. 423–442.

(54) Bruce Vandervort, *Indian Wars of Canada, Mexico, and the United States, 1812–1900* (New York, 2006).

(55) 受勲者は，２等兵オスカー・R・バンカード（1877–1950年）である。彼は救護部隊に所属し，1898年のシュガーポイントの戦いにおいて，抜群の勇気を見せたことに対してメダルを獲得した。

(56) Joseph M. Prince and Richard H. Steckel, "Nutritional Success on the Great Plains: Nineteenth-Century Equestrian Nomads," *Journal of Interdisciplinary History*, 33 (2003), pp. 353–384.

(57) Hendrickson, *Union, Nation, or Empire*, pp. 252–253.

(58) この修正条項は，1866年の公民権法で確定した。

(59) 法的権限の拡大は，1903年に完成した。この年，連邦議会は，先住民の領土，法，政府に対する包括的な権限を獲得したのである。Blue Clark, *Lone Wolf v Hitchcock: Treaty Rights and Indian Law at the End of the Nineteenth Century* (Lincoln, 1995).

(60) Rose Stremlau, "To Domesticate and Civilise Wild Indians: Allotment and the Campaign to Reform Indian Families, 1875–1887," *Journal of Family History*, 30 (2005), pp. 265–286.

(61) Leonard A. Carlson, *Indians, Bureaucrats and Land: The Dawes Act and the Decline of Indian Farming* (Westport, 1981); Frederick E. Hoxie, *A Final Promise: The Campaign to Assimilate the Indians, 1880–1922* (Lincoln, 1984; 2001). 詳細な事例研究の一つは，以下を参照。William T. Hagan, *Taking Indian Lands: The Cherokee (Jerome) Commission, 1889–1893* (Norman, 2003).

(62) Nancy Shoemaker, *American Indian Population Recovery in the Twentieth Century* (Albuquerque, 1999).「消えゆくインディアン」は，20世紀には「回復するインディアン」へと変わった。2000年までには「ネイティブ・アメリカン」と規定された人口は，200万人に上っている。

(63) Peter J. Stanlis, ed., *Edmund Burke: Selected Writings and Speeches* (New Brunswick, 1963; 2009), p. 197.

(64) フロンティアでの連邦の支援については，以下を参照。William H. Bergmann, *The American National State and the Early West* (Cambridge, 2012) は，1775–1815年の間のオハイオ渓谷と五大湖地域を扱っている。

(65) 憲法修正第2条がいまだに論争含みであることは言うまでもない。建国の父祖の何人かが理解していたように，成文憲法は魅力的ではあるが，欠点も抱えている。Saul Cornell, *A Well-Regulated Militia: The Founding Fathers and the Origins of Gun Control in America* (New York, 2006) は，学術的な参考書である。

(66) Amy S. Greenberg, *Manifest Manhood and the Antebellum American Empire* (Cambridge, 2005), ch. 1.

(67) 典拠は以下。Walter L. Williams, "United States Indian Policy and the Debate over Philippine Annexation: Implications for the Origins of American Imperialism," *Journal of American History*, 66 (1980), pp. 815–816.

(68) "The Revenge of Rain-in-the-Face," in *Birds of Passage: Flight the Fifth* (New York, 1878).

(69) Robert W. Rydell, *All the World's a Fair: Visions of Empire at American International Expositions, 1876–1916* (Chicago, 1985). 別の視点については，以下を参照。L. G. Moses, *Wild West Shows and the Images of American Indians, 1883–1933* (Albuquerque, 1996); Janet M. Davis, "Instruct the Minds of all Classes: Celebrations of Empire at the American Circus, 1898–1910," *European Contributions to American Studies*, 51 (2004), pp. 58–68.

(70) Stephen G. Hyslop, "How the West Was Spun," *American History*, 43 (2008), pp. 26–33; Louis S. Warren, *Buffalo Bill's America: William Cody and the Wild West Show* (New York, 2005). 次も参照。Robert M. Utley, *The Lance and the Shield: The Life and Times of Sitting Bull* (New York, 1993).

(71) Brian W. Dippie, *Custer's Last Stand: The Anatomy of an American Myth* (Lincoln, 1976; 1997) は，有益な手引書である。キット・カーソンのような多くの英雄たちは，英雄像に合わない部分を切り取られてきた。カーソンは，多くの「偉業」を残したが，殲滅戦も行っている。これは1863年から1864年に行われたもので，ナヴァホ族を故郷からボスケ・レドンド（現在のニューメキシコ）の死のキャンプへと追い払うものであった。カーソン（1809–68年）は，英雄から悪人へと評価が変わってきたが，現在では，その中間に位置している。以下を参照。Tom Dunlay, *Kit Carson and the Indians* (Lincoln, 2000).

(72) "From Far Dakota's Canyons" (1876).

(73) Henry Cabot Lodge and Theodore Roosevelt, *Hero Tales from American History* (New York, 1895), p. ix.

(74) ハリウッドは，1912年以来，カスターの物語について，多くのバリエーションを制作してきた。

(75) アンソニー・クイン（1915-2001年）は，アイルランド人とメキシコ人の混血の父とメキシコ人とアステカ人の混血の母を持ち，配役として完璧であった。彼はアメリカ人との差異という点では十分に異質であり，他方で，恐るべきほど異質でもなかったのである。彼は，イヌイット族からアラブ人まで，フィリピン人からハワイ人まで，ハリウッドのあらゆるタイプの外国人を演じた。

(76) Frederick J. Turner, "The Significance of the Frontier in American History," in John M. Faragher, ed., *Rereading Frederick Jackson Turner* (New Haven, 1994), ch. 2. Richard Slotkin, *The Fatal Environment: The Myth of the Frontier in the Age of Industrialization, 1880–1890* (New York, 1985) は，ターナー神話を批判的に検討する。

(77) David, M. Wrobel, *The End of American Exceptionalism: Frontier Anxiety From the Old West to the New Deal* (Lawrence, 1993), ch. 2. ローベルの本は，フロンティアに関する数多くの研究の中で最も鋭敏なものの一つとして数えられねばならない。

(78) Wroble, *The End of American Exceptionalism*, ch. 3.

(79) 本書第八章と第九章を参照。

(80) Robert E. May, *Manifest Destiny's Underworld: Filibustering in Antebellum America* (Chapel Hill, 2002); Greenberg, *Manifest Manhood*, ch. 4.

(81) Russell Roth, *Muddy Glory: America's "Indian" Wars in the Philippines, 1899–1935* (West Hanover, 1981).

(82) Williams, "United States Indian Policy," p. 828.

(83) Ibid., p. 826.

(84) Ibid., p. 827.

(85) Theodore Roosevelt, 1899, 以下からの引用。ibid., p. 826.

(86) 合衆国とカナダを比較する刺激的な研究によれば，経済発展の違いは，部分的にはヒエラルキー社会と開放的な社会の違いによるという。だが，他の社会の研究が示しているのは，経済発展はヒエラルキー社会と両立することである。もしこの点が正しくなければ，イギリスは，最初の産業革命を成し遂げることはできなかったであろう。以下を参照。Marc Egnal, *Divergent Paths: How Culture and Institutions Have Shaped North American Growth* (New York, 1996).

(87) Gavin Wright, "The Origins of American Industrial Success," *American Economic Review*, 80 (1990), pp. 651–668. ポッターがもともと提示した理論については，以下を参照。David M. Potter, *People of Plenty: Economic Abundance and the American Character* (New York, 1954). 同書は，資源の開発を民主主義や平等といった政治的特性と関連づけているが，議論の方法は，現在ではあまり説得的ではない。

(88) Robert E. Gallman, "Economic Growth and Structural Change in the Long Nineteenth Century," in Engerman and Gallman, *Cambridge Economic History of the United States*, II, pp. 4, 19.

(89) Mary Ellen Rowe, *Bulwark of the Republic: The American Militia in the Antebellum West* (Westport, 2003).

(90) Walter A. McDougall, *Promised Land, Crusader State: The American Encounter with the World since 1776* (Boston, 1977). マクドゥーガルは，「(旧約聖書の）約束の地〔アメリカを約束の地として想定したイメージ〕」は，十字軍国家に先行すると主張している。両者は，二人三脚で進んでいったのではないかと想定することもできよう。

(91) John A. Moses, "The Rise and Decline of Christian Militarism in Prussia-Germany from Hegel to Bonhoeffer: The End Effect of the Fallacy of Sacred Violence," *War & Society*, 23 (2005), pp. 21–40.

(92) カナダにおける相対的に平和裡に進んだフロンティア開発については，以下を参照。Weaver, *The Great Land Rush*, pp. 250–256. アメリカとの比較研究は珍しいが，以下の研究もある。Hanna Samek, *The Blackfoot Confederacy, 1880–1920: A Comparative Study of Canadian and U. S. Indian Policy* (Albuquerque, 1987).

(93) David B. Kopel, *The Samurai, the Mounties, and the Cowboy: Should America Adopt the Gun*

Controls of Other Democracies? (1992), chs. 4, 9. コペルは，日本とスイスの２つの国を比較対象として参照している。その目的は法律ではなく，社会的・文化的統治こそ，銃が使用される度合いを決定する鍵であることを示すためである。Kopel, chs. 2, 8. だが，両国はこれまで長期にわたり，銃規制法を維持してきたことも忘れるべきではない。

(94) コペルが指摘するように，違いは存在しており，西部の野生は安易に強調されてきたのである。Kopel, *The Samurai, the Mounties*, ch. 9.

(95) Craig Wilcox, "Did Australia Sustain an Armed Citizenry? Graeme Davison and the Gun Debate," *Australian Historical Studies*, 31 (2000), pp. 331–334.

(96) Christopher Adamson, "God's Continent Divided: Politics and Religion in Upper Canada and the Northern and Western United States, 1775–1841," *Comparative Studies in Society & History*, 36 (1994), pp. 417–446; Stephen A. Chavara and Ian Tregenza, "A Political History of the Secular in Australia, 1788–1945," in Tim Stanley, ed., *Religion after Secularization in Australia* (New York, 2015), ch. 1.

(97) ハウの報告 (*What Hath God Wrought*, p. 71)。George C. Herring, *From Colony to Superpower: U. S. Foreign Relations since 1776* (Oxford, 2008), pp. 131–133. この主題と，これに関連した愛国的スローガンとイメージについては，以下を参照。Donald R. Hickey, ed., *The War of 1812: Writings from America's Second War of Independence* (New York, 2013).

(98) 200周年記念は，研究を刺激した。以下は権威ある研究の手引書。J. C. A. Stagg, *The War of 1812: Conflict for a Continent* (Cambridge, 2012). Alan Taylor, *The Civil War of 1812: American Citizens, British Subjects, Irish Rebels and Indian Allies* (New York, 2010) は，軍事史を超えて，テイラーの言う「広がる内戦」に関与したあらゆる党派にわたってカバーしている。

(99) Troy Bickham, *The Weight of Vengeance: The United States, the British Empire, and the War of 1812* (New York, 2012), p. 276.

(100) Richard W. Maass, "'Difficult to Relinquish Territory which Had Been Conquered': Expansionism and the War of 1812," *Diplomatic History*, 39 (2015), pp. 90–92.

(101) リチャード・ビュエルは，戦争に至る過程で国内政治が果たした役割を強調しており，なかでもフェデラリストの工作を重視している。Richard Buel, *America on the Brink: How the Political Struggle over the War of 1812 Almost Destroyed the Young Republic* (New York, 2005).

(102) Burton Spivak, *Jefferson's English Crisis: Commerce, Embargo, and the Republican Revolution* (Charlottesville, 1979).

(103) Maass, "Difficult to Relinquish Territory which Had Been Conquered."

(104) Lawrence A. Peskin, "Conspiratorial Anglophobia and the War of 1812," *Journal of American History*, 98 (2011), pp. 647–669; Joseph Eaton, *The Anglo-American Paper War: Debates about the New Republic, 1880–1825* (Basingstoke, Hants, 2012).

(105) たとえば以下を参照。Donald R. Hickey, *An American Perspective on the War of 1812: A Forgotten Conflict* (Urbana, 1989; 2012); Bickham, *The Weight of Vengeance*.

(106) 以下を参照。Andrew Lambert, *The Challenge: Britain against America in the Naval War of 1812* (London, 2012).

(107) とくに以下を参照。Taylor, *The Civil War of 1812*, ch. 15.

(108) Perkins, *Cambridge History of Foreign Relations*, pp. 207–208.

(109) この問題は，セクストンが入念に分析している。Sexton, *Debtor Diplomacy*, ch. 1. ベアリングス社については，本書第四章を参照。

(110) もっとも，交渉はやや混乱してはいた。以下を参照。Howard Jones, *To the Webster-Ashburton Treaty: A Study in Anglo-American Relatons, 1783–1843* (Chapel Hill, 1977).

(111) Michael Golay, *The Tide of Empire: America's March to the Pacific* (New York, 2003).

(112) Paul F. Sharp, "When Our West Moved North," *American Historical Review*, 55 (1950), pp. 286–

300は，外交官たちが，地図上で決着を見た後でも，西部フロンティアでは依然として流動的な状況が続いていたことを提示する優れた研究である。

(113) 本書第四章を参照。また，以下も参照。Eaton, *The Anglo-American Paper War*, Samuel W. Hayes, *Unfinished Revolution: The Early American Republic in a British World* (Charlottesville, 2010).

(114) Hendrickson, *Union, Nation or Empire*, pp. 87–88. 同書は，アレクサンダー・H・エヴェレットの本（1827年）とカニングの両国の特別な関係に関する長大な声明を引用している。

(115) Anthony F. C. Wallace, *Jefferson and the Indians: The Tragic Fate of the First Americans* (Cambridge, MA, 1999); J. C. A. Stagg, *Borderlines in Borderlands: James Madison and the Spanish-American Frontier, 1776–1821* (Cambridge, 2009).

(116) アラン・テイラーはヴァージニアのロバート・「キング」・カーターの地所に関する研究で，このプロセスを論じている。Alan Taylor, *The Internal Enemy: Slavery and War in Virginia, 1772–1832* (New York, 2013). 以下も参照。Gene Allen Smith, *The Slaves' Gamble: Choosing Sides in the War of 1812* (New York, 2013).

(117) Nicole Eustace, *1812: War and the Passions of Patriotism* (Philadelphia, 2012), p. 218.

(118) アメリカ植民協会は，白人指導者（ヘンリー・クレイを含む）の連合によって，自由黒人と元奴隷を後に（1847年）リベリアとなる地域に再定住させることを目的に，1817年に設立された。協会は1864年まで存続した。以下を参照。Amos J. Beyan, *The American Colonization Society and the Creation of the Liberian State: A Historical Perspective, 1822–1900* (Lanham, 1991); Marie Tyler-McGraw, *An African Republic: Black and White Virginians in the Making of Liberia* (Chapel Hill, 2007). ニコラス・ガイアットは，以下の研究において，いくつかの点で新たな解釈を行っている。Nicholas Guyatt, *Bind Us Apart: How Enlightened Americans Invented Racial Segregation* (New York, 2016).

(119) Brian Shoen, "Calculating the Price of Union: Republican Economic Nationalism and the Origins of Southern Sectionalism, 1790–1828," *Journal of the Early Republic*, 23 (2003), pp. 173–206. ビュエルは，戦争に至る過程での国内政治の役割を強調している。Buel, *America on the Brink; Lipsey*, "U. S. Foreign Trade," pp. 724–726.

(120) Lipsey, "U. S. Foreign Trade," in Stanley L. Engerman and Robert E. Gallman, *Cambridge Economic History of the United States*, 2 (Cambridge, 2000), pp. 724–726.

(121) "Goldwyn Smith," *North American Review*, 99 (1864), p. 523. この部分は，テキサス州立大オースティン校のジョージ・フォーギー博士に依拠している。

(122) Ibid.

(123) Ibid. 以下も参照。Thomas W. Higginson, *The New World and the New Book* (New York, 1891), p. 63.

(124) Herring, *From Colony to Superpower*, p. 156. 宣言は，19世紀後半まで「ドクトリン」としては知られていなかった。最も優れた手引書は，以下である。Jay Sexton, *The Monroe Doctrine: Empire and Nation in Nineteenth-Century America* (New York, 2011).

(125) "Transcript of the Monroe Doctrine (1823)," （モンロー・ドクトリンの原文）は，オンラインで入手可能である。http://www.ourdocuments.gov/doc.php?doc=23&page=transcript.

(126) Herring, *From Colony to Superpower*, p. 151.

(127) Bradford Perkins, *The Cambridge History of American Foreign Relations*, Vol. 1 (Cambridge, 1993), pp. 165–169; Sexton, *The Monroe Doctrine*, pp. 243–247.

(128) 典拠は以下。Hendrickson, *Union, Nation, or Empire*, p. 85.

(129) Kinley Brauer, "The United States and British Imperial Expansion, 1815–60," *Diplomatic History*, 12 (1988), pp. 19–20, 23–25, 31. 合衆国は1922年にラテンアメリカの新興国家5カ国を承認した〔原文ではイギリスも承認したとしているが，これは事実誤認〕。

(130) James E. Lewis, *The American Union and the Problem of Neighborhood: The United States and*

the Collapse of the Spanish Empire, 1783–1829 (Chapel Hill, 1998).

(131) David M. Pletcher, *The Diplomacy of Annexation: Texas, Oregon, and the Mexican War* (Columbia, 1973) は，いかにこれらの問題が関連しており，かつ，いかに合衆国の大陸大での拡大が，外国の利害，とりわけイギリスの利害を考慮に入れざるをえなかったかを示している。この点は，以下の研究によっても確証されている。Howard Jones and Donald A. Rakestraw, *Prologue to Manifest Destiny: Anglo-American Relations in the 1840s* (Wilmington, 1997).

(132) Matthew H. Crocker, "The Missouri Compromise, the Monroe Doctrine, and the Southern Strategy," *Journal of the West*, 43 (2004), pp. 45–52.

(133) Walt Whitman, *Brooklyn Eagle*, May 11, 1846. 典拠は以下。Archie P. McDonald, ed., *The Mexican War: Crisis for American Democracy* (Lexington, 1969), p. 47.

(134) 典拠は以下。Matthew Arnold, *Civilization in the United States* (Boston, 1888), p. 15. この引用文には，別のバージョンもある。

(135) Ibid.

(136) 専門家は，私が歴史家によっては疑問視するセクショナリズムに強調点を置いていることに気づくであろう。たとえば，以下を参照。Joel H. Silbey, *Storm over Texas: The Annexation Controversy and the Road to War* (New York, 2005). 同書は，セクションよりも党派が1844年までの政治を支配していたと主張している。ある程度，意見の不一致は，視点と強調点の問題である。以下で言及する部分では，ここで採用している視点は近年の研究の支持を得ているものと考えている。

(137) Adam Rothman, *Slave Country: American Expansion and the Origins of the Deep South* (Cambridge, MA, 2005) は，初期の段階を論じている。

(138) 奴隷制廃止論者の運動は，国際的な奴隷貿易が明白に法的保護からの便益を得ることができなくなった1830年代に大衆的な支持を得た。以下を参照。David L. Lightner, *Slavery and the Commerce Power: How the Struggle Against the Interstate Slave Trade Led to the Civil War* (New Haven, 2006).

(139) James Oakes, *Freedom National: The Destruction of Slavery in the United States, 1861–1865* (New York, 2013).

(140) Robert E. May, *Slavery, Race and Conquest in the Tropics: Lincoln, Douglas, and the Future of Latin America* (Cambridge, 2013); Hietala, *Manifest Design*, ch. 4; Matthew Karp, *The Vast Southern Empire: Slaveholders at the Helm of American Foreign Policy* (Cambridge, MA, 2016) は，拡大主義者の推進力を強調する。だがこれは，積極的な動きというよりも，防衛的なものであった。

(141) この問題に関する複雑な政治については，以下の研究が綿密に解明している。Silby, *Storm over Texas*; Michael A. Morrison, "Westward the Curse of Empire: Texas Annexation and the American Whig Party," *Journal of the Early Republic*, 10 (1990), pp. 221–249.

(142) Ron Hunka, "The Financial Folly of the Republic of Texas," *Financial History*, 95 (2009), pp. 32–35.

(143) たとえば，Silbey, *Storm over Texas*.

(144) Edward B. Rugemer, *The Problem of Emancipation: The Caribbean Roots of the American Civil War* (Baton Rouge, 2008).

(145) Morrison, "Westward the Curse of Empire," pp. 221–249.

(146) Lelia M. Roeckell, "British Opposition to the Annexation of Texas," *Journal of the Early Republic*, 19 (1999), pp. 257–278は，この主題に関する主要文献である。

(147) Norman A. Graebner, "The Mexican War: A Study in Causation," *Pacific Historical Review*, 49 (1980), pp. 405–426.

(148) 典拠は以下。Roeckell, "British Opposition," p. 257.

(149) Ibid., pp. 264–265.

(150) James Hamilton to Aberdeen, "Memorandum," Autumn 1841, FO 75/2, ff. 41–70. この言及部分に

ついては，アールズの博士論文に依拠している。同論文はこの問題にさらなる光を当てている。Graham Earles, Cambridge Ph. D. dissertation, “The impact of international law on British foreign policy to the United States, 1836–1846”（2019）.

(151) Richard C. K. Burdekin, “Bondholder Gains from the Annexation of Texas and Implications of the U. S. Bailout,” *Explorations in Economic History*, 43（2006）, pp. 646–666.

(152) 1845年の最低価格は３セントとなっていたが，最終的な支払いは，国債価格１ドルにつき77セントであった。Burdekin, “Bondholder Gains.”

(153) Sexton, *Debtor Diplomacy*, pp. 45–47.

(154) ポークは，２方面での戦争となる見込みを避けることを重視し，北西部の境界については，イギリスとの妥協にこぎつけた。オレゴン条約は1846年に調印されたが，これは，アメリカがメキシコに宣戦布告した１カ月後であった。以下を参照。Herring, *From Colony to Superpower*, pp. 188–194. この点を専門に扱った研究は，以下である。David M. Pletcher, *The Diplomacy of Annexation: Texas, Oregon, and the Mexican War*（Columbia, 1973）. 同書の議論を確証するものとしては，Howard Jones and Donald A. Rakestraw, *Prologue to Manifest Destiny: Anglo-American Relations in the 1840s*（Wilmington, 1997）。

(155) Robert W. Merry, *A Country of Vast Designs: James K. Polk, the Mexican War and the Conquest of the American Continent*（New York, 2009）は，ポークを強力に擁護している。同書の議論は，ポークはメキシコの腐敗した専制主義を前にして国益を追求した洞察力のある男であったというものである。Amy S. Greenberg, *A Wicked War: Polk, Clay, Lincoln, and the 1846 Invasion of Mexico*（New York, 2012）は，同じような激しさで，ポークへの批判を連ねている。議論をよく知りたければ，メリーによるグリーンバーグの書評（*Wall Street Journal*, November 2, 2014）とマクファーソンの書評（*New York Review of Books*, February 7, 2013）を参照。

(156) Allan Peskin, *Winfield Scott and the Profession of Arms*（Kent, 2003）. スコット（1786–1866年）は，1812年戦争と，続く「インディアン」戦争の退役軍人である。彼はヴァージニア人であったが，連邦に強い愛着を持つようになり，1852年の大統領選挙では，ホウィッグ党からの大統領候補となった。

(157) DeLay, *War of a Thousand Deserts*.

(158) Paul Foos, *A Short, Offhand Killing Affair: Soldiers and Social Conflict during the Mexican-American War*（Chapel Hill, 2002）は，伝統的な「上から」ではなく，「下から」戦争を観察する点で有益である。

(159) William Henry Seward, Speech in Rochester, New York, October 25, 1858. 典拠は以下。Eric H. Walther, *The Shattering of the Union: America in the 1850s*（Wilmington, 2003）, p. 158. スワードは，有力な共和党議員，ニューヨークの知事（1839–42年），上院議員（1849–61年），国務長官（1849–69年）であった。

(160) シーハン・ディーの著作は，現在では不可欠な手引書である。Aaron Sheehan-Dean, *A Companion to the U. S. Civil War*, 2 Vols.（Chichester, Sussex, 2014）. 標準的な概説は以下である。James McPherson, *Battle Cry of Freedom: The Civil War Era*（Oxford, 1988; 2003 with an Afterword）. 近年の読みやすい概説は，以下を参照。Adam I. P. Smith, *The American Civil War*（New York, 2007）.

(161) Walt Whitman, *Leaves of Grass*（New York, 4th ed., 1867）. ホイットマンは，軍兵員で，ボランティア看護師として働いた。彼は，南北戦争の革新的な影響について，詩の中で述べている。Whitman, *November Boughs*（New York, 1888）.

(162) Oscar Wilde, 1882. 典拠は以下。Kathryn Stelmach Artuso, *Transatlantic Renaissances: Literature of Ireland and the American South*（Newark, 2013）, p. xvi. 近年，国際的アプローチが急速に高まっている。以下の研究がある。Andre M. Fleche, *The Revolution of 1861: The American Civil War in the Age of Nationalist Conflict*（Chapel Hill, 2012）; Don H. Doyle, *The Cause of All Nations: An International History of the Civil War*（New York, 2013）; Richard Carwardine and Jay Sexton, eds., *The Global Lincoln*（Oxford, 2011）; David T. Gleeson and Simon Lewis, eds., *The Civil War as*

Global Conflict（Columbia, 2014）. 以前の研究者は，南北戦争のより広い領域から見た性格について再考する必要性を持たなかった。以下を参照。David M. Potter, "The Civil War in the History of the Modern World: A Comparative View," in Potter, *The South and the Sectional Conflict*（Baton Rouge, 1968）, ch. 11. カール・マルクスとフリードリッヒ・エンゲルスの間で交わされた長大な往復書簡も参照。Richard Enmale, ed., *The Civil War in the United States*（New York, 1937）.

(163) Timothy Mason Roberts, *Distant Revolutions: 1848 and the Challenge of American Exceptionalism*（Charlottesville, 2009）は，1848年革命のほとんどが失敗したことは，合衆国が「例外的」な道を歩んでいるという信念を確証したと示唆する。イギリス人は自らの改革運動について，同様のことを感じていた。

(164) Lacy K. Ford, *Deliver Us from Evil: The Slavery Question in the Old South*（New York, 2009）.

(165) Robert E. Bonner, *Mastering America: Southern Slave-Holders and the Crisis of American Nationhood*（Cambridge, 2009）.

(166) Ritchie Devon Watson, *Normans and Saxons: Southern Race Mythology and the Intellectual History of the American Civil War*（Baton Rouge, 2008）. また Christopher Hanlon, "'The Old Race Are All Gone': Transatlantic Bloodlines and 'English Traits,'" *American Literary History*, 18（2007）, pp. 800–823; James M. McPherson, "'Two Irreconcilable Peoples': Ethnic Nationalism in the Confederacy," in David T. Gleeson and Simon Lewis, eds., *The Civil War as Global Conflict*（Columbia, 2014）, pp. 85–97の分析は，本章および，南部（民族的）と北部（市民的）のナショナリズムの間に明確な区別を行う第四章とは異なっている。

(167) George C. Rable, *Damn Yankees: Demonization and Defiance in the Confederate South*（Baton Rouge, 2015）.

(168) 警告者には，サミュエル・F・モースも含まれる。彼の本は，傾倒していたカルバン主義によって煽られた，猛烈な反カトリック感情に基づいている。Samuel F. B. Morse, *Foreign Conspiracy against the Liberties of the United States*（New York, 1835）.

(169) Manisha Sinha, *The Slave's Cause: A History of Abolition*（New Haven, 2016）.

(170) George C. Rable, *God's Almost Chosen People: A Religious History of the American Civil War*（Chapel Hill, 2010）.

(171) Rable, *Damn Yankees*.

(172) Hendrickson, *Union, Nation, or Empire*, chs. 13–15は，この点について，数多くの重要な事例を提供する。

(173) カルフーン（1782–1850年）は，1817–50年まで，上院議員ないしは内閣の主要な地位にあった。自伝は多いが，以下は非常に有益。John Niven, *John C. Calhoun and the Price of Union: A Biography*（Baton Rouge, 1988）.

(174) 典拠は以下。Samuel P. Huntingdon, *Who Are We? The Challenges to America's National Identity*（New York, 2004）, p. 114.

(175) Dorothy Ross, "Lincoln and the Ethics of Emancipation: Universalism, Nationalism, Exceptionalism," *Journal of American History*, 96（2009）, pp. 379–399; Rable, *God's Chosen People*.

(176) Bruce Laurie, *Beyond Garrison: Anti-Slavery and Social Reform*（Cambridge, 2005）. Frank Thistlethwaite, *The Anglo-American Connection in the Early Nineteenth Century*（Philadelphia, 1959）は，依然として出発点として有意義。

(177) Richard Carwardine, "Lincoln's Horizons: The Nationalist as Universalist," in Carwardine and Sexton, *The Global Lincoln*, p. 38.

(178) Richard Carwardine, *Lincoln: A Life of Purpose and Power*（London, 2003）.

(179) Susan-Mary Grant, *North over South: Northern Nationalism and American Identity in the Antebellum Era*（Lawrence, 2000）.

(180) この部分は，イギリス内乱に関する古典的パロディのキャラクターである。W. C. Sellar and R. J.

Yeatman, *1066 and All That* (London, 1930), p. 75.

(181) スヴェン・ベッカートの広範囲にわたる調査によって，現在では南部の綿花産業は，国際的な状況の観点から考えられるようになった。Sven Beckert, *Empire of Cotton: A New History of Global Capitalism* (London, 2014). デーヴィッド・エリクソンは，連邦政府が奴隷制をどのように擁護したかに注意を向けている。David Ericson, *Slavery in the American Republic: Developing the Federal Government, 1791–1861* (Lawrence, 2011).

(182) James Oakes, "Capitalism and Slavery and the Civil War," *International Labour and Working Class History*, 89 (2016), pp. 195–220は，南部の経済の持続的な強さを強調している。

(183) 奴隷所有の多様性については，以下を参照。James Oakes, *The Ruling Race: A History of American Slaveholders* (New York, 1982).

(184) Joseph P. Reidy, *From Slavery to Agrarian Capitalism in the Cotton South: Central Georgia, 1800–1880* (Chapel Hill, 1992), pp. 56–57.

(185) Matthew Karp, "King Cotton, Emperor Slavery: Antebellum Slave-holders and the World Economy," in Gleeson and Lewis, *The Civil War as Global Conflict*, pp. 36–55.

(186) Edward B. Rugemer, "Why Civil War? The Politics of Slavery in Comparative Perspective: The United States, Cuba, and Brazil," in Gleeson and Lewis, *The Civil War as a Global Conflict*, pp. 21–23. Enrico dal Lago, *American Slavery, Atlantic Slavery and Beyond: The U. S. "Peculiar Institution" in International Perspective* (Boulder, 2012) は，19世紀における「第２次奴隷制」の時代について，より広い視点から論じている。もっとも，同書の議論は，奴隷と不自由労働の異なる形態を混同してしまうリスクを冒しているが。

(187) May, *Slavery, Race, and Conquest.*

(188) Dal Lago, *American Slavery.*

(189) Bonner, *Mastering America.*

(190) 近年の事例を引けば，優れた研究であるはずのショーンの研究は，市場と近代性をほぼ同一視する立場を取っている。Brian Schoen, *The Fragile Fabric of the Union: Cotton, Federal Politics and the Global Origins of the Civil War* (Baltimore, 2009). 他方で，ニコラス・オナフとピーター・オナフは，「もし南北が近代国家ではなかったら，戦争など起こらなかったであろう」との立場を取っている。Nicholas Onuf and Peter Onuf, *Nations, Markets, and War: Modern History and the American Civil War* (Charlottesville, 2006), p. 18.

(191) Marc Egnal, *Clash of Extremes: The Economic Origins of the Civil War* (New York, 2009) は，以前チャールズとメアリー・ビアードが唱えた視点を支持する有益な証拠を提示している。以下も参照。John Ashworth, "Towards a Bourgeois Revolution: Explaining the American Civil War," *Historical Materialism*, 19 (2011), pp. 193–205は，彼自身の重要な研究を含む文献を紹介している。ここで論じている点は，決して南部で「市場革命」の事例が見つからないことを意味しない。たとえばダウニーのサウスカロライナの２つの地区を扱った以下を参照。Tom Downey, *Planting a Capitalist South: Masters, Merchants, and Manufactures in the Southern Interior, 1790–1860* (Baton Rouge, 2006).

(192) この点は，以下の研究が低賃金移民労働者を雇う20世紀のプランテーション経済に言及しながら，明瞭な指標を用いて証明している。Hla Myint, *Economic Theory and the Underdeveloped Countries* (Oxford, 1971).

(193) コンクラニスは，南北間の経済的な差異の原因について，長期的な観点から適切な総合を行っている。Peter H. Conclanis, "Tracking the Economic Divergence of the North and the South," *Southern Cultures*, 6 (2000), pp. 82–103.

(194) Susanna Delfino and Michele Gillespie, eds., *Technology, Innovation and Southern Industrialization* (Columbia, 2008).

(195) 本書第四章の「従属的発展のジレンマ」の節でも議論されている。

(196) 当時の北部の本質的に農業的な政策を再び論証したものとして，以下を参照。James L. Huston, *The British Gentry, The Southern Planter, and the Northern Farmer: Agriculture and Sectional Antagonism in North America* (Baton Rouge, 2015).

(197) Edward E. Baptist, *The Half Has Never Been Told: Slavery and the Making of American Capitalism* (New York, 2014).

(198) これは，ハストン『イギリスジェントリ』(Huston, *The British Gentry*) の中心的な議論である。同書は，以下の研究の基本的な考え方に基づいている。Roger L. Ransom, *Conflict and Compromise: The Political Economy of Slavery, Emancipation and the American Civil War* (Cambridge, 1989).

(199) この点について，またさらなる情報は，以下を参照。Elizabeth R. Varon, *Disunion! The Coming of the American Civil War* (Chapel Hill, 2010).

(200) Don E. Fehrenbacher with Ward M. McAfee, *The Slaveholding Republic: An Account of the U. S. Government's Relations to Slavery* (Oxford, 2001); Ericson, *Slavery in the American Republic.*

(201) リンカンの奴隷制への態度がいかに展開したかについては，以下を参照。Eric Foner, *The Fiery Trial: Abraham Lincoln and American Slavery* (New York, 2010).

(202) この時期における主要な経済発展については，本書第四章の「従属的発展のジレンマ」の節を参照。

(203) 以下の叙述については，次の研究に多くを負っている。Ransom, *Conflict and Compromise*; Roger Ransom and Richard Sutch, "Conflicting Visions: The Civil War as a Revolutionary Event," *Research in Economic History*, 20 (2001), pp. 249–301; James L. Huston, *Calculating the Value of the Union: Slavery, Property Rights, and the Economic Origins of the Civil War* (Chapel Hill, 2003). McPherson, *Battle Cry of Freedom*, ch. 6 は，有益な情報を提示している。

(204) James L. Huston, *The Panic of 1857 and the Coming of the Civil War* (Baton Rouge, 1987).

(205) Charles W. Calomiris and Larry Schweikart, "The Panic of 1857: Origins, Transmission, and Containment," *Journal of Economic History*, 51 (1991), pp. 807–834.

(206) Huston, *The British Gentry*, ch. 9.

(207) ブキャナン (1791–1868年，大統領在任1856–60年) は，北部の民主党員 (フィラデルフィア選出) でありつつも，南部と奴隷制に同情的であった。

(208) 第37回連邦議会は，1860年選挙に引き続いて予定されたが，1861年まで開かれなかった。民主党は極西部への鉄道敷設を支持したが，北部と中西部をいっそう結びつける路線には反対した。

(209) Leonard L. Richards, *The California Gold Rush and the Coming of the Civil War* (New York, 2007).

(210) Fehrenbacher, *The Slaveholding Republic*, pp. 292–294.

(211) May, *Slavery, Race and Conquest in the Tropics* は，この野心的な「南部」の戦略の重要性を強調している。

(212) Lightner, *Slavery and Commerce Power*; Steven Doyle, *Carry Me Back: The Domestic Slave Trade in American Life* (Oxford, 2005).

(213) ここでいう対応策には，「ギャグルール」も含まれる。このルールは，1836–44年の間に下院へのアボリショニストの請願の提出を停止させるものであった。

(214) James L. Huston, "How the Secession Movement of 1850–51 Made Secession in 1861 Inevitable." 筆者は，未出版の論文を引用させてくれたハストン博士に，非常に感謝している。

(215) Earl M. Maltz, *Dred Scott and the Politics of Slavery* (Lawrence, 2007) は，ドレッド・スコットの裁判の判決は誤っているという一般に受け入れられた意見に関して，重厚な研究史を掲載している。

(216) カリフォルニアは1850年，ミネソタは1858年，オレゴンは1859年，カンザスは1861年，それぞれ「自由」州となった。

(217) Varon, *Disunion*, ch. 8 は，「血塗られたカンザス」として有名なエピソードを扱う。

(218) 本書第四章を参照。

(219) Tyler Anbinder, *The Northern Know Nothings and the Politics of the 1850s* (New York, 1992) は，南北の分裂が移民と文化的対立によってもたらされたとする修正主義的な見方に疑問を呈し，従来の奴隷制問題の重要性を再確認している。

(220) James Oakes, *The Scorpion's Sting: Anti-Slavery and the Coming of the Civil War* (NewYork, 2014).

(221) この選挙と続く1860年の大統領選挙は，同時に連邦の影響力とパトロネジが南部諸州に拡大する機会となった。以下を参照。Peter Zavodnyik, *The Age of Strict Construction: A History of the Growth of Federal Power, 1789–1861* (Washington, DC, 2007), ch. 5.

(222) A. James Fuller, ed., *The Election of 1860 Reconsidered* (Kent, 2013).

(223) Eric H. Walther, *The Shattering of the Union: America in the 1850s* (Wilmington, 2003); Walther, "The Fire-Easters and Seward Lincoln," *Journal of the Abraham Lincoln Association*, 32 (2011), pp. 18–32.

(224) 南北戦争の偶発性を強調する研究は，以下である。Michael F. Holt, *The Political Crisis of the 1850s* (New York, 1978); Holt, *Political Parties and American Political Development from the Age of Jackson to the Age of Lincoln* (Baton Rouge, 1992). 同じ著者による，短いがより鋭い説明については，以下を参照。Holt, *The Fate of Their Country: Politicians, Slavery Extension, and the Coming of the Civil War* (New York, 2005).

(225) Henry Timrod, "Ethnogenesis" (1861). ティムロッド (1829–67年) は，ドイツ系の祖先の下，チャールストンで生まれた。彼の父は，セミノール戦争で戦った軍の士官であったが，1838年に結核で死亡した。その結果，一家は貧困に陥った。ヘンリーは支援者の助けによって，ジョージア大学を卒業して身を立て，著述家兼教師となった。彼は，1862年に兵籍登録したが，健康状態を鑑みて（彼自身結核であった）除隊した。そして，貧困のうちに世を去った。

(226) 本書第二章を参照。

(227) この点についての主要な研究者は，ハッカーである。David Hacker, "A Census-Based Count of Civil War Dead," *Civil War History*, 57 (2011), pp. 307–348. 以下も参照。Stig Föster and Jörg Nadler, eds., *On the Road to Total War: The American Civil War and the German Wars of Unification, 1861–1871* (Cambridge, 1997).

(228) Hacker, "A Census-Based Count," は，この数字が20%の幅が出る他の推計値の中央値であることを示している。

(229) Ibid., p. 348.

(230) この箇所では，当該の主題に関する専門家の間でのコンセンサスと筆者が考えているものについてまとめている。この解釈はロバート・E・リーのような，個人の卓越した働きを否定するものではない。エイブラハム・リンカンは，ジェファソン・フィニス・デイヴィス（1808–89年）よりも優れていると考えられている。デイヴィスは，ケンタッキー州出身の綿花プランター，かつ奴隷主であり，その後，ミシシッピ州に移住し，下院と上院の両方で同州選出の連邦議会議員となった。彼は，ポークとメキシコ戦争を支持し，キューバの併合を望む熱烈な拡大主義者であった。

(231) James M. McPherson, *For Cause and Comrades: Why Men Fought in the Civil War* (New York, 1997). Gary W. Gallagher, *The Union War* (Cambridge, MA, 2012) は，この点に関する，近年の他の解釈について論じている。

(232) Douglas B. Ball, *Financial Failure and Confederate Defeat* (Urbana, 1991) は，南部連合の財政担当者の無能力を強調している。

(233) 1863年3月にはアーランガー債権が売り出されたが，成功は限定的であった。Richard I. Lester, "An Aspect of Confederate Finance During the American Civil War: The Erlanger Loan and the Plan of 1864," *Business History*, 16 (1974), pp. 130–144.

(234) Marc Weidenmier, "Gunboats, Reputation, and Sovereign Repayment: Lessons from the Southern Confederacy," *NBER Working Paper*, 10960 (2004). 戦前は，南部連合の大統領ジェファソン・デイ

ヴィスは，諸州は自らの負債を拒否すべきであると主張していた。

(235) David G. Surdam, *Northern Naval Supremacy and the Economics of the American Civil War* (Columbia, 2001).

(236) 南部の民族性の発展に関して十分に扱った研究は，以下である。Paul Quigley, *Shifting Grounds: Nationalism and the American South, 1848–65* (New York, 2011).

(237) Walter Johnson, *River of Dark Dreams: Slavery and Empire in the Cotton Kingdom* (Cambridge, MA, 2013) は，彼の言う「ミシシッピ低地地方」について扱っている。「低南部」は綿花と砂糖の最も中心的な地域となった。商業エリートについては，以下を参照。Vicki Vaughn Johnson, *The Men and the Vision of the Southern Commercial Conventions, 1845–1871* (London, 1992).

(238) W. Steven Deyle, *Carry Me Back: The Domestic Slave Trade in American Life* (Oxford, 2005), p. 14. 以下も参照。William Kaufman Scarborough, *Masters of the Big House: Elite Slaveholders of the Mid-Nineteenth Century* (Baton Rouge, 2003).

(239) Stephanie McCurry, *Confederate Reckoning.*

(240) James Oakes, "From Republicanism to Liberalism: Ideological Change and the Crisis of the Old South," *American Quarterly*, 37 (1985), pp. 551–571.

(241) Deyle, *Carry Me Back.*

(242) McCurry, *Confederate Reckoning*, p. 136. 以下も参照。Victoria E. Bynum, *The Long Shadow of the Civil War: Southern Dissent and Its Legacies* (Chapel Hill, 2010) は，ノースカロライナ，ミシシッピ，テキサス東部を扱っている。R. Douglas Hurt, *Agriculture and the Confederacy: Policy, Productivity, and Power in the Civil War* (Chapel Hill, 2015) は，食料生産の減少と食料価格の上昇を論じている。

(243) McCurry, *Confederate Reckoning.* 関連した議論としては，南部は奴隷反乱の恐怖によって戦い続けることを強いられていたというものである。

(244) Steven Hahn, *A Nation Under Our Feet: Black Political Struggles in the Rural South from Slavery to the Great Migration* (Cambridge, MA, 2003).

(245) Gary Pecquet, George Davis, and Bryce Kanago, "The Emancipation Proclamation, Confederate Expectations, and the Price of Southern Banknotes," *Southern Economic Journal*, 70 (2004), pp. 616–630; Lester, "An Aspect of Confederate Finance," p. 139より詳細に言えば，この動向は，連邦議会選挙の結果によって奴隷解放宣言が立法化される見込みとなった1862年の11月に始まっている。

(246) Marc D. Weidenmier and Kim Oosterlinck, "Victory or Repudiation? The Probability of the Southern Confederacy Winning the Civil War," *NBER Working Paper*, 13567 (2007).当論文の数字は，アムステルダムの金債権市場に関するデータを独特の手法で分析することから得られている。

(247) Gary Gallagher, *The Confederate War: How Popular Will, Nationalism, and Military Strategy Could Not Stave off Defeat* (Cambridge, MA, 1997); McPherson, *For Cause and Comrades* は，南北の軍隊が戦争に献身的であったことについて，雄弁な証言を提示している。

(248) Lord John Russell, Speech in House of Commons, May 2, 1861. この引用文と以下の段落における同演説からの引用については，次のものが典拠である。Richard Dean Burns, Joseph M. Siracusa, and Jason C. Flanagan, eds., *American Foreign Relations Since Independence* (Santa Barbara, 2013), p. 75. ラッセル（1792–1878年）は，初代ラッセル伯。ホウィッグ党と1868年以後は，自由党の政治家であった。首相（1846–66年），外務大臣（1859–65年）。ベドフォード公爵の年少の子息として，ラッセルは称号を持っていたが，1861年に貴族に列せられるまでは貴族院に議席を持てなかった。その前は，ロンドンのシティのメンバーとして，庶民院に議席を有していた。

(249) Howard Jones, *Blue and Gray: A History of Union and Confederate Foreign Relations* (Chapel Hill, 2010), ch. 3.

(250) この箇所は，ハワード・ジョーンズ，とりわけこの主題に関する３冊の必須文献への献辞としたい。Howard Jones, *Union in Peril: The Crisis over British Intervention in the Civil War* (Chapel Hill,

1992); *Abraham Lincoln and a New Birth of Freedom: The Union and Slavery in the Diplomacy of the Civil War* (Lincoln, 1999); *Blue and Gray Diplomacy*. 専門家は，２点について強調点の違いを指摘するかもしれない。一つは，パーマストンの奴隷制廃止に関する関与であり，もう一つは，イギリスと合衆国の戦争の蓋然性の低さについてである。

(251) Donald Bellows, "A Study of British Conservative Reaction to the American Civil War," *Journal of Southern History*, 51 (1985), pp. 505–526.

(252) このよく論じられてきたトピックについて，最新の研究としては，以下を参照。Beckert, *Empire of Cotton*, ch. 9.

(253) Marc-William Palen, "The Civil War's Forgotten Transatlantic Tariff Debate and the Confederacy's Diplomacy of Free Trade," *Journal of the Civil War Era*, 3 (2013), pp. 35–61.

(254) これは，1861年におけるパーマストンの見解であることは確実である。Jasper Ridley, *Lord Palmerston* (London, 1970), p. 552.

(255) このエピソードは，以下によって丹念に扱われている。Doyle, *The Cause of All Nations*, chs. 1, 9.

(256) Surdam, *Northern Naval Superiority*. 封鎖は，1861年７月に行われた。

(257) ガリバルディが，リンカンに感謝の念を表明する手紙を書いたのはこの時点である。ガリバルディは，リンカンを「偉大なる解放者」として賞賛した。

(258) 憲法修正は1865年の12月に成立数を満たした州によって批准された。

(259) Jones, *Union in Peril*, pp. 179–180, 225–226.

(260) Ibid., pp. 2–9. ルイス（1806–63年）は内務大臣（1859–61年），戦争大臣（1861–63年）を務めた。文献学者であり，社会理論家であり，著名人の中でもトクヴィルの友人であった。彼については，研究が少なく，評価も低い人物の一人であるが，手強い人物である。

(261) Richard Little, "Intervention and Non-Intervention in International Society: Britain's Responses to the American and Spanish Civil Wars," *Review of International Studies* (2013), pp. 111–129.

(262) ヨーロッパからの志願兵は，南部連合にも従軍していた。しかし北部に比べて，規模はかなり小さいものであった。

(263) 「それゆえ私は，以下のことを言明したい。この国やあの国を，イギリスにとって永遠の同盟者や永遠の敵と想定するのは，狭量な政治姿勢である。我々は永遠の同盟者も持たず，かつ永遠の敵も持たない。我々の利益が永遠であり，永続的なのである。我々は，この利益に対して義務を負うのだ」。Speech in the House of Commons, March 1, 1848, *Hansard, HC Debates*, 97, cc. 66–123. どれほど多くの今日の外務大臣が，パーマストンの国際関係に関する認識に匹敵する考えを持っているか疑問視せずに，このスピーチを読むことはできない。

(264) Lawrence Goldman, "'A Total Misrepresentation': Lincoln, the Civil War and the British," in Carwardine and Sexton, *The Global Lincoln*, ch. 6.

(265) Stephen Meardon, "Richard Cobden's American Quandary: Negotiating Peace, Free Trade and Anti-Slavery," in Anthony Howe and Simon Morgan, eds., *Rethinking Nineteenth-Century Liberalism: Richard Cobden Bicentenary Essays* (Aldershot, 2006), ch. 12.

(266) Hugh Dubrulle, "We Are Threatened with Anarchy and Ruin: Fear of Americanization and the Emergence of an Anglo-Saxon Confederacy in England during the American Civil War," *Albion*, 33 (2001), pp. 583–613.

(267) 基本的な研究は，以下である。R. J. M. Blackett, *Divided Hearts: Britain and the American Civil War* (Baton Rouge, 2001). この問題の複雑さについて確かめたい場合，必要ならば以下を参照。Mark Bennett, "Confederate Supporters in the West Riding, 1861–1865: Cranks of the Worst English Species," *Northern History*, 51 (2014), pp. 211–229.

(268) Thomas E. Schneider, "J. S. Mill and Fitzjames Stephen on the American Civil War," *History of Political Thought*, 28 (2007), pp. 290–304.

(269) T. Peter Park, "John Stuart Mill, Thomas Carlyle, and the U. S. Civil War," *Historian*, 54 (1991),

pp. 93–106. 引用文（1866年）は，p. 104。

(270) この点については，ファーニーの研究を参照。ファーニーは，同時代には評価が低かったが，研究者の中でも真の研究者である。D. A. Farnie, *The English Cotton Industry and the World Market, 1815–1896*（Oxford, 1979), pp. 144–167.

(271) セクストンの優れた研究。Jay Sexton, *Debtor Diplomacy: Finance and American Foreign Relations in the Civil War Era, 1837–1873*（Oxford, 2005). 同書は，この主題について，さらなる研究を促す出発点である。北部，中西部，南部でのイギリスの投資額の割合は不明である。ベアリングス社は，南部に大規模に投資したシティの銀行の一つである。

(272) Niels Eichhorn, "North Atlantic Trade in the Mid-Nineteenth Century," *Civil War History*, 61 (2015), pp. 138–172. 筆者はこの主題については，アイヒホルン博士からの有益なコメントに多くを負っている。

(273) 英米関係の改善については，以下を参照。Phillip E. Myers, *Caution and Cooperation: The American Civil War in British-American Relations* (Kent, 2008).

(274) Brian Holden Reid, "Power, Sovereignty, and the Great Republic: Anglo-American Diplomatic Relations in the Era of the Civil War," *Diplomacy & Statecraft*, 14 (2003), pp. 45–76; Niels Eichhorn, "The Intervention Crisis of 1862: A British Diplomatic Dilemma?" *American Nineteenth-Century History*, 15 (2014), pp. 287–310.

(275) メキシコの保守派については，以下を参照。Brian Hamnett, "Mexican Conservatives, Clericals and Soldiers: The 'Traitor' Tomás Mejía Through Reform and Empire, 1855–67," *Bulletin of Latin American Research*, 20 (2001), pp. 187–110; Erika Pani, "Dreaming of a Mexican Empire: The Political Projects of the Imperialistas," *Hispanic American Historical Review*, 82 (2002), pp. 1–31.

(276) Cobden to Gladstone, January 1, 1864, in Anthony Howe and Simon Morgan, eds., *The Letters of Richard Cobden, Vol. 4, 1860–1865*（Oxford, 2015), p. 456.

(277) Cobden to Mallet, December 6, 1863, in Howe and Morgan, *Letters of Richard Cobden*, p. 438.

(278) たとえば以下を参照。Don H. Doyle, "How the Civil War Changed the World," *New York Times*, May 19, 2015は，彼の優れた本の中でも，ここにある箇所を要約している。*The Cause of All Nations*; and Brent E. Kinser, *The American Civil War and the Shaping of British Democracy* (Burlington, 2011).

(279) ２人の最も権威ある研究者が，この点については同意している。Robert Saunders, *Democracy and the Vote in British Politics, 1848–1867: The Making of the Second Reform Act* (Burlington, 2011); Michael J. Turner, *Liberty and Liberticide: The Role of America in Nineteenth-Century British Radicalism* (Lanham, 2014).

(280) John Stuart Mill, *On Liberty* (London, 1859; 1985), chs. 3, 13. ミルが，友人であるアレクシス・ド・トクヴィルと共有した不安は，彼の言葉を借りれば，人々は羊ではないのに（彼はそう願っているが），羊のように振舞うことを奨励することで，社会は自由を危険に晒しているというものであった。

(281) James Madison, "The Utility of the Union as a Safeguard Against Domestic Faction and Insurrection," Federalist 10, *Daily Advertiser*, November 22, 1787.

(282) Mark G. Spencer, "Hume and Madison on Faction," *William & Mary Quarterly*, 59 (2002), pp. 869–896.

(283) この点は，ベルシレスの以下の研究に関する論争とは関係なく提示されている。Michael A. Bellesiles, *Arming America: The Origins of a National Gun Culture* (New York, 2000; 2nd ed. 2003 with a new Introduction). たとえば，以下を参照。Alexander DeConda, *Gun Violence in America: The Struggle for Control* (Boston, 2003), ch. 6; Saul Cornell, *A Well Regulated Militia: The Founding Fathers and the Origins of Gun Control in America* (New York, 2006), ch. 6.

(284) ホルボは，領土の購入に関わる腐敗を告発する主張に対する社会的反応が，キューバ，ハワイ，

サモアを獲得する拡大主義者の計画に打撃を与えたとすら主張している（彼の議論は誇張を含んでいるが）。Paul S. Holbo, *Tarnished Expansion: The Alaska Scandal, the Press, and Congress, 1867–1871*（Knoxville, 1983）.

(285) George Feifer, *Breaking Open Japan: Commodore Perry, Lord Abe, and American Imperialism in 1853*（New York, 2006）.

(286) 引用文は，以下の研究の第１章から借用している。LaFeber, *New Empire*, p. 1.

(287) Henry C. Carey, *The Way to Outdo England Without Fighting Her*（Philadelphia, 1865）, p. 53.

(288) Victor Hugo, *Les Misérables*（Paris, 1862）, vol. 5, book 1, ch. 20.

第Ⅱ部

第六章

（１） Walt Whitman（1819–1892）, "Years of the Modern," in *Leaves of Grass*（New York, 1855–91; 1900）〔以下，同書の邦訳はホイットマン（酒井雅之訳）『草の葉』（岩波文庫，1998年）による〕. 引用した詩は，この章の最後に登場する。『草の葉』はいくつもの改訂版が刊行され，多くの詩が，若干異なる形で掲載されている。

（２） ホイットマンに関する研究は膨大である。Ed Folsom, "Talking Back to Walt Whitman," in Jim Perrlman, Ed Folsom, and Dan Campion, eds., *Walt Whitman: The Measure of His Song*（Duluth, 2nd ed., 1998）, ch. 1が，研究への貴重な誘いを提供している。

（３） これらの用語は，本書の第一章で検討されている。

（４） 専門家はこの区別が（非常に緩やかにだが），Alexander Gerschenkron, *Economic Backwardness in Historical Perspective*（Cambridge, MA, 1962）, chs. 1–3 から引き出されていることに気づくであろう。また，以下も参照。A. G. Hopkins, "Afterword: Towards a Cosmopolitan History of Imperialism," in Olivier Pétré-Grenouilleau, ed., *From Slave Trade to Empire: Europe and the Colonisation of Black Africa, 1780–1880s*（London, 2004）, pp. 231–243.

（５） Charles Pierre Baudelaire, "The Painter of Modern Life," in Baudelaire, *Selected Writings on Arts and Artists*, translated and edited by P. E. Charvet（London, 1972）, p. 403.「近代性」（modernité）の語は一般に，ボードレールがつくり出したとされている。

（６） Whitman, "Years of the Modern," in *Leaves of Grass*. この詩は1865年に書かれ，最初に刊行された。ただし，それは，1856年以来のメモに基づいており，1871年まで最終的なタイトルが付けられなかった。この点を筆者に明瞭に示してくれたことについて，エド・フォルソム教授に深謝する。

（７） Mark Twain and Charles Dudley Warner, *The Gilded Age: A Tale of Today*（New York, 1873）, ch. 7. このフレーズは，ベン・ジョンソンの風刺劇『新聞商会』（1625年）から採られている。その中心的な登場人物は，引く手あまたのレディー・オーレリア・ペキュニアであったが，当時，資本主義の新たな精神だと考えられていたものを象徴していた。

（８） Emma Rothschild, "Globalization and the Return of History," *Foreign Policy*（Summer 1999）, p. 107に引用。政治家，外交官，作家，王党派，そしてロマン主義者のシャトーブリアン（1768–1848年）が，1841年に記していた。

（９） とくに以下を参照。Timothy J. Hatton and Jeffrey G. Williamson, *The Age of Mass Migration: Causes and Economic Impact*（New York, 1998）; Kevin O'Rourke and Jeffrey G. Williamson, *Globalization and History: The Evolution of a Nineteenth-Century Atlantic Economy*（Cambridge, MA, 1999）.

(10) Simon J. Potter, *News and the British World: The Emergence of an Imperial Press System, 1876–1922*（Oxford, 2003）.

(11) 歴史家は，軍事＝財政国家の崩壊を画するこうした展開――本章の後半で敷衍される――に，いまだそれに値する十分な検討を加えていない。筆者はとりわけ，以下に負っている。Mark Dincecco, *Political Transformations and Public Finances: Europe, 1650–1913*（Cambridge, 2013）; Dincecco, "The Rise of Effective States in Europe," *Journal of Economic History*, 75（2015）, pp. 901–918;

Dincecco and Gabriel Katz, "State Capacity and Long-Run Economic Performance," *Economic Journal*, 126 (2016), pp. 189–218.

(12) Akira Iriye, *Global Community: The Role of International Organizations in the Making of the Contemporary World* (Berkeley, 2002), ch. 1.

(13) 以下は，こうした先行研究への簡便な手引きを提供している。Daniel R. Headrick, *The Tools of Empire: Technology and European Imperialism in the Nineteenth Century* (Oxford, 1981); *The Tentacles of Progress: Technology Transfer in the Age of Imperialism, 1850–1940* (Oxford, 1988); *The Invisible Weapon: Telecommunications and International Politics, 1851–1945* (Oxford, 1991); Michael Adas deals specifically with the United States in *Dominance by Design: Technological Imperatives and America's Civilizing Mission* (Cambridge, MA, 2006).

(14) Extracts from "Ode to the Opening of the International Exhibition, 1862," in David Rogers, ed., *The Collected Poems of Alfred Lord Tennyson* (Ware, Hertfordshire, 1994), p. 556.

(15) Wolfram Kaiser, "Cultural Transfer of Free Trade at the World Exhibitions, 1851–1862," *Journal of Modern History*, 77 (2005), pp. 563–590.

(16) Paul Greenhalgh, *Ephemeral Vistas: The Expositions Universelles, Great Exhibitions and World's Fairs, 1851–1939* (Manchester, 1988).

(17) *Erewhon* は *Nowhere* のつづり換え（アナグラム）〔同じアルファベットを使用して作成した別の単語〕である。

(18) Anthony Howe, *Free Trade and Liberal England, 1846–1946* (Oxford, 1998). 専門家は，イギリスの政策の特異性について議論してきた。ジョン・V・C・ナイは刺激的な反論を展開したが，当然のことながら，それには異議が唱えられてきた。John V. C. Nye, *War, Wine and Taxes: The Political Economy of Anglo-French Trade, 1689–1900* (Princeton, 2007). Douglas A. Irwin, "Free Trade and Protection in Nineteenth-Century Britain and France Revisited: A Comment on Nye," *Journal of Economic History*, 53 (1993), pp. 146–152を参照。

(19) Marc-William Palen, *The "Conspiracy" of Free Trade: The Anglo-American Struggle over Empire and Economic Globalisation 1846–1896* (Cambridge, 2016), ch. 1.

(20) Alfred Marshall, *Industry and Trade* (London, 1919; 3rd ed., 1920), appendix E. J・S・ミル同様，マーシャルは，保護関税について理論的にもっともな部分があるとみなしたが，実際には，保護関税はレントシーキング〔民間企業等が超過利潤（レント）を求めて，政府に自らに有利な規制の実施を働きかけること〕その他の市場の歪曲につながると判断した。Douglas A. Irwin, "Challenges to Free Trade," *Journal of Economic Perspectives*, 5 (1991), pp. 201–208も参照。

(21) グローバルな次元の関税ついては，Antonio Tena-Junguito, Markus Lampe, and Felipe Tâmega Fernandes, "How Much Trade Liberalization Was There in the World Before and After Cobden-Chevalier?" *Journal of Economic History*, 72 (2012), pp. 708–740を参照。

(22) Marcus Lampe, "Explaining Nineteenth-Century Bilateralism: Economic and Political Determinants of the Cobden-Chevalier Network," *Economic History Review*, 64 (2011), p. 645.

(23) David Todd, "A French Imperial Meridian, 1814–70," *Past & Present*, 210 (2011), pp. 155–186. この文献は，フランスにおける自由貿易支持の再興を跡づけている。皮肉なことに，コブデンの「勝利」の後，まもなく保護主義の復興が起こった。Olivier Accominotti and Marc Flandreau, "Bilateral Treaties and the Most-Favoured-Nation Clause: The Myth of Trade Liberalization in the Nineteenth Century," *World Politics*, 60 (2008), pp. 147–188を参照。

(24) Louis Menand, *The Metaphysical Club* (New York, 2001); Gerlach Murney, *British Liberalism and the United States: Political and Social Thought in the Late Victorian Age* (New York, 2001); Leslie Butler, *Critical Americans: Victorian Intellectuals and Transatlantic Liberal Reform* (Chapel Hill, 2007), chs. 4, 5, 6; Tamara Plakins Thornton, "New Perspectives, Liberally Applied," *Reviews in American History*, 36 (2008), pp. 60–67.

(25) Albert Carreras and Camilla Josephson, "Aggregate Growth, 1870–1914: Growing at the Production Frontier," in Stephen Broadberry and Kevin H. O'Rourke, eds., *Cambridge Economic History of Modern Europe*, Vol. 2. *1870 to the Present*（Cambridge, 2010）, ch. 2, and p. 34.

(26) 議論の出発点は，Kevin O'Rourke and Jeffrey G. Williamson, "When Did Globalization Begin?" *European Review of Economic History*, 6（2002）, pp. 23–50を参照。

(27) Ivan T. Berend, *History Derailed: Central and Eastern Europe in the Long Nineteenth Century*（Berkeley, 2003）は，最も看過されてきた２つの地域を取り扱っている。

(28) デンマークは，こうした議論を修正する（珍しい）実例を提供している。

(29) Stephen Broadberry, Giovanni Federico, and Alexander Klein, "Sectoral Developments, 1870–1914," in Broadberry and O'Rourke, *Cambridge Economic History*, p. 61.

(30) David D. Hall, "The Victorian Connection," *American Quarterly*, 27（1975）, pp. 568–569に引用。

(31) 偶然かどうかは別として，ウィジャ盤〔心霊術で用いられる占い用の板。文字や数字が記されている〕は，1890年に特許が付与されていた。

(32) Giuseppe Mazzini, "Speech to Workers," Milan, July 25, 1848. Martin Collier, *Italian Unification, 1820–71*（Oxford, 2003）, p. 103に引用。

(33) あたかも最近，書かれたようにいまだ感じられる有名な次の講義を参照。"The Liberty of the Ancients Compared to that of the Moderns"（Paris, 1819）. Lloyd S. Kramer's perceptive study, *Nationalism in Europe and America: Politics, Cultures and Identities since 1775*（Chapel Hill, 2011）も参照されたい。

(34) A. J. Marcham, "Educating Our Masters: Political Parties and Elementary Education, 1867 to 1870," *British Journal of Educational Studies*, 21（1973）, pp. 180–191.

(35) Jose Harris, "Political Thought and the Welfare State, 1870–1940: An Intellectual Framework for British Social Policy," *Past & Present*, 135（1992）, pp. 116–141; James T. Kloppenberg, *Uncertain Victory: Social Democracy and Progressivism in European and American Thought, 1870–1920*（Oxford, 1986）は，デュルタイ〔ドイツの哲学者〕，グリーン〔イギリスの理想主義哲学者〕，シジウィック〔ミルの功利主義を発展させたイギリスの道徳哲学者〕，フイエ〔フランスの哲学者〕，デューイ，そしてジェイムズを取り扱っている。

(36) Neville Kirk, "Peculiarities Versus Exceptions: The Shaping of the American Federation of Labor's Politics during the 1890s and 1900s," *International Review of Social History*, 45（2000）, pp. 25–50; Howell Harris, "Between Convergence and Exceptionalism: Americans and the British Model of Labor Relations, 1867–1920," *Labor History*, 48（2007）, pp. 141–173. デーヴィッド・ブライアン・ロバートソンは，アメリカの労働者の歴史は，19世紀末においては「例外」ではなかったが，その後そうなったと説得的に論じている。David Bryan Robertson, *Capital, Labor, and the State: The Battle for American Labor Markets from the Civil War to the New Deal*（Lanham, 2000）.

(37) Richard B. Jensen, *The Battle against Anarchist Terrorism: An International History, 1878–1934*（Cambridge, 2014）は，ヨーロッパにおける対応を調整しようとする試みと，合衆国における単独的な行動とを対比させている。David Peal, "The Politics of Populism: Germany and the American South in the 1890s," *Comparative Studies in Society & History*, 31（1989）, pp. 340–362; Richard B. Bach, "Dagger, Rifles and Dynamite: Anarchist Terrorism in Nineteenth-Century Europe," *Terrorism & Political Violence*, 16（2004）, pp. 116–153; Davide Turcato, "Italian Anarchism as a Transnational Movement, 1885–1915," *International Review of Social History*, 52（2007）, pp. 407–444; Pietro DiPaola, "The Spies Who Came in from the Heat: The International Surveillance of the Anarchists in London," *European History Quarterly*, 37（2007）, pp. 189–215, deals with the period 1870–1914も参照されたい。

(38) この点に関しては，ロバート・デーヴィッド・ホイッタカーが，彼の称賛すべき博士論文で示している。Robert David Whitaker, "Policing Globalization: The Imperial Origins of International Police

Co-operation," Ph. D. dissertation, University of Texas at Austin (2014), ch. 1.

(39) Thomas Adam, "Transatlantic Trading: The Transfer of Philanthropic Models between European and North American Cities during the Nineteenth and Early Twentieth Centuries," *Journal of Urban History*, 28 (2002), pp. 328–352; Seth Koven and Sonya Michel, "Womanly Duties: Politics and the Origins of Welfare States in France, Germany, Great Britain, and the United States, 1880–1920," *American Historical Review*, 95 (1990), pp. 1076–1109.

(40) Peter J. Coleman, *Progressivism and the World of Reform: New Zealand and the Origins of the American Welfare State* (Lawrence, 1987); Daniel T. Rodgers, *Atlantic Crossings: Social Politics in a Progressive Age* (Cambridge, 1998); Larry Frohman, "The Break-Up of the Poor Laws—German Style: Progressivism and the Origins of the Welfare State, 1900–1918," *Comparative Studies in Society & History*, 50 (2008), pp. 981–1009, deals with German Progressives.

(41) E・P・ヘノックの貴重で価値のある比較は，動機の相違に注目している。E. P. Hennock, *The Origins of the Welfare State in England and Germany, 1850–1914: Social Policies Compared* (Cambridge, 2007).

(42) ドイツの事例もまた，よく研究されてきた。Richard Weikart, "The Origins of Social Darwinism in Germany," *Journal of the History of Ideas*, 54 (1993), pp. 469–488; Weikart, "Progress Through Racial Extermination: Darwinism, Eugenics and Pacifism in Germany, 1860–1918," *German Studies Review*, 26 (2003), pp. 273–294. ヨーロッパの人種理論は，アジアへも広まった。Cemil Aydin, *The Politics of Anti-Westernism in Asia: Visions of World Order in Pan-Islamic and Pan-Asian Thought* (New York, 2007) を参照。

(43) Paul Crook, *Darwinism, War and History: The Debate over the Biology of War from the* "Origin of Species" *to the First World War* (Cambridge, 1994); Crook, "Social Darwinism: The Concept," *History of European Ideas*, 22 (1996), pp. 261–274; Crook, "Historical Monkey Business: The Myth of a Darwinised British Imperial Discourse," *History*, 843 (1999), pp. 633–657. ジョゼフ＝アルテュール・ド・ゴビノーは創造論者であり，進化論者ではなかった。Joseph-Arthur de Gobineau, *Essai sur l'inégalité des races humaines*, 4 vols. (Paris, 1853–55).

(44) Duncan Bell and Caspar Sylvest, "International Society in Victorian Political Thought: T. H. Green, Herbert Spencer, and Henry Sidgwick," *Modern Intellectual History*, 3 (2006), pp. 22–27.

(45) Frank Prochaska, *Eminent Victorians on American Democracy* (New York, 2012) は，アングロ＝サクソンの一体性の観念と，民主主義の擁護者と批判者の間の知的乖離との関係を探究している。

(46) Katherine A. Bradshaw, "The Misunderstood Public Opinion of James Bryce," *Journalism History*, 28 (2002), pp. 16–25.

(47) 幸運なことに，ヒュー・タロッチの以下の研究があるものの，ブライス（1838–1922年）は現在，もっと研究がなされてしかるべき人物である。*James Bryce's American Commonwealth: The Anglo-American Back ground* (Woodbridge, 1988)。

(48) H. A. Tulloch, "Changing British Attitudes Towards the United States in the 1880s," *Historical Journal*, 20 (1977), p. 828.

(49) Peter Brooks Adams, *The Law of Civilization and Decay: An Essay on History* (London, 1895; 1896).

(50) Tulloch, "Changing British Attitudes," p. 835.

(51) Paul J. Wolf, "Special Relationships: Anglo-American Love Affairs, Courtships and Marriages in Fiction, 1821–1914," Ph. D. thesis, University of Birmingham (2007), p. 277.

(52) Daniel Pick, *Faces of Degeneration: A European Disorder, 1848–1918* (Cambridge, 1989).

(53) イタリアの犯罪学者チェーザレ・ロンブローゾ（1835–1909年）は，犯罪行動と関連する遺伝的な身体的特徴をつきとめたと主張する理論により，19世紀末に国際的な影響力を獲得した。Peter D'Agostino, "Craniums, Criminals and the 'Cursed Race': Italian Anthropology in American Racial

Thought, 1861–1824," *Comparative Studies in Society & History*, 44 (2002), pp. 319–343を参照。

(54) この言い回しは以下による。F. H. Giddings, *Studies in the Theory of Human Society* (New York, 1922)。以下からの引用。Charles A. Beard, "Introduction" to Brooks Adams, *The Law of Civilization and Decay* (New York, 1896; 1943), p. 50.

(55) キッド（1858–1916年）については，*Social Evolution* (London, 1894); D. P. Crook, *Benjamin Kidd: Portrait of a Social Darwinist* (New York, 1984) を参照。

(56) Charles H. Pearson, *National Life and Character: A Forecast* (London, 1894); Marilyn Lake, "The White Man under Siege: New Histories of Race in the Nineteenth Century and the Advent of White Australia," *History Workshop Journal*, 58 (2004), pp. 41–62; Peter Cain, "Democracy, Globalization and the Decline of Empire: A View from the 1890s," in Falola and Brownell, *Africa, Empire and Globalization*, ch. 23.

(57) Robert A. Nye, "The Rise and Fall of the Eugenics Empire: Recent Perspectives on the Impact of Biomedical Thoughts in Modern Society," *Historical Journal*, 36 (1993), pp. 687–700.

(58) Edwin Black, *War Against the Weak: Eugenics and America's Campaign to Create a Master Race* (New York, 2003). 下記には，驚くべきことに1970年代に至るまで続いた，６万人以上の「精神病」の人々に不妊手術を施した運動のさらなる詳細が記されている。Paul A. Lombardo, *A Century of Eugenics in America: From the Indiana Experiment to the Human Genome Era* (Bloomington, 2010).

(59) Verdi to Piave, April 21, 1848. Scott L. Balthazar, ed., *The Cambridge Companion to Verdi* (Cambridge, 2004), p. 32に引用。

(60) Jean-François Drolet, "Nietzsche, Kant, the Democratic State, and War," *Review of International Studies*, 39 (2013), pp. 25–47.

(61) Norman Angell, *The Great Illusion: A Study of the Relation of Military Power in Nations to their Economic and Social Advantage* (New York, 1910). エンジェル（1872–1967年）は，多作で影響力のあるジャーナリスト，作家，そして公人であった。彼は労働党の国会議員（1929–31年）であり，ナイト爵位を与えられ（1931年），そしてノーベル平和賞（1933年）を授与された。Martin Ceadel, *Living the Great Illusion: Sir Norman Angell 1872–1967* (Oxford, 2009) は，決定的かつ従来の誤りを正す伝記となっている。J. D. B. Miller, *Norman Angell and the Futility of War* (1986) も参照。

(62) Thomas Hardy (1840–1928), "The Breaking of Nations," in John Wain, ed., *The Oxford Library of English Poetry*, Vol. 3 (Oxford, 1986), p. 224.

(63) シュペングラー（1880–1936年）は，この著作を大戦の少し前に書き始め，第２巻を1922年に出版した。

(64) H. G. Wells, *Outline of History* (London, 1920), p. 1290; Wells, *The Salvaging of Civilization* (London, 1921), which also records his disillusion with President Wilson and the League of Nations.

(65) Marc Flandreau, *The Glitter of Gold: France, Bimetallism, and the Emergence of the International Gold Standard, 1848–1873* (New York, 2004) の第８章と212–213頁は，金銀複本位制が1848–73年にかけて，国際金融体制の存続を支えたが，仏独協力は，1870年に普仏戦争によって破壊されたことを示唆する力強い論拠を提示している。この見方について述べれば，フランスが金本位制の採用を決定し，そしてドイツが金本位制を採用できたのは，純粋に経済的な力の帰結というよりは，政治的出来事の産物であった。

(66) 理論と現実の相違については，多くの先行研究がある。Tamin Bayoumi, Barry J. Eichengreen, and Mark P. Taylor, eds., *Modern Perspectives on the Gold Standard* (Cambridge, 1996); Barry J. Eichengreen and Marc Flandreau, eds., *The Gold Standard in Theory and History* (New York, 1997); Marc Flandreau and Frederic Zumer, *The Making of Global Finance, 1880–1913* (Paris, 2004) を参照。この時点での経営管理機能は主に，政治的であった。イングランド銀行は最後の貸し手として十分な金を保有していなかった。それにもかかわらず，イギリスは金本位制を管理し，

それはかなりよく機能した。Michael D. Bordo and Ronald MacDonald, "Interest Rate Interactions in the Classical Gold Standard, 1880–1914: Was There Any Monetary Independence?" *Journal of Monetary Economics*, 52 (2005), pp. 307–327; Maurice Obstfeld and Alan M. Taylor, "Sovereign Risk, Credibility and the Gold Standard, 1870–1913, Versus 1925–31," *Economic Journal*, 113 (2007), pp. 241–275.

(67) S. B. Saul, *The Myth of the Great Depression* (London, 1969) に賛同する。この主題への助言について，かつての同僚マーク・メツラーに感謝したい。19世紀末の大不況についての彼による必須の再評価は，この時代の国際史への多大な貢献になるであろう。

(68) 1870年以降の時期に関する近年の権威ある経済史には，かつて1873年から1896年の「大不況」と呼ばれたものについての議論がまったくなく，それへの言及もほとんどない。Broadberry and O'Rourke, *Cambridge Economic History*, pp. 64, 88.

(69) Forrest Capie and Geoffrey Wood, *Money Over Two Centuries: Selected Topics in Monetary History* (Oxford, 2012) は,この主題についての数多くの貴重な新聞を復刻している。W. Arthur Lewis, *Growth and Fluctuations, 1870–1913* (London, 1978) は，重要かつ今や相当に見過ごされた資料であり続けている。

(70) 経済学者はこの批判を免れているが，彼らの分析は，歴史家の必要性のはるか上を行きがちである。Lewis, *Growth and Fluctuations*, chs. 7–8 は，「後発」諸国が直面した選択肢について，洞察力のある類型論を提供している。

(71) この部分については, Scott Reynolds Nelson, "A Storm of Cheap Goods: New American Commodities and the Panic of 1873," *Journal of the Gilded Age & Progressive Era*, 10 (2011), pp. 447–453およびこの雑誌の特集号に掲載された諸論文に負っている。Nelson, *A Nation of Deadbeats: An Uncommon History of America's Financial Disasters* (New York, 2012) も参照。同著は目を見開かれると同時に，面白く書かれている。

(72) 本書の第四章を参照。

(73) Forrest Capie and Geoffrey Wood, "Deflation in the British Economy, 1870–1939," *Journal of European Economic History*, 32 (2003), pp. 277–305; Michael D. Bordo, John Landon-Lane, and Angela Redish, "Good Versus Bad Deflation: Lessons from the Gold Standard Era," in David E. Altig and Ed Nosal, eds., *Monetary Policy in Low-Inflation Economies* (Cambridge, 2009), pp. 127–174; Altig and Nosal, "Deflation, Productivity Shocks and Gold: Evidence from the 1880–1914 Period," *Open Economy Review*, 21 (2010), pp. 515–546.

(74) Bordo et al., "Good Versus Bad Deflation" は合衆国，イギリス，ドイツを比較している。

(75) 合衆国における非農業労働者の実質賃金は，部分的には移民が労働力の供給を増加させたため，19世紀最後の四半世紀の時期に下落した。Robert A. Margo, "The Labor Force in the Nineteenth Century," in Stanley L. Engerman and Robert E. Gallman, *Cambridge Economic History of the United States*, II (Cambridge, 2000), p. 223. ロバート・A・マグワイアの16の北部諸州の研究も参照。Robert A. McGuire, "Economic Causes of Late Nineteenth-Century Unrest: New Evidence," *Journal of Economic History*, 41 (1981), pp. 835–852 (とそれに続く議論); Ayers, *The Promise of the New South*, ch. 10は，南部のポピュリズムは人種差別だけでなく，南北戦争後の社会経済的変化から生じた対立とも密接な関係があったことを示している。

(76) 本書で幅広く引用されているアンガス・マディソンの先駆的研究は，1879–96年の一人当たり所得の伸長について，いくらか誇張した推論をしなければならなかったことを付言せねばなるまい。Angus Maddison, *Monitoring the World Economy* (Paris, 1995).

(77) たとえばJeremy Atack, Fred Bateman, and William N. Parker, "The Farm, the Farmer and the Market," in Engerman and Gallman, *Cambridge Economic History*, II, pp. 280–282によって議論されている複雑さを参照。

(78) Carreras and Josephson, "Aggregate Growth, 1870–1914," pp. 37–38.

(79) Michael D. Bordo and Chris M. Meissner, "Foreign Capital, Financial Crises and Incomes in the First Era of Globalization," *European Review of Economic History*, 15 (2011), pp. 61–91.

(80) Larry Neal and Marc D. Weidenmier, "Crises in the Global Economy from Tulips to Today: Contagion and Consequences," in Michael D. Bordo, Alan M. Taylor, and Jeffrey Williamson, eds., *Globalization in Historical Perspective* (Chicago, 2003), pp. 473–514.

(81) Michael D. Bordo and Joseph G. Haubrich, "Credit Crises, Money and Contractions: An Historical View," *Journal of Monetary Economics*, 57 (2010), pp. 1–18.

(82) Christian Suter and Hanspeter Stamm, "Coping with Global Debt Crises: Debt Settlements, 1820–1986," *Comparative Studies in Society & History*, 34 (1992), p. 645.

(83) Marc Flandreau, "Sovereign States, Bondholders' Committees and the London Stock Exchange in the Nineteenth Century (1827–1868): New Facts and Old Fictions," *Oxford Review of Economic Policy*, 29 (2013), pp. 668–696は，ロンドン証券取引所が1868年以前に採ったさまざまな施策を通じて，こうした展開の前史を跡づけている。

(84) そして，帝国領土を保有する国家は，その仕事を効果的に行った。Kris James Mitchener and Marc D. Weidenmier, "Supersanctions and Sovereign Debt Repayment," *Journal of International Money and Finance*, 29 (2010), pp. 19–36.

(85) 最初の試みについては，A. G. Hopkins, "The Victorians and Egypt: A Reconsideration of the Occupation of Egypt, 1882," *Journal of African History*, 27 (1986), pp. 363–391を参照。基本的にJ・A・ホブソンの仕事である２番目の試みについては，P・J・ケインによる研究を参照。J. P. Cain, *Hobson and Imperialism: Radicalism, New Liberalism, and Finance, 1887–1938* (Oxford, 2002).

(86) Matthew P. Fitzpatrick, *Liberal Imperialism in Germany: Expansion and Nationalism, 1848–1884* (New York, 2008), pp. 5–7.

(87) Eric Grimmer-Solem, "The Professor's Africa: Economists, the Elections of 1907, and the Legitimation of German Imperialism," *German History*, 25 (2007), pp. 313–347.

(88) Alain Clément, "L'analyse économique de la question coloniale en France (1870–1914)," *Review d'Économie Politique*, 123 (2013), pp. 51–82.

(89) Charles A. Conant, "The Economic Basis of Imperialism," *North American Review* (September 1898), p. 326.

(90) Guillaume Daudin, Matthias Morys, and Kevin H. O'Rourke, "Globalization, 1870–1914," in Broadberry and O'Rourke, *Cambridge Economic History*, 2, pp. 26–29.

(91) （イギリスにおける）自由貿易と（大陸ヨーロッパにおける）保護主義の異なる帰結については，Kevin H. O'Rourke, "The European Grain Invasion, 1870–1913," *Journal of Economic History*, 57 (1997), pp. 775–801を参照。

(92) 主にオランダ，デンマーク，ベルギーである。

(93) Christopher M. Meissner, "A New World Order: Explaining the International Diffusion of the Gold Standard, 1870–1913," *Journal of International Economics*, 66 (2006), pp. 385–406は，発展途上諸国にとっての借金のコストの低さを指摘している。

(94) ２つの異なる説明については，Angela Redish, *Bimetallism: An Economic and Historical Analysis* (Cambridge, 2000) と Ted Wilson, *Battles for the Standard: Bimetallism and the Spread of the Gold Standard in the Nineteenth Century* (Aldershot, 2001), ch. 6 を参照。Flandreau, *The Glitter of Gold* は，金銀複本位制が実施可能であることを示している。

(95) これらの用語は，合衆国における1896年の決定的選挙で人口に膾炙するようになった。

(96) 近年の数多くの研究のうちの２つについて，Gregory A. Barton and Brett M. Bennett, "A Case Study in the Environmental History of Gentlemanly Capitalism: The Battle between Gentlemen Teak Merchants and State Foresters in Burma and Siam, 1827–1901," in Falola and Brownell, *Africa, Empire and Decolonization*, ch. 16; Mark Metzler, "Revisiting the General Crisis of the Late

Nineteenth Century: West Africa and the World Depression," in Falola and Brownell, *Africa, Empire and Decolonization*, ch. 16を参照。

(97) A. G. Hopkins, "Back to the Future: From National History to Imperial History," *Past & Present*, 164 (1999), pp. 198–243.

(98) Adam Smith, *The Wealth of Nations* (New York, 1937), pp. 781–782.

(99) Todd Shepard, *The Invention of Decolonization: The Algerian War and the Remaking of France* (Ithaca, 2006), p. 20に引用。

(100) Richard Koebner and Helmut Schmidt, *Imperialism: The Story and Significance of a Political Word* (Cambridge, 1964); Mark F. Proudman, "Words for Scholars: The Semantics of 'Imperialism,'" *Journal of the Historical Society*, 8 (2008), pp. 395–433.

(101) Shepard, *Invention of Decolonization*, ch. 2.

(102) J. Gallagher and R. E. Robinson, "The Imperialism of Free Trade," *Economic History Review*, 2nd ser., 6 (1953), pp. 1–15.

(103) サー・ジョン・シーリー（1834–95年）：歴史学欽定講座担当教授（ケンブリッジ大学，1869–95年）。彼の最もよく知られた著作 *The Expansion of England* (1883) は，インドの獲得を残念なこととしているが，それにもかかわらず，当地でのイギリスの支配は有益で進歩的な影響があったと主張した。

(104) この問題とさらにそれ以上の事柄について，Duncan Bell, *The Idea of Greater Britain: Empire and the Future of World Order, 1860–1900* (Princeton, 2007), ch. 7 を参照。

(105) こうした議論は，Roger Owen and Bob Sutcliffe, eds., *Studies in the Theory of Imperialism* (London, 1972); Wm. Roger Louis, ed., *Imperialism: The Gallagher and Robinson Controversy* (New York, 1976); Gregory A. Barton, *Informal Empire and the Rise of One World Culture* (Basingstoke, 2014); Anthony Webster, *The Debate on the Rise of the British Empire* (Manchester, 2006) によって検討されている。

(106) Bernard Porter, *Critics of Empire: British Radical Attitudes to Colonialism in Africa, 1895–1914* (London, 1968) は，いまだこの時代におけるイギリスの反帝国主義の最も優れた研究である。John W. Crangle, "The Economics of British Anti-Imperialism: Victorian Dissent Against India," *Studies in History & Society*, 6 (1975), pp. 60–76は，コスト，独占権，人命の損失に基づく反対を強調している。Jonathan Parry, *The Politics of Patriotism: English Liberalism, National Identity and Europe, 1830–1886* (Cambridge, 2004) は，大陸ヨーロッパにおける政治的展開が，イギリスの政治指導者の間に，外国の影響がイギリスの価値観や性格に悪影響を与えるかもしれないという懸念を広めたことを示している。

(107) Henri Brunschwig, "Vigné d'Octon and Anti-Colonialism under the Third Republic," *Journal of Imperial & Commonwealth History*, 3 (1974), pp. 140–172.

(108) 本書の第七章を参照。

(109) John M. MacKenzie, *Propaganda and Empire* (Manchester, 1984); John M. MacKenzie, ed., *Imperialism and Popular Culture* (Manchester, 1986); William H. Schneider, *An Empire for the Masses: The French Popular Image of Africa, 1870–1900* (Westport, 1982). バーナード・ポーターは，帝国のイメージと情報がイギリス社会に浸透したという見解に異議を申し立てたが，その異議申し立ては，19世紀末に関してのことだとしている。Bernard Porter, *Absent-Minded Imperialists: What the British Really Thought about Empire* (Oxford, 2005).

(110) 国民的伝統が，国境をまたいだ比較を限定的なものにしてきたことは残念である。ロティ（1850–1923年）（本名はジュリエン・ヴィオ）は，多作な作家であったが，1892年にアカデミー・フランセーズに入会を認められた資質の持ち主である。近年の「ロティ研究」の潮流は，植民地の小説家としての役割を減退させ，個人的，性的関係の鋭敏な探索者としての地位を増大させてきた。

(111) ロバート・アーヴィンは，R・M・バランタインの小説——最もよく知られているのは1857年に出

版された『珊瑚諸島』――の帝国的文脈への関心を惹起してきた。Robert Irvine, "Separate Accounts: Class and Colonization in the Early Stories of R. M. Ballantyne," *Journal of Victorian Culture*, 12 (2007), pp. 238–261. バランタイン（1825–94年）は，後の小説家のテーマの多くを予期させる，遠く離れた地での試練を通じて形作られた登場人物の話を書いた。バランタインを尊敬する人物には，彼の小説の影響について賛辞を呈したロバート・ルイス・スティーブンソンが含まれていた。

(112) Patrick A. Dunae, "Boys' Literature and the Idea of Empire, 1870–1914," *Victorian Studies*, 24 (1980), pp. 105–121.

(113) Guy Arnold, *Held Fast for England: G. A. Henty, Imperialist Boys' Writer*（London, 1980）は，ヘンティについての主要な先行研究の簡便で，簡潔な案内を提供している。より全般的には，MacKenzie, *Propaganda and Empire*; Jeffrey Richards, ed., *Imperialism and Juvenile Literature*（Manchester, 1989); Laurence Kitzan, *Victorian Writers and the Image of Empire: The Rose-Colored Vision*（Westport, 2001）も参照。

(114) ヘンティの物語は，イギリスよりも読み継がれた期間が長い状態にさえあった合衆国で有名であった（Arnold, *Held Fast for England*, p. 19)。

(115) Trumbull White, *Our New Possessions: Four Books in One*（Philadelphia, 1898); James C. Fernald, *The Imperial Republic*（New York, 1899). 本書の第七章も参照。

(116) 一群の比較研究については，Mark A. Noll, David W. Bebbington, and George A. Rawlyk, eds., *Evangelicalism: Comparative Studies of Popular Protestantism in North America, the British Isles, and Beyond, 1700–1900*（New York, 1994）を参照。

(117) Hopkins, "The Victorians and Africa," p. 384に引用。

(118) Pamela Walker, *Pulling the Devil's Kingdom Down: The Salvation Army in Victorian Britain*（Berkeley, 2001); Harald Fischer-Tine, "Global Civil Society and the Forces of Empire: The Salvation Army, British Imperialism, and the Prehistory of NGOs（ca. 1880–1920)" in Sebastian Conrad and Dominic Sachsenmaier, eds., *Competing Visions of World Order: Global Moments and Movements, 1880s–1930s*（New York, 2007), pp. 29–67.

(119) Rudyard Kipling, "Mandalay." この主題については，P. J. Cain, "Empire and the Languages of Character and Virtue in Later Victorian and Edwardian Britain," *Modern Intellectual History*, 4 (2007), pp. 249–273を参照。

(120) 今日，チーム・スポーツとキリスト教，騎士道，帝国の関係については，相当な研究蓄積がある。とくに，J. A. Mangan, *The Games Ethic and Imperialism: Aspects of the Diffusion of an Ideal*（New York, 1986）を参照。近年の研究については，J・A・マンガン（J. A. Mangan）とカラム・マッケンジー（Callum McKenzie）による *International Journal of the History of Sport*, 25（2008), pp. 1080–1273D の特集号に掲載された一連の論文を参照。D・L・ルマヒイウ（D. L. LeMahieu）は，"The History of British and American Sport: A Review Article," *Comparative Studies in Society & History*, 32（1990), pp. 838–844で，比較の視座を提供している。

(121) Douglas H. Johnson, "The Death of Gordon: A Victorian Myth," *Journal of Imperial & Commonwealth History*, 10（1982), pp. 285–310. Olive Anderson, "The Growth of Christian Militarism in Mid-Victorian England," *English Historical Review*, 86（1971), pp. 46–72は，「聖なる兵士」の起源をクリミア戦争とインド反乱に遡る。

(122) Berny Sèbe, *Heroic Imperialists in Africa: The Promotion of British and French Colonial Heroes, 1870–1939*（Manchester, 2013), ch. 6. セビの優れた研究の，比較の次元はとりわけ貴重である。

(123) 本書の第五章も参照。

(124) Andrew C. Ross, *David Livingstone: Mission and Empire*（London, 2002), ch. 15.

(125) François Renault, *Le Cardinal Lavigerie, 1825–1892: L'Eglise, l'Afrique, et la France*（Paris, 1992）が，標準的な研究である。カルタゴとアルジェの大司教であるラヴィジュリは1882年，枢機卿に任命された。

(126) Daniel Laqua, "The Tensions of Internationalism: Transnational Anti-Slavery in the 1880s and 1890s," *International History Review*, 33 (2011), pp. 705–726.

(127) J. P. Daughton, *An Empire Divided: Religion, Republicanism, and the Making of French Colonialism, 1880–1914* (Oxford, 2007).

(128) Andrew Porter, *Religion Versus Empire? British Protestant Missionaries and Overseas Expansion, 1700–1914* (Manchester, 2004) は，ここでの要約で取り扱うことのできない，布教と帝国の関係の重要な機微について，細かく検討している。Norman Etherington, ed., *Missions and Empire* (Oxford, 2007) の多様な事例研究も参照。

(129) David Bebbington, *Victorian Nonconformity* (Lutterworth, 2011).

(130) David Bebbington, "Atonement, Sin and Empire, 1880–1914," in Andrew Porter, ed., *The Imperial Horizons of British Protestant Missions* (Grand Rapids, 2003), pp. 14–31; Richard Huzzey, *Freedom Burning: Anti-Slavery and Empire in Victorian Britain* (Ithaca, 2012).

(131) イギリスにおける宗教への傾倒の継続については，Hugh McLeod, *Religion and Society in Nineteenth-Century England, 1850–1914* (New York, 1996) を参照。

(132) Tyrrell, *Transnational Nation*, p. 103は，一つの推定を提供している。イギリス，5393人；合衆国，3478人。

(133) 1883年に創設された先駆的組織，少年旅団（Boys' Brigade）には，はるかに低い関心しか示されてこなかった。John Springhall, Brian Fraser, and Michael Hoare, eds., *Sure and Steadfast: A History of the Boys' Brigade, 1883–1983* (London, 1983) を参照。

(134) Tammy M. Proctor, *Scouting for Girls: A Century of Girl Guides and Girl Scouts* (Santa Barbara, 2009) が概要を提供している。

(135) アグネス・バーデン＝パウエルとロバート・バーデン＝パウエルは，1912年，ガイドのために『ガールガイドのためのハンドブック，あるいはいかにして少女は帝国の建設を手伝うことができるのか』と題された手引書を生み出した。Richard A. Voltz, "The Antidote to 'Khaki Fever': The Expansion of the British Girl Guides During the First World War," *Journal of Contemporary History*, 27 (1992), pp. 627–638も参照。

(136) Cain, "Empire and Languages of Character and Virtue."

(137) Sam Pryke, "The Popularity of Nationalism in the Early British Boy Scout Movement," *Social History*, 23 (1998), pp. 309–324. ボーイスカウト運動の軍国的風潮の程度については，議論がなされてきた。それについては，John Springhall, "Baden-Powell and the Scout Movement before 1920: Citizen Training or Soldiers of the Future," *English Historical Review*, 102 (1987), pp. 934–942および，同書に示されたさらなる参考文献を参照。

(138) James Belich, *Replenishing the Earth: The Settler Revolution and the Rise of the Anglo-World, 1783–1939* (Oxford, 2009); Gary Magee and Andrew Thompson, *Empire and Globalisation: Networks of People, Goods and Capital in the British World, c. 1850–1914* (Cambridge, 2010).

(139) David Day, *Antarctica: A Biography* (Oxford, 2013), chs. 5–8.

(140) William Gervase Clarence-Smith, "The Imperialism of the Jackals: Economic Dynamics Driving Less Developed Powers in the Nineteenth and Twentieth Centuries," Paper presented to the Global Economic History Conference, Istanbul, 2005. この論文の引用を認めてくれたこと，そして論文が提示した争点への貴重なコメントについて，クラレンス＝スミス教授に感謝したい。

(141) Clarence-Smith, "The Imperialism of the Jackals." 元の引用は V. I. Lenin, *Kommunist*, 1–2 (1915) より。

(142) このテーマについてのいくらかの予備的考察は，Hopkins, "Towards a Cosmopolitan History of Imperialism" を参照。

(143) ジューゼッペ・マイオンは1930年代のイタリアに言及しつつ，西洋の帝国的野心を持つ国家を「ぼろを着た少年たち」と呼んだ。Giuseppe Maione, *L'imperialismo straccione* (Bologna, 1979).

(144) Lars Magnussen, *Nation, State, and the Industrial Revolution: The Visible Hand*（London, 2009）は，近代国家構造の発展を工業化に結びつける分類を提供している。

(145) Dincecco, *Political Transformations and Public Finances.* 前記の注（11）の参考文献も参照。

(146) Jose Luis Cardosa and Pedro Lains, eds., *Paying for the Liberal State: The Rise of Public Finance in Nineteenth-Century Europe*（Cambridge, 2010）を参照。

(147) 戦争の役割を強調する比較の指摘は，ミカエル・ゲヤーとチャールズ・ブライトの論文において，より適切になされた。だが，同論文自体は，比較の基準をほとんど示していない。Michael Geyer and Charles Bright, "Global Violence and Nationalising Wars in Eurasia and America: The Geopolitics of War in the Mid-Nineteenth Century," *Comparative Studies in Society & History*, 38（1996）, pp. 619–657.

(148) Pablo-Martín Aneña, Elena Martínez-Ruiz, and Pilar Nogues-Marco, "Floating Against the Tide: Spanish Monetary Policy, 1870–1931," *Working Papers in Economic History*, Universidad Carlos III de Madrid, WP 11–10（2011）.

(149) Pedro Lains, "The Power of Peripheral Government: Coping with the 1891 Financial Crisis in Portugal," *Historical Research*, 81（2008）, pp. 485–506.

(150) 後者の議論については，Joel Mokyr, "The Industrial Revolution and the Netherlands: Why Did It Not Happen?" *De Economist*, 148（2000）, pp. 503–520を参照。

(151) Albert Schrauwers, "'Regenten'（Gentlemanly）Capitalism: Saint-Simonian Technocracy and the Emergence of the 'Industrialist Great Club' in the Mid-Nineteenth Century Netherlands," *Enterprise & Society*, 11（2010）, pp. 753–783.

(152) Maarten Kuitenbrouwer, "Capitalism and Imperialism: Britain and the Netherlands," *Itinerario*, 18（1994）, pp. 105–116; Kuitenbrouwer, *The Netherlands and the Rise of Modern Capitalism: Colonies and Foreign Policy 1870–1902*（Oxford, 1991）.

(153) Marc Flandreau, "The Logic of Compromise: Monetary Bargaining in Austria-Hungary, 1867–1913," *European Review of Economic History*, 10（2006）, pp. 3–33.

(154) Rodney P. Carlisle and Joe H. Kirchberger, *World War I*（New York, 2009）, p. 1 に引用。この引用には，いくつかのバージョンがある。

(155) 1914年以前に似たような表現が流布していたかもしれないが，筆者は一般に受け入れられている説明に従う。オーストリア＝ハンガリー帝国が直面した諸問題に関して，ウィーンで受け止められていた姿勢が，現実を認識できない無能な政府だという他者の評価を生み出したとしてもおかしくない。

(156) 1879年に創設された農民同盟（The Farmers' Alliance）は，イギリスで保持していた，なけなしの影響力を1885年までに失った。

(157) ジョージ・ジョアキム・ゴーシェン（1831–1907年）：海軍第一卿（1895–1900），第一ゴーシェン子爵に任命された（1900年）。1896年，その「栄光ある孤立」というフレーズを造った。イギリスは1904年，フランスと協商関係に入った。

(158) 常に創造的なJ・A・ホブソンは，『好戦的愛国主義の心理学（The Psychology of Jingoism）』（ロンドン，1901年）で，先駆的分析を提供した。

(159) Miles Taylor, "John Bull and the Iconography of Public Opinion in England, c. 1712–1929," *Past & Present*, 134（1992）, pp. 93–128; Taylor, "Imperium et Libertas? Rethinking the Radical Critique of Imperialism during the Nineteenth Century," *Journal of Imperial & Commonwealth History*, 19（1991）, pp. 1–23は，帝国主義に対する急進的批判が，帝国主義が及ぼす，国制上およびより幅広い国内的帰結についての関心に由来していたことを示している。

(160) Linda Colley, *Britons: Forging a Nation, 1707–1837*（New Haven, 1992）; Stephen Conway, "War and National Identity in the Mid-Eighteenth-Century British Isles," *English Historical Review*, 116（2001）, pp. 863–893.

(161) 外国人から見たイングリッシュネスの性格については，Paul Langford, *Englishness Identified: Manners and Character, 1650–1850*（Oxford, 2000）; Paul Readman, “The Place of the Past in English Culture, 1890–1914,” *Past & Present*, 186（2005）, pp. 147–199を参照。海外の諸協会が地域的帰属を表明し，強化した。たとえば，Tanja Buelltmann and Donald M. MacRaild, “Globalizing St. George: English Associations in the Anglo-World to the 1930s,” *Journal of Global History*, 7（2012）, pp. 79–105を参照。

(162) Paul Ward, *Britishness since 1870*（London, 2004）が，簡便な案内である。

(163) 「イギリス性」とアングロ世界については，Carl Bridge and Kent Fedorowich, eds., *The British World: Diaspora, Culture, and Identity*（London, 2003）; Belich, *Replenishing the Earth*; Kent Fedorowich and Andrew S. Thompson, eds., *Empire, Migration and Identity in the British World*（Manchester, 2013）を参照。

(164) こうした動きは，当時の代表的なディスカウント会社であるオーバーレンド・ガーニー会社の破産の後に起こった。この会社は，国際取引に深く関わっていた。Marc Flandreau and Stefan Ugolini, “Where It All Began: Lending of Last Resort and the Bank of England during the Overend Gurney Panic of 1866,” *C. P. E. R. Discussion Paper*, 8362（2011）を参照。「グラッドストン的財政」は，19世紀最後の四半世紀まで税収と公共支出が国内総生産（GDP）比で減少することを確実にしたが，GDP自体は増加し，税務上の法令はよく順守され続けた。

(165) ロバート・ギルピン（Robert Gilpin）は，*U. S. Power and the Multinational Corporation: The Political Economy of Foreign Direct Investment*（New York, 1975）, p. 53において，異なる主張を展開するために，「成熟した債権者」という用語を使用している。

(166) 最初の点については，Broadberry et al., “Sectoral Developments,” p. 72を参照。イギリスの金融上の優位については，Cain and Hopkins, *British Imperialism*, chs. 5–6を参照。

(167) このような解釈は，Cain and Hopkins, *British Imperialism*, pp. 137–145において，より大きな紙幅を割いて説明されている。

(168) Edmund Rogers, “The United States and the Fiscal Debate in Britain, 1873–1913,” *Historical Journal*, 50（2007）, pp. 593–622は，合衆国における保護主義が，合衆国のイギリスへの輸出の拡大とあいまって，いかにしてイギリスにおける帝国特恵関税への支持を勢いづけたかを示している。以下が事例研究を提供している。Marc-William Palen, “Protection, Federation and Union: The Global Impact of the McKinley Tariff upon the British, provides a case study: Empire, 1890–94,” *Journal of Imperial & Commonwealth History*, 38（2010）, pp. 395–418.

(169) Sir Charles Dilke, *Greater Britain*（London, 1868）は，当時の思考に重要な影響を与えた。

(170) Cain and Hopkins, *British Imperialism*, ch. 7; Andrew S. Thompson, “Tariff Reform: An Imperial Strategy, 1903–1913,” *Historical Journal*, 40（1997）, pp. 1033–1054; Roger Mason, “Robert Giffen and the Tariff Reform Campaign, 1865–1910,” *Journal of European Economic History*, 25（1996）, pp. 171–188.

(171) しかしながら，政治的モデルは，ローマよりもむしろ合衆国から借り受けることになっていた。Duncan Bell, “From Ancient to Modern in Victorian Thought,” *Historical Journal*, 49（2006）, pp. 735–759. そして，このテーマ全般については，Bell, *The Idea of Greater Britain* を参照。

(172) これはCain and Hopkins, *British Imperialism* の主要なテーマである。自由貿易の他の帰結は，Kevin O'Rourke, “British Trade Policy in the Nineteenth Century: A Review Article,” *Journal of Political Economy*, 16（2000）, pp. 829–842で議論されている。

(173) Daudin, Morys, and O'Rourke, “Globalization, 1870–1914,” pp. 9–13.

(174) William N. Goertzman and Urdrey D. Ukhor, “British Investment Overseas, 1870–1913: A Modern Portfolio Theory Approach,” *NBER Working Paper*, 11266（2005）, p. 12 and table 3, p. 40. 数字は，公的に投下された資本に関するものである。

(175) だが，ナポレオン支配の崩壊後，亡命者によって，それ以前にそうした思いは形成されていた。

Maurizio Isabella, *Risorgimento in Exile: Italian Émigrés and the Liberal International in the Post—Napoleonic Era*（Oxford, 2009）を参照。

(176) Mariella Rigotti Colin, "L'idée de Rome et l'idéologie impérialiste dans l'Italie libérale de 1870 à 1900," *Mondiales et Conflits Contemporains*, 41（1991）, pp. 3–19.

(177) この段落は，2つの貴重な研究を融合し，要約しようと試みている。Vera Zamagni, *The Economic History of Italy, 1860–1990*（Oxford, 1993）; Stefano Fenoaltea, *The Reinterpretation of Italy's Economic History: From Unification to the Great War*（Cambridge, 2011）.

(178) イタリアの経済発展において対外貿易が果たした重要な役割については，Giovanni Federico and Nikolaus Wolf, "Italy's Comparative Advantage: A Comparative Perspective," *C. E. P. R. Discussion Paper*, 8758（2012）を参照。

(179) Simon Sarlin, "The Anti-Risorgimento as a Transnational Experience," *Modern Italy*, 18（2014）, pp. 81–92.

(180) Enrico Dal Lago, *Agrarian Elites: American Slaveholders and Southern Italian Landowners, 1815–1861*（Baton Rouge, 2005）.

(181) Mark Dincecco, Giovanni Federico, and Andrea Vindigni, "Warfare, Taxation and Political Change: Evidence from the Italian Risorgimento," *Journal of Economic History*, 71（2011）, pp. 887–914. カミッロ・ベンソ，カブール伯（1810–61年）：ピエモンテ＝サルデーニャ首相（1852–61年），イタリア首相（1861年）。

(182) 1870年，議会下院の選挙で投票権を持っていたのは，イタリア人の3％にも満たなかった。成年普通選挙（男子のみ）は，1913年まで導入されなかった。

(183) Maurizio Isabella, "Rethinking Italy's Nation-Building 150 Years Afterwards: The New *Risorgimento Historiography*," *Past & Present*, 217（2012）, pp. 247–268.

(184) Mark Choate, *Emigrant Nation: The Making of Italy Abroad*（Cambridge, 2008）.

(185) Catherine Brice, *Monarchie et identité nationale en Italie（1861–1900）*（Paris, 2010）; Brice, "Monarchy and Nation at the End of the Nineteenth Century: A Unique Form of Politicisation?" *European History Quarterly*, 43（2013）, pp. 53–72.

(186) クリスピ（1818–1901年）：首相（1887–91年，1893–96年）。Christopher Duggan, *Francesco Crispi, 1818–1901: From Nation to Nationalism*（Oxford, 2002）を参照。

(187) Christopher Duggan, "Francesco Crispi and Italy's Pursuit of War Against France, 1887–9," *Australian Journal of Politics and History*, 50（2004）, pp. 315–329.

(188) Mark Choate, "From Territorial to Ethnographic Colonies and Back Again: The Politics of Italian Expansion, 1890–1912," *Modern Italy*, 8（2003）, pp. 65–75; Christopher Duggan, "Francesco Crispi's Relationship with Britain: From Colonisation to Disillusionment," *Modern Italy*, 16（2011）, pp. 427–436.

(189) たとえば以下のベナディール会社の研究Romain H. Romero, "An Imperialism with no Economic Basis: The Case of Italy, 1869–1939," in Pétré-Grenouilleau, *From Slave Trade to Empire*, pp. 91–96を参照。*Industrial Imperialism in Italy, 1890–1915*（Los Angeles, 1975）におけるリチャード・A・ウェブスター（Richard A. Webster）の軍産複合体の活動を強調する試みについては，クライヴ・トレビルコックの鋭い論文を参照。Clive Trebilcock, "Economic Backwardness and Military Forwardness," *Historical Journal*, 20（1977）, pp. 751–760.

(190) 1870年におけるアルザス＝ロレーヌのドイツへの喪失は，主要な製造業の中心地を含む地域を切り離した。

(191) この段落と次の段落で提示されたデータは，主としてBroadberry and O'Rourke, *Cambridge Economic History*, pp. 35–36，44，61，72，82–83から引かれている。

(192) René Girault, *Emprunts russes et investissements français en Russie, 1887–1914*（Paris, 1973）.

(193) この主題については，その重要な研究の列挙の許可に関して，とりわけパリ・アメリカン大学の

スティーブン・W・ソーヤ博士に負っている。それらの一部は現在，以下から利用できる。Stephen W. Sawyer, "A Fiscal Revolution: Statecraft in France's Early Third Republic," *American Historical Review*, 121 (2016), pp. 1141–1166.

(194) Marc Flandreau, "The Economics and Politics of Monetary Unions: A Reassessment of the Latin Monetary Union, 1865–71," *Financial History Review*, 7 (2000), pp. 25–43. その通貨連合の構成国はフランス，ベルギー，スイス，イタリアであった。

(195) Herman Lebovics, *The Alliance of Iron and Wheat in the Third French Republic, 1860–1914: Origins of the New Conservatism* (Baton Rouge, 1988); David M. Gordon, *Liberalism and Social Reform: Industrial Growth and "Progressiste" Politics in France, 1880–1914* (Westport, 1996). 社会主義の代替案として，福利財産を提供する妥協を推進するうえで，ゴードンは成功した産業家の役割を強調している。

(196) Michael S. Smith, *Tariff Reform in France, 1860–1900: The Politics of Economic Interest* (Ithaca, 1980); Smith, "The Méline Tariff as Social Protection: Rhetoric or Reality?" *International Review of Social History*, 37 (1992), pp. 230–243; Rita Aldenhoff-Hübinger, "Deux pays, deux politiques agricoles? Le protectionnisme en France et Allemagne (1880–1914)," *Histoire Sociales et Rurales*, 23 (2005), pp. 65–87.

(197) Jonathan J. Liebowitz, "Rural Support for Protection: Evidence from the Parliamentary Enquiry of 1884," *French History*, 7 (1993), pp. 163–182; O'Rourke, "The European Grain Invasion," pp. 783, 786, 798.

(198) Lebovics, *The Alliance of Iron and Wheat*.

(199) Stuart M. Persell, *The French Colonial Lobby, 1889–1938* (Stanford, 1983), ch. 4.

(200) 以下は，主要な先行研究から選んだものである。Henri Brunschwig, *Mythes et réalités de l'impérialisme colonial français* (Paris, 1960); C. M. Andrew and A. S. Kanya-Forstner, "The French 'Colonial Party': Its Composition, Aims and Influence, 1885–1914," *Historical Journal*, 14 (1971), pp. 99–128; L. Abrams and D. J. Miller, "Who Were the French Colonialists? A Reassessment of the *Parti Colonial*, 1890–1914," *Historical Journal*, 19 (1976), pp. 685–725; Persell, *The French Colonial Lobby*.

(201) Persell, *The French Colonial Lobby*.

(202) Alice, L. Conklin, *A Mission to Civilize: The Republican Idea of Empire in France and West Africa, 1895–1930* (Stanford, 1997) は，征服が支配に道を譲るにつれて，その使命がいかにして発展したのかを示している。

(203) Hubert Bonin, Catherine Hodir, and Jean-François Klein, eds., *L'esprit économique impérial (1830–1970): Groupes de pression et réseaux du patronat colonial en France et dans l'empire* (Paris, 2008) は，多様な動機と帰結を示す膨大な研究のひとかたまりを提示している。

(204) John F. Laffey, "Municipal Imperialism in Nineteenth-Century France," *Historical Reflections*, 1 (1974), pp. 81–114; Jean-François Klein, "Réseaux d'influences et stratégie coloniale: le cas des marchands de soie Lyonnais en mer de Chine, 1843–1906," *Outre-Mers*, 93 (2005), pp. 221–256; Xavier Daumalin, "Commercial Presence, Colonial Penetration: Marseille Traders in West Africa in the Nineteenth Century," in Pétré-Grenouilleau, *From Slave Trade to Empire*, ch. 11; T. W. Roberts, "The Trans-Saharan Railway and the Politics of Imperial Expansion, 1890–1900," *Journal of Imperial & Commonwealth History*, 43 (2015), pp. 438–462.

(205) Jacques Thobie, *Intérêts et impérialisme français dans l'Empire ottoman, 1895–1914* (Paris, 1977).

(206) Stuart M. Persell, "The Parliamentary Career of Eugène Étienne, 1881–1914," *Proceedings of the Annual Meeting of the Western Society for French History*, 4 (1976), pp. 402–409.

(207) François Manchuelle, "Origines républicaines de la politique d'expansion coloniale de Jules Ferry (1838–1865)," *Revue Française d'Histoire d'Outre-Mer*, 75 (1988), pp. 185–206.

(208) Peter Grupp, "Gabriel Hanotaux: Le personage et ses idées sur l'expansion coloniale," *Revue*

Française d'Histoire d'Outre-Mer, 58 (1971), pp. 383–405.

(209) Jacques Marseille, *Empire colonial et capitalisme français: histoire d'un divorce* (Paris, 1984). 著者は，政治信条における左右双方の批判者を疎外するという貴重な偉業を成し遂げている。彼の著書が20世紀に生み出された最も重要なフランス帝国の研究の一つ——最重要でないとしても——であることを考えると，この著書が一度も英語に翻訳されていないのは残念である。

(210) ドイツの場合,「鉄とライ麦」。Cornelius Torp, "The Coalition of 'Iron and Rye' under the Pressure of Globalization: A Reinterpretation of Germany's Political Economy before 1914," *Central European History*, 43 (2010), pp. 401–427を参照。単純に紙幅上の都合によって，ドイツはここでの考察から除外されてきた。「特有の道」に関する，より古い文献からの出発点は，David Blackbourn and Geoff Eley, *The Peculiarities of German History: Bourgeois Society and Politics in Nineteenth-Century Germany* (Oxford, 1984) である。

(211) Richard Cobden, Speech, March 13, 1845. Michael Lusztig, *Risking Free Trade: The Politics of Trade in Britain, Canada, Mexico and the United States* (Pittsburgh, 1996), p. 38に引用。

(212) カナダ，合衆国，オーストラリアへの影響については，Palen, *The "Conspiracy" of Free Trade*, pp. 149–152, 172–179, 221–222. 興味深い事例研究として，Mark Metzler, "The Cosmopolitanism of National Economics: Friedrich List in a Japanese Mirror," in Hopkins, *Global History*, ch. 4 を参照。

(213) Peter H. Lindert, "The Rise of Social Spending," *Explorations in Economic History*, 31 (1994), pp. 1–37.

(214) Dincecco, *Political Transformations and Public Finances* は，おそらく史料的に裏付けられる以上に，議会の監視についてより楽観的な見解を示している。

(215) Smith, *Wealth of Nations*, p. 900.

(216) Bouda Etemad, *Possessing the World: Taking the Measurements of Colonisation from the Eighteenth to the Twentieth Century* (New York, 2007), p. 130.

(217) Etemad, *Possessing the World*, pp. 130–132, 165. 植民地支配の下にある領土の割合は，1880–1913年の間におよそ45％拡大した。イギリスに最も迫ったライバルのフランスは，1913年に全体のおよそ18％を領有していたが，すべての植民地臣民の９％しか支配していなかった。

(218) Etemad, *Possessing the World*, p. 131.

(219) Richard Cobden, *England, Ireland and America* (2nd ed., 1835), p. 101.

(220) Whitman, "Years of the Modern." 注（１）を参照。

第七章

(１) Alexis de Tocqueville, *Democracy in America*, ed. Phillips Bradley (New York, 1947), Book 1, ch. 14, p. 252.

(２) Ibid.

(３) このような認識は，バイロン・シェイファーとアンソニー・バドガーにその問題を乗り越えることを試みる論文集を生み出すよう促した。Byron Shafer and Anthony Badger, *Contesting Democracy: Substance and Structure in American Political History, 1775–2000* (Lawrence, 2001). リチャード・F・ベンセルの３巻本，Richard F. Bensel, *Sectionalism and American Political Development, 1880–1980* (Madison, 1984); *Yankee Leviathan: The Origins of Central State Authority in America, 1859–1877* (New York, 1991); *The Political Economy of American Industrialization, 1877–1900* (New York, 2000) は，歴史家たちが，いまだ彼の多大な貢献に値するだけの十分な評価を与えていないため，ここで言及されるべきである。考えうる多くの専門的な研究の例の中では，Heather Cox Richardson, *West From Appomattox: The Reconstruction of America after the Civil War* (New Haven, 2007) におけるヘザー・コックス・リチャードソンの中産階級の台頭の研究を参照。

(４) それぞれ下位の時代区分がある。たとえば，Richard Schneirov, "Thoughts on Periodizing the

Gilded Age: Capital Accumulation, Society and Politics, 1873–1898," *Journal of the Gilded Age & Progressive Era*, 5（2003）, pp. 189–224を参照。Rebecca Edwards, *New Spirits: Americans in the Gilded Age, 1865–1905*（New York, 2006）は，従来の時代区分を横断する，想像力豊かでテーマに沿った考察を行っている。だが，そのために彼女が，「長い革新主義時代」（p. 7）を提案しているにもかかわらず，全体として，時代全体に一貫性を見出すのが困難にもなっている。

（5） 本書第六章で概説している。

（6） 国際的な現象であったデフレは，本書第六章の「大規模なデフレ」の節で議論されている。

（7） James Bryce, *The American Commonwealth*, 2（London, 1888; 1941 ed.）, p. 699.

（8） Bensel, *Political Economy*, pp. 357–366は，さらなる詳細を提供している。

（9） Gary Gerstle, *Liberty and Coercion: The Paradox of American Government*（Princeton, 2015）, chs. 3–5.

（10） Eric Rauchway, "William McKinley and Us," *Journal of the Gilded Age & Progressive Era*, 4（2005）, pp. 234–253は，1896年の選挙がどの程度，永続する共和党優位の政党再編成を引き起こしたかを議論している。

（11） Gregory P. Downs, *After Appomattox: Military Occupation and the Ends of War*（Cambridge, MA, 2015）は，戦争から平和への移行が長期にわたったことも強調する，最も体系的な説明を提供している。

（12） Heather Cox, *The Death of Reconstruction: Race, Labour and Politics in the Post-Civil War North, 1865–1901*（Cambridge, MA, 2001）は，北部の姿勢と政治における自由労働の重要性を強調している。

（13） クー・クラックス・クランは1865年，テネシーにおいて，南部連合の退役軍人によって創設された。イレイン・フランツ・パーソンズ（Elain Frantz Parsons）は "Midnight Rangers: Costume and Performance in the Reconstruction-Era Ku Klux Klan," *Journal of American History*, 92（2005）, pp. 811–836において，その劇場性を探求している。

（14） James C. Hogue, *Uncivil War: Five New Orleans Street Battles and the Rise and Fall of Reconstruction*（Baton Rouge, 2006）. ニコルズ（1834–1912年）は，1876–80年と1888–92年に知事であった。

（15） 標準的な考察は，Eric Foner, *Reconstruction: America's Unfinished Revolution, 1863–1877*（New York, 1989）である。

（16） Vincent P. de Santis, "Rutherford B. Hayes and the Removal of the Troops and the End of Reconstruction," in Morgan Kousser and James McPherson, eds., *Region, Race, and Reconstruction*（New York, 1982）, pp. 417–450.

（17） 南部の綿花に対する北部の利害は，Harold D. Woodman, *King Cotton and His Retainers: Financing and Marketing the Cotton Crop of the South, 1800–1925*（Columbia, 1990）; Gene Dattel, *Cotton and Race in the Making of America: The Human Costs of Economic Power*（Chicago, 2009）, ch. 23を参照。

（18） エリザベス・リー・トンプソンは，1867年の倒産法が，いかにして南部の実業界を安定させるのを助け，そのことによって南部における改革を妨げたのかを示している。Elizabeth Lee Thompson, *The Reconstruction of Southern Debtors: Bankruptcy after the Civil War*（Athens, 2004）.

（19） この点については，Nicolas Barreyre, *Gold and Reconstruction: The Political Economy of Reconstruction*（Charlottesville, 2016）に負っている。

（20） Richardson, *West from Appomattox*.

（21） この点は，バレイヤの刺激的な研究，*Gold and Reconstruction* の主要なテーマである。

（22） Gregory P. Downs, *Declarations of Dependence: The Long Reconstruction of Popular Politics in the South, 1861–1908*（Chapel Hill, 2011）. ダウンズは，「保護者主義」（patronalism）という用語を使用して，ノースカロライナから証拠を引き出している。元来，マーシャル・サーリンズによって広められた「有力者」（Big Men）という文化人類学用語は，このような文脈で追求する価値のある

もう一つの選択肢である。

(23) Desmond King and Stephen Tuck, "De-Centering the South: America's Nation-wide White Supremacist Order after Reconstruction," *Past & Present*, 194 (2007), pp. 213–252.

(24) その先駆的比較研究 John Cell, *The Highest Stage of White Supremacy: The Origins of Segregation in South Africa and the American South* (Cambridge, 1982) により，名声はジョン・セルに与えられるべきである。

(25) Hogue, *Uncivil War* は，南部をラテンアメリカの諸共和国と比較している。

(26) フランク・ニンコヴィッチは，北東部のエリートがいかに外部世界に順応し，自由主義的想定に近づいていたかについて注意を喚起した。Frank Ninkovitch, *Global Dawn: The Cultural Foundations of American Internationalism, 1865–1890* (Cambridge, MA, 2009). にもかかわらず，自由主義者は人種差別主義者でもありえ，アングロ＝サクソン系の人々の思考における人種的要素は，主要なものであり続けた。

(27) Edward L. Ayers, *The Promise of the New South: Life After Reconstruction* (New York, 1992) は，南部における人種隔離制度が1880年代と1890年代に構築され，単純に南北戦争前の時代から受け継いだわけではないことを示している。

(28) Edward J. Blum, *Reforging the White Republic: Race, Religion, and American Nationalism, 1865–1898* (Baton Rouge, 2005).

(29) Nina Silber, *The Romance of Reunion: Northerners and the South, 1865–1900* (Chapel Hill, 1993); David Blight, *Race and Reunion: The Civil War in American Memory* (Cambridge, MA, 2001); Caroline E. Janney, *Remembering the Civil War: Reunion and the Limits of Reconstruction* (Chapel Hill, 2013).

(30) 本書第六章で議論している。Douglas Steeples and David O. Whitten, *Democracy in Desperation: The Depression of 1893* (Westport, 1999) は，合衆国についての関連する先行研究の案内を提供している。

(31) Marc-William Palen, *The "Conspiracy" of Free Trade: The Anglo-American Struggle over Empire and Economic Globalisation, 1846–1896* (Cambridge, 2016), ch. 4. 筆者は，パレンの研究にここで書いている以上に広く負っていることを記しておきたい。彼の研究は，筆者が見逃していた金銀複本位制と関税問題の政治の重要な特徴を明らかにした。

(32) Bryce, *American Commonwealth*, 第２巻の第53～75章には，こうした主題についての詳しい情報がある。

(33) *The "Conspiracy" of Free Trade*, chs. 4–5.

(34) Peter Trubowitz, *Defining the National Interest: Conflict and Change in American Foreign Policy* (Chicago, 1998) は，この主題についてとりわけ示唆に富む。Bensel, *Political Economy*, chs. 3, 7 も参照。Marc-William Palen, "The Civil War's Forgotten Transatlantic Tariff Debate and the Confederacy's Diplomacy of Free Trade," *Journal of the Civil War Era*, 3 (2013), pp. 35–61は，関税の外交的帰結を探求している。

(35) 共和党支持者には，コブデン主義者ロビーも含まれており，1880年代まで完全には保護主義に転向していなかった。Palen, *The "Conspiracy" of Free Trade*, chs. 3–4.

(36) ブランド＝アリソン法（1878年）の下，財務省は銀を購入し，それで硬貨を鋳造せざるをえなかった。この法律は，票を獲得したかもしれないが，連邦政府の歳入の重荷である「銀の十字架」〔金本位制を批判したブライアンの「金の十字架」演説をもじっている〕となった。

(37) Elmus Wicker, *Banking Panics of the Gilded Age* (Cambridge, 2000), ch. 2.

(38) 1873年の危機の最中と同様，重大な銀行危機とあいまって，銀の通用廃止が銀価格を下落させ，農地価格の下落を加速させた際，グリーンバック党は連邦政府に，債務者と労働者の利益を守るよう要請した。だが，ブランド＝アリソン法において，不十分な対応しか受けられなかった。Matthew Hild, *Greenbackers, Knights of Labor, and Populists: Farmer-Labor Insurgency in the Late-Nine-*

teenth-Century South（Athens, 2007）は，アラバマ，アーカンソー，テキサスにおける農民と労働者間のかなりの程度の協力を強調している。

(39) Palen, *The "Conspiracy" of Free Trade*. 民主党支持者の間の自由貿易への支持は，1888年の選挙の後，より強固になった。Joanne Reitano, *The Tariff Question in the Gilded Age: The Great Debate of 1888*（University Park, 1994）.

(40) Bensel, *Political Economy*, pp. 191–192.

(41) Gretchen Ritter, *Goldbugs and Greenbacks: The Antimonopoly Tradition and the Politics of Finance in America, 1865–1896*（New York, 1997）, ch. 5 は，金銀複本位制の訴えの強さを強調している。ジェフリー・A・フリーデンは，「銀本位制主義者」の主要な目的が，債務救済というよりは，通貨の切り下げによる生産物価格の上昇であると主張している。Jeffery A. Frieden, "Monetary Populism in Nineteenth-Century America: An Open Economy Interpretation," *Journal of Economic History*, 57（1997）, pp. 367–395.

(42) Palen, *The "Conspiracy" of Free Trade*, ch. 5, and numerous index references.

(43) Ibid., chs. 7–8. 高関税は輸入を減少させるという理論については，Douglas A. Irwin, "Higher Tariffs, Lower Revenues? Analyzing the Fiscal Aspects of the Great Tariff Debate of 1888," *Journal of Economic History*, 58（1998）, pp. 59–72を参照。歳入の余剰は，債券市場を運営し，通貨供給を管理するうえでの技術的複雑さも生み出した。Taussig, "The McKinley Tariff," p. 344を参照。

(44) ウィリアム・マッカドゥー：アイルランド生まれのニュージャージー州選出下院議員。*Washington Post*, May 9, 1888. Marc-William Palen, "Foreign Relations in the Gilded Age: A British Free-Trade Conspiracy?" *Diplomatic History*, 37（2013）, p. 236に引用。ジョアン・レイタノは，1888年選挙戦のイデオロギー的問題を *The Tariff Debate* で跡づけている。

(45) Palen, "Foreign Relations in the Gilded Age," p. 239.

(46) 民主党は1887年，類似した法案を提出することを拒否していた。Patrick J. Kelly, *Creating a National Home: Building the Veterans' Welfare State, 1860–1900*（Cambridge, MA, 1997）は，軍事史家が見過ごしがちな主題――戦争後，退役軍人が直面する危機――について，興味深い説明を提供している。

(47) William H. Glasson, "The National Pension System as Applied to the Civil War and the War with Spain," *Annals of the American Academic of Political and Social Science*, 19（1902）, pp. 204–226.

(48) Ibid., p. 214. 自由貿易を擁護するうえで，ジョン・ブライトは，「大きな余剰歳入」を生み出すことにより，保護主義は，「他のいかなる国においても比類ない腐敗のシステム」を推進したと主張している。*New York Times*, May 15, 1887に引用。

(49) F. W. Taussig, "The McKinley Tariff Act," *Economic Journal*, 1（1891）, p. 326; Thomas E. Terrill, *The Tariff, Politics, and American Foreign Policy, 1874–1901*（Westport, 1973）; Edward P. Crapol, *America for Americans: Economic Nationalism and Anglophobia in the Late Nineteenth Century*（Westport, 1973），そして，ルイス・L・グールドによる鋭い書評, "Tariffs and Markets in the Gilded Age," *Reviews in American History*, 2（1974）, pp. 266–271を参照。Paul Wolman, *Most Favored Nation: The Republican Revisionists and U. S. Tariff Policy, 1897–1912*（Chapel Hill, 1992）もまた参照。

(50) Palen, *The "Conspiracy" of Free Trade*, p. 213.

(51) W. E. Gladstone et al., *Both Sides of the Tariff Question by the World's Leading Men*（New York, 1890）, pp. 64, 72.

(52) Ibid.

(53) Ibid.

(54) *Times*, February 14, 1891.

(55) 1891年に行われた演説。William McKinley, *Speeches and Addresses*（New York, 1893）, p. 562.

(56) 長期のデフレの国際的次元は，本書第六章の「大規模なデフレ」の節で取り扱われている。生活

水準への影響は複雑である。Jeremy Atack, Fred Bateman, and William N. Parker, “The Farm, the Farmer and the Market,” in Engerman and Gallman, *Cambridge Economic History*, 2, pp. 280–282を参照。非農業労働者の実質賃金は，部分的には，移民が労働力の供給を増大させたため，19世紀最後の四半世紀の時期に下落した。Robert A. Margo, “The Labor Force in the Nineteenth Century,” in Engerman and Gallman, *Cambridge Economic History*, 2, p. 223. ロバート・A・マグワイアの北部16州の研究, “Economic Causes of Late Nineteenth-Century Unrest: New Evidence,” *Journal of Economic History*, 41 (1981), pp. 835–852（とそれに続く議論）も参照。Ayers, *The Promise of the New South*, ch. 10は，南部におけるポピュリズムは，人種差別だけでなく，南北戦争後の社会経済的変化から生じた対立とも密接な関係があったことを示している。

(57) 1960年代以来，この主題については，ほとんど継続的な研究がない。Thomas A. Wood, *Knights of the Plow: Oliver H. Kelley and the Origins of the Grange in Republican Ideology* (Ames, 1991) は，この運動の物質的側面について統合の余地を残している。その統合は，Robert C. McMath, *American Populism: A Social History, 1877–1898* (New York, 1993) により，広く網羅されている。

(58) Robert C. McMath, *Populist Vanguard: A History of the Southern Farmers' Alliance* (Chapel Hill, 1975); McMath, *American Populism*, chs. 1–4.

(59) George W. Hilton, “The Consistency of the Interstate Commerce Act,” *Journal of Law & Economics*, 9 (1966), pp. 87–113.

(60) Kim Voss, *The Making of American Exceptionalism: The Knights of Labor and Class Formation in the Nineteenth Century* (Ithaca, 1994).

(61) Robert E. Weir, *Beyond Labor's Veil: The Culture of the Knights of Labor* (University Park, 1996) は，「兄弟愛の諸支部」〔＝労働騎士団〕のイデオロギー的・文化的特徴を検討している。

(62) Daniel R. Ernst, “Free Labor, the Consumer Interest, and the Law of Industrial Disputes, 1885–1900,” *American Journal of Legal History*, 36 (1992), pp. 19–37; Voss, *The Making of American Exceptionalism*; Jason Kaufman, “Rise and Fall of a Nation of Joiners: The Knights of Labor Revisited,” *Journal of Interdisciplinary History*, 31 (2001), pp. 553–579.

(63) Julie Green, *Pure and Simple Politics: The American Federation of Labor and Political Activism, 1881–1914* (New York, 1998).

(64) Victoria C. Hattam, *Labor Visions and State Power: The Origins of Business Unionism in the United States* (Princeton, NJ, 1993). その中心的論点は，Gerald N. Grob, “The Knights of Labor and the Trade Unions, 1878–1886,” *Journal of Economic History*, 18 (1958), pp. 176–192によって提示されていた。

(65) Helga Kristin Hallgrimsdottir and Cecilia Benoit, “From Wage Slaves to Wage Workers: Cultural Opportunity Structures and the Evolution of Wage Demands of the Knights of Labor and the American Federation of Labor, 1880–1900,” *Social Forces*, 85 (2007), pp. 1393–1411.

(66) L. Glen Seretan, *Daniel DeLeon: The Odyssey of an American Marxist* (Cambridge, MA, 1979) は，当時の心理歴史学が刻印されているが，現在でも価値ある研究である。

(67) この労働組合は，強力で，はっきりとわかる国際的なつながりを持っていた。Neville Kirk, “Peculiarities and Exceptions: The Shaping of the American Federation of Labor's Politics during the 1880s and 1890s,” *International Review of Social History*, 45 (2000), pp. 25–50; Steven Parfitt, “Brotherhood from a Distance: Americanization and the Internationalism of the Knights of Labor,” *International Review of Social History*, 58 (2013), pp. 463–491.

(68) AFLの指導者サミュエル・ゴンパーズは，労働運動を政党に従属させることに乗り気ではなかったが，重要な鉱山・鉄鋼労組の指導者たちは，異なる見方をしていた。

(69) McMath, *American Populism*; Joseph Gerteis, *Class and the Color Line: Interracial Class Coalition in the Knights of Labor and the Populist Movement* (Durham, 2007); Charles Postel, *The Populist Vision* (New York, 2007) は，支持層の多様性を強調している。人民党は，自党への支持を農村

部とともに都市にも頼ったが，とりわけ女性の支持が目立った。

(70) 恐縮だが，筆者は，啓発的ながら，かなり異なるアプローチを採っている以下の研究を融合している。Margaret Canovan, *Populism* (New York, 1981); Paul Taggart, *Populism* (Buckingham, 2000); Yves Meny and Yves Suri, eds., *Democracies and the Populist Challenge* (New York, 2001); Cas Mudde, "The Populist Zeitgeist," *Government and Opposition*, 39 (2004), pp. 542–563.

(71) ロナルド・P・フォルミサーノが，ほとんど一人で主張している。Ronald P. Formisano, *For the People: American Populist Movements from the Revolution to the 1980s* (Chapel Hill, 2007).「緑の革命」については，本書第四章を参照。

(72) Postel, *The Populist Vision* は，ポピュリストが農村的調和の黄金時代に憧憬を抱いていたというホフスタッターの主張を修正する先行研究をまとめている。

(73) Elizabeth Sanders, *Roots of Reform: Farmers, Workers, and the American State, 1877–1917* (Chicago, 1999).

(74) Steeples and Whitten, *Democracy in Desperation*, pp. 445, 459–460. たとえば，P・カドモア(P. Cudmore)の忌憚のない批判，*Cleveland's Administration: Free Trade, Protection and Reciprocity* (New York, 1896) を参照。

(75) 最も完全で新しい概説は，Steeples and Whitten, *Democracy in Desperation* とまた Hugh Rokoff, "Banking and Finance," in Engerman and Gallman, *Cambridge Economic History*, 2, ch. 14である。クリフォード・F・サイズは以下で，政治的出来事を債券市場に関連づけている。Clifford F. Thies, "Gold Bonds and Silver Agitation," *Quarterly Journal of Austrian Economics*, 8 (2005), pp. 67–86.

(76) Michael D. Bordo, "Sudden Stops, Financial Crises and Original Sin in Emerging Countries: Deja Vu?" Paper prepared for the Conference on Global Imbalances and Risk Management (Madrid, 2006); Luis Catao, "Sudden Stops and Currency Drops: A Historical Look," in Sebastian Edwards et al., *The Decline of Latin America: Economies, Institutions and Crises* (Chicago, 2007), pp. 243–290.

(77) P. J. Cain and A. G. Hopkins, *British Imperialism, 1688–2015* (London, 3rd ed., 2016), pp. 125–126, 139–141, 145–148, 216–228. アルゼンチンの危機は，ブラジルにも拡がった。Gail D. Triner and Kirsten Wandschneider, "The Baring Crisis and the Brazilian *Encilhamento*, 1889–1891," *Financial History Review*, 12 (2005), pp. 199–225.

(78) Robert E. Lipsey, "U. S. Foreign Trade and the Balance of Payments, 1800–1913," in Engerman and Gallman, *Cambridge Economic History*, 2, p. 698.

(79) マッキンリー関税は，歳入を減少させることに成功していた。シャーマン銀購入法は，連邦に加わったばかりの５つの州の忠誠を確保する方法として，ブランド＝アリソン法（1878年）以上に，財務省を銀の購入にコミットさせた。François R. Velde, "Following the Yellow Brick Road: How the United States Adopted the Gold Standard," *Federal Reserve Bank of Chicago Economic Perspectives*, (April, 2002), pp. 42–58を参照。

(80) 併記せざるをえないこれらの出来事のつながりは，Wicker, *Banking Panics*, ch. 4 によって丁寧に解明されている。

(81) Steeples and Whitten, *Democracy in Desperation*, ch. 4. 1893年までに160行以上の銀行が破産していた。Charles W. Calomiris, "Greenback Resumption and Silver Risk: The Economics and Politics of Monetary Regime Change in the United States, 1862–1900," *NBER Working Paper*, 4166 (1992) は，金から銀への即座の転換のリスクというよりも，短期的な兌換可能性についての懸念を強調している。

(82) Lawrence H. Officer, "The Remarkable Efficiency of the Dollar-Sterling Gold Standard, 1890–1906," *Journal of Economic History*, 49 (1989), pp. 24–25.

(83) Palen, "Foreign Relations in the Gilded Age," pp. 240–241.

(84) 1881年におけるジェイムズ・ガーフィールド大統領の暗殺は，政治的革命の代理人ではなく，落胆した猟官者により撃たれたため，ここでは論じない。

(85) Troy Rondinone, "'History Repeats Itself': The Civil War and the Meaning of Labor Conflict in the Late Nineteenth Century," *American Quarterly*, 59 (2007), pp. 397–419. この主題についてのより詳細な説明は, Rondinone, *The Great Industrial War: Framing Class Conflict in the Media, 1865–1950* (New Brunswick, 2010) を参照。

(86) James Green, "The Globalization of a Memory: The Enduring Remembrance of the Hay-market Martyrs Around the World," *Labor: Studies in the Working Class History of the Americas*, 2 (2005), pp. 11–23.

(87) Susan B. Carter, Richard Sutch, and Stanley Lebergott, "The Great Depression of the 1890s: New Suggestive Estimates of the Unemployment Rate, 1890–1905," *Research in Economic History*, 14 (1992), pp. 347–376.

(88) Paul Krause, *The Battle for Homestead, 1880–1892* (Pittsburgh, 1992).

(89) 今日, 研究の出発点は, Richard Schneirov, Shelton Stromquist, and Nick Salvatore, eds., *The Pullman Strike and the Crisis of the 1890s: Essays on Labor and Politics* (Chicago, 1999) である。

(90) この段落は, Rondinone, "History Repeats Itself "; Rondinone, "Guarding the Switch: Cultivating Nationalism during the Pullman Strike," *Journal of the Gilded Age and Progressive Era*, 8 (2009), pp. 83–109; Rondinone, *The Great Industrial War* に負っている。

(91) Rondinone, "Guarding the Switch," p. 108に引用。

(92) *Harper's Weekly*, quoted in ibid., p. 87.

(93) M. J. Sewell, "Rebels or Revolutionaries? Irish-American Nationalism and American Diplomacy, 1865–1885," *Historical Journal*, 29 (1986), pp. 723–733.

(94) Rondinone, "Guarding the Switch," p. 271.

(95) Ibid., p. 265.

(96) Ibid., p. 269. それを認識した者にとって, この言及は, 1871年のパリ・コミューンについてのものであった。

(97) 引用は Michael McGerr, *A Fierce Discontent: The Rise and Fall of the Progressive Movement in America, 1870–1920* (New York, 2003), p. 176と William Jennings Bryan and Mary Baird Bryan, *Speeches of William Jennings Bryan* (New York, 1909), vol. 2, p. 342より。ブライアンは, 階級闘争の考えは持っていなかった。彼は, ヴィクトリア朝的個人主義者で, 宗教の精神を高める力と彼の言う「民主主義なるもの」の政治的有効性を信じていた。Michael Kazin, *A Godly Hero: The Life of William Jennings Bryan* (New York, 2006) と Richard F. Bensel, *Passion and Preference: William Jennings Bryan and the 1896 Democratic National Convention* (Cambridge, 2008) を参照。

(98) 1896年の選挙の転換点としての地位には, 疑問が投げかけられてきた。だが, それはここで述べられた幅広い主張と矛盾しない狭い前提においてである。参考文献は Rauchway, "William McKinley and Us," pp. 234–253, notes 31, 32に掲げられている。

(99) David Nasaw, "Gilded Age Gospels," in Steve Fraser and Gary Gerstle, eds., *Ruling America: A History of Wealth and Power in a Democracy* (Cambridge, MA, 2005), pp. 146–148; Alan Dawley, "The Abortive Rule of Big Money," in Fraser and Gerstle, *Ruling America*, pp. 149–158; Howell John Harris, "The Making of a 'Business Community,' 1880–1930: Definitions and Ingredients of a Collective Identity," *European Contributions to American Studies*, 47 (2000), pp. 123–139.

(100) 反トラスト法は, たとえばドイツに見られた類のカルテルの発展を妨げた。だが, そうすることにより, 合衆国における会社の合併を促進し, その結果, 大企業の台頭を助けた。David Brian Robertson, *Capital, Labor and State: The Battle for American Labor Markets from the Civil War to the New Deal* (Lanham, 2000) は, 1900年代初期の労働運動に対処するうえでの, 企業の力と成功を強調している。

(101) 全米創造業者協会 (NAM) は, 研究が過小にしかなされていない組織である。一冊の古い著書はある。Albert K. Steigerwalt, *The National Association of Manufacturers, 1895–1914: A Study in Busi-*

ness Leadership (East Lansing, 1964). Philip H. Burch, "The NAM as an Interest Group," *Politics and Society*, 4 (1973), pp. 97–130; Cathie Jo Martin, "Sectional Parties, Divided Business," *Studies in American Political Development*, 20 (2006), pp. 160–184も参照。

(102) ジェイムズ・J・ヒル，クリーヴランドの金本位制支持政策を支えた鉄道王であり，民主党支持者。Patrick J. Kelly, "The Election of 1896 and the Restructuring of Civil War Memory," *Civil War History*, 49 (2003), pp. 260–261; Chandler D. Aaron, "A Short Note on the Expenditures of the McKinley Campaign of 1898," *Presidential Studies Quarterly*, 28 (1998), pp. 88–91.

(103) Kelly, "Election of 1896," p. 261.

(104) Luzviminda B. Francisco and Jonathan S. Fast, *Conspiracy for Empire: Big Business, Corruption, and the Politics of Imperialism in America, 1876–1907* (Quezon City, 1985), pp. 67, 151. 1892年に双方の主要政党への最大の単一寄付者であったハブマイヤーが，1896年には，すべての献金を共和党に対して行ったことは印象的である。

(105) Matthew Simon, "The Hot Money Movement and the Private Exchange Pool Proposal of 1896," *Journal of Economic History*, 20 (1960), pp. 31–50, quoting the *New York Herald*, June 27, 1896, pp. 47–48; Bensel, *Political Economy*, ch. 6. バリー・アイケングリーンは，米欧の銀行の非公式の協力が，この時点での金本位制の維持に不可欠であったことを示している。Barry Eichengreen, "Central Bank Cooperation and Exchange Rate Commitments: The Classical and Interwar Gold Standards Compared," *Financial History Review*, 2 (1995), pp. 99–117.

(106) 自治領においてもそうであった。Cain and Hopkins, *British Imperialism*, ch. 8.

(107) Harvey Gresham Hudspeth, "The Rise and Fall of the 'Greene' Doctrine: The Sherman Act, Howell Jackson, and the Interpretation of 'Interstate Commerce,' 1890–1941," *Essays in Economic & Business History*, 20 (2002), pp. 97–112; Hattam, *Labor Visions and State Power* は，判事たちが共謀罪の概念を用いて，労働組合が力を伸長させるのをいかにして妨げたかを示している。イギリスにおいては，法律が労働組合をより強力に保護した。シャーマン法の法的複雑さとその後の司法判断は，安易な一般化を難しくしている。Peter C. Carstensen, "Dubious Dichotomies and Blurred Vistas: The Corporate Reconstruction of American Capitalism," *Reviews in American History*, 17 (1989), pp. 404–411を参照。

(108) 続く2つの段落は，ケリーの重要な論文に多くを負っている。"The Election of 1896." ハナ（1837–1904年）についての網羅的な現代的研究は存在しない。近年の説明は，この時期における彼の影響を過大評価することに警告を発している。Richard F. Hamilton, *President McKinley, War and Empire*, 2 vols. (New Brunswick, 2006, 2007) の詳細な索引諸項目を参照。1896年の選挙におけるハナの役割は，ibid., vol. 1, ch. 2で扱われている。

(109) Kelly, "Election of 1896," pp. 259, 260–261.

(110) Ibid. p. 255は，共和党上院議員のウィリアム・チャンドラーを引用している。

(111) Steeples and Whitten, *Democracy in Desperation*, ch. 5.

(112) Myron T. Herrick, "The Panic of 1907 and Some of Its Lessons," *Annals of the American Academy of Political and Social Science*, 31 (1908), p. 11. ヘレックは，オハイオ州クリーヴランドの貯金協会の役員会の議長であった。

(113) Susan B. Carter and Richard Sutch, "The Great Depression of the 1890s: New Suggestive Estimates of the Unemployment Rate, 1890–1905," *Research in Economic History*, 14 (1992), pp. 347–376.

(114) Eric Rauchway, *Murdering McKinley: The Making of Theodore Roosevelt's America* (New York, 2003). ポーランド系ロシア人の移民の息子チョルゴシュは，1900年に超保守的な国王ウンベルト1世を暗殺するためにイタリアに帰国したイタリア系移民ガエタノ・ブレーシに触発された。

(115) Julie Greene, *Pure and Simple Politics: The American Federation of Labor and Political Activism, 1881–1917* (New York, 1998); Elizabeth Sanders, *Roots of Reform: Farmers, Workers, and the American State, 1877–1917* (Chicago, 1999).

(116) 革新主義者には知識人と職人，自作農と町民，そして世俗的，宗教的インスピレーションの創始者が含まれていた。Rodgers, *Atlantic Crossings*; Elizabeth Sanders, *Peasants, Pitchforks, and the (Found) Promise of Progressivism* (Chicago, 1999); Robert Johnston, *The Radical Middle Class: Populist Democracy and the Question of Capitalism in Progressive Era Portland, Oregon* (Princeton, NJ, 2003) を参照。

(117) James T. Kloppenberg, *Uncertain Victory: Social Democracy and Progressivism in European and American Political Thought* (Oxford, 1986); Michael McGerr, *A Fierce Discontent: The Rise and Fall of the Progressive Movement in America, 1870–1920* (New York, 2003); Thomas F. Jorsch, "Modernized Republicanism: The Radical Agenda of Socialists in Manitowoc, Wisconsin, 1905–1917," *Historian*, 70 (2008), pp. 716–731は，労資の代表の対立を古典的共和主義の議論の文脈に位置づけている。

(118) Jerry M. Mashaw, "Federal Administration and Administrative Law in the Golden Age," *Yale Law Journal*, 119 (2010), pp. 1362–1372; Eldon J. Eisenach, *The Lost Promise of Progressivism* (Lawrence, 1994).

(119) 革新主義の救世主的要素は, Alan Dawley, *Changing the World: American Progressives in War and Revolution* (Princeton, NJ, 2003) によって明らかにされた。

(120) Matthew Josephson, *The Robber Barons: The Great American Capitalists, 1861–1901* (New Brunswick, 1934; 2011), p. 448に引用。

(121) 商務労働省の主要部門は企業局であった。同局は1915年，連邦取引委員会に加わった。William Murphey, "Theodore Roosevelt and the Bureau of Corporations: Executive-Corporate Cooperation and the Advancement of the Regulatory State," *American Nineteenth-Century History*, 14 (2013), pp. 73–111; Jonathan Chausovsky, "From Bureau to Trade Commission: Agency Reputation in the State-Building Enterprise," *Journal of the Gilded Age and Progressive Era*, 12 (2013), pp. 343–378.

(122) Bruce Bringhurst, *Antitrust and the Oil Monopoly: The Standard Oil Cases, 1890–1911* (Westport, 1979); Richard Sylla, "Experimental Federalism: The Economics of American Government, 1789–1914," in Engerman and Gallman, *Cambridge Economic History*, 2, p. 540を参照。

(123) Robert Griffith, "Dwight D. Eisenhower and the Corporate Commonwealth," *American Historical Review*, 87 (1982), pp. 87–122.

(124) Jane Addams, *Twenty Years at Hull House* (New York, 1910; 1938), pp. 409–410. 歴史家にちなんで名付けられたトインビー・ホールは1884年に，シカゴのハル・ハウスは1889年に設立された。

(125) いくつかある伝記の中で, Louise W. Knight, *Citizen: Jane Addams and the Struggle for Democracy* (Chicago, 2005); Knight, *Jane Addams: Spirit in Action* (New York, 2005) を参照。

(126) Bryce, *The American Commonwealth*, 2, p. 699.

(127) Ari Hoogenboom, *Outlawing the Spoils: A History of the Civil Service Reform Movement, 1865–1883* (Urbana, 1961); Ronald N. Johnson and Gary D. Libecap, *The Federal Civil Service System and the Problem of Bureaucracy: The Economics and Politics of Institutional Change* (Chicago, 1994); Daniel P. Carpenter, *The Forging of Bureaucratic Autonomy: Networks, Reputations, and Policy Innovation in Executive Agencies, 1862–1928* (Princeton, 2001); Sean M. Theriault, "Patronage, the Pendleton Act, and the Power of the People," *Journal of Politics*, 65 (2003), pp. 50–68は，1883年にペンドルトン法が議会を通過するうえでの公衆の圧力の影響力を強調している。

(128) Emily Rosenberg, *Spreading the American Dream: American Economic and Cultural Expansion, 1890–1945* (New York, 1982), ch. 3.

(129) Stephen Skowronek, *Building a New American State: The Expansion of National Administrative Capacities, 1877–1920* (New York, 1982); Bensel, *Yankee Leviathan*; Brian Balogh, *A Government Out of Sight: The Mystery of National Authority in Nineteenth-Century America* (Cambridge, 2009), chs. 7–8; Morton Keller, *Regulating a New Economy: Public Policy and Economic Change in Amer-*

ica, 1900–1933 (Cambridge, MA, 1990).
(130) Twain and Warner, *The Gilded Age*, p. 193.
(131) Michael G. Mulhall, "The Growth of American Industries and Wealth," in Josiah Strong, *The United States and the Future of the Anglo-Saxon Race* (London, 1889), p. 57.
(132) Peter H. Lindert and Jeffrey Williamson, *Unequal Gains: American Growth and Inequality Since 1700* (Princeton, NJ, 2016), ch. 7.
(133) ヘザー・コックス・リチャードソン（Heather Cox Richardson）は *The Greatest Nation on Earth: Republican Economic Policies during the Civil War* (Cambridge, MA, 1997) において，明瞭な説明を行っている。
(134) 自由な賃金労働という「北部体制」の奴隷制に対する優位を示すうえで，ホームステッド法（1862年）は，象徴的かつ実際的な重要性があった。同法は，西部諸州の発展のパターンに広範囲にわたる影響があった。1900年までに8000エーカーが，およそ60万世帯に譲渡された。
(135) Richard R. John, "Ruling Passions: Political Economy in Nineteenth-Century America," *Journal of Policy History*, 18 (2006), pp. 2, 10.
(136) 一般論として，外国人投資家は南北戦争中，合衆国には投資しなかった。フランスの会社エミール・エルランガーは1863年，南部連合のために小さな外債を１つ発行した。Sexton, *Debtor Diplomacy*, pp. 164–174.
(137) 「革新主義」史家のチャールズ・ビアードとメアリー・ビアードにより，推し進められた解釈をめぐる論争は，Roger L. Ransom, "Fact and Counterfact: The 'Second American Revolution' Revisited," *Civil War History*, 45 (1999), pp. 28–60によって要約，評価されている。
(138) ロジャー・L・ランソムとリチャード・サッチが説得的に主張している。Roger L. Ransom and Richard Sutch, "Conflicting Visions: The American Civil War as a Revolutionary Event," *Research in Economic History*, 20 (2001), pp. 249–301.
(139) Gallman, "Economic Growth and Structural Change," pp. 21–23, 30–33, 49–50. GDP は国内の収入を計測している。GNP は外国からの純利益を加えたものである。
(140) Richard B. Duboff, "The Telegraph and the Structure of Markets in the United States, 1845–1890," *Research in Economic History*, 8 (1982), pp. 253–277; David M. Henkin, *The Postal Age: The Emergence of Modern Communications in Nineteenth-Century America* (Chicago, 2006).
(141) Stephen Broadberry and Kevin O'Rourke, eds., *The Cambridge Economic History of Europe*, 2 (Cambridge, 2010), pp. 23, 30–33.
(142) Ibid., pp. 33, 39.
(143) この節の他の多くの段落同様，この段落は，エンガーマンとギャルマンのなくてはならない研究，*Economic History of the United States*，とくに Lipsey, "U. S. Foreign Trade"; Gallman, "Economic Growth and Structural Change" に多くを負っている。
(144) Gene Dattel, *Cotton and Race in the Making of America* (Chicago, 2009), chs. 17–19; Bensel, *Political Economy*, ch. 2.
(145) Heather Cox Richardson, "A Marshall Plan for the South? The Failure of Republican and Democrat Ideology during Reconstruction," *Civil War History*, 51 (2005), pp. 378–387.
(146) Joseph P. Reidy, *From Slavery to Agrarian Capitalism in the Cotton South: Central Georgia, 1800–1880* (Chapel Hill, 1992).
(147) David L. Carlton and Peter A. Coclanis, *The South, the Nation, and the World: Perspectives on Southern Development* (Charlottesville, 2003); Douglas A. Blackmon, *Slavery by Another Name: The Enslavement of Black Americans from the Civil War to World War II* (New York, 2008)は，主にジョージアとアラバマを扱っているが，US スチール社も囚人を労働者として使用した。
(148) Gallman, "Economic Growth and Structural Change," p. 54; Lindert and Williamson, *Unequal Gains*, p. 147.

(149) Gavin Wright, *Old South, New South: Revolutions in the Southern Economy since the Civil War* (New York, 1986); Carlton and Coclanis, *The South, the Nation and the World.*

(150) Lipsey, "U. S. Foreign Trade."

(151) ヨーロッパにおける需要の高い価格弾力性は，生産者に支払われる金額の減少を生ずることなく，輸出の拡大が可能であったことも意味した。

(152) Joseph H. Davis, Christopher Hanes, and Paul W. Rhode, "Harvest and Business Cycles in Nineteenth-Century America," National Bureau of Economic Research, *Working Paper*, 14686 (2009) は，なぜこうした影響が小麦やトウモロコシというよりは，とくに綿花とつながっていたかを説明している。

(153) Stanley Engerman and Kenneth Sokoloff, "Technology and Industrialization, 1790–1914," in Engerman and Gallman, *Economic History*, p. 381.

(154) Lewis, *Growth and Fluctuations*, p. 60; Douglas A. Irwin, "Explaining America's Surge in Manufactured Exports, 1880–1913," *Review of Economics and Statistics*, 85 (2003), pp. 364–376は，著しい伸長は天然資源が豊富であったことに主として帰すことができるというギャビン・ライトの主張の正しさを確認している。

(155) Lipsey, "U. S. Foreign Trade," p. 703.

(156) Ibid.

(157) David E. Novack and Matthew Simon, "Commercial Responses to the American Import Invasion, 1871–1914: An Essay in Attitudinal History," *Explorations in Entrepreneurial History*, 3 (1966), pp. 121–147.

(158) Engerman and Sokoloff, "Technology and Industrialization," p. 399; Edmund Rogers, "The United States and the Fiscal Debate in Britain, 1873–1913," *Historical Journal*, 50 (2007), pp. 593–622.

(159) Rockoff, "Banking and Finance"; Lipsey, "U. S. Foreign Trade"; Davis and Cull, "International Capital Movements."

(160) Lance E. Davis and Robert J. Cull, *International Capital Markets and American Economic Growth, 1820–1914* (New York, 1994).

(161) Davis, "Late Nineteenth-Century British Imperialism," pp. 86–88.

(162) 1840年代における蒸気船の台頭以来，そうであった。"Ocean Steam Navigation," *North American Review*, 99 (1864), pp. 483–523を参照。

(163) しかしながら，長期的趨勢では，イギリスのシェアが減少することになった。1860年代，同国はすべての外国資本の90%を供給していたが，1890年代には75%，そして1914年には60%しか供給していなかった。Davis and Gull, "International Capital Movements," pp. 746–748.

(164) この準中央銀行の成功についての相異なる見解については，Wicker, *Banking Panics*; John A. James and David F. Weiman, "The National Banking Acts and the Transformation of New York City Banking during the Civil War Era," *Journal of Economic History*, 71 (2011), pp. 338–362; John R. Moen and Ellis W. Tallman, "Liquidity Creation without a Central Bank: Clearing House Loan Certificates in the Banking Panic of 1907," *Journal of Financial Stability*, 8 (2012), pp. 277–291を参照。

(165) Bensel, *Political Economy*, p. 77; Cain and Hopkins, *British Imperialism*, chs. 3–7.

(166) モルガンのシンジケートは債券発行を支援し，財務省の金準備を金本位制の要件を満たすのに必要な程度にまで回復させるため，総額6500万ドル相当の金を提供した。

(167) Jeremy J. Siegel, "The Real Rate of Interest from 1800–1990: A Study of the U. S. and the UK," *Journal of Monetary Economics*, 29 (1992), pp. 227–252, especially figs. 1–5. 1850年以降については，生活水準（消費者物価）指数が入手できる。

(168) Lawrence Officer, *Between the Dollar-Sterling Gold Points: Rates, Parity, and Market Behaviour* (Cambridge, 1996).

(169) 合衆国は1792–1862年の間，実質的に金銀複本位制を採用していたが，1862年，南北戦争中に兌換

不可能な法定不交換紙幣（グリーンバック）が発行され，1879年に回収された。Velde, "Following the Yellow Brick Road" が，簡潔に説明している。

(170) J. Lawrence Broz, "The Origins of the Federal Reserve System: International Incentives and the Domestic Free-Rider Problem," *International Organization*, 53 (1999), pp. 39–70.

(171) Michael D. Bordo and Hugh Rockoff, "The Gold Standard as a 'Good Housekeeping Seal of Approval,'" *Journal of Economic History*, 56 (1996), pp. 389–428. しかしながら，ハリソン大統領は，金銀複本位制を好んだ。それは1892年まで共和党にとって，公的な選択肢の一つであり続けた。

(172) Bensel, *Political Economy*, pp. 85–86; Davis and Cull, "International Capital Movements," pp. 750–755は，イギリスの影響の諸例を一覧として掲げている。

(173) この問題は，Davis and Cull, *International Capital Markets*, ch. 3 で議論されている。

(174) Jay Sexton, *Debtor Diplomacy: Finance and American Diplomacy in the Civil War Era, 1848–1877* (Oxford, 2005), pp. 251–252.

(175) チャールズ・ダウは1889年，金融界のニーズの増大に応えて，『ウォール・ストリート・ジャーナル』紙を発刊し，その後，まもなくダウ゠ジョーンズ指数を考案した。

(176) Kathleen Burk, "Finance, Foreign Policy and the Anglo-American Bank: The House of Morgan, 1900–31," *Historical Research*, 61 (1988), pp. 199–211.

(177) Herrick, "The Panic of 1907," p. 9; Wicker, *Banking Panics*, ch. 5.

(178) Herrick, "The Panic of 1907," p. 13.

(179) Davis and Cull, "International Capital Movements," pp. 787–788.

(180) Herrick, "The Panic of 1907," pp. 10, 12–16.

(181) Broz, "The Origins of the Federal Reserve System," pp. 56–57. ギュンホ・ジョン，ギャリー・J・ミラー，そしてアンドリュー・C・ソベルは，利害関係者が到達した妥協の正確な分析を提供している。Gyung-Ho Jeong, Gary J. Miller, and Andrew C. Sobel, "Political Compromise and Bureaucratic Structure: The Political Origins of the Federal Reserve System," *Journal of Law, Economics and Organization*, 25 (2008), pp. 472–498. Elmus Wicker, *The Great Debate on Banking Reform: Nelson Aldrich and the Origins of the Fed* (Columbus, 2005) は，現存の諸解釈を評価している。

(182) Ajay K. Mehrotra, *Making the Modern American Fiscal State: Law, Politics, and the Rise of Progressive Taxation, 1877–1929* (Cambridge, 2013).

(183) Ibid., p. 7.

(184) たとえば Thomas M. Norwood, *Plutocracy or American White Slavery* (New York, 1888); Milford W. Howard, *The American Plutocracy* (New York, 1895); John C. Reed, *The New Plutocracy* (New York, 1903) を参照。

(185) Quoted in Howard, *The American Plutocracy*, pp. 8–9.

(186) William Graham Sumner, *The Conquest of the United States by Spain* (Boston, 1899), p. 25.

(187) Sven Beckert, *The Monied Metropolis: New York City and the Consolidation of the American Bourgeoisie, 1850–1896* (New York, 2001); Thomas Kessner, *Capital City: New York City and the Men Behind America's Rise to Dominance, 1860–1900* (New York, 2003); Dawley, "The Abortive Rule of Big Money."

(188) Anthony P. O'Brien, "Factory Size, Economies of Scale, and the Great Merger Wave of 1898–1902," *Journal of Economic History*, 48 (1988), pp. 639–649は1869–1929年に起こった製造業者の規模の増大の大部分は，すでに1889年までに起こっていたことを示している。より幅広い趨勢については，Beckert, "Merchants and Manufacturers"; Dawley, "The Abortive Rule of Big Money"; Nasaw, "Gilded Age Gospels," p. 140を参照。先駆的研究は，Martin J. Sklar, *The Corporate Reconstruction of American Capitalism, 1890–1916: The Market, the Law, and Politics* (New York, 1988) である。

(189) B. Franklin Cooling, *Gray Steel and Blue Water Navy: The Formative Years of the Military-Industrial Complex, 1881–1917* (New York, 1979); Ben Baack and Edward J. Ray, "Special Interests and

the Nineteenth-Century Roots of the U. S. Military-Industrial Complex," *Research in Economic History*, 11 (1988), pp. 153–169; Kurt Hackemer, *The U. S. Navy and the Origins of the Military-Industrial Complex, 1847–1883* (Annapolis, 2001) が，そうした先例を検討している。

(190) Henry George, *Progress and Poverty: An Inquiry into the Cause of Industrial Depressions and of Increase of Want with Increase of Wealth* (New York, 1879; 1912), p. 10.

(191) Thorstein Veblen, *The Theory of the Leisure Class* (Chicago, 1899); Veblen, *The Theory of Business Enterprise* (New Brunswick, 1904), ch. 10. Stephen Edgell, *Veblen in Perspective: His Life and Thought* (Armonk, 2001) は，ヴェブレンの人格とそれが彼の著作に及ぼしたとされる影響についての広く行きわたった誤解を修正している。

(192) Richard J. Jensen, "Democracy, Republicanism and Efficiency: The Values of American Politics, 1885–1930," in Shafer and Badger, *Contesting Democracy: Substance and Structure in American Political History, 1775–2000*, ch. 6.

(193) Ron Chernow, *Titan: The Life of John D. Rockefeller, Sr.* (New York, 1998); Grant Segall, *John D. Rockefeller: Anointed with Oil* (Oxford, 2001).

(194) David Cannadine, *Mellon: An American Life* (New York, 2006).

(195) Vincent P. Carosso, *The Morgans: Private International Bankers, 1854–1913* (Cambridge, MA, 1987); Jean Strouse, *Morgan: American Financier* (New York, 1999).

(196) David Nasaw, *Andrew Carnegie* (New York, 2006) は，最新の伝記である。Joseph Frazier Wall, *Andrew Carnegie* (New York, 1970; 1989) もその価値を保ち続けている。

(197) Harold C. Livesay, *Andrew Carnegie and the Rise of Big Business* (Boston, 1975).

(198) 本章の「素晴らしい信用！　近代社会の礎」の節を参照。

(199) カーネギーはスペンサーの教えからインスピレーションを得て，自らの著作について，彼の支持を求めた。もっとも，その点については当てが外れたが。

(200) Andrew Carnegie, *The Gospel of Wealth* (1889), p. 18.

(201) Ibid., pp. 12, 18.

(202) Andrew Carnegie, *Triumphant Democracy: Or 50 Years' March of the Republic* (London, 1886) で詳しく説明されている。この点については，A. S. Eisenstadt, *Carnegie's Model Republic: Triumphant Democracy and the British American Relationship* (Albany, 2007) を参照。カーネギーの英米二カ国の結合の構想は，すぐに一人の評論家が言う「夢の国」の類とみなされた。H. A. Tulloch, "Changing British Attitudes Towards the United States in the 1880s," *Historical Journal*, 20 (1977), p. 835.

(203) オブライエンが強調している。O'Brien, "Factory Size, Economies of Scale, and the Great Merger Wave."

(204) William Leach, *Land of Desire: Merchants, Power and the Rise of a New American Culture* (New York, 1993); Charles F. McGovern, *Sold American: Consumption and Citizenship, 1889–1945* (Chapel Hill, 2006).

(205) Penne L. Restad, *Christmas in America: A History* (New York, 1995).

(206) Alan Trachtenberg, *The Incorporation of America* (New York, 1982) と特集号 *American Literary History*, 15, 4 (2003) における議論。

(207) Gary Cross, *An All-Consuming Country: Why Consumerism Won in Modern America* (New York, 2000) は，このことが，変化の早い時代において安心感を提供したと主張している。

(208) Carl J. Richard, *The Golden Age of the Classics in America: Greece, Rome and the Ante-bellum United States* (Cambridge, MA, 2009), pp. 204–211.

(209) Reed, *The New Plutocracy*, book 3, ch. 10; Richard Franklin Pettigrew, *Triumphant Plutocracy: The Story of American Public Life from 1870 to 1920* (New York, 1921; 2010).

(210) 当時の理論家たちは，その多人種的特徴の台頭を組み込んだ社会のモデルを考案するうえで多いに

苦労した。Dorothy Ross, "Are We a Nation? The Conjuncture of Nationhood and Race in the United States, 1850–1876," *Modern Intellectual History*, 2 (2005), pp. 327–360.

(211) なくてはならない案内は，Dorothy Ross, *The Origins of American Social Science* (Cambridge, 1991) である。

(212) Bluford Adams, "World Conquerors or a Dying People? Racial Theory, Regional Anxiety, and the Brahmin Anglo-Saxonists," *Journal of the Gilded Age & Progressive Era*, 8 (2009), pp. 189–215.

(213) Brooks Adams, *The New Empire* (New York, 1902); LeFeber, *The New Empire*, pp. 80–85. アダムズと彼の兄ヘンリーは，西部の土地で投機を行い，投機熱が急に冷え込んだ際，窮地に陥った。

(214) *A Historical Study* (Boston, 1894).

(215) Brooks Adams, *The Law of Civilization and Decay* (New York, 1896; 1943). 1943年に刊行された版には，チャールズ・A・ビアードによる内容のある序文――アダムズとビアードの２人の著者の思想を明らかにしている――がある。ピーター・チャードン・ブルックス・アダムズ（1848–1927年）とヘンリー・アダムズとして知られる彼の兄ヘンリー・ブルックス・アダムズ（1838–1918年）は，それぞれ相手の著作を参考にしているため混同されやすい。ブルックス・アダムズは，後にヘンリーが熱力学の第２法則から（きわめて緩やかに）引き出したエントロピーの法則に格上げすることになるものの諸要素を表現している。Keith R. Burich, "Henry Adams, the Second Law of Thermodynamics, and the Course of History," *Journal of the History of Ideas*, 48 (1987), pp. 467–482. 彼ら兄弟は，第２代大統領ジョン・アダムズ（1735–1826年）の曾孫として，貴族的家系に属していた。アダムズ家の歴史については，Richard Brookliser, *America's First Dynasty: The Adamses, 1735–1918* (New York, 2002) を参照。

(216) F. H. Giddings, *Studies in the Theory of Human Society* (New York, 1922), quoted in Charles A. Beard, "Introduction" to Adams, *Law of Civilization*, p. 50.

(217) 「高利貸し」の手によって「自作農」が被った損害については，Brooks Adams, *Law of Civilization*, pp. 347–351。

(218) チャールズ・ベネディクト・ダベンポート（1866–1944年）。Jan A. Witowski and John R. Inglis, eds., *Davenport's Dream: 21st Century Reflections on Heredity and Eugenics* (New York, 2008) は，その遺産についてのいくぶん狭い見解を示している。

(219) Garland E. Allen, "The Misuse of Biological Hierarchies: The American Eugenics Movement, 1900–1940," *History & Philosophy of the Life Sciences*, 5 (1983), pp. 105–128; Jonathan P. Spiro, *Defending the Master Race: Conservation, Eugenics and the Legacy of Madison Grant* (Lebanon, 2009). 1860年代に行われたメンデルの研究は，1900年に再発見された。

(220) そして，学校や大学の教科書の場合は，1950年代までそうであった。Steven Selden, *Inheriting Shame: The Story of Eugenics and Racism in America* (New York, 1999) を参照。

(221) 本書の第四章で議論されている。

(222) 本章の「官職かその希望以外は，すべて失われた」の節における1890年代の選挙戦の議論を参照。スティーブン・タフネルは，この主題を再検討した。Stephen Tuffnell, "Uncle Sam Is to Be Sacrificed: Anglophobia in Late Nineteenth-Century Politics and Culture," *American Nineteenth-Century History*, 12 (2011), pp. 77–99. ベネズエラ危機については，George C. Herring, *From Colony to Superpower: U. S. Foreign Relations since 1776* (Oxford, 2008), pp. 307–308を参照。

(223) Frank Prochaska, *Eminent Victorians on American Democracy* (New York, 2012), ch. 6.

(224) Nina Silber, *The Romance of Reunion: Northerners and the South, 1865–1900* (Chapel Hill, 1993); Cecilia Elizabeth O'Leary, *To Die For: The Paradox of American Patriotism* (Princeton, 1999); David Blight, *Race and Reunion: The Civil War in American Memory* (Cambridge, MA, 2001).

(225) Michael Haines, "The Population of the United States, 1790–1920," in Engerman and Gallman, eds., *Cambridge Economic History of the United States*, 2, pp. 154–203; Herbert S. Klein, *A Population History of the United States* (Cambridge, 2004), pp. 127–130.

(226) Bluford Adams, "World Conquerors or a Dying People? Racial Theory, Regional Anxiety, and the Brahmin Anglo-Saxonists," *Journal of the Gilded Age & Progressive Era*, 8 (2009), p. 209に引用。

(227) Rogers M. Smith, *Civic Ideals: Conflicting Visions of Citizenship in U. S. History* (New Haven, 1997); Eric P. Kaufmann, *The Rise and Fall of Anglo-America* (Cambridge, 2004). マシュー・F・ジェイコブソンの三部作は，同化のプロセスにおける大衆文化，帝国的戦争，そして外国人の機能を探究している。Matthew F. Jacobson, *Special Sorrows: The Diasporic Imagination of Irish, Polish, and Jewish Immigrants in the United States* (1995); *Whiteness of a Different Color: European Immigrants and the Alchemy of Race* (1998); *Barbarian Virtues: The United States Encounters Foreign Peoples at Home and Abroad, 1876–1917* (New York, 2000).

(228) この言い回しは, Milton M. Gordon, *Assimilation in American Life: The Role of Race, Religion and National Origins* (New York, 1965), p. 85に由来する。

(229) Jeffrey E. Mirel, *Patriotic Pluralism: Americanization, Education and European Immigrants* (London, 2010); James R. Barrett, "Americanization from the Bottom Up: Immigration and the Remaking of the Working Class in the United States, 1880–1930," *Journal of American History*, 79 (1992), pp. 996–1020.

(230) Melinda Lawson, *Patriot Fires: Forging a New American Nationalism in the Civil War North* (Lawrence, 2002).

(231) O'Leary, *To Die For*.

(232) Blight, *Race and Reunion*.

(233) Charles A. Lofgren, *The Plessy Case: A Legal-Historical Interpretation* (New York, 1987).

(234) 12の南部諸州の（不完全な）記録は，1877–1950年の間におよそ4000のリンチがあったことを示している。アーカンソー，ルイジアナ，ミシシッピが一覧の上端にあり，1880年代と90年代にその数は頂点に達した。*Report of the Equal Justice Initiative* (Montgomery, 2015), quoted in the *New York Times*, February 9, 2015.

(235) Rose Stremlau, "To Domesticate and Civilise Wild Indians: Allotment and the Campaign to Reform Indian Families, 1875–1887," *Journal of Family History*, 30 (2005), pp. 265–286.

(236) ジェイムズ・O・ガンプが，貴重な比較を行っている。James O. Gump, *The Dust Rose Like Smoke: The Subjugation of the Zulu and the Sioux* (Lincoln, 1994).

(237) Frederick E. Hoxie, *A Final Promise: The Campaign to Assimilate the Indians, 1880–1922* (Lincoln, 1984; 2001). 多くの詳細な事例の一つについては，William T. Hagan, *Taking Indian Lands: The Cherokee (Jerome) Commission, 1889–1893* (Norman, 2003) を参照。

(238) Robert W. Rydell, *All the World's a Fair: Visions of Empire at American International Expositions, 1876–1916* (Chicago, 1895). L. G. Moses, *Wild West Shows and the Images of American Indians, 1883–1933* (Albuquerque, 1996); Janet M. Davis, "Instruct the Minds of All Classes: Celebrations of Empire at the American Circus, 1898–1910," *European Contributions to American Studies*, 51 (2004), pp. 58–68の異なる視点も参照。

(239) Robert R. Rydell and Rob Kroes, *Buffalo Bill in Bologna: The Americanization of the World, 1869–1922* (Chicago, 2005); Louis S. Warren, *Buffalo Bill's America: William Cody and the Wild West Show* (New York, 2005); Stephen G. Hyslop, "How the West Was Spun," *American History*, 43 (2008), pp. 26–33.

(240) *New York Times*, June 25, 1887.

(241) Catherine Camp, "Unions, Civics, and National Identity: Organized Labor's Reaction to Immigration, 1881–1897," *Labor History*, 29 (1998), pp. 450–474.

(242) 委員会の41巻の記録については，詳細な史的吟味が待たれる。現在は，簡潔な研究が1つ存在するだけである。Robert F. Zeidel, *Immigrants, Progressives, and Exclusion Politics: The Dillingham Commission, 1900–1927* (DeKalb, 2004).

(243) Kaufmann, *The Rise and Fall of Anglo-America.*

(244) Robert Davidoff, *The Genteel Tradition and the Sacred Rage: High Culture vs. Democracy in Adams, James and Santayana* (Chapel Hill, 1992).

(245) Shira Wolosky, "Santayana and Harvard Formalism," *Raritan*, 18 (1999), p. 66に引用。

(246) サンタヤーナの多文化主義は，彼がスペイン生まれでアメリカ育ちであることからきている。彼は，アメリカの作家だと考えられているが，アメリカ市民には一度たりともならず，その長い生涯（1863–1952年）の後半をヨーロッパで過ごした。John McCormick, *George Santayana: A Biography* (New York, 1988) を参照。

(247) こうした「覚醒」を定義することの難しさはよく知られている。それにもかかわらず，19世紀後半の信仰復興運動が，この時代についての多くの標準的な教科書から抜け落ちるくらい，看過されてきたことは奇妙である。この主題についてとりわけ知見が豊かであったジョサイア・ストロングは，第四次大覚醒への衝動のなかで，第三次大覚醒を見出した。*The Next Great Awakening* (New York, 1902), ch. 2. ロバート・W・フォーゲルは，図式的説明を提供しているが，第三次大覚醒を1890年代に始まったものだと認識している。Robert W. Fogel, *The Fourth Great Awakening and the Future of Egalitarianism* (Chicago, 2000).

(248) Edward J. Blum, *Reforging the White Republic: Race, Religion and American Nationalism, 1865–1898* (Baton Rouge, 2005).

(249) Gaines M. Foster, *Moral Reconstruction: Christian Lobbyists and the Federal Legislation of Morality, 1865–1920* (Chapel Hill, 2002).

(250) *Our Country: Its Possible Future and Its Present Crisis* (New York, 1885; 1891), p. 263.

(251) Bruce J. Evanson, *God's Man for the Great Awakening: D. L. Moody and the Rise of Modern Mass Evangelism* (Oxford, 2003).

(252) Alison M. Parker, *Purifying America: Women, Cultural Reform, and Pro-Censorship Activism, 1873–1933* (Champaign, 1997); Francesca Morgan, *Women and Patriotism in Jim Crow America* (Chapel Hill, 2005). WCTU は，最近の移民やカトリック教徒を国家に対する危険物として扱うことによっても，白人寄りの偏見を薄めた。

(253) David I. Macleod, *Building Character in the American Boy: The Boy Scouts, YMCA, and their Forerunners, 1870–1920* (Madison, 1983); Thomas Winter, *Making Men, Making Class: The YMCA and Workingmen, 1877–1920* (Chicago, 2002).

(254) Clifford Putney, *Muscular Christianity: Manhood and Sports in Protestant America, 1880–1920* (Cambridge, MA, 2001).

(255) Susan Curtis, *A Consuming Faith: The Social Gospel and Modern American Culture* (Baltimore, 1991).

(256) Strong, *Our Country* の第４章から第11章までは，（移民から都市に至るまでの）危険を取り扱っている。第15章は，神への奉仕のために募金する必要性を扱っている。

(257) Strong, *Our Country*, pp. 45, 89–91. ストロングは「インディアンの国」で，宣教師としての仕事を始めた中西部人であった。

(258) Ernest L. Tuveson, *Redeemer Nation: The Idea of America's Millennial Role* (Chicago, 1968); Anders Stephanson, *Manifest Destiny and the Empire of Right* (New York, 1995), pp. 79–80.

(259) ストロングは，イギリスの同類よりもアメリカの方がより適者であることを示すために，データを提示した。*Our Country*, pp. 217–220. 彼の後の著作は，それほど自信に満ちた調子ではなくなった。

(260) Stephanson, *Manifest Destiny*, pp. 79–80.

(261) Strong, *Our Country*, pp. 221–222.

(262) Ibid., p. 80.

(263) Ibid., p. 223.

(264) Josiah Strong, *The United States and the Future of the Anglo-Saxon Race* (London, 1889), p. 53.

(265) Harvey Levenstein, *Revolution at the Table: The Transformation of the American Diet* (Oxford, 1988); Christopher Mulvey, *Transatlantic Manners: Social Patterns in Nineteenth-Century Anglo-American Travel Literature* (Cambridge, 1990); John F. Kasson, *Rudeness and Civility: Manners in Nineteenth-Century Urban America* (New York, 1990); Linda Young, *Middle Class Culture in the Nineteenth Century: America, Australia, and Britain* (New York, 2003).

(266) Kathleen Burk, *Old World, New World: Great Britain and America from the Beginning* (London, 2007), ch. 7 は，この主題について豊富な情報を提供している。

(267) Henry Adams, *Democracy: An American Novel* (New York, 1880; 1981), pp. 245–246. アダムズは，この本を1867年に執筆し始めた。同書は匿名で出版され，1918年の彼の死の後まで，彼が筆者であることは明らかにされなかった。

(268) Burk, *Old World, New World*, pp. 529–548. 1870–1914年の間に，およそ450人のアメリカ人女性が，ヨーロッパの貴族と結婚した。Woolf, "Special Relationships," p. 160. ゲイル・マッコルとキャロル・マクディー・ウォーレスは，この主題についてより簡単に検討している。Gail MacColl and Carol McD. Wallace, *To Marry an English Lord or How Anglomania Really Got Started* (New York, 1989).

(269) *New York Times*, July 30, 1878.

(270) 皮肉なことに，マシュー・アーノルドの娘ルーシーは，父親の合衆国遊説旅行の一つの間に出会ったニューヨーカーと結婚した。

(271) Sara Blair, *Henry James and the Writing of Race and Nation* (Cambridge, 1996).

(272) Dwight E. Robinson, "Fashions in Shaving and Trimming of the Beard: The Men of the 'Illustrated London News,' 1842–1972," *American Journal of Sociology*, 81 (1976), pp. 1133–1141; Christopher Oldstone-Martin, "The Beard Movement in Victorian Britain," *Victorian Studies*, 48 (2005), pp. 7–34; Gerald Carson, "Hair Today, Gone Tomorrow," *American Heritage*, 17 (1966), pp. 42–47; James Hughes, "Those Who Passed Through: Unusual Visits to Unlikely Places," *New York History*, 87 (2006), pp. 378–382; Lucinda Hawksley, *Moustaches, Whiskers and Beards* (London, 2014).

(273) ほおひげを付けたアンクル・サムの写真は，*Harper's Weekly*, February 6, 1869に初めて登場した。

(274) Katherine L. Carlson, "Little Lord Fauntleroy and the Evolution of American Boyhood," *Journal of the History of Childhood and Youth*, 3 (2010), pp. 39–64.

(275) William R. Leach, *True Love and Perfect Union: The Feminist Reform of Sex and Society* (New York, 1980), ch. 9.

(276) William R. Leach, *Land of Desire: Merchants, Power, and the Rise of a New American Culture* (New York, 1994).

(277) ロバート・ワイスブックは，アメリカ文学の誕生をポストコロニアル文学として跡づけている。Robert Weisbuch, *Atlantic Double-Cross: American Literature and British Influence in the Age of Emerson* (Chicago, 1987).

(278) William T. Stead, *The Americanization of the World* (London, 1901), p. 277.

(279) Ben Railton, *Contesting the Past, Reconstructing the Nation: American Literature and Culture in the Gilded Age* (Tuscaloon, 2007).

(280) Priscilla Roberts, "Henry James and British Power," in Wm. Roger Louis, ed., *Resurgent Adventures with Britannia* (New York, 2011), ch. 4.

(281) Walt Whitman, *Democratic Vistas and Other Papers* (London, 1888), p. 63 (*Democratic Vistas* は，1870年に最初に出版されたが，奥付が1870年になっているため，今日ではそれが受け入れられている).

(282) Matthew Arnold, *Civilization in the United States: First and Last Impressions of America* (Boston, 1888), p. 191.

(283) Walt Whitman, "For You, O Democracy," in *Leaves of Grass* (1855); Jason Frank, "Aesthetic De-

mocracy: Walt Whitman and the Poetry of the People," *Review of Politics*, 69 (2007), pp. 402–430.

(284) ヘンリー・ジェイムズの最後の小説群は，今日，モダニストの時代以前のモダニスト的作品だと考えられていることを付記すべきであろう。

(285) Whitman, "Years of the Modern," in *Leaves of Grass*.

(286) Emily Dickinson, *Collected Poems* (New York, 1924; 1993). 1955年になるまで，彼女のすべての詩は出版されておらず，それらが原文の句読法と綴りが復元されてようやく登場したのは，1998年のことであった。

(287) Marietta Messmer, "The Politics of Dickinson's Critical Reception During the 1890s," *American Studies*, 45 (2000), p. 372に引用。

(288) Christanne Miller, *Reading in Time: Emily Dickinson in the Nineteenth Century* (Amherst, 2012) は，その革新的性格も強調しつつ，ディッキンソンをアメリカの叙情詩風の伝統に位置づけた。

(289) Christopher Gair, "Whitewashed Exteriors: Mark Twain's Imitation Whites," *Journal of American Studies*, 39 (2005), pp. 187–205. スティーブン・レイルトンが示唆するように，トウェインは，人種問題の取り扱いについてぎこちなかった。Stephen Railton, "The Tragedy of Mark Twain, by Pudd'nhead Wilson," *Nineteenth-Century Literature*, 56 (2002), pp. 518–544.

(290) Herbert N. Foerstel, *Banned in the U. S. A.: A Reference Guide to Book Censorship in Schools and Public Libraries* (2nd ed., Westport, 2002).

(291) Patrick B. Miller, ed., *The Sporting World of the Modern South* (Urbana, 2002).

(292) George B. Kirsch, *Baseball in Blue and Grey: The National Pastime during the Civil War* (Princeton, NJ, 2003).

(293) イギリスとその帝国におけるスポーツの役割については，Patrick F. McDevitt, *May the Best Man Win: Sport, Masculinity, and Nationalism in Great Britain and the Empire, 1880–1935* (London, 2004) を参照。

(294) George B. Kirsch, *The Creation of American Team Sports: Baseball and Cricket, 1838–72* (Urbana, 1989).

(295) Thomas W. Zeiler, *Ambassadors in Pinstripes: The Spalding World Tour and the Birth of the American Empire* (Lanham, 2006).

(296) Boria Majumdar and Sean Brown, "Why Baseball, Why Cricket? Differing Nationalisms, Differing Challenges," *International Journal of the History of Sport*, 24 (2007), pp. 139–156.

(297) Sam Whitsitt, "Soccer: The Game America Refuses to Play," *Raritan*, 14 (1994), pp. 58–69.

(298) Ying Wu, "The Pilgrims Come to America: A Failed Mission of British Cultural Imperialism," *Sport History Review*, 29 (1998), pp. 212–224.

(299) サー・アーネスト・コクラン：イギリスのツアー主催者。Ibid., p. 217に引用。

(300) Tony Collins, "Unexceptional Exceptionalism: The Origins of American Football in a Transnational Context," *Journal of Global History*, 8 (2013), pp. 209–230.

(301) Richard Cranford, *America's Musical Life: A History* (New York, 2001), ch. 19.

(302) Michael B. Beckerman, *New Worlds of Dvorak: Searching in America for the Composer's Inner Life* (New York, 2003) は，ロングフェローの「ハイアワサ」(第２～５，12章）と「ニグロの旋律」(第９章）の影響を強調している。

(303) Michael D. Clark, "Ralph Adams Cram and the Americanization of the Middle Ages," *Journal of American Studies*, 23 (1989), pp. 195–213.

(304) H. Allen Brooks, *The Prairie School* (New York, 2006).

(305) ヨーロッパに留学したマクダウォール（1860–1908年）は，ネイティブ・アメリカンの共同体を一度も訪れたことがなく，アフリカ系アメリカ人の音楽に対する敬意もほとんど持ち合わせていなかった。

(306) 南部におけるブルース，ジャズ，そしてゴスペル音楽の起源については，Ayers, *Promise of the New*

South, ch. 14を参照。
(307) Rogers, "The United States and the Fiscal Debate in Britain," p. 605に引用。
(308) Stead, *Americanisation of the World*, p. 358.
(309) Ibid., p. 359.
(310) 対抗文化（カウンターカルチャー）の概念は，本書第四章の「文化的持続」の節で検討されている。
(311) Zelinski, *Nation into State*, pp. 172–173, 202.
(312) Alton Ketchum, "The Search for Uncle Sam," *History Today*, 40 (1990), pp. 20–26.
(313) Rogan Kersh, *Dreams of a More Perfect Union* (Ithaca, 2001), ch. 6. Thomas Bender, "What Is Americanism?" *Reviews in American History*, 35 (2007), p. 2 も参照。
(314) Scott M. Guenther, *The American Flag, 1777–1924* (London, 1990), ch. 5; Marc Leepson, *Flag: An American Biography* (New York, 2005). 合衆国海軍は1889年，国歌の公式使用を承認した。
(315) David W. Blight, "Decoration Days: The Origins of Memorial Day in North and South," in Alice Fahs and Joan Waugh, eds., *The Memory of the Civil War in American Culture* (Chapel Hill, 2004), pp. 94–129.
(316) Dorothy Ross, "Grand Narrative in American Historical Writing: From Romance to Uncertainty," *American Historical Review*, 100 (1995), pp. 651–656.
(317) Woodrow Wilson, "The Ideals of America," *Atlantic Monthly*, 90 (1902), pp. 721–734.
(318) 本書の第六章で詳しく述べられている。
(319) Albert C. Coolidge, *The United States as a World Power* (New York, 1908; 1923), ch. 1.
(320) Theodore Roosevelt, "Biological Analogies in History," in Roosevelt, *African and European Addresses* (New York, 1910).
(321) Ibid.

第八章

（1） "In Support of an American Empire," Speech to the Senate, *Record*, vol. 33, 56th Congress, 1st Session, January 1900, pp. 704–712.
（2） 主要なものではないが，さらなる領土獲得があった。グアム（1898年，スペインによって割譲），サモア西部より小さいサモア東部（1899年，ドイツと分割），パナマ運河地帯（1903年），そしてヴァージン諸島（1917年，デンマークより購入）。
（3） ジョン・オフナー（John Offner）が，"United States Politics and the 1898 War over Cuba," in Angel Smith and Emma Davila-Cox, eds., *The Crisis of 1898: Colonial Redistribution and Nationalist Mobilization* (New York, 1999), ch. 2; "McKinley and the Spanish-American War," *Presidential Studies Quarterly*, 34 (2004), pp. 50–61において，簡潔で思慮深い概観を提供している。
（4） Richard Hofstadter, *The Paranoid Style in American Politics* (New York, 1964)は，こうした現象に，「心理的危機」に起因する「心配性の不合理な言動」として言及した。
（5） Louis A. Pérez, Jr., *The War of 1898: The United States and Cuba in History and Historiography* (Chapel Hill, 1998), ch. 2 は，あまりにも長きにわたって異議を唱えられてこなかった見解に対する痛烈な批判を展開している。
（6） これは，Samuel Flagg Bemis, *A Diplomatic History of the United States* (New York, 5th ed., 1965), p. 463の有名な言い回しである。ビーミスは，フィリピン獲得において，彼の言う合衆国の「青年の無責任」に言及していたことは注目すべきである。彼のよく知られた言い回し「大いなる逸脱」は，後に一般化されたのである。
（7） 「ウィスコンシン学派」はしばしば，ニューレフト（新左翼）の考えとあたかも同義であるかのように扱われるが，それは事実と異なる。James G. Morgan, *Into New Territory: American Historians and the Concept of U. S. Imperialism* (Madison, 2014), chs. 2–3 を参照。しかしながら，このニュー

レフトの集団が，とりわけ影響力があったのは事実である。Lloyd C. Gardner, ed., *Redefining the Past: Essays in Honor of William Appleman Williams* (Corvallis, 1986); Lloyd C. Gardner and Thomas J. McCormick, "Walter LaFeber: The Making of a Wisconsin School Revisionist," *Diplomatic History*, 28 (2004), pp. 613–624; William A. Williams, *The Tragedy of American Diplomacy* (1959, 1972; New York, 2009) with contributions by Lloyd C. Gardner, Andrew Bacevich, and Bradford Perkins; William A. Williams, *The Roots of Modern American Empire* (New York, 1969) を参照。ビノイ・カンプマーク(Binoy Kampmark)は "Historiographical Review: William A. Williams's *Tragedy* Fifty Years On," *Historical Journal*, 53 (2010), pp. 783–794において，新鮮な独自の概説を提供している。

(8) D. C. M. Platt, ed., *Business Imperialism, 1840–1930: An Inquiry Based on British Experience in Latin America* (Oxford, 1977).

(9) Williams, *Tragedy*; Walter LaFeber, *The New Empire: An Interpretation of American Expansion, 1860–1898* (Ithaca, 1963; 1998); LaFeber, *Cambridge History of American Foreign Relations*: II. *The American Search for Opportunity, 1865–1913* (Cambridge, 1993).

(10) Williams, *Roots*.

(11) Ibid., pp. xx–xxiii. ウィリアムズ自身，アイオワ出身であった。

(12) LaFeber, *New Empire*. 30年後，ラフィーバーは広く言えば，自らの当初の議論の正しさの再確認を再び述べ立てた。LaFeber, *The American Search for Opportunity*, pp. 79, 93.

(13) LaFeber, *New Empire*, pp. xxvii–xxviii.

(14) Ibid. pp. 385–392; LaFeber, *American Search for Opportunity*, pp. 141–145. この点では，Julius W. Pratt, *Expansionists of 1898: The Acquisition of Hawai'i and the Spanish Islands* (Baltimore, 1936), p. 246と同意見である。

(15) LaFeber, *New Empire*, pp. 384–417.

(16) Ernest R. May, *American Imperialism: A Speculative Essay* (Chicago, 1967; 2nd ed., 1991), p. xxxi.

(17) Hofstadter, *The Paranoid Style*.

(18) Ann Laura Stoler, "Tense and Tender Ties: The Politics of Comparison in North American History and (Post) Colonial Studies," *Journal of American History*, 88 (2001), pp. 829–865と Robert J. McMahon, "Cultures of Empire," *Journal of American History*, 88 (2001), pp. 888–892による抜け目ない論評を参照。

(19) 興味深い一例は，Gary H. Darden, "The New Empire in the 'New South': Jim Crow in the Global Frontier of High Imperialism and Decolonization," Southern Quarterly, 46 (2009), pp. 8–25である。

(20) 数多くの研究の中でも，Paul A. Kramer, *The Blood of Government: Race, Empire, the United States, and the Philippines* (Chapel Hill, 2006); Amy Kaplan and Donald Pease, eds., *Cultures of United States Imperialism* (Durham, 1993); Laura Wexler, *Tender Violence: Domestic Visions in an Age of U. S. Imperialism* (Chapel Hill, 2000); Matthew F. Jacobson, *Barbarian Virtues: The United States Encounters Foreign Peoples at Home and Abroad, 1876–1917* (New York, 2000); Ann Laura Stoler, *Haunted by Empire: Geographies of Intimacy in North American History* (Durham, 2006); McMahon, "Cultures of Empire," pp. 888–892を参照。

(21) たとえば以下を参照。Gail Bederman, *Manliness and Civilization: A Cultural History of the United States, 1880–1917* (Chicago, 1995); John Pettigrew, *Brutes in Suits: Male Sensibility in America, 1890–1920* (Baltimore, 2007); Allison L. Sneider, *Suffragists in an Imperial Age: U. S. Expansion and the Woman Question, 1870–1929* (New York, 2008).

(22) Kristin L. Hoganson, *Fighting for American Manhood: How Gender Politics Provoked the Spanish-American and Philippine-American Wars* (New Haven, 1998).

(23) この点において，Eric T. Love, *Race over Empire: Racism and U. S. Imperialism, 1865–1900* (Chapel Hill, 2004) は，最も重要な貢献である。

(24) ホーガンソンはあっさり認めている。*Fighting for American Manhood*, p. 3. しかし，Frank Ninkovich, “Cuba, the Philippines, and the Hundred Years' War,” *Reviews in American History*, 27 (1999), pp. 444–451による鋭い試論も参照。

(25) エイミー・グリーンバーグ（Amy Greenberg）が，*Manifest Manhood and the Antebellum American Empire*（New York, 2005）で指摘している。

(26) それは永遠のテーマでもある。Andrew J. Bacevich, *The New American Militarism: How Americans Are Seduced by War*（New York, 2013）参照。

(27) 多くの優れた研究の中でも，Lewis L. Gould, *The Presidency of William McKinley*（Lawrence, 1980）; John Offner, *An Unwanted War: The Diplomacy of the United States and Spain*（Chapel Hill, 1992）を参照。最も近年の評価は，Richard F. Hamilton, *President McKinley, War and Empire*, 2 vols.（New Brunswick, 2006; 2007）である。

(28) Gabriel Paquette, “Historiographical Reviews: The Dissolution of the Spanish Atlantic Monarchy,” *Historical Journal*, 52（2009）, pp. 175–212が，簡潔な概説を提供している。

(29) Richard L. Kagan, “Prescott's Paradigm: American Historical Scholarship and the Decline of Spain,” *American Historical Review*, 101（1996）, pp. 423–446; Kagan, ed., *Spain in America: The Origins of Hispanism in the United States*（Urbana and Chicago, 2002）, ch. 1, esp. pp. 9–10. Christopher Schmidt-Nowara, *The Conquest of History: Spanish Colonialism and National Histories in the Nineteenth Century*（Pittsburgh, 2006）も参照。

(30) Mónica Burguera and Christopher Schmidt-Nowara, “Backwardness and Its Discontents,” *Social History*, 29（2004）, p. 282: “the impact of colonial warfare, decolonization and efforts to defend and expand the remnants of empire in the modern period are poorly understood.” 2人の論文（pp. 279–283）は，この主題についての特集号への誘いとなっている。Christopher Schmidt-Nowara, “A History of Disasters: Spanish Colonialism in the Age of Empire,” *History Compass*, 5（2007）, pp. 943–954も参照。

(31) 本書の第六章を参照。

(32) 本書の第二章，第六章を参照。

(33) Florencia Peyrou, “A Great Family of Sovereign Men: Democratic Discourse in Nineteenth-Century Spain,” *European History Quarterly*, 43（2013）, pp. 235–256.

(34) たとえば Robert Sidney Smith, “English Economic Thought in Spain, 1776–1848,” *South Atlantic Quarterly*, 67（1968）, pp. 306–337; Jose-Luis Ramos, “John Stuart Mill and Nineteenth-Century Spain,” *Journal of the History of Economic Thought*, 33（2011）, pp. 507–526; Julian Casanova, “Terror and Violence: The Dark Face of Spanish Anarchism,” *International Labor & Working-Class History*, 67（2005）, pp. 79–99; より一般的にはGuy Thomson, *The Birth of Modern Politics in Spain: Democracy, Association and Revolution, 1854–1875*（Basingstoke, 2009）を参照。

(35) Angel Smith, “The People and the Nation: Nationalist Mobilization and the Crisis of 1895–98 in Spain,” in Angel Smith and Emma Davila-Cox, eds., *The Crisis of 1898: Colonial Redistribution and Nationalist Mobilization*（London, 1999）, pp. 152–179. スペイン国民は，コロンブス来訪以前のカリブ海におけるタイノ語から取られた「カシーク」の語を，地元の指導者ないしビッグ・メンとスペイン帝国全土にわたる彼らのネットワーク，そして後にはスペインの政治的ボスをも表すために適用した。フィリピンの「システム」については，Juan Antonio Inarejos Muñoz, “Reclutar caciques: la selección de las elites coloniales filipinas a finales del siglo XIX,” *Hispania: Revista Española de Historia*, 71（2011）, pp. 741–761を参照。

(36) 貴族の衰退については，Isabel Burdiel, “Myths of Failure, Myths of Success: Perspectives on Nineteenth-Century Spanish Liberalism,” *Journal of Modern History*, 70（1998）, pp. 892–912; Gabriel Paquette, “Liberalism in the Early Nineteenth-Century Iberian World,” *History of European Ideas*, 41（2015）, pp. 153–165を参照。後者は，同号におけるこのテーマについての他の論文への誘いとなっ

ている。

(37) Smith, "The People and the Nation," p. 158.

(38) César Yáñez, "Los negocios ultramarinos de una burguesía cosmopolita. Los catalanes en las primeras fases de la globalización, 1750–1914," *Revista de Indias*, 66 (2006), pp. 679–710.

(39) Josep María Fradera, *Cultura nacional en una sociedad dividida: Cataluña 1838–1868* (Madrid, 2002).

(40) Gabriel Tortella, *The Development of Modern Spain: An Economic History of the Nineteenth and Twentieth Centuries* (Cambridge, 1994; 2000) は，より否定的な評価を下している。

(41) David Ringrose, *Spain, Europe and the "Spanish Miracle," 1700–1900* (Cambridge, 1996); Regina Graf, *Distant Tyranny: Markets, Power and Backwardness in Spain, 1650–1800* (Princeton, NJ, 2012).

(42) Christopher Schmidt-Nowara, "La España Ultramarina: Colonialism and Nation-Building in Nineteenth-Century Spain," *European History Quarterly*, 34 (2004), pp. 191–214.

(43) スペイン君主制の片意地な性格については，Isabel Burdiel, "The Queen, the Woman, and the Middle Class: The Symbolic Failure of Isabel II of Spain," *Social History*, 29 (2004), pp. 301–319を参照。

(44) Smith, "The People and the Nation," pp. 163–173.

(45) Maria Alejandra Irigoin, "Gresham on Horseback: The Monetary Roots of Spanish American Political Fragmentation in the Nineteenth Century," *Economic History Review*, 62 (2009), pp. 551–575と *Hispanic American Historical Review*, 88 (2008), issue 2 における，こうした問題についての議論。

(46) マシュー・レストール（Matthew Restall）は，ヘンリー・カメン（Henry Kamen）の先駆的な修正主義的研究，"The Decline of Spain: A Myth?" *Past & Present*, 81 (1978), pp. 24–50に続き，"The Decline and Fall of the Spanish Empire?" *William & Mary Quarterly*, 64 (2007), pp. 1–8 で，賢明な評価を下している。

(47) 権威ある研究は，Josep M. Fradera, *Colonias para después de un imperio* (Barcelona, 2005) である。また，Francisco A. Scarano, "Liberal Pacts and Hierarchies of Rule: Approaching the Imperial Transition in Cuba and Puerto Rico," *Hispanic American Historical Review*, 78 (1998), pp. 583–601.

(48) Vanessa M. Ziegler, "The Revolt of the 'Ever-Faithful Isle': The Ten Years War in Cuba, 1868–1878," Ph. D. dissertation, University of California (2007), pp. 8–10.

(49) Elena Schneider, "African Slavery and Spanish Empire," *Journal of Early American History*, 5 (2015), pp. 8–29.

(50) W. G. Clarence-Smith, "The Economic Dynamics of Spanish Colonialism in the Nineteenth and Twentieth Centuries," *Itinerario*, 15 (1991), p. 72. Christopher Schmid-Nowara and Josep M. Fradera, eds., *Slavery and Anti-Slavery in Spain's Atlantic Empire* (New York, 2013) も参照。

(51) Clarence-Smith, "The Economic Dynamics," pp. 74–75は，スペインの膨張主義的野心のさらなる例を示している。マニラ麻（アバカ）は主に，索具に使用されていたが，原材料として，高品質の紙〔マニラ紙〕にもその名が付けられた。

(52) Clarence-Smith, "Spain, Europe and the 'Spanish Miracle,'" pp. 76–79.

(53) Ibid.; Scarano, "Liberal Pacts and Hierarchies of Rule."

(54) Jonathan Curry-Machado, *Cuban Sugar Industry: Transnational Networks and Engineering Migrants in Mid-Nineteenth-Century Cuba* (New York, 2011), pp. 1–23; Ringrose, *Spain, Europe, and the Spanish "Miracle,"* ch. 6.

(55) Adrian J. Pearce, *British Trade and Spanish America, 1763–1808* (Liverpool, 2007).

(56) たとえば，Jesús M. Valdaliso, "Trade, Colonies and Navigation Laws: The Flag, Differential Duty and the International Competitiveness of Spanish Shipping in the Nineteenth Century," *International Journal of Maritime History*, 17 (2005), pp. 31–60を参照。

(57) Pablo Martin-Acena, Angeles Pons, and María Concepción Betrán, "Financial Crises and Financial

Reforms in Spain: What Have We Learned?" Universidad Carlos III de Madrid, *Working Papers in Economic History*, WP 10-01 (2010).

(58) こうした議論は，熱帯アフリカの評価をめぐって始まった。最も近年の評価は，Toyin Falola and Emily Brownell, eds., *Africa, Empire, and Globalization: Essays in Honor of A. G. Hopkins* (Durham, 2011), chs. 2–7; A. G. Hopkins, "Asante and the Historians: Transition and Partition on the Gold Coast," in Roy Bridges, ed., *Imperialism, Decolonisation and Africa: Historical Essays in Honour of John Hargreaves* (Macmillan, 2000), pp. 25–64を参照。

(59) Louis A. Pérez, Jr., *Cuba: Between Reform and Revolution* (New York, 1988; 3rd ed., Oxford, 2006). この主題は，本書の第九章で扱われている。

(60) Albert and Graves, *Crisis and Change*, pp. 1–3; John A. Larkin, *Sugar and the Origins of Modern Philippine Society* (Berkeley, 1993), pp. 49–50, 52; Benito J. Legarda, *After the Galleons: Foreign Trade, Economic Change and Entrepreneurship in the Nineteenth-Century Philippines* (Madison, 1999), pp. 120–123. ロイ・A・バリンガーは，この時期の砂糖産業の簡潔に概説している。Roy A. Ballinger, "A History of Sugar Marketing Through 1874," *U. S. Department of Agriculture Economic Report*, AER 382 (Washington, DC, 1978).

(61) Pérez, *Cuba: Between Reform and Revolution*, pp. 98–100.

(62) Saif I. Shah Mohammed and Jeffrey Williamson, "Freight Rates and Productivity Gains in the British Tramp Shipping, 1869–1950," *Explorations in Economic History*, 41 (2004), pp. 172–203.

(63) 最も包括的な評価は，Christopher Blattman, Jason Hwang, and Jeffrey Williamson, "Winners and Losers in the Commodity Lottery: The Impact of Terms of Trade Growth and Volatility in the Periphery, 1870–1939," *Journal of Development Economics*, 82 (2007), pp. 156–179; Yael S. Hadass and Jeffrey G. Williamson, "Terms of Trade Shocks and Economic Performance, 1870–1940: Prebisch and Singer Revisited," *Economic Development & Cultural Change*, 51 (2003), pp. 629–656; Jeffrey Williamson, "Globalization and the Great Divergence: Terms of Trade Booms, Volatility and the Poor Periphery, 1782–1913," *European Review of Economic History*, 12 (2008), pp. 355–391によるものである。

(64) 価格を計算する際の複雑さは，異なる資料に示されている年月日が同一ではないことを意味している。Bergquist, *Coffee and Conflict*, pp. 21–23; William Gervase Clarence-Smith, "The Coffee Crisis in Asia, Africa, and the Pacific, 1870–1914," in Clarence-Smith and Steven Topik, eds., *The Global Coffee Economy in Africa, Asia, and Latin America, 1500–1989* (Cambridge, 2003), p. 101.

(65) Laird W. Bergad, *Coffee and the Growth of Agrarian Capitalism in Nineteenth-Century Puerto Rico* (Princeton, NJ, 1983); César J. Ayala and Rafael Bernabe, *Puerto Rico in the American Century* (Chapel Hill, 2007), pp. 18–20, 45–46.

(66) 続く説明は，いまだ十分に理解されていない主題の思いつき程度の議論である。3つの試論として，Maria Serena I. Diokno, "The Political Aspect of the Monetary Crisis in the 1880s," *Philippine Journal of Third World Studies*, 14 (1998), pp. 21–36; David J. St. Clair, "American Trade Dollars in Nineteenth-Century China," in Dennis O. Flynn, Lionel Frost, and A. J. H. Latham, eds., *Pacific Centuries: Pacific and Pacific Rim Economic History since the Sixteenth Century* (London, 1998), ch. 7; Allan S. Lumba, "Philippine Colonial Money and the Futures of the Spanish Empire," in Chia Yin Hsu, Thomas M. Luckett, and Erika Vause, eds., *The Cultural History of Money and Credit: A Global Perspective* (Lanham, 2016), ch. 7を参照。

(67) Marcela Sabaté, María Dolores Gadea, and Regina Escario, "Does Fiscal Policy Influence Monetary Policy? The Case of Spain, 1874–1935," *Explorations in Economic History*, 43 (2006), pp. 309–331.

(68) Onofre D. Corpuz, *An Economic History of the Philippines* (Quezon City, 1997), pp. 180–182.

(69) Pablo Martín-Aceña, "Spain during the Classical Gold Standard Years," in Michael D. Bordo and

Forrest Capie, eds., *Monetary Regimes in Transition* (Cambridge, 1993), pp. 135–172.

(70) Clarence-Smith, "Economic Dynamics of Spanish Colonialism," pp. 78–79.

(71) Ibid.

(72) 少なくともフィリピンの場合，この期間，輸出は為替レートよりもスエズ運河の開通（1869年）といった外部要因によって影響を受けた。Corpuz, *Economic History*, p. 184; Legarda, *After the Galleons*, pp. 335–336.

(73) Diokno, "Political Aspect of the Monetary Crisis," p. 28.

(74) このような結論は，Kris James Mitchener and Hans-Joachim Voth, "Trading Silver for Gold: Nineteenth-Century Asian Exports and the Political Economy of Currency Unions," in Robert J. Barro and Jong-Wha Lee, eds., *Costs and Benefits of Economic Integration in Asia* (New York, 2011), pp. 126–156によるいっそう幅広い分析と一致する。しかしながら，この結論は，異なる経済部門とエスニック集団の浮沈の詳細な説明が得られるまで暫定的なものにとどまる。

(75) Angel Smith, *The Origins of Catalan Nationalism, 1770–1898* (Basingstoke, 2014) は，19世紀最後の四半世紀，カタルーニャ地方とスペインとの親和性がいかにして失われたかを示している。

(76) Rafael E. Tarragó, "Too Late? Social, Economic and Political Reform in Spanish Cuba, 1878–1898," *Colonial Latin American Review*, 5 (1996), pp. 299–314は，María Dolores Elizalde Pérez-Grueso, "Emilio Terrero y Perinat, un reformista al frente del gobierno general de Filipinas (1885–1888)," *Hispanoamericana*, 6 (2016), digital publication online による補足的な研究同様，この主題についての新鮮な見解を提供している。

(77) バイロン『ドン・ジュアン』第13巻，第11節

セルバンテスはスペインの騎士道を笑い飛ばした，
笑い一つで祖国の利き腕をへし折った――あの時以来，
スペインに英雄が現れたことは稀だった

〔訳文は東中稜代訳『ドン・ジュアン』上・下（音羽書房鶴見書店，2021年）による。〕

(78) Federico García Lorca, "Meditation," in *Impresiones y paisajes* (Granada, 1918); trans. Peter Bush, *Sketches of Spain: Impressions and Landscapes* (London, 2013), ロルカは，自ら指摘したい点があったのである。彼の「印象」は革新主義者のそれであった。

(79) Sebastian Balfour, *The End of the Spanish Empire, 1898–1923* (New York, 1997).

(80) Edward Coffman, "The Duality of the American Military Tradition: A Commentary," *Journal of Military History*, 64 (2000), p. 976に引用。

(81) とくに Cecilia E. O'Leary, *To Die For: The Paradox of American Patriotism* (Princeton, 1999); Jonathan M. Hansen, *The Lost Promise of Patriotism: Debating American Identity, 1890–1920* (Chicago, 2003) と Claire B. Potter, "Nation and Reunification," *Reviews in American History*, 28 (2000), pp. 55–62による鋭い試論に負っている。

(82) クリーヴランド（大統領：1885–89年，1893–97年）は，自らの身代わり兵のために150米ドルを支払った。アンドリュー・ジョンソン（大統領：1865–69年）は准将の位で，テネシー州の軍事総督として軍務に服した。マッキンリーは，少佐の位を持っていた。残りの大統領たちは，准将かそれ以上の位――ユリシーズ・S・グラントは総司令官の地位を手にした――で戦争を終えた。

(83) Mark R. Shulman, *Navalism and the Emergence of American Sea Power, 1882–1893* (Annapolis, 1995).

(84) Coffman, "The Duality of the American Military Tradition," pp. 975–977.

(85) Ibid., pp. 976–980と Coffman, *The Old Army: A Portrait of the American Army in Peacetime, 1784–1898* (New York, 1986) におけるより長い説明。

(86) James A. Field, "American Imperialism: The Worst Chapter in Almost any Book," *American Historical Review*, 83 (1987), pp. 658–659, 662–663.

(87) Paul S. Holbo, "Economics, Emotion, and Expansion: An Emerging Foreign Policy," in H. Wayne

Morgan, ed., *The Golden Age* (Syracuse, 1963), pp. 199–201, 211–212; Field, "American Imperialism," pp. 654–657.

(88) Holbo, "Economics, Emotion, and Expansion," p. 211. 1899–1904年に陸軍長官であったエリフ・ルートが，主要な改革を創始した。

(89) Thomas G. Peterson, "American Businessmen and Consular Reform, 1890s to 1906," *Business History Review*, 40 (1966), pp. 91–94; Richard H. Werking, *The Master Architects: Building the United States Foreign Service, 1890–1913* (Lexington, 1977).

(90) Werking, *The Master Architects* は，実際の改革がビジネスマンではなく，官僚によって推進されたと主張している。Charles S. Kennedy, *The American Consul: A History of the United States Consular Service, 1776–1914* (Westport, 1990) も参照。

(91) Joseph Smith, *The Spanish-American War: Conflict in the Caribbean and the Pacific* (London, 1994), ch. 3 は，両国の戦争準備について，優れた説明を提供している。

(92) 伸長のほとんどは1898年以降に起こったが，1914年までに合衆国海軍は，ロイヤル・ネイヴィーに次ぐ規模にまで拡張した。

(93) Dirk Bonker, "Admiration, Enmity, and Cooperation: U. S. Navalism and the British and German Empires before the Great War," *Journal of Colonialism & Colonial History*, 2 (2001), n.p.

(94) Peter Karsten, "The Nature of 'Influence': Roosevelt, Mahan and the Concept of Sea Power," *American Quarterly*, 23 (1971), pp. 585–600. 2人の間のいっそう深刻な意見の不一致が，1900年以降に浮上した。Richard W. Turk, *The Ambiguous Relationship: Theodore Roosevelt and Alfred Thayer Mahan* (New York, 1987).

(95) Peter Trubowitz, *Defining the National Interest: Conflict and Change in American Foreign Policy* (Chicago, 1998), pp. 37–48. 本書の第七章も参照。

(96) Offner, *An Unwanted War*, pp. 129–130.

(97) David L. T. Knudson, "A Note on Walter LaFeber, Captain Mahan, and the Use of Historical Sources," *Pacific Historical Review*, 40 (1971), pp. 520–521.

(98) 出発点はいまだに Ernest R. May, *Imperial Democracy: The Emergence of America as a Great Power* (New York, 1961), chs. 14–15である。Sylvia L. Hilton and Steve J. S. Ickringill, eds., *European Perceptions of the Spanish-American War of 1898* (Berne, 1999) も参照。

(99) Charles A. Conant, "The Economic Basis of Imperialism," *North American Review*, 167 (1898), p. 326. コナント（1861–1915年）は，1890年代に活躍した財務ジャーナリストで，フィリピンにおける財政改革について政府に助言した。彼は，帝国主義が「余剰」資本のはけ口を提供し，「退廃した」諸国民に文明をもたらすと信じていた。

(100) Marc William Palen, *The "Conspiracy" of Free Trade: The Anglo-American Struggle over Empire and Economic Globalisation, 1846–1896* (Cambridge, 2016) は，金ぴか時代がレッセフェールの時代であったというなかなか消えない想定の一切を一掃した。

(101) 両者の間に，必然的にいくらかの重複はあるが，以下の議論は本書第七章において，その国内的文脈で取り上げた諸問題の国際的側面を扱っている。

(102) 本書の第五章で論じている。肝要な情報源は，Richard F. Bensel, *Sectionalism and American Political Development, 1880–1980* (Cambridge, 1984); Bensel, *Yankee Leviathan: The Origins of Central State Authority in America, 1859–1877* (Cambridge, 1991); Bensel, *The Political Economy of American Industrialization, 1877–1900* (Cambridge, 2000); Trubowitz, *Defining the National Interest* である。Marc-William Palen, "The Imperialism of Economic Nationalism, 1890–1913," *Diplomatic History*, 39 (2015), pp. 157–185も参照。

(103) 関税の国内における政治的帰結は，本書の第六章で論じている。その国際的文脈の最も優れた概説は，David M. Pletcher, *The Diplomacy of Trade and Investment: American Economic Expansion in the Hemisphere, 1865–1900* (Columbia, 1998) である。

(104) LaFeber, *New Empire*, pp. 176–185.

(105) David M. Pletcher's full and careful assessments have established this point beyond reasonable doubt: *The Diplomacy of Involvement: American Economic Expansion Across the Pacific, 1784–1900*（Columbia, 2001）, p. 315; Pletcher, *Diplomacy of Trade and Investment*.

(106) Pletcher, *Diplomacy of Trade and Investment*, chs. 2–3.

(107) F. W. Taussig, "The McKinley Tariff Act," *Economic Journal*, 1（1891）, p. 347.

(108) この時期のヨーロッパへの「侵攻」は，イギリスの自由貿易への根気強いコミットメントによって大いに助けられた。Mathew Simon and David E. Novack, "Some Dimensions of the American Commercial Invasion of Europe, 1871–1914: An Introductory Essay," *Journal of Economic History*, 24（1964）, pp. 591–605参照。

(109) LaFeber, *New Empire*, pp. xxvii–xxviii.

(110) この主題の古典的研究が，いまだにPratt, *Expansionists of 1898* であるというのは驚くべきことである。これは（歴史家として彼が受けてきたものをはるかに上回る評価に値する）プラットへの称賛である一方，経済史への関心の低下についての評言でもある。同様に，ロバート・ウィービが半世紀前，*Businessmen and Reform: A Study of the Progressive Movement*（Cambridge, 1962）で，その主題に注意を向けさせたにもかかわらず，多様な実業界について一般化することの難しさは残っている。

(111) Williams, *Roots*, pp. 42, 413–416; LaFeber, *New Empire*, pp. 370–374; LaFeber, *American Search for Opportunity*, pp. 141, 236.

(112) William H. Becker, *The Dynamics of Business-Government Relations: Industry and Exports, 1893–1921*（Chicago, 1982）. 1913年，最も規模の大きな67の企業が，合衆国の製品輸出の80％近くを供給していた。

(113) Albert K. Steigerwalt, *The National Association of Manufacturers, 1895–1914: A Study in Business Leadership*（Ann Arbor, 1964）. Offner, "United States Politics," p. 27 と Cathie Jo Martin, "Sectional Parties, Divided Business," *Studies in American Political Development*, 20（2006）, pp. 160–184も参照。これは詳細な評価が必要なもう一つの主題である。

(114) Leland H. Jenks, *Our Cuban Colony: A Study in Sugar*（New York, 1928）, p. 55.

(115) Pratt, *Expansionists of 1898*, pp. 237–239は，この点を賢明にも指摘していることが特徴的である。後年の歴史家は，それを看過しがちであった。トマス・シューノヴァーは，不景気の「第三の底」は「1893年から1898年まで」続いたと述べることにより，この区分を曖昧にしている。Thomas Schoonover, *Uncle Sam's War of 1898 and the Origins of Globalization*（Lexington, 2003）, p. 5; also p. 65.

(116) Pratt, *Expansionists of 1898*, pp. 237–243.

(117) 本書の第五章における景気回復の議論も参照。LaFeber, *New Empire*, p. 390はこの点を指摘しているが，それを解明していない。

(118) LaFeber, *New Empire*, pp. 400–406.

(119) ただし，ルイス・L・グールドが，1898年３月における「大会社」の支持をマッキンリーに保証したライック電報が，長年，付与されてきた重要性に値しないことを示したことは指摘されるべきである。Lewis L. Gould, "The Reick Telegram and the Spanish-American War: A Reappraisal," *Diplomatic History*, 3（1979）, pp. 193–200.

(120) Francisco and Shephard, *Conspiracy for Empire*, pp. 2, 15–16, 232. LaFeber, *New Empire* は，砂糖トラストないしそれを支配したヘンリー・ハブマイヤーを索引に挙げていない。双方とも，本書の第十一章でさらなる考察が加えられている。

(121) （1847–1907年）。Richard O. Zerbe, "The American Sugar Refinery Company, 1887–1914: The Story of a Monopoly," *Journal of Law & Economics*, 12（1969）, pp. 339–375; Francisco and Shephard, *Conspiracy for Empire*, pp. 16–17, 29–32. 新会社は1891年，アメリカ精糖会社となったが，その後も砂糖

トラストとして知られた。

(122) Francisco and Shephard, *Conspiracy for Empire*, p. 50.

(123) Ibid., pp. 67, 151.

(124) Ibid., pp. 207–209.

(125) Jerome L. Sternstein, "Corruption in the Gilded Age: Nelson W. Aldrich and the Sugar Trust," *Capitol Studies*, 6 (1978), pp. 13–37.

(126) Francisco and Shephard, *Conspiracy for Empire*, pp. 45, 68, 73–76, 83, 91.

(127) Christopher Harris, "Edwin F. Atkins and the Evolution of United States Cuba Policy, 1894–1902," *New England Quarterly*, 78 (2005), pp. 202–231.

(128) Francisco and Shephard, *Conspiracy for Empire*, ch. 13.

(129) Ibid., pp. 110–116.

(130) Ibid., ch. 20.

(131) Richard C. K. Burdekin and Leroy O. Lancy, "Financial Market Reactions to the Overthrow and Annexation of the Hawaiian Kingdom: Evidence from London, Honolulu and New York," *Cliometrica*, 2 (2008), pp. 120–121, 127, 137.

(132) 1899年に調印されたパリ条約を支持するクヌート・ネルソン上院議員の発言。Stephen W. Stathis, ed., *Landmark Debates in Congress: From the Declaration of Independence to the War in Iraq* (Washington, DC, 2009), p. 234に引用。

(133) 代表的研究は，Warren Zimmermann, *First Great Triumph: How Five Americans Made Their Country a World Power* (New York, 2002) である。Frank Ninkovich, *Global Dawn: The Cultural Foundations of American Internationalism, 1865–1890* (Cambridge, 2009) は，自由主義的エリートが地球規模の文明の観念を形成し，議論するために，コスモポリタンな情報源にいかに頼ったかについて，貴重な説明を提供している。

(134) 懐疑的立場の表明と正反対の見解への言及は，Hamilton, *President McKinley*, vol. 2, ch. 2 を参照。

(135) Woodrow Wilson, "The Ideals of America," *Atlantic Monthly*, 90 (1902), pp. 733–734.

(136) 本書の第七章も参照。

(137) 一覧は拡張することができた。ウォレン・ジマーマンは，ベヴァリッジを落としているが，ジョン・ヘイとエリフ・ルートを含めている。Warren Zimmerman, *First Great Triumph*. この一覧は，彼の関心を反映している。それは，1898年以降に及んだ。ヘイは，1898–1905年まで国務長官であった。ルートは，彼を引き継いだ（1905–09年）。

(138) マハン，ロッジ，ローズヴェルトは，豊かな家庭の出身であった。ベヴァリッジだけが，「たたき上げ」(self-made man) であった。彼は政界に入る前，弁護士の資格を得ていた。

(139) ゲーリー・ガースル (Gary Gerstle) は，この過剰にステレオタイプ化された人物の他の複雑な側面を，"Theodore Roosevelt and the Divided Character of American Nationalism," *Journal of American History*, 86 (1999), pp. 1280–1307で探索している。

(140) William C. Widenor, *Henry Cabot Lodge and the Search for an American Foreign Policy* (Berkeley, 1980).

(141) John Braeman, *Albert Beveridge: American Nationalist* (Chicago, 1971).

(142) Albert J. Beveridge, *The Meaning of the Times and Other Speeches* (Indianapolis, 1908). 彼の最も有名な２つの演説は，簡単に入手可能である。"The March of the Flag" (1898) は http://www.historytools.org/sources/beveridge.html より。そして "In Support of an American Empire" (1900) は http://www.mtholyoke.edu/acad/intrel/ajb72.htm より。

(143) Paul Kramer, "Empires, Exceptions, and Anglo-Saxons: Race and Rule between the British and United States Empires, 1880–1910," *Journal of American History*, 88 (2002), pp. 1315–1353.

(144) *Life of Nelson: The Embodiment of the Sea Power of Great Britain* (Boston, 1897). 複雑なマハンの思想を単純化することの難しさについては，Robert Seager, *Alfred Thayer Mahan: The Man and*

His Letters (Annapolis, 1977), p. xi を参照。他の膨張主義者についても，おおむね同じことがいえた。

(145) Kenton J. Clymer, *John Hay: The Gentleman as Diplomat* (Ann Arbor, 1975). 近年の研究は，John Taliaferro, *All the Great Prizes: The Life of John Hay, From Lincoln to Roosevelt* (New York, 2013) である。

(146) Gary Wills, *Henry Adams and the Making of America* (New York, 2005) は，歴史家としてのアダムズに好意的な評価を下している。

(147) ブルックス・アダムズと彼の兄ヘンリーは，世界についての陰鬱な見解を含む多くの特徴を共有していた。

(148) Brooks Adams, *America's Economic Supremacy* (London, 1900) は，「文学における自然の選択」(pp. 86–141) と題された章で，2人の作家を比較した。引用は，p. 135に掲載されている。

(149) Gary Marotta, "The Economics of American Empire: The View of Brooks Adams and Charles Arthur Conant," *American Economist*, 19 (1975), pp. 34–37は，Robert Vitalis, "The Noble American Science of Imperial Relations and Its Laws of Race Development," *Comparative Studies in Society & History*, 52 (2010), pp. 909–938同様，この点を解明している。

(150) Paul T. McCartney, *Power and Progress: American National Identity, the War of 1898, and the Rise of American Imperialism* (Baton Rouge, 2006), pp. 191–198.

(151) Rolf Hobson, *Imperialism at Sea: Naval Strategic Thought, the Ideology of Sea Power, and the Tirpitz Plan, 1875–1914* (Boston, 2002); Jan Ruger, *The Great Naval Game: Britain and Germany in the Age of Empire* (Cambridge, 2007); Bonker, "Admiration, Enmity, and Cooperation."

(152) Gary Marotta, "The Academic Mind and the Rise of U. S. Imperialism," *American Journal of Economics & Sociology*, 42 (1983), pp. 217–234. この貴重な論文は，不当に看過されてきた。

(153) Bluford Adams, "World Conquerors or a Dying People? Racial Theory, Regional Anxiety, and the Brahmin Anglo-Saxonists," *Journal of the Gilded Age & Progressive Era*, 8 (2009), pp. 189–215.

(154) Wilfred M. McClay, "John W. Burgess and the Search for Cohesion in American Political Thought," *Polity*, 26 (1993), pp. 51–73; Vitalis, "The Noble American Science," pp. 917–925は，バージェスの帝国についての思想の展開を跡づけている。

(155) Marotta, "The Academic Mind," p. 225.

(156) Pratt, *Expansionists of 1898*, ch. 8.

(157) Quoted in ibid., p. 300.『アドヴァンス』は，会衆派の刊行物であった。

(158) Quoted in ibid., p. 287.

(159) Quoted in ibid., p. 281. プラットの著書の第8章「正義の帝国主義」は，いまだにこの主題の標準的研究である。

(160) Pratt, *Expansionists of 1898*, p. 282が，1897年のモットを引用している。ジョン・モット（John Mott, 1865–1955）は，1895年，世界学生キリスト教連盟を創設し，YMCA の事務局長を務めた。

(161) Ibid., p. 312. クエーカー教徒とユニテリアン派は，戦争に抵抗した。Benjamin Wetzel, "A Church Divided: Roman Catholicism, Americanization, and the Spanish-American War," *Journal of the Gilded Age & Progressive Era*, 14 (2015), pp. 348–366も，戦争に反対したカトリック教徒を扱っている。

(162) Michael P. Cullinane, *Liberty and American Anti-Imperialism, 1898–1909* (New York, 2012) は，反帝国主義者連盟をそれを軽視する長期的趨勢から救い出した。

(163) 他に有名な支持者としては，ジェーン・アダムズ，ジョン・デューイ，ヘンリー・ジェイムズ，ウィリアム・ジェイムズ，トマス・B・リード，ウィリアム・グラハム・サムナーがいた。

(164) Carl P. Parrini and Martin J. Sklar, "New Thinking about the Market, 1896–1904: Some American Economists on Investment and the Theory of Surplus Capital," *Journal of Economic History*, 43 (1983), pp. 559–578; Peter J. Cain, "Hobson, Wilshire, and the Capitalist Theory of Capitalist Imperialism," *History of Political Economy*, 17 (1985), pp. 455–460. ウィルシャーは，百万長者でありなが

らも富を失い，死に際して大衆同様に貧窮していた点において例外的である。

(165) チャールズ・A・コナントは，この分析を受け入れたが，異なる結論を導き出した。Conant, "The Economic Basis of Imperialism," *North American Review*, 167 (September 1898), pp. 326–340，また，Carl Parrini, "Charles A. Conant, "Economic Crises and Foreign Policy, 1896–1903," in Thomas J. McCormick and Walter LaFeber, eds., *Behind the Throne: Servants of Power to Imperial Presidents, 1898–1968* (Madison, 1993), pp. 21–52を参照。

(166) Kristofer Allerfeldt, "Rome, Race, and the Republic: Progressive America and the Fall of the Roman Empire, 1890–1920," *Journal of the Gilded Age & Progressive Era*, 7 (2008), pp. 297–323.

(167) "Causes of Southern Opposition to Imperialism," *North American Review*, 171 (1900), pp. 439–446 at p. 445. ティルマン（1847–1918年）は，サウスカロライナ州知事（1890–94年），同州選出の上院議員（1895–1918年），そして著名な白人優越主義者でデマゴーグであった。

(168) Cullinane, *Liberty and American Anti-Imperialism*, ch. 4.

(169) Gerstle, "Theodore Roosevelt" は，市民的自由に基づくナショナリズムと人種的区別に基づくナショナリズムの間の緊張関係について論じている。

(170) Stuart Creighton Miller, *Benevolent Assimilation: The American Conquest of the Philippines, 1899–1903* (New Haven, 1982), p. 117に引用。

(171) 最も詳細に新聞を評価している研究は，Hamilton, *President McKinley*, vol. 2, chs. 5, 6, 7 である。

(172) McCartney, *Power and Progress*, pp. 87, 99, 149–150; May, *Imperial Democracy*, pp. 139–147.

(173) Jules-Martin Cambon to Gabriel Hanotaux, April 1, 1898. May, *Imperial Democracy*, p. 143に引用。

(174) Offner, *An Unwanted War*, p. 190.

(175) Howard W. Allen and Roger Slagter, "Congress in Crisis: Changes in Personnel and the Legislative Agenda in the U. S. Congress in the 1890s," *Social Science History*, 16 (1992), pp. 401–420. この論文は，1898年の宣戦の決定についての議論において，まだ注目を集めるに至っていない。Hamilton, *President McKinley*, vol. 1, ch. 7 も参照。

(176) 弁護士がビジネスマンに影響されるのは，決して前例のないことではないが，そのつながりは，想定するだけでなく，論証する必要がある。

(177) Offner, *An Unwanted War*. 実業界の影響の性格と程度についての決定的な評価は，いまだ貴重だとはいえ，最後の詳細な研究が50年近く前に刊行されたことに鑑みて，この主題について新たな関心が生まれるまで待たねばならない。LaFeber, *The New Empire*. デーヴィッド・M・プレッチャーは，*Diplomacy of Trade and Investment*, ch. 1 において，先行研究についての1998年時点での的確な要約を提供している。

(178) Offner, *An Unwanted War*, pp. 231–233.

(179) Ibid., p. 153.

(180) Ibid に引用。軍事上の準備不足の責任の多くを負ったアルジャーは，*The Spanish-American War* (New York, 1901) において，自らを巧みに弁護した。

(181) Ibid.

(182) Ibid.

(183) ルイス・L・グールドの決定的研究が明らかにしている。Lewis L. Gould, *The Spanish-American War and President McKinley* (Lawrence, 1982). 新聞については，W. Joseph Campbell, *Yellow Journalism: Puncturing the Myths, Defining the Legacies* (Westport, 2001); Hamilton, *President McKinley*, vol. 1, chs. 5–6 を参照。John Maxwell Hamilton, et al., "An Enabling Environment: A Reconsideration of the Press and the Spanish-American War," *Journalism Studies*, 7 (2006), pp. 78–93は，新聞の網羅的報道と反スペイン的な姿勢が，他の理由でなされた決定を促進したことを示している。

(184) Nick Kapur, "William McKinley's Values and the Origins of the Spanish-American War: A Reinterpretation," *Presidential Studies Quarterly*, 41 (2011), p. 26.

(185) Hamilton, *President McKinley*, vol. 2, pp. 46–47, 50–58, 94–95, 226–227. William T. Horner, *Ohio's*

Kingmaker: Mark Hanna, Man, and Myth（Athens, 2010）は，同様の話を紹介している。

(186) この段落で議論されている問題は，The matters discussed in this paragraph are fully covered by Gould, *President McKinley*; Offner, *An Unwanted War*; Paul S. Holbo, "Presidential Leadership in Foreign Affairs: William McKinley and the Turpie-Foraker Amendment," *American Historical Review*, 72（1967）, pp. 1321–1335で，詳細に網羅されている。

(187) Smith, *The Spanish-American War*, pp. 100–102.

(188) Willard B. Gatewood, *Black Arms and the White Man's Burden, 1898–1903*（Urbana-Champagne, 1975）, pp. 23–29. ブッカー・T・ワシントンは，忠誠を示せば公民権の改善によって報われるであろうと信じたため，黒人のアメリカ人に従軍するように要請した。部分的には，あまりにも多くの失望から立ち直らなければならないため，希望は永遠にわき出るのである。合衆国の情報源は，合衆国軍を助けるうえでキューバの反乱兵によってなされた決定的な貢献も過小評価した。Pérez, *The War of 1898*, p. 86参照。

(189) John L. Leffler, "The Paradox of Patriotism: Texans in the Spanish-American War," *Hayes Historical Journal*, 8（1989）, pp. 24–48; Scott Marshall, "East Texas and the Coming of the Spanish-American War: An Examination of Regional Values," *East Texas Historical Journal*, 37（1999）, pp. 44–52; James M. McCaffrey, "Texans in the Spanish-American War," *Southwestern Historical Quarterly*, 106（2002）, pp. 254–279.

(190) Theodore Roosevelt, "The Reunited People," in Roosevelt, *American Problems*（New York, 1926）, p. 27.

(191) 他にはマシュー・G・バトラー（Mathew G. Butler，1836–1909），トマス・L・ロッサー（Thomas L. Rosser，1836–1910），そして当時，ハバナの合衆国領事であったフィッツヒュー・リー（Fitzhugh Lee，1835–1905）がいた。

(192) Beisner, *Twelve Against Empire*, p. 152に引用。ホアー（1826–1904年）は，マサチューセッツ州選出の上院議員（1872–1904年），自由主義的な共和党員，そして帝国主義と人種差別の率直な批判者であった。

(193) William Graham Sumner, *The Conquest of the United States by Spain*（Boston, 1899）.

(194) Ibid., p. 27. 彼は正しかったように見えたであろう。Geoffrey Seed, "British Views of American Policy in the Philippines Reflected in Journals of Opinion, 1898–1907," *Journal of American Studies*, 2（1968）, pp. 49–64.

(195) John Hay to Theodore Roosevelt, July 27, 1898, in William R. Taylor, *The Life and Letters of John Hay*, vol. 2（Boston, 1915）, p. 337.

(196) McCartney, *Power and Progress*, pp. 163–173.

(197) Trumbull White, *Our New Possessions: Four Books in One*（Philadelphia, 1898）; James C. Fernald, *The Imperial Republic*（New York, 1899）.

(198) Theodore Roosevelt, *The Rough Riders*（New York, 1899）.

(199) Henry Cabot Lodge, *The War with Spain*（New York, 1899）.

(200) *In Defense of the Flag: A Boy's Adventures in Spain and the West Indies during the Battle Year of Our War with Spain*（Boston, 1900）; *With Lawton and Roberts: A Boy's Adventures in the Philippines and the Transvaal*（Boston, 1900）.

(201) *Under Dewey at Manila, or the War Fortunes of a Castaway*（Boston, 1898）; *Under Otis in the Philippines, or a Young Officer in the Tropics*（Boston, 1899）; *A Young Volunteer in Cuba, or Fighting for the Single Star*（1900）; *Under MacArthur in Luzon or Last Battles in the Philippines*（Boston, 1904）. Carol Bellman, *The Secret of the Stratemeyer Syndicate: Mary Drew, the Hardy Boys, and the Million Dollar Fiction Factory*（New York, 1986）も参照。1930年に逝去した際，ストラテメヤーは700点以上の著書を刊行し，およそ3億部を売り上げていた。

(202) Jesse Aleman and Shelley Streeby, eds., *Empire and the Literature of Sensation*（New Brunswick,

2007); Andrew Hebard, "Romantic Sovereignty: Popular Romances and the American Imperial State in the Philippines," *American Quarterly*, 57 (2005), pp. 805–830.

(203) Robert W. Rydell, "Soundtracks of Empire: The 'White Man's Burden,' the War in the Philippines, the 'Ideals of America,' and Tin Pan Alley," *European Journal of American Studies*, 7 (2012), pp. 1–14.

(204) President William McKinley, "State of the Union Address," December 5, 1898.

(205) Andrew S. Draper, *The Rescue of Cuba: An Episode in the Growth of Free Government* (New York, 1899), p. 177.

(206) "In Support of an American Empire," Speech to the Senate, *Record*, vol. 33, 56th Congress, 1st Session, January 1900, pp. 704–712.

(207) Ibid.

(208) "The Ideals of America," *Atlantic Monthly*, 90 (1902), pp. 721–734.

(209) この頭韻法を考えついたのは，ウィリアム・ジェニングズ・ブライアンである。彼はそれを，フィリピンにおける共和党の新たな「植民地政策」の説明の見出しとして考案した。"The Election of 1900," *North American Review*, 171 (1900), p. 795.

(210) Karl Marx, *The Eighteenth Brumaire of Louis Bonaparte* (New York, 1897; 1913), p. 9.

(211) 本書の第五章で論じている。ここで，ピーター・グールヴィッチ（Peter Gourevitch）の先駆的論文 "International Trade, Domestic Coalitions, and Liberty: Comparative Responses to the Crisis of 1873–1896," *Journal of Interdisciplinary History*, 8(1977), pp. 281–313および，彼の重要な著書 *Politics in Hard Times: Comparative Responses to International Crises* (Ithaca, 1986), ch. 3 における敷衍された記述にとくに謝意を表すべきであろう。

(212) Cornelius Trop, "The Coalition of Rye and Iron under the Pressure of Globalisation: A Reinterpretation of Germany's Political Economy before 1914," *Central European History*, 43 (2010), pp. 401–427.

(213) 全能の神を持ち出すことについては，McCartney, *Power and Progress*, pp. 99–106を参照。

(214) 2003年のイラク侵攻に至る経緯についての一つの見方として，A. G. Hopkins, "Capitalism, Nationalism and the New American Empire," *Journal of Imperial & Commonwealth History*, 35 (2007), pp. 95–117を参照。

(215) Ernest R. May, *American Imperialism: A Speculative Essay* (Chicago, 1967; 1991). 1991年に刊行された版には，啓発的な新しいイントロダクション（pp. v–xxxii）が含まれている。Alan Dawley, *Changing the World: American Progressives in War and Peace* (Princeton, NJ, 2003) と Priscilla Roberts, "The Transatlantic American Foreign Policy Elite: Its Evolution in Generational Perspective," *Journal of Transatlantic Studies*, 7 (2009), pp. 163–183, Ninkovich, *Global Dawn* も参照。

(216) *The Conquest of the United States by Spain* (Boston, 1899), p. 4. オフナーの権威ある説明でも，このような立場が採られている。Offner, *An Unwanted War*, pp. ix, 234.

(217) 反帝国主義者連盟の年配の人々の平均年齢は，60歳をはるかに超えていた。マハンを除く主要な帝国主義者は，40代であった。Goran Rystad, *Ambiguous Imperialism: American Foreign Policy and Domestic Politics at the Turn of the Century* (Stockholm, 1975), p. 56.

(218) Clyde W. Barrow, *More than a Historian: The Political and Economic Thought of Charles A. Beard* (New Brunswick, 2000), ch. 6 は，素晴らしい案内になっている。この主題に関する筆者の質問に対する根気強い回答について，バロウ教授に謝意を表したい。

(219) Charles and Mary Beard, *The Rise of American Civilization* (New York, 1937), pp. 370, 374, 480, 491–495.

(220) Charles A. Beard, *The Idea of National Interest* (New York, 1934), pp. 60–84; Beard, *Giddy Minds and Foreign Quarrels* (New York, 1939); Beard, *A Foreign Policy for America* (New York, 1940).

(221) Beard, *Giddy Minds*, p. 16.

(222) Beard, *A Foreign Policy*, p. 47.
(223) Ibid., p. 72.
(224) Ernest R. May, *Imperial Democracy: The Emergence of America as a Great Power* (New York, 1961), p. 270.
(225) ブルックス・アダムズは, "The Spanish War and the Equilibrium of the World," *The Forum* (August, 1898), p. 650において，同じ見解を示している。「錯綜から自由であることを人々が論ずるのはむだである。自然は全能であり，諸国民は時流に乗るしかない」。
(226) William Appleman Williams, "A Note on Charles Austin Beard's Search for a General Theory of Causation," *American Historical Review*, 62 (1956), pp. 59–80が，いまだに最も洞察力のある説明である。
(227) Barrow, *More than a Historian*, p. 195.
(228) 動機の分類は，第六章でまとめられている。
(229) マッキンリーの信心の誠実さを疑う理由は何もない。Andrew Preston, *Sword of the Spirit, Shield of the Faith: Religion in American War and Diplomacy* (New York, 2012), pp. 156–157.
(230) ザビーン・ベアリング＝グールド師が1865年，聖歌「進め，キリスト教徒の兵士たち」の歌詞を書いた。彼の友人の（サー・）アーサー・サリヴァンは1871年にその歌を作曲した。
(231) セオドア・ローズヴェルトが，*American Ideals, the Strenuous Life, Realizable Ideals* (New York, 1926）で行った以上に上手にその中核的価値を表現した者はいない。
(232) Maurice Duvivier, quoted in Vincent Viaene, "King Leopold's Imperialism and the Origins of the Belgian Colonial Party, 1860–1905," *Journal of Modern History*, 80 (2008), p. 778.
(233) James R. Reckner, *Teddy Roosevelt's Great White Fleet: The World Cruise of the American Battlefleet, 1907–1909* (Annapolis, 1988).
(234) この主題についての権威バリー・ゴーフは，1898年を海軍力の勢力均衡の転換点とみなしている。1907年までに，新たな方向性は明確になりつつあった。*Pax Britannica: Ruling the Waves and Keeping the Peace before Armageddon* (Basingstoke, 2014), ch. 13参照。

第九章

(1) A Filipino, "Aguinaldo's Case against the United States," *North American Review*, September 1899, p. 427.
(2) Martí to Manuel Mercado, 18 May 1895. Philip S. Foner, ed., *Political Parties and Elections in the United States* (Philadelphia, 1988）の扉に引用。
(3) Ibid. 合衆国についてのマルティの評言については，Philip S. Foner, ed., *Inside the Monster* (New York, 1975）を参照。
(4) James L. Dietz, *Economic History of Puerto Rico: Institutional Change and Capitalist Development* (Princeton, 1986), p. 94に引用。
(5) A Filipino, "Aguinaldo's Case," p. 427.
(6) Ibid., p. 432.
(7) Maia Lichtenstein, "The Paradox of Hawaiian National Identity and Resistance to United States Annexation," *Penn History Review*, 16 (2008), pp. 50–51.
(8) 8月12日付。Lester A. Beardsley, "Pilikias," *North American Review*, 167 (1898), pp. 473–480.
(9) Ibid., p. 475.「ハワイ・ポノイ」(カラカウア国王の詞に政府の楽団指揮者ヘンリー・バーガー大尉が曲を付けたもの）は，1874年に初演され，1967年に公式の州歌になった。
(10) John D. Hargreaves, "Towards a History of the Partition of Africa," *Journal of African History*, 1 (1960), p. 7.
(11) Ronald Robinson and John Gallagher with Alice Denny, *Africa and the Victorians: The Official Mind of Imperialism* (London, 1961; 2nd ed., 1981）による先駆的研究を創始とする。

(12) Alfred W. McCoy and Francisco A. Scarano, eds., *Colonial Crucible: Empire in the Making of the Modern American State* (Madison, 2009) は，大部で価値のある論文集（重要項目の索引が付されているという意味でも貴重）で，将来の研究のための指針を示している。「マクロ＝比較的な歴史社会学の伝統」の中で執筆しているジュリアン・ゴー（Julian Go）の貢献にも，功績が認められるべきである。*Patterns of Empire: The British and American Empires, 1688 to the Present* (Cambridge, 2011).

(13) Walter LaFeber, *The New Empire: An Interpretation of American Expansion, 1860–1898* (Ithaca, 1963; 2nd ed., 1998), p. xxix.

(14) 本書はフィリピン，ハワイ，キューバ，プエルトリコのみについて扱っていることを，ここで再度，述べておくことが適当である。本書は，グアムとアメリカ領サモアについては扱っていない。それらの島々は，より大きな島嶼におけるいっそう長期の推移や，19世紀を通じて海軍がかき集めた太平洋における無数の環礁に結びつけられるのではなく，それらに特化した研究に値する。

(15) こうしたテーマについての先行研究は，ここで言及するにはあまりにも膨大である。概説としては，Robin W. Winks, ed., *The Oxford History of the British Empire*, Vol. 5, *Historiography* (Oxford, 1999); P. J. Cain and A. G. Hopkins, *British Imperialism, 1688–2000* (London, 3rd ed., 2016), ch. 1 がある。いまや古典的研究となった John Gallagher and Ronald Robinson, "The Imperialism of Free Trade," *Economic History Review*, 2nd ser. 6 (1953), pp. 1–15; Ronald Robinson, "Non-European Foundations of European Imperialism: Sketch for a Theory of Collaboration," in Roger Owen and Bob Sutcliffe, eds., *Studies in the Theory of Imperialism* (London, 1972), pp. 117–142も参照。

(16) 基礎的文献は，John S. Galbraith, "The 'Turbulent Frontier' as a Factor in British Expansion," *Comparative Studies in Society & History*, 2 (1960), pp. 150–168である。

(17) 本書の第六章で検討している。

(18) Wallace R. Aykroyd, *Sweet Malefactor: Sugar, Slavery and Human Society* (London, 1967).

(19) Eleanor C. Nordyke, *The Peopling of Hawai'i* (Honolulu, 2nd ed. 1989), table 3.4, pp. 178–181. 同書とハワイの人口動態史についての価値ある追加の情報については，カリフォルニア大学リヴァーサイド校のデーヴィッド・A・スワンソン（David A. Swanson）教授に負っている。

(20) Lewis E. Gleeck, *The Manila Americans, 1901–1964* (Manila, 1975), pp. 39, 136.

(21) 「滞在者」という用語は，アジアについての研究を通じて先行研究に加わった。たとえば，Anthony Reid, ed., *Sojourners and Settlers: Histories of Southeast Asia and the Chinese* (Honolulu, 2001) を参照。

(22) メキシコ系あるいはメスティーソの女性は，男性よりも現地情勢に適応していたかもしれない。彼女らは「現地人になる」ことの見通しについて，男性以上に関心を持っていた。Christine Doran, "Spanish and Mestizo Women of Manila," *Philippine Studies*, 41 (1993), pp. 269–286参照。

(23) メスティーソ（主にヨーロッパ人＋現地の南アメリカ人，ないしはフィリピンではタガログ人＋中国人），ムラート（主にヨーロッパ人＋カリブ海のアフリカ人），インディオ（主に南アメリカの先住民），ネグリート（フィリピンの先住民），黒人《ニグロ》（カリブ海のアフリカ系奴隷）。

(24) 「修道士《フライヤー》」は主にドミニコ会，アウグスティノ会，フランシスコ会，レコレイ派，カルメル会の宗教団体を指して，フィリピン研究で用いられる集合的呼称である。

(25) Juan Antonio Inarejos Muñoz, "Caciques con sotana: control social e injerencia electoral de los eclesiásticos en las Filipinas españolas," *Historia Social*, 75 (2013), pp. 23–40は，修道士と他の政治的利害関係者との複雑な関係を精査している。

(26) William A. Morgan, "Cuban Tobacco Slavery: Life, Labor and Freedom in Pinar del Río," Ph. D. dissertation, University of Texas at Austin (2013) は，第1章で「砂糖中心」論についての先行研究を検討している。重要な博士論文を読んで引用することを許可してくれただけでなく，19世紀のキューバ史に関するいっそう幅広い質問に対する物惜しみしない返答についても，モーガン博士に感謝したい。

(27) Luzviminda Bartolome Francisco and Jonathan Shepard Fast, *Conspiracy for Empire: Big Business, Corruption and the Politics of Imperialism in America, 1876–1907* (Quezon City, 1985), p. 232.

(28) Calculated from F. W. Taussig, "Sugar: A Lesson in Reciprocity," *Atlantic Monthly*, 95 (1908), p. 334. Roy A. Ballinger, *A History of Sugar Marketing* (Washington, DC, 1971), p. 10は，1896年について，14%という数字を示している。

(29) 1880年代，ジャワは世界で最も効率的な産業立地の一つとなった。Willem G. Wolters, "Sugar Production in Java and in the Philippines during the Nineteenth Century," *Philippine Studies*, 40 (1992), pp. 411–434, at p. 413.

(30) Taussig, "Sugar," p. 336は，消費者は利益を享受しなかったと主張した。サムナー・ラクルワー (Sumner LaCroix) とクリストファー・グランディ (Christopher Grandy) は，この主張を確認した。"The Political Instability of Reciprocal Trade and the Overthrow of the Hawaiian Kingdom," *Journal of Economic History*, 57 (1997), pp. 170–172. F. W. Taussig, *Some Aspects of the Tariff Question* (Cambridge, MA, 1915), ch. 5 および Richard O. Zerbe, "The American Sugar Refinery Company, 1887–1914: The Story of a Monopoly," *Journal of Law & Economics*, 12 (1969), pp. 339–375も参照。

(31) サミュエル・B・M・ヤング将軍，1898年。Louis A. Pérez, Jr., *Cuba in the American Imagination: Metaphor and the Imperial Ethos* (Chapel Hill, 2008), p. 179に引用。

(32) 1840年から1868年の間に砂糖の輸出は6.5倍に増えた。1868年の時点で，キューバは，世界の生産の30%を占めていた。Vanessa M. Ziegler, "The Revolt of the 'Ever-Faithful Isle': The Ten Years' War in Cuba, 1868–1878," Ph. D. dissertation, University of California (2007), p. 5 を参照。W. G. Clarence Smith, "The Economic Dynamics of Spanish Colonialism in the Nineteenth and Twentieth Centuries," *Itinerario*, 15(1991), p. 72も参照。タバコについては，Morgan, "Cuban Tobacco Slavery" を参照。ここで，フランクリン・W・ナイト (Franklin W. Knight) の先駆的研究，*Slave Society in Cuba during the Nineteenth Century* (Madison, 1970) の功績も認められるべきである。

(33) Louis A. Pérez, Jr., *Winds of Change: Hurricanes and the Transformation of Nineteenth-Century Cuba* (Chapel Hill, 2001)は，標準的な歴史叙述に新たな次元を付け加えている。William C. Van Norman, *Shade-Grown Slavery: The Lives of Slaves on Coffee Plantations in Cuba* (Nashville, 2012) も参照。

(34) Ada Ferrer, *Insurgent Cuba: Race, Nation, and Revolution, 1868–1898* (Chapel Hill, 1999), p. 2.

(35) Ziegler, "The Revolt of the 'Ever-Faithful Isle.'"

(36) Jonathan Curry-Machado, "'Rich Flames and Hired Tears': Sugar, Sub-Imperial Agents, and the Cuban Phoenix of Empire," *Journal of Global History*, 4 (2009), pp. 33–56.

(37) Clarence Smith, "Economic Dynamics," p. 72.

(38) Inés Roldán de Montaud, "España y Cuba: Cien años de relaciones financieras," *Studia Historica: Historia Contemopránea*, 15 (1997), pp. 35–69.

(39) Dominique Concalvès, *Le planteur et le roi: L'aristocratie havanise et la couronne d'Espagne (1763–1838)* (Madrid, 2008).

(40) Sherry Johnson, *The Social Transformation of Eighteenth-Century Cuba* (Gainesville, 2001).

(41) Ada Ferrer, *Freedom's Mirror: Cuba and Haiti in the Age of Revolution* (New York, 2015). 同地での生産の中断の後，キューバのプランターは，ハワイから奴隷と機械さえ輸入した。

(42) 1814年に締結された協定は，1819年に効力を持つようになったが，フランスは，それを熱心には支持しなかった。

(43) Manuel Moreno Fraginals, *The Sugarmill: The Socioeconomic Complex of Sugar in Cuba, 1760–1860* (New York, 1978); Rebecca J. Scott, *Slave Emancipation in Cuba: The Transition to Free Labor, 1860–1899* (Princeton, 1986); Christian Schnakenbourg, "From Sugar Estate to Central Factory: The Industrial Revolution in the Caribbean (1840–1905)," in Bill Albert and Adrian Graves, eds., *Crisis and Change in the International Sugar Economy, 1860–1914* (Norwich, 1984), pp. 83–91

は，簡潔な概論を提供している。César J. Ayala, "Social and Economic Aspects of Sugar Production in Cuba, 1880–1930," *Latin American Research Review*, 30（1995）, pp. 95–124; Christopher Nowara-Schmidt, "The End of Slavery and the End of Empire: Slave Emancipation in Cuba and Puerto Rico," *Slavery & Abolition*, 21（2000）, pp. 188–207. 奴隷反乱については，Manuel Barcia, *Seeds of Insurrection: Domination and Resistance in Western Cuba, 1808–1848*（Baton Rouge, 2008）; Barcia, *The Great African Slave Revolt of 1825: Cuba and the Fight for Freedom in Matanzas*（Baton Rouge, 2012）を参照。Lisa Yun, *The Coolie Speaks: Chinese Indentured Laborers and African Slaves in Cuba*（Philadelphia, 2008）; Kathleen López, *Chinese Cubans: A Transnational History*（Chapel Hill, 2013）は，グローバルな文脈で称賛に値する説明をしている。

(44) キューバについてのデータは，とりわけ確かなものである。Linda K Salucci and Richard J. Salucci, "Cuba and the Latin American Terms of Trade: Old Theories, New Evidence," *Journal of Interdisciplinary History*, 31（2000）, pp. 202–206; Ziegler, "The Revolt of the 'Ever-Faithful Isle,'" pp. 13, 252–253参照。

(45) Julia Solla Sastre, "Cuando las provincias de allende los mares sean llamadas por la Constitución (acerca del estatus constitucional de Cuba, Puerto Rico y Filipinas, 1837–1898)," *Giornale di Storia Costituzionale*, 25（2013）, pp. 61–78.

(46) David R. Murray, *Odious Commerce: Britain, Spain, and the Abolition of the Cuban Slave Trade*（Cambridge, 1981）が，十全の説明を行っている。Murray, "The Slave Trade, Slavery, and Cuban Independence," *Slavery & Abolition*, 20（1999）, pp. 106–126は，後に続く研究に言及している。

(47) Louis A. Pérez, Jr., *Cuba: Between Reform and Revolution*（New York, 1988; 3rd ed., Oxford, 2006）.

(48) セスペデス・デル・カスティージョ（1819–74年）は，戦争中に殺害された。

(49) Ziegler, "The Revolt of the 'Ever-Faithful Isle,'" pp. 14, 22.

(50) Scott, *Slave Emancipation in Cuba*; César J. Ayala, *American Sugar Kingdom: The Plantation Economy of the Spanish Caribbean, 1898–1934*（Chapel Hill, 1999）, pp. 153–156; Nowara-Schmidt, "The End of Slavery and the End of Empire."

(51) Scott, *Slave Emancipation in Cuba*, chs. 2–3.

(52) Yun, *The Coolie Speaks*; López, *Chinese Cubans*.

(53) Lisa Yun and Ricardo Rene Laremont, "Chinese Coolies and African Slaves in Cuba, 1847–74," *Journal of Asian American Studies*, 4（2001）, pp. 99–122; Jesús M. Valdaliso, "Trade, Colonies and Navigation Laws: The Flag, Differential Duty, and the International Competitiveness of Spanish Shipping in the Nineteenth Century," *International Journal of Maritime History*, 167（2005）, pp. 31–60.

(54) Luis Fernández-Martínez, *Torn Between Empires: Economy, Society, and Patterns of Political Thought in the Hispanic Caribbean, 1840–1878*（Athens, 1994）は，キューバ，プエルトリコ，ドミニカ共和国の文脈にこのテーマを設定している。

(55) Oscar Zanetti and Alejandro Garcia, *Sugar and Railroads: A Cuban History, 1837–1959*（Chapel Hill, 1998）は，この主題について十全の説明を行っている。

(56) B. J. C. McKercher and S. Enjamio, "'Brighter Futures and Better Times': Britain, the Empire, and Anglo-American Economic Competition in Cuba, 1898–1920," *Diplomacy & Statecraft*, 18（2007）, p. 668.

(57) Fraginals, *The Sugarmill*; Schnakenbourg, "From Sugar Estate to Central Factory"; César J. Ayala, "Social and Economic Aspects of Sugar Production in Cuba, 1880–1930," *Latin American Research Review*, 30（1995）, pp. 95–124.

(58) Scott, *Slave Emancipation in Cuba*, pp. 26, 166–172.

(59) Rafael E. Tarragó, "Too Late? Social, Economic and Political Reform in Spanish Cuba, 1878–1898,"

Colonial Latin American Review, 5（1996）, pp. 301–305; Susan J. Fernandez, *Encumbered Cuba: Capital Markets and Revolt, 1878–1895*（Gainesville, 2009）は，政党への支持の社会経済的基盤を明らかにしている。

（60） J. C. M. Ogelsby, "The Cuban Autonomista Movement's Perception of Canada, 1865–1898," *The Americas*, 48（1992）, pp. 445–461.

（61） Schmidt-Nowara, *Empire and Slavery* は，権威あるかたちで，こうしたテーマを扱っている。

（62） Alfonso W. Quiroz, "Loyalist Overkill: The Socio-Economic Costs of 'Repressing' the Separatist Insurrection in Cuba," *Hispanic American Historical Review*, 78（1998）, pp. 295–296, 300, 303–305.

（63） Alfonso W. Quiroz, "Implicit Costs of Empire: Bureaucratic Corruption in Nineteenth-Century Cuba," *Journal of Latin American Studies*, 35（2003）, pp. 473–511.

（64） Karen Robert, "Slavery and Freedom in the Ten Years' War: Cuba, 1868–1878," *Slavery & Abolition*, 13（1992）, pp. 184–200.

（65） Rosalie Schwartz, *Lawless Liberators: Political Banditry and Cuban Independence*（Durham, 1989）. Louis A. Pérez, Jr., *Lords of the Mountain: Social Banditry and Peasant Protest in Cuba, 1878–1918*（Pittsburgh, 1989）は，異なる視座を提供している。

（66） これが，Ferrer, *Insurgent Cuba* の中心的テーマである。

（67） Joseph Smith, *The Spanish-American War: Conflict in the Caribbean and the Pacific, 1895–1902*（London, 1994）, pp. 2–3.

（68） ゴメス（1854–1933年），マセオ（1845–97年）。

（69） Louis A. Pérez, Jr., "Towards Dependency and Revolution: The Political Economy of Cuba between Wars, 1878–1895," *Latin American Research Review*, 18（1983）, pp. 127–142; Ogelsby, "The Cuban Autonomista Movement's Perception of Canada," pp. 449–450.

（70） Linda K. Salvucci and Richard J. Salvucci, "Cuba and Latin American Terms of Trade: Old Theories, New Evidence," *Journal of Interdisciplinary History*, 31（2000）, pp. 201–212, 217.

（71） Fernandez, *Encumbered Cuba*, pp. 144–145. 筆者が見逃していたこの複雑な主題の諸側面について説明の時間を割いてくれたことに対し，フェルナンデス博士に大いに感謝したい。スペインの絶望的な財政状態の深まりは，Inés Roldán de Montaud, "Guerra y finanzas en la crisis de fin de siglo: 1895–1899," *Hispania: Revista Española de Historia*, 57（1997）, pp. 611–665で取り扱われている。Antonio Santamaría García, "Precios y salarios reales en Cuba, 1872–1914," *Revista de Historia Económica*, 18（2000）, pp. 339–376は，実質所得が1883年以降減少したことを示すために，示唆に富む証拠を提供している。

（72） Fernandez, *Encumbered Cuba*, pp. 152–153.

（73） たとえば，Inés Roldán de Montaud, "Spanish Fiscal Policies and Cuban Tobacco during the Nineteenth Century," *Cuban Studies*, 33（2002）, pp. 48–70を参照。

（74） Christopher Harris, "Edwin F. Atkins and the Evolution of United States Cuba Policy, 1894–1902," *New England Quarterly*, 78（2005）, pp. 207–208; Tarragó, "Too Late? Social, Economic and Political Reform in Spanish Cuba," pp. 301–303.

（75） Louis A. Pérez, *Cuba between Empires, 1878–1902*（Pittsburg, 1983）, pp. 30–31; David M. Pletcher, *The Diplomacy of Trade and Investment: American Economic Expansion in the Hemisphere, 1865–1900*（Columbia, 1998）, pp. 265–266.

（76） Pérez, "Towards Dependency and Revolution," p. 136; Ayala, *American Sugar Kingdom*, pp. 57–58.

（77） マルティについての先行研究は膨大である。Christopher Abel and Nissa Torrents, eds., *José Martí: Revolutionary Democrat*（London, 1986）は，役に立つ論文集である。Lillian Guerra, *The Myth of José Martí: Conflicting Nationalism in Early Twentieth-Century Cuba*（Chapel Hill, 2005）は，ナショナリスト的偶像としての彼の変化を跡づけている。Amando García de la Torre. *José Martí and the Global Origins of Cuban Independence*（Kingston, Jamaica, 2015）は，彼の思想のコスモポリタン的

性格――ヒンズー教的・汎アフリカ的源泉を含む――を検討している。

(78) Armando García de la Torre, "The Contradictions of Late Nineteenth-Century Nationalist Doctrines: Three Keys to the 'Globalism' of José Martí's Nationalism," *Journal of Global History*, 3 (2008), pp. 67–88.

(79) この言葉は，Ferrer, *Insurgent Cuba* によって用いられている。この概念をめぐる論争の概説は，Alejandro de la Fuente, "Myths of Racial Democracy: Cuba 1900–1912," *Latin American Research Review*, 34(1999), pp. 39–73を参照。Rebecca J. Scott, "Race, Labor, and Citizenship in Cuba: A View from the Sugar District of Cienfuegos, 1886–1909," *Hispanic American Historical Review*, 78 (1998), pp. 687–729も参照。

(80) Louis A. Pérez, Jr., *Cuba and the United States: Ties of Singular Intimacy* (Athens, Georgia, 1990; 3rd ed., 2003), pp. 55–81.

(81) Harris, "Edward F. Atkins," p. 210; Louis A. Pérez, Jr., ed., *José Martí in the United States: The Florida Experience* (Tempe, 1995).

(82) 葉巻製造者組合が肝要な支持の源泉であった。LaFeber, *The New Empire*, pp. 286–287.

(83) アントニオ・カノバス・デル・カスティーリョ（1828–97年）は，スペインとキューバで最も極端な類の抑圧的施策を適用した，ひたむきな君主制主義者であった。彼は1896年，テネリフェ侯ヴァレリアーノ・ウェイラー・イ・ニコラウ将軍（1838–1930年）をキューバ総督に任命した。ウェイラーは南北戦争中，ワシントンで大使館付き陸軍武官を務めていた際，ウィリアム・シャーマン将軍の「焦土」政策を目撃し，フィリピン総司令官（1888–92年）であった際，その技法を適用した。

(84) この有名な逸話は，その多くが繰り返しではあったが，長きにわたり，多くの研究と憶測の主題となってきた。爆発の原因は不明のままである。異なる見解が，Hyman G. Rickover, *How the Battleship* Maine *Was Destroyed* (Washington, DC, 1976) と Peggy Samuels and Harold Samuels, *Remember the Maine* (Washington, DC, 1995) によって表明されている。ヒュー・トマスのリコヴァー提督の報告についての鋭い評言も参照（*Cuba*, pp. 1039–1040）。

(85) 黄熱病はとりわけ，心配の種であった。それはアメリカ本土においてもそうであった。Mariola Espinosa, "The Threat from Havana: Southern Public Health, Yellow Fever, and the U. S. Intervention in the Cuban Struggle for Independence," *Journal of Southern History*, 72 (2006), pp. 541–568参照。

(86) Matthew Smallman-Raynor and Andrew D. Cliff, "The Spatial Dynamics of Epidemic Diseases in War and Peace: Cuba and the Insurrection against Spain, 1895–98," *Transactions of the Institute of British Geographers*, 24 (1999), p. 332.

(87) マイルズ（1839–1925年）：北軍志願兵（1861年），インディアン戦争（1874–90年），合衆国陸軍総司令官（1895–1903年）。Robert Wooster, *Nelson A. Miles and the Twilight of the Frontier Army* (Lincoln, 1993) と Peter R. DeMontravel, *A Hero to His Fighting Men: Nelson A. Miles, 1839–1925* (Kent, 1998) は，彼が敬服すべき兵士であったが，未熟な政治家であったと同意している。

(88) Richard H. Davis, *The Cuban and Puerto Rican Campaigns* (New York, 1898), pp. 296–300. Davila-Cox, "Puerto Rico in the Hispanic-Cuban-American War," p. 98に引用。

(89) Dietz, *Economic History of Puerto Rico*, pp. 16–20.

(90) Joseph C. Dorsey, *Slave Traffic in the Age of Abolition: Puerto Rico, West Africa, and the Non-Hispanic Caribbean, 1815–1859* (Gainesville, 2003) は，プエルトリコの奴隷貿易が，考えられてきた以上に大規模であったことを示している。

(91) Luis A. Figueroa, *Sugar, Slavery and Freedom in Nineteenth-Century Puerto Rico* (Chapel Hill, 2005)は，グアヤマ市の事例研究を提供している。Ricardo R. Camuñas Madera, *Hacendados y comerciantes en Puerto Rico en torno a la década revolucionaria de 1860* (Mayagüez, Puerto Rico, 1993) は，カタロニア人とフランス人の入植者に影響を与えたキューバ西部の発展を跡づけている。

(92) イギリスの貿易については，Emma Aurora Davila-Cox, *This Immense Commerce: The Trade Between Puerto Rico and Great Britain, 1844–1898* (San Juan, 1993) を参照。

(93) Guillermo A. Baralt, *Slave Revolts in Puerto Rico: Conspiracies and Uprisings, 1795–1873* (San Juan, 1981; trans. Princeton, NJ, 2007).

(94) そして，それは論争を刺激してきた。Tom Brass, "Free and Unfree Labour in Puerto Rico during the Nineteenth Century," *Journal of Latin American Studies*, 18 (1986), pp. 181–193を参照。

(95) Christopher Schmidt-Nowara, *Empire and Slavery: Spain, Cuba, and Puerto Rico, 1833–1874* (Pittsburgh, 1999), pp. 169–173; Andrés Ramos Mattei, Luz Arrieta-Longworth, and Patrick Bryan, "The Plantations of the Southern Coast of Puerto Rico, 1880 to 1910," *Social & Economic Studies*, 37 (1988), pp. 365–404.

(96) Laird W. Bergad, *Coffee and the Growth of Agrarian Capitalism in Nineteenth-Century Puerto Rico* (Princeton, 1983) は，コーヒー産業における賃金労働の増加を跡づけている。

(97) Figueroa, *Sugar, Slavery and Freedom*, ch. 5; Rosa E. Carrasquillo, *Our Landless Patria: Marginal Citizenship in Caguas, Puerto Rico, 1880–1910* (Lincoln, 2006).

(98) Emma Davila-Cox, "Puerto Rico in the Hispanic-Cuban-American War: Reassessing the 'Picnic,'" in Angel Smith and Emma Davila-Cox, eds., *The Crisis of 1898: Colonial Redistribution and Nationalist Mobilization* (London, 1999), p. 108に引用。

(99) Dietz, *Economic History of Puerto Rico*, pp. 25–28; Davila-Cox, "Puerto Rico in the Hispanic-Cuban-American War," p. 109.

(100) Juan José Baldrich, "From Handcrafted Tobacco to Machine-Made Cigarettes: The Transformation and Americanization of Puerto Rican Tobacco, 1847–1903," *Centro Journal*, 17 (2005), pp. 144–169.

(101) Bergad, *Coffee and the Growth of Agrarian Capitalism* が主要文献である。

(102) Dietz, *Economic History of Puerto Rico*, pp. 25–28; Davila-Cox, "Puerto Rico in the Hispanic-Cuban-American War," p. 109; Bergad, *Coffee and the Growth of Agrarian Capitalism*, p. 86は，1897年のコーヒー輸出の値として，70%という数字を示している。

(103) Davila-Cox, "Puerto Rico in the Hispanic-Cuban-American War," p. 110.

(104) Luis Martínez-Fernández, *Frontiers, Plantations and Walled Cities* (Princeton, NJ, 2010), pp. 31–32; Dietz, *Economic History*, pp. 35–40.

(105) Olga Jiménez de Wagenheim, *Puerto Rico's Revolt for Independence: El Grito de Lares* (Boulder, 1985).

(106) Davila-Cox, "Puerto Rico in the Hispanic-Cuban-American War," pp. 116–118.

(107) Luis Martínez-Fernández, *Frontiers, Plantations and Walled Cities*, p. 28.

(108) Astrid Cubano, "El café y la política colonial en Puerto Rico a fines del siglo XIX. Dominación mercantil en el Puerto de Arecibo," *Revista de Historia Económica*, 8 (1990), pp. 95–103.

(109) 人種的平等の神話については，Jay Kinsbruner, *Free People of Color and Racial Prejudice in Nineteenth-Century Puerto Rico* (Durham, 1996) を参照。

(110) Dietz, *Economic History of Puerto Rico*, pp. 53–59, 63–66.

(111) Astrid Cubano Iguina, "Política radical y autonomismo en Puerto Rico: Conflictos de intereses en la formación del Partido Autonomista Puertorriqueño (1887)," *Anuario de Estudios Americanos*, 51 (1994), pp. 155–173; Cubano Iguina, "Political Culture and Male Mass Party Formation in Late Nineteenth-Century Puerto Rico," *Hispanic American Historical Review*, 78 (1998), pp. 631–663; Bergad, *Coffee and the Growth of Agrarian Capitalism* は，この時期のコーヒーと政治の関係を跡づけている。

(112) José Trías Monge, *Puerto Rico: The Trials of the Oldest Colony in the World* (New Haven, 1997), pp. 10–13.

(113) César J. Ayala and Rafael Bernabe, *Puerto Rico in the American Century* (Chapel Hill, 2007).

(114) Davila-Cox, "Puerto Rico in the Hispanic-Cuban-American War," pp. 102–103.

(115) ホセ・リサールの有名な『最後のさようなら』の最初の一行。本書の378頁を参照。

(116) それまでにスペインは，キューバを売却する準備もできていたが，テラー修正が併合を排除した。

(117) 1903年の国勢調査は，760万人の住民を記録している。

(118) 幸運なことに，歴史家はこの主題についての２つの価値ある概説を利用することができる。John A. Larkin, "Philippine Social History Reconsidered: A Socioeconomic Perspective," *American Historical Review*, 87（1982）, pp. 595–628; Josep M. Fradera, "The Historical Origins of the Philippine Economy: A Survey of Recent Research of the Spanish Colonial Era," *Australian Economic History Review*, 44（2004）, pp. 307–320. 本章，そして本書下巻の第十三章においてとりわけ助けとなってきた，フラデラ博士の研究に対する謝意を記したい。

(119) Benito J. Legarda, *After the Galleons: Foreign Trade, Economic Change and Entrepreneurship in the Nineteenth-Century Philippines*（Madison, 1999）, ch. 2.

(120) この点については，とくに Josep M. Fradera, "Reform or Leave: A Re-Reading of the So-Called 'Secret Report' by Sinibald de Mars About the Philippines," *Bulletin of Portuguese-Japanese Studies*, 16（2008）, pp. 83–99に負っている。

(121) Greg Bankoff, "Big Fish in Small Ponds: The Exercise of Power in a Nineteenth-Century Philippine Municipality," *Modern Asian Studies*, 26（1992）, pp. 679–700; Juan Antonio Inarejos Muñoz, *Los*（*últimos*）*caciques de Filipinas: Las elites coloniales antes del 98*（Granada, 2015）, chs. 1, 4, 5 は，修道士，行政当局，課税を結びつけることにより，フィリピン人聖職者が果たした役割を跡づけている。

(122) 基礎的な研究は，Reynaldo Ileto, *Pasyon and Revolution: Popular Movements in the Philippines, 1840–1910*（Quezon City, 1979）である。Bruce Cruikshank, "Gaming the System: The Tribute System in the Spanish Philippines, 1565–1884," academia.edu at https://sites.google.com/site/dbcresearchinstitute/（2014）も参照。著者の許可により引用した未刊行論文である。Damon L. Woods, "Counting Time and Marking Time from the Precolonial to the Contemporary Tagalog World," *Philippine Studies*, 59（2011）, pp. 337–365は，この主題について新たな思考の筋道を切り開いた功績が認められるべきである。1745年のタガログ人革命については，Larkin, "Philippine Social History," pp. 609–610を参照。

(123) Larkin, "Philippine Social History," pp. 603–606.

(124) Katherine Bjork, "The Link that Kept the Philippines Spanish: Mexican Merchant Interests and the Manila Trade, 1571–1815," *Journal of World History*, 9（1998）, pp. 25–50.

(125) リンダ・A・ニューソン（Linda A. Newson）の注目すべき研究，*Conquest and Pestilence in the Early Spanish Philippines*（Honolulu, 2009）を参照。

(126) 反応も減退した。Francisco Mallari, "Muslim Raids in Bicol, 1580–1792," Philippine Studies, 34（1986）, pp. 257–286.

(127) James Francis Warren, "The Structure of Slavery in the Sulu Zone in the Late Eighteenth and Nineteenth Centuries," *Slavery & Abolition*, 24（2003）, pp. 111–128; Warren, "Saltwater Slavers and Captives in the Sulu Zone, 1768–1878," *Slavery & Abolition*, 31（2010）, pp. 429–449; Henry M. Schwalbenberg, "The Economics of Pre-Hispanic Visayan Slave-Raiding," *Philippine Studies*, 42（1994）, pp. 376–384. ポルトガル人は，南アジアから奴隷を輸入することによって貢献した。Tatiana Seijas, "The Portuguese Slave Trade to Spanish Manila, 1580–1640," *Itinerario*, 32（2008）, pp. 19–38.

(128) 多様な国家体制に言及するために筆者がこれらの用語を使用していることを専門家は理解するであろう。アフリカやアジアにおけるのと同様，スペイン来航前のフィリピンの諸国家の定義は論争の的である。この問題について，「慎重に扱う」必要性を警告してくれたエドゥアード・ウガーテ博士に感謝したい。

(129) Larkin, "Philippine Social History," pp. 610–612; Fradera, "Historical Origins of the Philippine Economy," pp. 308–309.

(130) Josep M. Fradera, "De la periferia al centro (Cuba, Puerto Rico y Filipinas en la crisis del Imperio español)," *Anuario de Estudios Americanos*, 61 (2004), pp. 161–199は，19世紀において島々を保持するうえでの軍隊の役割を強調している。

(131) 本書第八章の「ドン・キホーテの最後の疾駆」の節を参照。Larkin, "Philippine Social History," pp. 611–617も参照。

(132) 本書の第二章，第六章で概説されている。

(133) Maria Dolores Elizalde, "1898: The Coordinates of the Spanish Crisis in the Pacific," in Angel Smith and Emma Davila-Cox, eds., *The Crisis of 1898: Colonial Redistribution and Nationalist Mobilization* (New York, 1999), pp. 136–137; Norman G. Owen, "Abaca in Kabikolan: Prosperity without Progress," in Alfred W. McCoy and Edilberto C. de Jesus, eds., *Global Trade and Local Transformation* (Quezon City, 1982), p. 197; Ifor B. Powell, "The Nineteenth Century and the Years of Transition: The Origins of the Firms," *Bulletin of the American Historical Collection*, 9 (1981), pp. 7–25; Powell, "The Banks, *Bulletin of the American Historical Collection*, 9 (1981), pp. 39–52; Powell, "The Brokers," *Bulletin of the American Historical Collection*, 10 (1982), pp. 60–81.

(134) Norman G. Owen, *Prosperity Without Progress: Manila Hemp and Material Life in the Colonial Philippines* (Berkeley and Los Angeles, 1984), p. 69.

(135) Legarda, *After the Galleons*, chs. 4, 5, 6; John A. Larkin, *Sugar and the Origins of Modern Philippine Society*, chs. 2–3.

(136) Owen, *Prosperity without Progress*.

(137) Larkin, "Philippine Social History," pp. 615–617. Larkin, *Sugar and the Origins of Modern Philippine Society*, ch. 3 は，砂糖のフロンティアの黒人《ニグロ》への開放を描いている。

(138) Larkin, "Philippine Social History," pp. 617–620; Fradera, "Historical Origins of the Philippine Economy," p. 311.

(139) ドミンゴ・ロハス・イ・ウレタ（Domingo Roxas y Ureta, 1782–1843），アントニオ・デ・アヤラ（Antonio de Ayala, 1804–76）。ロハス家は元来，アンダルシア出身だが，フィリピンにやって来る前にメキシコに移住した。アラヤ家はバスク地方出身である。

(140) Eduardo Lachica, *Ayala: The Philippines' Oldest Business House* (Makati, Philippines, 1984). ラチカの著書は貴重だが，例外的に長期にわたり，相当な規模の活動であったことに鑑みて，アヤラ社については，新たな研究の余地がある。

(141) この銀行は，イサベル２世スペイン領フィリピン銀行（*El Banco Español-Filipino de Isabel II*）の名前でスペイン総督により設立され，1912年にフィリピン群島銀行となった。

(142) 1826–69.

(143) Marciano R. de Borja, *Basques in the Philippines* (Reno, 2005), pp. 124–127.

(144) 先駆的研究は，Edgar Wickberg, *Chinese in Philippine Life, 1850–1898* (New Haven, 1965) である。Andrew Wilson, *Ambition and Identity: Chinese Merchant Elites in Colonial Manila, 1880–1916* (Honolulu, 2004); Richard Chu, *Chinese and Chinese Mestizos of Manila: Family, Identity and Culture, 1860s–1930s* (Leiden, 2010) も参照。

(145) Larkin, *Sugar and the Origins of Modern Philippine Society*, ch. 3; Wickberg, *Chinese in Philippine Life*.

(146) Allan E. S. Lumba, "Philippine Colonial Money and the Future of the Spanish Empire," in Chia Yin Hsu, Thomas M. Luckett, and Erika Vause, eds., *The Cultural History of Money and Credit: A Global Perspective* (Lanham, 2016), ch. 7.

(147) Edilberto C. de Jesús, *The Tobacco Monopoly in the Philippines: Bureaucratic Enterprise and Social Change, 1766–1880* (Quezon City, 1980). 当初，独占は新世界のすべてのスペイン植民地に適用された。Susan Deans-Smith, *Bureaucrats, Planters and Workers in the Making of the Tobacco Monopoly in Bourbon Mexico* (Cambridge, 1992) を参照。

(148) Legarda, *After the Galleons*, pp. 193–206.

(149) Fradera, "Historical Origins," pp. 314–315.

(150) フィリピン・タバコ総合会社は，1898年の新たな植民地支配者の到来に難なく適応し，その植民地時代を通じて，主要な事業であり続けた。

(151) Greg Bankoff, *Crime, Society & the State in the Nineteenth-Century Philippines*（Manila, 1995）は，この主題についての決定版である。

(152) Bankoff, *Crime, Society & the State*; Elizalde, "1898: The Coordinates of the Spanish Crisis in the Pacific," pp. 132–133.

(153) Larkin, *Sugar and the Origins of Modern Philippine Society*, pp. 53–56. 低品質の砂糖は，伝統的な輸出市場である中国に輸送され続けたが，世紀後半の砂糖生産の急増は，高品質の砂糖を必要とする欧米における需要の拡大への反応であった。したがって，中国市場は世紀末に，フィリピンをサトウキビの国際価格下落の影響から保護することはできなかった。

(154) Larkin, *Sugar and the Origins of Modern Philippine Society*, pp. 49–50.

(155) Norman G. Owen, *Prosperity without Progress*, pp. 52–62.

(156) Fradera, "The Historical Origins of the Philippine Economy," pp. 314–317.

(157) Larkin, "Philippine Social History," p. 620.

(158) María Dolores Elizalde and Xavier Huetz de Lemps, "Poder, religión y control en Filipinas. Colaboración y conflicto entre el Estado y las órdenes religiosas, 1868–1898," *Ayer: Revista de Historia Contemporánea*, 100（2015）, pp. 151–176. 修道士はおよそ40万エーカーを所有しており，そのうち25万エーカーは，マニラ周辺の望ましい地域にあった。Fradera, "Historical Origins of the Philippines Economy," pp. 314–317参照。

(159) Legarda, *After the Galleons*, pp. 156–157.

(160) 先駆的研究は，Peter C. Smith, "Crisis Mortality in the Nineteenth-Century Philippines: Data from Parish Records," *Journal of Asian Studies*, 38（1978）, pp. 51–76である。Ken De Bevoise, *Agents of Apocalypse: Epidemic Disease in the Colonial Philipines*（Princeton, NJ, 1995）, pp. 8–12も参照。

(161) Smith, "Crisis Mortality," p. 68.

(162) デ・ビヴォイスはこの語を，*Agents of Apocalypse* の中心的テーマとして用いている。

(163) Jean-Pascal Bassino, Marion Dovis, and John Komlos, "Biological Well-Being in Late Nineteenth-Century Philippines," National Bureau of Economic Research, *Working Paper*, 21410（2015）.

(164) David Sweet, "John N. Schumacher, The Cavite Mutiny: Towards a Definitive History," *Philippine Studies*, 59（2011）, pp. 55–81.

(165) Ibid., pp. 78–79.

(166) John N. Schumacher, *The Making of a Nation: Essays on Nineteenth-Century Filipino Nationalism*（Quezon City, 1991）; Reynaldo C. Ileto, *Filipinos and Their Revolution: Event, Discourse and History*（Quezon City, 1998）は，入門として賞賛に値する。

(167) 当時，「フィリピン人」の語は，フィリピン在住のスペイン人とそこで生まれたスペイン系メスティーソを指していた。「フィリピン人」の語は20世紀において広まり，最終的に出身にかかわらず当地の全住民に適用された。

(168) クリスチャン・ドラン（Christine Doran）はこうした区別の社会的意義を強調しており（"Spanish and Mestizo Women of Manila," *Philippine Studies*, 41（1993）, pp. 269–286），活発な活動に対して女性が行った貢献を強調している。Owen, *Prosperity and Progress*, pp. 192–197も参照。

(169) Fradera, "Historical Origins of the Philippine Economy," pp. 314–317.

(170) Caroline Sy Hau, "'*Patria é intereses*': Reflections on the Origins and Changing Meanings of *Ilustrado*," *Philippine Studies*, 59（2011）, pp. 3–54.

(171) John N. Schumacher, *Revolutionary Clergy: The Filipino Clergy and the Nationalist Movement, 1850–1905*（Quezon City, 1981）も，およそ60%のフィリピン人聖職者が，1903年，合衆国の支配

に反対していたと推測している（p. 275）。

(172) Megan C. Thomas, *Orientalists, Propagandists and Ilustrados: Filipino Scholarship and the End of Spanish Colonialism* (Minneapolis, 2012).

(173) Benedict Anderson, *Under Three Flags: Anarchism and the Anti-Colonial Imagination* (London, 2005) は，ホセ・リサール，マリアーノ・ポンセ，イサベロ・デ・ロス・レイエスに焦点を絞っている。Armando García de la Torre, "The Contradictions of Late Nineteenth-Century Nationalist Doctrines."

(174) Ileto, *Pasyon and Revolution* は，とくにカティプナン（*katipunan*）についての異なる解釈を中心として，このテーマを発展させている。

(175) Bankoff, *Crime, Society, and the State.*

(176) Larkin, "Philippine Social History," pp. 621–623.

(177) フィリピン独立協会の最初の長グレゴリオ・アグリペイ・クルーズ・イ・ラバヤン司教（1860–1940年）は，カトリック教会の副司祭でゲリラの指導者であった。

(178) 以下のような例が挙げられる。Violetta Lopez-Gonzaga, "The Roots of Agrarian Unrest in Negros, 1850–90," *Philippine Studies*, 36 (1988), pp. 151–165; Violetta Lopez-Gonzaga and Michelle Decena, "Negros in Transition, 1899–1905," *Philippine Studies*, 38 (1990), pp. 103–114; Volker Schult, "Revolution and War in Mindoro, 1898–1903," *Philippine Studies*, 41 (1993), pp. 76–90; Josélito N. Fornier, "Economic Developments in Antique Province, 1850–1900," *Philippine Studies*, 47 (1999), pp. 147–180.

(179) 数多くの伝記がある。たとえば，Léon M. Guerrero, *The First Filipino: A Biography of José Rizal* (Manila, 1963)。Floro C. Quibuyen, *A Nation Aborted: Rizal, American Hegemony, and Philippine Nationalism* (Quezon City, 1999) は，修正主義的な説明を行っている。リサールの兄パシアノ（Paciano, 1851–1930）による貢献は，素人の説明では一般に看過されている。パシアノはホセの政治的見解に影響を与え，彼の学業を金銭的に助けた活動的な改革者であった。弟の処刑の後，パシアノは古参の司令官としてアギナルドと組み，スペインと合衆国の双方と戦った。彼は1900年に拘束されたが，ほどなく解放され，再び農業に従事した。

(180) Glen A. May, *Inventing a Hero: The Posthumous Re-Creation of Andrés Bonifacio* (Madison, 1996) が，その神話の再評価を始めたことは功績として評価に値する。カティプナン（*Katipunan*）のウェブサイト（http://kasaysayankkk.info/）には，このことや関連する問題についての議論が掲載されている。

(181) Glen A. May, "Why the United States Won the Philippine-American War, 1899–1902," *Pacific Historical Review*, 52 (1983), pp. 353–377; René Escalante, "Collapse of the Malolos Republic," *Philippine Studies*, 46 (1998), pp. 452–476は，一連の欠点を列挙している。

(182) Manuel Sarkisyanz, *Rizal and Republican Spain and Other Rizalist Essays* (Manila, 1995) は，こうした問題に関して有用である。

(183) Raul Bonoan, "The Enlightenment, Deism, and Rizal," *Philippine Studies*, 40 (1992), pp. 53–67.

(184) Miguel A. Bernad, "The Trial of Rizal," *Philippine Studies*, 46 (1998), pp. 46–72.

(185) Smita Lahiri, "Rhetorical *Indios*: Propagandists and Their Publics in the Spanish Philippines," *Comparative Studies in Society & History*, 49 (2007), pp. 243–275.

(186) Milagros Guerrero and John N. Schumacher, *Kasaysayan: The Story of the Filipino People*, Vol. 5: *Reform and Revolution* (Hong Kong, 1998); Angel Velasco Shaw and Luis H. Francia, eds., *Vestiges of War: The Philippine-American War and the Aftermath of an Imperial Dream, 1899–1999* (New York, 2002) は，戦争の長期的帰結を重視している。

(187) ボニファシオ（1863–96年）は，カティプナンの創設者の一人である。この名称は，組合や集会を意味するタガログ語の言葉に由来している。とくに，May, *Inventing a Hero* と José S. Arcilla, "Who Is Andrés Bonifacio?" *Philippine Studies*, 45 (1997), pp. 570–577による評言を参照。

(188) May, *Inventing a Hero.*

(189) *Historical Bulletin*, 3（1959）の特別号の論文集は，いまだに貴重である。

(190) 最大の論争の的は，第二次世界大戦中，日本の占領軍に協力した決定である。

(191) Sven Saaler and Christopher W. A. Szpilman, eds., *Pan-Asianism*, I（Lanham, 2012）, p. 24.

(192) Emilio Aguinaldo, *True Version of the Philippine Revolution*（Tarlak, Philippines, 1899）. 香港の合衆国領事は，アギナルドにスペインとの戦いに再び加わるよう促した。アギナルド自身，合衆国はフィリピン群島を併合する意図はないとジョージ・デューイ提督が保証したと主張した。その逸話は異なる解釈を生んできた。アギナルドの主張への同時代のアメリカの支持については，民主党のニューヨーク州下院議員（1881–89年）を務め，米西戦争に従軍したペリー・ベルモント（1851–1947年）の以下の論考を参照。"The President and the Philippines," *North American Review*, 169（1899）, pp. 894–911.

(193) 第一次フィリピン共和国，ないし首都として機能した町（マニラの約25マイル北）に因んで，マロロス共和国としても知られる。

(194) Benito J. Lagarda, *The Hills of Sampaloc: The Opening Actions of the Philippine-American War*（Makati City, 2001）は，開戦責任をめぐる論争についての評価を行っている。

(195) Matthew F. Jacobson, "Imperial Amnesia: Teddy Roosevelt, the Philippines, and the Modern Art of Forgetting," *Radical History Review*, 73（1999）, pp. 116–127. 戦争の長期的意義は，Shaw and Francia, *Vestiges of War* によって強調されている。この主題についての議論への主要な貢献は，合衆国陸軍の行いにきわめて批判的なスチュワート・C・ミラー（Stuart C. Miller），およびそれを擁護するジョン・M・ゲーツ（John M. Gates）とブライアン・M・リン（Brian M. Linn）によってなされている。とくに，Miller, *Benevolent Assimilation: The American Conquest of the Philippines, 1899–1903*（New Haven, 1982）; Linn, *The U. S. Army and Counterinsurgency in the Philippine War, 1899–1902*（Chapel Hill, 1989）; Linn, *The Philippine War, 1899–1902*（Lawrence, 2000）を参照。ゲーツは，彼の主要な業績をオンライン（http://www3.wooster.edu/history/jgates/book-contents.html）で提示しており，アップデート可能な形になっている。この争点のバランスの取れた評価は，Kenton J. Clymer, "Not So Benevolent Assimilation: The Philippine-American War," *Reviews in American History*, 11（1983）, pp. 547–552である。

(196) Linn, *The U. S. Army and Counter-Insurgency*; Linn, *The Philippine War, 1899–1902*が，詳細を提供している。John M. Gates, "War-Related Deaths in the Philippines, 1899–1902," *Pacific Historical Review*, 53（1984）, pp. 367–378は，データの問題を概観している。David J. Sibley, *A War of Frontier and Empire: The Philippine-American War, 1899–1902*（New York, 2007）は，相当な需要のある軍事史市場を目当てにアップツーデートな説明を行っている。これらの研究は，アメリカの視点からこの問題を扱っている。フィリピンの視座も含まれてはいるが，軽視されている。

(197) デ・ビヴォイスによれば，アメリカ＝フィリピン戦争は，700万人の母体人口がいるなかで，「直接的，間接的に」100万人以上の死者をもたらした。*Apocalypse*, p. 13.

(198) 一つの例として，Volker Schult, "Revolution and War in Mindoro, 1898–1903," *Philippine Studies*, 41（1993）, pp. 76–90を参照。

(199) Frank Schumacher, "'Marked Severities': The Debate over Torture during America's Conquest of the Philippines, 1899–1902," *Amerikastudien*, 51（2006）, pp. 475–498. イアイン・R・スミス（Iain R. Smith）とアンドレアス・スタッキ（Andreas Stucki）は，"The Colonial Development of Concentration Camps（1868–1902）," *Journal of Imperial & Commonwealth History*, 39（2011）, pp. 417–437において，「強制収容所」の語の意味を分析している。Jonathan Hyslop, "The Invention of the Concentration Camp: Cuba, Southern Africa, and the Philippines," *South African Historical Journal*, 63（2011）, pp. 251–276もそうである。

(200) アギナルド（1869–1964年）は監獄から解放され，1946年の独立と植民地後の指導者第一世代の活動を見るのに十分なだけ長生きした。

(201) マルバー（1865–1911年）については，Glenn A. May, *Battle for Batangas: A Philippine Province*

at War (New Haven, 1991) を参照。

(202) May, "Why the United States Won the Philippine-American War," pp. 353–377; Escalante, "The Collapse of the Malolos Republic'; Larkin, *Sugar and the Origins of Modern Philippine Society*, pp. 116–121.

(203) マカリオ・サカイ・イ・デ・レオン（1870–1907年）については，十分な研究がなされていない。彼は，アンドレス・ボニファシオの近しい仲間であった。この共和国は1902年に創設が宣言されたが，1904年まで実効的に組織されなかった。

(204) Andrew Bacevich, "Disagreeable Work: Pacifying the Moros, 1903–1906," *Military Review*, 62 (1982), pp. 49–61; Joshua Gedacht, "'Mohammedan Religion Made It Necessary to Fire': Massacres on the American Imperial Frontier from South Dakota to the Southern Philippines," in McCoy and Scarano, eds., *Colonial Crucible*, pp. 397–409.

(205) Richard H. Werking, "Senator Henry Cabot Lodge and the Philippines: A Note on American Territorial Expansion," *Pacific Historical Review*, 42 (1973), pp. 234–240. 常々機会主義者であったレオポルト２世にとって，ベルギー・アフリカ会社のために同島を支配する憲章の適用を検討するには，状況は大いに不確定であった。

(206) John L. Offner, "Imperialism by International Consensus: The United States and the Philippine Islands," in Daniele Rossini, *From Theodore Roosevelt to FDR: Internationalism and Isolationism in American Foreign Policy* (Edinburgh, 1995), pp. 45–54. 大統領に当選後の最初の中間選挙でしばしば起こるように，共和党は下院で議席を失ったが，多数派であり続けた。

(207) Santiago Sevilla, "My Dream" (1911). 以下からの引用。Gémino H. Abad, *Our Scene So Far: Filipino Poetry in English, 1905 to 1955* (Quezón City, 2008), p. 48.

(208) Hamilton Fish, Secretary of State, 20 March 1875. Quoted in Rigby, "American Expansion in Hawai'i," p. 363.

(209) ハワイは島々の複合体――６つの最大規模の島々は（大きい順に）ハワイ，オアフ，マウイ，カウアイ，モロカイ，ラナイ――からなっていた。首都ホノルルと主要な港である真珠湾は，オアフ島に位置している。

(210) クックは1779年，オアフ島の主要な首長を巻き込むに至ったささいな紛争の後，ハワイで殺害された。

(211) Patrick V. Kirch, *How Chiefs Became Kings: Divine Kinship and the Rise of Archaic States in Ancient Hawai'i* (Berkeley, 2010). 本書の先駆的貢献に対して，ここ（そして注（212）（214）（215））で，特別な謝意を表したい。「初期の」国家については，A. G. Hopkins, ed., *Globalization in World History* (New York, 2002), chs. 1–3 も参照。根菜であるタロイモは，19世紀と20世紀において，サトウキビの拡大によってほぼ根絶させられるまで，主要産物であった。今日，タロイモの生産は復興に沸いている。

(212) Patrick V. Kirch, *How Chiefs Became Kings*; Kirch, *A Shark Going Inland Is My Chief: The Inland Civilization of Ancient Hawai'i* (Berkeley, 2012). Mark D. McCoy and Michael W. Graves, "The Role of Agricultural Innovation on Pacific Islands: A Case Study from Hawai'i Island," *World Archaeology*, 42 (2010), pp. 90–107も参照。

(213) Carol A. MacLennan, *Sovereign Sugar: Industry and Environment in Hawai'i* (Honolulu, 2014), ch. 3. すべての学者はマクレナン博士が，長きにわたって必要とされてきたハワイの主要産業の歴史を描いたことに謝意を表するであろう。Noenoe K. Silva, "He Kanawai Ho'opau i na Hula Kuolo Hawai'i: The Political Economy of Banning the Hula," *Hawaiian Journal of History*, 34 (2000), pp. 29–48; Jennifer Fish Kashay, "Agents of Imperialism: Missionaries and Merchants in Early-Nineteenth-Century Hawai'i," *New England Quarterly*, 80 (2007), pp. 280–298も参照。

(214) Patrick V. Kirch and Jean-Louis Rallu, eds., *The Growth and Collapse of Pacific Island Societies* (Honolulu, 2007), especially chs. 1, 4–7, 16; Seth Archer, "Remedial Agents: Missionary Physicians

and the Depopulation of Hawai'i," *Pacific Historical Review*, 79 (2010), pp. 513–544は，手の込んだ事例研究を行っている。筆者はまた，カリフォルニア大学リヴァーサイド校のデーヴィッド・A・スワンソン教授(Prof. David A. Swanson)に，未刊行論文 "A New Estimate of the Hawaiian Population for 1778, the Year of First European Contact" の引用の許可，そして，続くやりとりにおけるはるかに「職責を超えた」さらなる助力について，感謝している。

(215) こうした問題については，Marshall Sahlins, *Anahulu: The Anthropology of History in the Kingdom of Hawai'i*, Vol. 1 (Chicago, 1992) および Patrick V. Kirch and Marshall Sahlins, *Anahulu*: Vol. 2 (Chicago, 1992) に豊富な情報が収められている。

(216) MacLennan, *Sovereign Sugar*, pp. 46–47，そして，さらに一般的には，Stuart Banner, *Possessing the Pacific: Land, Settlers, and Indigenous People from Australia to Alaska* (Cambridge, MA, 2007) を参照。

(217) Richard Hawkins, "The Impact of Sugar Cane Cultivation on the Economy and Society of Hawai'i, 1835–1900," *Iles i Imperis*, 9 (2006), pp. 59–77; Barry Rigby, "American Expansion in Hawai'i: The Contribution of Henry A. Peirce," *Diplomatic History*, 4 (1980), p. 355.

(218) Rigby, "American Expansion in Hawai'i," p. 363.

(219) パース (1808–85年) は，砂糖農園に相当な投資を行っていた。

(220) カメハメハ五世 (1830–72年)：治世は1863–72年。

(221) カラカウア (1836–91年)：治世は1874–91年。

(222) 20 March 1875. Rigby, "American Expansion in Hawai'i," p. 365に引用。

(223) LaCroix and Grandy, "Political Instability of Reciprocal Trade"; Hawkins, "The Impact of Sugar Cane Cultivation"; Carol A. MacLennan, "Hawai'i Turns to Sugar: The Rise of Plantation Centers, 1860–1880," *Hawaiian Journal of History*, 31 (1997), pp. 97–125.

(224) MacLennan, *Sovereign Sugar*, chs. 6–7.

(225) Francisco and Fast, *Conspiracy for Empire*, pp. 2–6, 38–39, 74–75; Richard D. Weigle, "Sugar and the Hawaiian Revolution," *Pacific Historical Review*, 16 (1947), pp. 48–49; Richard P. Tucker, *Insatiable Appetite: The United States and the Ecological Degradation of the World* (Berkeley, 2000), pp. 79–82. 標準的な研究はいまだ，Jacob Adler, *Claus Spreckels: The Sugar King in Hawai'i* (Honolulu, 1966) である。

(226) ピアス自身，ボストン出身であった。彼の後任のジョン・L・スティーブンズは，ハワイに対して特別な宗教的・商業的な影響を持っていたメイン州出身者であった。Paul T. Burlin, *Imperial Maine and Hawai'i: Interpretive Essays in the History of Nineteenth-Century American Expansion* (Lanham, 2006) を参照。

(227) こうした出来事は，他の歴史家が広く取り扱ってきた。ここで示された要約は，とりわけ，LaCroix and Grandy, "Political Instability of Reciprocal Trade"; Hawkins, "The Impact of Sugar Cane Cultivation"; Alfred L. Castle, "U. S. Commercial Policy and Hawai'i, 1890–1894," *Hawaiian Journal of History*, 33 (1999), pp. 69–82; MacLennan, *Sovereign Sugar*, ch. 10に基づいている。

(228) 今日の出発点は，Jonathan K. K. Osorio, *Dismembering Lahui: A History of the Hawaiian Nation to 1887* (Honolulu, 2002) による賞賛に値する研究である。抵抗と協力は今日，論争的な主題である。Noenoe K. Silva, *Aloha Betrayed: Native Hawaiian Resistance to American Colonialism* (Durham, 2004); Kenneth R. Conklin's fierce criticism: "Noenoe Silva, *Aloha Betrayed: Native Hawaiian Resistance to American Colonialism*," at http://www.angelfire.com/hi2/Hawaiiansovereignty/noenoealhoabetrayed.html (2005) を参照。

(229) Richard C. K. Burdekin and Leroy O. Lancy, "Financial Market Reactions to the Overthrow and Annexation of the Hawaiian Kingdom: Evidence from London, Honolulu and New York," *Cliometrica*, 2 (2008), pp. 123–125.

(230) 以下の出来事は，ハワイ史において最も詳述され，議論されてきたものの一つである。標準的な

研究は，Ralph S. Kuykendall, *The Hawaiian Kingdom, 1874–1893: The Kalākaua Dynasty*（Honolulu, 1967）である。それぞれのテーマに特化した研究としては，Pratt, *Hawaiian Revolution*; Sylvester K. Stevens, *American Expansion in Hawai'i, 1842–1898*（Harrisburg, 1945）; Merze Tate, *Hawai'i: Reciprocity of Annexation*（East Lansing, 1968）; William A. Russ, *The Hawaiian Revolution, 1893–4*（Selinsgrove, 1959）; Russ, *The Hawaiian Republic, 1893–98*（Selinsgrove, 1961）がある。これらの研究は，前世代の学者によって達成された表現と研究の高い水準を思い起こさせるものである。

(231) LaCroix and Grandy, "Political Instability of Reciprocal Trade," pp. 182–183.

(232) Hawkins, "Impact of Sugar Cane," p. 71は，マッキンリー関税のハワイへの影響を誇張することに警告を発している。

(233) リリウオカラニ（1838–1917年）：治世は1891–93年。

(234) President Grover Cleveland, "Message to the Senate and House of Representatives," 18 December 1893, at http://www.Hawai'i-nation.org/cleveland.html.

(235) 国務長官ジェイムズ・ブレインに先導される形で，ハリソン大統領は1890年に保護国化を試みたが，交渉が失敗した。よって，併合を目指すようになった。

(236) Michael J. Devine, *John W. Foster: Politics and Diplomacy in the Imperial Era, 1873–1917*（Athens, 1981）. 1892年６月，病弱のブレインに取って代わったフォスター（1836–1917年）は，膨張について，彼の先任者の見解を共有していた。事実，彼は提案された併合条約について，大衆の承認を得ようとしたハリソン大統領の「ある種の不都合なためらい」を克服したといわれている。Julius W. Pratt, *Expansionists of 1898: The Acquisition of Hawai'i and the Spanish Islands*（Baltimore, 1936）, pp. 19–20.

(237) クリーヴランド大統領のハワイに対する姿勢の人種的要素については，Eric T. L. Love, *Race over Empire: Racism and U. S. Imperialism, 1865–1900*（Chapel Hill, 2004）, pp. 113–114を参照。

(238) Charles W. Calhoun, "Morality, and Spite: Walter Q. Gresham and U. S. Relations with Hawai'i," *Pacific Historical Review*, 53（1983）, pp. 292–311; Alfred L. Castle, "Tentative Empire: Walter Q. Gresham, U. S. Foreign Policy, and Hawai'i, 1893–1895," *Hawaiian Journal of History*, 29（1995）, pp. 83–96. グレシャム（1832–1895年）は，ハリソンと彼の政策に対して強い個人的な反感を持つ元共和党員であった。

(239) MacLennan, *Sovereign Sugar*, ch. 4 は，初期のプランターについて，素晴らしい説明をしている。

(240) サーストン（1858–1931年）の情報については，Russ, *Hawaiian Revolution* と Russ, *Hawaiian Republic* に含まれる，十全の事項索引を参照。

(241) William A. Russ, "The Role of Sugar in Hawaiian Annexation," *Pacific Historical Review*, 12（1943）, p. 349.

(242) Alfred L. Castle, "Advice for Hawai'i: The Dole-Burgess Letters," *Hawaiian Journal of History*, 15（1981）, pp. 24–30. バージェス（1844–1931年）は，ヴィルヘルム・ロッシャーとテオドール・モムゼンの下，ドイツで学び，合衆国における政治学の創設者の一人となった。

(243) メリーランド州選出上院議員（1881–89年，1903–06年）アーサー・プエ・ゴーマン（1839–1906年）は，自らの州の製糖所——彼自身，そのいくつかに投資していた——を保護するという目的に，少なくとも部分的には動機づけられていた。Castle, "U. S. Commercial Policy," p. 79.

(244) Russ, *Hawaiian Republic*, ch. 2. 主要な独自のナショナリストは，入植者によるハワイの乗っ取りに対して，いくつかの反乱を組織したが，君主制も批判したロバート・ウィリアム・カラニヒアポ・ウィルコックス（1855–1903年）であった。Ernest Andrade, *Unconquerable Rebel: Robert W. Wilcox and Hawaiian Politics, 1880–1903*（Boulder, 1996）参照。ウィルコックスは，ハワイ人の血を引いており，その意味で，その役割についてさらなる研究が求められるハワイ諸島のメスティーソ，ハパ・ハオレ（*hapa haole*）を代表していた。

(245) こうした最後の出来事については，Pletcher, *The Diplomacy of Involvement*, pp. 272–275における，確かな要約を参照。

(246) Stevens, *American Expansion in Hawai'i*, pp. 284–286.

(247) Julius W. Pratt, *America's Colonial Experiment* (New York, 1950), pp. 74–76. ハワイはアリューシャン列島よりも大きな戦略的価値があったというポール・S・ホルボ（Paul S. Holbo）の議論は，いまだ説得的である。"Anti-Imperialism, Allegations, and the Aleutians: Debates over the Annexation of Hawai'i," *Reviews in American History*, 10 (1982), pp. 377–378.

(248) Russ, *Hawaiian Republic*, chs. 9–10が，十全の説明を行っている。

(249) この論点は，Pratt, *Expansionists of 1898* によって確立され，Weigle, "Sugar and the Hawaiian Revolution," によって確認され，その後，大部分の学者によって受け入れられた。

(250) Tate, *Hawai'i*, pp. 251–252.

(251) Weigle, "Sugar and the Hawaiian Revolution," pp. 48–50, 57は，彼らの動機は，砂糖の生産や貿易に直接由来するわけではないと主張している。Francisco and Fast, *Conspiracy for Empire*, ch. 9 and p. 346, n. 51は，この立場を批判している。MacLennan, *Sovereign Sugar*, pp. 235–238は，思慮深い評価を下している。

(252) *The Congregationalist*, cited in Stevens, *American Expansion*, p. 254.

(253) Colin Newbury, "Patronage and Bureaucracy in the Hawaiian Kingdom, 1840–1893," *Pacific Studies*, 24 (2001), pp. 1–38.

(254) Stevens, *American Expansion*, pp. 148–153; Tate, *Hawai'i*, pp. 242–245.

(255) 当時の西海岸の（過小評価されている）発展については，David Igler, "The Industrial Far West in the Late Nineteenth Century," *Pacific Historical Review*, 69 (2000), pp. 159–193を参照。

(256) Francisco and Fast, *Conspiracy for Empire*, pp. 72–75; LaFeber, *New Empire*, p. 363; *New York Times*, 17 June 1911. オックスナードは製糖所を所有していたニューヨークで創業し，その後，サトウダイコンに投資し，オックスナード港にその名を冠したカリフォルニアに移住した。彼は，ルイジアナ州におけるサトウキビの生産にも興味を抱いていた。

(257) Tate, *Hawai'i*, pp. 251–254. リード（1839–1902年）はセオドア・ローズヴェルトとヘンリー・カボット・ロッジの友人だが，スペインとの戦争に反対し，併合についてマッキンリーが考えを変えた際，彼に同意しなかった。

(258) 単純多数が要件の合同決議は，併合条約の諸条項を具現化し，連邦議会が「そうした島々の統治を用意する」まで，施行される諸条件を明示した。Tate, *Hawai'i*, p. 254; Pratt, *Expansionists of 1898*, ch. 9. 今日，ハワイのナショナリスト運動は，「テキサスの先例」は外国の強制的な奪取に適用すべきではなかったという理由で，併合は違法だったと主張する。

(259) 1 February 1893. Stevens, *American Expansion*, p. 232に引用。

(260) サムナーが鋭く指摘している。*The Conquest of the United States by Spain*, p. 27; Merze Tate, "Great Britain and the Sovereignty of Hawai'i," *Pacific Historical Review*, 31 (1962), pp. 327–348; LaFeber, *New Empire*, p. 207.

(261) Russ, *Hawaiian Republic*, pp. 375–376; Weigle, "Sugar and the Hawaiian Revolution," pp. 42–44は，アジア人労働者に対する恐怖心が，1893年の革命の前でなく，その後に高まったことを示すことにより，ラスの議論に正確さを与えている。

(262) Russ, *Hawaiian Republic*, p. 376に引用。

(263) Pratt, *Expansionists of 1898*, pp. 217–218; Stevens, *American Expansion in Hawai'i*, pp. 282, 286–288.

(264) Pratt, *Expansionists of 1898*, p. 218に引用。十全の説明は，William M. Morgan, *Hawai'i in U. S. Strategy and Politics* (Annapolis, 2011) である。

(265) Eric Love, "White Is the Color of Empire: The Annexation of Hawai'i in 1898," in James T. Campbell, Matthew Pratt Gould, and Robert G. Lee, eds., *Race, Nation, and Empire in American History* (Chapel Hill, 2007), pp. 96–97に引用。

(266) Joseph L. Grabill, *Protestant Diplomacy and the Near East: Missionary Influence on American Pol-*

icy, 1810–1927（Minneapolis, 1971）, p. 45に引用。

(267) Rigby, "The Origins of American Expansion," pp. 234–237は，適切なバランスを取っている。

(268) Edward P. Crapol, *James G. Blaine: Architect of Empire*（Wilmington, 2000）が，短文の誘いを提供している。

(269) Luis Martínez-Fernández, *Protestantism and Political Conflict in the Nineteenth-Century Hispanic Caribbean*（New Brunswick, 2002）.

(270) Thomas O. Ott, "The Corbitts, the HAHR, and United States-Cuban Intellectual Relations," *Hispanic American Historical Review*, 59（1979）, pp. 108–109.

(271) Harris, "Edwin F. Atkins and the Evolution of United States Cuba Policy," pp. 202–231. 彼のプランテーションについては，Rebecca J. Scott, "A Cuban Connection: Edwin F. Atkins, Charles Francis Adams, Jr., and the Former Slaves of Soledad Plantation," *Massachusetts Historical Review*, 9（2007）, pp. 7–34を参照。Jason M. Colby, "Race, Empire and New England Capital in the Caribbean, 1890–1930," *Massachusetts Historical Review*, 11（2009）, pp. 1–25. アトキンス（1850–1926年）は，彼が反乱について限定的にしか理解していなかったことを示唆する，詳細な回顧録を執筆した。*My Sixty Years in Cuba*（Cambridge, MA, 1926）.

(272) フィッツヒュー・リー（1835–1905年）は前ヴァージニア州知事ロバート・E・リー（1866–90年在職）の甥であり，民主党員になる金銀複本位制主義者の共和党員であった。彼は1896年にクリーヴランド大統領によって，ハバナでのポストに任命された。

(273) Rafael E. Tarragó, "Cuba and Cubans through the Pages of the *New York Times* in 1898," *Jahbuch für Geschichte Lateinamerikas*, 39（2002）, pp. 356–359, 368–369.

(274) John L. Offner, *An Unwanted War: The Diplomacy of the United States and Spain Over Cuba, 1895–1898*（Chapel Hill, 1992）, pp. 94–100.

(275) Tarragó, "Cuba and Cubans," pp. 347–348.

(276) Gerald G. Eggert, "Our Man in Havana: Fitzhugh Lee," *American Historical Review*, 47（1967）, pp. 463–485.

(277) ウッドワード（1835–1913年）は宣戦がなされた1898年，スペインを後にした。

(278) Offner, *An Unwanted War*, p. 171に引用。

(279) Pérez, *Cuba Between Empires*, pp. 135, 175; Pérez, *The War of 1898*, p. 10.

(280) John Lawrence Tone, *War and Genocide in Cuba, 1895–1898*(Chapel Hill, 2006)は，従来のナショナリスト的見解に対して，注意深く議論された主張を提示している。Tarragó, "Cuba and Cubans," pp. 347–348も参照。

(281) Pérez, *Cuba Between Empires*, pp. 172–173.

(282) John L. Offner, "McKinley and the Spanish-American War," *Presidential Studies Quarterly*, 34（2004）, pp. 54–55.

(283) Tarragó, "Cuba and Cubans," p. 362に引用。

(284) Paul S. Holbo, "The Convergence of Moods and the Cuban-Bond 'Conspiracy' of 1898," *Journal of American History*, 55（1968）, p. 69.

(285) Pérez, *Cuba Between Empires*, p. 187; Tarragó, "Cuba and Cubans," pp. 353–354.

(286) Pratt, *Expansionists of 1898*, p. 354.

(287) Offner, *An Unwanted War*, p. 234.

(288) Davila-Cox, "Puerto Rico in the Hispanic-Cuban-American War," pp. 116–117.

(289) Martínez-Fernández, *Frontiers, Plantations, and Walled Cities*, p. 118に引用。

(290) Dietz, *Economic History of Puerto Rico*, p. 93.

(291) Santiago Petchen, "The Training and Background of the Spanish Hierarchy in the Nineteenth Century," *Philippine Studies*, 22（1974）, pp. 93–116は，ヒエラルキーの保守主義と，それに関連する既存の所有権保有への関心を強調している。

(292) Kenton J. Clymer, *Protestant Missionaries in the Philippines, 1898–1916: An Inquiry into the American Colonial Mentality*（Urbana, 1986）が，いまだ最も優れた研究である。

(293) John A. S. Grenville, "Diplomacy and War Plans in the United States, 1890–1917," *Transactions of the Royal Historical Society*, 8（1961）, p. 4.

(294) Ibid., pp. 1–21.

(295) Thomas J. McCormick, *The China Market: America's Quest for Informal Empire, 1893–1901*（Chicago, 1967）; James J. Lorence, "Organized Business and the Myth of the China Market: The American Asiatic Association, 1898–1937," *Transactions of the American Philosophical Society*, 71（1981）, pp. 5–30.

(296) Marilyn B. Young, *The Rhetoric of Empire: American China Policy, 1895–1901*（Cambridge, MA, 1958）; Paul A. Varg, *The Making of a Myth: The United States and China, 1879–1912*（East Lansing, 1968）; David Healy, *U. S. Expansionism: The Imperialist Urge in the 1890s*（Madison, 1970）.

(297) Elizalde, "1898: The Coordinates of the Spanish Crisis," p. 138.

(298) Pletcher, *The Diplomacy of Involvement*, pp. 276–283; Lorence, *Organized Business*, pp. 20–21.

(299) この主題についてさらに知りたければ，Michael H. Hunt, *The Making of a Special Relationship: The United States and China to 1914*（New York, 1983）, pp. 143–168; Pletcher, *The Diplomacy of Involvement*, pp. 293–301; Cain and Hopkins, *British Imperialism*, ch. 13; George C. Herring, *From Colony to Superpower: U. S. Foreign Relations since 1776*（Oxford, 2008）, pp. 329–335を参照。

(300) D. A Farnie, *East and West of Suez: The Suez Canal in History, 1854–1956*（Oxford, 1969）, pp. 458–461; Wojciech, Rojek, "The Suez Theme in the 1898 Spanish-American War," *American Studies*, 16（1998）, pp. 67–77.

(301) Sir Charles W. Dilke, "The Problem of the Philippines," *North American Review*, 167（1898）, p. 17.

(302) Kramer, "Race-Making and Colonial Violence," p. 178. 十全の説明は，Paul A. Kramer, *The Blood of Government: Race, Empire, the United States, and the Philippines*（Chapel Hill, 2006）である。

(303) 1902年5月4日の発言。Paul A. Kramer, "Race-Making and Colonial Violence," p. 169に引用。

コラム

（1） ターザンに関する膨大な文献は以下を通じてアクセスできる。John Taliaferro, *Tarzan Forever: The Life of Edgar Rice Burroughs*（New York, 1999）; John F. Kasson, *Houdini, Tarzan, and the Perfect Man: The White Male Body and the Challenge of Modernity in America*（New York, 2001）.

（2） Taliaferro, *Tarzan Forever*, p. 13. 別の推定によると，バローズの小説の全販売数は1億冊超だとされる。Bruce Watson, "Tarzan the Eternal," *Smithsonian*, 31（2001）, p. 62を参照。

（3） もっとも現在では，権利の大半がウォルト・ディズニー社に売却されたので，業務はつつましいやり方で行われている。以下を参照されたい。Jeffrey Gentleman, "Tarzan Swings Without Tarzana," *Los Angeles Times*, 4 June 1999.

（4） 驚くべきことではないが，バローズはまた，サイエンス・フィクションも書いた。

（5） ウィリアム・グリーソンの説明によると，文明生活と原始生活を行き来する揺らぎは，発生反復理論の例（スペンサーが広めた進化論の派生理論）である。William Gleason, "Of Sequels and Sons: Tarzan and the Problem of Paternity," *Journal of American & Comparative Cultures*, 23（2000）, pp. 41–52.

（6） シンクレアは，移民が突きつける脅威にではなく，資本家たちの手による彼らの搾取に関心があった。このテーマについては，以下を参照されたい。Catherine Jurca, "Tarzan, Lord of the Suburbs," *Modern Language Quarterly*, 57（1996）, pp. 479–504; James R. Barrett, "Remembering the Jungle（1906）," *Labor: Studies in Working Class History of the Americas*, 3（2006）, pp. 7–12.

（7） ここで提示されている解釈は主として，初期の形成期の2つの小説に基づく。*Tarzan of the Apes*（1912; London, 2008）and the *Return of Tarzan*（1913; London, 2008）. 以下は，最初のターザン小説

に登場するマスキュリニティに関する，素晴らしい評価を行っている。Gail Bederman, *Manliness and Civilization: A Cultural History of Gender and Race in the United States, 1880–1917*（Chicago, 1995）.